VEDIC CONCORDANCE OF MANTRAS AS PER ṚṢI AND DEVATĀ

(वैदिक–ऋषि–देवतानुसारी मन्त्रानुक्रमकोषः)

(द्वितीयो भागः)

Vol. 2

(ब्रह्मा से हैमवर्चिः तक)

By

Dr. Ravi Prakash Arya
Ram Narain Arya

Amazon Books, USA

in association with

Indian Foundation for Vedic Science

H.O.1051, Sector-1, Rohtak, Haryana, India ℘ 01262-292580
Delhi Contact : 011-65188114; Mobile: 09313033917; 09650183260
Email : vedicscience@rediffmail.com
vedicscience@hotmail.com
Web : www.vedascience.com

Second Revised Edition

Kali era : 5117 (c. 2014)

Kalpa era : 1,97,29,49,117

Brahma era : 15,50,21,97,9,49,117

ISBN 81-87710-76-4

© **Author**

All rights are reserved. No part of this work may be reproduced or copied in any form or by any means without written permission from the author

To my beloved father, Late Ram Narain Arya
A Vedic scholar par excellence and Rainmaker
Colloborator, guide and a great source of inspiration behind this endevour

Introduction

Indian Foundation for Vedic Science has been established with the sole objective of preserving the ancient Vedic heritage and culture of India by way of promoting scientific researches into Vedic philology, exegesis and sciences.

The aims and objectives of the foundation are as under:

1. To preserve ancient Vedic heritage and culture of India.

2. To unravel the mysteries of the Vedas and the Allied literature.

3. To promote and promulgate the rational and scientific outlook of Vedic seers and scholiasts of ancient India.

4. To conduct research into various aspects of Vedic learning and to seek its relevance to the modern living.

5. To function as a nodal international agency for information about the current status of Vedic research, Vedic research scholars and Institutions and a liaison agency.

6. To be a competent body of scholars who can authoritatively proclaim decisions and evaluate research in the field of Vedic philology, Vedic exegesis and Vedic Sciences.

7. To bring together the Vedic scholars who evinced a great deal of interest for promotion of Vedic studies on scientific lines and Modern scientists or scholars interested into Vedic scientific vision to co-ordinate for synthesis of modern scientific knowledge with the Vedic one so that it may diffuse following the Vedic vision for upkeep, advancement, safety and development of mankind and not for ecological crisis, destruction and extinction of mankind.

8. To disseminate the knowledge, information, training scope, for advanced research of direct and interdisciplinary nature for all those who are desirous of learning and contributing in the field of Vedic exegesis, Vedic philology and Vedic sciences.

9. To construct a computer library and to prepare a computer concordance by computeriing the entire bulk of Vedic literature.

10. To undertake the publication of research work done from time to time by the

scholars under the auspices of the foundation.

11. To promote such a vision (as discovered by the seers of this land in the times of yore) as could bring about social reforms leading to harmony, friendship, fraternity and common culture to the present day trouble torn world of mankind and help in the cause of national and international peace thus suggesting the modern science for more and more active role for upkeep and safety of living organisms and the planet.

In tune with the aims and objectives of the foundation it was thought that a proper apparatus be produced first to facilitate the in-depth scientific studies and commentaries on the Vedas, since the presently available translations and commentaries on the Vedas and allied literature, leaving a few cases, are not able to present the actual and factual significance of this oldest literature of the world. Most of the translations are based on prejudices and preconceived notions of the translators and so are misleading and far fetched ones. The position is known to everyone. We need not elaborate upon this fact. In the absence of factual interpretation of the Vedas, no factual data can be collected and in absence of the factual data nobody, howsoever be reputed or eminent he may be in his field of studies, is able to do justice with the ancient most world of humanity or say Vedic life and thought. Under the circumstances it becomes the paramount duty of an institute like the **Indian Foundation For Vedic Science** not only to preserve the ancient most intellectual and scientific heritage of the globe, but also (1) to present it in the most modern terms and try to seek the relevance of this ancient most scientific treasure of the globe in context of the modern scientific advancement and the modern living. (2) To see whether and to what extent Vedic scientific vision can contribute for the furtherance of modern science or say to seek the possibility of updating the modern scientific advancement with the help of Vedic scientific vision. (3) To find out the possible areas of collaboration between Vedic scientific vision and modern science. (4) To find the equivalence between Vedic scientific vision and modern science. (5) To present the state of art of different disciplines in the Vedas and allied literature in terms of documentation, sources and past and present experiments, etc. To pursue the work along the above cited facts and to define the Vedic age and culture in right perspective, it is imminent to have accurate interpretations of the Vedas and allied literature. Since the Vedas can best be interpreted with the help of the Vedas only, as the famous convention is 'Vedas are homomensura or *svataḥ pramāṇa*.' On the other hand to interpret the Vedas with the help of Vedas, it is highly essential to have the deep rooted knowledge and understanding of the cultural and the scientific background of the Vedic period. When we look out for such an apparatus as could help us best to interpret Vedas with the help of Vedas. we come across with threefold apparatus designed to facilitate and deepen the study of the Vedas . First one among these is the Universal Word Index to the Vedas published in 16 vols. by Vishvabandhu et al. from VVRI Hoshiarpur Punjab under the title 'Vedic Word Concordance' or 'वैदिक-पदानुक्रमकोषः'. Second is the Vedic Index of Names and Subjects by Macdonell. Third one is an index of each and every Mantra-pāda to the Vedas consisting of the Published Vedic literature available by the time of its publication in 1906, published by Bloomfield under the title 'A Vedic Concordance'. On careful examination it was found that only these threefold concordances available in the market are though suffice to facilitate the deep study of the Vedas, are not enough to help pluck out the actual estimate of the Vedas. To interpret the Vedas with the help of Vedas, it is highly essential to have the deep rooted knowledge and understanding of the cultural and the scientific background of the Vedic period which is only possible through the knowledge of the actual intention of the Vedic seers and the deities or the subject matter dealt with by them. A full detail of the Mantras compiled under a particular devatā-head revealed to a particular seer in various Saṁhtās would also facilitate readers and researchers of the Vedas to make out the actual intention of the seer behind his revelation or visualiation of various laws of nature known as various deities. Keeping in view the desideratum of such an apparatus as could help facilitate the readers and researchers make out the actual intention of the seers behind the visualiation of various laws of nature at physical, astrophysical and metaphysical level, the foundation comes forward with the four-fold apparatus. Firstly named as 'A Vedic Concordance of Ṛṣis and Devatās' or वैदिक–ऋषि–देवतानुक्रम–कोषः- Secondly with 'A concordance of Vedic Mantras as per Ṛṣis and Devatās 'वैदिक–ऋषि–देवतानुसारी मन्त्रानुक्रम–कोषः'- Thirdly, 'A Vedic Concordance of Devatās and Ṛṣis' or 'वैदिक–देवता ऋष्यानुक्रम–कोषः'- Fourthly, 'A Concordance of Vedic Mantras as per Devatās and Ṛṣis or 'वैदिक–देवता–ऋष्यनुसारी मन्त्रानुक्रम–कोषः. Fifthly, it was also decided to produce Bloomfield's Vedic Concordance in Devanāgarī script in an updated, revised and improved manner by including citations from the works not available by the time of publication of this work during his period so that Vedic researcher can find in updated devanāgarī version.

It is a matter of great pleasure and pride that after completing the first three tasks of producing

(1) Concordance of Vedic Ṛṣis and Devatās' or   वैदिक–ऋषि–देवतानुक्रम–कोषः.
(2) A concordance of Vedic Mantras as per Ṛṣis and Devatās' or ' वैदिक–ऋषि–देवतानुसारी मन्त्रानुक्रम–कोषः' ।
(3) 'A Vedic Concordance of Devatās and Ṛṣis' or 'वैदिक–देवता ऋष्यानुक्रम–कोषः' ।

We are coming out with the fourth most important work, i.e. 'A Concordance of Vedic Mantras as per Ṛṣis and Devatās' or 'वैदिक–ऋषि–देवतानुसारी मन्त्रानुक्रम–कोषः' running into two vols. of total 921+ 96 pages. With the publication of this work a long felt need of an apparatus useful to comprehend the actual intention of the visionaries of the Vedas has fulfilled. It is fervently hoped that this work will be welcomed by the entire community of Vedic scholars and the researchers.

The foundation is also coming out soon with the fifth monumental work, i.e. 'A Vedic Concordance' or   वैदिक–मन्त्रपादानुक्रमकोषः , an updated and revised Devanāgarī version of Bloomfield's Vedic concordance running into 2000 pages. The work is ready for publication.

Introductory To The Present Concordance

In preparing the present Concordance following works have been used :

1. *Ṛgveda Saṁhita* : Edited by Dr. Ravi Prakash Arya, Delhi, 1997.
2. *Ṛgveda Saṁhita* (Mantras only) : Vaidika Yantralaya, Ajmer.
3. *Yajurveda Saṁhita* (Mantras only) : Vaidika Yantralaya, Ajmer.
4. *Sāmaveda* : Edited by Dr. Ravi Prakash, Delhi 1996.
5. *Sāmaveda* : Edited by Sātavalekara, Svādhyāya Maṇḍala, Paradi. 1985.
6. *Sāmaveda* : By R.T.H. Griffth, Delhi. 1978.
7. *Sāmavedārṣeyadīpa* of Bhaṭṭa Bhāskarādhvbarīndra : Edited by Ramachandra Sharma, Tirupati. 1957.
8. *Atharvaveda* : Vaidika Yantrālaya, Ajmer.
9. *Ṛksarvānukramaṇī* of Sāyaṇa.

This work has been prepared by compiling various Devatās of the four Vedas. Under a particular Devatā head, the names of the various Ṛṣis along with the Mantra / or Mantras revealed to them on the particular subject Devatā were also compiled. The names of Devatās and Ṛṣis have been arranged alphabetically. While compiling the names of various Devatās and Ṛṣis of particular Mantrā / or Mantrās, the author came across the variant readings regarding the names of Devatās and their Ṛṣis in the various works cited above. All those variant readings have been cited in the concordance with reference to the works that contain those readings. For instance,

१. विश्वेदेवाः – ऋ. १०.१२६.१–८

अंहोमुग् वामदेव्यः (साग्री., सास्वा., सार्षदी.) कुल्मल वर्हिषः शैलूषि अंहोमुग् वा वामदेव्यः (ऋसर्व.)

In the above cited entry Ṛgvedic mantrās of 10th Maṇḍala and 126th sūkta have been recorded in various additions to have been revealed to varying seers. Sāyaṇabhāṣya of Ṣāmaveda, Ṣāmaveda by Sātavalekara and Sāmvedārṣeyadīpa of Bhaṭṭa Bhāskarādhvarindra register अंहोमुग् वामदेव्यः as the seer, where as Ṛksarvānukramaṇī of Śaunaka registers कुल्मल वर्हिषः शैलूषि अंहोमुग् वा वामदेव्यः as the seer. These variant readings have been shown in the above cited entry quoting the original works, in their abbreviated form, containing these readings.

Significance of the present work

Vedas represent the knowledge of the creation of the universe acquired first ever by humanity on the globe. The knowledge of creation came into being as soon as the creation got materialied. Vedic seers were the masters of vision. They visualied this knowledge and the laws of nature, creation and de-creation beyond time and space in their Samādhi. They encoded all those secret laws revealed to them in the form of Mantras. Since those laws of nature, creation and de-creation were visualied and encoded in the form of Mantras by the Vedic scholars, they were known as the seers or Ṛṣis of that / those particular Mantra or Mantras which revealed to them. The secret laws of the nature that were encoded by way of the Mantras came to be known as the deities or the Devatās. Thus the knowledge of the Vedas lies in the knowledge of the seers and the deities. We find that a particular phenomenon or deity was visualied and encoded in the form of Mantras by more than one seer. Consequent upon which all the four Saṁhitās recorded various seers on a particular devatā and various devatās visualied by one particular seer. Under the circumstances, it would be interesting to conduct a comparative and critical study of the nature and types of the various laws or deities of the nature visualied by various seers from their various subjective angles. This comparative analysis would provide a clear-cut picture as to what extent the various seers have differed or agreed in their visualiation of a particular phenomenon. This study would also provide a great help in deducing the actual intention of the original seer while interpreting the Vedic texts. In addition, the comparative picture of the various seers and deities would also help solve the various riddles impregnating the actual names of the seers, their surnames and the deities visualied by them.

To enable the readers and the researchers to carry out such comparative studies regarding the seers and their respective visualiations, this concordance has been prepared. This concordance is a ready reference to all the deities, and the seers who worked on them along with the mantras revealed to them deity-wise as compiled in the four major Saṁhitās of the Vedas. This concordance has listed 951 Devatās underlying great laws of the spiritual, astronomical and physical nature visualied by various high spirited Ṛṣis in the beginning of the origin of the human civiliation on this globe. The various names of seers enlisted under a particular Devatā head also reveal the extensive interest of various seers for the particular field of the research in the beginning of humanity on the Globe. The publication of this concordance also marks the beginning of the rational, scientific and factual translation of ancient-most scientific literature of the world. This concordance is followed by a 'Bibliography of Vedic Ṛṣis' and 'Researches into Vedic Devatās - The Subject Matter of Vedas'.

Dr. Ravi Prakash Arya
114, Akashl, DRDO Complex
Lucknow Road, Timarpur, Delhi 110054
+91-11-65188114 Mobile : +919313033917; +919650183260
Email : vedicscience@hotmail.com; vedicscience@rediffmail.com
Web : www.vedascience.com

ABBREVIATIONS

Following abbreviations have been used in this volume:

ऋ.	—	*Ṛgveda*
सा.	—	*Sāmaveda*
अ.	—	*Atharvaveda*
य.	—	*Yajurveda* of *Vājasaneyī Saṁhitā*
सार्षेदी.	—	*Sāmavedārṣeyadīpa* of Bhaṭṭ Bhāskarādhvarindra
सास्वा.	—	*Sāmaveda* of *Svādhyāya Maṇḍala Pāraḍī* edited by Sātavalekara
साग्री.	—	Sāmaveda Sāyaṇa Bhāṣya or *Sāmaveda* edition of Griffith
ऋसर्व.	—	*Ṛksarvānukramaṇī* of Śaunaka
अजमेर	—	*Ṛgveda* edition of Vaidika Yantralaya Ajmer.

CONTENTS
(विषय-सूची)

	Introduction	५–९०
४४४.	ब्रह्मा	२४
४४५.	ब्रह्मातिथिः काण्वः	६२
४४६.	ब्रह्मातिथि काण्वः (सास्वा. साग्री.) ब्रह्मातिथिः (सार्षेदी.)	६३
४४७.	ब्रह्मास्कन्द	६३
४४८.	भगः	६४
४४९.	भरद्वाजः	६५
४५०.	भरद्वाजो बाहस्पत्यः	६८
४५१.	भरद्वाजो बाहस्पत्यः वीतहव्य आंगिरसो वा	६३
४५२.	भरद्वाज ;सार्षेदी. द्ध भारद्वाजः ;सार्षेदी. सास्वा. द्ध	६५
४५३.	भरद्वाजो बाहस्पत्यः (साग्री. सास्वा.); शंयुबार्हस्पत्यः (ऋसर्व. ६. ४६. ७; ७. ४६. ६; ६. ४६. ३); भारद्वाजः (सार्षेदी. ५३६)	६५
४५४.	भरद्वाजः शिरम्बिठः	६५
४५५.	भर्गः	६५
४५६.	भर्गः प्रागाथः	६५
४५७.	भर्गः प्रागाथः ;साग्री. सास्वा.द्ध शंयुः ;सार्षेदी. द्ध	६८
४५८.	भागलिः	६६
४५९.	भारतौ–देवश्रव–देववातौ–द्र. देवश्रव–देववातौ भारतौ	६६
४६०.	भरद्वाजः	६६
४६१.	भार्गवः	१०१
४६२.	भावयव्यः कक्षिवान् (ऋ.१. १२६. १–५); रोमशा ब्रह्मवादिनी (ऋ. १. १२६. ७)	१०१
४६३.	भिक्षुः	१०१
४६४.	भिषग्	१०२
४६५.	भिषग् आथर्वणः	१०२
४६६.	भुवनः	१०३
४६७.	भुवन आप्त्यः साधनो वा भौवनः	१०३

४६८.	भुवनपुत्रो विश्वकर्मा	१०४
४६९.	भुवनः साधनो वा	१०४
४७०.	भूतांशः काश्यपः	१०५
४७१.	भृगुः	१०५
४७२.	भृगुः (आयुष्कामः)	११५
४७३.	भृगुर्वारुणिर् जमदग्निर् भार्गवो वा	११५
४७४.	भृगुर्वारुणिः जमदग्निर् भार्गवो वा	११६
४७५.	भृग्वंगिरा	११७
४७६.	भृगुर् आथर्वणः	१२६
४७७.	मत्स्यः सांमदो मान्यो वा मैत्रावरुणिर् बाहवो वा मत्स्या जालनद्धाः	१२६
४७८.	मथितो यामायनो भृगुर् वा वारुणिः च्यवनो वा भार्गवः	१२७
४७९.	मधुच्छन्दाः	१२७
४८०.	मधुच्छन्दा वैश्वामित्रः	१३२
४८१.	मधुच्छन्दा सुतजेता	१३७
४८२.	मनुः	१३७
४८३.	मनुर् आप्स्वः	१३८
४८४.	मनुस् तापसः	१३८
४८५.	मनुर् वैवस्वतः	१३९
४८६.	मनुः सांवरणः	१४१
४८७.	मन्युर् वासिष्ठः	१४१
४८८.	मन्युर् वासिष्ठः (साग्री. सास्वा.) इन्दुर् वासिष्ठः (सार्षेदी.)	१४१
४८९.	मय आत्रेयः	१४१
४९०.	मयोभूः	१४२
४९१.	मरीचिः काश्यपः	१४४
४९२.	महीयवः	१४४
४९३.	मातरिश्वा काण्वः	१४५
४९४.	मातृनामा	१४५
४९५.	मान्धाता यौवनाश्वः	१४७
४९६.	मान्धाता यौवनाश्वः (पूर्वार्द्ध) गोधा ऋषिका (उत्तरार्द्ध)	१४७
४९७.	मान्धाता यौवनाश्वः (ऋसर्व. १०. १३४. १) मेधातिथिः काण्वः (साग्री. सास्वा.) मरुतो यौवनाश्वः (सार्षेदी.)	१४७
४९८.	मुद्गलः	१४८

४९९.	मुद्गलो भार्म्यश्वः	१४८
५००.	मुनयो वातरशनाः (१. जूतिः, 2. वातजूतिः, ३. विप्रजूतिः, ४. वृषाणकः, ५. करिक्रतः, ६. एतशः, ७. ऋष्यशृंग)	१४८
५०१.	मूर्धन्वान् आंगिरसो वामदेव्यो वा	१४९
५०२.	मृगः	१४९
५०३.	मृगारः	१५०
५०४.	मृळीको वासिष्ठः	१५२
५०५.	मेधः	१५३
५०६.	मेधाकामः	१५३
५०७.	मेधातिथिः	१५३
५०८.	मेधातिथिः काण्वः	१५६
५०९.	मेधातिथिः काण्वः (सास्वा.) शंयुबार्हस्पत्यः (ऋसर्व. ८. ४५. २५) भरद्वाजः (सार्षेदी.)	१६५
५१०.	मेधातिथिः काण्वः प्रियमेधश्च आंगिरसः	१६५
५११.	मेधातिथि-मेध्यातिथी काण्वौ	१६६
५१२.	मेधातिथि-मेध्यातिथी काण्वौ (ऋसर्व.) मेधातिथि-मेध्यातिथी काण्वौ; विश्वामित्र इत्येके (साग्री. सास्वा. सार्षेदी.)	१६८
५१३.	मेध्यः काण्वः	१६८
५१४.	मेध्यः काण्वः (साग्री. सास्वा., ऋसर्व.) बालखिल्याः (सार्षेदी.)	१६९
५१५.	मेध्यातिथिः	१६९
५१६.	मेध्यातिथिः काण्वः	१७२
५१७.	मेध्यातिथिः काण्वः (ऋसर्व. ८. ३. ७; ८. ३३. १; ८. ३. १७ सार्षेदी.) मेधातिथिः काण्वः (साग्री. सास्वा.)	१७४
५१८.	मेध्यातिथिः काण्वः (ऋसर्व. ८. ३३. ७; ८. ३३. १०) मेधातिथिः काण्वः (साग्री. सास्वा., सार्षेदी.)	१७५ १७५
५१९.	मेध्यातिथिः काण्वः (ऋसर्व. ८. ३. ५; ८. ३. ३) मेधातिथिर् मेध्यातिथिर् वा काण्वः (साग्री. सास्वा.) मेधातिथिः (सार्षेदी.)	१७५
५२०.	मेधातिथिर् वा काण्वः (ऋसर्व. ८. ३. १५, सार्षेदी.) मेधातिथिर् मेध्यातिथिर् वा काण्वः (साग्री. सास्वा.)	१७५
५२१.	यक्ष्मनाशनः प्राजापत्यः	१७५
५२२.	यजत आत्रेयः	१७५

५२३.	यज्ञपुरुषः	१७६
५२४.	यज्ञः प्राजापत्यः	१७६
५२५.	याज्ञवल्क्यः	१७६
५२६.	यमः	१७६
५२७.	यमी	१८४
५२८.	ययातिः	१८४
५२९.	ययातिर् नाहुषः	१८४
५३०.	रक्षोहाः	१८६
५३१.	रक्षोहा ब्राह्मः	१८६
५३२.	रहूगणः	१८६
५३३.	रहूगण आंगिरसः	१८६
५३४.	रम्याक्षी	१८७
५३५.	रातहव्य आत्रेयः	१८७
५३६.	रेणुः	१८७
५३७.	रेणुर् वैश्वामित्रः	१८८
५३८.	रेभः	१८९
५३९.	रेभः काश्यपः	१९०
५४०.	रेभसूनू काश्यपौ	१९१
५४१.	रोमशा ब्रह्मवादिनी	१९२
५४२.	लब ऐन्द्रः	१९२
५४३.	लुशः	१९२
५४४.	लुशो धानाकः	१९२
५४५.	लोपामुद्रा	१९४
५४६.	लोपामुद्रा-अगस्त्यौ, (सास्वा.) रति (अजमेर)	१९४
५४७.	लौगाक्षिः	१९४
५४८.	वत्सः	१९४
५४९.	वत्स आग्नेयः	१९६
५५०.	वत्सः काण्वः	१९६
५५१.	वत्सप्रिः	१९९
५५२.	वत्सप्रिर् भालन्दनः	201
५५३.	वत्सप्रिर् भालन्दनः; सा॰ग्री. सास्वा. ऋसर्व.)	

	वत्स (सार्षेदी.७४) वत्सप्रिय (सार्षेदी. ७७)	२०१
५५४.	वत्सारः	२०२
५५५.	वत्सारः काश्यपः	२०२
५५६.	वम्रो वैखानसः	२०३
५५७.	वरुणः	२०४
५५८.	वप्रिर् आत्रेयः	२०६
५५९.	वशोऽश्व्यः	२०६
५६०.	वशः अश्व्यः (ऋसर्व. ८. ४६. १०; ८. ४६. १; ८. ४६. ४; ८. ४६. १४)	
	वत्सः काण्वः (साग्री. सास्वा.) वंशः (सार्षेदी.)	२०७
५६१.	वसिष्ठः	२०८
५६२.	वासिष्ठः अथर्वा वा	२४४
५६३.	वसिष्ठः कुमारो वा आग्नेयः	२४४
५६४.	वसिष्ठपुत्राः	२४६
५६५.	वासिष्ठो मैत्रावरुणिः	२४७
५६६.	वासिष्ठो मैत्रावरुणिः (साग्री. सास्वा.) वामदेव (सार्षेदी.)	२६२
५६७.	वसिष्ठः शक्तिर्वा	२६२
५६८.	वासुर् भारद्वाजः	२६२
५६९.	वसुकर्णो वासुक्रः	२६३
५७०.	वसुक्रः	२६४
५७१.	वसुक्र ऐन्द्रः	२६५
५७२.	वसुमना रौहिदश्वः	२६६
५७३.	वसुर् भारद्वाजः पवमानः सोमः	२६६
५७४.	वसुयुः	२६७
५७५.	वसुश्रुत आत्रेयः	२६७
५७६.	वसूयव आत्रेयः	२७०
५७७.	वागाम्भृणी	२७०
५७८.	वातजूतिः	२७१
५७९.	वामदेवः	२७१
५८०.	वामदेवो गौतमः	२७६
५८१.	वामदेवो गौतमः (साग्री. सास्वा.) वामदेवः विश्वामित्र इत्येके (सार्षेदी.)	३०३
५८२.	वामदेवो गौतमः (साग्री. सास्वा., सार्षेदी.) यमो वैवस्वती (ऋसर्व.१०. १०. १)	३०३

५८३. वामदेवः गौतमः (साग्री. सार्षेदी.) यमोवैवस्वतः (ऋसर्व.) ३०४
५८४. वामदेवो गौतमः (साग्री. सास्वा., ऋसर्व.४. १०. ९) अग्निः(सार्षेदी.) ३०४
५८५. वामदेवो गौतमः (साग्री. सास्वा.) इन्द्राणी (सार्षेदी.) ३०४
५८६. वामदेव (सा. अजमेर) ऋण त्रसदस्यू (सास्वा.) ३०४
५८७. वामदेवः काश्यपः असितो देवलो वा (साग्री.) वामदेवः (सार्षेदी.) ३०४
५८८. वामदेव कश्यपो वा मारीचो मनुर् वा वैवस्वतः उभौ वा (साग्री. सास्वा.) वामदेवः (सार्षेदी.) ३०४
५८९. वामदेवो गौतमः शाकपूतो वा (साग्री. सास्वा.) वामदेवो गौतमः (सार्षेदी.) ३०५
५९०. वारुणिः ३०५
५९१. वारुणः सत्यधृतिः द्र. सत्यधृतिर् वारुणिः ३०५
५९२. विदर्भिः ३०५
५९३. विधृतिः ३०६
५९४. विप्रजूतिः ३०६
५९५. विप्रबन्धुः ३०६
५९६. विभ्राट् ३०६
५९७. विभ्राट् सौर्यः ३०६
५९८. विमद ऐन्द्रः वसुकृद्वा वासुक्रः (साग्री. सास्वा.) विमद ऐन्द्रः वसुकृद्वा वसुक्रो वा प्राजापत्यः (ऋसर्व.) वसुकृद्दृषि विमदो वा (सार्षेदी.) ३०७
५९९. विमद ऐन्द्रः (साग्री. SME) प्राजापत्यो वा वसुकृद्वा वासुक्र (ऋसर्व. १०. २१. १; १०. २५. १) गोतमः (सार्षेदी.) ३१०
६००. विरुपः ३१०
६०१. विरुप आंगिरसः ३१४
६०२. विरुप अंगिरसः (साग्री. ऋसर्व. ८. ७५. १०) विश्वरुप आंगिरसः (सार्षेदी.) आयुंक्षवाही (सास्वा.) ३१६
६०३. विरुपाक्षः ३१६
६०४. विवस्वान् ३१६
६०५. विवस्वान् आदित्यः ३१६
६०६. विवृहा काश्यपः ३१७
६०७. विश्वकर्मा ३१७
६०८. विश्वकर्मा भौवनः ३१७
६०९. विश्वमनाः ३१८

६१०.	विश्वमना वैयश्व	३१६
६११.	विश्वमना वैयश्व व्यश्वो वा आंगिरसः	३२२
६१२.	विश्वसामा आत्रेयः	३२३
६१३.	विश्वरुपः	३२३
६१४.	विश्ववाराः	३२३
६१५.	विश्वावारा आत्रेयी	३२३
६१६.	विश्वामित्रः	३२४
६१७.	विश्वामित्रो गाथिनः	३३०
६१८.	विश्वामित्रो गाथिनः अभिपाद उदलो वा	३५२
६१९.	विश्वामित्रो गाथिनः कुशिको ऐषीरथी वा	३५२
६२०.	विश्वात्रो जमदग्नी	३५३
६२१.	विश्वामित्रो गाथिनो जमदग्निर्वा	३५४
६२२.	विश्वामित्रो गाथिनः (साग्री. सास्वा.) तिरश्ची (सार्षेदी.)	३५४
६२३.	विश्वामित्रः प्रागाथः	३५४
६२४.	विश्वावसुर्देवगन्धर्वः	३५४
६२५.	विश्वावसुः	३५५
६२६.	विश्वेदेवाः	३५५
६२७.	विहव्यः	३५७
६२८.	वीतहव्यः (केशवर्धन कामः)	३५८
६२९.	वृशो जारः	३५८
६३०.	वृषगणो वासिष्ठः	३५९
६३१.	वृषाकपिर् इन्द्राणी च	३५९
६३२.	वृषाकपिर् ऐन्द्र इन्द्राणीन्द्रश्च	३६०
६३३.	वृषागिरो महाराजस्य पुत्रभूता वार्षागिरा ऋज्राश्व–अम्बरीष–सहदेव भयमान सुराधसः	३६१
६३४.	वृषाणकः	३६२
६३५.	वृहदुक्थो वामदेव्यः	३६२
६३६.	वृहन्मतिः	३६३
६३७.	वृहच्छुक्रः	३६४
६३८.	वृहदिवोऽथर्वा	३६४
६३९.	वृहस्पतिः	३६५

६४०.	वेनः	३६६
६४१.	वेनो भार्गवः	३६७
६४२.	वैखानसः	३६८
६४३.	वेदर्भिः भार्गवः	३६९
६४४.	वैश्वामित्रो मधुच्छन्दा-द्र. मधुच्छन्दा वैश्वामित्रः	३७०
६४५.	व्याघ्रपाद् वासिष्ठः	३७०
६४६.	शकपूतो नार्मेधः	३७०
६४७.	शक्तिः	३७१
६४८.	शक्तिर्वासिष्ठः	३७१
६४९.	शची पौलोमी	३७१
६५०.	शतप्रभेदनो वैरुपः	३७२
६५१.	शतं वैखानसः	३७२
६५२.	शन्तातिः	३७३
६५३.	शबरः काक्षीवतः	३७७
६५४.	शम्भूः	३७७
६५५.	शशकर्णः	३७८
६५६.	शशकर्णः काण्वः	३७८
६५७.	शश्वती अंगीरसस्य पत्नी	३७९
६५८.	शाकल्य	३७९
६५९.	शांर्गाः	३७९
६६०.	शार्यातो मानवः	३८०
६६१.	शासः	३८०
६६२.	शासो भारद्वाजः	३८१
६६३.	शिरिम्बिठिः	३८१
६६४.	शिरिम्बिठो भारद्वाजः	३८१
६६५.	शिवसंकल्पः	३८१
६६६.	शिविर औशीनरः	३८२
६६७.	शिशुः	३८२
६६८.	शुक्रः	३८२
६६९.	शुनःशेप	३८६
६७०.	शुनः शेप आजीगर्तिः (इन्द्र-यज्ञ-सोमाः)	३८८

६७१.	शुनःशेप आजीगर्तिः (देवरातः कृत्रिमो वैश्वामित्रः) (साग्री. सास्वा.) शुनःशेप (ऋसर्व.)	३६२
६७२.	शुनःशेप आजीगर्तिः कृत्रिमो देवरातो वैश्वामित्रो वा (साग्री. सास्वा.) शुनःशेप आजगर्ति कृत्रिमो देवरातो वैश्वामित्रः (ऋसर्व.) शुनःशेपः (सार्षेदी.)	३६२
६७३.	शुनःशेप आजीगर्तिः वामदेवो वा (साग्री. सास्वा.) पूषा (सार्षेदी.)	३६३
६७४.	शनुःशेपो देवरात अपरनामा	३६३
६७५.	शुनहोत्रः	३६४
६७६.	शौनकः	३६४
६७७.	शौनकः (सम्पत्कामः)	३६५
६७८.	शंखः	३६६
६७९.	शंखो यामायनः	३६८
६८०.	शम्युः	३६९
६८१.	शंयुर् बार्हस्पत्यः	३६९
६८२.	शंयुर् बार्हस्पत्यः (ऋसर्व. ६. ४५. २८; ६. ४६. १) भरद्वाजो बार्हस्पत्यः (साग्री. सास्वा. य सार्षेदी.)	४०३
६८३.	श्यावाश्वः	४०४
६८४.	श्यावाश्व आत्रेयः	४०७
६८५.	श्यावाश्वो वामदेवो वा (सास्वा. साग्री.) वामदेवः (सार्षेदी.)	४९३
६८६.	श्येन आग्नेयः	४९३
६८७.	श्रद्धा कामायनी	४९३
६८८.	श्रीकामः	४९३
६८९.	श्रुष्टिगुः	४९४
६९०.	श्रुष्टिगुः काण्वः (साग्री. सास्वा. ऋसर्व.) बालखिल्यः (सार्षेदी.)	४९४
६९१.	श्रुतकक्षः	४९४
६९२.	श्रुतकक्ष आंगिरसः	४९४
६९३.	श्रुतकक्ष आंगिरसः (साग्री. सार्षेदी.) श्रुतकक्ष सुकक्षो वा (ऋसर्व.)	४९५
६९४.	श्रुतकक्ष आंगिरसः (साग्री. सास्वा.) श्रुतकक्ष (सार्षेदी.) श्रुतकक्ष सुकक्षो वा आंगिरसः (ऋसर्व. ८. ६२. १०; 22; २४)	४९५
६९५.	श्रुतकक्ष आंगिरसः (साग्री. सास्वा.) य श्रुतकक्षः (सार्षेदी.) सुकक्षः आंगिरसः (ऋसर्व. ८. ६३. ७; ८)	४९६
६९६.	श्रुतकक्ष आंगिरसः (साग्री. सास्वा.) श्रुतकक्षः (सार्षेदी.)	

	सुकक्षः (ऋसर्व. ट. ६२. ४; ट. ६३. ३४)	४१६
६६७.	श्रुतकक्षः आंगिरसः (साग्री. सास्वा.) श्रुतकक्षः सुकक्षौ वा आंगिरसः (ऋसर्व. ट. ६२. २८) मधुच्छन्दा (सार्षेदी.)	४१६
६६८.	श्रुतकक्षः (सार्षेदी.) श्रुतकक्षः सुकक्षो वा आंगिरसः (साग्री. सास्वा.) सुकक्षः (ऋसर्व. ट. ६३. २३; २८; ३१)	४१६
६६९.	श्रुतकक्षः (सार्षेदी.) श्रुतकक्षः सुकक्षो वा आंगिरसः (साग्री. सास्वा.)	४१६
७००.	श्रुतकक्ष–सुकक्षौ	४१७
७०१.	श्रुतकक्षः सुकक्षो वा	४१७
७०२.	श्रुतकक्षः सुकक्षो वा आंगिरसः	४१७
७०३.	श्रुतबन्धुः	४१७
७०४.	श्रुतिविद् आत्रेयः	४१८
७०५.	संकसुकः	४१८
७०६.	सत्यधृतिर्-वरुणिः	४१८
७०७.	सत्यश्रवा आत्रेयः	४१९
७०८.	सत्यश्रवा आत्रेयः (साग्री. सास्वा., ऋसर्व.) गोतमः (सार्षेदी.)	४२०
७०९.	सदापृण आत्रेयः	४२०
७१०.	सध्वंसः काण्वः	४२०
७११.	सध्रिर् वैरुपो धर्मोगवा तापसः	४२१
७१२.	सप्तर्षयः	४२२
७१३.	सप्तर्षयः एकर्चा	४२५
७१४.	सप्तगुः	४२५
७१५.	सप्तगुरांगिरसः	४२६
७१६.	सप्तवध्रिर् आत्रेयः	४२६
७१७.	सप्रथो भारद्वाजः	४२६
७१८.	सरमा देवशुनी	४२६
७१९.	सरस्वती	४२७
७२०.	सविता	४२८
७२१.	सविताः (पुष्टिकामः)	४२९
७२२.	सव्यः	४२९
७२३.	सव्य आंगिरसः	४३०
७२४.	सस आत्रेयः	४३४
७२५.	सारिसृक्वः	४३४

७२६.	सार्पराज्ञी	४३४
७२७.	सर्पराज्ञी कद्रुः	४३४
७२८.	सावित्री सूर्या विवाहः	४३४
७२९.	सिकता निवावरी	४४०
७३०.	सिन्धुक्षित् प्रैयमेधः	४४१
७३१.	सिन्धुद्वीपः	४४१
७३२.	सिन्धुद्वीप आम्बरीष त्रित आप्त्यो वा (सा॰ग्री॰ सा॰स्वा॰) सिन्धुद्वीप (सार्षेदी॰)	४४४
७३३.	सिन्धुद्वीपः कृतिर वा	४४४
७३४.	सुकक्षः	४४५
७३५.	सुकक्ष आंगिरसः	४४५
७३६.	सुकक्ष आंगिरसः (सा॰ग्री॰ सा॰स्वा॰) श्रुतकक्षः (ऋसर्व॰ ८. ६३. १६ (सार्षेदी॰)	४४५
७३७.	सुकक्षः (ऋसर्व॰) सुकक्षः (सा॰ग्री॰) श्रुतकक्षः (सार्षेदी॰)	४४६
७३८.	सुकक्षः (ऋसर्व॰) श्रुतकक्ष सुकक्षो वा आंगिरसः (सा॰ग्री॰) श्रुतकक्षः (सार्षेदी॰ १५०)	४४६
७३९.	सुकक्षः (ऋसर्व॰); श्रुतकक्ष सुकक्षो वा आंगिरसः (सा॰ग्री॰)	४४६
७४०.	सुकक्ष श्रुतकक्षौ (सा॰ग्री॰ सा॰स्वा॰) श्रुतकक्षः (सार्षेदी॰)	४४७
७४१.	सुकीर्तिः	४४७
७४२.	सुकीर्ति काक्षीवतः	४४७
७४३.	सुचीकः	४४८
७४४.	सुतकक्षः सुकक्षो वा	४४८
७४५.	सुतम्भरः	४४८
७४६.	सुतम्भर आत्रेयः	४४८
७४७.	सुतजेता मधुच्छन्दा द्र॰ मधुच्छन्दा	४४९
७४८.	सुदा	४५०
७४९.	सुदा पैजवनः	४५०
७५०.	सुदासः पैजवनः	४५०
७५१.	सुदीति-पुरुमीढौ	४५०
७५२.	सुदीति-पुरुमीळ्हौ आंगिरसौ	४५०
७५३.	सुदीति पुरुमीळौ आंगिरसौ (सा॰ग्री॰ सा॰स्वा॰); सुदीति पुरुमीढो वा (सार्षेद॰)	४५१
७५४.	सुदीति पुरुमीढौ आंगिरसौ तयोर्वान्यतरः (सा॰ग्री॰ सा॰स्वा॰) सुदीतिः (सार्षेदी॰)	४५१
७५५.	सुदीति पुरुमीळ्हौ तयोर्वा अन्यतरः	४५१
७५६.	सुनीतिः	४५१

७५७.	सुनुर् भार्गवः	४५१
७५८.	सुपर्णः	४५२
७५९.	सुपर्णः काण्वः	४५२
७६०.	सुपर्णः ताक्ष्यपुत्र ऊर्ध्व कृशनो वा यामायनः	४५२
७६१.	सुबन्धुः	४५२
७६२.	सुमित्रो दुर्मित्रो वा कौत्सः	४५३
७६३.	सुमित्रो वाध्र्यश्वः	४५३
७६४.	सुवेदाः शैरीषिः	४५४
७६५.	सुवेदा शैलूषि	४५४
७६६.	सुश्रुतः	४५५
७६७.	सुहस्त्यो घौषेयः	४५५
७६८.	सुहोत्रः	४५५
७६९.	सुहोत्रो भारद्वाजः	४५६
७७०.	सूर्या सावित्री	४५६
७७१.	सोमकः	४५८
७७२.	सोमाहुतिः	४५८
७७३.	सोमाहुतिः भार्गव	४५८
७७४.	सोभरिः	४५८
७७५.	सोभरिः काण्वः	४५८
७७६.	सौभरिः	४६३
७७७.	सौभरिः काण्वः	४६३
७७८.	संकुसुको यामायनः	४६५
७७९.	संवरण प्राजापत्यः	४६५
७८०.	संवर्त आंगिरसः (सा॰ग्री॰ ४४३; ४५९) संवर्त (ऋ॰सर्व॰); वामदेवः (सार्षेदी॰)	४६६
७८१.	संवननः	४६७
७८२.	स्तम्बमित्रः	४६७
७८३.	स्यूमरश्मिर् भार्गवः	४६७
७८४.	स्वयम्भुर् ब्रह्म	४६८
७८५.	स्वस्त्यात्रेयः	४६९
७८६.	हरिमन्तः	४७२
७८७.	हविर्धान आंगिः	४७२
७८८.	हर्यतः प्रागाथः	४७३

७८९. हिरण्यगर्भः	४७४
७९०. हिरण्यगर्भः प्राजापत्य	४७५
७९१. हिरण्यस्तूपः	४७५
७९२. हिरण्यस्तूपः आंगिरसः	४७६
७९३. हैमवर्चिः	४८१
७९४. ऋषि–?	४८२
७९५. ऋषि–?	४८२
७९६. ऋषि–?	४८३

४४४. ब्रह्मा

१. **अग्निः – अ. 2.१६.४; ४.३३.१–८; ५.2६.१; ५.2७.१–१2; ६.७१.१–2; १३.१.2८.३०; १६.५६.१–३; १६.६४.१–४**

अ. 2.१६.४

अग्ने वैश्वानर विश्वैर्मा देवैः पाहि स्वाहा ।।४।।

अ. ४.३३.१–८

अप नः शोशुचदघमग्ने शुशुग्ध्या रयिम्। अपः नः शोशुचदघम् ।।१।।
सुक्षेत्रिया सुगातुया वसूया च यजामहे। अप नः शोशुचदघम् ।।2।।
प्र यद् भन्दिष्ठ एषां प्रास्माकासश्च सूरयः। अप नः शोशुचद घम् ।।३।।
प्र यत् ते अग्ने सूरयो जायेमहि प्र ते वयम्। अप नः शोशुचदघम्।।४।।
प्र यदग्नेः सहस्वतो विश्वतो यन्ति भानवः। अप नः शोशुचदघम् ।।५।।
त्वं हि विश्वतोमुख विश्वतः परिभूरसि। अप नः शोशुचदघम् ।।६।।
द्विषो नो विश्वतोमुखाति नावेव पारय। अपः नः शोशुचदघम् ।।७।।
स नः सिन्धुमिव नावाति पर्षा स्वस्तये। अप नः शोशुचदघम् ।।८।।

अ. ५.2६.१

यजूंषि यज्ञे समिधः स्वाहाग्निः प्रविद्वानिह वो युनक्तु ।।१।।

अ. ५.2७.१–१2

ऊर्ध्वा अस्य समिधो भवन्त्यूर्ध्वा शुक्रा शोचीष्यग्नेः ।
द्युमत्तमा सुप्रतीकः ससूनुस्तनूनपादसुरो भूरिपाणिः ।।१।।
देवो देवेषु देवः पथो अनक्ति मध्वा घृतेन ।।2।।
मध्वा यज्ञं नक्षति प्रैणानो नराशंसो अग्निः सुकृद् देवः सविता विश्ववारः ।।३।।
अच्छायमेति शवसा घृता चिदीडानो वह्निर्नमसा ।।४।।
अग्निः स्रुचो अध्वरेषु प्रयक्षु न यक्षदस्य महिमानमग्नेः ।।५।।
तरी मन्द्रासु प्रयक्षु वसवश्चातिष्ठन् वसुधातरश्च ।।६।।
द्वारो देवीरन्वस्य विश्वे व्रतं रक्षन्ति विश्वहा ।।७।।
उरुव्यचसाग्नेर्धाम्ना पत्यमाने ।
आ सुष्वयन्ती यजते उपाके उषासानक्तेमं यज्ञमवतामध्वरं नः ।।८।।
दैवा होतार ऊर्ध्वमध्वरं नोऽग्नेर्जिह्वयाभि गृणत गृणता नः स्विष्टये ।
तिस्रो देवीर्बर्हिरेदं सदन्तामिडा सरस्वती मही भारती गृणाना ।।६।।
तन्नस्तुरीपमद्भुतं पुरुक्षु। देव त्वष्टा रायस्पोषं वि ष्य नाभिमस्य ।।१०।।
वनस्पतेऽव सृजा रराणः। त्मना देवेभ्यो अग्निर्हव्यं शमिता स्वदयतु ।।११।।
अग्ने स्वाहा कृणुहि जातवेदः। इन्द्राय यज्ञं विश्वे देवा हविरिदं जुषन्ताम् ।।१2।।

अ. ६.७१.१–2

यदन्नमद्मि बहुधा विरूपं हिरण्यमश्वमुत गामजामविम् ।
यदेव किं च प्रतिजग्रहाहमग्निष्टद्धोता सुहुतं कृणोतु ।।१।।
यन्मा हुतमहुतमाजगाम दत्तं पितृभिरनुमतं मनुष्यैः ।
यस्मान्मे मन उदिव रारजीत्यग्निष्टद्धोता सुहुतं कृणोतु ।।2।।

अ. १३.१.2८–३०

समिद्धो अग्निः समिधानो घृतवृद्धो घृताहुतः ।
अभीषाड् विश्वाषाडग्निः सपत्नान् हन्तु ये मम ।।2८।।
हन्त्वेनान् प्र दहत्वरिर्यो नः पृतन्यति ।
क्रव्यादाग्निना वयं सपत्नान् प्र दहामहसि ।।2६।।
अवाचीनानव जहीन्द्र वज्रेण बाहुमान् ।
अधा सपत्नान् मामकानग्नेस्तेजोऽभिरादिषि ।।३०।।

अ. १६.५६.१–३

त्वमग्ने व्रतपा असि देव आ मर्त्येष्वा। त्वं यज्ञेष्वीड्यः ।।१।।
यद् वो वयं प्रमिनाम व्रतानि विदुषां देवा अविदुष्टरासः ।
अग्निष्टद् विश्वादा पृणातु विद्वान्त्सोमस्य यो ब्राह्मणाँ आविवेश।।२।।
आ देवानामपि पन्थामगन्म यच्छक्नवाम तदनुप्रवोढुम् ।
अग्निर्विद्वान्त्स यजात् स इद्धोता सोऽध्वरान्त्स ऋतून् कल्पयाति ।।३।।

अ. १९.६४.१–४

अग्ने समिधमाहार्षं बृहते जातवेदसे। स मे श्रद्धां च मेधां च जातवेदाः प्र यच्छतु ।।१।।
इध्मेन त्वा जातवेदः समिधा वर्धयामसि। तथा त्वमस्मान् वर्धय प्रजया च धनेन च ।।२।।
यदग्ने यानि कानि चिदा ते दारूणि दध्मसि। सर्वं तदस्तु मे शिवं तज्जुषस्व यविष्ठ्य ।।३।।
एतास्ते अग्ने समिधस्त्वमिद्धः समिद् भव। आयुरस्मा सुधेह्यमृतत्वमाचार्याय ।।४।।

2. अग्नीषोमौ – अ. ६.५४.१–३

इदं तद् युज उत्तरमिन्द्रं शुम्भाम्यष्टये। अस्य क्षत्रं श्रियं महीं वृष्टिरिव वर्धया तृणम् ।।१।।
अस्मै क्षत्रमग्नीषोमावस्मै धारयतं रयिम्। इमं राष्ट्रस्याभीवर्गे कृणुतं युज उत्तरम् ।।२।।
सबन्धुश्चासबन्धुश्च यो अस्माँ अभिदासति। सर्वं तं रन्धयासि मे यजमानाय सुन्वते ।।३।।

३. अग्न्यादयः पाप्महनो मन्त्रोक्ता – अ. ३.३१.१–११

वि देवा जरसावृतन् वि त्वमग्ने अरात्या ।
व्य१हं सर्वेण पाप्मना वि यक्ष्मेण समायुषा ।।१।।
व्यार्त्या पवमानो वि शक्रः पापकृत्यया ।
व्य१हं सर्वेण पाप्मना वि यक्ष्मेण समायुषा ।।२।।
वि ग्राम्याः पशव आरण्यैर्व्यापस्तृष्णयासरन् ।
व्य१हं सर्वेण पाप्मना वि यक्ष्मेण समायुषा ।।३।।
वी३मे द्यावापृथिवीइतो वि पन्थानो दिशंदिशम् ।
व्य१हं सर्वेण पाप्मना वि यक्ष्मेण समायुषा ।।४।।
त्वष्टा दुहित्रे वहतुं युनक्तीतीदं विश्वं भुवनं बि याति ।
व्य१हं सर्वेण पाप्मना वि यक्ष्मेण समायुषा ।।५।।
अग्निः प्राणन्त्सं दधाति चन्द्रः प्राणेन संहितः ।
व्य१हं सर्वेण पाप्मना वि यक्ष्मेण समायुषा ।।६।।
प्राणेन विश्वतोवीर्यं देवाः सूर्यं समैरयन् ।
व्य१हं सर्वेण पाप्मना वि यक्ष्मेण समायुषा ।।७।।
आयुष्मतामायुष्कृतां प्राणेन जीव मा मृथाः ।
व्य१हं सर्वेण पाप्मना वि यक्ष्मेण समायुषा ।।८।।
प्राणेन प्राणतां प्राणेहैव भव मा मृथाः ।
व्य१हं सर्वेण पाप्मना वि यक्ष्मेण समायुषा ।।९।।
अदायुषा समायुषोदोषधीनां रसेन ।
व्य१हं सर्वेण पाप्मना वि यक्ष्मेण समायुषा ।।१०।।
आ पर्जन्यस्य वृष्ट्योदस्थामामृता वयम् ।
व्य१हं सर्वेण पाप्मना वि यक्ष्मेण समायुषा ।।११।।

४. अग्न्यादयो मन्त्रोक्ता – अ. १३.१.३१; १९.४३.१–८

अ. १३.१.३१

अग्ने सपत्नानधरान् पादयास्मद् व्यथया सजातमुत्पिपानं बृहस्पते ।
इन्द्राग्नी मित्रावरुणावधरे पद्यन्तामप्रतिमन्यूयमानाः ।।३१।।

अ. १९.४३.१–८

यत्र ब्रह्मविदो यान्ति दीक्षया तपसा सह ।
अग्निर्मा वृत्र नयत्वग्निर्मेधा दधातु मे। अग्नये स्वाहा ।।१।।

यत्र ब्रह्मविदो यान्ति दीक्षया तपसा सह ।
वायुर्मा तत्र नयतु वायुः प्राणान् दधातु मे वायवे स्वाहा ।।2।।
यत्र ब्रह्मविदो यान्ति दीक्षया तपसा सह ।
सूर्यो मा तत्र नयतु चक्षुः सूर्यो दधातु मे। सुर्याय स्वाहा ।।३।।
यत्र ब्रह्मविदो यान्ति दीक्षया तपसा सह ।
चन्द्रो मा तत्र नयतु मनश्चन्द्रो दधातु मे। चन्द्राय स्वाहा ।।४।।
यत्र ब्रह्मविदो यान्ति दीक्षया तपसा सह ।
सोमो मा तत्र नयतु पयः सोमो दधातु मे। सोमाय स्वाहा ।।५।।
यत्र ब्रह्मविदो यान्ति दीक्षया तपसा सह ।
इन्द्रो मा तत्र नयतु बलमिन्द्रा दधातु मे। इन्द्राय स्वाहा ।।६।।
यत्र ब्रह्मविदो यान्ति दीक्षया तपसा सह ।
आपो मा तत्र नयन्त्वमृतं मोप तिष्ठतु। अद्भ्यः स्वाहा ।।७।।
यत्र ब्रह्मविदो यान्ति दीक्षया तपसा सह ।
ब्रह्मा मा तत्र नयतु ब्रह्मा ब्रह्म दधातु मे। ब्रह्मणे स्वाहा ।।८।।

५. **अतिथिविद्या – अ. ६.६(१).१–१७; ६.६(२).१–१३; ६.६(३).१–६; ६.६(४).१–१०; ६.६(५).१–१०; ६.६(६).१–१४**

अ. ६.६(१).१–१७

यो विद्याद् ब्रह्म प्रत्यक्षं परूंषि यस्य संभारा ऋचो यस्यानूक्यम् ।।१।।
सामानि यस्य लोमानि यजुर्हृदयमुच्यते परिस्तरणमिद्धविः ।।2।।
यद् वा अतिथिपतिरतिथीन् प्रतिपश्यति देवयजनं प्रेक्षते ।।३।।
यदभिवदति दीक्षामुपैति यदुदकं याचत्यपः प्र णयति ।।४।।
या एव यज्ञ आपः प्रणीयन्ते ता एव ताः ।।५।।
यत् तर्पणमाहरन्ति य एवाग्नीषोमीयः पशुर्बध्यते स एव सः ।।६।।
यदावसथान् कल्पयन्ति सदोहविर्धानान्येव तत् कल्पयन्ति ।।७।।
यदुपस्तृणन्ति बर्हिरेव तत् ।।८।।
यदुपरिशयन्माहरन्ति स्वर्गमेव तेन लोकमव रुन्द्धे ।।६।।
यत् कशिपूपबर्हणमाहरन्ति परिधय एव ते ।।१०।।
यदांजनाभ्यंजनमाहरन्त्याज्यमेव तत् ।।११।।
यत् पुरा परिवेषात् खादमाहरन्ति पुरोडाशावेव तौ ।।१2।।
यदशनकृतं ह्वयन्ति हविष्कृतमेव तद्धवयन्ति ।।१३।।
ये व्रीहयो यवा निरुप्यन्तेंऽशव एव ते ।।१४।।
यान्युलूखलमुसलानि ग्रावाण एव ते ।।१५।।
शूर्पं पवित्रं तुषा ऋजीषाभिषवणीरापः ।।१६।।
स्रुग् दर्विर्नेक्षणमायवनं द्रोणकलशाः कुम्भ्यो वायव्या नि पात्राणीयमेव कृष्णाजिनम् ।।१७।।

अ. ६.६(2).१–१३

यजमानब्राह्मणं वा एतदतिथिपतिः कुरुते यदाहार्या णि प्रेक्षत इदं भूया३ इदा३मिति ।।१।।
यदाह भूय उद्धरेति प्राणमेव तेन वर्षीयांसं कुरुते ।।2।।
उप हरति हवींष्या सादयति ।।३।।
तेषामासन्नानामतिथिरात्मंजुहोति ।।४।।
स्रुचा हस्तेन प्राणे यूपे स्रुक्कारेण वषट्कारेण ।।५।।
एते वै प्रियाश्चाप्रियाश्चर्त्विजः स्वर्गं लोकं गमयन्ति यदतिथयः ।।६।।
स य एवं विद्वान् न द्विषन्नश्नीयान्न द्विषतोऽन्नमश्नीयान्न मीमांसितस्य न मीमांसमानस्य।।७।।
सर्वो वा एष जग्धपाप्मा यस्यान्नमश्नन्ति ।।८।।
सर्वो वा एषोऽजग्धपाप्मा यस्यान्नं नाश्नन्ति ।।६।।

सर्वदा वा एष युक्ताग्रावार्द्रपवित्रो वितताध्वर आहृतयज्ञक्रतुर्य उपहरति ।।१०।।
प्राजापत्यो वा एतस्य यज्ञो विततो य उपहरति ।।११।।
प्रजापतेर्वा एष विक्रमाननुविक्रमते य उपहरति ।।१२।।
योऽतिथीनां स आहवनीयो यो वेश्मनि स गार्हपत्यो यस्मिन् पचन्ति स दक्षिणाग्निः ।।१३।।

अ. ६.६(३).१–६

इष्टं च वा एष पूर्तं च गृहाणामश्नाति यः पूर्वोऽतिथेरश्नाति ।।१।।
पयश्च वा एष रसं च गृहाणामश्नाति यः पूर्वोऽतिथेरश्नाति ।।२।।
ऊर्जां च वा एष स्फातिं च गृहाणामश्नाति यः पूर्वोऽतिथेरश्नाति ।।३।।
प्रजां च वा एष पशूंश्च गृहाणामश्नाति यः पूर्वोऽतिथेरश्नाति ।।४।।
कीर्तिं च वा एष यशश्च गृहाणामश्नाति यः पूर्वोऽतिथेरश्नाति ।।५।।
श्रियं च वा एष संविदं च गृहाणामश्नाति यः पूर्वोऽतिथेरश्नाति ।।६।।
एष वा अतिथिर्यच्छ्रोत्रियस्तस्मात् पूर्वो नाश्नीयात् ।।७।।
अशितावत्यतिथावश्नीयाद् यज्ञस्य सात्मत्वाय यज्ञस्याविच्छेदाय तद् व्रतम् ।।८।।
एतद् वा उ स्वादीयो यदधिगवं क्षीरं वा मांसं वा तदेव नाश्नीयात् ।।९।।

अ. ६.६(४).१–१०

स य एवं विद्वान् क्षीरमुपसिच्योपहरति ।।१।।
यावदग्निष्टोमेनेष्ट्वा सुसमृद्धेनावरुन्द्धे तावदेनेनाव रुन्द्धे ।।२।।
स य एवं विद्वान्त्सर्पिरुपसिच्योपहरति ।।३।।
यावदतिरात्रेणेष्ट्वा सुसमृद्धेनावरुन्द्धे तावदेनेनाव रुन्द्धे ।।४।।
स य एवं विद्वान् धुपसिच्योपहरति ।।५।।
यावत् सत्रसद्येनेष्ट्वा सुसमृद्धेनावरुन्द्धे तावदेनेनाव रुन्द्धे ।।६।।
स य एवं विद्वान् मांसमुपसिच्योपहरति ।।७।।
यावद् द्वादशहेनेष्ट्वा सुसमृद्धेनावरुन्द्धे तावदेनेनाव रुन्द्धे ।।८।।
स य एवं विद्वानुदकमुपसिच्योपहरति ।।९।।
प्रजानां प्रजननाय गच्छति प्रतिष्ठां प्रियः प्रजानां भवति य एवं विद्वानुदकमुपसिच्योपहरति ।१०।

अ. ६.६(५).१–१०

तस्मा उषा हिंकृणोति सविता प्र स्तौति ।।१।।
बृहस्पतिरूर्जयोद् गायति त्वष्टा पुष्ट्या प्रति हरति विश्वे देवा निधनम् ।।२।।
निधनं भूत्याः प्रजायाः पशूनां भवति य एवं वेद ।।३।।
तस्मा उद्यन्त्सूर्यो हिंकृणोति संगवः प्र स्तौति ।।४।।
मध्यन्दिन उद्गायत्यपराह्णः प्रति हरत्यस्तंयन् निधनम् ।
निधनं भूत्याः प्रजायाः पशूनां भवति य एवं वेद ।।५।।
तस्मा अभ्रो भवन् हिंकृणोति स्तनयन् प्र स्तौति ।।६।।
विद्योतमानः प्रति हरति वर्षन्नुद्गायत्युद्गृह्णन् निधनम् ।
निधनं भूत्याः प्रजायाः पशूनां भवति य एवं वेद ।।७।।
अतिथीन् प्रति पश्यति हिंकृणोत्यभि वदति प्र स्तौत्युदकं याचत्युद् गायति ।।८।।
उप हरति प्रति हरत्युच्छिष्टं निधनम् ।।९।।
निधनं भूतयाः प्रजायाः पशूनां भवति य एवं वेद ।।१०।।

अ. ६.६(६).१–१४

यत् क्षत्तारं ह्वयत्या श्रावयत्येव तत् ।।१।।
यत् प्रतिशृणोति प्रत्याश्रावयत्येव तत् ।।२।।
यत् परिवेष्टारः पात्रहस्ताः पूर्वे चापरे च प्रपद्यन्ते चमसाध्वर्यव एव ते ।।३।।
तेषां न कश्चनाहोता ।।४।।
यद् वा अतिथिपतिरतिथीन् परिविष्य गृहानुपोदैत्यवभृथमेव तदुपावैति ।।५।।

यत् सभगयति दक्षिणाः सभागयति यदनुतिष्ठत उदवस्यत्येव तत् ।।६।।
स उपहूतः पृथिव्यां भक्षयत्युपहूतस्तस्मिन् यत् पृथिव्यां विश्वरूपम् ।।७।।
स उपहूतोऽन्तरिक्षे भक्षयत्युपहूतस्तस्मिन् यदन्तरिक्षे विश्वरूपम् ।।८।।
स उपहूतो दिवि भक्षयत्युपहूतस्तस्मिन् यददिवि विश्वरूपम् ।।६।।
स उपहूतो देवेषु भक्षयत्युपहूतस्तस्मिन् यददेवैर्ष विश्वरूपम् ।।१०।।
स उपहूतो लोकेषु भक्षयत्युपहूतस्तस्मिन् यल्लोकेशु विश्वरूपम् ।।११।।
स उपहूत उपहूतः ।।१२।।
आप्नोतीमं लोकमाप्नोत्यमुम् ।।१३।।
ज्योतिष्मतो लोकांजयति य एवं वेद ।।१४।।

६. अदितिः – अ. ५.2६.६

एयमगन् बर्हिषा प्रोक्षणीभिर्यज्ञं तन्वानादितिः स्वाहा ।।६।।

७. अध्यातमम् – अ. १३.४(१).१–१३; १३.४(2).१४–2१; १३.४(३).22–2८; १३.४(४).2६–४५; १३.४(५).४६–५१; १३.४(६).५2–५६

अ. १३.४(१).१–१३

स एति सविता स्वर्दिवस्पृष्ठेऽवचाकशत् ।।१।।
रशिमभिर्नभ आभृतं महेन्द्र एतयावृतः ।।2।।
स धाता स विधर्ता स वायुर्नभ उचिछ्रतम् ।
रशिमभिर्नभ आभृतं महेन्द्र एत्यावृतः ।।३।।
सोऽर्यमा स वरुणः स रुद्रः स महादेवः ।
रश्मिभिर्नभ आभृतं महेन्द्र एत्यावृतः ।।४।।
सो अग्निः स उ सूर्यः स उ एव महायमः ।
रश्मिभिर्नभ आभृतं महेन्द्र एत्यावृतः ।।५।।
तं वत्सा उप तिष्ठन्त्येकशीर्षाणो युता दश ।
रश्मिभिर्नभ आभृतं महेन्द्र एत्यावृतः ।।६।।
पश्चात् प्रांच आ तन्वन्ति यदुदेति वि भासति ।
रश्मिभिर्नभ आभृतं महेन्द्र एत्यावृतः ।।७।।
तस्यैष मारुतो गणः स एति शिक्याकृतः ।।८।।
रशिमभिर्नभ आभृतं महेन्द्र एत्यावृतः ।।६।।
तस्येमे नव कोशा विष्टम्भा नवधा हिताः ।।१०।।
स प्रजाभ्यो वि पश्यति यच्च प्राणति यच्च न ।।११।।
तमिदं निगतं सहः स एष एक एकवृदेक एव ।।१२।।
एते अस्मिन् देवा एकवृतो भवन्ति ।।१३।।

अ. १३.४(2).१४–2१

कीर्तिश्च यशश्चाम्भश्च नभश्च ब्राह्मणवर्चसं चान्नं चान्नाद्यं च ।।१४।।
य एतं देवमेकवृतं वेद ।।१५।।
न द्वितीयो न तृतीयश्चतुर्थो नाप्युच्यते। य एतं देवमेकवृतं वेद ।।१६।।
न पंचमो न षष्ठः सप्तमो नाप्युच्यते। य एतं देवमेकवृतं वेद ।।१७।।
नाष्टमो न नवमो दशमो नाप्युच्यते। य एतं देवमेकवृतं वेद ।।१८।।
स सर्वस्मै वि पश्यति यच्च प्राणति यच्च न। य एतं देवमेकवृतं वेद ।।१६।।
तमिदं निगतं सहः स एष एक एकवृदेक एव। य एतं देवमेकवृतं वेद ।।2०।।
सर्वे अस्मिन् देवा एकवृतो भवन्ति। य एतं देवमेकवृतं वेद ।।2१।।

अ. १३.४(३).22–2८

ब्रह्म च तपश्च कीर्तिश्च यशश्चाम्भश्च नभश्च ब्राह्मणवर्चसं चान्नं चान्नाद्यं च ।
य एतं देवेमेकवृतं वेद ।।22।।
भूतं च भव्यं च श्रद्धा च रुचिश्च स्वर्गश्च स्वधा च ।।2३।।

य एतं देवमेकवृतं वेद ।।२४।।
स एव मृत्युः सो३मृतं सो३भ्वं१ स रक्षः ।।२५।।
स रुद्रो वसुवनिर्वसुदेये नमोवाके वषट्कारोऽनु संहितः ।।२६।।
तस्येमे सर्वे यातव उप प्रशिषमासते ।।२७।।
तस्यामू सर्वा नक्षत्रा वशे चन्द्रमसा सह ।।२८।।

अ. १३.४(४).२६–४५

स वा अह्नोऽजायत तस्मादहरजायत ।।२६।।
स वै रात्र्या अजायत तस्माद् रात्रिरजायत ।।३०।।
स वा अन्तरिक्षादजायत तस्मादन्तरिक्षमजायत ।।३१।।
स वै वायोरजायत तस्माद् वायुरजायत ।।३२।।
स वै दिवोऽजायत तस्माद् द्यौरध्यजायत ।।३३।।
स वै दिग्भ्योऽजायत तस्माद् दिशोजायन्त ।।३४।।
स वै भूमेरजायत तस्माद् भूमिरजायत ।।३५।।
स वा अग्नेरजायत तस्मादग्निरजायत ।।३६।।
स वा अद्भ्येऽजायत तस्मादापोऽजायन्त ।।३७।।
स वा ऋग्भ्योऽजायत तस्मादृचोऽजायन्त ।।३८।।
स वै यज्ञादजायत तस्माद् यज्ञोऽजायत ।।३९।।
स यज्ञस्तस्य यज्ञः स यज्ञस्य शिरस्कृतम् ।।४०।।
स स्तनयति स वि द्योतते स उ अश्मानमस्यति ।।४१।।
पापाय वा भद्राय वा पुरुषायासुराय वा ।।४२।।
यद्वा कृणोष्योषधीर्यद्वा वर्षसि भद्रया यद्वा जन्यमवीवृधः ।।४३।।
तावांस्ते मघवन् महिमोपो ते तन्वः शतम् ।।४४।।
उपो ते बद्धे बद्धानि यदि वासि न्यर्बुदम् ।।४५।।

अ. १३.४(५).४६–५१

भूयानिन्द्रो नमुराद् भूयानिन्द्रासि मृत्युभ्यः ।।४६।।
भूयानरात्याः शच्याः पतिस्त्वमिन्द्रासि विभूः प्रभूरिति त्वोपास्महे वयम् ।।४७।।
नमस्ते अस्तु पश्यत पश्य मा पश्यत ।।४८।।
अन्नाद्येन यशसा तेजसा ब्राह्मणवर्चसेन ।।४९।।
अम्भो अमो महः सह इति त्वोपास्महे वयम् ।
नमस्ते अस्तु पश्यत पश्य मा पश्यत। अन्नाद्येन यशसा तेजसा ब्राह्मणवर्चसेन ।।५०।।
अम्भो अरुणं रजतं रजः सह इति त्वोपास्महे वयम् ।
नमस्ते अस्तु पश्यत पश्य मा पश्यत। अन्नाद्येन यशसा तेजसा ब्राह्मणवर्चसेन ।।५१।।

अ. १३.४(६).५२–५६

उरुः पृथुः सुभूर्भुव इति त्वोपास्महे वयम् ।
नमस्ते अस्तु पश्यत पश्य मा पश्यत ।
अन्नाद्येन यशसा तेजसा ब्राह्मणवर्चसेन ।।५२।।
प्रथो वरो व्यचो लोक इति त्वोपास्महे वयम् ।
नमस्ते अस्तु पश्यत पश्य मा पश्यत ।
अन्नाद्येन यशसा तेजसा ब्राह्मणवर्चसेन ।।५३।।
भवद्वसुरिदद्वसुः संयद्वसुरायद्वसुरिति त्वोपास्महे वयम् ।।५४।।
नमस्ते अस्तु पश्यत पश्य मा पश्यत ।।५५।।
अन्नाद्येन यशसा तेजसा ब्राह्मणवर्चसेन ।।५६।।

८. **अध्यात्मम् रोहितः आदित्यः – अ. १३.१.१–२; ४–२७; ३२–६०; १३.२.१–४६; १३.३.१–२६**

अ. १३.१.१–२

उदेहि वाजिन् यो अप्स्व१न्तरिदं राष्ट्रं प्र विश सूनृतावत् ।
यो रोहितो विश्वमिदं जजान स त्वा राष्ट्राय सुभृतं बिभर्तु ।।१।।
उद्वाज आ गन् यो अप्स्व१न्तर्विश आ रोह त्वद्योनयो याः ।
सोमं दधानोऽप ओषधीर्गाश्चतुष्पदो द्विपद आ वेशयेह ।।2।।

अ. १३.१.४–२७

रुहो रुरोह रोहित आ रुरोह गर्भो जनीनां जनुषामुपस्थम् ।
ताभिः संरब्धमन्वविन्दन् षडुर्वीर्गातुं प्रपश्यन्निह राष्ट्रमाहाः ।।४।।
आ ते राष्ट्रमिह रोहितोऽहार्षीद् व्यास्थन्मृधो अभयं ते अभूत् ।
तस्मै ते द्यावापृथिवी रेवतीभिः कामं दुहाथामिह शक्वरीभिः ।।५।।
रोहितो द्यावापृथिवी जजान तत्र तन्तुं परमेष्ठी ततान ।
तत्र शिश्रियेऽज एकपादोऽदृंहद् द्यावापृथिवी बलेन ।।६।।
रोहितो द्यावापृथिवी अदृंहत् तेन स्व स्तभितं तेन नाकः ।
तेनान्तरिक्षं विमिता रजांसि तेन देवा अमृतमन्वविन्दन् ।।७।।
वि रोहितो अमृशद् विश्वरूपं समाकुर्वाणः प्ररुहो रुहश्च ।
दिवं रूढ्वा महता महिम्ना सं ते राष्ट्रमनक्तु ।।८।।
यास्ते रुहः प्ररुहो यास्त आरुहो याभिरापृणासि दिवमन्तरिक्षम् ।
तासां ब्रह्मणा पयसा वावृधानो विशि राष्ट्रे जागृहि रोहितस्य ।।६।।
यास्ते विशस्तपसः संबभूवुर्वत्सं गायत्रीमनु ता इहागुः ।
तास्त्वा विशन्तु मनसा शिवेन संमाता वत्सो अभ्येतु रोहितः ।।१०।।
ऊर्ध्वो रोहितो अधि नाके अस्थाद् विश्वा रूपाणि जनयन् युवा कविः ।
तिग्मेनाग्निर्ज्योतिषा वि भाति तृतीये चक्रे रजसि प्रियाणि ।।११।।
सहस्रशृंगो वृषभो जातवेदा घृताहुतः सोमपृष्ठः सुवीरः ।
मा मा हासीन्नाथितो नेत् त्वा जहानि गोपोषं च मे वीरपोषं च धेहि ।।१2।।
रोहितो यज्ञस्य जनिता मुखं च रोहिताय वाचा श्रोत्रेण मनसा जुहोमि ।
रोहितं देवा यन्ति सुमनस्यमानाः स मा रोहैः सामित्यै रोहयतु ।।१३।।
रोहितो यज्ञं व्यदधाद् विश्वकर्मणे तस्मात् तेजांस्युप मेमान्यागुः ।
वोचेयं ते नाभिं भुवनस्याधि मज्मनि ।।१४।।
आ त्वा रुरोह बृहत्यू३त पङ्क्तिरा ककुब् वर्चसा जातवेदः ।
आ त्वा रुरोहोष्णिहाक्षरो वषट्कार आ त्वा रुरोह रोहितो रेतसा सह ।।१५।।
अयं वस्ते गर्भं पृथिव्या दिवं वस्तेऽयमन्तरिक्षम् ।
अयं ब्रध्नस्य विष्टपि स्वर्लोकान् व्यानिशे ।।१६।।
वाचस्पते पृथिवी नः स्योना स्योना योनिस्तल्पा नः सुशेवा ।
इहैव प्राणः सख्ये नो अस्तु तं त्वा परमेष्ठिन् पर्यग्निरायुषा वर्चसा दधातु ।।१७।।
वाचस्पत ऋतवः पंच ये नो वैश्वकर्मणाः परि ये संबभूवुः ।
इहैव प्राणः सख्ये नो अस्तु तं त्वा परमेष्ठिन् परि रोहित आयुषा वर्चसा दधातु ।।१८।।
वाचस्पते सौमनसं मनश्च गोष्ठे नोगा जनय योनिषु प्रजाः ।
इहैब प्राणः सख्ये नो अस्तु तं त्वा परमेष्ठिन् पर्यहमायुषा वर्चसा दधामि ।।१६।।
इहैव त्वा धात् सविता देवो अग्निर्वर्चसा मित्रावरुणावभि त्वा ।
सर्वा अरातीरवक्रामन्नेहीदं राष्ट्रमकरः सूनृतावत् ।।20।।
यं त्वा पृषती रथे प्रष्टिर्वहति रोहित ।
शुभा यासि रिणन्नपः ।।2१।।
अनुव्रता रोहिणी रोहितस्य सूरिः सुवर्णा बृहती सुवर्चाः ।
तया वाजान विश्वरूपां जयेम तया विश्वाः पृतना अभि ष्याम ।।22।।
इदं सदो रोहिणी रोहितस्यासौ पन्थाः पृषती येन याति ।
तां गन्धर्वाः कश्यपा उन्नयन्ति तां रक्षन्ति कवयोऽप्रमादम् ।।2३।।
सूर्यस्याश्वा हरयः केतुमन्तः सदा वहन्त्यमृताः सुखं रथम् ।

घृतपावा रोहितो भ्राजमानो दिवं देवः पृषतीमा विवेश ।।२४।।
यो रोहितो वृषभस्तिग्मशृंगः पर्यग्निं परि सूर्यं बभूव ।
यो विष्टभ्नाति पृथिवीं दिवं च तस्माद् देवा अधि सृष्टीः सृजन्ते ।।२५।।
रोहितो दिवमारुहन्महतः पर्यर्णवात् ।
सर्वा रुरोह रोहितो रुहः ।।२६।।
वि मिमीष्व पयस्वतीं घृताचीं देवानां धेनुरनपस्पृगेषा ।
इन्द्रः सोमं पिबतु क्षेमो अस्त्वग्निः प्र स्तौतु वि मृधो नुदस्व ।।२७।।

अ. १३.१.३२–६०

उद्यंस्त्वं देव सूर्य सपत्नानव मे जहि ।
अवैनानश्मना जहि ते यन्त्वधमं तमः ।।३२।।
वत्सो विराजो वृषभो मतीनामा रुरोह शुक्रपृष्ठोऽन्तरिक्षम् ।
घृतेनार्कमभ्य र्चन्ति वत्सं ब्रह्म सन्तं ब्रह्मणा वर्धयन्ति ।।३३।।
दिवं च रोह पृथिवीं च रोह राष्ट्रं च रोह द्रविणं च रोह ।
प्रजां च रोहामृतं च रोह रोहितेन तन्वं१ सं स्पृशस्व ।।३४।।
ये देवा राष्ट्रभृतोऽभितो यन्ति सूर्यम् ।
तैष्टे रोहितः संविदानो राष्ट्रं दधातु सुमनस्यमानः ।।३५।।
उत् त्वा यज्ञा ब्रह्मपूता वहन्त्यध्वगतो हरयस्त्वा वहन्ति ।
तिरः समुद्रमति रोचसे अर्णवम् ।।३६।।
रोहिते द्यावापृथिवी अधि श्रिते वसुजिति गोजिति संधनाजिति ।
सहस्रं यस्य जनिमानि सप्त च वोचेयं ते नाभिं भुनस्याधि मज्मनि ।।३७।।
यशा यासि प्रदिशो दिशश्च यशाः पशूनामुत चर्षणीनाम् ।
यशाः पृथिव्या अदित्या उपस्थेऽहं भूयासं सवितेव चारुः ।।३८।।
अमुत्र सन्निह वेत्थेतः संस्तानि पश्यसि ।
इतः पश्यन्ति रोचनं दिवे सूर्यं विपश्चितम् ।।३९।।
देवो देवान् मर्चयस्यन्तश्चरस्यर्णवे ।
समानमग्निमिन्धते तं विदुः कवयः परे ।।४०।।
अवः परेण पर एनावरेण पदा वत्सं बिभ्रती गौरुदस्थात् ।
सा कद्रीची कं स्विदर्धं परागात् क्व स्वित् सूते नहि यूथे अस्मिन् ।।४१।।
एकपदी द्विपदी सा चतुष्पद्यष्टापदी नवपदी बभूवुषी ।
सहस्राक्षरा भुवनस्य पङ्क्तिस्तस्याः समुद्रा अधि वि क्षरन्ति ।।४२।।
आरोहन् द्याममृतः प्राव मे वचः ।
उत् त्वा यज्ञा ब्रह्मपूता वहन्त्यध्वगतो हरयस्त्वा वहन्ति ।।४३।।
वेद तत् ते अमर्त्य यत् त आक्रमणं दिवि ।
यत् ते सधस्थं परमे व्योमन् ।।४४।।
सूर्यो द्यां सूर्यः पृथिवीं सूर्य आपोऽति पश्यति ।
सूर्यो भूतस्यैकं चक्षुरा रुरोह दिवं महीम् ।।४५।।
उर्वीरासन् परिधयो वेदिर्भूमिरकल्पत ।
तत्रैतानग्नी आधत्त हिमं घ्रंसं च रोहितः ।।४६।।
हिमं घ्रंसं चाधाय यूपान् कृत्वा पर्वतान् ।
वर्षाज्यावग्नी ईजाते रोहितस्य स्वर्विदः ।।४७।।
स्वर्विढो रोहितस्य ब्रह्मणाग्निः समिध्यते ।
तस्माद् घ्रंसस्तस्माद्धिमस्तस्माद् यज्ञोऽजायत ।।४८।।
ब्रह्मणाग्नी वावृधानौ ब्रह्मवृद्धौ ब्रह्माहुतौ ।

ब्रह्मेद्धावग्नी ईजाते रोहितस्य स्वर्विदः ।।४६।।
सत्ये अन्यः समाहितोऽप्स्व१न्यः समिध्यते ।
ब्रह्मेद्धावग्नी ईजाते रोहितस्य स्वर्विदः ।।५०।।
यं वातः परि शुम्भति यं वेन्द्रो ब्रह्मणस्पतिः ।
ब्रह्मेद्धावग्नी ईजाते रोहितस्य स्वर्विदः ।।५१।।
वेदिं भूमिं कल्पयित्वा दिवं कृत्वा दक्षिणाम् ।
घ्रंसं तदग्निं कृत्वा चकार विश्वमात्मन्वद् वर्षेणाज्येन रोहितः ।।५2।।
वर्षमाज्यं घ्रंसो अग्निर्वेदिर्भूमिरकल्पत ।
तत्रैतान्पर्वतानग्निर्गीर्भिरूर्ध्वाँ अकल्पयत् ।।५३।।
गीर्भिरूर्ध्वान् कल्पयित्वा रोहितो भूमिमब्रवीत् ।
त्वयीदं सर्वं जायतो यद् भूतं यच्च भवयम् ।।५४।।
स यज्ञः प्रथमो भूतो भव्यो अजायत ।
तस्माद्ध जज्ञ इदं सर्वं यत् किं चेदं विरोचते रोहितेन ऋषिणाभृतम् ।।५५।।
यश्च गां पदा स्फुरति प्रत्यङ् सूर्यं च मेहति ।
तस्य वृश्चामि ते मूलं न च्छायां करवोऽपरम् ।।५६।।
यो माभिच्छायमत्येषि मां चाग्निं चान्तरा ।
तस्य वृश्चामि ते मूलं न च्छायां करवोऽपरम् ।।५७।।
यो अद्य देव सूर्य त्वां च मां चान्तरायति ।
दुःष्वप्न्यं तस्मिंछमलं दुरितानि च मृज्महे ।।५८।।
मा प्र गाम पथो वयं मा यज्ञादिन्द्र सोमिनः। मान्त स्थुर्नो अरातयः ।।५६।।
यो यज्ञस्य प्रसाधनस्तन्तुर्देवेष्वाततः। तमाहुतमशीमहि ।।६०।।

अ. १३.2.१–४६

उदस्य केतवो दिवि शुक्रा भ्राजन्त ईरते ।
आदित्यस्य नृचक्षसो महिव्रतस्य मीढुषः ।।१।।
दिशां प्रज्ञानां स्वरयन्तमर्चिषा सुपक्षमाशुं पतयन्तमर्णवे ।
स्तवाम सूर्यं भुवनय गोपां यो रशिमभिर्दिश आभाति सर्वाः ।।2।।
यत् प्राङ् प्रत्यङ् स्वधया यासि शीभं नानारूपे अहनी कर्षि मायया ।
तदादित्य महि तत् ते महि श्रवो यदेको विश्वं परि भूम जायसे ।।३।।
विपश्चितं तरणिं भ्राजमानं वहन्ति यं हरतिः सप्त बह्रीः ।
स्रुताद् यमत्त्रिर्दिवमुन्निनाय तं त्वा पश्यन्ति परियान्माजिम् ।।४।।
मा त्वा दभन् परियान्तमाजिं स्वस्ति दुर्गाँ अति याहि शीभम् ।
दिवं च सूर्य पृथिवीं च देवीमहोरात्रे विमिमानो यदेषि ।।५।।
स्वस्ति ते सूर्य चरसे रथाय येनोभावन्तौ परियासि सद्यः ।
यं ते वहन्ति हरितो वहिष्ठाः शतमश्वा यदि वा सप्त बह्वीः ।।६।।
सुखं सूर्य रथमंशुमन्तं स्योनं सुवह्निमधि तिष्ठ वाजिनम् ।
यं ते वहन्ति हरितो वहिष्ठाः शतमश्वा यदि वा सप्त बह्वीः ।।७।।
सप्त सूर्यो हरितो यातवे रथे हिरण्यत्वचसो बृहतीरयुक्त ।
अमोचि शुक्रो रजसः परस्ताद् विधूय देवस्तमो दिवमारुहत् ।।८।।
उत् केतुना बृहता देव आगन्नपावृक् तमोऽभि ज्योतिरश्रैत् ।
दिव्यः सुपर्णः स वीरो व्यख्यददितेः पुत्रो भुवनानि विश्वा ।।६।।
उद्यन् रश्मीना तनुषे विश्वा रूपाणि पुष्यसि ।
उभा समुद्रौ क्रतुना वि भासि सर्वाल्लोँकान् परिभूभ्राजमानः ।।१०।।
पर्वापरं चरतो माययैतौ शिशू क्रीडन्तौ परि यातो अर्णवम् ।

विश्वान्यो भुवना विचष्टे हैरण्यैरन्यं हरितो वहन्ति ।।११।।
दिवि त्वात्रिरधारयत् सूर्या मासाय कर्तवे ।
स एषि सुधृतस्तपन् विश्वा भूतावचाकशत् ।।१२।।
उभावन्तौ समर्षसि वत्सः संमातराविव ।
नन्वे३तदितः पुरा ब्रह्म देवा अमी विदुः ।।१३।।
यत् समुद्रमनु श्रितं तत् सिषासति सूर्यः ।
अध्वास्य विततो महान् पूर्वश्चापरश्च यः ।।१४।।
तं समाप्नोति जूतिभिस्ततो नाप चिकित्सति ।
तेनामृतस्य भक्षं देवानां नाव रुन्धते ।।१५।।
उदु त्यं जातवेदसं देवं वहन्ति केतवः ।
दृशे विश्वाय सूर्यम् ।।१६।।
अप त्ये तायवो यथा नक्षत्रा यन्त्यक्तुभिः ।
सूराय विश्वचक्षसे ।।१७।।
अदृश्रन्नस्य केतवो वि रश्मयो जनाँ अनु ।
भ्राजन्तो अग्नयो यथा ।।१८।।
तरणिर्विश्वदर्शतो ज्योतिष्कृदसि सूर्य ।
विश्वमा भासि रोचन ।।१९।।
प्रत्यङ् देवानां विशः प्रतयङ्ङुदेषि मानुषीः ।
प्रतयङ् विश्वं स्वर्दृशे ।।20।।
येना पावक चक्षसा भुरण्यन्तं जनाँ अनु ।
त्वं वरुण पश्यसि ।।21।।
वि द्यामेषि रजस्पृथ्वहर्मिमानो अक्तुभिः ।
पश्यन् जन्मानि सूर्य ।।22।।
सप्त त्वा हरितो रथे वहन्ति देव सूर्य ।
शोचिष्केशं विचक्षणम् ।।2३।।
अयुक्त सप्त शुन्ध्युवः सूरो रथस्य नप्त्यः ।
ताभिर्याति स्वयुक्तिभिः ।।2४।।
रोहितो दिवमारुहत् तपसा तपस्वी ।
स योनिमैति स उ जायते पुनः स देवानामधिपतिर्बभूव ।।2५।।
यो विश्वचर्षणिरुत विश्वतोमुखो यो विश्वतस्पाणिरुत विश्वतस्पृथः ।
सं बाहुभ्यां भरति सं पतत्रैर्द्यावापृथिवी जनयन् देव एकः ।।2६।।
एकपाद् द्विपदो भूयो वि चक्रमे द्विपात् त्रिपादमभ्येति पश्चात् ।
द्विपाद्ध षट्पदो भूयो वि चक्रमे त एकपदस्तन्वं१ समासते ।।2७।।
अतन्द्रो यास्यन् हरितो यदास्थाद् द्वे रूपे कृणुते रोचमानः ।
केतुमानुद्यन्त्सहमानो राजांसि विश्वा आदित्य प्रवतो वि भासि ।।2८।।
बण्महाँ असि सूर्य बडादित्य महाँ असि ।
महांस्ते महतो महिमा त्वमादित्य महाँ असि ।।2९।।
रोचसे दिवि रोचसे अन्तरिक्षे पतंग पृथिव्यां रोचसे रोचसे अप्स्व१न्तः ।
उभा समुद्रौ रुच्या व्यापिथ देवो देवासि महिषः स्वर्जित् ।।३०।।
अर्वाङ् परस्तात् प्रयतो व्यध्व आशुर्विपश्चित् पतयन् पतंगः ।
विष्णुर्विचित्तः शवसाधितिष्ठन् प्र केतुना सहते विश्वमेजत् ।।३१।।
चित्रश्चिकित्वान् महिषः सुपर्ण आरोचयन् रोदसी अन्तरिक्षम् ।
अहोरात्रे परि सूर्यं वसाने प्रास्य विश्वा तिरतो वीर्याणि ।।३2।।

तिग्मो विभ्राजन् तन्वं१ शिशानोऽरंगमासः प्रवतो रराणः ।
ज्योतिष्मान् पक्षी महिषो वयोधा विश्वा आस्थात् प्रदिशः कल्पमानः ।।३३।।
चित्रं देवानां केतुरनीकं ज्योतिष्मान् प्रदिशः सूर्य उद्यन् ।
दिवाकरोऽति द्युम्नैस्तमांसि विश्वतारीद् दुरितानि शुक्रः ।।३४।।
चित्रं देवानामुदगादनीकं चक्षुर्मित्रस्य वरुणस्याग्नेः ।
आप्राद्द्यावापृथिवी अन्तरिक्षं सूर्य आत्मा जगतस्तस्थुषश्च ।।३५।।
उच्चा पतन्तमरुणं सुपर्णं मध्ये दिवस्तरणिं भ्राजमानम् ।
पश्याम त्वा सवितारं यमाहुरजस्रं ज्योतिर्यदविन्ददत्रिः ।।३६।।
दिवस्पृष्ठे धावमानं सुपर्णमदित्याः पुत्रं नाथकाम उप यामि भीतः ।
स नः सूर्य प्र तिर दीर्घमायुर्मा रिषाम सुमतौ ते स्याम ।।३७।।
सहस्राह्ण्यं वियतावस्य पक्षौ हरेर्हंसस्य पततः स्वर्गम् ।
स देवान्त्सर्वानुरस्युपदद्य संपश्यन् याति भुवनानि विश्वा ।।३८।।
रोहितः कालो अभवद् रोहितोऽग्रे प्रजापतिः ।
रोहितो यज्ञानां मुखं रोहितः स्व१राभरत् ।।३६।।
रोहितो लोको अभवद् रोहितोऽत्यतपद् दिवम् ।
रोहितो रश्मिभिर्भूमिं समुद्रमनु सं चरत् ।।४०।।
सर्वा दिशः समचरद् रोहितोऽधिपतिर्दिवः ।
दिवं समुद्रमाद् भूमिं सर्वं भूतं वि रक्षति ।।४१।।
आरोहंछुक्रो बृहतीरतन्द्रो द्वे रूपे कृणुते रोचमानः ।
चित्रश्चिकित्वान् महिषो वातमाया यावतो लोकानभि यद् विभाति ।।४2।।
अभ्य१न्यदेति पर्यन्यदस्यतेऽहोरात्राभ्यां महिषः कल्पमानः ।
सूर्यं वयं रजसि क्षियन्तं गातुविदं हवामहे नाधमानाः ।।४३।।
पृथिवीप्रो महिषो नाधमानस्य गातुरदब्धचक्षुः परि विश्वं बभूव ।
विश्वं संपश्यन्त्सुविदत्रो यजत्र इदं शृणोतु यदहं ब्रवीमि ।।४४।।
पर्यस्य महिमा पृथिवीं समुद्रं ज्योतिषा विभ्राजन् परि द्यामन्तरिक्षम् ।
सर्वं संपश्यन्त्सुविदत्रो यजत्र इदं शृणोतु यदहं ब्रवीमि ।।४५।।
अबोध्यग्निः समिधा जनानां प्रति धेनुमिवायतीमुषासम् ।
यह्वाइव प्र वयामुज्जिहानाः प्र भानवः सिस्रते नाकमच्छ ।।४६।।

अ. १३.३.१–२६

य इमे द्यावापृथिवी जजान यो द्रापिं कृतवा भुवनानि वस्ते ।
यस्मिन् क्षियन्ति प्रदिशः षडुर्वीर्याः पतंगो अनु विचाकशीति ।
तस्य देवस्य क्रुद्धस्यैतदागो य एवं विद्वांसं ब्राह्मणं जिनाति ।
उद् वेपय रोहित प्र क्षिणीहि ब्रह्मज्यस्य प्रति मुंच पाशान् ।।१।।
यस्माद् वाता ऋतुथा पवन्ते यस्मात् समुद्रा अधि विक्षरन्ति ।
तस्य देवस्य क्रुद्धस्यैतदागो य एवं विद्वांसं ब्राह्मणं जिनाति ।
उद् वेपय रोहित प्र क्षिणीहि ब्रह्मज्यस्य प्रति मुंच पाशान् ।।2।।
यो मारयति प्राणयति यस्मात् प्राणन्ति भुवनानि विश्वा ।
तस्य देवस्य क्रुद्धस्यैतदागो य एवं विद्वांसं ब्राह्मणं जिनाति ।
उद् वेपय रोहित प्र क्षिणीहि ब्रह्मज्यस्य प्रति मुंच पाशान् ।।३।।
यः प्राणेन द्यावापृथिवी तर्पयत्यपानेन समुद्रस्य जठरं यः पिपर्ति ।
तस्य देवस्य क्रुद्धस्यैतदागो य एवं विद्वांसं ब्राह्मणं जिनाति ।
उद् वेपय रोहित प्र क्षिणीहि ब्रह्मज्यस्य प्रति पुंच पाशान् ।।४।।
यस्मिन् विराट् परमेष्ठी प्रजापतिरग्निर्वैश्वानरः सह पङ्क्त्या श्रितः ।

यः परस्य प्राणं परमस्य तेज आददे ।
तस्य देवस्य क्रुद्धस्यैतदागो य एवं विद्वांसं ब्राह्मणं जिनाति ।
उद् वेपय रोहित प्र क्षिणीहि ब्रह्मज्यस्य प्रति मुंच पाशान् ।।५।।
यस्मिन् षडुर्वीः पंच दिशो अधि श्रिताश्चतस्र आपो यज्ञस्य त्रयोऽक्षराः ।
यो अन्तरा रोदसी क्रुद्धश्चक्षुषैक्षत ।
तस्य देवस्य क्रुद्धस्यैतदागो य एवं विद्वांसं ब्राह्मणं जिनाति ।
उद् वेपय रोहित प्र क्षिणीहि ब्रह्मज्यस्य प्रति मुंच पाशान् ।।६।।
यो अन्नादो अन्नपतिर्बभूव ब्रह्मणस्पतिरुत यः ।
भूतो भविष्यद् भुवनस्य यस्पतिः ।
तस्य देवस्य क्रुद्धस्यैतदागो य एवं विद्वांसं ब्राह्मणं जिनाति ।
उद् वेपय रोहित प्र क्षिणीहि ब्रह्मज्यस्य प्रति मुंच पाशान् ।।७।।
अहोरात्रैर्विमितं त्रिंशदंगं त्रयोदशं मासं यो निर्मिमीते ।
तस्य देवस्य क्रुद्धस्यैतदागो य एवं विद्वांसं ब्राह्मणं जिनाति ।
उद् वेपय रोहित प्र क्षिणीहि ब्रह्मज्यस्य प्रति मुंच पाशान् ।।८।।
कृष्णं नियानं हरयः सुपर्णा अपो वसाना दिवमुत् पतन्ति ।
त आववृत्रन्त्सदनादृतस्य ।
तस्य देवस्य क्रुद्धस्यैतदागो य एवं विद्वांसं ब्राह्मणं जिनाति ।
उद् वेपय रोहित प्र क्षिणीहि ब्रह्मज्यस्य प्रति मुंच पाशान् ।।९।।
यत् ते चन्द्रं कश्यप रोचनावद् यत् संहितं पुष्कलं चित्रभानु ।
यस्मिन्त्सूर्या अर्पिताः सप्त साकम् ।
तस्य देवस्य क्रुद्धस्यैतदागो य एवं विद्वांसं ब्राह्मणं जिनाति ।
उद् वेपय रोहित प्र क्षिणीहि ब्रह्मज्यस्य प्रति मुंच पाशान् ।।१०।।
बृहदेनमनु वस्ते पुरस्ताद् रथन्तरं प्रति गृह्णाति पश्चात् ।
ज्योतिर्वसाने सदमप्रमादम् ।
तस्य देवस्य क्रुद्धस्यैतदागो य एवं विद्वांसं ब्राह्मणं जिनाति ।
उद् वेपय रोहित प्र क्षिणीहि ब्रह्मज्यस्य प्रति मुंच पाशान् ।।११।।
बृहदन्यतः पक्ष आसीद् रथन्तरमन्यतः सबले सध्रीची ।
यद् रोहितमजनयन्त देवाः ।
तस्य देवस्य क्रुद्धस्यैतदागो य एवं विद्वांसं ब्राह्मणं जिनाति ।
उद् वेपय रोहित प्र क्षिणीहि ब्रह्मज्यस्य प्रति मुंच पाशान् ।।१२।।
स वरुणः सायमग्निर्भवति स मित्रे भवति प्रातरुद्यन् ।
स सविता भूत्वान्तरिक्षेण याति स इन्द्रो भूत्वा तपति मध्यतो दिवम् ।
तस्य देवस्य क्रुद्धस्यैतदागो य एवं विद्वांसं ब्राह्मणं जिनाति ।
उद् वेपय रोहित प्र क्षिणीहि ब्रह्मज्यस्य प्रति मुंच पाशान् ।।१३।।
सहस्राह्ण्यं वियतावस्य पक्षौ हरेर्हंसस्य पततः स्वर्गम् ।
स देवान्त्सर्वानुरस्युपदद्य संपशयन् याति भुवनानि विश्वा ।
तस्य देवस्य क्रुद्धस्यैतदागो य एवं विद्वांसं ब्राह्मणं जिनाति ।
उद् वेपय रोहित प्र क्षिणीहि ब्रह्मज्यस्य प्रति मुंच पाशान् ।।१४।।
अयं स देवो अप्स्व१न्तः सहस्रमूलः पुरुशाको अत्त्रिः ।
य इदं विश्वं भुवनं जजान ।
तस्य देवस्य क्रुद्धस्यैतदागो य एवं विद्वांसं ब्राह्मणं जिनाति ।
उद् वेपय रोहित प्र क्षिणीहि ब्रह्मज्यस्य प्रति मुंच पाशान् ।।१५।।
शुक्रं वहन्ति हरयो रघुष्यदो देवं दिवि वर्चसा भ्राजमानम् ।

यस्योर्ध्वा दिवं तन्व१स्तपन्त्यर्वाङ् सुवर्णैः पटरैर्वि भाति ।
तस्य देवस्य क्रुद्धस्यैतदागो य एवं विद्वांसं ब्राह्मणं जिनाति ।
उद् वेपय रोहित प्र क्षिणीहि ब्रह्मज्यस्य प्रति मुंच पाशान् ।।१६।।
येनादित्यान् हरितः संवहन्ति येन यज्ञेन बहवो यन्ति प्रजानन्तः ।
यदेकं ज्योतिर्बहुधा विभाति ।
तस्य देवस्य क्रुद्धस्यैतदागो य एवं विद्वांसं ब्राह्मणं जिनाति ।
उद् वेपय रोहित प्र क्षिणीहि ब्रह्मज्यस्य प्रति मुंच पाशान् ।।१७।।
सप्त युंजन्ति रथमेकचक्रमेको अश्वो वहति सप्तनामा ।
त्रिनाभि चक्रमजरमनर्वं यत्रेमा विश्वा भुवनाधि तस्थुः ।
तस्य देवस्य क्रुद्धस्यैतदागो य एवं विद्वांसं ब्राह्मणं जिनाति ।
उद् वेपय रोहित प्र क्षिणीहि ब्रह्मज्यस्य प्रति मुंच पाशान् ।।१८।।
अष्टधा युक्तो वहति वह्निरुग्रः पिता देवानां जनिता मतीनाम् ।
ऋतस्य तन्तुं मनसा मिमानः सर्वा दिशः पवते मातरिश्वा ।
तस्य देवस्य क्रुद्धस्यैतदागो य एवं विद्वांसं ब्राह्मणं जिनाति ।
उद् वेपय रोहित प्र क्षिणीहि ब्रह्मज्यस्य प्रति मुंच पाशान् ।।१९।।
सम्यंचं तन्तुं प्रदिशोऽनु सर्वा अन्तर्गायत्र्याममृतस्य गर्भे ।
तस्य देवस्य क्रुद्धस्यैतदागो य एवं विद्वांसं ब्राह्मणं जिनाति ।
उद् वेपय रोहित प्र क्षिणीहि ब्रह्मज्यस्य प्रति मुंच पाशान् ।।२०।।
निम्रुचस्तिस्रो व्युषो ह तिस्रस्त्रीणि रजांसि दिवो अंग तिस्रः ।
विद्मा ते अग्ने त्रेधा जनित्रं त्रेधा देवानां जनिमानि विद्म ।
तस्य देवस्य क्रुद्धस्यैतदागो य एवं विद्वांसं ब्राह्मणं जिनाति ।
उद् वेपय रोहित प्र क्षिणीहि ब्रह्मज्यस्य प्रति मुंच पाशान् ।।२१।।
वि य और्णोत् पृथिवी जायमान आ समुद्रमदधादन्तरिक्षे ।
तस्य देवस्य क्रुद्धस्यैतदागो य एवं विद्वांसं ब्राह्मणं जिनाति ।
उद् वेपय रोहित प्र क्षिणीहि ब्रह्मज्यस्य प्रति मुंच पाशान् ।।22।।
त्वमग्ने क्रतुभिः केतुभिर्हितोऽर्कः समिद्ध उदरोचथा दिवि ।
किमभ्या र्चन्मरुतः पृश्निमातरो यद् रोहितमजनयन्त देवाः ।
तस्य देवस्य क्रुद्धस्यैतदागो य एवं विद्वांसं ब्राह्मणं जिनाति ।
उद् वेपय रोहित प्र क्षिणीहि ब्रह्मज्यस्य प्रति मुंच पाशान् ।।2३।।
य आत्मदा बलदा यस्य विश्व उपासते प्रशिषं यस्य देवाः ।
योऽस्येशे द्विपदो यश्चतुष्पदः ।
तस्य देवस्य क्रुद्धस्यैतदागो य एवं विद्वांसं ब्राह्मणं जिनाति ।
उद् वेपय रोहित प्र क्षिणीहि ब्रह्मज्यस्य प्रति मुंच पाशान् ।।2४।।
एकपाद् द्विपदो भूयो वि चक्रमे द्विपात् त्रिपादमभ्येति पश्चात् ।
चतुष्पाचचक्रे द्विपदामभिस्वरे संपश्यन् पङ्क्तिमुपतिष्ठमानः ।
तस्य देवस्य क्रुद्धस्यैतदागो य एवं विद्वांसं ब्राह्मणं जिनाति ।
उद् वेपय रोहित प्र क्षिणीहि ब्रह्मज्यस्य प्रति मुंच पाशान् ।।2५।।
कृष्णायाः पुत्रो अर्जुनो रात्र्या वत्सोजायत ।
स ह द्यामधि रोहति रुहो रुरोह रोहितः ।।2६।।

९. अश्विनी बृहस्पतिः – अ. ५.2६.१2

अश्विना ब्रह्मणा यातमर्वांचौ वषट्कारेण यज्ञं वर्धयन्तौ ।
बृहस्पते ब्रह्मणा याह्यर्वाङ् यज्ञो अयं स्वरिदं यजमानाय स्वाहा ।।१2।।

१०. आत्मा – अ. ७.2१.१; ७.६७.१; ७.१०३.१; ७.१०४.१; १६.५१.१

अ. ७.२१.१
समेत विश्वे वचसा पति दिव एको विभूरतिथिर्जनानाम् ।
स पूर्व्यो नूतनमाविवासत् तं वर्तनिरनु वावृत एकमित् पुरु ।।१।।
अ. ७.६७.१
पुनर्मैत्विन्द्रियं पुनरात्मा द्रविणं ब्राह्मणं च। पुनरग्नयो धिष्ण्या यथास्थाम कल्पयन्तामिहैव ।।१।।
अ. ७.१०३.१
को अस्या नो द्रुहोऽवद्यवत्या उन्नेष्यति क्षत्रियो वस्य इच्छन् ।
को यज्ञकामः क उ पूर्तिकामः को देवेषु वनुते दीर्घमायुः ।।१।।
अ. ७.१०४.१
कः पृश्निं धेनुं वरुणेन दत्तामथर्वणे सुदुघां नित्यवत्साम् ।
बृहस्पतिना सख्यं जुषाणो यथावशं तन्वः कल्पयाति ।।१।।
अ. १६.५१.१
अयुतोऽहमयुतो म आत्मायुतं मे चक्षुरयुतं मे श्रोत्रमयुतो मे प्राणोऽयुतो मेऽपानोऽयुतो मे व्यानोऽयुतोऽहं सर्वः ।।१।।

११. आदित्यः – अ. १७.१.१–३०

विषामहिं सहमानं सासहानं सहीयांसम् ।
सहमानं सहोजितं स्वर्जितं गोजितं संधनाजितम्। ईड्यं नाम ह्व इन्द्रमायुष्मान् भूयासम्।।१।।
विषासहिं सहमानं सासहानं सहीयांसम् ।
सहमानं सहोजितं स्वर्जितं गोजितं संधनाजितम्।
ईड्यं नाम ह्व इन्द्रं प्रियो देवानां भूयासम् ।।2।।
विषासहिं सहमानं सासहानं सहीयांसम् ।
सहमानं सहोजितं स्वर्जितं गोजितं संधनाजितम्।
ईड्यं नाम ह्व इन्द्रं प्रियः प्रजानां भूयासम् ।।३।।
विषासहिं सहमानं सासहानं सहीयांसम् ।
सहमानं सहोजितं स्वर्जितं गोजितं संधनाजितम्।
ईड्यं नाम ह्व इन्द्रं प्रियः पशूनां भूयासम् ।।४।।
विषासहिं सहमानं सासहानं सहीयांसम् ।
सहमानं सहोजितं स्वर्जितं गोजितं संधनाजितम्।
ईड्यं नाम ह्व इन्द्रं प्रियः समानानां भूयासम् ।।५।।
उदिह्युदिहि सूर्य वर्चसा माभ्युदिहि ।
द्विषंश्चमह्यं रध्यतु मा चाहं द्विषते रधं त्वेद् विष्णो बहुधा वीर्याणि ।
त्वं नः पृणीहि पशुभिर्विश्वरूपैः सुधायां मा धेहि परमे व्योमन् ।।६।।
उदिह्युदिहि सूर्य वर्चसा माभ्युदिहि ।
यांश्च पश्यामि यांश्च न तेषु मा सुमतिं कृधि त्वेद् विष्णो बहुधा वीर्याणि ।
त्वं नः पृणीहि पशुभिर्विश्वरूपैः सुधायां मा धेहि परमे व्योमन् ।।७।।
मा त्वा दभन्त्सलिले अप्स्व१न्तर्ये पाशिन उपतिष्ठन्त्यत्र ।
हित्वाशस्तिं दिवमारुक्ष एतां स नो मृड सुमतौ ते स्याम तवेद् विष्णो बहुधा वीर्याणि ।
त्वं नः पृणीहि पशुभिर्विश्वरूपैः सुधायां मा धेहि परमे व्योमन् ।।८।।
त्वं न इन्द्र महते सौभगायादब्धेभिः परि पाह्यक्तुभिस्तवेद विष्णो बहुधा वीर्याणि ।
त्वं नः पृणीहि पशुभिर्विश्वरूपैः सुधायां मा धेहि परमे व्योमन् ।।६।।
त्वं न इन्द्रोतिभिः शिवाभिः शंतमो भव ।
आरोहंस्त्रिदिवं दिवो गृणानः सोमपीतये प्रियधामा स्वस्तये तवेद् विष्णो बहुधा वीर्याणि ।

त्वं नः पृणीहि पशुभिर्विश्वरूपैः सुधायां मा धेहि परमे व्योमन् ।।१०।।
त्वमिन्द्रासि विश्वजित् सर्ववित् पुरुहूतस्त्वमिन्द्र ।
त्वमिन्द्रेमं सुहवं स्तोममेरयस्व स नो मृड सुमतौ ते स्याम तवेद् विष्णो बहुधा वीर्याणि ।
त्वं नः पृणीहि पशुभिर्विश्वरूपैः सुधायां मा धेहि परमे व्योमन् ।।११।।
अदब्धो दिवि पृथिव्यामुतासि न त आपुर्महिमानमन्तरिक्षे ।
अदब्धेन ब्रह्मणा वावृधानः स त्वं न इन्द्र दिवि षंछर्म यच्छ तवेद् विष्णो बहुधा वीर्याणि ।
त्वं नः पृणीहि पशुभिर्विश्वरूपैः सुधायां मा धेहि परमे व्योमन् ।।१2।।
या त इन्द्र तनूरप्सु या पृथिव्यां यान्तरग्नौ या त इन्द्र पवमाने स्वर्विदि ।
ययेन्द्र तन्वा३न्तरिक्षं व्यापिथ तया न इन्द्र तन्वा३ शर्म यच्छ त्वेद् विष्णो बहुधा वीर्याणि ।
त्वं नः पृणीहि पशुभिर्विश्वरूपैः सुधायां मा धेहि परमे व्योमन् ।।१३।।
त्वामिन्द्र ब्रह्मणा वर्धयन्तः सत्रं नि षेदुर्ऋषयो नाधमानास्तवेद् विष्णो बहुधा वीर्याणि ।
त्वं नः पृणीहि पशुभिर्विश्वरूपैः सुधायां मा धेहि परमे व्योमन् ।।१४।।
त्वं तृतं त्वं पर्येष्युत्सं सहस्रधारं विदथं स्वर्विदं त्वेद् विष्णो बहुधा वीर्याणि ।
त्वं नः पृणीहि पशुभिर्विश्वरूपैः सुधायां मा धेहि परमे व्योमन् ।।१५।।
त्वं रक्षसे प्रदिशश्चतस्रस्त्वं शोचिषा नभसी वि भासि ।
त्वमिमा विश्वा भुवनानु तिष्ठस ऋतस्य पन्थामन्वेषि विद्वांस्तवेद् विष्णो बहुधा वीर्याणि ।
त्वं नः पृणीहि पशुभिर्विश्वरूपैः सुधायां मा धेहि परमे व्योमन् ।।१६।।
पंचभिः पराङ् तपस्येकयार्वाङशस्तिमेषि सुदिने बाधमानस्तवेद् विष्णो बहुधा वीर्याणि ।
त्वं नः पृणीहि पशुभिर्विश्वरूपैः सुधायां मा धेहि परमे व्योमन् ।।१७।।
त्वमिन्द्रस्त्वं महेन्द्रस्त्वं लोकस्त्वं प्रजापतिः ।
तुभ्यं यज्ञो वि तायते तुभ्यं जुह्वति जुह्वतस्तवेद् विष्णो बहुधा वीर्याणि ।
त्वं नः पृणीहि पशुभिर्विश्वरूपैः सुधायां मा धेहि परमे व्योमन् ।।१८।।
असति सत् प्रतिष्ठितं सति भूतं प्रतिष्ठितम् ।
भूतं ह भव्य आहितं भव्यं भूते प्रतिष्ठितं तवेद् विष्णो बहुधा वीर्याणि ।
त्वं नः पृणीहि पशुभिर्विश्वरूपैः सुधायां मा धेहि परमे व्योमन् ।।१९।।
शुक्रोऽसि भ्राजोऽसि। स यथा त्वं भ्राजता भ्राजोऽस्येवाहं भ्राजता भ्राज्यासम् ।।20।।
रुचिरसि रोचोऽसि। स यथा त्वं रुच्या रोचोऽस्येवाहं पशुभिश्च ब्रह्मणवर्चसेन च रुचिषीय।21।
उद्यते नम उदायते नम उदिताय नमः। विराजे नमः स्वराजे नमः सम्राजे नमः ।।22।।
अस्तंयते नमोऽस्तमेष्यते नमोऽस्तमिताय नमः। विराजे नमः स्वराजे नमः ।।2३।।
उदगादयमादित्यो विश्वेन तपसा सह ।
सपत्नान् मह्यं रन्धयन् मा चाहं द्विषते रधं तवेद् विष्णो बहुधा वीर्याणि ।
त्वं नः पृणीहि पशुभिर्विश्वरूपैः सुधायां मा धेहि परमे व्योमन् ।।2४।।
आदित्य नावमारुक्षः शतारित्रां स्वस्तये। अहर्मात्यपीपरो रात्रिं सत्राति पारय ।।2५।।
सूर्य नावमारुक्षः शतारित्रां स्वस्तये। रात्रिं मात्यपीपरोऽहः सत्राति पारय ।।2६।।
प्रजापतेरावृतो ब्रह्मणा वर्मणाहं कश्यपस्य ज्योतिषा वर्चसा च ।
जरदष्टिः कृतवीर्यो विहायाः सहस्रायुः सुकृतश्चरेयम् ।।2७।।
परीवृतो ब्रह्मणा वर्मणाहं कश्यपस्य ज्योतिषा वर्चसा च ।
मा मा प्रापन्निषवो दैव्या या मा मानुषीरवसृष्टा वधाय ।।2८।।
ऋतेन गुप्त ऋतुभिश्च सर्वैर्भूतेन गुप्तो भव्येन चाहम् ।
मा मा प्रापत् पाप्मा मोत मृत्युरन्तर्दधेऽहं सलिलेन वाचः ।।2९।।
अग्निनर्मा गोप्ता परि पातु विश्वत उद्यन्त्सूर्यो नुदतां मृत्युपाशान् ।
व्युच्छन्तीरुषसः पर्वता ध्रुवाः सहस्रं प्राणा मय्या यतन्ताम् ।।३०।।

१2. आदित्यः अध्यातमम् – अ. ६.६.१–22

Vedic Concordance of Mantras as per Ṛṣi and Devatā 39

अस्य वामस्य पलितस्य होतुस्तस्य भ्राता मध्यमो अस्त्यश्नः ।
तृतीयो भ्राता घतपृष्ठो अस्यात्रापश्यं विश्पतिं सप्तपुत्रम् ।।१।।
सप्त युंजन्ति रथमेकचक्रमेको अश्वो वहति सप्तनामा ।
त्रिनाभि चक्रमजरमनर्वं यत्रेमा विश्वा भुवनाधि तस्थुः ।।2।।
इमं रथमधि ये सप्त तस्थुः सप्तचक्रं सप्त वहन्त्यश्वाः ।
सप्त स्वसारो अभि सं नवन्त यत्र गवां निहिता सप्त नामा ।।३।।
को ददर्श प्रथमं जायमानमस्थन्वन्तं यदनस्था बिभर्ति ।
भूमया असुरसृगात्मा क्वस्वित् को विद्वांसमुप गात् प्रष्टुमेतत् ।।४।।
इह ब्रवीतु य ईमंग वेदास्य वामस्य निहितं पदं वेः ।
शीर्ष्णः क्षीरं दुह्रत गावो अस्य वव्रिं वसाना उदकं पदापुः ।।५।।
पाकः पृच्छामि मनसाविजानन् देवानाभेना निहिता पदानि ।
वत्से बष्कयेऽधि सप्त तन्तून् वि तत्निरे कवय ओतवा उ ।।६।।
अचिकित्वांश्चिकितुषश्चिदत्र कवीन् पृच्छामि विद्वनो न विद्वान् ।
वि यस्तस्तम्भ षडिमा रजांस्यजस्य रूपे किमपि स्विदेकम् ।।७।।
माता पितरमृत आ बभाज धीत्यग्रे मनसा सं हि जग्मे ।
सा बीभत्सुर्गर्भरसा निविद्धा नमस्वन्त इदुपवाकमीयुः ।।८।।
युक्ता मातासीद् धुरि दक्षिणाया अतिष्ठद् गर्भो वृजनीष्वन्तः ।
अमीमेद् वत्सो अनु गामपश्यद् विश्वरूप्यं त्रिषु योजनेषु ।।९।।
तिस्रो मातृस्त्रीन् पितृन् विभ्रदेक ऊर्ध्वस्तस्थौ नेमव ग्लापयन्त ।
मन्त्रयन्ते दिवो अमुष्य पृष्ठे विश्वविदो वाचमविश्वविन्नाम् ।।१०।।
पंचारे चक्रे परिवर्तमाने यस्मिन्नातस्थुर्भुवनानि विश्वा ।
तस्य नाक्षस्तप्यते भूरिभारः सनादेव न च्छिद्यते सनाभिः ।।११।।
पंचपादं पितरं द्वादशाकृतिं दिव आहुः परे अर्धे पुरीषिणम् ।
अथेमे अन्य उपरे विचक्षणे सप्तचक्रे षडर आहुरर्पितम् ।।१२।।
द्वादशारं नहि तज्जराय वर्वर्ति चक्रं परि द्यामृतस्य ।
आ पुत्रा अग्ने मिथुनासो अत्र सप्त शतानि विंशतिश्च तस्थुः ।।१३।।
सनेमि चक्रमजरं वि वावृत उत्तानायां दश युक्ता वहन्ति ।
सूर्यस्य चक्षू रजसैत्यावृतं यस्मिन्नातस्थुर्भवनानि विश्वा ।।१४।।
स्त्रियः सतीस्ताँ उ मे पुंस आहुः पश्यदक्षण्वान् न वि चेतदन्धः ।
कविर्यः पुत्रः स ईमा चिकेत यस्ता विजानात् स पितुष्पितासत् ।।१५।।
साकंजानां सप्तथमाहुरेकजं षडिद्यमा ऋषयो देवजा इति ।
तेषमिष्टानि विहितानि धामश स्थात्रे रेजन्ते विकृतानि रूपशः ।।१६।।
अवः परेण पर एनावरेण पदा वत्सं बिभ्रती गौरुदस्थात् ।
सा कद्रीची कं स्विदर्धं परागात् क्व स्वित् सूते नहि यूथे अस्मिन् ।।१७।।
अवः परेण पितरं यो अस्य वेदावः परेण पर एनावरेण ।
कवीयमानः क इह प्र वोचद् देवं मनः कुतो अधि प्रजातम् ।।१८।।
ये अर्वांचस्ताँ उ पराच आहुर्ये परांचस्ताँ उ अर्वाच आहुः ।
इन्द्रश्च या चक्रथुः सोम तानि धुरा न युक्ता रजसो वहन्ति ।।१९।।
द्वा सुपर्णा सयुजा सखाया समानं वृक्षं परि षस्वजाते ।
तयोरन्यः पिप्पलं स्वाद्वत्त्यनश्नन्नन्यो अभि चाकशीति ।।20।।
यस्मिन् वृक्षे मध्वदः सुपर्णा निविशन्ते सुवते चाधि विश्वे ।
तस्य यदाहुः पिप्लं स्वाद्वग्रे तन्नोन्नशद्यः पितरं न वेद ।।21।।
यत्रा सुपर्णा अमृतस्य भक्षमनिमेषं विदथाभिस्वरन्ति ।

एना विश्वस्य भुवनस्य गोपाः स मा धीरः पाकमत्रा विवेश ।।22।।

१३. आदित्यादयः – अ. ५.21.१०–१2

आदित्य चक्षुरा दत्स्व मरीचयोऽनु धावत। पत्संगिनीरा सजन्तु विगते बाहुवीर्ये ।।१०।।
यूयमुग्रा मरुतः पृश्निमातर इन्द्रेण युजा प्र मृणीत शत्रून् ।
सोमो राजा वरुणो राजा महादेव उत मृत्युरिन्द्रः ।।११।।
एता देवसेनाः सूर्यकेतवः सचेतसः। अमित्रान् नो जयन्तु स्वाहा ।।१2।।

१४. आपः – अ. ७.११2.१–2; १६.६६.१–४

अ. ७.११2.१–2

शुम्भनी द्यावापृथिवी अन्तिसुम्ने महिव्रते। आपः सप्त सुस्रुवुर्देवीस्ता नो मुच्चन्त्वंहसः ।।१।।
मुंचन्तु मा शपथ्या३दथो वरुण्यादुत। अथो यमस्य पड्बीशाद् विश्वस्माद् देवकिल्बिषात् ।।2।।

अ. १६.६६.१–४

जीवा स्थ जीव्यासं सर्वमायुर्जीव्यासम् ।।१।।
उपजीवा स्थोप जीव्यासं सर्वमायुर्जीव्यासम् ।।2।।
संजीवा स्थ सं जीव्यासं सर्वमायुर्जीव्यासम् ।।३।।
जीवला स्थ जीव्यासं सर्वमायुर्जीव्यासम् ।।४।।

१५. आयुः – अ. 2.2४.१–८; ७.३2.१; ८.१.१–21; ८.2.१–2८

अ. 2.2४.१–८

शेरभक शेरभ पुनर्वो यन्तु यातवः पुनर्हेतिः किमीदिनः ।
यस्य स्थ तमत्त यो वः प्राहैत् तमत्त स्वा मांसान्यत्त ।।१।।
शेरभक शेवृध पुनर्वो यन्तु यातवः पुनर्हेतिः किमीदिनः ।
यस्य स्थ तमत्त यो वः प्राहैत् तमत्त स्वा मांसान्यत्त ।।2।।
म्रोकानुम्रोक पुनर्वो यन्तु यातवः पुनर्हेतिः किमीदिनः ।
यस्य स्थ तमत्त यो वः प्राहैत् तमत्त स्वा मांसान्यत्त ।।३।।
सर्पानुसर्प पुनर्वो यन्तु यातवः पुनर्हेतिः किमीदिनः ।
यस्य स्थ तमत्त यो वः प्राहैत् तमत्त स्वा मांसान्यत्त ।।४।।
जूर्णि पुनर्वो यन्तु यातवः पुनर्हेतिः किमीदिनः ।
यस्य स्थ तमत्त यो वः प्राहैत् तमत्त स्वा मांसान्यत्त ।।५।।
उपब्दे पुनर्वो यन्तु यातवः पुनर्हेतिः किमीदिनः ।
यस्य स्थ तमत्त यो वः प्राहैत् तमत्त स्वा मांसान्यत्त ।।६।।
अर्जुनि पुनर्वो यन्तु यातवः पुनर्हेतिः किमीदिनीः ।
यस्य स्थ तमत्त यो वः प्राहैत् तमत्त स्वा मांसान्यत्त ।।७।।
भरूजि पुनर्वो यन्तु यातवः पुनर्हेतिः किमीदिनः ।
यस्य स्थ तमत्त यो वः प्राहैत् तमत्त स्वा मांसान्यत्त ।।८।।

अ. ७.३2.१

उप प्रिय पानप्नतं युवानमाहुतीवृधम्। अगन्म बिभ्रतो नमो दीर्घमायुः कृणोतु मे ।।१।।

अ. ८.१.१–21

अन्तकाय मृत्यवे नमः प्राणा अपाना इह ते रमन्ताम् ।
इहायमस्तु पुरुषः सहासुना सूर्यस्य भागे अमृतस्य लोके ।।१।।
उदेनं भगो अग्रभीदुदेनं सोमो अंशुमान् ।
उदेनं मरुतो देवा उदिन्द्राग्नी स्वस्तये ।।2।।
इह तेऽसुरिह प्राण इहायुरिह ते मनः ।
उत् त्वा निर्ऋत्याः पाशेभ्यो दैव्या वाचा भरामसि ।।३।।

उत् क्रामातः पुरुष माव पत्था मृत्योः पड्बीशमवमुंचमानः ।
मा च्छित्था अस्माल्लोकादग्नेः सूर्यस्य संदृशः ।।४।।
तुभ्यं वातः पवतां मातरिश्वा तुभ्यं वर्षन्त्वमृतान्यापः ।
सूर्यस्ते तन्वे३ शं तपाति त्वां मृत्युर्दयतां मा प्र मेष्ठाः ।।५।।
उद्यानं ते पुरुष नावयानं जीवातुं ते दक्षतातिं कृणोमि ।
आ हि रोहेमममृतं सुखं रथमथ जिर्विर्विदथमा वदासि ।।६।।
मा ते मनस्तत्र गान्मा तिरो भून्मा जीवेभ्यः प्र मदो मानु गाः पितॄन् ।
विश्वे देवा अभि रक्षन्तु त्वेह ।।७।।
मा गतानामा दीधीथा ये नयन्ति परावतम् ।
आ रोह तमसो ज्योतिरेह्या ते हस्तौ रभामहे ।।८।।
श्यामश्च त्वा मा शबलश्च प्रेषितौ यमस्य यौ पथिरक्षी श्वानौ ।
अर्वाङेहि मा वि दीध्यो मात्र तिष्ठः पराङ्मनाः ।।९।।
मैतं पन्थामनु गा भीम एष येन पूर्वं नेयथ तं ब्रवीमि ।
तम एतत् पुरुष मा प्र पत्था भयं परस्तादभयं ते अर्वाक् ।।१०।।
रक्षन्तु त्वाग्नयो ये अप्स्व१न्ता रक्षतु त्वा मनुष्या३ यमिन्धते ।
वैश्वानरो रक्षतु जातवेदा दिव्यस्त्वा मा प्र धाग् विद्युता सह ।।११।।
मा त्वा क्रव्यादभि मंस्तारात् संकसुकाच्चर ।
रक्षतु त्वा द्यौ रक्षतु पृथिवी सूर्यश्च त्वा रक्षतां चन्द्रमाश्च ।
अन्तरिक्षं रक्षतु देवहेत्याः ।।१२।।
बोधश्च त्वा प्रतीबोधश्च रक्षतामस्वप्नश्च त्वानवद्राणश्च रक्षताम् ।
गोपायंश्च त्वा जागृविश्च रक्षताम् ।।१३।।
ते त्वा रक्षन्तु ते त्वा गोपायन्तु तेभ्यो नमस्तेभ्यः स्वाहा ।।१४।।
जीवेभ्यस्त्वा समुदे वायुरिन्द्रो धाता दधातु सविता त्रायमाणः ।
मा त्वा प्राणो बलं हासीदसुं तेऽनु ह्वयामसि ।।१५।।
मा त्वा जम्भः संहनुर्मा तमो विदन्मा जिह्वा बर्हिः प्रमयुः कथा स्याः ।
उत् त्वादित्या वसवो भरन्तूदिन्द्राग्नी स्वस्तये ।।१६।।
उत् त्वा द्यौरुत् पृथिव्युत् प्रजापतिरग्रभीत् ।
उत् त्वा मृत्योरोषधयः सोमराज्ञीरपीपरन् ।।१७।।
अयं देवा इहैवास्त्वयं मामुत्र गादितः ।
इमं सहस्रवीर्येण मृत्योरुत् पारयामसि ।।१८।।
उत् त्वा मृत्योरपीपरं सं धमन्तु वयोधसः ।
मा त्वा व्यस्तकेश्यो३ मा त्वा वरुदो रुदन् ।।१९।।
आहार्षमविदं त्वा पुनरागाः पुनर्णवः ।
सर्वाङ्ग सर्वं ते चक्षुः सर्वमायुश्च तेऽविदम् ।।२०।।
व्यवात् ते ज्योतिरभूदप त्वत् तमो अक्रमीत् ।
अप त्वन्मृत्युं निर्ऋतिमप यक्ष्मं नि दध्मसि ।।२१।।

अ. ८.2.१–2८

आ रभस्वेमाममृतस्य श्नुष्टिमच्छिद्यमाना जरदष्टिरस्तु ते ।
असुं त आयुः पुनरा भरामि रजस्तमो मोप गा मा प्र मेष्ठाः ।।१।।
जीवतां ज्योतिरभ्येह्यर्वाङा त्वा हरामि शतशारदाय ।
अवमुंचन् मृत्युपाशानशानशास्तिं द्राघीय आयुः प्रतरं ते दधामि ।।2।।
वातात् ते प्राणमविदं सूर्याच्चक्षुरहं तव ।
यत् ते मनस्त्वयि तद् धारयामि सं वित्सवाङ्गैर्वद जिह्वयालपन् ।।३।।

प्राणेन त्वा द्विपदां चतुष्पदामग्निमिव जातमभि सं धमामि ।
नमस्ते मृत्यो चक्षुषे नमः प्राणाय तेऽकरम् ।।४।।
अयं जीवतु मा मृतेमं समीरयामसि ।
कृणोम्यस्मै भेषजं मृत्यो मा पुरुषं वधीः ।।५।।
जीवलां नघारिषां जीवन्तीमोषधीमहम् ।
त्रयमाणां सहमानां सहस्वतीमिह हुवेऽस्मा अरिष्टतातये ।।६।।
अधि ब्रूहि मा रभथाः सृजेमं तवैव सन्त्सर्वहाया इहास्तु ।
भवाशर्वौ मृडतं शर्म यच्छतमपसिध्य दुरितं धत्तमायुः ।।७।।
अस्मै मृत्यो अधि ब्रूहीमं दयस्वोदितोऽयमेतु ।
अरिष्टः सर्वांगः सुश्रुज्जरसा शतहायन आत्मना भुजमश्नुताम् ।।८।।
देवानां हेतिः परि त्वा वृणक्तु पारयामि त्वा रजस उत् त्वा मृत्योरपीपरम् ।
आरादग्निं क्रव्यादं निरूहं जीवातवे ते परिधिं दधामि ।।९।।
यत् ते नियानं रजसं मृत्यो अनवधर्ष्यम् ।
पथ इमं तस्माद् रक्षन्तो ब्रह्मास्मै वर्म कृण्मसि ।।१०।।
कृणोमि ते प्राणपानौ जरां मृत्युं दीर्घमायुः स्वस्ति ।
वैवस्वतेन प्रहितान् यमदूतांश्चरतोऽप सेधामि सर्वान् ।।११।।
आरादरातिं निर्ऋतिं परो ग्राहिं क्रव्यादः पिशाचान् ।
रक्षो यत् सर्वं दुर्भूतं तत् तमइवाप हन्मसि ।।१२।।
अग्नेष्टे प्राणममृतादायुष्मतो वन्वे जातवेदसः ।
यथा न रिष्या अमृतः सजूरसस्तत् ते कृणोमि तदु ते समृध्यताम् ।।१३।।
शिवे ते स्तां द्यावापृथिवी असंतापे अभिश्रियौ ।
शं ते सूर्य आ तपतु शं वातो वातु ते हृदे ।
शिवा अभि क्षरन्तु त्वापो दिव्याः पयस्वतीः ।।१४।।
शिवास्ते सन्त्वोषधय उत् त्वाहार्षमधरस्या उत्तरां पृथिवीमभि ।
त्र त्वादित्यौ रक्षतां सूर्याचन्द्रमसावुभा ।।१५।।
यत् ते वासः परिधानं यां नीविं कृणुषे त्वम् ।
शिवं ते तन्वे३ तत् कृण्मः संस्पर्शेऽद्रूक्ष्णमस्तु ते ।।१६।।
यत् क्षुरेण मर्चयता सुतेजसा वप्ता वपसि केशश्मश्रु ।
मुखं मा न आयुः प्र मोषीः ।।१७।।
शिवौ ते स्तां व्रीहियवावबलासावदोमधौ ।
एतौ यक्ष्मं वि बाधेते एतौ मुंचतो अंहसः ।।१८।।
यदश्नासि यत्पिबसि धान्यं कृष्याः पयः ।
यदाद्यं१ यदनाद्यं सर्वं ते अन्नमविषं कृणोमि ।।१९।।
अह्ने च त्वा रात्रये चोभाभ्यां परि दद्मसि ।
अरायेभ्यो जिघत्सुभ्य इमं मे परि रक्षत ।।20।।
शतं तेऽयुतं हायनान् द्वे युगे त्रीणि चत्वारि कृण्मः ।
इन्द्राग्नी विश्वे देवास्तेऽनु मन्यन्तामहृणीयमानाः ।।21।।
शरदे त्वा हेमन्ताय वसन्ताय ग्रीष्माय परि दद्मसि ।
वर्षाणि तुभ्यं स्योनानि येषु वर्धन्त ओषधीः ।।22।।
मृत्युरीशे द्विपदां मृत्युरीशे चतुष्पदाम् ।
तस्मात् त्वां मृत्योर्गोपतेरुद्भरामि स मा बिभेः ।।23।।
सोऽरिष्ट न मरिष्यसि न मरिष्यसि मा बिभेः ।
न वै तत्र म्रियन्ते नो यन्त्यधमं तमः ।।2४।।
सर्वो वै तत्र जीवति गौरश्वः पुरुषः पशुः ।

यत्रेदं ब्रह्म क्रियते परिधिर्जीवनाय कम् ।।२५।।
परि त्वा पातु समानेभ्योऽभिचारात् सबन्धुभ्यः ।
अमम्रिर्भवामृतोऽतिजीवो मा ते हासिषुरसवः शरीरम् ।।२६।।
ये मृत्यव एकशतं या नाष्ट्रा अतितार्याः ।
मुंचन्तु तस्मात् त्वां देवा अग्नेर्वैश्वानरादधि ।।२७।।
अग्नेः शरीरमसि पारयिष्णु रक्षोहासि सपत्नहा ।
अथो अमीवचातनः पूतुद्रुर्नाम भेषजम् ।।२८।।

१६. आयुः – अ. बृहस्पतिः अश्विनौ च – अ. ७.५३.१–७

अमुत्रभूयादधि यद् यमस्य बृहस्पते अभिशस्तेरमुंचः ।
प्रत्यौहतामश्विना मृत्युमस्मद् देवानामग्ने भिषजा शचीभिः ।।१।।
सं क्रामतं मा जहीतं शरीरं प्राणापानौ ते सयुजाविह स्ताम् ।
शतं जीव शरदो वर्धमानोऽग्निष्टे गोपा अधिपा वसिष्ठः ।।२।।
आयुर्यत् ते अतिहितं पराचैरपानः प्राणः पुनरा तावितताम् ।
अग्निष्टदाहार्निर्ऋतेरुपस्थात् तदात्मनि पुनरा वेशयामि ते ।।३।।
मेमं प्राणो हासीन्मो अपानोऽवहाय परा गात् ।
सप्तऋषिभ्य एनं परि ददामि त एनं स्वस्ति जरसे वहन्तु ।।४।।
प्र विशतं प्राणापानावनड्वाहाविव व्रजम् ।
अयं जरिम्णः शेवधिररिष्ट इह वर्धताम् ।।५।।
आ ते प्राणं सुवामसि परा यक्ष्मं सुवामि ते ।
आयुर्नो विश्वतो दधदयमग्निर्वरेण्यः ।।६।।
उद् वयं तमसस्परि रोहन्तो नाकमुत्तमम् ।
देवं देवत्रा सूर्यमगन्म ज्योतिरुत्तमम् ।।७।।

१७. आशापालाः वास्तोष्पतयः – अ. १.३१.१–४

आशानामाशापालेभ्यश्चतुर्भ्यो अमृतेभ्यः ।
इदं भूतस्याध्यक्षेभ्यो विधेम हविषा वयम् ।।१।।
य आशानामाशापालाश्चत्वार स्थन देवाः ।
ते नो निर्ऋत्याः पाशेभ्यो मुंचतांहसोअंहसः ।।२।।
अस्रामस्त्वा हविषा यजाम्यश्लोणस्त्वा घृतेन जुहोमि ।
य आशानामाशापालस्तुरीयो देवः स नः सुभूतमेह वक्षत् ।।३।।
स्वस्ति मात्र उत पित्रे नो अस्तु स्वस्ति गोभ्यो जगते पुरुषेभ्यः ।
विश्वं सुभूतं सुविदत्रं नो अस्तु ज्योगेव दृशेम सूर्यम् ।।४।।

१८. आसुरी वनस्पतिः – अ. १.२४.१–४

सुपर्णो जातः प्रथमस्तस्य त्वं पित्तमासिथ ।
तदासुरी युधा जिता रूपं चक्रे वनस्पतीन् ।।१।।
आसुरी चक्रे प्रथमेदं किलासभेषजमिदं किलासनाशनम् ।
अनीनशत् किलासं सरूपामकरत् त्वचम् ।।२।।
सरूपा नाम ते माता सरूपो नाम ते पिता ।
सरूपकृत् त्वमोषधे सा सरूपमिदं कृधि ।।३।।
श्यामा सरूपंकरणी पृथिव्या अध्युद्भृता ।
इदमू षु प्र साधय पुना रूपाणि कल्पय ।।४।।

१९. इन्द्रः – अ. १.१९.१–४; ५.२६.३; ११

अ. १.१६.१–४

मा नो विदन् विव्याधिनो मो अभिव्याधिनो विदन् ।
आराच्छरव्या अस्मद् विषूचीरिन्द्र पातय ।।१।।
विष्वंचो अस्मच्छरवः पतन्तु ये अस्ता ये चास्याः ।
दैवीर्मनुष्येषवो ममामित्रान् वि विध्यत ।।2।।
यो नः स्वो यो अरणः सजात उत निष्ट्यो यो अस्माँ अभिदासति ।
रुद्रः शरव्य यैतान् ममामित्रान् वि विध्यतु ।।३।।
यः सपत्नो योऽसपत्नो यश्च द्विषंछपाति नः ।
देवास्तं सर्वे धूर्वन्तु ब्रह्म वर्म ममान्तरम् ।।४।।

अ. ५.2६.३

इन्द्र उक्थामदान्यस्मिन् यज्ञे प्रविद्वान् युनक्तु सुयुजः स्वाहा ।।३।।

अ. ५.2६.११

इन्द्रो युनक्तु बहुधा वीर्याण्यस्मिन् यज्ञे सुयुजः स्वाहा ।।११।।

20. **इन्द्रादयो मन्त्रोक्ता – अ. १.2६.१–४; १६.७०.१**

अ. १.2६.१–४

आरे३सावस्मदस्तु हेतिर्द्रेवासो असत्। आरे अश्मा यमस्यथ ।।१।।
सखासावस्मभ्यमस्तु रातिः सखेन्द्रो भगः सविता चित्रराधाः ।।2।।
यूयं नः प्रवतो नपान्मरुतः सूर्यत्वचसः। शर्म यच्छाथ सप्रथाः ।।३।।
सुषूदत मृडत मृडया नस्तनूभ्यो मयस्तोकेभ्यस्कृधि ।।४।।

अ. १६.७०.१

इन्द्र जीव सूर्य जीव देवा जीवा जीव्यासमहम्। सर्वमायुर्जीव्यासम् ।।१।।

2१. **इन्द्राग्नी आयुः यक्ष्मनाशनम् – अ. ३.११.१–८**

मुंचामि त्वा हविषा जीवनाय कमज्ञातयक्ष्मादुत राजयक्ष्मात् ।
ग्राहिर्जग्राह यद्येतदेनं तस्या इन्द्राग्नी प्र मुमुक्तमेनम् ।।१।।
यदि क्षितायुर्यदि वा परेतोयदि मृत्योरन्तिकं नीत एव ।
तमा हरामि निर्ऋतेरुपस्थादस्पार्शमेनम् शतशारदाय ।।2।।
सहस्राक्षेण शतवीर्येण शतायुषा हविषाहार्षमेनम् ।
इन्द्रो यथैनं शरदो नयातयति विश्वस्य दुरितस्य पारम् ।।३।।
शतं जीव शरदो वर्धमानः शतं हेमन्तांछतमुवसन्तान् ।
शतं त इन्द्रो अग्निः सविता बृहस्पतिः शतायुषा हविषाहार्षमेनम् ।।४।।
प्र विशतं प्राणापानावनड्वाहाविव व्रजम् ।
व्य१न्ये यन्तु मृत्यवो यानाहुरितरांछतम् ।।५।।
इहैव स्तं प्राणापानौ माप गातमितो युवम् ।
शरीरमस्यांगानि जरसे वहतं पुनः ।।६।।
जरायै त्वा परि ददामि जरायै नि धुवामि त्वा ।
जरा त्वा भद्रा नेष्ट व्य१न्ये यन्तु मृत्यवो यानाहुरितरांछतम् ।।७।।
अभि त्वा जरिमाहित गामुक्षणमिव रज्ज्वा ।
यस्त्वा मृत्युरभ्यधत्त जायमानं सुपाशया ।
तं ते सत्यस्य हस्ताभ्यामुदमुंचद् बृहस्पतिः ।।८।।

22. **ऋक् सामनी – अ. ७.५४.१**

ऋचं साम यजामहे याभ्यां कर्माणि कुर्वते। एते सदसि राजतो यज्ञं देवेषु यच्छतः ।।१।।

2३. **ऋषभः – अ. ६.४.१–2४**

साहस्रस्त्वेष ऋषभः पयस्वान् विश्वा रूपाणि वक्षणासु बिभ्रत् ।
भद्रं दात्रे यजमानाय शिक्षन् बार्हस्पत्य उस्रियस्तन्तुमातान् ।।१।।
अपां यो अग्रे प्रतिमा बभूव प्रभूः सर्वस्मै पृथिवीव देवी ।
पिता वत्सानां पतिरध्न्यानां साहस्रे पोषे अपि नः कृणोतु ।।2।।
पुमानन्तर्वान्त्स्थविरः पयस्वान् वसोः कबन्धमृषभो बिभर्ति ।
तमिन्द्राय पथिभिर्देवयानैर्हुतमग्निर्वहतु जातवेदाः ।।३।।
पिता वत्सानां पतिरघ्न्यानामथो पिता महतां गर्गराणाम् ।
वतसो जरायुः प्रतिधुक् पीयूष आमिक्षा घृतं तद् वस्य रेतः ।।४।।
देवानां भाग उपनाह एषा३पां रस ओषधीनां घृतस्य ।
सोमस्य भक्षमवृणीत शक्रो बृहन्नद्रिरभवद् यच्छरीरम् ।
सोमेन पूर्णं कलशं बिभर्षि त्वष्टा रूपाणां जनिता पशूनाम् ।
शिवास्ते सन्तु प्रजन्व इह या इमा न्य१ स्मभ्यं स्वधिते यच्छ या अमूः ।।६।।
आज्यं बिभर्ति घृतमस्य रेतः साहस्रः पोषस्तमु यज्ञमाहुः ।
इन्द्रस्य रूपमृषभो वसानः सो अस्मान् देवाः शिव ऐतु दत्तः ।।७।।
इन्द्रस्यौजो वरुणस्य बाहू अश्विनोरंसौ मरुतामियं कुकुत् ।
बृहस्पतिं संभृतमेतमाहुर्ये धीरासः कवयो ये मनीषिणः ।।८।।
दैवीर्विशः पयस्वाना तनोषि त्वामिन्द्रं त्वां सरस्वन्तमाहुः ।
सहस्रं स एकमुखा ददाति यो ब्राह्मण ऋषभमाजुहोति ।।६।।
बृहस्पतिः सविता ते वयो दधौ त्वष्टुर्वायोः पर्यात्मा त आभृतः ।
अन्तरिक्षे मनसा त्वा जुहोमि बर्हिष्टे द्यावापृथिवी उभे स्ताम् ।।१०।।
य इन्द्रइव देवेषु गोष्वेति विवावदत् ।
तस्य ऋषभस्यांगानि ब्रह्मा सं स्तौतु भद्रया ।।११।।
पार्श्वे आस्तामनुमत्या भगस्यास्तामनूवृजौ ।
अष्ठीवन्तावब्रवीन्मित्रो ममैतौ केवलाविति ।।१2।।
भसदासीदादित्यानां श्रोणी आस्तां बृहस्पतेः ।
पुच्छं वातस्य देवस्य तेन धूनोत्योषधीः ।।१३।।
गुदा आसन्त्सिनीवाल्याः सूर्यायास्त्वचमब्रुवन् ।
उत्थातुरब्रुवन् पद ऋषभं यदकल्पयन् ।।१४।।
क्रोड आसींजामिशंसस्य सोमस्य कलशो धृतः ।
देवाः संगत्य यत् सर्व ऋषभं व्यकल्पयन् ।।१५।।
ते कुष्ठिकाः सरमायै कूर्मेभ्यो अदधुः शफान् ।
ऊबध्यमस्य कीटेभ्यः श्ववर्तेभ्यो अधारयन् ।।१६।।
शृंगभ्यां रक्ष ऋषत्यवर्तिं हन्ति चक्षुषा ।
शृणोति भद्रं कर्णाभ्यां गवां यः पतिरघ्न्यः ।।१७।।
शतयाजं स यजते नैनं दुन्वन्त्यग्नयः ।
जिन्वन्ति विश्वे तं देवा यो ब्राह्मण ऋषभमाजुहोति ।।१८।।
ब्राह्मणेभ्य ऋषभं दत्त्वा वरायः कृणुते मनः ।
पुष्टिं सो अघ्न्यानां स्वे गोष्ठेऽव पश्यते ।।१६।।
गावः सन्तु प्रजाः सन्त्वथो अस्तु तनूबलम् ।
तत् सर्वमनु मन्यन्तां देवा ऋषभदायिने ।।20।।
अयं पिपान इन्द्र इद् राय दधातु चेतनीम् ।
अयं धेनुं सुदुघां नित्यवत्सां वशं दुहां विपश्चितं परो दिवः ।।2१।।
पिशंगरूपो नभसो वयोधा ऐन्द्रः शुष्मो विश्वरूपो न आगन् ।

आयुरस्मभ्यं दधत् प्रजां च रायश्च पोषैरभि नः सचताम् ।।22।।
उपेहोपपर्चनास्मिन् गोष्ठ उप पृंच नः ।
उप ऋषभस्य यद् रेत उपेन्द्र तव वीर्यम् ।।२३।।
एतं वो युवानं प्रति दध्मो अत्र तेन क्रीडन्तीश्चरत वशाँ अनु ।
मा नो हासिष्ट जनुषा सुभागा रायश्च पाषैरभि नः सचध्वम् ।।२४।।

२४. ओजः प्रभृतीनिः – अ. २.१७.१–७

ओजोऽस्योजो मे दाः स्वाहा ।।१।।
सहोऽसि सहो मे दाः स्वाहा ।।2।।
बलमसि बलं मे दाः स्वाहा ।।३।।
आयुरस्यायुर्मे मे दाः स्वाहा ।।४।।
श्रोत्रमसि श्रोत्रं मे दाः स्वाहा ।।५।।
चक्षुरसि चक्षुर्मे दाः स्वाहा ।।६।।
परिपाणमसि परिपाणं मे दाः स्वाहा ।।७।।

२५. कामः – अ. १६.५2.१–५

कामस्तदग्रे समवर्तत मनसो रेतः प्रथमं यदासीत् ।
स काम कामेन बृहता सयोनी रायस्पोषं यजमानाय धेहि ।।१।।
त्वं काम सहसासि प्रतिष्ठितो विभुर्विभावा सख आ सखीयते ।
त्वमुग्रः पृत्नासु सासहिः सह ओजो यजमानाय धेहि ।।2।।
दूराच्चकमानाय प्रतिपाणयाक्षये ।
आस्मा अशृण्वन्नाशाः कामेनाजनयन्त्स्वः ।।३।।
कामेन मा काम आगन् हृदयाद्धृदयं परि ।
यदमीषामदो मनस्तदैतूप मामिह ।।४।।
यत्काम कामयमाना इदं कृण्मसि ते हविः ।
तन्नः सर्वं समृध्यतामथेतस्य हविषो वीहि स्वाहा ।।५।।

२६. गायत्रीः – अ. १६.७१.१

स्तुता मया वरदा वेदमाता प्र चोदयन्तां पावमानी द्विजानाम् ।
आयुः प्राणं प्रजां पशुं कीर्तिं द्रविणं ब्रह्मवर्चसम्। मह्यं दत्त्वा व्रजत ब्रह्मलोकम् ।।१।।

२७. गावः – अ. ४.२१.१–७

आ गावो अग्मन्नुत भद्रमक्रन्त्सीदन्तु गोष्ठे रणयन्त्वस्मे ।
प्रजावतीः पुरुरूपा इह स्युरिन्द्राय पूर्वीरुषसो दुहानाः ।।१।।
इन्द्रो यज्वने गृणनते च शिक्षत उपेद् ददाति न स्वं मुषायति ।
भूयोभूयो रयिमिदस्य वर्धयन्नभिन्ने खिल्ये नि दधाति देवयुम् ।।2।।
न ता नशन्ति न दभाति तस्करो नासामामित्रो व्यथिरा दधर्षति ।
देवांश्च याभिर्यजते ददाति च ज्योगित् ताभिः सचते गोपतिः सह ।।३।।
न ता अर्वा रेणुककाटोऽश्नुते न संस्कृतत्रमुप यन्ति ता अभि ।
उरुगायमभ्यं तस्य ता अनु गावो मर्तस्य वि चरन्ति यज्वनः ।।४।।
गावो भगो गाव इन्द्रो म इच्छाद् गावः सोमस्य प्रथमस्य भक्षः ।
इमा या गावः स जनास इन्द्र इच्छमि हृदा मनसा चिदिन्द्रम् ।।५।।
यूयं गावो मेदयथा कृशं चिदश्रीरं चित् कृणुथा सुप्रतीकम् ।
भद्रं गृहं कृणुथ भद्रवाचो बृहद् वो वय उच्यते सभासु ।।६।।
प्रजावतीः सूयवसे रुशन्तीः शुद्धा अपः सुप्रपाणे पिबन्तीः ।
मा व स्तेन ईशत माघशंसः परि वो रुद्रस्य हेतिर्वृणक्तु ।।७।।

२८. गृहाः वास्तोष्पतिः – अ. ७.६०.१–७

ऊर्जं बिभ्रद् वसुवनिः सुमेधा अघोरेण चक्षुषा मित्रियेण।
गृहानैमि सुमना वन्दमानो रमध्वं मा बिभीत मत् ।।१।।
इमे गृहा मयोभुव ऊर्जस्वन्तः पयस्वन्तः ।
पूर्णा वामेन तिष्ठन्तस्ते नो जानन्त्वायतः ।।2।।
येषामध्येति प्रवसन् येषु सौमनसो बहुः ।
गृहानुप ह्वयामहे ते नो जानन्त्वयतः ।।३।।
उपहूता भूरिधनाः सखायः स्वादुसंमुदः ।
अक्षुध्या अतृष्या स्त गृहा मास्मद् बिभीतन ।।४।।
उपहूता इह गाव उपहूता अजाव्यः ।
अथो अन्नस्य कीलाल उपहूतो गृहेषु नः ।।५।।
सूनृतावन्तः सुभगा इरावन्तो हसामुदाः ।
अतृष्या अक्षुध्या स्त गृहा मास्मद् बिभीतन ।।६।।
इहैव स्त मानु गात विश्वा रूपाणि पुष्यत ।
ऐष्यामि भद्रेण सह भूयांसो भवता मया ।।७।।

२६. गौः – अ. ६.७.१–२६

प्रजापतिश्च परमेष्ठी च शृंगे इन्द्रः शिरो अग्निर्ललाटं यमः कृकाटम् ।।१।।
सोमो राजा मस्तिष्को द्यौरुत्तरहनुः पृथिव्यधरहनुः ।।2।।
विद्युज्जिह्वा मरुतो दन्ता रेवतीर्ग्रीवाः कृत्तिका स्कन्धा घर्मो वहः ।।३।।
विश्वं वायुः स्वर्गो लोकः कृष्णद्रं विधरणी निवेष्यः ।।४।।
श्येनः क्रोडो३न्तरिक्षं पाजस्यं१ बृहस्पतिः ककुद् बृहतीः कीकसाः ।।५।।
देवानां पत्नीः पृष्टय उपसदः पर्शवः ।।६।।
मित्रश्च वरुणश्चांसौ त्वष्टा चार्यमा च दोषणी महादेवो बाहू ।।७।।
इन्द्राणी भसद् वायुः पुच्छं पवमानो वालाः ।।८।।
ब्रह्म च क्षत्रं च श्रोणी बलमूरू ।।६।।
धाता च सविता चाष्ठीवन्तौ जंघा गन्धर्वा अप्सरसः कुष्ठिका अदितिः शफाः ।।१०।।
चेतो हृदयं यकृन्मेधा व्रतं पुरीतत् ।।११।।
क्षुत् कुक्षिरिरा वनिष्ठुः पर्वताः प्लाशयः ।।१2।।
क्रोधो वृक्कौ मन्युराण्डौ प्रजा शेपः ।।१३।।
नदी सूत्री वर्षस्य पतय स्तना स्तनयित्नुरूधः ।।१४।।
विश्वव्यचाश्चर्मौषधयो लोमानि नक्षत्राणि रूपम् ।।१५।।
देवजना गुदा मनुष्याआन्त्राण्यत्रा उदरम् ।।१६।।
रक्षांसि लोहितमितरजना ऊवध्यम् ।।१७।।
अभ्रं पीबो मज्जा निधनम् ।।१८।।
अग्निरासीन उत्थितोऽश्विना ।।१६।।
इन्द्रः प्राङ् तिष्ठन् दक्षिणा तिष्ठन् यमः ।।20।।
प्रत्यङ् तिष्ठन् धातोदङ् तिष्ठन्त्सविता ।।2१।।
तृणानि प्राप्तः सोमो राजा ।।22।।
मित्र ईक्षमाण आवृत्त आनन्दः ।।2३।।
युज्यमानो वैश्वदेवो युक्तः प्रजापतिर्विमुक्तः सर्वम् ।।2४।।
एतद् वै विश्वरूपं सर्वरूपं गोरूपम् ।।2५।।
उपैनं विश्वरूपाः सर्वरूपाः पशवस्तिष्ठन्ति य एवं वेद ।।2६।।

३०. गौ विराट् अध्यातमम् – अ. ६.१०.१–22; २४–२८

अ. ६.१०.१–22

यद् गायत्रे अधि गायत्रमाहितं त्रैष्टुभे वा त्रैष्टुभान्निरतक्षत ।
यद्वा जगज्जगत्याहितं पदं य इत् तद् विदुस्ते अमृतत्वमानशुः ।।१।।
गायत्रेण प्रति मिमीते अर्कमर्केण साम त्रैष्टुभेन वाकम् ।
वाकेन वाकं द्विपदा चतुष्पदाक्षरेण मिमते सप्त वाणीः ।।2।।
जगता सिन्धुं दिव्यस्कभायद् रथन्तरे सूर्यं पर्यपश्यत् ।
गायत्रस्य समिधस्तिस्र आहुस्ततो मह्ना प्र रिरिचे महित्वा ।।३।।
उप ह्वये सुदुघां धेनुमेतां सुहस्तो गोधुगुत दोहदेनाम् ।
श्रेष्ठं सवं सविता साविषन्नोऽभीद्धो घर्मस्तदु षु प्र वोचत् ।।४।।
हिंकृण्वती वसुपत्नी वसूनां वत्समिच्छन्ती मनसाभ्यागात् ।
दुहामश्विभ्यां पयो अघ्न्येयं सा वर्धतां महते सौभगाय ।।५।।
गौरमीमेदभि वत्सं मिषन्तं मूर्धानं हिङ्ङकृणोन्मातवा उ ।
सृक्वाणं घर्ममभि वावशाना मिमाति मायुं पयते पयोभिः ।।६।।
अयं स शिङ्क्ते येन गौरभीवृता मिमाति मायुं ध्वसनावधि श्रिता ।
सा चित्तिभिर्नि हि चकार मर्त्यान् विद्युद्भवन्ती प्रति वव्रिमौहत ।।७।।
अनच्छये तुरगातु जीवमेजद् ध्रुवं मध्य आ पस्त्यानाम् ।
जीवो मृतस्य चरति स्वधाभिरमर्त्यो मर्त्येना सयोनिः ।।८।।
विधुं दद्राणं सलिलस्य पृष्ठे युवानं सन्तं पलितो जगार ।
देवस्य पश्य काव्यं महित्वाद्या ममार स ह्यः समान ।।६।।
य ईं चकार न सो अस्य वेद य ईं ददर्श हिरुगिन्नु तस्मात् ।
स मातुर्योना परिवीतो अन्तर्बहुप्रजा निर्ऋतिरा विवेश ।।१०।।
अपश्यं गोपानिपद्यमानमा च परा च पथिभिश्चरन्तम् ।
स सध्रीचीः स विषूचीर्वसान आ वरीवर्ति भूवनेष्वन्तः ।।११।।
द्यौर्नः पिता जनिता नाभिरत्र बन्धूर्नो माता पृथिवी महीयम् ।
उत्तानयोश्चम्बो३र्योनिरन्तरत्रा पिता दुहितुर्गर्भमाधात् ।।१2।।
पृच्छामि त्वा परमन्तं पृथिव्याः पृच्छामि वृष्णो अश्वस्य रेतः ।
पृच्छामि विश्वस्य भुवनस्य नाभिं पृच्छामि वाचः परमं व्योम ।।१३।।
इयं वेदिः परो अन्तः पृथिव्या अयं सोमो वृष्णो अश्वस्य रेतः ।
अयं यज्ञो विश्वस्य भुवनस्य नाभिर्ब्रह्मायं वाचः परमं वयोम ।।१४।।
न वि जानामि यदिवेदमस्मि निण्यः संनद्धो मनसा चरामि ।
यदा मागन् प्रथमजा ऋतस्यादिद् वाचो अश्नुवे भागमस्याः ।।१५।।
अपाङ् प्राङेति स्वधया गृभीतोऽमर्त्यो मर्त्येना सयोनिः ।
ता शश्वन्ता विषूचीना वियन्ता न्य१न्यं चिक्युर्न नि चिक्युरन्यम् ।।१६।।
सप्तार्धगर्भा भुवनस्य रेतो विष्णोस्तिष्ठन्ति प्रदिशा विधर्मणि ।
ते धीतिभिर्मनसा ते विपश्चितः परिभुवः परि भवन्ति विश्वतः ।।१७।।
ऋचो अक्षरे परमे व्योमन् यस्मिन् देवा अधि विश्वे निषेदुः ।
यस्तन्न वेद किमृचा करिष्यति य इत् तद् विदुस्ते अमी समासते ।।१८।।
ऋचः पदं मात्रया कल्पयन्तोऽर्धर्चेन चाक्लृपुर्विश्वमेजत् ।
त्रिपाद् ब्रह्म पुरुरूपं वि तष्ठे तेन जीवन्ति प्रदिशश्चतस्रः ।।१६।।
सूयवसाद् भगवती हि भूया अधा वयं भगवन्तः स्याम ।
अद्धि तृणमघ्न्ये विश्वदानीं पिब शुद्धमुदकमाचरन्ती ।।20।।
गौरिन्मिमाय सलिलानि तक्षत्येकपदी द्विपदी सा चतुष्पदी ।

अष्टापदी नवपदी बभूवुषी सहस्राक्षरा भुवनस्य पङ्क्तिस्तस्याः समुद्रा अधि वि क्षरन्ति ।।21।।
कृष्णं नियानं हरयः सुपर्णा अपो वसाना दिवमुत्पतन्ति ।
तं आववृत्रन्त्सदनादृतस्यादिद् घृतेन पृथिवीं व्यूदुः ।।22।।

अ. ६.१०.२४–२८

विराड् वाग् विराट् पृथिवी विराडन्तरिक्षं विराट् प्रजापतिः ।
विराण्मृत्युः साध्यानामधिराजो बभूव तस्य भूतं भव्यं वशे स मे भूतं भव्यं वशे कृणोतु ।।२४।।
शकमयं धूममारादपश्यं विषूवता पर एनावरेण ।
उक्षाणं पृश्निमपचन्त वीरास्तानि धर्माणि प्रथमान्यासन् ।।२५।।
त्रयः केशिन ऋतुथा वि चक्षते संवत्सरे वपत एक एषाम् ।
विश्वमन्यो अभिचष्टे शचीभिर्ध्राजिरेकस्य ददृशे न रूपम् ।।२६।।
चत्वारि वाक् परिमिता पदानि तानि विदुर्ब्राह्मणा ये मनीषिणः ।
गुहा त्रीणि निहिता नेंगयन्ति तुरीयं वाचो मनुष्यावदन्ति ।।२७।।
इन्द्रं मित्रं वरुणमग्निमाहुरथो दिव्यः स सुपर्णो गरुत्मान् ।
एकं सद् विप्रा बहुधा वदन्त्यग्निं यमं मातरिश्वानमाहुः ।।२८।।

३१. गौष्ठः – अ. ३.१४.१–६

सं वो गोष्ठेन सुषदा सं रय्या सं सुभूत्या। अहर्जातस्य यन्नाम तेना वः सं सृजामसि ।।१।।
सं वः सृजत्वर्यमा सं पूषा सं बृहस्पतिः। समिन्द्रो यो धनंजयो मयि पुष्यत यद् वसु ।।2।।
संजग्माना अविभ्युषिरस्मिन् गोष्ठे करीषिणीः। बिभ्रतीः सोम्यं मध्वनमीवा उपेतन ।।३।।
इहैव गाव एतनेहो शकेव पुष्यत। इहैवोत प्र जायध्वं मयि संज्ञानमस्तु वः ।।४।।
शिवो वो गोष्ठो भवतु शारिशाकेव पुष्यत। इहैवोत प्र जायध्वं मया वः सं सृजामसि ।।५।।
माया गावो गोपतिना सचध्वमयं वो गोष्ठ इह पोषयिष्णुः ।
रायस्पोषेण बहुला भवन्तीर्जीवाजीवन्तीरुप वः सदेम ।।६।।

३2. छन्दांसि – अ. १६.२१.१

गायत्र्युष्णिगनुष्टुब् बृहती पङ्क्तिस्त्रिष्टुब् जगत्यै ।।१।।

३३. जातवेदसोऽग्निः – अ. ४.३६.६–१०

अग्नावग्निश्चरति प्रविष्ट ऋषीणां पुत्रो अभिशस्तिपा उ ।
नमस्कारेण नमसा ते जुहोमि मा देवानां मिथुया कर्म भागम् ।।६।।
हृदा पूतं मनसा जातवेदो विश्वानि देव वयुनानि विद्वान् ।
सप्तास्यानि तव जातवेदस्तेभ्यो जुहोमि स जुषस्व हव्यम् ।।१०।।

३४. तपः – अ. १६.४१.१

भद्रमिच्छन्त ऋषयः स्वर्विदस्तपो दीक्षामुपनिषेदुरग्रे ।
ततो राष्ट्रं बलमोजश्च जातं तदस्मै देवा उपसंनमन्तु।।१।।

३५. त्वष्टा – अ. ५.२६.८

त्वष्टा युनक्तु बहुधा नु रूपा अस्मिन् यज्ञे सुयुजः स्वाहा ।।८।।

३६. दर्भमणिः – अ. १६.२८.१–१०; १६.२६.१–६; १६.३०.१–५

अ. १६.2८.१–१०

इमं बध्नामि ते मणिं दीर्घायुत्वाय तेजसे। अदर्भं सपत्नदम्भनं द्विषतस्तपनं हृदः ।।१।।
द्विषतस्तापयन् हृदः शत्रूणां तापयन् मनः। दुर्हार्दः सर्वांस्त्वं दर्भ घर्मइवाभीन्त्संतापयन् ।।2।।
घर्मइवाभितपन् दर्भ द्विषतो नितपन् मणे। हृदः सपत्नानां भिन्द्धीन्द्रइव विरुजं बलम् ।।३।।
भिन्द्धि दर्भ सपत्नानां हृदयं द्विषतां मणे। उद्यन् त्वचमिव भूम्याः शिर एषा वि पातय ।।४।।
भिन्द्धि दर्भ सपत्नान् मे भिन्द्धि मे पृतनायतः। भिन्द्धि मे सर्वान्दुर्हार्दो भिन्द्धि मे द्विषतो मणे।।५।।

छिन्द्धि दर्भ सपत्नान् मे छिन्द्धि मे पृतनायतः ।
छिान्द्धि मे सुर्वान्दुर्हार्दान् छिन्द्धि मे द्विषतो मणे।।६।।
वृश्च दर्भ सपत्नान् मे वृश्च मे पृतनायतः। वृश्च मे सर्वान्दुर्हार्दो वृश्च मे द्विषतो मणे ।।७।।
कृन्त दर्भ सपत्नान्मे कृन्त मे पृतनायतः। कृन्त मे सर्वान्दुर्हार्दां कृन्त मे द्विषतो मणे ।।८।।
पिंश दर्भ सपत्नान् मे पिंश मे पृतनायतः। पिंश मे सर्वान् दुर्हार्दः पिंश मे द्विषतो मणे ।।६।।
विध्य दर्भ सपत्नान् मे विध्य मे पृतनायतः। विध्य मे सर्वान् दुर्हार्दो विध्य मे द्विषतो मणे।१०।।

अ. १६.2६.१–६

निक्ष दर्भ सपत्नान् मे निक्ष मे पृतनायतः। निक्ष मे सर्वान् दुर्हार्दो निक्ष मे द्विषतो मणे ।।१।।
तृन्द्धि दर्भ सपत्नान् मे तृन्द्धि मे पृतनायतः। तृन्द्धि मे सर्वान् दुर्हार्दस्तृन्द्धि मे द्विषतो मणे।।2।
रुन्द्धि दर्भ सपत्नान् मे रुन्द्धि मे पृतनायतः। रुन्द्धि मे सर्वान् दुर्हार्दो रुन्द्धि मे द्विषतो मणे।३।
मृण दर्भ सपत्नान् मे मृण मे पृतनायतः। मृण मे सर्वान् दुर्हार्दो मृण मे द्विषतो मणे ।।४।।
मन्थ दर्भ सपत्नान् मे मन्थ मे पृतनायतः। मन्थ मे सर्वान् दुर्हार्दो मन्थ मे द्विषतो मणे ।।५।।
पिण्ड्ढ दर्भ सपत्नान् मे पिण्ड्ढ मे पृतनायतः ।
पिण्ड्ढ मे सर्वान् दुर्हार्दः पिण्ड्ढ मे द्विषतो मणे ।।६।।
ओष दर्भ सपत्नान् मे ओष मे पृतनायतः। ओष मे सर्वान् दुर्हार्द ओष मे द्विषतो मणे ।।७।।
दह दर्भ सपत्नान् मे दह मे पृतनायतः। दह मे सर्वान् दुर्हार्दो दह मे द्विषतो मणे ।।८।।
जहि दर्भ सपत्नान् मे जहि मे पृतनायतः। जहि मे सर्वान् दुर्हार्दो जहि मे द्विषतो मणे ।।६।।

अ. १६.३०.१–५

यत् ते दर्भ जरामृत्युः शतं वर्ममु वर्म ते। तेनेमं वर्मिणं कृत्वा सपत्नांजहि वीर्यैः ।।१।।
शतं ते दर्भ वर्माणि सहस्रं वीर्याणि ते। तमस्मै विश्वे त्वां देवा जरसे भर्तवा अदुः ।।2।।
त्वामाहुर्देववर्म त्वां दर्भ ब्रह्मणस्पतिम्। त्वामिन्द्रस्याहुर्वर्म त्वं राष्ट्राणि रक्षसि ।।३।।
सपत्नक्षयणं दर्भ द्विषतस्तपनं हृदः। मणिं क्षत्रस्य वर्धनं तनूपानं कृणोमि ते ।।४।।
यत् समुद्रो अभ्यक्रन्दत् पर्जन्यो विद्युता सह। ततो हिरण्ययो बिन्दुस्ततो दर्भो अजायत ।।५।।

३७. देवाः – अ. १.१६.४

यः सपत्नो योऽसपत्नो यश्च द्विषंछपाति नः। देवास्तं सर्वे धूर्वन्तु ब्रह्म वर्म ममान्तरम् ।।४।।

३८. द्यावापृथिवी – अ. १.३2.१–४; 2.१६.2

अ. १.३2.१–४

इदं जनासो विदथ महद् ब्रह्म वदिष्यति। न तत् पृथिव्यां नो दिवि येन प्राणन्ति वीरुधः।।१।।
अन्तरिक्षं आसां स्थाम श्रान्तसदामिव। आस्थानमस्य भूतस्य विदुष्टद् वेधसो न वा ।।2।।
यद् रोदसी रेजमाने भूमिश्च निरतक्षतम्। आर्द्रं तदद्य सर्वदा समुद्रस्येव स्रोत्याः ।।३।।
विश्वमन्यामभीवार तदन्यस्यामधि श्रितम्। दिवे च विश्ववेदसे पृथिव्यै चाकरं नमः ।।४।।

अ. 2.१६.2

द्यावापृथिवी उपश्रुत्या मा पातं स्वाहा ।।2।।

३६. निविदः – अ. ५.2६.४

प्रैषा यज्ञे निविदः स्वाहा शिष्टाः पत्नीभिर्वहतेह युक्ताः ।।४।।

४०. प्रजापतिः धाता – अ. ७.१६.१

प्रजापतिर्जनयति प्रजा इमा धाता दधातु सुमनस्यमानः ।
संजानानाः संमनसः सयोनयो मयि पुष्टं पुष्टपतिर्दधातु ।।१।।

४१. प्राणः – अ. 2.१५.१–६

यथा द्यौश्च पृथिवी च न बिभीतो न रिष्यतः। एवा मे प्राण मा बिभेः ।।१।।
यथाहश्च रात्री च न बिभीतो न रिष्यतः। एवा मे प्राण मा बिभेः ।।2।।
यथा सूर्यश्च चन्द्रश्च न बिभीतो न रिष्यतः। एवा मे प्राणा मा बिभेः ।।३।।

यथा ब्रह्म च क्षत्रं च न बिभीतो न रिष्यतः। एवा मे प्राण मा बिभेः ।।४।।
यथा सत्यं चानृतं च न बिभीतो न रिष्यतः। एवा मे प्राण मा बिभेः ।।५।।
यथा भूतं च भव्यं च न बिभीतो न रिष्यतः। एवा मे प्राण मा बिभेः ।।६।।

४2. प्राणपानौ – अ. 2.१६.१

प्राणापानै मृत्योर्मा पातं स्वाहा ।।१।।

४३. पाप्मा – अ. ६.2६.१–३

अव मा पाप्मन्त्सृज वशी सन् मृडयासि नः। आ मा भद्रस्य लोके पाप्मन् धेह्यविह्रुतम् ।।१।।
यो नः पाप्मन् न जहासि तमु त्वा जहिमो वयम्। पथामनु व्यावर्तनेऽन्यं पाप्मानु पद्यताम्।।2।।
अन्यत्रास्मन्न्युच्यतु सहस्राक्षो अमर्त्यः। यं द्वेषाम तमृच्छतु यमु द्विषमस्तमिज्जहि ।।३।।

४४. ब्रह्म – अ. १९.४2.१–४

ब्रह्म होता ब्रह्म यज्ञा ब्रह्मणा स्वरवो मिताः ।
अध्वर्युर्ब्रह्मणो जातो ब्रह्मणोऽन्तर्हितं हविः ।।१।।
ब्रह्म स्रुचो घृतवतीर्ब्रह्मणा वेदिरुद्धिता ।
ब्रह्म यज्ञस्य तत्त्वं च ऋत्विजो ये हविष्कृतः। शमिताय स्वाहा ।।2।।
अंहोमुचे प्र भरे मनीषामा सुत्राव्णे सुमतिमावृणानः ।
इममिन्द्र प्रति हव्यं गृभाय सत्याः सन्तु यजमानस्य कामाः ।।३।।
अंहोमुचं वृषभं यज्ञियानां विराजन्तं प्रथममध्वराणाम् ।
अपां नपातमश्विना हुवे धिय इन्द्रियेण तं इन्द्रियं दत्तमोजः ।।४।।

४५. ब्रह्मचारी – अ. ११.५.१–2६

ब्रह्मचारीष्णंश्चरति रोदसी उभे तस्मिन् देवाः संमनसो भवन्ति ।
स दाधार पृथिवीं दिवं च स आचार्यं१ तपसा पिपर्ति ।।१।।
ब्रह्मचारिणं पितरो देवजनाः पृथग् देवा अनुसंयन्ति सर्वे ।
गन्धर्वा एनमन्वायन् त्रयस्त्रिंशत् त्रिशताः षट्सहस्राः सर्वान्त्स देवांस्तपसा पिपर्ति ।।2।।
आचार्य उपनयमानो ब्रह्मचारिणं कृणुते गर्भमन्तः ।
तं रात्रीस्तिस्र उदरे बिभर्ति तं जातं द्रष्टुमभिसंयन्ति देवाः ।।३।।
इयं समित् पृथिवी द्यौर्द्वितीयोतान्तरिक्षं समिधा पृणाति ।
ब्रह्मचारी समिधा मेखलया श्रमेण लोकास्तपसा पिपर्ति ।।४।।
पूर्वो जातो ब्रह्मणो ब्रह्मचारी घर्मं वसानस्तपसोदतिष्ठत् ।
तस्माज्जातं ब्राह्मणं ब्रह्म ज्येष्ठं देवाश्च सर्वे अमृतेन साकम् ।।५।।
ब्रह्मचार्येति समिधा समिद्धः कार्ष्णं वसानो दीक्षितो दीर्घश्मश्रुः ।
स सद्य एति पूर्वस्मादुत्तरं समुद्रं लोकान्त्संगृभ्य मुहुराचरिक्रत् ।।६।।
ब्रह्मचारी जनयन् ब्रह्मापो लोकं प्रजापतिं परमेष्ठिनं विराजम् ।
गर्भो भूत्वामृतस्य योनाविन्द्रो ह भूत्वासुरांस्ततर्ह ।।७।।
आचार्यस्ततक्ष नभसी उभे इमे उर्वी गम्भीरे पृथिवी दिवं च ।
ते रक्षति तपसा ब्रह्मचारी तस्मिन् देवाः संमनसो भवन्ति ।।८।।
इमां भूमिं पृथिवीं ब्रह्मचारी भिक्षामा जभार प्रथमो दिवं च ।
ते कृतवा समिधावुपास्ते तयोरार्पिता भुवनानि विश्वा ।।९।।
अर्वागन्यः परो अन्यो दिवस्पृष्ठाद् गुहा निधी निहितौ ब्राह्मणस्य ।
तौ रक्षति तपसा ब्रह्मचारी तत् केवलं कृणुते ब्रह्म विद्वान् ।।१०।।
अर्वागन्य इतो अन्यः पृथिव्या अग्नी समेतो नभसी अन्तरेमे ।
तयोः श्रयन्ते रश्मयोऽधि दृढास्ताना तिष्ठति तपसा ब्रह्मचारी ।।११।।

अभिक्रन्दन् स्तनयन्नरुणः शितिंगो बृहच्छेपोऽनु भूमौ जभार ।
ब्रह्मचारी सिंचति सानौ रेतः पृथिव्यां तेन जीवन्ति प्रदिशश्चतस्रः ।।१२।।
अग्नौ सूर्ये चन्द्रमसि मातरिश्वन् ब्रह्मचार्य१प्सु समिधमा दधाति ।
तासामर्चींषि पृथगभ्रे चरन्ति तासामाज्यं पुरुषो वर्षमापः ।।१३।।
आचार्ये मृत्युर्वरुणः सोम ओषधयः पयः ।
जीमूता आसन्त्सत्वानस्तैरिदं स्व१राभृतम् ।।१४।।
अमा घृतं कृणुते केवलमाचार्यो भूतवा वरुणो यद्यदैच्छत् प्रजापतौ ।
तद् ब्रह्मचारी प्रायच्छत् स्वान्मित्रो अध्यात्मनः ।।१५।।
आचार्यो ब्रह्मचारी ब्रह्मचारी प्रजापतिः ।
प्रजापतिर्वि राजति विराडिन्द्रोऽभवद् वशी ।।१६।।
ब्रह्मचर्येण तपसा राजा राष्ट्रं वि रक्षति ।
आचार्यो ब्रह्मचर्येण ब्रह्मचारिणमिच्छते ।।१७।।
ब्रह्मचर्येण कन्या३ युवानं विन्दते पतिम् ।
अनड्वान् ब्रह्मचर्येणाश्वो घासं जिगीषति ।।१८।।
ब्रह्मचर्येण तपसा देवा मृत्युमपाघ्नत ।
इन्द्रो ह ब्रह्मचर्येण देवेभ्यः स्व१राभरत् ।।१९।।
ओषधयो भूतभव्यमहोरात्रे वनस्पतिः ।
संवत्सरः सहर्तुभिस्ते जाता ब्रह्मचारिणः ।।20।।
पार्थिवा दिव्याः पशव आरण्या ग्राम्याश्च ये ।
अपक्षाः पक्षिणश्च ये ते जाता ब्रह्मचारिणः ।।2१।।
पृथक् सर्वे प्राजापत्याः प्राणानात्मसु बिभ्रति ।
तान्त्सर्वान् ब्रह्म रक्षति ब्रह्मचारिण्याभृतम् ।।22।।
देवानामेतत् परिषूतमनभ्यारूढं चरति रोचमानम् ।
तस्माज्जातं ब्राह्मणं ब्रह्म ज्येष्ठं देवाश्च सर्वे अमृतेन साकम् ।।2३।।
ब्रह्मचारी ब्रह्म भ्राजद् बिभर्ति तस्मिन् देवा अधि विश्वे समोताः ।
प्राणापानौ जनयन्नाद् व्यानं वाचं मनो हृदयं ब्रह्म मेधाम् ।।2४।।
चक्षुः श्रोत्रं यशो अस्मासु धेह्यन्नं रेतो लोहितमुदरम् ।।2५।।
तानि कल्पद् ब्रह्मचारी सलिलस्य पृष्ठे तपोऽतिष्ठत् तप्यमानः समुद्रे ।
स स्नातो बभ्रुः पिङ्गलः पृथिव्यां बहु रोचते ।।2६।।

४६. ब्रह्मणस्पतिः — अ. १९.६१.१; १९.६2.१; १९.६३.१

अ. १९.६१.१

तनूस्तमन्वा मे सहे दतः सर्वमायुरशीय। स्योनं मे सीद पुरुः पृणस्व पवमानः स्वर्गे ।।१।।

अ. १९.६2.१

प्रियं मा कृणु देवेषु प्रियं राजसु मा कृणु। प्रियं सर्वस्य पश्यत उत शूद्र उतार्ये ।।१।।

अ. १९.६३.१

उत् तिष्ठ ब्रह्मणस्पते देवान् यज्ञेन बोधय। आयुः प्राणं प्रजां पशून् कीर्तिं यजमानं च वर्धय।१।

४७. ब्रह्मौदनः — अ. ११.१.१—३७

अग्ने जायस्वादितिर्नाथितेयं ब्रह्मौदनं पचति पुत्रकामा ।
सप्तऋषयो भूतकृतस्ते त्वा मन्थन्तु प्रजया सहेह ।।१।।
कृणुत धूमं वृषणः सखायोऽद्रोघाविता वाचमच्छ ।
अयमग्निः पृतनाषाट् सुवीरो येन देवा असहन्त दस्यून् ।।2।।
अग्नेऽजनिष्ठा महते वीर्याय ब्रह्मौदनाय पक्तवे जातवेदः ।
सप्तऋषयो भूतकृतस्ते त्वाजीजनन्नस्यै रयिं सर्ववीरं नि यच्छ ।।३।।

Vedic Concordance of Mantras as per Ṛṣi and Devatā 53

समिद्धो अग्ने समिधा समिध्यस्व विद्वान् देवान् यज्ञियाँ एह वक्षः ।
तेभ्यो हविः श्रपयंजातवेद उत्तमं नाकमधि रोहयेमम् ।।४।।
त्रेधा भागो निहितो यः पुरा वो देवानां पितृणां मर्त्यानाम् ।
अंशंजानीध्वं वि भजामि तान् वो यो देवानां स इमां पारयाति ।।५।।
अग्ने सहस्वानभिभूरभीदसि नीचो न्युब्ज द्विषतः सपत्नान् ।
इयं मात्रा मीयमाना मिता च सजातांस्ते बलिहृतः कृणोतु ।।६।।
साकं सजातैः पयसा सहैध्युदुब्जैनां महते वीर्याय ।
ऊर्ध्वो नाकस्याधि रोह विष्टपं स्वर्गो लोक इति यं वदन्ति ।।७।।
इयं मही प्रति गृह्णातु चर्म पृथिवी देवी सुमनस्यमाना ।
अथ गच्छेम सुकृतस्य लोकम् ।।८।।
एतौ ग्रावाणौ सयुजा युङ्ग्धि चर्मणि निर्भिन्ध्यंशून् यजमानाय साधु ।
अवघ्नती नि जहि य इमां पृतन्यव ऊर्ध्वं प्रजामुद्भरन्त्युदूह ।।९।।
गृहाण ग्रावाणौ सकृतौ वीर हस्त आ ते देवा यज्ञिया यज्ञमगुः ।
त्रयो वरा यतमांस्त्वं वृणीषे तास्ते समृद्धीरिह राधयामि ।।१०।।
इयं ते धीतिरिदमु ते जनित्रं गृह्णातु त्वामदितिः शूरपुत्रा ।
परा पुनीहि य इमां पृतन्यवोऽस्यै रयिं सर्ववीरं नि यच्छ ।।११।।
उपश्वसे द्रुवये सीदता यूयं वि विच्यध्वं यज्ञियासस्तुषैः ।
श्रिया समानानति सर्वान्त्स्यामाधस्पदं द्विषतस्पादयामि ।।१२।।
परेहि नारि पुनरेहि क्षिप्रमपां त्वा गोष्ठोऽध्यरुक्षद् भराय ।
तासां गृह्णीताद् यतमा यज्ञिया असन् विभाज्य धीरीतरा जहीतात् ।।१३।।
एमा अगुर्योषितः शुम्भमाना उत्तिष्ठ नारि तवसं रभस्व ।
सुपत्नी पत्या प्रजया प्रजावत्या त्वागन् यज्ञः प्रति कुम्भं गृभाय ।।१४।।
ऊर्जो भागो निहितो यः पुरा व ऋषिप्रशिष्टाप आ भरैताः ।
अयं यज्ञो गातुविन्नाथवित् प्रजाविदुग्रः पशुविद् वीरविद् वो अस्तु।।१५।।
अग्ने चरुर्यज्ञियस्त्वाध्यरुक्षच्छुचिस्तपिष्ठस्तपसा तपैनम् ।
आर्षेया दैवा अभिसंगत्य भागमिमं तपिष्ठा ऋतुभिस्तपन्तु ।।१६।।
शुद्धाः पूता योषितो यज्ञिया इमा आपश्चरुमव सर्पन्तु शुभ्राः ।
अदुः प्रजां बहुलां पशून् नः पक्तौदनस्य सुकृतामेतु लोकम् ।
ब्रह्मणा शुद्धा उत पूता घृतेन सोमस्यांशवस्तण्डुला यज्ञिया इमे ।
अपः प्र विशत प्रति गृह्णातु वश्चरुरिमं पक्त्वा सुकृतामेत लोकम् ।।१८।।
उरुः प्रथस्व महता महिम्ना सहस्रपृष्ठः सुकृतस्य लोके ।
पितामहाः पितरः प्रजोपजाहं पक्ता पंचदशस्ते अस्मि ।।१९।।
सहस्रपृष्ठः शतधारो अक्षितो ब्रह्मौदनो देवयानः स्वर्गः ।
अमूंस्त आ दधामि प्रजया रेषयैनान् बलिहाराय मृडतान्मह्यमेव ।।२०।।
उदेहि वेदिं प्रजया वर्धयैनां नुदस्व रक्षः प्रतरं धेह्येनाम् ।
श्रिया समानानति सर्वान्त्स्यामाधस्पदं द्विषतस्पादयामि ।।२१।।
अभ्यावर्तस्व पशुभिः सहैनां प्रत्यङ्ङेना देवताभिः सहैधि ।
मा त्वा प्रापच्छपथो माभिचारः स्वे क्षेत्रे अनमीवा वि राज ।।22।।
ऋतेन तष्टा मनसा हितैषा ब्रह्मौदनस्य विहिता वेदिरग्रे ।
अंसद्रीं शुद्धामुप धेहि नारि तत्रौदनं सादय दैवानाम् ।।२३।।
अदितेर्हस्तां स्रुचमेतां द्वितीयां सप्तऋषयो भूतकृतो यामकृण्वन् ।
सा गात्राणि विदुष्योदनस्य दर्विर्वेद्यामध्येनं चिनोतु ।।२४।।
शृतं त्वा हव्यमुप सीदन्तु दैवा निः सृप्याग्नेः पुनरेनान् प्र सीद् ।

सोमेन पूतो जठरे सीद ब्रह्मणामार्षेयास्ते मा रिषन् प्राशितारः ।।२५।।
सोम राजन्त्संज्ञानमा वपैभ्यः सुब्राह्मणा यतमे त्वोपसीदान् ।
ऋषीनार्षेयांस्तपसोऽधि जातान् ब्रह्मौदने सुहवा जोहवीमि ।।२६।।
शुद्धाः पूता योषितो यज्ञिया इमा ब्रह्मणां हस्तेषु प्रपृथक् सादयामि ।
यत्काम इदमभिषिंचामि वोऽहमिन्द्रो मरुत्वान्त्स ददादिदं मे ।।२७।।
इदं मे ज्योतिरमृतं हिरण्यं पक्वं क्षेत्रात् कामदुघा म एषा ।
इदं धनं नि दधे ब्राह्मणेषु कृण्वे पन्थां पितृषु यः स्वर्गः ।।२८।।
अग्नौ तुषाना वप जातवेदसि परः कम्बूकाँ अप मृड्ढि दूरम् ।
एतं शुश्रुम गृहराजस्य भागमथो विद्म निर्ऋतेर्भागधेयम् ।।२९।।
श्राम्यतः पचतो विद्धि सुन्वतः पन्थां स्वर्गमधि रोहयैनम् ।
येन रोहात् परमापद्य यद् वय उत्तमं नाकं परमं व्योम ।।३०।।
बभ्रेरध्वर्यो मुखमेतद् वि मृड्ढ्याज्याय लोकं कृणुहि प्रविद्वान् ।
घृतेन गात्रानु सर्वा वि मृड्ढि कृण्वे पन्थां पितृषु यः स्वर्गः ।।३१।।
बभ्रे रक्षः समदमा वपैभ्योऽब्राह्मणा यतमे त्वोपसीदान् ।
पुरीषिणः प्रथमानाः पुरस्तादार्षेयास्ते मा रिषन् प्राशितारः ।।३२।।
आर्षेयेषु नि दध ओदन त्वा नानार्षेयाणामप्यस्त्यत्र ।
अग्निर्मे गोप्ता मरुतश्च सर्वे विश्वे देवा अभि रक्षन्तु पक्वम् ।।३३।।
यज्ञं दुहानं सदमित् प्रपीनं पुमांसं धेनुं सदनं रयीणाम् ।
प्रजामृतत्वमुत दीर्घमायू रायश्च पोषैरुप त्वा सदेम ।।३४।।
वृषभोऽसि स्वर्ग ऋषीनार्षेयान् गच्छ ।
सुकृतां लोके सीद तत्र नौ संस्कृतम् ।।३५।।
समाचिनुष्वानुसंप्रयाह्यग्ने पथः कल्पय देवयानान् ।
एतैः सुकृतैरनु गच्छेम यज्ञं नाके तिष्ठन्तमधि सप्तरश्मौ ।।३६।।
येन देवा ज्योतिषा द्यामुदायन् ब्रह्मौदनं पक्त्वा सुकृतस्य लोकम् ।
तेन गेष्म सुकृतस्य लोकं स्वरारोहन्तो अभि नाकमुत्तमम् ।।३७।।

४८. ब्रह्मणम् – अ. ७.६६.१

यद्यन्तरिक्षे यदि वात आस यदि वृक्षेषु यदि वोलपेषु ।
यदस्रवन् पशव उद्यमानं तद् ब्राह्मणं पुनरस्मानुपैतु ।।१।।

४९. भगः – अ. ५.२९.९

भगो युनक्त्वाशिषो न्व१स्मा अस्मिन् यज्ञे प्रविद्वान् युनक्तु सुयुजः स्वाहा ।।९।।

५०. मन आदयो दैव्यात्रऋषयः – अ. ६.४१.१–३

मनसे चेतसे धिय आकूतय उत चित्तये ।
मत्यै श्रुताय चक्षसे विधेम हविषा वयम् ।।१।।
अपानाय व्यानाय प्राणाय भूरिधायसे ।
सरस्वत्या उरुव्यचे विधेम हविषा वयम् ।।२।।
मा नो हासिषुर्ऋषयो दैव्या ये तनूपा ये नस्तन्वस्तनूजाः ।
अमर्त्या मर्त्यां अभि नः सच वमायुर्धत्त प्रतरं जीवसे नः ।।३।।

५१. मनुष्येषवः – अ. १.१९.२

विष्वंचो अस्मच्छरवः पतन्तु ये अस्ता ये चास्याः। दैवीर्मनुष्येषवो ममामित्रान् वि विध्यत ।।२।।

५२. मन्त्रोक्ता – अ. १०.५.३७–४१; १९.५८.१–६; १९.६८.१

अ. १०.५.३७–४१

सूर्यस्यावृतमन्वावर्ते दक्षिणामन्वावृतम्। सा मे द्रविणं यच्छतु सा मे ब्राह्मणवर्चसम् ।।३७।।
दिशो ज्योतिष्मतीरभ्यावर्ते। ता मे द्रविणं यच्छन्तु ता मे ब्राह्मणवर्चसम् ।।३८।।
सप्तऋषीनभ्यावते। ते मे द्रविणं यच्छन्तु ते मे ब्राह्मणवर्चसम् ।।३९।।
ब्रह्माभ्यावर्ते। तन्मे द्रविणं यच्छन्तु तन्मे ब्राह्मणवर्चसम् ।।४०।।
ब्राह्मणाँ अभ्यावर्ते। ते मे द्रविणं यच्छन्तु ते मे ब्राह्मणवर्चसम् ।।४१।।

अ. १९.५८.१–६

घृतस्य जूतिः समना सदेवा संवत्सरं हविष वर्धयन्ती ।
श्रोत्रं चक्षुः प्राणोऽछिन्नो नो अस्त्वच्छिन्ना वयमायुषो वर्चसः ।।१।।
उपास्मान् प्राणो ह्वयतामुप वयं प्राणं हवामहे ।
वर्चो जग्राह पृथिव्य१न्तरिक्षं वर्चः सोमो बृहस्पतिर्विधर्त्ता ।।2।।
वर्चसो द्यावापृथिवी संग्रहणी बभूवथुर्वर्चो गृहीत्वा पृथिवीमनु सं चरेम ।
यशसं गावो गोपतिमुष तिष्ठन्त्यायतीर्यशो गृहीत्वा पृथिवीमनु सं चरेम ।।३।।
व्रजं कृणुध्वं स हि वो नृपाणो वर्मा सीव्यध्वं बहुला पृथूनि ।
पुरः कृणुध्वमायसीरधृष्टा मा वः सुस्रोच्चमसो दृंहता तम् ।।४।।
यज्ञस्य चक्षुः प्रभृतिर्मुखं च वाचा श्रोत्रेण मनसा जुहोमि ।
इमं यज्ञं विततं विश्वकर्मणा देवा यन्तु सुमनस्यमानाः ।।५।।
ये देवानामृत्विजो ये च यज्ञिया येभ्यो हव्यं क्रियते भागधेयम् ।
इमं यज्ञं सह पत्नीभिरेत्य यावन्तो देवास्तविषा मादयन्ताम् ।।६।।

अ. १९.६८.१

अव्यसश्च व्यचसश्च बिलं वि ष्यामि मायया। ताभ्यामुद्धृत्य वेदमथ कर्माणि कृण्महे ।।१।।

५३. मरुतः – अ. ५.2६.५; १३.१.३

अ. ५.2६.५

छन्दांसि यज्ञे मरुतः स्वाहा मातेव पुत्रं पिपृतेह युक्ताः ।।५।।

अ. १३.१.३

यूयमुग्रा मरुतः पृश्निमातर इन्द्रेण युजा प्र मृणीत शत्रून् ।
आ वो रोहितः शृणवत् सुदानवस्त्रिषप्तासो मरुतः स्वादुसंमुदः ।।३।।

५४. मरुतः पूषा बृहस्पतिः अग्निश्च – अ. ७.३३.१

सं मा सिंचन्तु मरुतः सं पूषा सं बृहस्पतिः ।
सं मायमग्निः सिंचतु प्रजया च धनेन च दीर्घमायुः कृणोतु मे ।।१।।

५५. मित्रावरुणौ – अ. ९.१०.2३

अपादेति प्रथमा पद्वतीनां कस्तद् वां मित्रावरुणा चिकेत ।
गर्भो भारं भरत्या चिदस्या ऋतं पिपर्त्यनृतं नि पाति ।।2३।।

५६. यक्ष्मनाशनः – अ. 20.९६.६–१०; १७–2३

अ. 20.९६.६–१०

मुंचामि त्वा हविषा जीवनाय कमज्ञातयक्ष्मादुत राजयक्ष्मात् ।
ग्राहिर्जग्राह यद्येतदेनं तस्या इन्द्राग्नी प्र मुमुक्तमेनम् ।।६।।
यदि क्षितायुर्यदि वा परेतो यदि मृत्योरन्तिकं नीत एव ।
तमा हरामि निर्ऋतेरुपस्थादस्पार्शमेनं शतशारदाय ।।७।।
सहस्राक्षेण शतवीर्येण शतायुषा हविषाहार्षमेनम् ।
इन्द्रो यथैनं शरदो नयात्यति विश्वस्य दुरितस्य पारम् ।।८।।
शतं जीव शरदो वर्धमानः शतं हेमन्तांछतमु वसन्तान् ।

शतं त इन्द्रो अग्निः सविता बृहस्पतिः शतायुषा हविषाहार्षमेनम् ।।६।।
आहार्षमविदं त्वा पुनरागाः पुनर्णवः ।
सर्वांग सर्वं ते चक्षुः सर्वमायुश्च तेऽविदम् ।।१०।।

अ. अ. २०.९६.१७–२३

अक्षीभ्यां ते नासिकाभ्यां कर्णाभ्यां छुबुकादधि ।
यक्ष्मं शीर्षण्यं मस्तिष्काजिह्वाया वि वृहामि ते ।।१७।।
ग्रीवाभ्यस्त उष्णिहाभ्यः कीकसाभ्यो अनूक्यात् ।
यक्ष्मं दोषण्य१मंसाभ्यां बाहुभ्यां वि वृहामि ते ।।१८।।
हृदयात् ते परि क्लोम्नो हलीक्ष्णात् पार्श्वाभ्याम् ।
यक्ष्मं मतस्नाभ्यां प्लीह्नो यक्नस्ते वि वृहामसि ।।१९।।
आन्त्रेभ्यस्ते गुदाभ्यो वनिष्ठोरुदरादधि ।
यक्ष्मं कुक्षिभ्यां प्लाशेर्नाभ्या वि वृहामि ते ।।20।।
ऊरुभ्यां ते अष्ठीवद्भ्यां पार्ष्णिभ्यां प्रपदाभ्याम् ।
यक्ष्मं भसद्यं१ श्रोणिभ्यां भासदं भंससो वि वृहामि ते ।।2१।।
अस्थिभ्यस्ते मज्जभ्यः स्नावभ्यो धमनिभ्यः ।
यक्ष्मं पाणिभ्यामङ्गुलिभ्यो नखेभ्यो वि वृहामि ते ।।22।।
अंगेअङ्गे लोम्निलोम्नि यस्ते पर्वणिपर्वणि ।
यक्ष्मं त्वचस्यं ते वयं कश्यपस्य वीवर्हेण विष्वंचं वि वृहामसि ।।2३।।

५७. यक्ष्मविवर्हणम् – अ. 2.३३.१–७

अक्षीभ्यां ते नासिकाभ्यां कर्णाभ्यां छुबुकादधि ।
यक्ष्मं शीर्षण्यं मस्तिष्काज्जिह्वाया वि वृहामि ते ।।१।।
ग्रीवाभ्यस्त उष्णिहाभ्यः कीकसाभ्यो अनूक्यात् ।
यक्ष्मं दोषण्य१मंसाभ्यां बाहुभ्यां वि वृहामि ते ।।2।।
हृदयात् ते परि क्लोम्नो हलीक्ष्णात् पार्श्वाभ्याम् ।
यक्ष्मं मतस्नाभ्यां प्लीह्नो यक्नस्ते वि वृहामसि ।।३।।
आन्त्रेभ्यस्ते गुदाभ्यो वनिष्ठोरुदरादधि ।
यक्ष्मं कुक्षिभ्यां प्लाशेर्नाभ्यां वि वृहामि ते ।।४।।
ऊरुभ्यां ते अष्ठीवद्भ्यां पार्ष्णिभ्यां प्रपदाभ्याम् ।
यक्ष्मं भसद्यं१ श्रोणिभ्यां भासदं भंससो वि वृहामि ते ।।५।।
अस्थिभ्यस्ते मज्जभ्यः स्नावभ्यो धमानिभ्यः ।
यक्ष्मं पाणिभ्यामङ्गुलिभ्यो नखेभ्यो वि वृहामि ते ।।६।।
अंगेअङ्गे लोम्निलोम्नि यस्ते पर्वणिपर्वणि ।
यक्ष्मं त्वचस्यं ते वयं कश्यपस्य वीवर्हेण विष्वंचं वि वृहामसि ।।७।।

५८. यमिनी – अ. ३.2८.१–६

एकैकयैषा सृष्ट्या सं बभूव यत्र गा असृजन्त भूतकृतो विश्वरूपाः ।
यत्र विजायते यमिन्यपर्तुः सा पशून् क्षिणाति रिफती रुशती ।।१।।
एषा पशून्त्सं क्षिणाति क्रव्याद् भूत्वा व्यद्वरी ।
उतैनां ब्रह्मणे दद्यात् तथा स्योना शिवा स्यात् ।।2।।
शिवा भव पुरुषेभ्यो गोभ्यो अश्वेभ्यः शिवा ।
शिवास्मै सर्वस्मै क्षेत्राय शिवा न इहैधि ।।३।।
इह पुष्टिरिह रस इह सहस्रसातमा भव ।
पशून् यमिनि पोषय ।।४।।
यत्रा सुहार्दः सुकृतो मदन्ति विहाय रोगं तन्व१ः स्वायाः ।

तं लोकं यमिन्यभिसंबभूव सा नो मा हिंसीत् पुरुषान पशूंश्च ।।५।।
यत्रा सुहार्दां सुकृतामग्निहोत्रहुतां यत्र लोकः ।
तं लोकं यमिन्यभिसंबभूव सा नो मा हिंसीत् पुरुषान् पशूंश्च ।।६।।

५६. योनिः – अ. ३.23.१–६

येन वेहद् बभूविथ नाशयामसि तत् त्वत् ।
इदं तदन्यत्र त्वदप दूरे नि दध्मसि ।।१।।
आ ते योनिं गर्भ एतु पुमान् बाण इवेषुधिम् ।
आ वीरोऽत्र जायतां पुत्रस्ते दशमास्यः ।।2।।
पुमांसं पुत्रं जनय तं पुमाननु जायताम् ।
भवासि पुत्राणां माता जातानां जनयाश्च यान् ।।३।।
यानि भद्राणि बीजान्यृषभा जनयन्ति च ।
तैस्त्वं पुत्रं विन्दस्व सा प्रसूर्धेनुका भव ।।४।।
कृणोमि मे प्राजापत्यमा योनिं गर्भ एतु ते ।
विन्दस्व त्वं पुत्रं नारि यस्तुभ्यं शमसच्छमु तस्मै त्वं भव ।।५।।
यासां द्यौष्पिता पृथिवी माता समुद्रो मूलं वीरुधां बभूव ।
तास्त्वा पुत्रविद्याय दैवीः प्रावन्त्वोषधयः ।।६।।

६०. योनिः गर्भः पृथिव्यादयः – अ. ५.25.१–१३

पर्वतात् दिवो योनेरंगादंगात् समाभृतम्। शेपो गर्भस्य रेतोधाः सरौ पर्णमिवा दधत् ।।१।।
यथेयं पृथिवी मही भूतानां गर्भमादधे। एवा दधामि ते गर्भं तस्मै त्वामवसे हुवे ।।2।।
गर्भं धेहि सिनीवालि गर्भं धेहि सरस्वति। गर्भं ते अश्विनोभा धत्तां पुष्करस्रजा ।।३।।
गर्भं ते मित्रावरुणौ गर्भं देवा बृहस्पतिः। गर्भं त इन्द्रश्चग्निश्च गर्भं धाता दधातु ते ।।४।।
विष्णुर्योनि कल्पयतु त्वष्टा रूपाणि पिंशतु। आ सिंचतु प्रजापतिर्धाता गर्भं दधातु ते ।।५।।
यद् वेद राजा वरुणो यद् वा देवी सरस्वती। यदिन्द्रो वृत्रहा वेद तद् गर्भकरणं पिब ।।६।।
गर्भो अस्योषधीनां गर्भो वनस्पतीनाम्। गर्भो विश्वस्य भूतस्य सो अग्ने गर्भमेह धाः ।।७।।
अधि स्कन्द वीरयस्व गर्भमा धेहि योनयाम्। वृषासि वृष्ण्यावन् प्रजायै त्वा नयामसि ।।८।।
वि जिहीष्व बार्हत्सामे गर्भस्ते योनिमा शयाम्। अदुष्टे देवाः पुत्रं सोमपा अभयाविनम्।।९।।
धातः श्रेष्ठेन रूपेणास्या नार्या गवीन्योः। पुमांसं पुत्रमा धेहि दशमे मासि सूतवे ।।१०।।
त्वष्टः श्रेष्ठेन रूपेणास्या नार्या गवीन्योः। पुमांसं पुत्रमा धेहि दशमे मासि सूतवे ।।११।।
सवितः श्रेष्ठेन रूपेणास्या नार्या गवीन्योः। पुमांसं पुत्रमा धेहि दशमे मासि सूतवे ।।१2।।
प्रजापते श्रेष्ठेन रूपेणास्या नार्या गवीन्योः। पुमांसं पुत्रमा धेहि दशमे मासि सूतवे ।।१३।।

६१. योषितो धमन्यश्च – अ. १.१७.१–४

अमूर्या यन्ति योषितो हिरा लोहितवाससः। अभ्रातरइव जामयस्तिष्ठन्तु हतवर्चसः ।।१।।
तिष्ठावरे तिष्ठ पर उत त्वं तिष्ठ मध्यमे। कनिष्ठिका च तिष्ठति तिष्ठादिद् धमर्निमही ।।2।।
शतस्य धमनीनां सहस्रस्य हिराणाम्। अस्थुरिन्मध्यमा इमाः साकमन्ता अरंसत ।।३।।
परि वः सिकतावती धनूर्बृहत्यक्रमीत्। तिष्ठतेलयता सु कम् ।।४।।

६2. रुद्रः – अ. १.१९.३; ६.५५.2–३

अ. १.१९.३

यो नः स्वो यो अरणः सजात उ त निष्ट्यो यो अस्माँ अभिदासति ।
रुद्रः शरव्य यैतान् ममामित्रान् वि विध्यतु ।।३।।

अ. ६.५५.2–३

ग्रीष्मो हेमन्तः शिशिरो वसन्तः शरद् वर्षाः स्विते नो दधात ।

आ नो गोषु भजता प्रजायां निवात इद् वः शरणे स्याम ।।2।।
इदावत्सराय परिवत्सराय संवत्सराय कृणुता बृहन्नमः ।
तेषां वयं सुमतौ यज्ञियानामपि भद्रे सौमनसे स्याम ।।३।।

६३. लिङ्गोक्ता ब्रघ्न – अ. ७.22.१–2

अयं सहस्रमा नो दृशे कवीनां मतिर्ज्योतिर्विधर्मणि ।।१।।
ब्रध्नः समीचीरुषसः समैरयन्। अरेपसः सचेतसः स्वसरे मन्युमत्तमाश्चिते गोः ।।2।।

६४. वरुणः सत्यानृतान्त्रीक्षणम् – अ. ४.१६.१–६

बृहन्नेषामधिष्ठाता अन्तिकादिव पश्यति ।
य स्तायन्मन्यते चरन्त्सर्वं देवा इदं विदुः ।।१।।
यस्तिष्ठति चरति यश्च वंचति यो निलायं चरति यः प्रतंकम् ।
द्वौ संनिषद्य यन्मन्त्रयेते रजा तद् वेद वरुणस्तृतीयः ।।2।।
उतेयं भूमिर्वरुणस्य राज्ञ उतासौ द्यौर्बृहती दूरेअन्ता ।
उतो समुद्रौ वरुणस्य कुक्षी उतास्मिन्नल्प उदके निलीनः ।।३।।
उत यो द्यामतिसर्पात् परस्तान्न स मुच्यातै वरुणस्य राज्ञः ।
दिव स्पशः प्र चरन्तीदमस्य सहस्राक्षा अति पश्यन्ति भूमिम् ।।४।।
सर्वं तद् राजा वरुणो वि चष्टे यदन्तरा रोदसी यत् परस्तात् ।
संख्याता अस्य निमिषो जनानामक्षानिव श्वघ्नी नि मिनोति तानि ।।५।।
ये ते पाशा वरुण सप्तसप्त त्रेधा तिष्ठन्ति विषिता रुशन्तः ।
छिनन्तु सर्वे अनृतं वदन्तं यः सत्यवाद्यति तं सृजन्तु ।।६।।
शतेन पाशैरभि धेहि वरुणैनं मा ते मोच्यनृतवाङ् नृचक्षः ।
आस्तां जाल्म उदरं स्रंसयित्वा कोशइवाबन्धः परिकृत्यमानः ।।७।।
यः समाम्यो३ वरुणो यो व्याम्यो३ यः संदेश्यो३ वरुणो यो विदेश्यः ।
यो दैवो वरुणो यश्च मानुषः ।।८।।
तैस्त्वा सर्वैरभि ष्यामि पाशैरसावामुष्यायणामुष्याः पुत्र ।
तानु ते सर्वानुसंदिशामि ।।९।।

६५. वागादि मन्त्रोक्ताः – अ. १९.६०.१–2

वाङ्म आसन्नसोः प्राणश्चक्षुरक्ष्णोः श्रोत्रं कर्णयोः ।
अपलिताः केशा अशोणा दन्ता बहु बाह्वोर्बलम् ।।१।।
ऊर्वोरोजो जंघयोर्जवः पादयोः प्रतिष्ठा। अरिष्टानि मे सर्वात्मानिभृष्टः ।।2।।

६६. वानस्पतयो दुन्दुभिः – अ. ५.20.१–१2; ५.2१.१–६

अ. ५.20.१–१2

उच्चैर्घोषो दुन्दुभिः सत्वनायन् वानस्पत्यः संभृत उस्रियाभिः ।
वाचं क्षुणुवानो दमयन्त्सपत्नान्त्सिंह इव जेष्यन्नभि तंस्तनीहि ।।१।।
सिंह इवास्तानीद् द्रुवयो विबद्धोऽभिक्रन्दन्नृषभो वासितामिव ।
वृषा त्वं वध्रयस्ते सपत्ना ऐन्द्रस्ते शुष्मो अभिमातिषाहः ।।2।।
वृषेव यूथे सहसा विदानो गव्यन्नभि रुव संधनाजित् ।
शुचा विध्य हृदयं परेषां हित्वा ग्रामान् प्रच्युता यन्तु शत्रवः ।।३।।
संजयन् पृतना ऊर्ध्वमायुर्गृह्या गृह्णानो बहुधा वि चक्ष्व ।
दैवीं वाचं दुन्दुभ आ गुरस्व वेधाः शत्रूणामुप भरस्व वेदः ।।४।।
दुन्दुभेर्वाचं प्रयतां वदन्तीमाशृण्वती नाथिता घोषबुद्धा ।
नारी पुत्रं धावतु हस्तगृह्यामित्री भीता समरे वधानाम् ।।५।।
पूर्वो दुन्दुभे प्र वदासि वाचं भूम्याः पृष्ठे वद रोचमानः ।

अमित्रसेनामभिजंजभानो द्युमद् वद दुन्दुभे सूनृतावत् ।।६।।
अन्तरेमे नभसी घोषो अस्तु पृथक् ते ध्वनयो यन्तु शीभम् ।
अभि क्रन्द स्तनयोत्पिपानः श्लोककृन्मित्रतूर्याय स्वर्धी ।।७।।
धीभिः कृतः प्र वदाति वाचमुद्धर्षय सत्वनामायुधानि ।
इन्द्रमेदी सत्वनो नि ह्वयस्व मित्रैरमित्राँ अव जङ्घनीहि ।।८।।
संक्रन्दनः प्रवदो धृष्णुषेणः प्रवेदकृद् बहुधा ग्रामघोषी ।
श्रेयो वन्वानो वयुनानि विद्वान् कीर्तिं बहुभ्यो वि हर द्विराजे ।।९।।
श्रेयःकेतो वसुजित् सहीयान्त्संग्रामजित् संशितो ब्रह्मणासि ।
अंशूनिव ग्रावाधिषवणे अद्रिर्गव्यन् दुन्दुभेऽधि नृत्य वेदः ।।१०।।
शत्रूषाण्नीषाडभिमातिषाहो गवेषणः सहमान उद्भित ।
वाग्वीव मन्त्रं प्र भरस्व ववाचं सांग्रामजित्यायेषमुद् वदेह ।।११।।
अच्युतच्युत् समदो गमिष्ठो मृधो जेता पुरएतायोध्यः ।
इन्द्रेण गुप्तो विदथा निचिक्यद्धृद्योतनो द्विषतां याहि शीभम् ।।१२।।

अ. ५.२१.१–९

विहृदयं वैमनस्यं वदामित्रेषु दुन्दुभे ।
विद्वेषं कश्मशं भयममित्रेषु नि दध्मस्यवैनान् दुन्दुभे जहि ।।१।।
उद्वेपमाना मनसा चक्षुषा हृदयेन च ।
धवन्तु बिभ्यतोऽमित्राः प्रत्रासेनाज्ये हुते ।।२।।
वानस्पत्यः संभृत उस्रियाभिर्विश्वगोत्र्यः ।
प्रत्रासममित्रेभ्यो वदाज्येनाभिघारितः ।।३।।
यथा मृगाः संविजन्त आरण्याः पुरुषादधि ।
एवा त्वं दुन्दुभेऽमित्रानभि क्रन्द प्र त्रासयाथो चित्तानि मोहय ।।४।।
यथा वृकादजावयो धावन्ति बहु बिभ्यतीः ।
एवा त्वं दुन्दुभेऽमित्रानभि क्रन्द प्र त्रासयाथो चित्तानि मोहय ।।५।।
यथा श्येनात् पतत्रिणः संविजन्त अहर्दिवि सिंहस्य स्तनथोर्यथा ।
एवा त्वं दुन्दुभेऽमित्रानभि क्रन्द प्र त्रासयाथो चित्तानि मोहय ।।६।।
परामित्रान् दुन्दुभिना हरिणस्याजिनेन च ।
सर्वे देवा अतित्रसन् ये संग्रामस्येशते। ।।७।।
यैरिन्द्रः प्रक्रीडते पद्घोषैश्छायया सह ।
तैरमित्रास्त्रसन्तु नोऽमीर ये यन्त्यनीकशः ।।८।।
ज्याघोषा दुन्दुभयोऽभि क्रोशन्तु या दिशः ।
सेनाः पराजिता यतीरमित्राणामनीकशः ।।९।।

६७. वास्तोष्पतिः – अ. ५.६.१–८; ५.१०.१–८

अ. ५.६.१–८

दिवे स्वाहा ।।१।।
पृथिव्यै स्वाहा ।।२।।
अन्तरिक्षाय स्वाहा ।।३।।
अन्तरिक्षाय स्वाहा ।।४।।
दिवे स्वाहा ।।५।।
पृथिव्यै स्वाहा ।।६।।
सूर्यो मे चक्षुर्वातः प्राणोऽन्तरिक्षमात्मा पृथिवी शरीरम् ।
अस्तृतो नामाहमयमस्मि स आत्मानं नि दधे द्यावापृथिवीभ्यां गोपीथाय ।।७।।
उदायुरुद् बलमुत् कृतमुत् कृत्यामुन्मनीषामुदिन्द्रियम् ।

आयुष्कृदायुष्पत्नी स्वधावन्तौ गोपा मे स्तं गोपायतं मा ।
आत्मसदौ मे स्तं मा मा हिंसिष्टम् ।।८।।

अ. ५.१०.१–८

अश्मवर्म मेऽसि यो मा प्राच्या दिशोऽघायुरभिदासात्। एतत् स ऋच्छात् ।।१।।
अश्मवर्म मेऽसि यो मा दक्षिणाया दिशोऽघायुरभिदासात्। एतत् स ऋच्छात् ।।2।।
अश्मवर्म मेऽसि यो मा प्रतीच्या दिशोऽघायुरभिदासात्। एतत् स ऋच्छात् ।।३।।
अश्मवर्म मेऽसि यो मोदीच्या दिशोऽघायुरभिदासात्। एतत् स ऋच्छात् ।।४।।
अश्मवर्म मेऽसि यो मा ध्रुवाया दिशोऽघायुरभिदासात्। एतत् स ऋच्छात् ।।५।।
अश्मवर्म मेऽसि यो मोर्ध्वाया दिशोऽघायुरभिदासात्। एतत् स ऋच्छात् ।।६।।
अश्मवर्म मेऽसि यो मा दिशामन्तर्देशेभ्योऽघायुरभिदासात्। एतत् स ऋच्छात् ।।७।।
बृहता मन उप ह्वये मातरिश्वना प्राणापानौ ।
सूर्याच्चक्षुरन्तरिक्षाच्छ्रोत्रं पृथिव्याः शरीरम्। सरस्वत्या वाचमुप ह्वयामहे मनोयुजा ।।८।।

६८. विश्वम्भरः – अ. 2.१६.५

विश्वम्भर विश्वेन मा भरसा पाहि स्वाहा ।।५।।

६६. विष्णुः – अ. ५.2६.७

विष्णुर्युनक्तु बहुधा तपांस्यस्मिन् यज्ञे सुयुजः स्वाहा ।।७।।

७०. विश्वेदेवाः – अ. ६.५५.१; ६.७१.३; ६.११४.१–३; ६.११५.१–३

अ. ६.५५.१

ये पन्थानो बहवो देवयानां अन्तरा द्यावापृथिवी संचरन्ति ।
तेषामज्यानिं यतमो वहाति तस्मै मा देवाः परि धत्तेह सर्वे ।।१।।

अ. ६.७१.३

यदन्नमद्म्यनृतेन देवा दास्यन्नदास्यन्नुत संगृणामि ।
वैश्वानरस्य महतो महिम्ना शिवं मह्यं मधुमदस्त्वन्नम् ।।३।।

अ. ६.११४.१–३

यद् देवा देवहेडनं देवासश्चकृमा वयम्। आदित्यास्तस्मान्नो यूयमृतस्यर्तेन मुंचत ।।१।।
ऋतस्यर्तेनादित्या यजत्रा मुंचतेह नः। यज्ञं यद् यज्ञवाहसः शिक्षन्तो नोपशेकिम ।।2।।
मेदस्वता यजमानाः स्रुचाज्यानि जुह्वतः। अकामा विश्वे वो देवाः शिक्षन्तो नोप शेकिम ।।३।।

अ. ६.११५.१–३

यद् विद्वांसो यद्रविद्वांस एनांसि चकृमा वयम्। यूयं नस्तस्मान्मुंचत विश्वे देवाः सजोषसः।।१।।
यदि जाग्रद् यदि स्वपन्नेन एनस्योऽकरम्। भूतं मा तस्माद् भव्यं च द्रुपदादिव मुंचताम् ।।2।।
द्रुपदादिव मुमुचानः स्विन्नः स्नात्वा मलादिव। पूतं पवित्रेणेवाज्यं विश्वे शुम्भन्तु मैनसः ।।३।।

७१. विश्वेदेवाः बृहस्पतिः – अ. १६.४०.१–४

यन्मे छिद्रं मनसो यच्च वाचः सरस्वती मन्युमन्तं जगाम ।
विश्वैस्तद् देवैः सह संविदानः सं दधातु बृहस्पतिः ।।१।।
मा न आपो मेधां मा ब्रह्म प्र मथिष्टन ।
शुष्यदा यूयं स्यन्दध्वमुपहूतोऽहं सुमेधा वर्चस्वी ।।2।।
मा नो मेधां मा नो दीक्षां मा नो हिंसिष्टं यत् तपः ।
शिवा नः शं सन्त्वायुषे शिवा भवन्तु मातरः ।।३।।
या नः पीपरदश्विना ज्योतिष्मती तमस्तिरः। तामस्मे रासतामिषम् ।।४।।

७2. वृषभः स्वापनम् – अ. ४.५.१–७

सहस्रशृंगो वृषभे यः समुद्रादुदाचरत् । तेना सहस्येना वयं नि जनान्त्स्वापयामसि ।।१।।
न भूमिं वातो अति वाति नाति पश्यति कश्चन।

स्त्रियश्च सर्वाः स्वापय शुनश्चेन्द्रसखा चरन् ।।2।।
प्रोष्ठेशयास्तल्पेशया नारीर्या बह्यशीवरीः ।
स्त्रियो याः पुण्यगन्धयस्ताः सर्वाः स्वापयामसि ।।३।।
एजदेजदजग्रभं चक्षुः प्राणमजग्रभम्। अंगान्यजग्रभं सर्वा रात्रीणामतिशर्वरे ।।४।।
या आस्ते यश्चरति यश्च तिष्ठन् विपश्यति ।
तेषां सं दध्मो अक्षीणि यथेदं हर्म्यं तथा ।।५।।
स्वप्तु माता स्वप्तु पिता स्वप्तु श्वा स्वप्तु विश्पतिः ।
स्वपन्त्वस्यै ज्ञातयः स्वप्त्वयमभितो जनः ।।६।।
स्वप्न स्वप्नाभिकरणेन सर्वं नि ष्वापया जनम् ।
ओत्सूर्यमन्यान्त्स्वापयाव्युषं जागृतादहमिन्द्रइवारिष्टो अक्षितः ।।७।।

७३. शतवारः – अ. १६.३६.१–६

शतवारो अनीनशद् यक्ष्मान् रक्षांसि तेजसा। आरोहन् वर्चसा सह मणिर्दुर्णामचातनः ।।१।।
शृंगाभ्यां रक्षो नुदते मूलेन यातुधान्यः। मध्येन यक्ष्मं बाधते नैनं पाप्माति तत्रति ।।2।।
ये यक्ष्मासो अर्भका महान्तो ये च शब्दिनः। सर्वान् दुर्णामहा मणिः शतवारो अनीनशत् ।।३।।
शतं वीरानजनयच्छतं यक्ष्मानपावपत्। दुर्णाम्नः सर्वान् हत्वाव रक्षांसि धूनुते ।।४।।
हिरण्यशृंग ऋषभः शातवारो अयं मणिः। दुर्णाम्नः सर्वांस्तृड्ढ्वाव रक्षांस्यक्रमीत् ।।५।।
शतमहं दुर्णाम्नीनां गन्धर्वाप्सरसां शतम्। शतं शश्वन्वतीनां शतवारेण वारये ।।६।।

७४. शाला वास्तोष्पतिः – अ. ३.१2.१–६

इहैव ध्रुवां नि मिनोमि शालां क्षेमे तिष्ठाति घृतमुक्षमाणा ।
तां त्वा शाले सर्ववीराः सुवीरा अरिष्टवीरा उप सं चरेम ।।१।।
इहैव ध्रुवा प्रति तिष्ठ शालेऽश्ववती गोमती सूनृतावती ।
ऊर्जस्वती घृतवती पयस्वत्युच्छ्रयस्व महते सौभगाय ।।2।।
धरुण्यसि शाले बृहच्छन्दाः पूतिधान्या ।
आ त्वा वत्सो गमेदा कुमार आ धेनवः सायमास्पन्दमानाः ।।३।।
इमां शालां सविता वायुरिन्द्रो बृहस्पतिर्नि मिनोतु प्रजानन् ।
उक्षन्तूदना मरुतो घृतेन भगो नो राजा नि कृषिं तनोतु ।।४।।
मानस्य पत्नि शरणा स्योना देवी देवेभिर्निमितास्यग्रे ।
तृणं वसाना सुमना असस्त्वमथास्मभ्यं सहवीरं रयिं दाः ।।५।।
ऋतेन स्थूणामधि रोह वंशोग्रो विराजन्नप वृङ्क्ष्व शत्रून् ।
मा ते रिषन्नुपसत्तारो गृहाणां शाले शतं जीवेम शरदः सर्ववीराः ।।६।।
एमां कुमारस्तरुणा आ वत्सो जगता सह ।
एमां परिस्रुतः कुम्भ आ दध्नः कलशैरगुः ।।७।।
पूर्णं नारि प्र भर कुम्भमेतं घृतस्य धारामममृतेन संभृताम् ।
इमां पात्रीममृतेना समङ्ग्धीष्टापूर्तमभि रक्षात्येनाम् ।।८।।
इमा आपः प्र भराम्ययक्ष्मा यक्ष्मनाशनीः। गृहानुप प्र सीदाम्यमृतेन सहाग्निना ।।६।।

७५. सविता – अ. ५.2६.2; ७.2४.१; १६.५१.2

अ. ५.2६.2

युनक्तु देवः सविता प्रजानन्नस्मिन् यज्ञे महिषः स्वाहा ।।2।।

अ. ७.2४.१

यन्न इन्द्रो अखनद् यदग्निर्विश्वे देवा मरुतो यत् स्वर्काः ।
तदस्मभ्यं सविता सत्यधर्मा प्रजापतिरनुमातिर्नि यच्छात् ।।१।।

अ. १६.५१.2

देवस्य त्वा सवितुः प्रसवेऽश्विनोर्बाहुभ्यां पूष्णो हस्ताभ्यां प्रसूत आ रभे ।।2।।

७६. सूर्यः – अ. २०.१०७.१३–१४; १६.६७.१–८

अ. २०.१०७.१३–१४

चित्रं देवानां केतुरनीकं ज्योतिष्मान् प्रदिशः सूर्य उद्यन् ।
दिवाकरोऽति द्युम्नैस्तमांसि विश्वातारीद् दुरितानि शुक्रः ।।१३।।
चित्रं देवानामुदगादनीकं चक्षुर्मित्रस्य वरुणस्याग्नेः ।
आप्राद् द्यावापुथिवी अन्तरिक्षं सूर्य आत्मा जगतस्तस्थुषश्च ।।१४।।

अ. १६.६७.१–८

पश्येम शरदः शतम् ।।१।।
जीवेम शरदः शतम् ।।2।।
बुध्येम शरदः शतम् ।।३।।
रोहेम शरदः शतम् ।।४।।
पूषेम शरदः शतम् ।।५।।
भवेम शरदः शतम् ।।६।।
भूयेम शरदः शतम् ।।७।।
भूयसीः शरदः शतम् ।।८।।

७७. सूर्यो जातवेदा – अ. १६.६५.१

हरिः सुपर्णो दिवमारुहोऽर्चिषा ये त्वा दिप्सन्ति दिवमुत्पतन्तम् ।
अव तां जहि हरसा जातवेदो बिभ्यदुग्रोऽर्चिषा दिवमा रोह सूर्य ।।१।।

७८. सूर्यो जातवेदा वज्रः – अ. १६.६६.१

अयोजाला असुरा मायिनोऽयस्मयैः पाशैरंकिनो ये चरन्ति ।
तांस्ते रन्ध्यामि हरसा जातवेदः सहस्रऋष्टिः सपत्नान् प्रमृणन् पाहि वज्रः ।।१।।

७६. सूर्यः हरिमा हृदयरोगश्च – अ. १.22.१–४; 2.१६.३

अ. १.22.१–४

अनु सूर्यमुदयतां हृद्द्योतो हरिमा चे ते। गो रोहितस्य वर्णेन तेन त्वा परि दध्मसि ।।१।।
परि त्वा रोहितैर्वर्णैर्दीर्घायुत्वाय दध्मसि। यथायमरपा असदथो अहरितो भुवत् ।।2।।
या रोहिणीर्देवत्या३ गावो या उत रोहिणीः। रूपरूपं वयोवयस्ताभिष्ट्वा परि दध्मसि ।।३।।
शुकेषु ते हरिमाणं रोपणाकासु दध्मसि। अथो हारिद्रवेषु ते हरिमाणं नि दध्मसि ।।४।।

अ. 2.१६.३

सूर्य चक्षुषा मा पाहि स्वाहा ।।३।।

८०. सोमः – अ. ५.2६.१०

सोमो युनक्तु बहुधा पयांस्यस्मिन् यज्ञे सुयुजः स्वाहा ।।१०।।

४४५. ब्रह्मातिथिः काण्वः

१. अश्विनौ – ऋ. ८.५.१–३६; ३७[१]

ऋ. ८.५.१–३६

दूरादिहेव यत्सत्यरुणप्सुरशिश्वितत्। वि भानुं विश्वधातनत् ।।१।।
नृवद्दस्रा मनोयुजा रथेन पृथुपाजसा। सचेथे अश्विनोषसम् ।।2।।
युवाभ्यां वाजिनीवसू प्रति स्तोमा अदृक्षत। वाचं दूतो यथेहिषे ।।३।।
पुरुप्रिया ण ऊतये पुरुमन्द्रा पुरूवसू। स्तुषे कण्वासो अश्विना ।।४।।
मंहिष्ठा वाजसातमेषयन्ता शुभस्पती। गन्तारा दाशुषो गृहम् ।।५।।
ता सुदेवाय दाशुषे सुमेधामवितारिणीम्। घृतैर्गव्यूतिमुक्षतम् ।।६।।

आ नः स्तोममुप द्रवत्तूयं श्येनोभिराशुभिः। यातमश्वेभिरश्विना ।।७।।
येभिस्तिस्रः परावतो दिवो विश्वानि रोचना। त्रींरक्तून्परिदीयथः ।।८।।
उत नो गोमतीरिष उत सातीरहर्विदा। वि पथः सातये सितम् ।।९।।
आ नो गोमन्तमश्विना सुवीरं सुरथं रयिम्। वोळहमश्वावतीरिषः ।।१०।।
वावृधाना शुभस्पती दस्रा हिरण्यवर्तनी। पिबतं सोम्यं मधु ।।११।।
अस्मभ्यं वाजिनीवसू मघवद्भ्यश्च सप्रथः। छर्दिर्यन्तमदाभ्यम् ।।१२।।
नि षु ब्रह्म जनानां याविष्टं तूयमा गतम्। मोष्व१न्याँ उपारतम् ।।१३।।
अस्य पिबतमश्विना युवं मदस्य चारुणः। मध्वो रातस्य धिष्ण्या ।।१४।।
अस्मे आ वहतं रयिं शतवन्तं सहस्रिणम्। पुरुक्षुं विश्वधायसम् ।।१५।।
पुरुत्रा चिद्धि वां नरा विह्वयन्ते मनीषिणः। वाघद्भिरश्विना गतम् ।।१६।।
जनासो वृक्तबर्हिषो हविष्मन्तो अरंकृतः। युवां हवन्ते अश्विना ।।१७।।
अस्माकमद्य वामयं स्तोमो वाहिष्ठो अन्तमः। युवाभ्यां भूत्वश्विना ।।१८।।
यो ह वां मधुनो दृतिराहितो रथचर्षणे। ततः पिबतमश्विना ।।१९।।
तेन नो वाजिनीवसू पश्वे तोकाय शं गवे। वहतं पीवरीरिषः ।।२०।।
उत नो दिव्या इष उत सिन्धूँरहर्विदा। अप द्वारेव वर्षथः ।।२१।।
कदा वां तौग्र्यो विधत्समुद्रे जहितो नरा। यद्वां रथो विभिष्पतात् ।।२२।।
युवं कण्वाय नासत्यापिरिप्ताय हर्म्ये। शश्वदूतीर्दशस्यथः ।।२३।।
ताभिरा यातमूतिभिर्नव्यसीभिः सुशस्तिभिः। यद्वां वृषण्वसू हुवे ।।२४।।
यथा चित्कण्वमावतं प्रियमेधमुपस्तुतम्। अत्रिं शिंजारमश्विना ।।२५।।
यथोत कृत्व्ये धनेंऽशुं गोष्वगस्त्यम्। यथा वाजेषु सोभरिम् ।।२६।।
एतावद्वां वृषण्वसू अतो वा भूयो अश्विना। गृणन्तः सुम्नमीमहे ।।२७।।
रथं हिरण्यवन्धुरं हिरण्याभीषुमश्विना। आ हि स्थाथो दिविस्पृशम् ।।२८।।
हिरण्ययी वां रभिरीषा अक्षो हिरण्ययः। उभा चक्रा हिरण्यया। ।।२९।।
तेन नो वाजिनीवसू परावतश्चिदा गतम्। उपेमां सुष्टुतिं मम ।।३०।।
आ वहेथे पराकात्पूर्वीरश्नन्तावश्विना। इषो दासीरमर्त्या ।।३१।।
आ नो द्युम्नैरा श्रवोभिरा राया यातमश्विना। पुरुश्चन्द्रा नासत्या ।।३२।।
एह वां प्रुषितप्सवो वयो वहन्तु पर्णिनः। अच्छा स्वध्वरं जनम् ।।३३।।
रथं वामनुगायसं य इषा वर्तते सह। न चक्रमभि बाधते ।।३४।।
हिरण्ययेन रथेन द्रवत्पाणिभिरश्वैः। धीजवना नासत्या ।।३५।।
युवं मृगं जागृवांसं स्वदथो वा वृषण्वसू। ता नः पृङ्क्तमिषा रयिम् ।।३६।।

ऋ. ८.५.३७[१]

ता मे अश्विना सनीनां विद्यातं नवानाम् ।
यथा चिच्चैद्यः कशुः शतमुष्ट्रानां ददत्सहस्रा दश गोनाम् ।।३७।।

2. चैद्यस्य कसोर् दानस्तुतिः – ऋ. ८.५.३७[२]–३९

ता मे अश्विना सनीनां विद्यातं नवानाम् ।
यथा चिच्चैद्यः कशुः शतमुष्ट्रानां ददत्सहस्रा दश गोनाम् ।।३७।।
यो मे हिरण्यसंदृशो दश राज्ञो अमंहत ।
अधस्पदा इच्चैद्यस्य कृष्टयश्चर्मम्ना अभितो जनाः ।।३८।।
माकिरेना पथा गाद्येनेमे यन्ति चेदयः ।
अन्यो नेत्सूरिरोहते भूरिदावत्तरो जनः ।।३९।।

४४६. ब्रह्मातिथि काण्वः (सास्वा. साग्री.) ब्रह्मातिथिः (सार्षेदी.)

१. अश्विनौ मित्रावरुणौ – सा. २१९

दूरादिहेव यत्सतोऽरुणप्सुरशिश्वितत्। वि भानुं विश्वथातनत् ।।६।।

४४७. ब्रह्मास्कन्दः

१. **मन्युः – अ. ४.३१.१–७; ४.३२.१–७**

अ. ४.३१.१–७

त्वया मन्यो सरथमारुजन्तो हर्षमाणा हृषितासो मरुत्वन् ।
तिग्मेषव आयुधा संशिशाना उप प्र यन्तु नरो अग्निरूपाः ।।१।।
अग्निरिव मन्यो त्विषितः सहस्व सेनानीर्नः सहुरे हूत एधि ।
हत्वाय शत्रून वि भजस्व वेद ओजो मिमानो वि मृधो नुदस्व ।।2।।
सहस्व मन्यो अभिमातिमस्मै रुजन् मृणन् प्रमृणन् प्रेहि शत्रून् ।
उग्रं ते पाजो नन्वा रुरुध्रे वशी वशं नयासा एकज त्वम् ।।३।।
एको बहूनामसि मन्य ईडिता विशंविशं युद्धाय सं शिशाधि ।
अकृत्तरुक्त्वया युजा वयं द्युमन्तं घेषं विजयाय कृण्मसि ।।४।।
विजेष्कृदिन्द्र इवानवब्रवो३स्माकं मन्यो अधिपा भवेह ।
प्रियं ते नाम सहुरे गृणीमसि विद्मा तमुत्सं यत आबभूथा ।।५।।
आभूत्या सहजा वज्र सायक सहो बिभर्षि सहभूत उत्तरम् ।
क्रत्वा नो मन्यो सह मेद्येधि महाधनस्य पुरुहूतं संसृजि ।।६।।
संसृष्टं धनमुभयं समाकृतमस्मभ्यं धत्तां वरुणश्च मन्युः ।
भियो दधाना हृदयेषु शत्रवः पराजितासो अप नि लयन्ताम् ।।७।।

अ. ४.३2.१–७

यस्ते मन्योऽविधद् वज्र सायक सह ओजः पुष्यति विश्वमानुषक् ।
साह्याम दासमार्यं त्वया युजा वयं सहस्कृतेन सहसा सहस्वता ।।१।।
मन्युरिन्द्रो मन्युरेवास देवो मन्युर्होता वरुणो जातवेदाः ।
मन्युर्विश ईडते मानुषीर्याः पाहि नो मन्यो तपसा सजोषाः ।।2।।
अभीहि मन्यो तवसस्तवीयान् तपसा युजा वि जहि शत्रून् ।
अमित्रहा वृत्रहा दस्युहा च विश्वा वसून्या भरा त्वं नः ।।३।।
त्वं हि मन्यो अभिभूत्योजाः स्वयंभूर्भामो अभिमातिषाहः ।
विश्वचर्षणिः सहुरिः सहीयानस्मास्वोजः पृतनासु धेहि ।।४।।
अभागः सन्नप परेतो अस्मि तव क्रत्वा तविषस्य प्रचेतः ।
तं त्वा मन्यो अक्रतुर्जिहीडाहं स्वा तनूर्बलदावा न एहि ।।५।।
अयं ते अस्म्युप न एह्यर्वाङ् प्रतीचीनः सहुरे विश्वदावन् ।
मन्यो वज्रिन्नभि न आ ववृत्स्व हनाव दस्यूंरुत बोध्यापेः ।।६।।
अभि प्रेहि दक्षिणतो भवा नोऽधा वृत्राणि जंघनाव भूरि ।
जुहोमि ते धरुणं मध्वो अग्रमुभावुपांशु प्रथमा पिबाव ।।७।।

४४८. भगः

१. **इन्द्रः – अ. ६.८2.१–३**

आगच्छत आगतस्य नाम गृह्णाभ्यायतः। इन्द्रस्य वृत्रघ्नो व वे वासवस्य शतक्रतोः ।।१।।
येन सूर्यं सावित्रीमश्विनोहतुः पथा। तेन मामब्रवीद् भगो जायामा वहतादिति ।।2।।
यस्तेऽङ्कुशो वसुदानो बृहन्निन्द्र हिरण्ययः। तेना जनीयते जायां मह्यं धेहि शचीपते ।।३।।

2. **निर्ऋतिः – अ. ६.८४.१–४**

यस्यास्त आसनि घोरे जुहोम्येषां बद्धानामवसर्जानाय कम् ।
भूमिरिति त्वाभिप्रमन्वते जना निर्ऋतिरिति त्वाहं परि वेद सर्वतः ।।१।।
भूते हविष्मती भवैष ते भागो यो अस्मासु ।
मुंचेमानमूनेनसः स्वाहा ।।2।।

एवो ष्व१स्मन्निर्ऋते नेहा त्वमयस्मयान् वि चृता बन्धपाशान् ।
यमो मह्यं पुनरित् त्वां ददाति तस्मै यमाय नमो अस्तु मृत्यव ।।३।।
अयस्मये द्रुपदे बेधिष इहाभिहितो मृत्युभिर्ये सहस्रम् ।
यमेन त्वं पितृभिः संविदान उत्तमं नाकमधि रोहयेमम् ।।४।।

३. **सूर्यादयः – अ. ६.८३.१–४**

अपचितः प्र पतत सुपर्णो वसतेरिव। सूर्यः कृणोतु भेषजं चन्द्रमा वोऽपोच्छतु ।।१।।
एन्येका श्येन्येका कृष्णैका रोहिणी द्वे। सर्वासामग्रभं नामावीरघ्नीरपेतन ।।2।।
असूतिका रामायण्यपचित् प्र पतिष्यति। ग्लौरितः प्र पतिष्यति स गलुन्तो नशिष्यति ।।३।।
वीहि स्वामाहुतिं जुषाणो मनसा स्वाहा मनसा यदिदं जुहोमि ।।४।।

४४६. भरद्वाजः

१. **अग्निः – अ. 2.१2.८; य. ३.३; १३; ११.३2–३४; १८.७४; ३३.६**

अ. 2.१2.८

आ दधामि ते पदं समिद्धे जातवेदसि। अग्निः शरीरं वेवेष्ट्वसुं वागपि गच्छतु ।।८।।

य. ३.३

तं त्वा समिद्भिरंगिरो घृतेन वर्द्धयामसि। बृहच्छोचा यविष्ठ्य ।।३।।

य. ३.१३

उभा वामिन्द्राग्नीऽआहुवध्याऽउभा राधसः सह मादयध्यै ।
उभा दाताराविषांा रयीणामुभा वाजस्य सातये हुवे वाम् ।।१३।।

य. ११.३2–३४

पुरीष्योऽसि विश्वभराऽअथर्वा त्वा प्रथमो निरमन्थदग्ने ।
त्वामग्ने पुष्करादध्यथर्वा निरमन्थत। मूर्ध्नो विश्वस्य वाघतः ।।३2।।
तमु त्वा दध्यङ्ङृषिः पुत्र ईधेऽअथर्वणः। वृत्रहणं पुरन्दरम् ।।३३।।
तमु त्वा पाथ्यो वृषा समीधे दस्युहन्तमम्। धनंजयं रणेरणे ।।३४।।

य. १८.७४

अश्याम तं काममग्ने तवोतीऽअश्याम रयिं रयिवः सुवीरम् ।
अश्याम वाजमभि वाजयन्तोऽश्याम द्युम्नमजराजरं ते ।।७४।।

य. ३३.६

अग्निर्वृत्राणि जंघनद्द्रविणस्युर्विपन्यया। समिद्धः शुक्रऽआहुतः ।।६।।

2. **आदित्यवस्वङ्गिरसः – अ. 2.१2.४**

अशीतिभिस्तिसृभिः सामगेभिरादित्येभिर्वसुभिरंगिरोभिः ।
इष्टापूर्तमवतु नः पितॄणामामुं ददे हरसा दैव्येन ।।४।।

३. **इन्द्रः – अ. 2.१2.३; 20.८.१; 20.३६.१–११**

अ. 2.१2.३

इदमिन्द्र शृणुहि सोमप यत् त्वाहृदा शोचता जोहवीमि ।
वृश्चामि तं कुलिशेनेव वृक्षं यो अस्माकं मन इदं हिनस्ति ।।३।।

अ. 20.८.१

एवा पाहि प्रत्नथा मन्दतु त्वा श्रुधि ब्रह्म वावृधस्वोत गीर्भिः ।
आविः सूर्यं कृणुहि पीपिहीषो जहि शत्रूँरभि गा इन्द्र तृन्धि ।।१।।

अ. 20.३६.१–११

य एक इद्धव्यश्चर्षणीनामिन्द्रं तं गीर्भिरभ्यर्च आभिः ।
यः पत्यते वृषभो वृष्ण्यावान्त्सत्यः सत्वा पुरुमायः सहस्वान् ।।१।।

तमु नः पूर्वे पितरो नवग्वाः सप्त विप्रासो अभि वाजयन्तः ।
नक्षद्दाभं ततुरि पर्वतेष्ठामद्रोघवाचं मतिभिः शविष्ठम् ।।2।।
तमीमह इन्द्रमस्य रायः पुरुवीरस्य नृवतः पुरुक्षोः ।
यो अस्कृधोयुरजरः स्वर्वान् तमा भर हरिवो मादयध्यै ।।३।।
तन्नो वि वोचो यदि ते पुरा चिज्जरितार आनशुः सुम्नमिन्द्र ।
कस्ते भागः किं वयो दुध्र खिद्वः पुरुहूत पुरूवसोऽसुरघ्नः ।।४।।
तं पृच्छन्ती वज्रहस्तं रथेष्ठामिन्द्रं वेपी वक्वरी यस्य नू गीः ।
तुविग्राभं तुविकूर्मिं रभोदां गातुमिषे नक्षते तुम्रमच्छ ।।५।।
अया ह त्यं मायया वावृधानं मनोजुवा स्वतवः पर्वतेन ।
अच्युता चिद् वीडिता स्वोजो रुजो वि दृढा धृषता विरप्शिन् ।।६।।
तं वो धिया नव्यस्या शविष्ठं प्रत्नं प्रत्नवत् परितंसयध्यै ।
स नो वक्षदनिमानः सुवह्मेन्द्रो विश्वान्यति दुर्गहाणि ।।७।।
आ जनाय द्रुह्वणे पार्थिवानि दिव्यानि दीपयोऽनतरिक्षा ।
तपा वृषन् विश्वतः शोचिषा तान् ब्रह्मद्विषे शोचय क्षामपश्च ।।८।।
भुवो जनस्य दिव्यस्य राजा पार्थिवस्य जगतस्त्वेषसंदृक् ।
धिष्व वज्रं दक्षिण इन्द्र हस्ते विश्वा अजुर्य दयसे वि मायाः ।।६।।
आ संयतमिन्द्र णः स्वस्तिं शत्रुतूर्याय बृहतीममृध्राम् ।
यया दासान्यार्याणि वृत्रा करो वज्रिन्त्सुतुका नाहुषाणि ।।१०।।
स नो नियुद्भिः पुरुहूत वेधो विश्ववाराभिरा गहि प्रयज्यो ।
न या अदेवो वरते न देव आभिर्याहि तूयमा मद्र्यद्रिक् ।।११।।

४. इन्द्राग्नी – य. ३३.६१

उग्रा विघनिना मृधऽइन्द्राग्नी हवामहे। ता नो मूडातऽइर्दृशे ।।६१।।

५. गृहपतयः – य. ८.६; १०–१२; १४

य. ८.६

वाममद्य सवितर्वाममु श्वो दिवे दिवे वाममस्मभ्यं सावीः ।
सामस्य हि क्षयस्य देव भूरेरया धिया वामभाजः स्याम ।।६।।

य. ८.१०–१२

अग्नाइह पत्नीवन्त्सजूर्देवेन त्वष्ट्रा सोमं पिब स्वाहा ।
प्रजापतिर्वृषामि रेतोधा रेतो मयि धेहि प्रजापतेस्ते वृष्णो रेतोधसो रेतोधामशीय ।।१०।।
उपयामगृहीतोऽसि हरिरसि हारियोजनो हरिभ्यां त्वा। हर्य्योर्द्धाना स्थ सहसोमाऽइन्द्राय ।।११।।
यस्तेऽश्वसनिर्भक्षो यो गोसनिस्तस्य तऽइष्टयजुष स्तुतस्तोमस्य शस्तोक्थस्योपहूतस्योपहूतो भक्षयामि ।।१२।।

य. ८.१४

सं वर्चसा पयसा सं तनूभिरगन्महि मनसास सं शिवेन ।
त्वष्टा सुदत्रो विदधातु रायोऽनुमार्ष्टु तन्वो यद्विलिष्टम् ।।१४।।

६. गृहपतयो विश्वेदेवाः – य. ८.६; १३

य. ८.६

उपयामगृहीतोऽसि बृहस्पतिसुतस्य देव सोम तऽइन्दोरिन्द्रियावतः पत्नीवतो ग्रँहा 2ऽऋध्यासम् । अहं परस्तादहम वस्ताद्यदन्तरिक्षं तदु मे पिताभूत्। अहंसूर्य्यमुभयतो ददर्शाहं देवानां परमं गुहा यत्।।६।

य. ८.१३

देवकृतस्यैनसोऽवयजनमसि मनुष्यकृतस्यैनसोऽवयजनमसि पितृकृतस्यैनसोऽवयजनमस्या त्मकृतस्यैनसोऽवयजनमस्येनसऽएनसोऽवयजनमसि। यच्चाहमेनो विद्वाँश्चकार यच्चाविद्वाँस्तस्य

सर्वस्यैनसोऽवयजनमसि ।।१३।।

७. **देवाः – अ. 2.१2.2**

इदं देवाः शृणुत ये यज्ञिया स्थ भरद्वाजो मह्यमुक्थानि शंसति ।
पाशे स बद्धो दुरिते नि युज्यतां यो अस्माकं मन इदं हिनस्ति ।।2।।

८. **द्यावापृथिव्यौ – य. ३४.४५**

घृतवती भुवनानामभिश्रियोर्वी पृथ्वी मधुदुघे सुपेशसा ।
द्यावापृथिवी वरुणस्य धर्मणा विष्कभितेऽअजरे भूरिरेतसा ।।४५।।

९. **पवमानः सोमः – ऋ. ६.६७.१–३**

त्वं सोमासि धारयुर्मन्द्र ओजिष्ठो अध्वरे। पवस्व मंहयद्रयिः ।।१।।
त्वं सुतो नृमादनो दधन्वान्मत्सरिन्तमः। इन्द्राय सूरिरन्धसा ।।2।।
त्वं सुष्वाणो अद्रिभिरभ्यर्ष कनिक्रदत्। द्युमन्तं शुष्ममुत्तमम् ।।३।।

१०. **प्रजासेनापतिः – य. ७.३६**

महाँ2ऽइन्द्रो नृवदा चर्षणिप्राऽउत द्विबर्हाऽअमिनः सहोभिः ।
अस्मद्र्यग्वावृधे वीर्य्यायोरुः पृथुः सुकृतः कर्तृभिर्भूत् ।
उपयामगृहीतोऽसि महेन्द्राय त्वैष ते योनिर्महेन्द्राय त्वा ।।३६।।

११. **बृहस्पतिः – अ. 20.६0.१–३**

यो अद्रिभित् प्रथमजा ऋतावा बृहस्पतिरांगिरसो हविष्मान् ।
द्विबर्हज्मा प्राघर्मसत् पिता न आ रोदसी वृषभो रोरवीति ।।१।।
जनाय चिद् य ईवत उ लोकं बृहस्पतिर्देवहूतौ चकार ।
घ्नन् वृत्राणि वि पुरो दर्दरीति जयंछत्रूंरमित्रान् पृत्सु साहन् ।।2।।
बृहस्पतिः समजयद् वसूनि महो व्रजान् गोमतो देव एषः ।
अपः सिषासन्त्स्व१रप्रतीतो बृहस्पतिर्हन्त्यमित्रमर्कैः ।।३।।

१2. **मरुतः – अ. 2.१2.६**

अतीव यो मरुतो मन्यते नो ब्रह्म वा यो निन्दिषत् क्रियमाणम् ।
तपूंषि तस्मै वृजिनानि सन्तु ब्रह्मद्विषं द्यौरभिसंतपाति ।।६।।

१३. **यमसादनम् ब्रह्म – अ. 2.१2.७**

सप्त प्राणानष्टौ मन्यस्तांस्ते वृश्चामि ब्रह्मणा। अया यमस्य सादनमग्निदूतो अरंकृतः ।।७।।

१४. **विश्वेदेवाः – य. ७.2४; ३३.१३**

य. ७.2४

मूर्द्धानं दिवोऽअरतिं पृथिव्या वैश्वानर मृतऽआ जातमग्निम् ।
कविं सम्राजमतिथिं जनानामासन्ना पात्रं जनयन्त देवाः ।।2४।।

य. ३३.१३

त्वां हि मन्द्रतममर्कशोकैर्ववृमहे महि नः श्रोष्यग्ने ।
इन्द्र न त्वा शवसा देवता वायुं पृणन्ति राधसा नृतमाः ।।१३।।

१५. **विश्वेदेवाः गृहपतयः – य. ८.८**

उपयामगृहीतोऽसि सुशर्म्मासि सुप्रतिष्ठानो बृहदुक्षाय नमः ।
विश्वेभ्यस्त्वा देवेभ्यऽएष ते योनिर्विश्वेभ्यस्त्वा देवेभ्यः ।।८।।

१६. **वैश्वानरः – य. ७.2५**

उपयामगृहीतोऽसि ध्रुवोऽसि ध्रुवक्षितिध्रुवाणां ध्रुवतमोऽच्युतानामच्युतक्षित्तमऽएष ते योनिर्वैश्वानराय त्वा। ध्रुवं ध्रुवेण मनसा वाचा सोममवनयामि। अथा नऽइन्द्र इद्विशोऽसपत्नाः समनसस्करत् ।।2५।।

१७. सविता – य. ३३.८४

अदब्धेभिः सवितः पायुभिष्ट्वं शिवेभिरद्य परि पाहि नो गयम् ।
हिरण्यजिह्वः सुविताय नव्यसे रक्षा माकिर्नोऽअघशंस ईशत ।।८४।।

१८. सविता गृहपतिः – य. ८.७

उपयामगृहीतोऽसि सवित्रोऽसि चनोधाश्चनोधाऽअसि चनो मयि धेहि ।
जिन्व यज्ञं जिन्व यज्ञपतिं भगाय देवाय त्वा सवित्रे ।।७।।

१६. सूर्यः – अ. 20.५८.३–४

बण्महाँ असि सूर्य बडादित्य महाँ असि ।
महस्ते सतो महिमा पनस्यतेऽद्धा देव महाँ असि ।।३।।
बट् सूर्य श्रवसा महाँ असि सत्रा देव महाँ असि ।
मह्ना देवानामसुर्यः पुरोहितो विभु ज्योतिरदाभ्यम् ।।४।।

४५०. भरद्वाजो बार्हस्पत्यः

१. अग्निः – ऋ. ६.१.१–१३; ६.2.१–११; ६.३.१–८; ६.४.१–८; ६.५.१–७; ६.६.१–७; ६. १०.१–७; ६. ११.१–६; ६.१2.१–६; ६.१३.१–६; ६.१४.१–६; ६.१६.१–४८; सा. १; 2; ४; ७; ६; 22; 2५; ६७; ६८; ८३; ८४; ६६०–६६2; ७०५–७०७; १३८३–१३८५; १३६६–१३६८; १४७४–१४७६; १७०५–१७०७

ऋ. ६.१.१–१३

त्वं ह्यग्ने प्रथमो मनोतास्या धियो अभवो दस्म होता ।
त्वं सीं वृषन्नकृणोर्दुष्टरीतु सहो विश्वस्मै सहसे सहध्यै ।।१।।
अधा होता न्यसीदो यजीयानिळस्पद इषयन्नीड्यः सन् ।
तं त्वा नरः प्रथमं देवयन्तो महो राये चितयन्तो अनु ग्मन् ।।2।।
वृतेव यन्तं बहुभिर्वसव्यै३ स्त्वे रयिं जागृवांसो अनु ग्मन् ।
रुशन्तमग्निं दर्शतं बृहन्तं वपावन्तं विश्वहा दीदिवांसम् ।।३।।
पदं देवस्य नमसा व्यन्तः श्रवस्यवः श्रव आपन्नमृक्तम् ।
नामानि चिद्दधिरे यज्ञियानि भद्रायां ते रणयन्त संदृष्टौ ।।४।।
त्वां वर्धन्ति क्षितयः पृथिव्यां त्वां राय उभयासो जनानाम् ।
त्वं त्राता तरणे चेत्यो भूः पिता माता सदमिन्मानुषाणाम् ।।५।।
सपर्येण्यः स प्रियो विक्ष्व१ ग्नि र्होता मन्द्रो नि षसादा यजीयान् ।
तं त्वा वयं दम आ दीदिवांसमुप □बाधो नमसा सदेम ।।६।।
तं त्वा वयं सुध्यो३ नव्यमग्ने सुम्नायव ईमहे देवयन्तः ।
त्वं विशो अनयो दीद्यानो दिवो अग्ने बृहता रोचनेन ।।७।।
विशां कविं विश्पतिं शश्वतीनां नितोशनं वृषभं चर्षणीनाम् ।
प्रेतीषणिमिषयन्तं पावकं राजन्तमग्निं वृषभं चर्षणीनाम् ।
प्रेतीषणिमिषयन्तं पावकं राजन्तमग्निं यजतं रयीणाम् ।।८।।
सो अग्न ईजे शशमे च मर्तो यस्त आनट् समिधा हव्यदातिम् ।
य आहुतिं परि वेदा नमोभिर्विश्वेत्स वामा दधते त्वोतः ।।६।।
अस्मा उ ते महि महे विधेम नमोभिरग्ने समिधोत हव्यैः ।
वेदी सूनो सहसो गीर्भिरुक्थैरा ते भद्राया सुमतौ यतेम ।।१०।।

Vedic Concordance of Mantras as per Ṛṣi and Devatā 69

आ यस्ततन्थ रोदसी वि भासा श्रवोभिश्च श्रवस्य१स्तरुत्रः ।
बृहद्भिर्वाजैः स्थविरेभिरस्मे रेवद्भिरग्ने वितरं वि भाहि ।।११।।
नृवद्वसो सदमिद्धेह्यस्मे भूरि तोकाय तनयाय पश्वः ।
पूर्वीरिषो बृहतीरारे अघा अस्मे भद्रा सौश्रवसानि सन्तु ।।१२।।
पुरूण्यग्ने पुरुधा त्वाया वसूनि राजन्वसुता ते अश्याम् ।
पुरूणि हि त्वे पुरुवार सन्त्यग्ने वसु विधते राजनि त्वे ।।१३।।

ऋ. ६.2.१—११

त्वं हि क्षैतवद्यशोऽग्ने मित्रो न पत्यसे। त्वं विचर्षणे श्रवो वसो पुष्टिं न पुष्यसि ।।१।।
त्वां हि ष्मा चर्षणयो यज्ञेभिर्गीर्भिरीळते। त्वां वाजी यात्यवृको रजस्तूर्विश्वचर्षणिः ।।2।।
सजोषस्त्वा दिवो नरो यज्ञस्य केतुमिन्धते। यद्ध स्य मानुषो जनः सुम्नायुर्जुह्वे अध्वरे ।।३।।
ऋधद्यस्ते सुदानवे धिया मर्तः शशमते। ऊती ष बृहतो दिवो द्विषो अंहो न तरति ।।४।।
समिधा यस्त आहुतिं निशितिं मर्त्यो नशत्। वयावन्तं स पुष्यति क्षयमग्ने शतायुषम् ।।५।।
त्वेषस्ते धूम ऋण्वति दिवि षंछुक्र आततः। सूरो न हि द्युता त्वं कृपा पावक रोचसे ।।६।।
अधा हि विक्ष्वीड्योऽसि प्रियो नो अतिथिः। रण्वः पुरीव जूर्यः सूनुर्न त्रययाय्यः ।।७।।
क्रत्वा हि द्रोणे अजयसेऽग्ने वाजी न कृत्व्यः। परिज्मेव स्वधा गयोऽत्यो न ह्वार्यः शिशुः ।।८।।
त्वं त्या चिदच्युताग्ने पशुर्न यवसे। धामा ह यत्ते अजर वना वृश्चन्ति शिक्वसः ।।६।।
वेषि ह्यध्वरीयतामग्ने होता दमे विशाम्। समृधो विश्पते कृणु जुषस्व हव्यमंगिरः ।।१०।।
अच्छा नो मित्रमहो देव देवानग्ने वोचः सुमतिं रोदस्योः ।
वीहि स्वस्तिं सुक्षितिं दिवो नृन्द्विषो अंहांसि दुरिता तरेम ता तरेम तवावसा तरेम ।।११।।

ऋ. ६.३.१—८

अग्ने स क्षेषदृतपा ऋतेजा उरु ज्योतिर्नशते देवयुष्टे ।
यं त्वं मित्रेण वरुणः सजोषा देव पासि त्यजसा मर्तमंहः ।।१।।
ईजे यज्ञेभिः शशमे शमीभिर्ऋधद्वारायाग्नये ददाश ।
एवा चन तंयशसामजुष्टिर्नांहो मर्तं नशते न प्रदृप्तिः ।।2।।
सूरो न यस्य दृशतिर रेपा भीमा यदेति शुचतस्त आ धीः ।
हेषस्वतः शुरुधो नायमक्तोः कुत्रा चिद्रण्वो वसतिर्वनेजाः ।।३।।
तिग्मं चिदेम महि वर्पो अस्य भसदश्वो न यसमान आसा ।
विजेहमानः परशुर्न जिह्वा द्रविर्न द्रावयति दारु धक्षत् ।।४।।
स इदस्तेव प्रति धादसिष्यांछिशीत तेजोऽयसो न धाराम् ।
चित्रध्रजतिररतिर्यो अक्तोर्वेर्न द्रुषद्वा रघुपत्मजंहाः ।।५।।
स ईं रेभो न प्रति वस्त उस्राः शोचिषा रारपीति मित्रमहाः ।
नक्तं य ईमरुषो यो दिवा नृनमतर्यो अरुषो यो दिवा नृन् ।।६।।
दिवो न यस्य विधतो नवीनोद्वृषा रुक्ष ओषधीषु नूनोत् ।
घृणा न यो ध्रजसा पत्मना यन्ना रोदसी वसुना दं सुपत्नी ।।७।।
धायोभिर्वा यो युजयेभिरर्कैर्विद्युन्न दविद्योत्स्वेभिः शुष्मैः ।
शर्धो वा यो मरुतां ततक्ष ऋभुर्न त्वेषो रभसानो अद्यौत् ।।८।।

ऋ. ६.४.१—८

यथा होतर्मनुषो देवताता यज्ञेभिः सूनो सहसो यजासि ।
एवा नो अद्य समना समानानुशन्नग्न उशतो यक्षि देवान् ।।१।।
स नो विभावा चक्षणिर्न वस्तोरग्निर्वन्दारु वेद्यश्चनो धात् ।
विश्वायुर्यो अमृतो मर्त्येषूषर्भुदभूदतिथिर्जातवेदाः ।।2।।
द्यावो न यस्य पनयन्त्यभ्वं भासांसि वस्ते सूर्यो न शुक्रः ।
वि य इनोत्यजरः पावकोऽश्नस्य चिच्छिश्नथत्पूर्व्याणि ।।३।।

वव्रा हि सूनो अस्यद्मसद्वा चक्रे अग्निर्जनुषाज्मान्नम् ।
स त्वं न ऊर्जसन ऊर्जं धा राजेव जेरवृके क्षेष्यन्तः ।।४।।
नितिक्ति यो वारणमन्नमत्ति वायुर्न राष्ट्र्यत्येत्यक्तून् ।
तुर्याम यस्त आदिशामरातीरत्यो न ह्रुतः पततः परिह्रुत् ।।५।।
आ सूर्यो न भानुमद्भिरर्कैरग्ने ततन्थ रोदसी वि भासा ।
चित्रो नयत्परि तमांस्यक्तः शोचिषा पत्मन्नौशिजो न दीयन् ।।६।।
त्वां हि मन्द्रतममर्कशोकैर्ववृमहे महि नः श्रोष्यग्ने ।
इन्द्रं न त्वा शवसा देवता वायुं पृणन्ति राधसा नृतमाः ।।७।।
नू नो अग्नेऽवृकेभिः स्वस्ति वेषि रायः पथिभिः पर्ष्यंहः ।
ता सूरिभ्यो गृणते रासि सुम्नं मदेम शतहिमाः सुवीराः ।।८।।

ऋ. ६.५.१–७

हुवे वः सूनुं सहसो युवानमद्रोघवाचं मतिभिर्यविष्ठम् ।
य इन्वति द्रविणानि प्रचेता विश्ववाराणि पुरुवारो अध्रुक् ।।१।।
त्वे वसूनि पुर्वणीक होतर्दोषा वस्तोरेरिरे यज्ञियासः ।
क्षामेव विश्वा भुवनानि यस्मिन्त्सं सौभगानि दधिरे पावके ।।२।।
त्वं विक्षु प्रदिवः सीद आसु क्रत्वा रथीरभवो वार्याणाम् ।
अत इनोषि विधते चिकित्वो व्यानुषग्जातवेदो वसूनि ।।३।।
यो नः सनुत्यो अभिदासदग्ने यो अन्तरो मित्रमहो वनुष्यात् ।
तमजरेभिर्वृषभिस्तव स्वैस्तपा तपिष्ठ तपसा तपस्वान् ।।४।।
यस्ते यज्ञेन समिधा य उक्थैरर्केभिः सूनो सहसो ददाशत् ।
स मर्त्येष्वमृत प्रचेता राया द्युम्नेन श्रवसा वि भाति ।।५।।
स तत्कृधीषितस्तूयमग्ने स्पृधो बाधस्व सहसा सहस्वान् ।
यच्छस्यसे द्युभिरक्तो वचोभिस्तज्जुषस्व जरितुर्घोषि मन्म ।।६।।
अश्याम तं काममग्ने तवोती अश्याम रयिं रयिवः सुवीरम् ।
अश्याम वाजमभि वाजयन्तोऽश्याम द्युम्नमजराजरं ते ।।७।।

ऋ. ६.६.१–७

प्र नव्यसा सहसः सूनुमच्छा यज्ञेन गातुमव इच्छमानः ।
वृश्चद्वनं कृष्णयामं रुशन्तं वीती होतारं दिव्यं जिगाति ।।१।।
स श्वितानस्तन्यतू रोचनस्था अजरेभिर्नानदद्भिर्यविष्ठः ।
यः पावकः पुरुतमः पुरूणि पृथून्यग्निरनुयाति भर्वन् ।।२।।
वि ते विष्वग्वातजूतासो अग्ने भामासः शुचे शुचयश्चरन्ति ।
तुविम्रक्षासो दिव्या नवग्वा वना वनन्ति धृषता रुजन्तः ।।३।।
ये ते शुक्रासः शुचयः शुचिष्मः क्षां वपन्ति विषितासो अश्वाः ।
अध भ्रमस्त उर्विया वि भाति यातयमानो अधि सानु पृश्नेः ।।४।।
अध जिह्वा पापतीति प्र वृष्णो गोषुयुधो नाशनिः सृजाना ।
शूरस्येव प्रसितिः क्षातिरग्नेर्दुर्वर्तुर्भीमो दयते वनानि ।।५।।
आ भानुना पार्थिवानि ज्रयांसि महस्तोदस्य धृषता ततन्थ ।
स बाधस्वाप भया सहोभिः स्पृधो वनुष्यन्वनुषो नि जूर्व ।।६।।
स चित्र चित्रं चितयन्तमस्मे चित्रक्षत्र चित्रतमं वयोधाम् ।
चन्द्रं रयिं पुरुवीरं बृहन्तं चन्द्र चन्द्राभिर्गृणते युवस्व ।।७।।

ऋ. ६.१०.१–७

पुरो वो मन्द्रं दिव्यं सुवृक्तिं प्रयति यज्ञे अग्निमध्वरे दधिध्वम् ।
पुर उक्थेभिः स हि नो विभावा स्वध्वरा करति जातवेदाः ।।१।।

तमु द्युमः पुर्वणीक होतरग्ने अग्निभिर्मनुष इधानः ।
स्तोमं यमस्मै ममतेव शूषं घृतं न शुचि मतयः पवन्ते ।।2।।
पीपाय स श्रवसा मर्त्येषु यो अग्नये ददाश विप्र उक्थैः ।
चित्राभिस्तमूतिभिश्चित्रशोचिर्व्रजस्य साता गोमतो दधाति ।।३।।
आ यः पप्रौ जायमान उर्वी दूरेदृशा भासा कृष्णाध्वा ।
अध बहु चित्तम ऊर्म्यायास्तिरः शोचिषा ददृशे पावकः ।।४।।
नू नश्चित्रं पुरुवाजाभिरूती अग्ने रयिं मघवद्भ्यश्च धेहि ।
ये राधसा श्रवसा चात्यन्यान्त्सुवीर्येभिश्चाभि सन्ति जनान् ।।५।।
इमं यज्ञं चनो धा अग्न उशन्यं त आसानो जुहुते हविष्मान् ।
भरद्वाजेषु दधिषे सुवृक्तिमवीर्वाजस्य गध्यस्य सातौ ।।६।।
वि द्वेषांसीनुहि वर्धयेळां मदेम शतहिमाः सुवीराः ।।७।।

ऋ. ६.११.१–६

यजस्व होतरिषितो यजीयानग्ने बाधो मरुतां न प्रयुक्ति ।
आ नो मित्रावरुणा नासत्या द्यावा होत्राय पृथिवी ववृत्याः ।।१।।
त्वं होता मन्द्रत्मो नो अध्रुगन्तर्देवो विदथा मर्त्येषु ।
पावकया जुह्वा३ वह्निरासाग्ने यजस्व तन्वं१ तव स्वाम् ।।2।।
धन्या चिद्धि त्वे धिष्णा वष्टि प्र देवांजन्म गृणते यजध्यै ।
वेष्ठिो अंगिरसां यद्ध विप्रो मधुच्छन्दो भनति रेभ इष्टौ ।।३।।
अदिद्युतत्स्वपाको विभावाग्ने यजस्व रोदसी उरूची ।
आयुं न यं नमसा रातहव्या अंजन्ति सुप्रयसं पंच जनाः ।।४।।
वृंजे ह यन्नमसा बर्हिरग्नावयामि स्रुग्घृतवती सुवृक्तिः ।
अम्यक्षि सद्म सदने पृथिव्या अश्रायि यज्ञः सूर्ये न चक्षुः ।।५।।
दशस्या नः पूर्वणीक होतर्देवेभिरग्ने अग्निभिरिधानः ।
रायः सूनो सहसो वावसाना अति स्रसेम वृजनं नांहः ।।६।।

ऋ. ६.१२.१–६

मध्ये होता दुरोणे बर्हिषो राळग्निस्तोदस्य रोदसी यजध्यै ।
अयं स सूनुः सहस ऋतावा दूरात्सूर्यो न शोचिषा ततान ।।१।।
आ यस्मिन्त्वे स्वपाके यजत्र यक्षद्राजन्त्सर्वतातेव नु द्यौः ।
त्रिषधस्थस्ततरुषो न जंहो हव्या मघानि मानुषा यजध्यै ।।2।।
तेजिष्ठा यस्यारतिर्वनेराट् तोदो अध्वन्न वृधसानो अद्यौत् ।
अद्रोघो न द्रविता चेतति त्मन्नमर्त्योऽवर्त्र ओषधीषु ।।३।।
सास्माकेभिरेतरी न शूषैरग्नि ष्टवे दम आ जातवेदाः ।
द्रवन्नो वन्वन् क्रत्वा नार्वोस्रः पितेव जारयायि यज्ञैः ।।४।।
अध सामास्य पनयन्ति भासो वृथा यत्तक्षदनुयाति पृथ्वीम् ।
सद्यो यः स्यन्द्रो विषितो धवीयानृणो न तायुरति धन्वा राट् ।।५।।
स त्वं नो अर्वन्निदाया विश्वे भिरग्ने अग्निभिरिधानः ।
वेषि रायो वि यासि दुच्छुना मदेम शतहिमाः सुवीराः ।।६।।

ऋ. ६.१३.१–६

त्वद्विश्वा सुभग सौभगान्यग्ने वि यन्ति वनिनो न वयाः ।
श्रुष्टी रयिर्वाजो वृत्रतूर्ये दिवो वृष्टिरीड्यो रीतिरपाम् ।।१।।
त्वं भगो न आ हि रत्नमिषे परिज्मेव क्षयसि दस्मवर्चा ।
अग्ने मित्रो न बृहत ऋतस्यासि क्षत्ता वामस्रू देव भूरेः ।।2।।
स सत्पतिः शवसा हन्ति वृत्रमग्ने विप्रो वि पणेर्भति वाजम् ।

यं त्वं प्रचेत ऋतजात राया सजोषा नप्त्रापां हिनोषि ।।३।।
यस्ते सूनो सहसो गीर्भिरुक्थैर्यज्ञैर्मर्तो निशितिं वेद्यानट् ।
विश्वं स देव प्रति वारमग्ने धत्ते धान्यं१ पत्यते वसव्यैः ।।४।।
ता नृभ्य आ सौश्रवसा सुवीराग्ने सूनो सहसः पुष्यसे धाः ।
कृणोषि यच्छवसा भूरि पश्वो वयो वृकायारये जसुरये ।।५।।
वद्मा सूनो सहसो नि विहाया अग्ने तोकं तनयं वाजि नो दाः ।
विश्वाभिर्गीर्भिरभि पूर्तिमश्यां मदेम शतहिमाः सुवीराः ।।६।।

ऋ. ६.१४.१–६

अग्ना यो मर्त्यो दुवो धियं जुजोष धीतिभिः। भसन्नु ष प्र पूर्व्य इषं बुरीतावसे ।।१।।
अग्निरिद्धि प्रचेता अग्निर्वेधस्तम ऋषिः। अग्निं होतारमीळते यज्ञेषु मनुषो विशः ।।2।।
नाना ह्य१ग्नेऽवसे स्पर्धन्ते रायो अर्यः। तूर्वन्तो दस्युमायवो व्रतैः सीक्षन्तो अव्रतम् ।।३।।
अग्निरप्सामृतीषहं वीरं ददाति सत्पतिम्। यस्य त्रसन्ति शवसः संचक्षि शत्रवो भिया ।।४।।
अग्निहि विद्मना निदो देवो मर्तमुरुष्यति। सहावा यस्यावृतो रयिर्वाजेष्ववृतः ।।५।।
अच्छा नो मित्रमहो देव देवानग्ने वोचः सुमतिं रोदस्योः ।
वीहि स्वस्तिं सुक्षितिं दिवो नृन्द्विषो अंहांसि दुरिता तरेम ता तरेम तवावसा तरेम ।।६।।

ऋ. ६.१६.१–४८

त्वमग्ने यज्ञानां होता विश्वेषां हितः। देवेभिर्मानुषे जने ।।१।।
स नो मन्द्राभिरध्वरे जिह्वाभिर्यजा महः। आ देवान्वक्षि यक्षि च ।।2।।
वेत्था हि वेधो अध्वनः पथश्च देवांजसा। अग्ने यज्ञेषु सुक्रतो ।।३।।
त्वामीळे अध द्विता भरतो वाजिभिः शुनम्। ईजे यज्ञेषु यज्ञियम् ।।४।।
त्वमिमा वार्या पुरु दिवोदासाय सुन्वते। भरद्वाजाय दाशुषे ।।५।।
त्वं दूतो अमर्त्य आ वहा दैव्यं जनम्। शृण्वन्विप्रस्य सुष्टुतिम् ।।६।।
त्वामग्ने स्वाध्यो३ मर्तासो देववीतये। यज्ञेषु देवमीळते ।।७।।
तव प्र यक्षि संदृशमुत क्रतुं सुदानवः। विश्वे जुषन्त कामिनः ।।८।।
त्वं होता मनुर्हितो वह्निरासा विदुष्टरः। अग्ने यक्षि दिवो विशः ।।९।।
अग्न आ याहि वीतये गृणानो हव्यदातये। नि होता सत्सि बर्हिषि ।।१०।।
तं त्वा समिद्भिरंगिरो घृतेन वर्धयामसि। बृहच्छोचा यविष्ठ्य ।।११।।
स नः पृथु श्रवाय्यमच्छा देव विवाससि। बृहदग्ने सुवीर्यम् ।।१2।।
त्वामग्ने पुष्करादध्यथर्वा निरमन्थत। मूर्ध्नो विश्वस्य वाघतः ।।१३।।
तमु त्वा दध्यङ्ङृषिः पुत्र ईधे अथर्वणः। वृत्रहणं पुरन्दरम् ।।१४।।
तमु त्वा पाथ्यो वृषा समीधे दस्युहन्तमम्। धनंजयं रणेरणे ।।१५।।
एह्यू षु ब्रवाणि तेऽग्न इत्थेतरा गिरः। एभिर्वर्धास इन्दुभिः ।।१६।।
यत्र क्व च ते मनो दक्षं दधस उत्तरम्। तत्रा सदः कृणवसे ।।१७।।
नहि ते पूर्तमक्षिपद्भुवन्नेमानां वसो। अथा दुवो वनवसे ।।१८।।
आग्निरगामि भारतो वृत्रहा पुरुचेतनः। दिवोदासस्य सत्पतिः ।।१९।।
स हि विश्वाति पार्थिवा रयिं दाशन्महित्वना वन्वन्नवातो अस्तृतः ।।2०।।
स प्रत्नवन्नवीयसाग्ने द्युम्नेन संयता। बृहत्ततन्थ भानुना ।।2१।।
प्र वः सखायो अग्नये स्तोमं यज्ञं च धृष्णुया। अर्च गाय च वेधसे ।।22।।
स हि यो मानुषा युगा सीदद्धोता कविक्रतुः। दूतश्च हव्यवाहनः ।।2३।।
ता राजाना शुचिव्रतादित्यान्मारुतं गणम्। वसो यक्षीह रोदसी ।।2४।।
वस्वी ते अग्ने संदृष्टिरिषयते पर्त्याय। ऊर्जो नपादमृतस्य ।।2५।।
क्रत्वा दा अस्तु श्रेष्ठोऽद्य त्वा वन्वन्त्सुरेक्णाः। मर्त आनाश सुवृक्तिम् ।।2६।।
ते ते अग्ने त्वोता इषयन्तो विश्वमायुः। तरन्तो अर्यो अरातीर्वन्वन्तो अर्यो अरातीः ।।2७।।
अग्निस्तिग्मेन शोचिषा यासद्विश्वं न्य१त्रिणम्। अग्निर्नो वनते रयिम् ।।2८।।
सुवीरं रयिमा भर जातवेदो विचर्षणे। जहि रक्षांसि सुक्रतो ।।2९।।

त्वं नः पाह्यंहसो जातवेदो अघायतः। रक्षा णो ब्रह्मणस्कवे ।।३०।।
यो नो अग्ने दुरेव आ मर्तो वधाय दाशति। तस्मान्नः पाह्यंहसः ।।३१।।
त्वं तं देव जिह्वया परि बाधस्व दुष्कृतम्। मर्तो यो नो जिघांसति ।।३2।।
भरद्वाजाय सप्रथः शर्म यच्छ सहन्त्य। अग्ने वरेण्यं वसु ।।३३।।
अग्निवृत्राणि जंघनद् द्रविणस्युर्विपन्यया। समिद्धः शुक्र आहुतः ।।३४।।
गर्भे मातुः पितुष्पिता विदिद्युतानो अक्षरे। सीदन्नृतस्य योनिमा ।।३५।।
ब्रह्म प्रजावदा भर जातवेदो विचर्षणे। अग्ने यद्दीदयद्दिवि ।।३६।।
उप त्वा रण्वसदृंशं प्रयस्वन्तः सहसस्कृत। अग्ने ससृज्महे गिरः ।।३७।।
उप च्छायामिव घृणेरगन्म शर्म ते वयम्। अग्ने हिरण्यऽसंदृशः ।।३८।।
य उग्र इव शर्यहा तिग्मशृङ्गो न वंसगः। अग्ने पुरो रुरोजिथ ।।३९।।
आ यं हस्ते न खादिनं शिशुं जातं न बिभ्रति। विशामग्निं स्वध्वरम् ।।४०।।
प्र देवं देववीतये भरता वसुवित्तमम्। आ स्वे योनौ नि षीदतु ।।४१।।
आ जातं जातवेदसि प्रियं शिशीतातिथिम्। स्योन आ गृहपतिम् ।।४2।।
अग्ने युक्ष्वा हि ये त्वाश्वासो देव साधवः। अरं वहन्ति मन्यवे ।।४३।।
अच्छा नो याह्या वहाभि प्रयांसि वीतये। आ देवान्त्सोमपीतये ।।४४।।
उदग्ने भारत द्युमदजस्रेण दविद्युतत्। शोचा वि भाह्यजर ।।४५।।
वीति यो देवं मर्तो दुवस्येदग्निमीळीताध्वरे हविष्मान् ।
होतारं सत्ययजं रोदस्योरुत्तानहस्तो नमसा विवासेत् ।।४६।।
आ ते अग्न ऋचा हविर्हृदा तष्टं भरामसि। ते ते भवन्तूक्षण ऋषभासो वशा उत ।।४७।।
अग्निं देवासो अग्रियमिन्धते वृत्रहन्तमम्। येना वसून्याभृता तृळहा रक्षांसि वाजिना ।।४८।।

सा. १–2

अग्न आ याहि वीतये गृणानो हव्यादातये। नि होता सत्सि बर्हिषि ।।१।।
त्वमग्ने यज्ञानां होता विश्वेषां हितः। देवेभिर्मानुषे जने ।।2।।

सा. ४

अग्निर्वृत्राणि जंघनद् द्रविणस्युर्विपन्यया। समिद्ध शुक्र आहुतः ।।४।।

सा. ७

एह्यू ब्रवाणि तेऽग्न इत्थेतरा गिरः। एभिर्वर्धास इन्दुभिः ।।७।।

सा. ९

त्वामग्ने पुष्करादध्यथर्वा निरमन्थत। मूर्ध्नो विश्वस्य वाघतः ।।९।।

सा. 22

अग्निस्तिग्मेन शोचिषा यंसद्विश्वं न्य३त्रिणम्। अग्निर्नो वंसते रयिम् ।।2।।

सा. 2५

अग्ने युङ्क्ष्वा हि ये तवाश्वासो देव साधवः। अरं वहन्त्याशवः ।।५।।

सा. ६७

मूर्धानं दिवो अरतिं पृथिव्या वैश्वानरमृत आ जातमग्निम् ।
कविं सम्राजमतिथिं जनानामासन्नः पात्रं जनयन्त देवाः ।।५।।

सा. ६८

वि त्वदापो न पर्वतस्य पृष्ठादुक्थेभिरग्ने जनयन्त देवाः ।
तं त्वा गिरः सुष्टुतयो वाजयन्त्याजिं न गिर्ववाहो जिग्युरश्वाः ।।६।।

सा. ८३–८४

त्वेषस्ते धूम ऋण्वति दिवि संछुक्र आततः। सूरो न हि द्युता त्वं कृपा पावक रोचसे ।।३।।
त्वं हि क्षैतवद्यशोऽग्ने मित्रो न पत्यसे। त्वं विचर्षणे श्रवो वसो पुष्टिं न पुष्यसि ।।४।।

सा. ६६०–६६2

अग्न आ याहि वीतये गृणानो हव्यदातये। नि होता सत्सि बर्हिषि ।।1।।
तं त्वा समिद्भिरंगिरो घृतेन वर्धयामसि। बृहच्छोचा यविष्ठ्य ।।2।।
स नः पृथु श्रवाय्यमच्छा देव विवाससि। बृहदग्ने सुवीर्यम् ।।३।।

सा. ७०५–७०७

एह्यू षु ब्रवाणि तेऽग्न इत्थेतरा गिरः। एभिर्वर्धास इन्दुभिः ।।1।।
यत्र क्व च ते मनो दक्षं दधस उत्तरम्। तत्र योनिं कृणवसे ।।2।।
न हि ते पूर्तमक्षिपद्भुवन्नेमानां पते। अथा दुवो वनवसे ।।३।।

सा. १३८३–१३८५

अग्ने युङ्क्वा हि ये तवाश्वासो देव साधवः। अरं वहन्त्याशवः ।।1।।
अच्छा नो याह्या वहाभि प्रयांसि वीतये। आ देवान्त्सोमपीतये ।।2।।
उदग्ने भारत द्युमदजस्रेण दविद्युतत्। शोचा वि भाह्यजर ।।३।।

सा. १३६६–१३६८

अग्निर्वृत्राणि जंघनद्द्रविणस्युर्विपन्यया। समिद्धः शुक्र आहुतः ।।1।।
गर्भे मातुः पितुः पिता विदिद्युतानो अक्षरे। सीदन्नृतस्य योनिमा ।।2।।
ब्रह्म प्रजावदा भर जातवेदो विचर्षणे। अग्ने यद्दीदयद्दिवि ।।३।।

सा. १४७४–१४७६

त्वमग्ने यज्ञानां होता विश्वेषं हितः। देवेभिर्मानुषे जने ।।1।।
स नो मन्द्राभिरध्वरे जिह्वाभिर्यजा महः आ देवान्वक्षि यक्षि च ।।2।।
वेत्या हि वेधो अध्वनः पथश्च देवांजसा। अग्ने यज्ञेषु सुक्रतो ।।३।।

सा. १७०५–१७०७

उप त्वा रण्वसंदृशं प्रयस्वन्तः सहस्कृत। अग्ने ससृज्महे गिरः ।।1।।
उप च्छायामिव घृणेरगन्म शर्म ते वयम्। अग्ने हिरण्यसंदृशः ।।2।।
य उग्र इव शर्यहा तिग्मशृंगो न वंसगः। अग्ने पुरो रुरोजिथ ।।३।।

2. अभ्यावर्ति नश्चायमानस्य दानस्तुतिः – ऋ. ६.27.८

द्वयाँ अग्ने रथिनो विंशतिं गा वधूमतो मघवा मह्यं सम्राट् ।
अभ्यावर्ती चायमानो ददाति दूणशेयं दक्षिणा पार्थवानाम् ।।८।।

३. अश्विनौ – ऋ. ६.६2.१–११; ६.६३.१–११

ऋ. ६.६2.१–११

स्तुषे नरा दिवो अस्य प्रसन्ताश्विना हुवे जुरमाणो अर्कैः ।
या सद्य उस्रा व्युषि ज्मो अन्तान्युयूषतः पर्युरू वरांसि ।।1।।
ता यज्ञमा शुचिभिश्चक्रमाणा रथस्य भानुं रुरुचू रजोभिः ।
पुरू वरांस्यमिता मिमानापो धन्वान्यति याथो अज्रान् ।।2।।
ता ह त्यद्वर्तिर्यदरध्रमुग्रेत्था धिय ऊहथुः शश्वदश्वैः ।
मनोजवेभिरिषिरैः शयध्यै परि व्यथिर्दाशुषो मर्त्यस्य ।।३।।
ता नव्यसो जरमाणस्य मन्मोप भूषतो युयुजानसप्ती ।
शुभं पृक्षमिषमूर्जं वहन्ता होता यक्षत्प्रत्नो अध्रुग् युवाना ।।४।।
ता वल्गू दस्रा पुरुषाकतमा प्रत्ना नव्यसा वचसा विवासे ।
या शंसते स्तुवते शंभविष्ठा बभूवतुर्गृणते चित्रराती ।।५।।
ता भुजयुं विभिदद्भ्यः समुद्रात्तुग्रस्य सूनुमूहथू रजोभिः ।
अरेणुभिर्योजनोभिर्भुजन्ता पतत्रिभिरर्णसो निरुपस्थात् ।।६।।
वि जयुषा रथ्या यातमद्रिं श्रुतं हवं वृषणा वध्रिमत्याः ।
दशस्यन्ता शयवे पिप्यथुर्गामिति च्यवाना सुमतिं भुरण्यू ।।७।।
यद्रोदसी प्रदिवो अस्ति भूमा हेळो देवानामुत मर्त्यत्रा ।

तदादित्या वसवो रुद्रियासो रक्षोयुजे तपुरघं दधात ।।८।।
य ईं राजानावृतुथा विदधद्रजसो मित्रो वरुणश्चिकेतत् ।
गम्भीराय रक्षसे हेतिमस्यद्रोघाय चिद्वचस आनवाय ।।९।।
अन्तरैश्चक्रस्तनयाय वर्तिर्द्युमता यातं नृवता रथेन ।
सनुत्येन त्यजसा मर्त्यस्य वनुष्यतामपि शीर्षा ववृक्तम् ।।१०।।
आ परमाभिरुत मध्यमाभिर्नियुद्भिर्यातमवमाभिरर्वाक् ।
दृळहस्य चिद् गामतो वि व्रजस्य दुरो वर्तं गृणते चित्रराती ।।११।।

ऋ. ६.६३.१–११

क्व१त्या वल्गू पुरुहूताद्य दूतो न स्तोमोऽविदन्नमस्वान् ।
आ यो अर्वाङ् नासत्या ववर्त प्रेष्ठा ह्यसथो अस्य मनम् ।।१।।
अरं मे गन्तं हवनायास्मै गृणाना यथा पिबाथो बन्धः ।
परि ह त्यद्वर्तिर्याथो रिषो न यत्परो नान्तरस्तुतुर्यात् ।।2।।
अकारि वामन्धसो वरीमन्नस्तारि बर्हिः सुप्रायणतमम् ।
उत्तानहस्तो युवयुर्ववन्दा वां नक्षन्तो अद्रय आंजन् ।।३।।
ऊर्ध्वो वामग्निरध्वरेष्वस्थात्प्र रातिरेति जूर्णिनी घृताची ।
प्र होता गूर्तमना उराणोऽयुक्त यो नासत्या हवीमन् ।।४।।
अधि श्रियै दुहिता सूर्यस्य रथं तस्थौ पुरुभुजा शतोतिम् ।
प्र मायाभिर्मायिना भूतमत्र नरा नृतू जनिमन्यज्ञियानाम् ।।५।।
युवं श्रीभिर्दशताभिराभिः शुभे पुष्टिमूहथुः सूर्यायाः ।
प्र वां वयो वपुषेऽनु पप्तन्नक्षद्वाणी सुष्टुता धिष्ण्या वाम् ।।६।।
आ वां वयोऽश्वासो वहिष्ठा अभि प्रयो नासत्या वहन्तु ।
प्र वां रथो मनोजवा असर्जीषः पृक्ष इषिधो अनु पूर्वीः ।।७।।
पुरु हि वां पुरुभुजा देष्णं धेनुं न इषं पिन्वतमसक्राम् ।
स्तुतश्च वां माध्वी सुष्टुतिश्च रसाश्च ये वामनु रातिमग्मन् ।।८।।
उत म ऋज्रे पुरयस्य रध्वी सुमीळहे शतं पेरुके च पक्वा ।
शाण्डो दाद्धिरणिनः स्मद्दिष्टीन् दश वशासो अभिषाच ऋष्वान् ।।९।।
सं वां शता नासत्या सहस्राश्वानां पुरुपन्था गिरे दात् ।
भरद्वाजाय वीर नू गिरे दाद्धता रक्षांसि पुरुदंससा स्युः ।।१०।।
आ वां सुम्ने वरिमन्त्सूरिभिः ष्याम् ।।११।।

४. **इन्द्रः – ऋ. ६.१७.१–१५; ६.१८.१–१५; ६.१९.१–१३; ६.20.१–१३; ६.2१ १–१2; ६.22. १–११; ६.2३.१–१०; ६.2४.१–१०; ६.2५.१–९; ६.2६.१–८; ६.2७.१–७; ६.2९.१–६; ६. ३०.१–५; ६.३७.१–५; ६.३८.१–५; ६.३९.१–५; ६.४०.१–५; ६.४१.१–५ ; ६.४2.१–४; ६.४३.१–४; सा. ३५2; ३६2; ११४०–११४2; ११४९–११५१; १४४०–१४४३**

ऋ. ६.१७.१–१५

पिबा सोममभि यमुग्र तर्द ऊर्वं गव्यं महि गृणान इन्द्र ।
वि यो धृष्णो वधिषो वज्रहस्त विश्वा वृत्रमित्रिया शवोभिः ।।१।।
स ईं पाहि य ऋजीषी तरुत्रो यः शिप्रवान् वृषभो यो मतीनाम् ।
यो गोत्रभिद्वज्रभृद्यो हरिष्ठाः स इन्द्र चित्राँ अभि तृन्धि वाजान् ।।2।।
एवा पाहि प्रत्नथा मन्दतु त्वा श्रुधि ब्रह्म वावृधस्वोत गीर्भिः ।
आविः सूर्यं कृणुहि पीपिहीषो जहि शत्रूँरभि गा इन्द्र तृन्धि ।।३।।
ते त्वा मदा बृहदिन्द्र स्वधाव इमे पीता उक्षयन्त द्युमन्तम् ।
महामनूनं तवसं विभूतिं मत्सरासो जर्हृषन्त प्रसाहम् ।।४।।

येभिः सूर्यमुषसं मन्दसानोऽवासयोऽप हळहानि दर्द्रत् ।
महामद्रिं परि गा इन्द्र सन्तं नुत्था अच्युतं सदसस्परि स्वात् ।।५।।
तव क्रत्वा तव तद्दंसनाभिरामासु पक्वं शच्या नि दीधः ।
और्णोर्दुर उस्रियाभ्यो वि दृळहोदूर्वाद् गा असृजो अंगिरस्वान् ।।६।।
पप्राथ क्षां महि दंसो व्यु१र्वीमुप द्यामृष्वो बृहदिन्द्र स्तभायः ।
अधारयो रोदसी देवपुत्रे प्रत्ने मातरा यह्वी ऋतस्य ।।७।।
अध त्वा विश्वे पुर इन्द्र देवा एकं तवसं दधिरे भराय ।
अदेवो यदभ्यौहिष्ट देवान्त्स्वर्षाता वृणत इन्द्रमत्र ।।८।।
अध द्यौश्चित्ते अप सा नु वज्राद् द्वितानमद्भियसास्वस्य मन्योः ।
अहिं यदिन्द्रो अभ्योहसानं नि चिद्विश्वायुः शयथे जघान ।।९।।
अध त्वष्टा ते मह उग्र वज्रं सहस्रभृष्टिं ववृतच्छताश्रिम् ।
निकाममरमणसं येन नवन्तमहिं सं पिणगृजीषिन् ।।१०।।
वर्धान्यं विश्वे मरुतः सजोषाः पचच्छतं महिषाँ इन्द्र तुभ्यम् ।
पूषा विष्णुस्त्रीणि सरांसि धावन्वृत्रहणं मदिरमंशुमस्मै ।।११।।
आ क्षोदो महि वृतं नदीनां परिष्ठितमसृज ऊर्मिमपाम् ।
तासामनु प्रवत इन्द्र पन्थां प्रार्दयो नीचीरपसः समुद्रम् ।।१२।।
एवा ता विश्वा चकृवांसमिन्द्रं महामुग्रमजुर्यं सहोदाम् ।
सुवीरं त्वा स्वायुधं सुवज्रमा ब्रह्म नव्यमवसे ववृत्यात् ।।१३।।
स नो वाजाय श्रवस इषे च राये धेहि द्युमत इन्द्र विप्रान् ।
भरद्वाजे नृवत इन्द्र सूरीन्दिवि च स्मैधि पार्ये न इन्द्र ।।१४।।
अया वाजं देवहितं सनेम मदेम शतहिमाः सुवीराः ।।१५।।

ऋ. ६.१८.१–१५

तमु ष्टुहि यो अभिभूत्योजा वन्वन्नवातः पुरुहूत इन्द्रः ।
अषाळहमुग्रं सहमानमाभिर्गीर्भिर्वर्ध वृषभं चर्षणीनाम् ।।१।।
स युध्मः सत्वा खजकृत्समद्वा तुविम्रक्षो नदनुमाँ ऋजीषी ।
बृहद्रेणुश्च्यवनो मानुषीणामेकः कृष्टीनामभवत्सहावा ।।2।।
त्वं ह नु त्यददमायो दस्यूँरेकः कृष्टीरवनोरार्याय ।
अस्ति स्विन्नु वीर्यं१ तत्त इन्द्र न स्विदस्ति तदृतुथा वि वोचः ।।३।।
सदिद्धि ते तुविजातस्य मन्ये सहः सहिष्ठ तुरतस्तुरस्य ।
उग्रमुग्रस्य तवसस्तवीयोऽरध्रस्य रध्रतुरो बभूव ।।४।।
तन्नः प्रत्नं सख्यमस्तु युष्मे इत्था वदद्भिर्वलमंगिरोभिः ।
हन्नच्युतच्युद्दस्मेषयन्तमृणोः पुरो वि दुरो अस्य विश्वाः ।।५।।
स हि धीभिर्हव्यो अस्त्युग्र ईशानकृन्महति वृत्रतूर्ये ।
स तोकसाता तनये स वज्री वितन्तसाय्यो अभवत्समत्सु ।।६।।
स मज्मना जनिम मानुषाणाममर्त्येन नाम्नाति प्र सर्स्रे ।
स द्युम्नेन स शवसोत राया स वीर्येण नृतमः समोकाः ।।७।।
स यो न मुहे न मिथू जनो भूत्सुमन्तुनामा चुमुरिं धुनिं च ।
वृणक्पिप्रुं शम्बरं शुष्णमिन्द्रः पुरां च्यौत्नाय शयथाय नू चित् ।।८।।
उदावता त्वक्षसा पन्यसा च वृत्रहत्याय रथमिन्द्र तिष्ठ ।
धिष्व वज्रं हस्त आ दक्षिणत्राभि प्र मन्द पुरुदत्र मायाः ।।९।।
अग्निर्न शुष्कं वनमिन्द्र हेती रक्षो नि धक्ष्यशनिर्न भीमा ।
गम्भीरय ऋष्वया यो रुरोजाध्वानयद् दुरिता दम्भयच्च ।।१०।।
आ सहस्रं पथिभिरिन्द्र राया तुविद्युम्न तुविवाजेभिरर्वाक् ।

याहि सूनो सहसो यस्य नू चिददेव ईशे पुरुहूत योतोः ।।११।।
प्र तुविद्युम्नस्य स्थविरस्य घृष्वेर्दिवो ररप्शे महिमा पृथिव्याः ।
नास्य शत्रुर्न प्रतिमानमस्ति न प्रतिष्ठिः पुरुमायस्य सह्योः ।।१2।।
प्र तत्ते अद्या करणं कृतं भूत्कुत्सं यदायुमतिथिग्वमस्मै ।
पुरू सहस्रा नि शिशा अभि क्षामुत्तूर्वयाणं धृषता निनेथ ।।१३।।
अनु त्वाहिघ्ने अध देव देवा मदन्विश्वे कवितमं कवीनाम् ।
करो यत्र वरिवो बाधिताय दिवे जनाय तन्वे गृणानः ।।१४।।
अनु द्यावापृथिवी तत्त ओजोऽमर्त्या जिहत इन्द्र देवाः ।
कृष्वा कृत्नो अकृतं यत्ते अस्त्युक्थं नवीयो जनयस्व यज्ञैः ।।१५।।

ऋ. ६.१९.१–१३

महाँ इन्द्रो नृवदा चर्षणिप्रा उत द्विबर्हा अमिनः सहोभिः ।
अस्मद्र्यग्वावृधे वीर्यायोरुः पृथुः सुकृतः कर्तृभिर्भूत् ।।१।।
इन्द्रमेव धिषणा सातये धाद् बृहन्तमृष्वमजरं युवानाम् ।
अषाळ्हेन शवसा शूशुवासं सद्यश्चिद्यो वावृधे असामि ।।2।।
पृथू करस्ना बहुला गभस्ती अस्मद्र्य१क्सं मिमीहि श्रवांसि ।
यूथेव पश्वः पशुपा दमूना अस्माँ इन्द्राभ्या ववृत्स्वाजौ ।।३।।
तं व इन्द्रं चतिनमस्य शाकैरिह नूनं वाजयन्तो हुवेम ।
यथा चित्पूर्व जरितार आसुरनेद्या अनवद्या अरिष्टाः ।।४।।
धृतव्रतो धनदाः सोमवृद्धः स हि वामस्य वसुनः पुरुक्षुः ।
स जग्मिरे पथ्या१ रायो अस्मिन्त्समुद्रे न सिन्धवो यादमानाः ।।५।।
शविष्ठं न आ भर शूर शव ओजिष्ठमोजो अभिभूत उग्रम् ।
विश्व द्युम्ना वृष्ण्या मानुषाणामस्मभ्यं दा हरिवो मादयध्यै ।।६।।
यस्ते मदः पृतनाषाळमृध्र इन्द्र तं न आ भर शूशुवांसम् ।
येन तोकस्य तनयस्य सातौ मंसीमहि जिगीवांसस्त्वोताः ।।७।।
आ नो भर वृषणं शुष्ममिन्द्र धनस्पृतं शूशुवांसं सुदक्षम् ।
येन वंसाम पृतनासु शत्रून्तवोतिभिरुत जामीँरजामीन् ।।८।।
आ ते शुष्मो वृषभ एतु पश्चादोत्तरादधरादा पुरस्तात् ।
आ विश्वतो अभि समेत्वर्वाङिन्द्र द्युम्नं स्वर्वद्धेह्यस्मे ।।९।।
नृवत्त इन्द्र नृतमाभिरूती वंसीमहि वामं श्रोमतेभिः ।
ईक्षे हि वस्व उभयस्य राजन्धा रत्नं महि स्थूरं बृहन्तम् ।।१०।।
मरुत्वन्तं वृषभं वावृधानमकवारिं दिव्यं शासमिन्द्रम् ।
विश्वासाहमवसे नूतनायोग्रं सहोदामिह तं हुवेम ।।११।।
जनं वज्रिन्महि चिन्मन्यमानमेभ्यो नृभ्यो रन्धया येष्वस्मि ।
अधा हि त्वा पृथिव्यां शूरसातौ हवामहे तनये गोष्वप्सु ।।१2।।
वयं त एभिः पुरुहूत सख्यैः शत्रोः शत्रोरुत्तर इत्स्याम ।
घ्नन्तो वृत्राण्युभयानि शूर राया मदेम बृहता त्वोताः ।।१३।।

ऋ. ६.20.१–१३

द्यौर्न य इन्द्राभि भूमार्यस्तस्थौ रयिः शवसा पृत्सु जनान्।
तं नः सहस्रभरमुर्वरासां दद्धि सूनो सहसो वृत्रतुरम् ।।१।।
दिवो न तुभ्यमन्विन्द्र सत्रासुर्यं देवेभिर्धायि विश्वम् ।
अहिं यद्वृत्रमपो वव्रिवांसं हन्नृजीषिन्विष्णुना सचानः ।।2।।
तु र्वन्नोजीयान्तवसस्तवीयान्कृतब्रह्मेन्द्रो वृद्धमहाः ।
राजाभवन्मधुनः सोम्यस्य विश्वासां यत्पुरां दर्त्नुमावत् ।।३।।

शतैरपद्रन्पणय इन्द्राय दशोणये कवयेऽर्कसातौ ।
वधैः शुष्णस्याशुषस्य मायाः पित्वो नारिरेचीत्किं चन प्र ।।४।।
महो द्रुहो अप विश्वायु धायि वज्रस्य यत्पतने पादि शुष्णः ।
उरु ष सरथं सारथये करिन्द्रः कुत्साय सूर्यस्य सातौ ।।५।।
प्र श्येनो न मदिरमंशुमस्मै शिरो दासस्य नमुचेर्मथायन् ।
प्रावन्नमीं साप्यं ससन्तं पृणग्राया समिषा सं स्वस्ति ।।६।।
वि पिप्रोरहिमायस्य दृळ्हाः पुरो वज्रिंछवसा न दर्दः ।
सुदामन्द्रेक्णो अप्रमृष्यमृजिश्वने दात्रं दाशुषे दाः ।।७।।
स वेतसुं दशमायं दशोणिं तृतुजिमिन्द्रः स्वभिष्टिसुम्नः ।
आ तुग्रं शश्वदिभं द्योतनाय मातुर्न सीमुप सृजा इयध्यै ।।८।।
स ईं स्पृधो वनते अप्रतीतो बिभ्रद्वज्रं वृत्रहणं गभस्तौ ।
तिष्ठद्धरी अध्यस्तेव गर्ते वचोयुजा वहत इन्द्रमृष्वम् ।।९।।
सनेम तेऽवसा नव्य इन्द्र प्र पूरवः स्तवन्त एना यज्ञैः ।
सप्त यत्पुरः शर्म शारदीर्दर्द्धन्दासीः पुरुकुत्साय शिक्षन् ।।१०।।
त्वं वृध इन्द्र पूर्व्यो भूर्वरिवस्यन्नुशने काव्याय ।
परा नववास्त्वमनुदेयं महे पित्रे ददाथ स्वं नपातम् ।।११।।
त्वं धुनिरिन्द्र धुनिमतीर्ऋणोरपः सीरा न स्रवन्तीः ।
प्र यत्समुद्रमति शूर पर्षि पारया तुर्वशं यदुं स्वस्ति ।।१२।।
तव ह त्यदिन्द विश्वमाजौ सस्तो धुनीचुमुरी या ह सिष्वप् ।
दीदयदित्तुभ्यं सोमेभिः सुन्वन्दभीतिरिध्मभृतिः पक्थ्य१ र्कैः ।।१३।।

ऋ. ६.२१.१–१२

इमा उ त्वा पुरुतमस्य कारोर्हव्यं वीर हव्या हवन्ते ।
धियो रथेष्ठामजरं नवीयो रयिर्विभूतिरीयते वचस्या ।।१।।
तमु स्तुष इन्द्रं यो विदानो गिर्वाहसं गीर्भिर्यज्ञवृद्धम् ।
यस्य दिवमति मह्ना पृथिव्याः पुरुमायस्य रिरिचे महित्वम् ।।२।।
स इत्तमोऽवयुनं ततन्वत्सूर्येण वयुनवच्चकार ।
कदा ते मर्ता अमृतस्य धामेयक्षन्तो न मिनन्ति स्वधावः ।।३।।
यस्ता चकार स कुह स्विदिन्द्रः कमा जनं चरति कासु विक्षु ।
कस्ते यज्ञो मनसे शं वराय को अर्क इन्द्र कतमः स होता ।।४।।
इदा हि ते वेविषतः पुराजाः प्रत्नास आसुः पुरुकृत्सखायः ।
ये मध्यमास उत नूतनास उतावमस्य पुरुहूत बोधि ।।५।।
तं पृच्छन्तोऽवरासः पराणि प्रत्ना त इन्द्र श्रुत्यानु येमुः ।
अर्चामसि वीर ब्रह्मवाहो यादेव विद्म तात्त्वा महान्तम् ।।६।।
अभि त्वा पाजो रक्षसो वि तस्थे महि जज्ञानमभि तत्सु तिष्ठ ।
तव प्रत्नेन युज्येन सख्या वज्रेण धृष्णो अप ता नुदस्व ।।७।।
स तु श्रुधीन्द्र नूतनस्य ब्रह्मण्यतो वीर कारुधायः ।
त्वं ह्या३ पिः प्रदिवि पितृणां शश्वद् बभूथ सुहव एष्टौ ।।८।।
प्रोतये वरुणं मित्रमिन्द्रं मरुतः कृष्वावसे नो अद्य ।
प्र पूषणं विष्णुमग्निं पुरन्धिं सवितारमोषधीः पर्वतांश्च ।।९।।
इम उ तवा पुरुशाक प्रयज्यो जरितारो अभ्यर्चन्त्यर्कैः ।
श्रुधी हवमा हुवतो हुवानो न त्वावाँ अन्यो अमृत त्वदस्ति ।।१०।।
नू म आ वाचमुप याहि विद्वान् विश्वेभिः सूनो सहसो यजत्रैः ।
ये अग्निजिह्वा ऋतसाप आसुर्ये मनुं चक्रुरुपरं दसाय ।।११।।

स नो बोधि पुर एता सुगेषूत दुर्गेषु पथिकृद्विदानः ।
ये अश्रमास उरवो वहिष्ठास्तेभिर्न इन्द्राभि वक्षि वाजम् ।।१२।।

ऋ. ६.22.१–११

य एक इद्धव्यश्चर्षणीनामिन्द्रं तं गीर्भिरभ्यर्च आभिः ।
यः पत्यते वृषभो वृष्ण्यान्त्सत्यः सत्वा पुरुमायः सहस्वान् ।।१।।
तमु नः पूर्वे पितरो नवग्वाः सप्त विप्रासो अभि वाजयन्तः ।
नक्षद्दाभं ततुरिं पर्वतेष्ठामद्रोघवाचं मतिभिः शविष्ठम् ।।2।।
तमीमह इन्द्रमस्य रायः पुरुवीरस्य नृवतः पुरुक्षोः ।
यो अस्कृधोयुरजरः स्वर्वान्तमा भर हरिवो मादयध्यै ।।३।।
तन्नो वि वोचो यदि ते पुरा चिज्जरितार आनुशः सुम्नमिन्द्र ।
कस्ते भागः किं वयेा दुध्र खिद्वः पुरुहूत पुरूवसोऽसुरघ्नः ।।४।।
तं पृच्छन्ती वज्रहस्तं रथेष्ठामिन्द्रं वेपी वक्वरी यस्य नू गीः ।
तुविग्राभं तुविकूर्मिं रभोदां गातुमिषे नक्षते तुम्रमच्छ ।।५।।
अया ह त्यं मायया वावृधानं मनोजुवा स्वतवः पर्वतेन ।
अच्युता चिद्वीळिता स्वोजो रुजो वि दृळहा धृषता विरप्शिन् ।।६।।
तं वो धिया नव्यस्या शविष्ठं प्रत्नं प्रत्नवत्परितंसयध्यै ।
स नो वक्षदनिमानः सुवह्मेन्द्रो विश्वान्यति दुर्गहाणि ।।७।।
आ जनाय द्रुह्वणे पार्थिवानि दिव्यानि दीपयोऽन्तरिक्षा ।
तपा वृषन्विश्वतः शोचिषा तान्ब्रह्मद्विषे शोचय क्षामपश्च ।।८।।
भुवो जनस्य दिव्यस्य राजा पार्थिवस्य जगतस्त्वेषसंदृक् ।
धिष्व वज्रं दक्षिण इन्द्र हस्ते विश्वा अजुर्य दयसे वि मायाः ।।९।।
आ सयंतमिन्द्र णः स्वस्तिं शत्रुतूर्याय बृहतीममृध्राम् ।
यया दासान्यार्याणि वृत्रा करो वज्रिन्त्सुतुका नाहुषाणि ।।१०।।
स नो नियुद्भिः पुरुहूत वेधो विश्ववाराभिरा गाहि प्रयज्यो ।
न या अदेवो वरते न देव आभिर्याहि तूयमा मद्र्यद्रिक् ।।११।।

ऋ. ६.2३.१–१०

सुत इत्त्वं निमिश्ल इन्द्र सोमे ब्रह्माणि शस्यमान उक्थे ।
यद्वा युक्ताभ्यां मघ्वन्हरिभ्यां बिभ्रद्वज्रं बाह्वोरिन्द्र यासि ।।१।।
यद्वा दिवि पार्ये सुष्विमिन्द्र वृत्रहत्येऽवसि शूरसातौ ।
यद्वा दक्षस्य बिभ्युषो अबिभ्यदरन्धयः शर्धत इन्द्र दस्यून् ।।2।।
पाता सुतमिन्द्रो अस्तु सोमं प्रणेनीरुग्रो जरितारमूती ।
कर्ता वीराय सुष्वय उ लोकं दाता वसु स्तुवते कीरये चित् ।।३।।
गन्तेयान्ति सवना हरिभ्यां बभ्रिर्वज्रं पपिः सोमं ददिर्गाः ।
कर्ता वीरं नर्यं सर्ववीरं श्रोता हवं गृणतः स्तोमवाहाः ।।४।।
अस्मै वयं यद्वावान् तद्विविष्म इन्द्राय यो नः प्रदिवो अपस्कः ।
सुते सोमे स्तुमसि शंसदुक्थेन्द्राय ब्रह्म वर्धनं यथासत् ।।५।।
ब्रह्माणि हि चकृषे वर्धनानि तावत्त इन्द्र मतिभिर्विविष्मः ।
सुते सोमे सुतपाः शंतमानि रान्द्र्या क्रियास्म वक्षणानि यज्ञैः ।।६।।
स नो बोधि पुरोळाशं रराणः पिबा तु सोमं गोऋजीकमिन्द्र ।
एदं बर्हिर्यजमानस्य सीदोरुं कृधि त्वायत उ लोकम् ।।७।।
स मन्दस्वा ह्यनु जोषमुग्र प्र त्वा यज्ञास इमे अश्नुवन्तु ।
प्रेमे हवासः पुरुहूतमस्मे आ त्वेयं धीरवस इन्द्र यम्याः ।।८।।
तं वः सखायः सं यथा सुतेषु सोमेभिरीं पृणता भोजमिन्द्रम् ।

कुवित्तस्मा असति नो भराय न सुष्विमिन्द्रोऽवसे मृधाति ।।९।।
एवेदिन्द्रः सुते अस्तावि सोमे भरद्वाजेषु क्षयदिन्मघोनः ।
असद्यथा जरित्र अत सूरिरिन्द्रो रायो विश्ववारस्य दाता ।।१०।।

ऋ. ६.२४.१–१०

वृषा मद इन्द्रे श्लोक उक्था सचा सोमेषु सुतपा ऋजीषी ।
अर्चत्र्यो मघवा नृभ्य उक्थैर्द्युक्षो राजा गिरामक्षितोतिः ।।१।।
ततुरिर्वीरो नर्यो विचेताः श्रोता हवं गृणत उर्व्यूतिः ।
वसुः शंसो नरां कारुधाया वाजी स्तुतो विदथे दाति वाजम् ।।२।।
अक्षो न चक्र्योः शूर बृहन्प्र ते मह्ना रिरिचे रोदस्योः ।
वृक्षस्य नु ते पुरुहूत वया व्यूऽतयो रुरुहुरिन्द्र पूर्वीः ।।३।।
शचीवतस्ते पुरुशाक शाका गवामिव स्रुतयः संचरणीः ।
वत्सानां न तन्तयस्त इन्द्र दामन्वन्तो अदामानः सुदामन् ।।४।।
अन्यदद्य कर्वरमन्यदु श्वोऽसच्च सन्मुहुराचक्रिरिन्द्रः ।
मित्रो नो अत्र वरुणश्च पूषार्यो वशस्य पर्येतास्ति ।।५।।
वि त्वदापो न पर्वतस्य पृष्ठादुक्थेभिरिन्द्रानयन्त यज्ञैः ।
तं त्वाभिः सुष्टुतिभिर्वाजयन्त आजिं न जग्मुर्गिर्वाहो अश्वाः ।।६।।
न यं जरन्ति शरदो न मासा न द्याव इन्द्रमवकर्शयन्ति ।
वृद्धस्य चिद्वर्धतामस्य तनूः स्तोमेभिरुक्थैश्च शस्यमाना ।।७।।
न वीळवे नमते न स्थिराय न शर्धते दस्युजूताय स्तवान् ।
अज्रा इन्द्रस्य गिरयश्चिदृष्वा गम्भीरे चिद्भवति गाधमस्मै ।।८।।
गम्भीरेण न उरुणमत्रिन्प्रेषो यन्धि सुतपावन्वाजान् ।
स्था ऊ षु ऊर्ध्व ऊती अरिषण्यन्नक्तोर्व्युष्टौ परितकम्यायाम् ।।९।।
सचस्व नायमवसे अभीक इतो वा तमिन्द्र पाहि रिषः ।
अमा चैनमरण्ये पाहि रिषो मदेम शतहिमाः सुवीराः ।।१०।।

ऋ. ६.२५.१–९

या त ऊतिरवमा या परमा या मध्यमेन्द्र शुष्मिन्नस्ति ।
ताभिरू षु वृत्रहत्येऽवीर्न एभिश्च वाजैर्महान्न उग्र ।।१।।
आभिः स्पृधो मिथतीररिषण्यन्नमित्रस्य व्यथया मन्युमिन्द्र ।
आभिर्विश्वा अभियुजो विषूचीरार्याय विशोऽव तारीर्दासीः ।।२।।
इन्द्र जामय उत येऽजामयोऽर्वाचीनासो वनुषो युयुज्रे ।
त्वमेषां विथुरा शवांसि जहि वृष्ण्यानि कृणुही पराचः ।।३।।
शूरो वा शूरं वनते शरीरैस्तनूरुचा तरुषि यत्कृण्वैते ।
तोके वा गोषु तनये यदप्सु वि क्रन्दसी उर्वरासु ब्रवैते ।।४।।
नहि त्वा शूरो न तुरो न धृष्णुर्न त्वा योधो मन्यमानो युयोध ।
इन्द्र नकिष्ट्वा प्रत्यस्त्येषां विश्वा जातान्यभ्यसि तानि ।।५।।
स पत्यत उभयोर्नृम्णमयोर्यदी वेधसः समिथे हवन्ते ।
वृत्रे वा महो नृवति क्षये वा व्यचस्वन्ता यदि वितन्तसैते ।।६।।
अध स्मा ते चर्षणयो यदेजानिन्द्र त्रातोत भवा वरूता ।
अस्माकासो ये नृतमासो अर्य इन्द्र सूरयो दधिरे पुरो नः ।।७।।
अनु ते दायि मह इन्द्रियाय सत्रा ते विश्वमनु वृत्रहत्ये ।
अनु क्षत्रमनु सहो यजत्रेन्द्र देवेभिरनु ते नृषह्ये ।।८।।
एवा नः स्पृधः समजा समत्स्विन्द्र रारन्धि मिथतीरदेवीः ।
विद्याम वस्तोरवसा गृणन्तो भरद्वाजा उत त इन्द्र नूनम् ।।९।।

ऋ. ६.2६.१–८
श्रुधी न इन्द्र ह्वयामसि त्वा महो वाजस्य सातौ वावृषाणाः ।
सं यद्विशोऽयन्त शूरसाता उग्रं नोऽवः पार्ये अहन्दाः ।।१।।
त्वां वाजी हवते वाजिनेयो महो वाजस्य गध्यस्य सातौ ।
त्वां वृत्रेष्विन्द्र सत्पतिं तरुत्रं त्वां चष्टे मुष्टिहा गोषु युध्यन् ।।2।।
त्वं कविं चोदयोऽर्कसातौ त्वं कुत्साय शुष्णं दाशुषे वर्क् ।
त्वं शिरो अमर्मणः पराहन्नतिथिग्वाय शंस्यं करिष्यन् ।।३।।
त्वं रथं प्र भरो योधमृष्वमावो युध्यन्तं वृषभं दशद्युम् ।
त्वं तुग्रं वेतसवे सचाहन्त्वं तुजिं गृणन्तमिन्द्र तूतोः ।।४।।
त्वं तदुक्थमिन्द्र बर्हणा कः प्र यच्छता सहस्रा शूर दर्षि ।
अव गिरेर्दासं शम्बरं हन्प्रावो दिवोदासं चित्राभिरूती ।।५।।
त्वं श्रद्धाभिर्मन्दसानः सोमैर्दभीतये चुमुरिमिन्द्र सिष्वप् ।
त्वं रजिं पिठीनसे दशस्यन्षष्टिं सहस्रा शच्या सचाहन् ।।६।।
अहं चन तत्सूरिभिरानश्यां तव ज्याय इन्द्र सुम्नमोजः ।।
त्वया यत्स्तवन्ते सधवीर वीरास्त्रिवरूथेन नहुषा शविष्ठ ।।७।।
वयं ते अस्यामिन्द्र द्युम्नहूतौ सखायः स्याम महिन प्रेष्ठाः ।
प्रातर्दनिः क्षत्र श्रीरस्तु श्रेष्ठो घने वृत्राणां सनये धनानाम् ।।८।।

ऋ. ६.2७.१–७
किमस्य मदे किम्वस्य पीताविन्द्रः किमस्य सख्ये चकार ।
रणा वा ये निषदि किं ते अस्य पुरा विविद्रे किमु नूतनासः ।।१।।
सदस्य मदे सद्वस्य पीताविन्द्रः सदस्य सख्ये चकार ।
रणा वा ये निषदि सत्ते अस्य पुरा विविद्रे सदु नूतनासः ।।2।।
नहि नु ते महिमनः समस्य न मघवन् मघवत्त्वस्य विद्म ।
न राधसो राधसो नूतनस्येन्द्र नकिर्ददृश इन्द्रियं ते ।।३।।
एतत्त्यत्त इन्द्रियमचेति येनावधीर्वरशिखस्य शेषः ।
वज्रस्य यत्ते निहतस्य शुष्मात्स्वनाच्चिदिन्द्र परमो ददार ।।४।।
वधीदिन्द्रो वरशिखस्य शेषोऽभ्यावर्तिने चायमानाय शिक्षन् ।
वृचीवतो यद्धरियूपीयायां हन्पूर्वे अर्धे भियसापरो दर्त् ।।५।।
त्रिंशच्छतं वर्मिण इन्द्र साकं यव्यावत्यां पुरुहूत श्रवस्या ।
वृचीवन्तः शरवे पत्यमानाः पात्रा भिन्दाना न्यर्था न्यायन् ।।६।।
यस्य गावावरुषा सूयवस्यू अन्तरू षु चरतो रेरिहाणा ।
स सृंजयाय तुर्वशं परादाद्वृचीवतो दैववाताय शिक्षन् ।।७।।

ऋ. ६.2८.१–६
इन्द्रं वो नरः सख्याय सेपुर्महो यन्तः सुमतये चकानाः ।
महो हि दाता वज्रहस्तो अस्ति महामु रण्वमवसे यजध्वम् ।।१।।
आ यस्मिन्हस्ते नर्या मिमिक्षुरा रथे हिरण्यये रथेष्ठः ।
आ रश्मयो गभस्त्योः स्थूरयोराध्वन्नश्वासो वृषणो युजानाः ।।2।।
श्रिये ते पादा दुव आ मिमिक्षुर्धृष्णुर्वज्री शवसा दक्षिणावान् ।
वसानो अतकं सुरभिं दृशे कं स्व१र्ण नृतविषिरो बभूथ ।।३।।
स सोम आमिश्लतमः सुतो भूद्यस्मिन्पक्तिः पच्यते सन्ति धानाः ।
इन्द्रं नरः स्तुवन्तो ब्रह्मकारा उक्था शंसन्तो देवाततमाः ।।४।।
न ते अन्तः शवसो धाय्यस्य वि तु बाबधे रोदसी महित्वा ।
आ ता सूरिः पृणति तूतुजानो यूथेवाप्सु समीजमान ऊती ।।५।।

एवेदिन्द्रः सुहव ऋष्वो अस्तूति अनूती हिरिशिप्रः सत्वा ।
एवा हि जातो असमात्योजाः पुरू च वृत्रा हनति नि दस्यून् ।।६।।

ऋ. ६.३०.१–५

भूय इद्वावृधे वीर्यायँ एको अजुर्यो दयते वसूनि ।
प्र रिरिचे दिव इन्द्रः प्रथिव्या अर्धमिदस्य प्रति रोदसी उभे ।।१।।
अधा मन्ये बृहदसूर्यमस्य यानि दाधार नकिरा मिनाति ।
दिवेदिवे सूर्यो दर्शतो भूद्वि सद्मान्युर्विया सुक्रतुर्धात् ।।2।।
अद्या चिन्नू चित्तदपो नदीनां यदाभ्यो अरदो गातुमिन्द्र ।
नि पर्वता अद्मसदो न सेदुस्त्वया दृळ्हानि सुक्रतो रजांसि ।।३।।
सत्यमित्तन्न त्वावाँ अन्यो अस्तीन्द्र देवो न मर्त्यो ज्यायान् ।
अहन्नहिं परिशयानमर्णोऽवासृजो अपो अच्छा समुद्रम् ।।४।।
त्वमपो वि दुरो विषूचीरिन्द्र दृळ्हमरुजः पर्वतस्य ।
राजाभवो जगतश्चर्षणीनां साकं सूर्यं जनयन् द्यामुषासम् ।।५।।

ऋ. ६.३७.१–५

अर्वाग्रथं विश्ववारं त उग्रेन्द्र युक्तासो हरयो वहन्तु ।
कीरिश्चिद्धि त्वा हवते स्वर्वानृधीमहि सधमादस्ते अद्य ।।१।।
प्रो द्रोणे हरयः कर्माग्मन्पुनानास ऋज्यन्तो अभूवन् ।
इन्द्रो नो अस्य पूर्व्यः पपीयाद् द्युक्षो मदस्य सोम्यस्य राजा ।।2।।
आसस्राणासः शवसानमच्छेन्द्रं सुचक्रे रथ्यासो अश्वाः ।
अभि श्रव ऋज्यन्तो वहेयुर्नू चिन्नु वायोरमृतं वि दस्येत् ।।३।।
वरिष्ठो अस्य दक्षिणामियर्तीन्द्रो मघोनां तुविकूर्मितमः ।
यया वज्रिवः पारयास्यंहो मघा च धृष्णो दयसे वि सूरीन् ।।४।।
इन्द्रो वाजस्य स्थविरस्य दातेन्द्रो गीर्भिर्वर्धतां वृद्धमहाः ।
इन्द्रो वृत्रं हनिष्ठो अस्तु सत्वा ता सूरिः पृणति तूतुजानः ।।५।।

ऋ. ६.३८.१–५

अपादित उदु नश्चित्रतमो महीं भर्षद् द्युमतीमिन्द्रहूतिम् ।
पन्यसीं धीतिं दैव्यस्य यामज्जनस्य रातिं वनते सुदानुः ।।१।।
दूराच्चिदा वसतो अस्य कर्णा घोषादिन्द्रस्य तन्यति ब्रुवाणः ।
एयमेनं देवहूतिर्ववृत्यान्मद्र्य१ गिन्दमियमृच्यमाना ।।2।।
तं वो धिया परमया पुराजामजरमिन्द्रमभ्यनूष्यर्कैः ।
ब्रह्मा च गिरो दधिरे समस्मिन्महाँश्च स्तोमो अधि वर्धदिन्द्रे ।।३।।
वर्धाद्यं यज्ञ उत सोम इन्द्र वर्धाद् ब्रह्म गिर उक्था च मन्म ।
वर्धाहैनमुषसो यामन्नक्तोर्वर्धान्मासाः शरदो द्याव इन्द्रम् ।।४।।
एवा जज्ञानं सहसे असामि वावृधानं राधसे च श्रुताय ।
महामुग्रमवसे विप्र नूनमा विवासेम वृत्रतूर्येषु ।।५।।

ऋ. ६.३९.१–५

मन्द्रस्य कवेर्दिव्यस्य वह्नेर्विप्रमन्मनो वचनस्य मध्वः ।
अपा नस्तस्य सचनस्य देवेषो युवस्व गृणते गोअग्राः ।।१।।
अयमुशानः पर्यद्रिमुस्रा ऋतधीतिभिर्ऋतयुग्युजानः ।
रुजदरुग्णं वि वलस्य सानुं पणीँर्वचोभिरभि योधदिन्द्रः ।।2।।
अयं द्योतयदद्युतो व्य१क्तून्दोषा वस्तोः शरद इन्दुरिन्द्र ।
इमं केतुमदधुर्नू चिदह्नां शुचिजन्मन उषसश्चकार ।।३।।
अयं रोचयदरुचो रुचानो३यं वासयद् व्यृ१तेन पूर्वीः ।

अयमीयत ऋतयुग्भिरश्वैः स्वर्विदा नाभिना चर्षणिप्राः ।।४।।
न गृणानो गृणते प्रत्न राजन्निषः पिन्व वसुदेयाय पूर्वीः ।
अप ओषधीरविषा वनानि गा अर्वतो नृनृचसे रिरीहि ।।५।।

ऋ. ६.४०.१–५

इन्द्र पिब तुभ्यं सुतो मदायाव स्य हरी वि मुचा सखाया ।
उत प्र गाय गण आ निषद्याथा यज्ञाय गृणते वयो धाः ।।१।।
अस्य पिब यस्य जज्ञान इन्द्र मदाय क्रत्वे अपिबो विरप्शिन् ।
तमु ते गावो नर आपो अद्रिरिन्दुं समह्यन्पीतये समस्मै ।।2।।
समिद्धे अग्नौ सुत इन्द्र सोम आ त्वा वहन्तु हरयो वहिष्ठाः ।
त्वायता मनसा जोवीमीन्द्रा याहि सुविताय महे नः ।।३।।
आ याहि शश्वादुशता ययाथेन्द्र महा मनसा सोमपेयम् ।
उप ब्रह्माणि शृणव इमा नोऽथा ते यज्ञस्तन्वे३ वयो धात् ।।४।।
यदिन्द्र दिवि पार्ये यदृधग्यद्वा स्वे सदने यत्र वासि ।
अतो नो यज्ञमवसे नियुत्वान्त्सजोषाः पाहि गिर्वणो मरुद्भिः ।।५।।

ऋ. ६.४१.१–५

अहेळमान उप याहि यज्ञं तुभ्यं पवन्त इन्दवः सुतासः ।
गावो न वज्रिन्त्स्वमोको अच्छेन्द्रा गहि प्रथमो यज्ञियानाम् ।।१।।
या ते काकुत्सुकृता या वरिष्ठा यया शश्वत्पिबसि मध्व ऊर्मिम् ।
तया पाहि प्र ते अध्वर्युरस्थात्सं ते वज्रो वर्ततामिन्द्र गव्युः ।।2।।
एष द्रप्सो वृषभो विश्वरूप इन्द्राय वृष्णे समकारि सोमः ।
एतं पिब हरिवः स्थातरुग्र यस्येशिषे प्रदिवि यस्ते अन्नम् ।।३।।
सुतः सोमो असुतादिन्द्र वस्यानयं श्रेयाँचिकितुषे रणाय ।
एतं तितिर्व उप याहि यज्ञं तेन विश्वास्तविषीरा पृणस्व ।।४।।
ह्वयामसि त्वेन्द्र याह्यर्वाङरं ते सोमस्तन्वे भवाति ।
शतक्रतो मादयस्वा सुतेषु प्रास्माँ अव पृतनासु प्र विक्षु ।।५।।

ऋ. ६.४2.१–४

प्रत्यस्मै पिपीषते विश्वानि विदुषे भर ।
अरंगमाय जग्मयेऽपश्चाद् दध्वने नरे ।।१।।
एमेनं प्रत्येतन सोमेभिः सोमपातमम् ।
अमत्रेभिर्ऋजीषिणमिन्द्रं सुतेभिरिन्दुभिः ।।2।।
यदी सुतेभिरिन्दुभिः सोमेभिः प्रतिभूषथ ।
वेदा विश्वस्य मेधिरो धृषत्तंतमिदेषते ।।३।।
अस्माअस्मा इदन्धसोऽध्वर्यो प्र भरा सुतम् ।
कुवित्समस्य जेन्यस्य शर्धतोऽभिशस्तेरवस्परत् ।।४।।

ऋ. ६.४३.१–४

यस्य त्यच्म्बरं मदे दिवोदासाय रन्धयः। अयं स सोम इन्द्र ते सुतः पिब ।।१।।
यस्य तीव्रसुतं मदं मध्यमन्तं च रक्षसे। अयं स सोम इन्द्र ते सुतः पिब ।।2।।
यस्य गा अन्तरश्मनो मदे दृळ्हा अवासृजः। अयं स सोम इन्द्र ते सुतः पिब ।।३।।
यस्य मन्दानो अन्धसो माघोनं दधिषे शवः। अयं स सोम इन्द्र ते सुतः पिब ।।४।।

सा. ३५2

प्रत्यस्मै पिपीषते विश्वानि विदुषे भर। अरंगमाय जग्मयेऽपश्चादध्वने नरः ।।१।।

सा. ३६2

यस्य त्यच्छम्बरं मदे दिवोदासाय रन्धयन्। अयं स सोम इन्द्र ते सुतः पिब ।।2।।

सा. ११४०–११४२

मूर्धनं दिवो अरति पृथिव्या वैश्वानरमृत आ जातमग्निम् ।
कविं सम्राजमतिथिं जनानामासन्नः पात्रं जनयन्त देवाः ।।१।।
त्वां विश्वे अमृतं जायमानं शिशुं न देवा अभि सं नवन्ते ।
तव क्रतुभिरमृतत्वमायन् वैश्वानर यत्पित्रोरदीदेः ।।2।।
नाभि यज्ञानां सदनं रयीणां महामाहावमभि सं नवन्त ।
वैश्वानरं रथ्यमध्वराणां यज्ञस्य केतुं जनयन्त देवाः ।।३।।

सा. ११४६–११५१

तमीडिष्व यो अर्चिषा वना विश्वा परिष्वजत्। कृष्णा कृणोति जिह्वया ।।१।।
य इद्ध आविवासति सुम्नमिन्द्रस्य मर्त्यः। द्युम्नाय सुतरा अपः ।।2।।
ता नो वाजवतीरिष आशून् पिपृतमर्वतः। एन्द्रमग्निं च वोढवे ।।३।।

सा. १४४०–१४४३

प्रत्यस्मै पिपीषते विश्वानि विदुषे भर ।
अरंगमाय जग्मयेऽपश्चदध्वने नरः ।।१।।
एमेनं प्रत्येतन सोमेभिः सोमपातमम् ।
अमत्रेभिर्ऋजीषिणमिन्द्रं सुतेभिरिन्दुभिः ।।2।।
यदी सुतेभिरिन्दुभिः सोमेभिः प्रतिभूषथ ।
वेदा विश्वस्य मेधिरो धृषत्तंतमिदेषते ।।३।।
अस्माअस्मा इदन्धसोऽध्वर्यो प्र भरा सुतम् ।
कुवित्समस्य जेन्यस्य शर्धतोऽभिशस्तेरवस्वरत् ।।४।।

५. अग्निः (ऋसर्व. ६०२०४) इन्द्रः (साग्री. सास्वा.ए सार्षेदी.) – सा. ३६५

स घा यस्ते दिवो नरो धिया मर्तस्य शमतः ।
ऊती स बृहतो दिवो द्विषो अंहो न तरति ।।६।।

६. अग्निः (साग्री. सास्वा.) वैष्वानरः (सार्षेदी.) – सा. ६०६

प्रक्षस्य वृष्णो अरुषस्य नू महः प्र नो वचो विदथा जातवेदसे ।
वैश्वानराय मतिर्नव्यसे शुचिः सोम इव पवते चारुरग्नये ।।८।।

७. इन्द्रः – सा. ३५2; ३६2; ११४०–११४2; ११४६–११५१; १४४०–१४४३

सा. ३५2

प्रत्यस्मै पिपीषते विश्वानि विदुषे भर। अरंगमाय जग्मयेऽपश्चादध्वने नरः ।।१।।

सा. ३६2

यस्य त्यच्छम्बरं मदे दिवोदासाय रन्धयन्। अयं स सोम इन्द्र ते सुतः पिब ।।2।।

सा. ११४०–११४2

मूर्धानं दिवो अरतिं पृथिव्या वैश्वानरमृत आ जातमग्निम् ।
कविं सम्राजमतिथिं जनानामासन्नः पात्रं जनयन्त देवाः ।।१।।
त्वां विश्वे अमृत जायमानं शिशुं न देवा अभि सं नवन्ते ।
तव क्रतुभिरमृतत्वमायन् वैश्वानर यत्पित्रोरदीदेः ।।2।।
नाभिं यज्ञानां सदनं रयीणां महामहावमभि सं नवन्त ।
वैश्वानरं रथ्यमध्वराणां यज्ञस्य केतुं जनयन्त देवाः ।।३।।

सा. ११४६–११५१

तमीडिष्व यो अर्चिषा वना विश्वा परिष्वजत्। कृष्णा कृणोति जिह्वया ।।१।।
य इद्ध आविवासति सुम्नमिन्द्रस्य मर्त्यः। द्युम्नाय सुतरा अपः ।।2।।
ता नो वाजवतीरिष आशून् पिपृतमर्वतः। एन्द्रमग्निं च वोढवे ।।३।।

सा. १४४०–१४४३

प्रत्यस्मै पिपीषते विश्वानि विदुषे भर। अरंगमाय जग्मयेऽपश्चादध्वने नरः ।।१।।
एमेनं प्रत्येतन सोमेभिः सोमपातमम्। अमत्रेभिर्ऋजीषिणमिन्द्रं सुतेभिरिन्दुभिः ।।2।।
यदी सुतेभिरिन्दुभिः सोमेभिः प्रतिभूषथ। वेदा विश्वस्य मेधिरो धृषत्ततमिदेषते ।।३।।
अस्माअस्मा इदन्धसोऽध्वर्यो प्र भरा सुतम्। कुवित्समस्य जेन्यस्य शर्धतोऽभिशस्तेरवस्वरत् ।।४।।

८. इन्द्रः (साग्री. सास्वा.)य इन्द्रापूषणो (सार्षेदी.) – सा. 202

इन्द्रा नु पूषणा वयं सख्याय स्वस्तये। हुवेम वाजसातये ।।६।।

६. इन्द्रः (साग्री. सास्वा.) उषा (सार्षेदी.) – सा. ४५४

अया वाजं देवहितं सनेम मदेम शतहिमाः सुवीराः ।।८।।

१०. इन्द्रः (साग्री. सास्वा.) इन्द्राग्नी (सार्षेदी.य ऋसर्व.) – सा. २८१

इन्द्राग्नी अपादियं पूर्वागात्पद्वतीभ्यः।
हित्वा शिरो जिह्वया रारपच्चरत् त्रिंशत्पदा न्यक्रमीत् ।।६।।

११. इन्द्राग्नी – ऋ. ६.५६.१–१०; ६.६०.१–१५; सा. ८५३–८५५; ६६१–६६३

ऋ. ६.५६.१–१०; ६.६०.१–१५

प्र नु वोचा सुतेषु वां वीर्या३ यानि चक्रथुः ।
हतासो वां पितरो देवशत्रव इन्द्राग्नी जीवथो युवम्।।१।।
वळित्था महिमा वामिन्द्राग्नी पनिष्ठ आ ।
समानो वां जनिता भ्रातरा युवं यमाविहेहमातरा ।।2।।
ओकिवांसा सुते सचाँ अश्वा सप्ती इवादने ।
इन्द्रान्व१ग्नी अवसेह वज्रिणा वयं देवा हवामहे ।।३।।
य इन्द्राग्नी सुतेषु वां स्तवत्तेष्वृतावृधा ।
जोषवाकं वदतः पज्रहोषिणा न देवा भसथश्चन ।।४।।
इन्द्राग्नी को अस्य वां देवौ मर्तश्चिकेतति ।
विषूचो अश्वन्युयुजान ईयत एकः समान आ रथे ।।५।।
इन्द्राग्नी अपादियं पूर्वागात्पद्वतीभ्यः ।
हित्वी शिरो जिह्वया वावदच्चरत्त्रिंशत्पदा न्यक्रमीत्।।६।।
इन्द्राग्नी आ हि तन्वते नरो धन्वानि बाह्वोः ।
मा नो अस्मिन्महाधने परा वर्क्तं गविष्टिषु ।।७।।
इन्द्राग्नी युवोरपि वसु दिव्यानि पार्थिवा ।
आ न इह प्र यच्छतं रयिं विश्वायुपोषसम् ।।६।।
इन्द्राग्नी उक्थवाहसा स्तोमेभिर्हवनश्रुता ।
विश्वाभिर्गीर्भिरा गतमस्य सोमस्य पीतये ।।१०।।

ऋ. ६.६०.१–१५

श्नथद्वृत्रमुत सनोति वाजमिन्द्रा यो अग्नी सहुरी सपर्यात् ।
इरज्यन्ता वसव्यस्य भूरेः सहस्तमा सहसा वाजयन्ता ।।१।।
ता योधिष्टमभि गा इन्द्र नूनमपः स्वरुषसो अग्न ऊळ्हाः ।
दिशः स्वरुषस इन्द्र चित्रा अपो गा अग्ने युवसे नियुत्वान् ।।2।।
आ वृत्रहणा वृत्रहभिः शुष्मैरिन्द्र यातं नमोभिरग्ने अर्वाक् ।
युवं राधोभिरकवेभिरिन्द्राग्ने अस्मे भवतमुत्तमेभिः ।।३।।
ता हुवे ययोरिदं पप्ने विश्वं पुरा कृतम् । इन्द्राग्नी न मर्धतः ।।४।।
उग्रा विघनिना मृध इन्द्राग्नी हवामहे । ता नो मृळात् ईदृशे ।।५।।

हतो वृत्राण्यार्या हतो दासानि सत्पती । हतो विश्वा अप द्विषः ।।६।।
इन्द्राग्नी युवामिमे३भि स्तोमा अनूषत । पिबतं शंभुवा सुतम् ।।७।।
या वां सन्ति पुरुस्पृहो नियुतो दाशुषे नरा । इन्द्राग्नी ताभिरा गतम् ।।८।।
ताभिरा गच्छतं नरोपेदं सवनं सुतम् । इन्द्राग्नी सोमपीतये ।।६।।
तमीळिष्व यो अर्चिषा वना विश्वा परिष्वजत् । कृष्णा कृणोति जिह्वया ।।१०।।
य इद्ध आविवासति सुम्नमिन्द्रस्य मर्त्यः। द्युम्नाय सुतरा अपः ।।११।।
ता नो वजवतीरिष आशून्पिपृतमर्वतः । इन्द्रमग्नि च बोळ्हवे ।।१२।।
उभा वामिन्द्राग्नी आहुवध्या उभा राधसः सह मादयध्यै ।
उभा दातारा‌विषां रयीणामुभा वाजस्य सातये हुवे वाम् ।।१३।।
आ नो गव्येभिरश्व्यैर्वसव्यै३ रुप गच्छतम् ।
सखायो देवौ सख्याय शंभूवेन्द्राग्नी ता हवामहे ।।१४।।
इन्द्राग्नी शृणुतं हवं यजमानस्य सुन्वतः। वीतं हव्यान्या गतं पिबतं सोम्यं मधु ।।१५।।

सा. ८५३–८५५

ता हुवे ययोरिदं पप्ने विश्वं पुरा कृतम्। इन्द्राग्नी न मर्धतः ।।१।।
उग्रा विघनिना मृध इन्द्राग्नी हवामहे। ता नो मृडात ईदृशे ।।2।।
हथो वृत्राण्यार्या हथो दासानि सत्पती। हथो विश्वा अप द्विषः ।।३।।

सा. ६६१–६६३

इन्द्राग्नी युवामिमे३ऽभि स्तोमा अनूषत। पिबतं शम्भुवा सुतम् ।।१।।
या वां सन्ति पुरुस्पृहो नियुतो दाशुषेः नरा। इन्द्राग्नी ताभिरा गतम् ।।2।।
ताभिरा गच्छतं नरोपेदं सवनं सुतम्। इन्द्राग्नी सोमपीतये ।।३।।

१2. इन्द्रा पूषणौ – ऋ. ६.५७.१–६

य एनमादिदेशति करम्भादिति पूषणम्। न तेन देव आदिशे ।।१।।
उत घा स रथीतमः सख्या सत्पतिर्युजा। इन्द्रो वृत्राणि जिघ्नते ।।2।।
उतादः परुषे गवि सूरश्चक्रं हिरण्ययम्। न्यैरयद्रथीतमः ।।३।।
यदद्य त्वा पुरुष्टुत ब्रवाम दस्र मन्तुमः। तत्सु नो मन्म साधय।।४।।
इमं नो गवेषणं सातये सीषधो गणम्। आरात् पूषन्नसि श्रुतः ।।५।।
आ ते स्वस्तिमीमह आरे अघामुपावसुम्। अद्या च सर्वतातये ।।६।।

१३. इन्द्रावरुणौ – ऋ. ६.६८.१–११

श्रुष्टी वां यज्ञ उद्यतः सजोषा मनुष्वद् वृक्तबर्हिषो यजध्यै ।
आ य इन्द्रावरुणाविषे अद्य महे सुम्नाय मह आववर्तत् ।।१।।
ता हि श्रेष्ठा देवताता तुजा शूराणां शविष्ठा ता हि भूतम् ।
मघोनां मंहिष्ठा तुविशुष्म ऋतेन वृत्रतुरा सर्वसेना ।।2।।
ता गृणीहि नमस्येभिः शूषैः सुम्नेभिरिन्द्रावरुणा चकाना ।
वज्रेणान्यः शवसा हन्ति वृत्रं सिषक्त्यन्यो वृजनेषु विप्रः ।।३।।
ग्नाश्च यन्नरश्च वावृधन्त विश्वे देवासो नरां स्वगूर्ताः ।
प्रैभ्य इन्द्रावरुणा महित्वा द्यौश्च पृथिवी भूतमुर्वि ।।४।।
स इत्सुदानुः स्ववाँ ऋतावेन्द्रा यो वां वरुण दशति त्मन् ।
इषा स द्विषस्तरेद्दास्वान्वंसद् रयिं रयिवतश्च जनान् ।।५।।
यं युवं दाश्वध्वराय देवा रयिं धत्थो वसुमन्तं पुरुक्षुम् ।
अस्मे स इन्द्रावरुणावपि ष्यात्प्र यो भनक्ति वनुषामशस्तीः ।।६।।
उत नः सुत्रात्रो देवगोपाः सूरिभ्य इन्द्रावरुणा रयिः ष्यात् ।
येषां शुष्मः पृतनासु साह्वान्प्र सद्यो द्युम्ना तिरते ततुरिः ।।७।।
नू न इन्द्रावरुणा गृणानां पृङ्क्तं रयिं सौश्रवसाय देवा ।

इत्था गृणन्तो महिनस्य शर्धोऽपो न नावा दुरिता तरेम ।।८।।
प्र सम्राजे बृहते मन्म नु प्रियमर्च देवाय वरुणाय सप्रथः ।
अयं य उर्वी महिना महिव्रतः क्रत्वा विभात्यजरो न शोचिषा ।।९।।
इन्द्रावरुणा सुतपाविमं सुतं सोमं पिबतं मद्यं धृतव्रता ।
युवो रथो अध्वरं देववीतये प्रति स्वसरमुप याति पीतये ।।१०।।
इन्द्रावरुणा मधुमत्तमस्य वृष्णः सोमस्य वृषणा वृषेथाम् ।
इदं वामन्धः परिषिक्तमस्मे आसद्यास्मिन्बर्हिषि मादयेथाम् ।।११।।

१४. इन्द्राविष्णू – ऋ. ६.६९.१–८

सं वां कर्मणा समिषा हिनोमीन्द्राविष्णू अपसस्पारे अस्य ।
जतुषेथां यज्ञं द्रविणं च धत्तमरिष्टैर्नः पथिभीः पारयन्ता ।।१।।
या विश्वासां जनितारा मतीनामिन्द्राविष्णू कलशा सोमधाना ।
प्र वां गिरः शस्यमाना अवन्तु प्र स्तोमासो गीयमानासो अर्कैः ।।2।।
इन्द्राविष्णू मदपती मदानामा सोमं यातं द्रविणो दधाना ।
सं वामज्जन्त्वक्तुभिर्मतीनां सं स्तोमासः शस्यमानास उक्थैः ।।३।।
आ वामश्वासो अभिमातिषाह इन्द्राविष्णू सधमादो वहन्तु ।
जुषोथां विश्वा हवना मतीनामुप ब्रह्माणि शृणुतं गिरो मे ।।४।।
इन्द्राविष्णू तत्पनयाय्यं वां सोमस्य मद उरु चक्रमाथे ।
अकृणुतमन्तरिक्षं वरीयोऽप्रथतं जीवसे नो रजांसि ।।५।।
इन्द्राविष्णू हविषा वावृधानाग्राद्वाना नमसा रातहव्या ।
घृतासूती द्रविणं धत्तमस्मे समुद्र स्थः कलशः सोमधानः ।।६।।
इन्द्राविष्णू पिबतं मध्वो अस्य सोमस्य दस्रा जठरं पृणेथाम् ।
आ वामन्धांसि मदिराण्यग्मन्नुप ब्रह्माणि शृणुतं हवं मे ।।७।।
उभा जिग्यथुर्न परा जयेथे न परा जिग्ये कतरश्चनैनोः ।
इन्द्रश्च विष्णो यदपस्पृधेथां त्रेधा सहस्रं वि तदैरयेथाम् ।।८।।

१५. इन्द्रासोमौ – ऋ. ६.७2.१–५

इन्द्रासोमा महि तद्वां महित्वं युवं महानि प्रथमानि चक्रथुः ।
युवं सूर्यं विविदथुर्युवं स्व१ र्विश्वा तमांस्यहतं निदश्च ।।१।।
इन्द्रासोमा वासयथ उषासमुत्सूर्यं नयथो ज्योतिषा सह ।
उप द्यां स्कम्भथुः स्कम्भनेनाप्रथतं पृथिवीं मातरं वि ।।2।।
इन्द्रासोमावहिमपः परिष्ठां हथो वृत्रमनु वां द्यौरमन्यत ।
प्रार्णांस्यैरयतं नदीनामा समुद्राणि पप्रथुः पुरूणि ।।३।।
इन्द्रासोमा पक्वमामास्वन्तर्नि गवामिद्दधथुर्वक्षणासु ।
जगृभथुरनपिनद्धमासु रुशच्चित्रासु जगतीष्वन्तः ।।४।।
इन्द्रासोमा युवमंग तरुत्रमपत्यसाचं श्रुत्यं रराथे ।
युवं शुष्मं नर्यं चर्षणिभ्यः सं विव्यथुः पृतनाषाहमुग्रा ।।५।।

१६. उषा – ऋ. ६.६४.१–६; ६.६५.१–६

ऋ. ६.६४.१–६

उदु श्रिय उषसो रोचमाना अस्थुरपां नोर्मयो रुशन्तः ।
कृणोति विश्वा सुपथा सुगान्यभूदु वस्वी दक्षिणा मघोनी ।।१।।
भद्रा ददृक्ष उर्विया वि भास्युत्ते शोचिर्भानवो द्यामपप्तन् ।
आविर्वक्षः कृणुषे शुम्भमानोषो देवि रोचमाना महोभिः ।।2।।

वहन्ति सीमरुणासो रुशन्तो गावः सुभगामुर्विया प्रथानाम् ।
अपेजते शूरो अस्तेव शत्रून् बाधते तमो अजिरो न वोळ्हा ।।३।।
सुगोत ते सुपथा पर्वतेष्ववाते अपस्तरसि स्वभानो ।
सा न आ वह पृथुयामन्नृष्वे रयिं दिवो दुहितरिषयध्यै ।।४।।
सा वह योक्षभिरवातोषो वरं वहसि जोषमनु ।
त्वं दिवो दुहितर्या ह देवी पूर्वहूतौ मंहना दर्शता भूः ।।५।।
उत्ते वयश्चिद्वसतेरपप्तन्नरश्च ये पितुभाजो व्युष्टौ ।
अमा सते वहसि भूरि वाममुषो देवि दाशुषे मर्त्याय ।।६।।

ऋ. ६.६५.१–६

एषा स्या नो दुहिता दिवोजाः क्षितीरुच्छन्ती मानुषीरजीगः ।
या भानुना रुशता राम्यास्वज्ञायि तिरस्तमसश्चिदक्तून् ।।१।।
वि तद्ययुररुणयुग्भिरश्वैश्चित्रं भान्त्युषसश्चन्द्ररथाः ।
अग्रं यज्ञस्य बृहतो नयन्तीर्वि ता बाधन्ते तम ऊर्म्यायाः ।।2।।
श्रवो वाजमिषमूर्जं वहन्तीर्नि दाशुष उषसो मर्त्याय ।
मघोनीर्वीरवत्पत्यमाना अवो धात विधते रत्नमद्य ।।३।।
इदा हि वो विधते रत्नमस्तीदा वीराय दाशुष उषासः ।
इदा विप्राय जरते यदुक्था नि ष्म मावते वहथा पुरा चित् ।।४।।
इदा हि त उषो अद्रिसानो गोत्रा गवामंगिरसो गृणन्ति ।
व्य१र्केण बिभदुर्ब्रह्मणा च सत्या नृणामभवद्देवहूतिः ।।५।।
उच्छा दिवो दुहितः प्रत्नवन्नो भरद्वाजवद्विधते मघोनि ।
सुवीरं रयिं गृणते रिरीह्युरुगायमधि धेहि श्रवो नः ।।६।।

१७. गावः – ऋ. ६.२८.१; ३–७

ऋ. ६.२८.१

आ गावो अग्मन्नुत भद्रमक्रन्त्सीदन्तु गोष्ठे रणयन्त्वस्मे ।
प्रजावतीः पुरुरूपा इह स्युरिन्द्राय पूर्वीरुषसो दुहानाः ।।१।।

ऋ. ६.२८.३–७

न ता नशन्ति न दभाति तस्करो नासामामित्रो व्यथिरा दधर्षति ।
देवाँश्च याभिर्यजते ददाति च ज्योगित्ताभिः सचते गोपतिः सह ।।३।।
न ता अर्वा रेणुककाटो अश्नुते न संस्कृतत्रमुप यन्ति ता अभि ।
उरुगायमभयं तस्य ता अनु गावो मर्तस्य वि चरन्ति यज्वनः ।।४।।
गावो भगो गाव इन्द्रो मे अच्छान् गावः सोमस्य प्रथमस्य भक्षः ।
इमा या गावः स जनास इन्द्र इच्छामीद्धृदा मनसा चिदिन्द्रम् ।।५।।
यूयं गावो मेदयथा कृशं चिदश्रीरं चित्कृणुथा सुप्रतीकम् ।
भद्रं गृहं कृणुथ भद्रवाचो बृहद्वो वय उच्यते सभासु ।।६।।
प्रजावतीः सूयवसं रिशन्तीः शुद्धा अपः सप्रपाणे पिबन्तीः ।
मा वः स्तेन ईशत माघशंसः परि वो हेति रुद्रस्य वृजयाः ।।७।।

१८. गावः इन्द्रो वा – ऋ. ६.२८.2; ८

ऋ. ६.२८.2

इन्द्रो यज्वने पृणते च शिक्षत्युपेद्ददाति न स्वं मुषायति ।

भूयोभूयो रयिमिदस्य वर्धयन्नभिन्ने खिल्ये नि दधाति देवयुम् ।।2।।

ऋ. ६.2८.८

उपेदमुपपर्चनमासु गोषूप पृच्यताम्। उप ऋषभस्य रेतस्युपेन्द्र तव वीर्ये ।।८।।

१६. द्यावापृथिवी – सा. ३७८

घृतवती भुवनानामभिश्रियोर्वी पृथ्वी मधुदुघे सुपेशसा ।
द्यावापृथिवी वरुणस्य धर्मणा विष्कभिते अजरे भूरिरेतसा ।।६।।

20. द्यावापृथिव्यौ – ऋ. ६.७०.१–६

घृतवती भुवनानामभिश्रियोर्वी पृथ्वी मधुदुघे सुपेशसा ।
द्यावापृथिवी वरुणस्य धर्मणा विष्कभिते अजरे भूरि रेतसा ।।१।।
असश्चन्ती भूरिधारे पयस्वती घृतं दुहाते सुकृते शुचिव्रते ।
राजन्ती अस्य भुवनस्य रोदसी अस्मे रेतः सिंचतं यन्मनुर्हितम् ।।2।।
यो वामृजवे क्रमणाय रोदसी मर्तो ददाश धिषणे स साधति ।
प्र प्रजाभिर्जायते धर्मणस्परि युवोः सिक्ता विषुरूपाणि सव्रता ।।३।।
घृतेन द्यावापृथिवी अभीवृते घृतश्रिया घृतपृचा घृतावृधा ।
उर्वी पृथ्वी होतृवूर्ये पुरोहिते ते इद्विप्रा ईळते सुम्नमिष्टये ।।४।।
मधु नो द्यावापृथिवी मिमिक्षतां मधुश्चुता मधुदुघे मधुव्रते ।
दधाने यज्ञं द्रविणं च देवता महि श्रवो वाजमस्मे सुवीर्यम् ।।५।।
ऊर्जं नो द्यौश्च पृथिवी च पिन्वतां पिता माता विश्वविदा सुदंससा ।
संरराणे रोदसी विश्वशम्भुवा सनिं वाजं रयिमस्मे समिन्वताम् ।।६।।

2१. पवमानः सोमः – सा. १३2३–१३2५

त्वं सोमासि धरयुर्मन्द्र ओजिष्ठो अध्वरे। पवस्व मं हयद्रयिः ।।१।।
त्वं सुतो मदिन्तमो दधन्वान्मत्सरिन्तमः। इन्दुः सत्राजिदस्तुतः ।।2।।
त्वं सुष्वाणो अद्रिभिरभ्यर्ष कनिक्रदत्। द्युमन्तं शुष्ममा भर ।।३।।

22. पूषा – ऋ. ६.५३.१–१०; ६.५४.१–१०; ६.५५.१–६; ६.५६.१–६; ६.५८.१–४; सा. ७५; १५६३

ऋ. ६.५३.१–१०

वयमु त्वा पथस्पते रथं वाजसातये। धिये पूषन्नयुज्महि ।।१।।
अभि नो नर्यं वसु वीरं प्रयतदक्षिणम्। वामं गृहपतिं नय ।।2।।
अदित्सन्तं चिदाधृणे पूषन्दानाय चोदय। पणेश्चिद्वि म्रदा मनः ।।३।।
वि पथो वाजसातये चिनुहि वि मृधो जहि। साधन्तामुग्र नो धियः ।।४।।
परि तृन्धि पणीनामारया हृदया कवे। अथेमस्मभ्यं रन्धय ।।५।।
वि पूषन्नारया तुद पणेरिच्छ हृहि प्रियम्। अथेमस्मभ्यं रन्धय ।।६।।
आ रिख किकिरा कृणु पणीननां हृदया कवे। अथेमस्मभ्यं रन्धय ।।७।।
या पूषन्ब्रह्मचोदनीमारां बिभर्ष्याघृणे। तया समस्य हृदयमा रिख किकिरा कृणु ।।८।।
या ते अष्ट्रा गोओपशाघृणे पशुसाधनी। तस्यास्ते सुम्नमीमहे ।।६।।
उत नो गोषणिं धियमश्वसां वाजासामुत। नृवत कृणुहि वीतये ।।१०।।

ऋ. ६.५४.१–१०

सं पूषन् विदुषा नय यो अंजसानुशासति। यं एवेदमिति ब्रवत् ।।१।।
समु पूष्णा गमेमहि यो गृहाँ अभिशासति। इम एवेति च ब्रवत् ।।2।।
पूष्णश्चक्रं न रिष्यति न कोशोऽव पद्यते। नो अस्य व्यथते पविः ।।३।।
यो अस्मै हविषाविधन्न तं पूषापि मृष्यते। प्रथमो विन्दते वसु ।।४।।

पूषा गा अन्वेतु नः पूषा रक्षत्वर्वतः। पूषा वाजं सनोतु नः ।।५।।
पूषन्ननु प्र गा इहि यजमानस्य सुन्वतः। अस्माकं स्तुवतामुत ।।६।।
माकिर्नेशन्माकीं रिषन्माकीं सं शारि केवटे। अथारिष्टाभिरा गहि ।।७।।
शृण्वन्तं पूषणं वयमिर्यमनष्टवेदसम्। ईशानं राय ईमहे ।।८।।
पूषन्तव व्रते वयं न रिष्येम कदा चन। स्तोतारस्त इह स्मसि ।।९।।
परि पूषा परस्ताद्धस्तं दधातु दक्षिणम्। पुनर्नो नष्टमाजतु ।।१०।।

ऋ. ६.५५.१–६

एहि वां विमुचो नपादाघृणे सं सचावहै। रथीर्ऋतस्य नो भव ।।१।।
रथीतमं कपर्दिनमीशानं राधसो महः। रायः सखायमीमहे ।।2।।
रायो धारास्याघृणे वसो राशिरजाश्व। धीवतोधीवतः सखा ।।३।।
पूषणं न्व१जाश्वमुप स्तोषाम वाजिनम्। स्वसुर्यो जार उच्यते ।।४।।
मातुर्दिधिषुमब्रवं स्वसुर्जारः शृणोतु नः। भ्रातेन्द्रस्य सखा मम ।।५।।
आजासः पूषणं रथे निशृम्भास्ते जनश्रियम्। देवं वहन्तु विभ्रतः ।।६।।

ऋ. ६.५६.१–६

य एनमादिदेशति करम्भादिति पूषणम्। न तेन देव आदिशे ।।१।।
उत घा स रथीतमः सख्या सत्पतिर्युजा। इन्द्रो वृत्राणि जिघ्नते ।।2।।
उतादः परुषे गवि सूरश्चक्रं हिरण्ययम्। न्यैरयद्रथीतमः ।।३।।
यदद्य त्वा पुरुष्टुत ब्रवाम दस्र मन्तुमः। तत्सु नो मन्म साधय ।।४।।
इमं च नो गवेषणं सातये सीषधो गणम्। आरात् पूषन्नसि श्रुतः ।।५।।
आ ते स्वस्तिमीमह आरे अघामुपावसुम्। अद्या च सर्वतातये श्वश्च सर्वतातये ।।६।।

ऋ. ६.५८.१–४

शुक्रं ते अन्यद्यजतं ते अन्यद्विषुरूपे अहनी द्यौरिवासि ।
विश्वा हि माया अवसि स्वधावो भद्रा ते पूषन्निह रातिरस्तु ।।१।।
अजाश्वः पशुपा वाजपस्त्यो धियंजिन्वो भुवने विश्वे अर्पितः ।
अष्ट्रां पूषा शिथिरामुद्वरीवृजत् संचक्षाणो भुवना देव ईयते ।।2।।
यास्ते पूषन्नावो अन्तः समुद्रे हिरण्ययीरन्तरिक्षे चरन्ति ।
ताभिर्यासि दूत्यां सूर्यस्य कामेन कृत श्रव इच्छमानः ।।३।।
पूषा सुबन्धुर्दिव आ पृथिव्या इळस्पतिर्मघवा दस्मवर्चाः ।
यं देवासो अददुः सूर्यायै कामेन कृतं तवसं स्वंचम् ।।४।।

सा. ७५

शुक्रं ते अन्यद्यजतं ते अन्यद्विषुरूपे अहनी द्यौरिवासि ।
विश्वा हि माया अवसि स्वधावन्भद्रा ते पूषन्निह रातिरस्तु ।।३।।

सा. १५६३

उत नो गोषणिं धियमश्वसां वाजसामुत। नृवत्कृणुह्यूतये ।।१।।

२३. बृहस्पतिः – ऋ. ६.७३.१–३

योअद्रिभित्प्रथमजा ऋतावा बृहस्पतिरांगिरसो हविष्मान् ।
द्विर्बहज्मा प्राघर्मसत्पिता न आ रोदसी वृषभो रोरवीति ।।१।।
जनाय चिद्य ईवत उ लोकं बृहस्पतिर्देवहूतौ चकार ।
घ्नन्वृत्राणि वि पुरो दर्दरीति जयंछत्रूँमित्रान्पृत्सु साहन् ।।2।।
बृहस्पतिः समजयद्वसूनि महो व्रजान् गोमतो देव एषः ।
अपः सिषासन्त्स्व१ रप्रतीतो बृहस्पतिर्हन्त्यमित्रमर्कैः ।।३।।

२४. वैश्वानरः – ऋ. ६.७.१–७; ६.८.१–७; ६.९.१–७

ऋ. ६.७.१–७

मूर्धानं दिवो अरतिं पृथिव्या वैश्वानरमृत आ जातमग्निम् ।
कविं सम्राजमतिथिं जनानामासन्ना पात्रं जनयन्त देवाः ।।१।।
नाभिं यज्ञानां सदनं रयीणां महामाहावमभि सं नवन्त ।
वैश्वानरं रथ्यमध्वराणां यज्ञस्य केतुं जनयन्त देवाः ।।2।।
त्वद्विप्रो जायते वाज्यग्ने त्वद्वीरासो अभिमातिषाहः ।
वैश्वानर त्वमस्मासु धेहि वसूनि राजन्त्स्पृहयाय्याणि ।।३।।
त्वां विश्वे अमृत जायमानं शिशुं न देवा अभि सं नवन्ते ।
तव क्रतुभिरमृतत्वमायन्वैश्वानर यत्पित्रोरदीदेः ।।४।।
वैश्वानर तव तानि व्रतानि महान्यग्ने नकिरा दधर्ष ।
यज्जायमानः पित्रोरुपस्थेऽविन्दः केतुं वयुनेष्वह्नाम् ।।५।।
वैश्वानरस्य विमितानि चक्षसा सानूनि दिवो अमृतस्य केतुना ।
तस्येदु विश्वा भुवनाधि मूर्धनि वया इव रुरुहुः सप्त विस्रुहः ।।६।।
वि यो रजांस्यमिमीत सुक्रतुर्वैश्वानरो वि दिवो रोचना कविः ।
परि यो विश्वा भुवनानि पप्रथेऽदब्धो गोपा अमृतस्य रक्षिता ।।७।।

ऋ. ६.८.१–७

पृक्षस्य वृष्णो अरुषस्य नू सहः प्र नु वोचं विदथा जातवेदसः ।
वैश्वानराय मतिर्नव्यसी शुचिः सोमइव पवते चारुरग्नये ।।१।।
स जायमानः परमे व्योमनि व्रतान्यग्निर्व्रतपा अरक्षत ।
व्य१न्तरिक्षमिमीत सुक्रतुर्वैश्वानरो महिना नाकमस्पृशत् ।।2।।
व्यस्तभ्नाद्रोदसी मित्रो अद्भुतोऽन्तर्वावदकृणोज्ज्योतिषा तमः ।
वि चर्मणीव धिषणे अवर्तयद्वैश्वानरो विश्वमधत्त वृष्ण्यम् ।।३।।
अपामुपस्थे महिषा अगृभ्णत विशो राजानमुप तस्थुर्ऋग्मियम् ।
आ दूतो अग्निमभरद्विवस्वतो वैश्वानरं मातरिश्वा परावतः ।।४।।
युगेयुगे विदथ्यं गृणद्भ्योग्ने रयिं यशसं धेहि नव्यसीम् ।
पव्येव राजन्नघशंसमजर नीचा नि वृश्च वनिनं न तेजसा ।।५।।
वयं जयेम शतिनं सहस्रिणं वैश्वानर वाजमग्ने तवोतिभिः ।।६।।
अदब्धेभिस्तव गोपाभिरिष्टेऽस्माकं पाहि त्रिषधस्थ सूरीन् ।
रक्षा च नो ददुषां शर्धो अग्ने वैश्वानर प्र च तारीः स्तवानः ।।७।।

ऋ. ६.९.१–७

अहश्च कृष्णमहरर्जुनं च वि वर्तेते रजसी वेद्याभिः ।
वैश्वानरो जायमानो न राजावातिरज्ज्योतिषाग्निस्तमांसि ।।१।।
नाहं तन्तुं न वि जानाम्योतुं न यं वयन्ति समरेऽतमानाः ।
कस्य स्वित्पुत्र इह वक्तवानि पुरो वदात्यवरेण पित्रा ।।2।।
स इत्तन्तुं स वि जानात्योतुं स वक्तवान्यृतुथा वदाति ।
य ईं चिकेतदमृतस्य गोपा अवश्चरन्परो अन्येन पश्यन् ।।३।।
अयं होता प्रथमः पश्यतेममिदं ज्योतिरमृतं मर्त्येषु ।
अयं स जज्ञे ध्रुव आ निषत्तोऽमर्त्यस्तन्वा३ वर्धमानः ।।४।।
ध्रुवं ज्योतिर्निहितं दृशये कं मनो जविष्ठं पतयत्स्वन्तः ।
विश्वे देवाः समनसः सकेता एकं क्रतुमभि वि यन्ति साधु ।।५।।
वि मे कर्णा पतयतो वि चक्षुर्वी३दं ज्योतिर्हृदय आहितं यत् ।
वि मे मनश्चरति दूरआधीः किं स्विद्वक्ष्यामि किमु नू मनिष्ये ।।६।।
विश्वे देवा अनमस्यन्भियानास्त्वामग्ने तमसि तस्थिवांसम् ।
बैश्वनरोऽवतूतये नोऽमर्त्योऽवतूतये नः ।।७।।

२५. मरुतः – ऋ. ६.६६.१–११

वपुर्नु तच्चिकितुषे चिदस्तु समानं नाम धेनु पत्यमानम् ।
मर्तेष्वन्यद्दोहसे पीपाय सकृच्छुक्रं दुदुहे पृश्निरूधः ।।१।।
ये अग्नयो न शोशुचन्निधाना द्विर्यत्त्रिर्मरुतो वावृधन्त ।
अरेण्वो हिरण्यास एषां साकं नृम्णैः पौंस्येभिश्च भूवन् ।।2।।
रुद्रस्य ये मीळ्हुषः सन्ति पुत्रा यांश्चे नु दाधृविर्भरध्यै ।
विदे हि माता महो मही षा सेत्पृश्निःसुभ्वे३ गर्भमाधात् ।।३।।
न य ईषन्ते जनुषोऽया न्व१न्तः सन्तोऽवद्यानि पुनानाः ।
निर्यद् दुह्रे शुचयोऽनु जोषमनु श्रिया तन्वमुक्षमाणाः ।।४।।
मक्षू न येषु दोहसे चिदया आ नाम धृष्णु मारुतं दधानाः ।
न ये स्तौना अयासो मह्ना नू चित्सुदानुरव यासदुग्रान् ।।५।।
त इदुग्राः शवसा धृष्णुषेणा उभे युजन्त रोदसी सुमेके ।
अध स्मैषु रोदसी स्वशेचिरामवत्सु तस्थौ न रोकः ।।६।।
अनेनो वो मरुतो यामो अस्त्वनश्वश्चिद्यमजत्यरथीः ।
अनवसो अनभीशू रजस्तूर्वि रोदसी पथ्या याति साधन् ।।७।।
नास्य वर्ता न तरुता न्वस्ति मरुतो यमवथ वाजसातौ ।
तोके वा गोषु तनये यमप्सु स व्रजं दर्ता पार्ये अध द्योः ।।८।।
प्र चित्रमर्कं गृणते तुराय मारुताय स्वतवसे भरध्वम् ।
ये सहांसि सहसा सहन्ते रेजते अग्ने पृथिवी मखेभ्यः ।।९।।
त्विषीमन्तो अध्वरस्येव दिद्युत्तृषुच्यवसो जुह्वो३ नाग्नेः ।
अर्चत्रयो धुनयो न वीरा भ्राजज्जन्मानो मरुतो अधृष्टाः ।।१०।।
तं वृधन्तं मारुतं भ्राजदृष्टिं रुद्रस्य सूनुं हवसा विवासे ।
दिवः शर्धाय शुचयो मनीषा गिरयो नाप उग्रा अस्पृध्रन् ।।११।।

२६. मित्रावरुणौ – ऋ. ६.६७.१–११

विश्वेषां वः सतां ज्येष्ठतमा गीर्भिर्मित्रावरुणा वावृधध्यै ।
सं या रश्मेव यमतुर्यमिष्ठा द्वा जनाँ असमा बाहुभिः स्वैः ।।१।।
इयं मद्वां प्र स्तृणीते मनीषोप प्रिया नमसा बर्हिरच्छ ।
यन्तं नो मित्रावरुणावधृष्टं छर्दिर्यद्वां वरूथ्यं सुदान् ।।2।।
आ यातं मित्रावरुणा सुशस्त्युप प्रिया नमसा हूयमाना ।
सं यावप्नस्थो अपसेव जनांछ्रुधीयतश्चिद्यतथो महित्वा ।।३।।
अश्वा न या वाजिना पूतबन्धू ऋता यद् गर्भमदितिर्भरध्यै ।
प्र या महि महान्ता जायमाना घोरा मर्ताय रिपवे नि दीधः ।।४।।
विश्वे यद्वां मंहना मन्दमानाः क्षत्रं देवासो अदधुः सजोषाः ।
परि यद्भूथो रोदसी चिदुर्वी सन्ति स्पशो अदब्धासो अमूराः ।।५।।
ता हि क्षत्रं धारयेथे अनु द्यून् दृंहेथे सानुमुपमादिव द्योः ।
दृळ्हो नक्षत्र उत विश्वदेवो भूमिमातान्द्यां धासिनायोः ।।६।।
ता विग्रं धैथे जठरं पृणध्या आ यत्सद्म सभृतयः पृणन्ति ।
न मृष्यन्ते युवतयोऽवाता वि यत्पयो विश्वजिन्वा भरन्ते ।।७।।
ता जिह्वया सदमेदं सुमेधा आ यद्वां सत्यो अरतिर्ऋते भूत् ।
तद्वां महित्वं घृतान्नावस्तु युवं दाशुषे वि चयिष्टमंहः ।।८।।
प्र यद्वां मित्रावरुणा स्पूर्धन्प्रिया धाम युवधिता मिनन्ति ।
न ये देवास ओहसा न मर्ता अयज्ञसाचो अप्यो न पुत्राः ।।९।।
वि यद्वाचं कीस्तासो भरन्ते शंसन्ति के चिन्निविदो मनानाः ।

आह्वां ब्रवाम सत्यान्युक्था नकिर्देवेभिर्यतथो महित्वा ।।१०।।
अवोरित्था वां छर्दिषो अभिष्टौ युवोर्मित्रावरुणावस्कृधोयु ।
अनु यदृ गावः स्फुरानृजिप्यं धृष्णुं यद्रणे वृषणं युनजन् ।।११।।

२७. सरस्वती – ऋ. ६.६१.१–१४; सा. १४६१

ऋ. ६.६१.१–१४

इयमददाद्रभसमृणच्युतं दिवोदासं वध्र्यश्वाय दाशुषे ।
या शश्वन्तमाचखादावसं पणिं ता ते दात्राणि तविषा सरस्वति ।।१।।
इयं शुष्मेभिर्बिसखा इवारुजत्सानु गिरीणां तविषेभिरूर्मिभिः ।
पारावतघ्नीमवसे सुवृक्तिभिः सरस्वतीमा विवासेम धीतिभिः ।।2।।
सरस्वति देवनिदो निबर्हय प्रजां विश्वस्य बृहसयस्य मायिनः ।
उत क्षितिभ्योऽवनीरविन्दो विषमेभ्यो अस्रवो वाजिनीवति ।।३।।
प्र णो देवी सरस्वती वाजेभिर्वाजिनीवती। धीनामवित्रयवतु ।।४।।
यस्त्वा देवि सरस्वत्युपब्रूते धने हिते। इन्द्रं न वृत्रतूर्ये ।।५।।
त्वं देवि सरस्वत्यवा वाजेषु वाजिनि। रदा पूषेव नः सनिम् ।।६।।
उत स्या नः सरस्वती घोरा हिरण्यवर्तनिः। वृत्रघ्नी वष्टि सुष्टुतिम् ।।७।।
यस्या अनन्तो अह्रुतत्वेषश्चरिष्णुरर्णवः। अमश्चरति रोरुवत् ।।८।।
सा नो विश्वा अतिद्विषः स्वसृरन्या ऋतावरी। अतन्नहेव सूर्यः ।।९।।
उत नः प्रिया प्रियासु सप्तस्वसा सुजुष्टा। सरस्वती स्तोम्या भूत् ।।१०।।
आपप्रुषी पार्थिवान्युरु रजो अन्तरिक्षम्। सरस्वती निदस्पातु ।।११।।
त्रिषधस्था सप्तधातुः पंच जाता वर्धयन्ती। वाजेवाजे हव्या भूत् ।।१२।।
प्र या महिम्ना महिनासु चेकिते द्युम्नेभिरन्या अपसामपस्तमा ।
रथइव बृहती विभ्वने कृतोपस्तुत्या चिकितुषा सरस्वती ।।१३।।
सरस्वत्यभि नो नेषि वस्यो माप स्फरीः पयसा मा न आ धक् ।
जुषस्वः न सख्या वेश्या च मा त्वत्क्षेत्राण्यरणानि गन्म ।।१४।।

सा. १४६१

उत नः प्रिया प्रियासु सप्तस्वसा सुजुष्टा। सरस्वती स्तोम्या भूत् ।।१।।

२८. सविता – ऋ. ६.७१.१–६

उदु ष्य देवः सविता हिरण्यया बाहु अयंस्त सवनाय सुक्रतुः ।
घृतेन पाणी अभि प्रष्णुते मखो युवा सुदक्षो रजसो विधर्मणि ।।१।।
देवस्य वयं सवितुः सवीमनि श्रेष्ठे स्याम वसुनश्च दावने ।
यो विश्वस्य द्विपदो यश्चतुष्पदो निवेशने प्रसवे चासि भूमनः ।।2।।
अदब्धेभिः सवितः पायुमिष्ट्वं शिवेभिरद्य परिपाहि नो गयम् ।
हिरण्यजिह्वः सुविताय नव्यसे रक्षो माकिर्नो अघशंस ईशत ।।३।।
उदु ष्य देवः सविता दमूना हिरण्यपाणिः प्रतिदोषमस्थात् ।
अयोहनुर्यजतो मन्द्रजिह्व आ दाशुषे सुवति भूरि वामम् ।।४।।
उदू अयाँ उपवक्तेव बाहू हिरण्यया सविता सुप्रतीका ।
दिवा रोहांस्यरुहत्पृथिव्या अरीरमत्पतयत् कच्चिदभ्वम् ।।५।।
वाममद्य सवितर्वाममु श्वो दिवेदिवे वाममस्मभ्यं सावीः ।
वामस्य हि क्षयस्य देव भूरेरया धिया वामभाजः स्याम ।।६।।

२९. सोमा रुद्रौ – ऋ. ६.७४.१–४

सोमारुद्रा धारयेथामसुर्यं१ प्र वामिष्टयोऽरमश्नुवन्तु ।
दमेदमे सप्त रत्ना दधाना शं नो भूतं द्विपदे शं चतुष्पदे ।।१।।

सोमारुद्रा वि बृहतं विषूचीममीवा या नो गयमाविवेश ।
आरे बाधेथां निर्ऋतिं पराचैरस्मे भद्रा सौश्रवसानि सन्तु ।।2।।
सोमारुद्रा युवमेतान्यस्मे विश्वा तनूषु भेषजानि धत्तम् ।
अव स्यतं मुंचतं यन्नो अस्ति तनूषु बद्धं कृतमेनो अस्मत् ।।३।।
तिग्मायुधौ तिग्महेती सुशेवौ सोमारुद्राविह सु मृळतं न ।
प्र नो मुंचतं वरुणस्य पाशाद् गोपायतं नः सुमनस्यमानाः ।।४।।

४५१. भरद्वाजो बार्हस्पत्यः वीतहव्य आंगिरसो वा

१. अग्निः – ऋ. ६.१५.१–१९; सा. १५६७–१५६९

ऋ. ६.१५.१–१९

इममू षु वो अतिथिमुषर्बुधं विश्वासां विशां पतिमृंजसे गिरा ।
वेतीद्दिवो जनुषा कच्चिदा शुचिर्ज्योक् चिदत्ति गर्भो यदच्युतम् ।।१।।
मित्रं न यं सुधितं भृगवो दधुर्वनस्पतावीड्यमूर्ध्वशोचिषम् ।
स त्वं सुप्रीतो वीतहव्ये अद्भुत प्रशस्तिभिर्महयसे दिवेदिवे ।।2।।
स त्वं दक्षस्यावृको वृधो भूरर्यः परस्यान्तरस्य तरुषः ।
रायः सूनो सहसो मर्त्येष्वा छर्दिर्यच्छ वीतहव्याय सप्रथो भरद्वाजाय सप्रथः ।।३।।
द्युतानं वो अतिथिं स्वर्णरमग्निं होतारं मनुषः स्वध्वरम् ।
विप्रं न द्युक्षवचसं सुवृक्तिभिर्हव्यवाहमरतिं देवमृंजसे ।।४।।
पावकया यश्चितयन्त्या कृपा क्षामन् रुरुच उषसो न भानुना ।
तूर्वन्न यामन्नेतशस्य नू रण आ यो घृणे न ततृषाणो अजरः ।।५।।
अग्निमग्निं वः समिधा दुवस्यत प्रियंप्रियं वो अतिथिं गृणीषणि ।
उप वो गीर्भिरमृतं विवासत देवो देवेषु वनते हि वार्यं ।
देवो देवेषु वनते हि नो दुवः ।।६।।
समिद्धमग्निं समिधा गिरा गृणे शुचिं पावकं पुरो अध्वरे ध्रुवम् ।
विप्रं होतारं पुरुवारमद्रुहं कविं सुम्नैरीमहे जातवेदसम् ।।७।।
त्वां दूतमग्ने अमृतं युगेयुगे हव्यवाहं दधिरे पायुमीड्यम् ।
देवासश्च मर्तासश्च जागृविं विभुं विश्पतिं नमसा नि षेदिरे ।।८।।
विभूषन्नग्न उभयाँ अनु व्रता दूतो देवानां रजसी समीयसे ।
यत्ते धीतिं सुमतिमावृणीमहेऽध स्मा नस्त्रिवरूथः शिवो भव ।।९।।
तं सुप्रतीकं सुदृशं स्वंचमविद्वांसो विदुष्टरं सपेम ।
स यक्षद् विश्वा वयुनानि विद्वान् प्र हव्यमग्निरमृतेषु वोचत् ।।१०।।
तमग्ने पास्युत तं पिपर्षि यस्त आनट् कवये शूर धीतिम् ।
यज्ञस्य वा निशितिं वोदितिं वा तमित्पृणक्षि शवसोत राया ।।११।।
त्वमग्ने वनुष्यतो नि पाहि त्वमु नः सहसावन्नवद्यात् ।
सं त्वा ध्वस्मन्वदभ्येतु पाथः सं रयिः स्पृहयाय्यः सहस्री ।।१2।।
अग्निर्होता गृहपतिः स राजा विश्वा वेद जनिमा जातवेदाः ।
देवानामुत यो मर्त्यानां यजिष्ठः स प्र यजतामृतावा ।।१३।।
अग्ने यदद्य विशो अध्वरस्य होतः पावकशोचे वेष्ट्वं हि यज्वा ।
ऋता यजासि महिना वि यद्भूर्हव्या वह यविष्ठ या ते अद्य ।।१४।।
अभि प्रयांसि सुधितानि हि ख्यो नि त्वा दधीत रोदसी यजध्यै ।
अवा नो मघवन्वाजसातावग्ने विश्वानि दुरिता तरेम ता तरेम तवावसा तरेम ।।१५।।
अग्ने विश्वेभिः स्वनीक देवैरूर्णावन्तं प्रथमः सीद योनिम् ।
कुलायिनं घृतवन्तं सवित्रे यज्ञं नय यजमानाय साधु ।।१६।।
इममु त्यमथर्ववदग्निं मन्थन्ति वेधसः। यमंकूयन्तमानयन्नमूरं श्याव्याभ्यः ।।१७।।

जनिष्वा देववीतये सर्वताता स्वस्तये ।
आ देवान् वक्ष्यमृताँ ऋतावृधो यज्ञं देवेषु पिस्पृशः ।।१८।।
वयमु त्वा गृहपते जनानामग्ने अकर्म्म समिधा बृहन्तम् ।
अस्थूरि नो गार्हपत्यानि सन्तु तिग्मेन तस्तेजसा सं शिशाधि ।।१६।।

सा. १५६७–१५६६
समिद्धमग्निं समिधा गिरा गृणे शुचिं पावकं पुरो अध्वरे ध्रुवम् ।
विप्रं होतारं पुरुवारमद्रुहं कविं सुम्नैरीमहे जातवेदसम् ।।१।।
त्वां दूतमग्ने अमृतं युगेयुगे हव्यवाहं दधिरे पायुमीड्यम् ।
देवासश्च मर्तासश्च जागृविं विभुं विश्पतिं नमसा नि षेदिरे ।।2।।
विभूषन्नग्न उभयाँ अनु व्रता दूतो देवानां रजसी समीयसे ।
यत्ते धीतिं सुमतिमावृणीमहेऽध स्मा नस्त्रिवरूथः शिवो भव ।।३।।

४५2. भरद्वाज (सार्षेदी.) भारद्वाजः (सार्षेदी.सास्वा.)

१. **इन्द्रः – सा. १2७**
य आनयत्परावतः सुनीती तुर्वशं यदुम्। इन्द्रः स नो युवा सखा ।।३।।

४५३. भरद्वाजो बार्हस्पत्यः (साग्री. सास्वा.) शंयुबार्हस्पत्यः (ऋसर्व. ६.४६.७.; ७.४.६; ६.४६.३) भारद्वाजः (सार्षेदी.)

१. **इन्द्रः – सा. 2६2; 2६६; 2८६**

सा. 2६2
यदिन्द्र नाहुषीष्वा ओजो नृम्णं च कृष्टिषु ।
यद्वा पंचक्षितीनां द्युम्नमा भर सत्रा विश्वानि पौंस्या ।।१०।।

सा. 2६६
इन्द्र त्रिधातु शरणं त्रिवरूथं स्वस्तये। छर्दिर्यच्छ मघवद्भ्यश्च मह्यं च यावधा दिद्युमेभ्यः ।।४।।

सा. 2८६
यः सत्राहा विचर्षणिरिन्द्रं तं हूमहे वयम्।
सहस्रमन्यो तुविनृम्ण सत्पते भवा समत्सु नो वृधे ।।४।।

४५४. भरद्वाजः शिरम्बिठः

१. **इन्द्रः – य. ३५.१८**
परीमे गामनेषत पर्य्यग्निमहृषत। देवेष्व क्रत श्रवः कऽइमाँऽ आ दधर्षति ।।८।।

४५५. भर्गः

१. **अग्निः – अ. 20.१0३.2–३**
अग्न आ याह्यग्निभिर्होतारं त्वा वृणीमहे ।
आ त्वामनक्तु प्रयता हविष्मती यजिष्ठं बर्हिरासदे ।।2।।
अच्छा हि त्वा सहसः सूनो अंगिरः स्रुचश्चरन्त्यध्वरे ।
ऊर्जो नपातं घृतकेशमीमहेऽग्निं यज्ञेषु पूर्व्यम् ।।३।।

2. **इन्द्रः – अ. 20.११३.१–2; 20.११८.१–2**

अ. 20.११३.१–2
उभयं शृणवच्च न इन्द्रो अर्वागिदं वचः ।
सत्राच्या मघवा सोमपीतये धिया शविष्ठ आ गमत् ।।१।।
तं हि स्वराजं वृषभं तमोजसे धिषणे निष्टतक्षतुः ।

उतोपमानां प्रथमो नि षीदसि सोमकामं हि ते मनः ।।2।।

अ. २०.११८.१–2

शग्ध्यू३ षु शचीपत इन्द्र विश्वाभिरूतिभिः ।
भगं न हि त्वा यशसं वसुविदमनु शूर चरामसि ।।१।।
पौरो अश्वस्य पुरुकृद गवामस्युत्सो देव हिरण्ययः ।
नकिर्हि दानं परिमर्धिषत् त्वे यद्यद्यामि तदा भर ।।2।।

४५६. भर्गः प्रागाथः

१. अग्निः – ऋ. ८.६०.१–२०; सा. ३६; ३९; ४६; १५४४–१५४५; १५५२–१५५३

ऋ. ८.६०.१–२०

अग्न आ याह्यग्निभिर्होतारं त्वा वृणीमहे ।
आ त्वामनक्तु प्रयता हविष्मती यजिष्ठं बर्हिरासदे ।।१।।
अच्छा हि त्वा सहसः सूनो अंगिरः स्रुचश्चरन्त्यध्वरे ।
ऊर्जो नपातं घृतकेशमीमहेऽग्निं यज्ञेषु पूर्व्यम् ।।2।।
अग्ने कविर्वेधा असि होता पावक यक्ष्यः ।
मन्द्रो यजिष्ठो अध्वरेष्वीड्यो विप्रेभिः शुक्र मन्मभिः ।।३।।
अद्रोघमा वहोशतो यविष्ठ्य देवाँ अजस्र वीतये ।
अभि प्रयांसि सुधिता वसो गहि मन्दस्व धीतिभिर्हितः ।।४।।
त्वमित्सप्रथा अस्यग्ने त्रातर्ऋतस्कविः ।
त्वां विप्रासः समिधान दीदिव आ विवासन्ति वेधसः ।।५।।
शोचा शोचिष्ठ दीदिहि विशे मयो रास्व स्तोत्रे महाँ असि ।
देवानां शर्मन् मम सन्तु सूरयः शत्रूषाहः स्वग्नयः ।।६।।
यथा चिद्वृद्धमतसमग्ने संजूर्वसि क्षमि ।
एवा दह मित्रमहो यो अस्मध्रुग् दुर्मन्मा कश्च वेनति ।।७।।
मा नो मर्त्ताय रिपवे रक्षस्विने माघशंसाय रीरधः ।
अस्रेधद्भिस्तरणिभिर्यविष्ठ्य शिवेभिः पाहि पायुभिः ।।८।।
पाहि नो अग्न एकया पाह्युत द्वितीयया ।
पाहि गीर्भिस्तिसृभिरूर्जाम्पते पाहि चतसृभिर्वसो ।।९।।
पाहि विश्वस्माद्रक्षसो अराव्णः प्र स्म वाजेषु नोऽव ।
त्वामिद्धि नेदिष्ठं देवतातय आपिं नक्षामहे वृधे ।।१०।।
आ नो अग्ने वयोवृधं रयिं पावक शंस्यम् ।
रास्वा च न उपमाते पुरुस्पृहं सुनीती स्वयशस्तरम् ।।११।।
येन वंसाम पृतनासु शर्धतस्तरन्तो अर्य आदिशः ।
स त्वं नो वर्ध प्रयसा शचीवसो जिन्वा धियो वसुविदः ।।१2।।
शिशानो वृषभो यथाग्निः शृङ्गे दविध्वत् ।
तिग्मा अस्य हनवो न प्रतिधृषे सुजम्भः सहसो यहुः ।।१३।।
नहि ते अग्ने वृषभ प्रतिधृषे जम्भासो यद्वितिष्ठसे ।
स त्वं नो होतः सुहुतं हविष्कृधि वंस्वा नो वार्या पुरु ।।१४।।
शेषे वनेषु मात्रोः सं त्वा मर्तास इन्धते ।
अतन्द्रो हव्या वहसि हविषकृत आदिद्देवेषु राजसि ।।१५।।
सप्त होतारस्तमिदीळते त्वाग्ने सुत्यजमह्रयम् ।
भिनत्सयद्रिं तपसा वि शोचिषा प्राग्ने तिष्ठ जनाँ अति ।।१६।।
अग्निमग्निं वो अध्रिगुं हुवेम वृक्तबर्हिषः ।
अग्निं हितप्रयसः शश्वतीष्वा होतारं चर्षणीनाम् ।।१७।।
केतेन शर्मन्त्सचते सुषामण्यग्ने तुभ्यं चिकित्वना ।

इषण्यया नः पुरुरूपमा भर वाजं नेदिष्ठमूतये ।।१८।।
अग्ने जरितार्विश्पतिस्तेपानो देव रक्षसः ।
अप्रोषिवान्गृहपतिर्महाँ असि दिवस्पायुर्दुरोणयुः ।।१९।।
मा नो रक्ष आ वेशीदाघृणीवसो मा यातुर्यातुमावताम् ।
परोगव्यूत्यनिरामप क्षुधमग्ने सेध रक्षस्विनः ।।20।।

सा. ३६
पाहि नो अग्न एकया पाह्यू३त द्वितीयया।
पाहि गीर्भिस्तिसृभिरूर्जा पते पाहि चतसृभिर्वसो ।।2।।

सा. ३९
अग्ने जरितर्विश्पतिस्तपानो देव रक्षसः।
अप्रोषिवान् गृहपते महाँ असि दिवस्पायुर्दुरोणयुः ।।५।।

सा. ४६
शेषे वनेषु मातृषु सं त्वा मर्तास इन्धते।
अतन्द्रो हव्यं वहसि हविष्कृत आदिद्देवेषु राजसि ।।2।।

सा. १५४४–१५४५
पाहि नो अग्न एकया पाह्यु३त द्वितीयया ।
पाहि गीर्भिस्तिसृभिरूर्जां पते पाहि चतसृभिर्वसो ।।१।।
पाहि विश्वस्माद्रक्षसो अराव्णः प्र स्म वाजेषु नोऽव ।
त्वामिद्धि नेदिष्ठं देवतातय आपिं नक्षामहे वृधे ।।2।।

सा. १५५2–१५५३
अग्न आ याह्यग्निभिर्होतारं त्वा वृणीमहे ।
आ त्वामनक्त प्रयता हविष्मती यजिष्ठं बर्हिरासदे ।।१।।
अच्छा हि त्वा सहसः सूनो अंगिरः स्रचश्चरन्त्यध्वरे ।
ऊर्जो नपातं घृतकेशमीमहेऽग्निं यज्ञेषु पूर्व्यम् ।।2।।

2. **इन्द्रः – ऋ. ८.६१.१–१८; सा. 2४०; 2५३; 2७४; 2९०; १2३३–१2३४; १३2१–१३22; १४५८–१४५९; १५८०–१५८2**

ऋ. ८.६१.१–१८
उभयं शृणवच्च न इन्द्रो अर्वागिदं वचः ।
सत्राच्या मघवा सोमपीतये धिया शविष्ठ आ गमत् ।।१।।
तं हि स्वराजं वृषभं तमोजसे धिषणे निष्टतक्षतुः ।
उतोपमानां प्रथमो नि षीदसि सोमकामं हि ते मनः ।।2।।
आ वृषस्व पुरूवसो सुतस्येन्द्रान्धसः ।
विद्मा हि त्वा हरिवः पृत्सु सासहिमधृष्टं चिद्दधृष्वणिम् ।।३।।
अप्रामिसत्य मघवन्तथेदसदिन्द्र क्रत्वा यथा वशः ।
सनेम वाजं तव शिप्रिन्नवसा मक्षू चिद्यन्तो अद्रिवः ।।४।।
शग्ध्यू३ षु शचीपत इन्द्र विश्वाभिरूतिभिः ।
भगं न हि त्वा यशसं वसुविदमनु शूर चरामसि ।।५।।
पौरो अश्वस्य पुरुकृद् गवामस्युत्सो देव हिरण्ययः ।
नकिर्हि दानं परिमर्धिषत्त्वे यद्यद्यामि तदा भर ।।६।।
त्वं ह्येहि चेरवे विदा भगं वसुत्तये ।
उद्वावृषस्व मघवन् गविष्टय उदिन्द्रा□मिष्टये ।।७।।
त्वं पुरू सहस्राणि शतानि च यूथा दानाय मंहसे ।

आ पुरन्दरं चकृम विप्रवचस इन्द्रं गायन्तोऽवसे ।।८।।
अविप्रो वा यदविधद् विप्रो वेन्द्र ते वचः ।
स प्र ममन्दत्त्वाया शतक्रतो प्राचामन्यो अहंसन ।।९।।
उग्रबाहुर्म्रक्षकृत्वा पुरन्दरो यदि मे शृणवद्धवम् ।
वसूयवो वसुपतिं शतक्रतुं स्तोमैरिन्द्रं हवामहे ।।१०।।
न पापासो मनामहे नारायासो न जळ्हवः ।
यदिन्न्विन्द्रं वृषणं सचा सुते सखायं कृणवामहै ।।११।।
उग्रं युयुज्म पृतनासु सासहिमृणकातिमदाभ्यम् ।
वेदाभृमं चित्सनिता रथीतमो वाजिनं यमिदू नशत् ।।१२।।
यत इन्द्र भयामहे ततो नो अभयं कृधि ।
मघवंछग्निध तव तन्न ऊतिभिर्वि द्विषो वि मृधो जहि ।।१३।।
त्वं हि राधस्पते राधसो महः क्षयस्यासि विधतः ।
तं त्वा वयं मघवन्निन्द्र गिर्वणः सुतावन्तो हवामहे ।।१४।।
इन्द्र स्पळुत वृत्रहा परस्पा नो वरेण्यः ।
स नो रक्षिषच्चरमं स मध्यमं स पश्चात्पातु नः पुरः ।।१५।।
त्वं नः पश्चादधरादुत्तरात्पुर इन्द्र नि पाहि विश्वतः ।
आरे अस्मत्कृणुहि दैव्यं भयमारे हेतीरदेवीः ।।१६।।
अद्याद्या श्वः श्व इन्द्र त्रस्व परे च नः ।
विश्व चनो जरितॄन्त्सत्पते अहा दिवा नक्तं च रक्षिषः ।।१७।।
प्रभंगी शूरो मघवा तुवीमघः सम्मिशलो वीर्याय कम् ।
उभा ते बाहू वृषणा शतक्रतो नि या वज्रं मिमिक्षतुः ।।१८।।

सा. २४०

त्वं ह्येहि चेरवे विदा भगं वसुत्तये। उद्वावृषस्व मघवन् गविष्टय उदिन्द्राश्वमिष्टये ।।८।।

सा. २५३

शग्ध्यू३षु शचीपत इन्द्र विश्वाभिरूतिभिः।
भगं न हि त्वा यशसं वसुविदमनु शूर चरामसि ।।१।।

सा. २७४

यत इन्द्र भयामहे ततो नो अभयं कृधि ।
मघवंछग्धि तव तन्न ऊतये वि द्विषो वि मृधो जहि ।।2।।

सा. २९०

उभयं शृणवच्च न इन्द्रो अर्वागिदं वचः ।
सत्राच्या मघवान्त्सोमपीतये धिया शविष्ठ आ गमत् ।।८।।

सा. १२३३–१२३४

उभयं शृणवच्च न इन्द्रो अर्वागिदं वचः ।
सत्राच्या मघवान्त्सोमपीतये धिया शविष्ठ आ गमत् ।।१।।
तं हि स्वराजं वृषभं तमोजसा धिषणे निष्टतक्षतुः ।
उतोपमानां प्रथमो निषीदसि सोमकामं हि ते मनः ।।2।।

सा. १३२१–१३22

यत इन्द्र भयामहे ततो नो अभयं कृधि ।
मघवंछग्धि तव तन्न ऊतये वि द्विषो वि मृधो जहि ।।१।।
त्वं हि राधसस्पते राधसो महः क्षयस्यासि विधर्ता ।
तं त्वा वयं मघवन्निन्द्र गिर्वणः सुतावन्तो हवामहे ।।2।।

सा. १४५८–१४५९

अद्याद्या श्वःश्व इन्द्र त्रास्व परे च नः ।
विश्वा च नो जरितृन्त्सत्पते अहा दिवा नक्तं च रक्षिषः ।।१।।
प्रभंगी शूरो मघवा तुवीमघः सम्मिश्लो वीर्याय कम् ।
उभा ते बाहु वृषणा शतक्रतो नि या वज्रं मिमिक्षतुः ।।2।।

सा. १५८०–१५८2

पौरो अश्वस्य पुरुकृद्गवामस्युत्सो देव हिरण्ययः ।
न किर्हि दानं परि मर्धिषत्त्वे यद्यद्यामि तदा भर ।।2।।
त्वं ह्येहि चेरवे विदा भगं वसुत्तये ।
उद्वावृषस्व मघवन्गविष्टय उदिन्द्राश्वमिष्टये ।।१।।

४५७. भर्गः प्रागाथः (साग्री. सास्वा.) शंयुः (सार्षेदी.)

१. **अग्निः – सा. ४2–४३**

त्वमित्सप्रथा अस्यग्ने त्रतर्ऋतः कविः।
त्वां विप्रासः समिधान दीदिव आ विवासन्ति सेधसः ।।८।।
आ नो अग्ने वयोवृधं रयिं पावक शंस्यम्।
रास्वा च न उपमाते पुरुस्पृहं सुनीती सुयशस्तरम्।।६।।

४५८. भागलिः

१. **गावः – अ. ६.५2.2**

नि गावो गोष्ठे असदन् नि मृगासो अविक्षत। न्यू३र्मयो नदीनां न्य१दृष्टा अलिप्सत ।।2।।

2. **भेषजम् – अ. ६.५2.३**

आयुर्ददं विपश्चितं श्रुतां कण्वस्य वीरुधम्। आभारिषं विश्वभेषजीमस्यादृष्टान् नि शमयत्।।३।।

३. **सूर्यः – अ. ६.५2.१**

उत् सूर्यो दिव एति पुरो रक्षांसि निजूर्वन्। आदित्यः पर्वतेभ्यो विश्वदृष्टो अदृष्टहा ।।१।।

४५६. भारतौ–देवश्रवदेववातौ – दृ. देवश्रव–देववातौ भारतौ

४६०. भरद्वाजः

१. **अग्निः – य. १३.३६; १७.१०; १६; 2६.१३**

य. १३.३६

अग्ने युक्ष्वा हि ये तवाश्वासो देव साधवः। अरं वहन्ति मन्यवे ।।३६।।

य. १७.१०

पावकया यश्चितयन्त्या कृपा क्षामन् रुरुचऽउषसो न भानुना ।
तूर्वन्न यामन्ने तशस्य नू रणऽआ यो घृणे न ततृषाणोऽअजरः ।।१०।।

य. १७.१६

अग्निस्तिग्मेन शोचिषा यासद्विश्वं न्य त्रिणम्। अग्निर्नो वनते रयिम् ।।१६।।

य. 2६.१३

एह्यू षु ब्रवाणि तेऽग्नऽइत्थेतरा गिरः। एभिर्वर्द्धासऽइन्दुभिः ।।१३।।

2. **अग्न्यादयः – य. 2६.५६–६०**

अग्नयेऽनीकवते रोहिताञ्जिरनड्वानधोरामौ सावित्रो पौष्णो रजतनाभी वैश्वदेवौ पिशंगौ तूपरौ मारुतः कल्माषऽआग्नयेः कृष्णोऽजः सारस्वती मेषी वारुणः पेत्वः ।।५६।।
अग्नये गायत्राय त्रिवृते राथन्तरायाष्टा कपालऽइन्द्राय त्रैष्टुभाय पंचदशाय बार्हतायैकादशकपालो

विश्वेभ्यो देवेभ्यो जागतेभ्यः सप्तदशेभ्यो वैरूपेभ्यो द्वादशकपालो
मित्रावरुणाभ्यामानुष्टुभाभ्यामेकविंशाभ्यां वैराजाभ्यां पयस्या बृहस्पतये पाङ्क्ताय त्रिणवाय
शाक्वराय चरुः सवित्रऽऔष्णिहाय त्रयस्त्रिंशाय रैवताय द्वादशकपालः प्रजापत्यश्चरुरदित्यै
विष्णुपत्न्यै चरुरग्नये वैश्वानराय द्वादशकपालोऽनुमत्याऽअष्टाकपालः ।।६०।।

३. धनुर्वेदाध्यापकाः – य. २६.४७

ब्रह्मणासः पितरः सोम्यासः शिवे नो द्यावापृथिवीऽअनेहसा ।
पूषा नः पातु दुरितादृतावृधो रक्षा माकिर्नोऽअघशंसऽईशत ।।४७।।

४. संवत्सरः – य. २६.१४

ऋतवस्ते यज्ञं वि तन्वन्तु मासा रक्षन्तु ते हविः ।
संवत्सरस्ते यज्ञं दधातु नः प्रजां च परि पातु नः ।।१४।।

५. महावीर सेनापतिः – य. २६.५१

अहिरिव भोगैः पर्येति बाहुं ज्याया हेतिं परिबाध्मानः ।
हस्तघ्नो विश्वा वयुनानि विद्वान् पुमान पुमांसं परि पातु विश्वतः ।।५१।।

६. वादयितारो वीराः – य. २६.५६–५७

आ क्रन्दयः बलमोजो नऽआधा निष्टनिहि दुरिता बाधमानः ।
अप प्रोथ दुन्दुभे दुच्छुनाऽइतऽइन्द्रस्य मुष्टिरसि वीडयस्व ।।५६।।
आमूरज प्रत्यावर्त्तयेमाः केतुमद्दुन्दुभिर्वावदीति ।
समश्वपर्णाश्चरन्ति नो नरोऽस्माकमिन्द्र रथिनो जयन्तु ।।५७।।

७. विद्वान् – य. २६.३८

जीमूतस्येव भवति प्रतीकं यद्वर्मी याति समदामुपस्थे ।
अनाविद्धया तन्वा जय त्वं स त्वा वर्मणो महिमा पिपर्त्तु ।।३८।।

८. विद्वांसः – य. २६.५८

आग्नेयः कृष्णग्रीवः सारस्वती मेषी बभ्रुः सौम्यः पौष्णः श्यामः शितिपृष्ठो बार्हस्पत्यः शिल्पो
वैश्वदेवऽऐन्द्रोऽरुणो मारुतः कल्माषऽऐन्द्राग्नः सं हितो ऽधोरामः सावित्रो वारुणः
कृष्णऽएकशितिपात्पेत्वः ।।५८।।

९. वीरः – य. २६.५२–५४

वनस्पते वीड्वंगो हि भूयाऽअस्मत्सखा प्रतरणः सुवीरः ।
गोभिः सन्नद्धोऽअसि वीडयस्वास्थाता ते जयतु जेत्वानि ।।५२।।
दिवः पृथिव्याः पर्योजऽउद्धृतं वनस्पतिभ्यः पर्य्याभृतं सहः ।
अपामोज्मानं परि गोभिरावृतमिन्द्रस्य वज्रं हविषा रथं यज ।।५३।।
इन्द्रस्य वज्रो मरुतामनीकं मित्रस्य गर्भो वरुणस्य नाभिः ।
सेमां नो हव्यदातिं जुषाणो देव रथ प्रति हव्या गृभाय ।।५४।।

१०. वीराः – य. २६.३६–४६; ४८–५०; ५५

य. २६.३६–४६

धन्वना गा धन्वनाऽऽजिं जयेम धन्वना तीव्राः समदो जयेम ।
धनुः शत्रोरपकामं कृणोति धन्वना सर्वाः प्रदिशो जयेम ।।३६।।
वक्ष्यन्तीवेदा गनीगन्ति कर्णं प्रियं सखायं परिषस्वजाना ।
योषेव शिङ्क्ते वितताधि धन्वंज्या इयं समने पारयन्ती ।।४०।।
ते आचरन्ती समनेव योषा मातेव पुत्रं बिभृतामुपस्थे ।
अप शत्रून् विध्यतां संविदाने आर्त्नी इमे विष्फुरन्ती अमित्रान् ।।४१।।
बह्वीनां पिता बहुरस्य पुत्रश्चिश्चा कृणोति समनावगत्य ।

इषुधिः संका पृतनाश्च सर्वाः पृष्ठे निनद्धो जयति प्रसूतः ।।४२।।
रथे तिष्ठन् नयति वाजिनः पुरो यत्र–यत्र कामयते सुषारथिः ।
अभीशूनां महिमानं पनायत मनः पश्चादनु यच्छन्ति रश्मयः ।।४३।।
तीव्रान् घोषान् कृण्वते वृषपाणयोऽश्वा रथेभिः सह वाजयन्तः ।
अवक्रामन्तः प्रपदैरमित्रान् क्षिणन्ति शत्रूँ१रनपव्ययन्तः ।।४४।।
रथवाहणं हविरस्य नाम यत्रायुधं निहितमस्य वर्म ।
तत्रा रथमुप शग्मं सदेम विश्वाहा वयं सुमनस्यमानाः ।।४५।।
स्वादुषंसदः पितरो वयोधाः कृच्छ्रेश्रितः शक्तीवन्तो गभीराः ।
चित्रसेनाः इषुबला अमृध्राः सतोवीरा उरवो व्रातसाहाः ।।४६।।

य. २६.४८–५०

सुपर्णं वस्ते मृगोऽअस्या दन्तो गोभिः सन्नद्धा पतति प्रसूता ।
यत्रा नरः सं च वि च द्रवन्ति तत्रास्मभ्यमिषवः शर्म यंसन् ।।४८।।
ऋजीते परि वृङ्धि नोऽश्मा भवतु नस्तनूः ।
सोमोऽअधि ब्रवीतु नोऽदितिः शर्म यच्छतु ।।४९।।
आ जंघन्ति सान्वेषां जघनाँ२ऽ उप जिघ्नते ।
अश्वाजनि प्रचेतसोऽश्वान्त्समत्सु चोदय ।।५०।।

य. २९.५५

उप श्वासय पृथिवीमुत द्यां पुरुत्रा ते मनुतां विष्ठितं जगत् ।
स दुन्दुभे सजूरिन्द्रेण देवैर्दूराद्दवीयो अप सेध शत्रून् ।।५५।।

११. **सोमः – य. १९.२–३**

परीतो षिंचता सुतं सोमो य उत्तमं हविः ।
दधन्वा यो नर्यो अप्स्व न्तरा सुषाव सोममद्रिभिः ।।२।।
वायोः पूतः पवित्रेण प्रतयङ्क्सोमो अतिद्रुतः। इन्द्रस्य युज्यः सखा ।
वायोः पूतः पवित्रेण प्राङ्क्सोमो अतिद्रुतः। इन्द्रस्य युज्यः सखा ।।३।।

४६१. भार्गवः

१. **अग्निः – य. २७.४३**

पाहि नोऽअग्नऽएकया पाह्यु त द्वितीयया।
पाहि गीर्भिस्तिसृभिरूर्जां पते पाहि चतसृभिर्वस्रो।।४३।।

२. **अग्निषोमौ – अ. ७.११४.१–२**

आ ते ददे वक्षणाभ्य आ तेऽहं हृदयाद् ददे।
आ ते मुखस्य संकाशात् सर्वं ते वर्च आ ददे ।।१।।
प्रेतो यन्तु व्याध्यः प्रानुध्याः प्रो अशस्तयः।
अग्नी रक्षस्विनीर्हन्तु सोमो हन्तु दुरस्यतीः ।।२।।

३. **तृषिृकाः – अ. ७.११३.१–२**

तृष्टिके तृष्टवन्दन उदमूं छिन्धि तृष्टिके। यथा कृतद्विष्टासोऽमूष्मै शेप्यावते ।।१।।
तृष्टासि तृष्टिका विषा विषातक्यसि। परिवृक्ता यथासस्यृषभस्य वशेव ।।२।।

४६२. भावयव्यः कक्षिवान्–(ऋ. १.१२६.१–५); रोमशा ब्रह्मवादिनी (ऋ. १.१२६.७)

१. **विद्वान्सः – ऋ. १.१२६.६**

आगधिता परिगधिता या कशीकेव जंगहे। ददाति मह्यं यादुरी याशूनां भोज्या शता ।।६।।

४६३. भिक्षुः

१. धन अन्न दान प्रशंसा – ऋ. १०.११७.१–९

न वा उ देवाः क्षुधमिद्वधं दुदुरुताशितमुप गच्छन्ति मृतयवः ।
उतो रयिः पृणतो नोप दस्यत्युतापृणन्मर्डितारं न विन्दते ।।१।।
य आध्राय चकमानाय पित्वोऽन्नवान्त्सन्नफितायोपजग्मुषे ।
स्थिरं मनः कृणते सेवते पुरोतो चित्स मर्डितारं न विन्दते ।।२।।
स इद्भोजो यो गृहवे ददात्यन्नकामाय चरते कृशाय ।
अरमस्मै भवति यामहूता उतापरीषु कृणुते सखायम् ।।३।।
न स सखा यो न ददाति सख्ये सचाभुवे सचमानाय पित्वः ।
अपास्मात्प्रेयान्न तदोको अस्ति पृणन्तमन्यमरणं चिदिच्छेत् ।।४।।
पृणीयादिन्नाधमानाय तव्यान्द्राघीयांसमनु पश्येत पन्थाम् ।
ओ हि वर्तन्ते रथ्येव चक्रान्यमन्यमुप तिष्ठन्त रायः ।।५।।
मोघमन्नं विन्दते अप्रचेताः सत्यं ब्रवीमि वध इत्स तस्य ।
नार्यमणं पुष्यति नो सखायं केवलाघो भवति केवलादी ।।६।।
कृषन्नित्फाल आशितं कृणोति यन्नध्वानमप वृङ्क्ते चरित्रैः ।
वदन्ब्रह्मावदतो वनीयान्पृन्नापिरपृणन्तमभि ष्यात् ।।७।।
एकपाद्भयो द्विपदो वि चक्रमे द्विपात्त्रिपादमभ्येति पश्चात् ।
चतुष्पादेति द्विपदामभिस्वरे संपश्यन्पङ्क्तीरुपतिष्ठमानः ।।८।।
समौ चद्धिस्तौ न समं विविष्टः सम्मातरा चिन्न समं दुहाते ।
यमयोश्चिन्न समा वीर्याणि ज्ञाती चित्सन्तो न समं पृणीतः ।।९।।

४६४. भिषग्

१. ओषधयः – य. १2.८०; ८2

य. १2.८०

यत्रौषधीः समग्मत राजानः समिताविव। विप्रः स उच्यते भिषग्रक्षोहामीवचातनः ।।८०।।

य. १2.८2

उच्छुष्मा ओषधीनां गावो गोष्ठदिवेरते। धनं सनिष्यन्तीनामात्मानं तव पूरुष ।।८2।।

2. चिकित्सुः – य. १2.७८

ओषधीरिति मातरस्तद्वो देवीरुप ब्रुवे। सनेयमश्वं गां वासऽआत्मानं तव पूरुष ।।७८।।

३. वैद्यः – य. १2.७५–७७; ७९; ८१; ८५–८७

य. १2.७५–७७

या ओषधीः पूर्वा जाता देवेभ्यस्त्रियुगं पुरा। मनै नु बभ्रूणामहं शतं धामानि सप्त च ।।७५।।
शतं वो अम्ब धामानि सहस्रमुत वो रुहः। अधा शतक्रत्वो यूयमिमं मेऽअगदं कृत ।।७६।।
ओषधीः प्रतिमोदध्वं पुष्पवतीः प्रसूवरीः। अश्वाऽइव सजित्वरीर्वीरुधः पारयिष्ण्वः ।।७७।।

य. १2.७९

अश्वत्थे वो वो निषदनं पर्णे वो वसतिष्कृता। गोभाज इत्किलासथ यत्सनवथ पूरुषम् ।।७९।।

य. १2.८१

अश्वावतीं सोमावतीमूर्जयन्तीमुदोजसम्। अऽवित्सि सर्वा ओषधीरस्मा अरिष्टतातये ।।८१।।

य. १2.८५–८७

यदिमा वाजयन्नहमोषधीर्हस्त आदधे। आत्मा यक्ष्मस्य नश्यति पुरा जीवगृभो यथा ।।८५।।
यस्यौषधीः प्रसर्पथांगमंग परुष्परुः। ततो यक्ष्मं वि बाधध्व उग्रो मध्यमशीरिव ।।८६।।

साकं यक्ष्म प्र पत चाषेण किकिदीविना। साकं वातस्य ध्राज्या साकं नश्य निहाकया ।।८७।।

४. **वैद्याः — य. १2.८३—८४; ८८—६०**

य. १2.८३—८४

इष्कृतिर्नाम वो माताथो यूयं स्थ निष्कृतीः। सीराः पतत्रिणी स्थन यदामयति निष्कृथ ।।८३।।
अति विश्वाः परिष्ठा स्तेनऽइव व्रजमक्रमुः। ओषधीः प्राचुच्यवुर्यत्कि च तन्वो रपः ।।८४।।

य. १2.८८—६०

अन्या वोऽअन्यामवत्वन्यान्यस्याऽउपावत। ताः सर्वा संविदानाऽइदं मे प्रावता वचः ।।८८।।
याः फलिनीर्याऽअफलाऽअपुष्पा याश्च पुष्पिणीः। बृहस्पतिप्रसूतास्ता नो मुंचन्त्वंहसः ।।८६।।
पुंचन्तु मा शपथ्या दथो वरुण्यादुत। अथो यमस्य पड्वीशात्सर्वस्माद् देवकिल्विषात् ।।६०।।

४६५. भिषग् आथर्वणः

१. **ओषधीस्तुतिः — ऋ. १०.६७.१—2३**

या ओषधीः पूर्वा जाता देवेभ्यस्त्रियुगं पुरा। मनै नु ब्रभूणामहं शतं धामानि सप्त च ।।१।।
शतं वो अम्ब धामानि सहस्रमुत वो रुहः। अधा शतक्रत्वो यूयमिमं मे अगदं कृत ।।2।।
ओषधीः प्रति मोदध्वं पुष्पवतीः प्रसूवरीः। अश्वाइव सजित्वरीर्वीरुधः पारयिष्ण्वः ।।३।।
ओषधीरिति मातरस्तद्वो देवीरुप ब्रुवे। सनेयमश्वं गां वास आत्मानं तव पूरुष ।।४।।
अश्वत्थे वो निषदनं पर्णे वो वसतिष्कृता। गोभाज इत्किलासथ यत्सनवथ पूरुषम् ।।५।।
यत्रौषधीः समग्मत राजानः समिताविव। विप्रः स उच्यते भिषग्रक्षोहामीवचातनः ।।६।।
अश्वावतीं सोमावतीमूर्जयन्तीमुदोजसम्। आवित्सि सर्वा ओषधीरस्मा अरिष्टतातये ।।७।।
अच्छुष्मा ओषधीनां गावो गोष्ठादिवेरते। धनं सनिष्यन्तीनामात्मानं तव पूरुष ।।८।।
इष्कृतिर्नाम वो माताथो यूयं स्थ निष्कृतीः। सीराः पतत्रिणीः स्थन यदामयति निष्कृथ ।।६।।
अति विश्वाः परिष्ठाः स्तेनइव व्रजमक्रमुः। ओषधीः प्राचुच्युवर्यत्कि च तन्वो३ रपः ।।१०।।
यदिमा वाजयन्नहमोषधीर्हस्त आदधे। आत्मा यक्ष्मस्य नश्यति पुरा जीवगृभो यथा ।।११।।
यस्यौषधीः प्रसर्पथांगमङ्गं परुष्परुः। ततो यक्ष्मं वि वाधध्व उग्रो मध्यमशीरिव ।।१2।।
साकं यक्ष्म प्र पत चाषेण किकिदीविना। साकं वातस्य ध्राज्या साकं नश्य निहाकया ।।१३।।
अन्या वो अन्यामवत्वन्यान्यस्या अपावत। ताः सर्वाः संविदाना इदं म प्रावता वचः ।।१४।।
या फलिनीर्या अफला अपुष्पा याश्व पुष्पिणीः। बृहस्पतिप्रसूतास्ता नो मुंचन्त्वंहसः ।।१५।।
मुंचन्तु मा शपथ्या३ दथो वरुण्यादुत। अथो यमस्य पड्वीशात्सर्वस्माद्देवकिल्विषात् ।।१६।।
अवपत्न्तीरवदन्दिव ओषधयस्परि। यं जीवमश्नवामहै न स रिष्याति पूरुषः ।।१७।।
या ओषधीः सोमराज्ञीर्बह्वीः शतविचक्षणाः। तासां त्वमस्युत्तमारं कामाय शं हृदे ।।१८।।
या ओषधीः सोमराज्ञीर्विष्ठिताः पृथिवीमनु। बृहस्पतिप्रसूता अस्यै सं दत्त वीर्यम् ।।१६।।
मा वो रिषत्खनिता यस्मै चाहं खनामि वः। द्विपच्चतुष्पदस्माकं सर्वमस्त्वनातुरम् ।।2०।।
याश्वेदमुपशृण्वन्ति याश्च दूरं परागताः। सर्वाः संगत्य वीरुधो स्यै सं दत्त वीर्यम् ।।2१।।
ओषधयः सं वदन्ते सोमंन सह राज्ञा। यस्मै कृणोति ब्राह्मणस्तं राजन्पारयामसि ।।22।।
त्वमुत्तमास्योषधे तव वृक्षा उपस्तयः। उपस्तिरस्तु सो३स्माकं यो अस्माँ अभिदासति ।।2३।।

४६६. भुवनः

१. **इन्द्रः — अ. 2०.१2४.४—६**

इमा नु कं भुवना सीषधामेन्द्रश्च विश्वे च देवाः ।
यज्ञं च नस्तन्वं च प्रजां चादित्यैरिन्द्रः सह चीक्लृपाति ।।४।।
आदित्येरिन्द्रः सगणो मरुद्भिरस्माकं भूत्वविता तनूनाम् ।
हत्वाय देवा असुरान् यदायन् देवा देवत्वमभिरक्षमाणाः ।।५।।
प्रत्यंचमर्कमनयंछचीभिरादित् स्वधामिषिरां पर्यपश्यन् ।

अया वाजं देवहितं सनेम मदेम शतहिमाः सुवीराः ।।६।।

४६७. भुवन आप्त्यः साधनो वा भौवनः

१. विश्वेदेवाः – ऋ. १०.१५७.१–५; सा. ४५२; ११९०–११९२

ऋ. १०.१५७.१–५

इमा नु कं भुवना सीषधामेन्द्रश्च विश्वे च देवाः ।।१।।
यज्ञं च नस्तन्वं च प्रजां चादित्यैरिन्द्रः सह चीक्लृपाति ।।२।।
आदित्यैरिन्द्रः सगणो मरुद्भिरस्माकं भूत्वविता तनूनाम् ।।३।।
हत्वाय देवा असुरान्यदायन्देवा देवत्वमभिरक्षमाणाः ।।४।।
प्रतयंचमर्कमनयंछचीभिरादित्स्वधामिषिरां पर्यपश्यन् ।।५।।

सा. ४५२

इमा नु कं भुवना सीषधेमेन्द्रश्च विश्वे च देवाः ।।६।।

सा. ११९०–११९२

इमा नु कं भुवना सीषधेमेन्द्रश्च विश्वे च देवाः ।।१।।
यज्ञं च नस्तन्वं च प्रजां चादित्यैरिन्द्रः सह सीषधातु ।।२।।
आदित्यैरिन्द्रः सगणो मरुद्भिरस्मभ्यं भेषजा करत् ।।३।।

४६८. भुवनपुत्रो विश्वकर्मा

१. विश्वकर्मा – य. १७.१७–३२

य इमा विश्वा भुवनानि जुह्वदृषिर्होता न्यसीदत् पिता नः ।
स आशिषा द्रविणमिच्छमानः प्रथमच्छदवराँ2 आ विवेश ।।१७।।
किंस्विदासीदधिष्ठानमारम्भणं कतमत्स्वित्कथाऽऽसीत् ।
यतो भूमिं जनयन् विश्वकर्मा वि द्यामौर्णोन्महिना विश्वचक्षाः ।।१८।।
विश्वतश्चक्षुरुत विश्वतोमुखो विश्वतोबाहुरुत विश्वतस्पात् ।
सं बाहुभ्यां धमति सं पतत्रैर्द्यावाभूमी जनयन् देव एकः ।।१९।।
किंस्विद्वनं क उ स वृक्ष आस यतो द्यावापृथिवी निष्टतक्षुः ।
मनीषिणो मनसा पृच्छतेदु तद्यदध्यतिष्ठद्भुवनानि धारयन् ।।२०।।
या ते धामानि परमाणि याऽवमा या मध्यमा विश्वकर्मन्नुतेमा ।
शिक्षा सखिभ्यो हविषि स्वधावः स्वयं यजस्व तन्वं वृधानः ।।२१।।
विश्वकर्मन् हविषा वावृधानः स्वयं यजस्व पृथिवीमुत द्याम् ।
मुह्यन्त्वन्ये अभितः सपत्ना इहास्माकं मघवा सूरिरस्तु ।।२२।।
वाचस्पतिं विश्वकर्माणमूतये मनोजुवं वाजे अद्या हुवेम ।
स नो विश्वानि हवनानि जोषद्विश्वशम्भूरवसे साधुकर्मा ।।२३।।
विश्वकर्मन् हविषा वर्धनेन त्रातारमिन्द्रमकृणोरवध्यम् ।
तस्मै विशः समनमन्त पूर्वीरयमुग्रो विहव्यो यथाऽसत् ।।२४।।
चक्षुषः पिता मनसा हि धीरो घृतमेने अजनन्नम्नमाने ।
यदेदन्ता अददृहन्त पूर्व आदिद् द्यावापृथिवी अप्रथेताम् ।।२५।।
विश्वकर्मा विमना आद्विहाया धाता विधाता परमोत सन्दृक् ।
तेषामिष्टानि समिषा मदन्ति यत्रा सप्त ऋषीन् पर एकमाहुः ।।२६।।
यो नः पिता जनिता यो विधाता धामानि वेद भुवनानि विश्वा ।
यो देवानां नामधा एक एव तं सम्प्रश्नं भुवना यन्त्यन्या ।।२७।।
त आऽयजन्त द्रविणं समस्मा ऋषयः पूर्वे जरितारो न भूना ।
असूर्ते सूर्ते रजसि निषत्ते ये भूतानि समकृण्वन्निमानि ।।२८।।
परो दिवा पर एना पृथिव्या परो देवेभिरसुरैर्यदस्ति ।

कंस्विद् गर्भं प्रथमं दध्र आपो यत्र देवाः समपश्यन्त पूर्वे ।।२६।।
तमिद्गर्भं प्रथमं दध्र आपो यत्र देवाः समगच्छन्त विश्वे ।
अजस्य नाभावध्येकमर्पितं यस्मिन् विश्वानि भुवनानि तस्थुः ।।३०।।
न तं विदाथ य इमा जजानान्यद्युष्माकमन्तरं बभूव ।
नीहारेण प्रावृता जल्प्या चासुतृप उक्थशासश्चरन्ति ।।३१।।
विश्वकर्मा ह्यजनिष्ट देव आदिद्गन्धर्वो अभवद् द्वितीयः ।
तृतीयः पिता जनितौषधीनामपां गर्भं व्यदधात् पुरुत्रा ।।३२।।

४६६. भुवनः साधनो वा

१. इन्द्रः – अ. २०.६३.१–३

इमा नु कं भुवना सीषधामेन्द्रश्च विश्वे च देवाः ।
यज्ञं च नस्तन्वं च प्रजां चादित्यैरिन्द्रः सह चीक्लृपाति ।।१।।
आदित्यैरिन्द्रः सगणो मरुद्भिरस्माकं भूत्ववित्ता तनूनाम् ।
हत्वाय देवा असुरान यदायन् देवा देवत्वमभिरक्षमाणाः ।।२।।
प्रत्यंचमर्कमनयंछचीभिरादित् स्वधामिषिरां पर्यपश्यन् ।
अया वाजं देवहितं सनेम मदेम शतहिमाः सुवीराः ।।३।।

४७०. भूतांशः काश्यपः

१. अश्विनौ – ऋ. १०.१०६.१–११

उभा उ नूनं तदिदर्थयेथे वि तन्वाथे धियो वस्त्रापसेव ।
सध्रीचीना यातवे प्रेमजीगः सुदिनेव पृक्ष आ तंसयेथे ।।१।।
उष्टारेव फर्वरेषु श्रयेथे प्रायोगेव श्वात्र्या शसुरेथः ।
दूतेव हि ष्ठो यशसा जनेषु माप स्थातं महिषेवावपानात् ।।२।।
साकंयुजा शकुनस्येव पक्षा पश्वेव चित्रा यजुरा गमिष्टम् ।
अग्निरिव देवयोर्दीदिवांसा परिज्मानेव यजथः पुरुत्रा ।।३।।
आपी वो अस्मे पितरेव पुत्रोग्रेव रुचा नृपतीव तुर्यै ।
इर्येव पुष्ट्यै किरणेव भुज्यै श्रुष्टीवानेव हवमा गमिष्टम् ।।४।।
वंसगेव पूषर्या शिम्बाता मित्रेव ऋता शतरा शातपन्ता ।
वाजेवोच्चा वयसा घर्म्येष्ठा मेषेवेषा सपर्या३ पुरीषा ।।५।।
सृण्येव जर्भरी तुर्फरीतू नैतोशेव तुर्फरी पर्फरीका ।
उदन्यजेव जेमना मदेरू ता मे जराय्वजरं मरायु ।।६।।
पज्रेव चर्चरं जारं मरायु क्षद्मेवार्थेषु तर्तरीथ उग्रा ।
ऋभू नापत्खरमज्रा खरज्रुर्वायुर्न पर्फरत्क्षयद्रयीणाम् ।।७।।
घर्मेव मधु जठरे सनेरू भगेविता तुर्फरी फारिवारम् ।
पतरेव चचरा चन्द्रनिर्णिङ्मनऋंगा मनन्या३ न जग्मी ।।८।।
बृहन्तेव गम्भरेषु प्रतिष्ठां पादेव गाधं तरते विदाथः ।
कर्णेव शासुरनु हि स्मराथोऽशेव नो भजतं चित्रमप्नः ।।६।।
आरंगरेव मध्वेरयेथे सारघेव गवि नीचीनबारे ।
कीनारेव स्वेदमासिष्विदाना क्षामेवोर्जा सूयवसात्सचेथे ।।१०।।
ऋध्याम स्तोमं सनुयाम वाजमा नो मन्त्रं सरथेहोप यातम् ।
यशो न पक्वं मधु गोष्वन्तरा भूतांशो अश्विनोः काममप्राः ।।११।।

४७१. भृगुः

१. अग्निः – अ. ७.८४.१; ७.१०८.१–2; १६.५५.१–७

अ. ७.८४.१

अनाधृष्यो जातवेदा अमर्त्यो विराडग्ने क्षत्रभृद् दीदिहीह ।
विश्वा अमीवाः प्रमुंचन् मानुषीभिः शिवाभिरद्य परि पाहि नो गयम् ।।१।।

अ. ७.१०८.१–2

यो नस्तायद् दिप्सति यो न आविः स्वो विद्वानरणो वा नो अग्ने ।
प्रतीच्येत्वरणी दत्वती तान् मैषामग्ने वास्तु भून्मो अपत्यम् ।।१।।
यो नः सुप्तांजाग्रतो वाभिदासात् तिष्ठतो वा चरतो जातवेदः ।
वैश्वानरेण सयुजा सजोषास्तान् प्रतीचो निर्दह जातवेदः ।।2।।

अ. १६.५५.१–७

रात्रिंरात्रिमप्रयातं भरन्तोऽश्वायेव तिष्ठते घासमस्मै ।
रायस्पोषेण समिषा मदन्तो मा ते अग्ने प्रतिवेशा रिषाम ।।१।।
या ते वसोर्वात इषुः सा त एषा तया नो मृड ।
रायस्पोषेण समिषा मदन्तो मा ते अग्ने प्रतिवेशा रिषाम ।।2।।
सायंसायं गृहपतिर्नो अग्निः प्रातः प्रातः सौमनस्य दाता ।
वसोर्वसोर्वसुदान् एधि वयं त्वेन्धानास्त्वं पुषेम ।।३।।
प्रातः प्रात गृहपतिर्नो अग्निः सायंसायं सोमनस्य दाता ।
वसोवसोर्वसुदान एधीन्धानास्त्वा शतंहिमा ऋधेम ।।४।।
अपश्चादग्धान्नस्य भूयासम्। अन्नादयान्नपतये रुद्राय नमो अग्नये ।।५।।
सभ्य सभां मे पाहि ये च सभ्याः सभासदः ।
त्ययेद्गाः पुरुहूत विश्वमायुर्व्यश्नवम् ।।६।।
अहरहर्बलिमित्ते हरन्तोऽश्वायेव तिष्ठते घासमग्ने ।
रायस्पोषेण समिषा मदन्तो मा ते अग्ने प्रतिवेशा रिषाम ।।७।।

2. अग्निः आज्यम् – अ. ४.१४.१–६

अजो ह्य१ग्नेरजनिष्ट शोकात् सो अपश्यज्जनितारमग्रे ।
तेन देवा देवतामग्र आयन् तेन रोहान् रुरुहुर्मेध्यासः ।।१।।
क्रमध्वमग्निना नाकमुख्यान् हस्तेषु बिभ्रतः ।
दिवस्पृष्ठं स्वर्गत्वा मिश्रा देवेभिराद्ध्वम् ।।2।।
पृष्ठात् पृथिव्या अहमन्तरिक्षमारुहमन्तरिक्षाद् दिवमारुहम् ।
दिवो नाकस्य पृष्ठात् स्व१र्ज्योतिरगामहम् ।।३।।
स्व१र्यन्तो नापोक्षन्त आ द्यां रोहन्ति रोदसी ।
यज्ञं ये विश्वेतोधारं सुविद्वांसो वितेनिरे ।।४।।
अग्ने प्रेहि प्रथमो देवतानां चक्षुर्देवानामुत मानुषाणाम् ।
इयक्षमाणा भृगुभिः सजोषाः स्व र्यन्तु यजमानाः स्वस्ति ।।५।।
अजमनज्मि पयसा घृतेन दिव्यं सुपर्णं पयसं बृहन्तम् ।
तेन गेष्म सुकृतस्य लोकं स्वरारोहन्तो अभि नाकमुत्तमम् ।।६।।
पंचौदनं पंचभिरङ्गुलिभिर्दर्व्योद्धर पंचधैतमोदनम् ।
प्राच्यां दिशि शिरो अजस्य धेहि दक्षिणायां दिशि दक्षिणं धेहि पार्श्वम् ।।७।।
प्रतीच्यां दिशि भसदमस्य धेह्युत्तरस्यां दिश्युत्तरं धेहि पार्श्वम् ।
ऊर्ध्वायां दिश्य१जस्यानूकं धेहि दिशि ध्रुवायां धेहि पाजस्यमन्तरिक्षे मध्यतो मध्यमस्य ।।८।।
शृतमजं शृतया प्रोर्णुहि त्वचा सर्वैरंगैः सम्भृतं विश्वरूपम् ।
स उत् तिष्ठेतो अभि नाकमुत्तमं पद्भिश्चतुर्भिः प्रति तिष्ठ दिक्षु ।।६।।

३. अग्निः मन्त्रोक्ता – अ. १2.2.१–2०; ३४–५५

अ. १2.2.१–20

नडमा रोह न ते अत्र लोक इदं सीसं भागधेयं त एहि ।
यो गोषु यक्ष्मः पुरुषेषु यक्ष्मस्तेन त्वं साकमधराङ् परेहि ।।१।।
अघशंसदुः शंसाभ्यां करेणानुकरेण च ।
यक्ष्मं च सर्वं तेनेतो मृत्युं च निरजामसि ।।2।।
निरितो मृत्युं निर्ऋतिं निरातिमजामसि ।
यो नो द्वेष्टि तमद्ध्यग्ने अक्रव्याद् यमु द्विष्मस्तमु ते प्र सुवामसि ।।३।।
यद्यग्निः क्रव्याद् यदि वा व्याघ्र इमं गोष्ठं प्रविवेशान्योकाः ।
तं माषाज्यं कृत्वा प्र हिणोमि दूरं स गच्छत्वप्सुषदोऽप्यग्नीन् ।।४।।
यत् त्वा क्रुद्धाः प्रचक्रुर्मन्युना पुरुषे मृते ।
सुकल्पमग्ने तत् त्वया पुनस्त्वोद्दीपयामसि ।।५।।
पुनस्त्वादित्या रुद्रा वसवः पुनर्ब्रह्मा वसुनीतिरग्ने ।
पुनस्त्वा ब्रह्मणस्पतिराधाद् दीर्घायुत्वाय शतशारदाय ।।६।।
यो अग्निः क्रव्यात् प्रविवेश नो गृहमिमं पश्यन्नितरं जातवेदसम् ।
तं हरामि पितृयज्ञाय दूरं स घर्ममिन्धां परमे सधस्थे ।।७।।
क्रव्यादमग्निं प्र हिणोमि दूरं यमराज्ञो गच्छतु रिप्रवाहः ।
इहायमितरो जातवेदा देवो देवेभ्यो हव्यं वहतु प्रजानन् ।।८।।
क्रव्यादमग्निमिषितो हरामि जनान् दृंहन्तं वज्रेण मृत्युम् ।
नि तं शास्मि गार्हपत्येन विद्वान् पितृणां लोके अपि भागो अस्तु ।।६।।
क्रव्यादमग्निं शशमानमुक्थ्यं१ प्र हिणोमि पथिभिः पितृयाणैः ।
मा देवयानैः पुनरा गा अत्रैवैधि पितृषु जागृहि त्वम् ।।१०।।
समिन्धते संकसुकं स्वस्तये शुद्धा भवन्तः शुचयः पावकाः ।
जहाति रिप्रमत्येन एति समिद्धो अग्निः सुपुना पुनाति ।।११।।
देवो अग्निः संकसुको दिवस्पृष्ठान्यारुहत् ।
मुच्यमानो निरेणसोऽमोगस्माँ अशस्त्याः ।।१2।।
अस्मिन् वयं संकसुके अग्नौ रिप्राणि मृज्महे ।
अभूम यज्ञियाः शुद्धाः प्र ण आयूंषि तारिषत् ।।१३।।
संकसुको विकसुको निर्ऋथो यश्च निस्वरः ।
ते ते यक्ष्मं सवेदसो दूराद् दूरमनीनशन् ।।१४।।
यो नो अश्वेषु वीरेषु यो नो गोष्वजाविषु ।
क्रव्यादं निर्णुदामसि यो अग्निर्जनयोपनः ।।१५।।
अन्येभ्यस्त्वा पुरुषेभ्यो गोभ्यो अश्वेभ्यस्त्वा ।
निः क्रव्यादं नुदामसि यो अग्निर्जीवितयोपनः ।।१६।।
यस्मिन् देवा अमृजत यस्मिन् मनुष्या उत ।
तस्मिन् घृतस्तावो मृष्ट्वा त्वमग्ने दिवं रुह ।।१७।।
समिद्धो अग्न आहुत स नो माभ्यपक्रमीः ।
अत्रैव दीदिहि द्यवि ज्योक् च सूर्यं दृशे ।।१८।।
सीसे मृड्ढ्वं नडे मृड्ढ्वमग्नौ संकसुके च यत् ।
अथो अव्यां रामायां शीर्षक्तिमुपबर्हणे ।।१६।।
सीसे मलं सादयित्वा शीर्षक्तिमुपबर्हणे ।
अव्यामसिक्न्यां मृष्ट्वा शुद्धा भवत यज्ञियाः ।।2०।।

अ. अ. १2.2.३४–५५

अपावृत्य गार्हपत्यात् क्रव्यादा प्रेत दक्षिणा ।

प्रियं पितृभ्य आत्मने ब्रह्मभ्यः कृणुता प्रियम् ।।३४।।
द्विभागधनमादाय प्र क्षिणात्यवत्या ।
अग्निः पुत्रस्य ज्येष्ठस्य यः क्रव्यादनिराहितः ।।३५।।
यत् कृषते यद् वनुते यच्च वस्नेन विन्दते ।
सर्वं मर्त्यस्य तन्नास्ति क्रव्याच्चेदनिराहितः ।।३६।।
अयज्ञियो हतवर्चा भवति नैनेन हविरत्तवे ।
छिनत्ति कृष्या गोर्धनाद् यं क्रव्यादनुवर्त्तते ।।३७।।
मुहुर्गृध्यैः प्र वदत्यार्ति मर्त्यो नीत्य ।
क्रव्याद् यानग्निरन्तिकादनुविद्वान् वितावति ।।३८।।
ग्राह्या गृहाः सं सृज्यन्ते स्त्रिया यन्म्रियते पतिः ।
ब्रह्मैव विद्वानेष्यो३ यः क्रव्यादं निरादधत् ।।३६।।
यद् रिप्रं शमलं चकृम यच्च दुष्कृतम् ।
आपो मा तस्माच्छुम्भन्त्वग्नेः संकसुकाच्च यत् ।।४०।।
ता अधरादुदीचीराववृत्रन् प्रजानतीः पथिभिर्देवयानेः ।
पर्वतस्य वृषभस्याधि पृष्ठे नवाश्चरन्ति सरितः पुराणीः ।।४१।।
अग्ने अक्रव्यान्निष्क्रव्यादं नुदा देवयजनं वह ।।४२।।
इमं क्रव्यादा विवेशायं क्रव्यादमन्वगात् ।
व्याघ्रौ कृत्वा नानानं तं हरामि शिवापरम् ।।४३।।
अन्तर्धिर्देवानां परिधिर्मनुष्याणामग्निर्गार्हपत्य उभयानन्तरा श्रितः ।।४४।।
जीवानामायुः प्र तिर त्वमग्ने पितृणां लोकमपि गच्छन्तु ये मृताः ।
सुगार्हपत्यो वितपन्नरातिमुषामुषां श्रेयसीं धेह्यस्मै ।।४५।।
सर्वानग्ने सहमानः सपत्नानैषामूर्जं रयिमस्मासु धेहि ।।४६।।
इममिन्द्रं वन्हि पप्रिमन्वारभध्वं स वो निर्वक्षद् दुरितादवद्यात् ।
तेनाप हत शरुमापतन्तं तेन रुद्रस्य परि पातास्ताम् ।।४७।।
अनड्वाहं प्लवमन्वारभध्वं स वो निर्वक्षद् दुरितादवद्यात् ।
आ रोहत सवितुर्नावमेतां षड्भिरुर्वीभिरमतिं तरेम ।।४८।।
अहोरात्रे अन्वेषि बिभ्रत् क्षेम्यस्तिष्ठन् प्रतरणः सुवीरः ।
अनातुरान्त्सुमनसस्तल्प बिभ्रज्ज्योगेव नः पुरुषगन्धिरेधि ।।४६।।
ते देवेभ्य आ वृश्चन्ते पापं जीवन्ति सर्वदा ।
क्रव्याद् यानग्निरन्तिकादश्वइवानुवपते नडम् ।।५०।।
येऽश्रद्धा धनकाम्या क्रव्यादा समासते ।
ते वा अन्येषां कुम्भीं पर्यादधति सर्वदा ।।५१।।
प्रेव पिपतिषति मनसा मुहरा वर्तते पुनः ।
क्रव्याद् यानग्निरन्तिकादनुविद्वान् वितावति ।।५२।।
अविः कृष्णा भागधेयं पशूनां सीसं क्रव्यादपि चन्द्रं त आहुः ।
माषाः पिष्टा भागधेयं ते हव्यमरण्यान्या गह्वरं सचस्व ।।५३।।
इषीकां जरतीमिष्ट्वा तिल्पिंजं दण्डनं नडम् ।
तमिन्द्र इध्मं कृत्वा यमस्याग्निं निरादधौ ।।५४।।
प्रत्यंचमर्कं प्रत्यर्पयित्वा प्रविद्वान् पन्थां वि ह्याविवेश ।
परामीषामसून दिदेश दीर्घेणायुषा समिमान्त्सृजामि ।।५५।।

४. अग्न्यादयो मन्त्रोक्ताः – अ. १६.४५.६–१०

अग्निर्माग्निनावतु प्राणायापानायायुषे वर्चस ओजसे तेजसे स्वस्तये सुभूतये स्वाहा ।।६।।

इन्द्रो मेन्द्रियेणावतु प्राणायापानायायुषे वर्चस ओजसे तेजसे स्वस्तये सुभूतये स्वाहा ।।७।।
सोमो मा सौम्येनावतु प्राणायापानायायुषे वर्चस ओजसे तेजसे स्वस्तये सुभूतये स्वाहा ।।८।।
भागो मा भगेनावतु प्राणायापानायायुषे वर्चस ओजसे तेजसे स्वस्तये सुभूतये स्वाहा ।।९।।
मरुतो मा गणैरवन्तु प्राणायापानायायुषे वर्चस ओजसे तेजसे स्वस्तये सुभूतये स्वाहा ।।१०।।

५. अजः पंचोदनः – अ. ९.५.१–३८

आ नयैतमा रभस्व सुकृतां लोमपि गच्छतु प्रजानन् ।
तीर्त्वा तमांसि बहुधा महान्त्यजो नाकमा क्रमतां तृतीयम् ।।१।।
इन्द्राय भागं परि त्वा नयाम्यस्मिन् यज्ञे यजमानाय सूरिम् ।
ये नो द्विषन्त्यनु तान् रभस्वानागसो यजमानस्य वीराः ।।2।।
प्र पदोऽव नेनिग्धि दुश्चरितं यच्चचार शुद्धैः शफैरा क्रमतां प्रजानन् ।
तीर्त्वा तमांसि बहुधा विपश्यन्नजो नाकमा क्रमतां तृतीयम् ।।३।।
अनु च्छ्य श्यामेन त्वचमेतां विशस्तर्यथापर्व१सिना माभि मंस्थाः ।
माभि द्रुहः पुरुषः कल्पयैनं तृतीये नाके अधि वि श्रयैनम् ।।४।।
ऋचा कुम्भीमध्यग्नौ श्रयाम्या सिंचोदकमव धेह्येनम् ।
पर्याधत्ताग्निना शमितारः शृतो गच्छतु सुकृतां यत्र लोकः ।।५।।
उत्क्रामातः परि चेदतप्तस्तप्ताच्चरोरधि नाकं तृतीयम् ।
अग्नेरग्निरधि सं बभूविथ ज्योतिष्मन्तमभि लोकं जयैतम् ।।६।।
अजो अग्निरजमु ज्योतिराहुरजं जीवता ब्रह्मणे देयमाहुः ।
अजस्तमांस्यप हन्ति दूरमस्मिँल्लोके श्रद्दधानेन दत्तः ।।७।।
पंचौदनः पंचधा वि क्रमतामक्रंस्यमानस्त्रीणि ज्योतींषि ।
ईजानानां सुकृतां प्रेहि मध्यं तृतीये नाके अधि वि श्रयस्व ।।८।।
अजा रोह सुकृतां यत्र लोकः शरभो न चत्तोऽति दुर्गाण्येषः ।
पंचौदनो ब्रह्मणे दीयमानः स दातारं तृप्त्या तर्पयाति ।।९।।
अजस्त्रिनाके त्रिदिवे त्रिपृष्ठे नाकस्य पृष्ठे ददिवांसं दधाति ।
पंचौदनो ब्रह्मणे दीपमानो विश्वरूपा धेनुः कामदुघास्येका ।।१०।।
एतद् वो ज्योतिः पितरस्तृतीयं पंचौदनं ब्रह्मणेऽजं ददाति ।
अजस्तमांस्यप हन्ति दूरमस्मिँल्लोके श्रद्दधानेन दत्तः ।।११।।
ईजानानां सुकृतां लोकमीप्सन् पंचौदनं ब्रह्मणेऽजं ददाति ।
स व्याप्तिमभि लोकं जयैतं शिवा2स्मभ्यं प्रतिगृहीतो अस्तु ।।१२।।
अजो ह्य१ग्नेरजनिष्ट शोकाद् विप्रो विप्रस्य सहसो विपश्चित् ।
इष्टं पूर्तमभिपूर्तं वषट्कृतं तद् देवा ऋतुशः कलपयन्तु ।।१३।।
अमोतं वासो दद्याद्धिरण्यमपि दक्षिणाम् ।
तथा लोकास्त्समाप्नोति ये दिव्या ये च पार्थिवाः ।।१४।।
एतान्त्वाजोप यन्तु धाराः सोम्या देवीर्घृतपृष्ठा मधुश्चुतः ।
स्तभान पृथिवीमुत द्यां नाकस्य पृष्ठे अधि सप्तरश्मौ ।।१५।।
अजो३स्यज स्वर्गोऽसि त्वया लोकमंगिरसः प्रजानन् ।
तं लोकं पुण्यं प्र ज्ञेषम् ।।१६।।
येना सहस्रं वहसि येनाग्ने सर्ववेदसम् ।
तेनेमं यज्ञं नो वह स्वर्देवेषु गन्तवे ।।१७।।
अज पक्वः स्वर्गे लोके दधाति पंचौदनो निर्ऋतिं बाधमानः ।
तेन लोकान्त्सूर्यवतो जयेम ।।१८।।
यं ब्राह्मणे निदधे यं च विक्षु या विप्रुष ओदनानामजस्य ।

सर्वं तदग्ने सुकृतस्य लोके जानीतान्नः संगमने पथीनाम् ।।१६।।
अजो वा इदमग्रे व्यक्रमत तस्योर इयमभवद् द्यौः पृष्ठम् ।
अन्तरिक्षं मध्यं दिशः पार्श्वे समुद्रौ कुक्षी ।।२०।।
सत्यं च ऋतं च चक्षुषी विश्वं सत्यं श्रद्धा प्राणो विराट् शिरः ।
एष वा अपरिमितो यज्ञे यदजः पंचौदनः ।।२१।।
अपरिमितमेव यज्ञमाप्नोत्यपरिमितं लोकमव रुन्द्धे ।
योऽजं पंरचौदनं दक्षिणाज्योतिषं ददाति ।।22।।
नास्यास्थीनि भिन्द्यान्न मज्ज्ञो निर्धयेत् ।
सर्वमेनं समादायेदमिदं प्र वेशयेत् ।।२३।।
इदमिदमेवास्य रूपं भवति तेनैनं सं गमयति ।
इषं मह ऊर्जमस्मै दुहे योऽजं पंचौदनं दक्षिणाज्योतिषं ददाति ।।२४।।
पंच रुक्मा पंच नवानि वस्त्रा पंचास्मै धेनवः कामदुघा भवन्ति ।
योऽजं पंचौदनं दक्षिणाज्योतिषं ददाति ।।२५।।
पंच रुक्मा ज्योतिरस्मै भवन्ति वर्म वासांसि तन्वे भवन्ति ।
स्वर्गं लोकमश्नुते योऽजं पंचौदनं दक्षिणाज्योतिषं ददाति ।।२६।।
या पूर्वं पतिं वित्त्वाथान्यं विन्दतेऽपरम् ।
पंचौदनं च तावजं ददातो न वि योषतः ।।२७।।
समानलोको भवति पुनभुवापरः पतिः ।
योऽजं पंचौदनं दक्षिणाज्योतिषं ददाति ।।२८।।
अनुपूर्ववत्सां धेनुमनड्वाहमुपबर्हणम् ।
वासो हिरण्यं दत्त्वा ते यन्ति दिवमुत्तमाम् ।।२६।।
आत्मानं पितरं पुत्रं पौत्रं पितामहम् ।
जायां जनित्रीं मातरं ये प्रियास्तानुप ह्वये ।।३०।।
यो वै नैदाघं नाम ऋतुं वेद। एष वै नेदाघो नाम ऋतुर्यदजः पंचौदनः ।
निरेवाप्रियस्य भ्रातृव्यस्य श्रियं दहति भवत्यात्मना ।
योऽजं पंचौदनं दक्षिणाज्योतिषं ददाति ।।३१।।
यो वै कुर्वन्तं नाम ऋतुं वेद । कुर्वतींकुर्वतीमेवाप्रियस्य भ्रातृव्यस्य श्रियमा दत्ते ।
एष वै कुर्वन्नाम ऋतुर्यदजः पंचौदनः। निरेवाप्रियस्य भ्रातृव्यस्य श्रियं दहति भवत्यात्मना ।
योऽजं पंचौदनं दक्षिणाज्योतिषं ददाति ।।३2।।
यो वैसंयन्तं नाम ऋतुं वेद । संयतींसयतीमेवाप्रियस्य भ्रातृव्यस्य श्रियमा दत्ते ।
एष वै संयन्नाम ऋतुर्यदजः पंचौदनः । निरेवाप्रियस्य भ्रातृव्यस्य श्रियं दहति भवत्यात्मना ।
योऽजं पंचौदनं दक्षिणाज्योतिषं ददाति ।।३३।।
यो वै पिन्वन्तं नाम ऋतुं वेद । पिन्वतीपिन्वतीमेवाप्रियस्य भ्रातृव्यस्य श्रियमा दत्ते ।
एषं वै पिन्वन्नाम ऋतुर्यदजः पंचौदनः। निरेवाप्रियस्य भ्रातृव्यस्य श्रियं दहति भवत्यात्मना ।
योऽजं पंचौदनं दक्षिणाज्योतिष ददाति ।।३४।।
यो वा उद्यतं नाम ऋतुं वेद । उद्यतीमुद्यतीमेवाप्रियस्य भ्रातृव्यस्य श्रियमा दत्ते ।
एष वा उद्यन्नाम ऋतुर्यदजः पंचौदनः। निरेवाप्रियस्य भ्रातृव्यस्य श्रियं दहति भवत्यात्मना ।
योऽजं पंचौदनं दक्षिणाज्योतिषं ददाति ।।३५।।
यो वा अभिभुवं नाम ऋतुं वेद । अभिभवन्तीमभिभवन्तीमेवाप्रियस्य भ्रातृव्यस्य श्रियमा दत्ते ।
एष वा अभिभूर्नाम ऋतुर्यदजः पंचौदनः। निरेवाप्रियस्य भ्रातृव्यस्य श्रियं दहति भवत्यात्मना ।
योऽजं पंचौदनं दक्षिणाज्योतिषं ददाति ।।३६।।
अजं च पचत पंच चौदनान् ।
सर्वा दिशः संमनसः सध्रीचीः सान्तर्देशाः प्रति गृह्णन्तु त एतम् ।।३७।।
तास्ते रक्षन्तु तव तुभ्यमेतं ताभ्य आज्यं हविरिदं जुहोमि ।।३८।।

Vedic Concordance of Mantras as per Ṛṣi and Devatā 111

६. आंजनम् – अ. १६.४४.१–७; १०; १६.४५.१–५

अ. १६.४४.१–७

आयुषोऽसि प्रतरणं विप्रं भेषजमुच्यसे। तदांजन त्वं शंताते शमापो अभयं कृतम् ।।१।।
यो हरिमा जायान्योऽगभेदो विसल्पकः। सर्वं ते यक्ष्ममंगेभ्यो बहिर्निर्हन्त्वांजनम् ।।2।।
आंजनं पृथिव्यां जातं भद्रं पुरुषजीवनम्। कृणोत्वप्रमायुकं रथजूतिमनागसम् ।।३।।
प्राण प्राणं त्रयस्वासो असवे मृड। निर्ऋते निर्ऋत्या नः पाशेभ्यो मुंच ।।४।।
सिन्धोर्गर्भोऽसि विद्युतां पुष्पम्। वातः प्राणः सूर्यश्चक्षुर्दिवस्पयः ।।५।।
देवांजन त्रैककुदं परि मा पाहि विश्वतः। न त्वा तरन्त्योषधयो बाह्याः पर्वतीया उत ।।६।।
वी३दं मध्यमवासृपद् रक्षोहामीवचातनः। अभीवाः सर्वाश्चातयन् नाशयदभिभा इतः ।।७।।

अ. १६.४४.१०

मित्रश्च त्वा वरुणश्चानुप्रेयतुरांजन। तौ त्वानुगत्य दूरं भोगाय पुनरोहतुः ।।१०।।

अ. १६.४५.१–५

ऋणादृणमिव संनयन् कृत्यां कृत्याकृतो गृहम् । चक्षुर्मन्त्रस्य दुर्हार्दः पृष्टीरपि शुणंजन ।।१।।
यदस्मासु दुःष्वप्न्यं यद् गोषु यच्च नो गृहे । अनामगस्तं च दुर्हार्दः प्रियः प्रति मुंचताम् ।।2।।
अपामूर्ज ओजसो वावृधनमग्नेर्जातमधि जातवेदसः ।
चतुर्वीरं पर्वीतयं यदांजनं दिशः प्रदिशः करदिच्छिवास्ते ।।३।।
चतुर्वीरं बध्यत आंजनं ते सर्वा दिशो अभयास्ते भवन्तु ।
ध्रुवस्तिष्ठासि सवितेव चार्य इमा विशो अभि हरन्तु ते बलिम् ।।४।।
आक्ष्वैकं मणिमेकं कृणष्व स्नाह्येकेना पिबैकमेषाम् ।
चतुर्वीरं नैर्ऋतेभ्यश्चतुर्भ्यो ग्राह्या बन्धेभ्यः परि पात्वस्मान् ।।५।।

७. इन्द्रः – अ. ७.५४.2; ७.५५.१; ७.८४.2–३

अ. ७.५४.2

ऋचं साम यदप्राक्षं हविरोजो यजुर्बलम्। एष मा तस्मान्मा हिंसीद् वेदः पृष्टः शचीपते ।।2।।

अ. ७.५५.१

ये ते पन्थानोऽव दिवो येभिर्विश्वमैरयः। तेभिः सुम्नया धेहि नो वसो ।।१।।

अ. ७.८४.2–३

इन्द्र क्षत्रमभि वाममोजोऽजायथा वृषभ चर्षणीनाम् ।
अपानुदो जनममित्रायन्तमुरुं देवेभ्यो अकृणोरु लोकम् ।।2।।
मृगो न भीमः कुचरो गिरिष्ठाः परावत आ जगम्यात् परस्याः ।
सृकं संशाय पविमिन्द्र तिग्मं वि शत्रून् ताढि वि मृधो नुदस्व ।।३।।

८. इन्द्राग्नी – अ. ७.११०.१–३

अग्न इन्द्रश्च दाशुषे हतो वृत्राण्यप्रति । उभा हि वृत्रहन्तमा ।।१।।
याभ्यामजयन्त्स्व१रग्र एव यावातस्थतुर्भुवनानि विश्वा ।
प्रचर्षणी वृषणा वज्रबाहू अग्निमिन्द्रं वृत्रहणा हुवेऽहम् ।।2।।
उप त्वा देवो अग्रभीच्चमसेन बृहस्पतिः । इन्द्र गीर्भिर्न आ विश यजमानाय सुन्वते ।।३।।

९. कामेषु मित्रावरुणौ – अ. ३.2५.१–६

उत्तुदस्त्वोत् तुदतु मा धृथाः शयने स्वे। इषुः कामस्य या भीमा तया विध्यामि त्वा हृदि ।।१।।
आधीपर्णां कामशल्यामिषुं संकल्पकुल्मलाम्। तां सुसन्नतां कृत्वा कामो विध्यतु त्वा हृदि।।2।।
या प्लीहानं शोषयति कामस्येषुः सुसंनता। प्राचीनपक्षा व्योषा त्पा विध्यामि त्वा हृदि ।।३।।
शुचा विद्धा व्योषा शुष्कास्याभि सर्प मा। मृदुर्निमन्युः केवली प्रियवादिन्यनुव्रता ।।४।।
आजामि त्वाजन्या परि मातुरथो पितुः। यथा मम क्रतावसो मम चित्तमुपायसि ।।५।।

व्यस्यै मित्रावरुणौ हृदश्चित्तान्यस्यतम्। अथैनामक्रतुं कृत्वा ममैव कृणुतं वशे ।।६।।

१०. कालः – अ. १९.५३.१–१०; १९.५४.१–५

अ. १९.५३.१–१०

कालो अश्वो वहति सप्तरश्मिः सहस्राक्षो अजरो भूरिरेताः ।
तमा रोहन्ति कवयो विपश्चितस्तस्य चक्रा भुवनानि विश्वा ।।१।।
सप्त चक्रान् वहति काल एष सप्तास्य नाभीरमृतं न्वक्षः ।
स इमा विश्वा भुवनान्यंजत् कालः स ईयते प्रथमो नु देवः ।।2।।
पूर्णः कुम्भोऽधि काल आहितस्तं वै पश्यामो बहुधा नु सन्तः ।
स इमा विश्वा भुवनानि प्रत्यङ् कालं तमाहुः परमे व्योमन् ।।३।।
स एव सं भुवनान्याभरत् स एव सं भुवनानि पर्यैत् ।
पिता सन्नभवत् पुत्र एषां तस्माद् वै नान्यत् परमस्ति तेजः ।।४।।
कालोऽमूं दिवमजनयत् काल इमाः पृथिवीरुत । काले ह भूतं भव्यं चेषितं ह वि तिष्ठते ।।५।।
कालो भूतिमसृजत काले तपति सूर्यः । काले ह विश्वा भूतानि काले चक्षुर्वि पश्यति ।।६।।
काले मनः काले प्राणः काले नाम समाहितम् । कालेन सर्वा नन्दन्त्यागतेन प्रजा इमाः ।।७।।
काले तपः काले ज्येष्ठं काले ब्रह्म समाहितम् ।
कालो ह सर्वस्येश्वरो यः पितासीत् प्रजापतेः ।।८।।
तेनेषितं तेन जातं तदु तस्मिन् प्रतिष्ठितम् । कालो ह ब्रह्म भूत्वा बिभर्ति परमेष्ठिनम् ।।९।।
कालः प्रजा असृजत कालो अग्रे प्रजापतिम् ।
स्वयम्भूः कश्यपः कालात् तपः कालादजायत ।।१०।।

अ. १९.५४.१–५

कालादापः समभवन् कालाद् ब्रह्म तपो दिशः । कालेनोदेति सूर्यः काले नि विशते पुनः ।।१।।
कालेन वातः पवते कालेन पृथिवी मही । द्यौर्मही काल आहिता ।।2।।
कालो ह भूतं भव्यं च पुत्रो अजनयत् पुरा । कालादृचः समभवन् यजुः कालादजायत ।।३।।
कालो यज्ञं समैरयद्देवेभ्यो भागमक्षितम् । काले गन्धर्वाप्सरसः काले लोकाः प्रतिष्ठिताः ।।४।।
कालेऽयमंगिरा देवेऽथर्वा चाधि तिष्ठतः ।
इमं च लोकं परमं च लोकं पुण्यांश्च लोकान् विधृतीश्च पुण्याः ।
सर्वाँल्लोकानभिजित्य ब्रह्मणा कालः स ईयते परमो नु देवः ।।५।।

११. त्रैककुदांजनम् – अ. ४.९.१–१०

एहि जीवं त्रायमाणं पर्वतस्यास्यक्ष्यम्। विश्वेभिर्देवैर्दत्तं परिधिर्जीवनाय कम् ।।१।।
परिपाणं पुरुषाणां परिपाणं गवामसि। अश्वानामर्वतां परिपाणाय तस्थिषे ।।2।।
उतासि परिपाणं यातुजम्भनमांजन ।
उतामृतस्य त्वं वेत्थाथो असि जीवभेजनमथो हरितभेषजम् ।।३।।
यस्यांजन प्रसर्पस्यंगमंगं परुष्परुः। ततो यक्ष्मं वि बाधस उग्रो मध्यमशीरिव ।।४।।
नैनं प्राप्नोति शपथो न कृत्या नाभिशोचनम्। नैनं विष्कन्धमश्नुते यस्त्वा बिभर्त्यांजन ।।५।।
असन्मन्त्राद् दुःष्वप्न्याद् दुष्कृताच्छमलादुत। दुर्हार्दश्चक्षुषो घोरात् तस्मान्नः पाह्यांजन ।।६।।
इदं विद्वानांजन सत्यं वक्ष्यामि नानृतम्। सनेयमश्वं गामहमात्मानं तव पुरुष ।।७।।
त्रयो दासा आंजनस्य तक्मा बलास आदहिः। वर्षिष्ठः पर्वतानां त्रिककुन्नाम ते पिता ।।८।।
यदाञ्जनं त्रैककुदं जातं हिमवतस्परि। यातूंश्च सर्वांजम्भयत् सर्वाश्च यातुधान्यः ।।९।।
यदि वासि त्रैककुदं यदि यामुनमुच्यसे। उभे ते भद्रे नाम्नी ताभ्यां नः पाह्यांजन ।।१०।।

१2. धात्रादयो मन्त्रोक्ता – अ. ७.१७.१–४

धाता दधातु नो रयिमीशानो जगतस्पतिः । स नः पूर्णेन यच्छतु ।।१।।
धाता दधातु दाशुषे प्राचीं जीवातुमक्षिताम् । वयं देवस्य धमीहि सुमतिं विश्वराधसः ।।2।।

धाता विश्वा वार्या दधातु प्रजाकामाय दाशुषे दुरोणे ।
तस्मै देवा अमृतं सं व्ययन्तु विश्वे देवा अदितिः सजोषाः ।।३।।
धाता रातिः सवितेदं जुषन्तां प्रजापतिर्निधिपतिर्नो अग्निः ।
त्वष्टा विष्णुः प्रजया संरराणो यजमानाय द्रविणं दधातु ।।४।।

१३. मृत्युः – अ. १2.2.2१–३३

परं मृत्यो अनु परेहि पन्थां यस्त एष इतरो देवयानात् ।
चक्षुष्मते शृण्वते ते ब्रवीमीहेमे वीरा बहवो भवन्तु ।।2१।।
इमे जीवा वि मृतैराववृत्रन्नभूद् भद्रा देवहूतिर्नो अद्य ।
प्रांचो अगाम नृतये हसाय सुवीरासो विदथमा वदेम ।।22।।
इमं जीवेभ्यः परिधिं दधामि मैषां नु गादपरो अर्थमेतम् ।
शतं जीवन्तः शरदः पुरूचीस्तिरो मृत्युं दधतां पर्वतेन ।।2३।।
आ रोहतायुर्जरसं वृणाना अनुपूर्वं यतमाना यदि स्थ ।
तान् वस्त्वष्टा सुजनिमा सजोषाः सर्वमायुर्नयतु जीवनाय ।।2४।।
यथाहान्यनुपूर्वं भवन्ति यथर्तव ऋतुभिर्यन्ति साकम् ।
यथा न पूर्वमपरो जहात्येवा धातरायूंषि कल्पयैषाम् ।।2५।।
अश्मन्वती रीयते सं रभध्वं प्र तरता सखायः ।
अत्रा जहीत ये असन् दुरेवा अनमीवानुत्तरेमाभि वाजान् ।।2६।।
उत्तिष्ठता प्र तरता सखायोऽश्मन्वती नदी स्यन्दत इयम् ।
अत्रा जहीत ये असन्नशिवाः शिवान्त्स्योनानुत्तरेमाभि वाजान् ।।2७।।
वैश्वदेवीं वर्चस आ रभध्वं शुद्धा भवन्तः शुचयः पावकाः ।
अतिक्रामन्तो दुरिता पदानि शतं हिमाः सर्ववीरा मदेम ।।2८।।
उदीचीनैः पथिभिर्वायुमद्भिरतिक्रामन्तोऽवरान् परेभिः ।
त्रिः सप्त कृत्व ऋषयः परेता मृत्युं प्रत्यौहन् पदयोपनेन ।।2९।।
मृत्योः पदं योपयन्त एत द्राघीय आयुः प्रतरं दधानाः ।
आसीना मृतयुं नुदता सधस्थेऽथ जीवासो विदथमा वदेम ।।३०।।
इमा नारीरविधवाः सुपत्नीरांजनेन सर्पिषा सं स्पृशन्ताम् ।
अनश्रवो अनमीवाः सुरत्ना आ रोहन्तु जनयो योनिमग्रे ।।३१।।
व्याकरोमि हविषाहमेतौ तौ ब्रह्मणा व्य१हं कल्पयामि ।
स्वधां पितृभ्यो अजरां कृणोमि दीर्घेणायुषा समिमान्त्सृजामि ।।३2।।
यो नो अग्निः पितरो हृत्स्व१न्तराविवेशामृतो मतर्येषु ।
मय्यहं तं परि गृह्णामि देवं मा सो अस्मान् द्विक्षत मा वयं तम् ।।३३।।

१४. यमः निर्ऋतिः – अ. ६.2७.१–३; ६.2८.१–३; ६.2९.१–३

अ. ६.2७.१–३

देवाः कपोत इषितो यदिच्छन् दूतो निर्ऋत्या इदमाजगाम ।
तस्मा अर्चाम कृणवाम निष्कृतिं शं नो अस्तु द्विपदे शं चतुष्पदे ।।१।।
शिवः कपोत इषितो नो अस्त्वनागा देवाः शकुनो गृहं नः ।
अग्निर्हि विप्रो जुषातं हविर्नः परि हेतिः पक्षिणी नो वृणक्तु ।।2।।
हेतिः पक्षिणी न दभात्यस्मानाष्ट्री पदं कृणुते अग्निधाने ।
शिवो गोभ्य उत पुरुषेभ्यो नो अस्तु मा नो देवा इह हिंसीत् कपोतः ।।३।।

अ. ६.2८.१–३

ऋचा कपो नुदत प्रणोदमिषं मदन्त परि गां नयामः ।
सं लोभयन्तो दुरिता पदानि हित्वा न ऊर्जं प्र पदात् पथिष्ठः ।।१।।

परीमेऽग्निमर्षत परीमे गामनेषत । देवेष्वक्रत श्रवः क इमाँ आ दधर्षति ।।2।।
यः प्रथमः प्रवतमाससाद बहुभ्यः पन्थामनुपस्पशानः ।
योऽस्येशे द्विपदो यश्चतुष्पदस्तस्मै यमाय नमो अस्तु मृत्यवे ।।३।।

अ. ६.2६.१–३

अमन् हेतिः पतत्रिणी न्येतु यदुलूको वदति मोघमेतत् । यद् वा कपोतः पदमग्नौ कृणोति ।।१।।
यौ ते दूतौ निर्ऋत इदमेतोऽप्रहितौ प्रहितौ वा गृह नः। कपोतोलूकाभ्यामपदं तदस्तु ।।2।।
अवैरहत्यायेदमा पपत्यात् सुवीरताया इदमा ससद्यात् । पराङेव परा वद पराचीमनु संवतम् यथा यमस्य त्वा गृहेऽरसं प्रतिचाकाशानाभूकं प्रतिचाकशान् ।।३।।

१५. वनस्पतिः – अ. ३.2४.१–७

पयस्वतीरोषधयः पयस्वन्मामकं वचः । अथो पयस्वतीनामा भरेऽहं सहस्रशः ।।१।।
वेदाहं पयस्वन्तं चकार धान्यं बहु ।
सम्भृत्वा नाम यो देवस्तं वयं हवामहे योयो अयज्वनो गृहे ।।2।।
इमा याः पंच प्रदिशो मानवीः पंच कृष्टयः ।
वृष्टे शापं नदीरिवेह स्फातिं समावहान् ।।३।।
उदुतसं शतधारं सहस्रधारमक्षितम् । एवास्माकेदं धान्यं सहस्रधारमक्षितम् ।।४।।
शतहस्त समाहर सहस्रहस्त सं किर । कृतस्य कार्यस्य चेह स्फातिं समावह ।।५।।
तिस्रो मात्रा गन्धर्वाणां चतस्रो गृहपत्न्याः । तासां या स्फातिमत्तमा तया त्वाभि मृशामसि ।।६।।
उपोहश्च समूहश्च क्षत्तारौ ते प्रजापते । ताविहा वहतां स्फातिं बहुं भूमानमक्षितम् ।।७।।

१६. वरुणः – अ. १६.४४.८–६

बह्वीऽदं राजन् वरुणानृतमाह पुरुषः। तस्मात् सहस्रवीर्य मुंच नः पर्यंहसः ।।८।।
यदापो अघ्न्या इति वरुणेति यदूचिम। तस्मात् सहस्रवीर्य मुंच नः पर्यंहसः ।।६।।

१७. विश्वकर्मा – अ. ६.१22.१–५

एतं भागं परि ददामि विद्वान् विश्वकर्मन् प्रथमजा ऋतस्य ।
अस्माभिर्दत्तं जरसः परस्तादच्छिन्नं तन्तुमनु सं तरेम ।।१।।
ततं तन्तुमन्वेके तरन्ति येषां दत्तं पित्र्यमायनेन ।
अबन्ध्वेके ददतः प्रयच्छन्तो दातुं चेच्छिक्षान्तस स्वर्ग एव ।।2।।
अन्वारेभथामनुसंरभेथामेतं लोकं श्रद्दधानाः सचन्ते ।
यद् वां पक्वं परिविष्टमग्नौ तस्य गुप्तये दम्पती सं श्रयेथाम् ।।३।।
यज्ञं यन्तं मनसा बृहन्तमन्वारोहामि तपसा सयोनिः ।
उपहूता अग्ने जरसः परस्तात् तृतीये नाके सधमादं मदेम ।।४।।
शुद्धाः पूता योषितो यज्ञिया इमा ब्रह्मणां हस्तेषु प्रपृथक् सादयामि ।
यत्काम इदमभिषिंचामि वोऽहमिन्द्रो मरुत्वान्त्स ददातु तन्मे ।।५।।

१८. विश्वेदेवा – अ. ६.१2३.१–५

एतं सधस्थाः परि वो ददामि यं शेवधिमावहाज्जातवेदाः ।
अन्वागन्ता यजमानः स्वस्ति तं स्म जानीत परमे व्योमन् ।।१।।
जानीत स्मैनं परमे व्योमन् देवाः सधस्था विद लोकमत्र ।
अन्वागन्ता यजमानः स्वस्तीष्टापूर्तं स्म कृणुताविरस्मै ।।2।।
देवाः पितरः पितरो देवाः। यो अस्मि सो अस्मि ।।३।।
स पचामि स ददामि स यजे स दत्तान्मा यूषम् ।।४।।
नाके राजन् प्रति तिष्ठ तत्रैतत् प्रति तिष्ठतु । विद्धि पूर्तस्य नो राजन्त्स देव सुमना भव।।५।।

१६. सविता – अ. ७.१५.१; ७.१६.१

अ. ७.१५.१

तां सवितः सत्यसवां सुचित्रामाहं वृणे सुमतिं विश्ववाराम् ।
यामस्य कण्वो अदुहत् प्रपीनां सहस्रधारां महिषो भगाय ।।१।।

अ. ७.१६.१

बृहस्पते सवितर्वर्धयैनं ज्योतयैनं महते सौभगाय ।
संशितं चित् संतरं सं शिशाधि विश्व एनमनु मदन्तु देवाः ।।१।।

२०. सिन्धुः आपः वरुणः – अ. ३.१३.१–७

यददः संप्रयतिरहावनदता हते। तस्मादा नद्यो३ नाम स्थ तावो नामानि सिन्धवः ।।१।।
य त्प्रेषिता वरुणेनाच्छीभं समवल्गत । तदाप्नोदिन्द्रो वो यतीस्तस्मादापो अनु ष्ठन ।।2।।
अपकामं स्यन्दमाना अवीरत वो हि कम् ।
इन्द्रो वः शक्तिभिर्देवीस्तस्माद् वार्नाम वो हितम् ।।३।।
एको वो देवेऽप्यतिष्ठत् स्यन्दमाना यथावशम् ।
उदानिषुर्महीरिति तस्मादुदकमुच्यते ।।४।।
आपो भद्रा घृतमिदाप आसन्नग्नीषोमौ बिभ्रत्याप इत् ताः ।
तीव्रो रसो मधुपृचारमरंगम आ मा प्राणेन सह वर्चसा गमेत् ।।५।।
आदित् पश्याम्युतवा शृणोम्यामा घोषो गच्छति वाङ् मासाम् ।
मन्ये भेजानो अमृतस्य तर्हि हिरण्वर्णा अतृपं यदा वः ।।६।।
इदं व आपो हृदयमयं वत्स ऋतावरीः । इहेत्थमेत शक्वरीर्यत्रेदं वेशयामि वः ।।७।।

४७2. भृगुः (आयुष्कामः)

१. दर्भः – अ. १६.३2.१–१०; १६.३३.१–५

अ. १६.३2.१–१०

शतकाण्डो दुश्च्यवनः सहस्रपर्ण उत्तिरः। दर्भो य उग्र आषिधिस्तं ते बध्नाम्यायुषे ।।१।।
नास्य केशान् प्र वपन्ति नोरसि ताडमा घ्नते। यस्मा अच्छिन्नपर्णेन दर्भेण शर्म यच्छति ।।2।।
दिवि ते तूलमोषधे पृथिव्यामसि निष्ठितः। त्वया सहस्रकाण्डेनायुः प्र वर्धयामहे ।।३।।
तिस्रो दिवो अत्यतृणत् तिस्र इमाः पृथिवीरुत। त्वयाहं दुर्हार्दो जिह्वां नि तृणद्मि वचांसि ।।४।।
त्वमसि सहमानोऽहमस्मि सहस्वान्। उभौ सहस्वन्तौ भूत्वा सपत्नान् सहिषीमहि ।।५।।
सहस्व नो अभिमातिं सहस्व पृतनायतः। सहस्व सर्वान् दुर्हार्दः सुर्हार्दो मे बहून् कृधि ।।६।।
दर्भेण देवजातेन दिवि ष्टम्भेन शश्वदित्। तेनाहं शश्वतो जनाँ असनं सनवानि च ।।७।।
प्रियं मा दर्भ कृणु ब्रराजन्याभ्यां शुद्राय चार्याय च। यस्मै च कामयामहे सर्वस्मै च विपश्य।।८।।
यो जायमानः पृथिवीमदृंहद् यो अस्तभ्नादन्तरिक्षं दिवं च ।
यं बिभ्रतं ननु पाप्मा विवेद स नोऽयं दर्भो वरुणो दिवा कः ।।६।।
सपत्नहा शतकाण्डः सहस्वानोषधीनां प्रथमः सं बभूव ।
स नोऽयं दर्भः परि पातु विश्वतस्तेन साक्षीय पृतनाः पृतन्यतः ।।१०।।

अ. १६.३३.१–५

सहस्रार्घः शतकाण्डः पयस्वानपामग्निर्वीरुधां राजसूयम् ।
स नोऽयं दर्भः परि पातु विश्वतो देवो मणिरायुषा सं सृजाति नः ।।१।।
घृतादुल्लुप्तो मधुमान् पयस्वान् भूमिदृंहोऽच्युतश्च्यावयिष्णुः ।
नुदन्त्सपत्नानधरांश्च कृण्वन् दर्भा रोह महतामिन्द्रियेण ।।2।।
त्वं भूमिमत्येष्योजसा त्वं वेद्यां सीदसि चारुरध्वरे ।
त्वां पवित्रमृषयोऽभरन्त त्वं पुनीहि दुरितान्यस्मत् ।।३।।
तीक्ष्णो राजा विषासही रक्षोहा विश्वचर्षणिः ।

ओजो देवानां बलमुग्रमेतत् तं ते बध्नामि जरसे स्वस्तये ।।४।।
दर्भेण त्वं कृणवद् वीर्याणि दर्भं बिभ्रदात्मना मा व्यथिष्ठाः ।
अतिष्ठाया वर्चसाधान्यान्सूर्यइवा भाहि प्रदिशश्चतस्रः ।।५।।

४७३. भृगुर्वारुणिर् जमदग्निर् भार्गवो वा

१. पवमानःसोमः – सा. ४६६; ४८०; ४९८; ५०३; ७८४–८६; ८०३–८०५; ८३३–३५; ९०४–९०६; ९९४–९६; ११३७–३९; ११६३–११६५

सा. ४६६

वृषा पवस्व धारया मरुत्वते च मत्सरः। विश्वा दधान ओजसा ।।३।।

सा. ४८०

वृषा ह्यसि भानुना द्युमन्तं त्वा हवामहे। पवमान स्वर्दृशम् ।।४।।

सा. ४९८

आ ते दक्षं मयोभुवं वह्निमद्या वृणीमहे। पान्तमा पुरुस्पृहम् ।।2।।

सा. ५०३

अर्षा सोम द्युमत्तमोऽभि द्रोणानि रोरुवत्। सीदन्योनौ वनेष्वा ।।७।।

सा. ७८४–८६

वृषा ह्यसि भानुना द्युमन्तं त्वा हवामहे। पवमान स्वर्दृशम् ।।१।।
यदद्भिः परिषिच्यसे मर्मृज्यमान आयुभिः। द्रोणे सधस्थमश्नुषे ।।2।।
आ पवस्व सुवीर्यं मन्दमानः स्वायुध। इहो ष्विन्दवा गहि ।।३।।

सा. ८०३–८०५

वृषा पवस्व धारया मरुत्वते च मत्सरः। विश्वा दधान ओजसा ।।१।।
तं त्वा धर्तारमोण्योः पवमान स्वर्दृशम्। हिन्वे वाजेषु वाजिनम् ।।2।।
अया चित्तो विपानया हरिः पवस्व धारया। युजं वाजेषु चोदय ।।३।।

सा. ८३३–३५

राजा मेधाभिरीयते पवमानो मनावधि। अन्तरिक्षेण यातवे ।।१।।
आ नः सोम सहो जुवो रूपं न वर्चसे भर। सुष्वाणो देववीतये ।।2।।
आ न इन्द्रो शातग्विनं गवां पोषं स्वश्वयम्। वहा भगत्तिमूतये ।।३।।

सा. ९०४–९०६

हिन्वन्ति सूरमुस्रयः स्वसारो जामयस्पतिम्। महामिन्दुं महीयुवः ।।१।।
पवमान रुचारुचा देव देवेभ्यः सुतः। विश्वा वसून्या विश ।।2।।
आ पवमान सुष्टुतिं वृष्टिं देवेभ्यो दुवः। इषे पवस्व संयतम् ।।३।।

सा. ९९४–९६

अर्षा सोम द्युमत्तमोऽभि द्रोणानि रोरुवत्। सीदन्योनौ वनेष्वा ।।१।।
अप्सा इन्द्राय वायवे वरुणाय वरुद्भयः। सोमा अर्षन्तु विष्णवे ।।2।।
इषं तोकाय नो दधदस्मभ्यं सोम विश्वतः। आ पवस्व सहस्रिणम् ।।३।।

सा. ११३७–३९

आ ते दक्षं मयोभुवं वह्निमद्या वृणीमहे। पान्तमा पुरुस्पृहम् ।।१०।।
आ मन्द्रमा वरेण्यमा विप्रमा मनीषिणम्। पान्तमा पुरुस्पृहम् ।।११।।
आ रयिमा सुचेतुनमा सुक्रतो तनूष्वा। पान्तमा पुरुस्पृहम् ।।१2।।

सा. ११६३–११६५

ये सोमासः परावति ये अर्वावति सुन्विरे। ये वादः शर्यणावति ।।१।।
य आर्जीकेषु कृत्वसु ये मध्ये पस्त्यानाम्। ये वा जनेषु पंचसु ।।2।।
ते नो वृष्टिं दिवस्परि पवन्तामा सुवीर्यम्। स्वाना देवास इन्दवः ।।३।।

४७४. भृगुर्वारुणिः जमदग्निर्भार्गवो वा

१. पवमानः सोमः – ऋ. ६.६५.१–३०

हिन्वन्ति सूरमुस्रयः स्वसारो जामयस्पतिम्। महामिन्दुं महीयुवः ।।१।।
पवमान रुचारुचा देवो देवेभ्यस्परि। विश्वा वसून्या विश ।।2।।
आ पवमान सुष्टुतिं वृष्टिं देवेभ्यो दुवः। इषे पवस्व संयतम् ।।३।।
वृषा ह्यसि भानुना द्युमन्तं त्वा हवामहे। पवमान स्वाध्यः ।।४।।
आ पवस्व सुवीर्यं मन्दमानः स्वायुध। इहो ष्विन्दवा गहि ।।५।।
यदद्भिः परिषिच्यसे मृज्यमानो गभस्त्योः। द्रुणा सधस्थमश्नुषे ।।६।।
प्र सोमाय व्यश्ववत्पवमानाय गायत। महे सहस्रचक्षसे ।।७।।
यस्य वर्णं मधुश्चुतं हरिं हिन्वन्त्यद्रिभिः। इन्दुमिन्द्राय पीतये ।।८।।
तस्य ते वाजिनो वयं विश्वा धनानि जिग्युषः सखित्वमा वृणीमहे ।।६।।
वृषा पवस्व धारया मरुत्वते च मत्सरः। विश्वा दधान ओजसा ।।१०।।
तं त्वा धर्तारमोण्यो३ः पवमान स्वर्दृशम्। हिन्वे वाजेषु वाजिनम् ।।११।।
अया चित्तो विपानया हरिः पवस्व धारया। युजं वाजेषु चोदय ।।१2।।
आ न इन्दो महीमिषं पवस्व विश्वदर्शतः। अस्मभ्यं सोमगातुवित् ।।१३।।
आ कलशा अनूषतेन्दो धाराभिरोजसा। एन्द्रस्य पीतये विश ।।१४।।
यस्य ते मद्यं रसं तीव्रं दुहन्त्यद्रिभिः। स पवस्वाभिमातिहा ।।१५।।
राजा मेधाभिरीयते पवमानो मनावधि। अन्तरिक्षेण यातवे ।।१६।।
आ न इन्दो शतग्विनं गवां पोषं स्वश्व्यम्। वहा भगत्तिमूतये ।।१७।।
आ नः सोम सहो जुवो रूपं न वर्चसे भर। सुष्वाणो देववीतये ।।१८।।
अर्षा सोम द्युमत्तमोऽभि द्रोणानि रोरुवत्। सीदंछ्येनो न योनिमा ।।१६।।
अप्सा इन्द्राय वायवे वरुणाय मरुद्भ्यः। सोमो अर्षति विष्णवे ।।20।।
इषं तोकाय नो दधदस्मभ्यं सोम विश्वतः। आ पवस्व सहस्रिणम् ।।2१।।
ये सोमासः परावति ये अर्वावति सुन्विरे। ये वादः शर्यणावति ।।22।।
य आर्जीकेषु कृत्वसु ये मध्ये पस्त्यानाम्। ये वा जनेषु पंचसु ।।2३।।
ते नो वृष्टिं दिवस्परि पवन्तामा सुवीर्यम्। सुवाना देवास इन्दवः ।।2४।।
पवते हर्यतो हरिर्गृणानो जमदग्निना। हिन्वानो गोरधि त्वचि ।।2५।।
प्र शुक्रासो वयोजुवो हिन्वानासो न सप्तयः। श्रीणाना अप्सु मृंजत ।।2६।।
तं त्वा सुतेष्वाभुवो हिन्विरे देवतातये। स पवस्वानया रुचा ।।2७।।
आ ते दक्षं मयोभुवं वह्निमद्या वृणीमहे। पान्तमा पुरुस्पृहम् ।।2८।।
आ मन्द्रमा वरेण्यमा विप्रमा मनीषिणम्। पान्तमा पुरुस्पृहम् ।।2६।।
आ रयिमा सुचेतुनमा सुक्रतो तनूष्वा। पान्तमा पुरुस्पृहम् ।।३०।।

४७५. भृग्वङ्गिरा

१. अनड्वान् इन्द्ररुपः – अ. ४.११.१–१2

अनड्वान् दाधार पृथिवीमुत द्यामनड्वान् दाधारोर्व१न्तरिक्षम् ।
अनड्वान् दाधार प्रदिशः षडुर्वीरनड्वान् विश्वं भुवनमा विवेश ।।१।।
अनड्वानिन्द्रः स पशुभ्यो वि चष्टे त्रयांछक्रो वि मिमीते अध्वनः ।
भूतं भविष्यद् भुवना दुहानः सर्वा देवानां चरति व्रतानि ।।2।।
इन्द्रो जातो मनुष्येष्वन्तर्घर्मस्तप्तश्चरति शोशुचानः ।
सुप्रजाः सन्त्स उदारे न सर्षद यो नाश्नीादनडुहो विजानन् ।।३।।
अनड्वान् दुहे सुकृतस्य लोक एनं प्याययति पवमानः पुरस्तात् ।

पर्जन्यो धारा मरुत ऊधो अस्य यज्ञः पयो दक्षिणा दोहो अस्य ।।४।।
यस्य नेशे यज्ञपतिर्न यज्ञो नास्य दातेशे न प्रतिग्रहीता ।
यो विश्वजिद् विश्वभृद् विश्वकर्मा घर्मं नो ब्रूत यतमश्चतुष्पात् ।।५।।
येन देवाः स्वरारुरुहुर्हित्वा शरीरममृतस्य नाभिम् ।
तेन गेष्म सुकृतस्य लोकं घर्मस्य व्रतेन तपसा यशस्यवः ।।६।।
इन्द्रो रूपेणाग्निर्वहेन प्रजापतिः परमेष्ठी विराट् ।
विश्वानरे अक्रमत वैश्वानरे अक्रमतानडुह्यक्रमत। सोऽदृंहयत सोऽधारयत ।।७।।
मध्यमेतदनडुहो यत्रैष वह आहितः। एतावदस्य प्राचीनं यावान् प्रत्यङ् समाहितः ।।८।।
यो वेदानडुहो दोहान्त्सप्तानुपदस्वतः। प्रजां च लोकं चाप्नोति तथा सप्तऋषयो विदुः ।।९।।
पद्भिः सेदिमवक्रामन्निरां जंघाभिरुत्खिदन्। श्रमेणानड्वान् कीलालं कीनाशश्चाभि गच्छतः।।१०।।
द्वादश वा एता रात्रीर्व्रत्या आहुः प्रजापतेः। तत्रोप ब्रह्म यो वेद तद् वा अनडुहो व्रतम् ।।११।।
दुहे सायं दुहे प्रातर्दुहे मध्यन्दिनं परि। दोहा ये अस्य संयन्ति तान् विद्मानुपदस्वतः ।।१२।।

2. आपः – अ. ३.७.५; ६.९१.३

अ. ३.७.५

आप इद् वा उ भेषजीरापो अमीवचातनीः। आपो विश्वस्य भेषजीस्तास्त्वा मुंचन्तु क्षेत्रियात्।।५।।

अ. ६.९१.३

आप इद् वा उ भेषजीरापो अमीवचातनीः। आपो विश्वस्य भेषजीस्तास्ते कृण्वन्तु भेषजम् ।।३।।

३. इन्द्रः – अ. ७.३१.१; ७.९३.१

अ. ७.३१.१

इन्द्रोतिभिर्बहुलभिर्नो अद्य यावच्छ्रेष्ठाभिर्मघवंछूर जिन्वा ।
यो नो द्वेष्ट्यधरः सस्पदीष्ट यमु द्विष्मस्तमु प्राणो जहातु ।।१।।

अ. ७.९३.१

इन्द्रेण मन्युना वयमभि ष्याम पृतन्यतः। घ्नन्तो वृत्राण्यप्रति ।।१।।

४. इन्द्राग्नी आयुः यक्ष्मनाशनम् – अ. ३.११.१–८

मुंचामि त्वा हविषा जीवनाय कमज्ञातयक्ष्मादुत राजयक्ष्मात् ।
ग्राहिर्जग्राह यद्येतदेनं तस्या इन्द्राग्नी प्र मुमुक्तमेनम् ।।१।।
यदि क्षितायुर्यदि वा परेतोयदि मृत्योरन्तिकं नीत एव ।
तमा हरामि निर्ऋतेरुपस्थदास्पार्षमेनम् शतशारदाय ।।2।।
सहस्राक्षेण शतवीर्येण शतायुषा हविषाहार्षमेनम् ।
इन्द्रो यथैनं शरदो नयात्यति विश्वस्य दुरितस्य पारम् ।।३।।
शतं जीव शरदो वर्धमानः शतं हेमन्तांछतमुवसन्तान् ।
शतं त इन्द्रो अग्निः सविता बृहस्पतिः शतायुषा हविषाहार्षमेनम् ।।४।।
प्र विशतं प्राणापानावनड्वाहाविव व्रजम् । व्य१न्ये यन्तु मृत्यवो यानाहुरितरांदतम् ।।५।।
इहैव स्तं प्राणापानौ माप गातमितो युवम् । शरीरमस्यांगानि जरसे वहतं पुनः ।।६।।
जरायै त्वा परि ददामि जरायै नि धुवामि त्वा ।
जरा त्वा भद्रा नेष्ट व्य१न्ये यन्तु मृत्यवो यानाहुरितरांछतम् ।।७।।
अभि त्वा जरिमाहित गामुक्षणमिव रज्ज्वा । यस्त्वा मृत्युरभ्यधत्त जायमानं सुपाशया ।
तं ते सत्यस्य हस्ताभ्यामुदमुंचद् बृहस्पतिः ।।८।।

५. इन्द्रः वनस्पतिः परसेनाहननं च – अ. ८.८.१–२४

इन्द्रो मन्थतु मन्थिता शक्रः शूरः पुरंदरः । यथा हनाम सेना अमित्राणां सहस्रशः ।।१।।
पूतिरज्जुरुपध्मानी पूतिं सेनां कृणोत्वमूम् । धूममग्निं परादृश्यामित्रा हृत्स्वा दधतां भयम् ।।2।।
अमूनश्वत्थ निः शृणीहि खादामून् खदिराजिरम् ताजद्भंगइव भज्यन्तां हन्त्वेनान् वधको वधैः ।।३।।

परुषानमन् परुषाह्वः कृणोतु हन्त्वेनान् वधको वधैः।
क्षिप्रं शरइव भज्यन्तां बृहज्जालेन संदिताः ।।४।।
अन्तरिक्षं जालमासीज्जालदण्डा दिशो महीः । तेनाभिधाय दस्यूनां शक्रः सेनामपावपत् ।।५।।
बृहद्धि जालं बृहतः शक्रस्य वाजिनीवतः ।
तेन शत्रूनभि सर्वान् न्युब्ज यथा न मुच्यातै कतमश्चनैषाम् ।।६।।
बृहत् ते जालं बृहत इन्द्र शूर सहस्रार्घस्य शतवीर्यस्य ।
तेन शतं सहस्रमयुतं न्यर्बुदं जघान शक्रो दस्यूनामभिधाय सेनया ।।७।।
अयं लोको जालमासीच्छक्रस्य महतो महान् ।
तेनाहमिन्द्रजालेनामूंस्तमसाभि दधामि सर्वान् ।।८।।
सेदिरुग्रा व्यृद्धिरार्तिश्चानपवाचना । श्रमस्तन्द्रीश्च मोहश्च तैरमूनभि दधामि सर्वान् ।।६।।
मृत्यवेऽमून् प्र यच्छामि मृतयूपाशैरमी सिताः ।
मृत्योर्ये अघला दूतास्तेभ्य एनान् प्रति नयामि बद्ध्वा ।।१०।।
नयतामून् मृत्युदूता यमदूता अपोम्भत । परः सहस्रा हन्यन्तां तृणेढ्वेनान् मत्यं भवस्य ।।११।।
साध्या एकं जालदण्डमुद्यत्य यन्त्योजसा । रुद्रा एकं वसव एकमादित्यैरेक उद्यतः ।।१२।।
विश्वे देवा उपरिष्टादुब्जन्तो यन्त्वोजसा । मध्येन घ्नन्तो यन्तु सेनामंगिरसो महीम् ।।१३।।
वनस्पतीन् वानस्पत्यानोषधीरुत वीरुधः । द्विपाच्चतुष्पादिष्णामि यथा सेनाममूं हनन् ।।१४।।
गन्धर्वाप्सरसः सर्पान् देवान् पुण्यजनान् पितृन् ।दृष्टानदृष्टानिष्णामि यथा सेनाममूं हनन् ।।१५।।
इम उप्ता मृत्युपाशा यानाक्रम्य न मुच्यसे । अमुष्या हन्तु सेनाया इदं कूटं सहस्रशः ।।१६।।
घर्मः समिद्धो अग्निनायं होमः सहस्रहः । भवश्च पृश्निबाहुश्च शर्व सेनाममूं हतम् ।।१७।।
मृत्योराष्मा पद्यनतां क्षुधं सेदिं वधं भयम् । इन्द्रश्चक्षुजालाभ्यां शर्व सेनाममूं हतम् ।।१८।।
पराजिताः प्र त्रसतामित्रा नुत्ता धावत ब्रह्मणा। बृहस्पतिप्रणुत्तानां ममीषां मोचि कश्चन ।।१६।।
अव पद्यन्तामेषामायुधानि मा शकन् प्रतिधामिषुम्। अथैषां बहु बिभ्यतामिषवो घ्नन्तु मर्मणि।।२०।।
सं क्रोशतामेनान् द्यावापृथिवी समन्तरिक्षं सह देवताभिः ।
मा ज्ञातारं मा प्रतिष्ठां विदन्त मिथो विघ्नाना उप यन्तु मृत्युम् ।।२१।।
दिशश्च्तस्रोऽश्वतर्यो देवरथस्य पुरोडाशाः शफा अन्तरिक्षमुद्धिः ।
द्यावापृथिवी पक्षसी ऋतवोऽभीशवोऽन्तर्देशाः किंकरा वाक् परिरथ्यम् ।।22।।
संवत्सरो रथः परिवत्सरो रथोपस्थो विराडीषाग्नी रथमुखम् ।
इन्द्रः सव्यष्ठाश्चन्द्रमाः सारथिः ।।२३।।
इतो जयेतो वि जय सं जय जय स्वाहा । इमे जयन्तु परामी जयन्तां स्वाहैभ्यो दुराहामीभ्यः ।
नीललोहितेनामूनभ्यवतनोमि ।।२४।।

६. कुष्ठः – अ. १६.३६.१–१०

ऐतु देवस्त्रायमाणः कुष्ठो हिमवतस्परि। तक्मानं सर्वं नाशय सर्वाश्च यातुधान्यः ।।१।।
त्रीणि ते कुष्ठ नामानि नद्यमारो नद्यारिषः ।
नद्यायं पुरुषो रिषत्। यस्मै परिब्रवीमि त्वा सायंप्रातरथो दिवा ।।2।।
जीवला नाम ते माता जीवन्तो नाम ते पिता ।
नद्यायं पुरुषो रिषत्। यस्मै परिब्रवीमि त्वा सायंप्रातरथो दिवा ।।३।।
उत्तमो अस्योषधीनामनड्वान् जगतामिव व्याघ्रः श्वपदामिव ।
नद्यायं पुरुषो रिषत्। यस्मै परिब्रवीमि त्वा सायंप्रातरथो दिवा ।।४।।
त्रिः शाम्बुभ्यो अंगिरेभ्यस्त्रिरादित्येभ्यस्परि। त्रिर्जातो विश्वदेवभ्यः। स कुष्ठो विश्वभेषजः ।
साकं सोमेन तिष्ठति। तक्मानं सर्वं नाशय सर्वाश्च यातुधान्यः ।।५।।
अश्वत्थो देवसदनस्तृतीयस्यामितो दिवि। तत्रामृतस्य चक्षणं ततः कुष्ठो अजायत ।
स कुष्ठो विश्वभेषजः साकं सोमेन तिष्ठति। तक्मानं सर्वं नाशय सर्वाश्च यातुधान्यः ।।६।।

हिरण्ययी नौरचरद्धिरण्यबन्धना दिवि। तात्रमृतस्य वक्षणं ततः कृष्ठो अजायत ।
स कुष्ठो विश्वभेषजः साकं सोमेन तिष्ठति। तक्मानं सर्वं नाशय सर्वाश्च यातुधान्यः ।।७।।
यत्र नावप्रभ्रंशनं यत्र हिमवतः शिरः। तत्रामृतस्य चक्षणं ततः कुष्ठो अजायत ।
स कुष्ठो विश्वभेषजः साकं सोमेन तिष्ठति। तक्मानं सर्वं नाशय सर्वाश्च यातुधान्यः ।।८।।
यं त्वा वेद पूर्व इक्ष्वाको यं वा त्वा कुष्ठ काम्यः। यं वा वसो यमात्स्यस्तेनासि विश्वभेषजः ।।६।
शीर्षलोकं तृतीयकं सदन्दिर्यश्च हायनः। तक्मानं विश्वधावीर्याधरांचं परा सुव ।।१०।।

७. कुष्ठः तक्मनाशनम् – अ. ५.४.१–१०

यो गिरिष्वजायथा वीरुधां बलवत्तमः। कुष्ठेहि तक्मनाशन तक्मानं नाशयन्नितः ।।१।।
सुपर्णसुवने गिरौ जातं हिमवतस्परि। धनैरभि श्रुत्वा यन्ति विदुर्हि तक्मनाशनम् ।।2।।
अश्वत्थो देवसदनस्तृतीयस्यामितो दिवि। तत्रामृतस्य चक्षणं देवाः कुष्ठमवन्वत ।।३।।
हिरण्ययी नौरचरद्धिरण्यबन्धना दिवि। तत्रामृतस्य पुष्पं देवाः कुष्ठमवन्वत ।।४।।
हिरण्ययाः पन्थान आसन्नरित्राणि हिरण्यया। नावो हिरण्ययीरासन् याभिः कुष्ठं निरावहन् ।।५।।
इमं मे कुष्ठ पुरुषं तमा वह तं निष्कुरु। तमु मे अगदं कृधि ।।६।।
देवेभ्यो अधि जातोऽसि सोमस्यासि सखा हितः। स प्राणाय व्यानाय चक्षुषे मे अस्मै मृड ।।७।।
उदङ् जातो हिमवतः स प्राच्यां नीयसे जनम्। तत्र कुष्ठस्य नामान्युत्तमानि वि भेजिरे ।।८।।
उत्तमो नाम कुष्ठास्युत्तमो नाम ते पिता। यक्ष्मं च सर्वं नाशय तक्मानं चारसं कृधि ।।६।।
शीर्षामयमुपहत्यामक्ष्योस्तन्वो३रपः। कुष्ठस्तत् सर्वं निष्करद् दैवं समह वृष्ण्यम् ।।१०।।

८. क्षेत्रिय (यक्ष्मकुष्ठादि) नाशनम् – अ. 2.८.१–५

उदगातां भगवती विचृतौ नाम तारके । वि क्षेत्रियस्य मुंचतामधमं पाशमुत्तमम् ।।१।।
अपेयं रात्र्युच्छत्वपोच्छन्त्वभिकृत्वरीः । वीरुत् क्षेत्रियनाशन्यप क्षेत्रियमुच्छतु ।।2।।
बभ्रोरर्जुनकाण्डस्य यवस्य ते पलाल्या तिलस्य तिलपिंज्या ।
वीरुत् क्षेत्रियनाशन्यप क्षेत्रियमुच्छतु ।।३।।
नमस्ते लांगलेभ्यो नम ईषायुगेभ्यः । वीरुत् क्षेत्रियनाशन्यप क्षेत्रियमुच्छतु ।।४।।
नमः सनिस्रसाक्षेभ्यो नमः संदेश्येभ्यो नमः क्षेत्रस्य पतये।
वीरुत् क्षेत्रियनाशन्यप क्षेत्रियमुच्छतु।।५।।

६. तक्मनाशनः – अ. ५.22.१–१४

अग्निस्तक्मानमप बाधतामितः सोमो ग्रावा वरुणः पूतदक्षाः ।
वेदिर्बर्हिः समिधः शोशुचाना अप द्वेषंस्यमुया भवन्तु ।।१।।
अयं यो विश्वान् हरितान् कृणोष्युच्छोचयन्नग्निरिवाभिदुन्वन् ।
अधा हि तक्मन्नरसो हि भूया अधा न्यङङधराङ् वा परेहि ।।2।
यः पुरुषः पारुषेयोऽवध्वंसइवारुणः। तक्मानं विश्वधावीर्याधरांचं परा सुव ।।३।।
अधरांचं प्र हिणोमि नमः कृत्वा तक्मने। शकम्भरस्य मुष्टिहा पुनरेतु महावृषान् ।।४।।
ओको अस्य मजवन्त ओको अस्य महावृषाः।
यावज्जातस्तक्मंस्तावानसि बल्हिकेषु न्योचरः ।।५।।
तक्मन् व्याल वि गद व्यंग भूरि यावय । दासीं निष्टक्वरीमिच्छ तां वज्रेण समर्पय ।।६।।
तक्मन् मूजवतो गच्छ बल्हिकान् वा परस्तराम् ।
शूद्रामिच्छ प्रफर्व्यं१ तां तक्मन् वीव धूनुहि ।।७।।
महावृषान् मूजवतो बन्ध्वद्धि परेत्य । प्रैतानि तक्मने ब्रूमो अन्यक्षेत्राणि वा इमा ।।८।।
अन्यक्षेत्रे न रमसे वशी सन् मृडयासि नः। अभृदु प्रार्थस्तक्मा स गमिष्यति बल्हि कान् ।
भीमास्ते तक्मन् हेतयस्ताभिः स्म परि वृङ्ग्धि नः ।।१०।।
मा स्मैतान्त्सखीन् कुरुथा बलासं कासमुद्युगम्।
मा स्मातोऽर्वाडैः पुनस्तत् त्वा तक्मन्नुप ब्रुवे ।।११।।

तक्मन् भ्रात्रा बलासेन स्वस्रा कासिकया सह । पाप्मा भ्रातृव्येण सह गच्छामुमरणं जनम् ।।१२।।
तृतीयकं वितृतीयं सदन्दिमुत शारदम् । तक्मानं शीतं रूरं ग्रैष्मं नाशय वार्षिकम् ।।१३।।
गन्धारिभ्यो मजवद्भ्योऽङ्गेभ्यो मगधेभ्यः। प्रैष्यन् जनमिव शेवधिं तक्मानं परि दद्मसि ।।१४।।

१०. त्रिवृत् – अ. १९.२७.१–१५
गोभिष्ट्वा पात्वृषभो वृषा त्वा पातु वाजिभिः ।
वायुष्ट्वा ब्रह्मणा पात्विन्द्रस्त्वा पात्विन्द्रियैः ।।१।।
सोमस्त्वा पात्वोषधीभिर्नक्षत्रैः पातु सूर्यः। माद्भ्यस्त्वा चन्द्रो वृत्रहा वातः प्राणेन रक्षतु ।।2।।
तिस्रो दिवस्तिस्रः पृथिवीस्त्रीण्यन्तरिक्षाणि चतुरः समुद्रान् ।
त्रिवृतं स्तोमं त्रिवृत आप आहुस्तास्त्वा रक्षन्तु त्रिवृता त्रिवृद्भिः ।।३।।
त्रीन्नाकांस्त्रीन् समुद्रांस्त्रीन् ब्रध्नांस्त्रीन् वैष्टपान् ।
त्रीन् मातरिश्वनस्त्रीन्त्सूर्यान् गोप्तॄन् कल्पयामि ते ।।४।।
घृतेन त्वा समुक्षाम्यग्न आज्येन वर्धयन् ।
अग्नेश्चन्द्रस्य सूर्यस्य मा प्राणं मायिनो दभन् ।।५।।
मा वः प्राणं मा वोऽपानं मा हरो मायिनो दभन् ।
भ्राजन्तो विश्ववेदसो देवा दैव्येन धावत ।।६।।
प्राणेनाग्निं सं सृजति वातः प्राणेन संहितः ।
प्राणेन विश्वतोमुखं सूर्यं देवा अजनयन् ।।७।।
आयुषायुष्कृतां जीवायुष्मान् जीव मा मृथाः ।
प्राणेनात्मन्वतां जीव मा मृत्योरुदगा वशम् ।।८।।
देवानां निहितं निधिं यमिन्द्रोऽन्वविन्दत् पथिभिर्देवयानैः ।
आपो हिरण्यं जुगुपुस्त्रिवृद्‌भिस्तास्त्वा रक्षन्तु त्रिवृता त्रिवृद्भिः ।।९।।
त्रयस्त्रिंशद् देवतास्त्रीणि च वीर्याणि प्रियायमाणा जुगुपुरप्स्व१न्तः ।
अस्मिंश्चन्द्रे अधि यद्धिरण्यं तेनायं कृणवद् वीर्याणि ।।१०।।
ये देवा दिव्येकादश स्थ ते देवासो हविरिदं जुषध्वम् ।।११।।
ये देवा अन्तरिक्ष एकादश स्थ ते देवासो हविरिदं जुषध्वम् ।
ये देवा : पृथिव्यामेकादश स्थ ते देवासो हविरिदं जुषध्वम् ।।१३।।
असपत्नं पुरस्तात् पश्चान्नो अभयं कृतम् । सविता मा दक्षिणत उत्तरान्मा शचीपतिः ।।१४।।
दिवो मादित्या रक्षन्तु भूम्या रक्षन्त्वग्नयः।इन्द्राग्नी रक्षतां मा पुरस्तादश्विनावभितः शर्म यच्छताम्।
तिरश्चीनघ्न्या रक्षतु जातवेदा भूतकृतो मे सर्वतः सन्तु वर्म ।।१५।।

११. त्रिषन्धिः – अ. ११.१०.१–२७
उत्तिष्ठत सं नह्यध्वमुदाराः केतुभिः सह । सर्पा इतरजना रक्षांस्यमित्राननु धावत ।।१।।
ईशां वो वेदराज्यं त्रिषन्धे अरुणैः केतुभिः सह। ये अन्तरिक्षे ये दिवि पृथिव्यां ये च मानवाः ।
त्रिषन्धेस्ते चेतसि दुर्णामान उपासताम् ।।2।।
अयोमुखाः सूचीमुखा अथो विकंकतीमुखाः ।
क्रव्यादो वातरंहस आ सजन्त्वमित्रान् वज्रेण त्रिषन्धिना ।।३।।
अन्तर्धेहि जातवेद आदित्य कुणपं बहु । त्रिषन्धेरियं सेना सुहितास्तु मे वशे ।।४।।
उत्तिष्ठ त्वं देवजनार्बुदे सेनया सह । अयं बलिर्व आहुतस्त्रिषन्धेराहुतिः प्रिया ।।५।।
शितिपदी सं द्यतु शरव्ये३यं चतुष्पदी । कृत्येऽमित्रेभ्यो भव त्रिषन्धेः सह सेनया ।।६।।
धूमाक्षी सं पततु कृधुकर्णी च क्रोशतु । त्रिषन्धेः सेनया जिते अरुणाः सन्तु केतवः ।।७।।
अवायन्तां पक्षिणो ये वयांस्यन्तरिक्षे दिवि ये चरन्ति ।
श्वापदो मक्षिकाः सं रभन्तामामादो गृध्राः कुणपे रदन्ताम् ।।८।।
यामिन्द्रेणसंधां समधत्था ब्रह्मणा च बृहस्पते ।

तयाहमिन्द्रसंधया सर्वान् देवानिह हुव इतो जयत मामुतः ।।६।।
बृहस्पतिरांगिरस ऋषयो ब्रह्मसंशिताः । असुरक्षयणं वधं त्रिषन्धि दिव्याश्रयन् ।।१०।।
येनासौ गुप्त आदितय उभाविन्द्रश्च तिष्ठतः ।
त्रिषन्धि देवा अभजन्तौजसे च बलाय च ।।११।।
सर्वाल्लौँकान्त्समजयन् देवा आहुत्यानया ।
बृहस्पतिरांगिरसो वज्रं यमसिंचतासुरक्षयणं वधम्।।१2।।
बृहस्पतिरांगिरसो वज्रं यमस्िंचतासुरक्षयणं वधम् ।
तेनाहममूं सेनां नि लिम्पामि बृहस्पतेऽमित्रान् हन्म्योजसा ।।१३।।
सर्वे देवा अत्यायन्ति ये अश्नन्ति वषट्कृतम् ।
इमां जुषध्वमाहुतिमितो जयत मामुतः ।।१४।।
सर्वे देवा अत्यायन्तु त्रिषन्धेराहुतिः प्रिया ।
संधां महतीं रक्षत ययाग्रे असुरा जिता ।।१५।।
वायुरमित्राणामिष्वग्राण्यांचतु । इन्द्र एषां बाहून् प्रति भनक्तु मा शकन् प्रतिधामिषुम् ।
आदित्य एषामस्त्रं वि नाशयतु चन्द्रमा युतामगतस्य पन्थाम् ।।१६।।
यदि प्रेयुर्देवपुरा ब्रह्म वर्माणि चक्रिरे ।
तनूपानं परिपाणं कृण्वाना यदुपोचिरे सर्वं तदरसं कृधि ।।१७।।
क्रव्यादानुवर्तयन् मृत्युना च पुरोहितम् ।
त्रिषन्धे प्रेहि सेनया जयामित्रान् प्र पद्यस्व ।।१८।।
त्रिषन्धे तमसा त्वममित्रान् परि वारय । पृषदाज्यप्रणुत्तानां मामीषां मोचि कश्चन ।।१६।।
शितिपदी सं पतत्वमित्राणाममूः सिचः । मुह्यन्त्वद्यामूः सेना अमित्राणां न्यर्बुदे ।।20।।
मूढा अमित्रा न्यर्बुदे जह्येषां वरंवरम् । अनया जहि सेनया ।।2१।।
यश्च कवची यश्चाकवचो३मित्रो यश्चज्मनि । ज्यापाशैः कवचपाशैरज्मनाभिहतः शयाम् ।।22।।
ये वर्मिणो ये वर्माणो अमित्रा ये च वर्मिणः । सर्वास्ताँ अर्बुदे हतांछ्वानोऽदन्तु भूम्याम् ।।2३।।
ये रथिनो ये अरथा असादा ये च सादिनः । सर्वानदन्तु तान् हतान् गृध्राः श्येनाः पतत्रिणः ।2४।
सहस्रकुणपा शेतामामित्री सेना समरे वधानाम् । विविद्धा ककजाकृता ।।2५।।
मर्माविधं रोरुवतं सुपर्णैरदन्तु दुश्चितं मृदितं शयानम् ।।2६।।
यां देवा अनुतिष्ठन्ति यस्या नास्ति विराधनम्। तयेन्द्रो हन्तु वृत्रहा वज्रेण त्रिषन्धिना।।2७।।

१2. द्यावापृथिवी मित्रः बृह्मणस्पतिः सविता च – अ. ७.३०.१

स्वाक्तं मे द्यावापृथिवी स्वाक्त मित्रो अकरयम्। स्वाक्तं मे ब्रह्मणस्पतिः स्वाक्तं सविता करत्।१।

१३. निर्ऋति द्यावापृथिव्यादयो मन्त्रोक्ताः – अ. 2.१०.१–८

क्षेत्रियात् त्वा निर्ऋत्या जामिशंसाद् द्रुहो मुंचामि वरुणस्य पाशात् ।
अनागसं ब्रह्मणा त्वा कृणोमि शिवे ते द्यावापृथिवी उभे स्ताम् ।।१।।
शं ते अग्निः सहाद्भिरस्तु शं सोमः सहौषधीभिः ।
एवाहं त्वा क्षेत्रियान्निर्ऋत्या जामिशंसाद् द्रुहो मुंचामि वरुणस्य पाशात् ।
अनागसं ब्रह्मणा त्वा कृणोमि शिवे ते द्यावापृथिवी उभे स्ताम् ।।2।।
शं ते वातो अन्तरिक्षे वयो धाच्छं ते भवन्तु प्रदिशश्चतस्रः ।
एवाहं त्वा क्षेत्रियान्निर्ऋत्या जामिशंसाद् द्रुहो मुंचामि वरुणस्य पाशात् ।
अनागसं ब्रह्मणा त्वा कृणोमि शिवे ते द्यावापृथिवी उभे स्ताम् ।।३।।
इमा या देवीः प्रदिशश्चतस्रो वातपत्नीरभि सूर्यो विचष्टे ।
एवाहं त्वा क्षेत्रियान्निर्ऋत्या जामिशंसाद् द्रुहो मुंचामि वरुणस्य पाशात् ।
अनागसं ब्रह्मणा त्वा कृणोमि शिवे ते द्यावापृथिवी उभे स्ताम् ।।४।।
तासु त्वान्तर्जरस्या दधामि प्र यक्ष्म एतु निर्ऋतिः पराचैः ।

एवाहं त्वा क्षेत्रियान्निर्ऋत्या जामिशंसाद् द्रुहो मुंचामि वरुणस्य पाशात् ।
अनागसं ब्रह्मणा त्वा कृणोमि शिवे ते द्यावापृथिवी उभे स्ताम् ।।५।।
अमुक्था यक्ष्माद् दुरितादवद्याद् द्रुहः पाशाद् ग्राह्याश्चोदमुक्थाः ।
एवाहं त्वा क्षेत्रियान्निर्ऋत्या जामिशंसाद् द्रुहो मुंचामि वरुणस्य पाशात् ।
अनागसं ब्रह्मणा त्वा कृणोमि शिवे ते द्यावापृथिवी उभे स्ताम् ।।६।।
अहा अरातिमविदः स्योनमप्यभूर्भद्रे सुकृतस्य लोके ।
एवाहं त्वा क्षेत्रियान्निर्ऋत्या जामिशंसाद् द्रुहो मुंचामि वरुणस्य पाशात् ।
अनागसं ब्रह्मणा त्वा कृणोमि शिवे ते द्यावापृथिवी उभे स्ताम् ।।७।।
सुर्यमृतं तमसो ग्राह्या अधिदेवा मुंचन्तो असृजन्निरेणसः ।
एवाहं त्वा क्षेत्रियान्निर्ऋत्या जामिशंसाद् द्रुहो मुंचामि वरुणस्य पाशात् ।
अनागसं ब्रह्मणा त्वा कृणोमि शिवे ते द्यावापृथिवी उभे स्ताम् ।।८।।

१४. परमात्मा देवाश्च – अ. १९.७2.१

यस्मात् कोशादुदभराम वेद तस्मिन्नन्तरव दध्म एनम् ।
कृतमिष्टं ब्रह्मणो वीर्येण तेन मा देवास्तपसावतेह ।।१।।

१५. मन्युः – अ. ६.४2.१–३

अव ज्यामिव धन्वनो मन्युं तनोमि ते हृदः। यथा संमनसौ भूत्वा सखायाविव सचावहै ।।१।।
सखायाविव सचावहा अव मन्युं तनोमि ते। अधस्ते अश्मनो मन्युमुपास्यामसि यो गुरुः ।।2।।
अभि तिष्ठामि ते मन्युं पार्ष्ण्या प्रपदेन च। यथावशो न वादिषो मम चित्तमुपायसि ।।३।।

१६. मन्युशमनम् – अ. ६.४३.१–३

अयं दर्भो विमन्युकः स्वाय चारणाय च। मन्योर्विमन्युकस्यायं मन्युशमन उच्यते ।।१।।
अयं यो भरिमूलः समुद्रमवतिष्ठति। दर्भः पृथिव्या उत्थितो मन्युशसन उच्यते ।।2।।
वि ते हन्व्यां शरणिं वि ते मुख्यां नयामसि। यथावशो न वादिषो मम चित्तमुपायसि ।।३।।

१७. यक्ष्मनाशनम् – अ. ३.७.६–७; १.१2.१–४; ६.2.१–३; ६.९१.१–2

अ. ३.७.६–७

यदासुतेः क्रियमाणायाः क्षेत्रिय त्वा व्यानशे। वेदाहं तस्य भेषजं क्षेत्रियं नाशयामि त्वत् ।।६।।
अपवासे नक्षत्राणामपवास उषसामुत। अपास्मत् सर्वं दुर्भूतमप क्षेत्रियमुच्छतु ।।७।।

अ. १.१2.१–४

जरायुजः प्रथम उस्रियो वृषा वातभ्रजा स्तनयन्नेति वृष्ट्या ।
स नो मृडाति तन्व ऋजुगो रुजन् य एकमोजस्त्रेधा विचक्रमे ।।१।।
अंगेअंगे शोचिषा शिश्रियाणं नमस्यन्तस्त्वा हविषा विधेम ।
अंकान्त्समंकान् हविषा विधेम यो अग्रभीत् पर्वास्या ग्रभीता ।।2।।
मुंच शीर्षक्त्या उत कास एनं परुष्परुराविवेशा यो अस्य ।
यो अभ्रजा वातजा यश्च शुष्मो वनस्पतीन्त्सचतां पर्वतांश्च ।।३।।
शं मे परस्मै गायत्राय शमस्त्ववराय मे । शं मे चतुर्भ्यो अंगेभ्यः शमस्तु तन्वे३ मम ।।४।।

अ. ६.९१.१–2

इमं यवमष्टायोगैः षड्योगेभिरचर्कृषुः। तेना ते तन्वो३रपोऽपाचीनमप व्यये ।।१।।
न्य१ग् वातो वाति न्यक् तपति सूर्यः। नीचीनमघ्न्या दुहे न्यग् भवतु ते रपः ।।2।।

१८. यक्ष्मनाशनोऽग्निः – अ. १.2५.१–४

यदग्निरापो अदहत् प्रविश्य यत्राकृण्वन् धर्मधृतो नमांसि ।
तत्र त आहुः परमं जनित्रं स नः संविद्वान् परि वृङ्ग्धि तक्मन् ।।१।।

यद्यर्चिर्यदि वासि शोचिः शकल्येषि यदि वा ते जनित्रम् ।
ह□डुर्नामासि हरितस्य देव स नः संविद्वान् परि वृङ्ग्धि तक्मन् ।।2।।
यदि शोको यदि वाभिशोको यदि वा राज्ञो वरुणस्यासि पुत्रः ।
ह□डुर्नामासि हरितस्य देव स नः संविद्वान् परि वृङ्ग्धि तक्मन् ।।३।।
नमः शीताय तक्मने नमो रूराय शोचिषे कृणोमि ।
यो अन्येद्युरुभयद्युरभ्येति तृतीयकाय नमो अस्तु तक्मने ।।४।।

१६. यमः – अ. १.१४.१–४

भगमस्या वर्च आदिष्यधि वृक्षादिव स्रजम्। महाबुध्नइव पर्वतो ज्योक् पितृष्वास्ताम् ।।१।।
एषा ते राजन् कन्या वधूर्नि धूयतां यम। सा मातुर्बध्यतां गृहेऽथो भ्रातुरथो पितुः ।।2।।
एषा ते कुलपा राजन् तामु ते परि दद्मसि। ज्योक् पितृष्वासाता आ शीर्ष्णः समोप्यात् ।।३।।
असितस्य ते ब्रह्मणा कश्यपस्य गयस्य च। अन्तः कोशमिव जामयोऽपि नह्यामि ते भगम् ।।४।।

20. वनस्पतिः – अ. 2.६.१–५; ६.६६.१–2

अ. 2.६.१–५

दशवृक्ष मुंचेमं रक्षसो ग्राह्या अधि यैनं जग्राह पर्वसु।
अथो एनं वनस्पते जीवानां लोकमुन्नय।।१।।
आगादुदगादयं जीवानां व्रातमप्यगात्। अभूदु पुत्राणां पिता नृणां च भगवत्तमः ।।2।।
अधीतीरध्यगादयमधि जीवपुरा अगन्। शतं ह्यस्य भिषजः सहस्रमुत वीरुधः ।।३।।
देवास्ते चीतिमविदन् ब्रह्माण उत वीरुधः। चीतिं ते विश्वे देवा अविदन् भ्रम्यामधि ।।४।।
यश्चकार स निष्करत् स एव सुभिषक्तमः। स एव तुभ्यं भेषजानि कृणवद् भिषजा शुचिः ।।५।।

अ. ६.६६.१–2

यो ओषधयः सोमराज्ञीर्बह्वीः शतविचक्षणाः। बृहस्पति प्रसूतास्ता नो मुंचन्त्वंहसः ।।१।।
मुंचन्तु मा शपथ्या३दथो वरुण्यादुत। अथो यमस्य पड्वीशाद् विश्वस्माद् देव किल्बिषात् ।।2।।

२१. वनस्पतिः (कुष्ठ) – अ. ६.६५.१–३

अश्वत्थो देवसदनस्तृतीयस्यामितो दिवि। तत्रामृतस्य चक्षणं देवाः कृष्ठमवन्वत ।।१।।
हिरण्ययी नौरचरद्धिरण्यबन्धना दिवि। तत्रामृतस्य पुष्पं देवाः कुष्ठमवन्वत ।।2।।
गर्भो अस्योषधीनां गर्भो हिमवतामुत। गर्भो विश्वस्य भूतस्येमं मे अगदं कृधि ।।३।।

22. वनस्पतिः यक्ष्मनाशनम् – अ. ६.१2७.१–३

विद्रधस्य बलासस्य लोहितस्य वनस्पते। विसल्पकस्योषधे मोच्छिषः पिशितं चन ।।१।।
यौ ते बलास तिष्ठतः कक्षे मुष्कावपश्रितौ। वेदाहं तस्य भेषजं चीपुद्रुरभिचक्षणम् ।।2।।
यो अंगद्यो यः कर्ण्यो यो अक्ष्योर्विसल्पकः । वि वृहामो विसल्पकं विद्रधं हृदयामयम्।
परा तमज्ञातं यक्ष्ममधरांचं सुवामसि ।।३।।

२३. विचृतौतारके – अ. ३.७.४

अमू ये दिवि सुभगे विचृतौ नाम तारके। वि क्षेत्रियस्य मुंचतामधमं पाशमुत्तमम् ।।४।।

२४. विद्युत् – अ. १.१३.१–४

नमस्ते अस्तु विद्युते नमस्ते स्तनयित्नवे । नमस्ते अस्त्वश्मने येना दूडाशे अस्यसि ।।१।।
नमस्ते प्रवतो नपाद् यतस्तपः समूहसि । मृडया नस्तनूभ्यो मयस्तोकेभ्यस्कृधि ।।2।।
प्रवतो नपान्नम एवास्तु तुभ्यं नमस्ते हेतये तपुषे च कृण्मः ।
विद्म ते धाम परमं गुहा यत् समुद्रे अन्तर्निहितासि नाभिः ।।३।।
यां त्वा देवा असृजन्त विश्व इषुं कृण्वाना असनाय धृष्णुम् ।
सा नो मृड विदथे गृणाना तस्यै ते नमो अस्तु देवि ।।४।।

२५. शाला – अ. ६.३.१–३१

उपमितां प्रतिमितामथो परिमितामुत। शालाया विश्ववाराया नद्धानि वि चृतामसि ।।१।।
यत् ते नद्धं विश्ववारे पाशो ग्रन्थिश्च यः कृतः।
बृहस्पतिरिवाहं बलं वाचा वि स्रंसयामि तत् ।।2।।
आ ययाम सं बबर्ह ग्रन्थींश्चकार ते दृढान्। परूंषि विद्वांछस्तेवेन्द्रेण वि चृतामसि ।।३।।
वंशानां ते नहनानां प्राणाहस्य तृणस्य च। पक्षाणां विश्ववारे ते नद्धानि वि चृतामसि ।।४।।
संदंशानां पलदानां परिष्वंजल्यस्य च। इदं मानस्य पत्नया नद्धानि वि चृतामसि ।।५।।
यानि तेऽन्तः शिक्यान्याबेधू रण्याय कम्।
प्र ते तानि चृतामसि शिवा मानस्य पत्नी न उद्धिता तन्वे भव ।।६।।
हविर्धानमग्निशालं पत्नीनां सदनं सदः। सदो देवानामसि देवि शाले ।।७।।
अक्षुमोपशं विततं सहस्राक्षं विषूवति। अवनद्धमभिहितं ब्रह्मणा वि चृतामसि ।।८।।
यस्त्वा शाले प्रतिगृह्णाति येन चासि मिता त्वम्।
उभौ मानस्य पत्नि तौ जीवतां जरदष्टी ।।६।।
अमुत्रैनमा गच्छताद् दृढा नद्धा परिष्कृता। यस्यास्ते विचृतामस्यंगमङ्गं परुष्परुः ।।१०।।
यस्त्वा शाले निमिमाय संजभार वनस्पतीन्। प्रजायै चक्रे त्वा शाले परमेष्ठी प्रजापतिः ।।११।।
नमस्तस्मै नमो दात्रे शालापतये च कृण्मः। नमोऽग्नये प्रचरते पुरुषाय च ते नमः ।।१2।।
गोभ्यो अश्वेभ्यो नमो यच्छालायां विजायते। विजावति प्रजावति वि ते पाशांश्चृतामसि ।।१३।।
अग्निमन्तश्छादयसि पुरुषान् पशुभिः सह। विजावति प्रजावति वि ते पाशांश्चृतामसि ।।१४।।
अन्तरा द्यां च पृथिवीं च यद् व्यचस्तेन शालां प्रति गृह्णामि त इमाम्।
यदन्तरिक्षं रजसो विमानं तत् कृण्वेऽहमुदरं शेवधिभ्यः। तेन शालां प्रति गृह्णामि तस्मै ।।१५।।
ऊर्जस्वती पयस्वती पृथिव्यां निमिता मिता।
विश्वान्नं बिभ्रती शाले मा हिंसीः प्रतिगृह्णतः ।।१६।।
तृणैरावृता पलदान् वसाना रात्रीव शाला जगतो निवेशनी।
मिता पृथिव्यां तिष्ठसि हस्तिनीव पद्वती ।।१७।।
इटस्य ते वि चृताम्यपि नद्धमपोर्णुवन्। वरुणेन समुब्जितां मित्रः प्रातर्व्युब्जतु ।।१८।।
ब्रह्मणा शालां निमितां कविभिर्निमितां मिताम्। इन्द्राग्नी रक्षतां शालाममृतौ सोम्यं सदः।।१६।।
कुलायेऽधि कुलायं कोशे कोशः समुब्जितः। तत्र मर्तो वि जायते यस्माद् विश्वं प्रजायते ।।२०।।
या द्विपक्षा चतुष्पक्षा षट्पक्षा या निमायेत।
अष्टापक्षां दशपक्षां शालां मानस्य पत्नीमग्निर्गर्भइवा शये ।।२१।।
प्रतीचीं त्वा प्रतीचीनः शाले प्रैम्यहिंसतीम्। अग्निर्ह्य१न्तरापश्च ऋतस्य प्रथमा द्वाः ।।22।।
इमा आपः प्र भराम्ययक्ष्मा यक्ष्मनाशनीः। गृहानुप प्र सीदाम्यमृतेन सहाग्निना ।।2३।।
मा नः पाशं प्रति मुचो गुरुर्भारो लघुर्भव। वधूमिव त्वा शाले यत्र कामं भरामसि ।।2४।।
प्राच्या दिशः शालाया नमो महिम्ने स्वाहा देवेभ्यः स्वाह्येभ्यः ।।2५।।
दक्षिणाया दिशः शालाया नमो महिम्ने स्वाहा देवेभ्यः स्वाह्येभ्यः ।।2६।।
प्रतीच्या दिशः शालाया नमो महिम्ने स्वाहा देवेभ्यः स्वाह्येभ्यः ।।2७।।
उदीच्या दिशः शालाया नमो महिम्ने स्वाहा देवेभ्यः स्वाह्येभ्यः ।।2८।।
ध्रुवाया दिशः शालाया नमो महिम्ने स्वाहा देवेभ्यः स्वाह्येभ्यः ।।2६।।
ऊर्ध्वाया दिशः शालाया नमो महिम्ने स्वाहा देवेभ्यः स्वाह्येभ्यः ।।३०।।
दिशोदिशः शालाया नमो महिम्ने स्वाहा देवेभ्यः स्वाह्येभ्यः ।।३१।।

2६. सर्व शीर्षामयापकरणम् – अ. ६.८.१–22

शीर्षक्तिं शीर्षमयं कर्णशूलं विलोहितम्। सर्वं शीर्षण्यं ते रोगं बहिर्निर्मन्त्रयामहे ।।१।।
कर्णाभ्यां ते कंकूषेभ्यः कर्णशूलं विसल्पकम्। सर्वं शीर्षण्यं ते रोगं बहिर्निर्मन्त्रयामहे ।।2।।
यस्य हेतोः प्रच्यवते यक्ष्मः कर्णत आस्यतः। सर्वं शीर्षण्यं ते रोगं बहिर्निर्मन्त्रयामहे ।।३।।

यः कृणोति प्रमोतमन्धं कृणोति पूरुषम्। सर्वं शीर्षण्यं ते रोगं बहिर्निर्मन्त्रयामहे ।।४।।
अङ्गभेदमंगज्वरं विश्वांग्यं विसल्पकम्। सर्वं शीर्षण्यं ते रोगं बहिर्निर्मन्त्रयामहे ।।५।।
यस्य भीमः प्रतीकाश उद्वेपयति पूरुषम्। तक्मानं विश्वशारदं बहिर्निर्मन्त्रयामहे ।।६।।
य ऊरू अनुसर्पत्यथो एति गवीनिके। यक्ष्मं ते अन्तरंगेभ्यो बहिर्निर्मन्त्रयामहे ।।७।।
यदि कामादपकामाद्धृदयाज्जायते परि। हृदो बलासमंगेभ्यो बहिर्निर्मन्त्रयामहे ।।८।।
हरिमाणं ते अंगेभ्योऽप्वामन्तरोदरात्। यक्ष्मोधामन्तरात्मनो बहिर्निर्मन्त्रयामहे ।।६।।
आसो बलासो भवतु मूत्रं भवत्वामयत्। यक्ष्माणां सर्वेषां विषं निरवोचमहं त्वत् ।।१०।।
बहिर्बिलं निर्द्रवतु काहाबाहं तवोदरात्। यक्ष्माणां सर्वेषां विषं निरवोचमहं त्वत् ।।११।।
उदरात् ते क्लोम्नो नाभ्या हृदयादधि। यक्ष्माणां सर्वेषां विषं निरवोचमहं त्वत् ।।१2।।
याः सीमानं विरुजन्ति मूर्धानं प्रत्यर्षणीः। अहिंसन्तीरनामया निर्द्रवन्तु बहिर्बिलम् ।।१३।।
या हृदयमुपर्षन्त्यनुतन्वन्ति कीकसाः। अहिंसन्तीरनामया निर्द्रवन्तु बर्हिर्बिलम् ।।१४।।
याः पार्श्वे उपर्षन्त्यनुनिक्षन्ति पृष्टीः। अहिंसन्तीरनामया निर्द्रवन्तु बहिर्बिलम् ।।१५।।
यास्तिरश्चीरुपर्षन्त्यर्षणीर्वक्षणासु ते। अहिंसन्तीरनामया निर्द्रवन्तु बर्हिर्बिलम् ।।१६।।
या गुदा अनुसर्पन्त्यान्त्राणि मोहयन्ति च। अहिंसन्तीरनामया निर्द्रवन्तु बहिर्बिलम् ।।१७।।
या मज्ज्ञो निर्धयन्ति परूंषि विरुजन्ति व। अहिंसन्तीरनामया निर्द्रवन्तु बर्हिर्बिलम् ।।१८।।
ये अंगानि मदयन्ति यक्ष्मासो रोपणास्तव। यक्ष्माणां सर्वेषां विषं निरवोचमहं त्वत् ।।१६।।
विसल्पस्य विद्रधस्य वातीकारस्य वालजेः। यक्ष्माणां सर्वेषां विषं निरवोचमहं त्वत् ।।2०।।
पादाभ्यां ते जानुभ्यां श्रोणिभ्यां परि भंससः। अनूकादर्षणीरुष्णिहाभ्यः शीर्ष्णो रोगमनीनशम्।।2१।।
सं ते शीर्ष्णः कपालानि हृदयस्य च यो विधुः।
उद्यन्नादित्य रश्मिभिः शीर्ष्णो रोगमनीनशोऽगभेदमशीशमः ।।22।।

2७. सोमः – अ. ६.६६.३

यच्चक्षुषा मनसा यच्च वाचोपारिम जाग्रतो यत् स्वपन्तः। सोमस्तानि स्वधया नः पुनातु ।।३।।

2८. हरिणः – अ. ३.७.१–३

हरिणस्य रघुष्यदोऽधि शीर्षाणि भेषजम्। स क्षेत्रियं विषाणया विषूचीनमनीनशत् ।।१।।
अनु त्वा हरिणो वृषा पद्भिश्चतुर्भिरक्रमीत्। विषाणे वि ष्य गुष्पितं यदस्य क्षेत्रियं हृदि ।।2।।
अदो यदवरोचते चतुष्पक्षमिवच्छदिः। तेना ते सर्वं क्षेत्रियामंगेभ्यो नाशयामसि ।।३।।

४७६. भृगुर् आथर्वणः

१. इन्द्रः – अ. 2.५.१–७

इन्द्र जुषस्व प्र वहा याहि शूर हरिभ्याम् । पिबा सुतस्य मतेरिह मधोश्चकानश्चरुर्मदाय ।।१।।
इन्द्र जठरं नव्यो न पृणस्व मधोर्दिवो न । अस्य सुतस्य स्व१र्णोप त्वा मदाः सुवाचो अगुः ।।2।।
इन्द्रस्तुराषाण्मित्रो वृत्रं यो जघान यतीर्न । बिभेद बलं भृगुर्न ससहे शत्रून् मदे सोमस्य ।।३।।
आ त्वा विशन्तु सुतास इन्द्र पृणस्व कुक्षी विड्ढि शक्र धियेह्या नः ।
श्रुधी हवं गिरो मे जुषस्वेन्द्र स्वयुग्भिर्मत्स्वेह महे रणाय ।।४।।
इन्द्रस्य नु प्रा वोचं वीर्याणि यानि चकार प्रथमानि वज्री ।
अहन्नहिमन्वपस्ततर्द प्र वक्षणा अभिनत् पर्वतानाम् ।।५।।
अहन्नहिं पर्वते शिश्रियाणं त्वष्टास्मै वज्रं स्वर्यं ततक्ष ।
वाश्राइव धेनवः स्यन्दमाना अंजः समुद्रमव जग्मुरापः ।।६।।
वृषायमाणो अवृणीत सोमं त्रिकद्रुकेष्वपिबत् सुतस्य ।
आ सायकं मघवादत्त वज्रमहन्नेनं प्रथमजामहीनाम् ।।७।।

४७७. मत्स्यः सांमदो मान्यो वा मैत्रावरुणिर्बाहवो वा मत्स्या जालनद्धाः

१. अदित्याः – ऋ. ८.६७.१–2१

त्यान्नु क्षत्रियाँ अव आदित्यान्याचिषामहे। सुमृळीकाँ अभिष्टये ।।१।।
मित्रो नो अत्यंहतिं वरुणः पर्षदर्यमा। आदित्यासो यथा विदुः ।।२।।
तेषां हि चित्रमुक्थ्यं१ वरूथमस्ति दाशुषे। आदित्यानामरंकृते ।।३।।
महि वो महतामवो वरुण मित्रार्यमन्। अवांस्या वृणीमहे ।।४।।
जीवान्नो अभि धेतनादित्यासः पुरा हथात्। कद्ध स्थ हवनश्रुतः ।।५।।
यद्वः श्रान्ताय सुन्वते वरूथमस्ति यच्छर्दिः। तेना नो अधि वोचत ।।६।।
अस्ति देवा अंहोरुर्वास्ति रत्नमनागसः। आदित्या उद्भुतैनसः ।।७।।
मा नः सेतु सिषेदयं महे वृणक्तु नस्परि। इन्द्र इद्धि श्रुतो वशी ।।८।।
मा नो मृचा निपूर्णा वृजिनानामविष्यवः। देवा अभि प्र मृक्षत ।।६।।
उत त्वामदिते मह्यहं देव्युप ब्रुवे। सुमृळीकामभिष्टये ।।१०।।
पर्षि दीने गभीर आँ उग्रपुत्रे जिघांसतः। माकिस्तोकस्य नो रिषत् ।।११।।
अनेहो न उरुव्रज उरूचि वि प्रसर्तवे। कृधि तोकाय जीवसे ।।१२।।
ये मूर्धानः क्षितीनामदब्धासः स्वयशसः। व्रता रक्षन्ते अद्रुहः ।।१३।।
ते न आस्नो वृकाणमादित्यासो मुमोचत। स्तेनं बद्धमिवादिते ।।१४।।
अपो षु ण इयं शरुरादित्या अप दुर्मतिः। अस्मदेत्वजघ्नुषी ।।१५।।
शश्वद्धि वः सुदानव आदित्या ऊतिभिर्वयम्। पुरा नूनं बुभुज्महे ।।१६।।
शश्वन्तं हि प्रचेतसः प्रतियन्तं चिदेनसः। देवाः कृणुथ जीवसे ।।१७।।
तत्सु नो नव्यं सन्यस आदित्या यन्मुमोचति। बन्धाद् बद्धमिवादिते ।।१८।।
नास्माकमस्ति तत्तर आदित्यासो अतिष्कदे। यूयमस्मभ्यं मृळत ।।१६।।
मा नो हेतिर्विवस्वत आदित्याः कृत्रिमा शरुः। पुरा नु जरसो वधीत् ।।२०।।
वि षु द्वेषो व्यंहतिमादित्यासो वि संहितम्। विष्वग्वि बृहता रपः ।।२१।।

४७८. मथितो यामायनो भृगुर् वा वारुणिः च्यवनो वा भार्गवः

१. अग्निषोमौः – ऋ. १०.१६.१

नि वर्तध्वं मानु गातास्मान्त्सिषक्त रेवतीः। अग्नीषोमा पुनर्वसू अस्मे धारयतं रयिम् ।।१।।

४७६. मधुच्छन्दाः

१. अग्निः – य. ५.३१–३५; ६.२६; १२.५७–५६; २६.२६

य. ५.३१–३५

विभूरसि प्रवाहणो वह्निरसि हव्यवाहनः। शवात्रोऽसि प्रचेतास्तुथोऽसि विश्ववेदाः ।।३१।।
उशिगसि कविरंघारिरसि बम्भारिरवस्यूरसि दुवस्वांछुन्ध्यूरसि मार्जालीयः। सम्राडसि कृशानुः परिषद्योऽसि पवमानो नभोऽसि प्रतक्वा मृष्टोऽसि हव्यसूदन्ऽऋतधामासि स्वर्ज्योतिः ।।३२।।
समुद्रोऽसि विश्वव्यचाऽअज ोऽस्येकपादहिरसि बुध्न्य ो वागस्यैन्द्रमसि सदोऽस्यृतस्य द्वारौ मा मा सन्ताप्तमध्वनामध्वपते प्र मा तिर स्वस्ति मेऽस्मिन पथि देवयाने भूयात् ।।३३।।
मित्रस्य मा चक्षुषेक्षध्वमग्नयः सगराः सगरा स्थ सगरेण नाम्ना रौद्रेणानीकेन पात माग्नयः पिपृत माग्नयो गोपायत मा नमो वोऽस्तु मा मा हिंसिष्ट ।।३४।।
ज्योतिरसि विश्वरूपं विश्वेषां देवानां समित् त्वं सोम तनूकृद्भ्यो द्वेषोभ्योऽन्यकृतेभ्यऽउरु यन्तासि वरूथं स्वाहा। जुषाणोऽअप्तुराज्यस्य वेतु स्वाहा ।।३५।।

य. ६.२६

यमग्ने पृत्सु मर्त्यमवा वाजेषु यं जुनाः। स यन्ता शश्वतीरिषः स्वाहा ।।२६।।

य. १२.५७–५६

समितं सं कल्पेथां संप्रियौ रोचिष्णू सुमनस्यमानौ। इषमूर्जमभि संवसानौ ।।५७।।
सं वां मनांसि सं व्रता समु चित्तान्याकरम्।

अग्ने पुरीष्याधिपा भव त्वं नऽइषमूर्जं यजमानाय धेहि ।।५८।।
अग्ने त्वं पुरीष्यो रयिमान् पुष्टिमाँ2ऽ असि।
शिवाः कृत्वा दिशः सर्वाः स्वं योनिमिहासदः ।।५६।।

य. 2६. 2६

रक्षोहा विश्वचर्षणिरभि योनिमयोहिते। द्रोणे सधस्थमासदत् ।।2६।।

2. **अश्विनौ – य. ३३.५८**

दस्रा युवाकवः सुता नासत्या वृक्तबर्हिषः। आ यातं रुद्रवर्त्तनी। तं प्रनथा अयं वेनः ।।५८।।

३. **अश्विसरस्वतीन्द्राः – य. 20.६०**

अश्विना पिबतां मधु सरस्वत्या सजोषसा। इन्द्रः सुत्रामा वृत्रहा जुषन्तां सोम्यं मधु ।।६०।।

४. **इन्द्रः – अ. 20.2६.४–६; 20.३८.४–६; 20.३६.१; 20.४०.१–2; 20.४७.४–६; १0–१2; 20.५७.१–३; 20.६0.४–६; 20.६८.१–१2; 20.६६.१–११; 20.७0.६–20; 20.७१.१–१६; 20.८४.१–३; य. ३.३४; १५.६१; 20.८७–८६; ३३.2५**

अ. 20.2६.४–६

युंजन्ति ब्रध्नमरुषं चरन्तं परि तस्थुषः। रोचन्ते रोचना दिवि ।।४।।
युंजन्त्यस्य कामया हरी विपक्षसा रथे। शोणा धृष्णू नृवाहसा ।।५।।
केतुं कृण्वन्नकेतवे पेशो मर्या अपेशसे। समुषद्भिरजायथाः ।।६।।

अ. 20.३८.४–६

इन्द्रमिद् गाथिनो बृहदिन्द्रमर्केभिरर्किणः। इन्द्रं वाणीरनूषत ।।४।।
इन्द्र इद्धर्योः सचा संमिश्ल आ वचोयुजा। इन्द्रो वज्री हिरण्ययः ।।५।।
इन्द्रो दीर्घाय चक्षस आ सूर्यं रोहयद् दिवि। वि गोभिरद्रिमैरयत् ।।६।।

अ. 20.३६.१

इन्द्र वो विश्वतस्परि हवामहे जनेभ्यः। अस्माकमस्तु केवलः ।।१।।

अ. 20.४0.१–2

इन्द्रेण सं हि दृक्षसे संजग्मानो अबिभ्युषा। मन्दू समानवर्चसा ।।१।।
अनवद्यैरभिद्युभिर्मखः सहस्वदर्चति। गणैरिन्द्रस्य काम्यैः ।।2।।

अ. 20.४७.४–६

इन्द्रमिद् गाथिनो बृहदिन्द्रमर्केभिरर्किणः। इन्द्र वाणीरनूषत ।।४।।
इन्द्र इद्धर्योः सचा संमिश्ल आ वचोयुजा। इन्द्रो वज्री हिरण्ययः ।।५।।
इन्द्रो दीर्घाय चक्षस आ सूर्यं रोहयद् दिवि। वि गोभिरद्रिमैरयत् ।।६।।

अ. 20.४७.१0–१2

युंजन्ति ब्रध्नमरुषं चरन्तं परि तस्थुषः। रोचन्ते रोचना दिवि ।।१0।।
युंजन्त्यस्य काम्या हरी विपक्षसा रथे। शोणा धृष्णू नृवाहसा ।।११।।
केतुं कृण्वन्नकेतवे पेशो मर्या अपेशसे। समुषद्भिरजायथाः ।।१2।।

अ. 20.५७.१–३

सुरूपकृत्नुमूतये सुदुघामिव गोदुहे। जुहूमसि द्यविद्यवि ।।१।।
उप नः सवना गहि सोमस्य सोमपाः पिब। गोदा इद् रेवतो मदः ।।2।।
अथा ते अन्तमानां विद्याम सुमतीनाम्। मा नो अति ख्य आ गहि ।।३।।

अ. 20.६0.४–६

एवा ह्यस्य सूनृता विरप्शी गोमती मही। पक्वा शाखा न दाशुषे ।।४।।
एवा हि ते विभूतय ऊतय इन्द्र मावते। सद्यश्चित् सन्ति दाशुषे ।।५।।
एवा ह्यस्य कामया स्तोम उक्थं च शंस्या। इन्द्राय सोमपीतये ।।६।।

अ. २०.६८.१–१२

सुरूपकृत्नुमूतये सुदुघामिव गोदुहे। जुहूमसि द्यविद्यवि ।।१।।
उप नः सवना गहि सोमस्य सोमपाः पिब। गोदा इद् रेवतो मदः ।।2।।
अथा ते अन्तमानां विद्याम सुमतीनाम्। मा नो अति ख्य आ गहि ।।३।।
परेहि विग्रमस्तृतमिन्द्रं पृच्छा विपश्चितम्। यस्ते सखिभ्य आ वरम् ।।४।।
उत ब्रुवन्तु नो निदो निरंयतश्चिदारत। दधाना इन्द्र इद् दुवः ।।५।।
उत नः सुभगाँ अरिर्वोचेयुर्दस्म कृष्टयः। स्यामेदिन्द्रस्य शर्मणि ।।६।।
एमाशुमाशवे भर यज्ञश्रियं नृमादनम्। पतयन्मन्दयत् सखम् ।।७।।
अस्य पीत्वा शतक्रतो घनो वृत्राणामभवः। प्रावो वाजेषु वाजिनम् ।।८।।
तं त्वा वाजेषु वाजिनं वाजयामः शतक्रतो। धनानामिन्द्र सातये ।।९।।
यो रायोऽवनिर्महान्त्सुपारः सुन्वतः सखा। तस्मा इन्द्राय गायत ।।१०।।
आ त्वेता नि षीदतेन्द्रमभि प्र गायत। सखाय स्तोमवाहसः ।।११।।
पुरूतमं पुरूणामीशानं वार्याणाम्। इन्द्रं सोमे सचा सुते ।।१2।।

अ. २०.६९.१–११

स घा नो योग आ भुवत् स राये स पुरंध्याम्। गमद् वाजेभिरा स नः ।।१।।
यस्य संस्थे न वृण्वते हरी समत्सु शत्रवः। तस्मा इन्द्राय गायत ।।2।।
सुतपाव्ने इमे शुचयो यन्ति वीतये। सोमासो दध्याशिरः ।।३।।
त्वं सुतस्य पीतये सद्यो वृद्धो अजायथाः। इन्द्र ज्यैष्ठ्याय सुक्रतो ।।४।।
आ त्वा विशन्त्वाशवः सोमास इन्द्र गिर्वणः। शं ते सन्तु प्रचेतसे ।।५।।
त्वां स्तोमा अवीवृधन् त्वामुक्था शतक्रतो। त्वां वर्धन्तु नो गिरः ।।६।।
अक्षितोतिः सनेदिमं वाजमिन्द्रः सहस्रिणम्। यस्मिन् विश्वानि पौंस्या ।।७।।
मा नो मर्ता अभि द्रुहन् तनूनामिन्द्र गिर्वणः। ईशानो यवया वधम् ।।८।।
युंजन्ति ब्रध्नमरुषं चरन्तं परि तस्थुषः रोचन्ते रोचना दिवि ।।९।।
युंजन्त्यस्य काम्या हरी विपक्षसा रथे। शोणा धृष्णू नृवाहसा ।।१०।।
केतुं कृण्वन्नकेतवे पेशो मर्या अपेशसे। समुषद्भिरजायथाः ।।११।।

अ. २०.७०.६–20

इतो वा सातिमीमहे दिवो वा पार्थिवादधि। इन्द्रं महो वा रजसः ।।६।।
इन्द्रमिद् गाथिनो बृहदिन्द्रमर्केभिरर्किणः। इन्द्र वाणीरनूषत ।।७।।
इन्द्र इद्धर्यो सचा संमिश्ल आ वचोयुजा। इन्द्रो वज्री हिरण्ययः ।।८।।
इन्द्रो दीर्घाय चक्षस आ सूर्यं रोहयद् दिवि। वि गोभिरद्रिमैरयत् ।।९।।
इन्द्र वाजेषु नोऽव सहस्रप्रधनेषु च। उग्र उग्राभिरूतिभिः ।।१०।।
इन्द्रं वयं महाधन इन्द्रमर्भे हवामहे। युजं वृत्रेषु वज्रिणम् ।।११।।
स नो वृषन्नमुं चरुं सत्रादावन्नपा वृधि। असमभ्यमप्रतिष्कुतः ।।१2।।
तुंजेतुंजे य उत्तरे स्तोमा इन्द्रस्य वज्रिणः। न विन्धे अस्य सुष्टुतिम् ।।१३।।
वृषा यूथेव वंसगः कृष्टीरियर्त्योजसा। ईशानो अप्रतिष्कुतः ।।१४।।
य एकश्चर्षणीनां वसूनामिरज्यति। इन्द्रः पंच क्षितीनाम् ।।१५।।
इन्द्रं वो विश्वतस्परि हवामहे जनेभ्यः। अस्माकमस्तु केवलः ।।१६।।
एन्द्र सानसिं रयिं सजित्वानं सदासहम्। वर्षिष्ठमूतये भर ।।१७।।
नि येन मुष्टिहत्यया नि वृत्रा रुणधामहै। त्वोतासो न्यर्वता ।।१८।।
इन्द्र त्वोतास आ वयं वज्रं घना ददीमहि। जयेम सं युधि स्पृधः ।।१९।।
वयं शूरेभिरस्तृभिरिन्द्र त्वया युजा वयम्। सासह्याम पृतन्यतः ।।20।।

अ. २०.७१.१–१६

महाँ इन्द्रः परश्च नु महित्वमस्तु वज्रिणे। द्यौर्न प्रथिना शवः ।।१।।

समोहे वा य आशत नरस्तोकस्य सनितौ। विप्रासो वा धियायवः ।।2।।
यः कुक्षिः सोमपातमः समुद्रइव पिन्वते। उर्वीरापो न काकुदः ।।३।।
एवा ह्यस्य सूनृता विरप्शी गोमती मही। पक्वा शाखा न दाशुषे ।।४।।
एवा हि ते विभूतय ऊतय इन्द्र मावते। सद्यश्चित् सन्ति दाशुषे ।।५।।
एवा ह्यस्य काम्या स्तोम उक्थं च शंस्या। इन्द्राय सोमपीतये ।।६।।
इन्द्रेहि मत्स्यन्धसो विश्वेभिः सोमपर्वभिः महाँ अभिष्टिरोजसा ।।७।।
एमेनं सृजता सुते मन्दिमिन्द्राय मन्दिने। चक्रिं विश्वानि चक्रये ।।८।।
मत्स्वा सुशिप्र मन्दिभि स्तोमेभिर्विश्वचर्षणे। सचैषु सवनेष्वा ।।६।।
असृग्रमिन्द्र ते गिरः प्रतित्वामुदहासत। अजोषा वृषभं पतिम् ।।१०।।
सं चोदय चित्रमर्वाग् राध इन्द्र वरेण्यम्। असदित् ते विभु प्रभु ।।११।।
अस्मान्त्सु तत्र चोदयेन्द्र राये रभस्वतः। तुविद्युम्न यशस्वतः ।।१2।।
सं गोमदिन्द्र वाजवदस्मे पृथु श्रवो बृहत्। विश्वायुर्धेह्यक्षितम् ।।१३।।
अस्मे धेहि श्रवो बृहद् द्युम्नं सहस्रसातमम्। इन्द्र ता रथिनीरिषः ।।१४।।
वसोरिन्द्रं वसुपतिं गीर्भिर्गृणन्त ऋग्मियम्। होम गन्तारमूतये ।।१५।।
सुतेसुते न्योकसे बृहद् बृहत एदरिः। इन्द्राय शूषमर्चति ।।१६।।

अ. 20.८४.१–३

इन्द्रा याहि चित्रभानो सुता इमे त्वायवः। अण्वीभिस्तना पूतासः ।।१।।
इन्द्रा याहि धियेषितो विप्रजूतः सुतावतः। उप ब्रह्माणि वाघतः ।।2।।
इन्द्रा याहि तूतुजान उप ब्रह्माणि हरिवः। सुते दधिष्व नश्चनः ।।३।।

य. ३.३४

कदा चन स्तरीरसि नेन्द्र सश्चसि दांशुषे।
उपोपेन्नु मघवन् भूयऽअन्नु ते दनं देवस्य पृच्यते ।।३४।।

य. १५.६१

इन्द्रं विश्वा अवीवृधन्त्समुद्रव्यचसं गिरः। रथीतमं रथीनां वाजानां सत्पतिं पतिम् ।।६१।।

य. 20.८७–८६

इन्द्रा याहि चित्रभानो सुताऽइमे त्वा यवः। अण्वीभिस्तना पूतासः ।।८७।।
इन्द्रा याहि धियेषितो विप्रजूतः सुतावतः। उप ब्रह्माणि वाघतः ।।८८।।
इन्द्रा याहि तूतुजानऽउप ब्रह्माणि हरिवः। सुते दधिष्व नश्चनः ।।८६।।

य. ३३.2५

इन्द्रेहि मत्स्यन्धसो विश्वेभिः सोमपर्वभिः। महाँ2ऽ अभिष्टिरोजसा ।।2५।।

५. इन्द्रवायू – य. ७.८; ३३.५६; अ. 20.७0.१–2

य. ७.८

इन्द्रवायूऽइमे सुताऽउप प्रयोभिरागतम्। इन्दवो वामुशन्ति हि ।
उपयामगृहीतोऽसि वायवऽइन्द्रवायुभ्यां त्वैष ते योनिः सजाषोभ्यां त्वा ।।८।।

य. ३३.५६

इन्द्रवायूऽइमे सुताऽउप प्रयोभिरा गतम्। इन्दवो वामुशन्ति हि ।।५६।।

अ. 20.७0.१–2

वीलु चिदारुजत्नुभिर्गुहा चिदिन्द्र वह्निभिः। अविन्द उस्रिया अनु ।।१।।
देवयन्तो यथा मतिमच्छा विदद्वसुं गिरः। महामनूषत श्रुतम् ।।2।।

६. ईश्वरसभाध्यक्षौ – य. ५.३०

इन्द्रस्य स्यूरसीन्द्रस्य ध्रुवोसि। ऐन्द्रमसि वैश्वदेवमसि ।।३०।।

७. गृहपतयः – य. ८.३४

Vedic Concordance of Mantras as per Ṛṣi and Devatā 131

युक्ष्वा हि केशिना हरी वृषणा कक्ष्यप्रा। अथा नऽइन्द्र सोमपा गिरामुपश्रुतिं चर ।
उपयामगृहीतोऽसीन्द्राप त्वा षोडशिनऽएष ते योनिरिन्द्राय त्वा षोडशिने ।।३४।।

८. दम्पत्ती – य. १2.६०

भवतं नः समनसौ सचेतसावरेपसौ।
मा यज्ञं हिंसिष्टं मा यज्ञपतिं जातवेदसौ शिवौ भवतमद्य नः ।।६०।।

६. द्यावापृथिव्यौ – य. ६.३५

मा भेर्मा संविक्थाऽऊर्जं धत्स्व धिष्णे वीड्वी सती वीडयेथामूर्जं दधाथाम्।
पाप्मा हतो न सोमः ।।३५।।

१०. निर्ऋतिः – य. १2.६2–६४

असुन्वन्तमयजमानमिच्छ स्तेनस्येत्यामन्विहि तस्करस्य ।
अन्यमस्मदिच्छ सा तऽइत्या नमो देवि निर्ऋते तुभ्यमस्तु ।।६2।।
नमः सु ते निर्ऋते तिग्मतेजोऽयस्मयं विचृता बन्धमेतम् ।
यमेन त्वं यम्या संविदानोत्तमे नाकेऽअधि रोहयैनम् ।।६३।।
यस्यास्ते घोरऽआसन् जुहोम्येषां बन्धानामवसर्जनाय ।
यां त्वा जनो भूमिरिति प्रमन्दते निर्ऋतिं त्वाहं परि वेद विश्वतः ।।६४।।

११. पत्नी – य. १2.६१

मातेव पुत्रं पृथिवी पुरीष्यमग्निं स्वे योनावभारुखा ।
तां विश्वैर्देवैर्ऋतुभिः संविदानः प्रजापतिर्विश्वकर्मा वि मुंचतु ।।६१।।

१2. पवमानः सोमः – ऋ. ६.१.१–१०

स्वदिष्ठया मदिष्ठया पवस्व सोम धारया। इन्द्राय पातवे सुतः ।।१।।
रक्षोहा विश्वचर्षणिरभि योनिमयोहतम्। द्रुणा सधस्थमासदत् ।।2।।
वरिवोधातमो भव मंहिष्ठो वृत्रहन्तमः। पर्षि राधो मघोनाम् ।।३।।
अभ्यर्ष महानां देवानां वीतिमन्धसा। अभि वाजमुत श्रवः ।।४।।
त्वामच्छा चरामसि तदिदर्थं दिवेदिवे। इन्द्रो त्वे न आशसः ।।५।।
पुनाति ते परिस्रुतं सोमं सूर्यस्य दुहिता। वारेण शश्वता तना ।।६।।
तमीमण्वीः समर्य आ गृभ्णन्ति योषणो दश। स्वसारः पार्ये दिवि ।।७।।
तमीं हिन्वन्त्यग्रुवो धमन्ति बाकुरं दृतिम्। त्रिधातु वारणं मधु ।।८।।
अभीऽममघ्न्या उत श्रीणन्ति धेनवः शिशुम्। सोममिन्द्राय पातवे ।।६।।
अस्येदिन्द्रो मदेष्वा विश्वा वृत्राणि जिघ्नते। शूरो मघा च मंहते ।।१०।।

१३. मरुतः – अ. 20.४०.३; 20.६६.१2; 20.७०.३–५

अ. 20.४०.३

आदह स्वधामनु पुनर्गर्भत्वमेरिरे। दधाना नाम यज्ञियम् ।।३।।

अ. 20.६६.१2

आदह स्वधामनु पुनर्गर्भत्वमेरिरे। दधाना नाम यज्ञियम् ।।१2।।

अ. 20.७०.३–४

इन्द्रेण सं हि दृक्षसे संजग्मानो अबिभ्युषा। मन्दू समानवर्चसा ।।३।।
अनवद्यैरभिद्युभिर्मखः सहस्वदर्चति। गणैरिन्द्रस्य काम्यैः ।।४।।
अतः परिज्मन्ना गहि दिवो वा रोचनादधि। समस्मिन्नृंजते गिरः ।।५।।

१४. मित्रावरुणौ – य. ३३.५७

मित्रं हुवे पूतदक्षं वरुणं च रिशादसम्। धियं घृताचीं साधन्ता ।।५७।।

१५. यजमानः – य. १2.६५

यं ते देवी निर्ऋतिराबबन्ध पाशं ग्रीवास्वविचृत्यम्।
तं ते विष्याम्यायुषो न मध्यादथैतं पितुमद्धि प्रसूतः। नमो भूत्यै येदं चकार ।।६५।।

१६. यज्ञः – य. ६.३४

श्वात्रा स्थ वृत्रतुरो राधोगूर्त्ताऽअमृतस्य पत्नीः ।
ता देवीर्देवत्रेमं यज्ञं नयतोपहूताः सोमस्य पिबत ।।३४।।

१७. विद्वान् – य. १५.६५

सहस्रस्य प्रमासि सहस्रस्य प्रतिमासि सहस्रस्योन्मासि साहस्रोऽसि सहस्राय त्वा ।।६५।।

१८. विद्वांसः – य. २६.३७

केतुं कृण्वन्नकेतवे पेशो मर्याऽअपेशसे। समुषद्भिरजायथाः ।।३७।।

१६. विश्वेदेवाः – य. ७.३३

ओमासश्चर्षणीधृतो विश्वे देवासऽआगत। दाश्वांसो दाशुषः सुतम्। उपयामगृहीतोऽसि
विश्वेभ्यस्तवा देवेभ्यऽएष ते योनिर्विश्वेभ्यस्त्वा देवेभ्यः ।।३३।।

२०. सभापति राजा – य. ६.३२

इन्द्राय त्वा वसुमते रुद्रवतऽइन्द्राय त्वादित्यवतऽइन्द्राय त्वाभिमातिघ्ने ।
श्येनाय त्वा सोमभृतेऽग्नये त्वा रायस्पोषदे ।।३२।।

२१. सरस्वती – य. २०.८४–८६

पावका नः सरस्वती वाजेभिर्वाजिनीवती। यज्ञं वष्टु धियावसुः ।।८४।।
चोदयित्री सूनृतानां चेतन्ती सुमतीनाम्। यज्ञं दधे सरस्वती ।।८५।।
महोऽअर्णः सरस्वती प्र चेतयति केतुना। धियो विश्वा वि राजति।।८६।।

22. सोमः – य. ६.३३; २६.२५

य. ६.३३

यत्ते सोम दिवि ज्योतिर्यत्पृथिव्यां यदुरावन्तरिक्षे ।
तेनास्मै यजमानायोरु राये कृद्ध्यधि दात्रे वोचः ।।३३।।

य. २६.२५

स्वादिष्ठया मदिष्ठया पवस्व सोम धारया। इन्द्राय पातवे सुतः ।।२५।।

४८०. मधुच्छन्दा वैश्वामित्रः

१. अग्निः – ऋ.१.१.१–६; सा. १४; ६०५; य. ३.22–२४

ऋ. १.१.१–६

अग्निमीळे पुरोहितं यज्ञस्य देवमृत्विजम्। होतारं रत्नधातमम् ।।१।।
अग्निः पूर्वेभिर्ऋषिभिरीड्यो नूतनैरुत। स देवाँ एह वक्षति ।।2।।
अग्निना रयिमश्नवत् पोषमेव दिवेदिवे। यशमं वीरवत्तमम् ।।३।।
अग्ने यं यज्ञमध्वरं विश्वतः परिभूरसि। स इद्देवेषु गच्छति ।।४।।
अग्निर्होता कविक्रतुः सत्यश्चित्रश्रवस्तमः। देवो देवेभिरा गमत् ।।५।।
यदंग दाशुषे त्वमग्ने भद्रं करिष्यसि। तवेत्तत् सत्यमंगिरः ।।६।।
उप त्वाग्ने दिवेदिवे दोषावस्तर्धिया वयम्। नमो भरन्त एमसि ।।७।।
राजन्तमध्वराणां गोपामृतस्य दीदिविम्। वर्धमानं स्वे दमे ।।८।।
स नः पितेव सूनवेऽग्ने सूपायनो भव। सचस्वा नः स्वस्तये ।।६।।

सा. १४

उप त्वाग्ने दिवेदिवे दोषवस्तर्धिया वयम्। नमो भरन्त एमसि ।।४।।

सा. ६०५

अग्निमीळे पुरोहितं यज्ञस्य देवमृत्विजम। होतारं रत्नधातमम् ।।४।।

य. ३.22–2४
संहितासि विश्वरूप्यूर्जा माविश गौपत्येन ।
उप तवाग्ने दिवेदिवे दोषावस्तर्द्धिया वयम्। नमो भरन्तऽएमसि ।।22।।
राजन्तमध्वरारणां गोपामृतस्य दीदिविम्। वर्द्धमानं स्वे दमे ।।2३।।
स नः पितेव सूनवेऽग्ने सूपायनो भव। सचस्वा नः स्वस्तये ।।2४।।

2. **अश्विनौ – ऋ. १.३.१–३**
अश्विना यज्वरीरिषो द्रवत्पाणी शुभस्पती। पुरुभुजा चनस्यतम् ।।१।।
अश्विना पुरुदंससा नरा शवीरया धिया। धिष्ण्या वनतं गिरः ।।2।।
दस्रा युवाकवः सुता नासत्या वृक्तबर्हिषः। आ यातं रुद्रवर्तनी ।।३।।

३. **इन्द्रः – ऋ. १.३.४–६; १.४.१–१०; १.५.१–१०; १.६.१–३; १०; १.७.१–१०; १.८.१–१०; १.६.१–१०; १.१०.१–१2; सा. १2६; १३० ; १६०; १६४; १६६; १८०; १६८; 20५; ३४2; ५६७; ५६८; ७४०–७४2; ७६६–७६६; ८५०–८५2; १०८७–१०८६; १३४४–१३४६; १४६८–१४७०; १६20–१६22**

ऋ. १.३.४–६
इन्द्रा याहि चित्रभानो सुता इमे त्वायवः। अण्वीभिस्तना पूतासः ।।४।।
इन्द्रा याहि धियेषितो विप्रजूतः सुतावतः। उप ब्रह्माणि वाघतः ।।५।।
इन्द्रा याहि तूतुजान उप ब्रह्माणि हरिवः। सुते दधिष्व नश्चनः ।।६।।

ऋ. १.४.१–१०
सुरूपकृत्नुमूतये सुदुघामिव गोदुहे। जुहुमसि द्यविद्यवि ।।१।।
उप नः सवना गहि सोमस्य सोमपाः पिब। गोदा इद्रेवतो मदः ।।2।।
अथा ते अन्तमानां विद्याम सुमतीनाम्। मा नो अति ख्य आ गहि ।।३।।
परेहि विग्रमस्तृतमिन्द्रं पृच्छा विपश्चितम्। यस्ते सखिभ्य आ वरम्।।४।।
उत ब्रुवन्तु नो निदो निरन्यतश्चिदारत। दधाना इन्द्र इद्दुवः ।।५।।
उत नः सुभगाँ अरिर्वोचेयुर्दस्म कृष्टयः। स्यामेदिन्द्रस्य शर्मणि ।।६।।
एमाशुमाशवे भर यज्ञश्रियं नृमादनम्। पतयन्मन्दयत्सखम् ।।७।।
अस्य पीत्वा शतक्रतो घनो वृत्राणामभवः। प्रावो वाजेषु वाजिनम् ।।८।।
तं त्वा वाजेषु वाजिनं वाजयामः शतक्रतो। धनानामिन्द्र सातये ।।६।।
यो रायो३वनिर्महान्त्सुपारः सुन्वतः सखा। तस्मा इन्द्राय गायत ।।१०।।

ऋ. १.५.१–१०
आ त्वेता नि षीदतेन्द्रमभि प्र गायत। सखायः स्तोमवाहसः ।।१।।
पुरूतमं पुरूणामीशानं वार्याणाम्। इन्द्रं सोमे सचा सुते ।।2।।
स घा नो योग आ भुवत् स राये स पुरंध्याम्। गमद् वाजेभिरा स नः ।।३।।
यस्य संस्थे न वृण्वते हरी समत्सु शत्रवः। तस्मा इन्द्राय गायत ।।४।।
सुतपाव्ने सुता इमे शुचयो यन्ति वीतये। सोमासो दध्याशिरः ।।५।।
त्वं सुतस्य पीतये सद्यो वृद्धो अजायथाः। इन्द्र ज्यैष्ठ्याय सुक्रतो ।।६।।
आ त्वा विशन्त्वाशवः सोमास इन्द्र गिर्वणः। शं ते सन्तु प्रचेतसे ।।७।।
त्वां स्तोमा अवीवृधन् त्वामुक्था शतक्रतो। त्वां वर्धन्तु नो गिरः ।।८।।
अक्षितोतिः सनेदिमं वाजमिन्द्रः सहस्रिणम्। यस्मिन् विश्वानि पौंस्या ।।६।।
मा नो मर्ता अभि द्रुहन् तनूनामिन्द्र गिर्वणः। ईशानो यवया वधम् ।।१०।।

ऋ. १.६.१–३
युंजन्ति ब्रध्नमरुषं चरन्तं परि तस्थुषः। रोचन्ते रोचना दिवि ।।१।।

युंजन्त्यस्य काम्या हरी विपक्षसा रथे। शोणा धृष्णू नृवाहसा ।।2।।
केतुं कृण्वन्नकेतवे पेशो मर्या अपेशसे। समुषद्भिरजायथाः ।।३।।

ऋ. १.६.१०

इतो वा सातिमीमहे दिवो वा पार्थिवादधि। इन्द्रं महो वा रजसः ।।१०।।

ऋ. १.७.१–१०

इन्द्रमिद् गाथिनो बृहदिन्द्रमर्केभिरर्किणः। इन्द्रं वाणीरनूषत ।।१।।
इन्द्र इद्धर्योः सचा संमिश्ल आ वचोयुजा। इन्द्रो वज्री हिरण्ययः ।।2।।
इन्द्रो दीर्घाय चक्षस आ सूर्यं रोहयद् दिवि। वि गोभिरद्रिमैरयत् ।।३।।
इन्द्र वाजेषु नोऽव सहस्रप्रधनेषु च। उग्र उग्राभिरूतिभिः ।।४।।
इन्द्रं वयं महाधन इन्द्रमर्भे हवामहे। युजं वृत्रेषु वज्रिणम् ।।५।।
स नो वृषन्नमुं चरुं सत्रादावन्नपा वृधि। अस्मभ्यमप्रतिष्कुतः ।।६।।
तुंजेतुंजे य उत्तरे स्तोमा इन्द्रस्य वज्रिणः। न विन्धे अस्य सुष्टुतिम् ।।७।।
वृषा यूथेव वंसगः कृष्टीरियर्त्योजसा। ईशानो अप्रतिष्कुतः ।।८।।
य एकश्चर्षणीनां वसूनामिरज्यति। इन्द्रः पंच क्षितीनाम् ।।६।।
इन्द्रं वो विश्वतस्परि हवामहे जनेभ्यः। अस्माकमस्तु केवलः ।।१०।।

ऋ. १.८.१–१०

एन्द्र सानसिं रयिं सजित्वानं सदासहम्। वर्षिष्ठमूतये भर ।।१।।
नि येन मुष्टिहत्यया नि वृत्रा रुणधामहै। त्वोतासो न्यर्वता ।।2।।
इन्द्र त्वोतास आ वयं वज्रं घना ददीमहि। जयेम सं युधि स्पृधः ।।३।।
वयं शूरेभिरस्तृभिरिन्द्र त्वया युजा वयम्। सासह्याम पृतन्यतः ।।४।।
महाँ इन्द्रः परश्च नु महित्वमस्तु वज्रिणे। द्यौर्न प्रथिना शवः ।।५।।
समोहे वा य आशत नरस्तोकस्य सनितौ। विप्रासो वा धियायवः ।।६।।
यः कुक्षिः सोमपातमः समुद्रइव पिन्वते। उर्वीरापो न काकुदः ।।७।।
एवा ह्यस्य सूनृता विरप्शी गोमती मही। पक्वा शाखा न दाशुषे ।।८।।
एवा हि ते विभूतय ऊतय इन्द्र मावते। सद्यश्चित् सन्ति दाशुषे ।।६।।
एवा ह्यस्य काम्या स्तोम उक्थं च शंस्या। इन्द्राय सोमपीतये ।।१०।।

ऋ. १.६.१–१०

इन्द्रेहि मत्स्यन्धसो विश्वेभिः सोमपर्वभिः। महाँ अभिष्टिरोजसा ।।१।।
एमेनं सृजता सुते मन्दिमिन्द्राय मन्दिने। चक्रिं विश्वानि चक्रये ।।2।।
मत्स्वा सुशिप्र मन्दिभिः स्तोमेभिर्विश्वचर्षणे। सचैषु सवनेष्वा ।।३।।
असृग्रमिन्द्र ते गिरः प्रति त्वामुदहासत। अजोषा वृषभं पतिम् ।।४।।
सं चोदय चित्रमर्वाग् राध इन्द्र वरेण्यम्। असदित्ते विभु प्रभु ।।५।।
अस्मान्त्सु तत्र चोदयेन्द्र राये रभस्वतः। तुविद्युम्न यशस्वतः ।।६।।
सं गोमदिन्द्र वाजवदस्मे पृथु श्रवो बृहत्। विश्वायुर्धेह्यक्षितम् ।।७।।
अस्मे धेहि श्रवो बृहद् द्युम्नं सहस्रसातमम्। इन्द्र ता रथिनीरिषः ।।८।।
वसोरिन्द्रं वसुपतिं गीर्भिर्गृणन्त ऋग्मियम्। होम गन्तारमूतये ।।६।।
सुतेसुते न्योकसे बृहद् बृहत एदरिः। इन्द्राय शूषमर्चति ।।१०।।

ऋ. १.१०.१–१२

गायन्ति त्वा गायत्रिणोऽर्चन्त्यर्कमर्किणः। ब्रह्माणस्त्वा शतकृत उद्वंशमिव येमिरे ।।१।।
यत्सानो सानुरुहद् भूर्यस्पष्ट कर्त्वम्। तदिन्द्रो अर्थं चेतति यूथेन वृष्णिरेजति ।।2।।
युक्ष्वा हि केशिना हरी वृषणा कक्ष्यप्रा। अथा न इन्द्र सोमपा गिरामुपश्रुतिं चर ।।३।।
एहि स्तोमाँ अभि स्वराभि गृणीह्या रुव। ब्रह्म च नो वसो सचेन्द्र यज्ञं च वर्धय ।।४।।
उक्थमिन्द्राय शंस्यं वर्धनं पुरुनिष्षिधे। शक्रो यथा सुतेषु णो रारणत् सख्येषु च ।।५।।

तमित् सखित्व ईमहे तं राये तं सुवीर्ये। स शक्र उत नः शकदिन्द्रो वसु दयमानः ।।६।।
सुविवृतं सुनिरजमिन्द्र त्वादातमिद्यशः। गवामप व्रजं वृधि कृणुष्व राधो अद्रिवः ।।७।।
नहि त्वा रोदसी उभे ऋघायमाणामिन्वतः। जेषः स्वर्वतीरपः सं गाः अस्मभ्यं धिनुहि ।।८।।
आश्रुत्कर्ण श्रुधी हवं नू चिद्दधिष्व मे गिरः। इन्द्र स्तोममिमं मम कृष्वा युजश्चिदन्तरम ।।६।।
विद्मा हि त्वा वृषन्तमं वाजेषु हवनश्रुतम्। वृषन्तमस्य हूमह ऊतिं सहस्रसातमम् ।।१०।।
आ तु न इन्द्र कौशिक मन्दसानः सुतं पिब। नव्यमायुः प्र सू तिर कृधि सहस्रसामृषिम् ।।११।।
परि त्वा गिर्वणो गिर इमा भवन्तु विश्वतः। वृद्धायुमनु वृद्धयो जुष्टा भवन्तु जुष्टयः ।।१2।।

सा. १2६–१३०

एन्द्र सानसिं रयिं सजित्वानं सदासहम्। वर्षिष्ठमूतये भर ।।५।।
इन्द्र वयं महाधन इन्द्रमर्भे हवामहे। युजं वृत्रेषु वज्रिणम् ।।६।।

सा. १६०

सुरूपकृत्नुमूतये सुदुधामिव गोदुहे। जुहूमसि द्यविद्यवि ।।६।।

सा. १६४

आ त्वेता नि षीदतेन्द्रमभि प्र गायत। सखायः स्तोमवाहसः ।।१०।।

सा. १६६

महाँ इन्द्रः पुरश्च नो महित्वमस्तु वज्रिणे। द्यौर्न प्रथिना शवः ।।2।।

सा. १८०

इन्द्रेहि मत्स्यन्धसो विश्वेभिः सोमपर्वभिः। महाँ अभिष्टिरोजसा ।।६।।

सा. १६८

इन्द्रमिद्गथिनो बृहदिन्द्रमर्केभिरर्किणः। इन्द्रं वाणीरनूषत ।।५।।

सा. 20५

असृग्रमिन्द्र ते गिरः प्रति त्वामुदहासत। सजोषा वृषभं पतिम् ।।2।।

सा. ३४2

गयन्ति त्वा गायत्रिणोऽर्चन्त्यर्कमर्किणः। ब्रह्मणस्त्वा शतक्रत उद्वंशमिव येमिरे ।।१।।

सा. ५६७

इन्द्र इद्धर्योः सचा सम्मिश्ल आ वचोयुजा। इन्द्रो वज्री हिरण्ययः ।।३।।

सा. ५६८

इन्द्र वाजेषु नोऽव सहस्रप्रधनेषु च। उग्र उग्राभिरूतिभिः ।।४।।

सा. ७४०–७४2

आ त्वेता नि षीदतेन्द्रमभि प्र गायत। सखाय स्तोमवाहसः ।।१।।
पुरूतमं पुरूणामीशानं वार्याणाम्। इन्द्रं सोमे सचा सुते ।।2।।
स घा नो योग आ भुवत्स राये स पुरन्ध्या। गमद्वाजेभिरा स नः ।।३।।

सा. ७६६–७६६

इन्द्रमिद्गाथिनो बृहदिन्द्रमर्केभिरर्किणः। इन्द्र वाणीरनूषत ।।१।।
इन्द्र इद्धर्योः सचा सम्मिश्ल आ वचोयुजा। इन्द्रो वज्री हिरण्ययः ।।2।।
इन्द्र वाजेषु नोऽव सहस्रप्रधनेषु च। उग्र उग्राभिरूतिभिः ।।३।।
इन्द्रो दीर्घाय चक्षस आ सूर्यं रोहयद्दिवि। वि गोभिरद्रिमैरयत् ।।४।।

सा. ८५०–८५2

इन्द्रेण सं हि दृक्षसे संजग्मानो अबिभ्युषा। मन्दू समानवर्चसा ।।१।।
आदह स्वधामनु पुनर्गर्भत्वमेरिरे। दधाना नाम यज्ञियम् ।।2।।
वीडु चिदारुजत्नुभिर्गुहा चिदिन्द्र बह्निभिः। अविन्द उस्रिया अनु ।।३।।

सा. १०८७–१०८६

सुरूपकृत्नुमूतये सुदुघामिव गोदुहे। जुहूमसि द्यविद्यवि ।।१।।

उप नः सवना गहि सोमस्य सोमपाः पिब। गोदा इद्रेवतो मदः ।।2।।
अथा ते अन्तमानां विद्याम सुमतीनाम्। मा नो अति ख्य आ गहि ।।३।।

सा. १३४४–१३४६

गायन्ति त्वा गायत्रिणोऽर्चत्यर्कमर्किणः। ब्रह्माणस्त्वा शतक्रत उद्वंशमिव योमिरे ।।१।।
यत्सानोः सान्वारुहो भूर्यस्पष्ट कर्त्वम्। तदिन्द्रो अर्थं चेतति यूथेन वृष्णिरेजति ।।2।।
युंक्ष्वा हि केशिना हरी वृषणा कक्ष्यप्रा। अथा न इन्द्र सोमपा गिरामुपश्रुतिं चर ।।३।।

सा. १४६८–१४७०

युंजन्ति ब्रध्नमरुषं चरन्तं परि तस्थुषः। रोचन्ते रोचना दिवि ।।१।।
युंजन्त्यस्य काम्या हरी विपक्षसा रथे। शोणा धृष्णू नृवाहसा ।।2।।
केतुं कृण्वन्नकेतवे पेशो मर्या अपेशसे। समुषद्भिरजायथाः ।।३।।

सा. १६20–१६22

इन्द्रं वो विश्वतस्परि हवामहे जनेभ्यः। अस्माकमस्तु केवलः ।।१।।
स नो वृषन्नमुं चरुं सत्रादावन्नपा वृधि। अस्मभ्यमप्रतिष्कुतः ।।2।।
वृषा यूथेव वं सगः कृष्टीरियर्त्योजसा। ईशानो अप्रतिष्कुतः ।।३।।

४. इन्द्रः (साग्री. सास्वा.) मित्रावरुणौ (सार्षेदी.) – ऋ. १.१०.१–१2; सा. ३६३

ऋ. १.१०.१–१2

गायन्ति त्वा गायत्रिणोऽर्चन्त्यर्कमर्किणः। ब्रह्माणस्त्वा शतक्रत उद्वंशभिव येमिरे ।।१।।
यत्सानोः सानुमारुहद् भूर्यस्पष्ट कर्त्वम्। तदिन्द्रो अर्थं चेतति यूथेन वृष्णिरेजति ।।2।।
युक्ष्वा हि केशिना हरी वृषणा कक्ष्यप्रा। अथा न इन्द्र सोमपा गिरामुपश्रुतिं चर ।।३।।
एहि स्तोमाँ अभि स्वराऽभि गृणीह्या रुव। ब्रह्म च नो वसो सचेन्द्र यज्ञं च वर्धय ।।४।।
शक्रो यथा सुतेषु णे रारणत् सख्येषु च ।।५।।
तमित् सखित्व ईमहे तं राये तं सुवीर्ये। स शक्र उत नः शकदिन्द्रो वसु दयमानः ।।६।।
सुविवृतं सुनिरज मिन्द्र त्वादातमिद् यशः। गवामप व्रजं वृधि कृणुष्व राधो अद्रिवः ।।७।।
नहि त्वा रोदसी उभे ऋघायमाणमिन्वतः। जेषः स्वर्वतीरपः सं गा अस्मभ्यं धूनुहि ।।८।।
आश्रुत्कर्ण श्रुधी हवं नू चिद्दधिष्व मे गिरः। इन्द्र स्तोममिमं मम कृष्वा युजश्चिदन्तरम् ।।६।।
विद्मा हि त्वा वृषन्तमं वाजेषु हवनश्रुतम्। वृषन्तमस्य हूमह ऊतिं सहस्रसातमाम् ।।१०।।
आ तू न इन्द्र कौशिक मन्दसानः सुतं पिब। नव्यमायुः प्र सू तिर कृधी सहस्रसामृषिम् ।।११।।
परि त्वा गिर्वणो गिर इमा भवन्तु विश्वतः। वृद्धायुमनु वृद्धयो जुष्टा भवन्तु जुष्टयः ।।१2।।

सा. ३६३

उक्थमिन्द्राय शंस्यं वर्धनं पुरुनिषिधे। शक्रो यथा सतेषु नो रारणत्सख्येषु च ।।४।।

५. इन्द्रः (सास्वा.साग्री.) सरस्वती (सार्षेदी.) – सा. १८६

पावका नः सरस्वती वाजेभिर्वाजिनीवती। यज्ञं वष्टु धियावसुः ।।५।।

६. इन्द्रवायू – ऋ. १.2.४–६

इन्द्रवायू इमे सुता उप प्रयोभिरा गतम्। इन्दवो वामुशन्ति हि ।।४।।
वायविन्द्रश्च चेतथः सुतानां वाजिनीवसू। तावा यातमुप द्रवत् ।।५।।
वायविन्द्रश्च सुन्वत आ यातमुप निष्कृतम्। मक्ष्वि१त्था धिया नरा ।।६।।

७. पवमानः सोमः – सा. ४६८; ६८६–६६१

सा. ४६८

स्वादिष्ठया मदिष्ठया पवस्व सोम धारया। इन्द्राय पातवे सुतः ।।2।।

सा. ६८६–६६१

स्वादिष्ठया मदिष्ठया पवस्व सोम धारया। इन्द्राय पातवे सुतः ।।१।।
रक्षोहा विश्वचर्षणिरभि योनिमयोहते। द्रोणे सधस्थमासदत् ।।2।।
वरिवोधातमो भुवो मंहिष्ठो वृत्रहन्तमः। पर्षि राधो मघोनाम् ।।३।।

८. मरुतः – ऋ. १.६.४; ६; ८; ६; सा. ८५१

ऋ. १.६.४
आदह स्वधामनु पुनर्गर्भत्वमेरिरे। दधाना नाम यज्ञियम् ।।४।।
ऋ. १.६.६
देवयन्तो यथा मतिमच्छा विदद्वसुं गिरः। महामनूषत श्रुतम् ।।६।।
ऋ. १.६.८–९
अनवद्यैरभिद्युभिर्मखः सहस्वदर्चति। गणैरिन्द्रस्य काम्यै ।।८।।
अतः परिज्मन्ना गहि दिवो वा रोचनादधि। समस्मिन्नृंजते गिरः ।।९।।
सा. ८५१
आदह स्वधामनु पुनर्गर्भत्वमेरिरे। दधाना नाम यज्ञियम् ।।2।।

९. **मरुतः इन्द्रश्च – ऋ. १.६.५; ७**
ऋ. १.६.५
वीळु चिदारुर्जनुभिर्गुहा चिदिन्द्र वह्निभिः। अविन्द उस्रिया अनु ।।५।।
इन्द्रेण सं हि दृक्षसे संजग्मानो अबिभ्युषा। मन्दू समानवर्चसा ।।७।।

१०. **मित्रावरुणौ – ऋ. १.2.७–९; सा. ८४७–८४९**
मित्रं हुवे पूतदक्षं वरुणं च रिशादसम्। धियं घृताचीं साधन्ता ।।७।।
ऋतेन मित्रावरुणावृतावृधावृतस्पृशा। क्रतुं बृहन्तमाशाथे ।।८।।
कवी नो मित्रावरुणा तुविजाता उरुक्षया। दक्षं दधाते अपसम् ।।९।।
सा. ८४७–८४९
मित्रं हुवे पूतदक्षं वरुणं च रिशादसम्। धियं धृताचीं साधन्ता ।।१।।
ऋतेन मित्रावरुणावृतावृधावृतस्पृशा। क्रतुं बृहन्तमाशाथे ।।2।।
कवी नो मित्रावरुणा तुविजाता उरुक्षया। दक्षं दधाते अपसम् ।।३।।

११. **वायुः – ऋ. १.2.१–३**
वायवा याहि दर्शतेमे सोमा अरंकृताः। तेषां पाहि श्रुधी हवम् ।।१।।
वाय उक्थेभिर्जरन्ते त्वामच्छा जरितारः। सुतसोमा अहर्विदः ।।2।।
वायो तव प्रपृंचती धेना जिगाति दाशुषे। उरूची सोमपीतये ।।३।।

१2. **विश्वेदेवाः – ऋ. १.३.७–९**
ओमासश्चर्षणीधृतो विश्वे देवास आ गत। दाश्वांसो दाशुषः सुतम् ।।७।।
विश्वे देवासो अप्तुरः सुतमा गन्त तूर्णयः। उस्रा इव स्वसराणि ।।८।।
विश्वे देवासो अस्रिध एहिमायासो अद्रुहः। मेधं जुषन्त वह्नयः ।।९।।

१३. **सरस्वती – ऋ. १.३.१०–१2**
पावका नः सरस्वती वाजेभिर्वाजिनीवती। यज्ञं वष्टु धियावसुः ।।१०।।
चोदयित्री सूनृतानां चेतन्ती सुमतीनाम्। यज्ञं दधे सरस्वती ।।११।।
महो अर्णः सरस्वती प्र चेतयति केतुना। धियो विश्वा वि राजति।।१2।।

४८१. मधुच्छन्दा सुतजेता

१. **इन्द्रः – य. १2.५६; १७.६१**
य. १2.५६
इन्द्रं विश्वाऽअवीवृधन्त्समुद्रव्यचसं गिरः। रथीतमं रथीनां वाजानां सत्पतिं पतिम् ।।५६।।
य. १७.६१
इन्द्रं विश्वाऽअवीवृधन्त्समुद्रव्यचसं गिरः। रथीतमं रथीनां वाजानां सत्पतिं पतिम् ।।६१।।

४८2. मनुः

१. **विश्वेदेवाः – य. ३३.६१; ६४**
य. ३३.६१

देवंदेवं वोऽवसे देवंदेवमभिष्टये। देवंदेवं हुवेम वाजसातये गृणन्तो देव्या धिया ।।६१।।

य. ३३.६४

देवासो हि ष्मा मनवे समन्यवो विश्वे साकं सरातयः ।
ते नोऽअद्य तेऽअपरं तुचे तु नो भवन्तु वरिवोविदः ।।६४।।

४८३. मनुर् आप्स्वः

१. पवमानः सोमः – ऋ. ६.१०६.७–६; सा. ५७१; १३२६–२८

६.१०६.७–६

पवस्व देववीतय इन्दो धाराभिरोजसा। आ कलशं मधुमान्त्सोम नः सदः ।।७।।
तव द्रप्सा उदप्रुत इन्द्रं मदाय वावृधुः। त्वां देवासो अमृताय कं पपुः ।।८।।
आ नः सुतास इन्दवः पुनाना धावता रयिम्। वृष्टिद्यावो रीत्यापः स्वर्विदः ।।६।।

सा. ५७१

पवस्व देववीतय इन्दो धाराभिरोजसा। आ कलशं मधुमान्त्सोम नः सदः ।।६।।

सा. १३२६–१३२८

पवस्व देववीतय इन्दो धाराभिरोजसा। आ कलशं मधुमान्त्सोम नः सदः ।।१।।
तव द्रप्सा उदप्रुत इन्द्रं मदाय वावृधुः। त्वां देवासो अमृताय कं पपुः ।।2।।
आ नः सुतास इन्दवः पुनाना धावता रयिम्। वृष्टिद्यावो रीत्यापः स्वर्विदः ।।३।।

४८४. मनुस् तापसः

१. मन्युः – ऋ. १०.८३.१–७; १०.८४.१–७

ऋ. १०.८३.१–७

यस्ते मन्योऽविधद्वज्र सायक सह ओजः पुष्यति विश्वमानुषक् ।
साह्याम दासमार्यं त्वया युजा सहस्कृतेन सहसा सहस्वता ।।१।।
मनयुरिन्द्रो मन्युरेवास देवो मन्युर्होता वरुणो वातवेदाः ।
मन्युं विश ईळते मानुषीर्याः पाहि नो मन्यो तपसा सजोषाः ।।2।।
अभीहि मन्यो तवसस्तवीयान्तपसा युजा वि जहि शत्रून् ।
अमित्रहा वृत्रहा दस्युहा च विश्वा वसून्या भरा त्वं नः ।।३।।
त्वं हि मन्यो अभिभूतयोजाः स्वयम्भूर्भामो अभिमातिषाहः ।
विश्वचर्षणिः सहुरिः सहावानस्मास्वोजः पृतनासु धेहि ।।४।।
अभागः सन्नप परेतो अस्मि तव क्रत्वा तविषस्य प्रचेतः ।
तं त्वा मन्यो अक्रतुर्जिहीळाहं स्वा तनूर्बलदेयाय मेहि ।।५।।
अयं ते अस्म्युप मेह्यर्वाङ् प्रतीचीनः सहुरे विश्वधयः ।
मन्यो वज्रिन्नभि मामा ववृत्स्व हनाव दस्यूँरुत बोध्यापेः ।।६।।
अभि प्रेहि दक्षिणतो भवा मेऽधा वृत्राणि जंघनाव भूरि ।
जुहोमि ते धरुणं मध्वो अग्रमुभा उपांशु प्रथमा पिबाव ।।७।।

ऋ. १०.८४.१–७

त्वया मन्यो सरथमारुजन्तो हर्षमाणासो धृषिता मरुत्वः ।
तिग्मेषव आयुधा संशिशाना अभि प्र यन्तु नरो अग्निरूपाः ।।१।।
अग्निरिव मन्यो त्विषितः सहस्व सेनानीर्नः सहुरे हूत एधि ।
हत्वाय शत्रून्वि भजस्व वेद ओजो मिमानो वि मृधो नुदस्व ।।2।।
सहस्व मन्यो अभिमातिमस्मे रुजन्मृणन्प्रमृणन् प्रेहि शत्रून् ।
उग्रं ते पाजो नन्वा रुरुध्रे वशी वशं नयस एकज त्वम् ।।३।।
एको बहूनामसि मन्यवीळितो विशंविशं युधये सं शिशाधि ।
अकृत्तरुक्त्वया युजा वयं द्युमन्तं घोषं विजयाय कृण्महे ।।४।।
विजेषकृदिन्द्र इवानवब्रवो३स्माकं मन्यो अधिपा भवेह ।
प्रियं ते नाम सहुरे गृणीमसि विद्मा तमुत्सं यत आबभूथ ।।५।।

आभूत्या सहजा वज्र सायक सहो बिभर्ष्यभिभूत उत्तरम् ।
क्रत्वा नो मन्यो सह मेद्येधि महाधनस्य पुरुहूत संसृजि ।।६।।
संसृष्टं धनमुभ्यं समाकृतमस्मभ्यं दत्तां वरुणश्च मन्युः ।
भियं दधाना हृदयेषु शत्रवः पराजितासो अप नि लयन्ताम् ।।७।।

४८५. मनुर्वैवस्वतः

१. अग्निः – सा. ४८

अग्निरुक्थे पुरोहितो ग्रावाणो बर्हिरध्वरे। ऋचा यामि मरुतो ब्रह्मणस्पते देवा अवो वरेण्यम् ।४।।

2. इज्यास्तवः यजमानप्रशंसा च – ऋ. ८.३१.१–४

यो यजाति यजात इत्सुनवच्च पचाति च। ब्रह्मेदिन्द्रस्य चाकनत् ।।१।।
पुरोळाशं यो अस्मै सोमं ररत आशिरम्। पादित्तं शक्रो अंहसः ।।2।।
तस्य द्युमाँ असद्रथो देवजूतः स शूशुवत्। विश्वा वन्वन्नमित्रिया ।।३।।
अस्य प्रजावती गृहेऽसश्चन्ती दिवेदिवे। इळा धेनुमती दुहे ।।४।।

३. दम्पत्ती – ऋ. ८.३१.५–६

या दंपती समनसा सुनुत आ च धावतः। देवासो नित्ययाशिरा ।।५।।
प्रति प्राशव्याँ इतः सम्यंचा बर्हिराशाते। न ता वाजेषु वायतः ।।६।।
न देवानामपि ह्नुतः सुमतिं न जुगुक्षतः। श्रवो बृहद्विवासतः ।।७।।
पुत्रिणा ता कुमारिणा विश्वमायुर्व्यश्नुतः। उभा हिरण्यपेशसा ।।८।।
वीतिहोत्रा कृतद्वसू दशस्यन्तामृताय कम्। समूधो रोमशं हतो देवेषु कृणुतो दुवः ।।६।।

४. दम्पत्त्योराशिषः – ऋ. ८.३१.१०–१८

आ शर्म पर्वतानां वृणीमहे नदीनाम्। आ विष्णोः सचाभुवः ।।१०।।
ऐतु पूषा रयिर्भगः स्वस्ति सर्वधतमः। उरुरध्वा स्वस्तये ।।११।।
अरमतिरनर्वणो विश्वो देवस्य मनसा। आदित्यानामनेह इत् ।।१2।।
यथा नो मित्रो अर्यमा वरुणः सन्ति गोपाः। सुगा ऋतस्य पन्थाः ।।१३।।
अग्निं वः पूर्व्यं गिरा देवमीळे वसूनाम् । सपर्यन्तः पुरुप्रियं मित्रं न क्षेत्रसाधसम् ।।१४।।
मक्षू देववतो रथः शूरो वा पृत्सु कासु चित् ।
देवानां य इन्मनो यजमान इयक्षत्यभीदयज्वनो भुवत् ।।१५।।
न यजमान रिष्यसि न सुन्वान न देवयो ।
देवानां य इन्मनो यजमान इयक्षत्यभीदयज्वनो भुवत् ।।१६।।
नकिष्टं कर्मणा नशन्न प्र योषन्न योषति ।
देवानां य इन्मनो यजमान इयक्षत्यभीदयज्वनो भुवत् ।।१७।।
असदत्र सुवीर्यमुत त्यदाश्वश्वयम् ।
देवानां य इन्मनो यजमान इयक्षत्यभीदयज्वनो भुवत् ।।१८।।

५. विश्वेदेवाः – ऋ. ८.२७.१–22; ८.२८.१–५; ८.२६.१–१०

ऋ. ८.२७.१–22

अग्निरुक्थे पुरोहितो ग्रावाणो बर्हिरध्वरे ।
ऋचा यामि मरुतो ब्रह्मणस्पतिं देवाँ अवो वरेण्यम् ।।१।।
आ पशुं गासि पृथिवीं वनस्पतीनुषासा नक्तमोषधीः ।
विश्वे च नो वसवो विश्ववेदसो धीनां भूत प्रावितारः ।।2।।
प्र सू न एत्वध्वरा३ ग्ना देवेषु पूर्व्यः। आदित्येषु प्र वरुणे धृतव्रते मरुत्सु विश्वभानुषु ।।३।।
विश्वे हि ष्मा मनवे विश्ववेदसो भुवन्वृधे रिशादसः ।
आरिष्टेभिः पायुभिर्विश्ववेदसो यन्ता नोऽवृकं छर्दिः ।।४।।

आ नो अद्य समनसो गन्ता विश्वे सजोषसः ।
ऋचा गिरा मरुतो देव्यदिते सदने पस्त्ये महि ।।५।।
अभि प्रिया मरुतो या वो अश्व्या हव्या मित्र प्रयाथन ।
आ बर्हिरिन्द्रो वरुणस्तुरा नर आदित्यासः सदन्तु नः ।।६।।
वयं वो वृक्तबर्हिषो हितप्रयस अनुषक्। सुतसोमासो वरुण हवामहे मनुष्वदिद्धाग्नयः ।।७।।
आ प्र यात मरुतो विष्णो अश्विना पूषन्माकीनया धिया ।
इन्द्र आ यातु प्रथमः सनिष्युभिर्वृषा यो वृत्रहा गृणे ।।८।।
वि नो देवासो अद्रुहोऽच्छिद्रं शर्म यच्छत ।
न यद्दूराद्वसवो नू चिदन्तितो वरूथमादधर्षति ।।९।।
अस्ति हि वः सजात्यं रिशादसो देवासो अस्त्याप्यम् ।
प्र णः पूर्वस्मै सुविताय वोचत मक्षू सुम्नाय नव्यसे ।।१०।।
इदा हि व उपस्तुतिमिदा वामस्य भक्तये। उप वो विश्ववेदसो नमस्युराँ असृक्ष्यन्यामिव ।।११।।
उदु ष्य वः सविता सुप्रणीतयोऽस्थादूर्ध्वो वरेण्यः ।
नि द्विपादश्चतुष्पादो अर्थिनोऽविश्रन्पतयिष्णवः ।।१२।।
देवंदेवं वोऽवसे देवंदेवमभिष्टये । देवंदेवं हुवेम वाजसातये गृणन्तो देव्या धिया ।।१३।।
देवासो हि ष्मा मनवे समन्यवो विश्वे साकं सरातयः ।
ते नो अद्य ते अपरं तुचे तु नो भवन्तु वरिवोविदः ।।१४।।
प्र वः शंसाम्यद्रुहः संस्थ उपस्तुतीनाम्। न तं धूर्तिर्वरुण मित्र मर्त्यं यो वो धामभ्योऽविधत्।।१५।।
प्र स क्षयं तिरते वि महीरिषो यो वो वराय दाशति ।
प्र प्रजाभिर्जायते धर्मणस्पर्यरिष्टः सर्व एधते ।।१६।।
ऋते स विन्दते युधः सुगेभिर्यात्यध्वनः ।
अर्यमा मित्रो वरुणः सरातयो यं त्रायन्ते सजोषसः ।।१७।।
अज्रे चिदस्मै कृणुथा न्यंचनं दुर्गे चिदा सुसरणम् ।
एषा चिदस्मादशनिः परो नु सास्रेधन्ती वि नश्यतु ।।१८।।
यदद्य सूर्य उद्यति प्रियक्षत्रा ऋतं दध ।
यन्निम्रुचि प्रबुधि विश्ववेदसो यद्वा मध्यंदिने दिवः ।।१९।।
यद्वाभिपित्वे असुरा ऋतं यते छर्दिर्येम वि दाशुषे ।
वयं तद्वो वसवो विश्ववेदस उप स्थेयाम मध्य आ ।।२०।।
यदद्य सूर उदिते यन्मध्यन्दिन आतुचि ।
वामं धत्थ मनवे विश्ववेदसो जुह्वानाय प्रचेतसे ।।२१।।
वयं तद्वः सम्राज आ वृणीमहे पुत्रो न बहुपाय्यम् ।
अश्याम तदादित्या जुह्वतो हविर्येन वस्योऽनशामहै ।।२२।।

ऋ. ८.२८.१–५

ये त्रिंशति त्रयस्परो देवासो बर्हिरासदन्। विदन्नह द्वितासनन् ।।१।।
वरुणो मित्रो अर्यमा स्मद्रातिषाचो अग्नयः। पत्नीवन्तो वषट्कृताः ।।२।।
ते नो गोपा अपाच्यास्त उदक्त इत्था न्यक्। पुरस्तात्सर्वया विशा ।।३।।
यथा वशन्ति देवास्तथेदसत्तदेषां नकिरा मिनत्। अरावा चन मर्त्यः ।।४।।
सप्तानां सप्त ऋष्टयः सप्त द्युम्नान्येषाम्। सप्तो अधि श्रियो धिरे ।।५।।

ऋ. ८.२९.१–१०

बभ्रुरेको विषुणः सूनरो युवांज्यङ्क्ते हिरण्ययम् ।।१।।
येनिमेक आ ससाद द्योतनोऽन्तर्देवेषु मेधिरः ।।२।।
वाशीमेको बिभर्ति हस्त आयसीमन्तर्देवेषु निध्रुविः ।।३।।
वज्रमेको बिभर्ति हस्त आहितं तेन वृत्राणि जिघ्नते ।।४।।

तिग्ममेको बिभर्ति हस्त आयुधं शुचिरुग्रो जलाषभेषजः ।।५।।
पथ एकः पीपाय तस्करो यथाँ एष वेद निधीनाम् ।।६।।
त्रीण्येक उरुगायो वि चक्रमे यत्र देवासो मदन्ति ।।७।।
विभिर्द्वा चरत एकया सह प्र प्रवासेव वसतः ।।८।।
सदो द्वा चक्राते उपमा दिवि सम्राजा सर्पिरासुती ।।९।।
अर्चन्त एके महि साम मन्वत तेन सूर्यमरोचयन् ।।१०।।

४८६. मनुः सांवरणः

१. **पवमानः सोमः – ऋ. ९.१०१.१०–१२; सा. ५४८; ११०१–११०३**

ऋ. ९.१०१.१०–१२

सोमाः पवन्त इन्दवोऽस्मभ्यं गातुवित्तमाः। मित्राः सुवाना अरेपसः स्वाध्यः स्वर्विदः ।।१०।।
सुष्वाणासो व्यद्रिभिश्चिताना गोरधि त्वचि। इषमस्मभ्यमभितः समस्वरन् वसुविदः ।।११।।
एते पूता विपश्चितः सोमासो दध्याशिरः। सूर्यासो न दर्शतासो जिगत्नवो ध्रुवा घृते ।।१२।।

सा. ५४८

सोमाः पवन्त इन्दवोऽस्मभ्यं गातुवित्तमाः। मित्रा खाना अरेपसः स्वाध्यः स्वर्विदः ।।४।।

सा. ११०१–११०३

सोमाः पवन्त इन्दवोऽस्मभ्यं गातुवित्तमाः। मित्राः स्वाना अरेपसः स्वाध्यः स्वर्विदः ।।१।।
ते पूतासो विपश्चितः सोमासो दध्याशिरः। सुरासो न दर्शतासो जिगत्नवो ध्रुवा घृते ।।२।।
सुष्वाणासो व्यद्रिभिश्चिताना गोरधि त्वचि। इषमस्मभ्यमभितः समस्वरन्वसुविद ।।३।।

४८७. मन्युर् वासिष्ठः

१. **पवमानः सोमः – ऋ. ९.९७.१०–१२; सा. १०१९–१०२१**

ऋ. ९.९७.१०–१२

इन्दुर्वाजी पवते गोन्योघा इन्द्रे सोमः सह इन्वन्मदाय ।
हन्ति रक्षो बाधते पर्यरातीर्वरिवः कृण्वन्वृजनस्य राजा ।।१०।।
अध धारया मध्वा पृचानस्तिरो रोम पवते अद्रिदुग्धः ।
इन्दुरिन्द्रस्य सख्यं जुषाणो देवो देवस्य मत्सरो मदाय ।।११।।
अभि प्रियाणि पवते पुनानो देवो देवान्त्स्वेन रसेन पृंचन् ।
इन्दुर्धर्माण्यृतुथा वसानो दश क्षिपो अव्यत सानो अव्ये ।।१२।।

सा. १०१९–१०२१

इन्दुर्वाजी पवते गोन्योघा इन्द्रे सोमः सह इन्वन्मदाय ।
हन्ति रक्षो बाधते पर्यरातिं वरिवस्कृण्वन्वृजनस्य राजा ।।१।।
अध धारया मध्वा पृचानस्तिरो रोम पवते अद्रिदुग्धः ।
इन्दुरिन्द्रस्य सख्यं जुषाणो देवो देवस्य मत्सरो मदाय ।।२।।
अभि व्रतानि पवते पुनानो देवो देवान्त्स्वेन रसेन पृंचन् ।
इन्दुर्धर्माण्यृतुथा वसानो दश क्षिपो अव्यत सानो अव्ये ।।३।।

४८८. मन्युर् वासिष्ठः (साग्री. सास्वा.) इन्दुर् वासिष्ठः (सार्षेदी.)

१. **पवमानः सोमः – सा. ५४०**

इन्दुर्वाजीपवते गोन्योघा इन्द्रे सोमः सह इन्वन्मदाय ।
हन्ति रक्षो बाधते पर्यरातिं वरिवस्कृण्वन्वृजनस्य राजा ।।८।।

४८९. मय आत्रेयः

१. अग्निः – ऋ. ५.६.१–७; ५.१०.१–७

ऋ. ५.६.१–७

त्वामग्ने हविष्मन्तो देवं मर्तास ईळते । मन्ये त्वा जातवेदसं स हव्या वक्ष्यानुषक् ।।१।।
अग्निर्होता दास्वतः क्षयस्य वृक्तबर्हिषः । सं यज्ञासश्चरन्ति यं सं वाजासः श्रवस्यवः ।।2।।
उत स्म यं शिशुं यथा नवं जनिष्टारणी । धर्तारं मानुषीणां विशामग्निं स्वध्वरम् ।।३।।
उत स्म दुर्गृभीयसे पुत्रो न ह्वार्याणाम् । पुरू यो दग्धासि वनाग्ने पशुर्न यवसे ।।४।।
अध स्म यस्यार्चयः सम्यक्संयन्ति धूमिनः ।
यदीमह त्रितो दिव्युप ध्मातेव धमति शिशीते ध्मातरी यथा ।।५।।
त्वाहमग्न ऊतिभिर्मित्रस्य च प्रशस्तिभिः । द्वेषोयुतो न दुरिता तुर्याम मर्त्यानाम् ।।६।।
तं नो अग्ने अभी नरो रयिं सहस्व आ भर ।
तं क्षेपयत्स पोषयद्भुवद्वाजस्य सातय उतैधि पृत्सु नो वृधे ।।७।।

ऋ. ५.१०.१–७

अग्न ओजिष्ठमा भर द्युम्नमस्मभ्यमध्रिगो । प्र नो राया परीणसा रत्सि वाजाय पन्थाम् ।।१।।
एवं नो अग्ने अद्भुत क्रत्वा दक्षस्य मंहना । त्वे असुर्यभारुहत्क्राणा मित्रो न यज्ञियः ।।2।।
त्वं नो अग्न एषां गयं पुष्टिं च वर्धय । ये स्तोमेभिः प्र सूरयो नरो मघान्यानशुः ।।३।।
ये अग्ने चन्द्र ते गिरः शुम्भन्त्यश्वराधसः ।
शुष्मेभिः शुष्मिणो नरो दिविश्चिद्येषां बृहत्सुकीर्तिर्बोधति त्मना ।।४।।
तव त्ये अग्ने अर्चयो भ्राजन्तो यन्ति धृष्णुया ।
परिज्मानो न विद्युतः स्वानो रथो न वाजयः ।।५।।
नू नो अग्न ऊतये सबाधसश्च रातये । अस्माकासश्च सूरयो विश्वा आशास्तरीषणि ।।६।।
त्वं नो अग्ने अंगिरः स्तुतः स्तवान आ भर ।
होतर्विभ्वासहं रयिं स्तोतृभ्यः स्तवसे च न उतैधि पृत्सु नो वृधे ।।७।।

४६०. मयोभूः

१. अग्निः – य. ११.१८–१६

आगत्य वाज्यध्वानं सर्वा मृधो विधूनुते । अग्निं सधस्थे महति चक्षुषा निचिकीषते ।।१८।।
आक्रम्य वाजिन् पृथिवीमग्निमिच्छ रुचा त्वम् ।
भूम्या वृत्वाय नो ब्रूहि यतः खनेम तं वयम् ।।१६।।

2. क्षत्रपतिः – य. ११.20

द्यौस्ते पृष्ठं पृथिवी सधस्थमात्मान्तरिक्षं समुद्रो योनिः ।
विख्याय चक्षुषा त्वमभि तिष्ठ पृतन्यतः ।।20।।

३. द्रविणोदा – य. ११.२१; 22

उत्क्राम महते सौभगायास्मादास्थानाद् द्रविणोदा वाजिन् ।
वयं स्याम सुमतौ पृथिव्याऽअग्निं खनन्तऽउपस्थेऽअस्याः ।।२१।।
उदक्रमीद् द्रविणोदा वाज्यर्वाकः सुलोकं सुकृतं पृथिव्याम् ।
ततः खनेम सुप्रतीकमग्निं स्वो रुहाणाऽअधि नाकमुत्तमम् ।।22।।

४. ब्रह्मगवी – अ. ५.१८.१–१५; ५.१६.१–१५

अ. ५.१८.१–१५

नैतां ते देवा अददुस्तुभ्यं नृपते अत्तवे। मा ब्राह्मणस्य राजन्य गां जिघत्सो अनाद्याम् ।।१।।
अक्षद्रुग्धो राजन्यः पाप आत्मपराजितः। स ब्राह्मणस्य गामद्यादद्य जीवानि मा श्वः ।।2।।
आविष्ठिताघविषा पृदाकूरिव चर्मणा। सा ब्राह्मणस्य राजन्य तृष्टैषा गौरनाद्या ।।३।।
निर्वै क्षत्रं नयति हन्ति वर्चोऽग्निरिवारब्धो वि दुनोति सर्वम् ।

यो ब्राह्मणं मन्यते अन्नमेव स विषस्य पिबति तैमातस्य ।।४।।
य एनं हन्ति मृदुं मन्यमानो देवपीयुर्धनकामो न चित्तात् ।
सं तस्येन्द्रो हृदयेऽग्निमिन्ध उभे एनं द्विष्टो नभसी चरन्तम् ।।५।।
न ब्राह्मणो हिंसितव्यो३ग्निः प्रियतनोरिव। सोमो ह्यस्य दायाद इन्द्रो अस्याभिशस्तिपाः ।।६।।
शतापाष्ठां नि गिरति तां न शक्नोति निः खिदन्।
अन्नं यो ब्रह्मणां मल्वः स्वाद्व१द्मीति मन्यते।।७।।
जिह्वा ज्या भवति कुल्मलं वाङ्नाडीका दन्तास्तपसाभिदिग्धाः तेभिर्ब्रह्मा विध्यति देवपीयून्
हृद्बलैर्धनुर्भिर्देवजूतैः ।।८।।
तीक्ष्णेषवो ब्राह्मणा हेतिमन्तो यामस्यन्ति शरव्यां३ न सा मृषा ।
अनुहाय तपसा मन्युना चोत दूरादव भिन्दन्त्येनम् ।।९।।
ये सहस्रमराजन्नासन् दशशता उत। ते ब्राह्मणस्य गां जग्ध्वा वैतहव्याः पराभवन् ।।१०।।
गौरेव तान् हन्यमाना वैतहव्याँ अवातिरत्। ये केसरप्राबन्धायाश्चरमाजामपेचिरन् ।।११।।
एकशतं ता जनता या भूमिर्व्यधूनुत। प्रजां हिंसित्वा ब्राह्मणीमसंभव्यं पराभवन् ।।१२।।
देवपीयुश्चरति मर्त्येषु गरगीर्णो भवत्यस्थिभूयान् ।
यो ब्राह्मणं देवबन्धुं हिनस्ति न स पितृयाणमप्येति लोकम् ।।१३।।
अग्निर्वै नः पदवायः सोमो दायाद उच्यते। हन्ताभिशस्तेन्द्रस्तथा तद् बेधसो विदुः ।।१४।।
इषुरिव दिग्धा नृपते पृदाकूरिव गोपते। सा ब्राह्मणस्येषुर्घोरा तया विध्यति पीयतः।।१५।।

अ. ५.१९.१–१५

अतिमात्रमवर्धन्त नोदिव दिवमस्पृशन् । भृगुं हिंसित्वा सृंजया वैतहव्याः पराभवन् ।।१।।
ये बृहस्त्सामानमांगिरसमार्पयन् ब्राह्मणं जनाः ।
पेत्वस्तेषामुभयादमविस्तोकान्यावयत् ।।2।।
ये ब्राह्मणं प्रत्यष्ठीवन् ये वास्मिंछुल्कमीषिरे ।
अस्नस्ते मध्ये कुल्यायाः केशान् खादन्त आसते ।।३।।
ब्रह्मगवी पच्यमाना यावत् साभि विजंगहे ।
तेजो राष्ट्रस्य निर्हन्ति न वीरो जायते वृषा ।।४।।
क्रूरमस्या आशसनं तृष्ट पिशितमस्यते । क्षीरं यदस्याः पीयते तद् वै पितृषु किल्बिषम् ।।५।।
उग्रो राजा मन्यमानो ब्राह्मणं यो जिघत्सति ।
परा तत् सिच्यते राष्ट्रं ब्राह्मणो यत्र जीयते ।।६।।
अष्टापदी चतुरक्षी चतुःश्रोत्रा चतुर्हनुः ।
द्व्यास्या द्विजिह्वा भूत्वा सा राष्ट्रमव धूनुते ब्रह्मज्यस्य।।७।।
तद् वै राष्ट्रमा स्रवति नावं भिन्नामिवोदकम् ।
ब्रह्माणं यत्र हिंसन्ति तद् राष्ट्रं हन्ति दुच्छुना ।।८।।
तं वृक्षा अप सेधन्ति च्छायां नो मोप गा इति ।
यो ब्राह्मणस्य सद्धनमभि नारद मन्यते ।।९।।
विषमेतद् देवकृतं राजा वरुणोऽब्रवीत् । न ब्राह्मणस्य गां जग्ध्वा राष्ट्रे जागार कश्चन ।।१०।।
नवैव ता नवतयो या भूमिर्व्यधूनुत । प्रजां हिंसित्वा ब्राह्मणीमसंभव्यं पराभवन् ।।११।।
यां मृतायानुबध्नन्ति कूद्यं पदयोपनीम् । तद् वै ब्रह्मज्य ते देवा उपस्तरणमब्रुवन् ।।१२।।
अश्रूणि कृपमाणस्य यानि जीतस्य वावृतुः । तं वै ब्रह्मज्य ते देवा अपां भागमधारयन् ।।१३।।
येन मृतं स्नपयन्ति श्मश्रूणि येनोन्दते । तं वै ब्रह्मज्य ते देवा अपां भागमधारयन् ।।१४।।
न वर्षं मैत्रावरुणं ब्रह्मज्यमभि वर्षति । नास्मै समितिः कल्पते न मित्रं नयते वशम् ।।१५।।

५. ब्रह्मजाया –

अ. ५.१७.१–१८

तेऽवदन् प्रथमा ब्रह्मकिल्बिषेऽकूपारः सलिलो मातरिश्वा ।
वीडुहरास्तप उग्रं मयोभूरापो देवीः प्रथमजा ऋतस्य ।।१।।
सोमो राजा प्रथमो ब्रह्मजायां पुनः प्रायच्छदहृणीयमानः ।
अन्वर्तिता वरुणो मित्र आसीदग्निर्होता हस्तगृह्या निनाय ।।2।।
हस्तेनैव ग्राह्य आधिरस्या ब्रह्मजायेति चेदवोचत् ।
न दूताय प्रहेया तस्थ एषा तथा राष्ट्रं गुपितं क्षत्रियस्य ।।३।।
यामाहुस्तारकैषा विकेशीति दुच्छुनां ग्राममवपद्यमानाम् ।
सा ब्रह्मजाया वि दुनोति राष्ट्रं यत्र प्रापादि शश उल्कुषीमान् ।।४।।
ब्रह्मचारी चरति वेविषद् विषः स देवानां भवत्येकमंगम् ।
तेन जायामन्वविन्दद् बृहस्पतिः सोमेन नीतां जुह्वं१ न देवाः ।।५।।
देवा वा एतस्यामवदन्त पूर्वे सप्तऋषयस्तपसा ये निषेदुः ।
भीमा जाया ब्राह्मणस्योपनीता दुर्धां दधाति परमे व्योमन् ।।६।।
ये गर्भा अवपद्यन्ते जगद् यच्चापलुप्यते । वीरा ये तृह्यनते मिथो ब्रह्मजाया हिनस्ति तान् ।।७।।
उत यत् पतयो दश स्त्रियाः पूर्वे अब्राह्मणः। ब्रह्मा चेद्धस्तमग्रहीत् स एव पतिरेकधा ।।८।।
ब्राह्मण एव पतिर्न राजन्यो३ न वैश्यः। तत् सूर्यः प्रब्रुवन्नेति पंचभ्यो मानवेभ्यः ।।६।।
पुनर्वै देवा अददुः पुनर्मनुष्या अददुः । राजानः सत्यं गृह्णाना ब्रह्मजायां पुनर्ददुः ।।१०।।
पुनर्दाय ब्रह्मजायां कृत्वा देवैर्निकिल्बिषम् । ऊर्जं पृथिव्या भक्त्वोरुगायमुपासते ।।११।।
नास्य जाया शतवाही कल्याणी तल्पमा शये। यस्मिन् राष्ट्रे निरुध्यते ब्रह्मजायाचित्या ।।१2।।
न विकर्णः पृथुशिरास्तस्मिन् वेश्मनि जायते। यस्मिन् राष्ट्रे निरुध्यते ब्रह्मजायाचित्या ।।१३।।
नात्य क्षत्ता निष्कग्रीवः सूनानामेत्यग्रतः । यस्मिन् राष्ट्रे निरुध्यते ब्रह्मजायाचित्या ।।१४।।
नास्य श्वेतः कृष्णकर्णो धुरि युक्तो महीयते । यस्मिन् राष्ट्रे निरुध्यते ब्रह्मजायाचित्या ।।१५।।
नात्य क्षेत्रे पृष्करिणी नाण्डीकं जायते बिसम् । यस्मित् राष्ट्रे निरुध्यते ब्रह्मजायाचित्या ।।१६।।
नास्मै पृश्निं वि दुहन्ति येऽस्या दोहमुपासते । यस्मिन् राष्ट्रे निरुध्यते ब्रह्मजायाचितया ।।१७।।
नास्य धेनुः कल्याणी नानड्वान्त्सहते धुरम्। विजानिर्यत्र ब्राह्मणो रात्रिं वसति पापया ।।१८।।

४६१. मरीचिः काश्यपः

१. अग्निः – अ. ७.६2.१

अ. ७.६2.१

अयमग्निः सत्पतिर्वृद्धवृष्णो रथीव पत्तीनजयत् पुरोहितः ।
नाभा पृथिव्यां निहितो दविद्युतदधस्पदं कृणुतां ये पृतन्यवः ।।१।।

2. जातवेदा –ऋ. १.६६.१ अ. ७.६३.१

ऋ. ८.५४.१–2

जातवेदसे सुनवाम सोममरातीयतो नि दहाति वेदः ।
स नः पर्षदति दुर्गाणि विश्वा नावेव सिन्धुं दुरितात्यग्निः ।।१।।

अ. ७.६३.१

पृतनाजितं सहमानमग्निमुक्थैर्हवामहे परमात् सधस्थात् ।
स नः पर्षदति दुर्गाणि विश्वा क्षामद् देवोऽति दुरितान्यग्निः ।।१।।

४६2. महीयवः

१. अग्निः – य. 2६.१६

उच्चा ते जातमन्धसो दिवि सद्भूम्या ददे। उग्रं शर्म महि श्रवः ।।१६।।

2. इन्द्रः – य. 2६.१७

स नऽइन्द्राय यज्यवे वरुणाय मरुद्भ्यः। वरिवोवित्परि स्रव ।।१७।।

Vedic Concordance of Mantras as per Ṛṣi and Devatā 145

३. **विद्वान् – य. २६.१८**

एना विश्वान्यर्यऽआ द्युम्नानि मानुषाणाम्। सिषासन्तो वनामहे ।।१८।।

४६३. मातरिश्वा काण्वः

१. **इन्द्रः – ऋ. ८.५४.१; २; ५–८**

ऋ. ८.५४.१–२

एतत्त इन्द्र वीर्यं गीर्भिर्गृणन्ति कारवः ।
ते स्तोभन्त ऊर्जमावन् घृतश्चुतं पौरासो नक्षन्धीतिभिः ।।१।।
नक्षन्त इन्द्रमवसे सुकृत्यया येषां सुतेषु मन्दसे ।
यथा संवर्ते अमदो यथा कृश एवास्मे इन्द्र मत्सव ।।२।।

ऋ. ८.५४.५–८

यदिन्द्र राधो अस्ति ते माघोनं मघवत्तम ।
तेन नो बोधि सधमाद्यो वृधे भगो दानाय वृत्रहन्।।५।।
आजिपते नृपते त्वमिद्धि नो वाज आ वक्षि सुक्रतो ।
वीती होत्राभिरुत देववीतिभिः ससवांसो वि शृण्विरे ।।६।।
सन्ति ह्यर्य आशिष इन्द्र आयुर्जनानाम्।
अस्मान्नक्षस्व मघवन्नुपावसे धुक्षस्व पिप्युषीमिषम् ।।७।।
वयं त इन्द्र स्तोमेभिर्विधेम त्वमस्माकं शतक्रतो ।
महि स्थूरं शशयं राधो अह्रयं प्रस्कण्वाय नि तोशय ।।८।।

२. **विश्वेदेवाः – ऋ. ८.५४.३–४**

आ नो विश्वे सजोषसो देवासो गन्तनोप नः ।
वसवो रुद्रा अवसे न आ गमंछृण्वन्तु मरुतो हवम् ।।३।।
पूषा विष्णुर्हवनं मे सरस्वत्यवन्तु सप्त सिन्धवः ।
आपो वातः पर्वतासो वनस्पतिः शृणोतु पृथिवी हवम् ।।४।।

४६४. मातृनामा

१. **ओषधिः – अ. ४.२०.१–६**

आ पश्यति प्रति पश्यति परा पश्यति पश्यति ।
दिवमन्तरिक्षमाद् भूमिं सर्वं तद् देवि पश्यति ।।१।।
तिस्रो दिवस्तिस्रः पृथिवीः षट् चेमाः प्रदिशः पृथक् ।
त्वयाहं सर्वा भूतानि पश्यानि देव्योषधे ।।२।।
दिव्यस्य सुपर्णस्य तस्य हासि कनीनिका ।
सा भूमिमा रुरोहिथ वह्यं श्रान्ता वधूरिव ।।३।।
तां मे सहस्राक्षो देवो दक्षिणे हस्त आ दधत् । तयाहं सर्वं पश्यामि यश्च शूद्र उतार्यः ।।४।।
आविष्कृणुष्व रूपाणि मात्मानमप गूहथाः । अथो सहस्रचक्षो त्वं प्रति पश्याः किमीदिनः ।।५।।
दर्शय मा यातुधानान् दर्शय यातुधान्यः । पिशाचान्त्सर्वान् दर्शयेति त्वा रभ ओषधे ।।६।।
कश्यपस्य चक्षुरसि शुन्याश्च चतुरक्ष्याः। वीध्रे सूर्यमिव सर्पन्तं मा पिशाचं तिरस्करः ।।७।।
उदग्रभं परिपाणाद् यातुधानं किमीदिनम्। तेनाहं सर्वं पश्याम्युत शूद्रमुतार्यम् ।।८।।
यो अन्तरिक्षेण पतति दिवं यश्चातिसर्पति। भूमिं यो मन्यते नाथं तं पिशाचं प्र दर्शय ।।९।।

२. **गन्धर्वाप्सरसः – अ. २.२.१–५**

दिव्यो गन्धर्वो भुवनस्य यस्पतिरेक एव नमस्यो विक्ष्वीड्यः ।
तं त्वा यौमि ब्रह्मणा दिव्य देव नमस्ते अस्तु दिवि ते सधस्थम् ।।१।।

दिवि स्पृष्टो यजतः सूर्यत्वगवयाता हरसो दैव्यस्य ।
मृडाद् गन्धर्वो भुवनस्य यस्पतिरेक एव नमस्यः सुशेवाः ।।2।।
अनवद्याभिः समु जग्म आभिरप्सरास्वपि गन्धर्व आसीत् ।
समुद्र आसां सदनं म आहुर्यतः सद्य आ च परा च यन्ति ।।३।।
अभ्रिये दिद्युन्नक्षत्रिये या विश्वावसुं गन्धर्वं सचध्वे। ताभ्यो वो देवीर्नम इत् कृणोमि ।।४।।
या क्लन्दास्तमिषीचयोऽक्षकामा मनोमुहः । ताभ्यो गन्धर्वपत्नीभ्योऽप्सराभ्योऽकरं नमः ।।५।।

३. ब्रह्मणस्पतिः – अ. ८.६.१५

येषां पश्चात् प्रपदानि पुरः पार्ष्णीः पुरो मुखा ।
खलजाः शकधूमजा उरुण्डा ये च मट्मटाः कुम्भमुष्का अयाशवः ।
तानस्या ब्रह्मणस्पते प्रतीबोधेन नाशय ।।१५।।

४. मन्त्रोक्ताः अथवा मातृनामा – अ. ८.६.१–१४; १६–२६

अ. ८.६.१–१४

यौ ते मातोन्ममार्ज जातायाः पतिवेदनौ। दुर्णामा तत्र मा गृधदलिंश उत वत्सपः ।।१।।
पलालानुपलालौ शर्कुं कोकं मलिम्लुचं पलीजकम्। आश्रेषं वव्रिवाससमृक्षग्रीवं प्रमीलिनम्।।2।।
मा सं वृतो मोप सृप ऊरू माव सृपोऽन्तरा। कृणोम्यस्यै भेषजं बजं दुर्णामचातनम् ।।३।।
दुर्णामा च सुनामा चोभा संवृतममिच्छतः। अरायानप हन्मः सुनामा स्त्रैणामिच्छताम् ।।४।।
यः कृष्णः केश्यसुर स्तम्बज उत तुण्डिकः। अरायानस्या मुष्काभ्यां भंससोऽप हन्मसि ।।५।।
अनुजिघ्रं प्रमृशन्तं क्रव्यादमुत रेरिहम्। अरायांछ्वंकिष्किणो बजः पिंगो अनीनशत् ।।६।।
यस्त्वा स्वप्ने निपद्यते भ्राता भूत्वा पितेव च। बजस्तान्त्सहतामितः क्लीबरूपांस्तिरीटिनः ।।७।।
यस्त्वा स्वपन्तीं त्सरति यस्त्वा दिप्सति जाग्रतीम्।
छायामिव प्र तान्त्सूर्यः परिक्रामन्ननीनशत् ।।८।।
यः कृणोति मृतवत्सामवतोकामिमां स्त्रियम्। तमोषधे त्वं नाशयास्याः कमलमंजिवम् ।।६।।
ये शालाः परिनृत्यन्ति सायं गर्दभनादिनः। कुसूला ये च कुक्षिलाः ककुभाः करुमाः स्रिमाः ।
तानोषधे त्वं गन्धेन विषूचीनान् वि नाशय ।।१०।।
ये कुकुन्धाः कुकूरभाः कृत्तीर्दूर्शानि बिभ्रति ।
क्लीबाइव प्रनृत्यन्तो वने ये कुर्वते घोषं तानितो नाशयामसि ।।११।।
ये सूर्यं न तितिक्षन्त आतमपन्तममुं दिवः ।
अरायान् बस्तवासिनो दुर्गन्धील्लोहितास्यान् मककान् नाशयामसि ।।१2।।
य आत्मानमतिमात्रमंस आधाय बिभ्रति। स्त्रीणां श्रोणिप्रतोदिन इन्द्र रक्षांसि नाशय ।।१३।।
ये पूर्वे वध्वो३ यन्ति हस्ते शृंगाणि बिभ्रतः ।
आपाकेस्थाः प्रहासिन स्तम्बे ये कुर्वते ज्योतिस्तानितो नाशयामसि ।।१४।।

अ. ८.६.१६–२६

पर्यस्ताक्षा अप्रचंकशा अस्त्रैणाः सन्तु पण्डगाः ।
अव भेषज पादय य इमां संविवृत्सत्यपतिः स्वपतिं स्त्रियम् ।।१६।।
उद्धर्षिणं मुनिकेशं जम्भयन्तं मरीमृशम् ।
उपेषन्तमुदुम्बलं तुण्डेलमुत शालुडम्। पदा प्र विध्य पार्ष्ण्या स्थालीं गौरिव स्पन्दना ।।१७।।
यस्ते गर्भं प्रतिमृशाज्जातं वा मारयाति ते। पिंगस्तमुग्रधन्वा कृणोतु हृदयाविधम् ।।१८।।
ये अम्नो जातान् मारयन्ति सूतिका अनुशेरते। स्-
त्रीभागान् पिंगो गन्धर्वान् वातो अभ्रमिवाजतु।।१६।।
परिसृष्टं धारयतु यद्धितं माव पादि तत्। गर्भं त उग्रौ रक्षतां भेषजौ नीविभार्यौ ।।२०।।
पवीनसात् तङ्गल्वा३च्छायकादुत नग्नकात्।
प्रजायै पत्ये त्वा पिंग परि पातु किमीदिनः।।२१।।
द्व्यास्याच्चतुरक्षात् पंचपादादनङ्गरेः। वृन्तादभि प्रसर्पतः परि पाहि वरीवृतात् ।।22।।

य आमं मांसमदन्ति पौरुषेयं च ये क्रविः। गर्भान् खादन्ति केशवास्तानितो नाशयामसि ।।२३।।
ये सूर्यात् परिसर्पन्ति स्नुषेव श्वशुरादधि।
बजश्च तेषां पिंगश्च हृदयेऽधि नि विध्यताम् ।।२४।।
पिंग रक्ष जायमानं मा पुमांसं स्त्रियं क्रन्।
आण्डादो गर्भान्मा दभन् बाधस्वेतः किमीदिनः ।।२५।।
अप्रजास्त्वं मार्तवत्समाद् रोदमघमावयम्।
वृक्षादिव स्रजं कृत्वाप्रिये प्रति मुंच तत् ।।२६।।

४६५. मान्धाता यौवनाश्वः

१. इन्द्रः – ऋ. १०.१३४.१–६; सा. १०६०–१०६२

ऋ. १०.१३४.१–६

उभे यदिन्द्र रोदसी आपप्राथेषाइव ।
महान्तं त्वा महीनां सम्राजं चर्षणीनां। देवी जनित्र्यजीजनद् भद्रा जनित्र्यजीजनत् ।।१।।
अव स्म दुर्हणायतो मर्तस्य तनुहि स्थिरम् ।
अधस्पदं तमीं कृधि यो अस्माँ आदिदेशति देवी जनित्रयजीजनदभद्रा जनित्र्यजीजनत् ।।२।।
अव त्या बृहतीरिषो विश्वश्चन्द्रा अमित्रहन् ।
शचीभिः शक्र धूनुहीन्द्र विश्वाभिरूतिभिर्देवी जनित्र्यजीजनद् भद्रा जनित्र्यजीजनत् ।।३।।
अव यत्त्वं शतक्रतविन्द्र विश्वानि धूनुषे ।
रयिं न सुन्वते सचा सहस्रिणीभिरूतिभिर्देवी जनित्र्यजीजनद् भद्रा जनित्र्यजीजनत् ।।४।।
अव स्वेदा इवाभितो विष्वक्पतन्तु दिद्यवः ।
दूर्वायाइव तन्तवो व्य१स्मदेतु दुर्मतिर्देवी जनित्र्यजीजनद् भद्रा जनित्र्यजीजनत् ।।५।।
दीर्घं ह्यंकुशं यथा शक्ति बिभर्षि मन्तुमः ।
पूर्वेण मघवन्पदाजो वयां यथा यमो देवी जनित्र्यजीजनद् भद्रा जनित्र्यजीजनत् ।।६।।

सा. १०६०–१०६२

उभे यदिन्द्र रोदसी आपप्राथोषा इव ।
महान्तं त्वा महीनां सप्राजं चर्षणीनाम्। देवी जनित्र्यजीजनद्भद्रा जनित्र्यजीजनत् ।।१।।
दीर्घं ह्यंकुशं यथा शक्तिं बिभर्षि मन्तुमः ।
पूर्वेण मघवन्पदा वयामजो यथा यमः। देवी जनित्र्यजीजनद्भद्रा जनित्र्यजीजनत् ।।२।।
अव स्म दुर्हणायतो मर्त्तस्य तनुहि स्थिरम् ।
अधस्पदं तमीं कृधि यो अस्माँ अभिदासति। देवी जनित्र्यजीजनद्भद्रा जनित्र्यजीजनत् ।।३।।

४६६. मान्धाता यौवनाश्वः (पूर्वार्द्ध) गोधा ऋषिका (उत्तरार्द्ध)

१. इन्द्रः – सा. १०६१

दीर्घं ह्यंकुशं यथा शक्ति बिभर्षि मन्तुमः ।
पूर्वेण मघवन्पदा वयामजो यथा यमः ।
देवी जनित्र्यजीजनद्भद्रा जनित्र्यजीजनत् ।।२।।

४६७. मान्धाता यौवनाश्वः (ऋसर्व. १०.१३४.१) मेधातिथिः काण्वः (साग्री. सास्वा.) मरुतो यौवनाश्वः (सार्षेदी.)

१. इन्द्रः – सा. ३७६

उभे यदिन्द्र रोदसी आपप्राथोषा इव ।
महान्तं त्वा महीनां सम्राजं चर्षणीनाम् देवी जनित्र्यजीजनद्भद्रा जनित्रयजीजनत् ।।१०।।

४६८. मुद्गलः

१. विद्वांसः – य. २६.१६

अनु वीरैरनु पुष्यास्म गोभिरन्वश्वैरनु सर्वेण पुष्टैः ।
अनु द्विपदानु चतुष्पदा वयं देवा नो यज्ञमृतुथा नयन्तु ।।१६।।

४६६. मुद्गलो भार्म्यश्वः

१. द्रुघण इन्द्रो वा – ऋ. १०.१०२.१–१२

प्र ते रथं मिथूकृतमिन्द्रोऽवतु धृष्णुया ।
अस्मिन्नाजौ पुरुहूत श्रवाय्ये धनुभक्षेषु नोऽव ।।१।।
उत्स्म वातो वहति वासो अस्या अधिरथं यदजयत्सहस्रम् ।
रथीरभून्मुद्गलानी गविष्टौ भरे कृतं व्यचेदिन्द्रसेना ।।२।।
अन्तर्यच्छ जिघांसतो वज्रमिन्द्राभिदासतः ।
दासस्य वा मघवन्नार्यस्य वा सनुतर्यवया वधम् ।।३।।
उद्नो ह्रदमपिबज्जर्हृषाणः कूटं स्म तृंहदभिमातिमेति ।
प्र मुष्कभारः श्रव इच्छमानोऽजिरं बाहू अभरत्सिषासन् ।।४।।
न्यक्रन्दयन्नुपयन्त एनममेहयन्वृषभं मध्य आजेः ।
तेनं सूभर्वं शतवत्सहस्रं गवां मुद्गलः प्रधने जिगाय ।।५।।
कर्कदवे वृषभो युक्त आसीदवावचीत्सारथिरस्य केशी ।
दुधेर्युक्तस्य द्रवतः सहानस ऋच्छन्ति ष्मा निष्पदो मुद्गलानीम् ।।६।।
उत प्रधिमदुहन्नस्य विद्वानुपायुनग्वंसगमत्र शिक्षन् ।
इन्द्र उदावत्पतिमघ्न्यानामरंहत पद्याभिः ककुद्मान् ।।७।।
शुनमष्ट्राव्यचरत्कपर्दी वरत्रायां दार्वानह्यमानः ।
नृम्णानि कृण्वन्बहवे जनाय गाः पस्पशानस्तविषीरधत्त ।।८।।
इमं तं पश्य वृषभस्य युंजं काष्ठाया मध्ये द्रुघणं शयानम् ।
येन जिगाय शतवत्सहस्रं गवां मुद्गलः पृतनाज्येषु ।।६।।
आरे अघा को न्वि१ त्था ददर्श यं युज्जन्ति तम्वा स्थापयन्ति ।
नास्मै तृणं नोदकमा भरन्त्युत्तरो धुरो वहति प्रदेदिशत् ।।१०।।
परिवृक्तेव पतिविद्यमानट् पीप्याना कूचक्रेणेव सिंचन् ।
एषैष्या चिद्रथ्या जयेम सुमंगलं सिनवदस्तु सातम् ।।११।।
त्वं विश्वस्य जगतश्चक्षुरिन्द्रासि चक्षुषः ।
वृषा यदाजिं वृषणा सिषाससि चोदयन्वध्रिणा युजा ।।१२।।

५००. मुनयो वातरशनाः

१. केशिनः – ऋ. १०.१३६.१–७

केश्य२ग्निं केशी विषं केशी बिभर्ति रोदसी। केशी विश्वं स्वर्दृशे केशीदं ज्योतिरुच्यते ।।१।।
मुनयो वातरशनाः पिशंगा वसते मला। वातस्यानु ध्राजिं यन्ति यद्देवासो अविक्षत ।।२।।
उन्मदिता मौनेयेन वाताँ आ तस्थिमा वयम्। शरीरेदस्माकं यूयं मर्तासो अभि पश्यथ ।।३।।
अन्तरिक्षेण पतति विश्वा रूपावचाकशत्। मुनिर्देवस्येदेवस्य सौकृत्याय सखा हितः ।।४।।
वातस्याश्वो वायोः सखाथो देवेषितो मुनिः। उभौ समुद्रावा क्षेति यश्च पूर्व उतापरः ।।५।।
अप्सरसां गन्धर्वाणां मृगाणां चरणे चरन्। केशी केतस्य विद्वान्त्सखा स्वादुर्मदिन्तमः ।।६।।
वायुरस्मा उपामन्थत्पिनष्टि स्मा कुनन्नमा। केशी विषस्य पात्रेण यदुद्रेणापिबत्सह ।।७।।

५०१. मूर्धन्वान्आंगिरसो वामदेव्यो वा

१. सूर्यवैश्वानरौ – ऋ.१०.८८.१–१९

हविष्पान्तमजरं स्वर्विदि दिविस्पृश्याहुतं जुष्टमग्नौ ।
तस्य भर्मणे भुवनाय देवा धर्मणे कं स्वधया पप्रथन्त ।।१।।
गीर्णं भुवनं तमसापगूळहमाविः स्वरभवज्जाते अग्नौ ।
तस्य देवाः पृथिवी द्यौरुतापोऽरणयन्नोषधीः सख्ये अस्य ।।2।।
देवेभिर्न्विषितो यज्ञियेभिरग्निं स्तोषाण्यजरं बृहन्तम् ।
यो भानुना पृथिवीं द्यामुतेमामाततान रोदसी अन्तरिक्षम् ।।३।।
यो होतासीत्प्रथमो देवजुष्टो यं समांजन्नाज्येना वृणानाः ।
स पतत्रीत्वरं रथा जगद्यच्छ्वांत्रमग्निरकृणोज्जातवेदाः ।।४।।
यज्जातवेदो भुवनस्य मूर्धन्नतिष्ठो अग्ने सह रोचनेन ।
तं त्वाहेम मतिभिर्गीर्भिरुक्थैः स यज्ञियो अभवो रोदसिप्राः ।।५।।
मूर्धा भुवो भवति नक्तमग्निस्ततः सूर्यो जायते प्रातरुद्यन् ।
मायामू तु यज्ञियानामेतामपो यत्तूर्णिश्चरति प्रजानन् ।।६।।
दृशेन्यो यो महिना समिद्धोऽरोचत दिवियोनिर्विभावा ।
तस्मिन्नग्नौ सूक्तवाकेन देवा हविर्विश्व आजुहवुस्तनूपाः ।।७।।
सूक्तवाकं प्रथममादिदग्निमादिद्धविरजनयन्त देवाः ।
स एषां यज्ञो अभवत्तनूपास्तं द्यौर्वेद तं पृथिवी तमापः ।।८।।
यं देवासोऽजनयन्ताग्निं यस्मिन्नाजुहवुर्भुवनानि विश्वा ।
सो अर्चिषा पृथिवीं द्यामुतेमामृजूयमानो अतपन्महित्वा ।।९।।
स्तोमेन हि दिवि देवासो अग्निमजीजनंछक्तिभी रोदसिप्राम् ।
तमू अकृण्वन् त्रेधाभुवेकं स ओषधीः पचति विश्वरूपाः ।।१०।।
यदेदेनमदधुर्यज्ञियासो दिवि देवाः सूर्यमादितेयम् ।
यदा चरिष्णू मिथुनावभूतामादित्प्रापश्यन्भुवनानि विश्वा ।।११।।
विश्वस्मा अग्निं भुवनाय देवा वैश्वानरं केतुमह्नामकृण्वन् ।
आ यस्ततानोषसो विभातीरपो ऊर्णोति तमो अर्चिपा यन् ।।१2।।
वैश्वानरं कवयो यज्ञियासोऽग्निं देवा अजनयन्नजुर्यम् ।
नक्षत्रं प्रतनममिनच्चरिष्णु यक्षस्याध्यक्षं तविषं बृहन्तम् ।।१३।।
वैश्वानरं विश्वहा दीदिवांसं मन्त्रैरग्निं कविमच्छा वदामः ।
यो महिम्ना परिबभूवोर्वी उतावस्तादुत देवः परस्तात् ।।१४।।
द्वे स्रुती अशृणवं पितृणामहं देवानामुत मर्त्यानाम् ।
ताभ्यामिदं विश्वमेजत्समेति यदन्तरा पितरं मातरं च ।।१५।।
द्वे समीची बिभृतश्चरन्तं शीर्षतो जाते मनसा विमृष्टम् ।
स प्रत्यङ्विश्वा भुवनानि तस्थावप्रयुच्छन्तरणिर्भ्राजमानः ।।१६।।
यत्रा वेदेते अवरः परश्च यज्ञन्योः कतरो नौ वि वेद ।
आ शेकूरित्सधमादं सखायो नक्षन्त यज्ञं क इदं वि वोचत् ।।१७।।
कत्यग्नयः कति सूर्यासः कत्युषासः कत्यु स्विदापः ।
नोपस्पिजं वः पितरो वदामि पृच्छामि वः कवयो विद्मने कम् ।।१८।।
यावन्मात्रमुषसो न प्रतीकं सुपर्ण्यो३ वसते मातरिश्वः ।
तावद्दधात्युप यज्ञमायन्ब्राह्मणो होतुरवरो निषीदन् ।।१९।।

५०२. मृगः

१. अग्निः – सा. १८२८–१८३०

नमः सखिभ्यः पूर्वसद्भ्यो नमः साकंनिषेभ्यः। युंजे वाचं शतपदीं।।१।।
युंज वाचं शतपदीं गाये सहस्रवर्तनि। गायत्रं त्रैष्टुभं जगत् ।।2।।
गायत्रं त्रैष्टुभं जगद्विश्वा रूपाणि सम्भृता। देवा ओकांसि चक्रिरे ।।३।।

५०३. मृगारः

१. अग्निः – अ. ४.2३.१–७

अग्नेर्मन्वे प्रथमस्य प्रचेतसः प्रांचजन्यस्यबहुधा यमिन्धते ।
विशोविशः प्रविशिवांसमीमहे स नो मुंचत्वंहसः ।।१।।
यथा हव्यं वहसि जातवेदो यथा यज्ञं कल्पयसि प्रजानन् ।
एवा देवेभ्यः सुमति न आ वह स नो मुंचत्वंहसः ।।2।।
यामन्यामन्नुपयुक्तं बहिष्ठं कर्मन्कर्मन्नाभगम् ।
अग्निमीडे रक्षोहणं यज्ञवृधं घृताहुतं स नो मुंचत्वंहसः ।।३।।
सुजातं जातवेदसमग्निं वैश्वानरं विभुम् ।
हव्यवाहं हवामहे स नो मुंचत्वंहसः ।।४।।
येन ऋषयो बलमद्योतयन् युजा येनासुराणामयुवन्त मायाः ।
येनाग्निना पणीनिन्द्रो जिगाय स नो मुंचत्वंहसः ।।५।।
येन देवा अमृतमन्वविन्दन् येनौषधीर्मधुमतीरकृण्वन् ।
येन देवाः स्व१राभरन्त्स नो मुंचत्वंहसः ।।६।।
यस्येदं प्रदिशि यद् विरोचते यज्जातं जनितव्यं च केवलम् ।
स्तौम्यग्निं नाथितो जोहवीमि स नो मुंचत्वंहसः ।।७।।

2. इन्द्रः – अ. ४.2४.१–७

इन्द्रस्य मन्महे शश्वदिदस्य मन्महे वृत्रघ्न स्तोमा उप मेम आगुः ।
यो दाशुषः सुकृतो हवमति स नो मुंचत्वंहसः ।।१।।
य उग्रीणमुग्रबाहुर्युयुर्यो दानवानां बलमारुरोज ।
येन जिताः सिन्धवो येन गावः स नो मुंचत्वंहसः ।।2।।
यश्चर्षणिप्रो वृषभः स्वर्विद् यस्मै ग्रावाणः प्रवदन्ति नृम्णम् ।
यस्याध्वरः सप्तहोता मदिष्ठः स नो मुंचत्वंहसः ।।३।।
यस्य वशास ऋषभास उक्षणो यस्मै मीयन्ते स्वरवः स्वर्विदे ।
यस्मै शुक्रः पवते ब्रह्मशुम्भितः स नो मुंचत्वंहसः ।।४।।
यस्य जुष्टिं सोमिनः कामयन्ते यं हवन्त इषुमन्तं गविष्टौ ।
यस्मिन्नर्कः शिश्रिये यस्मिन्नोजः स नो मुंचत्वहसः ।।५।।
यः प्रथमः कर्मकृत्याय जज्ञे यस्य वीर्यं प्रथमस्यानुबद्धम् ।
येनोद्यतो वज्रोऽभ्यायताहिं स नो मुंचत्वंहसः ।।६।।
यः सङ्ग्रामान् नयति सं युधे वशी यः पुष्टानि संसृजति द्वयानि ।
स्तौमीन्द्रं नाथितो जोवीमि स नो मुंचत्वंहसः ।।७।।

३. द्यावापृथिवी – अ. ४.2६.१–७

मन्वे वां द्यावापृथिवी सुभोजसौ सजेतसौ ये अप्रथेथाममिता योजनानि ।
प्रतिष्ठे ह्यभवतं वसूनां ते नो मुंचतमंहसः ।।१।।
प्रतिष्ठे ह्यभवतं वसूनां प्रवृद्धे देवी सुभगे उरूची ।
द्यावापृथिवी भवतं मे स्योने ते नो मुंचतमंहसः ।।2।।
असन्तापे सुतपसौ हुवेऽहमुर्वी गम्भीरे कविभिर्नमस्ये ।
द्यावापृथिवी भवतं मे स्योने ते नो मुंचतमंहसः ।।३।।
ये अमृतं बिभृथो ये हवींषि ये स्रोत्या बिभृथो ये मनुष्यान् ।

द्यावापृथिवी भवतं मे स्योने ते नो मुंचतमंहसः ।।४।।
ये उस्रिया बिभृथो ये वनस्पतीन् ययोर्वां विश्वा भुवनान्यन्तः ।
द्यावापृथिवी भवतं मे स्योने ते नो मुंचतमंहसः ।।५।।
ये कीलालेन तर्पयथो ये घृतेन याभ्यामृते न किं चन शक्नुवन्ति ।
द्यावापृथिवी भवतं मे स्योने ते नो मुंचतमंहसः ।।६।।
यन्मेदमभिशोचति येनयेन वा कृतं पौरुषेयान्न दैवात् ।
स्तौमि द्यावापृथिवी नाथितो जोहवीमि ते नो मुंचतमंहसः ।।७।।

४. **भवाशर्वौ – अ. ४.२८.१–७**

भवाशर्वौ मन्वे वां तस्य वित्तं ययोर्वामिदं प्रदिशि यद् विरोचते ।
यावस्येशाथे द्विपदो यौ चतुष्पदस्तौ नो मुंचतमंहसः ।।१।।
ययोरभ्यध्व उत यद् दूरे चिद् यौ विदिताविषुभृतामसिष्ठौ ।
यावस्येशाथे द्विपदो यौ चतुष्पदस्तौ नो मुंचतमंहसः ।।२।।
सहस्राक्षौ वृत्रहणा हुवेऽहं दूरेगव्यूती स्तुवन्नेम्युग्रौ ।
यावस्येशाथे द्विपदो यौ चतुष्पदस्तौ नो मुंचतमंहसः ।।३।।
यावारेभाथे बहु साकमग्रे प्र चेदस्राष्ट्रमभिभां जनेषु ।
यावस्येशाथे द्विपदो यौ चतुष्पदस्तौ नो मुंचतमंहसः ।।४।।
ययोर्वधान्नापपद्यते कश्चनान्तर्देवेषूत मानुषेषु ।
यावस्येशाथे द्विपदो यौ चतुष्पदस्तौ नो मुंचतमंहसः ।।५।।
यः कृत्याकृन्मूलकृद् यातुधानो नि तस्मिन् धत्तां वज्रमुग्रौ ।
यावस्येशाथे द्विपदो यौ चतुष्पदस्तौ नो मुंचतमंहसः ।।६।।
अधि नो ब्रूतं पृतनासूग्रौ सं वज्रेण सृजतं यः किमीदी ।
स्तौमि भवाशर्वौ नाथितो जोहवीमि तौ नो मुंचतमंहसः ।।७।।

५. **मरुतः – अ. ४.२७.१–७**

मरुतां मन्वे अधि मे ब्रुवन्तु प्रेमं वाजं वाजसाते अवन्तु ।
आशूनिव सुयमानह्व ऊतये ते नो मुंचन्त्वंहसः ।।१।।
उत्समक्षितं व्यचन्ति ये सदा य आसिंचन्ति रसमोषधीषु ।
पुरो दधे मरुतः पृश्निमातृंस्ते नो मुंचन्त्वंहसः ।।२।।
पयो धेनूनां रसमोषधीनां जवमर्वतां कवयो य इन्वथ ।
शग्मा भवन्तु मरुतो नः स्योनास्ते नो मुंचन्त्वंहसः ।।३।।
अपः समुद्राद् दिवमुद् वहन्ति दिवस्पृथिवीमभि ये सृजन्ति ।
ये अद्भिरीशाना मरुतश्चरन्ति ते नो मुंचन्त्वंहसः ।।४।।
ये कीलालेन तर्पयन्ति ये घृतेन ये वा वयो मेदसा संसृजन्ति ।
ये अद्भिरीशाना मरुतो वर्षयन्ति ते नो मुंचन्त्वंहसः ।।५।।
यदीदिदं मरुतो मारुतेन यदि देवा दैव्येनेदृगार ।
यूयमीशिध्वे वसवस्तस्य निष्कृतेस्ते नो मुंचन्त्वंहसः ।।६।।
तिग्ममनीकं विदितं सहस्वन् मारुतं शर्धः पृतनासूग्रम् ।
स्तौमि मरुतो नाथितो जोहवीमि ते नो मुंचन्त्वंहसः ।।७।।

६. **मित्रावरुणौ – अ. ४.२९.१–७**

मन्वे वां मित्रावरुणावृतावृधौ सचेतसौ द्रुह्वणो या नुदेथे ।
प्र सत्यावानमवथो भरेषु तौ नो मुंचतमंहसः ।।१।।
सचेतसौ द्रुह्मणो यौ नुदेथे प्र सत्यावानमवथो भरेषु ।
यौ गच्छथो नृचक्षसौ बभ्रुणा सुतं तौ नो मुंचतमंहसः ।।२।।

यावंगिरसमवथो यावगस्तिं मित्रावरुणा जमदग्निमत्त्रिम् ।
यौ कश्यपवथो यौ वसिष्ठं तौ नो मुंचतमंहसः ।।३।।
यौ श्यावाश्वमवथो वध्र्यश्वं मित्रावरुणा पुरुमीढमत्त्रिम् ।
यौ विमदमवथः सप्तवध्रिं तौ नो मुंचतमंहसः ।।४।।
यौ भरद्वाजमवथो यौ गविष्ठिरं विश्वामित्रं वरुण मित्र कुत्सम् ।
यौ कक्षीवन्तमवथः प्रोत कण्वं तौ नो मुंचतमंहसः ।।५।।
यौ मेधतिथिमवथो यौ त्रिशोकं मित्रावरुणावुशनां काव्यं यौ ।
यौ गोतममवथः प्रोत मुद्गलं तौ नो मुंचतमंहसः ।।६।।
ययो रथः सत्यवर्त्मर्जुरश्मिर्मिथुया चरन्तमभियाति दूषयन् ।
स्तौमि मित्रावरुणौ नाथितो जोहवीमि तौ नो मुंचतमंहसः ।।७।।

७. वायुसवितारौ – अ. ४.२५.१–७

वायोः सवितुर्विदथानि मन्महे यावात्मन्वद् विशथो यौ च रक्षथः ।
यौ विश्वस्य परिभू बभूवथुस्तौ नो मुंचतमंहसः ।।१।।
ययोः सङ्ख्याता वरिमा पार्थिवानि याभ्यां रजो युपितमन्तरिक्षे ।
ययोः प्रायं नान्वानशे कश्चन तौ नो मुंचतमंहसः ।।2।।
तव व्रते नि विशन्ते जनासस्त्वय्युदिते प्रेरते चित्रभानो ।
युवं वायो सविता च भुवनानि रक्षथस्तौ मुंचतमंहसः ।।३।।
अपेतो वायो सविता च दुष्कृतमप रक्षांसि शिमिदां च सेधतम् ।
सं ह्यू३र्जया सृजथः सं बलेन तौ नो मुंचतमंहसः ।।४।।
रयिं मे पोषं सवितोत वायुस्तनू दक्षमा सुवतां सुशेवम् ।
अयक्ष्मतातिं मह इह धत्त तौ नो मुंचतमंहसः ।।५।।
प्र सुमतिं सवितवार्य ऊतये महस्वन्तं मत्सरं मादयाथः ।
अर्वाग् वामस्य प्रवतो नि यच्छतं तौ नो मुंचतमंहसः ।।६।।
उप श्रेष्ठा न आशिषो देवयोर्धामन्नस्थिरन् ।
स्तौमि देवं सवितारं च वायुं तौ नो मुंचतमंहसः ।।७।।

५०४. मृळीको वासिष्ठः

१. अग्निः – ऋ. १०.१५०.१–५

समिद्धश्चित्समिध्यसे देवेभ्यो हव्यवाहन ।
आदित्यै रुद्रैर्वसुभिर्न आ गहि मृळीकाय न आ गहि ।।१।।
इमं यज्ञमिदं वचो जुजुषाण उपागहि ।
मर्तासस्त्वा समिधान हवामहे मृळीकाय हवामहे ।।2।।
त्वामु जातवेदसं विश्ववारं गृणे धिया ।
अग्ने देवाँ आ वह नः प्रियव्रतान्मृळीकाय प्रियव्रतान् ।।३।।
अग्निर्देवो देवानमभवत्पुरोहितोऽग्निं मनुष्या३ऋषयः समीधिरे ।
अग्नि महो धनसातावहं हुवे मृळीकं धनसातये ।।४।।
अग्निरत्रिं भरद्वाजं गविष्ठिरं प्रावन्नः कण्वं त्रसदस्युमाहवे ।
अग्नि वसिष्ठो हवते पुरोहितो मृळीकाय पुरोहितः ।।५।।

2. पवमानः सोमः – ऋ. ६.६७.२५–२७

अर्वाँ इव श्रवसे सतिमच्छेन्द्रस्य वायोरभि वीतिमर्ष ।
स नः सहस्रा बृहतीरिषो दा भवा सोम द्रविणोवित्पुनानः ।।2५।।
देवाव्यो नः परिषिच्यमानाः क्षयं सुवीरं धन्वन्तु सोमाः ।
आयज्यवः सुमतिं विश्ववारा होतारो न दिवियजो मन्द्रतमाः ।।2६।।

एवा देव देवताते पवस्व महे सोम प्सरसे देवपानः ।
महश्चिद्धि ष्मसि हिताः समर्ये कृधि सुष्ठाने रोदसी पुनानः ।।२७।।

५०५. मेधः

1. **वैश्वानरः – य. ३३.९२**

दिवि पृष्टो अरोचताग्निर्वैश्वानरो बृहन् ।
क्ष्मया वृधानऽओजसा चनोहितो ज्योतिषा बाधते तमः ।।९२।।

५०६. मेधाकामः

1. **इन्द्रः – य. ३२.१३**

सदसस्पतिमद्भुतं प्रियमिन्द्रस्य काम्यम्। सनिं मेधामयासिषं स्वहा ।।१३।।

2. **परमात्मा – य. ३२.१४**

यां मेधां देवगणाः पितरश्चोपासते। तया मामद्य मेधयाग्ने मेधाविनं कुरु स्वाहा ।।१४।।

३. **परमेश्वर–विद्वांसौ – य. ३२.१५**

मेधां मे वरुणो ददातु मेधामग्निः प्रजापतिः।
मेधामिन्द्रश्च वायुश्च मेधां धाता ददातु मे स्वाहा।।१५।।

५०७. मेधातिथिः

1. **अग्निः – य. १७.२–७; ९; ३३.१०**

य. १७.२–७

इमा मेऽअग्नऽइष्टका धेनवः सन्त्वेका व दश च दश च शतं च शतं च सहस्रं च सहस्रं चायुतं चायुतं च नियुतं च नियुतं च प्रयुतं चार्बुदं च न्यर्बुदं च समुद्रश्च मध्यं चान्तश्च परार्द्धश्चैता मेऽअग्नऽइष्टका धेनवः सन्त्वमुत्रामुष्मिँल्लोके ।।२।।
ऋतव स्थऽऋतावृधऽऋतुष्ठा स्थऽऋतावृधः ।
घृतश्च्युतो मधुश्च्युतो विराजो नाम कामदुघाऽअक्षीयमाणाः ।।३।।
समुद्रस्य त्वावकयाग्ने परि व्ययामसि। पावकोऽअस्मभ्यं यिशवो भव ।।४।।
हिमस्य त्वा जरायुणाग्ने परि व्ययामसि। पावकोऽअस्मभ्यं शिवो भव ।।५।।
उप ज्मन्नुप वेतसेऽवतर नदीष्वा। अग्ने पित्तमपामसि मण्डूकि ताभिरागहि सेमं नो यज्ञं पावकवर्णं शिवं कृधि ।।६।।
अपामिदं न्ययनं समुद्रस्य निवेशनम् ।
आन्याँस्तेऽअस्मत्तपन्तु हेतयः पावकोऽअस्मभ्यं शिवो भव ।।७।।

य. १७.९

स नः पावक दीदिवोऽग्ने देवाँ२ऽ इहावह। उप यज्ञं हविश्च नः ।।९।।

य. ३३.१०

विश्वेभिः सोम्यं मध्वग्नऽइन्द्रेण वायुना। पिबा मित्रस्य धामभिः ।।१०।।

2. **अग्नाविष्णू – अ. ७.२९.१–२**

अग्नाविष्णू महि तद् वां महित्वं पाथो घृतस्य गुह्यस्य नाम ।
दमेदमे सप्त रत्ना दधानौ प्रति वां जिह्वा घृतमा चरण्यात् ।।१।।
अग्नाविष्णू महि धाम प्रियं वां वीथो घृतस्य गुह्या जुषाणौ ।
दमेदमे सुष्टुत्या वावृधानौ प्रति वां जिह्वा घृतमुच्चरण्यात् ।।२।।

३. **अश्विनौ – य. ७.११**

या वां कशा मधुमत्यश्विना सूनृतावती। तया यज्ञं मिमिक्षतम् ।
उपयामगृहीतोऽस्यश्विभ्यां त्वैष ते योनिर्माध्वीभ्यां त्वा ।।११।।

४. आपः – य. ६.१०; १३

य. ६.१०

अपां पेरुरस्यापो देवीः स्वदन्तु स्वात्तं चित्सद्देवहविः ।
सं ते प्राणो वातेन गच्छतां समंगानि यजत्रैः सं यज्ञपतिराशिषा ।।१०।।
देवीरापः शुद्धा वोड्ढ्वं सुपरिविष्टा देवेषु सुपरिविष्टावयं परिवेष्टारो भूयास्म ।।१३।।

५. इडा – अ. ७.२७.१

इडैवास्माँ अनु वस्तां व्रतेन यस्याः पदे पुनते देवयन्तः ।
घृतपदी शक्वरी सोमपृष्ठोप यज्ञमस्थित वैश्वदेवी ।।१।।

६. इन्द्रवायू – य. ३३.४५

इन्द्रवायू बृहस्पतिं मित्राग्नि पूषणं भगम्। आदित्यान्मारुतं गणम् ।।४५।।

७. त्वष्टा – य. ६.७

उपावीरस्युप देवान्दैवीर्विशः प्रागुरुशिजो वह्नितमान्।
देव त्वष्टर्वसु रम हव्या ते स्वदन्ताम्।।७।।

८. दम्पती – य. ८.३२

मही द्यौः पृथिवी च नऽइमं यज्ञं मिमिक्षताम्। पिपृतां नो भरीमभिः ।।३२।।

६. द्यावापृथिवी – य. ६.१६

रक्षसां भागोऽसि निरस्तं रक्षऽ इदमहं रक्षोऽभितिष्ठामीदमहं रक्षोऽववबाधऽइदमहं रक्षोऽधमं तमो नयामि। घृतेन द्यावापृथिवी प्रार्णुवाथां वायो वे स्तोकानामग्निराज्यस्य वेतु स्वाहा स्वाहाकृतेऽऊर्ध्वनभसं मारुतं गच्छतम् ।।१६।।

१०. पवमानः सोमः – ऋ. ६.२.१–१०

पवस्व देववीरति पवित्रं सोम रंह्या। इन्द्रमिन्दो वृषा विश ।।१।।
आ वच्यस्व महि प्सरो वृषेन्दो द्युम्नवत्तमः। आ योनिं धर्णसिः सदः ।।२।।
अधुक्षत प्रियं मधु धारा सुतस्य वेधसः। अपो वसिष्ट सुक्रतुः ।।३।।
महान्तं त्वा महीरन्वापो अर्षन्ति सिन्धवः। यद्गोभिर्वासयिष्यसे ।।४।।
समुद्रो अप्सु मामृजे विष्टम्भे धरुणो दिवः। सोमः पवित्रे अस्मयुः ।।५।।
अचिक्रदद्वृषा हरिर्महान्मित्रो न दर्शतः। सं सूर्येण रोचते ।।६।।
गिरस्त इन्द ओजसा मर्मृज्यन्ते अपस्युवः। याभिर्मदाय शुम्भसे ।।७।।
तं त्वा मदाय घृष्वय उ लोककृत्नुमीमहे। तव प्रशस्तयो महीः ।।८।।
अस्मभ्यमिन्दविन्द्रयुर्मध्वः पवस्व धारया। पर्जन्यो वृष्टिमाँ इव ।।६।।
गोषा इन्दो नृषा अस्यश्वसा वाजसा उत। आत्मा यज्ञस्य पूर्व्यः ।।१०।।

११. पृथिवी – य. ३५.२१; ३६.१३

य. ३५.२१

स्योना पृथिवी नो भवानृक्षरा निवेशनी। यच्छा नः शर्म सप्रथाः। अप नः शोशुचदघम् ।।२१।।

य. ३६.१३

स्योना पृथिवी नो भवानृक्षरा निवेशनी। यच्छा नः शर्म सप्रथाः ।।१३।।

१२. बृहस्पतिः – य. ३.२६

यो रेवान् योऽअमीवहा वसुवित् पुष्टि वर्द्धनः। स नः सिषक्तु यस्तुरः ।।२६।।

१३. मरुतः – य. १७.१

Vedic Concordance of Mantras as per Ṛṣi and Devatā 155

अश्मन्नूर्जं पर्वते शिश्रियाणामद्भ्यऽओषधीभ्यो वनस्पतिभ्योऽअधि सम्भृतं पयः। तां नऽइषमूर्जं धत्त मरुतः संरराणाऽअश्मँस्ते क्षुन् मयि तऽऊर्ग्यं द्विष्मस्तं ते शुगृच्छतु ।।१।।

१४. महेन्द्रः – य. ३३.६७

अस्येदिन्द्रो वावृधे वृष्ण्यँ शवो मदे सुतस्य विष्णवि। अद्या तमस्य महिमानमायवोऽनु ष्टुवन्ति पूर्वथा पूर्वथा। इमाऽउ त्वा। यस्यायम्। अयं सहस्रम्। ऊर्ध्वऽऊ षु णः ।।६७।।

१५. वरुणाः – य. ३३.४६

वरुणः प्राविता भुवन्मित्रो विश्वभिरूतिभिः। कारतां नः सुराधसः ।।४६।।

१६. वातः – य. ६.११–१२; १४–१५

य. ६.११–१२

घृतेनाक्तौ पशूँस्त्रायेथां रेवति यजमाने प्रियं धा आ विश ।
उरोरन्तरिक्षात्सजूर्देवेन वातेनास्य हविषस्त्मना यज समस्य तन्वा भव ।
वर्षो वर्षीयसि यज्ञे यज्ञपतिं धाः स्वाहा देवेभ्यो देवेभ्यः स्वाहा ।।११।।
महिर्भूर्मा पृदाकुर्नमस्त आतानानर्वा प्रेहि। घृतस्य कुल्या उप ऋतस्य पथ्या अनु ।।१२।।

य. ६.१४–१५

वाचं ते शुन्धामि प्राणं ते शुन्धामि चक्षुस्ते शुन्धामि श्रोत्रं ते शुन्धामि नाभिं ते शुन्धामि मेढ्रं ते शुन्धामि पायुं ते शुन्धामि चरित्राँस्ते शुन्धामि ।।१४।।
मनस्त आ प्यायतां वाक्त आ प्यायतां प्राणस्त आ प्यायतां चक्षुस्त आ प्यायतां श्रोत्रं त आ प्यायताम्। यत्ते क्रूरं यदास्थितं तत्त आ प्यायतां निष्ट्यायतां तत्ते शुध्यतु शमहोभ्यः। ओषधे त्रायस्व स्वधिते मैनं हिंसीः ।।१५।।

१७. विद्वान् – य. २६.२०–२१; २३

य. २६.२०–२१

अग्ने पत्नीरिहा वह देवानामुशतीरुप। त्वष्टारं सोमपीतये ।।२०।।
अभि यज्ञं गृणीहि नो ग्नावो नेष्टः पिब ऋतुना। त्वं हि रत्नधा असि ।।२१।।

य. २६.२३

तवायं सोमस्त्वमेह्यर्वाङ् शश्वत्तमं सुमना अस्य पाहि ।
अस्मिन् यज्ञे बर्हिष्या निषद्या दधिष्वेमं जठर इन्दुमिन्द्र ।।२३।।

१८. विद्वांसः – य. ५.१५

इदं विष्णुर्विचक्रमे त्रेधा निदधे पदम्। समूढमस्य पांसुरे स्वाहा ।।१५।।

१९. विभिन्दोर् दानस्तुतिः – ऋ. ८.२.४१–४२

शिक्षा विभिन्दो अस्मै चत्वार्ययुता ददत्। अष्टा परः सहस्रा ।।४१।।
उत सु त्ये पयोवृधा माकी रणस्य नप्त्या। जनित्वनाय मामहे ।।४२।।

२०. विश्वेदेवाः – य. ३३.८१–८३

इमाऽउ त्वा पुरूवसो गिरो वर्द्धन्तु या मम ।
पावकवर्णाः शुचयो विपश्चितोऽभि स्तोमैरनूषत ।।८१।।
यस्यायं विश्वऽआर्यो दासः शेवधिपाऽ अरिः ।
तिरश्चिदर्य्ये रुशमे पवीरवि तुभ्येत्सोऽअज्यते रयिः ।।८२।।
अयं सहस्रमृषिभिः सहस्कृतः समुद्रऽइव पप्रथे ।
सत्यः सोऽअस्य महिमा गृणे शवो यज्ञेषु विप्रराज्ये ।।८३।।

२१. विष्णुः – अ. ७.२५.१–२; ७.२६.१–८

अ. ७.२५.१–२

ययोरोजसा स्कभिता रजांसि यौ वीर्यै वींरतमा शविष्ठा ।
यौ पत्येते अप्रतीतौ सहोभिर्विष्णुमगन् वरुणं पूर्वहूतिः ।।१।।
यस्येदं प्रदिशि यद् विरोचते प्र चानति वि च चष्टे शचीभिः पुरा देवस्य धर्मणा सहोभिर्विष्णुमगन्
वरुणं पूर्वहूतिः ।।2।।

अ. ७.2६.१–८

विष्णोर्नु कं प्रा वोचं वीर्याणि यः पार्थिवानि विममे रजांसि ।
यो अस्कभायदुत्तरं सधस्थं विचक्रमाणस्त्रेधोरुगायः ।।१।।
प्र तद् विष्णु स्तवते वीर्या णि मृगो न भीमः कुचरो गिरिष्ठाः ।
परावत आ जगम्यात् परस्याः ।।2।।
यस्योरुषु त्रिषु विक्रमणेष्वधिक्षियन्ति भुवनानि विश्वा ।
उरु विष्णो वि क्रमस्वोरु क्षयाय नस्कृधि । घृतं घृतयोने पिब प्रप्र यज्ञपतिं तिर ।।३।।
इदं विष्णुर्वि चक्रमे त्रेधा नि दधे पदा । समूढमस्य पांसुरे ।।४।।
त्रीणि पदा वि चक्रमे विष्णुर्गोपा अदाभ्यः । इतो धर्माणि धारयन् ।।५।।
विष्णोः कर्माणि पश्यत यतो व्रतानि पस्पशे । इन्द्रस्य युज्यः सखा ।।६।।
तद् विष्णोः परमं पदं सदा पश्यन्ति सूरयः । दिविव चक्षुराततम् ।।७।।
दिवो विष्ण उत वा पृथिव्या मही विष्ण उरोरन्तरिक्षात् ।
हस्तौ पृणस्व बहुभिर्वसव्यैराप्रयच्छ दक्षिणादोत सव्यात् ।।८।।

22. **वेदः – य. ६.४–५; ५.१५; अ. ७.2८.१**

य. ६.४–५

विष्णोः कर्माणि पश्यत यतो व्रतानि पस्पशे। इन्द्रस्य युज्यः सखा ।।४।।
तद्विष्णोः परमं पदं सदा पश्यन्ति सूरयः। दिवीव चक्षुराततम् ।।५।।

य. ५.१५

इदं विष्णुर्वि चक्रमे त्रेधा नि दधे पदम्। समूढमस्य पांसुरे स्वाहा ।।१५।।

अ. ७.2८.१

वेदः स्वस्तिर्द्रुघणः स्वसितः परशुर्वेदिः परर्शुर्नः स्वस्ति ।
हविष्कृतो यज्ञिया यज्ञकामास्ते देवासो यज्ञमिमं जुषन्ताम् ।।१।।

2३. **सविता – य. 22.१०; ३०.४**

य. 22.१०

हिरण्यपाणिमूतये सवितारमुप ह्वये। स चेत्ता देवता पदम् ।।१०।।

य. ३०.४

विभक्तारं हवामहे वसोश्चित्ररस्य राधसः। सवितारं नृचक्षसम् ।।४।।

2४. **सोमः – य. 2६.22**

द्रविणोदाः पिपीषति जुहोत प्र च तिष्ठत। नेष्ट्रादृतुभिरिष्यत ।।22।।

५०८. मेधातिथिः काण्वः

१. **अग्निः – ऋ. १.१2.१–१2; १.१५.१2; १.22.६; १०; १.2३.2३–2४; सा. ३; १६; ३2; ७६०–७६2; ८४४–८४६**

ऋ. १.१2.१–१2

अग्नि दूतं वृणीमहे होतारं विश्ववेदसम्। अस्य यज्ञस्य सुक्रतुम् ।।१।।
अग्निमग्नि हवीमभिः सदा हवन्त विश्पतिम्। हव्यवाहं पुरुप्रियम् ।।2।।
अग्ने देवाँ इहा वह जज्ञानो वृक्तबर्हिषे। असि होता न ईड्यः ।।३।।
ताँ उशतो वि बोधय यदग्ने यासि दूत्यम्। देवैरा सत्सि बर्हिषि ।।४।।

घृताहवन दीदिवः प्रति ष्म रिषतो दह। अग्ने त्वं रक्षस्विनः ।।५।।
अग्निनाग्निः समिध्यते कविर्गृहपतिर्युवा। अव्यवाड् जुह्वास्यः ।।६।।
कविमग्निमुप स्तुहि सत्यधर्माणमध्वरे। देवममीवचातनम् ।।७।।
यस्त्वामग्ने हविष्पतिर्दूतं देव सपर्यति। तस्य स्म प्राविता भव ।।८।।
यो अग्नि देववीतये हविष्माँ आविवासति। तस्मै पावक मृळय ।।९।।
स नः पावक दीदिवोऽग्ने देवाँ इहा वह। उप यज्ञं हविश्च नः ।।१०।।
स नः स्तवान आ भर गायत्रेण नवीयसा। रयिं वीरवतीमिषम् ।।११।।
अग्ने शुक्रेण शोचिषा विश्वाभिर्देवहूतिभिः। इमं स्तोमं जुषस्व नः ।।१२।।

ऋ. १.१५.१२
गार्हपत्येन सन्त्य ऋतुना यज्ञनीरसि। देवान् देवयते यज ।।१२।।

ऋ. १.22.९–१०
अग्ने पत्नीरिहा वह देवानामुशतीरुप। त्वष्टारं सोमपीतये ।।९।।
आ ग्ना अग्न इहावसे होत्रां यविष्ठ भारतीम्। वरूत्रीं धिषणां वह ।।१०।।

ऋ. १.2३.2३–2४
आपो अद्यान्वचारिषं रसेन समगस्महि। पयस्वानग्न आ गहि तं मा सं सृज वर्चसा ।।2३।।
सं माग्ने वर्चसा सृज सं प्रजया समायुषा। विद्युर्मे अस्य देवा इन्द्रो विद्यात्सह ऋषिभिः।।2४।।

सा. ३
अग्निं दूतं वृणीमहे होतारं विश्ववेदसम्। अस्य यज्ञस्य सुक्रतुम् ।।३।।

सा. १६
प्रति त्यं चारुमध्वरं गोपीथाय प्र हूयसे। मरुद्भिरग्न आ गहि ।।६।।

सा. ३2
कविमग्निमुप स्तुहि सत्यधर्माणमध्वरे। देवममीवचातनम् ।।१2।।

सा. ७९०–७९2
अग्निं दूतं वृणीमहे होतारं विश्ववेदसम्। अस्य यज्ञस्य सुक्रतुम् ।।१।।
अग्निमग्निं हवीमभिः सदा हवन्त विश्पतिम्। हव्यवाहं पुरुप्रियम् ।।2।।
अग्ने देवाँ इहा वह जज्ञानो वृक्तबर्हिषे। असि होता न ईड्यः ।।३।।

सा. ८४४–८८६
अग्निनाग्निः समिध्यते कविर्गृहपतिर्युवा। हव्यवाड् जुह्वास्य ।।१।।
यस्त्वामग्ने हविष्पतिर्दूतं देव सपर्यति। तस्य स्म प्राविता भव ।।2।।
यो अग्निं देववीतये हविष्माँ आविवासति। तस्मै पावक मृडय ।।३।।

2. अग्नि मरुतश्च – ऋ. १.१९.१–९

प्रति त्यं चारुमध्वरं गोपीथाय प्र हूयसे। मरुद्भिरग्न आ गहि ।।१।।
नहि देवो न मर्त्यो महस्तव क्रतुं परः। मरुद्भिरग्न आ गहि ।।2।।
ये महो रजसो विदुर्विश्वे देवासो अद्रुहः। मरुद्भिरग्न आ गहि ।।३।।
य उग्रा अर्कमानृचुरनाधृष्टास ओजसा। मरुद्भिरग्न आ गहि ।।४।।
ये शुभ्रा घोरवर्पसः सुक्षत्रासो रिशादसः। मरुद्भिरग्न आ गहि ।।५।।
ये नाकस्याधि रोचने दिवि देवास आसते। मरुद्भिरग्न आ गहि ।।६।।
य ईंखयन्ति पर्वतान् तिरः समुद्रमर्णवम्। मरुद्भिरग्न आ गहि ।।७।।
आ ये तन्वन्ति रश्मिभिस्तिरः समुद्रमोजसा। मरुद्भिरग्न आ गहि ।।८।।
अभि त्वा पूर्वपीतये सृजामि सोम्यं मधु। मरुद्भिरग्न आ गहि ।।९।।

३. अश्विनौ – ऋ. १.१५.११; १.22.१–४

ऋ. १.१५.११

अश्विना पिबतं मधु दीद्यग्नी शुचिव्रता। ऋतुना यज्ञवाहसा ।।११।।

ऋ. १.22.१–४

प्रातर्युजा वि बोधयाश्विनावेह गच्छताम्। अस्य सोमस्य पीतये ।।१।।
या सुरथा रथीतमोभा देवा दिविस्पृशा। अश्विना ता हवामहे ।।2।।
या वां कशा मधुमत्याश्विना सूनृतावती। तया यज्ञं मिमिक्षतम् ।।३।।
नहि वामस्ति दूरके यत्रा रथेन गच्छथः। अश्विना सोमिनो गृहम् ।।४।।

४. **आपः – ऋ. १.2३.१६–22**

अम्बयो यन्त्यध्वभिर्जामयो अध्वरीयताम्। पृंचतीर्मधुना पयः ।।१६।।
अमूर्या उप सूर्ये याभिर्वा सूर्यः सह। ता नो हिन्वन्त्वध्वरम् ।।१७।।
अपो देवीरुप ह्वये यत्र गावः पिबन्तिनः। सिन्धुभ्यः कर्त्वं हविः ।।१८।।
अप्स्वऽन्तरमृतमप्सु भेषजमपामुत प्रशस्तये। देवा भवत वाजिनः ।।१९।।
अप्सु मे सोमो अब्रवीदन्तर्विश्वानि भेषजा। अग्निं च विश्वशंभुवमापश्च विश्वभेषजीः ।।20।।
आपः पृणीत भेषजं वरूथं तन्वे३ मम। ज्योक् च सूर्यं दृशे ।।2१।।

५. **इळः – ऋ. १.१३.४**

अग्ने सुखतमे रथे देवाँ ईळित आ वह। असि होता मनुर्हितः ।।४।।

६. **इळा – सा. १३५०**

अग्ने सुखतमे रथे देवाँ ईडित आ वह। असि होता मनुर्हितः ।।४।।

७. **इद् सामिद् अग्निर् वा – सा. १३४७**

सुषमिद्धो न आ वह देवाँ अग्ने हविष्मते। होतः पावक यक्षि च ।।१।।

८. **इध्मः समिद्धोऽग्निर् वा – ऋ. १.१३.१**

सुसमिद्धो न आ वह देवाँ अग्ने हविष्मते। होतः पावकः यक्षि च ।।१।।

९. **इन्द्रः – ऋ. १.१५.५; १.१६.१–९; ८.३2.१–३०; ८.३३.१–१९; सा. १३९; १४६; 2१७; 222; 22३; 22९; 2३०; 2३९; १८०४–१८०६**

ऋ. १.१५.५

ब्राह्मणदिन्द्र राधसः पिबा सोममृतूँरनु। तवेद्धि सख्यमस्तृतम् ।।५।।

ऋ. १.१६.१–९

आ त्वा वहन्तु हरयो वृषणं सोमपीतये। इन्द्र त्वा सूरचक्षसः ।।१।।
इमा धाना घृतस्नुवो हरी इहोप वक्षतः। इन्द्रं सुखतमे रथे ।।2।।
इन्द्र प्रातर्हवामह इन्द्रं प्रयत्ध्वरे। इन्द्रं सोमस्य पीतये ।।३।।
उप नः सुतमा गहि हरिभिरिन्द्र केशिभिः। सुते हि त्वा हवामहे ।।४।।
सेमं नः स्तोममा गह्युपेदं सवनं सुतम्। गौरो न तृषितः पिब ।।५।।
इमे सोमास इन्दवः सुतासो अधि बर्हिषि। ताँ इन्द्र सहसे पिब ।।६।।
अयं ते स्तोमो अग्रियो हृदिस्पृगस्तु शंतमः। अथा सोमं सुतं पिब ।।७।।
विश्वमित्सवनं सुतमिन्द्रो मदाय गच्छति। वृत्रहा सोमपीतये ।।८।।
सेमं नः काममा पृण गोभिरश्वैः शतक्रतो। स्तवाम त्वा स्वाध्यः ।।९।।

ऋ. ८.३2.१–३०

प्र कृतान्यृजीषिणः कण्वा इन्द्रस्य गाथया। मदे सोमस्य वोचत ।।१।।
यः सृबिन्दमनर्शनिं पिप्रुं दासमहीशुवम्। वधीदुग्रो रिणन्नपः ।।2।।
न्यर्बुदस्य विष्टपं वर्षमाणं बृहतस्तिर। कृषे तदिन्द्रं पौंस्यम् ।।३।।
प्रति श्रुताय वो धृषत्तूर्णाशं न गिरेरधि। हुवे सुशिप्रमूतये ।।४।।
स गोरश्वस्य वि व्रजं मन्दानः सोम्येभ्यः। पुरं न शूर दर्षसि ।।५।।

यदि मे रारणः सुत उक्थे वा दधसे चनः। आरादुप स्वधा गहि ।।६।।
वयं घा ते अपि ष्मसि स्तोतार इन्द्र गिर्वणः। त्वं नो जिन्व सोमपाः ।।७।।
उत नः पितुमा भर संरराणो अविक्षितम्। मघवन्भूरि ते वसु ।।८।।
उत नो गोमतस्कृधि हिरण्यवतो अश्विनः। इळाभिः सं रभेमहि ।।६।।
बृबदुक्थं हवामहे सृप्रकरस्नमूतये। साधु कृण्वन्तमवसे ।।१०।।
यः संस्थे चिच्छतक्रतुरादीं कृणोति वृत्रहा। जरितृभ्यः पुरूवसुः ।।११।।
स नः शक्रश्चिदा शकद्दानवाँ अन्तराभरः। इन्द्रो विश्वाभिरूतिभिः ।।१२।।
यो रायो३ वनिर्महान्त्सुपारः सुन्वतः सखा। तमिन्द्रमभि गायत ।।१३।।
आयन्तारं महि स्थिरं पृतनासु श्रवोजितम्। भूरेरीशानमोजसा ।।१४।।
नकिरस्य शचीनां नियन्ता सूनृतानाम्। नकिर्वक्ता न दादिति ।।१५।।
न नूनं ब्रह्मणमृणं प्राशूनामस्ति सुन्वताम्। न सोमो अप्रता पपे ।।१६।।
पन्य इदुप गायत पन्य उक्थानि शंसत। ब्रह्मा कृणोत पन्य इत् ।।१७।।
पन्य आ दर्दिरच्छता सहस्रा वाज्यवृतः। इन्द्रो यो यज्वनो वृधः ।।१८।।
वि षू चर स्वधा अनु कृष्टीनामन्वाहुवः। इन्द्र पिब सुतानाम् ।।१६।।
पिब स्वधैनवानामुत यस्तुग्र्ये सचा। उतायमिन्द्र यस्तव ।।२०।।
अतीहि मन्युषाविणं सुषुवांसमुपारणे। इमं रातं सुतं पिब ।।२१।।
इहि तिस्रः परावत इहि पंच जनाँ अति। धेना इन्द्रावचाकशत ।।२२।।
सूर्यो रश्मिं यथा सृजा त्वा यच्छन्तु म गिरः। निम्माषो न सध्य्रक् ।।२३।।
अध्वर्यवा तु हि षिंच सोमं वीराय शिप्रिणे। भरा सुतस्य पीतये ।।२५।।
य उद्नः फलिगं भिन्य१ क्सिन्धूँरवासृजत्। यो गोषु पक्वं धारयत् ।।२५।।
अहन्वृत्रमृचीषम औणबाभमहीशुवम्। हिमेनाविध्यदर्बुदम् ।।२६।।
प्र व उग्राय निष्टुरेऽषाळहाय प्रसक्षिणे। देवत्तं ब्रह्म गायत ।।२७।।
यो विश्वान्यभि व्रता सोमस्य मदे अन्धसः। इन्द्रो देवेषु चेतति ।।२८।।
इह त्या सधमाद्या हरी हिरण्यकेश्या। वोळहामभि प्रयो हितम् ।।२६।।
अर्वांचं त्वा पुरुष्टुत प्रियमेधस्तुता हरी। सोमपेयाय वक्षतः ।।३०।।

ऋ. ८.३३.१—१६

वयं घ त्वा सुतावन्त आपो न वृक्तबर्हिषः ।
पवित्रस्य प्रस्रवणेषु वृत्रहन् परि स्तोतार आसते ।।१।।
स्वरन्ति त्वा सुते नरो वसो निरेक उक्थिनः ।
कदा सुतं तृषाण ओक आ गम इन्द्र स्वब्दीव वंसगः ।।२।।
कण्वेभिर्धृष्णवा धृषद्वाजं दर्षि सहस्रिणम् ।
पिशंगरूपं मघवन् विचर्षणे मक्षू गोमन्तमीमहे ।।३।।
पाहि गायान्धसो मद इन्द्राय मेध्यातिथे ।
यः संमिश्लो हर्योर्यः सुते सचा वज्री रथो हिरण्ययः ।।४।।
यः सुषव्यः सुदक्षिण इनो यः सुक्रतुर्गृणे ।
य आकरः सहस्रा यः शतामघ इन्द्रो यः पूर्भिदारितः ।।५।।
यो धृषितो योऽवृतो यो अस्ति श्मश्रुषु श्रितः ।
विभूतद्युम्नश्च्यवनः पुरुष्टुतः क्रत्वा गौरिव शाकिनः ।।६।।
क ईं वेद सुते सचा पिबन्तं कद्वयो दधे ।
अयं यः पुरो विभिनत्त्योजसा मन्दानः शिप्र्यन्धसः ।।७।।
दाना मृगो न वारणः पुरुत्रा चरथं दधे ।
नकिष्ट्वा नि यमदा सुते गमो महाँश्चरस्योजसा ।।८।।
य उग्रः सन्ननिष्टृतः स्थिरो रणाय संस्कृतः ।

यदि स्तोतुर्मघवा शृणवद्धवं नेन्द्रो योषत्या गमत् ।।६।।
सत्यमित्था वृषेदसि वृषजूतिर्नोऽवृतः ।
वृषा ह्युग्र शुण्विषे परावति वृषो अर्वावति श्रुतः ।।१०।।
वृषणस्ते अभीशवो वृषा कशा हिरण्ययी ।
वृषा रथो मघवन्वृषणा हरी वृषा त्वं शतक्रतो ।।११।।
वृषा सोता सुनोतु ते वृषन्नृजीषिन्ना भर ।
वृषा दधन्वे वृषणं नदीष्वा तुभ्यं स्थातर्हरीणाम् ।।१२।।
एन्द्र याहि पीतये मधु शविष्ठ सोम्यम् ।
नायमच्छा मघवा शृणवद् गिरो ब्रह्मोक्था च सुक्रतुः ।।१३।।
वहन्तु त्वा रथेष्ठामा हरयो रथयुजः । तिरश्चिदर्यं सवनानि वृत्रहन्नन्येषां या शतक्रतो ।।१४।।
अस्माकमद्यान्तमं स्तोमं धिष्व महामह ।
अस्माकं ते सवना सन्तु शंतमा मदाय द्युक्ष सोमपाः ।।१५।।
नहि षस्तव नो मम शास्त्रे अन्यस्य रण्यति । यो अस्मान्वीर आनयत् ।।१६।।
इन्द्रश्चिद् घा तदब्रवीत्स्त्रिया अशास्यं मनः । उतो अह क्रतुं रघुम् ।।१७।।
सप्ती चिद् घा मदच्युता मिथुना वहतो रथम् । एवेद्धूर्वृष्ण उत्तरा ।।१८।।
अधः पश्यस्व मोपरि संतरां पादकौ हर ।
मा ते कशप्लकौ दृशन् स्त्री हि ब्रह्मा बभूविथ ।।१९।।

सा. १३९

सोमानां स्वरणं कृणुहि ब्रह्मणस्पते। कक्षीवन्तं य औशिजः ।।५।।

सा. १४६

इमा उ त्वा पुरूवसोऽभि प्र नो नोनुवुर्गिरः। गावो वत्सं न धेनवः ।।2।।

सा. 2१७

बृबदुक्थं हवामहे सृप्रकरस्नमूतये। साधः कृण्वन्तमवसे ।।४।।

सा. 222–22३

इदं विष्णुर्वि चक्रमे त्रेधा नि दधे पदम्। समूढमस्य पांसुले ।।६।।
अतीहि मन्युषाविणं सुषुवां समुपेरय। अस्य रातौ सुतं पिब ।।१०।।

सा. 22९–2३०

ब्राह्मणादिन्द्र राधसः पिबा सोममृतूँ रनु। तवेदं सख्यमस्तृतम् ।।७।।
वयं घा ते अपि स्मसि स्तोतार इन्द्र गिर्वणः। त्वं नो जिन्व सोमपाः ।।८।।

सा. 2३९

पिबा सुतस्य रसिनो मत्स्वा न इन्द्र गोमतः ।
आपिर्नो बोधि सधमाद्ये वृधे३ऽस्माँ अवन्तु ते धियः ।।७।।

सा. १८०४–१८०६

रेवाँ इद्रेवत स्तोता स्यात्त्वावतो मघोनः। प्रेदु हरिवः सुतस्य ।।१।।
उक्थं च न शस्यमानं नागो रयिरा चिकेत। न गायत्रं गीयमानम् ।।2।।
मा न इन्द्र पीयत्नवे मा शर्धते परा दाः। शिक्षा शचीवः शचीभिः ।।३।।

१०. इन्द्रः – (साग्री. सास्वा.) सदसस्पतिः (ऋसर्व. १. १८. ६) – सा. १७१

सदसस्पतिमद्भुतं प्रियमिन्द्रस्य काम्यम्। सनिं मेधामयासिषम् ।।७।।

११. इन्द्रो मरुत्वान् – ऋ. १.2३.७–९

मरुत्वन्तं हवामह इन्द्रमा सोमपीतये। सजूर्गणेन तृम्पतु ।।७।।
इन्द्रजयेष्ठा मरुद्गणा देवासः पूषरातयः। विश्वे मम श्रुता हवम् ।।८।।
हत वृत्रं सुदानव इन्द्रेण सहसा युजा। मा नो दुःशंस ईशत ।।९।।

Vedic Concordance of Mantras as per Ṛṣi and Devatā 161

१२. इन्द्रवायू – ऋ. १.२३.२–३

उभा देवा दिविस्पृशेन्द्रवायू हवामहे। अस्य सोमस्य पीतये ।।२।।
इन्द्रवायु देवा मनोजुवा विप्रा हवन्त ऊतये। सहस्राक्षा धियस्पती ।।३।।

१३. इन्द्राग्नी – ऋ. १.२१.१–६

इहेन्द्राग्नी उप ह्वये तयोरित्स्तोममुश्मसि। ता सोमं सोमपातमा ।।१।।
ता यज्ञेषु प्र शंसतेन्द्राग्नी शुम्भता नरः। ता गायत्रेषु गायत ।।२।।
ता मित्रस्य प्रशस्तय इन्द्राग्नी ता हवामहे। सोमपा सोमपीतये ।।३।।
उग्रा सन्ता हवामह उपेदं सवनं सुतम्। इन्द्राग्नी एह गच्छताम् ।।४।।
ता महान्ता सदस्पती इन्द्राग्नी रक्ष उब्जतम्। अप्रजाः सन्त्वत्रिणः ।।५।।
तेन सत्येन जागृतमधि प्रचेतुनो पदे। इन्द्राग्नी शर्म यच्छतम् ।।६।।

१४. इन्द्राणीवरुणानी अग्नाय्यः – ऋ. १.२२.१२

इहेन्द्राणीमुप ह्वये वरुणानीं स्वस्तये। अग्नायीं सोमपीतये ।।१२।।

१५. इन्द्रावरुणौ – ऋ. १.१७.१–९

इन्द्रावरुणयोरहं सम्राजोरव आ वृणे। ता नो मृळात ईदृशे ।।१।।
गन्तारा हि स्थोऽवसे हवं विप्रस्य मावतः। धर्तारा चर्षणीनाम् ।।२।।
अनुकामं तर्पयेथामिन्द्रावरुण राय आ। ता वां नेदिष्ठमीमहे ।।३।।
युवाकु हि शचीनां युवाकु सुमतीनाम्। भूयाम वाजदाव्नाम् ।।४।।
इन्द्रः सहस्रदाव्नां वरुणः शंस्यानाम्। क्रतुर्भवत्युक्थ्यः ।।५।।
तयोरिदवसा वयं सनेम नि च धीमहि। स्यादुत प्ररेचनम् ।।६।।
इन्द्रावरुण वामहं हुवे चित्राय राधसे। अस्मान्त्सु जिग्युषस्कृतम् ।।७।।
इन्द्रावरुण नू नु वां सिषासन्तीषु धीष्वा। अस्मभ्यं शर्म यच्छतम् ।।८।।
प्र वामश्नोतु सुष्टुतिरिन्द्रावरुण यां हुवे। यामृधाथे सधस्तुतिम् ।।९।।

१६. उषासानक्ता – ऋ. १.१३.७

नक्तोषासा सुपेशसास्मिन् यज्ञ उप ह्वये। इदं नो बर्हिरासदे ।।७।।

१७. ऋतवः – ऋ. १.१५.१

इन्द्र सोमं पिब ऋतुनाऽऽत्वा विशन्त्विदन्दवः। मत्सरासस्तदोकसः ।।१।।

१८. ऋभवः – ऋ. १.२०.१–८

अयं देवाय जन्मने स्तोमो विप्रेभिरासया। अकारि रत्नधातमः ।।१।।
य इन्द्राय वचोयुजा ततक्षुर्मनसा हरी। शमीभिर्यज्ञमाशत ।।२।।
तक्षन्नासत्याभ्यां परिज्मानं सुखं रथम्। तक्षन्धेनुं सबर्दुघाम् ।।३।।
युवाना पितरा पुनः सत्यमन्त्रा ऋजूयवः। ऋभ्वो विष्ट्यक्रत ।।४।।
सं वो मदासो अग्मतेन्द्रेण च मरुत्वता। आदित्येभिश्च राजभिः ।।५।।
उत त्यं चमसं नवं त्वष्टुर्देवस्य निष्कृतम्। अकर्त चतुरः पुनः ।।६।।
ते नो रत्नानि धत्तन त्रिरा साप्तानि सुन्वते। एकमेकं सुशस्तिभिः ।।७।।
अधारयन्त वह्नयोऽभजन्त सुकृत्यया। भागं देवेषु यज्ञियम् ।।८।।

१९. तनूनपात् – ऋ. १.१३.२; सा. १३४८

ऋ. १.१३.२

मधुमन्तं तनूनपाद् यज्ञं देवेषु नः कवे। अद्या कृणुहि वीतये ।।२।।

सा. १३४८

मधुमन्तं तनूनपाद्यज्ञं देवेषु नः कवे। अद्या कृणुह्यूतये ।।२।।

162 वैदिक–ऋषि–देवतानुसारी मन्त्रानुक्रमकोषः

२०. **त्वष्टा – ऋ. १.१३.१०; १.१५.३.४**

ऋ. १.१३.१०

इह त्वष्टारमग्रियं विश्वरूपमुप ह्वये। अस्माकमस्तु केवलः ।।१०।।

ऋ. १.१५.३–४

अभि यज्ञं गृणीहि नो ग्नावो नेष्टः पिब ऋतुना। त्वं हि रत्नधा असि ।।३।।
अग्ने देवाँ इहा वह सादया योनिषु त्रिषु। परि भूष पिब ऋतुना ।।४।।

२१. **तिस्रो देव्यः सरस्वती–इळा–भारत्यः – ऋ. १.१३.९**

इळा सरस्वती मही तिस्रो देवीर्मयोभुवः। बर्हिः सीदन्त्वस्रिधः ।।९।।

22. **देवीर् द्वारः – ऋ. १.१३.६**

वि श्रयन्तामृतावृधो द्वारो देवीरसश्चतः। अद्या नूनं च यष्टवे ।।६।।

२३. **देव्यः – ऋ. १.22.११**

अभि नो देवीरवसा महः शर्मणा नृपत्नीः। अच्छिन्नपत्राः सचन्ताम् ।।११।।

२४. **देव्यौ होतारौ प्रचेतसौ – ऋ. १.१३.८**

ता सुजिह्वा उप ह्वये होतारा दैव्या कवी। यज्ञं नो यक्षतामिमम् ।।८।।

२५. **द्रविणोदा – ऋ. १.१५.७–१०**

द्रविणोदा द्रविणसो ग्रावहस्तासो अध्वरे। यज्ञेषु देवमीळते ।।७।।
द्रविणोदा ददातु नो वसूनि यानि शृण्विरे। देवेषु ता वनामहे ।।८।।
द्रविणोदाः पिपीषति जुहोत प्र च तिष्ठत। नेष्ट्रादृतुभिरिष्यत ।।९।।
यत्त्वा तुरीयमृतुभिर्द्रविणोदो यजामहे। अध ष्मा नो ददिर्भव ।।१०।।

२६. **द्यावापृथिव्यौ – ऋ. १.22.१३–१४**

मही द्यौः पृथिवी च न इमं यज्ञं मिमिक्षताम्। पिपृतां नो भरीमभिः ।।१३।।
तयोरिद् घृतवत्पयो विप्रा रिहन्ति धीतिभिः। गन्धर्वस्य ध्रुवे पदे ।।१४।।

२७. **नराशंसः – ऋ. १.१३.३; सा. १३४९**

ऋ. १.१३.३

नराशंसमिह प्रियमस्मिन् यज्ञ उप ह्वये। मधुजिह्वं हविष्कृतम् ।।३।।

सा. १३४९

नराशंसमिह प्रियमस्मिन्यज्ञ उप ह्वये। मधुजिह्वं हविष्कृतम् ।।३।।

२८. **पवमानः सोमः – सा. ४९७; १०३७–१०४६**

सा. ४९७

अचिक्रदद्वृषा हरिर्महान्मित्रो न दर्शतः। संसूर्येण दिद्युते ।।१।।

सा. १०३७–१०४६

पवस्व देववीरति पवित्रं सोम रंह्या। इन्द्रमिन्दो वृषा विश ।।१।।
आ वच्यस्व महि पसरो वृषेन्दो द्युम्नवत्तमः। आ योनिं धर्णासिः सदः ।।2।।
अधुक्षत प्रियं मधु धारा सुतस्य वेधसः। अपो वसिष्ट सुक्रतुः ।।३।।
महान्तं त्वा महीरन्वापो अर्षन्ति सिन्धवः। यद्गोभिर्वासयिष्यसे ।।४।।
समुद्रो अप्सु मामृजे विष्टम्भो धरुणो दिवः। सोमः पवित्रे अस्मयुः ।।५।।
अचिक्रदद्वृषा हरिर्महान्मित्रो न दर्शतः। सं सूर्येण दिद्युते ।।६।।
गिरस्त इन्द ओजसा मर्मृज्यन्ते अपस्युवः। याभिर्मदाय शुम्भसे ।।७।।
तं त्वा मदाय घृष्वय उ लोककृत्नुमीमहे। तव प्रशस्तये महे ।।८।।
गोषा इन्दो नृषा अस्यश्वसा वाजसा उत। आत्मा यज्ञस्य पूर्व्यः ।।९।।

अस्मभ्यमिन्दविन्द्रियं मधोः पवस्व धारया। पर्जन्यो वृष्टिमाँ इव ।।१०।।

२९. पूषा – ऋ. १.२३.१३–१५

आ पूषंचित्रबर्हिषमाघृणे धरुणं दिवः। आजा नष्टं यथा पशुम् ।।१३।।
पूषा राजानमाघृणिरपगूळहं गुहा हितम्। अविन्दच्चित्रबर्हिषम् ।।१४।।
उतो स मह्यमिन्दुभिः षडयुक्ताँ अनुसेषिधत्। गोभिर्यवं न चर्कृषत्।।१५।।

३०. पृथिवी – ऋ. १.२२.१५

सयोना पृथिवी भवानृक्षरा निवेशनी। यच्छाः न शर्म सप्रथः ।।१५।।

३१. बाह्यहः – ऋ. १.१३.५

स्तृणीत बर्हिरानुषग् घृतपृष्ठं मनीषिणः। यत्रामृतस्य चक्षणम् ।।५।।

३२. ब्रह्मणस्पतिः – ऋ. १.१८.१–३; सा. १४६३

ऋ. १.१८.१–३

सोमानं स्वरणं कृणुहि ब्रह्मणस्पते। कक्षीवन्तं य औशिजः ।।१।।
यो रेवान् यो अमीवहा वसुवित् पुष्टिवर्धनः। स नः सिषक्तु यस्तुरः ।।२।।
मा नः शंसो अररुषो धूर्तिः प्रणङ् मर्त्यस्य। रक्षा णो ब्रह्मणस्पते ।।३।।

सा. १४६३

सोमानां स्वरणं कृणुहि ब्रह्मणस्पते। कक्षीवन्तं य औशिजः ।।२।।

३३. ब्रह्मणस्पतिर्–इन्द्र–सोमश्च – ऋ. १.१८.४

स घा वीरो न रिष्यति यमिन्द्रो ब्रह्मणस्पतिः। सोमो हिनोति मर्त्यम्।।४।।

३४. ब्रह्मणस्पति–दक्षिणे – ऋ.१.१८.५

त्वं तं ब्रह्मणस्पते सोम इन्द्रश्च मर्त्यम्। दक्षिणा पात्वंहसः ।।५।।

३५. मरुतः – ऋ. १.१५.२

मरुतः पिबत ऋतुना पोत्राद् यज्ञं पुनीतन। यूयं हि ष्ठा सुदानवः ।।२।।

३६. मित्रावरुणौ – ऋ. १.१५.६; १.२३.४–६; सा. ७६३–७६५

ऋ. १.१५.६

युवं दक्षं धृतव्रत मित्रावरुण दूळभम्। ऋतुना यज्ञमाशाथे ।।६।।

ऋ. १.२३.४–६

मित्रं वयं हवामहे वरुणं सोमपीतये। जज्ञानां पूतदक्षसा ।।४।।
ऋतेन यावृतावृधावृतस्य ज्योतिषस्पती। ता मित्रावरुणा हुवे ।।५।।
वरुणः प्राविता भुवन्मित्रो विश्वाभिरूतिभिः। करतां नः सुराधसः ।।६।।

सा. ७६३–७६५

मित्रं वयं हवामहे वरुणं सोमपीतये। या जाता पूतदक्षसा ।।१।।
ऋतेन यावृतावृधावृतस्य ज्योतिषस्पती। ता मित्रावरुणा हुवे ।।२।।
वरुणः प्रविता भुवन्मित्रो विश्वाभिरूतिभिः। कारतां नः सुराधसः ।।३।।

३७. वनस्पतिः – ऋ. १.१३.११

अव सृजा वनस्पते देव देवेभ्यो हविः। प्र दातुरस्तु चेतनम् ।।११।।

३८. वायुः – ऋ. १.२३.१

तीव्राः सोमास आ गह्याशीर्वन्तः सुता इमे। वायो तान्प्रस्थितान्पिब ।।१।।

३९. विश्वेदेवाः – ऋ. १.१४.१–१२; १.२३.१०–१२

ऋ. १.१४.१–१२

ऐभिरग्ने दुवो गिरो विश्वेभिः सोमपीतये। देवेभिर्याहि यक्षि च ।।१।।
आ त्वा कण्वा अहूषत गृणन्ति विप्र ते धियः। देवेभिरग्न आ गहि ।।२।।
इन्द्रवायू बृहस्पतिं मित्राग्निं पूषणं भगम्। आदित्यान् मारुतं गणम् ।।३।।
प्र वो भ्रियन्त इन्दवो मत्सरा मादयिष्णवः। द्रप्सा मध्वश्चमूषदः ।।४।।
ईळते त्वामवस्यवः कण्वासो वृक्तबर्हिषः। हविष्मन्तो अरंकृतः ।।५।।
घृतपृष्ठा मनोयुजो ये त्वा वहन्ति वह्नयः। आ देवान्त्सोमपीतये ।।६।।
तान् यजत्राँ ऋतावृधोऽग्ने पत्नीवतस्कृधि। मध्वः सुजिह्व पायय ।।७।।
ये यजत्रा य ईड्यास्ते ते पिबन्तु जिह्वया। मधोरग्ने वषट्कृति ।।८।।
आकीं सूर्यस्य रोचनाद् विश्वान् देवाँ उषर्बुधः। विप्रो होतेह वक्षति ।।९।।
विश्वेभिः सोम्यं मध्वऽग्न इन्द्रेण वायुना। पिबा मित्रस्य धामभिः ।।१०।।
त्वं होता मनुर्हितोऽग्ने यज्ञेषु सीदसि। सेमं नो अध्वरं यज ।।११।।
युक्ष्वा ह्यरुषी रथे हरितो देव रोहितः। ताभिर्देवाँ इहा वह ।।१२।।

ऋ. १.२३.१०–१२

विश्वान्देवान्हवामहे मरुतः सोमपीतये। उग्रा हि पृश्निमातरः ।।१०।।
जयतामिव तन्यतुर्मरुतामेति धृष्णुया। यच्छुभं याथना नरः ।।११।।
हस्काराद्विद्युतस्पर्यतो जाता अवन्तु नः। मरुतो मृळयन्तु नः ।।१२।।

४०. विष्णुः – ऋ. १.22.१७–२१; सा. १६६९–१६७३

ऋ. १.22.१७–२१

इदं विष्णुर्वि चक्रमे त्रेधा नि दधे पदम्। समूळहमस्य पांसुरे ।।१७।।
त्रीणि पदा वि चक्रमे विष्णुर्गोपा अदाभ्यः। अतो धर्माणि धारयन्।।१८।।
विष्णोः कर्माणि पश्यत यतो व्रतानि पस्पशे। इन्द्रस्य युज्यः सखा।।१९।।
तद्विष्णोः परमं पदं सदा पश्यन्ति सूरयः। दिवीव चक्षुराततम् ।।२०।।
तद्विप्रासो विपन्यवो जागृवांसः समिन्धते। विष्णोर्यत्परमं पदम् ।।२१।।

सा. १६६९–१६७३

इदं विष्णुर्वि चक्रमे त्रेधा नि दधे पदम्। समूढमस्य पांसुले ।।१।।
त्रीणि पदा वि चक्रमे विष्णुर्गोपा अदाभ्यः। अतो धर्माणि धारयन् ।।२।।
विष्णोः कर्माणि पश्यत यतो व्रतानि पस्पशे। इन्द्रस्य युज्यः सखा ।।३।।
तद्विष्णोः परमं पदं सदा पश्यन्ति सूरयः। दिवीव चक्षुराततम् ।।४।।
तद्विप्रासो विपन्जुवो जागृवांसः समिन्धते। विष्णोर्यत्परमं पदम् ।।५।।

४१. विष्णुर् देवा वा – ऋ. १.22.१६; सा. १६७४

ऋ. १.22.१६

अतो देवा अवन्तु नो यतो विष्णुर्विचक्रमे। पृथिव्याः सप्त धामभिः ।।१६।।

सा. १६७४

अतो देवा अवन्तु नो यतो विष्णुर्विचक्रमे। पृथिव्या अधि सानवि ।।६।।

४२. सदस्पतिः – ऋ. १.१८.६–८

सदसस्पतिमद्भुतं प्रियमिन्द्रस्य काम्यम्। सनिं मेधामयासिषम् ।।६।।
यस्मादृते न सिध्यति यज्ञो विपश्चितश्चन। स धीनां योगमिन्वति ।।७।।

आदृध्नोति हविष्कृतिं प्रांचं कृणोत्यध्वरम्। होत्रा देवेषु गच्छति ।।८।।

४३. **सदस्पतिर् नाराशंसो वा – ऋ. १.१८.६**

नराशंसं सुधृष्टममपश्यं सप्रथस्तमम्। दिवो न सद्ममखसम् ।।६।।

४४. **सविता – ऋ. १.22.५–८**

हिरण्यपाणिमूतये सवितारमुप ह्वये। स चेत्ता देवता पदम् ।।५।।
अपां नपातमवसे सवितारमुप स्तुहि। तस्य व्रतान्युश्मसि ।।६।।
विभक्तारं हवामहे वसोश्चित्रस्य राधसः। सवितारं नृचक्षसम् ।।७।।
सखाय आ नि षीदत सविता स्तोम्यो नु नः। दाता राधांसि शुम्भति ।।८।।

४५. **स्वाहाकृतयः – ऋ. १.१३.१२**

स्वाहा यज्ञं कृणोतनेन्द्राय यज्वनो गृहे। तत्र देवाँ उप ह्वये ।।१२।।

५०६. मेधातिथिः काण्वः (साग्री. सास्वा.) शंयुर् बार्हस्पत्यः (ऋसर्व. ८.४५.2५) भरद्वाजः (सार्षेदी.)

१. **इन्द्रः (साग्री. सास्वा.सार्षेदी.) इन्द्रापूषणौ (ऋसर्व. . ८.४५.2५) – सा. १४६**

इमा उ त्वा पुरूवसोऽभि प्र नोनुवुर्गिरः। गावो वत्सं न धेनवः ।।2।।

५१०. मेधातिथिः काण्वः प्रियमेधश्च आंगिरसः

१. **इन्द्रः – ऋ. ८.2.१–४०; सा. १2३; १2४; १५७; 22५; 22७; ७१६–७2१; १६५७–१६५६; अ. 20.१८.१–३**

ऋ. ८.2.१–४०

इदं वसो सुतमन्धः पिबा सुपूर्णमुदरम्। अनाभयिन्नरिमा ते ।।१।।
नृभिर्धूतः सुतो अश्नैरव्यो वारैः परिपूतः। अश्वो न निक्तो नदीषु ।।2।।
तं ते यवं यथा गोभिः स्वादुमकर्म श्रीणन्तः। इन्द्र त्वास्मिन्त्सधमादे ।।३।।
इन्द्र इत्सोमपा एक इन्द्रः सुतपा विश्वायुः। अन्तर्देवान् मर्त्याँश्च ।।४।।
न यं शुक्रो न दुराशीर्न तृप्रा उरुव्यचसम्। अपस्पृण्वते सुहार्दम् ।।५।।
गोभिर्यदीमन्ये अस्मन्मृगं न व्रा मृगयन्ते। अभित्सरन्ति धेनुभिः ।।६।।
त्रयः कोशासः श्चोतन्ति तिस्रश्चम्व१ः सुपूर्णाः। समाने अधि भार्मन् ।।८।।
शुचिरसि पुरुनिष्ठाः क्षीरैर्मध्यत आशीर्तः। दध्ना मन्दिष्ठः शूरस्य ।।६।।
इमे त इन्द्र सोमास्तीव्रा अस्मे सुतासः। शुक्रा आशिरं याचन्ते ।।१०।।
ताँ आशिरं पुरोळाशमिन्द्रेमं सोमं श्रीणीहि। रेवन्तं हि त्वा शृणोमि ।।११।।
हृत्सु पीतासो युध्यन्ते दुर्मदासो न सुरायाम्। ऊधर्न नग्ना जरन्ते ।।१2।।
रेवाँ इद्रेवतः स्तोता स्यात्त्वावतो मघोनः। प्रेदु हरिवः श्रुतस्य ।।१३।।
उक्थं चन शस्यमानमगोररिरा चिकेत। न गायत्रं गीयमानम् ।।१४।।
मा न इन्द्र पीयत्नवे मा शर्धते परा दाः। शिक्षा शचीवः शचीभिः ।।१५।।
वयमु त्वा तदिदर्था इन्द्र त्वायन्तः सखायः। कण्वा उक्थेभिर्जरन्ते ।।१६।।
न घेमन्यदा पपन वज्रिन्नपसो नविष्टौ। तवेदु स्तोमं चिकेत ।।१७।।
इच्छन्ति देवाः सुन्वन्तं न स्वप्नाय स्पृहयन्ति। यन्ति प्रमादमतन्द्राः ।।१८।।
ओ षु प्र याहि वाजेभिर्मा अभ्य१स्मान। महाँ इव युवजानिः ।।१६।।
मो ष्व१द्य दुर्हणावान्त्सायं करदारे अस्मत्। अश्रीरइव जामाता ।।20।।
विद्मा ह्यस्य वीरस्य भूरिदावरीं सुमतिम्। त्रिषु जातस्य मनांसि ।।2१।।
आ तू षिंच कण्वमन्तं न घा विद्म शवसानात्। यशस्तरं शतमूतेः ।।22।।
ज्येष्ठेन सोतरिन्द्राय सोमं वीराय शक्राय। भरा पिबन्नर्याय ।।2३।।

यो वेदिष्ठो अव्यथिष्वश्वावन्तं जरितृभ्यः। वाजं स्तोतृभ्यो गोमन्तम् ।।२४।।
पन्यंपन्यमित्सोतार आ धावत मद्याय। सोमं वीराय शूराय ।।२५।।
पाता वृत्रहा सुतमा घा गमन्नारे अस्मत्। नि यमते शतमूतिः ।।२६।।
एह हरी ब्रह्मयुजा शग्मा वक्षतः सखायम्। गीर्भिः श्रुतं गिर्वणसम् ।।२७।।
स्वादवः सोमा आ याहि श्रीताः सोमा आ याहि ।
शिप्रिन्नृषीवः शचीवो नायमच्छा सधमादम् ।।२८।।
स्तुतश्च यास्त्वा वर्धन्ति महे राधसे नृम्णाय। इन्द्र कारिणं वृधन्तः ।।२९।।
गिरश्च यास्ते गिर्वाह उक्था च तुभ्यं तानि। सत्रा दधिरे शवांसि ।।३०।।
एवेदेष तुविकूर्मिवाजाँ एको वज्रहस्तः। सनादमृक्तो दयते ।।३१।।
हन्ता वृत्रं दक्षिणेनेन्द्रः पुरू पुरुहूतः। महान्महीभिः शचीभिः ।।३२।।
यस्मिन् विश्वाश्चर्षणय उत च्यौत्ना ज्रयांसि च। अनु घेन्मन्दी मघोनः ।।३३।।
एष एतानि चकारेन्द्रो विश्वा योऽति शृण्वे। वाजदावा मघोनाम् ।।३४।।
प्रभर्ता रथं गव्यन्तमपाकाच्चिद्यमवति। इनो वसु स हि वोळहा ।।३५।।
सनिता विप्रो अर्वद्भिर्हन्ता वृत्रं नृभिः शूरः। सत्योऽविता विधन्तम् ।।३६।।
यजध्वैनं प्रियमेधा इन्द्रं सत्राचा मनसा। यो भूत्सोमैः सत्यमद्वा ।।३७।।
गाथश्रवसं सतपतिं श्रवस्कामं पुरुत्मानम्। कण्वासो गात वाजिनम् ।।३८।।
य ऋते चिद्गास्पदेभ्यो दात् सखा नृभ्यः शचीवान्। ये अस्मिन्काममश्रियन् ।।३९।।
इत्था धीवन्तमद्रिवः काण्वं मेध्यातिथिम्। मेषो भूतो३ऽभि यन्नयः ।।४०।।

सा. १२३–१२४

पन्यंपन्यमित्सोतार आ धावत मद्याय। सोमं वीराय शूराय ।।९।।
इदं वसो सुतमन्धः पिबा सुपूर्णमुदरम्। अनाभयिन्ररिमा ते ।।१०।।

सा. १५७

वयमु त्वा तदिदर्था इन्द्र त्वायन्तः सखायः। कण्वा उक्थेभिर्जरन्ते ।।३।।

सा. २२५

उक्थं च न शस्यमानं नागो रयिरा चिकेत। न गायत्रं गीयमानम् ।।३।।

सा. २२७

आ याह्युपः नः सुतं वाजेभिर्मा हृणीयथाः। महाँ इव युवजानिः ।।५।।

सा. ७१९–७२१

वयमु त्वा तदिदर्था इन्द्र त्वायन्तः सखायः। कण्वा उक्थेभिर्जरन्ते ।।१।।
न घेमन्यदा पपन वजिन्नपसो नविष्टौ। तवेदु स्तोमैश्चिकेत ।।२।।
इच्छन्ति देवाः सुन्वन्तं न स्वप्नाय स्पृहयन्ति। यन्ति प्रमादमतन्द्राः ।।३।।

सा. १६५७–१६५९

पन्यंपन्यमित्सोतार आ धावत मद्याय। सोमं वीराय शूराय ।।१।।
एह हरी ब्रह्मयुजा शग्मा वक्षतः सखायम्। इन्द्रं गीर्भिर्गिर्वणसम् ।।२।।
पाता वृत्रहा सुतमा घा गमन्नारे अस्मत्। नि यमते शतमूतिः ।।३।।

अ. २०.१८.१–३

वयमु त्वा तदिदर्था इन्द्र त्वायन्तः सखायः। कण्वा उक्थेभिर्जरन्ते ।।१।।
न घेमन्यदा पपन वज्रिन्नपसो नविष्टौ। त्वेदु स्तोमं चिकेत ।।२।।
इच्छन्ति देवाः सुन्वन्तं न स्वप्नाय स्पृहयन्ति। यन्ति प्रमादमतन्द्राः ।।३।।

५११. मेधातिथि–मेध्यातिथी काण्वौ

१. **इन्द्रः – ऋ. ८.१.३–२९; सा. ५२; २४४; २४५; २७१; २९१; २९२; ३०७; १३९१–१३९३**

ऋ. ८.१.३–२९

Vedic Concordance of Mantras as per Ṛṣi and Devatā 167

यच्चिद्धित्वा जना इमे नाना हवन्त ऊतये ।
अस्माकं ब्रह्मोदमिन्द्र भूतु तेऽहा विश्वा च वर्धनम् ।।३।।
वि तर्तूर्यन्ते मघवन् विपश्चितोऽर्यो विपो जनानाम् ।
उप क्रमस्व पुरुरूपमा भर वाजं नेदिष्ठमूतये ।।४।।
महे चन त्वामद्रिवः परा शुल्काय देयाम् ।
न सहस्राय नायुताय वज्रिवो न शताय शतामघ ।।५।।
वस्याँ इन्द्रासि मे पितुरुत भ्रातुरभुंजतः ।
माता च मे छदयथः समा वसो वसुत्वनाय राधसे ।।६।।
क्वेयथ क्वेदसि पुरुत्रा चिद्धि ते मनः ।
अलर्षि युध्म खजकृत पुरन्दर प्र गायत्रा अगासिषुः ।।७।।
प्रास्मै गायत्रमर्चत वावातुर्यः पुरन्दरः ।
याभिः काण्वस्योप बर्हिरासदं यासद्वज्री भिनत्पुरः ।।८।।
ये ते सन्ति दशग्विनः शतिनो ये सहस्रिणः ।
अश्वासो ये ते वृषणो रघुद्रुवस्तेभिर्नस्तूयमा गहि ।।९।।
आ त्व१द्य सबर्दुघां हुवे गायत्रवेपसम् । इन्द्रं धेनुं सुदुघामन्यामिषमुरुधारामरंकृतम् ।।१०।।
यत्तुदत् सूर एतशं वंकू वातस्य पर्णिना ।
वहत् कुत्समार्जुनेयं शतक्रतुस्त्सरद् गन्धर्वमस्तृतम् ।।११।।
य ऋते चिदभिश्रिषः पुरा जत्रुभ्यः आतृदः ।
सन्धाता सन्धिं मघवा पुरूवसुरिष्कर्ता विह्रुतंपुनः ।।१२।।
मा भूम निष्ट्याइवेन्द्र त्वदरणा इव । वनानि न प्रजहितान्यद्रिवो दुरोषासो अमन्महि ।।१३।।
अमन्महीदनाशवोऽनुग्रासश्च वृत्रहन् । सकृत्सु ते महता शूर राधसानु स्तोमं मुदीमहि ।।१४।।
यदि स्तोमं मम श्रवदस्माकमिन्द्रमिन्दवः ।
तिरः पवित्रं ससृवांस आशवो मन्दनतु तुग्र्यावृधः ।।१५।।
आ त्व१द्य सधस्तुतिं वावातुः सख्युरा गहि ।
उपस्तुतिर्मघोनां प्र त्वावत्वधा ते वश्मि सुष्टुतिम् ।।१६।।
सोता हि सोममाद्रिभिरेमेनमप्सु धावत ।
गव्या वस्त्रेव वासयन्त इन्नरो निर्धुक्षन्वक्षणाभ्यः ।।१७।।
अध ज्मो अध वा दिवो बृहतो रोचनादधि ।
अया वर्धस्व त्नवा गिरा ममा जाता सुकृतो पृण ।।१८।।
इन्द्राय सु मदिन्तमं सोमं सोता वरेण्यम् ।
शक्र एणं पीपयद्विश्वया धिया हिन्वानं न वाजयुम् ।।१९।।
मा त्वा सोमस्य गल्दया सदा याचन्नहं गिरा ।
भूर्णिं मृगं न सवनेषु चुक्रुधं क ईशानं न याचिषत् ।।20।।
मदेनेषितं मदमुग्रमुग्रेण शवसा । विश्वेषां तरुतारं मदच्युतं मदे हि ष्मा ददाति नः ।।21।।
शेवारे वार्या पुरु देवो मर्ताय दाशुषे ।
स सुन्वते च स्तुवते च रासते विश्वगूर्तो अरिष्टुतः ।।22।।
एन्द्र याहि मत्स्व चित्रेण देव राधसा ।
सरो न प्रास्युदरं सपीतिभिरा सोमेभिरुरु स्फिरम् ।।23।।
आ त्वा सहस्रमा शतं युक्ता रथे हिरण्यये ।
ब्रह्मयुजो हरय इन्द्र केशिनो वहन्तु सोमपीतये ।।24।।
आ त्वा रथे हिरण्यये हरी मयूरशेप्या ।
शितिपृष्ठा वहतां मध्वो अन्धसो विवक्षणस्य पीतये ।।25।।
पिबा त्व१स्य गिर्वणः सुतस्य पूर्वपा इव ।

परिष्कृतस्य रसिन इयमासुतिश्चारुर्मदाय पत्यते ।।२६।।
य एको अस्ति दंसना महाँ उग्रो अभि व्रतैः ।
गमत्स शिप्री न स योषदा गमद्धवं न परि वर्जति ।।२७।।
त्वं पुरं चरिष्ण्वं वधैः शुष्णस्य सं पिणक् ।
त्वं भा अनु चरो अध द्विता यदिन्द्र हव्यो भुवः ।।२८।।
मम त्वा सूर उदिते मम मध्यन्दिने दिवः ।
मम प्रपित्वे अपिशर्वरे वसवा स्तोमासो अवृत्सत ।।२९।।

सा. ५२

अध ज्मो अध वा दिवो बृहतो रोचनादधि।
अया वर्धस्व तन्वा गिरा ममा जाता सुक्रतो पृण ।।८।।

सा. २४४–२४५

य ऋते चिदभिश्रिषः पुरा जत्रुभ्य आतृदः।
सन्धाता सन्धिं मघवा पुरूवसुर्निष्कर्ता विह्रुतं पुनः।।२।।
आ त्वा सहस्रमा शतं युक्ता रथे हिरण्यये।
ब्रह्मयुजो हरय इन्द्र केशिनो वहन्तु सोमपीतये ।।३।।

सा. २७१

क्वेयथ क्वेदसि पुरुत्रा चिद्धि ते मनः। अलर्षि युध्म खजकृत्पुरंदर प्र गायत्रा अगासिषुः ।।६।।

सा. २९१–२९२

महे च न त्वाद्रिवः परा शुल्काय दीयसे।
न सहस्राय नायुताय वज्रिवो न शताय शतामघ।।९।।
वस्याँ इन्द्रासि मे पितुरुत भ्रातुरभुंजतः।
माता च मे छदयथः समा वसो वसुत्वनाय राधसे ।।१०।।

सा. ३०७

आ त्वा सोमस्य गल्दया सदा याचन्नहं ज्या ।
भूर्णिं मृगं न सवनेषु चुक्रुधं क ईशानं न याचिषत्।।५।।

सा. १३६१–१३६३

आ त्वा सहस्रमा शतं युक्ता रथे हिरण्यये।
ब्रह्मयुजो हरय इन्द्र केशिनो वहन्तु सोमपीतये ।।१।।
आ त्वा रथे हिरण्यये हरी मयूरशेप्या।
शितिपृष्ठा वहतां मध्वो अन्धसो विवक्षणस्य पीतये ।।२।।
पिबा त्व३स्य गिर्वणः सुतस्य पूर्वपा इव।
परिष्कृतस्य रसिन इयमासुतिश्चारुर्मदाय पत्यते ।।३।।

५१२. मेधातिथि–मेध्यातिथी काण्वौ (ऋसर्व.) मेधातिथि–मेध्यातिथी काण्वौ; विश्वामित्र इत्येके (साग्री. सास्वा. सार्षेदी.)

१. इन्द्रः – सा. २९५

आ त्वा३द्य सबर्दुघां हुवे गायत्रवेपसम्। इन्द्रं धेनुं सुदुघामन्यामिषमुरुधारामरंकृतम् ।।३।।

५१३. मेध्यः काण्वः

१. अश्विनौ – ऋ. ८.५७.१–४

युवं देवा क्रतुना पूर्व्येण युक्ता रथेन तविषं यजत्रा ।
आगच्छतं नासत्या शचीभिरिदं तृतीयं सवनं पिबाथः ।।१।।
युवां देवास्त्रय एकादशासः सत्याः सत्यस्य ददृशे पुरस्तात् ।

अस्माकं यज्ञं सवनं जुषाणा पातं सोममश्विना दीद्यग्नी ।।2।।
पनाय्यं तदश्विना कृतं वां वृषभो दिवो रजसः पृथिव्याः ।
सहस्रं शंसा उत ये गविष्टौ सर्वाँ इत्ताँ उप याता पिबध्यै ।।३।।
अयं वां भागो निहितो यजत्रेमा गिरो नासत्योप यातम् ।
पिबतं सोमं मधुमन्तमस्मे प्र दाश्वांसमवतं शचीभिः ।।४।।

2. **इन्द्रः – ऋ. ८.५३.१–८**

उपमं त्वा मघोनांज्येष्ठंच वृषभाणाम् । पूर्भित्तमं मघवन्निन्द्र गोविदमीशानं राय ईमहे ।।१।।
य आयुं कुत्समतिथिग्वमर्दयो वावृधानो दिवेदिवे ।
तं त्वा वयं हर्यश्वं शतक्रतुं वाजयन्तो हवामहे ।।2।।
आ नो विश्वेषां रसं मध्वः सिंचन्त्वद्रयः । ये परावति पुन्विरे जनेष्वा ये अर्वावतीन्दवः ।।३।।
विश्वा द्वेषांसि जहि चाव चा कृधि विश्वे सन्वन्त्वा वसु ।
शीष्टेषु चित्ते मदिरासो अंशवो यत्रा सोमस्य तृम्पसि ।।४।।
इन्द्र नेदीय एदिहि मितमेधाभिरूतिभिः । आ शंतम शंतमाभिरभिष्टिभिरा स्वापे स्वपिभिः ।।५।।
अजितुरं सत्पतिं विश्वचर्षणिं कृधि प्रजास्वाभगम् ।
प्र सू तिरा शचीभिर्ये त उक्थिनः क्रतुं पुनत आनुषक् ।।६।।
यस्ते साधिष्ठोऽवसे ते स्याम भरेषु ते । वयं होत्राभिरुत देवहूतिभिः ससवांसो मनामहे ।।७।।
अहं हि ते हरिवो ब्रह्म वाजयुराजिं यामि सदोतिभिः।
त्वामिदेव तममे समश्वयुर्गव्युरग्रे मथीनाम् ।।८।।

३. **विश्वेदेवाः – ऋ. ८.५८.2–३**

एक एवाग्निर्बहुधा समिद्ध एकः सूर्यो विश्वमनु प्रभूतः ।
एकैवोषाः सर्वमिदं वि भात्येकं वा इदं वि बभूव सर्वम् ।।2।।
ज्योतिष्मन्तं केतुमन्तं त्रिचक्रं सुखं रथं सुषदं भूरिवारम् ।
चित्रामघा यस्य योगेऽधिजज्ञे तं वां हुवे अतिरिक्तं पिबध्यै ।।३।।

४. **विश्वेदेवा ऋत्विजो वा – ऋ. ८.५८.१**

यमृत्विजो बहुधा कल्पयन्तः सचेतसो यज्ञमिमं वहन्ति ।
यो अनूचानो ब्राह्मणो युक्त आसीत्का स्वित्तत्र यजमानस्य संवित् ।।१।।

५१४. मेध्यः काण्वः (साग्री. सास्वा. ऋसर्व.) बालखिल्याः (सार्षेदी.)

१. **इन्द्रः – सा. २८2**

इन्द्र नेदीय एदिहि मितमेधाभिरूतिभिः। आ शंतम शंतमाभिरभिष्टिभिरा स्वापे स्वापिभिः।।१०।।

५१५. मेध्यातिथिः

१. **अग्निः – अ. २०.१०१.१–३**

अग्निं दूतं वृणीमहे होतारं विश्ववेदसम्। अस्य यज्ञस्य सुक्रतुम् ।।१।।
अग्निमग्निं हवीमभिः सदा हवन्त विश्पतिम्। हव्यवाहं पुरुप्रियम् ।।2।।
अग्ने देवाँ इहा वह जज्ञानो वृक्तबर्हिषे। असि होता न ईड्यः ।।३।।

2. **अश्विनौ – अ. २०.१४३.८**

पनाय्यं तदश्विना कृतं वां वृषभो दिवो रजसः पृथिव्याः ।
सहस्रं शंसा उत ये गविष्टौ सर्वाँ इत् ताँ उप याता पिबध्यै ।।८।।

३. **इन्द्रः – अ. २०.९.३–४; २०.१०.१–2; २०.४९.६–७; २०.५०.१–2; २०.५2.१–३; २०.५३.१–३; २०.५७.११–१६; २०.५९.१–2; २०.८५.३–४; २०.९९.१–2; २०.१०४.१–2; २०.११६.**

१–2; २०.११८.३–४

अ. २०.६.३–४

तत् त्वा यामि सुवीर्यं तद् ब्रह्म पूर्वचित्तये ।
येना यतिभ्यो भृगवे धने हिते येन प्रस्कण्वमाविथ ।।३।।
येना समुद्रमसृजो महीरपस्तदिन्द्र वृष्णि ते शवः ।
सद्यः सो अस्य महिमा न संनशे यं क्षोणीरनुचक्रदे।।४।।

अ. २०.१०.१–2

उदु त्ये मधुमत्तमा गिर स्तोमास ईरते ।
सत्राजितो धनसा अक्षितोतयो वाजयन्तो रथाइव ।।१।।
कण्वाइव भृगवः सूर्याइव विश्वमिद् धीतमानुशः ।
इन्द्रं स्तोमेभिर्महयन्त आयवः प्रियमेधासो अस्वरन् ।।2।।

अ. २०.४६.६–७

तत् त्वा यामि सुवीर्यं तद् ब्रह्म पूर्वचित्तये ।
येना यतिभ्यो भृगवे धने हिते येन प्रस्कण्वमाविथ ।।६।।
येना समुद्रमसृजो महीरपस्तदिन्द्र वृष्णि ते शवः ।
सद्यः सो अस्य महिमा न संनशे यं क्षोणीरनुचक्रदे ।।७।।

अ. २०.५०.१–2

कन्नव्यो अतसीनां तुरो गृणीत मर्त्यः ।
नही न्वस्य महिमानमिन्द्रियं स्वर्गृणन्त आनशुः ।।१।।
कदु स्तुवन्त ऋतयन्त देवत ऋषिः को विप्र ओहते ।
कदा हवं मघवन्निन्द्र सुन्वतः कदु स्तुवत आ गमः।।2।।

अ. २०.५2.१–३

वयं घ त्वा सुतावन्त आपो न वृक्तबर्हिषः।
पवित्रस्य प्रस्रवणेषु वृत्रहन् परि स्तोतार आसते ।।१।।
स्वरन्ति त्वा सुते नरो वसो निरेक उक्थिनः ।
कदा सुतं तृषाण ओक आ गम इन्द्र स्वब्दीव वंसगः ।।2।।
कण्वेभिधृष्णवा धृषद् वाजं दर्षि सहस्रिणम् ।
पिशंगरूपं मघवन् विचर्षणे मक्षू गोमन्तमीमहे ।।३।।

अ. २०.५३.१–३

क ईं वेद सुते सचा पिबन्तं कद् वयो दधे ।
अयं यः पुरो विभिनत्त्योजसा मन्दानः शिप्र्यन्धसः ।।१।।
दाना मृगो न वारणः पुरुत्रा चरथं दधे ।
नकिष्ट्वा नि यमदा सुते गमो महांश्चरस्योजसा ।।2।।
य उग्रः सन्ननिष्टृतः स्थिरो रणाय संस्कृतः ।
यदि स्तोतुर्मघवा शृणवद्धवं नेन्द्रो योषत्या गमत् ।।३।।

अ. २०.५७.११–१६

क ईं वेद सुते सचा पिबन्तं कद् वयो दधे ।
अयं यः पुरो विभिनत्त्योजसा मन्दानः शिप्र्यन्धसः ।।११।।
दाना मृगो न वारणः पुरुत्रा चरथं दधे ।
नकिष्ट्वा नि यमदा सुते गमो महांश्चरस्योजसा ।।१2।।
य उग्रः सन्ननिष्टृत स्थिरो रणाय संस्कृतः ।
यदि स्तोतुर्मघवा शृणवद्धवं नेन्द्रो योषत्या गमत् ।।१३।।

वयं घ त्वा सुतावन्त आपो न वृक्तबर्हिषः ।
पवित्रस्य प्रस्रवणेषु वृत्रहन् परि स्तोतार आसते ।।१४।।
स्वरन्ति त्वा सुते नरो वसो निरेक उक्थिनः ।
कदा सुतं तृषाण ओक आ गम इन्द्र स्वब्दीव वंसगः ।।१५।।
कण्वेभिधृष्णवा धृषद् वाजं दर्षि सहस्रिणम् ।
पिशंगरूपं मघवन् विचर्षणे मक्षू गोमन्तमीमहे ।।१६।।

अ. २०.५६.१–2

उदु त्ये मधुमत्तमा गिर स्तोमास ईरते ।
सत्राजितो धनसा अक्षितोतयो वाजयन्तो रथाइव ।।१।।
कण्वाइव भृगवः सूर्याइव विश्वमिद्धीतमानशुः ।
इन्द्रं स्तोमेभिर्महयन्त आयवः प्रियमेधासो अस्वरन् ।।2।।

अ. २०.८५.३–४

यच्चिद्धि त्वा जना इमे नाना हवन्त ऊतये ।
अस्माकं ब्रह्मेदमिन्द्र भृतु तेऽहा विश्वा च वर्धनम् ।।३।।
वि तर्तूर्यन्ते मघवन् विपश्चितोऽर्यो विपो जनानाम् ।
उप क्रमस्व पुरुरूपमा भर वाजं नेदिष्ठमूतये ।।४।।

अ. २०.६६.१–2

अभि त्वा पूर्वपीतय इन्द्र स्तोमेभिरायवः ।
समीचीनास ऋभवः समस्वरन् रुद्रा गृणन्त पूर्व्यम् ।।१।।
अस्येदिन्द्रो वावृधे वृष्ण्यं शवो मदे सुतस्य विष्णवि ।
अद्या तमस्य महिमानमायवोऽनु ष्टुवन्ति पूर्वथा ।।2।।

अ. २०.१०४.१–2

इमा उ त्वा पुरूवसो गिरो वर्धन्तु या मम ।
पावकवर्णाः शुचयो विपश्चितोऽभि स्तोमैरनूषत ।।१।।
अयं सहस्रमृषिभिः सहस्कृतः समुद्रइव पप्रथे ।
सत्यः सो अस्य महिमा गृणे शवो यज्ञेषु विप्रराज्ये।।2।।

अ. २०.११६.१–2

मा भूम निष्ट्याइवेन्द्र त्वदरणाइव। वनानि न प्रजहितान्यद्रिवो दुरोषासो अमन्महि ।।१।।
अमन्महीदनाशवोऽनुग्रासश्च वृत्रहन्। सुकृत् सु ते महता शूर राधसानु स्तोमं मुदीमहि ।।2।।

अ. २०.११८.३–४

इन्द्रमिद् देवतातय इन्द्रं प्रयत्यध्वरे ।
इन्द्रं समीके वनिनो हवामह इन्द्रं धनस्य सातये ।।३।।
इन्द्रो मह्ना रोदसी पप्रथच्छव इन्द्रः सूर्यमरोचयत् ।
इन्द्रे ह विश्वा भुवनानि येमिरे इन्द्रे सुवानास इन्दवः ।।४।।

४. पवमानः सोमः – ऋ. ९.४१.१–६; ९.४2.१–६; ९.४३.१–६

ऋ. ९.४१.१–६

प्र ये गावो न भूर्णयस्त्वेषा अयासो अक्रमुः। घ्नन्तः कृष्णामप त्वचम् ।।१।।
सुवितस्य मनामहेऽति सेतुं दुराव्यम्। साह्वांसो दस्युमव्रतम् ।।2।।
शृण्वे वृष्टेरिव स्वनः पवमानस्य शुष्मिणः। चरन्ति विद्युतो दिवि ।।३।।
आ पवस्व महीमिषं गोमदिन्दो हिरण्यवत्। अश्वावद्वाजवत् सुतः ।।४।।
स पवस्व विचर्षण आ मही रोदसी पृण। उषाः सूर्यो न रश्मिभिः ।।५।।

परि णः शर्मयन्त्या धारया सोम विश्वतः। सरा रसेव विष्टपम् ।।६।।

ऋ. ६.४2.१–६

जनयन् रोचना दिवो जनयन्नप्सु सूर्यम्। वसानो गा अपो हरिः ।।१।।
एष प्रत्नेन मन्मना देवो देवेभ्यस्परि। धारया पवते सुतः ।।2।।
वावृधानाय तूर्वये पवन्ते वाजसातये। सोमाः सहस्रपाजसः ।।३।।
दुहानः प्रत्नमित्पयः पवित्रे परि षिच्यते। क्रन्दन्देवाँ अजीजनत् ।।४।।
अभि विश्वानि वार्याभि देवाँ ऋतावृधः। सोमः पुनानो अर्षति ।।५।।
गोमन्नः सोम वीरदश्वावद्वाजवत्सुतः। पवस्व बृहतीरिषः ।।६।।

ऋ. ६.४३.१–६

यो अत्य इव मृजयते गोभिर्मदाय हर्यतः। तं गीर्भिर्वासयामसि ।।१।।
तं नो विश्वा अवस्युवो गिरः शुम्भन्ति पूर्वथा। इन्दुमिन्द्राय पीतये ।।2।।
पुनानो याति हर्यतः सोमो गीर्भिः परिष्कृतः। विप्रस्य मेध्यातिथेः ।।३।।
पवमान विदा रयिमस्मभ्यं सोम सुश्रियम्। इन्दो सहस्रवर्चसम् ।।४।।
इन्दुरत्यो न वाजसृत्कनिक्रन्ति पवित्र आ। यदक्षारति देवयुः ।।५।।
पवस्व वाजसातये विप्रस्य गृणतो वृधे। सोम रास्व सुवीर्यम् ।।६।।

५१६. मेध्यातिथिः काण्वः

१. **इन्द्रः – ऋ. ८.३.१–20; सा. 2८६; ८६४–८६६; १३६2–१३६३; १४2१–१४22; १५७३–१५७४; १५८७–१५८८; १६०७–१६०८; १६६६–१६६८**

ऋ. ८.३.१–2०

पिबा सुतस्य रसिनो मत्स्वा न इन्द्र गोमतः ।
आपिर्नो बोधि सधमाद्यो वृधे३स्माँ अवन्तु ते धियः ।।१।।
भूयाम ते सुमतौ वाजिनो वयं मा नः स्तरभिमातये ।
अस्माचित्राभिरवतादभिष्टिभिरा नः सुम्नेषु यामय ।।2।।
इमा उ त्वा पुरूवसो गिरो वर्धन्तु या मम ।
पावकवर्णाः शुचयो विपश्चितोऽभि स्तोमैरनूषत ।।३।।
अयं सहस्रमृषिभिः सहस्कृतः समुद्र इव पप्रथे ।
सत्यः सो अस्य महिमा गृणे शवो यज्ञेषु विप्रराज्ये ।।४।।
इन्द्रमिद्देवतातय इन्द्रं प्रयत्यध्वरे ।
इन्द्रं समीके वनिनो हवामह इन्द्रं धनस्य सातये ।।५।।
इन्द्रो मह्ना रोदसी पप्रथच्छव इन्द्रः सूर्यमरोचयत् ।
इन्द्रे ह विश्वा भुवनानि येमिर इन्द्रे सुवानास इन्दवः ।।६।।
अभि त्वा पूर्वपीतय इन्द्र स्तोमेभिरायवः ।
समीचीनास ऋभवः समस्वरन् रुद्रा गृणन्त पूर्व्यम् ।।७।।
अस्येदिन्द्रो वावृधे वृष्ण्यं शवो मदे सुतस्य विष्णवि ।
अद्या तमस्य महिमानमायवोऽनु ष्टुवन्ति पूर्वथा ।।८।।
तत्त्वा यामि सुवीर्यं तद् ब्रह्म पूर्वचित्तये ।
येना यतिभ्यो भृगवे धने हिते येन प्रस्कण्वमाविथ ।।६।।
येना समुद्रमसृजो महीरपस्तदिन्द्र वृष्णि ते शवः ।
सद्यः सा अस्य महिमा न संनशे यं क्षोणीरनुचक्रदे ।।१०।।
शग्धी न इन्द्र यत्त्वा रयिं यामि सुवीर्यम् ।
शग्धि वाजाय प्रथमं सिषासते शग्धि स्तोमाय पूर्व्य ।।११।।
शग्धी नो अस्य यद्ध पौरमाविथ धिय इन्द्र सिषासतः ।

शग्धि यथा रुशमं श्यावकं कृपमिन्द्र प्रावः स्वर्णरम् ।।१2।।
कन्नव्यो अतसीनां तुरो गृणीत मर्त्यः ।
नही न्वस्य महिमानमिन्द्रियं स्वर्गृणन्त आनशुः ।।१३।।
कदु स्तुवन्त ऋतयन्त देवत ऋषिः को विप्र ओहते ।
कदा हवं मघवन्निन्द्र सुन्वतः कदु स्तुवत आ गमः ।।१४।।
उदु त्ये मधुमत्तमा गिरः स्तोमास ईरते ।
सत्राजितो धनसा अक्षितोतयो वाजयन्तो रथा इव ।।१५।।
कण्वाइव भृगवः सूर्या इव विश्वमिद्धीतमानशुः ।
इन्द्रं स्तोमेभिर्महयन्त आयवः प्रियमेधासो अस्वरन् ।।१६।।
युक्ष्वा हि वृत्रहन्तम हरी इन्द्र परावतः ।
अर्वाचीनो मघवन्त्सोमपतिय उग्र ऋष्वेभिरा गहि ।।१७।।
इमे हि ते कारवो वावशुर्धिया विप्रासो मेधसातये ।
स त्वं नो मघवन्निन्द्र गिर्वणो वेनो न शृणुधी हवम् ।।१८।।
निरिन्द्र बृहतीभ्यो वृत्रं धनुभ्यो अस्फुरः ।
निरर्बुदस्य मृगयस्य मायिनो निः पर्वतस्य गा आजः ।।१९।।
निरग्नयो रुरुचुर्निरु सूर्यो निः सोम इन्द्रियो रसः ।
निरन्तरिक्षादधमो महामहिं कृषे तदिन्द्र पौंस्यम् ।।20।।

सा. 2८६

पाहि गा अन्धसो मद इन्द्राय मेध्यातिथे।
यः संमिश्लो हर्योर्यो हिरण्यय इन्द्रो वज्री हिरण्ययः।।७।।

सा. ८६४–८६६

वयं घ त्वा सुतावन्त आपो न वृक्तबर्हिषः ।
पवित्रस्य प्रस्रवणेषु वृत्रहन्परि स्तोतार आसते ।।१।।
स्वरन्ति त्वा सुते नरो वसो निरेक उक्थिनः ।
कदा सुतं तृषाण ओक आ गमदिन्द्र स्वब्दीव वंसगः ।।2।।
कण्वेभिर्धृष्णवा धृषद्वाजं दर्षि सहस्रिणम् ।
पिशंगरूपं मघवन्विचर्षणे मक्षू गोमन्तमीमहे ।।३।।

सा. १३६2–१३६३

उदु त्ये मधुमत्तमा गिरः स्तोमास ईरते ।
सत्राजितो धनसा अक्षितोतयो वाजयन्तो रथा इव ।।१।।
कण्वा इव भृगवः सूर्या इव विश्वमिद्धीतमाशत ।
इन्द्रं स्तोमेभिर्महयन्त आयवः प्रियमेधासो अस्वरन् ।।2।।

सा. १४2१–१४22

पिबा सुतस्य रसिनो मत्स्वा न इन्द्र गोमतः ।
आपिर्नो बोधि सधमाद्ये वृधे३ऽस्माँ अवन्तु ते धियः ।।१।।
भूयाम ते सुमतौ वाजिनो वयं मा न स्तरभिमातये ।
अस्माँचित्राभिरवतादभिष्टिभिरा नः सुम्नेषु यामय ।।2।।

सा. १५७३–१५७४

अभि त्वा पूर्वपीतये इन्द्र स्तोमेभिरायवः । समीचीनास ऋभवः समस्वरन्रुद्रा गृणन्त पूर्व्यम् ।।१।।
अस्येदिन्द्रो वावृधे वृष्ण्यं शवो मदे सुतस्य विष्णवि।
अद्या तमस्य महिमानमायवोऽनु ष्टुवन्ति पूर्वथा।।2।।

सा. १५८७–१५८८

इन्द्रमिद्देवतातय इन्द्रं प्रयत्यध्वरे ।
इन्द्रं समीके वनिनो हवामह इन्द्रं धनस्य सातये ।।1।।
इन्द्रो मह्ना रोदसी पप्रथच्छव इन्द्रः सूर्य मरोचयत् ।
इन्द्रे ह विश्वा भुवनानि येमिरे इन्द्रे स्वानास इन्दवः ।।2।।

सा. १६०७–१६०८

इमा उत्वा पुरूवसो गिरो वर्धन्तु या मम ।
पावकवर्णाः शुचयो विपश्चितोऽभि स्तोमैरनूषत ।।1।।
अयं सहस्रमृषिभिः सहस्कृतः समुद्र इव पप्रथे ।
सत्यः सो अस्य महिमा गृणे शवो यज्ञेषु विप्राराज्ये ।।2।।

सा. १६६६–१६६८

क ई वेद सुते सचा पिबन्तं कद् वयो दधे ।
अयं यः पुरो विभिनत्त्योजसा मन्दानः शिप्र्यन्धसः ।।1।।
दाना मृगो न वारणः पुरुत्रा च रथं दधे ।
न किष्ट्वा नि यमदा सुते गमो महा श्चरस्योजसा ।।2।।
य उग्रः सन्ननिष्ट्टतः स्थिरो रणाय संस्कृतः ।
यदि स्तोमुर्मघवा शृणवद्धवं नेन्द्रो योषत्या गमत् ।।३।।

2. पवमानः सोमः – सा. ४६१; ७५६–७६०; ८६2–८६७

सा. ४६१

प्र यद्गावो न भूर्णयस्त्वेषा अयासो अक्रमुः। घ्नन्तः कृष्णामप त्वचम् ।।५।।

सा. ७५६–७६०

एष प्रत्नेन मन्मना देवो देवेभ्यस्परि। कविर्विप्रेण वावृधे ।।2।।
दुहानः प्रत्नमित्पयः पवित्रे परि षिच्यसे। क्रन्दं देवाँ अजीजनः ।।३।।

सा. ८६2–८६७

प्र यद्गावो न भूर्णयस्त्वेषा अयासो अक्रमुः। घ्नन्तः कृष्णमप त्वचम् ।।1।।
सुवितस्य वनामहेऽति सेतुं दुराय्यम्। साह्याम दस्युमव्रतम् ।।2।।
शृण्वे वृष्टेरिव स्वनः पवमानस्य शुष्मिणः। चरन्ति विद्युतो दिवि ।।३।।
आ पवस्व महीमिषं गोमदिन्दो हिरण्यवत्। अश्ववत्सोम वीरवत् ।।४।।
पवस्व विश्वचर्षण आ मही रोदसी पृण।उषाः सूर्यो न रश्मिभिः ।।५।।
परिणः शर्मयन्त्या धारया सोम विश्वतः। सरा रसेव विष्टपम् ।।६।।

३. पाकस्थाम्नः कौरयाणस्य दानस्तुतिः – ऋ. ८.३.21–2४

यं मे दुरिन्द्रो मरुतः पाकस्थामा कौरयाणः।
विश्वेषां त्मना शोभिष्ठमुपेव दिवि धावमानम्।।21।।
रोहितं मे पाकस्थामा सुधुरं कक्ष्यप्राम्। अदाद्रायो विबोधनम् ।।22।।
यस्मा अन्ये दश प्रति धुरं वहन्ति वह्नयः। अस्तं वयो न तुग्र्यम् ।।2३।।
आत्मा पितुस्तनूर्वास ओजोदा अभ्यंजनम्।
तुरीयमिद्रोहितस्य पाकस्थामानं भोजं दातारमब्रवम्।।2४।।

५1७. मेध्यातिथिः काण्वः (ऋसर्व. ८.३.७; ८.३३.१; ८.३.१७ सार्षेदी.) मेधातिथिः काण्वः (साग्री. सास्वा.)

१. इन्द्रः – सा. 2५६; 2६१; ३०१

सा. 2५६

अभि त्वा पूर्वपीतय इन्द्र स्तोमेभिरायवः। समीचीनास ऋभवः समस्वरन्नुदा गृणनतपूर्व्यम् ।।४।।

सा. 2६१

वयं घ त्वा सुतावन्त आपो न वृक्तबर्हिषः।
पवित्रस्य प्रस्नवणेषु वृत्रहन्परि स्तोतार आसते।।६।।

सा. ३०१

युङ्क्ष्वा हि वृत्रहन्तम हरी इन्द्र परावतः।
अर्वाचीनो मघवन्त्सोमपीतये उग्र ऋष्वेभिरा गहि ।।६।।

५१८. मेध्यातिथिः काण्वः (ऋसर्व. ८.३३.७; ८.३३.१०) मेधातिथिः काण्वः (साग्री. सास्वा. सार्षेदी.)

१. इन्द्रः – सा. २६३; २६७

सा. २६३

सत्यमित्था वृषेदसि वृषजूतिर्नोऽविता। वृषा ह्युग्र शृण्विषे परावति वृषो अर्वावति श्रुतः ।।१।।

सा. २६७

क ईं वेद सुते सचा पिबन्तं कद्वयो दधे। अयं यः पुरो विभिनत्त्योजसा मन्दानः शिप्र्यन्धसः ।।५।।

५१६. मेध्यातिथिः काण्वः (ऋसर्व. . ८ण्३ण्५य ८ण्३ण्३) मेधातिथिर् मेध्यातिथिर् वा काण्वः (साग्री. सास्वा.) मेधातिथिः (सार्षेदी.)

१. इन्द्रः – सा. २४६–२५०

इन्द्रमिद्देवतातय इन्द्रं प्रयत्यध्वरे। इन्द्रं समीके वनिनो हवामह इन्द्रं धनस्य सातये ।।७।।
इमा उ त्वा पुरूवसो गिरो वर्धन्तु या मम।
पावकवर्णाः शुचयो विपश्चितोऽभिस्तोमैरनूषत ।।८।।

५२०. मेध्यातिथिर् वा काण्वः (ऋसर्व. ८.३.१५ सार्षेदी.) मेधातिथिर् मेध्यातिथिर् वा काण्वः (साग्री. सास्वा.)

१. इन्द्रः – सा. २५१

उदु त्ये मधुमत्तमा गिर स्तोमास ईरते।
सत्राजितो धनसा अक्षितोतयो वाजयन्तो रथा इव ।।६।।

५२१. यक्ष्मनाशनः प्राजापत्यः

१. राजयक्ष्मघ्नम् – ऋ. १०.१६१.१–५

मुंचामि त्वा हविषा जीवनाय कमज्ञातयक्ष्मादुत राजयक्ष्मात् ।
ग्राहिर्जग्राह यदि वैतदेनं तस्या इन्द्राग्नी प्र मुमुक्तमेनम् ।।१।।
यदि क्षितायुर्यदि वा परेतो यदि मृत्योरन्तिकं नीत एव ।
तमा हरामि निर्ऋतेरुपस्थादस्पार्षमेनं शतशारदाय ।।2।।
सहस्राक्षेण शतशारदेन शतायुषा हविषाहार्षमेनम् ।
शतं यथेमं शरदो नयातीन्द्रो विश्वस्य दुरितस्य पारम् ।।३।।
शतं जीव शरदो वर्धमानः शतं हेमन्तांछतमु वसन्तान् ।
शतमिन्द्राग्नी सविता बृहस्पतिः शतायुषा हविषेमं पुनर्दुः ।।४।।
आहार्षं त्वाविद त्वा पुनरागाः पुनर्नव । सर्वांग सर्वं ते चक्षुः सर्वमायुश्च तेऽविदम् ।।५।।

५22. यजत आत्रेयः

१. मित्रावरुणौ – ऋ. ५.६७.१–५; ५.६८.१–५; सा. १४६५–१४६७

ऋ. ५.६७.१–५

बळित्था देव निष्कृतमादित्या यजतं बृहत्। वरुण मित्रार्यमन्वर्षिष्ठं क्षत्रमाशाथे ।।१।।

आ यद्योनि हिरण्ययं वरुण मित्र सदथः। धर्तारा चर्षणीनां यन्तं सुम्नं रिशादसा ।।2।।
विश्वे हि विश्ववेदसो वरुणो मित्रो अर्यमा। व्रता पदेव सश्चिरे पान्ति मर्त्यं रिषः ।।३।।
ते हि सत्या ऋतस्पृश ऋतावानो जनेजने। सुनीथासः सुदानवोंऽहोश्चिदुरुचक्रयः ।।४।।
को नु वां मित्रास्तुतो वरुणो वा तनूनाम्। तत्सु वामेषते मतिरत्रिभ्य एषते मतिः ।।५।।

ऋ. ५.६८.१–५

प्र वो मित्राय गायत वरुणाय विपा गिरा। महिक्षत्रावृतं बृहत् ।।१।।
सम्राजा या घृतयोनि मित्रश्चोभा वरुणश्च। देवा देवेषु प्रशस्ता ।।2।।
ता नः शक्तं पार्थिवस्य महो रायो दिव्यस्य। महि वां क्षत्रं देवेषु ।।३।।
ऋतमृतेन सपन्तेषिरं दक्षमाशाते। अद्रुहा देवौ वर्धते ।।४।।
वृष्टिद्यावा रीत्यापेषस्पती दानुमत्याः। बृहन्तं गर्तमाशाते ।।५।।

सा. १४६५–१४६७

ता नः शक्तं पार्थिवस्य महो रायो दिव्यस्य। महि वां क्षत्रं देवेषु ।।१।।
ऋतमृतेन सपन्तेषिरं दक्षमाशाते। अद्रुहा देवौ वर्धते ।।2।।
वृष्टिद्यावा रीत्यापेषस्पती दानुमत्याः। बृहन्तं गर्तमाशाते ।।३।।

५2३. यज्ञपुरुषः

१. विद्वांसः – य. 22.2

इमामगृभ्णान् रशनामृतस्य पूर्व आयुषि विदथेषु कव्या ।
सा नो अस्मिन्त्सुत आ बभूव ऋतस्य सामन्त्सरमारपन्ती ।।2।।

५2४. यज्ञः प्राजापत्यः

१. भाववृत्तम् – ऋ. १.३०.१–७

आ व इन्दं क्रिविं यथा वाजयन्तः शतक्रतुम्। मंहिष्ठं सिंच इन्दुभिः ।।१।।
शतं वा यः शुचीनां सहस्रं वा समाशिराम्। एदु निम्नं न रीयते ।।2।।
सं यन्मदाय शुष्मिण एना ह्यस्योदरे। समुद्रो न व्यचो दधे ।।३।।
अयमु ते समतसि कपोत इव गर्भधिम्। वचस्तच्चिन्न ओहसे ।।४।।
स्तोत्रं राधानां पते गिर्वाहो वीर यस्य ते। विभूतिरस्तु सूनृता ।।५।।
ऊर्ध्वस्तिष्ठा न ऊतयेऽस्मिन्वाजे शतक्रतो। समन्येषु ब्रवावहै ।।६।।
योगेयोगे तवस्तरं वाजेवाजे हवामहे। सखाय इन्द्रमूतये ।।७।।

५2५. याज्ञवल्क्यः

१. अग्न्यादयः – य. 2६.१

अग्निश्च पृथिवी च सन्नते ते मे सं नमतामदो वायुश्चाऽन्तरिक्षं च सन्नते ते मे सं नमतामदऽआदित्यश्च द्यौश्च सन्नते ते मे सं नमतामदऽआपश्च वरुणश्च सन्नते ते मे सं नमतामदः सप्त संसदोऽष्टमी भूतसाधनी सकामाँ2ऽ अध्वनस्कुरु संज्ञानमस्तु मेऽमुना ।।१।।

2. आपः – य. ३.20

अन्ध स्थान्धो वो भक्षीय मह स्थ महो वो भक्षीयोर्ज्ज स्थोर्ज्जं वो भक्षीय रायस्पोष स्थ रायस्पोषं वो भक्षीय ।।20।।

३. विश्वेदेवाः – य. ३.2१

रेवती रमध्वमस्मिन्योनावस्मिन् गोष्ठे ऽस्मिँल्लोके ऽस्मिन् क्षये। इहैव स्त मापगात ।।2१।।

५2६. यमः

Vedic Concordance of Mantras as per Ṛṣi and Devatā 177

१. अग्निः – अ. ७.६४.2;

अ. ७.६४.2

इदं यत् कृष्णः शकुनिरवामृक्षन्निर्ऋते ते मुखेन। अग्निर्मा तस्मादेनसो गार्हपत्यः प्र मुंचतु।।2।।

2. आपः – अ. ७.६४.१

इदं यत् कृष्णः शकुनिरभिनिष्पतन्नपीपतत्।
आपो मा तस्मात् सर्वस्माद् दुरितात् पान्त्वंहसः ।।१।।

३. दुःष्वप्ननाशनम् – अ. ७.2३.१; ७.१००.१; ७.१०१.१; १६.५.१–१०; १६.६.१–११; १६.७.१–१३; १६.८.१–३३; १६.५६.१–६; १६.५७.१–५

अ. ७.2३.१

दौःष्वप्न्यं दौर्जीवित्यं रक्षो अभ्वमराय्यः। दुर्णाम्नीः सर्वा दुर्वाचस्ता अस्मन्नाशयामसि ।।१।।

अ. ७.१००.१

पर्यावर्ते दुःष्वप्न्यात् पापात् स्वप्न्यादभूत्याः। ब्रह्माहमन्तरं कृण्वे परा स्वप्नमुखाः शुचः ।।१।।

अ. ७.१०१.१

यत् स्वप्ने अन्नमश्नामि न प्रातरधिगम्यते। सर्वं तदस्तु मे शिवं नहि तद् दृश्यते दिवा ।।१।।

अ. १६.५.१–१०

विद्म ते स्वप्न जनित्रं ग्राह्याः पुत्रोऽसि यमस्य करणः ।।१।।
अन्तोऽसि मृत्युरसि ।।2।।
तं त्वा स्वप्न तथा सं विद्म स नः स्वप्न दुःष्वप्नयात् पाहि ।।३।।
विद्म ते स्वप्न जनित्रं निर्ऋत्याः पुत्रोऽसि यमस्य करणः ।
अन्तकोऽसि मृत्युरसि। तं त्वा स्वप्न तथा सं विद्म स नः स्वप्न दुःष्वप्न्यात् पाहि ।।४।।
विद्म तं स्वप्न जनित्रमभूत्याः पुत्रोऽसि यमस्य करणः ।
अन्तकोऽसि मृत्युरसि। तं त्वा स्वप्न तथा सं विद्म स नः स्वप्न दुःष्वप्न्यात् पाहि ।।५।।
विद्म ते स्वप्न जनित्रं निर्भूतयाः पुत्रोऽसि यमस्य करणः ।
अन्तकोऽसि मृत्युरसि। तं त्वा स्वप्न तथा सं विद्म स नः स्वप्न दुःष्वप्न्यात् पाहि ।।६।।
विद्म ते स्वप्न जनित्रं पराभूत्याः पुत्रोऽसि यमस्य करणः ।
अन्तकोऽसि मृत्युरसि। तं त्वा स्वप्न तथा सं विद्म स नः स्वप्न दुःष्वप्न्यात् पाहि ।।७।।
विद्म ते स्वप्न जनित्रं देवजामीनां पुत्रोऽसि यमस्य करणः ।।८।।
अन्तकोऽसि मृत्युरसि ।।६।।
तं त्वा स्वप्न तथा सं विद्म स नः स्वप्न दुःष्वप्न्यात् पाहि ।।१०।।

अ. १६.६.१–११

अजैष्माद्यासनामाद्या भूमानागसो वयम् ।।१।।
उषो यस्माद् दुःष्वप्न्यादभैष्माप तदुच्छतु ।।2।।
द्विषते तत् परा वह शपते तत् परा वह ।।३।।
यं द्विष्मो यश्च नो द्वेष्टि तस्मा एनद् गमयामः ।।४।।
उषा देवी वाचा संविदाना वाग् देव्युषसा संविदाना ।।५।।
उषस्पतिर्वाचस्पतिना संविदानो वाचस्पतिरुषस्पतिना संविदानः ।।६।।
तेऽमुष्मै परा वहन्त्वरायान् दुर्णाम्नः सदान्वाः ।।७।।
कुम्भीका दूषीकाः पीयकान् ।।८।।
जाग्रद्दुः ष्वप्न्यं स्वप्नेदुः ष्वप्न्यम् ।।६।।
अनागमिष्यतो वरानवित्तेः संकल्पानमुच्या द्रुहः पाशान् ।।१०।।
तदमुष्मा अग्ने देवाः परा वहन्तु वध्रिर्यथासद् विथुरो न साधुः ।।११।।

अ. १६.७.१–१३

तेनैनं विध्याम्यभूतयैनं विध्यामि निर्भूतयैनं विध्यामि पराभूत्यैनं विध्यामि ग्राह्यैनं विध्यामि तमसैनं विध्यामि ।।१।।
देवानामेनं घोरैः क्रूरैः प्रैषेरभिप्रेष्यामि ।।2।।
वैश्वानरस्यैनं दंष्ट्रयोरपि दधामि ।।३।।
एवानेवाव सा गरत् ।।४।।
यो३स्मान् द्वेष्टि तमात्मा द्वेष्टु यं वयं द्विष्मः स आत्मानं द्वेष्टु ।।५।।
निर्द्विषन्तं दिवो निः पृथिव्या निरन्तरिक्षाद् भजाम ।।६।।
सुयामंश्चाक्षुष ।।७।।
इदमहमामुष्यायणे३मुष्याः पुत्रे दुःष्वप्न्यं मृजे ।।८।।
यददोअदो अभ्यगच्छन् यद् दोषा यत् पूर्वां रात्रिम् ।।६।।
यज्जाग्रद् यत् सुप्तो यद् दिवा यन्नक्तम् ।।१०।।
यदहरहरभिगच्छामि तस्मादेनमव दये ।।११।।
तं जहि तेन मन्दस्व तस्य पृष्टीरपि शृणीहि ।।१2।।
स मा जीवीत् तं प्राणो जहातु ।।१३।।

अ. १६.८.१–३३

जितमस्माकमुद्भिन्नमस्माकमृतमस्माकं तेजोऽस्माकं ब्रह्मास्माकं स्वरस्माकं यज्ञो३स्माकं पशवोऽस्माकं प्रजा अस्माकं वीरा अस्माकम् ।।१।।
तस्मादमुं निर्भजामोऽमुमामुष्यायणममुष्याः पुत्रमसौ यः ।।2।।
स ग्राह्याः पाशान्मा मोचि ।।३।।
तस्येदं वर्चस्तेजः प्राणमायुर्नि वेष्टयामीदमेनमधरांचं पादयामि ।।४।।
जितमस्माकमुद्भिन्नमस्माकमृतमस्माकं तेजोऽस्माकं ब्रह्मास्माकं स्वरस्माकं यज्ञो३ऽस्माकं पशवोऽस्माकं प्रजा अस्माकं वीरा अस्माकम्। तस्मादमुं निर्भजामोऽमुमामुष्यायणममुष्याः पुत्रमसौ यः। स निर्ऋत्याः पाशान्मा मोचि।तस्येदं वर्चस्तेजः प्राणमायुर्नि वेष्टयामीदमेनमधरांचं पादयामि ।।५।।
जितमस्माकमुद्भिन्नमस्माकमृतमस्माकं तेजोऽस्माकं ब्रह्मास्माकं स्वरस्माकं यज्ञोऽसमाकं पशवोऽस्माकं प्रजा अस्माकं वीरा अस्माकम् । तस्मादमुं निर्भजामोऽमुमामुष्यायणममुष्याः पुत्रमसौ यः। सोऽभूत्याः पाशान्मा मोचि। तस्येदं वर्चस्तेजः प्राणमायुर्नि वेष्टयामीदमेनमधरांचं पादयामि ।।६।।
जितमस्माकमुद्भिन्नमस्माकमृतमस्माकं तेजोऽस्माकं ब्राह्मास्माकं स्वरस्माकं यज्ञोऽस्माकं पशवोऽस्माकं प्रजा अस्माकं वीरा अस्माकम्। तस्मादमुं निर्भजामोऽमुमामुष्यायणममुष्याः पुत्रमसौ यः। स निर्भूत्याः पाशान्मा मोचि । तस्येदं वर्चस्तेजः प्राणमायुर्नि वेष्टयामीदमेनमधरांचं पादयामि ।।७।।
जितमस्माकमुद्भिन्नमस्माकमृतमस्माकं तेजोऽस्माकं ब्रह्मास्माकं स्वरस्माकं यज्ञो३ऽस्माकं पशवोऽस्माकं प्रजा अस्माकं वीरा अस्माकम्। तस्मादमुं निर्भजामोऽमुमामुष्यायणममुष्याः पुत्रमसौ यः । स पराभूत्याः पाशान्मा मोचि । तस्येदं वर्चस्तेजः प्राणमायुर्नि वेष्टयामीदमेनमधरांचं पादयामि ।।८।।
जितमस्माकमुद्भिन्नमस्माकमृतमस्माकं तेजोऽस्माकं ब्रह्मास्माकं स्वरस्माकं यज्ञो३ऽस्माकं पशवोऽस्माकं प्रजा अस्माकं वीरा अस्माकम् । तस्मादमुं निर्भजामोऽमुमामुष्यायणममुष्याः पुत्रमसौ यः । स देवजामीनां पाशान्मा मोचि । तस्येदं वर्चस्तेजः प्राणमायुर्नि वेष्टयामीदमेनमधरांचं पादयामि ।।६।।
जितमस्माकमुद्भिन्नमस्माकमृतमस्माकं तेजोऽस्माकं ब्रह्मास्माकं स्वरस्माकं यज्ञो३ऽस्माकं पशवोऽस्माकं प्रजा अस्माकं वीरा अस्माकम् । तस्मादमुं निर्भजामोऽमुमामुष्यायणममुष्याः पुत्रमसौ यः । स बृहस्पतेः पाशान्मा मोचि ।तस्येदं वर्चस्तेजः प्राणमायुर्नि वेष्टयामीदमेनमधरांचं पादयामि

।।१०।।
तिजमस्माकमुद्भिन्नमस्माकमृतमस्माकं तेजोऽस्माकं ब्रह्मास्माकं स्वरस्माकं यज्ञो३ऽस्माकं पशवोऽस्माकं प्रजा अस्माकं वीरा अस्माकम् । तस्मादमुं निर्भजामोऽमुमामुष्यायणममुष्याः पुत्रमसौ यः । स प्रजापतेः पाशान्मा मोचि । तस्येदं वर्चस्तेजः प्राणमायुर्नि वेष्टयामीदमेनमधरांचं पादयामि
।।११।।
जितमस्माकमुद्भिन्नमस्माकमृतमस्माकं तेजोऽस्माकं ब्रह्मास्माकं स्वरस्माकं यज्ञो३ऽस्माकं पशवोऽस्माकं प्रजा अस्माकं वीरा अस्माकम् । तस्मादमुं निर्भजामोऽमुमामुष्यायणममुष्याः पुत्रमसौ यः । स ऋषीणां पाशान्मा मोचि । तस्येदं वर्चस्तेजः प्राणमायुर्नि वेष्टयामीदमेनमधरांचं पादयामि
।।१२।।
जितमस्माकमुद्भिन्नमस्माकमृतमस्माकं तेजोऽस्माकं ब्रह्मास्माकं स्वरस्माकं यज्ञोऽ३स्माकं पशवोऽस्माकं प्रजा अस्माकं वीरा अस्माकम्। तस्मादमुं निर्भजामोऽमुमामुष्यायणममुष्याः पुत्रमसौ यः । स आर्षेयाणां पाशान्मा मोचि । तस्येदं वर्चस्तेजः प्राणमायुर्नि वेष्टयामीदमेनमधरांचं पादयामि
।।१३।।
जितमस्माकमुद्भिन्नमस्माकमृतमस्माकं तेजोऽस्माकं ब्रह्मास्माकं स्वरस्माकं यज्ञोऽ३स्माकं पशवोऽस्माकं प्रजा अस्माकं वीरा अस्माकम् । तस्मादमुं निर्भजामोऽमुमामुष्यायणममुष्याः पुत्रमसौ यः । सोऽंगिरसां पाशान्मा मोचि । तस्येदं वर्चस्तेजः प्राणमायुर्नि वेष्टयामीदमेनमधरांचं पादयामि
।।१४।।
जितमस्माकमुद्भिन्नमस्माकमृतमस्माकं तेजोऽस्माकं ब्रह्मास्माकं स्वरस्माकं यज्ञोऽ३स्माकं पशवोऽस्माकं प्रजा अस्माकं वीरा अस्माकम् । तस्मादमुं निर्भजामोऽमुमामुष्यायणममुष्याः पुत्रमसौ यः । स अंगिरसानां पाशान्मा मोचि । तस्येदं वर्चस्तेजः प्राणमायुर्नि वेष्टयामीदमेनमधरांचं पादयामि ।।१५।।
जितमस्माकमुद्भिन्नमस्माकमृतमस्माकं तेजोऽस्माकं ब्रह्मास्माकं स्वरस्माकं यज्ञोऽ३स्माकं पशवोऽस्माकं प्रजा अस्माकं वीरा अस्माकम् । तस्मादमुं निर्भजामोऽमुमामुष्यायणममुष्याः पुत्रमसौ यः । सोऽथर्वणां पाशान्मा मोचि । तस्येदं वर्चस्तेजः प्राणमायुर्नि वेष्टयामीदमेनमधरांचं पादयामि
।।१६।।
जितमस्माकमुद्भिन्नमस्माकमृतमस्माकं तेजोऽस्माकं ब्रह्मास्माकं स्वरस्माकं यज्ञोऽ३स्माकं पशवोऽस्माकं प्रजा अस्माकं वीरा अस्माकम्। तस्मादमुं निर्भजामोऽमुमामुष्यायणममुष्याः पुत्रमसौ यः । स आर्थर्वणानां पाशान्मा मोचि । तस्येदं वर्चस्तेजः प्राणमायुर्नि वेष्टयामीदमेनमधरांचं पादयामि
।।१७।।
जितमस्माकमुद्भिन्नमस्माकमृतमस्माकं तेजोऽस्माकं ब्रह्मास्माकं स्वरस्माकं यज्ञोऽ३स्माकं पशवोऽस्माकं प्रजा अस्माकं वीरा अस्माकम् । तस्मादमुं निर्भजामोऽमुमामुष्यायणममुष्याः पुत्रमसौ यः । स वनस्पतीनां पाशान्मा मोचि । तस्येदं वर्चस्तेजः प्राणमायुर्नि वेष्टयामीदमेनमधरांचं पादयामि ।।१८।।
जितमस्माकमुद्भिन्नमस्माकमृतमस्माकं तेजोऽस्माकं ब्रह्मास्माकं स्वरस्माकं यज्ञोऽ३स्माकं पशवोऽस्माकं प्रजा अस्माकं वीरा अस्माकम्। तस्मादमुं निर्भजामोऽमुमामुष्यायणममुष्याः पुत्रमसौ यः। स वानस्पत्यानां पाशान्मा मोचि । तस्येदं वर्चस्तेजः प्राणमायुर्नि वेष्टयामीदमेनमधरांचं पादयामि ।।१९।।
जितमस्माकमुद्भिन्नमस्माकमृतमस्माकं तेजोऽस्माकं ब्रह्मास्माकं स्वरस्माकं यज्ञोऽ३स्माकं पशवोऽस्माकं प्रजा अस्माकं वीरा अस्माकम् । तस्मादमुं निर्भजामोऽमुमामुष्यायणममुष्याः पुत्रमसौ यः । स ऋतूनां पाशान्मा मोचि । तस्येदं वर्चस्तेजः प्राणमायुर्नि वेष्टयामीदमेनमधरांचं पादयामि
।।२०।।
जितमस्माकमुद्भिन्नमस्माकमृतमस्माकं तेजोऽस्माकं ब्रह्मास्माकं स्वरस्माकं यज्ञोऽ३स्माकं पशवोऽस्माकं प्रजा अस्माकं वीरा अस्माकम्। तस्मादमुं निर्भजामोऽमुमामुष्यायणममुष्याः पुत्रमसौ

यः। स आर्तवानां पाशान्मा मोचि। तस्येदं वर्चस्तेजः प्राणमायुर्नि वेष्टयामीदमेनमधरांचं पादयामि ।।२१।।
जितमस्माकमुद्भिन्नमस्माकमृतमस्माकं तेजोऽस्माकं ब्रह्मास्माकं स्वरस्माकं यज्ञोऽ३स्माकं पशवोऽस्माकं प्रजा अस्माकं वीरा अस्माकम्। तस्मादमुं निर्भजामोऽमुमामुष्यायणममुष्याः पुत्रमसौ यः। स मासानां पाशान्मा मोचि। तस्येदं वर्चस्तेजः प्राणमायुर्नि वेष्टयामीदमेनमधरांचं पादयामि ।।22।।
जितमस्माकमुद्भिन्नमस्माकमृतमस्माकं तेजोऽस्माकं ब्रह्मास्माकं स्वरस्माकं यज्ञोऽ३स्माकं पशवोऽस्माकं प्रजा अस्माकं वीरा अस्माकम्। तस्मादमुं निर्भजामोऽमुमामुष्यायणममुष्याः पुत्रमसौ यः। सोऽर्धमासानां पाशान्मा मोचि। तस्येदं वर्चस्तेजः प्राणमायुर्नि वेष्टयामीदमेनमधरांचं पादयामि ।।2३।।
जितमस्माकमुद्भिन्नमस्माकमृतमस्माकं तेजोऽस्माकं ब्रह्मास्माकं स्वरस्माकं यज्ञोऽ३स्माकं पशवोऽस्माकं प्रजा अस्माकं वीरा अस्माकम्। तस्मादमुं निर्भजामोऽमुमामुष्यायणममुष्याः पुत्रमसौ यः। सोहोरात्रयोः पाशान्मा मोचि। तस्येदं वर्चस्तेजः प्राणमायुर्नि वेष्टयामीदमेनमधरांचं पादयामि ।।2४।।
जितमस्माकमुद्भिन्नमस्माकमृतमस्माकं तेजोऽस्माकं ब्रह्मास्माकं स्वरस्माकं यज्ञोऽ३स्माकं पशवोऽस्माकं प्रजा अस्माकं वीरा अस्माकम्। तस्मादमुं निर्भजामोऽमुमामुष्यायणममुष्याः पुत्रमसौ यः। सोऽह्नोः संयतोः पाशान्मा मोचि। तस्येदं वर्चस्तेजः प्राणमायुर्नि वेष्टयामीदमेनमधरांचं पादयामि ।।2५।।
जितमस्माकमुद्भिन्नमस्माकमृतमस्माकं तेजोऽस्माकं ब्रह्मास्माकं स्वरस्माकं यज्ञोऽ३स्माकं पशवोऽस्माकं प्रजा अस्माकं वीरा अस्माकम्। तस्मादमुं निर्भजामोऽमुमामुष्यायणममुष्याः पुत्रमसौ यः। स द्यावापृथिव्योः पाशान्मा मोचि। तस्येदं वर्चस्तेजः प्राणमायुर्नि वेष्टयामीदमेनमधरांचं पादयामि ।।2६।।
जितमस्माकमुद्भिन्नमस्माकमृतमस्माकं तेजोऽस्माकं ब्रह्मास्माकं स्वरस्माकं यज्ञोऽ३स्माकं पशवोऽस्माकं प्रजा अस्माकं वीरा अस्माकम्। तस्मादमुं निर्भजामोऽमुमामुष्यायणममुष्याः पुत्रमसौ यः। स इन्द्राग्न्योः पाशान्मा मोचि। तस्येदं वर्चस्तेजः प्राणमायुर्नि वेष्टयामीदमेनमधरांचं पादयामि ।।2७।।
जितमस्माकमुद्भिन्नमस्माकमृतमस्माकं तेजोऽस्माकं ब्रह्मास्माकं स्वरस्माकं यज्ञोऽ३स्माकं पशवोऽस्माकं प्रजा अस्माकं वीरा अस्माकम्। तस्मादमुं निर्भजामोऽमुमामुष्यायणममुष्याः पुत्रमसौ यः। स मित्रावरुणयोः पाशान्मा मोचि। तस्येदं वर्चस्तेजः प्राणमायुर्नि वेष्टयामीदमेनमधरांचं पादयामि ।।2८।।
जितमस्माकमुद्भिन्नमस्माकमृतमस्माकं तेजोऽस्माकं ब्रह्मास्माकं स्वरस्माकं यज्ञोऽ३स्माकं पशवोऽस्माकं प्रजा अस्माकं वीरा अस्माकम्। तस्मादमुं निर्भजामोऽमुमामुष्यायणममुष्याः पुत्रमसौ यः। स राज्ञो वरुणस्य पाशान्मा मोचि। तस्येदं वर्चस्तेजः प्राणमायुर्नि वेष्टयामीदमेनमधरांचं पादयामि ।।2९।।
जितमस्माकमुद्भिन्नमस्माकमृतमस्माकं तेजोऽस्माकं ब्रह्मास्माकं स्वरस्माकं यज्ञोऽ३स्माकं पशवोऽस्माकं प्रजा अस्माकं वीरा अस्माकम् ।।३०।।
तस्मादमुं निर्भजामोऽमुमामुष्यायणममुष्याः पुत्रमसौ यः ।।३१।।
स मृत्योः पड्वीशात् पाशान्मा मोचि ।।३2।।
तस्येदं वर्चस्तेजः प्राणमायुर्नि वेष्टयामीदमेनमधरांचं पादयामि ।।३३।।

अ. १९.५६.१–६

यमस्य लोकादध्या बभूविथ प्रमदा मर्त्यान् प्र युनक्षि धीरः ।
एकाकिना सरथं यासि विद्वान्त्स्वप्नं मिमानो असुरस्य योनौ ।।१।।
बन्धस्त्वाग्रे विश्वचया अपश्यत् पुरा रात्र्या जनितोरेके अह्नि ।

ततः स्वप्नेदमध्या बभूविथ भिषग्भ्यो रूपमपगूहमानः ।।2।।
बृहद्गावासुरेभ्योऽधिं देवानुपावर्तत महिमानमिच्छन् ।
तस्मै स्वप्नाय दधुराधिपतयं त्रयस्त्रिंशासः स्वरानशानाः ।।३।।
नैतां विदुः पितरो नोत देवा येषां जल्पिश्चरत्यन्तरेदम् ।
त्रिते स्वप्नमदधुराप्त्ये नर आदित्यासो वरुणेनानुशिष्टाः ।।४।।
यस्य क्रूरमभजन्त दुष्कृतोऽस्वप्नेन सुकृतः पुण्यमायुः ।
स्वर्मदसि परमेण बन्धुना तप्यमानस्य मनसोऽधि जज्ञिषे ।।५।।
विद्म ते सर्वाः परिजाः पुरस्ताद् विद्म स्वप्न यो अधिपा इहा ते ।
यशस्विनो नो यशसेह पाह्यराद् द्विषेभिरप याहि दूरम् ।।६।।

अ. १६.५७.१–५

यथा कलां यथा शफं यथर्णं संनयन्ति ।
एवा दुःष्वप्न्यं सर्वमाप्रिये सं नयामसि ।।१।।
सं राजानो अगुः समृणान्यगुः सं कुष्ठा अगुः सं कला अगुः ।
समस्मासु यद् दुःष्वप्न्यं निर्द्विषते दुःष्वप्न्यं सुवाम ।।2।।
देवानां पत्नीनां गर्भ यमस्य कर यो भद्रः स्वप्न ।
स मम यः पापस्तद् द्विषते प्र हिण्मः। मा तृष्टानामसि कृष्णशकुनेर्मुखम् ।।३।।
तं त्वा स्वप्न तथा सं विद्म स त्वं स्वप्नाश्वइव कायमश्वइव नीनाहम् ।
अनास्माकं देवपीयुं पियारुं वप यदस्मासु दु□ष्वप्न्यं यद् गोषु यच्च नो गृहे ।।४।।
अनास्माकस्तद् देवपीयुः पियारुर्निष्कमिव प्रति मुंचताम् ।
नवारत्नीनपमया अस्माकं ततः परि। दुःष्वप्न्यं सर्वं द्विषते निर्दयामसि ।।५।।

४. प्रजापतिः – अ. १६.६.१

जितमस्माकमुद्भिन्नमस्माकमभ्यष्ठां विश्वाः पृतना अरातीः ।।१।।

५. मन्त्रोक्ताः – अ. १६.६.2

तदग्निराह तदु सोम आह पूषा मा धात् सुकृतस्य लोके ।।2।।

६. यमः – ऋ. १०.१४.१–५; १०.१४.१३–१६

ऋ. १०.१४.१–५

परेयिवांसं प्रवतो महीरनु बहुभ्यः पन्थामनुपस्पशानम् ।
वैवस्वतं संगमनं जनानां यमं राजानं हविषा दुवस्य ।।१।।
यमो नो गातुं प्रथमो विवेद नैषा गव्यूतिरपभर्तवा उ ।
यत्रा नः पूर्वे पितरः परेयुरेना जज्ञनाः पथ्या३ अनु स्वाः ।।2।।
मातली कव्यैर्यमो अंगिरोभिर्बृहस्पतिर्ऋक्वभिर्वावृधानः ।
याँश्च देवा वावृधुर्ये च देवान्त्स्वाहान्ये स्वधयान्ये मदन्ति ।।३।।
इमं यम प्रस्तरमा हि सीदांगिरोभिः पितृभिः संविदानः ।
आ त्वा मन्त्राः कविशस्ता वहन्त्वेना राजन्हविषा मादयस्व ।।४।।
अंगिरोभिरा गहि यज्ञियेभिर्यम वैरूपैरिह मादयस्व ।
विवस्वन्तं हुवे यः पिता तेऽस्मिन्यज्ञे बर्हिष्या निषद्य ।।५।।

ऋ. १०.१४.१३–१६

यमाया सोमं सुनुत यमाय जुहुता हविः। यमं ह यज्ञो गच्छत्यग्निदूतो अरंकृतः ।।१३।।
यमाय घृतवद्धविर्जुहोत प्र च तिष्ठत। स नो देवेष्वा यमद्दीर्घमायुः प्र जीवसे ।।१४।।
यमाय मधुमत्तमं राज्ञे हव्यं जुहोतन। इदं नम ऋषिभ्यः पूर्वजेभ्यः पूर्वेभ्यः पथिकृद्भ्यः ।।१५।।
त्रिकदुकेभिः पतति षळुर्वीरेकमिद् बृहत्।
त्रिष्टुब्गायत्री छन्दांसि सर्वा ता यम आहिता ।।१६।।

७. लिङ्गोक्ता – ऋ. १०.१४.६

अंगिरसो नः पितरो नवग्वा अथर्वाणो भृगवः सोम्यासः ।
तेषां वयं सुमतौ यज्ञियानामपि भद्रे सौमनसे स्याम ।।६।।

८. लिङ्गोक्ता पितरो वा– ऋ. १०.१४.७–६

प्रेहि प्रेहि पथिभिः पूर्व्येभिर्यत्रा नः पूर्वे पितरः परेयुः ।
उभा राजाना स्वधया मदन्ता यमं पश्यासि वरुणं च देवम्।।७।।
सं गच्छस्व पितृभिः सं यमेनेष्टापूर्तेन परमे व्योमन् ।
हित्वायावद्यं पुनरस्तमेहि सं गच्छस्व तन्वा सुवर्चाः ।।८।।
अपेत वीत वि च सर्पतातोऽस्मा एतं पितरो लोकमक्रन् ।
अहोभिरद्भिरक्तभिर्व्यक्तं यमो ददात्यवसानमस्मै ।।६।।

६. श्वानौ – ऋ. १०.१४.१०–१२

अति द्रव सारमेयौ श्वानौ चतुरक्षौ शबलौ साधुनां पथा ।
अथा पितॄन्त्सुविदत्राँ उपेहि यमेन ये सधमादं मदन्ति ।।१०।।
यौ ते श्वानौ यम रक्षितारौ चतुरक्षौ पथिरक्षी नृचक्षसौ ।
ताभ्यामेनं परि दोहि राजन्त्स्वस्ति चास्मा अन्मीवं च धेहि ।।११।।
उरूणसावसुतृपा उदुम्बलौ यमस्य दूतौ चरतो जनाँ अनु ।
तावस्मभ्यं दृशये सूर्याय पुनर्दातामसुमद्येह भद्रम् ।।१२।।

१०. सूर्यः – अ. १६.६.३–४

अगन्म स्व१ः स्वरगन्म सं सूर्यस्य ज्योतिषागन्म ।।३।।
वस्योभूयाय वसुमान् यज्ञो वसु वंशिषीय वसुमान् भूयासं वसु मयि धेहि ।।४।।

११. स्वर्गः ओदनः अग्निः – अ. १२.३.१–६०

पुमान् पुंसोऽधि तिष्ठ चर्मेहि तत्र ह्वयस्व यतमा प्रिया ते ।
यावन्तावग्रे प्रथमं समेयथुस्तद् वां वयो यमराज्ये समानम् ।।१।।
तावद् वां चक्षुस्तति वीर्याणि तावत् तेजस्ततिधा वाजिनानि ।
अग्निः शरीरं सचते यदैधोऽधा पक्वान्मिथुना सं भवाथाः ।।२।।
समस्मिँल्लोके समु देवयाने सं स्मा समेतं यमराज्येषु ।
पूतौ पवित्रैरुप तद्ध्वयेथां यद्यद् रेतो अधि वां संबभूव ।।३।।
आपस्पुत्रासो अभि सं विशध्वमिमं जीवं जीवधन्याः समेत्य ।
तासां भजध्वममृतं यमाहुर्यमोदनं पचति वां जनित्री ।।४।।
यं वां पिता पचति यं च माता रिप्रान्निर्मुक्त्यसै शमलाच्च वाचः ।
स ओदनः शतधारः स्वर्ग उभे व्याप नभसी महित्वा ।।५।।
उभे नभसी उभयांश्च लोकान् ये यज्वनामभिजिताः स्वर्गाः ।
तेषां ज्योतिष्मान् मधुमान् यो अग्रे तस्मिन् पुत्रैर्जरसि सं श्रयेथाम् ।।६।।
प्राचींप्राचीं प्रदिशमा रभेथामेतं श्रद्दधानाः सचन्ते ।
यद् वां पक्वं परिविष्टमग्नौ तस्य गुप्तये दम्पती सं श्रयेथाम् ।।७।।
दक्षिणां दिशमभि नक्षमाणौ पर्यावर्तेथामभि पात्रमेतत् ।
तस्मिन् वां यमः पितृभिः संविदानः पक्वाय शर्म बहुलं नि यच्छात् ।।८।।
प्रतीचीं दिशामियमिद् वरं यस्यां सोमो अधिपा मृडिता च ।
तस्यां श्रयेथां सुकृतः सचेथामधा पक्वान्मिथुना सं भवाथः ।।६।।
उत्तरं राष्ट्रं प्रजयोत्तरावद् दिशामुदीची कृणवन्नो अग्रम् ।
पान्क्तं छन्दः पुरुषो बभूव विश्वैर्विश्वंगैः सह सं भवेम ।।१०।।

ध्रुवेयं विराण्नमो अस्त्वस्यै शिवा पुत्रेभ्य उत मह्यमस्तु ।
सा नो देव्यदिते विश्ववार इर्यइव गोपा अभि रक्ष पक्वम् ।।११।।
पितेव पुत्रानभि सं स्वजस्व नः शिवा नो वाता इह वान्तु भूमौ ।
यमोदनं पचतो देवते इह तन्नस्तप उत सत्यं च वेत्तु ।।१२।।
यद्यत् कृष्णः शकुन एह गत्वा त्सरन् विषक्तं बिल आससाद ।
यद्वा दास्या३र्द्रहस्ता समङ्क्त उलूखलं मुसलं शुम्भतापः ।।१३।।
अयं ग्रावा पृथुबुध्नो वयोधाः पूतः पवित्रैरप हन्तु रक्षः ।
आ रोह चर्म महि शर्म यच्छ मा दम्पती पौत्रमघं नि गाताम् ।।१४।।
वनस्पतिः सह देवैर्न आगन् रक्षः पिशाचाँ अपबाधमानः ।
स उच्छ्रयातै प्र वदाति वाचं तेन लोकाँ अभि सर्वान्जयेम ।।१५।।
सप्त मेधान् पशवः पर्यगृह्णन् य एषां ज्योतिष्माँ उत यश्चकर्श ।
त्रयस्त्रिंशद् देवतास्तान्त्सचन्ते स नः स्वर्गमभि नेष लोकम् ।।१६।।
स्वर्गं लोकमभि नो नयासि सं जायया सह पुत्रैः स्याम ।
गृह्णामि हस्तमनु मैत्वत्र मा नस्तारीन्निर्ऋतिर्मो अरातिः ।।१७।।
ग्राहिं पाप्मानमति ताँ अयाम तमो व्यस्य प्र वदासि वल्गु ।
वानस्पत्य उद्यतो मा जिहिंसीर्मा तण्डुलं वि शरीर्देवयन्तम् ।।१८।।
विश्वव्यचा घृतपृष्ठो भविष्यन्त्सयोनिर्लोकमुप याह्येतम् ।
वर्षवृद्धमुप यच्छ शूर्पं तुषं पलावानप तद् विनक्तु ।।१९।।
त्रयो लोकाः संमिता ब्राह्मणेन द्यौरेवासौ पृथिव्य१न्तरिक्षम् ।
अंशून् गृभीत्वान्वारभेथामा प्यायन्तां पुनरा यन्तु शूर्पम् ।।२०।।
पृथग् रूपाणि बहुधा पशूनामेकरूपो भवसि सं समृद्ध्या ।
एतां त्वचं लोहिनीं तां नुदस्व ग्रावा शुम्भाति मलगइव वस्त्रा ।।२१।।
पृथिवीं त्वा पृथिव्यामा वेशयामि तनूः समानि विकृता त एषा ।
यद्यद् द्युत्तं लिखितमर्पणेन तेन मा सुस्रोर्ब्रह्मणापि तद् वपामि ।।22।।
जनित्रीव प्रति हर्यासि सूनुं सं त्वा दधामि पृथिवीं पृथिव्या ।
उखा कुम्भी वेद्यां मा व्यथिष्ठा यज्ञायुधैराज्येनातिषक्ता ।।२३।।
अग्निः पचन् रक्षतु त्वा पुरस्तादिन्द्रो रक्षतु दक्षिणतो मरुत्वान् ।
वरुणास्त्वा दृंहाद्धरुणे प्रतीच्या उत्तरात् त्वा सोमः सं ददातै ।।२४।।
पूताः पवित्रैः पवन्ते अभ्राद् दिवं च यन्ति पृथिवीं च लोकान् ।
ता जीवलाः जीवधन्याः प्रतिष्ठाः पात्र आसिक्ताः पर्यग्निरिन्धाम् ।।२५।।
आ यन्ति दिवः पृथिवीं सचन्ते भूम्याः सचन्ते अध्यन्तरिक्षम् ।
शुद्धाः सतीस्ता उ शुम्भन्त एव ता नः स्वर्गमभि लोकं नयन्तु ।।२६।।
उतेव प्रभ्वीरुत संमितास उत शुक्राः शुचयश्चामृतासः ।
ता ओदनं दंपतिभ्यां प्रशिष्टा आपः शिक्षन्तीः पचता सुनाथाः ।।२७।।
संख्याता स्तोकाः पृथिवीं सचन्ते प्राणापानैः संमिता ओषधीभिः ।
असंख्याता ओप्यमानाः सुवर्णाः सर्वं व्यापुः शुचयः शुचित्वम् ।।२८।।
उद्योधन्त्यभि वल्गन्ति तप्ताः फेनमस्यन्ति बहुलांश्च बिन्दून् ।
योषेव दृष्ट्वा पतिमृत्वियायैतैस्तण्डुलैर्भवता समापः ।।२९।।
उत्थापय सीदतो बुध्न एनानद्भिरात्मानमभि सं स्पृशन्ताम् ।
अमासि पात्रैरुदकं यदेतन्मितास्तण्डुलाः प्रदिशो यदीमाः ।।३०।।
प्र यच्छ पर्शुं त्वरया हरौषमहिंसन्त ओषधीर्दान्तु पर्वन् ।
यासां सोमः परि राज्यं बभूवामन्युता नो वीरुधो भवन्तु ।।३१।।
यां नवं बर्हिरोदनाय स्तृणीत प्रियं हृदश्चक्षुषो वल्ग्वस्तु ।

तस्मिन् देवाः सह दैवीर्विशन्त्विमं प्राश्नन्त्वृतुभिर्निषद्य ।।३२।।
वनस्पते स्तीर्णमा सीद बर्हिरग्निष्टोमैः संमितो देवताभिः ।
त्वष्ट्रेव रूपं सुकृतं स्वधित्यैना एहाः परि पात्रे ददृश्राम् ।।३३।।
षष्ट्यां शरत्सु निधिपा अभीच्छात् स्वः पक्वेनाभ्यश्नवातै ।
उपैनं जीवान् पितरश्च पुत्रा एतं स्वर्गं गमयान्तमग्नेः ।।३४।।
धर्ता ध्रियस्व धरुणे पृथिव्या अच्युतं त्वा देवताश्च्यावयन्तु ।
तं त्वा दम्पती जीवन्तौ जीवपुत्रावुद् वासयातः पर्यग्निधानात् ।।३५।।
सर्वान्त्समागा अभिजित्य लोकान् यावन्तः कामाः समतीतृपस्तान् ।
वि गाहेथामायवनं च दर्विरेकस्मिन् पात्रे अध्युद्धरैनम् ।।३६।।
उप स्तृणीहि प्रथय पुरस्ताद् घृतेन पात्रमभि घारयैतत् ।
वाश्रेवोस्रा तरुणं स्तनस्युमिमं देवासो अभिहिंकृणोत ।।३७।।
उपास्तरीकरो लोकमेतमुरुः प्रथतामसमः स्वर्गः ।
तस्मिंछ्रयातै महिषः सुपर्णो देवा एनं देवताभ्यः प्र यच्छान् ।।३८।।
यद्यज्जाया पचति त्वत् परःपरः पतिर्वा जाये त्वत् तिरः ।
सं तत् सृजेथां सह वां तदस्तु संपादयन्तौ सह लोकमेकम् ।।३९।।
यावन्तो अस्याः पृथिवीं सचन्ते अस्मत् पुत्राः परि ये संबभूवुः ।
सर्वांस्ताँ उप पात्रे ह्वयेथां नाभिं जानानाः शिशवः समायान् ।।४०।।
वसोर्या धारा मधुना प्रपीना घृतेन मिश्रा अमृतस्य नाभयः ।
सर्वास्ता अव रुन्धे स्वर्गः षष्ट्यां शरत्सु निधिपा अभीच्छात् ।।४१।।
निधिं निधिपा अभ्येनमिच्छादनीश्वरा अभितः सन्तु येऽन्ये ।
अस्माभिर्दत्तो निहितः स्वर्गस्त्रिभिः काण्डैस्त्रीन्त्स्वर्गानरुक्षत् ।।४२।।
अग्नी रक्षस्तपतु यद् विदेवं क्रव्यात् पिशाच इह मा प्र पास्त ।
नुदाम एनमप रुध्मो अस्मदादित्या एनमंगिरसः सचन्ताम् ।।४३।।
आदित्येभ्यो अंगिरोभ्यो मध्विदं घृतेन मिश्रं प्रति वेदयामि ।
शुद्धहस्तौ ब्राह्मणस्यानिहत्यैतं स्वर्गं सुकृतावपीतम् ।।४४।।
इदं प्रापमुत्तमं काण्डमस्य यस्माल्लोकात् परमेष्ठी समाप ।
आ सिंच सर्पिर्घृतवत् समङ्ग्ध्येष भागो अंगिरसो नो अत्र ।।४५।।
सत्याय च तपसे देवताभ्यो निधिं शेवधिं परि दद्म एतम् ।
मा नो द्यूतेऽव गान्मा समित्यां मा स्मान्यस्मा उत्सृजता पुरा मत् ।।४६।।
अहं पचाम्यहं ददामि ममेदु कर्मन् करुणेऽधि जाया ।
कौमारो लोको अजनिष्ट पुत्रोऽन्वारभेथां वय उत्तरावत् ।।४७।।
न किल्विषमत्र नाधारो अस्ति न यन्मित्रैः समममान एति ।
अनूनं पात्रं निहितं न एतत् पक्तारं पक्वः पुनरा विशाति ।।४८।।
प्रियं प्रियाणां कृणवाम तमस्ते यन्तु यतमे द्विषन्ति ।
धेनुरनड्वान् वयोवय आयदेव पौरुषेयमप मृत्युं नुदन्तु ।।४९।।
समग्नयो विदुरन्यो अन्यं य ओषधीः सचते यश्च सिन्धून् ।
यावन्तो देवा दिव्याऽतपन्ति हिरण्यं ज्योतिः पचतो बभूव ।।५०।।
एषा त्वचां पुरुषे सं बभूवानग्नाः सर्वे पशवो ये अन्ये ।
क्षत्रेणात्मानं परि धापयाथोऽमोतं वासो मुखमोदनस्य ।।५१।।
यदक्षेषु वदा यत् समित्यां यद्वा वदा अनृतं वित्तकाम्या ।
समानं तन्तुमभि संवसानौ तस्मिन्त्सर्वं शमलं सादयाथः ।।५२।।
वर्षं वनुष्वापि गच्छ देवांस्त्वचो धूमं पर्युत्पातयासि ।
विश्वव्यचा घृतपृष्ठो भविष्यन्त्सयोनिर्लोकमुप याह्येतम् ।।५३।।
तन्वं स्वर्गो बहुधा वि चक्रे यथा विद आत्मन्नन्यवर्णाम् ।

अपाजैत् कृष्णां रुशतीं पुनानो या लोहिनी तां ते अग्नौ जुहोमि ।।५४।।
प्राच्यै त्वा दिशेऽग्नयेऽधिपतयेऽसिताय रक्षित्र आदित्यायेषुमते ।
एतं परि दद्मस्तं नो गोपायतास्माकमैतोः ।
दिष्टं नो अत्र जरसे नि नेषज्जरा मृत्यवे परि णो ददात्वथ पक्वेन सह सं भवेम ।।५५।।
दक्षिणायै त्वा दिश इन्द्रायाधिपतये तिरश्चिराजये रक्षित्रे यमायेषुमते ।
एतं परि दद्मस्तं नो गोपायतास्माकमैतोः ।
दिष्टं नो अत्र जरसे नि नेषज्जरा मृत्यवे परि णो ददात्वथ पक्वेन सह सं भवेम ।।५६।।
प्रतीच्यै त्वा दिशे वरुणायाधिपतये पृदाकवे रक्षित्रेऽन्नायेषुमते ।
एतं परि दद्मस्तं नो गोपायतास्माकमैतोः ।
दिष्टं नो अत्र जरसे नि नेषज्जरा मृत्यवे परि णो ददात्वथ पक्वेन सह सं भवेम ।।५७।।
उदीच्यै त्वा दिशे सोमायाधिपतये स्वजाय रक्षित्रेऽशन्या इषुमत्यै ।
एतं परि दद्मस्तं नो गोपायतास्माकमैतोः ।
दिष्टं नो अत्र जरसे नि नेषज्जरा मृत्यवे परि णो ददात्वथ पक्वेन सह सं भवेम ।।५८।।
ध्रुवायै त्वा दिशे विष्णवेऽधिपतये कल्माषग्रीवाय रक्षित्र ओषधीभ्य इषुमतीभ्यः ।
एतं परि दद्मस्तं नो गोपायतास्माकमैतोः ।
दिष्टं नो अत्र जरसे नि नेषज्जरा मृत्यवे परि णो ददात्वथ पक्वेन सह सं भवेम ।।५९।।
ऊर्ध्वायै त्वा दिशे बृहस्पतयेऽधिपतये श्वित्राय रक्षित्रे वर्षायेषुमते ।
एतं परि दद्मस्तं नो गोपायतास्माकमैतोः ।
दिष्टं नो अत्र जरसे नि नेषज्जरा मृत्यवे परि णो ददात्वथ पक्वेन सह सं भवेम ।।६०।।

५2७. यमी

1. भाववृत्तम् – ऋ. १०.१५४.१–५

सोम एकेभ्यः पवते घृतमेक उपासते। योभ्यो मधु प्रधावति ताँश्चिदेवापि गच्छवात् ।।1।।
तपसा ये अनाधृष्यास्तपसा ये स्वर्ययुः। तपो ये चक्रिरे महस्ताँश्चिदेवापि गच्छतात् ।।2।।
ये युध्यन्ते प्रधनेषु शरासो ये तनूत्यजः। ये वा सहस्रदक्षिणास्ताँश्चिदेवापि गच्छतात् ।।३।।
ये चित्पूर्व ऋतसाप ऋतावान ऋतावृधः। पितॄन्तपस्वतो यम ताँश्चिदेवापि गच्छतात् ।।४।।
सहस्रणीथाः कवयो ये गोपायन्ति सूर्यम्। ऋषीन्तपस्वतो यम तपोजाँ अपि गच्छतात् ।।५।।

५2८. ययातिः

1. सोमः पवमानः – अ. 20.१३७.४–६

सुतासो मधुमत्तमाः सोमा इन्द्राय मन्दिनः। पवित्रवन्तो अक्षरन् देवान् गच्छन्तु वो मदाः ।।४।।
इन्दुरिन्द्राय पवत इति देवासो अब्रुवन्। वाचस्पतिर्मखस्यते विश्वस्येशान ओजसा ।।५।।
सहस्रधारः पवते समुद्रो वाचमींखयः। सोमः पती रयीणां सखेन्द्रस्य दिवेदिवे ।।६।।

५2९. ययातिर् नाहुषः

1. पवमानः सोमः – सा. ५४७; ८७2–८७४

सा. ५४७

सुतासो मधुमत्तमाः सोमा इन्द्राय मन्दिनः। पवित्रवन्तो अक्षरन् देवान् गच्छन्तु वो मदाः ।।३।।

सा. ८७2–८७४

सुतासो मधुमत्तमाः सोमा इन्द्राय मन्दिनः। पवित्रवन्तो अक्षरं देवान् गच्छन्तु वो मदाः।।1।।
इन्दुरिन्द्राय पवत इति देवासो अब्रुवन्। वाचस्पतिर्मखस्यते विश्वस्येशान ओजसः ।।2।।
सहस्रधारः पवते समुद्रो वाचमींखयः। सोमस्यती रयीणां सखेन्द्रस्य दिवेदिवे ।।३।।

ऋ. ९.१०१.४–६

सुतासो मधुमत्तमः सोमा इन्द्राय मन्दिनः। पवित्रवन्तो अक्षरन्देवान्गच्छन्तु वो मदाः ।।४।।
इन्दुरिन्द्राय पवत इति देवासो अब्रुवन्। वाचस्पतिर्मखस्यते विश्वस्येशान ओजसा ।।५।।
सहस्रधारः पवते समुद्रो वाचमीङ्खयः। सोमः पती रयीणां सखेन्द्रस्य दिवेदिवे ।।६।।

५३०. रक्षोहाः

१. गर्भदोषनाशनम् – अ. २०.९६.११–१६

ब्रह्मणाग्निः संविदानो रक्षोहा बाधतामितः। अमीवा यस्ते गर्भं दुर्णामा योनिमाशये ।।११।।
यस्ते गर्भममीवा दुर्णामा योनिमाशये। अग्निष्टं ब्रह्मणा सह निष्क्रव्यादमनीनशत् ।।१२।।
यस्ते हन्ति पतयन्तं निषत्स्नुं यः सरीसृपम्।
जातं यस्ते जिघांसति तमितो नाशयामसि ।।१३।।
यस्त ऊरू विहरत्यन्तरा दम्पती शये। योनिं यो अन्तरारेळिह तमितो नाशयामसि ।।१४।।
यस्त्वा भ्राता पतिर्भूत्वा जारो भूत्वा निपद्यते।
प्रजां यस्ते निघांसति तमितो नाशयामसि ।।१५।।
यस्त्वा स्वप्नेन तमसा मोहयित्वा निपद्यते।
प्रजां यस्ते जिघांसति तमितो नाशयामसि ।।१६।।

५३१. रक्षोहा ब्राह्मः

१. गर्भसंस्रावे प्रायश्चित्तम् – ऋ. १०.१६2.१–६

ब्रह्मणाग्निः संविदानो रक्षोहा बाधतामितः। अमीवा यस्ते गर्भं दुर्णामा योनिमाशये ।।१।।
यस्ते गर्भममीवा दुर्णामा योनिमाशये। अग्निष्टं ब्रह्मणा सह निष्क्रव्यादमनीनशत् ।।2।।
यस्ते हन्ति पतयन्तं निषत्सनुं यः सरीसृपम्। जातं यस्ते जिघांसति तमितो नाशयामसि ।।३।।
यस्त ऊरू विहरत्यन्तरा दम्पती शये। योनिं यो अन्तरारेळिह तमितो नाशयामसि ।।४।।
यस्त्वा भ्राता पतिर्भूतवा जारो भूत्वा निपद्यते। प्रजां यस्ते जिघांसति तमितो नाशयामसि।।५।।
यस्त्वा स्वप्नेन तमसा मोहयित्वा निपद्यते। प्रजां यस्ते निघांसति तमितो नाशयामसि ।।६।।

५३2. रहूगणः

१. पवमानः सोमः – ऋ. ९.३७.१–६; ९.३८.१–६

ऋ. ९.३७.१–६

स सुतः पीतये वृषा सोमः पवित्रे अर्षति। विघ्नन्नक्षांसि देवयुः ।।१।।
स पवित्रे विचक्षणो हरिरर्षति धर्णसिः। अभि योनिं कनिक्रदत् ।।2।।
स वाजी रोचना दिवः पवमानो वि धावति। रक्षोहा वारमव्ययम् ।।३।।
स त्रितस्याधि सानवि पवमानो अरोचयत्। जामिभिः सूर्यं सह ।।४।।
स वृत्रहा वृषा सुतो वरिवोविददाभ्यः। सोमो वाजमिवासरत् ।।५।।
स देवः कविनेषितो३ भि द्रोणानि धावति। इन्दुरिन्द्राय मंहना ।।६।।

ऋ. ९.३८.१–६

एष उ स्य वृषा रथोऽव्यो वारेभिरर्षति। गच्छन् वाजं सहस्रिणम् ।।१।।
एतं त्रितस्य योषणो हरिं हिन्वन्त्यद्रिभिः। इन्दुमिन्द्राय पीतये ।।2।।
एतं त्यं हरितो दश ममृज्यन्ते अपस्युवः। याभिर्मदाय शुम्भते ।।३।।
एष स्य मानुषीष्वा श्येनो न विक्षु सीदति। गच्छंजारो न योषितम्।।४।।
एष स्य मद्यो रसोऽव चष्टे दिवः शिशुः। य इन्द्रर्वारमाविशत् ।।५।।
एष स्य पीतये सुतो हरिरर्षति धर्णसिः। क्रन्दन्योनिमभि प्रियम् ।।६।।

५३३. रहूगण आंगिरसः

१. **पवमानः सोमः – सा. १२७४–१२७६; १२६२–१२६७**

सा. १२७४–१२७६

एष उ स्य वृषा रथोऽव्या वारेभिरव्यत। गच्छन्वाजं सहस्रिणम् ।।१।।
एतं त्रितस्य योषणो हरिं हिन्वन्त्यद्रिभिः। इन्दुमिन्द्राय पीतये ।।2।।
एष स्य मानुषीष्वा श्येनो न विक्षु सीदति। गच्छंजारो न योषितम्।।३।।
एष स्य मद्यो रसोऽव चष्टे दिवः शिशुः। य इन्दुर्वारमाविशत् ।।४।।
एष स्य पीतये सुतो हरिरर्षति धर्णसिः। क्रन्दन्योनिमभि प्रियम् ।।५।।
एषं त्यं हरितो दश मर्मृज्यन्ते अपस्युवः। याभिर्मदाय शुम्भते ।।६।।

सा. १२६२–१२६७

स सुतः पीतये वृषा सोमः पवित्रे अर्षति। विघ्नन्रक्षांसि देवयुः ।।१।।
स पवित्रे विचक्षणो हरिरर्षति धर्णसिः। अभि योनिं कनिक्रदत्।।2।।
स वाजी रोचनं दिवः पवमानो वि धावति। रक्षोहा वारमव्ययम्।।३।।
स त्रितस्याधि सानवि पवमानो अरोचयत्। जामिभिः सूर्यं सह ।।४।।
स वृत्रहा वृषा सुतो वरिवोविददाभ्यः। सोमो वाजमिवासरत् ।।५।।
स देवः कविनेषितोऽ३भि द्रोणानि धावति। इन्दुरिन्द्राय हयन् ।।६।।

५३४. रम्याक्षी

१. **इन्द्रः – य. २६.४**

इन्द्र गोमन्निहा याहि पिबा सोमं शतक्रतो। विद्यद्भिर्ग्रावभिः सुतम् ।
उपयामगृहीतोऽसीन्द्राय त्वा गोमतऽएष ते योनि रिन्द्राय त्वा गोमते ।।४।।

2. **सूर्यः – य. २६.५**

इन्द्रा याहि वृत्रहन् पिबा सोमं शत क्रतो। गोमद्भिर्ग्रावभिः सुतम् ।
उपयामगृहीतोऽसीन्द्राय त्वा गोमतऽएष ते योनिरिन्द्राय त्वा गोमते ।।५।।

५३५. रातहव्य आत्रेयः

१. **मित्रावरुणौ – ऋ. ५.६५.१–६; ५.६६.१–६**

ऋ. ५.६५.१–६

यश्चिकेत स सुक्रतुर्देवत्रा स ब्रवीतु नः। वरुणो यस्य दर्शतो मित्रो वा वनते गिरः ।।१।।
ता हि श्रेष्ठवर्चसा राजाना दीर्घश्रुत्तमा। ता सत्पती ऋतावृध ऋतावाना जनेजने ।।2।।
ता वामियानोऽवसे पूर्वा उप ब्रुवे सचा। स्वश्वासः सु चेतुना वाजाँ अभि प्र दावने ।।३।।
मित्रो अंहोश्चिदादुरु क्षयाय गातुं वनते। मित्रस्य हि प्रतूर्वतः सुमतिरस्ति विधतः ।।४।।
वयं मित्रस्यावसि स्याम सप्रथस्तमे। अनेहसस्त्वोतयः सत्रा वरुणशेषसः ।।५।।
युवं मित्रेमं जनं यतथः सं च नयथः ।
मा मघोनः परि ख्यतं मो अस्माकमृषीणां गोपीथे न उरुष्यतम् ।।६।।

ऋ. ५.६६.१–६

आ चिकितान सुक्रतू देवौ मर्त रिशादसा। बरुणाय ऋतपेशसे दधीत प्रयसे महे ।।१।।
ता हि क्षत्रमविह्रुतं सम्यगसुर्य१माशाते। अध व्रतेव मानुषं स्व१र्ण धायि दर्शतम् ।।2।।
ता वामेषे रथानामुर्वीं गव्यूतिमेषाम्। रातहव्यस्य सुष्टुतिं दधृक्स्तोमैर्मनामहे ।।३।।
अधा हि काव्या युवं दक्षस्य पूर्भिरद्भुता। नि केतुना जनानां चिकेथे पूतदक्षसा ।।४।।
तदृतं पृथिवि बृहच्छ्व एष ऋषीणाम्। ज्रयसानावरं पृथ्वति क्षरन्ति यामभिः ।।५।।
आ यद्वामीयचक्षसा मित्र वयं च सूरयः। व्यचिष्ठे बहुपाय्ये यतेमहि स्वराज्ये ।।६।।

५३६. रेणुः

१. इन्द्रः – ऋ. १०.८९.१–४; ६–१८

ऋ. १०.८९.१–४

इन्द्रं स्तवा नृतमं यस्य मह्ना विबबाधे रोचना वि ज्मो अन्तान् ।
आ यः पप्रौ चर्षणीधृद्वरोभिः प्र सिन्धुभ्यो रिरिचानो महित्वा ।।१।।
स सूर्यः पर्युरू वरांस्येन्द्रो ववृत्याद्रथ्येव चक्रा ।
अतिष्ठन्तमपस्यं१ न सर्गं कृष्णा तमांसि त्विष्या जघान ।।2।।
समानमस्मा अनपावृदर्च क्ष्मया दिवो असमं ब्रह्म नव्यम् ।
वि यः पृष्ठेव जनिमान्यर्य इन्द्रश्चिकाय न सखायमीषे ।।३।।
इन्द्राय गिरो अनिशितसर्गा अपः प्रेरयं सगरस्य बुध्नात् ।
यो अक्षेणेव चक्रिया शचीभिर्विष्वक्तस्तम्भ पृथिवीमुत द्याम् ।।४।।

ऋ. १०.८९.६–१८

न यस्य द्यावापृथिवी न धन्व नान्तरिक्षं नाद्रयः सोमो अक्षाः ।
यदस्य मन्युरधिनीयमानः शृणाति वीळु रुजति स्थिराणि ।।६।।
जघान वृत्रं स्वधितिर्वनेव रुरोज पुरो अरदन्न सिन्धून् ।
बिभेद गिरिं नवमिन्न कुम्भमा गा इन्द्रो अकृणुत स्वयुग्भिः ।।७।।
त्वं ह त्यदृणाया इन्द्र धीरोऽसिर्न पर्व वृजिना शृणासि ।
प्र ये मित्रस्य वरुणस्य धाम युजं न जना मिनन्ति मित्रम् ।।८।।
प्र ये मित्रं प्रार्यमणं दुरेवाः प्र संगिरः प्र वरुणं मिनन्ति ।
न्य१मित्रेषु वधमिन्द्र तुम्रं वृषन्वृषाणमरुषं शिशीहि ।।९।।
इन्द्रो दिव इन्द्र ईशे पृथिव्या इन्द्रो अपामिन्द्र इत्पर्वतानाम् ।
इन्द्रो वृधामिन्द्र इन्मेधिराणामिन्द्रः क्षेमे योगे हव्य इन्द्रः ।।१०।।
प्राक्तुभ्य इन्द्रः प्र वृधो अहभ्यः प्रान्तरिक्षात्प्र समुद्रस्य धासेः ।
प्र वातस्य प्रथसः प्र ज्मो अन्तात्प्र सिन्धुभ्यो रिरिचे प्र क्षितिभ्यः ।।११।।
प्र शोशुचत्या उषसो न केतुरसिन्वा ते वर्ततामिन्द्र हेतिः ।
अश्मेव विध्य दिव आ सृजानस्तपिष्ठेन हेषसा द्रोघमित्रान् ।।१२।।
अन्वह मासा अन्विद्वनान्यन्वोषधीरनु पर्वतासः ।
अन्विन्द्रं रोदसी वावशाने अन्वापो अजिहत जायमानम् ।।१३।।
कर्हि स्वित्सा त इन्द्र चत्यासदघस्य यद्भिनदो रक्ष एषत् ।
मित्रक्रुवो यच्छसने न गावः पृथिव्या आपृगमुया शयन्ते ।।१४।।
शत्रूयन्तो अभि ये नस्ततस्रे महि व्राधन्त ओगणास इन्द्र ।
अन्धेनामित्रास्तमसा सचन्तां सुज्योतिषो अक्तवस्ताँ अभि ष्युः ।।१५।।
पुरूणि हि त्वा सवना जनानां ब्रह्माणि मन्दन्गृणतामृषीणाम् ।
इमामाघोषन्नवसा सहूतिं तिरो विश्वाँ अर्चतो याह्यर्वाङ् ।।१६।।
एवा ते वयमिन्द्रं भुंजतीनां विद्याम सुमतीनां नवानाम् ।
विद्याम वस्तोरवसा गृणन्तो विश्वामित्रा उत त इन्द्र नूनम् ।।१७।।
शुनं हुवेम मघवानमिन्द्रमस्मिन्भरे नृतमं वाजसातौ ।
शृण्वन्तमुग्रमूतये समत्सु घ्नन्तं वृत्राणि संजितं धनानाम् ।।१८।।

2. इन्द्रासोमौ – ऋ. १०.८९.५

आपन्तमन्युस्तृपलप्रभर्मा धुनिः शिमीवांछरुमाँ ऋजीषी ।
सोमो विश्वन्यतसा वनानि नार्वगिन्द्रं प्रतिमानानि देभुः ।।५।।

५३७. रेणुर् वैश्वामित्रः

१. इन्द्रः – सा. ३३९

इन्द्राय गिरो अनिशितसर्गा अपः प्रैरयत्सगरस्य बुध्नात् ।
यो अक्षेणेव चक्रियौ शचीभिर्विष्वक्तस्तम्भ पृथिवीमुत द्याम् ।।८।।

2. **पवमानः सोमः – ऋ. ६.७०.१–१०**

त्रिरस्मै सप्त धेनवो दुदुह्रे सत्यामाशिरं पूर्व्ये व्योमनि ।
चत्वार्यन्या भुवनानि निर्णिजे चारूणि चक्रे यदृतैरवर्धत ।।१।।
स भिक्षमाणो अमृतस्य चारुण उभे द्यावा काव्येना वि शश्रथे ।
तेजिष्ठा अपो मंहना परि व्यत यदी देवस्य श्रवसा सदो विदुः ।।2।।
ते अस्य सन्तु केतवोऽमृत्यवोऽदाभ्यासो जनुषीं उभे अनु ।
येभिर्नृम्णा च देव्या च पुनत आदिद्राजानं मनना अगृभ्णत ।।३।।
स मृज्यमानो दशभिः सुकर्मभिः प्र मध्यमासु मातृषु प्रमे सचा ।
व्रतानि पानो अमृतस्य चारुण उभे नृचक्षा अनु पश्यते विशौ ।।४।।
स मर्मृजान इन्द्रियाय धायस ओभे अन्ता रोदसी र्हषते हितः ।
वृषा शुष्मेण बाधते वि दुर्मतीरादेदिशानः शर्यहेव शुरुधः ।।५।।
स मातरा न ददृशान उस्रियो नानददेति उरुतामिव स्वनः ।
जानन्नृतं प्रथमं यत्स्वर्णरं प्रशस्तये कमवृणीत सुक्रतुः ।।६।।
रुवति भीमो वृषभस्तविष्यया शृंगे शिशानो हरिणी विचक्षणः ।
आ योनिं सोमः सुकृतं नि षीदति गव्ययी त्वग्भवति निर्णिगव्ययी ।।७।।
शुचिः पुनानस्तन्वमरेपसमव्ये हरिर्न्यधाविष्ट सानवि ।
जुष्टो मित्राय वरुणाय वायवे त्रिधातु मधु क्रियते सुकर्मभिः ।।८।।
पवस्व सोम देववीतये वृषेन्द्रस्य हार्दि सोमधानमा विश ।
पुरा नो वाधाद् दुरिताति पारया क्षेत्रविद्धि दिश आहा विपृच्छते ।।६।।
हितो न सप्तिरभि वाजमर्षेन्द्रस्येन्दो जठरमा पवस्व ।
नावा न सिन्धुमति पर्षि विद्वांछूरो न युध्यन्नव नो निदः स्पः ।।१०।।

५३८. रेभः

1. **इन्द्रः – अ. 20.५४.१–३; 20.५५.१–३**

अ. 20.५४.१–३

विश्वाः पृतना अभिभूतरं नरं सजूस्ततक्षुरिन्द्रं जजनुश्च राजसे ।
क्रत्वा वरिष्ठं वर आमुरिमुतोग्रमोजिष्ठं तवसं तरस्विनम् ।।१।।
समीं रेभासो अस्वरन्निन्द्रं सोमस्य पीतये ।
स्वर्पतिं यदीं वृधे धृतव्रतो ह्योजसा समूतिभिः ।।2।।
नोम नमन्ति चक्षसा मेषं विप्रा अभिस्वरा ।
सुदीतयो वो अद्रुहोऽपि कर्णे तरस्विनः समृक्वभिः ।।३।।

अ. 20.५५.१–३

तमिन्द्रं जोहवीमि मघवानमुग्रं सत्रा दधानमप्रतिष्कुतं शवांसि ।
मंहिष्ठो गीर्भिरा च यज्ञियो ववर्तद् राये नो विश्वा सुपथा कृणोतु वज्री ।।१।।
या इन्द्र भुज आभरः स्ववाँ असुरेभ्यः ।
स्तोतारमिन्मघवन्नस्य वर्धय ये च त्वे वृक्तबर्हिषः ।।2।।
यमिन्द्र दधिषे त्वमश्वं गां भागमव्ययम् ।
यजमाने सुन्वति दक्षिणावति तस्मिन् तं धेहि मा पणौ ।।३।।

५३६. रेभः काश्यपः

१. **इन्द्रः – ऋ. ८.६७.१–१५; सा. २५४; २६०; २६४; ३७०; ४६०; ६३०–६३२**

ऋ. ८.६७.१–१५

या इन्द्र भुज आभरः स्वर्वाँ असुरेभ्यः। स्तोतारमिन्मघवन्नस्य वर्धय ये च त्वे वृक्तबर्हिरषः।।१।।
यमिन्द्र दधिषे त्वमश्वं गां भगमव्ययम्।
यजमाने सुन्वति दक्षिणावति तस्मिन् तं धेहि मा पणौ।।2।।
य इन्द्र सस्त्यव्रतोऽनुष्वापमदेवयुः। स्वैः ष एवैर्मुमुरत्पोष्यं रयिं सनुतर्धेहि तं ततः ।।३।।
यच्छक्रासि परावति यदर्वावति वृत्रहन्।
अतस्त्वा गीर्भिर्द्युगदन्द्र केशिभिः सुतावाँ आ विवासति।।४।।
यद्वासि रोचने दिवः समुद्रस्याधि विष्टपि।
यत्पार्थिवे सदने वृत्रहन्तम यदन्तरिक्ष आ गहि ।।५।।
स नः सोमेषु सोमपाः सुतेषु शवसस्पते। मादयस्व राधसा सुनृतावतेन्द्र राया परीणसा ।।६।।
मा न इन्द्र परा वृणग्भवा नः सधमाद्यः।
त्वं न ऊती त्वमिन्न आप्यं मा न इन्द्र परा वृणक् ।।७।।
अस्मे इन्द्र सचा सुते नि षदा पीतये मधु।
कृधी जरित्रे मघवन्नवो महदस्मे इन्द्र सचा सुते ।।८।।
न त्वा देवास आशत न मर्त्यासो अद्रिवः ।
विश्वा जातानि शवसाभिभूरसि न त्वा देवास आशत ।।६।।
विश्वः पृतना अभिभूतरं नरं सजूस्ततक्षुरिन्द्रं जजनुश्च राजसे ।
क्रत्वा वरिष्ठं वर आमुरिमुतोग्रमोजिष्ठं तवसं तरस्विनम् ।।१०।।
समीं रेभासो अस्वरन्निन्द्रं सोमस्य पीतये। स्वर्पतिं यदीं वृधे धृव्रतो ह्योजसा समूतिभिः ।।११।।
नेमिं नमन्ति चक्षसा मेषं विप्रा अभिस्वरा ।
सुदीतयो वो अद्रुहोऽपि कर्णे तरस्विनः समृक्वभिः ।।१2।।
तमिन्द्रं जोहवीमि मघवानमुग्रं सत्रा दधानमप्रतिष्कुतं शवांसि ।
मंहिष्ठो गीर्भिरा च यज्ञियो ववर्तद्राये नो विश्वा सुपथा कृणोतु वज्री ।।१३।।
त्वं पुर इन्द्र चिकिदेना व्योजसा शविष्ठ शक्र नाशयध्यै ।
त्वद्विश्वानि भुवनानि वज्रिन् द्यावा रेजेते पृथिवी च भीषा ।।१४।।
तप्म ऋतमिन्द्र शूर चित्र न वज्रिन्दुरितातित पर्षि भूरि ।
कदा न इन्द्र राय आ दशस्येर्विश्वप्स्न्यस्य स्पृहयाय्यस्य राजन् ।।१५।।

सा. २५४

या इन्द्र भुज आभरः स्वर्वाँ असुरेभ्यः। स्तोतारमिन्मघवन्नस्य वर्धय ये च त्वे वृक्तबर्हिषः।।2।।

सा. २६०

मा न इन्द्र परा वृणग्भवाः नः सधमाद्ये। त्वं न ऊती त्वमिन्न आप्यं मा न इन्द्र परावृणक्।८।

सा. २६४

यच्छक्रासि परावति यदर्वावति वृत्रहन् ।
अतस्त्वा गीर्भिर्द्युगदिन्द्र केशिभिः सुतावाँ आ विवासति ।।2।।

सा. ३७०

विश्वाः पृतना अभिभूतरं नरः सजूस्ततक्षुरिन्द्रं जजनुश्च राजसे ।
क्रत्वे वरे स्थेमन्यामुरीमुतोग्रमोजिष्ठं तेरस तरस्विनम् ।।१।।

सा. ४६०

तमिन्द्रं जोहवीमि मघवानमुग्रं सत्रा दधानमप्रतिष्कुतं श्रवांसि भूरि ।
मंहिष्ठो गीर्भिरा च यज्ञियो ववर्त राये नो विश्वा सुपथा कृणोतु वज्री ।।४।।

सा. ६३०–६३२

विश्वाः पृतना अभिभूतरं नरः सजूस्ततक्षुरिन्द्रं जजनुश्च राजसे ।
क्रत्वे वरे स्थेमन्यामुरीमुतोग्रमोजिष्ठं तरसं तरस्विनम् ।।१।।
नेमिं नमन्ति चक्षसा मेषं विप्रा अभिस्वरे ।
सुदीतयो वो अद्रुहोऽपि कर्णे तरस्विनः समृक्वभिः ।।2।।
समु रेभासो अस्वरन्निन्द्रं सोमस्य पीतये ।
स्वः पतिर्यदी वृधे धृतव्रतो ह्योजसा समूतिभिः ।।३।।

५४०. रेभसूनू काश्यपौ

१. **पवमानः सोमः – ऋ. ९.६६.१–८; ९.१००.१–९; सा. ५५०; ५५१; १०१६–१०१८; १६३१–१६३३**

ऋ. ९.६६.१–८

आ र्हताय धृष्णवे धुनस्तन्वन्ति पौंस्यम्। शुक्रां वयन्त्यसुराय निर्णिजं विपामग्रं महीयुवः ।।१।।
अध क्षपा परिष्कृतो वाजाँ अभि प्र गाहते। यदी विवस्वतो धियो हरिं हिन्वन्ति यातवे ।।2।।
तमस्य मर्जयामसि मदो य इन्द्रपातमः। यं गाव आसभिर्दधुः पुरा नूनं च सूरयः ।।३।।
तं गाथया पुराण्या पुनानमभ्यनूषत। उतो कृपन्त धीतयो देवानां नाम बिभ्रतीः ।।४।।
तमुक्षमाणमव्यये वारे पुनन्ति धर्णसिम्। दूतं न पूर्वचित्तय आ शासते मनीषिणः ।।५।।
स पुनानो मदिन्तमः सेमश्चमूषु सीदति। पशौ न रेत आदधत्पतिर्वचस्यते धियः ।।६।।
स मृज्यते सुकर्भभिर्देवो देवेभ्यः सुतः। विदे यदासु संददिर्महीरपो वि गाहते ।।७।।
सुत इन्दो पवित्र आ नृभिर्यतो वि नीयसे। इन्द्राय मत्सरिन्तमश्चमूष्वा नि षीदसि ।।८।।

ऋ. ९.१००.१–९

अभी नवन्ते अद्रुहः प्रियमिन्द्रस्य काम्यम्। वत्सं न पूर्व आयुनि जातं रिहन्ति मातरः ।।१।।
पुनान इन्दवा भर सोम द्विबर्हसं रयिम्। त्वं वसूनि पुष्यसि विश्वानि दाशुषो गृहे ।।2।।
त्वं धियं मनोयुजं सृजा वृष्टिं न तन्यतुः। त्वं वसूनि पार्थिवा दिव्या च सोम पुष्यसि ।।३।।
परि ते जिग्युपो यथा धारा सुतस्य धावति। रंहमाणा व्य१व्ययं वारं वाजीव सानसिः ।।४।।
क्रत्वे दक्षाय नः कवे पवस्व सोम धारया। इन्द्राय पातवे सुतो मित्राय वरुणाय च ।।५।।
पवस्व वाजसातमः पवित्रे धारया सुतः। इन्द्राय सोम विष्णवे देवेभ्यो मधुमत्तमः ।।६।।
त्वां रिहन्ति मातरो हरि पवित्रे अद्रुहः। वत्सं जातं न धेनवः पवमान विधर्मणि ।।७।।
पवमान महि श्रवश्चित्रेभिर्यासि रश्मिभिः। शर्धन्तमांसि जिघ्नसे विश्वानि दाशुषो गृहे ।।८।।
त्वं द्यां च महिव्रत पृथिवीं चाति जभ्रिषे। प्रति द्रापिममुंचथाः पवमान महित्वना ।।९।।

सा. ५५०–५५१

अभी नवन्ते अद्रुहः प्रियमिन्द्रस्य काम्यम्। वत्सं न पूर्व आयुनि जातं रिहन्ति मातरः ।।६।।
आ हर्यताय धृष्णवे धनुष्टन्वन्ति पौंस्यम्। शुक्रा वि यन्त्यसुराय निर्णिजे विपामग्रे महीयुवः।।७।।

सा. १०१६–१०१८

पवस्व वाजसातये पवित्रे धारया सुतः। इन्द्राय सोम विष्णवे देवेभ्यो मधुमत्तरः ।।१।।
त्वां रिहन्ति धीतयो हरिं पवित्रे अद्रुहः। वत्सं जातं न मातरः पवमान विधर्मणि ।।2।।
त्वं द्यां च महिव्रत पृथिवीं चाति जभ्रिषे। प्रति द्रापिममुंचथाः पवमान महित्वना ।।३।।

सा. १६३१–१६३३

अध क्षपा परिष्कृतो वाजाँ अभि प्र गाहसे। यदी विवस्वतो धियो हरिं हिन्वन्ति यातवे।।१।।
तमस्य मर्जयामसि मदो य इन्द्रपातमः। यं गाव आसभिर्दधुः पुरा नूनं न सूरयः ।।2।।
तं गाथया पुराण्या पुनानमभ्यनूषत। उतो कृपन्त धीतयो देवानां नाम बिभ्रतीः ।।३।।

५४१. रोमशा ब्रह्मवादिनी

१. विद्वांसः – ऋ. १.१२६.७

उपोप मे परा मृश मा मे दभ्राणि मन्यथाः। सर्वाहमस्मि रोमशा गन्धारीणामिवाविका ।।७।।

५४2. लब ऐन्द्रः

2. आत्मस्तुतिः – ऋ. १०.११९.१–१३

इति वा इति मे मनो गामश्वं सनुयामिति। कुवित्सोमस्यापामिति ।।१।।
प्र वाताइव दोधत उन्मा पीता अयंसत। कुवित्सोमस्यापामिति ।।2।।
उन्मा पीता अयंसत रथमश्वा इवाशवः। कुवित्सोमस्यापामिति ।।३।।
उप मा मतिरस्थित वाश्रा पुत्रमिव प्रियम्। कुवित्सोमस्यापामिति ।।४।।
अहं तष्टेव बन्धुरं पर्यचामि हृदा मतिम्। कुवित्सोमस्यापामिति ।।५।।
नहि मे अक्षिपच्चनाच्छान्त्सुः पंच कृष्टयः। कुवित्सोमस्यापामिति ।।६।।
नहि मे रोदसी उभे अन्यं पक्षं चन प्रति। कुवित्सोमस्यापामिति ।।७।।
अभि द्यां महिना भुवमभी३मां पृथिवीं महीम्। कुवित्सोमस्यापामिति।।८।।
हन्ताहं पृथिवीमिमां नि दधानीह वेह वा। कुवित्सोमस्यापामिति ।।६।।
ओषमित्पृथिवीमहं जंघनानीह वेह वा। कुवित्सोमस्यापामिति ।।१०।।
दिवि मे अन्यः पक्षो३धो अन्यमचीकृषम्। कुवित्सोमस्यापामिति ।।११।।
अहमस्मि महामहोऽभिनभ्यमुदीषितः। कुवित्सोमस्यापामिति ।।१2।।
गृहो याम्यरंकृतो देवेभ्यो हव्यवाहनः। कृवित्सोमस्यापामिति ।।१३।।

५४३. लुशः

१. विश्वेदेवाः – य. ३३.५2

विश्वेऽअद्य मरुतो विश्वऽऊती विश्वे भवन्त्वग्नयः समिद्धाः ।
विश्वे नो देवाऽअवमा गमन्तु विश्वमम्तु द्रविणं वाजोऽअस्मै ।।५2।।

५४४. लुशो धानाकः

१. विश्वेदेवाः – ऋ. १०.३५.१–१४; १०.३६.१–१४

ऋ. १०.३५.१–१४

अबुध्रमु त्य इन्द्रवन्तो अग्नयो ज्योतिर्भरन्त उषसो व्युष्टिषु ।
मही द्यावापृथिवी चेततामपोऽद्या देवनामव आ वृणीमहे ।।१।।
दिवस्पृथिव्योरव आ वृणीमहे मातृन्त्सिन्धून्पर्वतांछर्यणावतः ।
अनागास्त्वं सूर्यमुषासमीमहे भद्रं सोमः सुवानो अद्या कृणोतु नः ।।2।।
द्यावा नो अद्य पृथिवी अनागसो मही त्रायेतां सुविताय मातरा ।
उषा उच्छन्त्यप बाधतामघं स्वस्त्य१ग्निं समिधानमीमहे ।।३।।
इयं न उस्रा प्रथमा सुदेव्यं रेवत्सनिभ्यो रेवती व्युच्छतु ।
आरे मन्युं दुर्विदत्रस्य धीमहि स्वस्त्य१ग्निं समिधानमीमहे ।।४।।
प्र याः सिस्रते सूर्यस्य रश्मिभिर्ज्योतिर्भरन्तीरुषसो व्युष्टिषु ।
भद्रा नो अद्य श्रवसे व्युच्छत स्वस्त्य१ग्निं समिधानमीमहे ।।५।।
अनमीवा उषस आ चरन्तु न उदग्नयो जिहतां ज्योतिषा बृहत् ।
आयुक्षातामश्विना तूतुजिं रथं स्वस्त्य१ग्निं समिधानमीमहे ।।६।।
श्रेष्ठं नो अद्य सवितर्वरेण्यं भागमा सुव स हि रत्नधा असि ।
रायो जनित्रीं धिषणामुप ब्रुवे स्वस्त्य१ग्निं समिधानमीमहे ।।७।।
पिपर्तु मा तदृतस्य प्रवाचनं देवानां यन्मनुष्या३ अमन्महि ।
विश्वा इदुस्राः स्पळुदेति सूर्यः स्वस्त्य१ग्निं समिधानमीमहे ।।८।।

अद्वेषो अद्य बर्हिषः स्तरीमणि ग्राव्णां योगे मन्मनः साध ईमहे ।
आदित्यानां शर्मणि स्था भुरण्यसि स्वस्त्य१ग्निं समिधानमीमहे ।।६।।
आ नो बर्हिः सधमादे बृहद्दिवि देवाँ ईळे सादया सप्त होतृन् ।
इन्द्रं मित्रं वरुणं सातये भगं स्वस्त्य१ग्निं समिधानमीमहे ।।१०।।
त आदित्या आ गता सर्वतातये वृधे नो यज्ञमवता सजोषसः ।
बृहस्पतिं पूषणमश्विना भगं स्वस्त्य१ग्निं समिधानमीमहे ।।११।।
तन्नो देवा यच्छत सुप्रवाचनं छर्दिरादित्याः सुभरं नृपाय्यम् ।
पश्वे तोकाय तनयाय जीवसे स्वस्त्य१ग्निं समिधानमीमहे ।।१२।।
विश्वे अद्य मरुतो विश्व ऊती विश्वे भवन्त्वग्नयः समिद्धाः ।
विश्वे नो देवा अवसा गमन्तु विश्वमस्तु द्रविणं वाजो अस्मे ।।१३।।
यं देवासोऽवथ वाजसातौ यं त्रायध्वे यं पिपृथात्यंहः ।
यो वो गोपीथे न भयस्य वेद ते स्याम देववीतये तुरासः ।।१४।।

ऋ. १०.३६.१–१४

उषासानक्ता बृहती सुपेशसा द्यावाक्षामा वरुणो मित्रो अर्यमा ।
इन्द्रं हुवे मरुतः पर्वताँ अप आदित्यान्द्यावापृथिवी अपः स्वः ।।१।।
द्यौश्च नः पृथिवी च प्रचेतस ऋतावरी रक्षतामंहसो रिषः ।
मा दुर्विदत्रा निर्ऋतिर्न ईशत तद्देवानामवो अद्या वृणीमहे ।।२।।
विश्वस्मान्नो अदितिः पात्वंहसो माता मित्रस्य वरुणस्य रेवतः ।
स्वर्वज्ज्योतिरवृकं नशीमहि तद्देवानामवो अद्या वृणीमहे ।।३।।
ग्रावा वदन्नप रक्षांसि सेधतु दुष्वप्न्यं निर्ऋतिं विश्वमत्रिणम् ।
आदित्यं शर्म मरुतामशीमहि तद्देवानामवो अद्या वृणीमहे ।।४।।
एन्द्रो बर्हिः सीदतु पिन्वतामिळा बृहस्पतिः सामभिर्ऋक्वो अर्चतु ।
सुप्रकेतं जीवसे मन्म धीमहि तद्देवानामवो अद्या वृणीमहे ।।५।।
दिविस्पृशं यज्ञमस्माकमश्विना जीराध्वरं कृणुतं सुम्नमिष्टये ।
प्राचीनरश्मिमाहुतं घृतेन तद्देवानामवो अद्या वृणीमहे ।।६।।
उप ह्वये सुहवं मारुतं गणं पावकमृष्वं सख्याय शंभुवम् ।
रायस्पोषं सौश्रवसाय धीमहि तद्देवानामवो अद्या वृणीमहे ।।७।।
अपां पेरुं जीवधन्यं भरामहे देवाव्यं सुहवमध्वरश्रियम् ।
सुरश्मिं सोममिन्द्रियं यमीमहि तद्देवानामवो अद्या वृणीमहे ।।८।।
सनेम तत्सुसनिता सनित्वभिर्वयं जीवा जीवपुत्रा अनागसः ।
ब्रह्मद्विषो विष्वगेनो भरेरत तद्देवानामवो अद्या वृणीमहे ।।९।।
ये स्था मनोर्यज्ञियास्ते शृणोतन यद्वो देवा ईमहे तद्ददातन ।
जैत्रं क्रतुं रयिमद्वीरवद्यशस्तद्देवानामवो अद्या वृणीमहे ।।१०।।
महदद्य महतामा वृणीमहेऽवो देवानो बृहतामनर्वणाम् ।
यथा वसु वीरजातं नशामहै तद्देवानामवो अद्या वृणीमहे ।।११।।
महो अग्नेः समिधानस्य शर्मण्यनागा मित्रे वरुणे स्वस्तये ।
श्रेष्ठै स्याम सवितुः सवीमनि तद्देवानामवो अद्या वृणीमहे ।।१२।।
ये सवितुः सत्यसवस्य विश्वे मित्रस्य व्रते वरुणस्य देवाः ।
ते सौभगं वीरवद्गोमदप्नो दधातन द्रविणं चित्रमस्मे ।।१३।।
सविता पश्चातात्सविता पुरस्तात्सवितोत्तरात्तात्सविताधरात्तात् ।
सविता नः सुवतु सर्वतातिं सविता नो रासतां दीर्घमायुः ।।१४।।

2. **सविता – य. ३३.१७**

महोऽअग्नेः समिधानस्य शर्मण्यनागा मित्रे वरुणे स्वस्तये ।
श्रेष्ठे स्याम सवितुः सवीमनि तद्देवानामवोऽअद्या वृणीमहे ।।१७।।

५४५. लोपामुद्रा

१. **अग्निः – य. १७.११; १2; १५; ३६.20**

य. १७.११–१2

नमस्ते हरसे शोचिषे नमस्तेऽअस्त्वर्चिषे ।
अन्याँस्ते अस्मत्तपन्तु हेतयः पावकोऽअस्मभ्यं शिवो भव ।।११।।

य. १७.१५

प्राणदा अपानदा व्यानदा वर्चोदा वरिवोदाः ।
अन्याँस्ते अस्मत्तपन्तु हेतयः पावको अस्मभ्यं शिवो भव ।१५।।

य. ३६.20

नमस्ते हरसे शोचिषे नमस्ते अस्त्वर्चिषे ।
अन्याँस्ते अस्मत्तपन्तु हेतयः पावको अस्मभ्यं शिवो भव ।।20।।

2. **प्राणः – य. १७.१३–१४**

ये देवा देवानां यज्ञिया यज्ञियानां संवत्सरीणमुप भागमासते ।
अहुतादो हविषो यज्ञेऽअस्मिन्त्स्वयं पिबन्तु मधुनो घृतस्य।।१३।।
ये दो देवेष्वधि देवत्वमायन् ये ब्रह्मणः पुर एतारो अस्य ।
येभ्यो न ऋते पवते धाम किंचन न ते दिवो न पृथिव्या अधि स्नुषु ।।१४।।

५४६. लोपामुद्रा–अगस्त्यौ (सास्वा.) रति (अजमेर)

१. **लोपामुद्रा (सास्वा.) दम्पती (अजमेर) – ऋ. १.१७९.१–2**

पूर्वीरहं शरदः शश्रमाणा दोषा वस्तोरुषसो जरयन्तीः ।
मिनाति श्रियं जरिमा तनूनामप्यू नु पत्नीर्वृषणो जगम्युः ।।१।।
ये चिद्धि पूर्व ऋतसाप आसन्त्साकं देवेभिरवदन्नृतानि ।
ते चिदवासुर्नह्यन्तमापुः समू नु पत्नीर्वृषभिर्जगम्युः ।।2।।

2. **अगस्त्यः (सास्वा.) दम्पती (अजमेर) – ऋ. १.१७९.३–४**

न मृषा श्रान्तं यदवन्ति देवा विश्वा इत्स्पृधे अभ्यश्नवाव ।
जयोवेदत्र शतनीथमाजिं यत्सम्यंचा मिथुनावभ्यजाव ।।३।।
नदस्य मा रुधतः काम आगन्नित आजातो अमुतः कुतश्चित् ।
लोपामुद्रा वृषणं नी रिणाति धीरमधीरा धयति श्वसन्तम् ।।४।।

३. **अगस्त्य शिष्यः (सास्वा.) दम्पती (अजमेर) – ऋ. १.७९.५–६**

स इधानो वसुष्कविरग्निरीळेन्यो गिरा। रेवदस्मभ्यं पुर्वणीक दीदिहि ।।५।।
क्षपो राजन्नुत त्मनाग्ने वस्तोरुतोषसः। स तिग्मजम्भ रक्षसो दह प्रति ।।६।।

५४७. लौगाक्षिः

१. **ईश्वरः – य. 2६.2**

यथेमां वाचं कल्याणीमावदानि जनेभ्यः। ब्रह्मराजन्याभ्यां शूद्राय चार्य्याय च स्वाय चारणाय ।
प्रियो देवानां दक्षिणायै दातुरिह भूयासमयं मे कामः समृध्यतामुप मादो नमतु ।।2।।

५४८. वत्सः

१. **अग्निः — य. ४.१६—१७; २८; २६; ३२**

य. ४.१६—१७

त्वमग्ने व्रतपाऽअसि देवऽआ मर्त्येष्वा। त्वं यज्ञेष्वीड्यः ।
रास्वेयत्सोमा भूयो भर देवो नः सविता वसो र्दाता वस्वदात् ।।१६।।
एषा ते शुक्र तनूरेतद्वर्चस्तया सम्भव भ्राजंगच्छ। जूरसि धृता मनसा जुष्टा विष्णवे ।।१७।।

य. ४.२८—२६

परि माग्ने दुश्चरितादबाधस्वा मा सुचरिते भज। उदायुषा स्वायुषोदस्थाममृताँ 2ऽअनु ।।२८।।
प्रति पन्थामपद्महि स्वस्तिगामनेहसम्। येन विश्वाः परि द्विषो वृणक्ति विन्दते वसु ।।२६।।

य. ४.३२

सूर्य्यस्य चक्षुरारोहाग्नेरक्ष्णः कनीनकम्। यत्रैतशेभिरीयसे भ्राजमानो विपश्चिता ।।३२।।

2. **इन्द्रः — अ. 20.१०७.१—३; 20.११५.१—३; 20.१३८.१—३**

अ. 20.१०७.१—३

समस्य मन्यवे विशो विश्वा नमन्त कृष्टयः। समुद्रायेव सिन्धवः ।।१।।
ओजस्तदस्य तित्विष उभे यत् समवर्तयत्। इन्द्रश्चर्मेव रोदसी ।।2।।
वि चिद् वुत्रस्य दोधतो वज्रेण शतपर्वणा। शिरो बिभेद वृष्णिना ।।३।।

अ. 20.११५.१—३

अहमिद्धि पितुष्परि मेधामृतस्य जग्रभ। अहं सूर्यइवाजनि ।।१।।
अहं प्रत्नेन मन्मना गिरः शुम्भामि कण्ववत्। येनेन्द्रः शुष्ममिद् दधे।।2।।
ये त्वामिन्द्र न तुष्टुवुर्ऋषयो ये च तुष्टुवुः। ममेद् वर्धस्व सुष्टुतः ।।३।।

अ. 20.१३८.१—३

महाँ इन्द्रो य ओजसा पर्जन्यो वृष्टिमाँइव। स्तोमैर्वत्सस्य वावृधे ।।१।।
प्रजामृतस्य पिप्रतः प्र यद् भरन्त वह्नयः। विप्रा ऋतस्य वाहसा ।।2।।
कण्वा इन्द्रं यदक्रत स्तोमैर्यज्ञस्य साधनम्। जामि ब्रुवत आयुधम् ।।३।।

३. **प्रजापतिः — य. ७.४०**

महाँ2ऽइन्द्रो यऽओजसा पर्जन्यो वृष्टिमाँ2ऽइव। स्तोमैर्वत्सस्य वावृधे ।
उपयामगृहीतोऽसि महेन्द्राय त्वैष ते योनिर्महेन्द्राय त्वा ।।४०।।

४. **यजमानः — य. ४.३४**

भद्रो मेऽसि प्रच्यवस्व भुवस्पते विश्वान्यभि धामानि। मा त्वा परिपरिणो विदन् मा त्वा परिपन्थिनो विदन् मा त्वा वृकाऽअघायवो विदन्।
श्येनो भूत्वा परापत यजमानस्य गृहान् गच्छ तन्नौ सँस्कृतम् ।।३४।।

५. **यज्ञः — य. ४.2४; 2६**

य. ४.2४

एष ते गायत्रो भागऽइति मे सोमाय ब्रूतादेष ते त्रैष्टुभो भागऽइति मे सोमाय ब्रूतादेष ते जागतो भागऽइति मे सोमाय ब्रूताच्छन्दोनामानां साम्राज्यंगच्छेति मे सोमाय ब्रूतादास्माकोऽसि शुक्रस्ते ग्रह्यो विचितस्त्वा विचिन्वन्तु ।।2४।।

य. ४.2६

शुक्रं त्वा शुक्रेण क्रीणामि चन्द्रं चन्द्रेणामृतममृतेन। सग्मे ते गोरस्मे ते चन्द्राणि तपसस्तनूरसि प्रजापतेर्वर्णः परमेण पशुना क्रीयसे सहस्रपोषं पुषेयम् ।।2६।।

६. **वरुणः — य. ४.३०—३१**

अदित्यास्त्वगस्यादित्यै सदऽआसीद। अस्तभ्नाद् द्यां वृषभोऽअन्तरिक्षममिमीत वरिमाणम्पृथिव्याः।

आसीदद्विश्वा भुवनानि सम्राड् विश्वेत्तानि वरुणस्य व्रतानि ।।३०।।
वनेषु व्य न्तरिक्षं ततान वाजमर्वत्सु पयऽ उस्रियासु ।
हृत्सु क्रतुं वरुणो विक्ष्व ग्निं दिवि सूर्य्यमदधात् सोमद्रौ ।।३१।।

७. वाग्विद्युतः – य. ४.१८–२३

तस्यास्ते सत्यसवसः प्रसवे तन्वो यन्त्रमशीय स्वाहा।
शुक्रमसि चन्द्रमस्यमृतमसि वैश्वदेवमसि।।१८।।
चिदसि मनासि धीरसि दक्षिणासि क्षत्रियासि यज्ञियास्यदितिरस्युभयतः शीर्ष्णी ।
सा नः सुप्राची सुप्रतीच्येधि मित्रस्त्वा पदि बध्नीतां पूषाऽध्वनस्पात्विन्द्रायाध्यक्षाय ।।१९।।
अनु त्वा माता मन्यतामनु पिताऽनु भ्राता सगर्भ्योऽनु सखा सयूथ्यः ।
सा देवि देवमच्छेहीन्द्राय सोमं रुद्रस्त्वावर्त्तयतु स्वस्ति सोमसखा पुनरेहि ।।20।।
वस्व्यस्यदितिरस्यादित्यासि रुद्रासि चन्द्रासि।
बृहस्पतिष्ट्वा सुम्ने रम्णातु रुद्रो वसुभिराचके ।।21।।
अदित्यास्त्वा मूर्द्धन्नाजिघर्म्मि देवयजने पृथिव्याऽइडायास्पदमसि घृतवत् स्वाहा ।
अस्मे रमस्वास्मे ते बन्धुस्त्वे रायो मे रायो मा वयं रायस्पोषेण वियौष्म तोतो रायः ।।22।।
समख्ये देव्या धिया सं दक्षिणयोरुचक्षसा ।
मा मऽआयुः प्रमोषीर्मोऽअहं तव वीरं विदेय तव देवि सन्दृशि ।।२३।।

८. विद्वान् – य. ४.२७; २६.१५

य. ४.२७

मित्रो नऽएहि सुमित्रधऽइन्द्रस्योरुमाविश दक्षिणमुशन्नुशन्तं स्योनः स्योनम् ।
स्वान भ्राजांघारे बम्भारे हस्त सुहस्त कृशानवेते वः सोमक्रयणास्तान्नक्षध्वं मा वो दभन्।।२७।।

य. २६.१५

उपह्वरे गिरीणां संगमे च नदीनाम्। धिया विप्रोऽअजायत ।।१५।।

९. सूर्य्यः – य. ४.३५–३६

नमो मित्रस्य वरुणस्य चक्षसे महो देवाय तदृतं सपर्यत ।
दूरेदृशे देवजाताय केतवे दिवस्पुत्राय सूर्य्याय शंसत ।।३५।।
वरुणस्योत्तम्भनमसि वरुणस्य स्कम्भसर्जनी स्थो वरुणस्यऽऋतसदन्यसि वरुणस्यऽऋतसदनमसि वरुणस्यऽऋतसदनमासीद ।।३६।।

११. सूर्य्य विद्वांसौ – य. ४.३३

उस्रावेतं धूर्षाहौ युज्येथामनश्रूऽअवीरहणो ब्रह्मचोदनौ। स्वस्ति यजमानस्य गृहान् गच्छतम्।३३।।

५४९. वत्स आग्नेयः

१. अग्निः – ऋ. १०.१८७.१–५

प्राग्नये वाचमीरय वृषभाय क्षितीनाम्। स नः पर्षदति द्विषः ।।१।।
यः परस्याः परावतस्तिरो धन्वातिरोचते। स नः पर्षदति द्विषः ।।2।।
यो रक्षांसि निजूर्वति वृषा शुक्रेण शोचिषा। स नः पर्षदति द्विषः ।।३।।
यो विश्वाभि विपश्यति भुवना सं च पश्यति। स नः पर्षदति द्विषः।।४।।
यो अस्य पारे रजसः शुक्रो अग्निरजायत। स नः पर्षदति द्विषः ।।५।।

५५०. वत्सः काण्वः

१. अग्निः – ऋ. ८.११.१–१०; सा. ८; 20; ११६६–११६८

ऋ. ८.११.१–१०

त्वमग्ने व्रतपा असि देव आ मर्त्येष्वा। त्वं यज्ञेष्वीड्यः ।।१।।
त्वमसि प्रशस्यो विदथेषु सहन्त्य। अग्ने रथीरध्वराणाम् ।।2।।

स त्वमस्मदप द्विषो युयोधि जातवेदः। अदेवीरग्ने अरातीः ।।३।।
अन्ति चित्सन्तमह यज्ञं मर्तस्य रिपोः। नोप वेषि जातवेदः ।।४।।
मर्ता अमर्त्यस्य ते भूरि नाम मनामहे। विप्रासो जातवेदसः ।।५।।
विप्रं विप्रासोऽवसे देवं मर्तास ऊतये। अग्निं गीर्भिर्हवामहे ।।६।।
आ ते वत्सो मनो यमत्परमाच्चित्सधस्थात्। अग्ने त्वांकामया गिरा ।।७।।
पुरुत्रा हि सदृङ्ङसि विशो विश्वा अनु प्रभुः। समत्सु त्वा हवामहे।।८।।
समत्स्वग्निमवसे वाजयन्तो हवामहे। वाजेषु चित्रराधसम् ।।९।।
प्रत्नो हि कमीड्यो अध्वरेषु सनाच्च होता नव्यश्च सत्सि ।
स्वां चाग्ने तन्वं पिप्रयस्वास्मभ्यं च सौभगमा यजस्व ।।१०।।

सा. ८

आ ते वत्सा मनो यमत्परमाच्चित्सधस्थात्। अग्ने त्वां कामये गिरा ।।८।।

सा. 20

आदित्प्रत्नस्य रेतसो ज्योतिः पश्यन्ति वासरम्। परो यदिध्यते दिवि ।।१०।।

सा. ११६६–११६८

आ ते वत्सा मनो यमत्परमाच्चित्सधस्थात्। अग्ने त्वां कामये गिरा।।१।।
पुरुत्रा हि सदृङ्ङसि दिशो विश्वा अनु प्रभुः। समत्सु त्वा हवामहे ।।2।।
समत्स्वग्निमवसे वाजयन्तो हवामहे। वाजेषु चित्रराधसम् ।।३।।

2. **इन्द्रः – ऋ. ८.६.१–४५; सा. १३७; १४३; १५2; १८2; १८७; १३०७; १३०८; १३०९; १५००–१५02; १६५१–१६५३**

ऋ. ८.६.१–४५

महाँ इन्द्रो य ओजसा पर्जन्यो वृष्टिमाँ इव। स्तोमैर्वत्सस्य वावृधे ।।१।।
प्रजामृतस्य पिप्रतः प्र यद्भरन्त वह्नयः। विप्रा ऋतस्य वाहसा ।।2।।
कण्वा इन्द्रं यदक्रत स्तोमैर्यज्ञस्य साधनम्। जामि ब्रुवत आयुधम् ।।३।।
समस्य मन्यवे विशो विश्वा नमन्त कृष्टयः। समुद्रायेव सिन्धवः ।।४।।
ओजस्तदस्य तित्विष उभे यत्समवर्तयत्। इन्द्रश्चर्मेव रोदसी ।।५।।
वि चिद्वृत्रस्य दोधतो वज्रेण शतपर्वणा। शिरो बिभेद वृष्णिना ।।६।।
इमा अभि प्र णोनुमो विपामग्रेषु धीतयः। अग्नेः शोचिर्न दिद्युतः ।।७।।
गुहा सतीरुप त्मना प्र यच्छोचन्त धीतयः। कण्वा ऋतस्य धारया ।।८।।
प्र तमिन्द्र नशीमहि रयिं गोमन्तमश्विनम्। प्र ब्रह्म पूर्वचित्तये ।।९।।
अहमिद्धि पितुष्परि मेधामृतस्य जग्रभ। अहं सूर्य इवाजनि ।।१०।।
अहं प्रत्नेन मन्मना गिरः शुम्भामि कण्ववत्। येनेन्द्रः शुष्ममिद्दधे ।।११।।
ये त्वामिन्द्र न तुष्टुवुर्ऋषयो ये च तुष्टुवुः। ममेद्वर्धस्व सुष्टुतः ।।१2।।
यदस्य मन्युरध्वनीद्वि वृत्रं पर्वशो रुजन्। अपः समुद्रमैरयत् ।।१३।।
नि शुष्ण इन्द्र धर्णसिं वज्रं जघन्थ दस्यवि। वृषा ह्युग्र शृण्विषे ।।१४।।
न द्याव इन्द्रमोजसा नान्तरिक्षाणि वज्रिणम्। न विव्यचन्त भूमयः ।।१५।।
यस्त इन्द्र महीरपः स्तभूयमान आशयत्। नि तं पद्यासु शिश्नथः ।।१६।।
य इमे रोदसी मही समीची समजग्रभीत्। तमोभिरिन्द्र तं गुहः ।।१७।।
य इन्द्र यतयस्त्वा भृगवो ये च तुष्टुवुः। ममेदुग्र श्रुधी हवम् ।।१८।।
इमास्त इन्द्र पृश्नयो घृतं दुहत आशिरम्। एनामृतस्य पिप्युषीः ।।१९।।
या इन्द्र प्रस्वस्त्वासा गर्भमचक्रिरन्। परि धर्मेव सूर्यम् ।।20।।
त्वामिच्छवसस्पते कण्वा उक्थेन वावृधुः। त्वां सुतास इन्दवः ।।2१।।
तवेदिन्द्र प्रणीतिषूत प्रशस्तिरद्रिवः। यज्ञो वितन्तसाय्यः ।।22।।

आ न इन्द्र महीमिषं पुरं न दर्षि गोमतीम्। उत प्रजां सुबीर्यम् ।।२३।।
उत त्यदाश्वश्व्यं यदिन्द्र नाहुषीष्वा। उग्रे विक्षु प्रदीदयत् ।।२४।।
अभि व्रजं न तत्निषे सूर उपाकचक्षसम्। यदिन्द्र मृळयासि नः ।।२५।।
यदंग तविषीयस इन्द्र प्राजसि क्षितीः। महाँ अपार ओजसा ।।२६।।
तं त्वा हविष्मतीर्विश उप ब्रुवत ऊतये। उरुज्रयसमिन्दुभिः ।।२७।।
उपह्वरे गिरीणां संगथे च नदीनाम्। धिया विप्रो अजायत ।।२८।।
अतः समुद्रमुद्वतश्चिकित्वाँ अव पश्यति। यतो विपान एजति ।।२९।।
आदित्प्रत्नस्य रेतसो ज्योतिष्पश्यन्ति वासरम्। परो यदिध्यते दिवा ।।३०।।
कण्वास इन्द्र ते मतिं विश्वे वर्धन्ति पौंस्यम्। उतो शविष्ठ वृष्ण्यम् ।।३१।।
इमां म इन्द्र सुष्टुतिं जुषस्व प्र सु मामव। उत प्र वर्धया मतिम् ।।३२।।
उत ब्रह्मण्या वयं तुभ्यं प्रवृद्ध वज्रिवः। विप्रा अतक्ष्म जीवसे ।।३३।।
अभि कण्वा अनूषतापो न प्रवता यतीः। इन्द्रं वनन्वती मतिः ।।३४।।
इन्द्रमुक्थानि वावृधुः समुद्रमिव सिन्धवः। अनुत्तमन्युमजरम् ।।३५।।
आ नो याहि परावतो हरिभ्यां हर्यताभ्याम्। इममिन्द्र सुतं पिब ।।३६।।
त्वामिद्वृत्रहन्तम जनासो वृक्तबर्हिषः। हवन्ते वाजसातये ।।३७।।
अनु त्वा रोदसी उभे चक्रं न वर्त्येतशम्। अनु सुवानास इन्दवः ।।३८।।
मन्दस्वा सु स्वर्णर उतेन्द्र शर्यणावति। मत्स्वा विवस्वतो मती ।।३९।।
वावृधान उप द्यवि वृषा वज्र्यरोरवीत्। वृत्रहा सोमपातमः ।।४०।।
ऋषिर्हि पूर्वजा अस्येक ईशान ओजसा। इन्द्र चोष्कूयसे वसु ।।४१।।
अस्माकं त्वा सुताँ उप वीतपृष्ठा अभि प्रयः। शतं वहन्तु हरयः ।।४२।।
हमां सु पूर्व्यां धियं मधार्घृतस्य पिप्युषीम्। कण्वा उक्थेन वावृधुः ।।४३।।
इन्द्रमिद्विमहीनां मेधे वृणीत मर्त्यः। इन्द्रं सनिष्युरूतये ।।४४।।
अर्वांचं त्वा पुरुष्टुत प्रियेमेधस्तुता हरी। सोमपेयाय वक्षतः ।।४५।।

सा. १३७

समस्य मन्यवे विशो विश्वा नमन्त कृष्टयः। समुद्रायेव सिन्धवः ।।३।।

सा. १४३

उपह्वरे गिरीणां संगमे च नदीनाम्। धिया विप्रो अजायत ।।६।।

सा. १५२

अहमिद्धि पितुष्परि मेधामृतस्य जग्रह। अहं सूर्य इवाजनि ।।८।।

सा. १८२

ओजस्तदस्य तित्विष उभे यत्समवर्तयत्। इन्द्रश्चर्मेव रोदसी ।।८।।

सा. १८७

इमास्त इन्द्र पृश्नयो घृतं दुहत आशिरम्। एनामृतस्य पिप्युषीः ।।३।।

सा. १३०७–१३०९

महाँ इन्द्रो य ओजसा पर्जन्यो वृष्टिमाँ इव। स्तोमैर्वत्सस्य वावृधे ।।४।।
कण्वा इन्द्रं यदक्रत स्तोमैर्यज्ञस्य साधनम्। जामि ब्रुवत आयुधा ।।५।।
प्रजामृतस्य पिप्रतः प्र यद्भरन्त वह्नयः। विप्रा ऋतस्य वाहसा ।।६।।

सा. १५००–१५०२

अहमिद्धि पितुष्परि मेधामृतस्य जग्रह। अहं सूर्य इवाजनि ।।१।।
अहं प्रत्नेन जन्मना गिरः शुम्भामि कण्ववत्। येनेन्द्रः शुष्ममिद्दधे ।।२।।
ये तवामिन्द्र न तुष्टुवुर्ऋषयो ये च तुष्टुवुः। ममेद्वर्धस्व सुष्टुतः ।।३।।

सा. १६५१–१६५३

समस्य मन्यवे विशो विश्वा नमन्त कृष्टयः। समुद्रायेव सिन्धवः ।।१।।

वि चिद्वृत्रस्य दोधतः शिरो बिभेद वृष्णिना। वज्रेण शतपर्वणा ।।2।।
ओजस्तदस्य तित्विष उभे यत्समवर्तयत्। इन्द्रश्चर्मेव रोदसी ।।३।।

३. तिरिन्दिरस्य पारशव्यस्य दानस्तुतिः – ऋ. ८.६.४६–४८

शतमहं तिरिन्दरे सहस्रं पर्शावा ददे। राधांसि याद्वानाम् ।।४६।।
त्रीणि शतान्यर्वतां सहस्रा दश गोनाम्। ददुष्पज्राय साम्ने ।।४७।।
उदानट् ककुहो दिवमुष्टांचतुर्युजो ददत्। श्रवसा याद्वं जनम् ।।४८।।

५५१. वत्सप्रिः

१. अग्निः – ऋ. १०.४५.१–१२; १०.४६.१–१०; य. १२.१; ६–१०; १८–२६; ३३; ४०–४१

ऋ. १०.४५.१–१२

दिवस्परि प्रथमं जज्ञे अग्निरस्मद् द्वितीयं परि जातवेदाः ।
तृतीयमप्सु नृमणा अजस्रमिन्धान एनं जरते स्वाधीः ।।१।।
विद्मा ते अग्ने त्रेधा त्रयाणि विद्मा ते धाम विभृता पुरुत्रा ।
विद्मा ते नाम परमं गुहा यद्विद्मा तमुत्सं यत आजगन्थ ।।2।।
समुद्रे त्वा नृमणा अप्स्व१न्तर्नृचक्षा ईधे दिवो अग्न ऊधन् ।
तृतीये त्वा रजसि तस्थिवांसपामुपस्थे महिषा अवर्धन् ।।३।।
अक्रन्ददग्निः स्तनयन्निव द्यौः क्षामा रेरिहद्वीरुधः समंजन् ।
सद्यो जज्ञानो वि हीमिद्धो अख्यदा रोदसी भानुना भात्यन्तः ।।४।।
श्रीणामुदारो धरुणो रयीणां मनीषाणां प्रार्पणः सोमगोपाः ।
वसुः सूनुः सहसो अप्सु राजा वि भात्यग्र उषसामिधानः ।।५।।
विश्वस्य केतुर्भुवनस्य गर्भ आ रोदसी अपृणाज्जायमानः ।
वीळुं चिदद्रिमभिनत्परायंजना यदग्निमयजन्त पंच ।।६।।
उशिक्पावको अरतिः सुमेधा मर्तेष्वग्निरमृतो नि धायि ।
इयर्ति धूममरुषं भरिभ्रदुच्छुक्रेण शोचिषा द्यामिनक्षन् ।।७।।
दृशानो रुक्म उर्विया व्यद्यौदुर्मर्षमायुः श्रिये रुचानः ।
अग्निरमृतो अभवद्वयोभिर्यदेनं द्यौर्जनयत्सुरेताः ।।८।।
यस्ते अद्य कृणवद्भद्रशोचेऽपूपं देव घृतवन्तमग्ने ।
प्र तं नय प्रतरं वस्यो अच्छाभि सुम्नं दवेभक्तं यविष्ठ ।।६।।
आ तं भज सौश्रवसेष्वग्न उक्थउक्थ आ भज शस्यमाने ।
प्रियः सूर्ये प्रियो अग्ना भवात्युज्जातेन भिनददुज्जनित्वैः ।।१०।।
त्वामग्ने यजमाना अनु द्यून्विश्वा दधिरे वर्याणि ।
त्वया सह द्रविणमिच्छमाना व्रजं गोमन्तमुशिजो वि वव्रुः ।।११।।
अस्ताव्यग्निर्नरां सुशेवो वैश्वानर ऋषिभिः सोमगोपाः ।
अद्वेषे द्यावापृथिवी हुवेम देवा धत्त रयिमस्मे सुवीरम् ।।१२।।

ऋ. १०.४६.१–१०

प्र होता जातो महान्नभोविन्नृषद्वा सीददपामुपस्थे ।
दधिर्यो धायि स ते वयांसि यन्ता वसूनि विधते तनूपाः ।।१।।
इमं विधन्तो अपां सधस्थे पशुं न नष्टं पदैरनु ग्मन् ।
गुहा चतन्तमुशिजो नमोभिरिच्छन्तो धीरा भृगवोऽविन्दन् ।।2।।
इमं त्रितो भूर्यविन्ददिच्छन्वैभूवसो मूर्धन्यघ्न्यायाः ।
स शेवृधो जात आ हर्म्येषु नाभिर्युवा भवति रोचनस्य ।।३।।
मन्द्रं होतारमुशिजो नमोभिः प्रांचं नेतारमध्वराणाम् ।

विशामकृण्वन्नरतिं पावकं हव्यवाहं दधतो मानुषेषु ।।४।।
प्र भूर्जयन्तं महां विपोधां मूरा अमूरं पुरां दर्माणम् ।
नयन्तो गर्भं वनां धियं धुर्हिरिश्मश्रुं नार्वाणं धनर्चम् ।।५।।
नि पस्त्यासु त्रितः स्तभूयन्परिवीतो योनौ सीददन्तः ।
अतः सङ्गृभ्या विशां दमूना विधर्मणायन्त्रैरीयते न□ृन् ।।६।।
अस्याजरासो दमामरित्रा अर्चद्धूमासो अग्नयः पावकाः ।
श्वितीचयः श्वात्रासो भुरण्यवो वनर्षदो वायवो न सोमाः ।।७।।
प्र जिह्वया भरते वेपो अग्निः प्र वयुनानि चेतसा पृथिव्याः ।
तमायवः शुचयन्तं पावकं मन्द्रं होतारं दधिरे यजिष्ठम् ।।८।।
द्यावा यमग्निं पृथिवी जरिष्टामापस्त्वष्टा भृगवो यं सहोभिः ।
ईळेन्यं प्रथमं मातरिश्वा देवास्ततक्षुर्मनवे यजत्रम् ।।९।।
यं त्वा देवा दधिरे हव्यवाहं पुरुस्पृहो मानुषासो यजत्रम् ।
स यामन्नग्ने स्तुवते वयो धाः प्र देवयन्यशसः सं हि पूर्वीः ।।१०।।

य. १२.१

दृशानो रुकमऽउर्व्या व्यद्यौद् दुर्मर्षमायुः श्रिये रुचानः ।
अग्निरमृतोऽअभवद्वयोभिर्यदेनं द्यौरजनयत्सुरेता ।।१।।

य. १२.६–१०

अक्रन्ददग्नि स्तनयन्निव द्यौः क्षामा रेरिहद्वीरुधः समंजन् ।
सद्यो जज्ञानो वि हीमिद्धोऽ अख्यदा रोदसी भानुना भात्यन्तः ।।६।।
अग्नेऽभ्यावर्त्तिन्नाभि मा निवर्त्तस्वायुषा वर्चसा प्रजया धनेन। सन्या मेध्या रय्या पोषेण ।।७।।
अग्नेऽअंगिरः शतं ते सन्त्वावृतः सहस्रं तऽउपावृतः ।
अधा पोषस्य पोषेण पुनर्नो नष्टमाकृधि पुनर्नो रयिमाकृधि ।।८।।
पुनरूर्जा निवर्त्तस्व पुनरग्नऽइषायुषा। पुनर्नः पाह्यंहसः ।।९।।
सह रय्या निवर्त्तस्वाग्ने पिन्वस्व धारया। विश्वप्स्न्या विश्वप्स्न्या विश्वतस्परि ।।१०।।

य. १२.१८–२६

दिवस्परि प्रथमं जज्ञेऽअग्निरस्मद्द्वितीयं परि जातवेदाः ।
तृतीयमप्सु नृमणाऽअजस्रमिन्धानऽएनं जरते स्वाधीः ।।१८।।
विद्मा तेऽअग्ने त्रेधा त्र्याणि विद्मा ते धाम विभृता पुरुत्रा ।
विद्मा ते नाम परमं गुहा यद्विद्मा तमुत्सं यतऽआजगन्थ ।।१९।।
समुद्रे त्वा नृमणाऽअप्स्व न्तर्नृचक्षाऽईधे दिवो अग्नऽऊधन् ।
तृतीये त्वा रजसि तस्थिवांसमपामुपस्थे महिषाऽअवर्धन् ।।20।।
अक्रन्ददग्नि स्तनयन्निव द्यौः क्षामारेरिहद् वीरुधः समंजन् ।
सद्यो जज्ञानो वि हीमिद्धोऽअख्यदा रोदसी भानुना भात्यन्तः ।।21।।
श्रीणामुदारो धरुणो रयीणां मनीषाणां प्रार्पणः सोमगोपाः ।
वसुः सूनुः सहसोऽअप्सु राजा विभात्यग्रऽउषसामिधानः ।।22।।
विश्वस्य केतुर्भुवनस्य गर्भऽआ रोदसीऽअपृणाज्जायमानः ।
वीडुं चिदद्रिमभिनत् परायंजना यदग्निमयजन्त पंच ।।2३।।
उशिक् पावको अरतिः सुमेधा मर्त्येष्वग्निरमृतो नि धायि ।
इयर्त्ति धूममरुषं भरिभ्रदुच्छुक्रेण शोचिषा द्यामिनक्षन् ।।2४।।
दृशानो रुक्मऽउर्व्या व्यद्यौदुर्मर्षमायुः श्रिये रुचानः ।
अग्निरमृतोऽअभवद्वयोभिर्यदेनं द्यौरजनयत्सुरेताः ।।2५।।
यस्तेऽअद्य कृणवद्भद्रशोचेऽपूपं देव घृतवन्तमग्ने ।
प्र तं नय प्रतरं वस्योऽअच्छाभि सुम्नं देवभक्तं यविष्ठ ।।2६।।

आ तं भज सौश्रवसेष्वग्नऽउक्थऽउक्थऽआभज शस्यमाने ।
प्रियः सूर्य्ये प्रियोऽअग्ना भवात्युज्जातेन भिनददुज्जनित्वैः ।।२७।।
त्वामग्ने यजमानाऽअनु द्यून् विश्वा वसु दधिरे वार्य्याणि ।
त्वया सह द्रविणमिच्छमाना व्रजं गोमन्तमुशिजो विवव्रुः ।।२८।।
अस्ताव्यग्निर्नरां सुशेवो वैश्वानरऽऋषिभिः सोमगोपाः ।
अद्वेषे द्यावापृथिवी हुवेम देवा धत्त रयिमस्मे सुवीरम् ।।२९।।

य. १२.३३

अक्रन्ददग्नि स्तनयन्निव द्यौः क्षामा रेरिहद् वीरुधः समंजन् ।
सद्यो जज्ञानो वि हीमिद्धोऽअख्यदा रोदसी भानुना भात्यन्तः ।।३३।।

य. १२.४०–४१

पुनरूर्जा निवर्त्तस्व पुनरग्नऽइषायुषा। पुनर्नः पाह्यंहसः ।।४०।।
सह रय्या निवर्त्तस्वाग्ने पिन्वस्व धारया। विश्वप्स्न्या विश्वतस्परि ।।४१।।

2. **अग्नयः – य. ३३.१**

अस्याजरासो दमामरित्राऽअर्चद्धूमासोऽअग्नयः पावकाः ।
श्वितीचयः श्वात्रासो भुरण्यवो वनर्षदो वायवो न सोमाः ।।१।।

५५2. वत्सप्रिर् भालन्दनः

1. **पवमानः सोमः – ऋ. ९.६८.१–१०**

प्र देवमच्छा मधुमन्त इन्दवोऽसिष्यदन्त गाव आ न धेनवः ।
बर्हिषदो वचनावन्त ऊधभिः परिस्रुतमुस्रिया निर्णिजं धिरे ।।१।।
स रोरुवदभि पूर्वा अचिक्रददुपारुहः श्रथयन्त्स्वादते हरिः ।
तिरः पवित्रं परियन्नुरु ज्रयो नि शर्याणि दधते देव आ वरम् ।।2।।
वि यो ममे यम्या संयती मदः साकंवृधा पयसा पिन्वदक्षिता ।
मही अपारे रजसी विवेविददभिव्रजन्नक्षितं पाज आ ददे ।।३।।
स मातरा विचरन्वाजयन्नपः प्र मेधिरः स्वधया पिन्वते पदम् ।
अंशुर्यवेन पिपिशे यतो नृभिः सं जामिभिर्नसते रक्षते शिरः ।।४।।
सं दक्षेण मनसा जायते कविर्ऋतस्य गर्भो निहितो यमा परः ।
यूना ह सन्ता प्रथमं वि जज्ञतुर्गुहा हितं जिनिम नेममुद्यतम् ।।५।।
मन्द्रस्य रूपं विविदुर्मनीषिणः श्येनो यदन्धो अभरत्परावतः ।
तं मर्जयन्त सुवृध नदीष्वाँ उशन्तमंशुं परियन्तमृग्मियम् ।।६।।
त्वां मृजन्ति दश योषणः सुतं सोम ऋषिभिर्मतिभिर्धीतिभिर्हितम् ।
अव्यो वारेभिरुत देवहूतिभिर्नृभिर्यतो वाजमा दर्षि सातये ।।७।।
परिप्रयन्तं वय्यं सुषंसदं सोमं मनीषा अभ्यनूषत स्तुभः ।
यो धारया मधुमाँ ऊर्मिणा दिव इयर्ति वाचं रयिषाळमर्त्यः ।।८।।
अयं दिव इयर्ति विश्वमा रजः सोमः पुनानः कलशेषु सीदति ।
अद्भिर्गोभिर्मृज्यते अद्रिभिः सुतः पुनान इन्दुर्वरिवो विदत्प्रियम् ।।९।।
एवा नः सोम परिषिच्यमानो वयो दधिच्चित्रतमं पवस्व ।
अद्वेषे द्यावापृथिवी हुवेम देवा धत्त रयिमस्मे सुवीरम् ।।१०।।

५५३. वत्सप्रिर् भालन्दनः (साग्री. सास्वा. ऋसर्व.) वत्स (सार्षेदी. ७४) वत्सप्रिय (सार्षेदी. ७७)

१. अग्निः – सा. ७४; ७७

सा. ७४

प्र भूर्जयन्तं महां विपोधां मूरैरमूरं पुरां दर्माणम् ।
नयन्तं गीर्भिर्वना धियं धा हरिश्मश्रुं न वर्मणा धनर्चिम् ।।2।।

सा. ७७

प्र होता जातो महान्नभोविन्नृषद्मा सीददपां विवर्ते ।
दधद्यो धायी सुते वयांसि यन्ता वसूनि विधते तनूपाः ।।५।।

2. पवमानः सोमः – सा. ५६३

प्र देवमच्छा मधुमन्त इन्दवोऽसिष्यदन्त गाव आ न धेनवः ।
बर्हिषदो वचनावन्त ऊधभिः परिस्रुतमुस्रिया निर्णिजं धिरे ।।१०।।

५५४. वत्सारः

१. अग्निः – य. १2.११५; १३.१–2

य. १2.११५

आ ते वत्सो मनो यमत्परमाच्चित्सधस्थात्। अग्ने त्वां कामया गिरा ।।११५।।

य. १३.१–2

मयि गृह्णाम्यग्रेऽअग्निं रायस्पोषाय सुप्रजास्त्वाय सुवीर्य्याय। मासु देवताः सचन्ताम् ।।१।।
अपां पृष्ठमसि योनिरग्नेः समुद्रमभितः पिन्वमानम् ।
वर्धमानो महाँ2ऽआ च पुष्करे दिवो मात्रया वरिम्णा प्रथस्व ।।2।।

2. आदित्यः – य. १३.३

ब्रह्म जज्ञानं प्रथमं पुरस्ताद्वि सीमतः सुरुचो वेनऽआवः ।
स बुध्न्याऽउपमाऽअस्य विष्ठाः सतश्च योनिमसतश्च विवः ।।३।।

३. विश्वेदेवाः – य. ३३.४६

इन्द्राग्नी मित्रावरुणादितिं स्वः पृथिवीं द्यां मरुतः पर्वताँ2ऽ अपः ।
हुवे विष्णुं पूषणं ब्रह्मणस्पतिं भगं नु शंसं सवितारमूतये ।।४६।।

५५५. वत्सारः काश्यपः

१. प्रजापतिः – य. ७.१८

सुप्रजाः प्रजाः प्रजनयन् परीह्यभि रायस्पोषेण यजमानम्। संजग्मानो दिवा पृथिव्या मन्थी मन्थिशोचिषा निरस्तो मर्को मन्थिनोऽधिष्ठानमसि ।।१८।।

2. यज्ञः – य. ७.20

उपयामगृहीतोऽस्याग्रयणोऽसि स्वाग्रयणः। पाहि यज्ञं पाहि यज्ञपतिं विष्णुस्त्वामिन्द्रियण पातु विष्णुं त्वं पाह्यभि सवनानि पाहि ।।20।।

३. विश्वेदेवाः – य. ७.१2–१७; १६; 22–2३

य. ७.१2–१७

तं प्रत्नथा पूर्वथा विश्वथेमथा ज्येष्ठतातिं बर्हिषदं स्वर्विदम्। प्रतीचीनं वृजनं दोहसे धुनिमाशुं जयन्तमनु यासु वर्द्धसे। उपयामगृहीतोऽसि शण्डाय त्वैष ते योनिर्वीरतां पाह्यपमृष्टः शण्डो दवास्त्वा शुक्रपाः प्रणयन्त्वनाधृष्टासि ।।१2।।
सुवीरो वीरान् प्रजनयन् परीह्यभि रायस्पोषेण यजमानम् ।
संजग्मानो दिवा पृथिव्या शुक्रः शुक्रशोचिषा निरस्तः शण्डः शुक्रस्याधिष्ठानमसि ।।१३।।
अच्छिन्नस्य ते देव सोम सुवीर्य्यस्य रायस्पोषस्य ददितारः स्याम ।

सा प्रथमा सँस्कृतिर्विश्ववारा स प्रथमो वरुणो मित्रोऽअग्निः ।।१४।।
स प्रथमो बृहस्पतिश्चिकित्वाँस्तस्माऽइन्द्राय सुतमाजुहोत स्वाहा ।
तृम्पन्तु होत्रा मध्वो याः स्विष्टा याः स्विष्टा याः सुप्रीताः सुहुता यत्स्वाहायाडग्नीत् ।।१५।।
अयं वेनश्चोदयत् पृश्निगर्भा ज्योतिर्जरायू रजसो विमाने। इममपां संगमे सूर्य्यस्य शिशुं न विप्रा मतिभि रिहन्ति। उपयामगृहीतोऽसि मर्काय त्वा ।।१६।।
मनो न येषु हवनेषु तिग्मं विपः शच्या वनुथो द्रवन्ता। आ यः शर्य्याभिस्तुविनृम्णोऽअस्या श्रीणीतादिशं गभस्तावेष ते योनिः प्रजाः पाह्यपमृष्टो मर्को देवास्त्वा मन्थिपाः प्रणयन्त्वनाधृष्टासि।।१७।।

य. ७.१२–१९

ये देवासो दिव्येक दश स्थ पृथिव्यामध्येकादश स्थ ।
अप्सुक्षितो महिनैकादश स्थ ते देवासो यज्ञमिमं जुषध्वम् ।।१९।।
उपयामगृहीतोऽसीन्द्राय त्वा बृहद्वते वयस्वतऽउक्थाव्यं गृह्णामि। यत्तऽइन्द्र बृहद्वयस्तस्मै त्वा विष्णवे त्वैष ते योनिरुक्थे भयस्त्वा देवेभ्यस्त्वा देवाव्यं यज्ञस्यायुषे गृह्णामि ।।22।।
मित्रावरुणाभ्यां त्वा देवाव्यं यज्ञस्यायुषे गृह्णामीन्द्राय त्वा देवाव्यं यज्ञस्यायुषे गृह्णामीन्द्राग्निभ्यां त्वा देवाव्यं यज्ञस्यायुषे गृह्णामीन्द्रावरुणाभ्यां त्वा देवाव्यं यज्ञस्यायुषे गृह्णामीन्द्राबृहस्पतिभ्यां त्वा देवाव्यं यज्ञस्यायुषे गृह्णामीन्द्राविष्णुभ्यां त्वा देवाव्यं यज्ञस्यायुषे गृह्णामि ।।२३।।

४. सोमः – य. ७.२१

सोमः पवते सोमः पवतेऽस्मै ब्रह्मणेऽस्मै क्षत्रायास्मै सुन्वते यजमानाय पवत इष ऊर्जे पवतेऽद्भ्य ओषधीभ्यः पवते द्यावापृथिवीभ्यां पवते सुभूताय पवते विश्वेभ्यस्त्वा देवेभ्य एष ते योनिर्विश्वेभ्यस्त्वा देवेभ्यः ।।२१।।

५५६. वम्रो वैखानसः

१. इन्द्रः – ऋ. १०.९९.१–१२

कं नश्चित्रमिषण्यसि चिकित्वान्पृथुग्मानं वाश्रं वावृधध्यै ।
कत्तस्य दातु शवसो व्युष्टौ तक्षद्वज्रं वृत्रतुरमपिन्वत् ।।१।।
स हि द्युता विद्युता वेति साम पृथुं योनिमसुरत्वा ससाद ।
स सनीळेभिः प्रसहानो अस्य भ्रातुर्न ऋते सप्तथस्य मायाः ।।2।।
स वाजं यातापदुष्पदा यन्त्स्वर्षाता परि षदत्सनिष्यन् ।
अनर्वा यच्छतदुरस्य वेदो घ्नञ्छिश्नदेवाँ अभि वर्पसा भूत् ।।३।।
स यह्व्यो३ वनीर्गोष्वर्वा जुहोति प्रधन्यासु सस्रिः ।
अपादो यत्र युजयासोऽरथा द्रोण्यश्वास ईरते घृतं वाः ।।४।।
स रुद्रेभिरशस्तवार ऋभ्वा हित्वी गयमारेअवद्य आगात् ।
वम्रस्य मन्ये मिथुना विवव्री अन्नमभीत्यारोदयन्मुषायन् ।।५।।
स इद्दासं तुवीरवं पतिर्दन्षळक्षं त्रिशीर्षाणं दमन्यत् ।
अस्य त्रितो न्वोजसा वृधानो विपा वराहमयोअग्रया हन् ।।६।।
स द्रुह्वणे मनुष ऊर्ध्वसान आ साविषदर्शसानाय शरुम् ।
स नृतमो नहुषोऽस्मत्सुजातः पुरोऽभिनदर्हन्दस्युहत्ये ।।७।।
सो अभ्रियो न यवस उदन्यन्क्षयाय गातुं विदन्नो अस्मे ।
उप यत्सीददिन्दुं शरीरैः श्येनोऽयोपाष्टिर्हन्ति दस्यून् ।।८।।
स व्राधतः शवसानेभिरस्य कुत्साय शुष्णं कृपणे परादात् ।
अयं कविमनयच्छस्यमानमत्कं यो अस्य सनितोत नृणाम् ।।९।।
अयं दशस्यन्नर्येभिरस्य दस्मो देवेभिर्वरुणो न मायी ।
अयं कनीन ऋतुपा अवेद्यमिमीताररुं यश्चतुष्पात् ।।१०।।

अस्य स्तोमेभिरौशिज ऋजिश्वा व्रजं दरयद्वृषभेण पिप्राः ।
सुत्वा यद्यजतो दीदयद्गीः पुर इयानो अभि वर्पसा भूत् ।।११।।
एवा महो असुर वक्षथाय वम्रकः षड्भिरुप सर्पदिन्द्रम् ।
स इयानः करति स्वस्तिमस्मा इषमूर्जं सुक्षितिं विश्वमाभाः ।।१२।।

५५७. वरुणः

१. अग्न्यादयो मन्त्रोक्ताः – य. १०.५

सोमस्य त्विषिरसि तवेव मे त्विषिर्भूयात्। अग्नये स्वाहा सोमाय स्वाहा सवित्रे स्वाहा सरस्वत्यै स्वाहा पूष्णे स्वाहा बृहस्पतये स्वाहेन्द्राय स्वाहा घोषाय स्वाहा श्लोकाय स्वाहांशाय स्वाहा भगाय स्वाहार्य्यम्णे स्वाहा ।।५।।

2. अपांपतिः – य. १०.३

अर्थेत स्थ राष्ट्रदा राष्ट्रं मे दत्त स्वाहार्थेत स्थ राष्ट्रदा राष्ट्रममुष्मै दत्तौजस्वती स्थ राष्ट्रदा राष्ट्रं मे दत्त स्वाहौजस्वती स्थ राष्ट्रदा राष्ट्रममुष्मै दत्तापः परिवाहिणी स्थ राष्ट्रदा राष्ट्रं मे दत्त स्वाहापः परिवाहिणी स्थ राष्ट्रदा राष्ट्रममुष्मै दत्तापां पतिरसि राष्ट्रदा राष्ट्रं मे देहि स्वाहाऽपां पतिरसि राष्ट्रदा राष्ट्रममुष्मै देह्यपां गर्भोऽसि राष्ट्रदा राष्ट्रं मे देहि स्वाहाऽपां गर्भोऽसि राष्ट्रदा राष्ट्रममुष्मै देहि।।३।।

३. आपः – य. १०.१; ६

य. १०.१

अपो देवा मधुमतीरगृभ्णन्नूर्जस्वती राजस्व श्चितानाः ।
याभिर्मित्रावरुणावभ्यषिंचन् याभिरिन्द्रमनयन्नत्यरातीः ।।१।।

य. १०.६

पवित्रे स्थो वैष्णव्यौ सवितुर्वः प्रसवऽउत्पुनाम्यच्छिद्रेण पवित्रेण सूर्यस्य रश्मिभिः । अनिभृष्टमसि वाचो बन्धुस्त षोजाः सोमस्य दात्रमसि स्वहा राजस्वः ।।६।।

४. ओषधिः – य. १२.६६

सहस्व मेऽरातीः सहस्व पृतना यतः। सहस्व संर्व पाप्मानं सहमानास्योषधे ।।६६।।

५. क्षेत्रपतिः – य. १२.१७

शिवो भूत्वा मह्यमग्नेऽअथो सीद शिवस्त्वम्। शिवाः कृतवा दिशः सर्वा स्वं योनिमिहासदः।।१७।।

६. परमात्मा – य. १०.१५

सोमस्य त्विषिरसि तवेव मे त्विषिर्भूयात्। मृत्योः पाह्योजोऽसि सहोऽस्यमृतमसि ।।१५।।

७. प्रजापतिः – य. १०.९

आविर्मर्य्याऽआवित्तोऽअग्निर्गृहपतिरावित्तऽइन्द्रो वृद्धश्रवाऽआवित्तौ मित्रावरुणौ धृतव्रतावावित्तः पूषा विश्ववेदाऽआवित्ते द्यावापृथिवी विश्वशम्भुवावावित्तादितिरुरुशर्म्मा ।।९।।

८. भिषग्वराः – य. १२.९७

नाशयित्री बलासस्यार्शसऽउपचितामसि। अथो शतस्य यक्ष्माणां पाकारोरसि नाशनी ।।९७।।

९. भिषजः – य. १२.९४; १०१

य. १२.९४

याश्चेदमुपशृण्वन्ति याश्च दूरं परागताः। सर्वाः संगत्य वीरुधेऽस्यै संदत्त वीर्य्यम् ।।९४।।

य. १२.१०१

त्वमुत्तमास्योषधे तव वृक्षाऽउपस्तयः। उपस्तिरस्तु सोऽस्माकं योऽअस्माँ२ऽ अभिदासति ।।१०१।।

१०. मित्रावरुणौ – य. १०.१६

हिरण्यरूपाऽउषसो विरोकऽउभाविन्द्राऽउदिथः सूर्य्यश्च। अरोहतं वरुण मित्र गर्त्तं

Vedic Concordance of Mantras as per Ṛṣi and Devatā 205

ततश्चक्षाथामदितिं दितिं च मित्रोऽसि वरुणोऽसि ।।१६।।

११. यजमानः — य. १०.८; १०—१४

य. १०.८

क्षत्रस्योल्वमसि क्षत्रस्य जराय्वसि क्षत्रस्य योनिरसि क्षत्रस्य नाभिरसीन्द्रस्य वार्त्रघ्नमसि मित्रस्यासि वरुणस्यासि त्वयायं वृत्र वधेत्। दृवासि रुजासि क्षुमासि। पातैनं प्रांचं पातैनं प्रत्यंचं पातैनं तिर्यंचं दिग्भ्यः पात ।।८।।

य. १०.१०—१४

अवेष्टा दन्दशूक्राः प्राचीमा रोह गायत्री त्वाऽवतु रथन्तरं साम त्रिवृत्स्तोमो वसन्त ऋतुर्ब्रह्म द्रविणम् ।।१०।।

दक्षिणामा रोह त्रिष्टुप् त्वाऽवतु बृहत्साम पंचदश स्तोमो ग्रीष्म ऋतुः क्षत्रं द्रविणम् ।।११।।

प्रतीचीमा रोह जगती त्वाऽवतु वैरूपं साम सप्तदा स्तोमो वर्षा ऋतुर्विड् द्रविणम् ।।१२।।

उदीचीमा रोहानुष्टुप् तवाऽवतु वैराजं सामैकविंश स्तोमः शरदृतुः फलं द्रविणम् ।।१३।।

ऊर्ध्वामा रोह पङ्क्तिस्त्वाऽवतु शाक्वररैवते सामनी त्रिणवत्रयस्त्रिंशौ स्तोमौ हेमन्तशिशिरावृतू वर्चो द्रविणं प्रत्यस्तं नमुचेः शिरः ।।१४।।

१२. वरुणः — य. १०.७

सधमादो द्युम्निनीरापऽएताऽअनाधृष्टाऽअपस्यो वसानाः ।

पस्त्यासु चक्रे वरुणः सधस्थमपां शिशुर्मातृतमास्वन्तः ।।७।।

१३. विश्वेदेवाः — य. ९.३५—३६

एष ते निर्ऋते भागस्तं जुषस्व स्वाहाऽग्निनेत्रेभ्यो देवेभ्यः पुरःसद्भ्यः स्वाहा यमनेत्रेभ्यो देवेभ्यो दक्षिणासद्भ्यः स्वाहा विश्वदेवनेत्रेभ्यो देवेभ्यः पश्चात्सद्भ्यः स्वाहा मित्रावरुणनेत्रेभ्यो वा मरुन्नेत्रेभ्यो वा देवेभ्यऽउत्तरासद्भ्यः स्वाहा सोमनेत्रेभ्यो देवेभ्यऽउपरिसद्भ्यो दुवस्वद्भ्यः स्वाहा।।३५।।

ये देवा अग्निनेत्राः पुरःसदस्तेभ्यः स्वाहा ये देवा यमनेत्रा दक्षिणासदस्तेभ्यः स्वाहा ये देवा विश्ववेदेवनेत्राः पश्चात्सदस्तेभ्यः स्वाहा ये देवा मित्रावरुणनेत्रा वा मरुन्नेत्रा वोत्तरासदस्तेभ्यः स्वाहा ये देवाः सोमनेत्रा उपरिसदो दुवस्वन्तस्तेभ्यः स्वाहा ।।३६।।

१४. वृषा — य. १०.2

वृष्णऽऊर्मिरसि राष्ट्रदा राष्ट्रं मे देहि स्वाहा वृष्णऽऊर्मिरसि राष्ट्रदा राष्ट्रममुष्मै देहि वृषसेनोऽसि राष्ट्रदा राष्ट्रं मे देहि स्वाहा वृषसेनोऽसि राष्ट्रदा राष्ट्रममुष्मै देहि ।।2।।

१५. वैद्याः — य. १2.९१—९३; ९५; ९६; ९८; १००

य. १2.९१—९३

अवपतन्तीरवदन्दिवऽओषधयस्परि। यं जीवमश्नवामहै न स रिष्याति पूरुषः ।।९१।।

याऽओषधीः सोमराज्ञीर्बह्वीः शतविचक्षणाः। तासामसि त्वमुत्तमारं कामाय शं हृदे ।।९2।।

याऽओषधीः सोमराज्ञीर्विष्ठिताः पृथिवीमनु। बृहस्पतिप्रसूताऽअस्यै संदत्त वीर्य्यम् ।।९३।।

य. १2.९५—९६

मा वो रिषत् खनिता यस्मै चाहं खनामि वः। द्विपाच्चतुष्पादस्माकं सर्वमस्त्वनातुरम् ।।९५।।

ओषधयः समवदन्त सोमेन सह राज्ञा। यस्मै कृणोति ब्राह्मणस्तं राजन् पारयामसि ।।९६।।

य. १2.९८

त्वां गन्धर्वाऽअखनँस्त्वामिन्द्रस्त्वां बृहस्पतिः। त्वामोषधे सोमो राजा विद्वान् यक्ष्मादमुच्यत।९८।।

य. १2.१००

दीर्घायुस्तऽओषधे खनिता यस्मै च त्वा खनाम्यहम् ।

अथो त्वं दीर्घायुर्भूतवा शतवल्शा वि रोहतात् ।।१००।।

१६. सूर्य्यादयो मन्त्रोक्ताः — य. १०.४

सूर्य्यत्वचस स्थ राष्ट्रदा राष्ट्रं मे दत्त स्वाहा सूर्य्यत्वचस स्थ राष्ट्रदा राष्ट्रमुष्मै दत्त सूर्यवर्चस स्थ राष्ट्रदा राष्ट्रं मे दत्त स्वाहा सूर्यवर्चस स्थ राष्ट्रदा राष्ट्रममुष्मै दत्त मान्दा स्थ राष्ट्रदा राष्ट्रं मे दत्त स्वाहा मान्दा स्थ राष्ट्रदा राष्ट्रममुष्मै दत्त व्रजक्षित स्थ राष्ट्रदा राष्ट्रं मे दत्त स्वाहा व्रजक्षित स्थ राष्ट्रदा राष्ट्रममुष्मै दत्त वाशा स्थ राष्ट्रदा राष्ट्रं मं दत्त स्वाहा वाशा स्थ राष्ट्रदा राष्ट्रममुष्मै दत्त शविष्ठा स्थ राष्ट्रदा राष्ट्रं मे दत्त स्वाहा शविष्ठा स्थ राष्ट्रदा राष्ट्रममुष्मै दत्त शक्वरी स्थ राष्ट्रदा राष्ट्रं मे दत्त स्वाहा शक्वरी स्थ राष्ट्रदा राष्ट्रममुष्मै दत्त जनभृत स्थ राष्ट्रदा राष्ट्रं मे दत्त स्वाहा जनभृत स्थ राष्ट्रदा राष्ट्रममुष्मै दत्त विश्वभृत स्थ राष्ट्रदा राष्ट्रं मे दत्त स्वाहा विश्वभृत स्थ राष्ट्रदा राष्ट्रममुष्मै दत्तापः स्वराज स्थ राष्ट्रदा राष्ट्रममुष्मै दत्त। मधुमतीर्मधुमतीभिः पृच्यन्तां महि क्षत्रं क्षत्रियाय वन्वानाऽअनाधृष्टाः सीदत सहौजसो महि क्षत्रं क्षत्रियाय दधतीः ।।४।।

५५८. वव्रिर् आत्रेयः

१. अग्निः – ऋ. ५.१९.१–५

अभ्यवस्थाः प्र जायन्ते प्र वव्रेर्वव्रिश्चिकेत। उपस्थे मातुर्वि चष्टे ।।१।।
जुहुरे वि चितयन्तोऽनिमिषं नृम्णं पान्ति। आ दृळहां पुरं विविशुः ।।2।।
आ श्वैत्रेयस्य जन्तवो द्युमद्वर्धन्त कृष्टयः। निष्कग्रीवो बृहदुक्थ एना मध्वा न वाजयुः ।।३।।
प्रियं दुग्धं न काम्यमजामि जाम्योः सचा। घर्मो न वाजजठरोऽदब्धः शश्वतो दभः ।।४।।
क्रीळन्नो रश्म आ भुवः सं भस्मना वायुना वेविदानः ।
ता अस्य सन्धृषजो न तिग्माः सुसंशिता वक्ष्यो वक्षणेस्थाः ।।५।।

५५९. वशोऽश्व्यः

१. इन्द्रः – ऋ. ८.४६.१–20; २६–३१; ३३

ऋ. ८.४६.१–20

त्वावतः पुरूवसो वयमिन्द्र प्रणेतः। स्मसि स्थातर्हरीणाम् ।।१।।
त्वां हि सत्यमद्रिवो विद्म दातारमिषाम्। विद्म दातारं रयीणाम् ।।2।।
आ यस्य ते महिमानं शतमूते शतक्रतो। गीर्भिर्गृणन्ति कारवः ।।३।।
सुनीथो घा स मर्त्यो यं मरुतो यमर्यमा। मित्रः पान्त्यद्रुहः ।।४।।
दधानो गोमदश्ववत्सुवीर्यमादित्यजूत एधते। सदा राया पुरुस्पृहा ।।५।।
तमिन्द्रं दानमीमहे शवसानमभीर्वम्। ईशानं राय ईमहे ।।६।।
तस्मिन्हि सन्त्यूतयो विश्वा अभीरवः सचा। तमा वहन्तु सप्तयः पुरूवसुं मदाय हरयः सुतम्।।७।
यस्ते मदो वरेण्यो य इन्द्र वृत्रहन्तमः। य आददिः स्व१र्नृभिर्यः पृतनासु दुष्टरः ।।८।।
यो दुष्टरो विश्ववार श्रवाय्यो वाजेष्वस्ति तरुता ।
स नः शविष्ठ सवना वसो गहि गमेम गोमति व्रजे ।।९।।
गव्यो षु णो यथा पुराश्वयोत रथया। वरिवस्य महामह ।।१०।।
नहि ते शूर राधसोऽन्तं विन्दामि सत्रा।
दशस्या नो मघवन्नू चिदद्रिवो धियो वाजेभिराविथ ।।११।।
य ऋष्वः श्रावयत्सखा विश्वेत्स वेद जनिमा पुरुष्टुतः ।
तं विश्वे मानुषा युगेन्द्रं हवन्ते तविषं यतस्रुचः ।।१2।।
स नो वाजेष्वविता पुरूवसुः पुरः स्थाता। मघवा वृत्रहा भुवत् ।।१३।।
अभि वो वीरमन्धसो मदेषु गाय गिरा महा विचेतसम्।
इन्द्रं नाम श्रुत्यं शाकिनं वचो यथा ।।१४।।
ददी रेक्णस्तन्वे ददिर्वसु ददिर्वाजेषु पुरुहूत वाजिनम्। नूनमथ ।।१५।।
विश्वेषामिरज्यन्तं वसूनां सासह्वांसं चिदस्य वर्पसः। कृपयतो नूनमत्यथ ।।१६।।
महः सु वो अरमिषे स्तवामहे मीळहुषे अरंगमाय जग्मये ।

यज्ञेभिर्गीर्भिर्विश्वमनुषां मरुतामियक्षसि गाये त्वा नमसा गिरा ।।१७।।
ये पातयन्ते अज्मभिर्गिरीणां स्नुभिरेषाम्। यज्ञं महिष्वणीनां सुम्नं तुविष्वणीनां प्राध्वरे ।।१८।।
प्रभंगं दुर्मतीनामिन्द्र शविष्ठा भर। रयिमस्मभ्यं युज्यं चोदयन्मते ज्येष्ठं चोदयन्मते ।।१६।।
सनितः सुसनितरुग्र चित्र चेतिष्ठ सूनृत।
प्रासहा सम्राट् सहुरिं सहन्तं भुजयुं वाजेषु पूर्व्यम् ।।२०।।

ऋ. ८.४६.२६–३१

अध प्रियमिषिराय षष्टिं सूहस्रासनम्। अश्वानामिन्न वृषणाम् ।।२६।।
गावो न यूथमुप यन्ति वध्रय उप मा यन्ति वध्रयः ।।३०।।
अध यच्चारथे गणे शतमुष्ट्राँ अचिक्रदत्। अध श्वित्नेषु विंशतिं शता ।।३१।।

ऋ. ८.४६.३३

अध स्या योषणा मही प्रतीची वशमश्व्यम्। अधिरुक्मा वि नीयते ।।३३।।

2. **पृथुश्रवसः कानीनस्य दानस्तुतिः – ऋ. ८.४६.२१–२४**

आ स एतु य ईवदाँ अदेवः पूर्तमाददे ।
यथा चिद्वशो अश्व्यः पृथुश्रवसि कानीतेऽस्या व्युष्याददे ।।२१।।
षष्टिं सहस्राश्व्यस्यायुतासनमुष्ट्राणां विंशतिं शता ।
दश श्यावीनां शता दश त्र्यरुषीणां दश गवां सहस्रा ।।२२।।
दश श्यावा ऋधद्रयो वीतवारास आशवः ।
मथ्रा नेमिं नि वावृतुः ।।२३।।
दानासः पृथुश्रवसः कानीतस्य सुराधसः ।
रथं हिरण्ययं ददन् मंहिष्ठः सूरिरभूद्वर्षिष्ठमकृत श्रवः ।।२४।।

३. **वायुः – ऋ. ८.४६.२५–२८; ३२**

ऋ. ८.४६.२५–२८

आ नो वायो महे तने याहि मखाय पाजसे ।
वयं हि ते चकृमा भूरि दावने सद्यश्चिन्महि दावने ।।२५।।
यो अश्वेभिर्वहते वस्त उस्रास्त्रिः सप्त सप्तीनाम् ।
एभिः सोमेभिः सोमसुद्भिः सोमपा दानाय शुक्रपूतपाः ।।२६।।
यो म इमं चिदुत्मनामन्दच्चित्रं दावने ।
अरट्वे अक्षे नहुषे सुकृत्वनि सुकृत्तराय सुक्रतुः ।।२७।।
उचथ्ये३ वपुर्षि यः स्वराळुत वायो घृतस्नाः ।
अश्वेषितं रजेषितं शुनेषितं प्राज्म तदिदं नु तत् ।।२८।।
शतं दासे बल्बूथे विप्रस्तरुक्ष आ ददे ।
ते ते वायविमे जना मदन्तीन्द्रगोपा मदन्ति देवगोपाः ।।३२।।

५६०. वशः अश्व्यः (ऋसर्व. ८.४६.१०; ८.४६.१; ८.४६.४; ८.४६.१४); वत्सः काण्वः (साग्री. सास्वा.) वंशः (सार्षेदी.)

१. **इन्द्रः – सा. १८६; १६३; २०६; २६५**

सा. १८६

गव्यो षु णो यथा पुराश्वयोत रथया। वरिवस्या महोनाम् ।।२।।

सा. १६३

त्वावतः पुरूवसो वयमिन्द्र प्रणेतः। स्मसि स्थार्तर्हरीणाम् ।।६।।

सा. २०६

सुनीथो घा स मर्त्यो यं मरुतो यमर्यमा। मित्रास्पान्त्यद्रुहः ।।३।।

सा. २६५

अभि वो वीरमन्धसो मदेषु गाय गिरा महा विचेतसम्। इन्द्रं नाम श्रुत्यं शाकिनं वचो यथा।।३।।

५६१. वसिष्ठः

१. **अग्निः – ऋ. ७.१.१–२५; ७.३.१–१०; ७.४.१–१०; ७.८.१–७; ७.६.१–६; ७.१०.१–५; ७.११.१–५; ७.12.१–३; ७.१४.१–३; ७.१५.१–१५; ७.१६.१–12; ७.१७.१–७; ७.५0.2; ७. १०४.१०; १४; य. १५.६2; १७.७६; 2१.६; अ. ३.20.१–2; ५; ३.2१.१–७**

ऋ. ७.१.१–२५

अग्निं नरो दीधितिभिररण्योर्हस्तच्युती जनयन्त प्रशस्तम्। दूरेदृशं गृहपतिमथर्युम् ।।१।।
तमग्निमस्ते वसवो न्यृण्वन्त्सुप्रतिचक्षमवसे कुतश्चित्। दक्षाय्यो यो दम आस नित्यः ।।2।।
प्रेद्धो अग्ने दीदिहि पुरो नोऽजस्रया सूर्म्या यविष्ठ। त्वां शश्वन्त उप यन्ति वाजाः ।।३।।
प्र ते अग्नयोऽग्निभ्यो वरं निः सुवीरासः शोशुचन्त द्युमन्तः। यत्रा नरः समासते सुजाताः ।।४।।
दा नो अग्ने धिया रयिं सुवीरं स्वपत्यं सहस्य प्रशस्तम्। न यं यावा तरति यातुमावान् ।।५।।
उप यमेति युवतिः सुदक्षं दोषा वस्तोर्हविष्मती घृताची। उप स्वैनमरमतिर्वसूयुः ।।६।।
विश्वा अग्नेऽप दहारातीर्येभिस्तपोभिरदहो जरूथम्। प्र निस्वरं चातयस्वामीवाम् ।।७।।
आ यस्ते अग्न इधते अनीकं वसिष्ठ शुक्र दीदिवः पावक। उतो न ऐभिः स्तवथैरिह स्याः।।८।।
वि ये ते अग्ने भेजिरे अनीकं मर्ता नरः पित्र्यासः पुरुत्रा। उतो न एभिः सुमना इह स्याः।।६।।
इमे नरो वृत्रहत्येषु शूरा विश्वा अदेवीरभि सन्तु मायाः। ये मे धियं पनयन्त प्रशस्ताम् ।।१०।।
मा शूने अग्ने नि षदाम नृणां माशेषसोऽवीरता परि त्वा। प्रजावतीषु दुर्यासु दुर्य ।।११।।
यमश्वी नित्यमुपयाति यज्ञं प्रजावन्तं स्वपत्यं क्षयं नः। स्वजन्मना शेषसा वावृधानम् ।।१2।।
पाहि नो अग्ने रक्षसो अजुष्टात् पाहि धूर्तेररुषो अघायोः। त्वा युजा पृतनायूँरभि ष्याम्।।१३।।
सेदग्निरग्नीँरत्यस्त्वन्यान्यत्र वाजी तनयो वीळुपाणिः। सहस्रपाथा अक्षरा समेति ।।१४।।
सेदग्निर्यो वनुष्यतो निपाति समेद्धारमंहस उरुष्यात्। सुजातासः परि चरन्ति वीराः ।।१५।।
अयं सो अग्निराहुतः पुरुत्रा यमीशानः समिदिन्धे हविष्मान। परि यमेत्यध्वरेषु होता ।।१६।।
त्वे अग्न आहवनानि भूरीशानास आ जुहुयाम नित्या। उभा कृण्वन्तो वहतू मियेधे ।।१७।।
इमो अग्ने वीततमानि हव्याजस्रो वक्षि देवतातिमच्छ। प्रति न ईं सुरभीणि व्यन्तु ।।१८।।
मा नो अग्नेऽवीरते परा दा दुर्वाससेऽमतये मा नो अस्यै ।
मा नः क्षुधे मा रक्षस ऋतावो मा नो दमे मा वन आ जुहूर्थाः ।।१६।।
नू मे ब्रह्माण्यग्न उच्छशाधि त्वं देव मघवद्भ्यः सुषूदः ।
रातौ स्यामोभयास आ ते यूयं पात स्वस्तिभिः सदा नः ।।20।।
त्वमग्ने सुहवो रण्वसंदृक् सुदीति सूनो सहसो दिदीहि ।
मा त्वे सचा तनये नित्य आ धङ्मा वीरो अस्मन्नर्यो वि दासीत् ।।2१।।
मा नो अग्ने दुर्भृतये सचैषु देवेद्धेष्वग्निषु प्र वोचः ।
मा ते अस्मान्दुर्मतयो भृमाच्चिद्देवस्य सूनो सहसो नशन्त ।।22।।
स मर्तो अग्ने स्वनीक रेवानमर्त्ये य आजुहोति हव्यम् ।
स देवता वसुवनिं दधाति यं सुरिरर्थी पुच्छमान एति ।।2३।।
महो नो अग्ने सुवितस्य विद्वान् रयिं सरिभ्य आ वहा बृहन्तम् ।
येन वयं सहसावन्मदेमाविक्षितास आयुषा सुवीराः ।।2४।।
नू मे ब्रह्माण्यग्न उच्छशाधि त्वं देव मघवद्भ्यः सुषूदः ।
रातौ स्यामोभयास आ ते यूयं पात स्वस्तिभिः सदा नः ।।2५।।

ऋ. ७.३.१–१०

अग्निं देवमग्निभिः सजोषा यजिष्ठं दूतमध्वरे कृणुध्वम् ।
यो मर्त्येषु निध्रुविर्ऋतावा तपुर्मूर्धा घृतान्नः पावकः ।।१।।

प्रोथदश्वो न यवसेऽविष्यन्यदा महः संवरणाद्व्यस्थात् ।
आदस्य वातो अनु वाति शोचिरध स्म ते व्रजनं कृष्णमस्ति ।।2।।
उद्यस्य ते नवजातस्य वृष्णोऽग्ने चरन्त्यजरा इधानाः ।
अच्छा द्यामरुषो धूम एति सं दूतो अग्न ईयसे हि देवान् ।।३।।
वि यस्य ते पृथिव्यां पाजो अश्रेत्तृषु यदन्ना समवृक्त जम्भैः ।
सेनेव सृष्टा प्रसितिष्ठ एति यवं न दस्म जुहा विवेक्षि ।।४।।
तमिद्दोषा तमुषसि यविष्ठमग्निमत्यं न मर्जयन्त नरः ।
निशिशाना अतिथिमस्य योनौ दीदाय शोचिराहुतस्य वृषणः ।।५।।
सुसंदृक्ते स्वनीक प्रतीकं वि यद्रुक्मो न रोचस उपाके ।
दिवो न ते तन्यतुरेति शुष्मश्चिन्नो न सूरः प्रति चक्षि भानुम् ।।६।।
यथा वः स्वाहाग्नये दाशेम परीळाभिर्घृतवद्भिश्च हव्यैः ।
तेभिर्नो अग्ने अमितैर्महोभिः शतं पूर्भिरायसीभिर्नि पाहि ।।७।।
या वा ते सन्ति दाशुषे अधृष्टा गिरो वा याभिर्नृवतीरुरुष्याः ।
ताभिर्नः सूनो सहसो नि पाहि स्मत्सूरींजरितृंजातवेदः ।।८।।
निर्यत्पूतेव स्वधितिः शुचिर्गात् स्वया कृपा तन्वा३ रोचमानः ।
आ यो मात्रोरुशेन्यो जनिष्ट देवयज्याय सुक्रतुः पावकः ।।९।।
एता नो अग्ने सौभगा दिदीह्यपि क्रतुं सुचेतसं वतेम ।
विश्वा स्तोतृभ्यो गृणते च सन्तु यूयं पात स्वस्तिभिः सदा नः ।।१०।।

ऋ. ७.४.१–१०

प्र वः शुक्राय भानवे भरध्वं हव्यं मतिं चाग्नये सुपूतम् ।
यो दैव्यानि मानुषा जनूंष्यन्तर्विश्वानि विद्मना जिगाति ।।१।।
स गृत्सो अग्निस्तरुणश्चिदस्तु यतो यविष्ठो अजनिष्ट मातुः ।
सं यो वना युवते शुचिदन् भूरि चिदन्ना समिदत्ति सद्यः ।।2।।
अस्य देवस्य संसद्यनीके यं मर्तासः श्येतं जगृभ्रे ।
नि यो गृभं पौरुषेयीमुवोच दुरोकमग्निरायवे शुशोच ।।३।।
अयं कविरकविषु प्रचेता मर्तेष्वग्निरमृतो नि धायि ।
स मा नो अत्र जुहुरः सहस्वः सदा त्वे सुमनसः स्याम ।।४।।
आ यो योनिं देवकृतं ससाद क्रत्वा ह्य१ ग्निरमृताँ अतारीत् ।
तमोषधीश्च वनिनश्च गर्भं भूमिश्च विश्वधायसं बिभर्ति ।।५।।
ईशे ह्य१ग्निरमृतस्य भूरेरीशे रायः सुवीर्यस्य दातोः ।
मा त्वा वयं सहसावन्नवीरा माप्सवः परि षदाम मादुवः ।।६।।
परिषद्यं ह्यरणस्य रेक्णो नित्यस्य रायः पतयः स्याम ।
न शेषो अग्ने अन्यजातमस्त्यचेतानस्य मा पथो वि दुक्षः ।।७।।
नहि ग्रभायारणः सुशेवोऽन्योदर्यो मनसा मन्तवा उ ।
अधा चिदोकः पुनरित्स एत्या नो वाज्यभीषाळेतु नव्यः ।।८।।
त्वमग्ने वनुष्यतो नि पाहि त्वमु नः सहसावन्नवद्यात् ।
सं त्वा धवस्मन्वदभ्येतु पाथः सं रयिः स्पृहयाय्यः सहस्री ।।९।।
एता नो अग्ने सौभगा दिदीह्यपि क्रतुं सुचेतसं वतेम ।
विश्वा स्तोतृभ्यो गृणते च सन्तु यूयं पात स्वस्तिभिः सदा नः ।।१०।।

ऋ. ७.८.१–७

इन्धे राजा समर्यो नमोभिर्यस्य प्रतीकमाहुतं घृतेन ।
नरो हव्येभिरीळते सबाध आग्निरग्र उषसामशोचि ।।१।।
अयमु ष्य सुमहाँ अवेदि होता मन्द्रो मनुषो यह्वो अग्निः ।

वि भा अकः ससृजानः पृथिव्यां कृष्णपविरोषधीभिर्ववक्षे ।।2।।
कया नो अग्ने वि वसः सुवृक्तिं कामु स्वधामृणवः शस्यमानः ।
कदा भवेम पतयः सुदत्र रायो वन्तारो दुष्टरस्य साधोः ।।३।।
प्रप्रायमग्निर्भरतस्य शृण्वे वि यत्सूर्यो न रोचते बृहद्भाः ।
अभि यः पुरुं पृतनासु तस्थौ द्युतानो दैव्यो अतिथिः शुशोच ।।४।।
असन्नित्त्वे आहवनानि भूरि भुवो विश्वेभिः सुमना अनीकैः ।
स्तुतश्चिदग्ने शृण्विषे गृणानः स्वयं वर्धस्व तन्वं सुजात ।।५।।
इदं वचः शतसाः संसहस्रमुदग्नये जनिषीष्ट द्विबर्हाः ।
शं यत्स्तोतृभ्य आपये भवाति द्युमदमीवचातनं रक्षोहा ।।६।।
नू त्वामग्न ईमहे वसिष्ठा ईशानं सूनो सहसो वसूनाम् ।
इषं स्तोतृभ्यो मघवद्भ्य आनड्यूयं पात स्वस्तिभिः सदा नः ।।७।।

ऋ. ७.९.१–६

अबोधि जार उषसामुपस्थाद्धोता मन्द्रः कवितमः पावकः ।
दधाति केतुमुभयस्य जन्तोर्हव्या देवेषु द्रविणं सुकृत्सु ।।१।।
स सुक्रतुर्यो वि दुरः पणीनां पुनानो अर्कं पुरुभोजसं नः ।
होता मन्द्रो विशां दमूनास्तिरस्तमो ददृशे राम्याणाम् ।।2।।
अमूरः कविरदितिर्विवस्वान्त्सुसंसन्मित्रो अतिथिः शिवो नः ।
चित्रभानुरुषसां भात्यग्रेऽपां गर्भः प्रस्व१ आ विवेश ।।३।।
ईळेन्यो वो मनुषो युगेषु समनगा अशुचज्जातवेदाः ।
सुसंदृशा भानुना यो विभाति प्रति गावः समिधानं बुधन्त ।।४।।
अग्ने याहि दूत्यं१ मा रिषण्यो देवाँ अच्छा ब्रह्मकृता गणेन ।
सरस्वतीं मरुतो अश्विनापो यक्षि देवान्रत्नधेयाय विश्वान् ।।५।।
त्वामग्ने समिधानो वसिष्ठो जरूथं हन् यक्षि राये पुरन्धिम् ।
पुरुणीथा जातवेदो जरस्व यूयं पात स्वस्तिभिः सदा नः ।।६।।

ऋ. ७.१०.१–५

उषो न जारः पृथु पाजो अश्वेद्दविद्युतद्दीद्यच्छोशुचानः ।
वृषा हरिः शुचिरा भाति भासा धियो हिन्वान उशतीरजीगः ।।१।।
स्व१र्ण वस्तोरुषसामरोचि यज्ञं तन्वाना उशिजो न मन्म ।
अग्निर्जन्मानि देव आ वि विद्वान्द्रवद् दूतो देवयावा वनिष्ठः ।।2।।
अच्छा गिरो मतयो देवयन्तीरग्निं यन्ति द्रविणं भिक्षमाणाः ।
सुसंदृशं सुप्रतीकं स्वंचं हव्यवाहमरतिं मानुषाणाम् ।।३।।
इन्द्रं नो अग्ने वसुभिः सजोषा रुद्रं रुद्रेभिरा वहा बृहन्तम् ।
आदित्येभिरदितिं विश्वजन्यां बृहस्पतिमृक्वभिर्विश्ववारम् ।।४।।
मन्द्रं होतारमुशिजो यविष्ठमग्निं विश ईळते अध्वरेषु ।
स हि क्षपावाँ अभवद्रयीणमतन्द्रो दूतो यजथाय देवान् ।।५।।

ऋ. ७.११.१–५

महाँ अस्यध्वरस्य प्रकेतो न ऋते त्वदमृता मादयन्ते ।
आ विश्वेभिः सरथं याहि देवैर्न्यग्ने होता प्रथमः सदेह ।।१।।
त्वामीळते अजिरं दूत्याय हविष्मन्तः सदमिन्मानुषासः ।
यस्य देवैरासदो बर्हिरग्नेऽहान्यस्मै सुदिना भवन्ति ।।2।।
त्रिश्चिदक्तोः प्र चिकितुर्वसूनि त्वे अन्तर्दाशुषे मर्त्याय ।
मनुष्वदग्न इह यक्षि देवान्भवा नो दूतो अभिशस्तिपावा ।।३।।
अग्निरीशे बृहतो अध्वरस्याग्निर्विश्वस्य हविषः कृतस्य ।

क्रतुं ह्यस्य वसवो जुषन्ताथा देवा दधिरे हव्यवाहम् ।।४।।
आग्ने वह हविरद्याय देवानिन्द्रज्येष्ठास इह मादयन्ताम् ।
इमं यज्ञं दिवि देवेषु धेहि यूयं पात स्वस्तिभिः सदा नः ।।५।।

ऋ. ७.१२.१–३

अगन्म महा नमसा यविष्ठं यो दीदाय समिद्धः स्वे दुरोणे ।
चित्रभानुं रोदसी अन्तरुर्वी स्वाहुतं विश्वतः प्रत्यंचम् ।।१।।
स मह्ना विश्वा दुरितानि साह्वानग्निष्टवे दम आ जातवेदाः ।
स नो रक्षिषद् दुरितादवद्यादस्मान्गृणत उत नो मघोनः ।।2।।
त्वं वरुण उत मित्रो अग्ने त्वां वर्धन्ति मतिभिर्वसिष्ठाः ।
त्वं वसु सुषणनानि सन्तु यूयं पात स्वस्तिभिः सदा नः ।।३।।

ऋ. ७.१४.१–३

समिधा जातवेदसे देवाय देवहुतिभिः ।
हविर्भिः शुक्रशोचिषे नमस्विनो वयं दाशेमाग्नये ।।१।।
वयं ते अग्ने समिधा विधेम वयं दाशेम सुष्टुती यजत्र ।
वयं घृतेनाध्वरस्य होतर्वयं देव हविषा भद्रशोचे ।।2।।
आ नो देवेभिरुप देवहूतिमग्ने याहि वषट्कृतिं जुषाणः ।
तुभ्यं देवाय दाशतः स्याम यूयं पात स्वस्तिभिः सदा नः ।।३।।

ऋ. ७.१५.१–१५

उपसद्याय मीळहुष आस्ये जुहुता हविः। यो नो नेदिष्ठमाप्यम् ।।१।।
यः पंच चर्षणीरभि निषसाद् दमेदमे। कविगृहपतिर्युवा ।।2।।
स नो वेदो अमात्यमग्नी रक्षतु विश्वतः। उतास्मान्पात्वंहसः ।।३।।
नवं नु स्तोममग्नये दिवः श्येनाय जीजनम्। वस्वः कुविद्वनाति नः ।।४।।
स्पार्हा यस्य श्रियो दृशे रयिर्वीरवतो यथा। अग्रे यज्ञस्य शोचतः ।।५।।
सेमां वेतु वषट्कृतिमग्निर्जुषत नो गिरः। यजिष्ठो हव्यवाहनः ।।६।।
नि त्वा नक्ष्य विश्पते द्युमन्तं देव धीमहि। सुवीरमग्न आहुत ।।७।।
क्षप उस्रश्च दीदिहि स्वग्नयस्त्वया वयम्। सुवीरस्त्वमस्मयुः ।।८।।
उप त्वा सातये नरो विप्रासो यन्ति धीतिभिः। उपाक्षरा सहस्रिणी ।।९।।
अग्नी रक्षांसि सेधति शुक्रशोचिरमर्त्यः। शुचिः पावक ईड्यः ।।१०।।
स नो राधांस्या भरेशानः सहसो यहो। भगश्च दातु वार्यम् ।।११।।
त्वमग्ने वीरवद्यशो देवश्च सविता भगः। दितिश्च दाति वार्यम् ।।१2।।
अग्ने रक्षा णो अंहसः प्रति ष्म देव रीषतः। तपिष्ठैरजरो दह ।।१३।।
अधा मही न आयस्यनाधृष्टो नृपीतये। पूर्भवा शतभुजिः ।।१४।।
त्वं नः पाह्यंहसो दोषावस्तरघायतः। दिवा नक्तमदाभ्य ।।१५।।

ऋ. ७.१६.१–१2

एना वो अग्निं नमसोर्जो नपातमा हुवे । प्रियं चेतिष्ठमरतिं स्वध्वरं विश्वस्य दूतममृतम् ।।१।।
स योजते अरुषा विश्वभोजसा स दुद्रवत्स्वाहुतः ।
सुब्रह्मा यज्ञः सुशमी वसूनां देवं राधो जनानम् ।।2।।
उदस्य शोचिरस्थादाजुह्वानस्य मीळहुषः ।
उद्धूमासो अरुषासो दिविस्पृशः समग्निमिन्धते नरः ।।३।।
तं त्वा दूतं कृण्महे यशस्तमं देवाँ आ वीतये वह ।
विश्वा सूनो सहसो मर्तभोजना रास्व तद्यत्त्वेमहे ।।४।।
त्वमग्ने गृहपतिस्त्वं होता नो अध्वरे । त्वं पोता विश्ववार प्रचेता यक्षि वेषि च वार्यम् ।।५।।

कृधि रत्नं यजमानाय सुक्रतो त्वं हि रत्नधा असि ।
आ न ऋते शिशीहि विश्वमृत्विजं सुशंसो यश्च दक्षते ।।६।।
त्वे अग्ने स्वाहुत प्रियासः सन्तु सूरयः । यन्तारो ये मघवानो जनानामूर्वान्दयन्त गोनाम् ।।७।।
येषामिळा घृतहस्ता दुरोण आँ अपि प्राता निषीदति ।
ताँस्त्रायस्व सहस्य द्रुहो निदो यच्छा नः शर्म दीर्घश्रुत् ।।८।।
स मन्द्रया च जिह्वया वह्निरासा विदुष्टरः ।
अग्ने रयिं मघवद्भ्यो न आ वह हव्यदातिं च सूदय ।।९।।
ये राधांसि ददत्यश्व्या मघा कामेन श्रवसो महः ।
ताँ अंहसः पिपृहि पर्तृभिष्ट्वं शतं पूर्भिर्यविष्ठ्य ।।१०।।
देवो वो द्रविणोदाः पूर्णां विवष्ट्यासिचम् ।
उद्वा सिंचध्वमुप वा पृणध्वमादिद्वो देव ओहते ।।११।।
तं होतारमध्वरस्य प्रचेतसं वह्निं देवा अकृण्वत ।
दधाति रत्नं विधते सुवीर्यमग्निर्जनाय दाशुषे।।१2।।

ऋ. ७.१७.१–७

अग्ने भव सुषमिधा समिद्ध उत बर्हिरुर्विया वि स्तृणीताम् ।।१।।
उत द्वार उशतीर्वि श्रयन्तामुत देवाँ उशत आ वहेह ।।2।।
अग्ने वीहि हविषा यक्षि देवान्त्स्वध्वरा कृणुहि जातवेदः ।।३।।
स्वध्वरा करति जातवेदा यक्षद्देवाँ अमृतान्पिप्रयच्च ।।४।।
वंस्व विश्वा वार्याणि प्रचेतः सत्या भवन्त्वाशिषो नो अद्य ।।५।।
त्वामु ते दधिरे हव्यवाहं देवासो अग्न ऊर्ज आ नपातम् ।।६।।
ते ते देवाय दाशतः स्याम महो नो रत्ना वि दध इयानः ।।७।।

ऋ. ७.५०.2

यद्विजामन्परुषि वन्दनं भुवदष्ठीवन्तौ परि कुल्फौ च देहत् ।
अग्निष्टच्छोचन्नप बाधतामितो मा मां पद्येन रपसा विदत्त्सरुः ।।2।।

ऋ. ७.१०४.१०

यो नो रसं दिप्सति पित्वो अग्ने यो अश्वानां यो गवां यस्तनूनाम् ।
रिपुः स्तेनः स्तेयकृद्दभ्रमेतु नि ष हीयतां तन्वा३ तना च ।।१०।।

ऋ. ७.१०४.१४

यदि वाहमनृतदेव आम मोघं वा देवाँ अप्यूहे अग्ने ।
किमस्मभ्यं जातवेदो हृणीषे द्रोघवाचस्ते निर्ऋथं सचन्ताम् ।।१४।।

य. १५.६2

प्रोथदश्वो न यवसेऽविष्यन्यदा महः संवरणाद्व्यस्थात् ।
आदस्य वातोऽअनु वाति शोचिरध स्म ते व्रजनं कृष्णमस्ति ।।६2।।

य. १७.७६

प्रेद्धोऽअग्ने दीदिहि पुरो नोऽजस्रया सूर्म्या यविष्ठ। त्वां शश्वन्तऽउपयन्ति वाजाः ।।७६।।

य. 2१.९

प्र बाहवा सिसृतं जीवसे नऽआ नो गव्यूतिमुक्षतं घृतेन ।
आ म जने श्रवयतं युवाना श्रुतं मे मित्रावरुणा हवेमा ।।९।।

अ. ३.20.१–2

अयं ते योनिर्ऋत्वियो यतो जातो अरोचथाः। तं जानन्नग्न आ रोहाधा नो वर्धया रयिम् ।।१।।
अग्ने अच्छा वदेह नः प्रत्यङ् नः सुमना भव। प्र णो यच्छ विशां पते धनदा असि नस्त्वम्।2।

अ. ३.20.५

त्वं नो अग्ने अग्निभिर्ब्रह्म यज्ञं च वर्धय। त्वं नो देव दातवे रयिं दानाय चोदय ।।५।।

अ. ३.२१.१–७
ये अग्नयो अप्स्व१न्तर्ये वृत्रे ये पुरुषे ये अश्मसु ।
य आविवेशौषधीर्यो वनस्पतींस्तेभ्यो अग्निभ्यो हुतमस्त्वेतत् ।।१।।
यः सोमे अन्तर्यो गोष्वन्तर्य आविष्टो वयःसु यो मृगेषु ।
य आविवेश द्विपदो यश्चतुष्पदस्तेभ्यो अग्निभ्यो हुतमस्त्वेतत् ।।2।।
य इन्द्रेण सरथं याति देवो वैश्वानर उत विश्वदाव्यः ।
यं जोहवीमि पृतनासु सासहिं तेभ्यो अग्निभ्यो हुतमस्त्वेतत् ।।३।।
यो देवो विश्वाद् यमु काममाहुर्यं दातारं प्रतिगृह्णन्तमाहुः ।
यो धीरः शक्रः परिभूरदाभ्यस्तेभ्यो अग्निभ्यो हुतमस्त्वेतत् ।।४।।
यं त्वा होतारं मनसाभि संविदुस्त्रयोदश भौवनाः पंच मानवाः ।
वर्चोधसे यशसे सूनृतावते तेभ्यो अग्निभ्यो हुतमस्त्वेतत् ।।५।।
उक्षान्नाय वशान्नाय सोमपृष्ठाय वेधसे ।
वैश्वानरज्येष्ठेभ्यस्तेभ्यो अग्निभ्यो हुतमस्त्वेतत् ।।६।।
दिवं पृथिवीमन्वन्तरिक्षं ये विद्युतमनुसंचरन्ति ।
ये दिक्ष्व१न्तर्ये वाते अन्तस्तेभ्यो अग्निभ्यो हतमस्त्वेतत् ।।७।।

2. **अग्न्यादयो लिङ्गोक्ताः – य. ३४.३४**

प्रातरग्निं प्रातरिन्द्रं हवामहे प्रातर्मित्रावरुणा प्रातरश्विना ।
प्रातर्भगं पूषणं ब्रह्मणस्पतिं प्रातः सोममुत रुद्रं हुवेम ।।३४।।

३. **अर्यमा भगः बृहस्पतिः देवी – अ. ३.२०.३**

प्र णो यच्छत्वर्यमा प्र भगः प्र बृहस्पतिः। प्र देवीः प्रोत सूनृता रयिं देवी दधातु मे ।।३।।

४. **अर्यमा बृहस्पतिः इन्द्रः वातः विष्णुः सरस्वती सविता वाजी – अ. ३.२०.७**

अर्यमणं बृहस्पतिमिन्द्रं दानाय चोदय। वातं विष्णुं सरस्वतीं सवितारं च वाजिनम् ।।७।।

५. **अश्विनौ – ऋ. ७.६७.१–१०; ७.६८.१–६; ७.६९.१–८; ७.७०.१–७; ७.७१.१–६; ७.७2.१–५; ७.७३.१–५; ७.७४.१–६; य. ३३.८८**

ऋ. ७.६७.१–१०
प्रति वां रथं नृपती जरध्यै हविष्मता मनसा यज्ञियेन ।
यो वां दूतो न धिष्ण्यावजीगरच्छा सूनुर्न पितरा विवक्मि ।।१।।
अशोच्यग्निः समिधानो अस्मे उपो अदृश्रन्तमसश्चिदन्ताः ।
अचेति केतुरुषसः पुरस्ताच्छ्रिये दिवो दुहितुर्जायमानः ।।2।।
अभि वां नूनमश्विना सुहोता स्तोमैः सिषक्ति नासत्या विवक्वान् ।
पूर्वीभिर्यातं पथ्याभिरर्वाक्स्वर्विदा वसुमता रथेन ।।३।।
अवोर्वां नुनमश्विना युवाकुर्हुवे यद्वां सुते माध्वी वसूयुः ।
आ वां वहन्तु स्थविरासो अश्वाः पिबाथो अस्मे सुषुता मधूनि ।।४।।
प्राचीमु देवाश्विना धियं मेऽमृध्रां सातये कृतं वसूयुम् ।
विश्वा अविष्टं वाज आ पुरन्धीस्ता नः शक्तं शचीपती शचीभिः ।।५।।
अविष्टं धीष्वश्विना न आसु प्रजावद्रेतो अह्वयं नो अस्तु ।
आ वां तोके तनये तूतुजानाः सुरत्नासो देववीतिं गमेम ।।६।।
एष स्य वां पूर्वगत्वेव सख्ये निधिर्हितो माध्वी रातो अस्मे ।
अहेळता मनसा यातमर्वागश्नन्ता हव्यं मानुषीषु विक्षु ।।७।।
एकस्मिन्योगे भुरणा समाने परि वां सप्त स्रवतो रथो गात् ।

न वायन्ति सुभ्वो देवयुक्ता ये वां धूर्षु तरणयो वहन्ति ।।८।।
असश्चता मघवद्भ्यो हि भूतं ये राया मघदेयं जुनन्ति ।
प्र ये बन्धुं सूनृताभिस्तिरन्ते गव्या पृंचन्तो अश्व्या मघानि ।।६।।
नू मे हवमा शृणुतं युवाना यासिष्टं वर्तिरश्विनाविरावत् ।
धत्तं रत्नानि जरतं च सूरीन् यूयं पात स्वस्तिभिः सदा नः ।।१०।।

ऋ. ७.६८.१–६

आ शुभ्रा यातमिश्विना स्वश्वा गिरो दस्रा जुजुषाणा युवाकोः ।
हव्यानि च प्रतिभृता वीतं नः ।।१।।
प्र वामन्धांसि मद्यान्यस्थुररं गन्तं हविषो वीतये मे ।
तिरो अर्यो हवनानि श्रुतं नः ।।2।।
प्र वां रथो मनोजवा इयर्ति तिरो रजांस्यश्विना शतोतिः ।
अस्मभ्यं सूर्यावसू इयानः ।।३।।
अयं ह यद्वां देवया उ अद्रिरूर्ध्वो विवक्ति सोमसुद्युवभ्याम् ।
आ वल्गू विप्रो ववृतीत हव्यैः ।।४।।
चित्रं ह यद्वां भोजनं न्वस्ति न्यत्रये महिष्वन्तं युयोतम् ।
यो वामोमानं दधते प्रियः सन् ।।५।।
उत त्यद्वां जुरते अश्विना भूच्च्यवानाय प्रतीत्यं हविर्दे ।
अधि यद्वर्प इतऊति धत्थः ।।६।।
उत त्यं भुज्युमश्विना सखायो मध्ये जहुर्दुरेवासः समुद्रे ।
निरी पर्षदरावा यो युवाकुः ।।७।।
वृकाय चिज्जसमानाय शक्तमुत श्रुतं शयवे हूयमाना ।
यावघ्न्यामपिन्वतमपो न स्तर्यं चिच्छक्त्यश्विना शचीभिः ।।८।।
एष स्य कारुर्जरते सूक्तैरग्रे बुधान उषसां सुमन्मा ।
इषा तं वर्धदघ्न्या पयोभिर्यूयं पात स्वस्तिभिः सदा न ।।६।।

ऋ. ७.६६.१–८

आ वां रथो रोदसी बद्बधानो हिरण्ययो वृषभिर्यात्वश्वैः ।
घृतवर्तनिः पविभी रुचान इषां वोळहा नृपतिर्वाजिनीवान् ।।१।।
स पप्रथानो अभि पंच भूमा त्रिवन्धुरो मनसा यातु युक्तः ।
विशो येन गच्छथो देवयन्तीः कुत्रा चिद्याममश्विना दधाना ।।2।।
स्वश्वा यशसा यातमर्वाग्दस्रा निधिं मधुमन्तं पिबाथः ।
वि वां रथो वध्वा३ यादमानोऽन्तान्दिवो बाधते वर्तनिभ्याम् ।।३।।
युवोः श्रियं परि योषावृणीत सूरो दुहिता परितक्म्यायाम् ।
यद्देवयन्तमवथः शचीभिः परि घ्रंसमोमना वां वयो गात् ।।४।।
यो ह स्य वां रथिरा वस्त उस्रा रथो युजानः परियाति वर्तिः ।
तेन नः शं योरुषसो व्युष्टौ न्यश्विना वहतं यज्ञे अस्मिन् ।।५।।
नरा गौरेव विद्युतं तृषाणास्माकमद्य सवनोप यातम् ।
पुरुत्रा हि वां मतिभिर्हवन्ते मा वामन्ये नि यमन्देवयन्तः ।।६।।
युवं भुज्युमवविद्धं समुद्र उदूहथुरर्णसो अस्रिधानैः ।
पतत्रिभिरश्रमैरव्यथिभिर्दंसनाभिरश्विना पारयन्ता ।।७।।
नू मे हवमा शुणुतं युवाना यासिष्टं वर्तिरश्विनाविरावत् ।
धत्तं रत्नानि जरतं च सूरीन् यूयं पात स्वस्तिभिः सदा नः ।।८।।

ऋ. ७.७०.१–७

आ विश्ववाराश्विना गतं नः प्र तत्स्थानमवाचि वां पृथिव्याम् ।
अश्वो न वाजी शुनपृष्ठो अस्थादा यत्सेदथुर्ध्रुवसे न योनिम् ।।१।।

सिषक्ति सा वां सुमतिश्चनिष्ठातापि घर्मो मनुषो दुरोणे ।
ये वां समुद्रान्त्सरितः पिपर्त्येतग्वा चिन्न सुयुजा युजानः ।।2।।
यानि स्थानान्यश्विना दधाथे दिवो यह्वीष्वोषधीषु विक्षु ।
नि पर्वतस्य मूर्धनि सदन्तेषं जनाय दाशुषे वहन्ता ।।३।।
चनिष्टं देवा ओषधीष्वप्सु यद्योग्या अश्नवैथे ऋषीणाम् ।
पुरूणि रत्ना दधतौ न्य१स्मे अनु पूर्वाणि चख्यथुर्युगानि ।।४।।
शुश्रुवांसा चिदश्विना पुरूण्यभि ब्रह्माणि चक्षाथे ऋषीणाम् ।
प्रति प्र यातं वरमा जनायास्मे वामस्तु सुमतिश्चनिष्ठा।।५।।
यो वां यज्ञो नासत्या हविष्मान् कृतब्रह्मा समर्यो३ भवाति ।
उप प्र यातं वरमा वसिष्ठमिमा ब्रह्माण्यृच्यन्ते युवभ्याम् ।।६।।
इयं मनीषा इयमश्विना गीरिमां सुवृक्तिुं वृषणा जुषेथाम् ।
इमा ब्रह्माणि युवयून्यग्मन्यूयं पात स्वस्तिभिः सदा नः ।।७।।

ऋ. ७.७१.१–६

अप स्वसुरुषसो नग्जिहीते रिणक्ति कृष्णीररुषाय पन्थाम् ।
अश्वामघा गोमघा वां हुवेम दिवा नक्तं शरुमस्मद्युयोतम् ।।१।।
उपायातं दाशुषे मर्त्याय रथेन वाममश्विना वहन्ता ।
युयुतमस्मदनिराममीवां दिवा नक्तं माध्वी त्रासीथां नः ।।2।।
आ वां रथमवमस्यां व्युष्टौ सुम्नायवो वृषणो वर्तयन्तु ।
स्यूमगभस्तिमृतयुग्भिरश्वैराश्विना वसुमन्तं वहेथाम् ।।३।।
यो वां रथो नृपती अस्ति वोळहा त्रिबन्धुरो वसुमाँ उस्रयामा ।
आ न एना नासत्योप यातमभि यद्वां विश्वप्स्न्यो जिगाति ।।४।।
युवं च्यवानं जरसोऽमुमुक्तं नि पेदव ऊहथुराशुमश्वम् ।
निरंहसस्तमसः स्पर्तमत्रिं नि जाहुषं शिथिरे धातमन्तः ।।५।।
इयं मनीषा इयमश्विना गीरिमां सुवृक्तिं वृषणा जुषेथाम् ।
इमा ब्रह्माणि युवयून्यग्मन् यूयं पात स्वस्तिभिः सदा नः ।।६।।

ऋ. ७.७2.१–५

आ गोमता नासत्या रथेनाश्वावता पुरुश्चन्द्रेण यातम् ।
अभि वां विश्वा नियुतः सचन्ते स्पार्हया श्रिया तन्वा शुभाना ।।१।।
आ नो देवेभिरुप यातमर्वाक् सजोषसा नासत्या रथेन ।
युवोर्हि नः सख्या पित्र्याणि समानो बन्धुरुत तस्य वित्तम् ।।2।।
उदु स्तोमासो अश्विनोरबुध्रंजामि ब्रह्माण्युषसश्च देवीः ।
आविवासन्नोदसी धिष्ण्येमे अच्छा विप्रो नासत्या विवक्ति ।।३।।
वि चेदुच्छन्त्यश्विना उषासः प्र वां ब्रह्माणि कारवो भरन्ते ।
ऊर्ध्वं भानुं सविता देवो अश्रेद् बृहदग्नयः समिधा जरन्ते ।।४।।
आ पश्चातान्नासत्या पुरस्तादाश्विना यातमधरादुदक्तात् ।
आ विश्वतः पांचजन्येन राया यूयं पात स्वस्तिभिः सदा नः ।।५।।

ऋ. ७.७३.१–५

अतारिष्म तमसस्पारमस्य प्रति स्तोमं देवयन्तो दधानाः ।
पुरुदंसा पुरुतमा पुराजामर्त्या हवते अश्विना गीः ।।१।।
न्यु प्रियो मनुषः सादि होता नासत्या यो यजते वन्दते च ।
अश्नीतं मध्वो अश्विना उपाक आ वां वोचे विदथेषु प्रयस्वान् ।।2।।
अहेम यज्ञं पथामुराणा इमां सुवृक्तिं वृषणा जुषेथाम् ।
श्रुष्टीवेव प्रेषितो वामबोधि प्रति स्तोमैर्जरमाणो वसिष्ठः ।।३।।

उप त्या वह्नी गमतो विशं नो रक्षोहणा संभृता वीळुपाणी ।
समन्धांस्यग्मत मत्सराणि मा नो मर्धिष्टमा गतं शिवेन ।।४।।
आ पश्चातान्नासत्या पुरस्तादाश्विना यातमधरादुदक्तात् ।
आ विश्वतः पांचजन्येन राया यूयं पात स्वस्तिभिः सदा नः ।।५।।

ऋ. ७.७४.१–६

इमा उ वां दिविष्टय उस्रा हवन्ते अश्विना ।
अयं वामह्वेऽवसे शचीवसू विशंविशं हि गच्छथः ।।१।।
युवं चित्रं ददथुर्भेजनं नरा चोदेथां सूनृतावते ।
अर्वाग्रथं समनसा नि यच्छतं पिबतं सोम्यं मधु ।।2।।
आ यातमुपभूषतं मध्वः पिबतमश्विना ।
दुग्धं पयो वृषणा जेन्यावसू मा नो मर्धिष्टमा गतम् ।।३।।
अश्वासो ये वामुप दाशुषो गृहं युवां दीयन्ति बिभ्रतः ।
मक्षूयुभिर्नरा हयेभिरश्विना देवा यातमस्मयू ।।४।।
अधा ह यन्तो अश्विना पृक्षः सचन्त सूरयः ।
ता यंसतो मघवद्भ्यो ध्रुवं यशश्छर्दिरस्मभ्यं नासत्या ।।५।।
प्र ये ययुरवृकासो रथा इव नृपातारो जनानाम् ।
उत स्वेन शवसा शूशुवुर्नर उत क्षियन्ति सुक्षितिम् ।।६।।

य. ३३.८८

आ यातमुप भूषतं मध्वः पिबतमश्विना।
दुग्धं पयो वृषणा जेन्यावसू मा नो मर्धिष्टमा गतम्।।८८।।

६. अहिः – ऋ. ७.३४.१६

अब्जामुक्थैरहिं गृणीषे बुध्ने नदीनां रजःसु षीदन् ।।१६।।

७. अहिर्बुध्न्यः – ऋ. ७.३४.१७

मा नोऽहिर्बुध्न्यो रिषे धान्मा यज्ञो अस्य स्रिधदृतायोः ।।१७।।

८. आदित्यः – ऋ. ७.६६.४–१३

यदद्य सूर उदितेनागा मित्रो अर्यमा। सुवाति सविता भगः ।।४।।
सुप्रावीरस्तु स क्षयः प्र नु यामन्त्सुदानवः। ये नो अंहोऽतिपिप्रति ।।५।।
उत स्वराजो अदितिरदब्धस्य व्रतस्य ये। महो राजान ईशते ।।६।।
प्रति वां सूर उदिते मित्रं गृणीषे वरुणम्। अर्यमणं रिशादसम् ।।७।।
राया हिरण्यया मतिरियमवृकाय शवसे। इयं विप्रा मेधसातये ।।८।।
ते स्याम देव वरुण ते मित्र सूरिभिः सह। इषं स्वश्च धीमहि ।।९।।
बहवः सूरचक्षसोऽग्निजिह्वा ऋतावृधः ।
त्रीणि ये येमुर्विदथानि धीतिभिर्विश्वानि परिभूतिभिः ।।१०।।
वि ये दधुः शरदं मासमादहर्यज्ञमक्तुं चादृचम् ।
अनाप्यं वरुणो मित्रो अर्यमा क्षत्रं राजान आशत ।।११।।
तद्वो अद्य मनामहे सूक्तैः सूर उदिते ।
यदोहते वरुणो मित्रो अर्यमा यूयमृतस्य रथ्यः ।।१2।।
ऋतावान् ऋतजाता ऋतावृधो घोरासो अनृतद्विषः ।
तेषां वः सुम्ने सुच्छर्दिष्टमे नरः स्याम ये च सूरयः ।।१३।।

९. आदित्याः – ऋ. ७.५१.१–३; ७.५2.१–३

ऋ. ७.५१.१–३

आदित्यानामवसा नूतने सक्षीमहि शर्मणा शंतमेन ।

अनागास्त्वे अदितित्वे तुरास इमं यज्ञं दधतु श्रोषमाणः ।।१।।
आदित्यासो अदितिर्मादयन्तां मित्रो अर्यमा वरुणो रजिष्ठाः ।
अस्माकं सन्तु भुवनस्य गोपाः पिबन्तु सोममवसे नो अद्य ।।2।।
आदित्या विश्वे मरुतश्च विश्वे देवाश्च विश्व ऋभवश्च विश्वे ।
इन्द्रो अग्निरश्विना तुष्टुवाना यूयं पात स्वस्तिभिः सदा नः ।।३।।

ऋ. ७.५2.१–३

आदित्यासो अदित्यः स्याम पूर्देवत्रा वसवो मर्त्यत्रा ।
सनेम मित्रावरुणा सनन्तो भवेम द्यावापृथिवी भवन्तः ।।१।।
मित्रस्तन्नो वरुणो मामहन्त शर्म तोकाय तनयाय गोपाः ।
मा वो भुजेमान्यजातमेनो मा तत्कर्म बसवो यच्चयध्वे ।।2।।
तुरण्यवोऽंगिरसो नक्षन्त रत्नं देवस्य सवितुरियानाः ।
पिता च तन्नो महान्यजत्रो विश्वे देवाः समनसो जुषन्त ।।३।।

१०. आपः – ऋ. ७.४७.१–४; ७.४६.१–४; य. १2.३५

ऋ. ७.४७.१–४

आपो यं वः प्रथमं देवयन्त इन्द्रपानमूर्मिमकृण्वतेळः ।
तं वो वयं शुचिमरिप्रमद्य घृतप्रुषं मधुमन्तं वनेम ।।१।।
तमुर्मिमापो मधुमत्तमं वोऽपां नपादवत्वाशुहेमा ।
यस्मिन्निन्द्रो वसुभिर्मादयाते तमश्याम देवयन्तो वो अद्य ।।2।।
शतपवित्राः स्वधया मदन्तीर्देवीर्देवानामपि यन्ति पाथः ।
ता इन्द्रस्य न मिनन्ति व्रतानि सिन्धुभ्यो हव्यं घृतवज्जुहोत ।।३।।
याः सूर्यो रश्मिभिराततान याभ्य इन्द्रो अरदद् गातुमूर्मिम् ।
ते सिन्धवो वरिवो धातना नो यूयं पात स्वस्तिभिः सदा नः ।।४।।

ऋ. ७.४६.१–४

समुद्रज्येष्ठाः सलिलस्य मध्यात्पुनाना यन्त्यनिविशमानाः ।
इन्द्रो या वज्री वृषभो रराद ता आपो देवीरिह म मवन्तु ।।१।।
या आपो दिव्या उत वा स्रवन्ति खनित्रिमा उत वा याः स्वयंजाः ।
समुद्रार्था याः शुचयः पावकास्ता आपो देवीरिह मामवन्तु ।।2।।
यासां राजा वरुणो याति मध्ये सत्यानृते अवपश्यज्जनानाम् ।
मधुश्चुतः शुचयो याः पावकास्ता आपो देवीरिह मामवन्तु ।।३।।
यासु राजा वरुणो यासु सोमो विश्वे देवा यासूर्जं मदान्त ।
वैश्वानरो यास्वग्निः प्रविष्टस्ता आपो देवीरिह मामवन्तु ।।४।।

य. १2.३५

आपो देवीः प्रतिगृभ्णीत भस्मैतत्स्योने कृणुध्वं सुरभाऽउ लोकं ।
तस्मै नमन्तां जनयः सुपत्नीर्मातेव पुत्रं बिभृताप्स्वेनत् ।।३५।।

११. आप्रम् – ऋ. ७.2.१–११

जुषस्व नः समिधमग्ने अद्य शोचा बृहद्यजतं धूममृण्वन् ।
उप स्पृश दिव्यं सानु स्तू पैः सं रश्मिभिस्ततनः सूर्यस्य ।।१।।
नराशंसस्य महिमानमेषामुप स्तोषाम यजतस्य यज्ञैः ।
ये सुक्रतवः शुचयो धियं धाः स्वदन्ति देवा उभयानि हव्या ।।2।।
ईळेन्यं वो असुरं रसुदक्षमन्तर्दूतं रोदसी सत्यवाचम् ।
मनुष्वदग्निं मनुना समिद्धं समध्वराय सदमिन्महेम ।।३।।
सपर्यवो भरमाणां अभिज्ञु प्र वृंजते नमसा बर्हिरग्नौ ।

आजुह्वाना घृतपृष्ठं पृषद्वदध्वर्यवो हविषा मर्जयध्वम् ।।४।।
स्वाध्यो३ वि दुरो देवयन्तोऽशिश्रयू रथयुर्देवताता ।
पूर्वी शिशुं न मातरा रिहाणे समग्रुवो न समनेष्वंजन् ।।५।।
उत योषणे दिव्ये मही न उषासानक्ता सुदुघेव धेनुः ।
बर्हिषदा पुरहूते मघोनी आ यज्ञिये सुविताय श्रयेताम् ।।६।।
विप्रा यज्ञेषु मानुषेषु कारू मन्ये वां जातवेदसा यजध्यै ।
ऊर्ध्वं नो अध्वरं कृतं हवेषु ता देवेषु वनथो वार्याणि ।।७।।
आ भारती भारतीभिः सजोषा इळा देवैर्मनुष्येभिरग्निः ।
सरस्वती सारस्वतेभिरर्वाक् तिस्रो देवीर्बर्हिरेदं सदन्तु ।।८।।
तन्नस्तुरीपमध पोषयित्नु देव त्वष्टर्वि रराणः स्यस्व ।
यतो वीरः कर्मण्यः सुदक्षो युक्तग्रावा जायते देवकामः ।।६।।
वनस्पतेऽव सृजोप देवानग्निर्हविः शमिता सूदयाति ।
सेदु होता सत्यतरो यजाति यथा देवानां जनिमानि वेद ।।१०।।
आ याह्यग्नपे समिधानो अर्वाङ् इन्द्रेण देवैः सरथं तुरेभिः ।
बर्हिर्न आस्तामदितिः सुपुत्रा स्वाहा देवा अमृता मादयन्ताम् ।।११।।

१२. इन्द्रः – ऋ. ७.१८.१–२१; ७.१६.१–११; ७.20.१–१०; ७.२१.१–१०; ७.22.१–६; ७.२३.१–६; ७.२४.१–६; ७.२५.१–६; ७.२६.१–५; ७.२७.१–५; ७.२८.१–५; ७.२६.१–५; ७. ३०.१–५; ७.३१.१–१2; ७.३2.१–२७; ७.५५.2–८; ७.६७.१; ७.६८.१–६; ७.१०४.८; १६; १६–22; २४; य. १2.३४; २०.५४; २६.१०; ३३.१८; अ. २०.१2.१–६; २०.१८.४–६; २०.१७.१2; २०.५६.३–४; २०.७३.१–३; २०.८2.१–2; २०.८७.१–६; २०.११७.१–३

ऋ. ७.१८.१–२१

त्वे ह यत्पिरश्चिन्न इन्द्र विश्वा वामा जरितारो असन्वन् ।
त्वे गावः सुदुघास्त्वे ह्यश्वास्त्वं वसु देवयते वनिष्ठः ।।१।।
राजेव हि जनिभिः क्षेष्येवाव द्युभिरभि विदुष्कविः सन् ।
पिशा गिरो मघवन् गोभिरश्वैस्त्वायतः शिशीहि राये अस्मान् ।।2।।
इमा उ त्वा पस्पृधानासो अत्र मन्द्रा गिरो देवयन्तीरुप स्थुः ।
अर्वाची ते पथ्या राय एतु स्याम ते सुमताविन्द्र शर्मन् ।।३।।
धेनुं न त्वा सूयवसे दुदुक्षन्नुप ब्रह्माणि ससृजे वसिष्ठः ।
त्वामिन्मे गोपतिं विश्व आहा न इन्द्रः सुमतिं गन्त्वच्छ ।।४।।
अर्णांसि चित्पप्रथाना सुदास इन्द्रो गाधान्यकृणोत्सुपारा ।
शर्धन्तं शिम्युमुचथस्य नव्यः शापं सिन्धूनामकृणोदशस्तीः ।।५।।
पुरोळा इत्तुर्वशो यक्षुरासीद्राये मत्स्यासो निशिता अपीव ।
श्रुष्टिं चक्रुर्भृगवो द्रुह्यवश्च सखा सखायमतरद्विषूचोः ।।६।।
आ पक्थासो भलानसो भनन्तालिनासो विषाणिनः शिवासः ।
आ योऽनयत्सधमा आर्यस्य गव्या तृत्सुभ्यो अजगन्युधा नृन् ।।७।।
दुराध्यो३ अदितिं स्रेवयन्तोऽचेतसो वि जगृभ्रे परुष्णीम् ।
मह्नाविव्यक् पृथिववीं पत्यमानः पशुष्कविरशयच्चायमानः ।।८।।
ईयुरर्थं न न्यर्थं परुष्णीमाशुश्चनेदभिपित्वं जगाम ।
सुदास इन्द्रः सुतुकाँ अमित्रानरन्धयन्मानुषे वध्रिवाचः ।।६।।
ईयुर्गावो न यवसादगोपा यथाकृतमभि मित्रं चितासः ।
पृश्निगावः पृश्निनिप्रेषितासः श्रुष्टिं चक्रुर्नियुतो रन्तयश्च ।।१०।।
एकं च यो विंशतिं च श्रवस्या वैकर्णयोर्जनान्नाजा न्यस्तः ।

दस्मो न सद्मन्नि शिशाति बर्हिः शूरः सर्गमकृणोदिन्द्र एषाम् ।।११।।
अध श्रुतं कवषं वृद्धमप्स्वनु द्रुह्युं नि वृणग्वज्रबाहुः ।
वृणाना अत्र सख्याय सख्यं त्वायन्तो ये अमदन्ननु त्वा ।।१२।।
वि सद्यो विश्वा दृंहितान्येषामिन्द्रः पुरः सहसा सप्त दर्दः ।
व्यानवस्य तृत्सवे गयं भाग्जेष्म पूरुं विदथे मृध्रवाचम् ।।१३।।
नि गव्यवोऽनवो द्रुह्यवश्च षष्टिः शता सुषुपुः षट् सहस्रा ।
षष्टिर्वीरासो अधि षड् दुवोयु विश्वेदिन्द्रस्य वीर्या कृतानि ।।१४।।
इन्द्रणैते तृत्सवो वेविषाणा आपो न सृष्टा अधवन्त नीचीः ।
दुर्मित्रसः प्रकलविन् मिमाना जहुर्विश्वानि भोजना सुदासे ।।१५।।
अर्धं वीरस्य शृतपामनिन्द्रं पराश र्धन्तं ननुदे अभि क्षाम् ।
इन्द्रो मन्युं मन्युम्यो मिमाय भेजे पथो वर्तनि पत्यमानः ।।१६।।
आध्रेण चित्तद्वेकं चकार सिंह्यं चित्पेत्वेना जघान ।
अव स्रक्तीर्वेश्यावृश्चदिन्द्रः प्रायच्छद्विश्वा भोजना सुदासे ।।१७।।
शश्वन्तो हि शत्रवो रारधुष्टे भेदस्य चिच्छर्धतो विन्द रन्धिम् ।
मर्तां एनः स्तुवतो यः कृणोति तिग्मं तस्मिन्नि जहि वज्रमिन्द्र ।।१८।।
आवदिन्द्रं यमुना तृत्सवश्च प्रात्र भेदं सर्वताता मुषायत् ।
अजासश्च शिग्रवो यक्षवश्च बलिं शीर्षाणि जभ्रुरश्व्यानि ।।१९।।
न त इन्द्र सुमतयो न रायः संचक्षे पूर्वा उषसो न नूत्नाः ।
देवकं चिन्मान्यमानं जघन्थाव त्मना बृहतः शम्बरं भेत् ।।२०।।
प्र ये गृहादममदुस्त्वाया पराशरः शतयातुर्वसिष्ठः ।
न ते भोजस्य सख्यं मृषन्ताधा सुरिभ्यः सुदिना व्युच्छान् ।।२१।।

ऋ. ७.१९.१–११

यस्तिग्मशृंगो वृषभो न भीम एकः कृष्टीश्च्यावयति प्र विश्वाः ।
यः शश्वतो अदाशुषो गयस्य प्रयन्तासि सुष्वितराय वेदः ।।१।।
त्वं ह त्यदिन्द्र कुत्समावः शुश्रूषमाणस्तन्वा समर्ये ।
दासं यच्छुष्णं कुयवं न्यस्मा अरन्धय आर्जुनेयाय शिक्षन् ।।२।।
त्वं धृष्णो धृषता वीतहव्यं प्रावो विश्वाभिरूतिभिः सुदासम् ।
प्र पौरुकुत्सिं त्रसदस्युमावः क्षेत्रसाता वृत्रत्येषु पुरुम् ।।३।।
त्वं नृभिर्नृमणो देववीतौ भूरीणि वृत्रा हर्यश्व हंसि ।
त्वं नि दस्युं चुमुरिं धुनिं चास्वापयो दभीतये सुहन्तु ।।४।।
तव च्यौत्नानि वज्रहस्त तानि नव यत्पुरो नवतिं च सद्यः ।
निवेशने शततमाविवेषीरहंच वृत्रं नमुचिमुताहन् ।।५।।
सना ता त इन्द्र भोजनानि रातहव्याय दाशुषे सुदासे ।
वृष्णे ते हरी वृषणा युनज्मि व्यन्तु ब्रह्माणि पुरुशाक वाजम् ।।६।।
मा ते अस्यां सहसावन्परिष्टावघाय भूम हरिवः परादै ।
त्रायस्व नोऽवृकेभिर्वरूथैस्तव प्रियासः सूरिषु स्याम ।।७।।
प्रियास इत्ते मघवन्नभिष्टौ नरो मदेम शरणे सखायः ।
नि तुर्वशं नि याद्वं शिशीह्यतिथिग्वाय शंस्यं करिष्यन् ।।८।।
सद्यश्चिन्नु ते मघवन्नभिष्टौ नरः शंसन्त्युक्थशाम उक्था ।
ये ते हवेभिर्वि पणींरदाशन्नस्मान्वृणीष्व युज्याय तस्मै ।।९।।
एते स्तोमा नरां नृतम तुभ्यस्मद्र्यंचो ददतो मघानि ।
तेषामिन्द्र वृत्रहत्ये शिवो भूः सखा च शूरोऽविता च नृणाम् ।।१०।।
नू इन्द्र शूर स्तवमान ऊती ब्रह्मजूतस्तन्वा वावृधस्व ।

उप नो वाजान्मिमीह्युप स्तीन्यूयं पात स्वस्तिभिः सदा नः ।।११।।

ऋ. ७.20.१–१०

उग्रो जज्ञे वीर्याय स्वधावांचक्रिरपो नर्यो यत्करिष्यन् ।
जग्मिर्युवा नृषदनमवोभिस्त्राता न इन्द्र एनसो महश्चित् ।।१।।
हन्ता वृत्रमिन्द्रः शूशुवानः प्रावीन्नु वीरो जरितारमूती ।
कर्ता सुदासे अह वा उ लोकं दाता वसु मुहुरा दाशुषे भूत् ।।2।।
युध्मो अनर्वा खजकृत्समद्वा शूरः सत्राषाड् जनुषेमषाळहः ।
व्यास इन्द्रः पृतनाः स्वोजा अधा विश्वं शत्रूयन्तं जघान ।।३।।
उभे चिदिन्द्र रोदसी महित्वा पप्राथ तविषीभिस्तुविष्मः ।
नि वज्रमिन्द्रो हरिवान्मिमिक्षन्त्समन्धसा मदेषु वा उवोच ।।४।।
वृषा जजान वृषणं रणाय तमु चिन्नारी नर्यं ससूव ।
प्र यः सेनानीरध नृभ्यो अस्तीनः सत्वा गवेष्णः स धृष्णुः ।।५।।
नू चित्स भ्रेषते जनो न रेषन्मनो यो अस्य घोरमाविवासात् ।
यज्ञैर्य इन्द्रे दधते दुवांसि क्षयत्स राय ऋतपा ऋतेजाः ।।६।।
यदिन्द्र पूर्वो अपराय शिक्षन्नयज्ज्यायान् कनीयसो देष्णम् ।
अमृत इत्पर्यासीत दूरमा चित्र चित्र्यं भरा रयिं नः ।।७।।
यस्त इन्द्र प्रियो जनो ददाशदसन्निरेके अद्रिवः सखा ते ।
वयं ते अस्यां सुमतौ चनिष्ठाः स्याम वरूथे अघ्नतो नृपीतौ ।।८।।
एष स्तोमो अचिक्रदद्वृषा त उत स्तामुर्मघवन्नक्रपिष्ट ।
रायस्कामो जरितारं त आगन्त्वमंग शक्र वस्व आ शको नः ।।६।।
स न इन्द्र त्वयताया इषे धास्त्मना च ये मघवानो जुनन्ति ।
वस्वी षु ते जरित्रे अस्तु शक्तिर्यूयं पात स्वस्तिभिः सदा न ।।१०।।

ऋ. ७.2१.१–१०

असावि देवं गोऋजीकमन्धो न्यस्मिन्निन्द्रो जनुषेमुवोच ।
बोधामसि त्वा हर्यश्व यज्ञैर्बोधा नः स्तोममन्धसो मदेषु ।।१।।
प्र यन्ति यज्ञं विपयन्ति बर्हिः सोममादो विदथे दुध्रवाचः ।
न्यु भ्रियन्ते यशसो गृभादा दूरउपब्दो वृषणो नृषाचः ।।2।।
त्वमिन्द्र स्रवितवा अपस्फः परिष्ठिता अहिना शूर पूर्वीः ।
त्वद्वाक्रे रथ्यो३ न धेना रेजन्ते विश्वा कृत्रिमाणि भीषा ।।३।।
भीमो विवेषायुधेभिरेषामपांसि विश्वा नर्याणि विद्वान् ।
इन्द्रः पुरो जर्हृषाणो वि दूधोद्विवज्रहस्तो महिना जघान ।।४।।
न यातव इन्द्र जूजुवुर्नो न वन्दना शविष्ठ वेद्याभिः ।
स शर्धदर्यो विषुणस्य जन्तोर्मा शिश्नदेवा अपि गुर्ऋतं नः ।।५।।
अभि क्रत्वेन्द्र भूरध ज्मन्न ते विव्यङ्महिमानं रजांसि ।
स्वेना हि वृत्रं शवसा जघन्थ न शत्रुरन्तं विविदद्युधा ते ।।६।।
देवाश्चित्ते असुर्याय पूर्वेऽनु क्षत्राय ममिरे सहांसि ।
इन्द्रो मघानि दयते विषह्येन्द्रं वाजस्य जोहुवन्त सातौ ।।७।।
कीरिश्चिद्धि त्वामवसे जुहावेशानमिन्द्र सौभगस्य भूरेः ।
अवो बभूथ शतमूते अस्मे अभिक्षत्तुस्त्वावतो वरूता ।।८।।
सखायस्त इन्द्र विश्वह स्याम नमोवृधासो महिना तरुत्र ।
वन्वन्तु स्मा तेऽवसा समीके३ भीतिमर्यो वनुषां शवांसि ।।६।।
स न इन्द्र त्वयताया इषे धास्त्मना च ये मघवानो जुनन्ति ।
वस्वी षु ते जरित्रे अस्तु शक्तियूयं पात स्वस्तिभिः सदा नः ।।१०।।

ऋ. ७.22.१–६
पिबा सोममिन्द्र मन्दतु त्वा यं ते सुषाव हर्यश्वद्रिः। सोतुर्बाहुभ्यां सुयतो नार्वा ।।१।।
यस्ते मदो युज्यश्चारुरस्ति येन वृत्राणि हर्यश्व हंसि। स त्वामिन्द्र प्रभूवसो ममत्तु ।।2।।
बोधा सु मे मघवन्वाचमेमां या ते वसिष्ठो अर्चति प्रशस्तिम्। इमा ब्रह्म सधमादे जुषस्व ।।३।।
श्रुधी हवं विपिपानस्याद्रेर्बोधा विप्रस्यार्चतो मनीषाम्। कृष्वा दुवांस्यन्तमा सचेमा ।।४।।
न ते गिरो अपि मृष्ये तुरस्य न सुष्टुतिमसुर्यस्य विद्वान्। सदा ते नाम स्वयशो विवक्मि।।५।।
भूरि हि ते सवना मानुषेषु भुरि मनीषी हवते त्वामित्। मारे अस्मन्मघवंज्योक्कः ।।६।।
तुभ्येदिमा सवना शूर विश्वा तुभ्यं ब्रह्माणि वर्धना कृणोमि। त्वं नुभिर्हव्यो विश्वधासि ।।७।।
नू चिन्नु ते मन्यमानस्य दस्मोदश्नुवन्ति महिमानमुग्र। न वीर्यमिन्द्र ते न राधः ।।८।।
ये च पूर्व ऋषयो ये च नूत्ना इन्द्र ब्रह्माणि जनयन्त विप्राः।
अस्मे ते सन्त् सख्या शिवानि यूयं पात स्वस्तिभिः सदा नः ।।९।।

ऋ. ७.2३.१–६
उदु ब्रह्माण्यैरत श्रवस्येन्द्रं समर्ये महया वसिष्ठ ।
आ यो विश्वानि शवसा ततानोपश्रोता म ईवतो वचांसि ।।१।।
अयामि घोष इन्द्र देवजामिरिरज्यन्त यच्छुरुधो विवाचि ।
नहि स्वमायुश्चिकिते जनेषु तानीदंहांस्यति पर्ष्यस्मान् ।।2।।
युजे रथं गवेषणं हरिभ्यामुप ब्रह्माणि जुजुषाणमस्थुः ।
वि बाधिष्ट स्य रोदसी महित्वेन्द्रो वृत्राण्यप्रती जघन्वान् ।।३।।
आपश्चित्पिप्युः स्तर्यो३ न गावो नक्षन्नृतं जरितारस्त इन्द्र ।
याहि वायुर्न नियुतो नो अच्छा त्वं हि धीभिर्दयसे वि वाजान् ।।४।।
ते त्वा मदा इन्द्र मादयन्तु शुष्मिणं तुविराधसं जरित्रे ।
एको देवत्रा दयसे हि मर्तानस्मिंदूर सवने मादयस्व ।।५।।
एवेदिन्द्रं वृषणं वज्रबाहुं वसिष्ठासो अभ्यर्चन्त्यर्कैः ।
स नः स्तुतो वीरवद्धातु गोमद्यूयं पात स्वस्तिभिः सदा नः ।।६।।

ऋ. ७.2४.१–६
योनिष्ट इन्द्र सदने अकारि तमा नृभिः पुरुहूत प्र याहि ।
असो यथा नोऽविता वृधे च ददो वसूनि ममदश्च सोमैः ।।१।।
गृभीतं ते मन इन्द्र द्विबर्हाः सुतः सोमः परिषिक्ता मधूनि ।
विसृष्टधेना भरते सुवृक्तिरियमिन्द्रं जोहुवती मनीषा ।।2।।
आ नो दिव आ पृथिव्या ऋजीषिन्निदं बर्हिः सोमपेयाय याहि ।
वहन्तु त्वा हरयो मद्र्यंचमाङ्गूषमच्छा तवसं मदाय ।।३।।
आ नो विश्वाभिरूतिभिः सजोषा ब्रह्म जुषाणो हर्यश्वयाहि ।
वरीवृजत् स्थविरेभिः सुशिप्रास्मे दधद्वृषणं शुष्ममिन्द्र ।।४।।
एष स्तोमो मह उग्राय वाहे धुरी३ वात्यो न वाजयन्नधायि ।
इन्द्र त्वायमर्क ईट्टे वसूनां दिवीव द्यामधि नः श्रोमतं धाः ।।५।।
एवा न इन्द्र वार्यस्य पूर्धि प्र ते महीं सुमतिं वेविदाम ।
इषं पिन्व मघवद्भ्यः सुवीरां यूयं पात स्वस्तिभिः सदा नः ।।६।।

ऋ. ७.2५.१–६
आ ते मह इन्द्रोत्युग्र समन्यवो यत्समरन्त सेनाः ।
पताति दिद्युन्नर्यस्य बाह्वोर्मा ते मनो विष्वद्र्य१ ग्वि चारीत् ।।१।।
नि दुर्ग इन्द्र श्नथिह्यमित्रानभि ये नो मर्तासो अमन्ति ।
आरे तं शंस कृणुहि निनित्सोरा नो भर संभरणं वसूनाम् ।।2।।
शतं ते शिप्रिन्नूतयः सुदासे सहस्रं शंसा उत रातिरस्तु ।

जहि वधर्वनुषो मर्त्यस्यास्मे द्युम्नमधि रत्नं च धेहि ।।३।।
त्वावतो हीन्द्र क्रत्वे अस्मि त्वावतोऽवितुः शूर रातौ ।
विश्वेदहानि तविषीव उग्रँ ओकः कृणुष्व हरिवो न मर्धीः ।।४।।
कुत्सा एते हर्यश्वाय शूषमिन्द्रे सहो देवजूतमियानाः ।
सत्रा कृधि सुहना शूर वृत्रा वयं तरुत्राः सनुयाम वाजम् ।।५।।
एवा न इन्द्र वार्यस्य पूर्धि प्र ते महीं सुमतिं वेविदाम ।
इषं पिन्व मघवद्भ्यः सुवीरां यूयं पात स्वस्तिभिः सदा नः ।।६।।

ऋ. ७.२६.१–५

न सोम इन्द्रमसुतो ममाद नाब्रह्माणो मघवानं सुतासः ।
तस्मा उक्थं जनये यज्जुजोषन्नृवन्नवीयः शृणवद्यथा नः ।।१।।
उक्थउक्थे सोम इन्द्रं ममाद नीथेनीथे मघवानं सुतासः ।
यदी सबाधः पितरः न पुत्राः समानदक्षा अवसे हवन्ते ।।२।।
चकार ता कृणवन्नूनमन्या यानि ब्रुवन्ति वेधसः सुतेषु ।
जनीरिव पतिरेकः समानो नि मामृजे पुर इन्द्रः सु सर्वाः ।।३।।
एवा तमाहुरुत शृण्व इन्द्र एको विभक्ता तरणिर्मघानाम् ।
मिथस्तुर ऊतयो यस्य पूर्वीरस्मे भद्राणि सश्चत प्रियाणि ।।४।।
एवा वसिष्ठ इन्द्रमूतये नॄन्कृष्टीनां वृषभं सुते गृणाति ।
सहस्रिण उप नो माहि वाजान् यूयं पात स्वस्तिभिः सदा नः ।।५।।

ऋ. ७.२७.१–५

इन्द्रं नरो नेमधिता हवन्ते यत्पार्या युनजते धियस्ताः ।
शूरो नृषाता शवसश्चकान आ गोमती व्रजे भजा त्वं नः ।।१।।
य इन्द्र शुष्मो मघवन्ते अस्ति शिक्षा सखिभ्यः पुरुहूत नृभ्यः ।
त्वं हि दृळहा मघवन्विचेता अपा वृधि परिवृतं न राधः ।।२।।
इन्द्रो राजा जगतश्चर्षणीनामधि क्षमि विषुरूपं यदस्ति ।
तता ददाति दाशुषे वसूनि चोदद्राध उपस्तुतश्चिदर्वाक् ।।३।।
नू चिन्न इन्द्रो मघवा सहूती दानो वाजं नि यमते न ऊती ।
अनूना यस्य दक्षिणा पीपाय वामं नृभ्यो अभिवीता सखिभ्यः ।।४।।
नू इन्द्र राये वरिवस्कृधी न आ ते मनो ववृत्याम मघाय ।
गोमदश्वावद्रथवद्व्यन्तो यूयं पात स्वस्तिभिः सदा नः ।।५।।

ऋ. ७.२८.१–५

ब्रह्मा ण इन्द्रोप याहि विद्वानर्वांचस्ते हरयः सन्तु युक्ताः ।
विश्वे चिद्धि त्वा विहवन्त मर्ता अस्माकमिच्छृणुहि विश्वमिन्व ।।१।।
हवं त इन्द्र महिमा व्यानड् ब्रह्म यत्पासि शवसिन्नृषीणाम् ।
आ यद्वज्रं दधिषे हस्त उग्र घोरः सन्क्रत्वा जनिष्ठा उषाळहः ।।२।।
तव प्रणीतीन्द्र जोहुवानान्त्सं यन्नॄन्न रोदसी निनेथ ।
महे क्षत्राय शवसे हि जज्ञेऽतूतुजिं चित्तूतुजिरशिश्नत् ।।३।।
एभिर्न इन्द्राहभिर्दशस्य दुर्मित्रासो हि क्षितयः पवन्ते ।
प्रति यच्चष्टे अनृतमनेना अव द्विता वरुणो मायी नः सात् ।।४।।
वोचेमेदिन्द्रं मघवानमेनं महो रायो राधसो यद्ददन्नः ।
यो अर्चतो ब्रह्मकृतिमविष्ठो यूयं पात स्वस्तिभिः सदा नः ।।५।।

ऋ. ७.२९.१–५

अयं सोम इन्द्र तुभ्यं सुन्व आ तु प्र याहि हरिवस्तदोकाः ।

पिबा त्व१स्य सुषुतस्य चारोर्ददो मघानि मघवन्नियानः ।।१।।
ब्रह्मन्वीर ब्रह्मकृतिं जुषाणोऽर्वाचीनो हरिमिर्याहि तूयम् ।
अस्मिन्नू षु सवने मादयस्वोप ब्रह्माणि शृणव इमा नः ।।2।।
का ते अस्त्यरंकृतिः सूक्तैः कदा नूनं ते मघवन् दाशेम ।
विश्वा मतीरा ततने त्वायाधा म इन्द्र शृणवो हवेमा ।।३।।
उतो घा ते पुरुष्या३ इदासन्येषां पूर्वेषामशृणोत्रृर्षीणाम् ।
अधाहं त्वा मघवंजोहवीमि त्वं न इन्द्रासि प्रमतिः पितेव ।।४।।
वोचेमेदिन्द्रं मघवानमेनं महो रायो राधसो यद्ददन्नः ।
यो अर्चतो ब्रह्मकृतिमविष्ठो यूयं पात स्वस्तिभिः सदा नः ।।५।।

ऋ. ७.३०.१–५

आ नो देव शवसा याहि शुष्मिन्भवा वृध इन्द्र रायो अस्य ।
महे नृम्णाय नृपते सुवज्र महि क्षत्राय पौंस्याय शूर ।।१।।
हवन्त उ त्वा हव्यं विवाचि तनूषु शूराः सूर्यस्य सातौ ।
त्वं विश्वेषु सेन्यो जनेषु त्वं वृत्राणि रन्धया सुहन्तु ।।2।।
अहा यदिन्द्र सुदिना व्युच्छान्दधो यत्केतुमुपमं समत्सु ।
न्यृग्निः सीददसुरो न होता हुवानो अत्र सुभगाय देवान् ।।३।।
वयं ते त इन्द्र ये च देव स्तवन्त शूर ददतो मघानि ।
यच्छा सूरिभ्य उपमा वरूथं स्वाभुवो जरणामश्नवन्त ।।४।।
वोचेमेदिन्द्रं मघवानमेनं महो रायो राधसो यद्ददन्नः ।
यो अर्चतो ब्रह्मकृतिमविष्ठो यूयं पात स्वस्तिभिः सदा नः ।।५।।

ऋ. ७.३१.१–१२

प्र व इन्द्राय मादनं हर्यश्वाय गायत। सखायः सोमपाव्ने ।।१।।
शंसेदुक्थं सुदानव उत द्युक्षं यथा नरः। चकृमा सत्यराधसे ।।2।।
त्वं न इन्द्र वाजयुस्त्वं गव्युः शतक्रतो। त्वं हिरण्युर्वसो ।।३।।
वयमिन्द्र त्वायवोऽभि प्र णोनुमो वृषन्। विद्धी त्व१स्य नो वसो ।।४।।
मा नो निदे च वक्तवेऽर्यो रन्धीरराव्णे। त्वे अपि क्रतुर्मम ।।५।।
त्वं वर्मासि सप्रथः पुरोयोधश्च वृत्रहन्। त्वया प्रति ब्रुवे युजा ।।६।।
महाँ उतासि यस्य तेऽनु स्वधावरी सहः। मम्नाते इन्द्र रोदसी ।।७।।
तं त्वा मरुत्वती परि भुवद्वाणि सयावरी। नक्षमाणा सह द्युभिः ।।८।।
ऊर्ध्वासस्त्वानिवन्दवो भुवन्दस्ममुप द्यवि। सं ते नमन्त कृष्टयः ।।९।।
प्र वो महे महिवृधे भरध्वं प्रचेतसे प्र सुमतिं कृणुध्वम्। विशः पूर्वीः प्र चरा चर्षणिप्राः ।।१०।।
ऊरुव्यचसे महिने सुवृक्तिमिन्द्राय ब्रह्म जनयन्त विप्राः। तस्य व्रतानि न मिनन्ति धीराः ।।११।।
इन्द्र वाणीरनुत्तमन्युमेव सत्रा राजानं दधिरे सहध्यै। हर्यश्वाय बर्हया समापीन् ।।१2।।

ऋ. ७.३2.१–2७

मो षु त्वा वाघतश्चनारे अस्मन्नि रीरमन् ।
आरात्तच्चित् सधमादं न आ गहीह वा सन्नुप श्रुधि ।।१।।
इमे हि ते ब्रह्मकृतः सुते सचा मधौ न मक्ष आसते ।
इन्द्रे कामं जरितारो वसूयवो रथे न पादमा दधुः ।।2।।
रायस्कामो वज्रहस्तं सुदक्षिणं पुत्रो न पितरं हुवे ।।३।।
इम इन्द्राय सुन्विरे सोमासो दध्याशिरः ।
ताँ आ मदाय वज्रहस्त पीतये हरिभ्यां याह्योक आ ।।४।।
श्रवच्छुत्कर्ण ईयते वसूनां नू चिन्नो मर्धिषद् गिरः ।
सद्यश्चिद्यः सहस्राणि शता ददन्नकिर्दित्सन्तमा मिनत् ।।५।।

स वीरो अप्रतिष्कुत इन्द्रेण शूशुवे नृभिः ।
यस्ते गभीरा सवनानि वृत्रहन्त्सुनोत्या च धावति ।।६।।
भवा वरूथं मघवन्मघोनां यत्समजासि शर्धतः ।
वि त्वाहतस्य वेदनं भजेमह्या दूणाशो भरा गयम् ।।७।।
सुनोता सोमपाव्ने सोममिन्द्राय वज्रिणे ।
पचता पक्तीरवसे कृणुध्वमित्पृणन्नित्पृणते मयः ।।८।।
मा स्रेधत सोमिनो दक्षता महे कृणुध्वं राय आतुजे ।
तरणिरिज्जयति क्षेति पुष्यति न देवासः कवत्नवे ।।९।।
नकिः सुदासो रथं पर्यास न रीरमत् ।
इन्द्रो यस्याविता यस्य मरुतो गमत्स गोमति व्रजे ।।१०।।
गमद्वाजं वाजयन्निन्द्र मर्त्यो यस्य त्वमविता भुवः ।
अस्माकं बोध्यविता रथानामस्माकं शूर नृणाम् ।।११।।
उदिन्वस्य रिच्यतेंऽशो धनं न जिग्युषः ।
य इन्द्रो हरिवान्न दभन्ति तं रिपो दक्षं दधाति सोमिनि ।।१२।।
मन्त्रमखर्वं सुधितं सुपेशसं दधात यज्ञियेष्वा ।
पूर्वीश्चन प्रसितयस्तरन्ति तं य इन्द्रे कर्मणा भुवत् ।।१३।।
कस्तमिन्द्र त्वावसुमा मर्त्यो दधर्षति ।
श्रद्धा इत्ते मघवन्पार्ये दिवि वाजी वाजं सिषासति ।।१४।।
मघोनः स्म वृत्रहत्येषु चोदय ये ददति प्रिया वसु ।
तव प्रणीती हर्यश्व सुरिभिर्विश्वा तरेम दुरिता ।।१५।।
तवेदिन्द्रावमं वसु त्वं पुष्यसि मध्यमम् ।
सत्रा विश्वस्य परमस्य राजसि नकिष्ट्वा गोषु वृण्वते ।।१६।।
त्वं बिश्वस्य धनदा असि श्रुतो य ईं भवन्त्याजयः ।
त्वायं विश्वः पुरुहूत पार्थिवोऽवस्युर्नाम भिक्षते ।।१७।।
यदिन्द्र यावतस्त्वमेतावदहमीशीय ।
स्तोतारमिद्दिधिषेय रदावसो न पापत्वाय रासीय ।।१८।।
शिक्षेयमिन्महयते दिवेदिवे राय आ कुहचिद्विदे ।
नहि त्वदन्यमन्घवन्न आप्यं वस्यो अस्ति पिता चन ।।१९।।
तरणिरित्सिषासति वाजं पुरन्ध्या युजा ।
आ व इन्द्रं पुरुहूतं नमे गिरा नेमिं तष्टेव सुद्रवम् ।।20।।
न दुष्टुती मर्त्यो विन्दते वसु न स्रेधन्तं रयिर्नशत् ।
सुशक्तिरिन्मघवन्तुभ्यं मावते देष्णं यत्पार्ये दिवि ।।21।।
अभि त्वा शूर नोनुमोऽदुग्धा इव धेनवः ।
ईशानमस्य जगतः स्वर्दृशमीशानमिन्द्र तस्थुषः ।।22।।
न त्वावाँ अन्यो दिव्यो न पार्थिवो न जातो न जनिष्यते ।
अश्वायन्तो मघवन्निन्द्र वाजिनो गव्यन्तस्त्वा हवामहे ।।23।।
अभी षतस्तदा भरेन्द्र ज्यायः कनीयसः ।
पुरूवसुर्हि मघवन्त्सनादसि भरेभरे च हव्यः ।।24।।
परा णुदस्व मघवन्नमित्रान्त्सुवेदा नो वसू कृधि ।
अस्माकं बोध्यविता महाधने भवा वृधः सखीनाम् ।।25।।
इन्द्र क्रतुं न आ भर पिता पुत्रेभ्यो यथा ।
शिक्षा णो अस्मिन्पुरुहूत यामनि जीवा ज्योतिरशीमहि ।।26।।
मा नो अज्ञाता वृजना दुराध्यो३ माशिवासो अव क्रमुः ।
त्वया वयं प्रवतः शश्वतीरपोऽति शूर तरामसि ।।27।।

ऋ. ७.५५.2—८

यदर्जुन सारमेय दतः पिशंग यच्छसे ।
वीव भ्राजन्त ऋष्टय उप स्रक्वेषु बप्सतो नि षु स्वप ।।2।।
स्तेनं राय सारमेय तस्करं वा पुनः सर ।
स्तोतृनिन्द्रस्य रायसि किमस्मान्दुच्छुनायसे नि षु स्वप ।।३।।
त्वं सुकरस्य दर्दृहि तव दर्दर्तु सूकरः ।
स्तोतृनिन्द्रस्य रायसि किमस्मान्दुच्छुनायसे नि षु स्वप ।।४।।
सस्तु माता सस्तु पिता सस्तु श्वा सन्तु विश्पतिः ।
ससन्तु सर्वे ज्ञातयः सस्त्वयमभितो जनः ।।५।।
य आस्ते यश्च चरति यश्च पश्यति नो जनः ।
तेषां सं हन्मो अक्षाणि यथेदं हर्म्यं तथा ।।६।।
सहस्रशृंगो वृषभो यः समुद्रादुदाचरत् ।
तेना सहस्येना वयं नि जनान्त्स्वापयामसि ।।७।।
प्रोष्ठेशया वह्येशया नारीर्यास्तल्पशीवरीः ।
स्त्रियो याः पुण्यगन्धास्ताः सर्वाः स्वापयामसि ।।८।।

ऋ. ७.९७.१

यज्ञे दिवो नृषदने पृथिव्या नरो यत्र देवयवो मदन्ति ।
इन्द्राय यत्र सवनानि सुन्वे गमन्मदाय प्रथमं वयश्च ।।१।।

ऋ. ७.९८.१—६

अध्वर्यवोऽरुणं दुग्धमंशुं जुहोतन वृषभाय क्षितीनाम् ।
गौराद्वेदीयाँ अवपानमिन्द्रो विश्वाहेद्याति सुतसोममिच्छन् ।।१।।
यद्दधिषे प्रदिवि चार्वन्नं दिवेदिवे पीतिमिदस्य वक्षि ।
उत हृदोत मनसा जुषाण उशन्निन्द्र प्रस्थितान् पाहि सोमान् ।।2।।
जज्ञानः सोमं सहसे पपाथ प्र ते माता महिमानमुवाच ।
एन्द्र पप्राथोर्व१ न्तरिक्षं युधा देवेभ्यो वरिवश्चकर्थ ।।३।।
यद्योधया महतो मन्यमानान्त्साक्षाम तान् बाहुभिः शाशदानान् ।
यद्वा नृभिर्वृत इन्द्राभियुध्यास्तं त्वयाजिं सौश्रवसं जयेम ।।४।।
प्रेन्द्रस्य वोचं प्रथमा कृतानि प्र नूतना मघवा या चकार ।
यदेददेवीरसहिष्ट माया अथाभवत्केवलः सोमो अस्य ।।५।।
तवेदं विश्वमभितः पशव्यं१ यत्पश्यसि चक्षसा सूर्यस्य ।
गवामसि गोपतिरेक इन्द्र भक्षीमहि ते प्रयतस्य वस्वः ।।६।।

ऋ. ७.१०४.८

यो मा पाकेन मनसा चरन्तमभिचष्टे अनृतेभिर्वचोभिः ।
आपइव काशिना संगृभीता असन्नस्त्वासत इन्द्र वक्ता ।।८।।

ऋ. ७.१०४.१६

यो मायातुं यातुधानेत्याह यो वा रक्षाः शुचिरस्मीत्याह ।
इन्द्रस्तं हन्तु महता वधेन विश्वस्य जन्तोरधमस्पदीष्ट ।।१६।।

ऋ. ७.१०४.१६

प्र वर्तय दिवो अश्मानमिन्द्र सोमशितं मघवन्त्सं शिशाधि ।
प्राक्तादपाक्तादधरादुदक्तादभि जहि रक्षसः पर्वतेन ।।१६।।

ऋ. ७.१०४.१९—22

एत उ त्ये पतयन्ति श्वयातव इन्द्रं दिप्सन्ति दिप्सवोऽदाभ्यम् ।

शिशीते शक्रः पिशुनेभ्यो वधं नूनं सृजदशनिं यातुमद्भ्यः ।।20।।
इन्द्रो यातूनामभवत् पराशरो हविर्मथीनामभ्या३ विवासताम् ।
अभीदु शक्रः परशुर्यथा वनं पात्रेव भिन्दन्त्सत एति रक्षसः ।।21।।
उलूकयातुं शुशुलूकयातुं जहि श्वयातुमुत कोकयातुम् ।
सुपर्णयातुमुत गृध्रयातुं दृषदेव प्र मृण रक्ष इन्द्र ।।22।।

ऋ. ७.१०४.२४

इन्द्र जहि पुमांसं यातुधानमुत स्त्रियं यया शाशदानाम् ।
विग्रीवासो मूरदेवा ऋदन्तु मा ते दृशन्त्सूर्यमुच्चरन्तम् ।।२४।।

य. १२.३४

प्रप्रायमग्निर्भरतस्य शृण्वे वि यत्सूर्यो न रोचते बृहद्भाः ।
अभि यः पूरुं पृतनासु तस्थौ दीदाय दैव्योऽअतिथिः शिवो नः ।।३४।।

य. २०.५४

एवेदिन्द्रं वृषणं वज्रबाहुं बसिष्ठासोऽ अभ्यर्चन्त्यर्कैः ।
स न स्तुतो वीरवद्धातु गोमद्यूयं पात स्वस्तिभिः सदा नः ।।५४।।

य. २६.१०

महाँ2ऽ इन्द्रो वज्रहस्तः षोडशी शर्म यच्छतु। हन्तु पाप्मानं योऽस्मान् द्वेष्टि। उपयामगृहीतोऽसि महेन्द्राय त्वैष ते योनिर्महेन्द्राय त्वा ।।१०।।

य. ३३.१८

आपश्चित्पिप्यु स्तर्यो न गावो नक्षन्नृतं जरितारस्तऽइन्द्र ।
याहि वायुर्न नियुतो नोऽअच्छा त्वं हि धीभिर्दयसे वि वाजान् ।।१८।।

अ. २०.१२.१–६

उदु ब्रह्माण्यैरत श्रवस्येन्द्रं समर्ये महया वसिष्ठ ।
आ यो विश्वानि शवसा ततानोपश्रोता म ईवतो वचांसि ।।१।।
अयामि घोष इन्द्र देवजामिरिरज्यन्त यच्छुरुधो विवाचि ।
नहि स्वमायुश्चिकिते जनेषु तानीदंहांस्यति पर्ष्यस्मान् ।।2।।
युजे रथं गवेषणं हरिभ्यामुप ब्रह्माणि जुजुषाणमस्थुः ।
वि बाधिष्ट स्य रोदसी महित्वेन्द्रो वृत्रण्यप्रती जघन्वान् ।।३।।
आपश्चित् पिप्यु स्तर्यो३ न गावो नक्षन्नृतं जरितारस्त इन्द्र ।
याहि वायुर्न नियुतो नो अच्छा त्वं हि धीभिर्दयसे वि वाजान् ।।४।।
ते त्वा मदा इन्द्र मादयन्तु शुष्मिणं तुविराधसं जरित्रे ।
एको देवत्रा दयसे हि मार्तानस्मिंछूर सवने मादयस्व ।।५।।
एवेदिन्द्रं वृषणं वज्रबाहुं वसिष्ठासो अभ्यर्चन्त्यर्कैः ।
स न स्तुतो वीरवद् धातु गोमद् यूयं पात स्वस्तिभिः सदा नः ।।६।।

अ. २०.१८.४–६

वयमिन्द्र त्वायवोऽभि प्र णोनुमो वृषन्। विद्धी त्व१स्य नो वसो ।।४।।
मा नो निदे च वक्तवेऽर्यो रन्धीरराव्णे। त्वे अपि क्रतुर्मम ।।५।।
त्वं वर्मासि सप्रथः पुरोयोधश्च वृत्रहन्। त्वया प्रति ब्रुवे युजा ।।६।।

अ. २०.१७.१२

बृहस्पते युवमिन्द्रश्च वस्वो दिव्यस्येशाथे उत पार्थिवस्य ।
धत्तं रयिं स्तुवते कीरये चिद्यूयं पात स्वस्तिभिः सदा नः ।।१2।।

अ. २०.५६.३–४

उदिन्नवस्य रिच्यतेंऽशो धनं न जिग्युषः ।
य इन्द्रो हरिवान्न दभन्ति तं रिपो दक्षं दधाति सोमिनि ।।३।।

मन्त्रमखर्वं सुधितं सुपेशसं दधात यज्ञियेष्वा ।
पूर्वीश्चन प्रसितयस्तरन्ति तं य इन्द्रे कर्मणा भुवत् ।।४।।

अ. २०.७३.१–३

तुभ्येदिमा सवना शूर विश्वा तुभ्यं ब्रह्माणि वर्धना कृणेमि। त्वं नृभिर्हव्यो विश्वधासि ।।१।।
नू चिन्नु ते मन्यमानस्य दस्मोदश्नुवन्ति महिमानमुग्र। न वीर्यमिन्द्र ते न राधः ।।2।।
प्र वो महे महिवृधे भरध्वं प्रचेतसे प्र सुमतिं कृणुध्वम्। विशः पूर्वीः प्र चरा चर्षणिप्राः ।।३।।

अ. २०.८2.१–2

यदिन्द्र यावतस्त्वमेतावदहमीशीय । स्तोतारमिद् दिधिषेय रदावसो न पापत्वाय रासीय ।।१।।
शिक्षेयमिन्महयते दिवेदिवे राय आ कुहचिद्विदे ।
नहि त्वदन्यन्मघवन् न आप्यं वस्यो अस्ति पिता चन ।।2।।

अ. २०.८७.१–६

अध्वर्यवोऽरुणं दुग्धमंशुं जुहोतन वृषभाय क्षितीनाम् ।
गौराद् वेदीयाँ अवपानमिन्द्रो विश्वाहेद्याति सुतसोममिच्छन् ।।१।।
यद् दधिषे प्रदिवि चार्वन्नं दिवेदिवे पीतिमिदस्य वक्षि ।
उत हृदोत मनसा जुषाण उशन्निन्द्र प्रस्थितान् पाहि सोमान् ।।2।।
जज्ञानः सोमं सहसे पपाथ प्र ते माता महिमानमुवाच ।
एन्द्र पप्राथोर्व१न्तरिक्षं युधा देवेभ्यो वरिवश्चकर्थ ।।३।।
यद् योधया महतो मन्यमानान् साक्षाम तान् बाहुभिः शाशदानान् ।
यद्वा नृभिर्वृत इन्द्राभियुध्यायस्तं त्वपायाजिं सौश्रवसं जयेम ।।४।।
प्रेन्द्रस्य वोचं प्रथमा कृतानि प्र नूतना मघवा या चकार ।
यदेददेवीरसहिष्ट माया अथाभवत् केवलः सोमो अस्य ।।५।।
तवेदं विश्वमभितः पशव्यं१ यत् पश्यसि चक्षसा सूर्यस्य ।
गवामसि गोपतिरेक इन्द्र भक्षीमहि ते प्रयतस्य वस्वः ।।६।।

अ. २०.११७.१–३

पिबा सोममिन्द्र मन्दतु त्वा यं ते सुषाव हर्यश्वाद्रिः। सोतुर्बाहुभ्यां सुयतो नार्वा ।।१।।
यस्ते मदो युज्यश्चरुरस्ति येन वृत्राणि हर्यश्व हंसि। त्वामिन्द्र प्रभूवसो ममत्तु ।।2।।
बोधा सु मे मघवन् वाचमेमां यां ते वसिष्ठो अर्चति प्रशस्तिम्।
इमा ब्रह्म सधमादे जुषस्व ।।३।।

१३. इन्द्राग्नी – ऋ. ७.६३.१–८; ७.६४.१–12; य. ३३.७६

ऋ. ७.६३.१–८

शुचिं नु स्तोमं नवजातमद्येन्द्राग्नी वृत्रहणा जुषेथाम् ।
उभा हि वां सुहवा जोहवीमि ता वाजं सद्य उशते धेष्ठा ।।१।।
ता सानसी शवसाना हि भूतं साकंवृधाा शवसा शुशुवांसा ।
क्षयन्तौ रायो यवसस्य भूरेः पृङ्क्तं वाजस्य स्थविरस्य घृष्वेः ।।2।।
उपो ह यद्विदथं वाजिनो गुर्धीभिर्विप्राः प्रमतिमिच्छमानाः ।
अर्वन्तो न काष्ठां नक्षमाणा इन्द्राग्नी जोहुवतो नरस्ते ।।३।।
गीर्भिर्विप्रः प्रमतिमिच्छमान ईट्टे रयिं यशसं पूर्वभाजम् ।
इन्द्राग्नी वृत्रहणा सुवज्रा प्र नो नव्येभिस्तिरतं देष्णैः ।।४।।
सं यन्मही मिथती स्पर्धमाने तनूरुचा शूरसाता यतैते ।
अदेवयुं विदथे देवयुभिः सत्रा हतं सोमसुता जनेन ।।५।।
इमामू षु सोमसुतिमुप न एन्द्राग्नी सौमनसाय यातम् ।
नू चिद्धि परिमम्नाथे अस्माना वां शश्वद्भिर्ववृतीय वाजैः ।।६।।

सो अग्न एना नमसा समिद्धोऽच्छा मित्रं वरुणमिन्द्रं वोचेः ।
यत्सीमागश्चकृमा तत्सु मृळ तदर्यमादितिः शिश्रथन्तु ।।७।।
एता अग्न आशुषाणास इष्टीर्युवोः सचाभ्यश्याम वाजान् ।
मेन्द्रो नो विष्णुर्मरुतः परि ख्यन्यूयं पात स्वस्तिभिः सदा नः ।।८।।

ऋ. ७.६४.१–१२

इयं वामस्य मनमन इन्द्राग्नी पूर्व्यस्तुतिः। अभ्राद्वृष्टिरिवाजनि ।।१।।
शृणुतं जरितुर्हवमिन्द्राग्नी वनतं गिरः। ईशाना पिप्यतं धियः ।।२।।
मा पापत्वाय नो नरेन्द्राग्नी मभिशस्तये। मा नो रीरधतं निदे ।।३।।
इन्द्रे अग्ना नमो बृहत्सुवृक्तिमेरयामहे। धिया धेना अवस्यवः ।।४।।
ता हि शश्वन्त ईळत इत्था विप्रास ऊतये। सबाधो वाजसातये ।।५।।
ता वां गीर्भिर्विपन्यवः प्रयस्वन्तो हवामहे। मेधसाता सनिष्यवः ।।६।।
इन्द्राग्नी अवसा गतमस्मभ्यं चर्षणीसहा। मा नो दुःशंस ईशत ।।७।।
मा कस्य नो अररुषो धूर्तिः प्रणङ् मर्त्यस्य। इन्द्राग्नी शर्म यच्छतम् ।।८।।
गोमद्धिरण्यवद्वसु यद्वामश्वावदीमहे। इन्द्राग्नी तद्वनेमहि ।।९।।
यत्सोम आ सुते नर इन्द्राग्नी अजोहवुः। सप्तीवन्ता सपर्यवः ।।१०।।
उक्थेभिर्वृत्रहन्तमा या मन्दाना चिदा गिरा। आङ्गूषैराविवासतः ।।११।।
ताविद्दुःशंसं मर्त्यं दुर्विद्वांसं रक्षस्विनम्। आभोगं हन्मना हतमुदधिं हन्मना हतम् ।।१२।।

य. ३३.७६

उक्थेभिर्वृत्रहन्तमा या मन्दाना चिदा गिरा। आंगूषैराविवासतः ।।७६।।

१४. इन्द्रादयः – य. ८.५५

इन्द्रश्च मरुतश्च क्रयायोपोत्थितो ऽसुरः पण्यमानो मित्रः क्रीतो विष्णुः शिपिविष्ट उरावासन्नो विष्णुर्नरन्धिषः ।।५५।।

१५. इन्द्राबृहस्पती – ऋ. ७.९७.१०; ७.९८.७; अ. २०.८७.७

ऋ. ७.९७.१०

बृहस्पते युवमिन्द्रश्च वस्वो दिव्यस्येशाथे उत पार्थिवस्य ।
धत्तं रयिं स्तुवते कीरये चिद्यूयं पात स्वस्तिभिः सदा नः ।।१०।।

ऋ. ७.९८.७

बृहस्पते युवमिन्द्रश्च वस्वो दिव्यस्येशाथे उत पार्थिवस्य ।
धत्तं रयिं स्तुवते कीरये चिद्यूयं पात स्वस्तिभिः सदा नः ।।७।।

अ. २०.८७.७

बृहस्पते युवमिन्द्रश्च वस्वो दिव्यस्येशाथे उत पार्थिवस्य ।
धत्तं रयिं स्तुवते कीरये चिद् यूयं पात स्वस्तिभिः सदा नः ।।७।।

१६. इन्द्राब्रह्मणस्पती – ऋ. ७.९७.३; ९

ऋ. ७.९७.३

तमु ज्येष्ठं नमसा हविर्भिः सुशेवं ब्रह्मणस्पतिं गृणीषे ।
इन्द्रं श्लोको महि दैव्यः सिषक्तु यो ब्रह्मणो देवकृतस्य राजा ।।३।।

ऋ. ऋ. ७.९७.९

इयं वां ब्रह्मणस्पते सुवृक्तिब्रह्मेन्द्राय वज्रिणे अकारि ।
अविष्टं धियो जिगृतं पुरन्धीर्जजस्तमर्यो वनुषामरातीः ।।९।।

१७. इन्द्रावरुणौ – ऋ. ७.८२.१–१०; ७.८३.१–१०; ७.८४.१–५; ७.८५.१–५

ऋ. ७.८२.१–१०

इन्द्रावरुणा युवमध्वराय नो विशे जनाय महि शर्म यच्छतम् ।

दीर्घप्रयज्युमति यो वनुष्यति वयं जयेम पृतनासु दूढ्यः ।।१।।
सम्राळन्य स्वराळन्य उच्यते वां महान्ताविन्द्रावरुणा महावसू ।
विश्वे देवासः परमे व्योमनि सं वामोजो वृषणा सं बलं दधुः ।।2।।
अन्वपां खान्यतृन्तमोजसा सूर्यमैरयतं दिवि प्रभुम् ।
इन्द्रावरुणा मदे अस्य मायिनोऽपिन्वतमपितः पिन्वतं धियः ।।३।।
युवामिद्युत्सु पृतनासु वह्नयो युवां क्षेमस्य प्रसवे मितज्ञवः ।
ईशाना वस्व उभयस्य कारव इन्द्रावरुणा सुहवा हवामहे ।।४।।
इन्द्रावरुणा यदिमानि चक्रथुर्विश्वा जातानि भुवनस्य मज्मना ।
क्षेमेण मित्रो वरुणं दुवस्यति मरुद्भिरुग्रः शुभमन्य ईयते ।।५।।
महे शुल्काय वरुणस्य नु त्विष ओजो मिमाते ध्रुवमस्य यत्स्वम् ।
अजामिमन्यः श्नथयन्तमातिरद्दभ्रेभिरन्यः प्र वृणोति भूयसः ।।६।।
न तमंहो न दुरितानि मर्त्यमिन्द्रावरुणा न तपः कुतश्चन ।
यस्य देवा गच्छथो वीथो अध्वरं न तं मर्तस्य नशते परिह्वृतिः ।।७।।
अर्वाङ् नरा दैव्येनावसा गतं शृणुतं हवं यदि मे जुजोषथः ।
युवोर्हि सख्यमुत वा यदाप्यं मार्डीकमिन्द्रावरुणा नि यच्छतम् ।।८।।
अस्माकमिन्द्रावरुणा भरेभरे पुरोयोधा भवतं कृष्ट्योजसा ।
यद्वां हवन्त उभये अध स्पृधि नरस्तोकस्य तनयस्य सातिषु ।।९।।
अस्मे इन्द्रो वरुणो मित्रो अर्यमा द्युम्नं यच्छन्तु महि शर्म सप्रथः ।
अवध्रं ज्योतिरदितेर्ऋतावृधो देवस्य श्लोकं सवितुर्मनामहे ।।१०।।

ऋ. ७.८३.१–१०

युवां नरा पश्यमानास आप्यं प्राचा गव्यन्तः पृथुपर्शवो ययुः ।
दासा च वृत्रा हतमार्याणि च सुदासमिन्द्रावरुणावसावतम् ।।१।।
यत्रा नरः समयन्ते कृतध्वजो यस्मिन्नाजा भवति किं चन प्रियम् ।
यत्रा भयन्ते भुवना स्वर्दृशस्तत्रा न इन्द्रावरुणाधि वोचतम् ।।2।।
सं भूम्या अन्ता ध्वसिरा अदृक्षतेन्द्रावरुणा दिवि घोष आरुहत् ।
अस्थुर्जनानामुप मामरातयोऽर्वागवसा हवनश्रुता गतम् ।।३।।
इन्द्रावरुणा वधनभिरप्रति भेदं वन्वन्ता प्र सुदासमावतम् ।
ब्रह्माण्येषां शृणुतं हवीमनि सत्या तृत्सूनामभवत्पुरोहितिः ।।४।।
इन्द्रावरुणावभ्यां तपन्ति माघान्यर्यो वनुषामरातयः ।
युवं हि वस्व उभयस्य राजथोऽध स्मा नोऽवतं पार्ये दिवि ।।५।।
युवां हवन्त उभयास आजिष्विन्द्रं च वस्वो वरुणं च सातये ।
यत्र राजभिर्दशभिर्निबाधितं प्र सुदासभावतं तृत्सुभिः सह ।।६।।
दश राजानः समिता अयज्यवः सुदासमिन्द्रावरुणा न युयुधुः ।
सत्या नृणामद्मसदामुपस्तुतिर्देवा एषामभवन्देवहूतिषु ।।७।।
दाशराज्ञे परियत्ताय विश्वतः सुदास इन्द्रावरुणावशिक्षतम् ।
श्वित्यंचो यत्र नमसा कपर्दिनो धिया धीवन्तो असपन्त तृत्सवः ।।८।।
वृत्राण्यन्यः समिथेषु जिघ्नते व्रतान्यन्तो अभि रक्षते सदा ।
हवामहे वां वृषणा सुवृक्तिभिरस्मे इन्द्रावरुणा शर्म यच्छतम् ।।९।।
अस्मे इन्द्रो वरुणो मित्रे अर्यमा द्युम्नं यच्छन्तु महि शर्म सप्रथः ।
अवध्रं ज्योतिरदितेर्ऋतावृधो देवस्य श्लोकं सवितुर्मनामहे ।।१०।।

ऋ. ७.८४.१–५

आ वां राजानवध्वरे ववृत्यां हवयेभिरिन्द्रावरुणा रमोभिः ।
प्र वां घृताची बाह्वोर्दधाना परि त्मना विषुरूपा जिगाति ।।१।।

युवो राष्ट्रं बृहदिन्वति द्यौर्यौ सेतृभिररज्जुभिः सिनीथः ।
परि नो हेळो वरुणस्य वृज्या उरुं न इन्द्रः कृणवदु लोकम् ।।2।।
कृतं नो यज्ञं विदथेषु चारुं कृतं ब्रह्माणि सूरिषु प्रशस्ता ।
उपो रयिर्देवजूतो न एतु प्र णः स्पार्हाभिरूतिभिस्तिरेतम् ।।३।।
अस्मे इन्द्रावरुणा विश्ववारं रयिं धत्तं वसुमन्तं पुरुक्षुम् ।
प्र य आदित्यो अनृता मिनात्यमिता शूरो दयते वसूनि ।।४।।
इयमिन्द्रं वरुणमष्ट मे गीः प्रावत्तोके तनये तूतुजाना ।
सुरत्नासो देववीतिं गमेम यूयं पात स्वस्तिभिः सदा नः ।।५।।

ऋ. ७.८५.१–५

पुनीषे वामरक्षसं मनीषां सोममिन्द्राय वरुणाय जुह्वत् ।
घृतप्रतीकामुषसं न देवीं ता नो यामन्नुरुष्यतामभीके ।।१।।
स्पर्धन्ते वा उ देवहूये अत्र येषु ध्वजेषु दिद्यवः पतन्ति ।
युवं ताँ इन्द्रावरुणावमित्रान्हतं पराचः शर्वा विषूचः ।।2।।
आपश्चिद्धि स्वयशसः सदःसु देवीरिन्द्रं वरुणं देवता धुः ।
कृष्टीरन्यो धारयति प्रविक्ता वृत्राण्यन्यो अप्रतीनिं हन्ति ।।३।।
स सुक्रतुर्ऋतचिदस्तु होता य आदित्य शवसा वां नमस्वान् ।
आववर्तदवसे वां हविष्मानसदित्स सुविताय प्रयस्वान् ।।४।।
इयमिन्द्रं वरुणमष्ट मे गीः प्रावत्तोके तनये तूतुजाना ।
सुरत्नासो देववीतिं गमेम यूयं पात स्वस्तिभिः सदा नः ।।५।।

१८. इन्द्रवायू – ऋ. ७.९०.५–७; ७.९१.2; ४–७; ७.९2.2; ४; अ. ३.20.६

ऋ. ७.९०.५–७

ते सत्येन मनसा दीध्यानाः स्वेन युक्तासः क्रतुना वहन्ति ।
इन्द्रवायू वीरवाहं रथं वामीशानयोरभि पृक्षः सचन्ते ।।५।।
ईशानासो ये दधते स्वर्णो गोभिरश्वेभिर्वसुभिर्हिरण्यैः ।
इन्द्रवायू सूरयो विश्वमायुरर्वद्भिर्वीरैः पृतनासु सह्युः ।।६।।
अर्वन्तो न श्रवसो भिक्षमाणा इन्द्रवायू सुष्टुतिभिर्वसिष्ठाः ।
वाजयन्तः स्ववसे हुवेम यूयं पात स्वस्तिभिः सदा नः ।।७।।

ऋ. ७.९१.2

उशन्ता दूता न दभाय गोपा मासश्च पाथः शरदश्च पूर्वीः ।
इन्द्रवायू सुष्टुतिर्वामियाना मार्डीकमीट्टे सुवितं च नव्यम् ।।2।।

ऋ. ७.९१.४–७

यावत्तरस्तन्वो३ यावदोजो यावन्नरश्चक्षसा दीध्यानाः ।
शुचिं सोमं शुचिपा पातमस्मे इन्द्रवायू सदतं बर्हिरेदम् ।।४।।
नियुवाना नियुतः सपार्हवीरा इन्द्रवायू सरथं यातमर्वाक् ।
इदं हि वां प्रभृतं मध्वो अग्रमध प्रीणाना वि मुमुक्तमस्मे ।।५।।
या वां शतं नियुतो याः सहस्रमिन्द्रवायू विश्ववाराः सचन्ते ।
आभिर्यातं सुविदत्राभिरर्वाक्पातं नरा प्रतिभृतस्य मध्वः ।।६।।
अर्वन्तो न श्रवसो भिक्षमाणा इन्द्रवायू सुष्टुतिभिर्वसिष्ठाः ।
वाजयन्तः स्ववसे हुवेम यूयं पात स्वस्तिभिः सदा नः ।।७।।

ऋ. ७.९2.2

प्र सोता जीरो अध्वरेष्वस्थात् सोममिन्द्राय वायवे पिबध्यै ।
प्र यद्वां मध्वो अग्रियं भरन्त्यध्वर्यवो देवयन्तः शचीभिः ।।2।।

ऋ. ७.९2.४

ये वायव इन्द्रमादनास आदेवासो नितोशनासो अर्यः ।
घ्नन्तो वृत्राणि सूरिभिः ष्याम सासह्वांसो युधा नृभिरमित्रान् ।।४।।

अ. ३.२०.६

इन्द्रवायू उभाविह सुहवेह हवामहे ।
यथा नः सर्व इज्जनः संगत्यां सुमना असद् दानकामाश्च नो भुवत् ।।६।।

१९. इन्द्राविष्णू – ऋ. ७.९९.४–६

उरुं यज्ञाय चक्रथुरु लोकं जनयन्ता सूर्यमुषासमग्निम् ।
दासस्य चिद्वृषशिप्रस्य माया जघ्नथुर्नरा पृतनाज्येषु ।।४।।
इन्द्राविष्णू दृंहिताः शम्बरस्य नव पुरो नवतिं च श्नथिष्टम् ।
शतं वर्चिनः सहस्रं च साकं हथो अप्रत्यसुरस्य वीरान् ।।५।।
इयं मनीषा बृहती बृहन्तोरुक्रमा तवसा वर्धयन्ती ।
ररे वां स्तोमं विदथेषु विष्णो पिन्वतमिषो वृजनेष्विन्द्र ।।६।।

२०. इन्द्रासोमौ रक्षोहणौ – ऋ. ७.१०४.१–७; १५; २५

ऋ. ७.१०४.१–७

इन्द्रासोमा तपतं रक्ष उब्जतं न्यर्पयतं वृषणा तमोवृधः ।
परा शृणीतमचितो न्योषतं हतं नुदेथां नि शिशीतमत्रिणः ।।१।।
इन्द्रासोमा समघशंसमभ्य१घं तपुर्ययस्तु चरुरग्निवाँ इव ।
ब्रह्मद्विषे क्रव्यादे घेरचक्षसे द्वेषो धत्तमनवायं किमीदिने ।।२।।
इन्द्रासोमा दुष्कृतो वव्रे अन्तरनारम्भणे तमसि प्र विध्यतम् ।
यथा नातः पुनरेकश्चनोदयत्तद्वामस्तु सहसे मन्युमच्छवः ।।३।।
इन्द्रासोमा वर्तयतं दिवो वधं सं पृथिव्या अघशंसाय तर्हणम् ।
उत्तक्षतं स्वर्य१ पर्वतेभ्यो येन रक्षो वावृधानं निजूर्वथः ।।४।।
इन्द्रासोमा वर्तयतं दिवस्पर्यग्नितप्तेभिर्युवमश्महन्मभिः ।
तपुर्वधेभिरजरेभिरत्रिणो नि पर्शाने विध्यतं यन्तु निस्वरम् ।।५।।
इन्द्रासोमा परि वां भृतु विश्वत इयं मतिः कक्ष्याश्वेव वाजिना ।
यां वां होत्रां परिहिनोमि मेध्येमा ब्रह्माणि नृपतीव जिन्वतम् ।।६।।
प्रति स्मरेथां तुजयद्भिरेवैर्हतं द्रुहो रक्षसो भङ्गुरावतः ।
इन्द्रासोमा दुष्कृते मा सुगं भूद्यो नः कदा चिदभिदासति द्रुहा ।।७।।

ऋ. ७.१०४.१५

अद्या मुरीय यदि यातुधानो अस्मि यदि वायुस्ततप पुरुषस्य ।
अधा स वीरैर्दशमिर्वि यूया यो मा मोघं यातुधानेत्याह ।।१५।।

ऋ. ७.१०४.२५

प्रति चक्ष्व वि चक्ष्वेन्द्रश्च सोम जागृतम्। रक्षोभ्यो वधमस्यतमशनि यातुमद्भ्यः ।।२५।।

२१. उषा – ऋ. ७.४१.७; ७.७५.१–८; ७.७६.१–७; ७.७७.१–६; ७.७८.१–५; ७.७९.१–५; ७.८०.१–३; ७.८१.१–६; य. ३४.४०; अ. १९.१२.१

ऋ. ७.४१.७

अश्वावतीर्गोमतीर्न उषासो वीरवतीः सदमुच्छन्तु भद्राः ।
घृतं दुहाना विश्वतः प्रपीता यूयं पात स्वस्तिभिः सदा नः ।।७।।

ऋ. ७.७५.१–८

व्यु१षा आवो दिविजा ऋतेनविष्कृण्वाना महिमानमागात् ।
अप द्रुहस्तम आवरजुष्टमंगिरस्तमा पथ्या अजीगः ।।१।।
महे नो अद्य सुविताय बोध्युषो महे सौभगाय प्र यन्धि ।

चित्रं रयिं यशसं धेह्यस्मे देवि मर्तेषु मानुषि श्रवस्युम् ।।2।।
एते त्ये भानवो दर्शतायाश्चित्रा उषसो अमृतास आगुः ।
जनयन्तो दैव्यानि व्रतान्यापृणन्तो अन्तरिक्षा व्यस्थुः ।।३।।
एषा स्या युजाना पराकात्पंच क्षितीः परि सद्यो जिगाति ।
अभिपश्यन्ती वयुना जनानां दिवो दुहिता भुवनस्य पत्नी ।।४।।
वाजिनीवती सूर्यस्य योषा चित्रामघा राय ईशे वसूनाम् ।
ऋषिष्टुता जरयन्ती मघोन्युषा उच्छति वह्निभिर्गृणाना ।।५।।
प्रति द्युतानामरुषासो अश्वाश्चित्रा अदृश्रन्नुषसं वहन्तः ।
याति शुभ्रा विश्वपिशा रथेन दधाति रत्नं विधते जनाय ।।६।।
सत्या सत्येभिर्महती महद्भिर्देवी देवेभिर्यजता यजत्रैः ।
रुजद् दृळहानिददद्दुस्रियाणां प्रति गाव उषसं वावशन्त ।।७।।
नू नो गोमद्वीरवद्धेहि रत्नमुषो अश्वावत्पुरुभोजो अस्मे ।
मा नो बर्हिः पुरुषता निदे कर्यूयं पात स्वस्तिभिः सदा नः ।।८।।

ऋ. ७.७६.१–७

उदु ज्योतिरमृतं विश्वजन्यं विश्वानरः सविता देवो अश्रेत् ।
क्रत्वा देवानमजनिष्ट चक्षुराविरकर्भुवनं विश्वमुषाः ।।१।।
प्र मे पन्था देवयाना अदृश्रन्नमर्धन्तो वसुभिरिष्कृतासः ।
अभूदु केतुरुषसः पुरस्तात्प्रतीच्यागादधि हर्म्येभ्यः ।।2।।
तानीदहानि बहुलान्यासन्या प्राचीनमुदिता सूर्यस्य ।
यतः परि जारइवाचरन्त्युषो ददृक्षे न पुनर्यतीव ।।३।।
त इद्देवानां सधमाद आसन्नृतावानः कवयः पूर्व्यासः ।
गूळहं ज्योतिः पितरो अन्वविन्दन्त्सत्यमन्त्रा अजनयन्नुषासम् ।।४।।
समान ऊर्वे अधि संगतासः सं जानते न यतन्ते मिथस्ते ।
ते देवानां न मिनन्ति व्रतान्यमर्धन्तो वसुभिर्यादमानाः ।।५।।
प्रति त्वा स्तोमैरीळते वसिष्ठा उषर्बुधः सुभगे तुष्टुवांसः ।
गवां नेत्री वाजपत्नी न उच्छोषः सुजाते प्रथमा जरस्व ।।६।।
एषा नेत्री राधसः सूनृतानामुषा उच्छन्ती रिभ्यते वसिष्ठैः ।
दीर्घश्रुतं रयिमस्मे दधाना यूयं पात स्वस्तिभिः सदा नः ।।७।।

ऋ. ७.७७.१–६

उपो रुरुचे युवतिर्न योषा विश्वं जीवं प्रसुवन्ती चरायै ।
अभूदग्निः समिधे मानुषाणामकर्ज्योतिर्बाधमाना तमांसि ।।१।।
विश्वं प्रतीची सप्रथा उदस्थाद्रुशद्वासो बिभ्रती शुक्रमश्वैत् ।
हिरण्यवर्णा सुदृशीकसंदृग् गवां माता नेत्र्यह्नामरोचि ।।2।।
देवानां चक्षुः सुभगा वहन्ती श्वेतं नयन्ती सुदृशीकमश्वम् ।
उषा अदर्शि रश्मिभिर्व्यक्ता चित्रामघा विश्वमनु प्रभूता ।।३।।
अन्तिवामा दूरे अमित्रमुच्छोर्वीं गव्यूतिमभ्यं कृधी नः ।
यावय द्वेष आ भरा वसूनि चोदय राधो गृणते मघोनि ।।४।।
अस्मे श्रेष्ठेभिर्भानुभिर्वि भाह्युषो देवि प्रतिरन्ती न आयुः ।
इषं च नो दधती विश्ववारे गोमदश्वावद्रथवच्च राधः ।।५।।
यां त्वा दिवो दुहितर्वर्धयन्त्युषः सुजाते मतिभिर्वसिष्ठाः ।
सास्मासु धा रयिमृष्वं बृहन्तं यूयं पात स्वस्तिभिः सदा नः ।।६।।

ऋ. ७.७८.१–५

प्रति केतवः प्रथमा अदृश्रन्नूर्ध्वा अस्या अज्जयो वि श्रयन्ते ।
उषो अर्वाचा बृहता रथेन ज्योतिष्मता वाममस्मभ्यं वक्षि ।।१।।

प्रति षीमग्निर्जरते समिद्धः प्रति विप्रासो मतिभिर्गृणन्तः ।
उषा याति ज्योतिषा बाधमाना विश्वा तमांसि दुरिताप देवी ।।2।।
एता उ त्याः प्रत्यदृश्रन् पुरस्ताज्ज्योतिर्यच्छन्तीरुषसो विभातीः ।
अजीजनन्त्सूर्यं यज्ञमग्निमपाचीनं तमो अगादजुष्टम् ।।३।।
अचेति दिवो दुहिता मघोनी विश्वे पश्यन्त्युषसं विभातीम् ।
आस्थाद्रथं स्वधया युज्यमानमा यमश्वासः सुयुजो वहन्ति ।।४।।
प्रति त्वाद्य सुमनसो बुधन्तास्माकासो मघवानो वयं च ।
तिल्विलायध्वमुषसो विभातीर्यूयं पात स्वस्तिभिः सदा नः ।।५।।

ऋ. ७.७६.१–५

व्यु2षा आवः पथ्या३ जनानां पंच क्षितीर्मानुषीर्बोधीयन्ती सुसंदृग्निरुक्षभिर्भानुमश्रेद्वि सूर्यो रोदसी चक्षसावः ।।१।।
व्यंजते दिवो अन्तेष्वक्तून्विशो न युक्ता उषसो यतन्ते ।
सं ते गावस्तम आ वर्तयन्ति ज्योतिर्यच्छन्ति सवितेव बाहू ।।2।।
अभूदुषा इन्द्रतमा मघोन्यजीजनत् सुविताय श्रवांसि ।
वि दिवो देवी दुहिता दधात्यंगिरस्तमा सुकृते वसुनि ।।३।।
तावदुषो राधो अस्मभ्यं रास्व यावत्स्तोतृभ्यो अरदो गृणाना ।
यां त्वा जज्ञुर्वृषभस्या रवेण वि दृळहस्य दुरो अद्रेरौर्णेः ।।४।।
देवंदेवं राधसे चोदयन्त्यस्मद्र्यक्सूनृता ईरयन्ती ।
व्युच्छन्तीः न सनये धियो धा यूयं पात स्वस्तिभिः सदा नः ।।५।।

ऋ. ७.८०.१–३

प्रति स्तोमेभिरुषसं वसिष्ठा गीर्भिर्विप्रासः प्रथमा अबुध्रन् ।
विवर्तयन्ती रजसी समन्ते आविष्कृण्वतीं भुवनानि विश्वा ।।१।।
एषा स्या नव्यमायुर्दधाना गूढ्वी तमो ज्योतिषोषा अबोधि ।
अग्र एति युवतिरह्रयाणा प्राचिकितत्सूर्यं यज्ञमग्निम् ।।2।।
अश्वावतीर्गोमतीर्न उषासो वीरवतीः सदमुच्छन्तु भद्राः ।
घृतं दुहाना विश्वतः प्रपीता ययं पात स्वस्तिभिः सदा नः ।।३।।

ऋ. ७.८१.१–६

प्रत्यु अदर्श्यायत्यु१च्छन्ती दुहिता दिवः ।
अपो महि व्ययति चक्षसे तमो ज्योतिष्कृणोति सूनरी ।।१।।
उदुस्रियाः सृजते सूर्यः सचाँ उद्यन्नक्षत्रमर्चिवत् ।
तवेदुषो व्युषि सूर्यस्य च सं भक्तेन गमेमहि ।।2।।
प्रति त्वा दुहितर्दिव उषो जीरा अभुत्स्महि ।
या वहसि पुरु स्पार्हं वनन्वति रत्नं न दाशुषे मयः ।।३।।
उच्छन्ती या कृणोषि मंहना महि प्रख्यै देवि स्वर्दृशे ।
तस्यास्ते रत्नभाज ईमहे वयं स्याम मातुर्न सूनवः ।।४।।
तच्चित्रं राध आ भरोषो यद्दीर्घश्रुत्तमम् ।
यत्ते दिवो दुहितर्मर्तभोजनं तद्रास्व भुनजामहै ।।५।।
श्रवः सूरिभ्यो अमृतं वसुत्वनं वाजाँ अस्मभ्यं गोमतः ।
चोदयित्री मघोनः सूनृतावत्युषा उच्छदप स्रिधः ।।६।।

य. ३४.४०

अश्वावतीर्गोमतीर्नऽउषासो वीरवतीः सदमुच्छन्तु भद्राः ।
घृतं दुहाना विश्वतः प्रपीता यूयं पात स्वस्तिभिः सदा नः ।।४०।।

अ. १६.१२.१
उषा अप स्वसुस्तमः सं वर्तयति वर्तनिं सुजातता ।
अया वाजं देवहितं सनेम मदेम शतहिमाः सुवीराः ।।१।।

22. **ऋभवः – ऋ. ७.४८.१–३**
ऋभुक्षणो वाजा मादयध्वमस्मे नरो मघवानः सुतस्य ।
आ वोऽर्वाचः क्रतवो न यातां विभ्वो रथं नर्यं वर्तयन्तु ।।१।।
ऋभुर्ऋभुभिरभि वः स्याम विभ्वो विभुभिः शवसा शवांसि ।
वाजो अस्माँ अवतु वाजसाताविन्द्रेण युजा तरुषेम वृत्रम् ।।2।।
ते चिद्धि पूर्वीरभि सन्ति शासा विश्वाँ अर्य उपरताति वन्वन् ।
इन्द्रो विभ्वाँ ऋभुक्षा वाजो अर्यः शत्रोर्मिथत्या कृणवन्वि नृम्णम् ।।३।।

२३. **ऋभवो विश्वेदेवा वा – ऋ. ७.४८.४**
नू देवासो वरिवः कर्तना नो भूत नो विश्वेऽवसे सजोषाः ।
समस्मे इषं वसवो ददीरन् यूयं पात स्वस्तिभिः सदा नः ।।४।।

२४. **ग्रावाणः – ऋ. ७.१०४.१७**
प्र या जिगाति खर्गलेव नक्तमप द्रुहा तन्वं१ गूहमाना ।
वव्राँ अनन्ताँ अव सा पदीष्ट ग्रावाणो घ्नन्तु रक्षस उपब्दैः ।।१७।।

२५. **दिशः – य. ६.22**
अस्मे वोऽअस्त्विन्द्रियमस्मे नृम्णमुत क्रतुरस्मे वर्चांसि सन्तु वः। नमो मात्रे पृथिव्यै नमो मात्रे पृथिव्याऽइयं ते राड्यन्तासि यमनो ध्रुवोऽसि धरुणः। कृष्यै त्वा क्षेमाय त्वा रय्यै त्वा पोषाय त्वा ।।22।।

२६. **देवाः – ऋ. ७.१०४.११**
परः सो अस्तु तन्वा३ तना च तिस्रः पृथिवीरधो अस्तु विश्वः ।
प्रति शुष्यतु यशो अस्य देवा यो नो दिवा दिप्सति यश्च नक्तम् ।।१।।

२७. **द्यावापृथिव्यौ – ऋ. ७.५३.१–३**
प्र द्यावा यज्ञैः पृथिवी नमोभिः सबाध ईळे बृहती यजत्रे ।
ते चिद्धि पूर्वे कवयो गृणन्तः पुरो मही दधिरे देवपुत्रे ।।१।।
प्र पूर्वजे पितरा नव्यसीभिर्गीर्भिः कृणुध्वं सदने ऋतस्य ।
आ नो द्यावापृथिवी दैव्येन जनेन यातं महि वां वरूथम् ।।2।।
उतो हि वां रत्नधेयानि सन्ति पुरूणि द्यावापृथिवी सुदासे ।
अस्मे धत्तं यदसदस्कृधोयु यूयं पात स्वस्तिभिः सदा नः ।।३।।

२८. **नद्यः – ऋ. ७.५०.४**
याः प्रवतो निवत उद्वत उदन्वतीरनुदकाश्च याः। ता अस्मभ्यं पयसा पिन्वमानाः शिवा देवीरशिपदा भवन्तु सर्वा नद्यो अशिमिदा भवन्तु ।।४।।

२६. **पंच प्रदिशः – अ. ३.२०.६**
दुह्रां मे पंच प्रदिशो दुह्रामुर्वीर्यथाबलम्। प्रापेयं सर्वा आकूतीर्मनसा हृदयेन च ।।६।।

३०. **परमात्मा – य. १५.६४**
परमेष्ठी त्वा सादयतु दिवस्पृष्ठे व्यचस्वतीं प्रथस्वतीं दिवं यच्छ दिवं दृंह दिवं मा हिंसीः।
विश्वस्मै प्राणायापानाय व्यानायोदानाय प्रतिष्ठायै चरित्राय ।
सूर्यस्त्वाभिपातु मह्या स्वस्त्या छर्दिषा शन्तमेन तया देवतयाऽङ्गिरस्वद् ध्रुवे सीदतम् ।।६४।।

३१. **परमेष्ठी प्रजापतिः – य. ८.५४**

परमेष्ठ यभिधीतः प्रजापतिर्वाचि व्याहृतायामन्धोऽअच्छेतः। सविता सन्यां विश्व कर्म्मा दीक्षायां पूषा सोमक्रयण्याम् ।।५४।।

३२. पवमानः सोमः – ऋ. ९.६७.१९–२१; ९.९०.१–६; ९.९७.१–३

ऋ. ९.६७.१९–२१

ग्राव्णा तुन्नो अभिष्टुतः पवित्रं सोम गच्छसि। दधत्स्तोत्रे सुवीर्यम् ।।१९।।
एष तुन्नो अभिष्टुतः पवित्रमति गाहते। रक्षोहा वारमव्ययम् ।।२०।।
यदन्ति यच्च दूरके भयं विन्दति मामिह। पवमान वि तज्जहि ।।२१।।

ऋ. ९.९०.१–६

प्र हिन्वानो जनिता रोदस्यो रथे न वाजं सनिष्यन्नयासीत् ।
इन्द्रं गच्छन्नायुधा संशिशानो विश्वा वसु हस्तयोरादधानः ।।१।।
अभि त्रिपृष्ठं वृषणं वयोधामाङ्गूषणामवावशन्त वाणीः ।
वना वसानो वरुणो न सिन्धून्वि रत्नधा दयते वार्याणि ।।२।।
शूरग्रामः सर्ववीरः सहावांजेता पवस्व सनिता धनानि ।
तिग्मायुधः क्षिप्रधन्वा समत्स्वषाळहः साह्वान् पृतनासु शत्रून् ।।३।।
उरुगव्यूतिरभयानि कृण्वन्त्समीचीने आ पवस्वा पुरन्धी ।
अपः सिषासन्नुषसः स्व१र्गाः सं चिक्रदो महो अस्मभ्यं वाजान् ।।४।।
मत्सि सोम वरुणं मत्सि मित्रं मत्सीन्द्रमिन्दो पवमान विष्णुम् ।
मत्सि सोम वरुणं मत्सि मित्रं मत्सीन्द्रमिन्दो पवमान विष्णुम् ।
मत्सि शर्धो मारुतं मत्सि देवान्मत्सि महामिन्द्रमिन्दो मदाय ।।५।।
एवा राजेव क्रतुमाँ अमेन विश्वा घनिघ्नद्दुरिता पवस्व ।
इन्दो सूक्ताय वचसे वयो धा यूयं पात स्वस्तिभिः सदा नः ।।६।।

ऋ. ९.९७.१–३

अस्य प्रेषा हेमना पूयमानो देवो देवभिः समपृक्त रसम् ।
सुतः पवित्रं पर्येति रेभन्मितेव सद्म पशुमान्ति होता ।।१।।
भद्रा वस्त्रा समन्या३ वसानो महान्कविर्निवचनानि शंसन् ।
आ वच्यस्व चम्वोः पूयमानो विचक्षणो जागृविर्देववीतौ ।।२।।
समु प्रियो मृज्यते सानो अव्ये यशस्तरो यशसां क्षैतो अस्मे ।
अभि स्वर धन्वा पूयमानो यूयं पात स्वस्तिभिः सदा नः ।।३।।

३३. प्रजापतिः – य. ९.१९–२०; २३–२५

य. ९.१९–२०

आ मा वाजस्य प्रसवो जगम्यादेमे द्यावापृथिवी विश्वरूपे ।
आ मा गन्तां पितरा मातरा चा मा सोमो अमृतत्त्वेन गम्यात् ।
वाजिनो वाजजितो वाजं ससृवांसो बृहस्पते र्भागमवजिघ्रत निमृजानाः ।।१९।।
आपये स्वाहा स्वापये स्वाहाऽपिजाय स्वाहा क्रतवे स्वहा वसवे स्वाहाऽहर्पतये स्वाहाऽह्ने मुग्धाय स्वाहा मुग्धाय वैनंशिनाय स्वाहा विनंशिनऽआन्त्यायनाय स्वाहाऽऽन्त्याय भौवनाय स्वाहा भुवनस्य पतये स्वाहाऽधिपतये स्वाहा ।।२०।।

य. ९.२३–२५

वाजस्येमं प्रसवः सुषुवेऽग्रे सोमं राजानमोषधीष्वप्सु ।
ताऽअस्मभ्य मधुमतीर्भवन्तु वयं राष्ट्रे जागृयाम पुरोहिताः स्वाहा ।।२३।।
वाजस्येमां प्रसवः शिश्रिये दिवमिमा च विश्वा भुवनानि सम्राट् ।
अदित्सन्तं दापयति प्रजानन्त्स नो रयिं सर्ववीरं नियच्छतु स्वाहा ।।२४।।
वाजस्य नु प्रसव आबभूवेमा च विश्वा भुवनानि सर्वतः ।

सनेमि राजा परियाति विद्वान् प्रजां पुष्टिं वर्धयमानोऽअस्मे स्वाहा ।।२५।।

३४. पृथिव्यन्तरिक्षे – ऋ. ७.१०४.२३[2]

मा नो रक्षो अभि नड्यातुमावतामपोच्छतु मिथुना या किमीदिना ।
पृथिवी नः पार्थिवात् पात्वंहसोऽन्तरिक्षं दिव्यात्पात्वस्मान् ।।२३।।

३५. बृहस्पतिः – ऋ. ७.९७.२; ४–८; य. ६.१६; १८

ऋ. ७.९७.२

आ दैव्या वृणीमहेऽवांसि बृहस्पतिर्नो मह आ सखायः ।
यथा भवेम मीळहुषे अनागा यो नो दाता परावतः पितेव ।।२।।

ऋ. ७.९७.४–८

स आ नो योनिं सदतु प्रेष्ठो बृहस्पतिर्विश्ववारो यो अस्ति ।
कामो रायः सुवीर्यस्य तं दात्पर्षन्नो अति सश्चतो अरिष्टान् ।।४।।
तमा नो अर्कममृताय जुष्टमिमे धासुरमृतासः पुराजाः ।
शुचिक्रन्दं यजतं पस्त्यानां बृहस्पतिमनर्वाणं हुवेम ।।५।।
तं शग्मासो अरुषासो अश्वा बृहस्पतिं सहवाहो वहन्ति ।
सहश्चिद्यस्य नीळवत्सधस्थं नभो न रूपमरुषं वसानाः ।।६।।
स हि शुचिः शतपत्रः स शुन्ध्युर्हिरण्यवाशीरीपिरः स्वर्षाः ।
बृहस्पतिः स स्वावेश ऋष्वः पुरू सखिभ्य आसुतिं करिष्ठः ।।७।।
देवी देवस्य रोदसी जनित्री बृहस्पतिं वावृधतुर्महित्वा ।
दक्षाय्याय दक्षता सखायः करद् ब्रह्मणे सुतरा सुगाधा ।।८।।

य. ९.१६

शन्नो भवन्तु वाजिनो हवेषु देवताता मितद्रवः स्वर्काः ।
जम्भयन्तोऽहिं वृकं रक्षांसि सनेम्यस्मद्युयवन्नमीवाः ।।१६।।

य. ९.१८

वाजेवाजेऽवत वाजिनो नो धनेषु विप्राऽअमृताऽऋतज्ञाः ।
अस्य मध्वः पिबत मादयध्वं तृप्ता यात पथिभिर्देवयानैः ।।१८।।

३६. ब्रह्मणस्पतिः अभीवर्तमणिः – अ. १.२९.१–६

अभीवर्तेन मणिना येनेन्द्रो अभिवावृधे। तेनास्मान् ब्रह्मणस्पतेऽभि राष्ट्राय वर्धय ।।१।।
अभिवृत्य सपत्नानभि या नो अरातयः। अभि पृतन्यन्तं तिष्ठाभि यो नो दुरस्यति ।।२।।
अभि त्वा देवः सविताभि सोमो अवीवृधत्। अभि त्वा विश्वाः भूतान्यभीवर्तो यथाससि ।।३।।
अभीवर्तो अभिभवः सपत्नक्षयणो मणिः। राष्ट्राय मह्यं बध्यतां सपत्नेभ्यः पराभुवे ।।४।।
उदसौ सूर्यो अगादुदिदं मामकं वचः। यथाहं शत्रुहोऽसान्यसपत्नः सपत्नहा ।।५।।
सपत्नक्षयणो वृषाभिराष्ट्रो विषासहिः। यथाहमेषां वीराणां विराजानि जनस्य च ।।६।।

३७. भगः – ऋ. ७.४१.२–६

प्रातर्जितं भगमुग्रं हुवेम वयं पुत्रमदितेर्यो विधर्ता ।
आध्रश्चिद्यं मन्यमानस्तुरश्चिद्राजा चिद्यं भगं भक्षीत्याह ।।२।।
भगर प्रणेतर्भग सत्यराधो भगेमां धियमुदवा ददन्नः ।
भग प्र णो जनय गोभिरश्वैर्भग नृभिर्नृवन्तः स्याम ।।३।।
उतेदानीं भगवन्तः स्यामोत प्रपित्व उत मध्ये अह्नाम् ।
उतोदिता मघवन्त्सूर्यस्य वयं देवानां सुमतौ स्याम ।।४।।
भग एव भगवाँ अस्तु देवास्तेन वयं भगवन्तः स्याम ।
तं त्वा भग सर्व इज्जोहवीति स नो भग पुरएता भवेह ।।५।।
समध्वरायोषसो नमन्त दधिक्रावेव शुचये पदाय ।

Vedic Concordance of Mantras as per Ṛṣi and Devatā 237

अर्वाचीनं वसुविदं भगं नो रथमिवाश्वा वाजिन आ वहन्तु ।।६।।

३८. मण्डूकाः – ऋ. ७.१०३.१–१०

संवत्सरं शशयाना ब्राह्मणा व्रतचारिणः ।
वाचं पर्जन्यजिन्वितां प्र मण्डूका अवादिषुः ।।१।।
दिव्या आपो अभि यदेनमायन्दृतिं न शुष्कं सरसी शयानम् ।
गवामह न मायुर्वत्सिनीनां मण्डूकानां वग्नुरत्रा समेति ।।२।।
यदीमेनाँ उशतो अभ्यवर्षीत्तृष्यावतः प्रावृष्यागतायाम् ।
अख्खलीकृत्या पितरं न पुत्रो अन्यो अन्यमुप वदन्तमेति ।।३।।
अन्यो अन्यमनु गृभ्णात्येनोरपां प्रसर्गे यदमन्दिषाताम् ।
मण्डूको यदभिवृष्टः कनिष्कन्पृश्निः सम्पृङ्क्ते हरितेन वाचम् ।।४।।
यदेषामन्यो अन्यस्य वाचं शाक्तस्येव वदति शिक्षमाणः ।
सर्वं तदेषां समृधेव पर्व यत्सुवाचो वदथानाध्यप्सु ।।५।।
गोमायुरेको अजमायुरेकः पृश्निरेको हरित एक एषाम् ।
समानं नाम बिभ्रतो विरूपाः पुरुत्रा वाचं पिपिशुर्वदन्तः ।।६।।
ब्राह्मणासो अतिरात्रे न सोमे सरो न पूर्णमभितो वदन्तः ।
संवत्सरस्य तदहः परि ष्ठ यन्मण्डूकाः प्रावृषीणं बभूव ।।७।।
ब्राह्मणासः सोमिनो वाचमक्रत ब्रह्म कृण्वन्तः परिवत्सरीणम् ।
अध्वर्यवो धर्मिणः सिष्वदाना आविर्भवन्ति गुह्या न के चित् ।।८।।
देवहितिं जुगुपुर्द्वादशस्य ऋतुं नरो न प्र मिनन्त्येते ।
संवत्सरे प्रावृष्यागतायां तप्ता घर्मा अश्नुवते विसर्गम् ।।९।।
गोमायुरदादजमायुरदात्पृश्निरदाद्धरितो नो वसूनि ।
गवां मण्डूका ददतः शतानि सहस्रसावे प्र तिरन्त आयुः ।।१०।।

३९. मन्त्रोक्ताः – अ. १९.१०.१–१०; १९.११.१–६

अ. १९.१०.१–१०

शं नो इन्द्राग्नी भवतामवोभिः शं न इन्द्रावरुणा रातहव्या ।
शमिन्द्रासोमा सुविताय शं योः शं न इन्द्रापूषणा वाजसातौ ।।१।।
शं नो भगः शमु नः शंसो अस्तु शं नः पुरंधिः शमु सन्तु रायः ।
शं नः सत्यस्य सुयमस्य शंसः शं नो अर्यमा पुरुजातो अस्तु ।।२।।
शं नो धाता शमु धर्ता नो अस्तु शं न उरूची भवतु स्वधाभिः ।
शं रोदसी बृहती शं ना अद्रिः शं नो देवानां सुहवानि सन्तु ।।३।।
शं नो अगिनर्ज्योतिरनीको अस्तु शं नो मित्रावरुणावश्विना शम् ।
शं नः सुकृतां सुकृतानि सन्तु शं न इषिरो अभि वातु वातः ।।४।।
शं नो द्यावापृथिवी पूर्वहूतौ शमन्तरिक्षं दृशये नो अस्तु ।
शं न ओषधीर्वनिनो भवन्तु शं नो रजसस्पतिरस्तु जिष्णुः ।।५।।
शं न इन्द्रो वसुभिर्देवो अस्तु शमादित्येभिर्वरुणः सुशंसः ।
शं नो रुद्रो रुद्रेभिर्जलाषः शं नस्त्वष्टा ग्नाभिरिह शृणोतु ।।६।।
शं नः सोमो भवतु ब्रह्म शं नः शं नो ग्रावाणः शमु सन्तु यज्ञाः ।
शं नः स्वरूणां मितयो भवन्तु शं नः प्रस्व१ः शम्वस्तु वेदिः ।।७।।
शं नः सूर्य उरुचक्षा उदेतु शं नो भवन्तु प्रदिशश्चतस्रः ।
शं नः पर्वता ध्रुवयो भवन्तु शं नः सिन्धवः शमु सन्त्वापः ।।८।।
शं नो अदितिर्भवतु व्रतेभिः शं नो भवन्तु मरुतः स्वर्काः ।
शं नो विष्णुः शमु पूषा नो अस्तु शं नो भवित्रं शम्वस्तु वायुः ।।९।।

शं नो देवः सविता त्रायमाणः शं नो भवन्तूषसो बिभातीः ।
शं नः पर्जन्यो भवतु प्रजाभ्यः शं नः क्षेत्रस्य पतिरस्तु शंभुः ।।१०।।

अ. १९.११.१–६

शं नः सत्यस्य पतयो भवन्तु शं नो अर्वन्तः शमु सन्तु गावः ।
शं न ऋभवः सुकृतः सुहस्ताः शं नो भवन्तु पितरो हवेषु ।।१।।
शं नो देवा विश्वदेवा भवन्तु शं सरस्वती सह धीभिरस्तु ।
शमभिषाचः शमु रातिषाचः शं नो दिव्याः पार्थिवाः शं नो अप्याः ।।२।।
शं नो अज एकपाद् देवो अस्तु शमहिर्बुध्न्यः शं समुद्रः ।
शं नो अपां नपात् पेरुरस्तु शं नः पृश्निर्भवतु देवगोपा ।।३।।
आदित्या रुद्रा वसवो जुषन्तामिदं ब्रह्म क्रियमाणं नवीयः ।
शृण्वन्तु नो दिव्याः पार्थिवासो गोजाता उत ये यज्ञियासः ।।४।।
ये देवानामृत्विजो यज्ञियासो मनोर्यजत्रा अमृता ऋतज्ञाः ।
ते नो रासन्तामुरुगायमद्य यूयं पात स्वस्तिभिः सदा नः ।।५।।
तदस्तु मित्रावरुणा तदग्ने शं योरस्मभ्यमिदमस्तु शस्तम् ।
अशीमहि गाधमुत प्रतिष्ठां नमो दिवे बृहते सादनाय ।।६।।

४०. मरुतः – ऋ. ७.५६.१–२५; ७.५७.१–७; ७.५८.१–६; ७.५९.१–११; ७.१०४.१८

ऋ. ७.५६.१–२५

क ईं व्यक्ता नरः सनीळा रुद्रस्य मर्या अधा स्वश्वाः ।।१।।
नकिर्ह्येषां जनूंषि वेद ते अंग विद्रे मिथो जनित्रम् ।।२।।
अभि स्वपूभिर्मिथो वपन्त वातस्वनसः श्येना अस्पृध्रन् ।।३।।
एतानि धीरो निण्या चिकेत पृश्निर्यदूधो मही जभार ।।४।।
सा विट् सुवीरा मरुद्भिरस्तु सनात्सहन्ती पुष्यन्ती नृम्णम् ।।५।।
यामं येष्ठाः शुभा शोभिष्ठाः श्रिया संमिश्ला ओजोभिरुग्राः ।।६।।
उग्रं व ओजः स्थिरा शवांस्यधा मरुद्भिर्गणस्तुविष्मान् ।।७।।
शुभ्रो वः शुष्मः क्रुध्मी मनांसि धुनिर्मुनिरिव शर्धस्य धृष्णोः ।।८।।
सनेम्यस्मद्युयोत दिद्युं मा वो दुर्मतिरिह प्रणङ्नः ।।९।।
प्रिया वो नाम हुवे तुराणामा यत्तृपन्मरुतो वावशानाः ।।१०।।
स्वायुधास इष्मिणः सुनिष्का उत स्वयं तन्वः शुम्भमानाः ।।११।।
शुची वो हव्या मरुतः शुचीनां शुचिं हिनोम्यध्वरं शुचिभ्यः ।
ऋतेन सत्यमृतसाप आयंछुचिजन्मानः शुचयः पावकाः ।।१२।।
अंसेष्वा मरुतः खादयो वो वक्षःसु रुक्मा अपशिश्रियाणाः ।
वि विद्युतो न वृष्टिभी रुचाना अनु स्वधामायुधैर्यच्छमानाः ।।१३।।
प्र बुध्न्या व ईरते महांसि प्र नामानि प्रयज्यवस्तिरध्वम् ।
सहस्रियं दम्यं भागमेतं गृहमेधीयं मरुतो जुषध्वम् ।।१४।।
यदि स्तुतस्य मरुतो अधीथेत्था विप्रस्य वाजिनो हवीमन् ।
मक्षू रायः सुवीर्यस्य दात नू चिद्यमन्य आदभदरावा ।।१५।।
अत्यासो न ये मरुतः स्वंचो यक्षदृशो न शुभयन्त मर्याः ।
ते हर्म्येष्ठाः शिशवो न शुभ्रा वत्सासो न प्रक्रीळिनः पयोधाः ।।१६।।
दशस्यन्तो नो मरुतो मृळन्तु वरिवस्यन्तो रोदसी सुमेके ।
आरे गोहा नृहा वधो वो अस्तु सुम्नेभिरस्मे वसवो नमध्वम् ।।१७।।
आ वो होता जोहवीति सत्तः सत्राचीं रातिं मरुतो गृणानः ।
य ईवतो वृषणो अस्ति गोपाः सो अद्वयावी हवते व उक्थैः ।।१८।।
इमे तुरं मरुतो रामयन्तीमे सहः सहस आ नमन्ति ।

इमे शंसं वनुष्यतो नि पान्ति गुरु द्वेषो अररुषे दधन्ति ।।१६।।
इमे रध्रं चिन्मरुतो जुनन्ति भृमि चिद्यथा वसवो जुषन्त ।
अप बाधध्वं वृषणस्तमांसि धत्त विश्वं तनयं तोकमस्मे ।।20।।
मा वो दात्रान्मरुतो निरराम मा पश्चाद्दघ्म रथ्यो विभागे ।
आ नः स्पार्हे भजतना वसव्ये३यदीं सुजातं वृषणो वो अस्ति ।।2१।।
सं यद्धनन्त मन्युभिर्जनासः शूरा यह्वीष्वोषधीषु विक्षु ।
अध स्मा नो मरुतो रुद्रियासस्त्रातारो भूत पृतनास्वर्यः ।।22।।
भूरि चक्र मरुतः पित्र्याण्युक्थानि या वः शस्यन्ते पुरा चित् ।
मरुद्भिरुग्रः पृतनासु साळहा मरुद्‌भिरित्सनिता वाजमर्वा ।।2३।।
अस्मे वीरो मरुतः शुष्म्यस्तु जनानां यो असुरो विधर्ता ।
अपो येन सुक्षितये तरेमाध स्वमोको अभि वः स्याम ।।2४।।
तन्न इन्द्रो वरुणो मित्रो अग्निराप ओषधीर्वनिनो जुषन्त ।
शर्मन्त्स्याम मरुतामुपस्थे यूयं पात स्वस्तिभिः सदा नः ।।2५।।

ऋ. ७.५७.१–७

मध्वो वो नाम मारुतं यजत्राः प्र यज्ञेषु शवसा मदन्ति ।
ये रेजयन्ति रोदसी चिदुर्वी पिन्वन्त्युत्सं यदयासुरुग्राः ।।१।।
निचेतारो हि मरुतो गृणन्तं प्रणेतारो यजमानस्य मन्म ।
अस्माकमद्य विदथेषु बर्हिरा वीतये सदत पिप्रियाणाः ।।2।।
नैतावदन्ये मरुतो यथेमे भ्राजन्ते रुक्मैरायुधैस्तनूभिः ।
आ रोदसी विश्वपिशः पिशानाः समानमंज्यंजते शुभे कम् ।।३।।
ऋधक्सा वो मरुतो दिद्युदस्तु यद्व आगः पुरुषता कराम ।
मा वस्तस्यामपि भूमा यजत्रा अस्मे वो अस्तु सुमतिश्चनिष्ठा ।।४।।
कृते चिदत्र मरुतो रणन्तानवद्यासः शुचयः पावकाः ।
प्र णोऽवत सुमतिभिर्यजत्राः प्र वाजेभिस्तिरत पुष्यसे नः ।।५।।
उत स्तुतासो मरुतो व्यन्तु विश्वेभिर्नामभिर्नरो हवींषि ।
ददात नो अमृतस्य प्रजायै जिगृत रायः सूनृता मघानि ।।६।।
आ स्तुतासो मरुतो विश्व ऊती अच्छा सूरीन्त्सर्वताता जिगात ।
ये नस्त्मना शतिनो वर्धयन्ति यूयं पात स्वस्तिभिः सदा नः ।।७।।

ऋ. ७.५८.१–६

प्र साकमुक्षे अर्चता गणाय यो दैव्यस्य धाम्नस्तुविष्मान् ।
उत क्षोदन्ति रोदसी महित्वा नक्षन्ते नाकं निर्ऋतेरवंशात् ।।१।।
जनूश्चिद्वो मरुतस्त्वेष्येण भीमासस्तुविमन्यवोऽयासः ।
प्र ये महोभिरोजसोत सन्ति विश्वो वो यामन्भयते स्वर्दृक् ।।2।।
बृहद्वयो मघवद्भ्यो दधात जुजोषन्निन्मरुतः सुष्टुतिं नः ।
गतो नाध्वा वि तिराति जन्तुं प्र णः स्पार्हाभिरूतिभिस्तिरेत ।।३।।
युष्मोतो विप्रो मरुतः शतस्वी युष्मोतो अर्वा सहुरिः सहस्री ।
युष्मोतः सम्राळुत हन्ति वृत्रं प्र तद्वो अस्तु धूतयो देष्णम् ।।४।।
ताँ आ रुद्रस्य मीळहुषो विवासे कुविन्नंसन्ते मरुतः पुनर्नः ।
यत्सस्वर्ता जिहीळिरे यदाविरव तदेन ईमहे तुराणाम् ।।५।।
प्र सा वाचि सुष्टुतिर्मघोनामिदं सूक्तं मरुतो जुषन्त ।
आराच्चिद् द्वेषो वृषणो युयोत यूयं पात स्वस्तिभिः सदा नः ।।६।।

ऋ. ७.५९.१–११

यं त्रायध्व इदमिदं देवासो यं च नयथ ।

तस्मा अग्ने वरुण मित्रार्यमन्मरुतः शर्म यच्छत ।।१।।
युष्माकं देवा अवसाहनि प्रिय ईजानस्तरति द्विषः ।
प्र स क्षयं तिरते वि महीरिषो यो वो वराय दाशति ।।2।।
नहि वश्चरमं चन वसिष्ठः परिमंसते ।
अस्माकमद्य मरुतः सुते सचा विश्वे पिबत कामिनः ।।३।।
नहि व ऊतिः पृतनासु मर्धति यस्मा अराध्वं नरः ।
अभि व आवर्त्सुमतिर्नवीयसी तूयं यात पिपीषवः ।।४।।
ओ षु घृष्विराधसो यातनान्धांसि पीतये ।
इमा वो हव्या मरुतो ररे हि कं मोष्व१न्यत्र गन्तन ।।५।।
आ च नो बर्हिः सदताविता च नः स्पार्हाणि दातवे वसु ।
अस्रेधन्तो मरुतः सोम्ये मधौ स्वाहेह मादयाध्वै ।।६।।
सस्वश्चिद्धि तन्व१ः शुम्भमाना आ हंसासो नीलपृष्ठा अपप्तन् ।
विश्वं शर्धो अभितो मा नि षेद नरो न रण्वाः सवने मदन्तः ।।७।।
यो नो मरुतो अभि दुर्हृणायुस्तिरश्चित्तानि वसवो जिघांसति ।
द्रुहः पाशान्प्रति स मुचीष्ट तपिष्ठेन हन्मना हन्तना तम् ।।८।।
सांतपना इदं हविर्मरुतज्जुजुष्टन। युष्माकोती रिशादसः ।।९।।
गृहमेधास आ गत मरुतो माप भूतन। युष्माकोती सुदानवः ।।१०।।
इहेह वः स्वतवसः कवयः सूर्यत्वचः। यज्ञं मरुत आ वृणे ।।११।।

ऋ. ७.१०४.१८

वि तिष्ठध्वं मरुतो विक्ष्वि१च्छत गृभायत रक्षसः सं पिनष्टन ।
वयो ये भूत्वी पतयन्ति नक्तभिर्ये वा रिपो दधिरे देवे अध्वरे ।।१८।।

४१. **मित्रावरुणौ – ऋ. ७.५०.१; ७.६०.2–१2; ७.६१.१–७; ७.६2.४–६; ७.६३.५; ६; ७.६४.१–५; ७.६५.१–५; ७.६६.१–३; १७–१९**

ऋ. ७.५०.१

आ मां मित्रावरुणेह रक्षतं कुलाययद्विश्वयन्मा न आ गन् ।
अजकावं दुर्दृशीकं तिरो दधे मा मां पद्येन रपसा विदत्त्सरुः ।।१।।

ऋ. ७.६०.2–१2

एष स्य मित्रावरुणा नृचक्षा उभे उदेति सूर्यो अभि ज्मन् ।
विश्वस्य स्थातुर्जगतश्च गोपा ऋजु मर्तेषु वृजिना च पश्यन् ।।2।।
अयुक्त सप्त हरितः सधस्थाद्या ईं वहन्ति सूर्यं घृताचीः ।
धामानि मित्रावरुणा युवाकुः सं यो यूथेव जानिमानि चष्टे ।।३।।
उद्वां पृक्षासो मधुमन्तो अस्थुरा सूर्यो अरुहच्छुक्रमर्णः ।
यस्मा आदित्या अध्वनो रदन्ति मित्रो अर्यमा वरुणः सजोषाः ।।४।।
इमे चेतारो अनृतस्य भूरेर्मित्रो अर्यमा वरुणो हि सन्ति ।
इम ऋतस्य वावृधुर्दुरोणे शग्मासः पुत्रा अदितेरदब्धाः ।।५।।
इमे मित्रो वरुणो दूळभासोऽचेतसं चिच्चितयन्ति दक्षैः ।
अपि क्रतुं सचेतसं वतन्तस्तिरश्चिदंहः सुपथा नयन्ति ।।६।।
इमे दिवो अनिमिषा पृथिव्याश्चिकित्वांसो अचेतसं नयन्ति ।
प्रव्राजे चिन्नद्यो गाधमस्ति पारं नो अस्य विष्पितस्य पर्षन् ।।७।।
यद् गोपावददितिः शर्म भद्रं मित्रो यच्छन्ति वरुणः सुदासे ।
तस्मिन्ना तोकं तनयं दधाना मा कर्म देवहेळनं तुरासः ।।८।।
अव वेदिं होत्राभिर्यजेत रिपः काश्चिद्वरुणध्रुतः सः ।
परि द्वेषोभिरर्यमा वृणक्तूरुं सुदासे वृषणा उ लोकम् ।।९।।

सस्वश्चिद्धि समृतिस्त्वेष्येषामपीच्येन सहसा सहन्तै ।
युष्मद्भिया वृषणो रेजमाना दक्षस्य चिन्महिना मृळता नः ।।१०।।
यो ब्रह्मणे सुमतिमायजाते वाजस्य सातौ परमस्य रायः ।
सीक्षन्त मन्युं मघवानो अर्य उरु क्षयाय चक्रिरे सुधातु ।।११।।
इयं देव पुरोहितिर्युवभ्यां यज्ञेषु मित्रावरुणावकारि ।
विश्वानि दुर्गा पिपृतं तिरो नो यूयं पात स्वस्तिभिः सदा नः ।।१२।।

ऋ. ७.६१.१–७

उद्वां चक्षुर्वरुण सुप्रतीकं देवयोरेति सूर्यस्ततन्वान् ।
अभि यो विश्वा भुवनानि चष्टे सं मन्युं मर्त्येष्वा चिकेत ।।१।।
प्र वां स मित्रावरुणावृतावा विप्रो मन्मानि दीर्घश्रुदियर्ति ।
यस्य ब्रह्माणि सुक्रतू अवाथ आ यत्क्रत्वा न शरदः पृणैथे ।।२।।
प्रोरोर्मित्रावरुणा पृथिव्याः प्र दिव ऋष्वाद् बृहतः सुदान् ।
स्पशो दधाथे ओषधीषु विक्ष्वृधग्यतो अनिमिषं रक्षमाणाा ।।३।।
शंसा मित्रस्य वरुणस्य धाम शुष्मो रोदसी बद्बधे महित्वा ।
अयन्मासा अयज्वनामवीराः प्र यज्ञमन्मा वृजनं तिराते ।।४।।
अमूरा विश्वा वृषणाविमा वां न यासु चित्रं ददृशे न यक्षम् ।
द्रुहः सचन्ते अनृता जनानां न वां निण्यान्यचिते अभूवन् ।।५।।
समु वां यज्ञं महयं नमोभिर्हुवे वां मित्रावरुणा सबाधः ।
प्र वां मन्मान्यृचसे नवानि कृतानि ब्रह्म जुजुषन्निमानि ।।६।।
इयं देव पुरोहितिर्युवभ्यां यज्ञेषु मित्रावरुणावकारि ।
विश्वानि दुर्गा पिपृतं तिरो नो यूयं पात स्वस्तिभिः सदा नः ।।७।।

ऋ. ७.६२.४–६

द्यावाभूमी आदिते त्रासीथां नो ये वां जज्ञुः सुजनिमान ऋष्वे ।
मा हेळे भूम वरुणस्य वायोर्मा मित्रस्य प्रियतमस्य नृणाम् ।।४।।
प्र बाहवा सिसृतं जीवसे न आ नो गव्यूतिमुक्षतं घृतेन ।
आ नो जने श्रवयतं युवाना श्रुतं मे मित्रावरुणा हवेमा ।।५।।
नू मित्रो वरुणो अर्यमा नस्त्मने तोकाय वरिवो दधन्तु ।
सुगा नो विश्वा सुपथानि सन्तु यूयं पात स्वस्तिभिः सदा नः ।।६।।

ऋ. ७.६३.५–६

यत्रा चक्रुरमृता गातुमस्मै श्येनो न दीयन्नन्वेति पाथः ।
प्रति वां सूर उदिते विधेम नमोभिर्मित्रावरुणोत हव्यैः ।।५।।
नू मित्रो वरुणो अर्यमा नस्त्मने तोकाय वरिवो दधन्तु ।
सुगा नो विश्वा सुपथानि सन्तु यूयं पात स्वस्तिभिः सदा नः ।।६।।

ऋ. ७.६४.१–५

दिवि क्षयन्ता रजसः पृथिव्यां प्र वां घृतस्य निर्णिजो ददीरन् ।
हव्यं नो मित्रो अर्यमा सुजातो राजा सुक्षत्रो वरुणो जुषन्त ।।१।।
आ राजाना मह ऋतस्य गोपा सिन्धुपती क्षत्रिया यातमर्वाक् ।
इळां नो मित्रावरुणोत वृष्टिमव दिव इन्वतं जीरदानू ।।२।।
मित्रस्तन्नो वरुणो देवो अर्यः प्र सधिष्ठेभिः पथिभिर्नयन्तु ।
ब्रवद्यथा न आदरिः सुदास इषा मदेम सह देवगोपाः ।।३।।
यो वां गर्तं मनसा तक्षदेतमूर्ध्वां धीतिं कृणवद्धारयच्च ।
उक्षेथां मित्रावरुणा घृतेन ता राजाना सुक्षितीस्तर्पयेथाम् ।।४।।

एष स्तोमो वरुणा मित्र तुभ्यं सोमः शुक्रो न वायवेऽयामि ।
अविष्टं धियो जिगृतं पुरन्धीर्यूयं पात स्वस्तिभिः सदा नः ।।५।।

ऋ. ७.६५.१–५

प्रति वां सूर उदिते सूक्तैर्मित्रं हुवे वरुणं पूतदक्षम् ।
ययोरसुर्य१ मक्षितं ज्येष्ठं विश्वस्य यामन्नाचिता जिगत्नु ।।१।।
ता हि देवानामसुरा तावर्या ता नः क्षितीः करतमूर्जयन्तीः ।
अश्याम मित्रावरुणा वयं वां द्यावा च यत्र पीपयन्नहा च ।।2।।
ता भूरिपाशवनृतस्य सेतू दुरत्येतू रिपवे मर्त्याय ।
ऋतस्य मित्रावरुणा पथा वामपो न नावा दुरिता तरेम ।।३।।
आ नो मित्रावरुणा हव्यजुष्टिं घृतैर्गव्यूतिमुक्षतिळाभिः ।
प्रतिवामत्र वरमा जनाय पृणीतमुद्नो दिव्यस्य चारोः ।।४।।
एष स्तोमो वरुण मित्र तुभ्यं सोमः शुक्रो न वायवेऽयामि ।
अविष्टं धियो जिगृतं पुरन्धीर्यूयं पात स्वस्तिभिः सदा नः ।।५।।

ऋ. ७.६६.१–३

प्र मित्रयोर्वरुणयोः स्तोमो न एतु शूष्यः। नमस्वान्तुविजातयोः ।।१।।
या धारयन्त देवाः सुदक्षा दक्षपितरा। असुर्याय प्रमहसा ।।2।।
ता नः स्तिपा तनूपा वरुण जरितॄणाम्। मित्र साधयतं धियः ।।३।।

ऋ. ७.६६.१७–१९

काव्येभिरदाभ्या यातं वरुण द्युमत्। मित्रश्च सोमपीतये ।।१७।।
दिवो धामभिर्वरुण मित्रश्चा यातमद्रुहा। पिबतं सोममातुजी ।।१८।।
आ यातं मित्रावरुणा जुषाणावाहुतिं नरा। पातं सोममृतावृधा ।।१९।।

४2. यज्ञः – य. ८.६2; ९.2१

य. ८.६2

यज्ञस्य दोहो विततः पुरुत्रा सोऽअष्टधा दिवमन्वाततान ।
स यज्ञ धुक्ष्व महि मे प्रजायां रायस्पोषं विश्वमायुरशीय स्वाहा ।।६2।।

य. ९.2१

आयुर्यज्ञेन कल्पतां प्राणो यज्ञेन कल्पतां चक्षुर्यज्ञेन कल्पतां श्रोत्रं यज्ञेन कल्पतां पृष्ठं यज्ञेन कल्पतां यज्ञो यज्ञेन कल्पताम्। प्रजापतेः प्रजाऽअभूम स्वर्देवाऽअगन्मामृताऽअभूम ।।2१।।

४३. रुद्रः – ऋ. ७.४६.१–४; ७.५९.१2; य. ३.६०; ६१

ऋ. ७.४६.१–४

इमा रुद्राय स्थिरधन्वने गिरः क्षिप्रेषवे देवाय स्वधाव्ने ।
अषाळहाय सहमानाय वेधसे तिग्मायुधाय भरता शृणोतु नः ।।१।।
स हि क्षयेण क्षम्यस्य जन्मनः साम्राज्येन दिव्यस्य चेतति ।
अवन्नवन्ती रुप नो दुरश्चरानमीवो रुद्र जासु नो भव ।।2।।
या ते दिद्युदवसृष्टा दिवस्परि क्ष्मया चरति परि सा वृणक्तु नः ।
सहस्रं ते स्वपिवात भेषजा मा नस्तोकेषु तनयेषु रीरिषः ।।३।।
मा नो वधी रुद्र मा परा दा मा ते भूम प्रसितौ हीळितस्य ।
आ नो भज बर्हिषि जीवशंसे यूयं पात स्वस्तिभिः सदा नः ।।४।।

ऋ. ७.५९.१2

त्र्यम्बकं यजामहे सुगन्धि पुष्टिवर्धनम्। उर्वारुकमिव बन्धनान्मृत्योर्मुक्षीय मामृतात् ।।१2।।

य. ३.६०–६१

त्र्यम्बकं यजामहे सुगन्धि पुष्टिवर्धनम्। उर्वारुकमिव बन्धनान्मृत्योर्मुक्षीय माऽमृतात्। त्र्यम्बकं

यजामहे सुगन्धिं पतिवेदनम्। उर्वारुकमिव बन्धनादितो मुक्षीय मामुतः ।।६०।।
एतत्ते रुद्रावसं तेन परो मूजवतोऽतीहि। अवततधन्वा पिनाकावसः कृत्तिवासाऽअहिंसन्नः शिवोऽती।।६१।।

४४. लिङ्गोक्ता – ऋ. ७.४१.१; ७.४४.१–५

ऋ. ७.४१.१

प्रातरग्निं प्रातरिन्द्रं हवामहे प्रातर्मित्रावरुणा प्रातरश्विना ।
प्रातर्भगं पूषणं ब्रह्मणस्पतिं प्रातः सोममुत रुद्रं हुवेम ।।१।।

ऋ. ७.४४.१–५

दधिक्रां वः प्रथममश्विनोषसमग्निं समिद्धं भगमूतये हुवे ।
इन्द्रं विष्णुं पूषणं ब्रह्मणस्पतिमादित्यान्द्यावापृथिवी अपः स्वः ।।१।।
दधिक्रामु नमसा बोधयन्त उदीराणा यज्ञमुपप्रयन्तः ।
इळां देवीं बर्हिषि सादयन्तोऽश्विना विप्रा सुहवा हुवेम ।।2।।
दधिक्रावाणं बुबुधानो अग्निमुप ब्रुव उषसं सूर्यं गाम् ।
ब्रध्नं मंश्चतोर्वरुणस्य बभ्रुं ते विश्वास्मद् दुरिता यावयन्तु ।।३।।
दधिक्रावा प्रथमो वाज्यर्वाग्रे रथानां भवति प्रजानन् ।
संविदान उषसा सूर्येणादित्येभिर्वसुभिरंगिरोभिः ।।४।।
आ नो दधिक्राः पथ्यामनक्त्वृतस्य पन्थामन्वेतवा उ ।
शृणोतु नो दैव्यं शर्धो अग्निः शृण्वन्तु विश्वे महिषा अमूराः ।।५।।

४५. वरुणः – ऋ. ७.८६.१–८; ७.८७.१–७; ७.८८.१–७; ७.८९.१–५

ऋ. ७.८६.१–८

धीरा त्वस्य महिना जनूंषि वि यस्तस्तम्भ रोदसी चिदुर्वी ।
प्र नाकमृष्वं नुनुदे बृहन्तं द्विता नक्षत्रं पप्रथच्च भूम ।।१।।
उत स्वया तन्वा३ सं वदे तत्कदा न्व१न्तर्वरुणे भुवानि ।
किं मे हव्यमहृणानो जुषेत कदा मृळीकं सुमना अभि ख्यम् ।।2।।
पृच्छे तदेनो वरुण दिदृक्षूपो एमि चिकितुषो विपृच्छम् ।
समानमिन्मे कवयश्चिदाहुरयं ह तुभ्यं वरुणो हृणीते ।।३।।
किमाग आस वरुण ज्येष्ठं यत्स्तोतारं जिघांससि सखायम् ।
प्र तन्मे वोचो दूळभ स्वधावोऽव त्वानेना नमसा तुर इयाम् ।।४।।
अव द्रुग्धानि पित्र्या सृजा नोऽव या वयं चकृमा तनूभिः ।
अव राजन्पशुतृपं न तायुं सृजा वत्सं न दाम्नो वसिष्ठम् ।।५।।
न स स्वो दक्षो वरुण ध्रुतिः सा सुरा मन्युर्विभीदको अचित्तिः ।
अस्ति ज्यायान्कनीयस उपारे स्वप्नश्चनेदनृतस्य प्रयोता ।।६।।
अरं दासो न मीळ्हुषे कराण्यहं देवाय भूर्णयेऽनागाः ।
अचेतयदचितो देवो अर्यो गृत्सं राये कवितरो जुनाति ।।७।।
अयं सु तुभ्यं वरुण स्वधावो हृदि स्तोम उपश्रितश्चिदस्तु ।
शं नः क्षेमे शमु योगे नो अस्तु यूयं पात स्वस्तिभिः सदा नः ।।८।।

ऋ. ७.८७.१–७

रदत्पथो वरुणः सूर्याय प्रार्णांसि समुद्रिया नदीनाम् ।
सर्गो न सृष्टो अर्वतीर्ऋतायंचकार महीरवनीरहभ्यः ।।१।।
आत्मा ते वातो रज आ नवीनोत्पशुर्न भूर्णिर्यवसे ससवान् ।
अन्तर्मही बृहती रोदसीमे विश्वा ते धाम वरुण प्रियाणि ।।2।।
परि स्पशो वरुणस्य स्मदिष्टा उभे पश्यन्ति रोदसी सुमेके ।
ऋतावानः कव्यो यज्ञधीराः प्रचेतसो य इषयन्त मन्म ।।३।।

उवाच मे वरुणो मेधिराय त्रिः सप्त नामाघ्न्या बिभर्ति ।
विद्वान्पदस्य गुह्या न वोचद्युगाय विप्र उपराय शिक्षन् ।।४।।
तिस्रो द्यावो निहिता अन्तरस्मिन्तिस्रो भूमीरुपराः षड्विधानाः ।
गृत्सो राजा वरुणश्चक्र एतं दिवि प्रेंख हिरण्ययं शुभे कम् ।।५।।
अव सिन्धुं वरुणो द्यौरिव स्थाद् द्रप्सो न श्वेतो मृगस्तुविष्मान् ।
गम्भीरशंसो रजसो विमानः सुपारक्षत्रः सतो अस्य राजा ।।६।।
यो मृळयाति चक्रुषे चिदागो वयं स्याम वरुणे अनागाः ।
अनु व्रतान्यदितेर्ऋधन्तो यूयं पात स्वस्तिभिः सदा नः ।।७।।

ऋ. ७.८८.१–७

प्र शुन्ध्युवं वरुणाय प्रेष्ठां मतिं वसिष्ठ मीळहुषे भरस्व ।
य ईमर्वांचं करते यजत्रं सहस्रामघं वृषणं बृहन्तम् ।।१।।
अधा न्वस्य संदृशं जगन्वानग्नेरनीकं वरुणस्य मंसि ।
स्व१र्यदश्मन्नधिपा उ अन्धोऽभि मा वपुर्दृशये निनीयात् ।।२।।
आ यद्रुहाव वरुणश्च नावं प्र यत्समुद्रमीरयाव मध्यम् ।
अधि यदपां स्नुभिश्चराव प्र प्रेंख ईंखयावहै शुभे कम् ।।३।।
वसिष्ठं ह वरुणो नाव्याधादृषिं चकार स्वपा महोभिः ।
स्तोतारं विप्रः सुदिनत्वे अह्नां यान्नु द्यावस्ततनन्यादुषासः ।।४।।
क्व१ त्यानि नौ सख्या बभूवुः सचावहे यदवृकं पुरा चित् ।
बृहन्तं मानं वरुण स्वधावः सहस्रद्वारं जगमा गृहं ते ।।५।।
य आपिर्नित्यो वरुण प्रियः सन्त्वामागांसि कृणवत्सखा ते ।
मा त एनस्वन्तो यक्षिन् भुजेम यन्धि ष्मा विप्रः स्तुवते वरूथम् ।।६।।
ध्रुवासु त्वासु क्षितिषु क्षियन्तो व्य१स्मत् पाशं वरुणो मुमोचत् ।
अवो वन्वाना अदितेरुपस्थाद्यूयं पात स्वस्तिभिः सदा नः ।।७।।

ऋ. ७.८९.१–५

मो षु वरुण मृन्मयं गृहं राजन्नहं गमम्। मृळा सुक्षत्र मृळय ।।१।।
यदेमि प्रस्फुरन्निव दृतिर्न ध्मातो अद्रिवः। मृळा सुक्षत्र मृळय ।।२।।
क्रत्वः समह दीनता प्रतीपं जगमा शुचे। मृळा सुक्षत्र मृळय ।।३।।
अपां मध्ये तस्थिवांसं तृष्णाविदज्जरितारम्। मृळा सुक्षत्र मृळय ।।४।।
यत्किं चेदं वरुण दैव्ये जनेऽभिद्रोहं मनुष्या३ श्चरामसि ।
अचित्ती यत्तव धर्मा युयोपिम मा नस्तस्मादेनसो देव रीरिषः ।।५।।

४६. वरुणौ – य. ३३.७१

गावऽउपावतावतं मही यज्ञस्य रप्सुदा। उभा कर्णा हिरण्यया ।।७१।।

४७. वसिष्ठः – ऋ. ७.१०४.२३

मा नो रक्षो अभि नड्यातुमावतामपोच्छतु मिथुना या किमीदिना ।
पृथिवी नः पार्थिवात् पात्वंहसोऽन्तरिक्षं दिव्यात्पात्वस्मान् ।।२३।।

४८. वाजिनः – ऋ. ७.३८.७–८

शं नो भवन्तु वाजिनो हवेषु देवताता मितद्रवः स्वर्काः ।
जम्भयन्तोऽहिं वृकं रक्षांसि सनेम्यस्मद्युयवन्नमीवाः ।।७।।
वाजेवाजेऽवत वाजिनो नो धनेषु विप्रा अमृता ऋतज्ञाः ।
अस्य मध्वः पिबत मादयध्वं तृप्ता यात पथिभिर्देवयानैः ।।८।।

४९. वायुः – ऋ. ७.९०.१–४; ७.९१.१; ३; ७.९२.१; ३–५; य. ७.७; २७.२३; २४; २७; २८; ३५; ३३.४४; ७०

Vedic Concordance of Mantras as per Ṛṣi and Devatā 245

ऋ. ७.९०.१–४
प्र वीरया शुचयो दद्रिरे वामध्वर्युभिर्मधुमन्तः सुतासः ।
वह वायो नियुतो याह्यच्छा पिबा सुतस्यान्धसो मदाय ।।१।।
ईशानाय प्रहुतिं यस्त आनट्छुचिं सोमं शुचिपास्तुभ्यं वायो ।
कृणोषि तं मर्त्येषु प्रशस्तं जातोजातो जायते वाज्यस्य ।।2।।
राये नु यं जज्ञतू रोदसीमे राये देवी धिषणा धाति देवम् ।
अध वायुं नियुतः सश्चत स्वा उत श्वेतं वसुधितिं निरेके ।।३।।
उच्छन्नुषसः सुदिना अरिप्रा उरु ज्योतिर्विविदुर्दीध्यानाः ।
गव्यं चिदूर्वमुशिजो वि वव्रुस्तेषामनु प्रदिवः सस्रुरापः ।।४।।

ऋ. ७.९१.१
कुविदंगः नमसा ये वृधासः पुरा देवा अनवद्यास आसन्।
ते वायवे मनवे बाधितायावासयन्नुषसं सूर्येण ।।१।।

ऋ. ७.९१.३
पीवोअन्नाँ रयिवृधः सुमेधाः श्वेतः सिषक्ति नियुतामभिश्रीः ।
ते वायवे समनसो वि तस्थुर्विश्वेन्नरः स्वपत्यानि चक्रुः ।।३।।

ऋ. ७.९2.१
आ वीयो भूष शुचिपा उप नः सहस्रं ते नियुतो विश्ववार ।
उपो ते अन्धो मद्यमयामि यस्य देव दधिषे पूर्व पेयम् ।।१।।

ऋ. ७.९2.३–५
प्र याभिर्यासि दाश्वांसमच्छा नियुद्भिर्वायविष्टये दुरोणे ।
नि नो रयिं सुभेजसं युवस्व नि वीरं गव्यमश्व्यं च राधः ।।३।।
ये वायव इन्द्रमादनास आदेवासो नितोशनासो अर्यः ।
घ्नन्तो वृत्राणि सूरिभिः ष्याम सासह्वांसो युधा नृभिरमित्रान् ।।४।।
आ नो नियुद्भिः शतिनीभिरध्वरं सहस्रिणीभिरुप याहि यज्ञम् ।
वायो अस्मिन्त्सवने मादयस्व यूयं पात स्वस्तिभिः सदा नः ।।५।।

य. ७.७
आ वायो भूष शुचिपाऽउप नः सहस्रं ते नियुतो विश्ववार ।
उपो तेऽअन्धो मद्यमयामि यस्य देव दधिषे पूर्वपेयं वायवे त्वा ।।७।।

य. 2७.2३–2४
पीवोऽअन्ना रयिवृधः सुमेधाः श्वेतः सिषक्ति नियुतामभिश्रीः ।
ते वायवे समनसो वि तस्थुर्विश्वेन्नरः स्वपत्यानि चक्रुः ।।2३।।
राये नु यं जज्ञतू रोदसीमे राये देवी धिषणा धाति देवम् ।
अध वायुं नियुतः सश्चत स्वाऽउत श्वेतं वसुधितिं निरेके ।।2४।।

य. 2७.2७–2८
प्र याभिर्यासि दाश्वांसमच्छा नियुद्भिर्वायविष्टये दुरोणे ।
नि नो रयिं सुभोजसं युवस्व नि वीरं गव्यमश्व्यं च राधः ।।2७।।
आ नो नियुद्भिः शतिनीभिरध्वरं सहस्रिणीभिरुप याहि यज्ञम् ।
वायोऽअस्मिन्त्सवने मादयस्व यूयं पात स्वस्तिभिः सदा नः ।।2८।।

य. 2७.३५
अभि त्वा शूर नोनुमोऽदुग्धाऽइव धेनवः। ईशानमस्य जगतः स्वर्दृशमीशानमिन्द्र तस्थुषः ।।३५।।

य. ३३.४४
प्र वावृजे सुप्रया बर्हिरेषामा विश्पतीव बीरिटऽइयाते।

विशामक्तोरुषसः पूर्वहूतौ वायुः पूषा स्वस्तये नियुत्वान् ।।४४।।

य. ३३.७०

प्र वीरया शुचयो दद्रिरे वामध्वर्युभिर्मधुमन्तः सुतासः ।
वह वायो नियुतो याह्यच्छा पिबा सुतस्यान्धसो मदाय ।।७०।।

५०. वायुः त्वष्टा – अ. ३.20.१०

गोसनिं वाचमुदेयं वर्चसा माभ्युदिहि। आ रुन्धां सर्वतो वायुस्त्वष्टा पोषं दधातु मे ।।१०।।

५१. वास्तोष्पतिः – ऋ. ७.५४.१–३; ७.५५.१

ऋ. ७.५४.१–३

वास्तोष्पते प्रति जानीह्यस्मान्त्स्वावेशो अनमीवो भवा नः ।
यत्त्वेमहे प्रति तन्नो जुषस्व शं नो भव द्विपदे शं चतुष्पदे ।।१।।
वास्तोष्पते प्रतरणो न एधि गयस्फानो गोभिरश्वेभिरिन्दो ।
अजरासस्ते सख्ये स्याम पितेव पुत्रान्प्रति नो जुषस्व ।।2।।
वास्तोष्पते शग्मया संसदा ते सक्षीमहि रण्वया गातुमत्या ।
पाहि क्षेम उत योगे वरं नो यूयं पात स्वस्तिभिः सदा नः ।।३।।

ऋ. ७.५५.१

अमीवहा वास्तोष्पते विश्वा रूपाण्याविशन्। सखा सुशेव एधि नः ।।१।।

५2. विदुषी – य. १५.६३

आयोष्ट्वा सदने सादयाम्यवतश्छायायां समुद्रस्य हृदये रश्मीवतीं भास्वतीमा या द्यां भास्या
पृथिवीमोर्वन्तरिक्षम् ।।६३।।

५३. विद्वांसः – य. ३३.१४

त्वेऽअग्ने स्वाहुत प्रियासः सन्तु सूरयः। यन्तारो ये मघवानो जनानामूर्वान्दयन्त गोनाम् ।।१४।।

५४. विश्वकर्मा – य. १७.७८

चित्तिं जुहोमि मनसा घृतेन यथा देवाऽइहागमन्वीतिहोत्राऽऋतावृधः ।
पत्ये विश्वस्य भूमनो जुहोमि विश्वकर्मणे विश्वाहा दाभ्यं हविः ।।७८।।

५५. विश्वानि भुवनानि – अ. ३.20.८

वाजस्य नु प्रसवे सं बभूविमेमा च विश्वा भुवनान्यन्तः ।
उतादित्सन्तं दापयतु प्रजानन् रयिं च नः सर्वीरं नि यच्छ ।।८।।

५६. विश्वेदेवाः – ऋ. ७.३४.१–१५; १८–2५; ७.३५.१–१५; ७.३६.१–६; ७.३७.१–८; ७.३६.१–७; ७.४०.१–७; ७.४2.१–६; ७.४३.१–५; ७.५०.३; य. ८.५७–६१

ऋ. ७.३४.१–१५

प्र शुक्रैतु देवी मनीषा अस्मत्सुतष्टो रथो न वाजी ।।१।।
विदुः पृथिव्या दिवो जमित्रं शृण्वन्त्यापो अध क्षरन्तीः ।।2।।
आपश्चिदस्मै पिन्वन्त पृथ्वीर्वृत्रेषु शूरा मंसन्त उग्राः ।।३।।
आ धूर्ष्वस्मै दधाताश्वानिन्द्रो न वज्री हिरण्यबाहुः ।।४।।
अभि प्र स्थाताहेव यज्ञं यातेव पत्मन्तमना हिनोत ।।५।।
त्मना समत्सु हिनोत यज्ञं दधात केतुं जनाय वीरम् ।।६।।
उदस्य शुष्माद्भानुर्नार्त बिभर्ति भारं पृथिवी न भूम ।।७।।
ह्वयामि देवाँ अयातुरग्ने साधन्नृतेन धियं दधामि ।।८।।
अभि वो देवीं धियं दधिध्वं प्र वो देवत्रा वाचं कृणुध्वम् ।।६।।
आ चष्ट आसां पाथो नदीनां वरुण उग्रः सहस्रचक्षाः ।।१०।।

राजा राष्ट्रानां पेशो नदीनामनुत्तमस्मै क्षत्रं विश्वायु ।।११।।
अविष्टो अस्मान्विश्वासु विक्ष्वद्युं कृणोत शंसं निनित्सोः ।।१२।।
व्येतु दिद्युद् द्विषामशेवा युयोत विष्वग्रपस्तनूनाम् ।।१३।।
अवीन्नो अग्निर्हव्यान्नमोभिः प्रेष्ठो अस्मा अधायि स्तोमः ।।१४।।
सजूर्देवेभिरपां नपातं सखायं कृध्वं शिवो नो अस्तु ।।१५।।

ऋ. ७.३४.१८–२५
उत न एषु नृषु श्रवो धुः प्र राये यन्तु शर्धन्तो अर्यः ।।१८।।
तपन्ति शत्रुं स्व१र्ण भूमा महासेनासो अमेभिरेषाम् ।।१९।।
आ यन्नः पत्नीर्गमन्त्यच्छा त्वष्टा सुपाणिर्दधातु वीरान् ।।२०।।
प्रति नः स्तोमं त्वष्टा जुषेत स्यादस्मे अरमतिर्वसूयुः ।।२१।।
ता नो रासन्रातिषाचो वसून्या रोदसी वरुणानी शृणोतु ।
वरूत्रीभिः सुशरणो नो अस्तु त्वष्टा सुदत्रो वि दधातु रायः ।।२२।।
तन्नो रायः पर्वतास्तन्न आपस्तद्रातिषाच ओषधीरुत द्यौः ।
वनस्पतिभिः पृथिवी सजोषा उभे रोदसी परि पासतो नः ।।२३।।
अनु तदुर्वी रोदसी जिहातामनु द्युक्षो वरुण इन्द्रसखा ।
अनु विश्वे मरुतो ये सहासो रायः स्याम धरुणं धियध्यै ।।२४।।
तन्न इन्द्रो वरुणो मित्रो अग्निराप ओषधीर्वनिनो जुषन्त ।
शर्मन्त्स्याम मरुतामुपस्थे यूयं पात स्वस्तिभिः सदा नः ।।२५।।

ऋ. ७.३५.१–१५
शं न इन्द्राग्नी भवतामवोभिः शं न इन्द्रावरुणा रातहव्या ।
शमिन्द्रासोमा सुविताय शं योः शं न इन्द्रापूषणा वाजसातौ ।।१।।
शं नो भगः शमु नः शंसो अस्तु शं नः पुरन्धिः शमु सन्तु रायः ।
शं नः सत्यस्य सुयमस्य शंसः शं नो अर्यमा पुरुजातो अस्तु ।।२।।
शं नो धाता शमु धर्ता नो अस्तु शं न उरूची भवतु स्वधाभिः ।
शं रोदसी बृहती शं नो अद्रिः शं नो देवानां सुहवानि सन्तु ।।३।।
शं नो अग्निर्ज्योतिरनीको अस्तु शं नो मित्रावरुणावश्विना शम् ।
शं नः सुकृतां सुकृतानि सन्तु शं न इषिरो अभि वातु वातः ।।४।।
शं नो द्यावापृथिवी पूर्वहूतौ शमन्तरिक्षं दृशये नो अस्तु ।
शं न ओषधीर्वनिनो भवन्तु शं नो रजसस्पतिरस्तु जिष्णुः ।।५।।
शं न इन्द्रो वसुभिर्देवो अस्तु शमादित्येभिर्वरुणः सुशंसः ।
शं नो रुद्रो रुद्रेभिर्जलाषः शं नस्त्वष्टा ग्नाभिरिह शृणोतु ।।६।।
शं नः सोमो भवतु ब्रह्म शं नः शं नो ग्रावाणः शमु सन्तु यज्ञाः ।
शं नः स्वरूणां मितयो भवन्तु शं नः प्रस्व१ः शम्वस्तु वेदिः ।।७।।
शं नः सूर्य उरुचक्षा उदेतु शं नश्चतस्रः प्रदिशो भवन्तु ।
शं नः पर्वता ध्रुवयो भवन्तु शं नः सिन्धवः शमु सन्त्वापः ।।८।।
शं नो अदितिर्भवतु व्रतेभिः शं नो भवन्तु मरुतः स्वर्काः ।
शं नो विष्णुः शमु पूषा नो अस्तु शं नो भवित्रं शम्वस्तु वायुः ।।९।।
शं नो देवः सविता त्रायमाणः शं नो भवन्तूषसो विभातीः ।
शं नः पर्जन्यो भवतु प्रजाभ्यः शं नः क्षेत्रस्य पतिरस्तु शम्भुः ।।१०।।
शं नो देवा विश्वदेवा भवन्तु शं सरस्वती सह धीभिरस्तु ।
शमभिषाचः शमु रातिषाचः शं नो दिव्याः पार्थिवाः शं नो अप्याः ।।११।।
शं नः सत्यस्य पतयो भवन्तु शं नो अर्वन्तः शमु सन्तु गावः ।

शं न ऋभवः सुकृतः सुहस्ताः शं नो भवन्तु पितरो हवेषु ।।१२।।
शं नो अज एकपाद्देवो अस्तु शं नोऽहिर्बुध्न्य१ः शं समुद्रः ।
शं नो अपां नपात्पेरुरस्तु शं नः पृश्निर्भवतु देवगोपा ।।१३।।
आदित्या रुद्रा वसवो जुषन्तेदं ब्रह्म क्रियमाणं नवीयः ।
शृण्वन्तु नो दिव्याः पार्थिवासो गोजाता उत ये यज्ञियासः ।।१४।।
ये देवानां यज्ञिया यज्ञियानां मनोर्यजत्रा अमृता ऋतज्ञाः ।
ते नो रासन्तामुरुगायमद्य य□यं पात स्वस्तिभिः सदा नः ।।१५।।

ऋ. ७.३६.१–६

प्र ब्रह्मैतु सदनादृतस्य वि रश्मिभिः ससृजे सूर्यो गाः ।
वि सानुना पृथिवी सस्र उर्वी पृथु प्रतीकमध्येधे अग्निः ।।१।।
इमां वां मित्रावरुणा सुवृक्तिमिषं न कृण्वे असुरा नवीयः ।
इनो वामन्यः पदवीरदब्धो जनं च मित्रो यतति ब्रुवाणः ।।२।।
आ वातस्य ध्रजतो रन्त इत्या अपीपयन्त धेनवो न सूदाः ।
महो दिवः सदने जायमानोऽचिक्रदद् वृषभः सस्मिन्नूधन् ।।३।।
गिरा य एता युनजद्धरी त इन्द्र प्रिया सुरथा शूर धायू ।
प्र यो मन्युं रिरिक्षतो मिनात्या सुक्रतुमर्यमण ववृत्याम् ।।४।।
यजन्ते अस्य सख्यं वयश्च नमस्विनः स्व ऋतस्य धामन् ।
वि पृक्षा बाबधे नृभिः स्तवान इदं नमो रुद्राय प्रेष्ठम् ।।५।।
आ यत्साकं यशसो वावशानाः सरस्वती सप्तथी सिन्धुमाता ।
याः सुष्वयन्त सुदुघाः सुधारा अभि स्वेन पयसा पीप्यानाः ।।६।।
उत त्ये नो मरुतो मन्दसाना धियं तोकं च वाजिनोऽवन्तु ।
मा नः परि ख्यदक्षरा चरन्त्यवीवृधन्युज्यं ते रयिं नः ।।७।।
प्र वो महीमरमतिं कृणुध्वं प्र पूषणं विदथ्यं१ न वीरम् ।
भगं धियोऽवितारं नो अस्याः सातौ वाजं रातिषाचं पुरन्धिम् ।।८।।
अच्छायं वो मरुतः श्लोक एत्वच्छा विष्णुं निषिक्तपामवोभिः ।
उत प्रजायै गृणते वयो धुर्यूयं पात स्वस्तिभिः सदा नः ।।६।।

ऋ. ७.३७.१–८

आ वो वाहिष्ठो वहतु स्तवध्यै रथो वाजा ऋभुक्षणो अमृक्तः ।
अभि त्रिपृष्ठैः सवनेषु सोमैर्मदे सुशिप्रा महभिः पृणध्वम् ।।१।।
यूयं ह रत्नं मघवत्सु धत्थ स्वर्दृश ऋभुक्षणो अमृक्तम् ।
सं यज्ञेषु स्वधावन्तः पिबध्वं वि नो राधांसि मतिभिर्दयध्वम् ।।२।।
उवोचिथ हि मघवन्देष्णं महो अर्भस्य वसुनो विभागे ।
उभा ते पूर्णा वसुना गभस्ती न सूनृता नि यमते वसव्या ।।३।।
त्वमिन्द्र स्वयशा ऋभुक्षा वाजो न साधुरस्तमेष्यृक्वा ।
वयं नु ते दाश्वांसः स्याम ब्रह्म कृण्वन्तो हरिवो वसिष्ठाः ।।४।।
सनितासि प्रवतो दाशुषे चिद्याभिर्विवेषो हर्यश्व धीभिः ।
ववन्मा नु ते युज्याभिरूती कदा न इन्द्र राय आ दशस्येः ।।५।।
वासयसीव वेधसस्त्वं नः कदा न इन्द्र वचसो बुबोधः ।
अस्तं तात्या धिया रयिं सुवीरं पृक्षो नो अर्वा न्युहीत वाजी ।।६।।
अभि यं देवी निर्ऋतिश्चिदीशे नक्षन्त इन्द्रं शरदः सुपृक्षः ।
उप त्रिबन्धुर्जरदष्टिमेत्यस्ववेशं यं कृणवन्त मर्ताः ।।७।।
आ नो राधांसि सवितः स्तवध्या आ रायो यन्तु पर्वतस्य रातौ ।
सदा नो दिव्यः पायुः सिषक्तु यूयं पात स्वस्तिभिः सदा नः ।।८।।

ऋ. ७.३६.१–७

ऊर्ध्वो अग्निः सुमतिं वस्वो अश्रेत्प्रतीची जूर्णिर्देवतातिमेति ।
भेजाते अद्री रथ्येव पन्थामृतं होता न इषितो यजाति ।।१।।
प्र वावृजे सुप्रया बर्हिरेषामा विश्पतीव बीरिट इयाते ।
विशामक्तोरुषसः पूर्वहूतौ वायुः पूषा स्वस्तये नियुत्वान् ।।2।।
ज्मया अत्र वसवो रन्त देवा उरावन्तरिक्षे मर्जयन्त शुभ्राः ।
अर्वाक् पथ उरुज्रयः कृणुध्वं श्रोता दूतस्य जग्मुषो नो अस्य ।।३।।
ते हि यज्ञेषु यज्ञियास ऊमाः सधस्थं विश्वे अभि सन्ति देवाः ।
ताँ अध्वर उशतो यक्ष्यग्ने श्रुष्टी भगं नासत्या पुरन्धिम् ।।४।।
आग्ने गिरो दिव आ पृथिव्या मित्रं वह वरुणमिन्द्रमग्निम् ।
आर्यमणमदितिं विष्णुमेषां सरस्वती मरुतो मादयन्ताम् ।।५।।
ररे हव्यं मतिभिर्यज्ञियानां नक्षत्कामं मर्त्यानामसिन्वन् ।
धाता रयिमविदस्यं सदासां सक्षीमहि युज्येभिर्नु देवैः ।।६।।
नू रोदसी अभिष्टुते वसिष्ठैर्ऋतावानो वरुणो मित्रो अग्निः ।
यच्छन्तु चन्द्रा उपमं नो अर्कं यूयं पात स्वस्तिभिः सदा नः ।।७।।

ऋ. ७.४०.१–७

ओ श्रुष्टिर्विदथ्या३ समेतु प्रति स्तोमं दधीमहि तुराणाम् ।
यदद्य देवः सविता सुवाति स्यामास्य रत्निनो विभागे ।।१।।
मित्रस्तन्नो वरुणो रोदसी च द्युभक्तमिन्द्रो अर्यमा ददातु ।
दिदेष्टु देव्यदिति रेक्णो वायुश्च यन्नियुवैते भगश्च ।।2।।
सेदुग्रो अस्तु मरुतः स शुष्मी ये मर्त्यं पृषदश्वा अवाथ ।
उतेमग्निः सरस्वती जुनन्ति न तस्य रायः पर्येतास्ति ।।३।।
अयं हि नेता वरुण ऋतस्य मित्रो राजानो अर्यमापो धुः ।
सुहवा देव्यदितिरनर्वा ते नो अंहो अति पर्षन्नरिष्टान् ।।४।।
अस्य देवस्य मीळहुषो वया विष्णोरेषस्य प्रभृथे हविर्भिः ।
विदे हि रुद्रो रुद्रियं महित्वं यासिष्टं वर्तिरश्विनाविरावत् ।।५।।
मात्र पूषन्नाधृण इरस्यो वरूत्री यद्रातिषाचश्च रासन् ।
मयोभुवो नो अर्वन्तो नि पान्तु वृष्टिं परिज्मा वातो ददातु ।।६।।
नू रोदसी अभिष्टुते वसिष्ठैर्ऋतावानो वरुणो मित्रो अग्निः ।
यच्छन्तु चन्द्रा उपमे नो अर्कं यूयं पात स्वस्तिभिः सदा नः ।।७।।

ऋ. ७.४2.१–६

प्र ब्रह्मणो अंगिरसो नक्षन्त प्र क्रन्दनुर्नभन्यस्य वेतु ।
प्र धेनव उदप्रुतो नवन्त युज्यातामद्री अध्वरस्य पेशः ।।१।।
सुगस्ते अग्ने सनवित्तो अध्वा युङ्क्ष्व सुते हरितो रोहितश्च ।
ये वा सद्मन्नरुषा वीरवाहो हुवे देवानां जनिमानि सत्तः ।।2।।
समु वो यज्ञं महयन्नमोभिः प्र होता मन्द्रो रिरिच उपाके ।
यजस्व सु पुर्वणीक देवाना यज्ञियामरमतिं ववृत्याः ।।३।।
यदा वीरस्य रेवतो दुरोणे स्योनशीरतिथिराचिकेतत् ।
सुप्रीतो अग्निः सुधितो दम आ स विशे दाति वार्यमियत्यै ।।४।।
इमं नो अग्ने अध्वरं जुषस्व मरुस्तिवन्द्रे यशसं कृधी नः ।
आ नक्ता बर्हिः सदतामुषासोशन्ता मित्रावरुणा यजेह ।।५।।
एवाग्निं सहस्यं१ वसिष्ठो रायस्कामो विश्वप्स्न्यस्य स्तौत् ।
इषं रयिं पप्रथद्वाजमस्मे यूयं पात स्वस्तिभिः सदा नः ।।६।।

ऋ. ७.४३.१–५

प्र वो यज्ञेषु देवयन्तो अर्चन्द्यावा नमोभिः पृथिवी इषध्यै ।
येषां ब्रह्माण्यस्मानि विप्रा विष्वग्वियन्ति वनिनो न शाखाः ।।१।।
प्र यज्ञ एतुं हेत्वो न सप्तिरुद्यच्छध्वं समनसो घृताचीः ।
स्तृणीत बर्हिरध्वराय साधूर्ध्वा शोचींषि देवयून्यस्थुः ।।2।।
आ पुत्रासो न मातरं विभृत्राः सानौ देवासो बर्हिषः सदन्तु ।
आ विश्वची विदथ्यामनक्त्वग्ने मा नो देवताता मृधस्कः ।।३।।
ते सीषपन्त जोषमा यजत्रा ऋतस्य धाराः सुदुघा दुहानाः ।
ज्येष्ठं वो अद्य मह आ वसूनामा गन्तन समनसो यति ष्ठ ।।४।।
एवा नो अग्ने विक्ष्वा दशस्य त्वया वयं सहसावन्नास्क्राः ।
राया युजा सधमादो अरिष्टा यूयं पात स्वस्तिभिः सदा नः ।।५।।

ऋ. ७.५०.३

यच्छल्मलौ भवति यन्नदीषु यदोषधीभ्यः परि जायते विषम् ।
विश्वे देवा निरितस्तत्सुवन्तु मा मां पद्येन रपसा विदत्त्सरुः ।।३।।

य. ८.५७–६१

विश्वे देवाऽअंशुषु न्युप्तो विष्णुराप्रीतपाऽआप्याय्यमानो यमः सूयमानो विष्णुः सम्भ्रियमाणो वायुः पूयमानः शुक्रः पूतः। शुक्रः क्षीरश्रीर्मन्थी सक्तुश्रीः ।।५७।।
विश्वे देवाश्चमसेषून्नीतोऽसुर्होमायोद्यतो रुद्रो हूयमानो वातोऽभ्यावृतो नृचक्षाः प्रतिख्यातो भक्षो भक्ष्यमाणः पितरो नाराशंसाः ।।५८।।
सन्नः सिन्धुरवभृथायोद्यतः समुद्रोऽभ्यवह्रियमाणः सलिः प्रप्लुतो ययोरोजसा स्कभिता रजांसि वीर्येभिर्वीरतमा शविष्ठा । या पत्येतेऽअप्रतीता सहोभिर्विष्णूऽअगन्वरुणा पूर्वहूतौ ।।५६।।
देवान् दिवमगन्यज्ञस्ततो मा द्रविणमष्टु मनुष्यानन्तरिक्षमगन्यज्ञस्ततो मा द्रविणमष्टु पितृन् पृथिवीमगन्यज्ञस्ततो मा द्रविणमष्टु यं कं च लोकमगन्यज्ञस्ततो मे भद्रमभूत् ।।६०।।
चतुस्त्रिंशत्तन्तवो ये वितत्निरे यऽइमं यज्ञं स्वधया ददन्ते । तेषां छिन्नं सम्वेतद्दधामि स्वाहा घर्मोऽअप्येतु देवान् ।।६१।।

५७. विश्वेदेवाः गृहस्थाः – य. ८.५६

प्रोह्यमाणः सोम आगतो वरुण आसन्द्यामासन्नो ऽग्निराग्निध्र इन्द्रो हविर्धाने ऽथर्वोपावह्रियमाणः ।।५६।।

५८. विश्वेदेवाः इन्द्रः – अ. ३.१६.१–८

संशितं म इदं ब्रह्म संशितं वीर्य१ बलम्।
संशितं क्षत्रमजरमस्तु जिष्णु येषामस्मि पुरोहितः ।।१।।
समहमेषां राष्ट्रं स्यामि समोजो वीर्य१ बलम्। वृश्चामि शत्रूणां बाहूननेन हविषाहम् ।।2।।
नीचैः पद्यन्तामधरे भवन्तु ये नः सूरिं मघवानं पृतन्यान् ।
क्षिणामि ब्रह्मणामित्रानुन्नयामि स्वानहम् ।।३।
तीक्ष्णीयांसः परशोरग्नेस्तीक्ष्णतरा उत। इन्द्रस्य वज्रात् तीक्ष्णीयांसो येषामस्मि पुरोहितः ।।४।।
एषामहमायुधा सं श्याम्येषां राष्ट्रं सुवीरं वर्धयामि ।
एषां क्षत्रमजरमस्तु जिष्ण्वे३षां चित्तं विश्वेऽवन्तु देवाः ।।५।।
उद्धर्षन्तां मघवन् वाजिनान्युद् वीराणां जयतामेतु घोषः ।
पृथग् घोषा उलुलयः केतुमन्त उदीरताम्। देवा इन्द्रजयेष्ठा मरुतो यन्तु सेनया ।।६।।
प्रेता जयता नर उग्रा वः सन्तु बाहवः। तीक्ष्णेषवोबलधन्वनो हतोग्रायुधा अबलानुग्रबाहवः।।७।।
अवसृष्टा परा पत शरव्ये ब्रह्मसंशिते।
जयामित्रान् प्र पद्यस्व जह्येषां वरंवरं मामीषां मोचि कश्चन ।।८।।

५६. विश्वेदेवाः बृहस्पतिः वर्चः – अ. ३.22.१–६

हस्तिवर्चसं प्रथतां बृहद् यशो अदित्या यत् तन्वः संबभूव ।
तत् सर्वे समदुर्मह्यमेतद् विश्वे देवा अदितिः सजोषाः ।।1।।
मित्रश्च वरुणश्चेन्द्रो रुद्रश्च चेततु। देवासो विश्वधायसस्ते मांजन्तु वर्चसा ।।2।।
येन हस्ती वर्चसा संबभूव येन राजा मनुष्येष्वप्स्व१न्तः ।
येन देवा देवतामग्र आयन् तेन मामद्य वर्चसाग्ने वर्चस्विनं कृणु ।।3।।
यत् ते वर्चो जातवेदो बृहद् भवत्याहुतेः ।
यावत् सूर्यस्य वर्च आसुरस्य च हस्तिनः। तावन्मे अश्विना वर्च आ धत्तां पुष्करस्रजा ।।4।।
यावच्चतस्रः प्रदिशश्चक्षुर्यावत् समश्नुते। तावत् समैत्विन्द्रियं मयि तद्धस्तिवर्चसम् ।।5।।
हस्ती मृगाणां सुषदामतिष्ठावान् बभूव हि। तस्य भगेन बर्चसाऽभि षिंचामि मामहम् ।।6।।

६०. विष्णुः – ऋ. ७.९९.१–३; ७; ७.१००.१–७

ऋ. ७.९९.१–३

परो मात्रया तन्वा वृधान न ते महित्वमन्वश्नुवन्ति ।
उभे ते विद्म रजसी पृथिव्या विष्णो देव त्वं परमस्य वित्से ।।1।।
न ते विष्णो जायमानो न जातो देव महिम्नः परमन्तमाप ।
उदस्तभ्ना नाकमृष्वं बृहन्तं दाधर्थ प्राचीं ककुभं पृथिव्याः ।।2।।
इरावती धेनुमती हि भूतं सूयवसिनी मनुषे दशस्या ।
व्यस्तभ्ना रोदसी विष्णवेते दाधर्थ पृथिवीमभितो मयूखैः ।।3।।

ऋ. ७.९९.७

वषट् ते विष्णवास आ कृणोमि तन्मे जुषस्व शिपिविष्ट हव्यम् ।
वर्धन्तु त्वा सुष्टुतयो गिरो मे यूयं पात स्वस्तिभिः सदा नः ।।7।।

ऋ. ७.१००.१–७

नू मर्तो दयते सनिष्यन्यो विष्णव उरुगायाय दाशत् ।
प्र यः सत्राचा मनसा यजात एतावन्त नर्यमाविवासात् ।।1।।
त्वं विष्णो सुमतिं विश्वजन्यामप्रयुतामेवयावो मतिं दाः ।
पर्चो यथा नः सुवितस्य भूरेरश्वावतः पुरुश्चन्द्रस्य रायः ।।2।।
त्रिर्देवः पृथिवीमेष एतां वि चक्रमे शतर्चसं महित्वा ।
प्र विष्णुरस्तु तवसस्तवीयान्त्वेषं ह्यस्य स्थविरस्य नाम ।।3।।
वि चक्रमे पृथिवीमेष एतां क्षेत्राय विष्णुर्मनुषे दशस्यन् ।
ध्रुवासो अस्य कीरयो जनास उरुक्षितिं सुजनिमा चकार ।।4।।
प्र तत्ते अद्य शिपिविष्ट नामार्यः शंसामि वयुनानि विद्वान् ।
तं त्वा गृणामि तवसमतव्यान्क्षयन्तमस्य रजसः पराके ।।5।।
किमित्ते विष्णो परिचक्ष्यं भूत्प्र यद्ववक्षे शिपिविष्टो अस्मि ।
मा वर्षो अस्मदप गूह एतद्यदन्यरूपः समिथे बभूथ ।।6।।
वषट् ते विष्णवास आ कृणोभि तन्मे जुषस्व शिपिविष्ट हव्यम् ।
वर्धन्तु त्वा सुष्टुतयो गिरो मे यूयं पात स्वस्तिभिः सदा नः ।।7।।

६१. वैश्वानरः – ऋ. ७.५.१–९; ७.६.१–७; ७.१३.१–३

ऋ. ७.५.१–९

प्राग्नये तवसे भरध्वं गिरं दिवो अरतये पृथिव्याः ।
यो विश्वेषाममृतानामुपस्थे वैश्वानरो वावृधे जागृवद्भिः ।।1।।
पृष्टो दिवि धाय्यग्निः पृथिव्यां नेता सिन्धूनां वृषभः स्तियानाम् ।
स मानुषीरभि विशा वि भाति वैश्वानरो वावृधानो वरेण ।।2।।
त्वद्भिया विश आयन्नसिक्नीरसमना जहतीर्भोजनानि ।

वैश्वानर पूरवे शोशुचानः पुरो यदग्ने दरयन्नदीदेः ।।३।।
तव त्रिधातु पृथिवी उत द्यौर्वैश्वानर व्रतमग्ने सचन्त ।
त्वं भासा रोदसी आ ततन्थाजस्रेण शोचिषा शोशुचानः ।।४।।
त्वामग्ने हरितो वावशाना गिरः सचन्ते धुनयो घृताचीः ।
पतिं कृष्टीनां रथ्यं रयीणां वैश्वानरमुषसां केतुमह्नाम् ।।५।।
त्वं असुर्य१ वसवो न्यृण्वन्क्रतुं हि ते मित्रमहो जुषन्त ।
त्वं दस्यूँरोकसो अग्न आज उरु ज्योतिर्जनयन्नार्याय ।।६।।
स जायमानः परमे व्योमन्वायुर्न पाथः परि पासि सद्यः ।
त्वं भुवना जनयन्नभि क्रन्नपत्याय जातवेदो दशस्यन् ।।७।।
तामग्ने अस्मे इषमेरयस्व वैश्वानर द्युमतीं जातवेदः ।
यया राधः पिन्वसि विश्ववार पृथु श्रवो दाशुषे मर्त्याय ।।८।।
तं नो अग्ने मघवद्भ्यः पुरुक्षु रयिं नि वाजं श्रुत्यं युवस्व ।
वैश्वानर महि नः शर्म यच्छ रुद्रेभिरग्ने वसुभिः सजोषाः ।।९।।

ऋ. ७.६.१–७

प्र सम्राजो असुरस्य प्रशस्तिं पुंसः कृष्टीनामनुमाद्यस्य ।
इन्द्रस्येव प्र तवसस्कृतानि वन्दे दारुं वन्दमानो विवक्मि ।।१।।
कविं केतुं धासिं भानुमद्रेर्हिन्वन्ति शं राज्यं रोदस्योः ।
पुरन्दरस्य गीर्भिरा विवासेऽग्नेर्व्रतानि पूर्व्या महानि ।।2।।
न्यक्रतून् ग्रथिनो मृध्रवाचः पणीँरश्रद्धाँ अवृधाँ अयज्ञान् ।
प्रप्र तान्दस्यूँरग्निर्विवाय पूर्वश्चकारापराँ अयज्यून् ।।३।।
यो अपाचीने तमसि मदन्तीः प्राचीश्चकार नृतमः शचीभिः ।
तमीशानं वस्वो अग्निं गृणीषेऽनानतं दमयन्तं पृतन्यून् ।।४।।
यो देह्यो३ अनमयद्वधस्नैर्यो अर्यपत्नीरुषसश्चकार ।
स निरुध्या नहुषो यह्वो अग्निर्विशश्चक्रे बलिहृतः सहोभिः ।।५।।
यस्य शर्मन्नुप विश्वसे जनास एवैस्तस्थुः सुमतिं भिक्षमाणाः ।
वैश्वानरो वरमा रोदस्योराग्निः ससाद पित्रोरुपस्थम् ।।६।।
आ देवो ददे बुध्न्या३ वसूनि वैश्वानर उदिता सूर्यस्य ।
आ समुद्रादवरादा परस्माददाग्निर्ददे दिव आ पृथिव्याः ।।७।।

ऋ. ७.१३.१–३

प्राग्नये विश्वशुचे धियन्धेऽसुरघ्ने मन्म धीतिं भरध्वम् ।
भरे हविर्न बर्हिषि प्रीणानो वैश्वानराय यतये मतीनाम् ।।१।।
त्वमग्ने शोचिषा शोशुचान आ रोदसी अपृणा जायमानः ।
त्वं देवाँ अभिशस्तेरमुंचो वैश्वानर जातवेदो महित्वा ।।2।।
जातो यदग्ने भुवना व्यख्यः पशून्न गोपा इर्यः परिज्मा ।
वैश्वानर ब्रह्मणे विन्द गातुं यूयं पात स्वस्तिभिः सदा नः ।।३।।

९2. सरस्वती – ऋ. ७.९५.१–2; ४–६; ७.९६.१–३

ऋ. ७.९५.१–2

प्र क्षोदसा धायसा सस्र एषा सरस्वती धरुणमायसी पूः ।
प्रबाबधाना रथ्येव याति विश्वा अपो महिना सिन्धुरन्याः ।।१।।
एकाचेतत्सरस्वती नदीनां शुचिर्यती गिरिभ्य आ समुद्रात् ।
रायश्चेतन्ती भुवनस्य भूरेर्घृतं पयो दुदुहे नाहुषाय ।।2।।

ऋ. ७.९५.४–६

उत स्या नः सरस्वती जुषाणोप श्रवत् सुभगा यज्ञे अस्मिन् ।

मितज्ञुभिर्नमस्यैरियाना राया युजा चिदुत्तरा सखिभ्यः ।।४।।
इमा जुह्वाना युष्मदा नमोभिः प्रति स्तोमं सरस्वति जुषस्व ।
तव शर्मन्प्रियतमे दधाना उपस्थेयाम शरणं न वृक्षम् ।।५।।
अयमु ते सरस्वति वसिष्ठो द्वारावृतस्य सुभगे व्यावः ।
वर्ध शुभ्रे स्तुवते रासि वाजान् यूयं पात स्वस्तिभिः सदा नः ।।६।।

ऋ. ७.९६.१–३

बृहदु गायिषो वचोऽसुर्या नदीदाम् ।
सरस्वतीमिन्महया सुवृक्तिभिः स्तोमैर्वसिष्ठ रोदसी ।।१।।
उभे यत्ते महिना शुभ्रे अन्धसी अधिक्षियन्ति पूरवः ।
सा नो बोध्यवित्री मरुत्सखा चोद राधो मघोनाम् ।।2।।
भद्रमिद्भद्रा कृणवत्सरस्वत्यकवारी चेतति वाजिनीवती ।
गृणाना जमदग्निवत्स्तुवाना च वसिष्ठवत् ।।३।।

६३. सरस्वान् – ऋ. ७.९५.३; ७.९६.४–६

ऋ. ७.९५.३

स वावृधे नर्यो योषणासु वृषा शिशुर्वृषभो यज्ञियासु ।
स वाजिनं मघवद्भ्यो दधाति वि सातये तन्वं मामृजीत ।।३।।

ऋ. ७.९६.४–६

जनीयन्तो न्वग्रवः पुत्रीयन्तः सुदानवः। सरस्वन्तं हवामहे ।।४।।
ये ते सरस्व ऊर्मयो मधुमन्तो घृतश्चुतः। तेभिर्नोऽविता भव ।।५।।
पीपिवासं सरस्वतः स्तनं यो विश्वदर्शतः। भक्षीमहि प्रजामिषम् ।।६।।

६४. सविता – ऋ. ७.३८.१–६[१]; ७.४५.१–४; य. ३३.20

ऋ. ७.३८.१–६

उदु ष्य देवः सविता ययाम हिरण्ययीममतिं यामशिश्रेत् ।
नूनं भगो हव्यो मानुषेभिर्वि यो रत्ना पुरूवसुर्दधाति ।।१।।
उदु तिष्ठ सवितः श्रुध्य१स्य हिरण्यपाणे प्रभृतावृतस्य ।
व्यु१र्वी पृथ्वीममति सृजान आ नृभ्यो मर्त भोजनं सुवानः ।।2।।
अपि ष्टुतः सविता देवो अस्तु यमा चिद्विश्वे वसवो गृणन्ति ।
स नः स्तोमान्नमस्य१ श्चनो धाद्विश्वेभिः पातु पायुभिर्नि सूरीन् ।।३।।
अभि यं देव्यदितिर्गृणाति सवं देवस्य सवितुर्जुषाणा ।
अभि सम्राजो वरुणो गृणन्त्यभि मित्रासो अर्यमा सजोषाः ।।४।।
अभि ये मिथो वनुषः सपन्ते रातिं दिवो रातिषाचः पृथिव्याः ।
अहिर्बुध्न्य उत नः शृणोतु वरूत्र्येकधेनुभिर्नि पातु ।।५।।
अनु तन्नो जास्पतिर्मंसीष्ट रत्नं देवस्य सवितुरियानः ।
भगमुग्रोऽवसे जोहवीति भगमनुग्रो अध याति रत्नम् ।।६।।

ऋ. ७.४५.१–४

आ देवो यातु सविता सुरत्नोऽन्तरिक्षप्रा वहमानो अश्वैः ।
हस्ते दधानो नर्या पुरूणि निवेशयंच प्रसुवंच भूम ।।१।।
उदस्य बाहू शिथिरा बृहन्ता हिरण्यया दिवो अन्ताँ अनष्टाम् ।
नूनं सो अस्य महिमा पनिष्ट सूरश्चिदस्मा अनु दादपस्याम् ।।2।।
स घा नो देवः सविता सहावा साविषद्वसुपतिर्वसूनि ।
विश्रयमाणो अमतिमुरूचीं मर्तभोजनमध रासते नः ।।३।।
इमा गिरः सवितारं सुजिह्वं पूर्णगभस्तिमीळते सुपाणिम् ।

चित्रं वयो बृहदस्मे दधातु यूयं पात स्वस्तिभिः सदा नः ।।४।।

य. ३३.20

यदद्य सूरऽउदितेऽनागा मित्रोऽअर्य्यमा। सुवाति सविता भगः ।।20।।

६५. सविता भगो वा – ऋ. ७.३८.६[2]

अनु तन्नो जास्पतिर्मंसीष्ट रत्नं देवस्य सवितुरियानः ।
भगमुग्रोऽवसे जोहवीति भगमनुग्रो अध याति रत्नम् ।।६।।

६६. सवित्रादयो मन्त्रोक्ताः – अ. ३.21.८–१०

हिरण्यपाणि सवितारमिन्द्रं बृहस्पतिं वरुणं मित्रमग्निम् ।
विश्वान् देवानंगिरसो हवामह इमं क्रव्यादं शमयन्त्वग्निम् ।।८।।
शान्तो अग्निः क्रव्याच्छान्तः पुरुषरेषणः। अथा यो विश्वदाव्य१स्तं क्रव्यादमशीशमम् ।।९।।
ये पर्वताः सोमपृष्ठा आप उत्तानशीवरीः। वातः पर्जन्य आदग्निस्ते क्रव्यादमशीशमन् ।।१०।।

६७. सुदासः पैजवनस्य दानस्तुतिः – ऋ. ७.१८.22–2५

द्वे नप्तुर्देववतः शते गोर्द्वा रथा वधूमन्ता सुदासः ।
अर्हन्नग्ने पैजवनस्य दानं होतेव सद्म पर्येमि रेभन् ।।22।।
चत्वारो मा पैजवनस्य दानाः स्मद्दिष्टयः कृशनिनो निरेके ।
ऋज्रासो मा पृथिविष्ठाः सुदासस्तोकं तोकाय श्रवसे वहन्ति ।।2३।।
यस्य श्रवो रोदसी अन्तरुर्वी शीर्ष्णेशीर्ष्णे विबभाजा विभक्ता ।
सप्तेदिन्द्रं न स्रवतो गृणन्ति नि युध्यामधिमशिशादभीके ।।2४।।
इमं नरो मरुतः सश्चतानु दिवोदासं न पितरं सुदासः ।
अविष्टना पैजवनस्य केतं दूणाशं क्षत्रमजरं दुवोयु ।।2५।।

६८. सूर्यः – ऋ. ७.६०.१; ७.६2.१–३; ७.६३.१–४; ५; ७.६६.१४–१६

ऋ. ७.६०.१

यदद्य सूर्य ब्रवोऽ नागा उद्यन्मित्राय वरुणाय सत्यम् ।
वयं देवत्रादिते स्याम तव प्रियासो अर्यमन् गृणन्तः ।।१।।

ऋ. ७.६2.१–३

उत्सूर्यो बृहदर्चींष्यश्रेत्पुरु विश्वा जनिम मानुषाणाम् ।
समो दिवा ददृशे रोचमानः क्रत्वा कृतः सुकृतः कर्तृभिर्भूत् ।।१।।
स सूर्य प्रति पुरो न उद्गा एभिः स्तोमेभिरेतशेभिरेवैः ।
प्र नो मित्राय वरुणाय वोचोऽनागसो अर्यम्णे अग्नये च ।।2।।
वि नः सहस्रं शुरुधो रदन्त्वृतावानो वरुणो मित्रो अग्निः ।
यच्छन्तु चन्द्रा उपमं नो अर्कमा नः काम पूपुरन्तु स्तवानाः ।।३।।

ऋ. ७.६३.१–५

उद्वेति सुभगो विश्वचक्षाः साधारणः सूर्यो मानुषाणाम् ।
चक्षुर्मित्रस्य वरुणस्य देवश्चमेर्व यः समविव्यक्तमांसि ।।१।।
उद्वेति प्रसवीता जनानां महान् केतुरर्णवः सूर्यस्य ।
समानं चक्रं पर्याविवृत्सन्यदेतशो वहति धूर्षु युक्तः ।।2।।
विभ्राजमान उषसामुपस्थाद्रेभैरुदेत्यनुमद्यमानः ।
एष मे देवः सविता चच्छन्द यः समानं न प्रमिनाति धाम ।।३।।
दिवो रुक्म उरुचक्षा उदेति दूरेअर्थस्तरणिर्भ्राजमानः ।
नूनं जनाः सूर्येण प्रसूता अयन्नर्थानि कृणवन्नपांसि ।।४।।
यत्रा चक्रुरमृता गातुमस्मै श्येनो न दीयन्नन्वेति पाथः ।
प्रति वां सूर उदिते विधेम नमोभिर्मित्रावरुणोत हव्यैः ।।५।।

ऋ. ७.६६.१४–१६

उदु त्यद्दर्शतं वपुर्दिव एति प्रतिह्वरे ।
यदीमाशुर्वहति देव एतशो विश्वस्मै चक्षसे अरम् ।।१४।।
शीर्ष्णः शीर्ष्णो जगतस्तस्थुषस्पतिं समया विश्वमा रजः ।
सप्त स्वसारः सुविताय सूर्यं वहन्ति हरितो रथे ।।१५।।
तच्चक्षुर्देवहितं शुक्रमुच्चरत् ।
पश्येम शरदः शतं जीवेम शरदः शतम् ।।१६।।

६६. सोमः – ऋ. ७.१०४.६; १२; १३

ऋ. ७.१०४.६

ये पाकशसं विहरन्त एवैर्ये वा भद्रं दूषयन्ति स्वधाभिः ।
अहये वा तान् प्रददातु सोम आ वा दधातु निर्ऋतेरुपस्थे ।।६।।

ऋ. ७.१०४.१२–१३

सुवज्ञानं चिकितुषे जनाय सच्चासच्च वचसी पस्पृधाते ।
तयोर्यत्सत्यं यतरदृजीयस्तदित्सोमोऽवति हन्त्यासत् ।।१२।।
न वा उ सोमो वृजिनं हिनोति न क्षत्रियं मिथुया धारयन्तम् ।
हन्ति रक्षो ईन्त्यासद्वदन्तमुभाविन्द्रस्य प्रसितौ शयाते ।।१३।।

७०. सोमः अग्निः आदित्यः विष्णुः ब्रह्मा बृहस्पतिः – अ. ३.२०.४

सोमं राजानमवसेऽग्निं गीर्भिर्हवामहे। आदित्यं विष्णुं सूर्यं ब्रह्माणं च बृहस्पतिम् ।।४।।

५६२. वासिष्ठः अथर्वा वा

१. इन्द्रः क्षत्रियो राजा – अ. ४.२२.१–७

इममिन्द्र वर्धय क्षत्रियं म इमं विशामेकवृषं कृणु त्वम् ।
निरमित्रानक्ष्णुह्यस्य सर्वांस्तान् रन्धयास्मा अहमुत्तरेषु ।।१।।
एमं भज ग्रामे अश्वेषु गोषु निष्टं भज यो अमित्रो अस्य ।
वर्ष्म क्षत्राणामयमस्तु राजेन्द्र शत्रुं रन्धय सर्वमस्मै ।।२।।
अयमस्तु धनपतिर्धनानामयं विशां विश्पतिरस्तु राजा ।
अस्मिन्निन्द्र महि वर्चांसि धेह्यवर्चसं कृणुहि शत्रुमस्य ।।३।।
अस्मै द्यावापृथिवी भूरि वामं दुहाथां घर्मदुघेइव धेनू ।
अयं राजा प्रिय इन्द्रस्य भूयात् प्रियो गवामोषधीनां पशूनाम् ।।४।।
युनज्मि त उत्तरावन्तमिन्द्रं येन जयन्ति न पराजयन्ते ।
यस्त्वा करदेकवृषं जनानामुत राज्ञामुत्तमं मानवानाम् ।।५।।
उत्तरस्त्वमधरे ते सपत्ना ये के च राजन् प्रतिशत्रवस्ते ।
एकवृष इन्द्रसखा जिगीवांछत्रूयतामा भरा भोजनानि ।।६।।
सिंहप्रतीको विशो अद्धि सर्वा व्याघ्रप्रतीकोऽव बाधस्व शत्रून् ।
एकवृष इन्द्रसखा जिगीवांछत्रूयतामा खिदा भोजनानि ।।७।।

५६३. वसिष्ठः कुमारो वा आग्नेयः

१. पर्जन्यः – ऋ. ७.१०१.१–६; ७.१०२.१–३

ऋ. ७.१०१.१–६

तिस्रो वाचः प्र वद ज्योतिरग्रा या एतद्दुह्रे मधुदोघमूधः ।
स वत्सं कृण्वन् गर्भमोषधीनां सद्यो जातो वृषभो रोरवीति ।।१।।
यो वर्धन ओषधीनां यो अपां यो विश्वस्य जगतो देव ईशे ।

स त्रिधातु शरणं शर्म यंसत्रिवर्तु ज्योतिः स्वभिष्ट्य१स्मे ।।2।।
स्तरीरु त्वद्भवति सूत उ त्वद्यथावशं तन्वं चक्र एषः ।
पितुः पयः प्रति गृभ्णाति माता तेन पिता वर्धते तेन पुत्रः ।।३।।
यस्मिन् विश्वानि भुवनानि तस्थुस्तिस्रो द्यावस्त्रेधा सस्रुरापः ।
त्रयः कोशास उपसेचनासो मध्वः श्चेतन्त्यभितो विरप्शम् ।।४।।
इदं वचः पर्जन्याय स्वराजे हृदो अस्त्वन्तरं तज्जुजोषत् ।
मयोभुवो वृष्टयः सन्त्वस्मे सपिप्पला ओषधीर्देवगोपाः ।।५।।
स रेतोधा वृषभः शश्वतीनां तस्मिन्नाात्मा जगतस्तस्थुषश्च ।
तन्म ऋतं पातु शतशारदाय यूयं पात स्वस्तिभिः सदा नः ।।६।।

ऋ. ७.१०२.१–३

पर्जन्याय प्र गायत दिवस्पुत्राय मीळ्हुषे। स नो यवसमिच्छतु ।।१।।
यो गर्भमोषधीनां गवां कृणोत्यर्वताम्। पर्जन्यः पुरुषीणाम् ।।2।।
तस्मा इदास्ये हविर्जुहोता मधुमत्तमम्। इळां नः संयतं करत् ।।३।।

५६४. वसिष्ठपुत्राः

१. संस्तवो वसिष्ठस्य सपुत्रस्य इन्द्रेण वा संवादः – ऋ. ७.३३.१–१४

श्वित्यंचो मा दक्षिणतस्कपर्दा धियंजिन्वासो अभि हि प्रमन्दुः ।
उत्तिष्ठन्वोचे परि बर्हिषो न□ॄन्न मे दूरादवितवे वसिष्ठाः ।।१।।
दूरादिन्द्रमनयन्ना सुतेन तिरो वैशन्तमति पान्तमुग्रम् ।
पाशद्युम्नस्य वायतस्य सोमात्सुतादिन्द्रोऽवृणीता वसिष्ठान् ।।2।।
एवेन्नु कं सिन्धुमेभिस्ततारेवेन्नु कं भेदमेभिर्जघान ।
एवेन्नु कं दाशराज्ञे सुदासं प्राविदिन्द्रो ब्रह्मणा वो वसिष्ठाः ।।३।।
जुष्टी नरो ब्रह्मणा वः पित□ॄणामक्षमव्ययं न किला रिषाथ ।
यच्छक्वरीषु बृहता रवेणेन्द्रे शुष्ममदधाता वसिष्ठाः ।।४।।
उद् द्यामिवेत्तृष्णजो नाथितासोऽदीधयुर्दाशराज्ञे वृतासः ।
वसिष्ठस्य स्तुवत इन्द्रो अश्रोदुरुं तृत्सुभ्यो अकृणोदु लोकम् ।।५।।
दण्डाइवेद्गोअजनास आसन्परिच्छिन्ना भरता अर्भकासः ।
अभवच्च पुरएता वसिष्ठ आदित्तृत्सूनां विशो अप्रथन्त ।।६।।
त्रयः कृण्वन्ति भुवनेषु रेतस्तिस्रः प्रजा आर्या ज्योतिरग्राः ।
त्रयो घर्मास उषसं सचन्ते सर्वाँ इत्ताँ अनु विदुर्वसिष्ठाः ।।७।।
सूर्यस्येव वक्षथो ज्योतिरेषां समुद्रस्येव महिमा गभीरः ।
वातस्येव प्रजवो नान्येन स्तोमो वसिष्ठा अन्वेतवे वः ।।८।।
त इन्निण्यं हृदयस्य प्रकेतैः सहस्रवल्शमभि सं चरन्ति ।
यमेन ततं परिधिं वयन्तोऽप्सरस उप सेदुर्वसिष्ठाः ।।९।।
विद्युतो ज्योतिः परि सजिहानं मित्रावरुणा यदपश्यतां त्वा ।
तत्ते जन्मोतैकं वसिष्ठागस्त्यो यत्त्वा विश आजभार ।।१०।।
उतासि मैत्रावरुणो वसिष्ठोर्वश्या ब्रह्मन्मनसोऽधि जातः ।
द्रप्सं स्कन्नं ब्रह्मणा दैव्येन विश्वे देवाः पुष्करे त्वाददन्त ।।११।।
स प्रकेत उभयस्य प्रविद्वान्त्सहस्रदान उत वा सदानः ।
यमेन ततं परिधिं वयिष्यन्नप्सरसः परि जज्ञे वसिष्ठः ।।१2।।
सत्रे ह जाताविषिता नमोभिः कुम्भे रेतः सिषिचतुः समानम् ।
ततो ह मान उदियाय मध्यात्ततो जातमृषिमाहुर्वसिष्ठम् ।।१३।।

उक्थभृतं सामभृतं बिभर्ति ग्रावाणं बिभ्रत्प्र वदात्यग्रे ।
उपैनमाध्वं सुमनस्यमाना आ वो गच्छाति प्रतृदो वसिष्ठः ।।१४।।

५६५. वासिष्ठो मैत्रावरुणिः

१. **अग्निः — सा. २६; ३८; ४५; ५५; ६१; ७०; ७२; ७८; ७४६—७५०; १२१६—१२२१; १३०४—१३०६; १३७३—१३७५; १५१३—१५१४**

सा. २६
नि त्वा नक्ष्य विश्पते द्युमन्तं धीमहे वयम्। सुवीरमग्न आहुत ।।६।।

सा. ३८
त्वे अग्ने स्वाहुत प्रियासः सन्तु सूरयः। यन्तारो ये मघवानो जनानामूर्वं दयन्त गोनाम् ।।४।।

सा. ४५
एना वो अग्निं नमसोर्जो नपातमा हुवे। प्रियं चेतिष्ठमरतिं स्वध्वरं विश्वस्य दूतममृतम् ।।१।।

सा. ५५
देवो वो द्रविणोदाः पूर्णां विवष्ट्वासिचम्। उद्वा सिंचध्वमुप वा पृणध्वमादिद्वो देव ओहते ।।१।।

सा. ६१
त्वमग्ने गृहपतिस्त्वं होता नो अध्वरे। त्वं पोता विश्ववार प्रचेता यक्षि यासि च वार्यम् ।।७।।

सा. ७०
इन्धे राजा समर्यो नमोभिर्यस्य प्रतीकमाहुतं घृतेन ।
नरो हव्येभिरीडते सबाध आग्निरग्रमुषसामशोचि ।।८।।

सा. ७२
अग्निं नरो दीधितिभिररण्योर्हस्तच्युतं जनयत प्रशस्तम्। दूरेदृशं गृहपतिमथव्युम् ।।१०।।

सा. ७८
प्र सम्राजमसुरस्य प्रशस्तं पुंसः कृष्टीनामनुमाद्यस्य ।
इन्द्रस्येव प्र तवसस्कृतानि वन्दद्वारा वन्दमाना विवष्टु ।।६।।

सा. ७४६—७५०
एना वो अग्निं नमसोर्जो नपातमा हुवे ।
प्रियं चेतिष्ठमरतिं स्वध्वरं विश्वस्य दूतममृतम् ।।१।।
स योजते अरुषा विश्वमोजसा स दुद्रवत्स्वाहुतः ।
सुब्रह्मा यज्ञः सुशमी वसूनां देवं राधो जनानाम् ।।२।।

सा. १२१६—१२२१
अग्निं वो देवमग्निभिः सजोषा यजिष्ठं दूतमध्वरे कृणुध्वम् ।
यो मर्त्येषु निध्रुविर्ऋतावा तपुर्मूर्धा घृतान्नः पावकः ।।१।।
प्रोथदश्वो न यवसेऽविष्यन्यदा महः संवरणाद्व्यस्थात् ।
आदस्य वातो अनु वाति शोचिरध स्म ते व्रजनं कृष्णमस्ति ।।२।।
उद्यस्य ते नवजातस्य वृष्णोऽग्ने चरन्त्यजरा इधानाः ।
अच्छा द्यामरुषो धूम एषि सं दूतो अग्न ईयसे हि देवान् ।।३।।

सा. १३०४—१३०६
अगन्म महा नमसा यविष्ठं यो दीदाय समिद्धः स्वे दुरोणे ।
चित्रभानुं रोदसी अन्तरुर्वी स्वाहुतं विश्वतः प्रत्यंचम् ।।१।।
स मह्ना विश्वा दुरितानि साह्वानग्नि ष्टवे दम आ जातवेदाः ।
स नो रक्षिषद्दुरितादवद्यादस्मान्गृणत उत नो मघोनः ।।२।।
त्वं वरुण उत मित्रो अग्ने त्वां वर्धन्ति मतिभिर्वसिष्ठाः ।

त्वे वसु सुषणनानि सन्तु यूयं पात स्वस्तिभिः सदा नः ।।३।।

सा. १३७३–१३७५

अग्निं नरो दीधितिभिररण्योर्हस्तच्युतं जनयत प्रशस्तम्। दूरेदृशं गृहपतिमथव्युम् ।।१।।
तमग्निमस्ते वसवो न्यृण्वन्त्सुप्रतिचक्षमवसे कुतश्चित्। दक्षाय्यो यो दम आस नित्यः ।।2।।
प्रेद्धो अग्ने दीदिहि पुरो नोऽजस्रया सूर्म्या यविष्ठ। त्वा शश्वन्त उप यन्ति वाजाः ।।३।।

सा. १५१३–१५१४

देवो वो द्रविणोदाः पूर्णां विवष्ट्वासिचम्। उद्वा सिंचध्वमुप वा पृणध्वमादिद्वो देव ओहते ।।१।।
तं होतारमध्वरस्य प्रचेतसं वह्निं देवा अकृण्वत्।
दधाति रत्नं विधते सुवीर्यमग्निर्जनाय दाशुषे ।।2।।

2. अश्विनौ – सा. ३०४; ७५३–७५४

सा. ३०४

इमा उ वां दिविष्टय उस्रा हवन्ते अश्विना ।
अयं वामह्वेऽवसे शचीवसू विशं विशं हि गच्छथः।।2।।

सा. ७५३–७५४

इमा उ वां दिविष्टय उस्रा हवन्ते अश्विना ।
अयं वामह्वेऽवसे शचीवसू विशंविशं हि गच्छथः ।।१।।
युवं चित्रं ददथुर्भोजनं नरा चोदेथां सूनृतावते ।
अर्वाग्रथं समनसा नि यच्छतं पिबतं सोम्य मधु ।।2।।

३. आदित्यः – सा. १३५१–५३; १०६७–१०६६

सा. १३५१–५३

यदद्य सूर उदितेऽनागा मित्रो अर्यमा। सुवाति सविता भगः ।।१।।
सुप्रावीरस्तु स क्षयः प्र नु यामन्त्सुदानवः। ये नो अंहोऽतिपिप्रति ।।2।।
उत स्वराजो अदितिरदब्धस्य व्रतस्य ये। महो राजान ईशते ।।३।।

सा. १०६७–१०६६

प्रति वां सूर उदिते मित्रं गृणीषे वरुणम्। अर्यमणं रिशादसम् ।।१।।
राया हिरण्यया मतिरियमवृकाय शवसे। इयं विप्रा मेधसातये ।।2।।
ते स्याम देव वरुण ते मित्र सूरिभिः सह। इषं स्वश्च धीमहि ।।३।।

४. इन्द्रः – सा. १३2; १५६; 2३३; 2३८; 2५६; 2७०; 2८०; 2८४; 2८५; 2६३; ३०६; ३१०; ३१३; ३१४; ३१८; ३2८; ३३०; ३६८; ५८७; ७१६–७१८; ७३४–७३६; ८६७–८६८; ६८०–६८१; १४५६–१४५७; १६७५–१६७६; १६८2–१६८३; १७६३–१८००

सा. १३2

वयमिन्द्र त्वायवोऽभि प्र नोनुमो वृषन्। विद्धी त्वा ३ स्य नो वसो ।।८।।

सा. १५६

प्र व इन्द्राय मादनं हर्यश्वाय गायत। सखायः सोमपाव ने ।।2।।

सा. 2३३

अभि त्वा शूर नोनुमोऽदुग्धा इव धेनवः। ईशानमस्य जगतः स्वर्दृशमीशानमिन्द्र तस्थुषः ।।१।।

सा. 2३८

तरणिरित्सिषासति वाजं पुरन्ध्या युजा। आ व इन्द्रं पुरुहूतं नमे गिरा नेमिं तष्टेव सुद्रुवम् ।।६।।

सा. 2५६

इन्द्र क्रतुं न आ भर पिता पुत्रेभ्यो यथा ।
शिक्षा णो अस्मिन्पुरुहूत यामनि जीवा ज्योतिरशीमहि ।।७।।

सा. 2७०

तवेदिन्द्रावमं वसु त्वं पुष्यसि मध्यमम् ।
सत्रा विश्वस्य परमस्य राजसि न किष्ट्वा गोषु वृण्वते ।।८।।

सा. २८०

कस्मिन्द्र त्वा वसवा मर्त्यो दधर्षति ।
श्रद्धा हि ते मघवन्पार्ये दिवि वाजी वाजं सिषासति ।।८।।

सा. २८४–२८५

मो षु त्वा वाघतश्च नारे अस्मन्नि रीरमन् ।
आरात्ताद्वा सधमादं न आ गहीह वा सन्नुप श्रुधि ।।2।।
सुनोता सोमपाव्ने सोममिन्द्राय वज्रिणे ।
पचता पक्तीरवसे कृणुध्वमित्पृणन्नित्पृणते मयः ।।३।।

सा. २६३

इम इन्द्राय सुन्विरे सोमासो दध्याशिरः ।
ताँ आ मदाय वज्रहस्त पीतये हरिभ्यां याह्योक आ ।।१।।

सा. ३०६–३१०

अभीषतस्तदा भरेन्द्र ज्यायः कनीयसः। पुरूवसुर्हि मघवन्बभूविथ भरेभरे च हव्यः ।।७।।
यदिन्द्र यावतस्त्वमेतावदहमीशीय। स्तोतारमिद्दधिषे रदावसो न पापत्वाय रंसिषम् ।।८।।

सा. ३१३–३१४

असावि देवं गोऋजीकमन्धो न्यस्मिन्निन्द्रो जनुषेमुवोच ।
बोधमसि त्वा हर्यश्व यज्ञैर्बोधा न स्तोममन्धसो मदेषु ।।१।।
योनिष्ट इन्द्र सदने अकारि तमा नृभिः पुरुहूत प्र याहि ।
असो यथा नोऽविता वृधश्चिद्ददो वसूनि ममदश्च सोमैः ।।2।।

सा. ३१८

इन्द्रं नरो नेमधिता हवन्ते यत्पार्या युनजते धियस्ताः ।
शूरो नृषाता श्रवसश्च काम आ गोमति व्रजे भजा त्वं नः ।।६।।

सा. ३2८

प्र वो महे महे वृधे भरध्वं प्रचेतसे प्र सुमतिं कृणुध्वम्। विशः पूर्वी प्र चर चर्षणिप्राः ।।६।।

सा. ३३०

उदु ब्रह्माण्यैरत श्रवस्येन्द्रं समर्ये महया वसिष्ठ ।
आ यो विश्वानि श्रवसा ततानोपश्रोता म ईवतो वचांसि ।।८।।

सा. ३६८

पिबा सोममिन्द्र मन्दतु त्वा यं ते सुषाव हर्यश्वाद्रिः। सोतुर्बाहुभ्यां सुयतो नार्वा ।।८।।

सा. ५८७

इन्द्रो राजा जगतश्चर्षणीनामधि क्षमा विश्वरूपं यदस्य ।
ततो ददाति दाशुषे वसूनि चोदद्राध उपस्तुतं चिदर्वाक् ।।2।।

सा. ७१६–७१८

प्र व इन्द्राय मादनं हर्यश्वाय गायत। सखायः सोमपाव्ने ।।१।।
शंसेदुक्थं सुदानव उत द्युक्षं यथा नरः। यकृमा सत्यराधसे ।।2।।
त्वं न इन्द्र वाजयुस्त्वं गव्युः शतक्रतो। त्वं हिरण्ययुर्वसो ।।३।।

सा. ७३४–७३६

इदं वसो सुतमन्धः पिबा सुपूर्णमुदरम्। अनाभयिन्नरिमा ते ।।१।।
नृभिर्धौतः सुतो अश्नैरव्या वारैः परिपूतः। अश्वो न निक्तो नदीषु ।।2।।
तं ते यवं यथा गोभिः स्वादुमकर्म श्रीणन्तः। इन्द्र त्वास्मिन्त्सधमादे ।।३।।

सा. ८६७–८६८

तरणिरित्सिषासति वाजं पुरंध्या युजा ।
आ व इन्द्रं पुरुहूतं नमे गिरा नेमिं तष्टेव सुद्रुवम् ।।१।।
न दुष्टुतिर्द्रविणोदेषु शस्यते न स्रेधन्तं रयिर्नशत् ।
सुशक्तिरिन्मघवन् तुभ्यं मावते देष्णं यत्पार्ये दिवि ।।2।।

सा. ६८०–६८१

अभि त्वा शूर नोनुमोऽदुग्धा इव धेनवः ।
ईशानमस्य जगतः स्वर्दृशमीशानमिन्द्र तस्थुषः ।।१।।
न त्वावाँ अन्यो दिव्यो न पार्थिवो न जातो न जनिष्यते ।
अश्वायन्तो मघवन्निन्द्र वाजिनो गव्यन्तस्त्वा हवामहे ।।2।।

सा. १४५६–१४५७

इन्द्र क्रतुं न आ भर पिता पुत्रेभ्यो यथा ।
शिक्षा णो अस्मिन्पुरुहूत यामनि जीवा ज्योतिरशीमहि ।।१।।
मा नो अज्ञाता वृजना दुराध्यो३ माशिवासोऽव क्रमुः ।
त्वया वयं प्रवतः शश्वतीरपोऽति शूर तरामसि ।।2।।

सा. १६७५–१६७६

मो षु त्वा वाघतश्च नारे अस्मन्नि रीरमन् ।
आरात्ताद्वा सधमादं न आ गहीह वा सन्नुप श्रुधि ।।१।।
इमे हि ते ब्रह्मकृतः सु ते सचा मधौ न मक्ष आसते ।
इन्द्रे कामं जरितारो वसूयवो रथे न पादमा दधुः ।।2।।

सा. १६८2–१६८३

कस्तमिन्द्र त्वा वसवा मर्त्यो दधर्षति ।
श्रद्धा इत् ते मघवन् पार्ये दिवि वाजी वाजं सिषासति ।।१।।
मघोनः स्म वृत्रहत्येषु चोदय ये ददति प्रिया वसु ।
तव प्रणीती हर्यश्व सूरिभिर्विश्वा तरेम दुरिता ।।2।।

सा. १७६३–१८००

प्र वो महे महेवृधे भरध्वं प्रचेतसे प्र सुमतिं कृणुध्वम् ।
विशः पूर्वीः प्र चर चर्षणिप्राः ।।१।।
उरुव्यचसे महिने सुवृक्तिमिन्द्राय ब्रह्म जनयन्त विप्राः ।
तस्य व्रतानि न मिनन्ति धीराः ।।2।।
इन्द्रं वाणीरनुत्तमन्युमेव सत्रा राजानं दधिरे सहध्यै ।
हर्यश्वाय बर्हया समापीन् ।।३।।
यदिन्द्र यावतस्त्वमेतावदहमीशीय ।
स्तोतारमिद्दधिषे रदावसो न पापत्वाय रंसिषम् ।।४।।
शिक्षेयमिन्महयते दिवेदिवे राय आ कुहचिद्विदे ।
न हि त्वदन्यन्मघवन्न आप्यं वस्यो अस्ति पिता च न ।।५।।
श्रुधी हवं विपिपानस्याद्रेर्बोधा विप्रस्यार्चतो मनीषाम् ।
कृष्वा दुवांस्यन्तमा सचेमा ।।१।।
न ते गिरो अपि मृष्ये तुरस्य न सुष्टुतिमसुर्यस्य विद्वान् ।
सदा ते नाम स्वयशो विवक्मि ।।2।।
भूरि हि ते सवना मानुषेषु भूरि मनीषी हवते त्वामित् ।
मारे अस्मन्मघवं ज्योक्कः ।।३।।

५. **इन्द्राग्नी – सा. ६१६–६१८; ६2७–६2६; ८००–८02**

सा. ६१६–६१८

इयं वामस्य मन्मन इन्द्राग्नी पूर्व्यस्तुतिः। अभ्राद्वृष्टिरिवाजनि ।।१।।
शृणुतं जरितुर्हवमिन्द्राग्नी वनतं गिरः। ईशाना पिप्यतं धियः ।।2।।
मा पापत्वाय नो नरेन्द्राग्नी माभिशस्तये। मा नो रीरधतं निदे ।।३।।

सा. ६27–६2६

पिबा सोममिन्द्र मन्दतु त्वा यं ते सुषाव हर्यश्वाद्रिः। सोतुर्बाहुभ्यां सुयतो नार्वा ।।१।।
यस्ते मदो युज्यश्चारुरस्ति येन वृत्राणि हर्यश्व हंसि। स त्वामिन्द्र प्रभूवसो ममत्तु ।।2।।
बोधा सु मे मघवन्वाचमेमां यां ते वसिष्ठो अर्चति प्रशस्तिम्।
इमा ब्रह्म सधमादे जुषस्व ।।३।।

सा. ८००–८02

इन्द्रे अग्ना नमो बृहत्सुवृक्तिमेरयामहे। धिया धेना अवस्यवः ।।१।।
ता हि शश्वन्त ईडत इत्था विप्राय ऊतये। सबाधो वाजसातये ।।2।।
ता वां गीर्भिर्विपन्यवः प्रयस्वन्तो हवामहे। मेधसाता सनिष्यवः ।।३।।

६. उषा – सा. ३०३; ७५१–७५2

सा. ३०३

प्रत्यु अदर्श्यायत्यू३च्छन्ती दुहिता दिवः ।
अपो मही वृणुते चक्षुषा तमो ज्योतिष्कृणोति सूनरी ।।१।।

सा. ७५१–७५2

प्रत्यु अदर्श्यायत्यू३च्छन्ती दुहिता दिवः ।
अपो मही वृणुते चक्षुषा तमो ज्योतिष्कृणोति सूनरी ।।१।।
उदुस्रियाः सृजते सूर्यः सचा उद्यन्नक्षत्रमर्चिवत् ।
तवेदुषो व्युषि सूर्यस्य च सं भक्तेन गमेमहि ।।2।।

७. पवमानः सोमः – सा. ५2६; ५2८; ५३६; १३६६–१४०१; १४०८–१४१०

सा. ५2६

अस्य प्रेषा हेमना पूयमानो देवो देवेभिः समपृक्त रसम् ।
सुतः पवित्रं पर्येति रेभन् मितेव सद्म पशुमन्ति होता ।।४।।

सा. ५2८

अभि त्रिपृष्ठं वृष्णं वयोधामंगोषिणमवावशन्त वाणीः ।
वना वसानो वरुणो न सिन्धुर्वि रत्नधा दयते वार्याणि ।।६।।

सा. ५३६

प्र हिन्वानो जनिता रोदस्यो रथो न वाजं सनिषन्नयासीत् ।
इन्द्रं गच्छन्नायुधा संशिशानो विश्वा वसु हस्तयोरादधानः ।।४।।

सा. १३६६–१४०१

अस्य प्रेषा हेमना पूयमानो देवो देवेभिः समपृक्त रसम् ।
सुतः पवित्रं पर्येति रेभन्मितेव सद्म पशुमन्ति होता ।।१।।
भद्रा वस्त्रा समन्या३वसानो महान्कविर्निवचनानि शंसन् ।
आ वच्यस्व चम्वोः पूयमानो विचक्षणो जागृविर्देववीतौ ।।2।।
समु प्रियो मृज्यते सानो अव्ये यशस्तरो यशसां क्षैतो अस्मे ।
अभि स्वर धन्वा पूयमानो यूयं पात स्वस्तिभिः सदा नः ।।३।।

सा. १४०८–१४१०

अभि त्रिपृष्ठं वृषणं वयोधामंगोषिणमवावशंत वाणीः ।

वना वसानो वरुणो न सिन्धुर्वि रत्नधा दयते वार्याणि ।।१।।
शूरग्रामः सर्ववीरः सहावान् जेता पवस्व सनिता धनानि ।
तिग्मायुधः क्षिप्रधन्वा समतस्वषाढः साह्वान्पृतनासु शत्रून् ।।2।।
उरुगव्यूतिरभयानि कृण्वन्त्समीचीने आ पवस्वा पुरन्धी ।
अपः सिषासन्नुषसः स्वऽ३र्गाः सं चिक्रदो महो अस्मभ्यं वाजान् ।।३।।

८. **मरुतः – सा. २४१; ४३३**

सा. २४१

न हि वश्चरमं च न वसिष्ठः परिमंसते ।
अस्माकमद्य मरुतः सुते सचा विश्वे पिबन्तु कामिनः ।।६।।

सा. ४३३

क ईं वयक्ता नरः सनीडा रुद्रस्य मर्या अथा स्वश्वाः ।।७।।

६. **विष्णुः – सा. १६२५–१६२७**

किमित्ते विष्णो परिचक्षि नाम प्र यद्ववक्षे शिपिविष्टो अस्मि ।
मा वर्पो अस्मदप गूह एतद्यदन्यरूपः समिथे बभूथ ।।१।।
प्र तत्ते अद्य शिपिविष्ट हव्यमर्यः शंसामि वयुनानि विद्वान् ।
तं त्वा गृणामि तवसमतव्यान्क्षयन्त मस्य रजसः पराके ।।2।।
वषट् ते विष्णवास आ कृणोमि तन्मे जुषस्व शिपिविष्ट हव्यम् ।
वर्धन्तु त्वा सुष्टुतयो गिरो मे यूयं पात स्वस्तिभिः सदा नः ।।३।।

१०. **सरस्वान् – सा. १४६०**

जनीयन्तो न्वग्रवः पुत्रीयन्तः सुदानवः। सरस्वन्तं हवामहे ।।१।।

५६६. वासिष्ठो मैत्रावैरुणिः (साग्री. सास्वा.) वामदेव (सार्षेदी.)

१. **अग्निः – सा. २४**

अग्ने रक्षा णो अंहसः प्रति स्म देव रीषतः। तपिष्ठैरजरो दह ।।४।।

2. **इन्द्रः – सा. ४५६**

इन्द्रो विश्वस्य राजति ।।१०।।

५६७. वसिष्ठः शक्तिर्वा

१. **इन्द्रः – ऋ. ७.३2.2६[2]**

इन्द्र क्रतुं न आ भर पिता पुत्रेभ्यो यथा ।
शिक्षा णो अस्मिन्पुरुहूत यामनि जीवा ज्योतिरशीमहि ।।2६।।

५६८. वासुर् भरद्वाजः

१. **पवमानः सोमः – सा. ५६2; १३१६–१३१८**

सा. ५६2

असावि सोमो अरुषो वृषा हरी राजेव दस्मो अभि गा अचिक्रदत् ।
पुनानो वारमत्येष्यव्ययं श्येनो न योनिं घृतवन्तमासदत् ।।६।।

सा. १३१६–१३१८

असावि सोमो अरुषो वृषा हरी राजेव दस्मो अभि गा अचिक्रदत् ।
पुनानो वारमत्येष्यव्ययं श्येनो न योनिं घृतवन्तमासदत् ।।१।।
पर्जन्य पिता महिषस्य पर्णिनो नाभा पृथिव्या गिरिषु क्षयं दधे ।
स्वसार आपो अभि गा उदासरन्त्सं ग्रावभिर्वसते वीते अध्वरे ।।2।।

कविर्वेधस्या पर्येषि महिनमत्यो न मृष्टो अभि वाजमर्षसि ।
अपसेधन् दुरिता सोम नो मृड घृता वसानः परि यासि निर्णिजम् ।।३।।

५६६. वसुकर्णो वासुक्रः

१. विश्वेदेवाः – ऋ. १०.६५.१–१५; १०.६६.१–१५

ऋ. १०.६५.१–१५

अग्निरिन्द्रो वरुणो मित्रो अर्यमा वायुः पूषा सरस्वती सजोषसः ।
आदित्या विष्णुर्मरुतः स्वर्बृहत्सोमो रुद्रो अदितिर्ब्रणस्पतिः ।।१।।
इन्द्राग्नी वृत्रहत्येषु सत्पती मिथो हिन्वाना तन्वा३ समोकसा ।
अन्तरिक्षं मह्या पप्रुरोजसा सोमो घृतश्रीर्महिमानमीरयन् ।।२।।
तेषां हि मह्ना महतामनर्वणां स्तोमाँ इयर्म्यृतज्ञा ऋतावृधाम् ।
ये अप्सवमर्णवं चित्रराधसस्ते नो रासन्तां महये सुमित्र्याः ।।३।।
स्वर्णरमन्तरिक्षाणि रोचना द्यावाभूमी पृथिवीं स्कम्भुरोजसा ।
पृक्षाइव महयन्तः सुरातयो देवाः स्तवन्ते मनुषाय सूरयः ।।४।।
मित्राय शिक्ष वरुणाय दाशुषे या सम्राजा मनसा न प्रयुच्छतः ।
ययोर्धाम धर्मणा रोचते बृहद्ययोरुभे रोदसी नाधसी वृतौ ।।५।।
या गौर्वर्तानिं पर्येति निष्कृतं पयो दुहाना व्रतनीरवारतः ।
सा प्रब्रुवाणा वरुणाय दाशुषे देवेभ्यो दाशद्धविषा विवस्वते ।।६।।
दिवक्षसो अग्निजिह्वा ऋतावृध ऋतस्य योनिं विमृशन्त आसते ।
द्यां स्कभित्व्य१ प आ चक्रुरोजसा यज्ञं जनित्वी तन्वी३ नि मामृजुः ।।७।।
परिक्षिता पितरा पूर्वजावरी ऋतस्य योना क्षयतः समोकसा ।
द्यावापृथिवी वरुणाय सव्रते घृतवत्पयो महिषाय पिन्वतः ।।८।।
पर्जन्यावाता वृषभा पुरीषिणेन्द्रवायू वरुणो मित्रे अर्यमा ।
देवाँ आदित्याँ अदितिं हवामहे ये पार्थिवासो दिव्यासो अप्सु ये ।।९।।
त्वष्टारं वायुमृभवो य ओहते दैव्या होतारा उषसं स्वस्तये ।
बृहस्पतिं वृत्रखादं सुमेधसमिन्द्रियं सोमं धनसा उ ईमहे ।।१०।।
ब्रह्म गामश्वं जनयन्त ओषधीर्वनस्पतीन्पृथिवीं पर्वताँ अपः ।
सूर्यं दिवि रोहयन्तः सुदानव आर्या व्रता विसृजन्तो अधि क्षमि ।।११।।
भुज्युमंहसः पिपृथो निरश्विना श्यावं पुत्रं वध्रिमत्या अजिन्वतम् ।
कमद्युवं विमदायोहथुर्युवं विष्णाप्वं१ विश्वकायाव सृजथः ।।१२।।
पावीरवी तन्यतुरेकपादजो दिवो धर्ता सिन्धुराषः समुद्रियः ।
विश्वे देवाः सह धीभिः पुरन्ध्या मनोर्यजत्रा अमृता ऋतज्ञाः ।
रातिषाचो अभिषाचः स्वर्विदः स्व१ र्गिरो ब्रह्म सूक्तं जुषेरत ।।१४।।
देवान्वसिष्ठो अमृतान्ववन्दे ये विश्वा भुवनाभि प्रतस्थुः ।
ते नो रासन्तामुरुगायमद्य यूयं पात स्वस्तिभिः सदा नः ।।१५।।

ऋ. १०.६६.१–१५

देवान्हुवे बृहच्छ्रवसः स्वस्तये ज्योतिष्कृतो अध्वरस्य प्रचेतसः ।
ये वावृधुः प्रतरं विश्ववेदस इन्द्रजयेष्ठासो अमृता ऋतावृधः ।।१।।
इन्द्रप्रसूता वरुणप्रशिष्टा ये सूर्यस्य ज्योतिषो भागमानशुः ।
मरुद्गणे वृजने मन्म धीमहि माघोने यज्ञं जनयन्त सूरयः ।।२।।
इन्द्रो वसुभिः परि पातु नो गयमादित्यैर्नो अदितिः शर्म यच्छतु ।
रुद्रो रुद्रेभिर्देवो मृळयाति नस्त्वष्टा नो ग्नाभिः सुविताय जिन्वतु ।।३।।
अदितिर्द्यावापृथिवी ऋतं महदिन्द्राविष्णू मरुतः स्वर्बृहत् ।

देवाँ आदित्याँ अवसे हवामहे वसुन्रुद्रान्त्सवितारं सुदंससम् ।।४।।
सरस्वान्धीभिर्वरुणो धृतव्रतः पूषा विष्णुर्महिमा वायुरश्विना ।
ब्रह्मकृतो अमृता विश्ववेदसः शर्म नो यंसन् त्रिवरूथमंहसः ।।५।।
वृषा यज्ञो वृषणः सन्तु यज्ञिया वृषणो देवा वृषणो हविषकृतः ।
वृषणा द्यावापृथिवी ऋतावरी वृषा पर्जन्यो वृषणो वृषस्तुभः ।।६।।
अग्नीषोमा वृषणा वाजसातये पुरुप्रशस्ता वृषणा उप ब्रुवे ।
यावीजिरे वृषणो देवयज्यया ता नः शर्म त्रिवरूथं वि यंसतः ।।७।।
धृतव्रताः क्षत्रिया यज्ञनिष्कृतो बृहद्दिवा अध्वराणामभिश्रियः ।
अग्निहोतार ऋतसापो अद्रुहोऽपो असृजन्ननु वृत्रतूर्ये ।।८।।
द्यावापृथिवी जनयन्नभि व्रताप ओषधीर्वनिनानि यज्ञिया ।
अन्तरिक्षं स्व१रा पप्रुरूतये वशं देवासस्तन्वी३नि मामृजुः ।।९।।
धर्तारो दिव ऋभवः सुहस्ता वातापर्जन्या महिषस्य तन्यतोः ।
आप ओषधीः प्र तिरन्तु नो गिरो भगो रातिर्वाजिनो यन्तु मे हवम् ।।१०।।
समुद्रः सिन्धू रजो अन्तरिक्षमज एकपात्तनयित्नुरर्णवः ।
अहिर्बुध्न्यः शृणवद्वचांसि मे विश्वे देवास उत सूरयो मम ।।११।।
स्याम वो मनवो देववीतये प्रांचं नो यज्ञं प्र णयत साधुया ।
आदित्या रुद्रा वसवः सुदानव इमा ब्रह्म शस्यमानानि जिन्वत ।।१२।।
दैव्या होतारा प्रथमा पुरोहित ऋतस्य पन्थामन्वेमि साधुया ।
क्षेत्रस्य पतिं प्रतिवेशमीमहे विश्वान्देवाँ अमृताँ अप्रयुच्छतः ।।१३।।
वसिष्ठासः पितृवद्वाचमक्रत देवाँ ईळाना ऋषिवत्स्वस्तये ।
प्रीता इव ज्ञातयः काममेत्यास्मे देवासोऽव धूनुता वसु ।।१४।।
देवान्वसिष्ठो अमृतान्ववन्दे ये विश्वा भुवनाभि प्रतस्थुः ।
ते नो रासन्तामुरुगायमद्य यूयं पात स्वस्तिभिः सदा नः ।।१५।।

५७०. वसुक्रः

१. इन्द्रः – ऋ. १०.२९.१–८; अ. २०.७३.४–६; २०.७६.१–८

ऋ. १०.२९.१–८

वने न वा यो न्यधायि चाकंछुचिर्वां स्तोमो भुरणावजीगः ।
यस्येदिन्द्रः पुरुदिनेषु होता नृणां नर्यो नृतमः क्षपावान् ।।१।।
प्र ते अस्या उषसः प्रापरस्या नृतौ स्याम नृतमस्य नृणाम् ।
अनु त्रिशोकः शतमावहन्नृन्कुत्सेन रथो यो असत्ससवान् ।।२।।
कस्ते मद इन्द्र रन्त्यो भूद्दुरो गिरो अभ्यु१ग्रो वि धाव ।
कद्वाहो अर्वागुप मा मनीषा आ त्वा शक्यामुपसं राधे अन्नैः ।।३।।
कदु द्युम्नमिन्द्र त्वावतो नृन्कया धिया करसे कन्न आगन् ।
मित्रो न सत्य उरुगाय भृत्या अन्ने समस्य यदसन्मनीषाः ।।४।।
प्रेरय सूरो अर्थं न पारं ये अस्य कामं जानिधाइव ग्मन् ।
गिरश्चर ये ते तुविजात पूर्वीर्नर इन्द्र प्रतिशिक्षन्त्यन्नैः ।।५।।
मात्रे नु ते सुमिते इन्द्र पूर्वी द्यौर्मज्मना पृथिवी काव्येन ।
वराय ते घृतवन्तः सुतासः स्वाद्मन्भवन्तु पीतये मधूनि ।।६।।
आ मध्वो अस्मा असिचन्नमत्रमिन्द्राय पूर्णं स हि सत्यराधाः ।
स वावृधे वरिमन्ना पृथिव्या अभि क्रत्वा नर्यः पौंस्यैश्च ।।७।।
व्यानळिन्द्रः पृतनाः खोजा आस्मै यतन्ते सख्याय पूर्वीः ।
आ स्मा रथं न पृतनासु तिष्ठ यं भद्रया सुमत्या चोदयासे ।।८।।

अ. २०.७३.४–६

यदा वज्रं हिरण्यमिदथा रथं हरी यमस्य वहतो वि सूरिभिः ।
आ तिष्ठति मघवा सनश्रुत इन्द्रो वाजस्य दीर्घश्रवसस्पतिः ।।४।।
सो चिन्नु वृष्टिर्यूथ्या३ स्वा सचाँ इन्द्रः श्मश्रूणि हरिताभि प्रुष्णुते ।
अव वेति सुक्षयं सुते मधूदिद्धूनोति वातो यथा वनम् ।।५।।
यो वाचा विवाचो मृध्रवाचः पुरू सहस्राशिवा जघान ।
तत्तदिदस्य पौंस्यं गृणीमसि पितेव यस्तविषीं वावृधे शवः ।।६।।

अ. २०.७६.१–८

वने न वायो न्यधायि चाकंछुचिर्वां स्तोमो भुरणावजीगः ।
यस्येदिन्द्रः पुरुदिनेषु होता नृणां नर्यो नृतमः क्षपावान् ।।१।।
प्र ते अस्या उषसः प्रापरस्या नृतौ स्याम नृतमस्य नृणाम् ।
अनु त्रिशोकः शतमावहन्नृन् कुत्सेन रथो यो असत् ससवान् ।।2।।
कस्ते मद इन्द्र रन्त्यो भूद् दुरो गिरो अभ्यु१ग्रो वि धाव ।
कद् वाहो अर्वागुप मा मनीषा आ त्वा शक्यामुपमं राधो अन्नैः ।।३।।
कदु द्युम्नमिन्द्र त्वावतो नृन कया धिया करसे कन्न आगन् ।
मित्रो न सत्य उरुगाय भृत्या अन्ने समस्य यदसन्मनीषाः ।।४।।
प्रेरय सूरो अर्थं न पारं ये अस्य कामं जनिधा इव ग्मन् ।
गिरश्च ये ते तुविजात पूर्वीर्नर इन्द्र प्रतिशिक्षन्त्यन्नैः ।।५।।
मात्रे नु ते सुमिते इन्द्र पूर्वी द्यौर्मज्मना पृथिवी काव्येन ।
वराय ते घृतवन्तः सुतासः स्वाद्मन् भवन्तु पीतये मधूनि ।।६।।
आ मध्वो अस्मा असिचन्नमत्रमिन्द्राय पूर्णं स हि सत्यराधाः ।
स वावृधे वरिमन्ना पृथिव्या अभि क्रत्वा नर्यः पौंस्यैश्च ।।७।।
व्यानळिन्द्रः पृतनाः स्वोजा आस्मै यतन्ते सख्याय पूर्वीः ।
आ स्मा रथं न पृतनासु तिष्ठ यं भद्रया सुमत्या चोदयासे ।।८।।

५७१. वसुक्र ऐन्द्रः

१. इन्द्रः – ऋ. १०.2७.१–2४

असत्सु मे जरितः सभिवेगो यत्सुन्वते यजमानाय शिक्षम् ।
अनाशीर्दामहमस्मि प्रहन्ता सत्यध्वृतं वृजिनायन्तमाभुम् ।।१।।
यदीदहं युधये संनयान्यदेवयून्तन्वा३ शूशुजानान् ।
अमा ते तुम्रं वृषभं पचानि तीव्रं सुतं पंचदशं नि षिंचम् ।।2।।
नाहं तं वेद य इति ब्रवीत्यदेवयून्त्समरणे जघन्वान् ।
यदावाख्यत्समरणमृघावदादिद्ध मे वृषभा प्र ब्रुवन्ति ।।३।।
यदज्ञातेषु वृजनेष्वासं विश्वे सतो मघवानो म आसन् ।
जिनामि वेत्क्षेम आ सन्तमाभुं प्र तं क्षिणां पर्वते पादगृह्य ।।४।।
न वा उ मां वृजने वारयन्ते न पर्वतासो यदहं मनस्ये ।
मम स्वनात्कृधुकर्णो भयात एवेदनु द्यून्किरणः समेजात ।।५।।
दर्शन्न्वत्र शृतपाँ अनिन्द्रान्बाहुक्षदः शरवे पत्यमानान् ।
घृषुं वा ये निनिदुः सखायमध्यू न्वेषु पवयो ववृत्युः ।।६।।
अभूर्वौक्षीर्व्यु१ आयुरानड् दर्षन्नु पूर्वो अपरो नु दर्शत् ।
द्वे पवस्ते परि तं न भूतो यो अस्य पारे रजसो विवेष ।।७।।
गावो यवं प्रयुता अर्यो अक्षन्ता अपश्यं सहगोपाश्चरन्तीः ।
हवा इदर्यो अभितः समायन्कियदासु स्वपतिश्छन्दयाते ।।८।।
सं यद्वयं यवसादो जनानामहं यवाद उर्वज्रे अन्तः ।

अत्रा युक्तोऽवसातारमिच्छादथो अयुक्तं युनजद्ववन्वान् ।।९।।
अत्रेदु मे मंससे सत्यमुक्तं द्विपाच्च यच्चतुष्पात्संसृजानि ।
स्त्रीभिर्यो अत्र वृषणं पृतन्यादयुद्धो अस्य वि भजानि वेदः ।।१०।।
यस्यानक्षा दुहिता जात्वास कस्तां विद्वाँ अभि मन्याते अन्धाम् ।
कतरो मेनिं प्रति तं मुचाते य ईं वहाते य ईं वा वरेयात् ।।११।।
कियती योषा मर्यतो वधूयोः परिप्रीता पन्यसा वार्येण ।
भद्रा वधूर्भवति यत्सुपेशाः स्वयं सा मित्रं वनुते जने चित् ।।१२।।
पत्तो जगार प्रत्यंचमत्ति शीर्ष्णा शिरः प्रति दधौ वरूथम् ।
आसीन ऊर्ध्वामुपसि क्षिणाति न्यङ्ङुत्तानामन्वेति भूमिम् ।।१३।।
बृहन्नच्छायो अपलाशो अर्वा तस्थौ माता विषितो अत्ति गर्भः ।
अन्यस्या वत्सं रिहती मिमाय कया भुवा नि दधे धूनुरूधः ।।१४।।
सप्त वीरासो अधरादुदायन्नष्टोत्तरात्तात्समजग्मिरन्ते ।
नव पश्चातात्स्थिविमन्त आयन्दश प्राक्सानु वि तिरन्त्यशनः ।।१५।।
दशानामेकं कपिलं समानं तं हिन्वन्ति क्रतवे पार्याय ।
गर्भं माता सुधितं वक्षणास्ववेनन्तं तुषयन्ती बिभर्ति ।।१६।।
पीवानं मेषमपचन्त वीरा न्युप्ता अक्षा अनु दीव आसन् ।
द्वा धनुं बृहतीमप्स्व१न्तः पवित्रवन्ता चरतः पुनन्ता ।।१७।।
वि क्रोशनासो विष्वंच आयन्पचाति नेमो नहि पक्षदर्धः ।
अयं मे देवः सविता तदाह द्रवन्न इद्वनवत्सर्पिरन्नः ।।१८।।
अपश्यं ग्रामं वहमानमारादचक्रया स्वधया वर्तमानम् ।
सिषक्त्यर्यः प्र युगा जनानां सद्यः शिश्ना प्रमिनानो नवीयान् ।।१९।।
एतौ मे गावौ प्रमरस्य युक्तौ मो षु प्र सेधीर्मुहुरिन्ममन्धि ।
आपश्चिदस्य वि नशन्त्यर्थं सूरश्च मर्क उपरो बभूवान् ।।२०।।
अयं यो वज्रः पुरुधा विवृत्तोऽवः सूर्यस्य बृहतः पुरीषात् ।
श्रव इदेना परो अन्यदस्ति तदव्यथी जरिमाणस्तरन्ति ।।२१।।
वृक्षेवृक्षे नियता मीमयद्गौस्ततो वयः प्र पतान् पुरुषादः ।
अथेदं विश्वं भुवनं भयात इन्द्राय सुन्वदृषये च शिक्षत् ।।२२।।
देवानां माने प्रथमा अतिष्ठन्कृन्तत्रादेषामुपरा उदायन् ।
त्रयस्तपन्ति पृथिवीमनूपा द्वा बृबूकं वहतः पुरीषम् ।।२३।।
सा ते जीवातुरुत तस्य विद्धि मा स्मैतादृगप गूहः समर्ये ।
आविः स्वः कृणुते गूहते बुसं स पादुरस्य निर्णिजो न मुच्यते ।।२४।।

५७२. वसुमना रौहिदश्वः

१. इन्द्रः – ऋ. १०.१७९.३

श्रातं मन्य ऊधनि श्रातमग्नौ सुश्रातं मन्ये तदृतं नवीयः ।
माध्यन्दिनस्य सवनस्य दध्नः पिबेन्द्र वज्रिन्पुरुकृज्जुषाणः ।।३।।

५७३. वसुर् भारद्वाजः

१. पवमानः सोमः – ऋ. ९.८०.१–५; ९.८१.१–५; ९.८२.१–५

ऋ. ९.८०.१–५

सोमस्य धारा पवते नृचक्षस ऋतेन देवान्हवते दिवस्परि ।
बृहस्पते रवथेना वि दिद्युते समुद्रासो न सवनानि विव्यचुः ।।१।।
यं त्वा वाजिन्नघ्न्या अभ्यनूषतायोहतं योनिमा रोहसि द्युमान् ।
मघोनामायुः प्रतिरन्महि श्रव इन्द्राय सोम पवसे वृषा मदः ।।२।।

एन्द्रस्य कुक्षा पवते मदिन्तम ऊर्जं वसानः श्रवसे सुमंगलः ।
प्रत्यङ् स विश्वा भुवनाभि पप्रथे क्रीळन्हरिरत्यः स्यन्दते वृषा ।।३।।
तं त्वा देवेभ्यो मधुमत्तमं नरः सहस्रधारं दुहते दश क्षिपः ।
नृभिः सोम प्रच्युतो ग्रावभिः सुतो विश्वान्देवाँ आ पवस्वा सहस्रजित् ।।४।।
तं त्वा हस्तिनो मधुमन्तमद्रिभिर्दुहन्त्यप्सु वृषभं दश क्षिपः ।
इन्द्र सोम मादयन्दैव्यं जनं सिन्धोरिवोर्मिः पवमानो अर्षसि ।।५।।

ऋ. ६.८१.१–५

प्र सोमस्य पवमानस्योर्मय इन्द्रस्य यन्ति जठरं सुपेशसः ।
दध्ना यदीमुन्नीता यशसा गवां दानाय शूरमुदमन्दिषुः सुताः ।।१।।
अच्छा हि सोमः कलशाँ असिष्यददत्यो न वोळहा रघुवर्तनिर्वृषा ।
अथा देवानामुभयस्य जन्मनो विद्वाँ अश्नोत्यमुत इतश्च यत् ।।2।।
आ नः सोम पवमानः किरा वस्विन्दो भव मघवा राधसो महः ।
शिक्षा वयोधो वसवे सु चेतुना मा नो गयमारे अस्मत्परा सिचः ।।३।।
आ नः पूषा पवमानः सुरातयो मित्रो गच्छन्तु वरुणः सजोषसः ।
बृहस्पतिर्मरुतो वायुरश्विना त्वष्टा सविता सुयमा सरस्वती ।।४।।
उभे द्यावापृथिवी विश्वमिन्वे अर्यमा देवो अदितिर्विधाता ।
भगो नृशंस उर्व१ न्तरिक्षं विश्वे देवाः पवमानं जुषन्त ।।५।।

ऋ. ६.८2.१–५

असावि सोमो अरुषो वृषा हरी राजेव दस्मो अभि गा अचिक्रदत् ।
पुनानो वारं पर्येत्यव्ययं श्येनो न योनिं घृतवन्तमासदम् ।।१।।
कविर्वेधस्या पर्येषि महिनमत्यो न मृष्टो अभि वाजमर्षसि ।
अपसेधन्दुरिता सोम मृळय घृतं वसानः परि यासि निर्णिजम् ।।2।।
पर्जन्यः पिता पहिषस्य पर्णिनो नाभा पृथिव्या गिरिषु क्षयं दधे ।
स्वसार आपो अभि गा उतासरन्त्सं ग्रावभिर्नसते वीते अध्वरे ।।३।।
जायेव पत्यावधि शेव मंहसे प्रजाया गर्भ शृणुहि ब्रवीमि ते ।
अन्तर्वणीषु प्र चरा सु जीवसेऽनिन्द्यो वृजने सोम जागृहि ।।४।।
यथा पूर्वेभ्यः शतसा अमृध्रः सहस्रसाः पर्यया वाजमिन्दो ।
एवा पवस्व सुविताय नव्यसे तव व्रतमन्वापः सचन्ते ।।५।।

५७४. वसुयुः

१. अग्निः – य. १७.८

अग्ने पावक रोचिषा मन्द्रया देव जिह्वया। आ देवान् वक्षि यक्षि च ।।८।।

५७५. वसुश्रुत आत्रेयः

१. अग्निः – ऋ. ५.३.१–१2; ५.४.१–११; ५.६.१–१०; सा. ४१६; ४2५; १७३७–१७३६

ऋ. ५.३.१–१2

त्वमग्ने वरुणो जायसे यत्त्वं मित्रो भवसि यत्समिद्धः ।
त्वे विश्वे सहसस्पुत्र देवास्त्वमिन्द्रो दाशुषे मर्त्याय ।।१।।
त्वमर्यमा भवसि यत्कनीनां नाम स्वधावन्गुह्यं बिभर्षि ।
अंजन्ति मित्रं सुधितं न गोभिर्यद्दम्पती समनसा कृणोषि ।।2।।
तव श्रिये मरुतो मजर्यन्त रुद्र यत्ते जनिम चारु चित्रम् ।
पदं यद्विष्णोरुपमं निधायि तेन पासि गुह्यं नाम गोनाम् ।।३।।
तव श्रिया सुदृशो देव देवाः पुरू दधाना अमृतं सपन्त ।

होतारमग्निं मनुषो नि षेदुर्दशस्यन्त उशिजः शंसमायोः ।।४।।
न त्वद्धोता पूर्वो अग्ने यजीयान्न काव्यैः परो अस्ति स्वधावः ।
विशश्च यस्या अतिथिर्भवासि स यज्ञेन वनवद्देव मर्तान् ।।५।।
वयमग्ने वनुयाम त्वोता वसूयवो हविषा बुध्यमानाः ।
वयं समर्ये विदथेष्वह्नां वयं राया सहस्पुत्र मर्तान् ।।६।।
यो न आगो अभ्येनो भरात्यधीदघमघशंसे दधात ।
जही चिकित्वो अभिशस्तिमेतामग्ने यो नो मर्चयति द्वयेन ।।७।।
त्वामस्या व्युषि देव पूर्वे दूतं कृण्वाना अयजन्त हव्यैः ।
संस्थे यदग्न ईयसे रयीणां देवो मर्तैर्वसुभिरिध्यमानः ।।८।।
अव स्पृधि पितरं योधि विद्वान्पुत्रो यस्ते सहसः सून ऊहे ।
कदा चिकित्वो अभि चक्षसे नोऽग्ने कदाँ ऋतचिद्यातयासे ।।९।।
भूरि नाम वन्दमानो दधाति पिता वसो यदि तज्जोषयासे ।
कुविद्देवस्य सहसा चकानः सुम्नमग्निर्वनते वावृधानः ।।१०।।
त्वमंग जरितारं यविष्ठ विश्वान्यग्ने दुरिताति पर्षि ।
स्तेना अदृश्रन् रिपवो जनासोऽज्ञातकेता वृजिना अभूवन् ।।११।।
इमे यामासस्त्वद्रिगभूवन्वसवे वा तदिदागो अवाचि ।
नाहायमग्निरभिषस्तये नो न रीषते वावृधानः परा दात् ।।१२।।

ऋ. ५.४.१–११

त्वामग्ने वसुपतिं वसूनामभि प्र मन्दे अध्वरेषु राजन् ।
त्वया वाजं वाजयन्तो जयेमाभि ष्याम पृत्सुतीर्मर्त्यानाम् ।।१।।
हव्यवाळग्निरजरः पिता नो विभुर्विभावा सुदृशीको अस्मे ।
सुगार्हपत्याः समिषो दिदीह्यस्मद्र्यक् सं मिमीहि श्रवांसि ।।२।।
विशां कविं विश्पतिं मानुषीणां शुचिं पावकं घृतपृष्ठमग्निम् ।
नि होतारं विश्वविदं दधिध्वे स देवेषु वनते वार्याणि ।।३।।
जुषस्वाग्न इळया सजोषा यतमानो रश्मिभिः सूर्यस्य ।
जुषस्व नः समिधं जातवेद आ च देवान्हविरद्याय वक्षि ।।४।।
जुष्टो दमूना अतिथिर्दुरोण इमं नो यज्ञमुप याहि विद्वान् ।
विश्वा अग्ने अभियुजो विहत्या शत्रूयतामा भरा भोजनानि ।।५।।
वधेन दस्युं प्र हि चातयस्व वयः कृण्वानस्तन्वे३ स्वायै ।
पिपर्षि यत्सहसस्पुत्र देवान्त्सो अग्ने पाहि नृतम वाजे अस्मान् ।।६।।
वयं ते अग्न उक्थैर्विधेम वयं हव्यैः पावक भद्रशोचे ।
अस्मे रयिं विश्ववारं समिन्वास्मे विश्वानि द्रविणानि धेहि ।।७।।
अस्माकमग्ने अध्वरं जुषस्व सहसः सूनो त्रिषधस्थ हव्यम् ।
वयं देवेषु सुकृतः स्याम शर्मणा नस्त्रिवरूथेन पाहि ।।८।।
विश्वानि नो दुर्गहा जातवेदः सिन्धुं न नावा दुरिताति पर्षि ।
अग्ने अत्रिवन्नमसा गृणानो३स्माकं बोध्यविता तनूनाम् ।।९।।
यस्त्वा हृदा कीरिणा मन्यमानोऽमर्त्यं मर्त्यो जोहवीमि ।
जातवेदो यशो अस्मासु धेहि प्रजाभिरग्ने अमृतत्वमश्याम् ।।१०।।
यस्मे त्वं सुकृते जातवेद उ लोकमग्ने कृणवः स्योनम् ।
अश्विनं स पुत्रिणं वीरवन्तं गोमन्तं रयिं नशते स्वस्ति ।।११।

ऋ. ५.६.१–१०

अग्निं तं मन्ये यो वसुरस्तं यं यन्ति धेनवः ।
अस्तमर्वन्त आशवोऽस्तं नित्यासो वाजिन इषं स्तोतृभ्य आ भर ।।१।।

Vedic Concordance of Mantras as per Ṛṣi and Devatā 269

सो अग्निर्यो वसुर्गृणे सं यमायन्ति धेनवः ।
समर्वन्तो रघुद्रुवः सं सुजातासः सूरय इषं स्तोतृभ्य आ भर ।।2।।
अग्निर्हि वाजिनं विशे ददाति विश्वचर्षणिः ।
अग्नी राये स्वाभुवं स प्रीतो याति वार्यमिषं स्तोतृभ्य आ भर ।।३।।
आ ते अग्न इधीमहि द्युमन्तं देवाजरम् ।
यद्ध स्या ते पनीयसी समिद्दीदयति द्यवीषं स्तोतृभ्य आ भर ।।४।।
आ ते अग्न ऋचा हविः शुक्रस्य शोचिषस्पते ।
सुश्चन्द्र दस्म विश्पते हव्यवाट् तुभ्यं हूयत इषं स्तोतृभ्य आ भर ।।५।।
प्रो त्ये अग्नयोऽग्निषु विश्व पुष्यन्ति वार्यम् ।
ते हिन्विरे त इन्विरे त इषण्यन्त्यानुषगिषं स्तोतृभ्य आ भर ।।६।।
तव त्ये अग्ने अर्चयो महि व्राधन्त वाजिनः ।
ये पत्वभिः शफानां व्रजा भरुन्त गोनामिषं स्तोतृभ्य आ भर ।।७।।
नवा नो अग्न आ भर स्तोतृभ्यः सुक्षितीरिषः ।
ते स्याम य आनृचुस्त्वादूतासो दमेदम इषं स्तोतृभ्य आ भर ।।८।।
उभे सुश्चन्द्र सर्पिषो दर्वी श्रीणीष आसनि ।
उतो न उत्पुपूर्या उक्थेषु शवसस्पत इषं स्तोतृभ्य आ भर ।।६।।
एवाँ अग्निमजुर्यमुर्गीर्भिर्यज्ञेभिरानुषक् ।
दधदस्मे सुवीर्यमुत त्यादाश्वश्व्यमिषं स्तोतृभ्य आ भर ।।१०।।

सा. ४१६

आ ते अग्न दधीमहि द्युमन्तं देवाजरम् ।
यद्ध स्या ते पनीयसी समिद्दीदयति द्यवीषं स्तोतृभ्य आ भर ।।१।।

सा. ४२५

अग्निं तं मन्ये यो वसुरस्तं यं यन्ति धेनवः ।
अस्तमर्वन्त आशवोऽस्तं नित्यासो वाजिन इषं स्तोतृभ्य आ भर ।।७।।

सा. १७३७–१७३६

अग्नि तं मन्ये यो वसुरस्तं यं यन्ति धेनवः ।
अस्तमर्वन्त आशवोऽस्तं नित्यासो वाजिन इषं स्तोतृभ्य आ भर ।।१।।
अग्निर्हि वाजिनं विशे ददाति विश्वचर्षणिः ।
अग्नी राये स्वाभुवं सु प्रीतो याति वार्यमिष स्तोतृभ्य आ भर ।।2।।
सो अग्निर्यो वसुर्गृणे सं यमायन्ति धेनवः ।
समर्वन्तो रघुद्रुवः सं सुजातासः सूरय इषं स्तोतृभ्य आ भर ।।३।।

2. **आप्री (१. इध्म अथवा समिद्ध अग्निः 2. नाराशंस ३. इळ ४. बर्हि ५. देवीद्वार ६. उषासानक्ता ७. दिव्य होता प्रचेतस ८. सरस्वती इळा भारती ६. त्वष्टा १०. वनस्पति ११. स्वाहाकृतिः) – ऋ. ५.५.१–११**

ऋ. ५.५.१–११

सुसमिद्धाय शोचिषे घृतं तीव्रं जुहोतन। अग्नये जातवेदसे ।।१।।
नराशंसः सुषूदतीमं यज्ञमदाभ्यः कविर्हि मधुहस्त्यः ।।2।।
ईळितो अग्न आ वहेन्द्रं चित्रमिह प्रियम्। सुखै रथेभिरूतये ।।३।।
ऊर्णम्रदा वि प्रथस्वाभ्य१र्का अनूषत। भवा नः शुभ्र सातये ।।४।।
देवीर्द्वारो वि श्रयध्वं सुप्रायणा न ऊतये। प्रप्र यज्ञं प्रणीतन ।।५।।
सुप्रतीके वयोवृधा यह्वी ऋतस्य मातरा। दोषामुषासमीमहे ।।६।।
वातस्य पत्मन्नीळिता दैव्या होतारा मनुषः। इमं नो यज्ञमा गतम् ।।७।।

इळा सरस्वती मही तिस्रो देवीर्मयोभुवः। बर्हिः सीदन्त्वस्रिधः ।।८।।
शिवस्त्वष्टरिहा गहि विभुः पोष उत त्मना। यज्ञे यज्ञे न उदव ।।९।।
यत्र वेत्थ वनस्पते देवानां गुह्या नामानि। तत्र हव्यानि गामय ।।१०।।
स्वाहाग्नये वरुणाय स्वाहेन्द्राय मरुद्भ्यः। स्वाहा देवेभ्यो हविः ।।११।।

३. **पवमानः सोमः – सा. १०22–१०2४**

आ ते अग्न इधीमहि द्युमन्तं देवाजरम् ।
यद्ध स्या ते पनीयसी समिद्दीदयति द्यवीषं स्तोतृभ्य आ भर ।।१।।
आ ते अग्न ऋचा हविः शुक्रस्य ज्योतिषस्पते ।
सुश्चन्द्र दस्म विश्पते हव्यवाट् तुभ्यं हूयत इषं स्तोतृभ्य आ भर ।।2।।
ओभे सुश्चन्द्र विश्पते दर्वी श्रीणीष आसनि ।
उतो न उत्पुपूर्या उक्थेषु शवसस्पत इषं स्तोतृभ्य आ भर ।।३।।

५७६. वसूयव आत्रेयः

१. **अग्निः – ऋ. ५.2५.१–९; ५.2६.१–९; सा. ८६; १५2१–१५2३**

ऋ. ५.2५.१–९

अच्छा वो अग्निमवसे देवं गासि स नो वसुः। रासत्पुत्र ऋषूणामृतावा पर्षति द्विषः ।।१।।
स हि सत्यो यं पूर्वे चिद्देवासश्चिद्यमीधिरे। होतारं मन्द्रजिह्वमित्सुदीतिभिर्विभावसुम् ।।2।।
स नो धीती वरिष्ठया श्रेष्ठया च सुमत्या। अग्ने रायो दिदीहि नः सुवृक्तिभिर्वरेण्य ।।३।।
अग्निर्देवेषु राजत्यग्निर्मर्तेष्वाविशन्। अग्निर्नो हव्यवाहनोऽग्निं धीभिः सपर्यत ।।४।।
अग्निस्तुविश्रवस्तमं तुविब्रह्माणमुत्तमम्। अतूर्तं श्रावयत्पतिं पुत्रं ददाति दाशुषे ।।५।।
अग्निर्ददाति सत्पतिं सासाह यो युधा नृभिः। अग्निरत्यं रघुष्यदं जेतारमपराजितम् ।।६।।
यद्वाहिष्ठं तदग्नये बृहदर्च विभावसो। महिषीव त्वद्रयिस्त्वद्वाजा उदीरते ।।७।।
तव द्युमन्तो अर्चयो ग्रावेवोच्यते बृहत्। उतो ते तन्यतुर्यथा स्वानो अर्त त्मना दिवः ।।८।।
एवाँ अग्निं वसूयवः सहसानं ववन्दिम। स नो विश्वा अति द्विषः पर्वन्नावेव सुक्रतुः ।।९।।

ऋ. ५.2६.१–९

अग्ने पावक रोचिषा मन्द्रया देव जिह्वया। आ देवान्वक्षि यक्षि च ।।१।।
तं त्वा घृतस्नवीमहे चित्रभानो स्वर्दृशम्। देवाँ आ वीतये वह ।।2।।
वीतिहोत्रं त्वा कवे द्युमन्तं समिधीमहि। अग्ने बृहन्तमध्वरे ।।३।।
अग्ने विश्वेभिरा गहि देवेभिर्हव्यदातये। होतारं त्वा वृणीमहे ।।४।।
यजमानाय सुन्वत आग्ने सुवीर्यं वह। देवैरा सत्सि बर्हिषि ।।५।।
समिधानः सहस्रजिदग्ने धर्माणि पुष्यसि। देवानां दूत उक्थ्यः ।।६।।
न्यग्निं जातवेदसं होत्रवाहं यविष्ठ्यम्। दधाता देवमृत्विजम् ।।७।।
प्र यज्ञ एत्वानुषगद्या देवव्यचस्तमः। स्तृणीत बर्हिरासदे ।।८।।
एदं मरुतो अश्विना मित्रः सीदन्तु वरुणः। देवासः सर्वया विशा ।।९।।

सा. ८६

यद्वाहिष्ठं तदग्नये बृहदर्च विभावसो। महिषीव त्वद्रयिस्त्वद्वाजा उदीरते ।।६।।

सा. १५2१–१५2३

अग्ने पावक रोचिषा मन्द्रया देव जिह्वया। आ देवान्वक्षि यक्षि च ।।१।।
तं त्वा घृतस्नवीमहे चित्रभानो स्वर्दृशम्। देवाँ आ वीतये वह ।।2।।
वीतिहोत्रं त्वा कवे द्युमन्तं समिधीमहि। अग्ने बृहन्तमध्वरे ।।३।।

५७७. वागाम्भृणी

१. **वागाम्भृणी – ऋ. १०.१2५.१–८**

अहं रुद्रेभिर्वसुभिश्चराम्यमादित्यैरुत विश्वदेवैः ।
अहं मित्रावरुणोभा बिभर्म्यहमिन्द्राग्नी अहमश्विनोभा ।।१।।
अहं सोमसाहनसं बिभर्म्यहं त्वष्टारमुत पूषणं भगम् ।
अहं दधामि द्रविणं हविष्मते सुप्राव्ये१यजमानाय सुन्वते ।।2।।
अहं राष्ट्री संगमनी वसूनां चिकितुषी प्रथमा यज्ञियानाम् ।
तां मा देवा व्यदधुः पुरुत्रा भूरिस्थात्रां भूर्यावेशयन्तीम् ।।३।।
मया सो अन्नमत्ति यो विपश्यति यः प्राणिति य ईं शृणोत्युक्तम् ।
अमन्तवो मां त उप क्षियन्ति श्रधि श्रुत श्रद्धिवं ते वदामि ।।४।।
अहमेव स्वयमिदं वदामि जुष्टं देवेभिरुत मानुषेभिः ।
यं कामये तंतमुग्रं कृणोमि तं ब्रह्माणं तमृषिं तं सुमेधाम् ।।५।।
अहं रुद्राय धनुरा तनोमि ब्रह्मद्विषे शरवे हन्त्वा उ ।
अहं जनाय समदं कृणोम्यहं द्यावापृथिवी आ विवेश ।।६।।
अहं सुवे पितरमस्य मूर्धन्मम योनिरप्स्वेन्तः समुद्रे ।
ततो वि तिष्ठे भुवनानु विश्वोतामूं द्यां वर्ष्मणोप स्पृशामि ।।७।।
अहमेव वात इव प्र वाम्यारभमाणा भुवनानि विश्वा ।
परो दिवा पर एना पृथिव्यैतावती महिना सं बभूव ।।८।।

५७८. वातजूतिः

१. केशिनः – ऋ. १०.१३६.2

मुनयो वातरशनाः पिशंगा वसते मला। वातस्यानु ध्राजिं यन्ति यद्देवासो अविक्षत ।।2।।

५७९. वामदेवः

१. अग्निः – सा. १०; ८2; य. 2.2७–३०; ३.१५; ३६; १३.९–१४; १७.८९; ९०; 2७.३६

सा. १०

अग्ने विवस्वदा भरास्मभ्यमूतये महे। देवो ह्यसि नो दृशे ।।१०।।

सा. ८2

यदि वीरो अनु ष्यादग्निमिन्धीत मर्त्यः। आजुहवद्धव्यमानुषक् शर्म भक्षीत दैव्यम् ।।2।।

य. 2.2७–३०

अग्ने गृहपते सुगृहपतिस्त्वयाऽग्नेहं गृहपतिना भूयासं सुगृहपतिस्त्वं मयाऽग्ने गृहपतिना भूयाः ।
अस्थूरि णौ गार्हपत्यानि सन्तु शतं हिमाः सूर्यस्यावृतमन्वावर्ते ।।2७।।
अग्ने व्रतपते व्रतमचारिषं तदशकं तन्मेऽराधीदमहं यऽएवाऽस्मि सोऽस्मि ।।2८।।
अग्नये कव्यवाहनाय स्वाहा सोमाय पितृमते स्वाहा। अपहताऽअसुरा रक्षांसि वेदिषदः ।।2९।।
ये रूपाणि प्रतिमुंचमानाऽअसुराः सन्तः स्वधया चरन्ति ।
परापुरो निपुरो ये भरन्त्यग्निष्टाँल्लोकात् प्रणुदात्यस्मात् ।।३०।।

य. ३.१५

अयमिह प्रथमो धायि धातृभिर्होता यजिष्ठोऽअध्वरेष्वीड्यः ।
यमप्नवानो भृगवो विरुरुचुर्वनेषु चित्रं विभ्वं विशेविशे ।।१५।।

य. ३.३६

परि ते दूडभो रथोऽस्माँ 2ऽअश्नोतु विश्वतः। येन रक्षसि दाशुषः ।।३६।।

य. १३.९–१४

कृणुष्व पाजः प्रसितिं न पृथ्वीं याहि राजेवामवाँ2ऽइभेन ।
तृष्वीमनु प्रसितिं द्रूणानोऽस्तासि विध्य रक्षसस्तपिष्ठैः ।।९।।

तव भ्रमासऽआशुया पतन्त्यनु स्पृश धृषता शोशुचानः ।
तपूंष्यग्ने जुह्वा पतंगानसन्दितो विसृज विष्वगुल्काः ।।१०।।
प्रति स्पशो विसृज तूर्णितमो भवा पायुर्विशोऽअस्या अदब्धः ।
यो नो दूरेऽअघशंसो योऽअन्त्यग्ने माकिष्टे व्यथिरादधर्षीत् ।।११।।
उदग्ने तिष्ठ प्रत्यातनुष्व न्य मित्रा २ऽओषतात्तिग्महेते ।
यो नोऽअरातिं समिधान चक्रे नीचा तं धक्ष्यतसं न शुष्कम् ।।१२।।
ऊर्ध्वो भव प्रति विध्याध्यस्मदाविष्कृणुष्व दैव्यान्यग्ने ।
अव स्थिरा तनुहि यातुजूनां जामिमजामिं प्रमृणीहि शत्रून् ।
अग्नेष्ट्वा तेजसा सादयामि ।।१३।।
अग्निर्मूर्द्धा दिवः ककुत्पतिः पृथिव्याऽअयम् ।
अपां रेतांसि जिन्वति। इन्द्रस्य त्वौजसा सादयामि ।।१४।।

य. १७.८६–६०

समुद्रादूर्मिर्मधुमाँ२ऽ उदारदुपांशुना सममृतत्वमानट् ।
घृतस्य नाम गुह्यं यदस्ति जिह्वा देवानाममृतस्य नाभिः ।।८६।।
वयं नाम प्र ब्रवामा घृतस्यास्मिन् यज्ञे धारयामा नमोभिः ।
उप ब्रह्मा शृणवच्छस्यमानं चतुः शृंगोऽवमीद् गौरऽएतत् ।।६०।।

य. २७.३६

कया नश्चित्रऽआ भुवदूती सदावृधः सखा। कया शचिष्ठया वृता ।।३६।।

2. अग्निवरुणौ – य. २१.३–४

त्वं नोऽअग्ने वरुणस्य विद्वान् देवस्य हेडोऽअव यासिसीष्ठाः ।
याजिष्ठो वह्नितमः शोशुचानो विश्वा द्वेषांसि प्र मुमुग्ध्यस्मत् ।।३।।
स त्वं नोऽअग्नेऽवमो भवोती नेदिष्ठोऽअस्याऽउषसो व्युष्टौ ।
अव यक्ष्व नो वरुणं रराणो वीहि मृडीकं सुहवो नऽएधि ।।४।।

३. अश्विनौ – अ. २०.१४३.८

मधुमतीरोषधीर्द्याव आपो मधुमन्नो भवत्वन्तरिक्षम् ।
क्षेत्रस्य पतिर्मधुमान्नो अस्त्वरिष्यन्तो अन्वेनं चरेम ।।८।।

४. आदित्यः – य. २१.५

महीम् षु मातरं सुव्रतानामृतस्य पत्नीमवसे हुवेम ।
तुविक्षत्रामजरन्तीमुरूचीं सुशर्माणमदितिं सुप्रणीतिम् ।।५।।

५. आपः – य. 2.३४

ऊर्जं वहन्तीरमृतं घृतं पयः कीलालं परिस्रुतम्। स्वधा स्थ तर्पयत मे पितॄन् ।।३४।।

६. आसन्दी राजपत्नी – य. १०.२६

स्योनासि सुषदासि क्षत्रस्य योनिरसि ।
स्योनामासीद सुषदामासीद क्षत्रस्य योनिमासीद ।।२६।।

७. इन्द्रः – सा. १११३–१११५; अ. २०.७७.१–८; २०.१२४.१–३; य. 2.22; २०.४७–४६; २७.४०; ४१; ३३.६५; ३६.४; ६

सा. १११३–१११५

प्र व इन्द्राय वृत्रहन्तमाय विप्राय गाथं गायत यं जुजोषते ।।१।।
अर्चन्त्यर्कं मरुतः स्वर्का आ स्तोभति श्रुतो युवा स इन्द्रः ।।2।।
उप प्रक्षे मधुमति क्षियन्तः पुष्येम रयिं धीमहे त इन्द्र ।।३।।

अ. २०.७७.१–८

आ सत्यो यातु मघवाँ ऋजीषी द्रवन्त्वस्य हरय उप नः ।
तस्मा इदन्धः सुषुमा सुदक्षमिहाभिपित्वं करते गृणानः ।।१।।
अव स्य शूराध्वनो नान्तेऽस्मिन् नो अद्य सवने मन्दध्यै ।
शंसात्युक्थमुशनेव वेधाश्चिकितुषे असुर्याय मन्म ।।2।।
कविर्न निण्यं विदथानि साधन् वृषा यत् सेकं विपिपानो अर्चात् ।
दिव इत्था जीजनत् सप्त कारूनह्ना चिच्चक्रुर्वयुना गृणन्तः ।।३।।
स्व१र्यद् वेदि सुदृशीकमर्कैर्महि ज्योती रुरुचुर्यद्ध वस्तोः ।
अन्धा तमांसि दुधिता विचक्षे नृभ्यश्चकार नृतमो अभिष्टौ ।।४।।
ववक्ष इन्द्रो अमितमृजीष्यु१भे आ पप्रौ रोदसी महित्वा ।
अतश्चिदस्य महिमा वि रेचयभि यो विश्वा भुवना बभूव ।।५।।
विश्वानि शक्रो नर्याणि विद्वानपो रिरेच सखिभिर्निकामैः ।
अश्मानं चिद् ये बिभिदुर्वचोभिर्व्रजं गोमन्तमुशिजो वि वव्रुः ।।६।।
अपो वृत्रं वव्रिवांसं पराहन् प्रावत् ते वज्रं पृथिवी सचेताः ।
प्रार्णांसि समुद्रियाण्यैनोः पतिर्भवंछवसा शूर धृष्णो ।।७।।
अपो यदद्रिं पुरुहूत दर्दराविर्भुवत् सरमा पूर्व्यं ते ।
स नो नेता वाजमा दर्षि भूरिं गोत्रा रुजन्नंगिरोभिर्गृणानः ।।८।।

अ. 20.१२४.१–३

कया नश्चित्र आ भुवदूती सदावृधः सखा। कया शचिष्ठया वृता ।।१।।
कस्त्वा सत्यो मदानां मंहिष्ठो मत्सदन्धसः। दृळहा चिदारुजे वसु ।।2।।
अभी षु णः सखीनामविता जरितृणाम्। शतं भवास्यूतिभिः ।।३।।

य. 2.22

सं बर्हिरङ्क्तां हविषा घृतेन समादित्यैर्वसुभिः सम्मरुद्भिः ।
समिन्द्रो विश्वदेवेभिरङ्क्तां दिव्यं नभो गच्छतु यत् स्वाहा ।।22।।

य. 20.४७–४६

आ यत्विन्द्रोऽवसऽउप नऽइह स्तुतः सधमादस्तु शूरः ।
वावृधानस्तविपीर्यस्य पूर्वीर्द्यौर्न क्षत्रमभिभूति पुष्यात् ।।४७।।
आ नऽइन्द्रो दूरादा नऽआसादभिष्टि कृदवसे यासदुग्रः ।
ओजिष्ठेभिर्नृपतिर्वज्रबाहुः संगेः समत्सु तुर्वणिः पृतन्यून् ।।४८।।
आ न इन्द्रो हरिभिर्यात्वच्छार्वाचीनोऽवसे राधसे च ।
तिष्ठति वज्री मघवा विरप्शीमं यज्ञमनु नो वाजसातौ ।।४६।।

य. 2७.४०–४१

कस्त्वा सत्यो मदानां मंहिष्ठो मत्सदन्धसः। दृढा चिदारुजे वसु ।।४०।।
अभी षु णः सखीनामविता जरितृणाम्। शतं भवास्यूतये ।।४१।।

य. ३३.६५

आ तू नऽइन्द्र वृत्रहन्नस्माकमर्द्धमा गहि। महान्महीभिरूतिभिः ।।६५।।

य. ३६.४

कया नश्चित्रऽआ भुवदूती सदावृधः सखा। कया शचिष्ठया वृता ।।४।।

य. ३६.६

अभी षु णः सखीनामविता जरितृणाम्। शतं भवास्यूतिभिः ।।६।।

८. इन्द्राबृहस्पतिः – अ. 20.१३.१

इन्द्रश्च सोमं पिबतं बृहस्पतेऽस्मिन् यज्ञे मन्दसाना वृषण्वसू ।
आ वां विशन्त्विन्दवः स्वाभुवोऽस्मे रयिं सर्ववीरं नि यच्छतम् ।।१।।

९. ईश्वरः – य. 2.2६

स्वयंभूरसि श्रेष्ठो रश्मिर्वर्चोदाऽअसि वर्चो मे देहि। सूर्यस्यावृतमन्वावर्ते ।।2६।।

१०. त्वष्टा – य. 2.2४

सं वर्चसा पयसा सं तनूभिरगन्महि मनसा सं शिवेन ।
त्वष्टा सुदत्रो विदधातु रायोऽनुमार्ष्टु तन्वो यद्विलिष्टम् ।।2४।।

११. दधिक्रा – अ. 20.१३७.३

दधिक्रावणो अकारिषं जिष्णोरश्वस्य वाजिनः। सुरभि नो मुखा करत प्र ण आयूंषि तारिषत्।३।

१2. द्यावापृथिव्यौ विश्वेदेवाः – अ. ३.९.१–६

कर्शफस्य विशफस्य द्यौः पिता पृथिवी माता ।
यथाभिचक्र देवास्तथाप कृणुता पुनः ।।१।।
अश्रेष्माणो अधारयन् तथा तन्मनुना कृतम् ।
कृणोमि वध्रि विष्कन्धं मुष्काबर्हो गवामिव ।।2।।
पिशंगे सूत्रे खृगलं तदा बध्नन्ति वेधसः ।
श्रवस्युं शुष्मं काबवं वध्रिं कृण्वन्तु बन्धुरः ।।३।।
येना श्रवस्यवश्चरथ देवा इवासुरमायया ।
शुनां कपिरिव दूषणो बन्धुरा काबवस्य च ।।४।।
दुष्ट्यै हि त्वा भतस्यामि दूषयिष्यामि काबवम् ।
उदाशवो रथा इव शपथेभिः सरिष्यथ ।।५।।
एकशतं विष्कन्धानि विष्ठिता पृथिवीमनु ।
तेषां त्वामग्र उज्जहरुर्मणिं विष्कन्धदूषणम् ।।६।।

१३. पितरः – य. 2.३१–३३

अत्र पितरो मादयध्वं यथाभागमावृषायध्वम्। अमीमदन्त पितरो यथाभागमावृ षायिषत।।३१।।
नमो व पितरो रसाय नमो वः पितरः शोषाय नमो वः पितरो जीवाय नमो वः पितरः स्वधायै नमो वः पितरो घोराय नमो वः पितरो मन्यवे नमो वः पितरः पितरो नमो वो गृहान्नः पितरो दत्त सतो वः पितरो देष्मैतद्वः पितरो वासः ।।३2।।
आधत्त पितरो गर्भं कुमारं पुष्करस्रजम्। यथेह पुरुषोऽसत् ।।३३।।

१४. प्रजापतिः – य. 2.2१; 2३; ३.३७

य. 2.2१

वेदोऽसि येन त्वं देव वेद देवेभ्यो वेदोऽभवस्तेन मह्यं वेदो भूयाः ।
देवा गातुविदो गातुं वित्त्वा गातुमित। मनसस्पतऽ इमं देव यज्ञं स्वाहा वाते धाः ।।2१।।

य. 2.2३

कस्त्वा विमुंचति स त्वा विमुंचति कस्मै त्वा विमुंचति तस्मै त्वा विमुंचति ।
पोषाय रक्षसां भागोऽसि ।।2३।।

य. ३.३७

भूर्भुवः स्वः सुप्रजाः प्रजाभिः स्यां सुवीरो वीरैः सुपोषः पोषैः ।
नर्य प्रजां मे पाहि शंस्य पशून् मे पाह्यथर्य पितुं मे पाहि ।।३७।।

१५. बृहस्पतिः – अ. 20.८८.१–६

यस्तस्तम्भ सहसा वि ज्मो अन्तान् बृहस्पतिस्त्रिषधस्थो रवेण ।
तं प्रत्नास ऋषयो दीध्यानाः पुरो विप्रा दधिरे मन्द्रजिह्वम् ।।१।।
धुनेतयः सुप्रकेतं मदन्तो बृहस्पते अभि ये नस्ततस्रे ।

पृषन्तं सृप्रमदब्धमूर्वं बृहस्पते रक्षतादस्य योनिम् ।।2।।
बृहस्पते या परमा परावदत आ त ऋतस्पृशो नि षेदुः ।
तुभ्यं खाता अवता आद्रिदुग्धा मध्व श्चोतन्त्यभितो विरप्शम् ।।३।।
बृहस्पतिः प्रथमं जायमानो महो ज्योतिषः परमे व्योमन् ।
सप्तास्यस्तुविजातो रवेण वि सप्तरश्मिरधमत् तमांसि ।।४।।
स सुष्टुभा स ऋक्वता गणेन वलं रुरोज फलिगं रवेण ।
बृहस्पतिरुस्रिया हव्यसूदः कनिक्रदद् वावशतीरुदाजत् ।।५।।
एवा पित्रे विश्वदेवाय वृष्णे यज्ञैर्विधेम नमसा हविर्भिः ।
बृहस्पते सुप्रजा वीरवन्तो वयं स्याम पतयो रयीणाम् ।।६।।

१६. यज्ञपुरुषः – य. १७.६१–६६

चत्वारि शृङ्गा त्रयोऽअस्य पादा द्वे शीर्षे सप्त हस्तासोऽअस्य ।
त्रिधा बद्धो वृषभो रोरवीति महो देवो मर्त्यॉं2ऽ आविवेश ।।६१।।
त्रिधा हितं पणिभिर्गुह्यमानं गवि देवासो घृतमन्वविन्दन् ।
इन्द्रऽएकं सूर्यऽएकंजजान वेनादेकं स्वधया निष्टतक्षुः ।।६2।।
एताऽअर्षन्ति हृद्यात्समुद्रा च्छतव्रजा रिपुणा नावचक्षे ।
घृतस्य धाराऽअभिचाकशीमि हिरण्ययो वेतसो मध्यऽआसाम् ।।६३।।
सम्यक् स्रवन्ति सरितो न धेनाऽअन्तर्हृदा मनसा पूयमानाः ।
एतेऽअर्षन्त्यूर्मयो घृतस्य मृगाऽइव क्षिपणोरीषमाणाः ।।६४।।
सिन्धोरिव प्राध्वने शूघनासो वातप्रमियः पतयन्ति यह्वाः ।
घृतस्य धाराऽअरुषो न वाजी काष्ठा भिन्दन्नूर्मिभिः पिन्वमानः ।।६५।।
अभिप्रवन्त समनेव योषाः कल्याण्य : स्मयमानासोऽअग्निम् ।
घृतस्य धाराः समिधो नसन्त ता जुषाणो हर्यति जातवेदाः ।।६६।।
कन्याऽइव वहतुमेतवाऽउऽअंज्यंजा नाऽअभि चाकशीमि ।
यत्र सोमः सूयते यत्र यज्ञो घृतस्य धाराऽअभि तत्पवन्ते ।।६७।।
अभ्यर्षत सुष्टुतिं गव्यमाजिमस्मासु भद्रा द्रविणानि धत्त ।
इमं यज्ञं नयत देवता नो घृतस्य धारा मधुमत्पवन्ते ।।६८।।
धामन्ते विश्वं भुवनमाधि श्रितमन्तः समुद्रे हृद्य न्तरायुषि ।
अपामनीके समिथे यऽआभृतस्तमश्याम मधुमन्तं तऽऊर्मिम् ।।६६।।

१७. विश्वेदेवाः – य. ३३.५४

देवेभ्यो हि प्रथमं यज्ञियेभ्योऽमृतत्वं सुवसि भागमुत्तमम् ।
आदिद्दामानं सवि तर्व्यूणुर्षेऽनूचीना जीविता मानुषेभ्यः ।।५४।।

१८. विष्णुः – य. 2.2५

दिवि विष्णुर्व्यक्रंस्त जागतेन च्छन्दसा ततो निर्भक्तो योऽस्मान्द्वेष्टि यं च वयं द्विष्मो ऽन्तरिक्षे विष्णुर्व्यक्रंस्त त्रैष्टुभेन च्छन्दसा ततो निर्भक्तो योऽस्मान् द्वेष्टि यं च वयं द्विष्मः पृथिव्यां विष्णुर्व्य क्रंस्त गायत्रेण च्छन्दसा ततो निर्भक्तो योस्मान्द्वेष्टि यं च वयं द्विष्मोऽस्मादन्नादस्यै प्रतिष्ठायाऽअगन्म स्वः सं ज्योतिषाभूम ।।2५।।

१६. सरस्वती – अ. ७.५७.१–2

यदाशसा वदतो मे विचुक्षुभे यद् याचमानस्य चरतो जनाँ अनु ।
यदात्मनि तन्वो मे विरिष्टं सरस्वती तदा पृणद् घृतेन ।।१।।
सप्त क्षरन्ति शिशवे मरुत्वते पित्रे पुत्रासो अप्यवीवृतन्नृतानि ।
उभे इदस्योभे अस्य राजत उभे यतेते उभे अस्य पुष्यतः ।।2।।

20. सूर्य्यः – य. १०.2४; 2५

हंसः शुचिषद्वसुरन्तरिक्षसद्धोता वेदिषदतिथिर्दुरोणसत् ।
नृषद्वरसदृतसद्व्योमसदब्जा गोजा ऽऋतजा ऽअद्रिजा ऽऋतं बृहत् ।।२४।।
इयदस्यायुरस्यायुर्मयि धेहि युङ्ङसि वर्चोऽसि वर्चो मयि धेह्यूर्गस्यूर्ज्जं मयि धेहि। इन्द्रस्य वां वीर्यकृतो बाहूऽअभ्युपावहरामि ।।२५।।

५८०. वामदेवो गौतमः

१. **अग्निः – ऋ. ४.१.१; ५–२०; ४.२.१–२०; ४.३.१–१६; ४.६.१–११; ४.७.१–११; ४.८.१–८; ४.६.१–८; ४.१०.१–८; ४.११.१–६; ४.१२.१–६; ४.१३.१–५; ४.१५.१–६; सा. १२; २३; ३०; ६६; ६०६; ६१५; १७७७–१७७६**

ऋ. ४.१.१

त्वां ह्यग्ने सदमित्समन्यवो देवासो देवमरतिं न्येरिर इति क्रत्वा न्येरिरे ।
अमर्त्यं यजत मर्त्येष्वा देवमादेवं जनत प्रचेतसं विश्वमादेवं जनत प्रचेतसम् ।।१।।

ऋ. ४.१.५–२०

स त्वं नो अग्नेऽवमो भवोती नेदिष्ठो अस्या उषसो व्युष्टौ ।
अव यक्ष्व नो वरुणं रराणो वीहि मृळीकं सुहवो न एधि ।।५।।
अस्य श्रेष्ठा सुभगस्य संदृग्देवस्य चित्रतमा मर्त्येषु ।
शुचि घृतं न तप्तमघ्न्यायाः स्पार्हा देवस्य मंहनेव धेनोः ।।६।।
त्रिरस्य ता परमा सन्ति सत्या स्पार्हा देवस्य जनिमान्यग्नेः ।
अनन्ते अन्तः परिवीत आगाच्छुचिः शुक्रो अर्यो रोरुचानः ।।७।।
स दूतो विश्वेदभि वष्टि सद्मा होता हिरण्यरथो रंसुजिह्वः ।
रोहिदश्वो वपुष्यो विभावा सदा रण्वः पितुमतीव संसत् ।।८।।
स चेतन्यमनुषो यज्ञबन्धुः प्र तं मह्या रशनया नयन्ति ।
स क्षेत्यस्य दुर्यासु साधन्देवो मर्तस्य सधनित्वमाप ।।६।।
स तू नो अग्निर्नयतु प्रजानन्नच्छा रत्नं देवभक्त यदस्य ।
धिया यद्विश्वे अमृता अकृण्वन्द्यौष्पिता जनिता सत्यमुक्षन् ।।१०।।
स जायत प्रथमः पस्त्यासु महो बुध्ने रजसो अस्य योनौ ।
अपादशीर्षा गुहमानो अन्तायोयुवानो वृषभस्य नीळे।।११।।
प्र शर्ध आर्त प्रथमं विपन्यॉं ऋतस्य योना वृषभस्य नीळे ।
स्पार्हो युवा वपुष्यो विभावा सप्त प्रियासोऽजनयन्त वृष्णे ।।१२।।
अस्माकमत्र पितरो मनुष्या अभि प्र सेदुर्ऋतमाशुषाणाः ।
अश्मव्रजाः सुदुघा वव्रे अन्तरुदुस्रा आजन्नुषसो हुवानाः ।।१३।।
ते मर्मृजत ददृवांसो अद्रिं तदेषामन्ये अभितो वि वोचन् ।
पश्वयन्त्रासो अभि कारमर्चन्विदन्त ज्योतिश्चकृपन्त धीभिः ।।१४।।
ते गव्यता मनसा दृध्रमुब्धं गा येमानं परि षन्तमद्रिम् ।
दृळहं नरो वचसा दैव्येन व्रजं गोमन्तमुशिजो वि वव्रुः ।।१५।।
ते मन्वत प्रथमं नाम धेनिस्त्रः सप्त मातुः परमाणि विन्दन् ।
तज्जानतीरभ्यनूषत व्रा आविर्भुवदरुणीर्यशसा गोः ।।१६।।
नेशत्तमो दुधितं रोचत द्यौरुद्देव्या उषसो भानुरर्त ।
आ सूर्यो बृहतस्तिष्ठदज्राँ ऋजु मर्तेषु वृजिना च पश्यन् ।।१७।।
आदित्पश्चा बुबुधाना व्यख्यन्नदिद्रत्नं धारयन्त द्युभक्तम् ।
विश्वे विश्वासु दुर्यासु देवा मित्र धिये वरुण सत्यमस्तु ।।१८।।
अच्छा वोचेय शुशुचानमग्निं होतारं विश्वभरसं यजिष्ठम् ।
शुच्यूधो अतृणन्न गवामन्धो न पूतं परिषिक्तमंशोः ।।१६।।

विश्वेषमदितिर्यज्ञियानां विश्वेषामतिथिर्मानुषाणाम् ।
अग्निर्देवानामव आवृणानः सुमृळीको भवतु जातवेदाः ।।२०।।

ऋ. ४.2.१–20

यो मर्त्येष्वमृत ऋतावा देवो देवेष्वरतिर्निधायि ।
होता यजिष्ठो मह्ना शुचध्यै हव्यैरग्निर्मनुष ईरयध्यै ।।१।।
इह त्वं सूनो सहसो नो अद्य जातो जाताँ उभयाँ अन्तरग्ने ।
दूत ईयसे युयुजान ऋष्व ऋजुमुष्कान्वृषणः शुक्रांश्च ।।2।।
अत्या वृधस्नू रोहिता घृतस्नू ऋतस्य मन्ये मनसा जविष्ठा ।
अन्तरीयसे अरुषा युजानो युष्मांश्च देवान्विश आ च मर्तान् ।।३।।
अर्यमणं वरुणं मित्रमेषामिन्द्राविष्णू मरुतो अश्विनोत ।
स्वश्वो अग्ने सुरथः सुराधा एदु वह सुहविषे जनाय ।।४।।
गोमाँ अग्नेऽविमाँ अश्वी यज्ञो नृवत्सखा सदमिदप्रमृष्यः ।
इळावाँ एषो असुर प्रजावान्दीर्घो रयिः पृथुबुध्नः सभावान् ।।५।।
यस्त इध्मं जभरत्सिष्विदानो मूर्धानं वा ततपते त्वाया ।
भुवस्तस्य स्वतवाँः पायुरग्ने विश्वस्मात्सीमघायत उरुष्य ।।६।।
यस्ते भरादन्नियते चिदन्नं निशिषन्मन्द्रमतिथिमुदीरत् ।
आ देवयुरिनधते दुरोणे तस्मिन् रयिर्ध्रुवो अस्तु दास्वान् ।।७।।
यस्त्वा दोषा य उषसि प्रशंसात्प्रियं वा त्वा कृणवते हविष्मान् ।
अश्वो न स्वे दम आ हेम्यावान्तमंहसः पीपरो दाश्वांसम् ।।८।।
यस्तुभ्यमग्ने अमृताय दाशद् दुवस्त्वे कृणवते यतस्रुक् ।
न स राया शशमानो वि योषन्नैनमंहः परि वरदघायोः ।।९।।
यस्य त्वमग्ने अध्वरं जुजोषो देवो मर्तस्य सुधितं रराणः ।
प्रीतेदसद्धोत्रा सा यविष्ठासाम यस्य विधतो वृधासः ।।१०।।
चित्तिमचित्तिं चिनबद्वि विद्वान्पृष्ठेव वीता वृजिना च मर्तान् ।
राये च नः स्वपत्याय देव दितिं च रास्वादितिमुरुष्य ।।११।।
कविं शशासुः कवयोऽदब्धा निधारयन्तो दुर्यास्वायोः ।
अतस्त्वं दृश्याँ अग्न एतान्पड्भिः पश्येरद्भुताँ अर्य एवैः ।।१2।।
त्वमग्ने वाघते सुप्रणीतिः सुतसोमाय विधते यविष्ठ ।
रत्नं भर शशमानाय घृष्वे पृथु श्चन्द्रमवसे चर्षणिप्राः ।।१३।।
अधा ह यद्वमग्ने त्वाया पडभिर्हस्तेभिश्चकृमा तनूभिः ।
रथं न क्रन्तो अपसा भुरिजोर्ऋतं येमुः सुध्य आशुषाणाः ।।१४।।
अधा मातुरुषसः सप्त विप्रा जायेमहि प्रथमा वेधसो नृन् ।
दिवस्पुत्रा अंगिरसो भवेमाद्रिं रुजेम धनिनं शुचन्तः ।।१५।।
अधा यथा नः पितरः परासः प्रत्नासो अग्न ऋतमाशुषणाः ।
शुचीदयन्दीधितिमुक्थशासः क्षामा भिन्दन्तो अरुणीरप व्रन् ।।१६।।
सुकर्माणः सुरुचो देवयन्तोऽयो न देवा जनिमा धमन्तः ।
शुचन्तो अग्नि ववृधन्त इन्द्रमूर्वं गव्यं परिषदन्तो अग्मन् ।।१७।।
आ यूथेव क्षुमति पश्वो अख्यद्देवानां यज्जनिमान्त्युग्र ।
मर्तानां चिदुर्वशीरकृप्रन्वृधे चिदर्य उपरस्यायोः ।।१८।।
अकर्म ते स्वपसो अभूम ऋतमवस्रन्नुषसो विभातीः ।
अनूनमग्नि पुरुधा सुश्चन्द्रं देवस्य मर्मृजतश्चारु चक्षुः ।।१९।।

एता ते अग्न उचथानि वेधोऽवोचाम कवये ता जुषस्व ।
उच्छोचस्व कृणुहि वस्यसो नो महो रायः पुरुवार प्र यन्धि ।।२०।।

ऋ. ४.३.१–१६

आ वो राजानमध्वरस्य रुद्रं होतारं सत्ययजं रोदस्योः ।
अग्निं पुरा तनयित्नोरचित्ताद्धिरण्यरूपवसे कृणुध्वम् ।।१।।
अयं योनिश्चकृमा यं वयं ते जायेव पत्य उशती सुवासाः ।
अर्वाचीनः परिवीतो नि षीदेमा उ ते स्वपाक प्रतीचीः ।।२।।
आशृण्वते अदृपिताय मन्म नृचक्षसे सुमृळीकाय वेधः ।
देवाय शस्तिममृताय शंस ग्रावेव सोता मधुषुद् यमीळे ।।३।।
त्वं चिन्नः शम्या अग्ने अस्या ऋतस्य बोध्यृतचित्स्वाधीः ।
कदा त उक्था सधमाद्यानि कदा भवन्ति सख्या गृहे ते ।।४।।
कथा ह तद्वरुणाय त्वमग्ने कथा दिवे गर्हसे कन्न आगः ।
कथा मित्राय मीळ्हुषे पृथिव्यै ब्रवः कदर्यम्णे कद्भगाय ।।५।।
कद्धिष्ण्यासु वृधसानो अग्ने कद्वाताय प्रतवसे शुभंये ।
परिज्मने नासत्याय क्षे ब्रवः कदग्ने रुद्राय नृघ्ने ।।६।।
कथा महे पुष्टिंभराय पूष्णे कद्रुद्राय सुमखाय हविर्दे ।
कद्विष्णव उरुगायाय रेतो ब्रवः कदग्ने शरवे बृहत्यै ।।७।।
कथा शर्धाय मरुतामृताय कथा सूरे बृहते पृच्छ्यमानः ।
प्रति ब्रवोऽदित्ये तुराय साधा दिवो जातवेदश्चिकित्वान् ।।८।।
ऋतेन ऋतं नियतमीळ आ गोरामा सचा मधुमत्पक्वमग्ने ।
कृष्णा सती रुशता धासिनैषा जामर्येण पयसा पीपाय ।।९।।
ऋतेन हि ष्मा वृषभश्चिदक्तः पुमाँ अग्निः पयसा पृष्ठ्येन ।
असपन्दमानो अचरद्वयोधा वृषा शुक्रं दुदुहे पृश्निरूधः ।।१०।।
ऋतेनाद्रिं व्यसन्भिदन्तः समंगिरसो नवन्त गोभिः ।
शुनं नरः परि षदन्नुषासमाविः स्वरभवज्जाते अग्नौ ।।११।।
ऋतेन देवीरमृता अमृक्ता अर्णोभिरापो मधुमद्भिरग्ने ।
वाजी न सर्गेषु प्रस्तुभानः प्र सदमित्स्रवितवे दधन्युः ।।१२।।
मा कस्य यक्षं सदमिद्धुरो गा मा वेशस्य प्रमिनतो मापेः ।
मा भ्रातुरग्ने अनृजोर्ऋणं वेर्मा सख्युर्दक्षं रिपोर्भुजेम ।।१३।।
रक्षा णो अग्ने तव रक्षणेभी रारक्षाणः सुमख प्रीणानः ।
प्रति ष्फुर वि रुज वीड्वंहो जहि रक्षो महि चिद्वावृधनम् ।।१४।।
एभिर्भव सुमना अग्ने अर्कैरिमान्त्स्पृश मन्मभिः शूर वाजान् ।
उत ब्रह्माण्यंगिरो जुषस्व सं ते शस्तिर्देववाता जरेत ।।१५।।
एता विश्वा विदुषे तुभ्यं वेधो नीथान्यग्ने निण्या वचांसि ।
निवचना कवये काव्यान्यशंसिषं मतिभिर्विप्र उक्थैः ।।१६।।

ऋ. ४.६.१–११

ऊर्ध्व ऊ षु णो अध्वरस्य होतरग्ने तिष्ठ देवताता यजीयान् ।
त्वं हि विश्वमभ्यसि मन्म प्र वेधसश्चित्तिरसि मनीषाम् ।।१।।
अमूरो होता न्यसादि विक्ष्वग्निर्मन्द्रो विदथेषु प्रचेताः ।
ऊर्ध्वं भानुं सवितेवाश्रेन्मेतेव धूमं स्तभायदुप द्याम् ।।२।।
यता सुजूर्णी रातिनी घृताची प्रदक्षिणिद् देवतातिमुराणः ।
उदु स्वरुर्नवजा नाक्रः पश्वो अनक्ति सुधितः सुमेकः ।।३।।
स्तीर्णे बर्हिषि समिधाने अग्ना ऊर्ध्वो अध्वर्युर्जुजुषाणो अस्थात् ।
पर्यग्निः पशुपा न होता त्रिविष्ट्येति प्रदिव उराणः ।।४।।
परि त्मना मितद्रुरेति होताग्निर्मन्द्रो मधुवचा ऋतावा ।

द्रवन्त्यस्य वाजिनो न शोका भयन्ते विश्वा भुवना यदभ्राट् ।।५।।
भद्रा ते अग्ने स्वनीक संदृग्घोरस्य सतो विषुणस्य चारुः ।
न यत्ते शोचिस्तमसा वरन्त न ध्वस्मानस्तन्वी३ रेप आ धुः ।।६।।
न यस्य सातुर्जनितोरवारि न मातरापितरा नू चिदिष्टौ ।
अधा मित्रो न सुधितः पावको३ग्निर्दीदाय मानुषीषु विक्षु ।।७।।
द्विर्यं पंच जीजनन्संवसानाः स्वसारो अग्निं मनुषीषु विक्षु ।
उषर्बुधमथर्यो३ न दन्तं शुक्रं स्वासं परशुं न तिग्मम् ।।८।।
तव त्ये अग्ने हरितो घृतस्ना रोहितास ऋज्वंचः स्वंचः ।
अरुषासो वृषण ऋजुमुष्का आ देवतातिमह्वन्त दस्माः ।।९।।
ये ह त्ये ते सहमाना अयासस्त्वेषासो मारुतं न शर्धः ।।१०।।
अकारि ब्रह्म समिधान तुभ्यं शंसात्युक्थं यजते व्यू धाः ।
होतारमग्निं मनुषो नि षेदुर्नमस्यन्त उशिजः शंसमायोः ।।११।।

ऋ. ४.७.१–११

अयमिह प्रथमो धायि धातृभिर्होता यजिष्ठो अध्वरेष्वीड्यः ।
यमप्नवानो भृगवो विरुरुचुर्वनेषु चित्रं विभ्वं विशेविशे ।।१।।
अग्ने कदा त आनुषग्भुवद्देवस्य चेतनम् ।
अधा हि त्वा जगृभ्रिरे मर्तासो विक्ष्वीड्यम् ।।2।।
ऋतावानं विचेतसं पश्यन्तो द्यामिव स्तृभिः ।
विश्वेषामध्वराणां हस्तकर्तारं दमेदमे ।।३।।
आशुं दूतं विवस्वतो विश्वा यश्चर्षणीरभि ।
आ जभ्रुः केतुमायवो भृगवाणं विशेविशे ।।४।।
तमीं होतारमानुषक्चिकित्वांसं नि षेदिरे ।
रण्वं पावकशोचिषं यजिष्ठं सप्त धामभिः ।।५।।
तं शश्वतीषु मातृषु वन आ वीतमश्रितम् ।
चित्रं सन्तं गुहा हितं सुवेदं कूचिदर्थिनम् ।।६।।
ससस्य यद्वियुता सस्मिन्नूधन्नृतस्य धामन् रणयन्त देवाः ।
महाँ अग्निर्नमसा रातहव्यो वेरध्वराय सदमिदृतावा ।।७।।
वेरध्वरस्य दूत्यानि विद्वानुभे अन्ता रोदसी संचिकित्वान् ।
दूत ईयसे प्रदिव उराणो विदुष्टरो दिव आरोगधनानि ।।८।।
कृष्णं त एम रुशतः पुरो भाश्चरिष्णव१र्चिर्वपुषामिदेकम् ।
यदप्रवीता दधते ह गर्भं सद्यश्चिज्जातो भवसीदु दूतः ।।९।।
सद्यो जातस्य ददृशानमोजो यदस्य वातो अनुवाति शोचिः ।
वृणक्ति तिग्मामतसेषु जिह्वां स्थिरा चिदन्ना दयते वि जम्भैः ।।१०।।
तृषु यदन्ना तृषुणा ववक्ष तृषुं दूतं कृणुते यह्वो अग्निः ।
वातस्य मेळिं सचते निजूर्वन्नाशुं न वाजयते हिन्वे अर्वा ।।११।।

ऋ. ४.८.१–८

दूतं वो विश्ववेदसं हव्यवाहममर्त्यम्। यजिष्ठमृंजसे गिरा ।।१।।
स हि वेदा वसुधितिं महाँ आरोधनं दिवः। स देवाँ एह वक्षति ।।2।।
स वेद देव आनमं देवाँ ऋतायते दमे। दाति प्रियाणि चिद्वसु ।।३।।
स होता सेदु दूत्यं चिकित्वाँ अन्तरीयते। विद्वाँ आरोधनं दिवः ।।४।।
ते स्याम ये अग्नये ददाशुर्हव्यदातिभिः। य ईं पुष्यन्त इन्धते ।।५।।
ते राया ते सुवीर्यैः ससवांसो वि शृण्विरे। ये अग्ना दधिरे दुवः ।।६।।
अस्मे रायो दिवेदिवे सं चरन्तु पुरुस्पृहः। अस्मे वाजास ईरताम् ।।७।।

स विप्रश्चर्षणीनां शवसा मानुषणाम्। अति क्षिप्रेव विध्यति ।।८।।

ऋ. ४.९.१–८

अग्ने मृळ महाँ असि य ईमा देवयुं जनम्। इयेथ बर्हिरासदम् ।।१।।
स मानुषीषु दूळभो विक्षु प्रावरमर्त्यः। दूतो विश्वेषां भूवत् ।।2।।
स सद्म परि णीयते होता मन्द्रो दिविष्टिषु। उत पोता नि षदति ।।३।।
उत ग्ना अग्निरध्वर उतो गृहपतिर्दमे। उत ब्रह्मा नि षीदति ।।४।।
वेषि ह्यध्वरीयतामुपवक्ता जनानाम्। हव्या च मानुषाणम् ।।५।।
वेषीद्वस्य दूत्यं१ यस्य जुजोषो अध्वरम्। हव्यं मर्तस्य वोळहवे ।।६।।
अस्माकं जोष्यध्वरमस्माकं यज्ञमंगिरः। अस्माकं शृणुधी हवम् ।।७।।
परि ते दूळभो रथोऽस्माँ अश्नोतु विश्वतः। येन रक्षसि दाशुषः ।।८।।

ऋ. ४.१०.१–८

अग्ने तमद्याश्वं न स्तोमैः क्रतुं न भद्रं हृदिस्पृशम्। ऋध्यामा त ओहैः ।।१।।
अधा ह्यग्ने क्रतोर्भदस्य दक्षस्य साधोः। रथीर्ऋतस्य बृहतो बभूथ ।।2।।
एभिर्नो अर्कैर्भवा नो अर्वाङ् स्व१र्ण ज्योतिः। अग्ने विश्वेभिः सुमना अनीकैः ।।३।।
अभिष्टे अद्य गीर्भिर्गृणन्तोऽग्ने दाशेम। प्र ते दिवो न स्तनयन्ति शुष्माः ।।४।।
तव स्वादिष्ठाग्ने संदृष्टिरिदा चिदह्न इदा चिदक्तोः। श्रिये रुक्मो न रोचत उपाके ।।५।।
घृतं न पूतं तनूररेपाः शुचि हिरण्यम्। तत्ते रुक्मो नरोचत स्वधावः ।।६।।
कृतं चिद्धि ष्मा सनेमि द्वेषोऽग्नय इनोषि मर्तात्। इत्था यजमानादृतावः ।।७।।
शिवा नः सख्या सन्तु भ्रात्राग्ने देवेषु युष्मे। सा नो नाभिः सदने सस्मिन्नूधन् ।।८।।

ऋ. ४.११.१–६

भद्रं ते अग्ने सहसिन्ननीकमुपाक आ रोचते सूर्यस्य ।
रुशद्दृशे ददृशे नक्तया चिदरूक्षितं दृश आ रूपे अन्नम् ।।१।।
वि षाह्यग्ने गृणते मनीषां खं वेषसा तुविजात स्तवानः ।
विश्वेभिर्यद्वावनः शुक्र देवैस्तन्नो रास्व सुमहो भूरि मन्म ।।2।।
त्वदग्ने काव्या त्वन्मनीषास्त्वदुक्था जायन्ते राध्यानि ।
त्वेदेति द्रविणं वीरपेषा इत्थाधिये दाशुषे मर्त्याय ।।३।।
त्वद्वाजी वाजंभरो विहाया अभिष्टिकृज्जायते सत्यशुष्मः ।
त्वद्रयिर्देवजूतो मयोभुस्त्वदाशुर्जूजुवाँ अग्ने अर्वा ।।४।।
त्वामग्ने प्रथमं देवयन्तो देवं मर्ता अमृत मन्द्रजिह्वम् ।
द्वेषोयुतमा विवासन्ति धीभिर्दमूनसं गृहपतिममूरम् ।।५।।
आरे अस्मदमतिमारे अंह आरे विश्वां दुर्मतिं यन्निपासि ।
दोषा शिवः सहसः सूनो अग्ने यं देव आ चित्सचसे स्वस्ति ।।६।।

ऋ. ४.१२.१–६

यस्त्वामग्न इनधते यतस्रुक् त्रिस्ते अन्नं कृणवत्सस्मिन्नहन् ।
स सु द्युम्नैरभ्यस्तु प्रसक्षत्तव क्रत्वा जातवेदश्चिकित्वान् ।।१।।
इध्मं यस्ते जभरच्छश्रमाणे महो अग्ने अनीकमा सपर्यन् ।
स इधानः प्रति दोषामुषासं पुष्यन् रयिं सचते घ्नन्नमित्रान् ।।2।।
अग्निरीशे बृहतः क्षत्रियस्यानिर्वाजस्य परमस्य रायः ।
दधाति रत्नं विधते यविष्ठो व्यानुषङ्मर्त्याय स्वधावान् ।।३।।
यच्चिद्धि ते पुरुषत्रा यविष्ठाचित्तिभिश्चकृमा कच्चिदागः ।
कृधी ष्व१स्माँ अदितेरनागान्व्येनांसि शिश्रथो विष्वगग्ने ।।४।।
महश्चिदग्न एनसो अभीक ऊर्वाद्देवानामुत मर्त्यानाम् ।
मा ते सखायः सदमिद्रिषाम यच्छा तोकाय तनयाय शं योः ।।५।।

यथा ह त्यद्वसवो गौर्यं चित्पदि षितामसुंचता यजत्राः ।
एवो ष्व१स्मन्मुंचता व्यंहः प्र तार्यग्ने प्रतरं न आयुः ।।६।।

ऋ. ४.१३.१–५

प्रत्यग्निरुषसामग्रमख्यद्विभातीनां सुमना रत्नधेयम् ।
यातमश्विना सुकृतो दुरोणमुत्सूर्यो ज्योतिषा देव इति ।।१।।
ऊर्ध्वं भानुं सविता देवो अश्रेद्द्रप्सं दविध्वद्गविषो न सत्वा ।
अनु व्रतं वरुणो यन्ति मित्रो यत्सूर्यं दिव्यारोहयन्ति ।।2।।
यं सीमकृण्वन्तमसे विपृचे ध्रुवक्षेमा अनवस्यन्तो अर्थम् ।
तं सूर्यं हरितः सप्त यह्वीः स्पशं विश्वस्य जगतो वहन्ति ।।३।।
वहिष्ठोभिर्विहरन्यासि तन्तुमवव्ययन्नसितं देव वस्म ।
दविध्वतो रश्मयः सूर्यस्य चर्मेवावाधुस्तमो अप्स्व१न्तः ।।४।।
अनायतो अनिबद्धः कथायं न्यङ्ङुत्तानोऽव पद्यते न ।
कया याति स्वधया को ददर्श दिवः स्कम्भः समृतः पाति नाकम् ।।५।।

ऋ. ४.१५.१–६

अग्निर्होता नो अध्वरे वाजी सन्परि णीयते। देवो देवेषु यज्ञियः ।।१।।
परि त्रिविष्ट्यध्वरं यात्यग्नी रथीरिव। आ देवेषु प्रयो दधत् ।।2।।
परि वाजपतिः कविरग्निर्हव्यान्यक्रमीत्। दधद्रत्नानि दाशुषे ।।३।।
अयं यः सृञ्जये पुरो दैववाते समिध्यते। द्युमाँ अमित्रदम्भनः ।।४।।
अस्य घा वीर ईवतोऽग्नेरीशीत मर्त्यः। तिग्मजम्भस्य मीळ्हुषः ।।५।।
तमर्वन्तं न सानसिमरुषं न दिवः शिशुम्। मर्मृज्यन्ते दिवेदिवे ।।६।।

सा. १2

दूतं वो विश्ववेदसं हव्यवाहममर्त्यम्। यजिष्ठमृंजसे गिरा ।।2।।

सा. 2३

अग्ने मृड महाँ अस्यय आ देवयुं जनम्। इयेथ बर्हिरासदम् ।।३।।

सा. ३०

परि वाजपतिः कविरग्निर्हव्यान्यक्रमीत्। दधद्रत्नानि दाशुषे ।।१०।।

सा. ६६

आ वो राजानमध्वरस्य रुद्रं होतारं सत्ययजं रोदस्योः ।
अग्निं पुरातनयित्नोरचित्ताद्धिरण्यरूपमवसे कृणुध्वम् ।।७।।

सा. ६०६

ते मन्वत प्रथमं नाम गोनां त्रिः सप्त परमं नाम जानन् ।
ता जानतीरभ्यनूषत क्षा आविर्भुवन्नरुणीर्यशसा गावः ।।५।।

सा. ६१५

भ्राजन्त्यग्ने समिधान दीदिवो जिह्वा चरत्यन्तरासनि ।
स त्वं नो अग्ने पयसा वसुविद्रयिं वर्चो दृशेऽदाः ।।१।।

सा. १७७७–१७७९

अग्ने तमद्याश्वं न स्तोमैः क्रतुं न भद्रं हृदिस्पृशम्। ऋध्यामा त ओहैः ।।१।।
अधा ह्यग्ने क्रतोर्भद्रस्य दक्षस्य साधोः। रथीर्ऋतस्य बृहतो बभूथ ।।2।।
एभिर्नो अर्कैर्भवा नो अर्वाङ्स्व३र्ण ज्योतिः। अग्ने विश्वेभिः सुमना अनीकैः ।।३।।

2. **अग्निः (साग्री. सास्वा.) ऋतवः (सार्षेदी.) – सा. ६१६**

वसन्त इन्नु रन्त्यो ग्रीष्म इन्नु रन्त्यः। वर्षाण्यनु शरदो हेमन्तः शिशिर इन्नु रन्त्यः ।।2।।

३. **अग्नि लिङ्गोक्ता वा – ऋ. ४.१४.१–५**

प्रत्यग्निरुषसो जातवेदा अख्यद्देवो रोचमाना महोभिः ।
आ नासत्योरुगाया रथेनेमं यज्ञमुप नो यातमच्छ ।।१।।
ऊर्ध्वं केतुं सविता देवो अश्रेज्ज्योतिर्विश्वस्मै भुवनाय कृण्वन् ।
आप्रा द्यावापृथिवी अन्तरिक्षं वि सूर्यो रश्मिभिश्चेकितानः ।।2।।
आवहन्त्यरुणीर्ज्योतिषागान्मही चित्रा रश्मिभिश्चेकिताना ।
प्रबोधयन्ती सुविताय देव्यु१षा ईयते सुयुजा रथेन ।।३।।
आ वां वहिष्ठा इह ते वहन्तु रथा अश्वास उषसो व्युष्टौ ।
इमे हि वां मधुपेयाय सोमा अस्मिन्यज्ञे वृषणा मादयेथाम् ।।४।।
अनायतो अनिबद्धः कथायं न्यङ्ङुत्तानोऽव पद्यते न ।
कया याति स्वधया को ददर्श दिवः स्कम्भः समृतः पाति नाकम् ।।५।।

४. अग्निर् वा वरुणश्च – ऋ. ४.१.2–४

स भ्रातरं वरुणमग्न आ ववृत्स्व देवाँ अच्छा सुमती यज्ञवनसं ज्येष्ठं यज्ञवनसम् ।
ऋतावानमादित्यं चर्षणीधृतं राजानं चर्षणीधृतम् ।।2।।
सखे सखायमभ्यो ववृत्स्वाशुं न चक्रं रथ्येव रंह्यास्मभ्यं दस्म रंह्या ।
अग्ने मृळीकं वरुणे सचा विदो मरुत्सु विश्वभानुषु ।
तोकाय तुजे शुशुचान शं कृध्यस्मभ्यं दस्म शं कृधि ।।३।।
त्वं नो अग्ने वरुणस्य विद्वान्देवस्य होळोऽव यासिसीष्ठाः ।
यजिष्ठो वह्नितमः शोशुचानो विश्वे द्वेषांसि प्र मुमुग्ध्यस्मत् ।।४।।

५. अग्निः सूर्यो वा अप्रो वा गावो वा घृतइ वा – ऋ. ४.५८.१–११

समुद्रादूर्मिर्मधुमाँ उदारदुपांशुना सममृतत्वमानट् ।
घृतस्य नाम गुह्यं यदस्ति जिह्वा देवानाममृतस्य नाभिः ।।१।।
वयं नाम प्र ब्रवामा घृतस्यास्मिन्यज्ञे धारयामा नमोभिः ।
उप ब्रह्मा शृणवच्छस्यमानं चतुःशृंगोऽवमीद् गौर एतत् ।।2।।
चत्वारि शृङगा त्रयो अस्य पादा द्वे शीर्षे सप्त हस्तासो अस्य ।
त्रिधा बद्धो वृषभो रोरवीति महो देवो मर्त्याँ आ विवेश ।।३।।
त्रिधा हितं पणिभिगुर्ह्यमानं गवि देवासो घृतमन्वविन्दन् ।
इन्द्र एकं सूर्य एकं जजान बेनादेकं स्वधया निष्टतक्षुः ।।४।।
एता अर्षन्ति हृद्यात्समुद्राच्छातव्रजा रिपुणा नावचक्षे ।
घृतस्य धारा अभि चाकशीमि हिरण्ययो वेतसो मध्य आसाम् ।।५।।
सम्यक्स्रवन्ति सरितो न धेना अन्तर्हृदा मनसा पूयमानाः ।
एते अर्षन्त्यूर्मयो घृतस्य मृगा इव क्षिपणोरीषमाणाः ।।६।।
सिन्धोरिव प्राध्वने शूधनासो वातप्रमियः पतयन्ति यह्वाः ।
घृतस्य धारा अरुषो न वाजी काष्ठा भिन्दन्नूर्मिभिः पिन्वमानः ।।७।।
अभि प्रवन्त समनेव योषाः कल्याण्य१ः स्मयमानासो अग्निम् ।
घृतस्य धाराः समिधो नसन्त ता जुषाणो हर्यति जातवेदाः ।।८।।
कन्या इव वहतुमेतवा उ अंज्यंजाना अभि चाकशीमि ।
यत्र सोमः सूयते यत्र यज्ञो घृतस्य धारा अभि तत्पवन्ते ।।९।।
अभ्यर्षत सुष्टुतिं गव्यमाजिमस्मासु भद्रा द्रविणानि धत्त ।
इमं यज्ञं नयत देवता नो घृतस्य धारा मधुमत्पवन्ते ।।१०।।
धामन्ते विश्वे भुवनमधि श्रितमन्तः समुद्रे हृद्य१न्तरायुषि ।
अपामनीके समिथे य आभृतस्तमश्याम मधुमन्तं त ऊर्मिम् ।।११।।

६. अश्विनौ – ऋ. ४.१५.९–१०; ४.४५.१–७

ऋ. ४.१५.९–१०

एष वां देवावश्विना कुमारः साहदेव्यः। दीर्घायुरस्तु सोमकः ।।९।।
तं युवं देवावश्विना कुमारं साहदेव्यम्। दीर्घायुषं कृणोतन ।।१०।।

ऋ. ४.४५.१–७

एष स्य भानुरुदियर्ति युज्यते रथः परिज्मा दिवो अस्य सानवि ।
पृक्षासो अस्मिन्मिथुना अधि त्रयो दृतिस्तुरीयो मधुनो वि रप्शते ।।१।।
उद्वां पृक्षासो मधुमन्त ईरते रथा अश्वास उषसो व्युष्टिषु ।
अपोर्णुवन्तस्तम आ परीवृतं स्व१र्ण शुक्रं तन्वन्त आ रजः ।।2।।
मध्वः पिबतं मधुपेभिरासभिरुत प्रियं मधुने युंजाथां रथम् ।
आ वर्तनिं मधुना जिन्वथस्पथो दृतिं वहेथे मधुमन्तमश्विना ।।३।।
हंसासो ये वां मधुमन्तो अस्रिधो हिरण्यपर्णा उहुव उषर्बुधः ।
उदप्रुतो मन्दिनो मन्दिनिस्पृशो मध्वो न मक्षः सवनानि गच्छथः ।।४।।
स्वध्वरासो मधुमन्तो अग्नय उस्रा जरन्ते प्रति वस्तोरश्विना ।
यन्नित्त्हस्तस्तरणिर्विचक्षणः सोमं सुषाव मधुमन्तमद्रिभिः ।।५।।
आकेनिपासो अहभिर्दविध्वतः स्व१र्ण शुक्रं तन्वन्त आ रजः ।
सूरश्चिदश्वान्युयुजान ईयते विश्वाँ अनु स्वधया चेतथस्पिः ।।६।।
प्र वामवोचमश्विना धियन्धा रथः स्वश्वो अजरो यो अस्ति ।
येन सद्यः परि रजांसि याथो हविष्मन्तं तरणिं भोजमच्छ ।।७।।

७. **इन्द्रः – ऋ. ४.१६.१–२१; ४.१७.१–२१; ४.१९.१–११; ४.20.१–११; ४.2१.१–११; ४.22.१–११; ४.2३.१–७; ११; ४.2५.१–८; ४.2६.१–७; ४.2७.१–५; ४.2९.१–५; ४.३0.१–८; १2–2४; ४.३१.१–१५; ४.३2.१–22; सा. १६६; १७2; १८१; १९0; १९६; 20३; 20९; 2१2; 22४; 2८८; 2९८; 2९९; ३2७; ३३५; ३३६; ३३७; ३६९; ३७0; ३७2; ५८८; ६2३; ६८2–६८४**

ऋ. ४.१६.१–2१

आ सत्यो यातु मघवाँ ऋजीषी द्रवन्त्वस्य हरय उप नः ।
तस्मा इदन्धः सुषुमा सुदक्षमिहाभिपित्वं करते गृणानः ।।१।।
अव स्य शुराध्वनो नान्तेऽस्मिन्नो अद्य सवने मन्दध्यै ।
शंसात्युक्थमुशनेव वेधाश्चिकितुषे असुर्याय मन्म ।।2।।
कविर्न निण्यं विदथानि साधन्वृषा यत्सेकं विपिपानो अर्चात् ।
दिव इत्था जीजनत्सप्त कारूनह्ना चिच्चक्रुर्वयुना गृणन्तः ।।३।।
स्व१र्यद्वेदि सुदृशीकमर्कैर्महि ज्योति रुरुचुर्यद्ध वस्तोः ।
अन्धा तमांसि दुधिता विचक्षे नृभ्यश्चकार नृतमो अभिष्टौ ।।४।।
ववक्ष इन्द्रो अमितमृजीष्यु१भे आ पप्रौ रोदसी महित्वा ।
अतश्चिदस्य महिमा वि रेच्यभि यो विश्वा भुवना बभूव ।।५।।
विश्वानि शक्रो नर्याणि विद्वानपो रिरेच सखिभिर्निकामैः ।
अश्मानं चिद्य बिभिदुर्वचोभिर्व्रजं गोमन्तमुशिजो वि वव्रुः ।।६।।
अपो बृत्रं वव्रिवांसं पराहन्प्रावत्ते वज्रं पृथिवी सचेताः ।
प्रार्णांसि समुद्रियाण्यैनोः पतिर्भवञ्छवसा शूर धृष्णो ।।७।।
अपो यदद्रिं पुरुहूत दर्दराविर्भुवत्सरमा पूर्व्यं ते ।
स नो नेता वाजमा दर्षि भूरिं गोत्रा रुजन्नंगिरोभिर्गृणानः ।।८।।
अच्छा कविं नृमणो गा अभिष्टौ स्वर्षाता मघवन्नाधमानम् ।
ऊतिभिस्तमिषणो द्युम्नहूतौ न मायावानब्रह्मा दस्युरर्त ।।९।।

आ दस्युघ्ना मनसा याह्यस्तं भुवत्ते कुत्सः सख्ये निकामः ।
स्वे योनौ नि षदतं सरूपा वि वां चिकित्सदृतचिद्ध नारी ।।१०।।
यासि कुत्सेन सरथमवस्युस्तोदो वातस्य हर्योरीशानः ।
ऋज्रा वाजं न गध्यं युयूषन्कविर्यदहन्पार्याय भूषात् ।।११।।
कुत्साय शुष्णमशुषं नि बर्हीः प्रपित्वे अह्नः कुयवं सहस्रा ।
सद्यो दस्यून्प्र मृण कुत्स्येन प्र सूरश्चक्रं बृहतादभीके ।।१२।।
त्वं पिप्रुं मृगयं शूशुवांसमृजिश्वने वैदथिनाय रन्धीः ।
पंचाशत्कृष्णा नि वपः सहस्रात्कं न पुरो जरिमा वि दर्दः ।।१३।।
सूर उपाके तन्वं१ दधानो वि यत्ते चेत्यमृतस्य वर्पः ।
मृगो न हस्ती तविषीमुषाणः सिंहो न भीम आयुधानि बिभ्रत् ।।१४।।
इन्द्रं कामा वसूयन्तो अग्मन्त्स्वर्मीळ्हे न सवने चकानाः ।
श्रवस्यवः शशमानास उक्थैरोको न रण्वा सुदृशीव पुष्टिः ।।१५।।
तमिद्व इन्द्रं सुहवं हुवेम यस्ता चकार नर्या पुरूणि ।
यो मावते जरित्रे गध्यं चिन्मक्षू वाजं भरति स्पार्हराधाः ।।१६।।
तिग्मा यदन्तरशनिः पताति कस्मिंश्चिच्छूर मुहुके जनानाम् ।
घोरा यदर्य समृतिर्भवात्यध स्मा नस्तन्वो बोधि गोपाः ।।१७।।
भुवोऽविता वामदेवस्य धीनां भुवः सखावृको वाजसातौ ।
त्वामनु प्रमतिमा जगन्मोरुशंसो जरित्रे विश्वध स्याः ।।१८।।
एभिर्नृभिरिन्द्र त्वायुभिष्ट्वा मघवद्भिर्मघवन्विश्व आजौ ।
द्यावा न द्युम्नैरभि सन्तो अर्यः क्षपो मदेम शरदश्च पूर्वीः ।।१९।।
एवेदिन्द्राय वृषभाय वृष्णे ब्रह्माकर्म भृगवो न रथम् ।
नू चिद्यथा नः सख्या वियोषदसन्न उग्रोऽविता तनूपाः ।।२०।।
नू ष्टुत इन्द्र नू गृणान इषं जरित्रे नद्यो३ न पीपेः ।
अकारि ते हरिवो ब्रह्म नव्यं धिया स्याम रथ्यः सदासाः ।।२१।।

ऋ. ४.१७.१–२१

त्वं महाँ इन्द्र तुभ्यं ह क्षा अनु क्षत्रं मंहना मन्यत द्यौः ।
त्वं वृत्रं शवसा जघन्वान्त्सृजः सिन्धूँरहिना जग्रसानान् ।।१।।
तव त्विषो जनिमन्रेजत द्यौ रेजद्भूमिर्भियसा स्वस्य मन्योः ।
ऋघयन्त सुभ्वः१ पर्वतास आर्दन्धन्वानि सरयन्त आपः ।।२।।
भिनद्गिरिं शवसा वज्रमिष्णन्नाविष्कृण्वानः सहसान ओजः ।
वधीद्वृत्रं वज्रेण मन्दसानः सरन्नापो जवसा हतवृष्णीः ।।३।।
सुवीरस्ते जनिता मन्यत द्यौरिन्द्रस्य कर्ता स्वपस्तमो भूत् ।
य ईं जजान स्वर्यं सुवज्रमनपच्युतं सदसो न भूम ।।४।।
य एक इच्च्यावयति प्र भूमा राजा कृष्टीनां पुरुहूत इन्द्रः ।
सत्यमेनमनु विश्वे मदन्ति रातिं देवस्य गृणतो मघोनः ।।५।।
सत्रा सोमा अभवन्नस्य विश्वे सत्रा मदासो बृहतो मदिष्ठाः ।
सत्राभवो वसुपतिर्वसूनां दत्रे विश्वा अधिथा इन्द्र कृष्टीः ।।६।।
त्वमध प्रथमं जायमानोऽमे विश्वा अधिथा इन्द्र कृष्टीः ।
त्वं प्रति प्रवत आशयानमहिं वज्रेण मधवन्वि वृश्चः ।।७।।
सत्राहणं दाधृषिं तुम्रमिन्द्रं महामपारं वृषभं सुवज्रम् ।
हन्ता यो वृत्रं सनितोत वाजं दाता मघानि मघवा सुराधाः ।।८।।
अयं वृतश्चातयते समीचीर्य अजिषु मघवा शृण्व एकः ।
अयं वाजं भरति यं सनोत्यस्य प्रियासः सख्ये स्याम ।।९।।

अयं शृण्वे अध जयन्नुत घ्नन्नयमुत प्र कृणुते युधा गाः ।
यदा सत्यं कृणुते मन्युमिन्द्रो विश्वं दृळहं भयत एजदस्मात् ।।१०।।
समिन्द्रो गा अजयत्सं हिरण्या समश्विया मघवा यो ह पूर्वीः ।
एभिर्नृभिर्नृतमो अस्य शाकै रायो विभक्ता संभरश्च वस्वः ।।११।।
कियत्स्विदिन्द्रो अध्येति मातुः कियत्पितुर्जनितुर्यो जजान ।
यो अस्य शुष्मं मुहुकैरियर्ति वातो न जूतः स्तनयद्भिरभ्रैः ।।१२।।
क्षियन्तं त्वमक्षियन्तं कृणोतीयर्ति रेणुं मघवा समोहम् ।
विभंजनुरशनिमाँ इव द्यौरुत स्तोतारं मघवा वसौ धात् ।।१३।।
अयं चक्रमिषणत्सूर्यस्य न्येतशं रीरमत्ससृमाणम् ।
आ कृष्ण ईं जुहुराणो जिघर्ति त्वचो बुध्ने रजसो अस्य योनौ ।।१४।।
असिक्न्यां यजमानो न होता ।।१५।।
गवयन्त इन्द्रं सख्याय विप्रा अश्वायन्तो वृषणं वाजयन्तः ।
जनीयन्तो जनिदामक्षितोतिमा च्यावयामोऽवते न कोशम् ।।१६।।
त्राता नो बोधि ददृशान आपिरभिख्याता मर्डिता सोम्यानाम् ।
सखा पिता पितृतमः पितृणां कर्तेमु लोकमुशते वयोधाः ।।१७।।
सखीयतामविता बोधि सखा गृणान इन्द्र स्तुवते वयो धाः ।
वयं ह्या ते चकृमा सबाध आभिः शमीभिर्महयन्त इन्द्र ।।१८।।
स्तुत इन्द्रो मघवा यद्ध वृत्रा भुरीण्येको अप्रतीनि हन्ति ।
अस्य प्रियो जरिता यस्य शर्मन्नकिर्देवा वारयन्ते न मर्ताः ।।१९।।
एवा न इन्द्रो मघवा विरप्शी करत्सत्या चर्षणीधृदनर्वा ।
त्वं राजा जनुषां धेह्यस्मे अधि श्रवो माहिनं यज्जरित्रे ।।20।।
नू ष्टुत इन्द्र नू गृणान इषं जरित्रे नद्यो३ न पीपेः ।
अकारि ते हरिवो ब्रह्म नव्यं धिया स्याम रथ्यः सदासाः ।।२१।।

ऋ. ४.१९.१–११

एवा त्वामिन्द्र वज्रिन्नत्र विश्वे देवासः सुहवास ऊमाः ।
महामुभे रोदसी वृद्धमृष्वं निरेकमिद्वृणते वृत्रहत्ये ।।१।।
अवासृजन्त जिव्रयो न देवा भुवः सम्राळिन्द्र सत्ययोनिः ।
अहन्नहिं परिशयानमर्णः प्र वर्तनीररदो विश्वधेनाः ।।2।।
अतृप्णुवन्तं वियतमबुध्यमबुध्यमानं सुषुपाणमिन्द्र ।
सप्त प्रति प्रवत आशयानमहिं वज्रेण वि रिणा अपर्वन् ।।३।।
अक्षोदयच्छवसा क्षाम बुध्नं वार्ण वातस्तविषीभिरिन्द्रः ।
दृळहान्यौभ्नादुशमान ओजोऽवाभिनत्ककुभः पर्वतानाम् ।।४।।
अभि प्र दद्रुर्जनयो न गर्भं रथाइव प्र ययुः साकमद्रयः ।
अतर्पयो विसृत उब्ज ऊर्मीन्त्वं वृताँ अरिणा इन्द्र सिन्धून् ।।५।।
त्वं महीमवनिं विश्वधेनां तुर्वीतये वय्याय क्षरन्तीम् ।
अरमयो नमसैजदर्णः सुतरणाँ अकृणोरिन्द्र सिन्धून् ।।६।।
प्राग्रुवो नभन्वो३ न वक्वा ध्वस्रा अपिन्वद्युवतीर्ऋतज्ञाः ।
धन्वान्यज्राँ अपृणक्तुषाणाँ अधोगिन्द्रः स्तर्यो३ दंसुपत्नीः ।।७।।
पूर्वीरुषसः शरदश्च गूर्ता वृत्रं जघन्वाँ असृजद्वि सिन्धून् ।
परिष्ठिता अतृणद्बद्बधानाः सीरा इन्द्रः स्रवितवे पृथिव्या ।।८।।
वम्रीभिः पुत्रमग्रुवो अदानं निवेशनाद्धरिव आ जभर्थ ।
व्य१न्धो अख्यदहिमाददानो निर्भूदुखच्छित्समरन्त पर्व ।।९।।
प्र ते पूर्वाणि करणानि विप्राविद्वाँ आह विदुषे करांसि ।

यथायथा वृष्ण्यानि स्वगूर्ताऽपांसि राजन्नर्याविवेषीः ।।१०।।
नू ष्टुत इन्द्र नू गृणान इषं जरित्रे नद्यो३ न पीपेः ।
अकारि ते हरिवो ब्रह्म नव्यं धिया स्याम रथ्यः सदासाः ।।११।।

ऋ. ४.२०.१—११

आ न इन्द्रो दूरादा न आसादभिष्टिकृदवसे यासदुग्रः ।
ओजिष्ठेभिर्नृपतिर्वज्रबाहुः संगे समत्सु तुर्वणिः पृतन्यून् ।।१।।
आ न इन्द्रो हरिभिर्यात्वच्छार्वाचीनोऽवसे राधसे च ।
तिष्ठाति वज्री मघवा विरप्शीमं यज्ञमनु नो वाजसातौ ।।2।।
इमं यज्ञं त्वमस्माकमिन्द्र पुरो दधत्सनिष्यसि क्रतुं नः ।
श्वघ्नीव वज्रिन्त्सनये धनानां त्वया वयमर्य आजिं जयेम ।।३।।
उशन्नु षु णः सुमना उपाके सोमस्य नु सुषुतस्य स्वधावः ।
पा इन्द्र प्रतिभृतस्य मध्वः समन्धसा ममदः पृष्ठ्येन ।।४।।
वि यो ररप्श ऋषिभिर्नवेभिर्वृक्षो न पक्वः सृण्यो न जेता ।
मर्यो न योषामभिमन्यमानोऽच्छा विवक्मि पुरुहूतमिन्द्रम् ।।५।।
गिरिर्न यः स्वतवाँ ऋष्व इन्द्रः सनादेव सहसे जात उग्रः ।
आदर्ता वज्रं स्थविरं न भीम उद्नेव कोशं वसुना न्यृष्टम् ।।६।।
न यस्य वर्ता जनुषा न्वस्ति न राधस आमरीता मघस्य ।
उद्वावृषाणस्तविषीव उग्रास्मभ्यं दद्धि पुरुहूत रायः ।।७।।
ईक्षे रायः क्षयस्य चर्षणीनामुत व्रजमपवर्तासि गोनाम् ।
शिक्षानरः समिथेषु प्रहावान्वस्वो राशिमभिनेतासि भूरिम् ।।८।।
कया तच्छृण्वे शच्या शचिष्ठो यया कृणोति मुहु का चिदृष्वः ।
पुरु दाशुषे विचयिष्ठो अंहोऽथा दधाति द्रविणं जरित्रे ।।९।।
मा नो मर्धीरा भरा दद्धि तन्नः प्र दाशुषे दातवे भूरि यत्ते ।
नव्ये देष्णे शस्ते अस्मिन्त उक्थे प्र ब्रवाम वयमिन्द्र स्तुवन्तः ।।१०।।
नू ष्टुत इन्द्र नू गृणान इषं जरित्रे नद्यो३ न पीपेः ।
अकारि ते हरिवो ब्रह्म नव्यं धिया स्याम रथ्यः सदासाः ।।११।।

ऋ. ४.२१.१—११

आ यात्विन्द्रोऽवस उप न इह स्तुतः सधमादस्तु शूरः ।
वावृधनस्तविषीर्यस्य पूर्वीर्द्यौर्न क्षत्रमभिभूति पुष्यात् ।।१।।
तस्येदिह स्तवथ वृष्ण्यानि तुविद्युम्नस्य तुविराधसो नृन् ।
यस्य क्रतुर्विदथ्यो३ न सम्राट् साह्वान्तरुत्रो अभ्यस्ति कृष्टीः ।।2।।
आ यात्विन्द्रो दिव आ पृथिव्या मक्षू समुद्रादुत वा पुरीषात् ।
स्वर्णरादवसे नो मरुत्वान् परावतो वा सदनादृतस्य ।।३।।
स्थूरस्य रायो बृहतो य ईशे तमु ष्टवाम विदथेष्विन्द्रम् ।
यो वायुना जयति गोमतीषु प्र धृष्णुया नयति वस्यो अच्छ ।।४।।
उप यो नमो नमसि स्तभायन्नियर्ति वाचं जनयन्यजध्यै ।
ऋंजसानः पुरुवार उक्थैरेन्द्रं कृण्वीत सदनेषु होता ।।५।।
धिषा यदि धिषण्यन्तः सरण्यान्त्सदन्तो अद्रिमौशिजस्य गोहे ।
आ दुरोषाः पास्त्यस्य होता यो नो महान्त्संवरणेषु वह्निः ।।६।।
सत्रा यदीं भार्वरस्य वृष्णः सिषक्ति शुष्मः स्तुवते भराय ।
गुहा यदीमौशिजस्य गोहे प्र यद्धिये प्रायसे मदाय ।।७।।
वि यद्वरांसि पर्वतस्य वृण्वे पयोभिर्जिन्वे अपां जवांसि ।
विदद्गौरस्य गवयस्य गोहे यदी वाजाय सुध्यो३ वहन्ति ।।८।।

भद्रा ते हस्ता सुकृतोत पाणी प्रयन्तारा स्तुवते राध इन्द्र ।
का ते निषत्तिः किमु नो ममत्सि किं नोदुदु हर्षसे दातवा उ ।।९।।
एवा वस्व इन्द्रः सत्यः सम्राड्ढन्ता वृत्रं वरिवः पूरवे कः ।
पुरुष्टुत क्रत्वा नः शग्धि रायो भक्षीय तेऽवसो दैवयस्य ।।१०।।
नू ष्टुत इन्द्र नू गृणान इषं जरित्रे नद्यो३ न पीपेः ।
अकारि ते हरिवो ब्रह्म नव्यं धिया स्याम रथ्यः सदासाः ।।११।।

ऋ. ४.22.१–११

यन्न इन्द्रो जुजुषे यच्च वष्टि तन्नो महान्करति शुष्म्या चित् ।
ब्रह्म स्तोमं मघवा सोममुक्था यो अश्मानं शवसा बिभ्रदेति ।।१।।
वृषा वृषन्धि चतुरश्रिमस्यन्नुग्रो बाहुभ्यां नृतमः शचीवान् ।
श्रिये परुष्णीमुषमाण ऊर्णां यस्याः पर्वाणि सख्याय विव्ये ।
यो देवो देवतमो जायमानो महो वाजेभिर्महद्भिश्च शुष्मैः ।
दधानो वज्रं बाह्वोरुशन्तं द्याममेन रेजयत्प्र भूम ।।३।।
विश्वा रोधांसि प्रवतश्च पर्वीर्द्यौर्ऋष्वाज्जनिमन्रेजत क्षाः ।
आ मातरा भरति शुष्म्या गोर्नृवत्परिज्मन्नोनुवन्त वाताः ।।४।।
ता तू त इन्द्र महतो महानि विश्वेष्वित्सवनेषु प्रवाच्या ।
यच्छूर धृष्णो धृषता दधृष्वानहिं वज्रेण शवसाविवेषीः ।।५।।
ता तू ते सत्या तुविनृम्ण विश्वा प्र धेनवः सिस्रते वृष्ण ऊध्नः ।
अधा ह त्वद्वृषमणो भियानाः प्र सिन्धवो जवसा चक्रमन्तः ।।६।।
अत्राह ते हरिवस्ता उ देवीरवोभिरिन्द्र स्तवन्त स्वसारः ।
यत्सीमनु प्र मुचो बद्बधाना दीर्घामनु प्रसितिं स्यन्दयैध्य ।।७।।
पिपीळे अंशुर्मद्यो न सिन्धुरा त्वा शमी शशमानस्य शक्तिः ।
अस्मद्र्यक्शुशुचानस्य यम्या आशुर्न रश्मिं तुव्योजसं गोः ।।८।।
अस्मे वर्षिष्ठा कृणुहि ज्येष्ठा नृम्णानि सत्रा सहुरे सहांसि ।
अस्मभ्यं वृत्रा सुहनानि रन्धि जहि वधर्वनुषो मर्त्यस्य ।।९।।
अस्माकमित्सु शृणुहि त्वमिन्द्रास्मभ्यं चित्राँ उप माहि वाजान् ।
अस्मभ्यं विश्वा इषणः पुरंधीरस्माकं सु मघवन्बोधि गोदाः ।।१०।।
नू ष्टुत इन्द्र नू गृणान इषं जरित्रे नद्यो३ न पीपेः ।
अकारि ते हरिवो ब्रह्म नव्यं धिया स्याम रथ्यः सदासाः ।।११।।

ऋ. ४.2३.१–७

कथा महामवृधत्कस्य होतुर्यज्ञं जुषाणो अभि सोममूधः ।
पिबन्नुशानो जुषमाणो अन्धो ववक्ष ऋष्वः शुचते धनाय ।।१।।
को अस्य वीरः सधमादमाप समानंश सुमतिभिः को अस्य ।
कदस्य चित्रं चिकिते कदूती वृधे भुवच्छशमानस्य यज्योः ।।2।।
कथा शृणोति हूयमानमिन्द्रः कथा शृण्वन्नवसामस्य वेद ।
का अस्य पूर्वीरुपमातयो ह कथैनमाहुः पपुरिं जरित्रे ।।।
कथा सबाधः शशमानो अस्य नशदभि द्रविणं दीध्यानः ।
देवो भुवन्नवेदा म ऋतानां नमो जगृभ्वाँ अभि यज्जुजोषत् ।।४।
कथा कदस्या उषसो व्युष्टौ देवो मर्तस्य सख्यं जुजोष ।
कथा कदस्य सख्यं सखिभ्यो ये अस्मिन्कामं सुयुजं ततस्रे ।।।
किमादमत्रं सख्यं सखिभ्यः कदा नु ते भ्रात्रं प्र ब्रवाम ।
श्रिये सुदृशो वपुरस्य सर्गाः स्व१र्ण चित्रतममिष आ गोः ।।६।।

द्रुहं जिघांसन्ध्वरसमनिन्द्रां तेतिक्ते तिग्मा तुजसे अनीका ।
ऋणा चिद्यत्र ऋणया न उग्रो दूरे अज्ञाता उषसो बबाधे ।।७।।

ऋ. ४.२३.११

नू ष्टुत इन्द्र नू गृणान इषं जरित्रे नद्यो३ न पीपेः ।
अकारि ते हरिवो ब्रह्म नव्यं धिया स्याम रथ्यः सदासाः ।।११।।

ऋ. ४.२५.१–८

को अद्य नर्यो देवकाम उशन्निन्द्रस्य सख्यं जुजोष ।
को वा महेऽवसे पार्याय समिद्धे अग्नौ सुतसोम ईट्टे ।।१।।
को नानाम वचसा सोम्याय मनायुर्वा भवति वस्त उस्राः ।
क इन्द्रस्य युज्यं कः सखित्वं को भ्रात्रं वष्टि कवये क ऊती ।।२।।
को देवानामवो अद्या वृणीते क आदित्याँ अदिति ज्योतिरीट्टे ।
कस्याश्विनाविन्द्रो अग्निः सुतस्यांशोः पिबन्ति मनसाविवेनम् ।।३।।
तस्मा अग्निर्भारतः शर्म यंसज्ज्योक्पश्यात्सूर्यमुच्चरन्तम् ।
य इन्द्राय सुनवामेत्याह नरे नर्याय नृतमाय नृणाम् ।।४।।
न तं जिनन्ति बहवो न दभ्रा उर्वस्मा अदितिः शर्म यंसत ।
प्रियः सुकृत्प्रिय इन्द्रे मनायुः प्रियः सुप्रावीः प्रियो अस्य सोमी ।।५।।
सुप्राव्यः प्राशुषाळेष वीरः सुष्वेः पक्तिं कृणुते केवलेन्द्रः ।
नासुष्वेरापिर्न सखा न जामिर्दुष्प्राव्योऽवहन्तेदवाचः ।।६।।
न रेवता पणिना सख्यमिन्द्रोऽसुन्वता सुतपाः सं गृणीते ।
आस्य वेदः खिदति हन्ति नग्नं वि सुष्वये पक्तये केवलो भूत् ।।७।।
इन्द्रं परेऽवरे मध्यमास इन्द्रं यान्तोऽवसितास इन्द्रम् ।
इन्द्रं क्षियन्त उत युध्यमाना इन्द्रं नरो वाजयन्तोहवन्ते ।।८।।

ऋ. ४.२६.१–७

अहं मनुरभवं सूर्यश्चाहं कक्षीवाँ ऋषिरस्मि विप्रः ।
अहं कुत्समार्जुनेयं न्यृंजेऽहं कविरुशना पश्यता मा ।।१।।
अहं भूमिमददामार्यायाहं वृष्टिं दाशुषे मर्त्याय ।
अहमपो अनयं वावशाना मम देवासो अनु केतमायन् ।।२।।
अहं पुरो मन्दसानो व्यैरं नव साकं नवतीः शम्बरस्य ।
शततमं वेश्यं सर्वताता दिवोदासमतिथिग्वं यदावम् ।।३।।
प्र सु ष विभ्यो मरुतो विरस्तु प्र श्येनः श्येनेभ्य आशुपत्वा ।
अचक्रया यत्स्वधया सुपर्णो हव्यं भरन्मनवे देवजुष्टम् ।।४।।
भरद्यदि विरतो वेविजानः पथोरुणा मनोजवा असर्जि ।
तूयं ययौ मधुना सोम्येनोत श्रवो विविदे श्येनो अत्र ।।५।।
ऋजीपी श्येनो ददमानो अंशुं परावतः शकुनामन्द्रं मदम् ।
सोमं भरद्दादृहाणो देवावान्दिवो अमुष्मादुत्तरादादाय ।।६।।
आदाय श्येनो अभरत्सोमं सहस्रं सवाँ अयुतं च साकम् ।
अत्रा पुरन्धिरजहादरातीर्मदे सोमस्य मूरा अमूरः ।।७।।

ऋ. ४.२७.१–५

गर्भे नु सन्नन्वेषमवेदमहं देवानां जानिमानि विश्वा ।
शतं मा पुर रआयसीररक्षन्नध श्येनौ जवसा निरदीयम् ।।१।।
न घा स मामप जोषं जभाराभीमास त्वक्षसा वीर्येण ।
ईर्मा षुरन्धिरजहादरातीरुत वाताँ अतरच्छूशुवानः ।।२।।
अव यच्छ्येनो अस्वनीदध द्योर्वि यद्यदि वात ऊहुः पुरंधिम् ।

सृजद्यदस्मा अव ह क्षिपज्ज्यां कृशानुरस्ता मनसा भुरण्यन् ।।३।।
ऋजिप्य ईमिन्द्रावतो न भुज्युं श्येनो जभार बृहतो अधि ष्णोः ।
अन्तः पतत्पतत्र्यस्य पर्णमध यामनि प्रसितस्य तद्वेः ।।४।।
अध श्वेतं कलशं गोभिरक्तमापिप्यानं मघवा शुक्रमन्धः ।
अध्वर्युभिः प्रयतं मध्वो अग्रमिन्द्रो मदाय प्रति धत्पिबध्यै शूरो मदाय प्रति धत्पिबध्यै ।।५।।

ऋ. ४.२६.१–५

आ नः स्तुत उप वाजेभिरूती इन्द्र याहि हरिभिर्मन्दसानः ।
तिरश्चिदर्यः सवना पुरूण्याङ्गूषेभिर्गृणानः सत्यराधाः ।।१।।
आ हि ष्मा याति नर्यश्चिकित्वान्हूयमानः सोतृभिरुप यज्ञम् ।
स्वश्वे यो अभीरुर्मन्यमानः सुष्वाणेभिर्मदति सं ह वीरैः ।।2।।
श्रावयेदस्य कर्णा वाजयध्यै जुष्टामनु प्र दिशं मन्दयध्यै ।
उद्वावृषाणो राधसे तुविष्मान्करन्न इन्द्रः सुतीर्थाभ्यं च ।।३।।
अच्छा यो गन्ता नाधमानमूती इत्था विप्रं हवमानं गृणन्तम् ।
उप त्मनि दधानो धुर्या३ शून्त्सहस्राणि शतानि वज्रबाहुः ।।४।।
त्वोतासो मघवन्निन्द्र विप्रा वयं ते स्याम सूरयो गृणन्तः ।
भेजानासो बृहद्दिवस्य राय आकाय्यस्य दावने पुरुक्षोः ।।५।।

ऋ. ४.३०.१–८

नकिरिन्द्र त्वदुत्तरो न ज्यायाँ अस्ति वृत्रहन्। नकिरेवा यथा त्वम् ।।१।।
सत्रा ते अनु कृष्टयो विश्व चक्रेव वावृतुः। सत्रा महाँ असि श्रुतः ।।2।।
विश्वे चनेदना त्वा देवास इन्द्र युयुधुः। यदहा नक्तमातिरः ।।३।।
यत्रोत बाधितेभ्यश्चक्रं कुत्साय युध्यते। मुषाय इन्द्र सुर्यम् ।।४।।
यत्र देवाँ ऋघायतो विश्वाँ अयुध्य एक इत्। त्वमिन्द्र वनूँरहन् ।।५।।
यत्रोत मर्त्याय कमरिणा इन्द्र सूर्यम्। प्रावः शचीभिरेतशम् ।।६।।
किमादुतासि वृत्रहन्मघवन्मन्युमत्तमः। अत्राह दानुमातिरः ।।७।।
एतद्वेदुत वीर्य१मिन्द्र चकर्थ पौंस्यम्। स्त्रियं यद्दुर्हणायुवं वधीर्दुहितरं दिवः ।।८।।

ऋ. ४.३०.१2–2४

उत सिन्धुं विबाल्यं वितस्थानामधि क्षमि। परि ष्ठा इन्द्र मायया ।।१2।।
उत शुष्णस्य धृष्णुया प्र मृक्षो अभि वेदनम्। पुरो यदस्य संपिणक् ।।१३।।
उत दासं कौलितरं बृहतः पर्वतादधि। अवाहन्निन्द्र शम्बरम् ।।१४।।
उत दासस्य वर्चिनः सहस्राणि शतावधीः। अधि पंच प्रधीँरिव ।।१५।।
उत त्यं पुत्रमग्रुवः परावृक्तं शतक्रतुः। उक्थेष्विन्द्र आभजत ।।१६।।
उत त्या तुर्वशायदू अस्नातारा शचीपतिः। इन्द्रो विद्वाँ अपारयत् ।।१७।।
उत त्या सद्य आर्या सरयोरिन्द्र पारतः। अर्णाचित्ररथावधीः ।।१८।।
अनु द्वा जहिता नयोऽन्धं श्रोणं च वृत्रहन्। न तत्ते सुम्नमष्टवे ।।१६।।
शतमश्मन्मयीनां पुरामिन्द्रो व्यास्यत्। दिवो दासाय दाशुषे ।।20।।
अस्वापयद्दभीतये सहस्रा त्रिंशतं हथैः। दासानामिन्द्रो मायया ।।2१।।
स घेदुतासि वृत्रहन्त्समान इन्द्र गोपतिः। यस्ता विश्वानि चिच्युषे ।।22।।
उत नूनं यदिन्द्रयं करिष्या इन्द्र पौंस्यम्। अद्या नकिष्टदा मिनत् ।।2३।।
वामंवामं त आदुरे देवो ददात्वर्यमा। वामं पूषा वामं भगो वामं देवः करूळती ।।2४।।

ऋ. ४.३१.१–१५

कया नश्चित्र आ भुवदूती सदावृधः सखा। कया शचिष्ठया वृता ।।१।।
कस्त्वा सत्यो मदानां मंहिष्ठो मत्सदन्धसः। दृळहा चिदारुजे वसु ।।2।।

अभी षु णः सखीनामविता जरितृणाम्। शतं भवास्यूतिभिः ।।३।।
अभी न आ ववृत्स्व चक्रं न वृत्तमर्वतः। नियुद्भिश्चर्षणीनाम् ।।४।।
प्रवता हि क्रतूनामा हा पदेव गच्छसि। अभक्षि सूर्ये सचा ।।५।।
सं यत्त इन्द्र मन्यवः सं चक्राणि दधन्विरे। अध त्वे अध सूर्ये ।।६।।
उत स्मा हि त्वामाहुरिन्मघवानं शचीपते। दातारमविदीधयुम् ।।७।।
उत स्मा सद्य इत्परि शशमानाय सुन्वते। पुरू चिन्मंहसे वसु ।।८।।
नहि ष्मा ते शतं चन राधो वरन्त आमुरः। न च्यौत्नानि करिष्यतः ।।९।।
अस्माँ अवन्तु ते शतमस्मान्त्सहस्रमूतयः। अस्मान्विश्वा अभिष्टयः ।।१०।।
अस्माँ इहा वृणीहष्व सख्याय स्वस्तये। महो राये दिवित्मते ।।११।।
अस्माँ अविड्ढि विश्वहेन्द्र राया परीणसा। अस्मान्विश्वाभिरूतिभिः ।।१२।।
अस्मभ्यं ताँ अपा वृधि व्रजाँ अस्तेव गोमतः। नवाभिरिन्द्रोतिभिः ।।१३।।
अस्माकं धृष्णुया रथो द्युमाँ इन्द्रानपच्युतः। गव्युरश्वयुरीयते ।।१४।।
अस्माकमुत्तमं कृधि श्रवो देवेषु सूर्य। वर्षिष्ठं द्यामिवोपरि ।।१५।।

ऋ. ४.३2.१–22

आ तू न इन्द्र वृत्रहस्माकमर्धमा गहि। महान्महीभिरूतिभिः ।।१।।
भृमिश्चिद्घासि तूतुजिरा चित्र चित्रिणीष्वा चित्रं कृणोष्यूतये ।।2।।
दभ्रेभिश्चिच्छशीयांसं हंसि व्राधन्तमोजसा। सखिभिर्ये त्वे सचा ।।३।।
वयमिन्द्र त्वे सचा वयं त्वाभि नोनुमः। अस्माँ अस्माँ इदुदव ।।४।।
स नश्चित्राभिरद्रिवोऽनवद्याभिरूतिभिः। अनाधृष्टाभिरा गहि ।।५।।
भूयासो षु त्वावतः सखाय इन्द्र गोमतः। युजो वाजाय घृष्वये ।।६।।
त्वं ह्येक ईशिष इन्द्र वाजस्य गोमतः। स नो यन्धि महीमिषम् ।।७।।
न त्वा वरन्ते अन्यथा यद्दित्ससि स्तुतो मघम्। स्तोतृभ्य इन्द्र गिर्वणः ।।८।।
अभि त्वा गोतमा गिरानूषत प्र दावने। इन्द्र वाजाय घृष्वये ।।९।।
प्र ते वोचाम वीर्या३ या मन्दसान अरुजः। पुरो दासीरभीत्य ।।१०।।
ता ते गृणन्ति वेधसो यानि चकर्थ पौंस्या। सुतेष्विन्द्र गिर्वणः ।।११।।
अवीवृधन्त गोतमा इन्द्र त्वे स्तोमवाहसः। ऐषु धा वीरवद्यशः ।।१२।।
यच्चिद्धि शश्वतामसीन्द्र साधारणस्त्वम्। तं त्वा वयं हवामहे ।।१३।।
अर्वाचीनो वसो भवास्मे सु मत्स्वान्धसः। सोमानामिन्द्र सोमपाः ।।१४।।
अस्माकं त्वा मतीनामा स्तोम इन्द्र यच्छतु। अर्वागा वर्तया हरी ।।१५।।
पुरोळाशं च नो घसो जोषयासे गिरश्च नः। वधूयुरिव योषणाम् ।।१६।।
सहस्रं व्यतीनां युक्तानामिन्द्रमीमहे। शतं सोमस्य खार्यः ।।१७।।
सहस्रा ते शता वयं गवामा च्यावयामसि। अस्मत्रा राध एतु ते ।।१८।।
दश ते कलशानां हिरण्यानामधीमहि। भूरिदा असि वृत्रहन् ।।१९।।
भूरिदा भूरि देहि नो मा दभ्रं भूर्या भर। भूरि घेदिन्द्र दित्ससि ।।२०।।
भूरिदा ह्यसि श्रुतः पुरुत्रा शूर वृत्रहन्। आ नो भजस्व राधसि ।।2१।।
प्र ते बभ्रू विचक्षण शंसामि गोषणो नपात्। माभ्यां गा अनु शिश्रथः ।।22।।

सा. १६६

कया नश्चित्र आ भुवदूती सदावृधः सखा। कया शचिष्ठया वृता ।।५।।

सा. १७2

ये ते पन्था अधो दिवो येभिर्व्यश्वमैरयः। उत श्रोषन्तु नो भुवः ।।८।।

सा. १८१

आ तू न इन्द्र वृत्रहन्नस्माकमर्धमा गहि। महान्महीभिरूतिभिः ।।७।।

सा. १९०

क इमं नाहुवीष्वा इन्द्रं सोमस्य तर्पयात्। स नो वसून्या भरात् ।।६।।

सा. १६६

सदा व इन्द्रश्चर्कृषदा उपो नु स सपर्यन्। न देवो वृतः शूर इन्द्रः ।।३।।

सा. २०३

न कि इन्द्र त्वदुत्तरं न ज्यायो अस्ति वृत्रहन्। न क्येवं यथा त्वम् ।।१०।।

सा. २०६

अरं त इन्द्र श्रवसे गमेम शूर त्वावतः। अरं शक्र परेमणि ।।६।।

सा. २१२

इमे त इन्द्र सोमाः सुतासो ये च सोत्वाः। तेषां मत्स्व प्रभूवसो ।।६।।

सा. २२४

कदु प्रचेतसे महे वचो देवाय शस्यते। तदिद्ध्यस्य वर्धनम् ।।२।।

सा. २८८

यदा कदा च मीढुषे स्तोता जरेत मर्त्यः। आदिद्वन्देत वरुणं विपा गिरा धर्त्तारं विव्रतानाम्।६।।

सा. २९८–२९९

यदिन्द्र शासो अव्रतं च्यवया सदसस्परि। अस्माकमंशुं मघवन्पुरुस्पृहं वसव्ये अधि बर्हय ।।६।।
त्वष्टा नो दैव्यं वचः पर्जन्यो ब्रह्मणस्पतिः। पुत्रैर्भ्रातृभिरदितिर्नु पातु नो दुष्टरं त्रामणं वचः।७।।

सा. ३२७

मेडिं न त्वा वज्रिणं भृष्टिमन्तं पुरुधस्मानं वृषभं स्थिरप्स्नुम् ।
करोष्यर्यस्तरुषीर्दुवस्युरिन्द्र द्युक्षं वृत्रहणं गृणीषे ।।५।।

सा. ३३५–३३७

सत्राहणं दाधृषिं तुम्रमिन्द्रं महामपारं वृषभं सुवज्रम् ।
हन्ता यो वृत्र सनितोत वाजं दाता मघानि मघवा सुराधाः ।।४।।
यो नो वनुष्यन्नभिदाति मर्त उगणा वा मन्यमानस्तुरो वा ।
क्षिधी युधा शवसा वा तमिन्द्राभी ष्याम वृषमणस्त्वोताः ।।५।।
यं वृत्रेषु क्षितयः स्पर्धमाना यं युक्तेषु तुरयन्तो हवन्ते ।
यं शूरसातौ यमपामुपज्मन्यं विप्रासो वाजयन्ते स इन्द्रः ।।६।।

सा. ३६९–३७०

इन्द्राय गिरो अनिशितसर्गा अपः प्रैरयत्सगरस्य बुध्नात् ।
येा अक्षेणेव चक्रियौ शचीभिर्विष्वक्तस्तम्भ पृथिवीमुत द्याम् ।।८।।
विश्वाः पृतना अभिभूतरं नरः सजूस्ततक्षुरिन्द्रं जजनुश्च राजसे ।
क्रत्वे वरे स्थेमन्यामुरीमुतोग्रमोजिष्ठं तरसं तरस्विनम् ।।१।।

सा. ३७२

समेत विश्वा ओजसा पतिं दिवो य एक इद्भूरतिथिर्जनानाम् ।
स पूर्व्यो नूतनमाजिगीषन् तं वर्तनीरनु वावृत एक इत् ।।३।।

सा. ५८८

यस्येदमा रजोयुजस्तुजे जने वनं स्वः। इन्द्रस्य रन्त्यं बृहत् ।।३।।

सा. ६२३

हरी त इन्द्र श्मश्रूण्युतो ते हरितौ हरी। तं त्वा स्तुवन्ति कवयः पुरुषासो वनर्गवः ।।६।।

सा. ६८२–६८४

कया नश्चित्र आ भुवदूती सदावृधः सखा। कया शचिष्ठया वृता ।।१।।
कस्त्वा सत्यो मदानां मंहिष्ठो मत्सदन्धसः। दृढा चिदारुजे वसु ।।२।।
अभी षु णः सखीनामविता जरितॄणाम्। शतं भवास्यूतये ।।३।।

८. इन्द्रः (साग्री. सास्वा.) आत्मा (सार्षेदी. पृ. ११६) – सा. ६२४; ६२५

यद्वर्चो हिरण्यस्य यद्वा वर्चो गवामुत।
सत्यस्य ब्रह्मणो वर्चस्तेन मा संसृजामसि ।।१०।।
सहस्तन्न इन्द्र दद्ध्योज ईशे ह्यस्य महतो विरप्शिन् ।
क्रतुं न नृम्णं स्थविरं च वाजं वृत्रेषु शत्रून्त्सहना कृधी नः ।।११।।

९. इन्द्र उषा च – ऋ. ४.३०.९–११

दिवश्चिद्धा दुहितरं महान्महीयमानाम्। उषासमिन्द्र सं पिणक् ।।९।।
अपोषा अनसः सरत्संपिष्टादह बिभ्युषी। नि यत्सीं शिश्नथद्वृषा ।।१०।।
एतदस्या अनः शये सुसंपिष्टं विपाश्या। ससार सीं परावतः ।।११।।

१०. इन्द्र ऋत देवो वा – ऋ. ४.२३.८–१०

ऋतस्य हि शुरुधः सन्ति पूर्वीर्ऋतस्य धीतिर्वृजिनानि हन्ति ।
ऋतस्य श्लोको बधिरा ततर्द कर्णा बुधानः शुचमान आयोः ।।८।।
ऋतस्य दृळहा धरुणानि सन्ति पुरूणि चन्द्रा वपुषे वपूंषि ।
ऋतेन दीर्घमिषणन्त पृक्ष ऋतेन गाव ऋतमा विवेशुः ।।९।।
ऋतं येमान ऋतमिद्वनोत्यृतस्य शुष्मस्तुरया उ गव्युः ।
ऋताय पृथ्वी बहुले गभीरे ऋताय धेनू परमे दुहाते ।।१०।।

११. इन्द्रवायू – ऋ. ४.४६.१–७; ४.४७.२–४; सा. १६२९–१६३०

ऋ. ४.४६.१–७

अग्रं पिबा मधूनां सुतं वायो दिविष्टषु। त्वं हि पूर्वपा असि ।।१।।
शतेना नो अभिष्टिभिर्नियुत्वाँ इन्द्रसारथिः। वायो सुतस्य तृम्पतम् ।।2।।
आ वां सहस्रं हरय इन्द्रवायू अभि प्रयः। वहन्तु सोमपीतये ।।३।।
रथं हिरण्यवन्धुरमिन्द्रवायू स्वध्वरम्। आ हि स्थाथो दिविस्पृशम् ।।४।।
रथेन पृथुपाजसा दाश्वांसमुप गच्छतम्। इन्द्रवायू इहा गतम् ।।५।।
इन्द्रवायू अयं सुतस्तं देवेभिः सजोषसा। पिबतं दाशुषो गृहे ।।६।।
इह प्रयाणमस्तु वमिन्द्रवायू विमोचनम्। इह वां सोमपीतये ।।७।।

ऋ. ४.४७.2–४

इन्द्रश्च वायवेषां सोमानां पीतिमर्हथः। युवां हि यन्तीन्दवो निम्नमापो न सध्र्यक् ।।2।।
वायविन्द्रश्च शुष्मिणा सरथं शवसस्पती। नियुत्वन्ता न ऊतय आ यातं सोमपीतये ।।३।।
या वां सन्ति पुरुस्पृहो नियुतो दाशुषे नरा। अस्मे ता यज्ञवाहसेन्द्रवायू नि यच्छतम् ।।४।।

सा. १६२९–१६३०

इन्द्रश्च वायवेषां सोमानां पीतिमर्हथः। युवां हि यन्तीन्दवो निम्नमापो न सध्र्यक् ।।2।।
वायविन्द्रश्च शुष्मिणा सरथं शवसस्पती। नियुत्वन्ता न ऊतय आ यातं सोमपीतये ।।३।।

१2. इन्द्रादितिः – ऋ. ४.१८.१–१३

अयं पन्था अनुवित्तः पुराणो यतो देवा उदजायन्त विश्वे ।
अतश्चिदा जनिषीष्ट प्रवृद्धो मा मातरममुया पत्तवे कः ।।१।।
नाहमतो निरया दुर्गहैतत्तिरश्चता पार्श्वान्निर्गमाणि ।
बहूनि मे अकृता कर्त्वानि युध्यै त्वेन सं त्वेन पृच्छै ।।2।।
परायतीं मातरमन्वचष्ट न नानु गान्यनु नू गमानि ।
त्वष्टुर्गृहे अपिबत्सोममिन्द्रः शतधन्यं चम्वोः सुतस्य ।।३।।
किं स ऋधक् कृणवद्यं सहस्रं मासो जभार शरदश्च पूर्वीः ।
नही न्वस्य प्रतिमानमस्त्यन्तर्जातेषूत ये जनित्वाः ।।४।।

अवद्यमिव मन्यमाना गुहाकरिन्द्रं माता वीर्येणा न्यृष्टम् ।
अथोदस्थात्स्वयमत्कं वसान आ रोदसी अपृणाज्जायमानः ।।५।।
एता अर्षन्त्यललाभवन्तीर्ऋतावरीरिव संक्रोशमानाः ।
एता वि पृच्छ किमिदं भनन्ति कमापो अद्रिं परिधिं रुजन्ति ।।६।।
किमु ष्विदस्मै निविदो भनन्तेन्द्रस्यावद्यं दिधिषन्त आपः ।
ममैतान्पुत्रो महता वधेन वृत्रं जघन्वाँ असृजद्वि सिन्धून् ।।७।।
ममच्चन त्वा युवतिः परास ममच्चन त्वा कुषवा जगार ।
ममच्चिदापः शिशवे ममृड्युर्ममच्चिदिन्द्रः सहसोदतिष्ठत् ।।८।।
ममच्चन ते मघवन्व्यंसो निविविध्वाँ अप हनू जघान ।
अधा निविद्ध उत्तरो बभूवाञ्छिरो दासस्य सं पिणग्वधेन ।।९।।
गृष्टिः ससूव स्थविरं तवागामनाधृष्यं वृषभं तुम्रमिन्द्रम् ।
अरीळ्हं वत्सं चरथाय माता स्वयं गातुं तन्व इच्छमानम् ।।१०।।
उत माता महिषमन्ववेनदमी त्वा जहति पुत्र देवाः ।
अथाब्रवीद्वृत्रमिन्द्रो हनिष्यन्त्सखे विष्णो वितरं वि क्रमस्व ।।११।।
कस्ते मातरं विधवामचक्रच्छयुं कस्त्वामजिघांसच्चरन्तम् ।
कस्ते देवो अधि मार्डीक आसीद्यत्प्राक्षिणाः पितरं पादगृह्य ।।१२।।
अवर्त्या शुन आन्त्राणि पेचे न देवेषु विविदे मर्डितारम् ।
अपश्यं जायममहीयमानामधा मे श्येनो मध्वा जभार ।।१३।।

१३. इन्द्राबृहस्पती – ऋ. ४.४९.१–६; ४.५०.१०; ११

ऋ. ४.४९.१–६

इदं वामास्ये हविः प्रियमिन्द्राबृहस्पती। उक्थं मदश्च शस्यते ।।१।।
अयं वां परि षिच्यते सोम इन्द्राबृहस्पती। चरुर्मदाय पीतये ।।2।।
आ न इन्द्राबृहस्पती गृहमिन्द्रश्च गच्छतम्। सोमपा सोमपीतये ।।३।।
अस्मे इन्द्राबृहस्पती रयिं धत्तं शतग्विनम्। अश्वावन्तं सहस्रिणम् ।।४।।
इन्द्राबृहस्पती वयं सुते गीर्भिर्हवामहे। अस्य सोमस्य पीतये ।।५।।
सोममिन्द्राबृहस्पती पिबतं दाशुषो गृहे। मादयेथां तदोकसा ।।६।।

ऋ. ४.५०.१०–११

इन्द्रश्च सोमं पिबतं बृहस्पतेऽस्मिन्यज्ञे मन्दसाना वृषण्वम् ।
आ वां विशन्त्विन्दवः स्वाभुवोऽस्मे रयिं सर्ववीरं नि यच्छतम् ।।१०।।
बृहस्पत इन्द्र वर्धतं नः सचा सा वां सुमतिर्भूत्वस्मे ।
अविष्टं धियो जिगृतं पुरंधीर्जजस्तमर्यो वनुषामरातीः ।।११।।

१४. इन्द्रावरुणौ – ऋ. ४.४१.१–११

इन्द्रा को वां वरुणा सुम्नमाप स्तोमो हविष्माँ अमृतो न होता ।
यो वां हृदि क्रतुमाँ अस्मदुक्तः पस्पर्शदिन्द्रावरुणा नमस्वान् ।।१।।
इन्द्रा ह यो वरुणा चक्र आपी देवौ मर्तः सख्याय प्रयस्वान् ।
स हन्ति वृत्रा समिथेषु शत्रूनवोभिर्वा महद्भिः स प्र शृण्वे ।।2।।
इन्द्रा ह रत्नं वरुणा धेष्ठेत्था नृभ्यः शशमानेभ्यस्ता ।
यदी सखाया सख्याय सोमैः सुतेभिः सुप्रयसा मादयैते ।।३।।
इन्द्रा युवं वरुणा दिद्युमस्मिन्नोजिष्ठमुग्रा नि वधिष्टं वज्रम् ।
यो नो दुरेवो वृकतिर्दभीतिस्तस्मिन्मिमाथामभिभूत्योजः ।।४।।
इन्द्रा युवं वरुणा भूतमस्या धियः प्रेतारा वृषभेव धेनाः ।
सा नो दुहीयद्यवसेव गत्वी सहस्रधारा पयसा मही गौः ।।५।।
तोके हिते तनय उर्वरासु सूरो दृशीके वृषणश्च पौंस्ये ।

इन्द्रा नो अत्र वरुणा स्यातामवोभिर्दस्मा परितक्म्यायाम् ।।६।।
युवामिद्ध्यवसे पूर्व्याय परि प्रभूती गविषः स्वापी ।
वृणीमहे सख्याय प्रियाय शूरा मंहिष्ठा पितरेव शंभू ।।७।।
ता वां धियोऽवसे वाजयन्तीराजिं न जग्मुर्युवयूः सुदानू ।
श्रिये न गाव उप सोममस्थुरिन्द्रं गिरो वरुणं मे मनीषाः ।।८।।
इमा इन्द्रं वरुणं मे मनीषा अग्मन्नुप द्रविणमिच्छमानाः ।
अपेमस्थुर्जोष्टार इव वस्वो रध्वीरिव श्रवसो भिक्षमाणाः ।।९।।
अश्वयस्य त्मना रथ्यस्य पुष्टेर्नित्यस्य रायः पतयः स्याम ।
ता चक्राणा ऊतिभिर्नव्यसीभिरस्मत्रा रायो नियुतः सचन्ताम् ।।१०।।
आ नो बृहन्ता बृहतीभिरूती इन्द्र यातं वरुण वाजसातौ ।
यद्दिद्यवः पृतनासु प्रक्रीळान्तस्य वां स्याम सनितार आजेः ।।११।।

१५. इन्द्राश्वौ – ऋ. ४.३२.२३–२४

कनीनकेव विद्रधे नवे द्रुपदे अर्भके। बभ्रू यामेषु शोभेते ।।२३।।
अरं म उस्रयाम्णेऽरमनुस्रयाम्णे। बभ्रू यामेष्वस्रिधा ।।२४।।

१६. इन्द्रासोमौ – ऋ. ४.२८.१–५

त्वा युजा तव तत्सोम सख्य इन्द्रो अपो मनवे सस्रुतस्कः ।
अहन्नहिमरिणात्सप्त सिन्धूनपावृणोदपिहितेव खानि ।।१।।
त्वा युजा नि खिदत्सूर्यस्येन्द्रश्चक्रं सहसा सद्य इन्दो ।
अधि ष्णुना बृहता वर्तमानं महो द्रुहो अप विश्वायु धायि ।।२।।
अहन्निन्द्रो अदहदग्निरिन्दो पुरा दस्यून्मध्यन्दिनादभीके ।
दुर्गे दुरोणे क्रत्वा न यातां पुरू सहस्रा शर्वा नि बर्हीत् ।।३।।
विश्वस्मात्सीमधमाँ इन्द्र दस्यून्विशो दासीरकृणोरप्रशस्ताः ।
अबाधेथाममृणतं नि शत्रूनविन्देथामपचितिं वधत्रैः ।।४।।
एवा सत्यं मघवाना युवं तदिन्द्रश्च सोमोर्वमश्व्यं गोः ।
आदर्दृतमपिहितान्यश्ना रिरिचथुः क्षाश्चित्ततृदाना ।।५।।

१७. उषा – ऋ. ४.५१.१–११; ४.५२.१–७; सा. १७२५–१७२७

ऋ. ४.५१.१–११

इदमु त्यत्पुरुतमं पुरस्ताज्ज्योतिस्तमसो वयुनावदस्थात् ।
नूनं दिवो दुहितरो विभातीर्गातुं कृणवन्नुषसो जनाय ।।१।।
अस्थुरु चित्रा उषसः पुरस्तान्मिता इव स्वरवोऽध्वरेषु ।
व्यू व्रजस्य तमसो द्वारोच्छन्तीरव्रंछुच्यः पावकाः ।।२।।
उच्छन्तीरद्य चितयन्त भोजान् राधोदेयायोषसो मघोनीः ।
अचित्रे अन्तः पणयः ससन्त्वबुध्यमानास्तमसो विमध्ये ।।३।।
कुवित्स देवीः सनयो नवो वा यामो बभूयादुषसो वो अद्य ।
येना नवग्वे अंगिरे दशग्वे सप्तास्ये रेवती रेवदूष ।।४।।
यूयं हि देवीर्ऋतयुग्भिरश्वैः परिप्रयाथ भुवनानि सद्यः ।
प्रबोधयन्तीरुषसः ससन्तं द्विपाच्चतुष्पाच्चरथाय जीवम् ।।५।।
क्व स्विदासां कतमा पुराणी यया विधाना विदधुर्ऋभूणाम् ।
शुभं युच्छुभ्रा उषसश्चरन्ति न वि ज्ञायन्त सदृशीरजुर्याः ।।६।।
ता घा ता भद्रा उषसः पुरासुरभिष्टिद्युम्ना ऋतजातसत्याः ।
यास्वीजानः शशमान उक्थैः स्तुवंछंसन्द्रविणं सद्य आप ।।७।।
ता आ चरन्ति समना पुरस्तात्समानतः समना पप्रथानाः ।
ऋतस्य देवीः सदसो बुधाना गवां न सर्गा उषसो जरन्ते ।।८।।

ता इन्वे॒श्व समना समानीरमीतवर्णा उषसश्चरन्ति ।
गूहन्तीरभ्वमसितं रुशद्भिः शुक्रास्तनूभिः शुचयो रुचानाः ।।६।।
रयिं दिवो दुहितरो विभातीः प्रजावन्तं यच्छतास्मासु देवीः ।
स्योनादा वः प्रतिबुध्यमानाः सुवीर्यस्य पतयः स्याम ।।१०।।
तद्वो दिवो दुहितरो विभातीरुप ब्रुव उषसो यज्ञकेतुः ।
वयं स्याम यशसो जनेषु तद् द्यौश्च धत्तां पृथिवी च देवी ।।११।।

ऋ. ४.५२.१–७

प्रति ष्या सूनरी जनी व्युच्छन्ती परि स्वसुः। दिवो अदिर्शि दुहिता ।।१।।
अश्वेव चित्रारुषी माता गवामृतावरी। सखाभूदश्विनोरुषाः ।।2।।
उत सखास्यश्विनोरुत माता गवामसि। उतोषो वस्व ईशिषे ।।३।।
यावयद् द्वेषसं तवा चिकित्वित्सूनृतावरि। प्रति स्तोमैरभुत्स्महि ।।४।।
प्रति भद्रा अदृक्षत गवां सर्गा न रश्मयः। ओषा अप्रा उरु ज्रयः ।।५।।
आपप्रुषी विभावरि व्यावर्ज्योतिषा तमः। उषो अनु स्वधामव ।।६।।
आ द्यां तनोषि रश्मिभिरान्तरिक्षमुरु प्रियम्। उषः शुक्रेण शोचिषा ।।७।।

सा. १७२५–१७२७

प्रति ष्या सूनरी जनी व्युच्छन्ती परि स्वसुः। दिवो अदर्शि दुहिता ।।१।।
अश्वेव चित्रारुषी माता गवामृतावरी। सखा भूदश्विनोरुषाः ।।2।।
उत सखास्यश्विनोरुत माता गवामसि। उतोषो वस्व ईशिषे ।।३।।

१८. ऋभवः – ऋ. ४.३३.१–११; ४.३४.१–११; ४.३५.१–६; ४.३६.१–६; ४.३७.१–८

ऋ. ४.३३.१–११

प्र ऋभुभ्यो दूतमिव वाचमिष्य उपस्तिरे श्वैतरीं धेनुमीळे ।
ये वातजूतास्तरणिभिरेवैः परि द्यां सद्यो अपसो बभूवुः ।।१।।
यदारमक्रन्नृभवः पितृभ्यां परिविष्टी वेषणा दंसनाभिः ।
अदिद्देवानामुप सख्यमायन्धीरासः पुष्टिमवहन्मनायै ।।2।।
पुनर्ये चक्रुः पितरा युवाना सना यूपेव जरणा शयाना ।
ते वाजो विभ्वाँ ऋभुरिन्द्रवन्तो मधुप्सरसो नोऽवन्तु यज्ञम् ।।३।।
यत्संवत्समृभवो गामरक्षन्यत्संवत्समृभवो मा अपिंशन् ।
यत्संवत्समभरन्भासो अस्यास्ताभिः शमीभिरमृतत्वमाशुः ।।४।।
ज्येष्ठ आह चमसा द्वा करेति कनीयान्त्रीन्कृणवामेत्याह ।
कनिष्ठ आह चतुरस्करेति त्वष्ट ऋभवस्तत्पनयद्वचो वः ।।५।।
सत्यमूचुर्नर एवा हि चक्रुरनु स्वधामृभवो जग्मुरेताम् ।
विभ्राजमानांश्चमसाँ अहेवावेनत्त्वष्टा चतुरो ददृश्वान् ।।६।।
द्वादश द्यून्यदगोह्यस्यातिथ्ये रणन्नृभवः ससन्तः ।
सुक्षेत्राकृण्वन्ननयन्त सिन्धून्धन्वातिष्ठन्नोषधीर्निम्नमापः ।।७।।
रथं ये चक्रुः सुवृतं नरेष्ठां ये धेनुं विश्वजुवं विश्वरूपाम् ।
त आ तक्षन्त्वृभवो रयिं नः स्ववसः स्वपसः सुहस्ताः ।।८।।
अपो ह्येषामजुषन्त देवा अभि क्रत्वा मनसा दीध्यानाः ।
वाजो देवानामभवत्सुकर्मेन्द्रस्य ऋभुक्षा वरुणस्य विभ्वा ।।६।।
ये हरी मेधयोक्था मदन्त इन्द्राय चक्रुः सुयुजा ये अश्वा ।
ते रायस्पोषं द्रविणान्यस्मे धत्त ऋभवः क्षेमयन्तो न मित्रम् ।।१०।।
इदाह्नः पीतिमुत वो मदं धुर्न ऋते श्रान्तस्य सख्याय देवाः ।
ते नूनमस्मे ऋभवो वसूनि तृतीये अस्मिन्त्सवने दधात ।।११।।

ऋ. ४.३४.१–११

ऋभुर्विभ्वा वाज इन्द्रो नो अच्छेमं यज्ञं रत्नधेयोप यात ।
इदा हि वो धिषणा देव्यह्नामधात्पीतिं सं मदा अग्मता वः ।।१।।
विदानासो जन्मनो वाजरत्ना उत ऋतुभिर्ऋभवो मादयध्वम् ।
सं वो मदा अग्मत सं पुरंधिः सुवीरामस्मे रयिमेरयध्वम् ।।2।।
अयं वो यज्ञ ऋभवोऽकारि यमा मनुष्वत्प्रदिवो दधिध्वे ।
प्र वोऽच्छा जुजुषाणासो अस्थुरभूत विश्वे अग्रियोत वाजाः ।।३।।
अभूद् वो विधते रत्नधेयमिदा नरो दाशुषे मर्त्याय ।
पिबत वाजा ऋभवो ददे वो महि तृतीयं सवनं मदाय ।।४।।
आ वाजा यातोप न ऋभुक्षा महो नरो द्रविणसो गृणानाः ।
आ वः पीतयोऽभिपित्वे अह्नामिमा अस्तं नवस्व इव ग्मन् ।।५।।
आ नपातः शवसो यातनोपेमं यज्ञं नमसा हूयमानाः ।
सजोषसः सूरयो यस्य च स्थ मध्वः पात रत्नधा इन्द्रवन्तः ।।६।।
सजोषा इन्द्र वरुणेन सोमं सजोषाः पाहि गिर्वणो मरुद्भिः ।
अग्रपाभिऋतुपाभिः सजोषा ग्नास्पत्नीभी रत्नधाभिः सजोषाः ।।७।।
सजोषस आदितयैर्मादयध्वं सजोषस ऋभवः पर्वतेभिः ।
सजोषसो दैव्येना सवित्रा सजोषसः सिन्धुभी रत्नधेभिः ।।८।।
ये अश्विना ये पितरा य ऊती धेनुं ततक्षुर्ऋभवो ये अश्वा ।
ये अंसत्रा य ऋधग्रोदसी ये विभ्वो नरः स्वपत्यानि चक्रुः ।।६।।
ये गोमन्तं वाजवन्तं सुवीरं रयिं धत्थ वसुमन्तं पुरुक्षम् ।
ते अग्रेपा ऋभवो मन्दसाना अस्मे धत्त ये च रातिं गृणन्ति ।।१०।।
नापाभूत न वोऽतीतृषामानिः शस्ता ऋभवो यज्ञे अस्मिन् ।
समिन्द्रेण मदथ सं मरुद्भिः सं राजभी रत्नधेयाय देवाः ।।११।।

ऋ. ४.३५.१–६

इहोप यात शवसो नपातः सौधन्वना ऋभवो माप भूत ।
अस्मिन्हि वः सवने रत्नधेयं गमन्त्विन्द्रमनु वो मदासः ।।१।।
आगन्नृभूणामिह रत्नधेयमभूत्सोमस्य सुषुतस्य पीतिः ।
सुकृत्यया यत्स्वपस्यया चँ एकं विचक्र चमसं चतुर्धा ।।2।।
व्यकृणोत चमसं चतुर्धा सखे वि शिक्षेत्यब्रवीत ।
अथैतं वाजा अमृतस्य पन्थां गणं देवानामृभवः सुहस्ताः ।।३।।
किंमयः स्विच्चमस एष आस यं कव्येन चतुरो चिचक्र ।
अथा सुनुध्वं सवनं मदाय पात ऋभवो मधुनः सोम्यस्य ।।४।।
शच्याकर्त पितरा युवाना याच्याकर्त्त चमसं देवपानम् ।
शच्या हरी धनुतरावतष्टेन्द्रवाहावृभवो वाजरत्नाः ।।५।।
यो वः सुनोत्यभिपित्वे अह्नां तीव्रं वाजासः सवनं मदाय ।
तस्मै रयिमृभवः सर्ववीरमा तक्षत वृषणो मन्दसानाः ।।६।।
प्रातः सुतमपिबो हर्यश्व माध्यन्दिनं सवनं केवलं ते ।
समृभुभिः पिबस्व रत्नधेभिः सखीँयाँ इन्द्र चकृषे सुकृत्या ।।७।।
ये देवासो अभवता सुकृत्या श्येना इवेदधि दिवि निषेद ।
ते रत्नं धात शवसो नपातः सौधन्वना अभवतामृतासः ।।८।।
यत्तृतीयं सवनं रत्नधेयमकृणुध्वं स्वपस्या सुहस्ताः ।
तदृभवः परिषिक्तं व एतत्सं मदेभिरिन्द्रियेभिः पिबध्वम् ।।६।।

ऋ. ४.३६.१–६

अनश्वो जातो अनभीशुरुक्थ्यो३ रथस्त्रिचक्रः परि वर्तते रजः ।
पहत्तद्वो देव्यस्य प्रवाचनं द्यामृभवः पृथिवीं यच्च पुष्यथ ।।१।।
रथं य चक्रुः सुवृतं सुचेतसोऽविह्वरन्तं मनस्परि ध्यया ।
ताँ ऊ न्व१स्य सवनस्य पीतय आ वो वाजा ऋभवो वेदयामसि ।।2।।
तद्वो वाजा ऋभवः सुप्रवाचनं देवेषु विभ्वो अभवन्वमहित्वनम् ।
जिव्री यत्सन्ता पितरा सनाजुरा पुनर्युवाना चरथाय धीतिभिः ।
अथा देवेष्वमृतत्वमानश श्रुष्टी वाजा ऋभवस्तद्व उक्थ्यम् ।।४।।
ऋभुतो रयिः प्रथमश्रवस्तमो वाजश्रुतासो यमजीजनन्नरः ।
विभ्वतष्टो विदथेषु प्रवाच्यो यं देवासोऽवथा स विचर्षणिः ।।५।।
स वाज्यर्वा स ऋषिर्वचस्यया स शूरो अस्ता पृतनासु दुष्टरः ।
स रायस्पोषं स सुवीर्यं दधे यं वाजो विभ्वाँ ऋभवो यमाविषुः ।।६।।
श्रेष्ठं वः पेशो अधि धायि दर्शतं स्तोमो वाजा ऋभवस्तं जुजुष्टन ।
धीरासो हि ष्ठा कवयो विपिश्चतस्तान्व एना ब्रह्मणा वेदयामसि ।।७।।
यूयमस्मभ्यं धिष्णाभ्यस्परि विद्वांसो विश्वा नर्याणि भोजना ।
द्युमन्तं वाजं वृषशुष्ममुत्तममा नो रयिमृभवस्तक्षता वयः ।।८।।
इह प्रजामिह रयिं रराणा इह श्रवो वीरवत्तक्षता नः ।
येन वयं चितयेमात्यन्यान्तं वाजं चित्रमृभवो ददा नः ।।६।।

ऋ. ४.३७.१–८

उप नो वाजा अध्वरमृभुक्षा देवा यात पथिभिर्देवयानैः ।
यथा यज्ञं मनुषो विक्ष्वा३ सु दधिध्वे रण्वाः सुदिनेष्वह्नाम् ।।१।।
ते वो हृदे मनसे सन्तु यज्ञा जुष्टासो अद्य घृतनिर्णिजो गुः ।
प्र वः सुतासो हरयन्त पूर्णाः क्रत्वे दक्षाय हर्षयन्त पीताः ।।2।।
त्र्युदायंदेवहितं यथा वः स्तोमो वाजा ऋभुक्षणो ददे वः ।
जुह्वे मनुष्वदुपरासु विक्षु युष्मे सचा वृहद्दिवेषु सोमम् ।।३।।
पीबोअश्वाः शुचद्रथा हि भूतायः शिप्रा वाजिनः सुनिष्काः ।
इन्द्रस्य सूनो शवसो नपातोऽनु वश्चत्यग्रियं मदाय ।।४।।
ऋभुमृभुक्षणो रयिं वाजे वाजिन्तमं युजम् । इन्द्रस्वन्तं हवामहे सदासातममश्विनम् ।।५।।
सेदृभवो यमवथ यूयमिन्द्रश्च मर्त्यम् । धीभिरस्तु सनिता मेधसाता सो अर्वता ।।६।।
वि नो वाजा ऋभुक्षणः पथश्चितन यष्टवे । अस्मभ्यं सूरयः स्तुता विश्वा आशस्तरीषणि ।।७।।
तं नो वाजा ऋभुक्षण इन्द्र नासत्या रयिम्। समश्वं चर्षणिभ्य आ पुरु शस्त मघत्तये ।।८।।

१६. क्षेत्रपतिः – ऋ. ४.५७.१–३

क्षेत्रस्य पतिना वयं हितेनेव जयामसि । गामश्वं पोषयित्वा स नो मृळातीदृशे ।।१।।
क्षेत्रस्य पते मधुमन्तमूर्मिं धेनुरिव पयो अस्मासु धुक्ष्व ।
मधुश्चुतं घृतमिव सुपूतमृतस्य नः पतयो मृळयन्तु ।।2।।
मधुमतीरोषधीर्द्याव आपो मधुमन्नो भवत्वन्तरिक्षम् ।
क्षेत्रस्य पतिर्मधुमान्नो अस्त्वरिष्यन्तो अन्वेनं चरेम ।।३।।

२०. गावः – सा. ६2६

सहर्षभाः सहवत्सा उदेत विश्वा रूपाणि बिभ्रतीर्द्व्यूध्नीः ।
उरुः पृथुरयं वो अस्तु लोक इमा आपः सुप्रपाणा इह स्त ।।१2।।

२१. त्वष्टा पर्जन्य ब्रह्मणस्पति अदितिः (साग्री. सास्वा.) बहुदेवते इत्येके (सार्षेदी.) – सा. २६६

त्वष्टा नो दैव्यं वचः पर्जन्यो ब्रह्मणस्पतिः।
पुत्रैर्भ्रातृभिरदितिर्नु पातु नो दुष्टरं त्रामणं वचः ।।७।।

22. दधिक्रा – ऋ. ४.३८.2–१०; ४.३९.१–६; सा. ३५८

ऋ. ४.३८.2–१०

उत वाजिनं पुरुनिष्षिध्वानं दधिक्रामु ददथुर्विश्वकृष्टिम् ।
ऋजिप्यं श्येनं प्रुषितप्सुमाशुं चर्कृत्यमर्यो नृपतिं न शूरम् ।।2।।
यं सीमनु प्रवतेव द्रवन्तं विश्वः पूरुर्मदति हर्षमाणः ।
पड्भिर्गृध्यन्तं मेधयुं न शूरं रथतुरं वातमिव ध्रजन्तम् ।।३।।
यः स्मारुन्धानो गध्या समत्सु सनुतरश्चरति गोषु गच्छन् ।
आविर्ऋजीको विदथा निचिक्यत्तिरो अरतिं पर्याय आयोः ।।४।।
उत स्मैनं वस्त्रमथिं न तायुमनु क्रोशन्ति क्षितयो भरेषु ।
नीचायमानं जसुरिं न श्येनं श्रवश्चाच्छा पशुमच्च यूथम् ।।५।।
उत स्मासु प्रथमः सरिष्यन्नि वेवेति श्रेणिभी रथानाम् ।
स्रजं कृण्वानो जन्यो न शुभ्वा रेणुं रेरिहत्किरणं ददश्वान् ।।६।।
उत स्य वाजी सहुरिर्ऋतावा शुश्रुषमाणस्तन्वा समर्ये ।
तुरं यतीषु तुरयन्नृजिप्योऽधि भ्रुवोः किरते रेणुमृंजन् ।।७।।
उत स्मास्य तन्यतोरिव द्योर्ऋघायतो अभियुजो भयन्ते ।
यदा सहस्रमभि षीमयोधीद्दुर्वर्तुः स्मा भवति भीम ऋंजन् ।।८।।
उत स्मास्य पनयन्ति जना जूतिं कृष्टिप्रो अभिभूतिमाशोः ।
उतैनमाहुः समिथे वियन्तः परा दधिक्रा असरत्सहस्रैः ।।९।।
आ दधिक्राः शवसा पंच कृष्टीः सूर्यइव ज्योतिषापस्ततान ।
सहस्रसाः शतसा वाज्यर्वा पृणक्तु मध्वा समिमा वचांसि ।।१०।।

ऋ. ४.३९.१–६

आशुं दधिक्रां तमु नु ष्टवाम दिवस्पृथिव्या उत चर्किराम ।
उच्छन्तीर्मामुषसः सूदयन्त्वति विश्वानि दुरितानि पर्षन् ।।१।।
महश्चर्कर्म्यर्वतः क्रतुप्रा दधिक्राव्णः पुरुवारस्य वृष्णः ।
यं पुरुभ्यो दीदिवांसं नाग्निं ददथुर्मित्रावरुणा ततुरिम् ।।2।।
यो अश्वस्य दधिक्रावणो अकारीत्समिद्धे अग्ना उषसो व्युष्टौ ।
अनागसं तमदितिः कृणोतु स मित्रेण वरुणेना सजोषाः ।।३।।
दधिक्राव्ण इष ऊर्जो महो यदमन्महि मरुतां नाम भद्रम् ।
स्वस्तये वरुणं मित्रमग्निं हवामह इन्द्रं वज्रबाहुम् ।।४।।
इन्द्रमिवेदुभये वि ह्वयन्त उदीराणा यज्ञमुपप्रयन्तः ।
दधिक्रामु सूदनं मर्त्याय ददथुर्मित्रावरुणा नो अश्वम् ।।५।।
दधिक्राव्णो अकारिषं जिष्णोरश्वस्य वाजिनः ।
सुरभि नो मुखा करत्प्र ण आयूंषि तारिषत् ।।६।।

सा. ३५८

दधिक्राव्णो अकारिषं जिष्णोरश्वस्य वाजिनः। सुरभि नो मुखा करत्प्र ण आयूंषि तारिषत्।।७।।

2३. दधिक्रावा – ऋ. ४.४०.१–४

दधिक्राव्ण इदु नु चर्किराम विश्वा इन्मामुषसः सूदयन्तु ।
अपामग्नेरुषसः सूर्यस्यबृहस्पतेरांगिरसस्य जिष्णोः ।।१।।
सत्वा भरिषो गविषो दुवन्यसच्छ्वस्यादिषु उषसस्तुरण्यसत् ।
सत्यो द्रवो द्रवरः पतङ्गरो दधिक्रावेषमूर्जं स्वर्जनत् ।।2।।
उत स्मास्य द्रवतस्तुरण्यतः पर्णं न वेरनु वाति प्रगर्धिनः ।

श्येनस्येव ध्रजतो अंकसं परि दधिक्राव्णः सहोर्जा तरित्रतः ।।३।।
उत स्य वाजी क्षिपणिं तुरण्यति ग्रीवायां बद्धो अपिकक्ष आसनि ।
क्रतुं दधिका अनु संतवीत्वत् पथामंकांस्यन्वापनीफणत् ।।४।।

२४. द्यावापृथिवी – सा. ६22; १५६६–१५६८

सा. ६22

मन्ये वां द्यावापृथिवी सुभोजसौ ये अप्रथेथाममितमभि योजनम् ।
द्यावापृथिवी भवतं स्योने ते नो मुंचतमं हसः ।।८।।

सा. १५६६–१५६८

प्र वां महि द्यवी अभ्युपस्तुतिं भरामहे। शुची उप प्रशस्तये ।।१।।
पुनाने तन्वा मिथः स्वेन दक्षेण राजथः। ऊह्याथे सनादृतम् ।।2।।
मही मित्रस्य साधथस्तरन्ती पिप्रती ऋतम्। परि यज्ञं निषेदथुः ।।३।।

२५. द्यावापृथिव्यौ – ऋ. ४.३८.१; ४.५६.१–७

ऋ. ४.३८.१

उतो हि वां दात्रा सन्ति पूर्वा या पुरुभ्यस्त्रसदस्युर्नितोशे ।
क्षेत्रासां ददथुरुर्वरासां घनं दस्युभ्यो अभिभूतिमुग्रम् ।।१।।

ऋ. ४.५६.१–७

मही द्यावापृथिवी इह ज्येष्ठे रुचा भवतां शुचयद्भिरर्कैः ।
यत्सीं वरिष्ठे बृहती विमिन्वन् रुवद्धोक्षा पप्रथानेभिरेवैः ।।१।।
देवी देवेभिर्यजते यजत्रैरमिनती तस्थतुरुक्षमाणे ।
ऋतावरी अद्रुहा देवपुत्रे यज्ञस्य नेत्री शुचयद्भिरर्कैः ।।2।।
स इत्स्वपा भुवनेष्वास य इमे द्यावापृथिवी जजान ।
उर्वी गभीरे रजसी सुमेके अवंशे धीरः शच्या समैरत् ।।३।।
नू रोदसी बृहद्भिर्नो वरूथैः पत्नीवद्भिरिषयन्ती सजोषाः ।
उरूची विश्वे यजते नि पातं धिया स्याम रथयः सदासाः ।।४।।
प्र वां महि द्यवी अभ्युपस्तुतिं भरामहे। शुची उप प्रशस्तये ।।५।।
पुनाने तन्वा मिथः स्वेन दक्षेण राजथः। ऊह्याथे सनादृतम् ।।६।।
मही मित्रस्य साधथस्तरन्ती पिप्रती ऋतम्। परि यज्ञं नि षेदथुः ।।७।।

२६. प्रजापतिः – सा. ६02

मयि वर्चो अथो यशोऽथो यज्ञस्य यत्पयः। परमेष्ठी प्रजापतिर्दिवि द्यामिव दृंहतु ।।१।।

२७. बृहस्पतिः – ऋ. ४.५०.१–६

यस्तस्तम्भ सहसा वि ज्मो अन्तान्बृहस्पतिस्त्रिषधस्थो रवेण ।
तं प्रत्नास ऋषयो दीध्यानाः पुरो विप्रा दधिरे मन्द्रजिह्वम् ।।१।।
धुनेतयः सुप्रकेतं मदन्तो बृहस्पते अभि ये नस्ततस्रे ।
पृषन्तं सृप्रमदब्धमूर्वं बृहस्पते रक्षतादस्य योनिम् ।।2।।
बृहस्पते या परमा परावदत आ त ऋतस्पृशो नि षेदुः ।
तुभ्यं खाता अवता अद्रिदुग्धा मध्वः श्चेतन्त्यभितो विरप्शम् ।।३।।
बृहस्पतिः प्रथमं जायमानो महो ज्योतिषः परमे व्योमन् ।
सप्तास्यस्तुविजातो रवेण वि सप्तरश्मिरधमत्तमांसि ।।४।।
स सुष्टुभा स ऋक्वता गणेन वलं रुरोज फलिगं रवेण ।
बृहस्पतिरुस्रिया हव्यसूदः कनिक्रदद्वावशतीरुदाजत् ।।५।।
एवा पित्रे विश्वदेवाय वृष्णे यज्ञैर्विधेम नमसा हविर्भिः ।

बृहस्पते सुप्रजा वीरवन्तो वयं स्याम पतयो रयीणाम् ।।६।।
स इद्राजा प्रतिजन्यानि विश्वा शुष्मेण तस्थावभि वीर्येण ।
बृहस्पतिं यः सुभृतं बिभर्ति वल्गूयति वन्दते पूर्वभाजम् ।।७।।
स इत्क्षेति सुधित ओकसि स्वे तस्मा इळा पिन्वते विश्वदानीम् ।
तस्मै विशः स्वयमेवा नमन्ते यस्मिन्ब्रह्मा राजनि पूर्व एति ।।८।।
अप्रतीतो जयति सं धनानि प्रतिजन्यान्युत या सजन्या ।
अवस्यवे यो वरिवः कृणोति ब्रह्मणे राजा तमवन्ति देवाः ।।९।।

२८. रक्षोहाऽग्निः – ऋ. ४.४.१–१५

कृणुष्व पाजः प्रसितिं न पृथ्वीं याहि राजेवामवाँ इभेन ।
तृष्वीमनु प्रसितिं द्रूणानोऽस्तासि विध्य रक्षसस्तपिष्ठैः ।।१।।
तव भ्रमास आशुया पतन्त्यनु स्पृश धृषता शोशुचानः ।
तपूंष्यग्ने जुह्वा पतंगानसंदितो वि सृज विष्वगुल्काः ।।२।।
प्रति स्पशो वि सृज तूर्णितमो भवा पायुर्विशो अस्या अदब्धः ।
यो नो दूरे अघशंसो यो अन्त्यग्ने माकिष्टे व्यथिरा दधर्षीत् ।।३।।
अदग्ने तिष्ठप्रत्या तनुष्व न्य१मित्राँ ओषतात्तिग्महेते ।
यो नो अरातिं समिधान चक्रे नीचा तं धक्ष्यतसं न शुष्कम् ।।४।।
ऊर्ध्वो भव प्रति विध्याध्यस्मदाविष्कृणुष्व दैव्यान्यग्ने ।
अव स्थिरा तनुहि यातुजूनां जामिमजामिं प्र मृणीहि शत्रून् ।।५।।
स ते जानाति सुमतिं यविष्ठ य ईवते ब्रह्मणे गातुमैरत् ।
विश्वान्यस्मै सुदिनानि रायो द्युम्नान्यर्यो वि दुरो अभि द्यौत् ।।६।।
सेदग्ने अस्तु सुभगः सुदानुर्यस्त्वा नित्येन हविषा य उक्थैः ।
पिप्रीषति स्व आयुषि दुरोणे विश्वेदस्मै सुदिना सासदिष्टिः ।।७।।
अर्चामि ते सुमतिं घोष्यर्वाक्सं ते वावाता जरतामियं गीः ।
स्वश्वास्त्वा सुरथा मर्जयेमास्मे क्षत्राणि धारयेरनु द्यून् ।।८।।
इह त्वा भूर्या चरेदुप त्मन्दोषावस्तर्दीदिवांस्मनु द्यून् ।
क्रीळन्तस्त्वा सुमनसः सपेमाभि द्युम्ना तस्थिवांसो जनानाम् ।।९।।
यस्त्वा स्वश्वः सुहिरण्यो अग्न उपयाति वसुमता रथेन ।
तस्य त्राता भवसि तस्य सखा यस्त आतिथ्यमानुषग्जुजोषत् ।।१०।।
महो रुजामि बन्धुता वचोभिस्तन्मा पितुर्गोतमादन्वियाय ।
त्वं नो अस्य वचसश्चिकिद्धि होतर्यविष्ठ सुक्रतो दमूनाः ।।११।।
अस्वप्नजस्तरणयः सुशेवा अतन्द्रासोऽवृका अश्रमिष्ठा ।
ते पायवः सध्र्यंचो निषद्याग्ने तव नः पान्त्वमूर ।।१२।।
ये पायवो मामतेयं ते अग्ने पश्यन्तो अन्धं दुरितादरक्षन् ।
ररक्ष तान्त्सुकृतो विश्ववेदा दिप्सन्त इद्रिपवो नाह देभुः ।।१३।।
त्वया वयं सधन्य१स्त्वोतास्तव प्रणीत्यश्याम वाजान् ।
उभा शंसा सूदय सत्यतातेऽनुष्ठुया कृणुह्यह्रयाण ।।१४।।
अया ते अग्ने समिधा विधेम प्रति स्तोमं शस्यमानं गृभाय ।
दहाशसो रक्षसः पाह्य१ स्मान्द्रुहो निदो मित्रमहो अवद्यात् ।।१५।।

२९. रात्रिः – सा. ६०८

आ प्रागाद्भद्रा युवतिरह्नः केतून्त्समीर्त्सति। अभूद्भद्रा निवेशनी विश्वस्य जगतो रात्री ।।७।।

३०. लिंगोक्ता (साग्री. सास्वा.) द्यावापृथिवी इन्द्राबृहस्पतीभगश्च (सार्षेदी. पृ. ११२) – सा. ६११

यशो मा द्यावापृथिवी यशो मेन्द्रबृहस्पती ।
यशो भगस्य विन्दतु यशो मा प्रतिमुच्यताम् ।
यशस्वया३स्याः संसदोऽहं प्रवहिता स्याम् ।।१०।।

३१. वायुः – ऋ. ४.४७.१; ४.४८.१–५; सा. १६२८

ऋ. ४.४७.१

वायो शुक्रो अयामि ते मध्वो अग्रं दिविष्टिषु। आ याहि सोमपीतये स्पार्हो देव नियुत्वता ।।१।।

ऋ. ४.४८.१–५

विहि होत्रा अवीता विपो न रायो अर्यः। वायवा चन्द्रेण रथेन याहि सुतस्य पीतये ।।१।।
निर्युवाणो अशस्तीर्नियुत्वाँ इन्द्रसारथिः। वायवा चन्द्रेण रथेन याहि सुतस्य पीतये ।।२।।
अनु कृष्णे वसुधिति येमाते विश्वपेशसा। वायवा चन्द्रेण रथेन याहि सुतस्य पीतये ।।३।।
वहन्तु त्वा मनोयुजो युक्तासो नवतिर्नव। वायवा चन्द्रेण रथेन याहि सुतस्य पीतये ।।४।।
वायो शतं हरीणां युवस्य पोष्याणाम्। उत वा ते सहस्रिणो रथ आ यातु पाजसा ।।५।।

सा. १६२८

वायो शुक्रो अयामि ते मध्वो अग्रं दिविष्टिषु। आ याहि सोमपीतये स्पार्हो देव नियुत्वता।।६।।

३२. विश्वेदेवाः – ऋ. ४.५५.१–१०; सा. ५६१

ऋ. ४.५५.१–१०

को वस्त्राता वसवः को वरूता द्यावाभूमही अदिते त्रासीथां नः ।
सहीयसो वरुण मित्र मर्तात्को वोऽध्वरे वरिवो धाति देवाः ।।१।।
प्र ये धामानि पूर्व्याण्यर्चान्वि यदुच्छान्वियोतारो अमूराः ।
विधातारो वि ते दधुरजस्रा ऋतधीतयो रुरुचन्त दस्माः ।।२।।
प्र पस्त्या३मदितिं सिन्धुमर्कैः स्वस्तिमीळे सख्याय देवीम् ।
उभे यथा नो अहनी निपात उषासानक्ता करतामदब्धे ।।३।।
व्यर्यमा वरुणश्चेति पन्थामिषस्पतिः सुवितं गातुमग्निः ।
इन्द्राविष्णू नृवदु षु स्तवाना शर्म नो यन्तममवद्वरूथम् ।।४।।
आ पर्वतस्य मरुतामवांसि देवस्य त्रातुरव्रि भगस्य ।
पात्पतिर्जन्यादंहसो नो मित्रो मित्रियादुत न उरुष्येत् ।।५।।
नू रोदसी अहिना बुध्न्येन स्तुवीत देवी अप्येभिरिष्टैः ।
समुद्रं न संचरणे सनिष्यवो घर्मस्वरसो नद्यो३ अप व्रन् ।।६।।
देवैर्नो देव्यदितिर्नि पातु देवस्त्राता त्रायतामप्रयुच्छन् ।
नहि मित्रस्य वरुणस्य धासिमर्हामसि प्रमियं सान्वग्नेः ।।७।।
अग्निरीशे वसव्यस्याग्निर्महः सौभगस्य। तान्यस्मभ्यं रासते ।।८।।
उषो मघोन्या वह सूनृते वार्या पुरु। अस्मभ्यं वाजिनीवति ।।९।।
तत्सु नः सविता भगो वरुणो मित्रो अर्यमा। इन्द्रो नो राधसा गमत् ।।१०।।

सा. ५६१

इमं वृषणं कृणुतैकमिन्माम् ।।६।।

३३. वैश्वानरः – ऋ. ४.५.१–१५

वैश्वानराय मीळ्हुषे सजोषाः कथा दाशेमाग्नये बृहद्भाः ।
अनूनेन बृहता वक्षथेनोप स्तभायदुपमिन्न रोधः ।।१।।
मा निन्दत य इमां मह्यं रातिं देवो ददौ मर्त्याय स्वधावान् ।
पाकाय गृत्सो अमृतो विचेता वैश्वानरो नृतमो यह्वो अग्निः ।।२।।
साम द्विबर्हा महि तिग्मभृष्टिः सहस्ररेता वृषभस्तुविष्मान् ।
पदं न गोरपगूळहं विविद्वानग्निर्मह्यं प्रेदु वोचन्मनीषाम् ।।३।।

प्र ताँ अग्निर्बभसत्तिग्मजम्भस्तपिष्ठेन शोचिषा यः सुराधाः ।
प्र ये मिनन्ति वरुणस्य धाम प्रिया मित्रस्य चेततो ध्रुवाणि ।।४।।
अभ्रातरो न योषणो व्यन्तः पतिरिपो न जनयो दुरेवाः ।
पापासः सन्तो अनृता असत्या इदं पदमजनता गभीरम् ।।५।।
इदं मे अग्ने कियते पावकामिनते गुरुं भारं न मन्म ।
बृहद्दधाथ धृषता गभीरं यह्वं पृष्ठं प्रयसा सप्तधातु ।।६।।
तमिन्वे३व समना समानमभि क्रत्वा पुनती धीतिरश्याः ।
ससस्य चर्मन्नधि चारु पृश्नेरग्रे रुप आरुपितं जबारु ।।७।।
प्रवाच्यं वचसः किं मे अस्य गुहा हितमुप निणिग्वदन्ति ।
यदुस्रियाणामप वारिव व्रन्पाति प्रियं रुपो अग्रं पदं वेः ।।८।।
इदमु त्यन्महि महामनीकं यदुस्रिया सचत पूर्व्यं गौः ।
ऋतस्य पदे अधि दीद्यानं गुहा रघुष्यद्रघुयद्विवेद ।।९।।
अध द्युतानः पित्रो सचासामनुत गुह्यं चारु पृश्नेः ।
मातुष्पदे परमे अन्ति षद् गोर्वृष्णः शोचिषः प्रयतस्य जिह्वा ।।१०।।
ऋतं वोचे नमसा पृच्छ्यमानस्तवाशसा जातवेदो यदीदम् ।
त्वमस्य क्षयसि यद्ध विश्वं दिवि यदु द्रविणं यत्पृथिव्याम् ।।११।।
किं नो अस्य द्रविणं कद्ध रत्नं वि नो वोचो जातवेदश्चिकित्वान् ।
गुहाध्वनः परमं यन्नो अस्य रेकु पदं न निदाना अगन्म ।।१२।।
का मर्यादा वयुना कद्ध वाममच्छा गमेम रघवो न वाजम् ।
कदा नो देवीरमृतस्य पत्नीः सूरो वर्णेन ततनन्नुषासः ।।१३।।
अनिरेण वचसा फल्वेन प्रतीत्येन कृधुनातृपासः ।
अधा ते अग्ने किमिहा वदन्त्यनायुधास आसता सचन्ताम् ।।१४।।
अस्य श्रिये समिधानस्य वृष्णो वसोरनीकं दम आ रुरोच ।
रुशद्वसानः सुदृशीकरूपः क्षितिर्न राया पुरुवारो अद्यौत् ।।१५।।

३४. शुनाशीरौ – ऋ. ४.५७.५; ८

ऋ. ४.५७.५

शुनासीराविमां वाचं जुषेथां यद्दिवि चक्रथुः पयः। तेनेमामुप सिंचतम् ।।५।।

ऋ. ४.५७.८

शुनं नः फाला वि कृषन्तु भूमिं शुनं कीनाशा अभि यन्तु वाहैः ।
शुनं पर्जन्यो मधुना पयोभिः शुनासीरा शुनमस्मासु धत्तम् ।।८।।

३५. शूनः – ऋ. ४.५७.४

शुनं वाहाः शुनं नरः शुनं कृषतु लांगलम् ।
शुनं वरत्रा बध्यन्तां शुनमष्ट्रामुदिंगय ।।४।।

३६. सविता – ऋ. ४.५४.१–६

अभूद्देवः सविता वन्द्यो नु न इदानीमह्न उपवाच्यो नृभिः ।
वि यो रत्ना भजति मानवेभ्यः श्रेष्ठं नो अत्र द्रविणं यथा दधत् ।।१।।
देवेभ्यो हि प्रथमं यज्ञियेभ्योऽमृतत्वं सुवसि भागमुत्तमम् ।
आदिद्दामानं सवितर्व्यूर्णुषेऽनूचीना जीविता मानुषेभ्यः ।।२।।
अचित्ती यच्चकृमा दैव्ये जने दीनैर्दक्षैः प्रभूती पूरुषत्वता ।
देवेषु च सवितर्मानुषेषु च त्वं नो अत्र सुवतादनागसः ।।३।।
न प्रमिये सवितुर्दैव्यस्य तद्यथा विश्वं भुवनं धारयिष्यति ।
यत्पृथिव्या वरिमन्ना स्वङ्गुरिर्वर्ष्मन्दिवः सुवति सत्यमस्य तत् ।।४।।

इन्द्रजयेष्ठान् बृहद्भ्यः पर्वतेभ्यः क्षयाँ एभ्यः सुवसि पस्त्यावतः ।
यथायथा पतयन्तो बियेमिर एवैव तस्थुः सवितः सवाय ते ।।५।।
ये ते त्रिरहन्त्सवितः सवासो दिवेदिवे सौभगमासुवन्ति ।
इन्द्रो द्यावापृथिवी सिन्धुरद्भिरादित्यैनो अदितिः शर्म यंसत् ।।६।।

३७. सीता – ऋ. ४.५७.६–७

अर्वाची सुभगे भव सीते वन्दामहे त्वा ।
यथा नः सुभगाससि यथा नः सुफलाससि ।।६।।
इन्द्रः सीतां नि गृह्णातु तां पूषानु यच्छतु ।
सा नः पयस्वती दुहामुत्तरामुत्तरां समाम् ।।७।।

३८. सूर्यः – ऋ. ४.४०.५

हंसः शुचिषद्वसुरन्तरिक्षसद्धोता वेदिषदतिथिर्दुरोणसत् ।
नृषद्वरसदृतसद्व्योमसदब्जा गोजा ऋतजा अद्रिजा ऋतम् ।।५।।

५८१. वामदेवो गौतमः (साग्री. सास्वा.) वामदेवः विश्वामित्र इत्येके (सार्षेदी.)

१. इन्द्रः – सा. २६४

इम इन्द्र मदाय ते सोमाश्चिकित्र उक्थिनः ।
मधोः पपान उप नो गिरः शृणु रास्व स्तोत्राय गिर्वणः ।।2।।

५८२. वामदेवो गौतमः (साग्री. सास्वा. सार्षेदी.) यमो वैवस्वती (ऋसर्व. १०.१०.१)

१. इन्द्रः (साग्री. सास्वा.) यमो वैवस्वतः (ऋसर्व.) – ऋ. १०.१०.१; ३; ५–७; ११; १३; सा. ३४०

ऋ. १०.१०.१

ओ चित्सखायं सख्या ववृत्यां तिरः पुरू चिदर्णवं जगन्वान् ।
पितुर्नपातमा दधीत वेधा अधि क्षमि प्रतरं दीध्यानः ।।१।।

ऋ. १०.१०.३

उशन्ति घा ते अमृतास एतदेकस्य चित्त्यजसं मर्त्यस्य ।
नि ते मनो मनसि धाय्यस्मे जन्युः पतिस्तन्व१मा विविश्याः ।।३।।

ऋ. १०.१०.५–७

गर्भे नु नौ जनिता दम्पती कर्देवस्त्वष्टा सविता विश्वरूपः ।
नाकिरस्य प्र मिनन्ति व्रतानि वेद नावस्य पृथिवी उत द्यौः ।।५।।
को अस्य वेद प्रथमस्याह्नः क ईं ददर्श क इह प्र वोचत् ।
बृहन्मित्रस्य वरुणस्य धाम कदु ब्रव आहनो वीच्या नॄन् ।।६।।
यमस्य मा यम्यं१ काम आगन्त्समाने योनौ सहशेय्याय ।
जायेव पत्ये तन्वं रिरिच्यां वि चिद्वृहेव रथ्येव चक्रा ।।७।।

ऋ. १०.१०.११

किं भ्रातासद्यदनाथं भवाति किमु स्वसा यन्निर्ऋतिर्निगच्छात् ।
काममूता बह्वे३ तद्रपामि तन्वा मे तन्वं१ सं पिपृग्धि ।।११।।

ऋ. १०.१०.१३

बतो बतासि यम नैव ते मनो हृदयं चाविदाम ।
अन्या किल त्वां कक्ष्येव युक्तं परि ष्वजाते लिबुजेव वृक्ष्म् ।।१३।।

सा. ३४०

आ त्वा सखायः ववृत्युस्तिरः पुरू चिदर्णवां जगम्याः ।

पितुर्नपातमा दधीत वेधा अस्मिन्क्षये प्रतरां दीद्यानः।।६।।

५८३. वामदेवः गौतमः (साग्री. सार्षेदी.) यमोवैवस्वतः (ऋसर्व.)

१. **इन्द्रः (साग्री. सार्षेदी.) यमीवैवस्वती (ऋसर्व.) – ऋ. १०.१०.2; ४; ८–१०; १2; १४**

ऋ. १०.१०.2

न ते सखा सख्यं वष्टयेतत्सलक्ष्मा यदिषुरूपा भवाति ।
महस्पुत्रासो असुरस्य वीरा दिवो धर्तार उर्विया परि ख्यन् ।।2।।

ऋ. १०.१०.४

न यत्पुरा चकृमा कद्ध नूनमृता वदन्तो अनृतं रपेम ।
गन्धर्वो अप्स्वप्या च योषा सा नो नाभिः परमं जामि तन्नौ ।।४।।

ऋ. १०.१०.८–१०

न तिष्ठन्ति न नि मिषन्त्येते देवानां स्पश इह ये चरन्ति ।
अन्येन मदाहनो याहि तूयं तेन वि वृह रथ्येव चक्रा ।।८।।
रात्रीभिरस्मा अहभिर्दशस्येत्सूर्यस्य चक्षुर्मुहुरुन्मिमीयात् ।
दिवा पृथिव्या मिथुना सबन्धू यमीर्यमस्य बिभृयादजामि ।।९।।
आ घा ता गच्छानुत्तरा युगानि यत्र जामयः कृणवन्नजामि ।
उप बर्बृहि वृषभाय बाहुमन्यमिच्छस्व सुभगे पतिं मत् ।।१०।।

ऋ. १०.१०.१2

न वा उ ते तन्वा तन्वं१ सं पपृच्यां पापमाहुर्यः स्वसारं निगच्छात् ।
अन्येन मत्प्रमुदः कल्पयस्व न ते भ्राता सुभगे वष्ट्येतत् ।।१2।।

ऋ. १०.१०.१४

अन्यम् षु त्वं यम्यन्य उ त्वां परि ष्वजाते लिबुजेव वृक्षम् ।
तस्य वा त्वं मन इच्छा स वा त्वाधा कृणुष्व संविदं सुभद्राम् ।।१४।।

५८४. वामदेवो गौतमः (साग्री. सास्वा. ऋसर्व. ४.१०.१) अग्निः (सार्षेदी.)

१. **अग्निः – सा. ४३४**

अग्ने तमद्याश्वं न स्तोमैः क्रतुं न भद्रं हृदिस्पृशम्। ऋध्यामा त ओहैः ।।८।।

५८५. वामदेवो गौतमः (साग्री. सास्वा.) इन्द्राणी (सार्षेदी.)

१. **इन्द्रः – सा. ३६१**

कश्यपस्य स्वर्विदो यावाहुः सयुजाविति। ययोर्विश्वमपि व्रतं यज्ञं धीरा निचाय्य ।।2।।

५८६. वामदेवः (सा. अजमेर) ऋण त्रसदस्य (सास्वा.)

१. **वाजिनः – सा. ४३५**

आविर्मर्या आ वाजं वाजिनो अग्मं देवस्य सवितुः सवम्। स्वर्गां अर्वन्तो जयत ।।६।।

५८७. वामदेवः काश्यपः असितो देवलो वा (साग्री.) वामदेवः (सार्षेदी.)

१. **अंगिराः – सा. ६३**

राये अग्ने महे त्वा दानाय समिधीमहि। ईडिष्वा हि महे वृषं द्यावा होत्राय पृथिवी ।।३।।

५८८. वामदेवः कश्यपो वा मारीचो मनुर् वा वैवस्वतः उभौ वा (साग्री. सास्वा.) वामदेवः (सार्षेदी.)

१. **अग्निः – सा. ६०**

जातः परेण धर्मणा यत्सवृद्भिः सहाभुवः। पिता यत्कश्यपस्याग्निः श्रद्धा माता मनुः कविः।।१०।।

५८६. वामदेवो गौतमः शाकपूतो वा (साग्री. सास्वा.) वामदेवो गौतमः (सार्षेदी.)

१. **इन्द्रः – सा. ३५३**

आ नो वयो वयःशयं महान्तं गह्वरेष्ठाम्। महान्तं पूर्विणेष्ठामुग्रं वचो अपावधीः ।।2।।

५६०. वारुणिः

१. **अग्निः – य. ११.७2**

परमस्याः परावतो रोहिदश्वऽइहागहि। पुरीष्यः पुरुप्रियोऽग्ने त्वं तरा मृधः ।।७2।।

५६१. वारुणः सत्यधृतिः – द्र. सत्यधृतिर् वारुणिः

५६2. विदर्भिः

१. **अग्निः – य. 20.७८; ७६**

यस्मिन्नश्वासऽऋषभासऽउक्षणो वशा मेषाऽअवसृष्टासऽआहुताः ।
कीलालपे सोमपृष्ठाय वेधसे हृदा मतिं जनय चारुमग्नये ।।७८।।
अहाव्यग्ने हविरास्ये ते स्रुचीव घृतं चम्वीव सोमः ।
वाजसनिं रयिमस्मे सुवीरं प्रशस्तं धेहि यशसं बृहन्तम् ।।७६।।

2. **अश्विसरस्वतीन्द्राः – य. 20.५५–६६; ७३–७७; ८०**

य. 20.५५–६६

समिद्धोऽअग्निरश्विना तप्तो घर्मो विराट् सुतः। दुहे धेनुः सरस्वती सोमं शुक्रमि हेन्द्रियम्।५५।।
तनूपा भिषजा सुते ऽश्विनोभा सरस्वती। मध्वा रजांसीन्द्रियमिन्द्राय पथिभिर्वहान् ।।५६।।
इन्द्रायेन्दुं सरस्वती नराशंसेन नग्नहुम्। अधातामश्विना मधु भेषजं भिषजा सुते ।।५७।।
आजुह्वाना सरस्वतीन्द्रायेन्द्रिाणि वीर्यम्। इडाभिरश्विनाविषं समूर्जं सं रयिं दधुः ।।५८।।
अश्विना नमुचेः सुतं सोमं शुक्रं परिस्रुता। सरस्वती तमा भरद् बर्हिषेन्द्राय पातवे ।।५६।।
कवष्यो न व्यचस्वतीरश्विभ्यां न दुरो दिशः। इन्द्रो न रोदसीऽउभे दुहे कामान्त्सरस्वती।।६०।।
उषासानक्तमाश्विना दिवेन्द्रं सायमिन्द्रियैः। संजानाने सुपेशसा समंजाते सरस्वत्या ।।६१।।
पातं नोऽअश्विना दिवा पाहि नक्तं सरस्वति। दैव्या होतारा भिषजा पातमिन्द्रं सचा सुते।६2।।
तिस्रस्त्रेधा सरस्वत्यश्विना भारतीडा। तीव्रं परिस्रुता सोममिन्द्राय सुषुवुर्मदम् ।।६३।।
अश्विना भेषजं मधु भेषजं नः सरस्वती। इन्द्रे त्वष्टा यशः श्रियं रूपं रूपमधुः सुते ।।६४।।
ऋतुथेन्द्रो वनस्पतिः शशमानः परिस्रुता। कीलालमश्विभ्यां मधु दुहे धेनुः सरस्वती ।।६५।।
गोभिर्न सोममश्विना मासरेण परिस्रुता। समधातं सरस्वत्या स्वाहेन्द्रे सुतं मधु ।।६६।।
अश्विना हविरिन्द्रियं नमुचेर्धिया सरस्वती। आ शुक्रमासुराद्वसु मघमिन्द्राय जभ्रिरे ।।६७।।
यमश्विना सरस्वती हविषेन्द्रमवर्द्धयन्। स बिभेद बलं मघं न मुचावासुरे सचा ।।६८।।
तमिन्द्रं पशवः सचाश्विनोभा सरस्वती। दधानाऽअभ्यनूषत हविषा यज्ञऽइन्द्रियैः ।।६६।।

य. 20.७३–७७

अश्विना गोभिरिन्द्रियमश्वेभिर्वीय ँ बलम् ।
हविषेन्द्रं सरस्वती यजमानमवर्द्धयन् ।।७३।।
ता नासत्या सुपेशसा हिरण्यवर्त्तनी नरा ।
सरस्वती हविष्मतीन्द्र कर्मसु नोऽवत ।।७४।।
ता भिषजा सुकर्मणा सा सुदुघा सरस्वती ।
स वृत्रहा शतक्रतुरिन्द्राय दधुरिन्द्रियम् ।।७५।।
युवं सुराममश्विना नमुचावासुरे सचा ।
विपिपानाः सरस्वतीन्द्रं कर्मस्वावत ।।७६।।

पुत्रमिव पितरावश्विनोभेन्द्रावथुः काव्यैर्दंसनाभिः ।
यत्सुरामं व्यपिबः शचीभिः सरस्वती त्वा मघवन्नभिष्णक् ।।७७।।

य. २०.८०

अश्विना तेजसा चक्षुः प्राणेन सरस्वती वीर्यम्। वाचेन्द्रो बलेनेन्द्राय दधुरिन्द्रियम् ।।८०।।

३. **इन्द्र–सवितृ–वरुणः – य. २०.७०–७२**

यऽइन्द्रऽइन्द्रियं दधुः सविता वरुणो भगः। स सुत्रामा हविष्पतिर्यजमानाय सश्चत ।।७०।।
सविता वरुणो दधद्यजमानाय दाशुषे। आदत्त नमुचेर्वसु सुत्रामा बलमिन्द्रियम् ।।७१।।
वरुणः क्षत्रमिन्द्रियं भगेन सविता श्रियम्। सुत्रामा यशसा बलं दधाना यज्ञमाशत ।।७२।।

५६३. विधृतिः

१. **अग्निः – य. १७.६५–६९**

क्रमध्वमग्निना नाकमुख्यं हस्तेषु बिभ्रतः ।
दिवस्पृष्ठं स्वर्गत्वा मिश्रा देवेभिराध्वम् ।।६५।।
प्राचीमनु प्रदिशं प्रेहि विद्वानग्नेरग्ने पुरोऽअग्निर्भवेह ।
विश्वाऽआशा दीद्यानो विभा ह्यूर्जं नो धेहि द्विपदे चतुष्पदे ।।६६।।
पृथिव्याऽअहमुदन्तरिक्षमारुहमन्तरिक्षाद्दिवामारुहम् ।
दिवो नाकस्य पृष्ठात् स्वर्ज्योतिरगामहम् ।।६७।।
स्वर्यन्तो नापेक्षन्तऽआ द्यां रोहन्ति रोदसी ।
यज्ञं ये विश्वतोधारं सुविद्वांसो वितेनिरे ।।६८।।
अग्ने प्रहि प्रथमो देवयतां चक्षुर्देवानामुत मर्त्यानाम् ।
इयक्षमाणा भृगुभिः सजोषाः स्वर्य्यन्तु यजमानाः स्वस्ति ।।६९।।

2. **इन्द्रः – य. १७.६३**

वाजस्य मा प्रसवऽउद्ग्राभेणोदग्रभीत्। अधा सपत्नानिन्द्रो मे निग्राभेणाधराँ2ऽ अकः ।।६३।।

३. **इन्द्राग्निः – य. १७.६४**

उद्ग्राभं च निग्राभं च ब्रह्म देवाऽअवीवृधन्। अधा सपत्नानिन्द्राग्नी मे विषूचीनान्व्यस्यताम्।६४।

४. **यज्ञः – य. १७.६2**

देवहूर्यज्ञऽआ च वक्षत्सुम्नहूर्यज्ञऽआ च वक्षत्। यज्ञदग्निर्देवो देवाँ2ऽ आ च वक्षत् ।।६2।।

५६४. विप्रजूतिः

१. **केशिनः – ऋ. १०.१३६.३**

उन्मदिता मौनेयेन वाताँ आ तस्थिमा वयम्। शरीरेदस्माकं यूयं मर्तासो अभि पश्यथ ।।३।।

५६५. विप्रबन्धुः

१. **बृहस्पतिः – य. ३.2८**

सोमानं स्वरणं कृणुहि ब्रह्मणस्पते। कक्षीवन्तं यऽऔशिजः ।।2८।।

५६६. विभ्राट्

१. **सूर्यः – य. ३३.३०**

विभ्राड् बृहत्पिबतु सोम्यं मध्वायुर्दधद्यज्ञपताविवह्रुतम् ।
वातजूतो योऽअभिरक्षति त्मना प्रजाः पुपोष पुरुधा वि राजति ।।३०।।

५६७. विभ्राट् सौर्यः

१. **सूर्यः – ऋ. १०.१७०.१–४; सा. ६2८; १४५३–१४५५**

ऋ. १०.१७०.१–४

विभ्राड् बृहत्पिबतु सोम्यं मध्वायुर्दधद्यज्ञपतावविह्रुतम् ।
वातजूतो यो अभिरक्षति त्मना प्रजाः पुपोष पुरुधा वि राजति ।।१।।
विभ्रड् बृहत्सुभृतं वाजसातमं धर्मन्दिवो धरुणे सत्यमर्पितम् ।
अमित्रहा वृत्रहा दस्युहन्तमं ज्योतिर्जज्ञे असुरहा सपत्नहा ।।2।।
इदं श्रेष्ठं ज्योतिषां ज्योतिरुत्तमं विश्वजिद्धनजिदुच्यते बृहत् ।
विश्वभ्राड् भ्राजो महि सूर्यो दृश उरु पप्रथे सह ओजो अच्युतम् ।।३।।
विभ्राजंज्योतिषा स्व१रगच्छो रोचनं दिवः ।
येनेमा विश्वा भुवनान्याभृता विश्वकर्मणा विश्वदेव्यावता ।।४।।

सा. ६२८

विभ्राड् बृहत्पिबतु सोम्यं मध्वायुर्दधद्यज्ञपतावविह्रुतम् ।
वातजूतो यो अभिरक्षति त्मना प्रजाः पिपर्ति बहुधा वि राजति ।।2।।

सा. १४५३–१४५५

विभ्राड् बृहत्पिबतु सोम्यं मध्वायुर्दधद्यज्ञपतावविह्रुतम् ।
वातजूतो यो अभिरक्षति त्मना प्रजाः पिपर्ति बहुधा वि राजति ।।१।।
विभ्राड् बृहत्सुभृतं वाजसातमं धर्मं दिवो धरुणे सत्यमर्पितम् ।
अमित्रहा वृत्रहा दस्युहन्तमं जयोतिर्जज्ञे असुरहा सपत्नहा ।।2।।
इदं श्रेष्ठं जयोतिषां ज्योतिरुत्तमं विश्वजिद्धनजिदुच्यते बृहत् ।
विश्वभ्राड् भ्राजो महि सूर्यो दृश उरु पप्रथे सह ओजो अच्युतम् ।।३।।

५६८. विमद ऐन्द्रः वसुकृद्वा वासुक्रः (साग्री. सास्वा.) विमद ऐन्द्रः वसुकृद्वा वसुक्रो वा प्राजापत्यः (ऋसर्व.) वसुकृदृषि विमदो वा (सार्षेदी.)

१. अग्निः – ऋ. १०.२०.१–१०; १०.२१.१–८; सा. ३३४

ऋ. १०.२०.१–१०

भद्रं नो अपि वातय मनः ।।१।।
अग्निमीळे भुजां यविष्ठं शासा मित्रं दुर्धरीतुम् । यस्य धर्मन्त्स्व१रेनीः सपर्यन्ति मातुरूधः ।।2।।
यमासा कृपनीळं भासाकेतुं वर्धयन्ति । भ्राजते श्रेणिदन् ।।३।।
अर्यो विशां गातुरेति प्र यदानड् दिवो अन्तान्। कविरभ्रं दीद्यानः ।।४।।
जुषद्धव्या मानुषस्योर्ध्वस्तस्थावृभ्वा यज्ञे। मिन्वन्त्सद्म पुर एति ।।५।।
स हि क्षेमो हविर्यज्ञः श्रुष्टीदस्य गातुरेति । अग्निं देवा वाशीमन्तम् ।।६।।
यज्ञासाहं दुव इषेऽग्निं पूर्वस्य शेवस्य । अद्रेः सूनुमायुमाहुः ।।७।।
नरो ये के चास्मदा विश्वेत्ते वाम आ स्युः। अग्निं हविषा वर्धन्तः ।।८।।
कृष्णः श्वेतोऽरुषो यामो अस्य ब्रध्न ऋज्र उत शोणो यशस्वान् ।
हिरण्यरूपं जनिता जजान ।।६।।
एवा ते अग्ने विमदो मनीषमूर्जो नपादमृतेभिः सजोषाः ।
गिर आ वक्षत्सुमतीरियान इषमूर्जं सुक्षितिं विश्वमाभाः ।।१०।।

ऋ. १०.२१.१–८

अग्निं न स्ववृक्तिभिर्होतारं त्वावृणीमहे ।
यज्ञाय स्तीर्णबर्हिषे वि वो मदे शीरं पावकशोचिषं विवक्षसे ।।१।।
त्वामु ते स्वाभुवः शुम्भन्त्यश्वराधसः ।
वेति त्वामुपसेचनी वि वो मद ऋजीतिरग्न आहुतिर्विवक्षसे ।।2।।
त्वे धर्माण आसते जुहूभिः सिंचतीरिव ।
कृष्णा रूपाण्यर्जुना वि वो मदे विश्वा अधि श्रियो धिषे विवक्षसे ।।३।।

यमग्ने मन्यसे रयिं सहसावन्नमर्त्य ।
तमा नो वाजसातये वि वो मदे यज्ञेषु चित्रमा भरा विवक्षसे ।।४।।
अग्निर्जातो अथर्वणा विदद्विश्वानि काव्या ।
भुवद्दूतो विवस्वतो वि वो मदे प्रियो यमस्य काम्यो विवक्षसे ।।५।।
त्वां यज्ञेष्वीळतेऽग्ने प्रयत्यध्वरे ।
त्वं वसूनि काम्या वि वो मदे विश्वा दधासि दाशुषे विवक्षसे ।।६।।
त्वां यज्ञेष्वृत्विजं चारुमग्ने नि षेदिरे ।
धृतप्रतीकं मनुषो वि वो मदे शुक्रं चेतिष्ठमक्षभिर्विवक्षसे ।।७।।
अग्ने शुक्रेण शेचिषोरु प्रथयसे बृहत् ।
अभिक्रन्दन्वृषायसे वि वो मदे गर्भं दधासि जमिषु विवक्षसे ।।८।।

सा. ३३४

यजामह इन्द्रं वज्रदक्षिणं हरीणां रथ्यां३विव्रतानाम् ।
प्र श्मश्रुभिर्दोधुवदूर्ध्वधा भुवद्वि सेनाभिर्भयमानो वि राधसा ।।३।।

2. अश्विनौ – ऋ. १०.२४.४–६

युवं शक्रा मायाविना समीची निरमन्थतम् ।
विमदेन यदीळिता नासत्या निरमन्थतम् ।।४।।
विश्वे देवा अकृपन्त समीच्योर्निष्पतन्त्योः ।
नासत्यावब्रुवन्देवाः पुनरा वहतादिति ।।५।।
मधुमन्मे परायणं मधुमत्पुनरायनम् ।
ता नो देवा देवतया युवं मधुमतस्कृतम् ।।६।

३. इन्द्रः – ऋ. १०.22.१–१५; १०.२३.१–७; १०.२४.१–३

ऋ. १०.22.१–१५

कुह श्रुत इन्द्रः कस्मिन्नद्य जने मित्रो न श्रूयते ।
ऋषीणां वा यः क्षये गुहा वा चर्कृषे गिरा ।।१।।
इह श्रुत इन्द्रो अस्मे अद्य स्तवे वज्र्यृचीषमः ।
मित्रो न यो जनेष्वा यशश्चक्रे असाम्या ।।2।।
महो यस्पतिः शवसो असाम्या महो नृम्णस्य तूतुजिः ।
भर्ता वज्रस्य धृष्णोः पिता पुत्रमिव प्रियम् ।।३।।
युजानो अश्वा वातस्य धुनी देवो देवस्य वज्रिवः ।
स्यन्ता पथा विरुक्मता सृजानः स्तोष्यध्वनः ।।४।।
त्वं त्या चिद्वातस्याश्वागा ऋज्रा त्मना वहध्यै ।
ययोर्देवो न मर्त्यो यन्ता नकिर्विदाय्यः ।।५।।
अध ग्मन्तोशना पृच्छते वां कदर्था न आ गृहम् ।
आ जग्मथुः पराकाद्दिवश्च ग्मश्च मर्त्यम् ।।६।।
आ न इन्द्र पृक्षसेऽस्माकं ब्रह्मोद्यतम् ।
तत्त्वा याचामहेऽवः शुष्णं यद्धन्नमानुषम् ।।७।।
अकर्मा दस्युरभि नो अमन्तुरन्यव्रतो अमानुषः ।
त्वं तस्या मित्रहन्वधर्दासस्य दम्भय ।।८।।
त्वं न इन्द्र शूर शूरैरुत त्वोतासो बर्हणा ।
पुरुत्रा ते वि पूर्तयो नवन्त क्षोणयो यथा ।।६।।
त्वं तान्वृत्रहत्ये चोदयो नृन्कार्पाणे शूर वज्रिवः ।
गुहा यदी कवीनां विशां नक्षत्रशवसाम् ।।१०।।
मक्षू ता त इन्द्र दानाप्नस आक्षाणे शूर वज्रिवः ।

यद्ध शुष्णस्य दम्भयो जातं विश्वं सयावभिः ।।११।।
माकुध्र्यगिन्द्र शूर वस्वीरस्मे भूवन्नभिष्टयः ।
वयंवयं त आसां सुम्ने स्याम वज्रिवः ।।१२।।
अस्मे ता त इन्द्र सन्तु सत्याहिंसन्तीरुपस्पृशः ।
विद्याम यासां भुजो धेनूनां न वज्रिवः ।।१३।।
अहस्ता यदपदी वर्धत क्षाः शचीभिर्वेद्यानाभ् ।
शुष्णं परि प्रदक्षिणिद्विश्वायवे नि शिश्नथः ।।१४।।
पिबापिबेदिन्द्र शूर सोमं मा रिषण्यो वसवान वसुः सन् ।
उत त्रायस्व गृणतो मघोनो महश्च रायो रेवतस्कृधी नः ।।१५।।

ऋ. १०.२३.१–७

यजामह इन्द्रं वज्रदक्षिणं हरीणां रथ्यं१ विव्रतानाम् ।
प्र श्मश्रु दोधुवदूर्ध्वथा भूद्वि सेनाभिर्दयमानो वि राधसा ।।१।।
हरी न्वस्य या वने विदे वस्विन्द्रो मघैर्मघवा वृत्रहा भुवत् ।
ऋभुर्वाज ऋभुक्षाः पत्यते शवोऽव क्ष्णौमि दासस्य नाम चित् ।।२।।
यदा वज्रं हिरण्यमिदथा रथं हरी यमस्य वहतो वि सूरिभिः ।
आ तिष्ठति मघवा सनश्रुत इन्द्रो वाजस्य दीर्घश्रवसस्पतिः ।।३।।
सो चिन्नु वृष्टिर्यूथ्या३ स्वा सचाँ इन्द्रः श्मश्रूणि हरिताभि प्रुष्णुते ।
अव वेति सुक्ष्यं सुते मधुदिद् धूनोति वातो यथा वनम् ।।४।।
यो वाचा विवाचो मृध्रवाचः पुरू सहस्राशिवा जघान ।
तत्तदिदस्य पौंस्यं गृणीमसि पितेव यस्तविषीं वावृधे शवः ।।५।।
स्तोमं त इन्द्र विमदा अजीजनन्नपूर्व्यं पुरुत्मं सुदानवे ।
विद्मा ह्यस्य भेजनमिनस्य यदा पशुं न गोपाः करामहे ।।६।।
माकिर्न एना सख्या वि यौषुस्तव चेन्द्र विमदस्य च ऋषेः ।
विद्मा हि ते प्रमतिं देव जामिवदस्मे ते सन्तु सख्या शिवानि ।।७।।

ऋ. १०.२४.१–३

इन्द्र सोममिमं पिब मधुमन्तं चमू सुतम् ।
अस्मे रयिं नि धारय वि वो मदे सहस्रिणं पुरूवसो विवक्षसे ।।१।।
त्वां यज्ञेभिरुक्थैरुप हव्येभिरीमहे ।
शचीपते शचीनां वि वो मदे श्रेष्ठं नो धेहि वार्यं विवक्षसे ।।२।।
यस्पतिर्वार्याणामसि रध्रस्य चोदिता ।
इन्द्र स्तोतृणामविता वि वो मदे द्विषो नः पाह्यंहसो विवक्षसे ।।३।।

४. पूषा – ऋ. १०.२६.१–९

प्र ह्यच्छा मनीषः स्पार्हा यन्ति नियुतः। प्र दस्रा नियुद्रथः पूषा अवष्टु माहिनः ।।१।।
यस्य त्यन्महित्वं वाताप्यमयं जनः। विप्र आ वंसद्धीतिभिश्चिकेत सुष्टुतीनाम् ।।२।।
स वेद सुष्टुतीनामिन्दुर्न पूषा वृषा। अभि प्सुरः प्रुषायति व्रजं न आ प्रुषायति ।।३।।
मंसीमहि त्वा वयमस्माकं देव पूषन्। मतीनां च साधनं विप्राणां चाधवम् ।।४।।
प्रत्यर्धिर्यज्ञानामश्वहयो रथानाम्। ऋषिः स यो मनुर्हितो विप्रस्य यावयत्सखः ।।५।।
आधीषमाणायाः पतिः शुचायाश्च शुचस्य च। वासोवायोऽवीनामा वासांसि मर्मृजत् ।।६।।
इनो वाजानां पतिरिनः पुष्टीनां सखा। प्र श्मश्रु हर्यतो दूधोद्वि वृथा यो अदाभ्यः ।।७।।
आ ते रथस्य पूषन्नजा धुरं ववृत्युः। विश्वस्यार्थिनः सखा सनोजा अनपच्युतः ।।८।।
अस्माकमूर्जा रथं पूषा अविष्टु माहिनः। भुवद्वाजानां वृध इमं नः शृणवद्धवम् ।।९।।

५. सोमः – ऋ. १०.२५.१–११

भद्रं नो अपि वातय मनो दक्षमुत क्रतुम् ।
अधा ते सख्ये अन्धसो वि वो मदे रणन्गावो न यवसे विवक्षसे ।।१।।
हृदिस्पृशस्त आसते विश्वेषु सोम धामसु ।
अधा कामा इमे मम वि वो मदे तिष्ठन्ते वसूयवो विवक्षसे ।।2।।
उत व्रतानि सोम ते प्राहं मिनामि पाक्या ।
अधा पितेव सूनवे वि वो मदे मृळा नो अभि चिद्वधाद्विवक्षसे ।।३।।
समु प्र यन्ति धीतयः सर्गासोऽवताँ इव ।
क्रतुं नः सोम जीवसे वि वो मदे धारया चमसाँ इव विवक्षसे ।।४।।
तव त्ये सोम शक्तिभिर्निकामासो व्यृण्विरे ।
गृत्सस्य धीरास्तवसो वि वो मदे व्रजं गोमन्तमश्विनं विवक्षसे ।।५।।
पशुं नः सोम रक्षसि पुरुत्रा विष्ठितं जगत् ।
समाकृणोषि जीवसे वि वो मदे विश्वा सम्पश्यन्भुवना विवक्षसे ।।६।।
त्वं नः सोम विश्वतो गोपा अदाभ्यो भव ।
सेध राजन्नप स्रिधो वि वो मदे मा नो दुःशंस ईशता विवक्षसे ।।७।।
त्वं नः सोम सुक्रतुर्वयोधेयाय जागृहि ।
क्षेत्रवित्तरो मनुषो वि वो मदे द्रुहोः नः पाह्यंहसो विवक्षसे ।।८।।
त्वं नो वृत्रहन्तमेन्द्रस्येन्दो शिवः सखा ।
यत्सीं हवन्ते समिथे वि वो मदे युध्यमानास्तोकसातौ विवक्षसे ।।९।।
अयं घ स तुरो मद इन्द्रस्य वर्धत प्रियः ।
अयं कक्षीवतो महो वि वो मदे मतिं विप्रस्य वर्धयद्विवक्षसे ।।१०।।
अयं विप्राय दाशुषे वाजाँ इयर्ति गोमतः ।
अयं सप्तभ्य आ वरं वि वो मदे प्रान्धं श्रोणं च तारिषद्विवक्षसे ।।११।।

५९९. विमद ऐन्द्रः (साग्री. सास्वा.) प्राजापत्यो वा वसुकृद्वा वासुक्र (ऋसर्व. १०.२१.१; १०.२५.१) गोतमः (सार्षेदी.)

१. अग्निः – सा. ४20

आग्निं न स्ववृक्तिभिर्होतारं त्वा वृणीमहे ।
शीरं पावकशोचिषं वि वो मदे यज्ञेषु स्तीर्णबर्हिषं विवक्षसे ।।2।।

2. सोमाः – सा. ४22

भद्रं नो अपि वातय मनो दक्षमुत क्रतुम् ।
अथा ते सख्ये अन्धसो वि वो मदे राणा गावो न यवसे विवक्षसे ।।४।।

६००. विरुपः

१. अग्निः – ऋ. ८.७५.१–१६; अ. 20.१.३; 20.१३2.१–१६; 20.१३४.१–६; 20.१३५.१–१३; 20.१३६.१–१६; य. ३.१2; ११.७१; १2.३६–३९; ११६; १३.३७–४५; १३.४७–५१

ऋ. ८.७५.१–१६

युक्ष्वा हि देवहुतमाँ अश्वाँ अग्ने रथीरिव। नि होता पूर्व्यः सदः ।।१।।
उत नो देव देवाँ अच्छा वोचो विदुष्टरः। श्रद्विश्व वार्या कृधि ।।2।।
त्वं ह यद्यविष्ठ्य सहसः सूनवाहुत। ऋतावा यज्ञियो भुवः ।।३।।
अयमग्निः सहस्रिणो वाजस्य शतिनस्पतिः। मूर्धा कवी रयीणम् ।।४।।
तं नेमिमृभवो यथा नमस्व सहूतिभिः। नेदीयो यज्ञमंगिरः ।।५।।
तस्मै नूनमभिद्यवे वाचा विरूप नित्यया। वृष्णे चोदस्व सुष्टुतिम् ।।६।।

कमु ष्विदस्य सेनयाग्नेरपाकचक्षसः। पणिं गोषु स्तरामहे ।।७।।
मा नो देवानां विशः प्रस्नातीरिवोस्राः। कृशं न हासुरध्न्याः। ।।८।।
मा नः समस्य दूढ्यः परिद्वेषसो अंहतिः। ऊर्मिर्न नावमा वधीत् ।।९।।
नमस्ते अग्न ओजसे गृणन्ति देव कृष्टयः। अमैरमित्रमर्दय ।।१०।।
कुवित्सु नो गविष्टयेऽग्ने संवेषिषो रयिम्। उरुकृदुरुणस्कृधि ।।११।।
मा नो अस्मिन्महाधने परा वर्ग्भारभृद्यथा। संवर्गं सं रयिं जय ।।१२।।
अन्यमस्मद्भिया इयमग्ने सिषक्तु दुच्छुना। वर्धा नो अमवच्छवः ।।१३।।
यस्याजुषन्नमस्विनः शमीभदुर्मखसस्य वा। तं घेदग्निर्वृधावति ।।१४।।
परस्या अधि संवतोऽवराँ अभ्या तर। यत्राहमस्मि ताँ अव ।।१५।।
विद्मा हि ते पुरा वयमग्ने पितुर्यथावसः। अधा ते सुम्नमीमहे ।।१६।।

अ. २०.१.३

उक्षान्नाय वशान्नाय सोमपृष्ठाय वेधसे। स्तोमैर्विधेमाग्नये ।।३।।

अ. २०.१३२.१–१६

आदलाबुकमेककम् ।।१।।
अलाबुकं निखातकम् ।।२।।
कर्करिको निखातकः ।।३।।
तद् वात उन्मथायति ।।४।।
कुलायं कृणवादिति ।।५।।
उग्रं वनिषदाततम् ।।६।।
न वनिषदनाततम् ।।७।।
क एषां कर्करी लिखत् ।।८।।
क एषां दुन्दुभिं हनत् ।।९।।
यदीयं हनत् कथं हनत् ।।१०।।
देवी हनत् कुहनत् ।।११।।
पर्यागारं पुनःपुनः ।।१२।।
त्रीण्युष्ट्रस्य नामानि ।।१३।।
हिरण्य इत्येके अब्रवीत् ।।१४।।
द्वौ वा ये शिशवः ।।१५।।
नीलशिखण्डवाहनः ।।१६।।

अ. २०.१३४.१–६

इहेत्थ प्रागपागुदगधराग्–अरालागुदभर्त्सथ ।।१।।
इहेत्थ प्रागपागुदगधराग्–वत्साः पुरुषन्त आसते ।।२।।
इहेत्थ प्रागपागुदगधराग्–स्थालीपाको वि लीयते ।।३।।
इहेत्थ प्रागपागुदगधराग्–स वै पृथु लीयते ।।४।।
इहेत्थ प्रागपागुदगधराग्–आष्टे लाहणि लीशाथी ।।५।।
इहेत्थ प्रागपागुदगधराग्–अक्ष्लिली पुच्छिलीयते ।।६।।

अ. २०.१३५.१–१३

भुगित्यभिगतः शलित्यपक्रान्तः फलित्यभिष्ठितः ।
दुन्दुभिमाहननाभ्यां जरितरोऽथामो दैव ।।१।।
कोशबिले रजनि ग्रन्थेर्धानमुपानहि पादम् ।
उत्तमां जनिमां जन्यानुत्तमां जनीन् वर्त्मन्यात् ।।२।।
अलाबूनि पृषाताकान्यश्वत्थपलाशम् ।

पिपीलिकावटश्वसो विद्युत्स्वापर्णशफो गोशफो जरितरोऽथामो दैव ।।३।।
वीमे देवा अक्रंसताध्वर्यो क्षिप्रं प्रचर ।
सुसत्यमिद् गवामस्यसि प्रखुदसि ।।४।।
पत्नी यदृश्यते पत्नी यक्ष्यमाणा जरितरोऽथामो दैव ।
होता विष्टीमेन जरितरोऽथामो दैव ।।५।।
आदित्या ह जरितरंगिरोभ्यो दक्षिणामनयन् ।
तां ह जरितः प्रत्यायंस्तामु ह जरितः प्रत्यायन् ।।६।।
तां ह जरितर्नः प्रत्यगृभ्णंस्तामु ह जरितर्नः प्रत्यगृभ्णः ।
अजानेतरसं न वि चेतनानि यज्ञानेतरसं न पुरोगवामः ।।७।।
उत श्वेत आशुपत्वा उतो पद्याभिर्यविष्ठः ।
उतेमाशु मानं पिपर्ति ।।८।।
आदित्या रुद्रा वसवस्त्वेनु त इदं राधः प्रति गृभ्णीह्यंगिरः ।
इदं राधो विभु प्रभु इदं राधो बृहत् पृथु ।।९।।
देवा ददत्वासुरं तद् वो अस्तु सुचेतनम् ।
युष्माँ अस्तु दिवेदिवे प्रत्येव गृभायत ।।१०।।
त्वमिन्द्र शर्मरिणा हव्यं पारावतेभ्यः ।
विप्राय स्तुवते वसुवनिं दुरश्रवसे वह ।।११।।
त्वमिन्द्र कपोताय च्छिन्नपक्षाय वंचते ।
श्यामाकं पक्वं पीलु च वारस्मा अकृणोर्बहुः ।।१२।।
अरंगरो वावदीति त्रेधा बद्धो वरत्रया ।
इरामह प्रशंसत्यनिरामप सेधति ।।१३।।

अ. २०.१३६.१–१६

यदस्या अंहुभेद्याः कृधु स्थूलमुपातसत् ।
मुष्काविदस्या एजतो गोशफो शकुलाविव ।।१।।
यदा स्थूलेन पससाणौ मुष्का उपावधीत् ।
विष्वंचा वस्या वर्धतः विकतास्वेव गर्दभौ ।।२।।
यदल्पिकास्वल्पिका कर्कन्धूकेव पद्यते ।
वासन्तिकमिव तेजनं यन्त्यवाताय वित्पति ।।३।।
यद् देवासो ललामगुं प्रविष्टीमिनमाविषुः ।
सकुला देदिश्यते नारी सत्यस्याक्षिभुवो यथा ।।४।।
महानग्न्यतृप्नद्वि मोक्रददस्थानासरन् ।
शक्तिकानना स्वचमशकं सक्तु पद्यम ।।५।।
महानग्न्युलूखलमतिक्रामन्त्यब्रवीत् ।
यथा तव वनस्पते निरघ्नन्ति तथैवेति ।।६।।
महानग्न्युप ब्रूते भ्रष्टोऽथाप्यभूभुवः ।
यथैव ते वनस्पते पिप्पति तथैवेति ।।७।।
महानग्न्युप ब्रूते भ्रष्टोऽथाप्यभूभुवः ।
यथा वयो विदाह्य स्वर्गे नमवदह्यते ।।८।।
महानग्न्युप ब्रूते स्वसावेशितं पसः ।
इत्थं फलस्य वृक्षस्य शूर्पे शूर्पं भजेमहि ।।९।।
महानग्नी कृकवाकं शम्यया परि धावति ।
अयं न विद्म यो मृगः शीर्ष्णा हरति धाणिकाम् ।।१०।।
महानग्नी महानग्नं धावन्तमनु धावति ।
इमास्तदस्य गा रक्ष यभ मामद्ध्यौदनम् ।।११।।

सुदेवस्त्वा महानग्नीर्बबाधते महतः साधु खोदनम् ।
कुसं पीबरो नवत् ।।१२।।
वशा दग्धामिमाङ्गुरिं प्रसृजतोऽग्रतं परे ।
महान् वै भद्रो यभ मामद्ध्यौदनम् ।।१३।।
विदेवस्त्वा महानग्नीर्विबाधते महतः साधु खोदनम् ।
कुमारिका पिंगलिका कार्द भस्मा कु धावति ।।१४।।
महान् वै भद्रो बिल्वो महान् भद्र उदुम्बरः ।
महाँ अभिक्त बाधते महतः साधु खोदनम् ।।१५।।
यः कुमारी पिंगलिका वसन्तं पीबरी लभेत् ।
तैलकुण्डमिमाङ्गुष्ठं रोदन्तं शुदमुद्धरेत् ।।१६।।

य. ३.१२

अग्निर्मूर्द्धा दिवः ककुत्पतिः पृथिव्याऽअयम्। अपां रेतांसि जिन्वति ।।१२।।

य. ११.७१

परस्याऽअधि संवतोऽवराँ2ऽअभ्यातर। यत्राहमस्मि ताँ2ऽअव ।।७१।।

य. १२.३६–३९

अप्स्वग्ने सधिष्टव सौषधीरनु रुध्यसे। गर्भे सन् जायसे पुनः ।।३६।।
गर्भोऽअस्योषधीनां गर्भो वनस्पतीनाम्। गर्भो विश्वस्य भूतस्याग्ने गर्भोऽअपामसि ।।३७।।
प्रसद्य भस्मना योनिमपश्च पृथिवीमग्ने। संसृज्य मातृभिष्ट्वं ज्योतिष्मान् पुनरासदः ।।३८।।
पुनरासद्य सदनमपश्च पृथिवीमग्ने। शेषे मातुर्यथोपस्थेऽनतरस्यां शिवतमः ।।३९।।

य. १२.११६

तुभ्यं ताऽअंगिरस्तम विश्वाः सुक्षितयः पृथक्। अग्ने कामाय येमिरे ।।११६।।

य. १३.३७–४५

युक्ष्वा हि देवहूतमाँ2ऽअश्वाँ2ऽअग्ने रथीरिव । नि होता पूर्व्यः सदः ।।३७।।
सम्यक् स्रवन्ति सरितो न धेनाऽअन्तर्हृदा मनसा पूयमानाः ।
घृतस्य धाराऽअभिचाकशीमि हिरण्ययो वेतसो मध्येऽअग्नेः ।।३८।।
ऋचे त्वा रुचे त्वा भासे त्वा ज्योतिषे तवा ।
अभूदिदं विश्वस्य भुवनस्य वाजिनमग्नेर्वैश्वानरस्य च ।।३९।।
अग्निर्ज्योतिषा ज्योतिष्मान् रुक्मो वर्चसा वर्चस्वान् । सहस्रदाऽअसि सहस्राय त्वा ।।४०।।
आदित्यं गर्भं पयसा समङ्धि सहस्रस्य प्रतिमां विश्वरूपम् ।
परिवृङ्धि हरसा माभि मंस्थाः शतायुषं कृणुहि चीयमानः ।।४१।।
वातस्य जूतिं वरुणस्य नाभिमश्वं जज्ञानं सरिस्य मध्ये ।
शिशुं नदीनां हरिमद्रिबुध्नमग्ने मा हिंसीः परमे व्योमन् ।।४२।।
अजस्रमिन्दुमरुषं भुरण्युमग्निमीडे पूर्वचित्तिं नमोभिः ।
स पर्वभिर्ऋतुशः कल्पमानो गां मा हिंसीरदितिं विराजम् ।।४३।।
वरूत्रीं त्वष्टुर्वरुणस्य नाभिमाविं जज्ञानां रजसः परस्मात् ।
महीं साहस्रीमसुरस्य मायामग्ने मा हिंसीः परमे व्योमन् ।।४४।।
योऽअग्निनरग्नेरध्यजायत शोकात्पृथिव्याऽउत वा दिवस्परि ।
येन प्रजा विश्वकर्मा जजान तमग्ने हेडः परि ते वृणक्तु ।।४५।।

य. १३.४७–५१

इमं मा हिंसीर्द्विपादं पशुं सहस्राक्षो मेधाय चीयमानः ।
मयुं पशुं मेधमग्ने जुषस्व तेन चिन्वानस्तन्व ो निषीद ।
मयुं ते शुगृच्छतु यं द्विष्मस्तं ते शुगृच्छतु ।।४७।।

इमं मो हिंसीरेकशफं पशुं कनिक्रदं वाजिनं वाजिनेषु ।
गौरमारण्यमनु ते दिशामि तेन चिन्वानस्तन्व ो निषीद ।
गौरं ते शुगृच्छतु यं द्विष्मस्तं ते शुगृच्छतु ।।४८।।
इमं साहस्रं शतधारमुत्सं व्यच्यमानं सरिरस्य मध्ये ।
घृतं दुहानामदितिं जनायागने मा हिंसीः परमे व्योमन् ।
गवयमारण्यमनु ते दिशामि तेन चिन्वानस्तन्व ो निषीद ।
गवयं ते शुगृच्छतु यं द्विष्मस्तं ते शुगृच्छतु ।।४६।।
इममूर्णायुं वरुणस्य नाभिं त्वचं पशूनां द्विपदां चतुष्पदाम् ।
त्वष्टुः प्रजानां प्रथमं जनित्रमग्ने मा हिंसीः परमे व्योमन् ।
उष्ट्रमारण्यमनु ते दिशामि तेन चिन्वानस्तन्वोनिषीद ।
उष्ट्रं ते शुगृच्छतु यं द्विष्मस्तं ते शुगृच्छतु ।।५०।।
अजो ह्यग्नेरजनिष्ट शोकात्सोऽअपश्यज्जनितारमग्रे ।
तेन देवा देवतामग्रमायँस्तेन रोहमायन्नुप मेध्यासः ।
शरभमारण्यमनु ते दिशामि तेन चिन्वानस्तन्व ो निषीद ।
शरभं ते शुगृच्छतु यं द्विष्मस्तं ते शुगृच्छतु ।।५१।।

2. **सूर्यः – य. १३.४६**

चित्रं देवानामुदगादनीकं चक्षुर्मित्रस्य वरुणास्याग्नेः ।
आप्रा द्यावापृथिवीऽअन्तरिक्षं सूर्य्यऽआत्मा जगतस्तस्थुषश्च।।४६।।

६०१. विरुप आंगिरसः

1. **अग्निः – ऋ. ८.४३.१–३३; ८.४४.१–३०; सा. १५३2–१५३४; १५४१–१५४३; १६४८–१६५०; १७११–१७१३**

ऋ. ८.४३.१–३३

इमे विप्रस्य वेधसोऽग्नेरस्तृतयज्वनः। गिरः स्तोमास ईरते ।।१।।
अस्मै तं प्रतिर्हयते जातवेदो विचर्षणे। अग्ने जनामि सुष्टुतिम् ।।2।।
आरोकाइव घेदह तिग्मा अग्ने तव त्विषः। दद्भिर्वनानि वप्सति ।।३।।
हरयो धूमकेतवो वातजूता उप द्यवि। यतन्ते वृथगन्नयः ।।४।।
एते त्ये वृथगग्नय इद्धासः समदृक्षत। उषसामिव केतवः ।।५।।
कृष्णा रजांसि पत्सुतः प्रयाणे जातवेदसः। अग्निर्यद्रोधति क्षमि ।।६।।
धासिं कृण्वान ओषधीर्वप्सदग्निर्न वायति। पुनर्यन्तरुणीरपि ।।७।।
जिह्वाभिरह नन्नमदर्चिपा जंजणाभवन्। अग्निर्वनेषु रोचते ।।८।।
अप्स्वग्ने सधिष्टव सौपधीरनु रुध्यसे। गर्भे संजायसे पुनः ।।६।।
उदग्ने तव तद् घृतादर्ची रोचत आहुतम्। निंसानं जुह्वो३ मुखे ।।१०।।
उक्षान्नाय वशान्नाय सोमपृष्ठाय वेधसे। स्तोमैर्विधेमाग्नये ।।११।।
उत त्वा नमसा वयं होतर्वरेण्यक्रतो। अग्ने समिद्भिरीमहे ।।१2।।
उत त्वा भृगुवच्छुचे मनुष्वदग्न आहुत। अङ्गिरस्वद्धवामहे ।।१३।।
त्वं ह्यग्ने अग्निना विप्रो विप्रेण सन्त्सता। सखा सख्या समिध्यसे ।।१४।।
स त्वं विप्राय दाशुषे रयिं देहि सहस्रिणम्। अग्ने वीरवतीमिषम् ।।१५।।
अग्ने भ्रातः सहस्कृत रोहिदश्व शुचिव्रत। इमं स्तोमं जुषस्व मे ।।१६।।
उत त्वाग्ने मम स्तुतो वाश्राय प्रतिहर्यते। गोष्ठं गाव इवाशत ।।१७।।
तुभ्यं ता अंगिरस्तम विश्वाः सुक्षितयः पृथक्। अग्ने कामाय येमिरे ।।१८।।
अग्निं धीभिर्मनीषिणो मेधिरासो विपश्चितः। अद्मसद्याय हिन्विरे ।।१६।।
तं त्वाजम्मेषु वाजिनं तन्वाना अग्ने अध्वरम्। वह्निं होतारमीळते ।।20।।

पुरुत्रा हि सदृङ्ङसि विशो विश्वा अनु प्रभुः। समत्सु त्वा हवामहे ।।२१।।
तं त्वा वयं हवामहे शृण्वन्तं जातवेदसम्। अग्ने घ्नन्तमप द्विषः ।।२३।।
विशां राजानमद्भुतमध्यक्षं धर्मणामिमम्। अग्निमीळे स उ श्रवत् ।।२४।।
अग्निं विश्वायुवेपसं मर्यं न वाजिनं हितम्। सप्तिं न वाजयामसि ।।२५।।
घ्नन्मृध्राण्यप द्विषो दहन् रक्षांसि विश्वहा। अग्ने तिग्मेन दीदिहि ।।२६।।
यं त्वा जनास इन्धते मनुष्वदंगिरस्तम्। अग्ने स बोधि म वचः ।।२७।।
यदग्ने दिविजा अस्यप्सुजा वा सहस्कृत। तं त्वा गीर्भिहवामहे ।।२८।।
तुभ्यं घेत्ते जना इमे विश्वाः सुक्षितयः पृथक्। धासिं हिन्वत्यत्तवे ।।२९।।
ते घेदग्ने स्वाध्योऽहा विश्वा नृचक्षसः। तरन्तः स्याम दुर्गहा ।।३०।।
अग्निं मन्द्रं पुरुप्रियं शीरं पावकशोचिषम्। हृद्भिर्मन्द्रेभिरीमहे ।।३१।।
स त्वमग्ने विभावसुः सृजन्त्सूर्यो न रश्मिभिः। शर्धन्तमांसि जिघ्नसे ।।३२।।
तत्ते सहस्व ईमहे दात्रं यन्नोपदस्यति। त्वदग्ने वार्यं वसु ।।३३।।

ऋ. ८.४४.१–३०

समिधाग्निं दुवस्यत घृतैर्बोधयतातिथिम्। अस्मिन् हव्या जुहोतन ।।१।।
अग्ने स्तोमं जुषस्व मे वर्धस्वानेन मन्मना। प्रति सूक्तानि हर्य नः ।।२।।
अग्निं दूतं पुरो दधे हव्यवाहमुप ब्रुवे। देवाँ आ सादयादिह ।।३।।
उत्ते बृहन्तो अर्चयः समिधानस्य दीदिवः। अग्ने शुक्रास ईरते ।।४।।
उप त्वा जुह्वो३ मम घृताचीर्यन्तु हर्यत। अग्ने हव्या जुषस्व नः ।।५।।
मन्द्रं होतारमृत्विजं चित्रभानुं विभावसुम्। अग्निमीळे स उ श्रवत् ।।६।।
प्रत्नं होतारमीड्यं जुष्टमग्निं कविक्रतुम्। अध्वराणामभिश्रियम् ।।७।।
जुषाणो अंगिरस्तमेमा हव्यान्यानुषक्। अग्ने यज्ञं नय ऋतुथा ।।८।।
समिधान उ सन्त्य शुक्रशोच इहा वह। चिकित्वान् दैव्यं जनम् ।।९।।
विप्रं होतारमद्रुहं धूमकेतुं विभावसुम्। यज्ञानां केतुमीमहे ।।१०।।
अग्ने नि पाहि नस्त्वं प्रति ष्म देव रीषतः। भिन्धि द्वेषः सहस्कृत ।।११।।
अग्निः प्रत्नेन मन्मना शुम्भानस्तन्वं१ स्वाम्। कविर्विप्रेण वावृधे ।।१२।।
ऊर्जो नपातमा हुवेऽग्निं पावकशोचिषम्। अस्मिन्यज्ञे स्वध्वरे ।।१३।।
स नो मित्रमहस्त्वमग्ने शुक्रेण शोचिषा। देवैरा सत्सि बर्हिषि ।।१४।।
यो अग्निं तन्वो३ दमे देवं मर्तः सपर्यति। तस्मा इद्दीदयद्वसु ।।१५।।
अग्निर्मूर्धा दिवः ककुत्पतिः पृथिव्या अयम्। अपां रेतांसि जिन्वति ।।१६।।
उदग्ने शुचयस्तव शुक्रा भ्राजन्त ईरते। तव ज्योतींष्यर्चयः ।।१७।।
ईशिषे वार्यस्य हि दात्रस्याग्ने स्वर्पतिः। स्तोता स्यां तव शर्मणि ।।१८।।
त्वामग्ने मनीषिणस्त्वां हिन्वन्ति चित्तिभिः। त्वां वर्धन्तु नो गिरः ।।१९।।
अदब्धस्य स्वधावतो दूतस्य रेभतः सदा। अग्नेः सख्यं वृणीमहे ।।२०।।
अग्निः शुचिव्रततमः शुचिर्विप्रः शुचिः कविः। शुची रोचत आहुतः ।।२१।।
उत त्वा धीतयो मम गिरो वर्धन्तु विश्वहा। अग्ने सख्यस्य बोधि नः ।।२२।।
यदग्ने स्यामहं त्वं त्वं वा घा स्या अहम्। स्युष्टे सत्या इहाशिषः ।।२३।।
वसुर्वसुपतिर्हि कमस्यग्ने विभावसुः। स्याम ते सुमतावपि ।।२४।।
अग्ने धृतव्रताय ते समुद्रायेव सिन्धवः। गिरो वाश्रास ईरते ।।२५।।
युवानं विश्पतिं कविं विश्वादं पुरुवेपसम्। अग्निं शुम्भामि मन्मभिः ।।२६।।
यज्ञानां रथ्ये वयं तिग्मजम्भाय वीळवे। स्तोमैरिषेमाग्नये ।।२७।।
अयमग्ने त्वे अपि जरिता भूतु सन्त्य। तस्मै पावक मृळय ।।२८।।
धीरो ह्यस्यद्मसद् विप्रो न जिगृविः सदा। अग्ने दीदयसि द्यवि ।।२९।।
पुराग्ने दुरितेभ्यः पुरा मृध्रेभ्यः कवे। प्र ण आयुर्वसो तिर ।।३०।।

सा. १५३२–१५३४

अग्निर्मूर्धा दिवः ककुत्पतिः पृथिव्या अयम्। अपां रेतांसि जिन्वति ।।१।।
ईशिषे वार्यस्य हि दात्रस्याग्ने स्वः पतिः। स्तोता स्यां तव शर्मणि ।।2।।
उदग्ने शुचयस्तव शुक्रा भ्राजन्त ईरते। तव ज्योतींष्यर्चयः ।।३।।

सा. १५४१–१५४३

उत्त बृहन्तो अर्चयः समिधानस्य दीदिवः। अग्ने शुक्रास ईरते ।।१।।
उप त्वा जुह्ण३ मम घृताचीर्यन्तु हर्यत। अग्ने हव्या जुषस्व नः ।।2।।
मन्द्रं होतारमृत्विजं चित्रभानुं विभावसुम्। अग्निमीउे स उ श्रवत् ।।३।।

सा. १६४८–१६५०

नमस्ते अग्न ओजसे गृणन्ति देव कृष्टयः। अमैरमित्रमर्दय ।।१।।
कुवित्सु नो गविष्टयेऽग्ने संवेषिषो रयिम्। उरुकृदुरु णस्कृधि ।।2।।
मा नो अग्ने महाधने परा वर्ग्भारभृद्यथा। संवर्गं सं रयिं जय ।।३।।

सा. १७११–१७१३

अग्निः प्रत्नेन जन्मना शुम्भानस्तन्वां३ स्वाम्। कविर्विप्रेण वावृधे ।।१।।
ऊर्जो नपातमा हुवेऽग्निं पावकशोचिषम्। अस्मिन्यज्ञे स्वध्वरे ।।2।।
स नो मित्रमहस्त्वमग्ने शुक्रेण शोचिषा। देवैरा सत्सि बर्हिषि ।।३।।

2. **इन्द्रः – सा. १६४५–१६४७**

तव त्यदिन्द्रियं बृहत्तव दक्षमुत क्रतुम्। वज्रं शिशाति धिषणा वरेण्यम् ।।४।।
तव द्यौरिन्द्र पौंस्यं पृथिवी वर्धति श्रवः। त्वामापः पर्वतासश्च हिन्विरे ।।५।।
त्वां विष्णुर्बृहन्क्षयो मित्रो गृणाति व३णः। त्वां शुर्द्धो मदत्यनु मारुतम् ।।६।।

६02. विरुप अंगिरसः (साग्री. ऋसर्व.८.७५.१०) विश्वरुप आंगिरसः (सार्षेदी.) आयुङ्क्ष्वाही (सास्वा.)

१. **अग्निः – सा. ११**

नमस्ते अग्ने ओजसे गृणन्ति देव कृष्टयः। अमैरमित्रमर्दय ।।१।।

६०३. विरुपाक्षः

१. **अग्निः – य. १2.३०**

समिधाग्निं दुवस्यत घृतैर्बोधयतातिथिम्। आस्मिन् हव्या जुहोतन ।।३०।।

६०४. विवस्वान्

१. **परमेश्वरः – य. ८.३६**

यस्मान्न जातः परोऽअन्योऽअस्ति यऽआविवेश भुवनानि विश्वा ।
प्रजापतिः प्रजया सं रराणस्त्रीणि ज्योतींषि सचते स षोडशी ।।३६।।

2. **सम्राड्माण्डलिकौ राजानौ – य. ८.३७**

इन्द्रश्च सम्राड् वरुणश्च राजा तौ ते भक्षं चक्रतुरग्रऽएतम् ।
तयोरहमनु भक्षं भक्षयामि वाग्देवी जुषाणा सोमस्य तृप्यतु सह प्राणेन स्वाहा ।।३७।।

६०५. विवस्वान्आदित्यः

१. **हविर्धाने – ऋ. १०.१३.१–५**

युजे वां ब्रह्म पूर्व्यं नमोभिर्वि श्लोक एतु पथ्येव सूरेः ।
शृण्वन्तु विश्वे अमृतस्य पुत्रा आ ये धामानि दिव्यानि तस्थुः ।।१।।
यमे इव यतमाने यदैतं प्र वां भरन्मानुषा देवयन्तः ।

आ सीदतं स्वमु लोकं विदाने स्वास्थे भवतमिन्दवे नः ।।2।।
पंच पदानिं रुपो अन्वरोहं चतुष्पदीमन्वेमि व्रतेन ।
अक्षरेण प्रति मिम एतामृतस्य नाभावधि सं पुनामि ।।३।।
देवेभ्यः कमवृणीत मृत्युं प्रजायै कममृतं नावृणीत ।
बृहस्पतिं यज्ञमकृण्वत ऋषिं प्रियां यमस्तन्वं१ प्रारिरेचीत् ।।४।।
सप्त क्षरन्ति शिशवे मरुत्वते पित्रे पुत्रासो अप्यवीवतन्नृतम् ।
उभे इदस्योभयस्य राजत उभे यतेते उभयस्य पुष्यतः ।।५।।

६०६. विवृहा काश्यपः

१. यक्ष्मघ्नम् – ऋ. १०.१६३.१–६

अक्षीभ्यां ते नासिकाभ्यां कर्णाभ्यां छुबुकादधि ।
यक्ष्मं शीर्षण्यं मस्तिष्काज्जिह्वाया वि वृहामि ते ।।१।।
ग्रीवाभ्यस्त उष्णिहाभ्यः कीकसाभ्यो अनूक्यात् ।
यक्ष्मं दोष्ण्य१मंसाभ्यां बाहुभ्यां वि वृहामि ते ।।2।।
आन्त्रेभ्यस्ते गुदाभ्यो वनिष्ठोर्हृदयादधि। यक्ष्मं मतस्नाभ्यां यक्नः प्लाशिभ्यो वि वृहामि ते ।।३।।
ऊरुभ्यां ते अष्ठीवद्भ्यां पार्ष्णिभ्यां प्रपदाभ्याम् ।
यक्ष्मं श्रेणिभ्यां भासदाद्भंससो वि वृहामि ते ।।४।।
मेहनाद्वनंकरणाल्लोमभ्यस्ते नखेभ्यः । यक्ष्मं सर्वस्मादात्मनस्तमिदं वि वृहामि ते ।।५।।
अंगादंगाल्लोम्नोलोम्नो जातं पर्वणिपर्वणि ।
यक्ष्मं सर्वस्मादात्मनस्तमिदं वि वृहामि ते ।।६।।

६०७. विश्वकर्मा

१. अग्निः – य. १८.५८

यदाकूतात्समसुस्रोद्धृदो वा मनसो वा संभृतं चक्षुषो वा ।
तदन्तु प्रेत सुकृतामु लोकं यत्रऽऋषयो जग्मुः प्रथमजाः पुराणाः ।।५८।।

2. प्रजापतिः – य. १८.५६

एतं सधस्थ परि ते ददामि यमावहाच्छेवधि जातवेदाः ।
अन्वागनता यज्ञपतिर्वोऽअत्र तं स्म जानीत परमे व्योमन् ।।५६।।

३. यज्ञः – य. १८.६४–६५

यद्दत्तं यत्परादानं यत्पूर्तं याश्च दक्षिणाः। तदग्निर्वैश्वकर्मणः स्वर्देवेषु नो दधत् ।।६४।।
यत्र धाराऽअनपेता मधोर्घृतस्य च याः। तदग्निर्वैश्वकर्मणः स्वर्देवेषु नो दधत् ।।६५।।

४. वायुः – य. १४.१2

विश्वकर्मा तवा सादयत्वन्तरिक्षस्य पृष्ठे व्यचस्वतीं प्रथस्वतीमन्तरिक्षं यच्छान्तरिक्षं दृंहान्तरिक्षं मा हिंसीः। विश्वस्मै प्राणायापानाय व्यानायोदानाय प्रतिष्ठायै चरित्राय। वायुष्ट्वाभिपातु मह्या स्वस्त्या छर्दिषा शन्तमेन तया देवतयांगिरस्वद् ध्रुवा सीद ।।१2।।

६०८. विश्वकर्मा भौवनः

१. विश्वकर्मा – ऋ. १०.८१.१–७; १०.८2.१–७; सा. १५८६; य. १७.१७–३2

ऋ. १०.८१.१–७

य इमा विश्वा भुवनानि जुह्वदृषिर्होता न्यसीदत् पिता नः ।
स आशिषा द्रविणमिच्छमानः प्रथमच्छदवराँ आ विवेश ।।१।।
किं स्विदासीदधिष्ठानमारम्भणं कतमत्स्वित्कथासीत् ।

यतो भूमि जनयन्विश्वकर्मा वि द्यामौर्णोन्महिना विश्वचक्षाः ।।2।।
विश्वतश्चक्षुरुत विश्वतोमुखो विश्वतोबाहुरुत विश्वतस्पात् ।
सं बाहुभ्यां धमति सं पतत्रैर्द्यावाभूमी जनयन्देव एकः ।।३।।
किं स्विद्वनं क उ स वृक्ष आस यतो द्यावापृथिवी निष्टतक्षुः ।
मनीषिणो मनसा पृच्छतेदु तद्यदध्यतिष्ठद्भुवनानि धारयन् ।।४।।
या ते धामानि परमाणि यावमा या मध्यमा विश्वकर्मन्नुतेमा ।
शिक्षा सखिभ्यो हविषि स्वधावः स्वयं यजस्व तन्वं वृधानः ।।५।।
विश्वकर्मन हविषा वावृधानः स्वयं यजस्व पृथिवीमुत द्याम् ।
मुह्यन्त्वन्ये अभितो जनास इहास्माकं मघवा सूरिरस्तु ।।६।।
वाचस्पति विश्वकर्माणमूतये मनोजुवं वाजे अद्या हुवेम ।
स नो विश्वानि हवनानि जोषद्विश्वशम्भूरवसे साधुकर्मा ।।७।।

ऋ. १०.८2.१–७

चक्षुषः पिता मनसा हि धीरो घृतमेने अजनन्नमन्माने ।
यदेदन्ता अददृहन्त पूर्व आदिद् द्यावापृथिवी अप्रथेताम् ।।१।।
विश्वकर्मा विमना आद्विहाया धाता विधाता परमोत संदृक् ।
तेषामिष्टानि समिषा मदन्ति यत्रा सप्तऋषीन्पर एकमाहुः ।।2।।
यो नः पिता जनिता यो विधाता धामानि वेद भुवनानि विश्वा ।
यो देवानां नामधा एक एव तं सम्प्रश्नं भुवना यन्त्यन्या ।।३।।
त आयजन्त द्रविणं समस्मा ऋषयः पूर्वे जरितारो न भूना ।
असूर्ते सूर्ते रजसि निषत्ते ये भूतानि समकृण्वन्निमानि ।।४।।
परो दिवा पर एना पृथिव्या परो देवेभिरसुरैर्यदस्ति ।
कं स्विद्गर्भं प्रथमं दध्र आपो यत्र देवाः समपश्यन्त विश्वे ।।५।।
तमिद्गर्भं प्रथमं दध्र आपो यत्र देवाः समगच्छन्त विश्वे ।
अजस्य नाभावध्येकमर्पितं यस्मिन्विश्वानि भुवनानि तस्थुः ।।६।।
न तं विदाथ य इमा जजानान्यद्युष्माकमन्तरं बभूव ।
नीहारेण प्रवृता जल्प्या चासुतृप उक्थशासश्चरन्ति ।।७।।

सा. १५८६

विश्वकर्मन्हविषा वावृधानः स्वयं यजस्व तन्वां३ स्वा हि ते ।
मुह्यन्त्वन्ये अभितो जनास इहास्माकं मघवा सूरिरस्तु ।।१।।

य. १७.१७–३2

यऽइमा विश्वा भुवनानि जुह्वदृषिर्होता न्यसीदत्पिता नः ।
स आशिषा द्रविणामिच्छमानः प्रथमच्छदवराँ2ऽ आविवेश ।।१७।।
किं स्विदासीदधिष्ठानमारम्भणं कतमत् स्वित्कथासीत् ।
यतो भूमि जनयन्विश्वकर्मा वि द्यामौर्णोन्महिना विश्वचक्षाः ।।१८।।
विश्वतश्चक्षुरुत विश्वतोमुखो विश्वतोबाहुरुत विश्वतस्पात् ।
सं बाहुभ्यां धमति सं पतत्रैर्द्यावाभूमी जनयन्देवऽएकः ।।१६।।
किं स्विद्वनं कऽउ स वृक्षऽआस यतो द्यावापृथिवी निष्टतक्षुः ।
मनीषिणो मनसा पृच्छतेदु तद्यदध्यतिष्ठद्भुवनानि धारयन् ।।20।।
या ते धामानि परमाणि यावमा या मध्यमा विश्वकर्मन्नुतेमा ।
शिक्षा सखिभ्यो हविषि स्वधावः स्वयं यजस्व तन्वं वृधानः ।।2१।।
विश्वकर्मन् हविषा वावृधानः स्वयं यजस्व पृथिवीमुत द्याम् ।
मुह्यन्त्वन्येऽअभितः सपत्नाऽइहास्माकं मघवा सूरिरस्तु ।।22।।
वाचस्पतिं विश्वकर्माणमूतये मनोजुवं वाजेऽअद्या हुवेम ।

Vedic Concordance of Mantras as per Ṛṣi and Devatā 319

स नो विश्वानि हवनानि जोषद्विश्वशम्भूरवसे साधुकर्मा ।।२३।।
विश्वकर्मन् हविषा वर्द्धनेन त्रातारमिन्द्रमकृणोरवध्यम् ।
तस्मै विशः समनमन्त पूर्वीरयमुग्रो विहव्यो यथासत् ।।२४।।
चक्षुषः पिता मनसा हि धीरो घृतमेनेऽअजनन्नम्नमाने ।
यदेदन्ताऽअददृहन्त पूर्वऽआदिद् द्यावापृथिवीऽअप्रथेताम् ।।२५।।
विश्वकर्म्मा विमनाऽआद्विहाया धाता विधाता परमोत सन्दृक् ।
तेषामिष्टानि समिषा मदन्ति यत्रा सप्तऋषीन् परऽएकमाहुः ।।२६।।
यो नः पिता जनिता यो विधाता धामानि वेद भुवनानि विश्वा ।
येा देवानां नामधाऽएकऽएत तं सम्प्रश्नं भुवना यन्त्यन्या ।।२७।।
तऽआयजन्त द्रविणं समस्माऽऋषयः पूर्वे जरितारो न भूना ।
असूर्त्ते सूर्त्ते रजसि निषत्ते ये भूतानि समकृण्वन्निमानि ।।२८।।
परो दिवा परऽएना पृथिव्या परो देवेभिरसुरैर्य्यदस्ति ।
कं स्विद् गर्भं प्रथमं दध्रऽआपो यत्र देवाः समपश्यन्त पूर्वे ।।२६।।
तमिद् गर्भं प्रथमं दध्रऽआपो यत्र देवाः समगच्छन्त विश्वे ।
अजस्य नाभावध्येकमर्पितं यास्मिन्विश्वानि भुवनानि तस्थुः ।।३०।।
न तं विदाथ यऽइमा जजानान्यद्युष्मा कमन्तरं बभूव ।
नीहारेण प्रावृता जल्प्या चासुतृपऽउक्थशासश्चरन्ति ।।३१।।
विश्वकर्मा ह्यजनिष्ट देवऽआदिद् गन्धर्वोऽअभवद् द्वितीयः ।
तृतीयः पिता जनितौषधीनामपां गर्भं व्यदधात्पुरुत्रा ।।३२।।

६०६. विश्वमनाः

१. अग्निः – य. ११.४१

उदुतिष्ठ स्व्ध्वरावा नो देव्या धिया ।
दृशे च भासा बृहता सुशुक्वनिराग्ने याहि सुशस्तिभिः ।।४१।।

2. इन्द्रः – अ. २०.६४.४–६; २०.६५.१–३

अ. २०.६४.४–६

एदु मध्वो मदिन्तरं सिंच वाध्वर्यो अन्धसः। एवा हि वीर स्तवते सदावृधः ।।४।।
इन्द्र स्थातर्हरीणां नकिष्टे पूर्व्यस्तुतिम्। उदानंश शवसा न भन्दना ।।५।।
तं वो वाजानां पतिमहूमहि श्रवस्यवः। अप्रायुभिर्यज्ञेभिर्वावृधेन्यम् ।।६।।

अ. २०.६५.१–३

स्तुहीन्द्रं व्यश्ववद्नूर्मिं वाजिनं वाजिनं यमम्। अर्यो गयं मंहमानं वि दाशुषे ।।१।।
एवा नूनमुप स्तुहि वैयश्व दशमं नवम्। सुविद्वांसं चर्कृत्यं चरणीनाम् ।।2।।
वेत्था हि निर्ऋतीनां वज्रहस्त परिवृजम्। अहरहः शुन्ध्युः परिपदामिव ।।३।।

६१०. विश्वमना वैयश्वः

१. अग्निः – ऋ. ८.२३.१–३०; सा. १०३; १०४; १०६; ११४

ऋ. ८.२३.१–३०

ईळिष्वा हि प्रतीव्यं१ यजस्व जातवेदसम्। चरिष्णुधूममगृभतिशोचिषम् ।।१।।
दामानं विश्वचर्षणोऽग्निं विश्वमनो गिरा। उत स्तुषे विष्पर्धसो रथानाम् ।।2।।
येषामाबाध ऋग्मिय इषः पृक्षश्च निग्रभे। उपविदा वह्निर्विन्दते सु ।।३।।
उदस्य शोचिरस्थाद्दीदियुषो वय१जरम्। तपुर्जम्भस्य सुद्युतो गणश्रियः ।।४।।
उदु तिष्ठ स्वध्वर स्तवानो देव्या कृपा। अभिख्या भासा बृहता शुशुक्विनः।।५।।

अग्ने याहिसुशस्तिभिर्हव्या जुह्वान आनुषक्। यथा दूतो बभूथ हव्यवाहनः ।।६।।
अग्निं वः पूर्व्यं हुवे होतारं चर्षणीनाम्। तमया वाचा गृणे तमु वः स्तुषे ।।७।।
यज्ञेभिरद्भुतक्रतुं यं कृपा सूदयन्त इत्। मित्रं न जने सुधितमृतावनि ।।८।।
ऋतावानमृतायवो यज्ञस्य साधनं गिरा। उपो एनं जुजुषुर्नमसस्पदे ।।९।।
अच्छा नो अंगिरस्तमं यज्ञासो यन्तु संयतः। होता यो अस्ति विक्ष्वा यशस्तमः ।।१०।।
अग्ने तव त्ये अजरेन्धानासो बृहद्भः। अश्वा इव वृषणस्तविषीयवः ।।११।।
स त्वं न ऊर्जां पते रयिं रास्व सुवीर्यम्। प्राव नस्तोके तनये समत्स्वा ।।१२।।
यद्वा उ विश्पतिः शितः सुप्रीतो मनुषो विशि। विश्वेदग्निः प्रति रक्षांसि सेधति ।।१३।।
श्रुष्ट्यग्ने नवस्य मे स्तोमस्य वीर विश्पते। नि मायिनस्तपुषा रक्षसो दह ।।१४।।
न तस्य मायया चन रिपुरीशीत मर्त्यः। यो अग्नये ददाश हव्यदातिभिः ।।१५।।
व्यश्वस्त्वा वसुविदमुक्षण्युरप्रीणादृषिः। महो राये तमु त्वा समिधीमहि ।।१६।।
उशना काव्यस्त्वा नि होतारमसादयत्। आयजिं त्वा मनवे जातवेदसम् ।।१७।।
विश्वे हि त्वा सजोषसो देवासो दूतमक्रत। श्रुष्टी देव प्रथमो यज्ञियो भुवः ।।१८।।
इमं घा वीरो अमृतं दूतं कृण्वीत मर्त्यः। पावकं कृष्णवर्तनिं विहायसम् ।।१९।।
तं हुवेम यतस्रुचः सुभासं शुक्रशोचिषम्। विशामग्निमजरं प्रत्नमीड्यम् ।।२०।।
यो अस्मै हव्यदातिभिराहुतिं मर्तोऽविधत्। भूरि पोषं स धत्ते वीरवद्यशः ।।२१।।
प्रथमं जातवेदसमग्निं यज्ञेषु पूर्व्यम्। प्रति स्रुगेति नमसा हविष्मती ।।२२।।
आभिर्विधेमाग्नये ज्येष्ठाभिर्व्यश्ववत्। मंहिष्ठाभिर्मतिभिः शुक्रशोचिषे ।।२३।।
नूनमर्च विहायसे स्तोमेभिः स्थूरयूप वत्। ऋषे वैयश्व दम्यायाग्नये ।।२४।।
अतिथिं मानुषाणां सूनुं वनस्पतीनाम्। विप्रा अग्निमवसे प्रत्नमीळते ।।२५।।
महो विश्वाँ अभिषतो३भिहव्यानि मानुषा। अग्ने नि षत्सि नमसाधि बर्हिषि ।।२६।।
वंस्वा नो वार्या पुरु वंस्व रायः पुरुस्पृहः। सुवीर्यस्य प्रजावतो यशस्वतः ।।२७।।
त्वं वरो सुषाम्णेऽग्ने जनाय चोदय। सदा वसो रातिं यविष्ठ शश्वते ।।२८।।
त्वं हि सुप्रतूरसि त्वं नो गोमतीरिषः। महो रायः सातिमग्ने अपा वृधि ।।२९।।
अग्ने त्वं यशा अस्या मित्रावरुणा वह। ऋतावाना सम्राजा पूतदक्षसा ।।३०।।

सा. १०३–१०४

ईडिष्वा हि प्रतीव्यां ३ यजस्व जातवेदसम्। चरिष्णुधूममगृभीतशोचिषम् ।।७।।
न तस्य मायया च न रिपुरीशीत मर्त्यः। यो अग्नये ददाश हव्यदातये ।।८।।

सा. १०६

श्रुष्ट्यग्ने नवस्य मे स्तोमस्य वीर विश्पते। नि मायिनस्तपसा रक्षसो दह ।।१०।।

सा. ११४

यद्वा उ विश्पतिः शितः सुप्रीतो मनुषो विशे। विश्वेदग्निः प्रति रक्षांसि सेधति ।।८।।

2. इन्द्रः – ऋ. ८.२४.१–२७; सा. ३८५–३८७; ३९०; ३९६; १५०९–१५११; १६८४–१६८६

ऋ. ८.२४.१–२७

सखाय आ शिषामहि ब्रह्मेन्द्राय वज्रिणे । स्तुष ऊ षु वो नृतमाय धृष्णवे ।।१।।
शवसा ह्यसि श्रुतो वृत्रहत्येन वृत्रहा । मघैर्मघोनो अति शूर दाशसि ।।२।
स नः स्तवान आ भर रयिं चित्रश्रवस्तमम् निरेके चिद्यो हरिवो वसुर्ददिः ।।३।।
आ निरेकमुत प्रियमिन्द्र दर्षि जनानाम् धृषता धृष्णो स्तवमान आ भर ।।४।।
न ते सव्यं न दक्षिणं हस्तं वरन्त आमुरः न परिबाधो हरिवो गविष्टिषु ।।५।।
आ त्वा गोभिरिव व्रजं गीर्भिर्ऋणोम्यद्रिवः । आ स्मा कामं जरितुरा मनः पृण ।।६।।
विश्वानि विश्वमनसो धिया नो वृत्रहन्तम । उग्र प्रणेतरधि षू वसो गहि ।।७।
वयं ते अस्य वृत्रहन्विद्याम शूर नव्यसः वसोः स्पार्हस्य पुरुहूत राधसः ।।८।।
इन्द्र यथा ह्यस्ति तेऽपरीतं नृतो शवः । अमृक्ता रातिः पुरुहूत दाशुषे ।।९।।

आ वृषस्व महामह महे नृतम राधसे । दृळहश्चिद् दृह्य मघवन्मघत्तये ।।१०।।
नू अन्यत्रा चिदद्रिवस्त्वन्नो अग्मुराशसः। मघवच्छग्धि तव तन्न ऊतिभिः ।।११।।
नह्यङ्ग नृतो त्वदन्यं विन्दामि राधसे। राये द्युम्नाय शवसे च गिर्वणः ।।१२।।
एन्दुमिन्द्राय सिंचत पिबाति सोम्यं मधु । प्र राधसा चोदयाते महित्वना ।।१३।।
उपो हरीणां पतिं दक्षं पृंचन्तमब्रवम् । नूनं श्रुधि स्तुवतो अश्व्यस्य ।।१४।।
नह्यङ्ग पुरा चन जज्ञे वीरतरस्त्वत् । नकी राया नैवथा न भ ।।१५।।
एदु मध्वो मदिन्तरं सिंच वाध्वर्यो अन्धसः। एवा हि वीरः स्तवते सदावृधः ।।१६।।
इन्द्र स्थातर्हरीणां नकिष्टे पूर्व्यस्तुतिम्। उदानंश शवसा न भन्दना ।।१७।।
तं वो वाजानां पतिमहूमहि श्रवस्यवः । अप्रायुभिर्यज्ञेभिर्वावृधेन्यम् ।।१८।।
एतोन्विन्द्रं स्तवाम सखायः स्तोम्यं नरम् । कृष्टीर्योविश्वा अभ्यस्त्येक इत् ।।१९।।
अगोरुधाय गविषे द्युक्षाय दस्म्यं वचः। घृतात्स्वादीयो मधुनश्च वोचत ।।२०।।
यस्यामितानि वीर्या३ न राधः पर्येतवे। ज्योतिर्न विश्वमभ्यस्ति दक्षिणा ।।२१।।
स्तुहीन्द्रं व्यश्ववदनूर्मिं वाजिनं यमम् । अर्यो गयं मंहमानं वि दाशुषे ।।22।।
एवा नूनमुप स्तुहि वैयश्व दशमं नवम् । सुविद्वांसं चर्कृत्यं चरणीनाम् ।।२३।।
वेत्था हि निर्ऋतीनां वज्रहस्त परिवृजम् । अहरहः शुन्ध्युः परिपदामिव ।।२४।।
तदिन्द्राव आ भर येना दंसिष्ठ कृत्वने । द्विता कुत्साय शिश्नथो नि चोदय ।।२५।।
तमु त्वा नूनमीमहे नव्यं दंसिष्ठ सन्यसे । स त्वं नो विश्वा अभिमातीः सक्षणिः ।।२६।।
य ऋक्षादंहसो मुचद्यो वार्यात्सप्त सिन्धुषु। वधर्दासस्य तुविनृम्ण नीनमः ।।२७।।

सा. ३८५–३८७

एदु मधोर्मदिन्तरं सिंचाध्वर्यो अन्धसः। एवा हि वीरस्तवते सदावृधः ।।५।।
एन्दुमिन्द्राय सिंचत पिबाति सोम्यं मधु। प्र राधांसि चोदयते महित्वना ।।६।।
एतो न्विन्द्रं स्तवाम सखायः स्तोम्यं नरम्। कृष्टीर्यो विश्वा अभ्यस्त्येक इत् ।।७।।

सा. ३९०

सखाय आ शिषामहे ब्रह्मेन्द्राय वज्रिणो। स्तुष ऊ षु वो नृतमाय धृष्णवे ।।१०।।

सा. ३९६

वेत्था हि निर्ऋतीनां वज्रहस्त परिवृजम्। अहरहः शुन्ध्युः परिपदामिव ।।६।।

सा. १५०९–१५११

एन्दुमिन्द्राय सिंचत पिबाति सोम्यं मधु। प्र राधांसि चोदयते महित्वना ।।१।।
उपो हरीणं पतिं राधः पृंचन्तमब्रवम्। नूनं श्रुधि स्तुवतो अश्व्यस्य ।।2।।
न ह्यां३ंग पुरा च न जज्ञे वीरतरस्त्वत्। न की राया नैवथा न भन्दना ।।३।।

सा. १६८४–१६८६

एदु मधोर्मदिन्तरं सिंचाध्वर्यो अन्धसः। एवा हि वीर स्तवते सदावृधः ।।१।।
इन्द्र स्थातर्हरीणां न किष्टे पूर्व्यस्तुतिम्। उदानंश शवसा न भन्दना ।।2।।
तं वो वाजानां पतिमहूमहि श्रवस्यवः। अप्रायुभिर्यज्ञेभिर्वावृधेन्यम् ।।३।।

३. मित्रावरुणौ – ऋ. ८.२५.१–६; १३–२४

ऋ. ८.२५.१–६

ता वां विश्वस्य गोपा देवा देवेषु यज्ञिया। ऋतवाना यजसे पूतदक्षसा ।।१।।
मित्रा तना न रथ्या३ वरुणो यश्च सुक्रतुः। सनात्सुजाता तनया धृतव्रता ।।2।।
ता माता विश्ववेदसासुर्याय प्रमहसा। मही जजानादितिर्ऋतावरी ।।३।।
महान्ता मित्रावरुणा सम्राजा देवावसुरा। ऋतावानावृतमा घोषतो बृहत् ।।४।।
नपाता शवसो महः सूनू दक्षस्य सुक्रतू। सृप्रदानू इषो वास्त्वधि क्षितः ।।५।।
सं या दानूनि येमथुर्दिव्याः पार्थिवीरिषः। नभस्वतीरा वां चरन्तु वृष्टयः ।।६।।

अधि या बृहतो दिवो३भि यूथेव पश्यतः। ऋतावाना सम्राजा नमसे हिता ।।७।।
ऋतावाना नि षेदतुः साम्राज्याय सुक्रतु। धृतव्रता क्षत्रिया क्षत्रमाशतुः ।।८।।
अक्ष्णश्चिद्गातुवित्तरानुल्बणेन चक्षसा। नि चिन्मिषन्ता निचिरा नि चिक्यतुः ।।६।।

ऋ. ८.२५.१३–२४

तद्वार्यं वृणीमहे वरिष्ठं गोपयत्यम्। मित्रो यत्पान्ति वरुणो यदर्यमा ।।१३।।
उत नः सिन्धुरपां तन्मरुतस्तदश्विना। इन्द्रो विष्णुर्मीढ्वांसः सजोषसः ।।१४।।
ते हि ष्मा वनुषो नरोऽभिमातिं कयस्य चित्। तिग्मं न क्षोदः प्रतिघ्नन्ति भूर्णयः ।।१५।।
अयमेक इत्था पुरूरु चष्टे वि विश्पतिः। तस्य व्रतान्यनु व्रतान्यनु वश्चरामसि ।।१६।।
अनु पूर्वाण्योक्या साम्राज्यस्य सश्चिम। मित्रस्य व्रता वरुणस्य दीर्घश्रुत् ।।१७।।
परि यो रश्मिना दिवोऽनतान्ममे पृथिव्याः। उभे आ पप्रौ रोदसी महित्वा ।।१८।।
उदु ष्य शरणे दिवो ज्योतिरयंस्त सूर्यः। अग्निर्न शुक्रः समिधान आहुतः ।।१६।।
वचो दीर्घप्रसद्मनीशे वाजस्य गोमतः। ईशे हि पित्वोऽविषस्य दावने ।।२०।।
तत्सूर्यं रोदसी उभे दोषा वस्तोरुप ब्रुवे। भोजेष्वस्माँ अभ्युच्चरा सदा ।।२१।।
ऋज्रमुक्षण्यायने रजतं हरयाणे। रथं युक्तमसनाम सुषामणि ।।22।।
ता मे अश्व्यानां हरीणां नितोशना। उतो नु कृत्व्यानां नृवाहसा ।।२३।।
स्मदभीशू कशावन्ता विप्रा नविष्ठया मती। महो वाजिनावर्वन्ता सचासनम् ।।२४।।

४. वरोः सौषामणस्य दानस्तुतिः – ऋ. ८.२४.२८–३०

यथा वरो सुषाम्णे सनिभ्य आवहो रयिम्। व्यश्वेभ्यः सुभगे वाजिनीवति ।।२८।।
आ नार्यस्य दक्षिणा व्यश्वाँ एतु सोमिनः। स्थूरं च राधः शतवत्सहस्रवत् ।।२६।।
यत्त्वा पृच्छादीजानः कुहया कुहयाकृते। एषो अपश्रितो वलो गोमतीमव तिष्ठति ।।३०।।

५. विश्वेदेवाः – ऋ. ८.२५.१०–१2

उत नो देव्यदितिरुरुष्यतां नासत्या। उरुष्यन्तु मरुतो वृद्धशवसः ।।१०।।
ते नो नावमुरुष्यत दिवा नक्तं सुदानवः। अरिष्यन्तो नि पायुभिः सचेमहि ।।११।।
अघ्नते विष्णवे वयमरिष्यन्तः सुदानवे। श्रुधि स्वयावन्त्सिन्धो पूर्वचित्तये ।।१2।।

६११. विश्वमना वैयश्व व्यश्वो वा आंगिरसः

१. अश्विनौ – ऋ. ८.२६.१–१६

युवोरु षू रथं हुव सधस्तुत्याय सूरिषु। अतूर्तदक्षा वृषणा वृषण्वसू ।।१।।
युवं वरो सुषाम्णे महे तने नासत्या। अवोभिर्याथो वृषणा वृषण्वसू ।।2।।
ता वामद्य हवामहे हव्येभिर्वाजिनीवसू। पूर्वीरिष इषयन्तावति क्षपः ।।३।।
आ वां वाहिष्ठो अश्विना रथो यातु श्रुतो नरा। उप स्तोमान्तुरस्य दर्शथः श्रिये ।।४।।
जुहुराणा चिदश्विना मन्येथां वृषण्वसू। युवं हि रुद्रा पर्षथो अति द्विषः ।।५।।
दस्रा हि विश्वमानुषङ्मक्षूभिः परिदीयथः। धियंजिन्वा मधुवर्णा शुभस्पती ।।६।।
उप नो यातमश्विना राया विश्वपुषा सह। मघवाना सुवीरावनपच्युता ।।७।।
आ मे अस्य प्रतीव्य१मिन्द्रनासत्या गतम्। देवा देवेभिरद्य सचनस्तमा ।।८।।
वयं हि वां हवामह उक्षण्यन्तो व्यश्ववत्। सुमतिभिरुप विप्राविहा गतम् ।।६।।
अश्विना स्वृषे स्तुहि कुवित्ते श्रवतो हवम्। नेदीयसः कूळयातः पणीँरुत ।।१०।।
वैयश्वस्य श्रुतं नरोतो मे अस्य वेदथः। सजोषसा वरुणो मित्रो अर्यमा ।।११।।
युवादत्तस्य धिष्ण्या युवानीतस्य सुरिभिः। अहरहर्वृषणा मह्यं शिक्षतम् ।।१2।।
यो वां यज्ञेभिरावृतोऽधिवस्त्रा वधूरिव। सपर्यन्ता शुभे चक्राते अश्विना ।।१३।।
यो वामुरुव्यचस्तमं चिकेतति नृपाय्यम्। वर्तिरश्विना परि यातमस्मयू ।।१४।।
अस्मभ्यं सु वृषण्वसू यातं वर्तिर्नृपाय्यम्। विषुद्रुहेव यज्ञमूहथुर्गिरा ।।१५।।
वाहिष्ठो वां हवानां स्तोमो दूतो हुवन्नरा। युवाभ्यां भूत्वश्विना ।।१६।।

यददो दिवो अर्णव इषो वा मदथो गृहे। श्रुतमिन्मे अमर्त्या ।।१७।।
उत स्या श्वेतयावरी वाहिष्ठा वां नदीनाम्। सिन्धुर्हिरण्यवर्तनिः ।।१८।।
स्मदेतया सुकीर्त्याश्विना श्वेतया धिया। वहेथे शुभ्रयावाना ।।१९।।

2. **वायुः — ऋ. ८.२६.२०—२५**

युक्ष्वा हि त्वं रथासहा युवस्व पोष्या वसो ।
आन्नो वायो मधु पिबास्माकं सवना गहि ।।२०।।
तव वायवृतस्पते त्वष्टुर्जामारद्भुत। अवांस्या वृणीमहे ।।२१।।
त्वष्टुर्जामातरं वयमीशानं राय ईमहे। सुतावन्तो वायुं द्युम्ना जनासः ।।२२।।
वायो याहि शिवा दिवो वहस्वा सु स्वश्व्यम्। वहस्व महः पृथुपक्षसा रथे ।।२३।।
त्वां हि सुप्सरस्तमं नृषदनेषु हूमहे। ग्रावाणं नाश्वपृष्ठं मंहना ।।२४।।
स त्वं नो देव मनसा वायो मन्दानो अग्रियः। कृधि वाजाँ अपो धियः ।।२५।।

६१२. विश्वसामा आत्रेयः

१. **अग्निः — ऋ. ५.२२.१—४**

प्र विश्वसामन्नत्रिवदर्चा पावकशोचिषे । यो अध्वरेष्वीड्यो होता मन्द्रतमो विशि ।।१।।
न्य१ग्निं जातवेदसं दधाता देवमृत्विजम् । प्र यज्ञ एत्वानुषगद्या देवव्यचस्तमः ।।२।।
चिकित्विन्मनसं त्वा देवं मर्तास ऊतये । वरेण्यस्य तेऽवस इयानासो अमन्महि ।।३।।
अग्ने चिकिद्ध्य१स्य न इदं वचः सहस्य ।
तं त्वा सुशिप्र दम्पते स्तोमैर्वधन्त्यत्रयो गीर्भिः शुम्भन्त्यत्रयः ।।४।।

६१३. विश्वरुपः

१. **अग्निः — य. २२.१७; ३३.४**

य. २२.१७

अग्निं दूतं पुरो दधे हव्यवाहमुप ब्रुवे। देवाँ२ऽआ सादयादिह ।।१७।।

य. ३३.४

युक्ष्वा हि देवहूतमाँ२ऽ अश्वाँ२ऽ अग्ने रथीरिव। नि होता पूर्व्यः सदः ।।४।।

2. **अग्नयः — य. ३३.२**

हरयो धूमकेतवो वातजूताऽउप द्यवि। यतन्ते वृथगग्नयः ।।२।।

६१४. विश्ववाराः

१. **अग्निः — य. ३३.१२**

अग्ने शर्द्ध महते सौभगाय तव द्युम्नान्युत्तमानि सन्तु ।
सं जास्पत्यं सुयममा कृणुष्व शत्रूयतामभि तिष्ठा महांसि ।।१२।।

६१५. विश्ववारा आत्रेयी

१. **अग्निः — ऋ. ५.२८.१—६**

समिद्धो अग्निर्दिवि शोचिरश्रेत्प्रत्यङ्ङुषसमुर्विया वि भाति ।
एति प्राची विश्ववारा नमोभिर्देवाँ ईळाना हविषा घृताची ।।१।।
समिध्यमानो अमृतस्य राजसि हविष्कृण्वन्तं सचसे स्वस्तये ।
विश्वं स धत्ते द्रविणं यमिन्वस्यातिथ्यमग्ने नि च धत्त इत्पुरः ।।२।।
अग्ने शर्ध महते सौभगाय तव द्युम्नान्युत्तमानि सन्तु ।
सं जास्पत्यं सुयममा कृणुष्व शत्रूयतामभि तिष्ठा महांसि ।।३।।
समिद्धस्य प्रमहसोऽग्ने वन्दे तव श्रियम् । वृषभो द्युम्नवाँ असि समध्वरेष्विध्यसे ।।४।।

समिद्धो अग्न आहुत देवान्यक्षि स्वध्वर। त्वं हि हव्यवाळसि ।।५।।
आ जुहोता दुवस्यताग्निं प्रयत्यध्वरे। वृणीध्वं हव्यवाहनम् ।।६।।

६१६. विश्वामित्रः

१. अग्निः – ऋ. ३.१०.१–९; ३.27.2–१५; अ. 20.१३.४; 20.१02.१–३; य. १2.४७–५४; १८.72

ऋ. ३.१०.१–९

त्वामग्ने मनीषिणः सम्राजं चर्षणीनाम्। देवं मर्तास इन्धते समध्वरे ।।१।।
त्वां यज्ञेष्वृत्विजमग्ने होतारमीळते। गोपा ऋतस्य दीदिहि स्वे दमे ।।2।।
स घा यस्ते ददाशति समिधा जातवेदसे। सो अग्ने धत्ते सुवीर्यं स पुष्यति ।।३।।
स केतुरध्वराणामग्निर्देवेभिरा गमत्। अंजानः सप्त होतृभिर्हविष्मते ।।४।।
प्र होत्रे पूर्व्यं वचोऽग्नये भरता बृहत्। विपां ज्योतींषि बिभ्रते न वेधसे ।।५।।
अग्निं वधर्न्तु नो गिरो यतो जायत उक्थ्यः। महे वाजाय द्रविणाय दर्शतः ।।६।।
अग्ने यजिष्ठो अध्वरे देवान्देवयते यज। होता मन्द्रो वि राजस्यति स्रिधः ।।७।।
स नः पावक दीदिहि द्युमदस्मे सीवीर्यम्। भवा स्तोतृभ्यो अन्तमः स्वस्तये ।।८।।
तं त्वा विप्रा विपन्यवो जागृवांसः समिन्धते। हव्यवाहममर्त्यं सहोवृधम् ।।९।।

ऋ. ३.27.2–१५

ईळे अग्निं विपश्चितं गिरा यज्ञस्य साधनम्। श्रुष्टीवानं धितावानम् ।।2।।
अग्ने शकेम ते वयं यमं देवस्य वाजिनः। अति द्वेषांसि तरेम ।।३।।
समिध्यमानो अध्वरे३ऽगिनः पावक ईड्यः। शोचिष्केशस्तमीमहे ।।४।।
पृथुपाजा अमर्त्यो घृतनिर्णिक्स्वाहुतः। अग्निर्यज्ञस्य हव्यवाट् ।।५।।
तं सबाधो यतस्रुच इत्था धिया यज्ञवन्तः। आ चक्रुरग्निमूतये ।।६।।
होता देवो अमर्त्यः पुरस्तादेति मायया। विदथानि प्रचोदयन् ।।७।।
वाजी वाजेषु धीयतेऽध्वरेषु प्र णीयते। विप्रो यज्ञस्य साधनः ।।८।।
धिया चक्रे वरेण्यो भूतानां गर्भमा दधे। दक्षस्य पितरं तना ।।९।।
नि त्वा दधे वरेण्यं दक्षस्येळा सहस्कृत। अग्ने सुदीतिमृशिजम् ।।१0।।
अग्निं यन्तुरमप्तुरमृतस्य योगे वनुषः विप्रा वाजैः समिन्धते ।।११।।
ऊर्जो नपातमध्वरे दीदिवांसमुप द्यवि। अग्निमीळे कविक्रतुम् ।।१2।।
ईळेन्यो नमस्यस्तिरस्मांसि दर्शतः। समग्निरिध्यते वृषा ।।१३।।
वृषो अग्निः समिध्यतेऽश्वो न देववाहनः। तं हविष्मन्त ईळते ।।१४।।
वृषणं त्वा वयं वृषन्वृषणः समिधीमहि। अग्ने दीद्यतं बृहत् ।।१५।।

अ. 20.१३.४

ऐभिरग्ने सरथं याह्यर्वाङ् नानारथं वा विभवो ह्यश्वाः ।
पत्नीवतस्त्रिंशतं त्रींश्च देवाननुष्वधमा वह मादयस्व ।।४।।

अ. 20.१02.१–३

ईडेन्यो नमस्यस्तिरस्तमांसि दर्शतः। समग्निरिध्यते वृषा ।।१।।
वृषो अग्निः समिध्यतेऽश्वो न देववाहनः। तं हविष्मन्त ईडते ।।2।।
वृषणं त्वा वयं वृषन् वृषणः समिधीमहि। अग्ने दीद्यतं बृहत् ।।३।।

य. १2.४७–५४

अयं सोऽअग्निर्यस्मिन्त्सोममिन्द्रः सुतं दधे जठरे वावशानः ।
सहस्रियं वाजमत्यं न सप्तिं ससवान्त्सन्त्स्तूयसे जातवेदः ।।४७।।
अग्ने यत्ते दिवि वर्चः पृथिव्यां यदोषधीष्वप्स्वा यजत्र ।
येनान्तरिक्षमुर्वाततन्थ त्वेषः स भानुरर्णवो नृचक्षाः ।।४८।।

Vedic Concordance of Mantras as per Ṛṣi and Devatā 325

अग्ने दिवोऽअर्णमच्छा जिगास्यच्छा देवाँ2ऽऽऊजिषे धिष्ण्या ये ।
या रोचने परस्तात् सूर्यस्य याश्चावस्तादुपतिष्ठन्तऽआपः ।।४६।।
पुरीष्यासोऽअग्नयः प्रावणेभिः सजोषसः ।
जुषन्तां यज्ञमद्रुहोऽनमीवाऽइषो महीः ।।५०।।
इडामग्ने पुरुदंसं सनिं गोः शश्वत्तमं हवमानाय साध ।
स्यान्नः सूनुस्तनयो विजावाग्ने सा ते सुमतिर्भूत्वस्मे ।।५१।।
अयं ते योनिर्ऋत्वियो यतो जातोऽअरोचथाः ।
तं जानन्नग्नऽआ रोहाथा नो वर्धया रयिम् ।।५2।।
चिदसि तया देवतयांगिरस्वद् ध्रुवा सीद ।
परिचिदसि तया देवतयांगिरस्वद् ध्रुवा सीद ।।५३।।
लोकं पृण छिद्रं पृणाथो सीद ध्रुवा त्वम् ।
इन्द्राग्नी त्वा बृहस्पतिरस्मिन् योनावसीषदन् ।।५४।।

य. १८.७2

वैश्वानरो नऽऊतयऽआ प्र यातु परावतः। अग्निर्नः सुष्टुतीरुप ।।७2।।

2. **अग्न्यादयो मन्त्रोक्ताः – य. ११.६६**

आकूतिमग्निं प्रयुजं स्वाहा मनो मेधामग्निं प्रयुजं स्वाहा चित्तं विज्ञातमग्निं प्रयुजं स्वाहा वाचो विधृतिमग्निं प्रयुजं स्वाहा प्रजापतये मनवे स्वहांग्नये वैश्वानराय स्वाहा ।।६६।।

३. **अश्विनौ – अ. ६.१४१.१–३**

वायुरेनाः समाकरत् त्वष्टा पोषाय धियताम्। इन्द्र आभ्यो अधि ब्रवद् रुद्रो भूम्ने चिकित्सतु।१।
लोहितेन स्वधितिना मिथुनं कर्णयोः कृधि। अकर्तामश्विना लक्ष्म तदस्तु प्रजया बहु ।।2।।
यथा चक्रुर्देवासुरा यथा मनष्या उत। एवा सहस्रपोषाय कृणुतं लक्ष्माश्विना ।।३।।

४. **इन्द्रः – अ. 20.१.१; 20.६.१–६; 20.७.४; 20.८.३; 20.११.१–११; 20.१६.१–७; 20.20. १–४; 20.2३.१–६; 20.2४.१–६; 20.५७.४–७; 20.८६.१; य. 20.2६; ५३; ३३.22; 2६.६३**

अ. 20.१.१

इन्द्र त्वा वृषभं वयं सुते सोमे हवामहे। स पाहि मध्वो अन्धसः ।।१।।

अ. 20.६.१–६

इन्द्र त्वा वृषभं वयं सुते सोमे हवामहे। स पाहि मध्वो अन्धसः ।।१।।
इन्द्र क्रतुविदं सुतं सोमं हर्य पुरुष्टुत। पिबा वृषस्व तातृपिम् ।।2।।
इन्द्र प्र णो धितावानं यज्ञं विश्वेभिर्देवेभिः। तिर स्तवान् विश्पते ।।३।।
इन्द्र सोमाः सुता इमे तव प्र यन्ति सत्पते। क्षयं चन्द्रास इन्दवः ।।४।।
दधिष्वा जठरे सुतं सोममिन्द्र वरेण्यम्। तव द्युक्षास इन्दवः ।।५।।
गिर्वणः पाहि नः सुतं मधोर्धाराभिरज्यसे। इन्द्र त्वादातमिद् यशः ।।६।।
अभि द्युम्नानि वनिन इन्द्रं सचन्ते अक्षिता। पीत्वी सोमस्य वावृधे ।।७।।
अर्वावतो न आ गहि परावतश्च वृत्रहन्। इमा जुषस्व नो गिरः ।।८।।
यदन्तरा परावतमर्वावतं च हूयसे। इन्द्रेह तत आ गहि ।।६।।

अ. 20.७.४

इन्द्र क्रतुविदं सुतं सोमं हर्य पुरुष्टुत। पिबा वृषस्य तातृपिम् ।।४।।

अ. 20.८.३

अपूर्णो अस्यकलशः स्वाहा सेक्तेव कोशं सिसिचे पिबध्यै ।
समु प्रिया आववृत्रन् मदाय प्रदक्षिणिदभि सोमाय इन्द्रम् ।।३।।

अ. २०.११.१–११

इन्द्रः पूर्भिदातिरद् दासमर्कैर्विदद्वसुर्दयमानो वि शत्रून् ।
ब्रह्मजूतस्तन्वा वावृधानो भूरिदात्र आपृणद् रोदसी उभे ।।१।।
मखस्य ते तविषस्य प्र जूतिमियर्मि वाचममृताय भूषन् ।
इन्द्र क्षितीनामसि मानुषीणां विशां दैवीनामुत पूर्वयावा ।।2।।
इन्द्रो वृत्रमवृणोच्छर्धनीतिः प्र मायिनाममिनाद् वर्पणीतिः ।
अहन् व्यंसमुशधग् वनेष्वाविर्धेना अकृणोद् राम्याणाम् ।।३।।
इन्द्रः स्वर्षा जनयन्नहानि जिगायोशिग्भिः पृतना अभिष्टिः ।
प्रारोचयन्मनवे केतुमह्नामविन्दज्ज्योतिर्बृहते रणाय ।।४।।
इन्द्रस्तुजो बर्हणा आ विवेश नृवद् दधानो नर्या पुरूणि ।
अचेतयद् धिय इमा जरित्रे प्रेमं वर्णमतिरच्छुक्रमासाम् ।।५।।
मही महानि पनयन्त्यस्येन्द्रस्य कर्म सुकृता पुरूणि ।
वृजनेन वृजिनान्त्सं पिपेष मायाभिर्दस्यूँरभिभूत्योजाः ।।६।।
युधेन्द्रो मह्ना वरिवश्चकार देवेभ्यः सत्पतिश्चर्षणिप्राः ।
विवस्वतः सदने अस्य तानि विप्रा उक्थेभिः कवयो गृणन्ति ।।७।।
सत्रासाहं वरेण्यं सहोदां ससवांसं स्वरपश्च देवीः ।
ससान यः पृथिवीं द्यामुतेमामिन्द्रं मदन्त्यनु धीरणासः ।।८।।
ससानात्याँ उत सूर्यं ससानेन्द्रः ससान पुरुभोजसं गाम् ।
हिरण्ययमुतभोगं ससान हत्वी दस्यून् प्रार्यं वर्णमावत् ।।९।।
इन्द्र ओषधीरसनोदहानि वनस्पतीँ रसनोदन्तरिक्षम् ।
बिभेद वलं नुनुदे विवाचोऽथाभवद् दमिताभिक्रतूनाम् ।।१०।।
शुनं हुवेम मघवानमिन्द्रमस्मिन् भरे नृतमं वाजसातौ ।
शृण्वन्तमुग्रमूतये समत्सु घ्नन्तं वृत्राणि संजितं धनानाम् ।।११।।

अ. २०.१९.१–७

वार्त्रहत्याय शवसे पृतनाषाह्याय च। इन्द्र त्वा वर्तयामसि ।।१।।
अर्वाचीनं सु ते मन उत चक्षुः शतक्रतो। इन्द्र कृण्वन्तु वाघतः ।।2।।
नामानि ते शतक्रतो विश्वाभिर्गीर्भिरीमहे। इन्द्राभिमातिषाह्ये ।।३।।
पुरुष्टुतस्य धामभिः शतेन महयामसि। इन्द्रस्य चर्षणीधृतः ।।४।।
इन्द्रं वृत्राय हन्तवे पुरुहूतमुप ब्रुवे। भरेषु वाजसातये ।।५।।
वाजेषु सासहिर्भव त्वामीमहे शतक्रतो। इन्द्र वृत्राय हन्तवे ।।६।।
द्युम्नेषु पृतनाज्ये पृत्सुतूर्षु श्रवःसु च। इन्द्र साक्ष्वाभिमातिषु ।।७।।

अ. २०.२०.१–४

शुष्मिन्तमं न ऊतये द्युम्निनं पाहि जागृविम्। इन्द्र सोमं शतक्रतो ।।१।।
इन्द्रियाणि शतक्रतो या ते जनेषु पंचसु। इन्द्र तानि त आ वृणे ।।2।।
अगन्निन्द्र श्रवो बृहद् दधिष्व दुष्टरम्। उत् ते शुष्मं तिरामसि ।।३।।
अर्वावतो न आ गह्यथो शक्र परावतः। उ लोको यस्ते अद्रिव इन्द्रेह तत आ गहि।।४।।

अ. २०.२३.१–९

आ तू न इन्द्र मद्र्यग्घुवानः सोमपीतये। हरिभ्यां याह्यद्रिवः ।।१।।
सत्तो होता न ऋत्वियस्तिस्तिरे बर्हिरानुषक्। अयुज्रन् प्रातरद्रयः ।।2।।
इमा ब्रह्म ब्रह्मवाहः क्रियन्त आ बर्हिः सीद। वीहि शूर पुरोडाशम् ।।३।।
रारन्धि सवनेषु ण एषु स्तोमेषु वृत्रहन्। उक्थेष्विन्द्र गिर्वणः ।।४।।
मतयः सोमपामुरुं रिहन्ति शवसस्पतिम्। इन्द्रं वत्सं न मातरः ।।५।।
स मन्दस्वा ह्यन्धसो राधसे तन्वा महे। न स्तोतारं निदे करः ।।६।।

वयमिन्द्र त्वायवो हविष्मन्तो जरामहे। उत त्वमस्मयुर्वसो ।।७।।
मारे अस्मद् वि मुमुचो हरिप्रियार्वाङ् याहि। इन्द्र स्वधावो मत्स्वेह ।।८।।
अर्वांचं त्वा सुखे रथे वहतामिन्द्र केशिना। घृतस्नू बर्हिरासदे ।।६।।

अ. २०.२४.१–६

उप नः सुतमा गहि सोममिन्द्र गवाशिरम्। हरिभ्यां यस्ते अस्मयुः ।।१।।
तमिन्द्र मदमा गहि बर्हिष्ठां ग्रावभिः सुतम। कुविन्न्वस्य तृण्वः ।।2।।
इन्द्रमित्था गिरो ममाच्छागुरिषिता इतः। आवृते सोमपीतये ।।३।।
इन्द्र सोमस्य पीतये स्तोमैरिह हवामहे। उक्थेभिः कुविदागमत् ।।४।।
इन्द्र सोमाः सुता इमे तान् दधिष्व शतक्रतो। जठरे वाजिनीवसो ।।५।।
विद्मा हि त्वा धनंजयं वाजेषु दधृषं कवे। अधा ते सुम्नमीमहे ।।६।।
इममिन्द्र गवाशिरं यवाशिरं च नः पिब। आगत्या वृषभिः सुतम् ।।७।।
तुभ्येदिन्द्र स्व ओक्ये३ सोमं चोदामि पीतये। एष रारन्तु ते हृदि ।।८।।
त्वां सुतस्य पीतये प्रत्नमिन्द्र हवामहे। कुशिकासो अवस्यवः ।।६।।

अ. २०.५७.४–७

शुष्मिन्तमं न ऊतये द्युम्निनं पाहि जागृविम्। इन्द्र सोमं शतक्रतो ।।४।।
इन्द्रियाणि शतक्रतो या ते जनेषु पंचसु। इन्द्र तानि त आ वृणे ।।५।।
अगन्निन्द्र श्रवो बृहद् द्युम्नं दधिष्व दुष्टरम्। उत् ते शुष्मं तिरामसि ।।६।।
अर्वावतो न आ गह्यथो शक्र परावतः। उ लोको यस्ते अद्रिव इन्द्रेह तत आ गहि।।७।।

अ. २०.८६.१

ब्रह्मणा ते ब्रह्मयुजा युनज्मि हरी सखाया सधमाद आशू ।
स्थिरं रथं सुखमिन्द्राधितिष्ठन् प्रजानान् विद्वाँ उप याहि सोमम् ।।१।।

य. २०.2६

धानावन्तं करम्भिणमपूपवन्तमुक्थिनम्। इन्द्र प्रातर्जुषस्व नः ।।2६।।

य. २०.५३

आ मन्द्रैरिन्द्रं हरिभिर्याहि मयूररोमभिः ।
मा त्वा के चिन्नि यमन्वि न पाशिनोऽति धन्वेव ताँ2ऽ इहि ।।५३।।

य. ३३.22

आतिष्ठन्तं परि विश्वेऽअभूषञ्छ्रियो वसानश्चरति स्वरोचिः ।
महत्तद्वृष्णोऽअसुरस्य नामा विश्वरूपोऽअमृतानि तस्थौ ।।22।।

य. ३३.2६

इन्द्रो वृत्रमवृणोच्छर्द्धनीतिः प्र मायिनाममिनाद्वर्पणीतिः ।
अहन् व्यंसमुशधग्वनेष्वाविर्धेनाऽअकृणोद्राम्याणाम् ।।2६।।

य. ३३.६३

ये त्वाहिहत्ये मघवन्नवर्द्धन्ये शाम्बरे हरिवो ये गविष्टौ ।
ये त्वा नूनमनुमदन्ति विप्राः पिबेन्द्र सोमं सगणो मरुद्भिः ।।६३।।

५. **इन्द्राग्निः – य. ७.३१**

इन्द्राग्नीऽआगतं सुतं गीर्भिर्नभो वरेण्यम्। अस्य पातं धियेषिता ।
उपयामगृहीतोऽसीन्द्राग्निभ्यां त्वैष ते योनिरिन्द्राग्निभ्यां त्वा ।।३१।।

६. **ऋतवोऽग्निर्वा – ऋ. ३.2७.१**

प्र वो वाजा अभिद्यवो हविष्मन्तो घृताच्या। देवाञ्जिगाति सुम्नयुः ।।१।।

७. **एक वृषः – अ. ५.१६.१–११**

यद्येकवृषोऽसि सृजारसोसि ।।१।।
यदि द्विवृषोऽसि सृजारसोसि ।।2।।
यदि त्रिवृषोऽसि सृजारसोसि ।।३।।
यदि चतुर्वृषेऽसि सृजारसोसि ।।४।।
यदि पंचवृषोऽसि सृजारसोसि ।।५।।
यदि षड्वृषोऽसि सृजारसोसि ।।६।।
यदि सप्तवृषोऽसि सृजारसोसि ।।७।।
यद्यष्टवृषोऽसि सृजारसोसि ।।८।।
यदि नववृषोऽसि सृजारसोसि ।।६।।
यदि दशवृषोऽसि सृजारसोऽसि ।।१०।।
यद्येकादशोऽसि सोऽपोदकोसि ।।११।।

८. पवमानः सोमः – ऋ. ६.६७.१३–१५

वाचो जन्तुः कवीनां पवस्व सोम धारया। देवेषु रत्नधा असि ।।१३।।
आ कलशेषु धावति श्येनो वर्म वि गाहते। अभि द्रोणा कनिक्रदत् ।।१४।।
परि प्र सोम ते रसोऽसर्जि कलशे सुतः। श्येनो न तक्तो अर्षति ।।१५।।

६. प्रजापतिः – य. ७.३५–३८

इन्द्र मरुत्वऽइह पाहि सोमं यथा शार्य्यातेऽअपिबः सुतस्य। तव प्रणीती तव शूर शर्म्मन्नाविवासन्ति कवयः सुयज्ञाः। उपयामगृहीतोऽसीन्द्राय त्वा मरुत्वतऽएष ते योनिरिन्द्राय त्वा मरुत्वते ।।३५।।
मरुत्वन्तं वृषभं वावृधानमकवारिं दिव्यं शासमिन्द्रम्।
विश्वासाहमवसे नूतनायोग्रं सहोदामिह तं हुवेम। उपयामगृहीतोऽसीन्द्राय त्वा मरुत्वतऽएष ते योनिरिन्द्राय त्वा मरुत्वते। उपयामगृहीतोऽसि मरुतां त्वौजसे ।।३६।।
सजोषाऽइन्द्र सागणो मरुद्भिः सोमं पिब वृत्रहा शूर विद्वान्। जहि शत्रूँ2ऽ रप मृधो नुदस्वाथाभयं कृणुहि विश्वेतो नः। उपयामगृहीतोऽसीन्द्राय त्वा मरुत्वतऽएष ते योनिरिन्द्राय त्वा मरुत्वते ।।३७।।
मरुत्वाँ2ऽइन्द्र वृषभो रणाय पिबा सोममनुष्वधं मदाय। आसिंचस्व जठरे मध्वऽऊर्मिर्मं त्वं राजासि प्रतिपत्सुतानाम्।
उपयामगृहीतोऽसीन्द्राय त्वा मरुत्वतऽएष ते योनिरिन्द्राय त्वा मरुत्वते ।।३८।।

१०. मधुला ओषधिः – अ. ५.१५.१–११

एका च मे दश च मेऽपवक्तार ओषधे। ऋतजात ऋतावरि मधु मे मधुला करः ।।१।।
द्वे च मे विंशतिश्च मेऽपवक्तार ओषधे। ऋतजात ऋतावरि मधु मे मधुला करः ।।2।।
तिस्रश्च मे त्रिंशच्च मेऽपवक्तार ओषधे। ऋतजात ऋतावरि मधु मे मधुला करः ।।३।।
चतस्रश्च मे चत्वारिंशच्च मेऽपवक्तार ओषधे। ऋतजात ऋतावरि मधु मे मधुला करः ।।४।।
पंच च मे पंचाशच्च मेऽपवक्तार ओषधे। ऋतजात ऋतावरि मधु मे मधुला करः ।।५।।
षट् च मे षष्टिश्च मेऽपवक्तार ओषधे। ऋतजात ऋतावरि मधु मे मधुला करः ।।६।।
सप्त च मे सप्ततिश्च मेऽपवक्तार ओषधे। ऋतजात ऋतावरि मधु मे मधुला करः ।।७।।
अष्ट च मेऽशीतिश्च मेऽपवक्तारे ओषधे। ऋतजात ऋतावरि मधु मे मधुला करः ।।८।।
नव च मे नवतिश्च मेऽपवक्तार ओषधे। ऋतजात ऋतावरि मधु मे मधुला करः ।।६।।
दश च मे शतं च मेऽपवक्तार ओषधे। ऋतजात ऋतावरि मधु मे मधुला करः ।।१०।।
शतं च मे सहस्रं चापवक्तार ओषधे। ऋतजात ऋतावरि मधु मे मधुला करः ।।११।।

११. मन्त्रोक्ताः – अ. ६.४४.१–३

अस्थाद् द्यौरस्थात् पृथिव्यस्थाद् विश्वमिदं जगत् ।

अस्थुर्वृक्षा ऊर्ध्वस्वप्नास्तिष्ठाद् रोगो अयं तव ।।१।।
शतं या भेषजानि ते सहस्रं संगतानि च ।
श्रेष्ठमास्रावभेषजं वसिष्ठं रोगनाशनम् ।।2।।
रुद्रस्य मूत्रमस्यमृतस्य नाभिः ।
विषाणका नाम वा असि पितॄणां मूलादुत्थिता वातीकृतनाशनी ।।३।।

१2. **मित्रः – य. ११.६2; ६४**

य. ११.६2

मित्रस्य चर्षणीधृतोऽवो देवस्य सानसि। द्युम्नं चित्रश्रवस्तमम् ।।६2।।

य. ११.६४

उत्थाय बृहती भावोदु तिष्ठ ध्रुवा त्वम्। मित्रैतां तऽउखां परिददाम्यभित्याऽ एषा मा भेदि ।६४।।

१३. **मित्रावरुणौ – य. 2१.८**

आ नो मित्रावरुणा घृतैर्गव्यूतिमुक्षतम्। मध्वा रजांसि सुक्रतू ।।८।।

१४. **यज्ञः – य. १८.६३**

प्रस्तरेण परिधिना स्रुचा वेद्या च बर्हिषा। ऋचेमं यज्ञं नो नय स्वर्देवेषु गन्तवे ।।६३।।

१५. **वस्वादयो लिङ्गोक्ताः – य. ११.६५**

सववस्त्वाऽऽछृन्दन्तु गायत्रेण छन्दसाऽगिरस्वद्रुद्रास्त्वाऽऽछृन्दन्तु त्रैष्टुभेन
छन्दसाऽगिरस्वदादित्यास्त्वाऽऽछृन्दन्तु जागतेन छन्दसाऽगिरस्वद्विश्वे त्वा देवा वैश्वानरा
आछृन्दन्त्वानुष्टुभेन छन्दसाऽगिरस्वत् ।।६५।।

१६. **वायुः – अ. ६.१४2.१–३**

उच्छ्रयस्व बहुर्भव स्वेन महसा यव। मृणीहि विश्वा पात्राणि मा त्वा दिव्याशनिर्वधीत् ।।१।।
आशृण्वन्तं यवं देवं यत्र त्वाच्छावदामसि। तदुच्छ्रयस्व द्यौरिव समुद्रइवैध्यक्षितः ।।2।।
अक्षितास्त उपसदोऽक्षिताः सन्तु राशयः। पृणन्तो अक्षिताः सन्त्वत्तारः सन्त्वक्षिताः ।।३।।

१७. **विद्वान् – य. ३३.७५**

आ रोदसीऽअपृणदा स्वर्महज्जातं यदेनमपसोऽअधारयन् ।
सोऽअध्वराय परि णीयते कविरत्यो न वाजसातये चनोहितः ।।७५।।

१८. **विद्वांसः – य. ३३.७–८**

त्रीणि शता त्री सहस्राण्यग्निं त्रिंशच्च देवा नव चासपर्यन् ।
औक्षन् घृतैरस्तृणन् बर्हिरस्माऽआदिद्धोतारं न्यसादयन्त ।।७।।
मूर्द्धानं दिवोऽअरतिं पृथिव्या वैश्वानरमृतऽआ जातमग्निम् ।
कविं सम्राजमतिथिजनानामासन्ना पात्रं जनयन्त देवाः ।।८।।

१६. **विश्वेदेवाः – ऋ. ३.५७.१–६**

प्र मे विविक्वाँ अविदन्मनीषां धेनुं चरन्तीं प्रयुतामगोपाम् ।
सद्यश्चिद्या दुदुहे भूरि धासोरिन्द्रस्तदग्निः पनितारो अस्याः ।।१।।
इन्द्रः सु पूषा वृषणा सुहस्ता दिवो न प्रीताः शशयं दुदुह्रे ।
विश्वे यदस्यां रणयन्त देवाः प्र वोऽत्र वसवः सुम्नमश्याम् ।।2।।
या जामयो वृष्ण इच्छन्ति शक्ति नमस्यन्तीर्जानते गर्भमस्मिन् ।
अच्छा पुत्रं धेनवो वावशाना महश्चरन्ति बिभ्रतं वपूंषि ।।३।।
अच्छा विवक्मि रोदसी सुमेके ग्रावणो युजानो अध्वरे मनीषा ।
इमा उ ते मनवे भूरिवारा ऊर्ध्वा भवन्ति दर्शता यजत्राः ।।४।।
या ते जिह्वा मधुमती सुमेधा अग्ने देवेषूच्यत उरूची ।
तयेह विश्वाँ अवसे यजत्राना सादय पायया चा मधूनि ।।५।।

या ते अग्ने पर्वतस्येव धारासश्चन्ती पीपयद्देव चित्रा ।
तामस्मभ्यं प्रमतिं जातवेदो वसो रास्व सुमतिं विश्वजन्याम् ।।६।।

20. **वैश्वानरः – य. ३३.६०**

नहि स्पशमविदन्नन्यमस्माद्वैश्वानरात्पुरऽएतारमग्नेः ।
एमेनमवृधन्नमृताऽअमर्त्यं वैश्वानरं क्षैत्रजित्याय देवाः ।।६०।।

21. **सविता – य. ३.३५; ११.६३; 22.६; ३६.३**

य. ३.३५

तत् सवितुर्वरेण्यं भर्गो देवस्य धीमहि। धियो यो नः प्रचोदयात् ।।३५।।

य. ११.६३

देवस्त्वा सवितोद्वपतु सुपाणिः स्वङ्गुरिः सुबाहुरुत शक्त्या।
अव्यथमाना पृथिव्यामाशा दिशऽआपृण ।।६३।।

य. 22.६

तत्सवितुर्वरेण्यं भर्गो देवस्य धीमहि। धियो यो नः प्रचोदयात् ।।६।।

य. ३६.३

भूर्भुवः स्वः। तत्सवितुर्वरेण्यं भर्गो देवस्य धीमहि। धियो यो नः प्रचोदयात् ।।३।।

22. **सीता – अ. ३.१७.१–६**

सीरा युजंन्ति कवयो युगा वि तन्वते पृथक्। धीरा देवेषु सुम्नयौ ।।१।।
युनक्त सीरा वि युगा तनोत कृते योनौ वपतेह बीजम् ।
विराजः श्नुष्टिः सभरा असन्नो नेदीय इत् सृण्यः पक्वमा यवन् ।।2।।
लांगलं पवीरवत् सुशीमं सोमसत्सरु ।
उदिद् वपतु गामविं प्रस्थावद् रथवाहनं पीवरीं च प्रफर्व्यम् ।।३।।
इन्द्रः सीतां नि गृह्णातु तां पूषासि रक्षतु ।
सा नः पयस्वती दुहामुत्तरामुत्तरां समाम् ।।४।।
शुनं सुफाला वि तुदन्तु भूमिं शुनं कीनाशा अनु यन्तु वाहान् ।
शुनासीरा हविषा तोशमाना सुपिप्ला ओषधीः कर्तमस्मै ।।५।।
शुनं वाहाः शुनं नरः शुनं कृषतु लांगलम् ।
शुनं वरत्रा बध्यन्तां शुनमष्ट्रामुदिंगय ।।६।।
शुनासीरेह स्म मे जुषेथाम्। यद् दिवि चक्रथुः पयस्तेनेमामुप सिंचतम् ।।७।।
सीते वन्दामहे त्वार्वाची सुभगे भव। यथा नः सुमना असो यथा नः सुफला भुवः ।।८।।
घृतेन सीता मधुना समक्ता विश्वैर्देवैरनुमता मरुद्भिः ।
सा नः सीते पयसाभ्याववृत्स्वोर्जस्वती घृतवत् पिन्वमाना ।।६।।

६१७. विश्वामित्रो गाथिनः

1. **अग्निः – ऋ. ३.१.१–2३; ३.५.१–११; ३.६.१–११; ३.७.१–११; ३.६.१–६; ३.११.१–६; ३.2४.१–५; ३.2५.१–३; ५; ३.2८.१–६; ३.2६.१–४; ६–१६; सा. ६2; ७६; ७६; ६८; १००; ६१४; १४७७–१४७६;१५३८–१५४०; १५५६–१५५८**

ऋ. ३.१.१–2३

सोमस्य मा तवसं वक्ष्यग्ने वह्निं चकर्थ विदथे यजध्यै ।
देवाँ अच्छा दीद्यद्युज्जे अद्रिं शमाये अग्ने तन्वं जुषस्व ।।१।।
प्रांचं यज्ञं चकृम वर्धतां गीः समिद्भिरग्निं नमसा दुवस्यन् ।
दिवः शशासुर्विदथा कवीनां गृत्साय चित्तवसे गातुमीषुः ।।2।।
मयो दधे मेधिरः पूतदक्षो दिवः सुबन्धुर्जनुषा पृथिव्याः ।
अविन्दन्नु दर्शतमस्व१न्तर्देवासो अग्निमपसि स्वसृणाम् ।।३।।
अवर्धयन्त्सुभगं सप्त यह्वीः श्वेतं जज्ञानमरुषं महित्वा ।

शिशुं न जातमभ्यारुरश्वा देवासो अग्निं जनिमन्वपुष्यन् ।।४।।
शुक्रेभिरंगै रज आततन्वान् क्रतुं पुनानः कविभिः पवित्रैः ।
शोचिर्वसानः पर्यायुरपां श्रियो मिमीते बृहतीरनूनाः ।।५।।
वव्राजा सीमनदतीरब्धा दिवो यह्वीरवसाना अनग्नाः ।
सना अत्र युवतयः सयोनीरेकं गर्भं दधिरे सप्त वाणीः ।।६।।
स्तीर्णा अस्य संहतो विश्वरूपा घृतस्य योनौ स्रवथे मधूनाम् ।
अस्थुरत्र धेनवः पिन्वमाना मही दस्मस्य मातरा समीची ।।७।।
बभ्राणः सूनो सहसो व्यद्यौद्दधानः शुक्रा रभसा वपूंषि ।
श्चोतन्ति धारा मधुनो घृतस्य वृषा यत्र वावृधे काव्येन ।।८।।
पितुश्चिदूधर्जनुषा विवेद व्यस्य धारा असृजद्वि धेनाः ।
गुहा चरन्तं सखिभिः शिवेभिर्दिवो यह्वीभिर्न गुहा बभूव ।।९।।
पितुश्च गर्भं जनितुश्च बभ्रे पूर्वीरेको अधयत्पीप्यानाः ।
वृष्णे सपत्नी शुचये सबन्धू उभे अस्मै मनुष्ये३ नि पाहि ।।१०।।
उरौ महाँ अनिबाधे ववर्धापो अग्निं यशसः सं हि पूर्वीः ।
ऋतस्य योनावशयद्दमूना जामीनामग्निरपसि स्वसृणाम् ।।११।।
अक्रो न बभ्रिः समिथे महीनां दिदृक्षेयः सूनवे भाऋजीकः ।
उदुस्रिया जनिता यो जजानापां गर्भो नृतमो यह्वो अग्निः ।।१२।।
अपां गर्भं दर्शतमोषधीनां वना जजान सुभगा विरूपम् ।
देवासश्चिन्मनसा सं हि जग्मुः पनिष्ठं जातं तवसं दुवस्यन् ।।१३।।
बृहन्त इद्भानवो भाऋजीकमग्निं सचन्त विद्युतो न शुक्राः ।
गुहेव वृद्धं सदसि स्वे अन्तरपार ऊर्वे अमृतं दुहानाः ।।१४।।
ईळे च त्वा यजमानो हविर्भिरीळे सखित्वं सुमतिं निकामः ।
देवैरवो मिमीहि सं जरित्रे रक्षा च नो दम्येभिरनीकैः ।।१५।।
उपक्षेतारस्तव सुप्रणीतेऽग्ने विश्वानि धन्या दधानाः ।
सुरेतसा श्रवसा तुंजमाना अभि ष्याम पुतनायूँरदेवान् ।।१६।।
आ देवानामभवः केतुरग्ने मन्द्रो विश्वानि काव्यानि विद्वान् ।
प्रति मर्तां अवासयो दमूना अनु देवान्रथिरो यासि साधन् ।।१७।।
नि दुरोणे अमृतो मर्त्यानां राजा ससाद् विदथानि साधन् ।
घृतप्रतीक उर्विया व्यद्यौदग्निर्विश्वानि काव्यानि विद्वान् ।।१८।।
आ नो गहि सख्येभिः शिवेभिर्महान्महीभिरूतिभिः सरण्यन् ।
अस्मे रयिं बहुलं संतरुत्रं सुवाचं भागं यशसं कृधी नः ।।१९।।
एता ते अग्ने जनिमा सनिानि प्र पूर्व्याय नूतनानि वोचम् ।
महान्ति वृष्णे सवना कृतेमा जन्मंजन्मन् निहितो जातवेदाः ।।२०।।
जन्मंजन्मन् निहितो जातवेदा विश्वामित्रेभिरिध्यते अजस्रः ।
तस्य वयं सुमतौ यज्ञियस्यापि भद्रे सौमनसे स्याम ।।२१।।
इमं यज्ञं सहसावन् त्वं नो देवत्रा धेहि सुक्रतो रराणः ।
प्र यंसि होतर्बृहतीरिषो नोऽग्ने महि द्रविणमा यजस्व ।।२२।।
इळामग्ने पुरुदंसं सनिं गोः शश्वत्तमं हवमानाय साध ।
स्यान्नः सूनुस्तनयो विजावाग्ने सा ते सुमतिर्भूत्वस्मे ।।२३।।

ऋ. ३.५.१–११

प्रत्यग्निरुषसश्चेकितानोऽबोधि विप्रः पदवीः कवीनाम् ।
पृथुपाजा देवयद्भिः समिद्धोऽप द्वारा तमसो वह्निरावः ।।१।।
प्रेद्वग्निर्वावृधे स्तोमेभिर्गीर्भिः स्तोतॄणां नमस्य उक्थैः ।

पूर्वीर्ऋतस्य संदृशश्चकानः सं दूतो अद्यौदुषसो विरोके ।।2।।
अधाय्यग्निर्मानुषीषु विक्ष्व१पां गर्भो मित्र ऋतेन साधन् ।
आ हर्यतो यजतः सान्वस्थादभूदु विप्रो हव्यो मतीनाम् ।।३।।
मित्रो अग्निर्भवति यत्समिद्धो मित्रो होता वरुणो जातवेदाः ।
मित्रो अध्वर्युरिषिरो दमूना मित्रः सिन्धूनामुत पर्वतानाम् ।।४।।
पाति प्रियं रिपो अग्रं पदं वेः पाति यह्वश्चरणं सूर्यस्य ।
पाति नाभा सप्तशीर्षाणमग्निः पाति देवानामुपमादमृष्वः ।।५।।
ऋभुश्चक्र ईड्यं चारु नाम विश्वानि देवो वयुनानि विद्वान् ।
ससस्य चर्म घृतवत्पदं वेस्तदिदग्नी रक्षत्यप्रयुच्छन् ।।६।।
आ योनिमग्निर्घृतवन्तमस्थात्पृथुप्रगाणमुशन्तमुशानः ।
दीद्यानः शुचिर्ऋष्वः पावकः पुनः पुनर्मातरा नव्यसी कः ।।७।।
सद्यो जात ओषधीभिर्ववक्षे यदी वर्धन्ति प्रस्वो घृतेन ।
आप इव प्रवता शुम्भमाना उरुष्यदग्निः पित्रो रुपस्थे ।।८।।
उदु ष्टुतः समिधा यह्वो अद्यौद्वर्ष्मन्दिवो अधि नाभा पृथिव्याः ।
मित्रो अग्निरीड्यो मातरिश्वा दूतो वक्षद्यजथाय देवान् ।।६।।
उदस्तम्भीत्समिधा नाकमृष्वो३ग्निर्भवन्नुत्तमो रोचनानाम् ।
यदी भृगुभ्यः परि मातरिश्वा गुहा सन्तं हव्यवाहं समीधे ।।१०।।
इळामग्ने पुरुदंसं सनिं गोः शश्वत्तमं हवमानाय साध ।
स्यान्नः सूनुस्तनयो विजावाग्ने सा ते सुमतिर्भूत्वस्मे ।।११।।

ऋ. ३.६.१–११

प्र कारवो मनना वच्यमाना देवद्रीचीं नयत देवयन्तः ।
दक्षिणावाड्वाजिनी प्राच्येति हविर्भरन्त्यग्नये घृताची ।।१।।
आ रोदसी अपृणा जायमान उत प्र रिक्था अध नु प्रयज्यो ।
दिविश्चिदग्ने महिना पृथिव्या वच्यन्तां ते वह्नयः सप्तजिह्वाः ।।2।।
द्यौश्च त्वा पृथिवी यज्ञियासो नि होतारं सादयन्ते दभाय ।
यदी विशो मानुषीर्देवयन्तीः प्रयस्वतीरीळते शुक्रमर्चिः ।।३।।
महान्त्सधस्थे ध्रुव आ निषत्तोऽन्तर्द्यावा माहिने हर्यमाणः ।
आस्क्रे सपत्नी अजरे अमृक्ते सबर्दुघे उरुगायस्य धेनू ।।४।।
व्रता ते अग्ने महतो महानि तव क्रत्वा रोदसी आ ततन्थ ।
त्वं दूतो अभवो जायमानस्त्वं नेता वृषभ चर्षणीनाम् ।।५।।
ऋतस्य वा केशिना योग्याभिर्घृतस्नुवा रोहिता धुरि धिष्व ।
अथा वह देवान्देव विश्वान्त्स्वध्वरा कृणुहि जातवेदः ।।६।।
दिवश्चिदा ते रुचयन्त रोका उषो विभातीरनु भासि पूर्वीः ।
अपो यदग्न उशधग्वनेषु होतुर्मन्द्रस्य पनयन्त देवाः ।।७।।
उरौ वा ये अन्तरिक्षे मदन्ति दिवो वा ये रोचने सन्ति देवाः ।
ऊमा वा ये सुहवासो यजत्रा आयेमिरे रथ्यो अग्ने अश्वाः ।।८।।
ऐभिरग्ने सरथं याह्यर्वाङ् नानारथं वा विभवो ह्यश्वाः ।
पत्नीवतस्त्रिंशतं त्रींश्च देवाननुष्वधमा वह मादयस्व ।।६।।
स होता यस्य रोदसी चिदुर्वी यज्ञंयज्ञमभि वृधे गृणीतः ।
प्राची अध्वरेव तस्थतुः सुमेके ऋतावरी ऋतजातस्य सत्ये ।।१०।।
इळामग्ने पुरुदंसं सनिं गोः शश्वत्तमं हवमानाय साध ।
स्यान्नः सूनुस्तनयो विजावाग्ने सा ते सुमतिर्भूत्वस्मे ।।११।।

ऋ. ३.७.१–११

Vedic Concordance of Mantras as per Ṛṣi and Devatā 333

प्र य आरुः शितिपृष्ठस्य धासेरा मातरा विविशुः सप्त वाणीः ।
परिक्षिता पितरा सं चरेते प्र सर्स्राते दीर्घमायुः प्रयक्षे ।।१।।
दिवक्षसो धेनवो वृष्णो अश्वा देवीरा तस्थौ मधुमद्वहन्तीः ।
ऋतस्य त्वा सदसि क्षेमयन्तं पर्येका चरति वर्तनिं गौः ।।2।।
आ सीमरोहत्सुयमा भवन्तीः पतिश्चिकित्वान् रयिविद्रयीणाम् ।
प्र नीलपृष्ठो अतसस्य धासेस्ता अवासयत्पुरुधप्रतीकः ।।३।।
महि त्वाष्ट्रमूर्जयन्तीरजुर्यं स्तभूयमानं वहतो वहन्ति ।
व्यंगेभिर्दिद्युतानः सधस्थ एकामिव रोदसी आ विवेश ।।४।।
जानन्ति वृष्णो अरुषस्य शेवमुत ब्रध्नस्य शासने रणन्ति ।
दिवोरुचः सुरुचो रोचमाना इळा येषां गण्या महिना गीः ।।५।।
उतो पितृभ्यां प्रविदानु घोषं महो महद्भ्यामनयन्त शूषम् ।
उक्षा ह यत्र परि धनमक्तोरनु स्वं धाम जरितुर्ववक्ष ।।६।।
अध्वर्युभिः पंचभिः सप्त विप्राः प्रियं रक्षन्ते निहितं पदं वेः ।
प्रांचो मदन्त्युक्षणो अजुर्या देवा देवानामनु हि व्रता गुः ।।७।।
दैव्या होतारा प्रथमा न्यृंजे सप्त पृक्षासः स्वधया मदन्ति ।
ऋतं शंसन्त ऋतमित्त आहुरनु व्रतं व्रतपा दीध्यानाः ।।८।।
वृषायन्ते महे अत्याय पूर्वीर्वृष्णे चित्राय रश्मयः सुशामाः ।
देव होतर्मन्द्रतरश्चिकित्वान्महो देवान् रोदसी एह वक्षि ।।९।।
पृक्षप्रयजो द्रविणः सुवाचः सुकेतव उषसो रेवदूषुः ।
उतो चिदग्ने महिना पृथिव्याः कृतं चिदेनः सं महे दशस्य ।।१०।।
इळामग्ने पुरुदंसं सनिं गोः शश्वत्तमं हवमानाय साध ।
स्यान्नः सूनुस्तनयो विजावाग्ने सा ते सुमतिर्भूत्वस्मे ।।११।।

ऋ. ३.९.१–९

सखायस्त्वा ववृमहे देवं मर्तास ऊतये । अपां नपातं सुभगं सुदीदितिं सुप्रतूर्तिमनेहसम् ।।१।।
कायमानो वना त्वं यन्मातृरजगन्नपः । न तत्ते अग्ने प्रमृषे निवर्तनं यद्दूरे सन्निहाभवः ।।2।।
अति तृष्टं ववक्षिथाथैव सुमना असि ।
प्रप्रान्ये यन्ति पर्यन्य आसते येषां सख्ये असि श्रितः ।।३।।
ईयिवांसमति स्रिधः शश्वतीरति सश्चतः ।
अन्वीमविन्दन्निचिरासो अद्रुहोऽप्सु सिंहमिव श्रितम् ।।४।।
ससृवांसमिव त्मनाग्निमित्था तिरोहितम् ।
ऐनं नयन्मातरिश्वा परावतो देवेभ्यो मथितं परि ।।५।।
तं त्वा मर्ता अगृभ्णत देवेभ्यो हव्यवाहन ।
विश्वान्यद्यज्ञाँ अभिपासि मानुष तव ऋत्वा यविष्ठ्य ।।६।।
तद्भद्रं तव दंसना पाकाय चिच्छदयति । त्वां यदग्ने पशवः समासते समिद्धमपिशर्वरे ।।७।।
आ जुहोता स्वध्वरं शीरं पावकशोचिषम् । आशुं दूतमजिरं प्रत्नमीड्यं श्रुष्टी देवं सपर्यत ।।८।।
त्रीणि शता त्री सहस्राण्यग्निं त्रिंशच्च देवा नव चासपर्यन् ।
ओक्षन्घृतैरस्तृणन्बर्हिरस्मा आदिद्धोतारं न्यसादयन्त ।।९।।

ऋ. ३.११.१–९

अग्निर्होता पुरोहितोऽध्वरस्य विचर्षणिः। स वेद यज्ञमानुषक् ।।१।।
स हव्यवाळमर्त्य उशिग्दूतश्चनोहितः। अग्निर्धिया समृण्वति ।।2।।
अग्निर्धिया स चेतति केतुर्यज्ञस्य पूर्व्यः। अर्थं ह्यस्य तरणि ।।३।।
अग्निं सूनुं सनश्रुतं सहसो जातवेदसम्। वह्निं देवा अकृण्वत ।।४।।
अदाभ्यः पुरएता विशमग्निर्मानुषीणाम्। तूर्णी रथः सदा नवः ।।५।।

साह्वान्विश्वा अभियुजः क्रतुर्देवानाममृक्तः। अग्निस्तुविश्रवस्तमः ।।६।।
अभि प्रयांसि वाहसा दाश्वाँ अश्नोति मर्त्यः। क्षयं पावकशोचिषः ।।७।।
परि विश्वानि सुधिताग्नेरश्याम मन्मभिः। विप्रासो जातवेदसः ।।८।।
अग्ने विश्वानि वार्या वाजेषु सनिषामहे। त्वे देवास एरिरे ।।९।।

ऋ. ३.२४.१–५

अग्ने सहस्व पृतना अभिमातीरपास्य। दुष्टरस्तरन्नरातीर्वर्चो धा यज्ञवाहसे ।।१।।
अग्न इळा समिध्यसे वीतिहोत्रो अमर्त्यः। जुषस्व सू नो अध्वरम् ।।२।।
अग्ने द्युम्नेन जागृवे सहसः सूनबाहुत। एदं बर्हिः सदो मम ।।३।।
अग्ने विश्वेभिरग्निभिर्देवेभिर्महया गिरः। यज्ञेषु य उ चायवः ।।४।।
अग्ने दाशुषे रयिं वीरवन्तं परीणसम्। शिशीहि नः सूनुमतः ।।५।।

ऋ. ३.२५.१–३

अग्ने दिवः सूनुरसि प्रचेतास्तना पृथिव्या उत विश्ववेदाः। ऋधग्देवाँ इह यजा चिकित्वः ।।१।।
अग्निः सनोति वीर्याणि विद्वान्त्सनोति वाजममृताय भूषन्। स नो देवाँ एह वहा पुरुक्षो ।।२।।
अग्निर्द्यावापृथिवी विश्वजन्ये आ भाति देवी अमृते अमूरः। क्षयन्वाजैः पुरुश्चन्द्रो नमोभिः ।।३।।

ऋ. ३.२५.५

अग्ने अपां समिध्यसे दुरोणे नित्यः सूनो सहसो जातवेदः। सधस्थानि महयमान ऊती ।।५।।

ऋ. ३.२८.१–६

अग्ने जुषस्व नो हविः पुरोळाशं जातवेदः। प्रातःसावे धियावसो ।।१।।
पुरोळा अग्ने पचतस्तुभ्यं वा घा परिष्कृतः। तं जुषस्व यविष्ठ्य ।।२।।
अग्ने वीहि पुरोळाशमाहुतं तिरोअह्न्यम्। सहसः सूनुरस्यध्वरे हितः ।।३।।
माध्यन्दिने सवने जातवेदः पुरोळाशमिह कवे जुषस्व ।
अग्ने यह्वस्य तव भागधेयं न प्र मिनन्ति विदथेषु धीराः ।।४।।
अग्ने तृतीये सवने हि कानिषः पुरोळाशं सहसः सूनवाहुतम् ।
अथा देवेष्वध्वरं विपन्यया धा रत्नवन्तममृतेषु जागृविम् ।।५।।
अग्ने वृधान आहुतिं पुरोळाशं जातवेदः। जुषस्व तिरोअह्न्यम् ।।६।।

ऋ. ३.२९.१–४

अस्तीदमधिमन्थनमस्ति प्रजननं कृतम् । एतां विश्पत्नीमा भराग्निं मन्थाम पूर्वथा ।।१।।
अरण्योर्निहितो जातवेदा गर्भ इव सुधितो गर्भिणीषु ।
दिवेदिव ईड्यो जागृवद्भिर्हविष्मद्भिर्मनुष्येभिरग्निः ।।२।।
उत्तानायामव भरा चिकित्वान्त्सद्यः प्रवीता वृषणं जजान ।
अरुषस्तूपो रुशदस्य पाज इळायास्पुत्रो वयुनेऽजनिष्ट ।।३।।
इळायास्त्वा पदे वयं नाभा पृथिव्या अधि । जातवेदो नि धीमह्यग्ने हव्याय वोळहवे ।।४।।

ऋ. ३.२९.६–१६

यदी मन्थन्ति बाहुभिर्वि रोचतेऽश्वो न वाज्यरुषो वनेष्वा ।
चित्रो न यामन्नश्विनोरनिवृतः परि वृणक्त्यश्मनस्तृणा दहन् ।।६।।
जातो अग्नी रोचते चेकितानो वाजी विप्रः कविशस्तः सुदानुः ।
यं देवास ईड्यं विश्वविदं हव्यवाहमदधुरध्वरेषु ।।७।।
सीद होतः स्व उ लोके चिकित्वान्त्सादया यज्ञं सुकृतस्य योनौ ।
देवावीर्देवान्हविषा यजास्यग्ने बृहद्यजमाने वयो धाः ।।८।।
कृणोत धूमं वृषणं सखायोऽस्रेधन्त इतन वाजमच्छ ।
अयमग्निः पृतनाषाट् सुवीरो येन देवासो असहन्त दस्यून् ।।९।।
अयं ते योनिर्ऋत्वियो यतो जातो अरोचथाः ।
तं जानन्नग्न आ सीदाथा नो वर्धया गिरः ।।१०।।

तनूनपादुच्यते गर्भ आसुरो नराशंसो भवति यद्विजायते ।
मातरिश्वा यदमिमीत मातरि वातस्य सर्गो अभवत्सरीमणि ।।११।।
सुनिर्मथा निर्मथितः सुनिधा निहितः कविः ।
अग्ने स्वध्वरा कृणु देवान्देवयते यज ।।१२।।
अजीजनन्नमृतं मर्त्यासोऽस्रेमाणं तरणिं वीळुजम्भम् ।
दश स्वसारो अग्रुवः समीचीः पुमांसं जातमभि सं रभन्ते ।।१३।।
प्र सप्तहोता सनकादरोचत मातुरुपस्थे यदशोचदूधनि ।
न नि मिषति सूरणो दिवेदिवे यदसुरस्य जठरादजायत ।।१४।।
अमित्रायुधो मरुतामिव प्रयाः प्रथमजा ब्रह्मणो विश्वमिद्विदुः ।
द्युम्नवद्ब्रह्म कुशिकास एरिर एकएको दमे अग्निं समीधिरे ।।१५।।
यदद्य त्वा प्रयति यज्ञे अस्मिन्होतश्चिकित्वोऽवृणीमहीह ।
ध्रुवमया ध्रुवमुताशमिष्ठाः प्रजानन्विद्वाँ उप याहि सोमम् ।।१६।।

सा. ६२

सखायस्त्वा ववृमहे देवं मर्तास ऊतये। अपां नपातं सुभगं सुदं ससं सुप्रतूर्तिमनेहसम् ।।८।।

सा. ७६

इडामग्ने पुरुदं संसनिं गोः शश्वत्तमं हवमानाय साध ।
स्यान्नः सूनुस्तनयो विजावाग्ने सा ते सुमतिर्भूत्वस्मे ।।४।।

सा. ७६

अरण्योर्निहितो जातवेदा गर्भ इवेत्सुभृतो गर्भिणीभिः ।
दिवेदिव ईड्यो जागृवद्भिर्हविष्मद्भिर्मनुष्येभरग्निः ।।७।।

सा. ६८

प्र होत्रे पूर्व्यं वचोऽग्नये भरता बृहत्। विपां ज्योतींषि बिभ्रते न वेधसे ।।२।।

सा. १००

अग्ने यजिष्ठो अध्वरे देवान् देवयते यज। होता मन्द्रो वि राजस्यति स्रिधः ।।४।।

सा. ६१४

पात्यग्निर्विपो अग्रं पदं वेः पाति यह्वश्चरणं सूर्यस्य ।
पाति नाभा सप्तशीर्षाणमग्निः पाति देवानामुपमादमृष्वः ।।१३।।

सा. १४७७–१४७६

होता देवो अमर्त्यः पुरस्तादेति मायया। विदथानि प्रचोदयन् ।।१।।
वाजी वाजेषु धीयतेऽध्वरेषु प्र णीयते। विप्रो यज्ञस्य साधनः ।।२।।
धियो चक्र वरेण्यो भूतानां गर्भमा दधे। दक्षस्य पितरं तना ।।३।।

सा. १५३८–१५४०

ईडेन्यो नमस्यस्तिरस्तमांसि दर्शतः। समग्निरिध्यते वृषा ।।१।।
वृषो अग्निः समिध्यतेऽश्वो न देववाहनः। तं हविष्मन्त ईडते ।।२।।
वृषणं त्वा वयं वृषन्वृषणः समिधीमहि। अगने दीद्यतं बृहत् ।।३।।

सा. १५५६–१५५८

अदाभ्यः पुरएता विशामग्निर्मानुषीणाम्। तूर्णी रथः सदा नवः ।।१।।
अभि प्रयांसि वाहसा दाश्वाँ अश्नोति मर्त्यः। क्षयं पावकशोचिषः ।।२।।
साह्वान्विश्वा अभियुजः क्रतुर्देवानाममृक्तः। अग्निस्तुविश्रवस्तमः ।।३।।

2. **अग्निः (साग्री.) वैद्युतोऽग्निः (सार्षेदी.) – सा. ५३**

कायमानो वना त्वं यन्मातृरजगन्नपः। न तत्ते अग्ने प्रमृषे निवर्तनं यद् दूरे सन्निहाभुवः ।।६।।

३. **अग्निरात्मा वा – ऋ. ३.२६.७–८**

अग्निरस्मि जन्मना जातवेदा घृतं मे चक्षुरमृतं म आसन् ।
अर्कस्त्रिधातू रजसो विमानोऽजस्रो घर्मो हविरस्मि नाम ।।७।।
त्रिभिः पवित्रैरपुपोद्ध्य१र्कं हृदा मतिं ज्योतिरनु प्रजानन् ।
वर्षिष्ठं रत्नमकृत स्वधाभिरादिद् द्यावापृथिवी पर्यपश्यत् ।।८।।

४. अग्निर् वैश्वानरः – ऋ. ३.2.१–१५; ३.३.१–११; ३.2६.१–३

ऋ. ३.2.१–१५

वैश्वानराय धिषणामृतावृधे घृतं न पूतमग्नये जनामसि ।
द्विता होतारं मनुषश्च वाघतो धिया रथं न कुलिशः समृण्वति ।।१।।
स रोचयज्जनुषा रोदसी उभे स मात्रोरभवत्पुत्र ईड्यः ।
हव्यवाळग्निरजरश्चनोहितो दूळभो विशामतिथिर्विभावसुः ।।2।।
क्रत्वा दक्षस्य तरुषो विधर्मणि देवासो अग्निं जनयन्त चित्तिभिः ।
रुरुचानं भानुना ज्योतिषा महामत्यं न वाजं सनिष्यन्नुप ब्रुवे ।।३।।
आ मन्द्रस्य सनिष्यन्तो वरेण्यं वृणीमहे अह्रयं वाजमृग्मियम् ।
रातिं भृगूणामुशिजं कविक्रतुमग्निं राजन्तं दिव्येन शोचिषा ।।४।।
अग्निं सुम्नाय दधिरे पुरो जना वाजश्रवसमिह वृक्तबर्हिषः ।
यतस्रुचः सुरुचं विश्वदेव्यं रुद्रं यज्ञानां साधदिष्टिमपसाम् ।।५।।
पावकशोचे तव हि क्षयं परि होतर्यज्ञेषु वृक्तवर्हिषो नरः ।
अग्ने दुव इच्छमानास आप्यमुपासते द्रविणं धेहि तेभ्यः ।।६।।
आ रोदसी अपृणदा स्वर्महज्जातं यदेनमपसो अधारयन् ।
सो अध्वराय परि णीयते कविरत्यो न वाजसातये चनोहितः ।।७।।
नमस्यत हव्यदातिं स्वध्वरं दुवस्यत दम्यं जातवेदसम् ।
रथीर्ऋतस्य बृहतो विचर्षणिरग्निर्देवानामभवत्पुरोहितः ।।८।।
तिस्रो यह्वस्य समिधः परिज्मनोऽग्नेरपुनन्नुशिजो अमृत्यवः ।
तासामेकामदधुर्मर्त्ये भुजमु लोकमु द्वे उप जामिमीयतुः ।।९।।
विशां कविं विश्पतिं मानुषीरिषः सं सीमकृण्वन्त्स्वधितिं न तेजसे ।
स उद्वतो निवतो याति वेविषत्स गर्भमेषु भुवनेषु दीधरत् ।।१०।।
स जिन्वते जठरेषु प्रजज्ञिवान्वृषा चित्रेषु नानदन्न सिंहः ।
वैश्वानरः पृथुपाजा अमर्त्यो वसु रत्ना दयमानो वि दाशुषे ।।११।।
वैश्वानरः प्रत्नथा नाकमारुहद्दिवस्पृष्ठं भन्दमानः सुमन्मभिः ।
स पूर्ववज्जनयंजन्तवे धनं समानज्मं पर्येति जागृविः ।।१2।।
ऋतावानं यज्ञियं विप्रमुक्थ्य१ मा यं दधे मातरिश्वा दिवि क्षयम् ।
तं चित्रयामं हरिकेशमीमहे सुदीतिमग्निं सुविताय नव्यसे ।।१३।।
शुचिं न यामन्निषिरं स्वर्दृशं केतुं दिवो रोचनस्थामुषर्बुधम् ।
अग्निं मूर्धानं दिवो अप्रतिष्कुतं तमीमहे नमसा वाजिनं बृहत् ।।१४।।
मन्द्रं होतारं शुचिमद्वयाविनं दमूनसमुक्थ्यं विश्वचर्षणिम् ।
रथं न चित्रं वपुषाय दर्शतं मनुर्हितं सदमिद्राय ईमहे ।।१५।।

ऋ. ३.३.१–११

वैश्वानराय पृथुपाजसे विपो रत्ना विधन्त धरुणेषु गातवे ।
अग्निर्हि देवाँ अमृतो दुवस्यत्यथा धर्माणि सनता न दूदुषत् ।।१।।
अन्तर्दूतो रोदसी दस्म ईयते निषत्तो मनुषः पुरोहितः ।
क्षयं बृहन्तं परि भूषति द्युभिर्देवेभिरग्निरिषितो धियावसुः ।।2।।
केतुं यज्ञानां विदथस्य साधनं विप्रासो अग्निं महयन्त चित्तिभिः ।
अपांसि यस्मिन्नधि सन्दधुर्गिरस्तस्मिन्त्सुम्नानि यजमान आ चके ।।३।।

पिता यज्ञानामसुरो विपश्चितां विमानमग्निर्वयुनं च वाघताम् ।
आ विवेश रोदसी भुरिवर्पसा पुरुप्रियो भन्दते धमभिः कविः ।।४।।
चन्द्रमग्निं चन्द्ररथं हरिव्रतं वैश्वानरमप्सुषदं स्वर्विदम् ।
विगाहं तूर्णिं तविषीभिरावृतं भूर्णिं देवास इह सुश्रियं दधुः ।।५।।
अग्निर्देवेभिर्मनुषश्च जन्तुभिस्तन्वानो यज्ञं पुरुपेशसं धिया ।
रथीरन्तरीयते साधदिष्टिभिर्जीरो दमूना अभिशस्तिचातनः ।।६।।
अग्ने जरस्व स्वपत्य आयुन्यूर्जा पिन्वस्व समिषो दिदीहि नः ।
वयांसि जिन्व बृहतश्च जागृव उशिग्देवानामसि सुक्रतुर्विपाम् ।।७।।
विश्पतिं यह्वमतिथिं नरः सदा यन्तारं धीनामुशिजं च वाघताम् ।
अध्वराणां चेतनं जातवेदसं प्र शंसन्ति नमसा जूतिभिर्वृधे ।।८।।
विभावा देवः सुरणः परि क्षितीरग्निर्बभूव शवसा सुमद्रथः ।
तस्य व्रतानि भूरिपोषिणो वयमुप भूषेम दम आ सुवृक्तिभिः ।।९।।
वैश्वानर तव धामान्या चके येभिः स्वर्विदभवो विचक्षण ।
जात आपृणो भुवनानि रोदसी अग्ने ता विश्वा परिभूरसि त्मना ।।१०।।
वैश्वानरस्य दंसनाभ्यो बृहदरिणादेकः स्वपस्यया कविः ।
उभा पितरा महयन्नजायताग्निर्द्यावापृथिवी भूरिरेतसा ।।११।।

ऋ. ३.२६.१–३

वैश्वानरं मनसाग्निं निचाय्या हविष्मन्तो अनुषत्यं स्वर्विदम् ।
सुदानुं देवं रथिरं वसूयवो गीर्भी रण्वं कुशिकासो हवामहे ।।१।।
तं शुभ्रमग्निमवसे हवामहे वैश्वानरं मातरिश्वानमुक्थ्यम् ।
बृहस्पतिं मनुषो देवतातये विप्रं श्रोतारमतिथिं रघुष्यदम् ।।२।।
अश्वो न क्रन्दंजनिभिः समिध्यते वैश्वानरः कुशिकेभिर्युगेयुगे ।
स नो अग्निः सुवीर्यं स्वश्र्यं दधातु रत्नममृतेषु जागृविः ।।३।।

५. अश्विनौ – ऋ. ३.५८.१–९

धेनुः प्रत्नस्य काम्यं दुहानान्तः पुत्रश्चरति दक्षिणायाः ।
आ द्योतनिं वहति शुभयामोषसः स्तोमो अश्विनावजीगः ।।१।।
सुयुग्वहन्ति प्रति वामृतेनोर्ध्वा भवन्ति पितरेव मेधाः ।
जरेथामस्मद्वि पणेर्मनीषां युवोरवश्चकृमा यातमर्वाक् ।।२।।
सुयुग्भिरश्वैः सुवृता रथेन दस्राविमं शृणुतं श्लोकमद्रेः ।
किमंग वां पत्यवर्तिं गमिष्ठाहुर्विप्रासो अश्विना पुराजाः ।।३।।
आ मन्येथामा गतं कच्चिदेवैर्विश्वे जनासो अश्विना हवन्ते ।
इमा हि वां गोऋजीका मधूनि प्र मित्रासो न ददुरुस्रो अग्रे ।।४।।
तिरः पुरू चिदश्विना रजांस्याङ्गूषो वां मघवाना जनेषु ।
एह यातं पथिभिर्देवयानैर्दस्राविमे वां निधयो मधूनाम् ।।५।।
पुराणमोकः सख्यं शिवं वां युवोर्नरा द्रविणं जह्नाव्याम् ।
पुनः कृण्वानाः सख्या शिवानि मध्वा मदेम सह नू समानाः ।।६।।
अश्विना वायुना युवं सुदक्षा नियुद्भिश्च सजोषसा युवाना ।
नासत्या तिरोअह्न्यं जुषाणा सोमं पिबतमस्रिधा सुदानू ।।७।।
अश्विना परि वामिषः पुरूचीरीयुर्गीर्भिर्यतमाना अमृध्राः ।
रथो ह वामृतजा अद्रिजूतः परि द्यावापृथिवी याति सद्यः ।।८।।
अश्विना मधुषुत्तमो युवाकुः सोमस्तं पातमा गतं दुरोणे ।
रथो ह वां भूरि वर्पः करिक्रत्सुतावतो निष्कृतमागमिष्ठः ।।९।।

६. आत्मा अग्निर् वा – सा. ६१३

अग्निरस्मि जन्मना जातवेदा घृतं मे चक्षुरमृतं म आसन् ।
त्रिधातुरर्को रजसो विमानोऽजस्रं ज्योतिर्हविरस्मि सर्वम् ।।१2।।

७. आप्रियः – ऋ. ३.४.१–११

समित्समित्सुमना बोध्यस्मे शुचाशुचा सुमतिं रासि वस्वः ।
आ देव देवान्यजथाय वक्षि सखा सचीन्त्सुमना यक्ष्यग्ने ।।१।।
यं देवासस्त्रिरहन्नायजन्ते दिवेदिवे वरुणो मित्रो अग्निः ।
सेमं यज्ञं मधुमन्तं कृधी नस्तनूनपाद्घृतयोनिं विधन्तम् ।।2।।
प्र दीधितिर्विश्ववारा जिगाति होतारमिळः प्रथमं यजध्यै ।
अच्छा नमोभिर्वृषभं वन्दध्यै स देवान्यक्षदिषितो यजीयान् ।।३।।
ऊर्ध्वो वां गातुरध्वरे अकार्यूर्ध्वा शोचींषि प्रस्थिता रजांसि ।
दिवो वा नाभा न्यसादि होता स्तृणीमहि देवव्यचा वि बर्हिः ।।४।।
सप्त होत्राणि मनसा वृणाना इन्वन्तो विश्वं प्रति यन्नृतेन ।
नृपेशसो विदथेषु प्र जाता अभी३मं यज्ञं वि चरन्त पूर्वीः ।।५।।
आ भन्दमाने उषसा उपाके उत स्मयेते तन्वा३ विरूपे ।
यथा नो मित्रो वरुणो जुजोषदिन्द्रो मरुत्वाँ उत वा महोभिः ।।६।।
दैव्या होतारा प्रथमा न्यृंजे सप्त पृक्षासः स्वधया मदन्ति ।
ऋतं शंसन्त ऋतमित्त आहुरनु व्रतं व्रतपा दीध्यानाः ।।७।।
आ भारती भारतीभिः सजोषा इळा देवैर्मनुष्येभिरग्निः ।
सरस्वती सारस्वतेभिरर्वाक् तिस्रो देवीर्बर्हिरेदं सदन्तु ।।८।।
तन्नस्तुरीपमध पोषयित्नु देव त्वष्टर्वि रराणः स्यस्व ।
यतो वीरः कर्मण्यः सुदक्षो युक्तग्रावा जायते देवकामः ।।९।।
वनस्पतेऽव सृजोप देवानग्निर्हविः शमिता सूदयाति ।
सेदु होता सत्यतरो यजाति यथा देवानां जनिमानि वेद ।।१०।।
आ याह्यग्ने समिधानो अर्वाङिन्द्रेण देवैः सरथं तुरेभिः ।
बर्हिर्न आस्तामदितिः सुपुत्रा स्वाहा देवा अमृता मादयन्ताम् ।।११।।

८. इन्द्रः – ऋ. ३.३०.१–22; ३.३2.१–१७; ३.३४.१–११; ३.३५. १–११; ३.३६.१–११; ३.३७. १–११; ३.३९.१–९; ३.४०.१–९; ३.४१.१–९; ३.४2.१–९; ३.४३.१–९; ३.४४.१–५; ३.४५. १–५; ३.४६.१–५; ३.४७.१–५; ३.४८.१–५; ३.४९.१–५; ३.५०.१–५; ३.५१.१–१2; ३.५2. १–८; ३.५३.2–१४; 2१–2४; सा. १६५; १९५; 2१०; 22९; 2४९; ३2९; ३७४; ७३७–७३९; १७१८–१७2०

ऋ. ३.३०.१–22

इच्छन्ति त्वा सोम्यासः सखायः सुन्वन्ति सोमं दधति प्रयांसि ।
तितिक्षन्ते अभिशस्तिं जनानामिन्द्र त्वदा कश्चन हि प्रकेतः ।।१।।
न ते दूरे परमा चिद्रजांस्या तु प्र याहि हरिवो हरिभ्याम् ।
स्थिराय वृष्णे सवना कृतेमा युक्ता ग्रावाणः समिधाने अग्नौ ।।2।।
इन्द्रः सुशिप्रो मघवा तरुत्रो महाव्रातस्तुविकूर्मिऋघावान् ।
यदुग्रो धा बाधितो मर्त्येषु क्व१ त्या ते वृषभ वीर्याणि ।।३।।
त्वं हि ष्मा च्यावयन्नच्युतान्येको वृत्रा चरसि जिघ्नमानः ।
तव द्यावापृथिवी पर्वतासोऽनु व्रताय निमितेव तस्थुः ।।४।।
उताभये पुरुहूत श्रवोभिरेको दृळहमवदो वृत्रहा सन् ।
इमे चिदिन्द्र रोदसी अपारे यत्संगृभ्णा मघवन्काशिरित्ते ।।५।।

प्र सू त इन्द्र प्रवता हरिभ्यां प्र ते वज्रः प्रमृणन्नेतु शत्रून् ।
जहि प्रतीचो अनूचः षराचो विश्वं सत्यं कृणुहि विष्टमस्तु ।।६।।
यस्मै धायुरदधा मर्त्यायाभक्तं चिद्भजते गेह्यं१ सः ।
भद्रा त इन्द्र सुमतिर्घृताची सहस्रदाना पुरुहूत रातिः ।।७।।
सहदानु पुरुहूत क्षियन्महस्तमिन्द्र सं पिणक्कुणारुम् ।
अभि वृत्रं वर्धमानं पियारुमपादमिन्द्र तवसा जघन्थ ।।८।।
नि सामनामिषिरामिन्द्र भूमिं महीमपारां सदने ससत्थ ।
अस्तभ्नाद् द्यां वृषभो अन्तरिक्षमर्षन्त्वापस्त्वयेह प्रसूताः ।।६।।
अलातृणो वल इन्द्र व्रजो गोः पुरा हन्तोर्भयमानो व्यार ।
सुगान्पथो अकृणोन्निरजे गाः प्रावन्वाणीः पुरुहूतं धमन्तीः ।।१०।।
एको द्वे वसुमती समीची इन्द्र आ पप्रौ पृथिवीमुत द्याम् ।
उतान्तरिक्षादभि नः समीक इषो रथीः सयुजः शूर वाजान् ।।११।।
दिशः सूर्यो न मिनाति प्रदिष्टा दिवेदिवे हर्यश्वप्रसूताः ।
सं यदानळ्ध्वन आदिदश्वैर्विमोचनं कृणुते तत्त्वस्य ।।१२।।
दिदृक्षन्त उषसो यामन्नक्तोर्विवस्वत्या महि चित्रमनीकम् ।
विश्वे जानन्ति महिना यदागादिन्द्रस्य कर्म सुकृता पुरूणि ।।१३।।
महि ज्योतिर्निहितं वक्षणास्वामा पक्वं चरति बिभ्रती गौः ।
विश्वं स्वाद्म सम्भृतमुस्रियायां यत्सीमिन्द्रो अदधाद्भोजनाय ।।१४।।
इन्द्र दृह्य यामकोशा अभूवन्यज्ञाय शिक्ष गृणते सखिभ्यः ।
दुर्मायवो दुरेबा मर्त्यासो निषंगिणो रिपवो हन्त्वासः ।।१५।।
सं घोषः शृण्वेऽवमैरमित्रैर्जही न्वेष्वशनिं तपिष्ठाम् ।
वृश्चेमधस्ताद्वि रुजा सहस्व जहि रक्षो मघवन् रन्धयस्व ।।१६।।
उद्वृह रक्षः सहमूलमिन्द्र वृश्च मध्यं प्रत्यग्रं शृणीहि ।
आ कीवतः सललूकं चकर्थ ब्रह्मद्विषे तपुषिं हेतिमस्य ।।१७।।
स्वस्तये वाजिभिश्च प्रणेतः सं यन्महीरिष आसत्सि पूर्वीः ।
रायो वन्तारो बृहतः स्यामास्मे अस्तु भग इन्द्र प्रजावान् ।।१८।।
आ नो भर भगमिन्द्र द्युमन्तं नि ते देष्णस्य धीमहि प्ररेके ।
ऊर्व इव पप्रथे कामो अस्मे तमा पृण वसुपते वसूनाम् ।।१६।।
इमं कामं मन्दया गोभिरश्वैश्चन्द्रवता राधसा पप्रथश्च ।
स्वर्यवो मतिभिस्तुभ्यं विप्रा इन्द्राय वाहः कुशिकासो अक्रन् ।।20।।
आ नो गोत्रा दर्दृहि गोपते गाः समस्मभ्यं सनयो यन्तु वाजाः ।
दिवक्षा असि वृषभ सत्यशुष्मोऽस्मभ्यं सु मघवन्बोधि गोदाः ।।2१।।
शुनं हुवेम मघवानमिन्द्रमस्मिन्भरे नृतमं वाजसातौ ।
शृण्वन्तमुग्रमूतये समत्सु घ्नन्तं वृत्राणि संजितं धनानाम् ।।22।।

ऋ. ३.३2.१–१७

इन्द्र सोमं सोमपते पिबेमं माध्यंदिनं सवनं चारु यत्ते ।
प्रप्रुथ्या शिप्रे मघवन्नृजीषिन्विमुच्या हरी इह मादयस्व ।।१।।
गवाशिरं मन्थिनमिन्द्र शुक्रं पिबा सोमं ररिमा ते मदाय ।
ब्रह्मकृता मारुतेना गणेन सजोषा रुद्रैस्तृपदा वृषस्व ।।2।।
ये ते शुष्मं ये तविषीमवर्धन्नर्चन्त इन्द्र मरुतस्त ओजः ।
माध्यंदिने सवने वज्रहस्त पिबा रुद्रेभिः सगणः सुशिप्र ।।३।।
त इन्न्वस्य मधुमद्विविप्र इन्द्रस्य शर्धो मरुतो य आसन् ।
येभिर्वृत्रस्येषितो विवेदामर्मणो मन्यमानस्य मर्म ।।४।।

मनुष्वदिन्द्र सवनं जुषाणः पिबा सोमं शश्वते वीर्याय ।
स आ ववृत्स्व हर्यश्व यज्ञैः सरण्युभिरपो अर्णा सिसर्षि ।।५।।
त्वमपो यद्ध वृत्रं जघन्वाँ अत्याँ इव प्रासजः सर्तवाजौ ।
शयानमिन्द्र चरता वधेन वव्रिवांसं परि देवीरदेवम् ।।६।।
यजाम इन्नमसा वृद्धमिन्द्रं बृहन्तमृष्वमजरं युवानम् ।
यस्य प्रिये ममतुर्यज्ञियस्य न रोदसी महिमानं ममाते ।।७।।
इन्द्रस्य कर्म सुकृता पुरूणि व्रतानि देवा न मिनन्ति विश्वे ।
दाधार यः पृथिवीं द्यामुतेमां जजान सूर्यमुषसं सुदंसाः ।।८।।
अद्रोघ सत्यं तव तन्महित्वं सद्यो यज्जातो अपिबो ह सोमम् ।
न द्याव इन्द्र तवसस्त ओजो नाहा न मासाः शरदो वरन्त ।।९।।
त्वं सद्यो अपिवो जात इन्द्र मदाय सोमं परमे व्योमन् ।
यद्ध द्यावापृथिवी आविवेशीरथाभवः पूर्व्यः कारुधायाः ।।१०।।
अहन्नहि परिशयानमर्ण ओजायमानं तुविजात तव्यान् ।
न ते महित्वमनु भूदध द्यौर्यदन्यया स्फिग्या३ क्षामवस्थाः ।।११।।
यज्ञो हि त इन्द्र वर्धनो भूदुत प्रियः सुतसोमो मियेधः ।
यज्ञेन यज्ञमव यज्ञियः सन्यज्ञस्ते वज्रमहिहत्य आवत् ।।१२।।
यज्ञेनेन्द्रमवसा चक्रे अर्वागैनं सुम्नाय नव्यसे ववृत्याम् ।
यः स्तोमेभिर्वावृधे पूर्व्येभिर्यो मध्यमोभिरुत नूतनेभिः ।।१३।।
विवेष यन्मा धिषणा जजान स्तवै पुरा पार्यादिन्द्रमह्नः ।
अंहसो यत्र पीपरद्यथा नो नावेव यान्तमुभये हवन्ते ।।१४।।
आपूर्णो अस्य कलशः स्वाहा सेक्तेव कोशं सिसिचे पिबध्यै ।
समु प्रिया आववृत्रन्मदाय प्रदक्षिणिदभि सोमास इन्द्रम् ।।१५।।
न त्वा गभीरः पुरुहूत सिन्धुर्नाद्रयः परि षन्तो वरन्त ।
इत्था सखिभ्य इषितो यदिन्द्रा दृळ्हं चिदरुजो गव्यमूर्वम् ।।१६।।
शुनं हुवेम मघवानमिन्द्रमस्मिन्भरे नृतमं वाजसातौ ।
शृण्वन्तमुग्रमूतये समत्सु घ्नन्तं वृत्राणि संजितं धनानाम् ।।१७।।

ऋ. ३.३४.१–११

इन्द्रः पूर्भिदातिरद्दासमर्कैर्विदद्वसुर्दयमानो वि शत्रून् ।
ब्रह्मजूतस्तन्वा वावृधानो भूरिदात्र आपृणद्रोदसी उभे ।।१।।
मखस्य ते तविषस्य प्र जूतिमियर्मि वाचममृताय भूषन् ।
इन्द्र क्षितीनामसि मानुषीणां विशां दैवीनामुत पूर्वयावा ।।२।।
इन्द्रो वृत्रमवृणोच्छर्धनीतिः प्र मायिनाममिनाद्वर्पणीतिः ।
अहन्व्यंसमुशधग्वनेष्वाविर्धेना अकृणोद्राम्याणाम् ।।३।।
इन्द्रः स्वर्षा जनयन्नहानि जिगायोशिग्भिः पृतना अभिष्टिः ।
प्रारोचयन्मनवे केतुमह्नामविन्दज्ज्योतिर्बृहते रणाय ।।४।।
इन्द्रस्तुजो बर्हणा आ विवेश नृवद्दधानो नर्या पुरूणि ।
अचेतयद्धिय इमा जरित्रे प्रेमं वर्णमतिरच्छुक्रमासाम् ।।५।।
महो महानि पनयन्त्यस्येन्द्रस्य कर्म सुकृता पुरूणि ।
वृजनेन वृजिनान्त्सं पिपेष मायाभिर्दस्यूँरभिभूत्योजाः ।।६।।
युधेन्द्रो मह्ना वरिवश्चकार देवेभ्यः सत्पतिश्चर्षणिप्राः ।
विवस्वतः सदने अस्य तानि विप्रा उक्थेभिः कवयो गृणन्ति ।।७।।
सत्रासाहं वरेण्यं सहोदां ससवांसं स्वरपश्च देवीः ।
ससान यः पृथिवीं द्यामुतेमामिन्द्रं मदन्त्यनु धीरणासः ।।८।।

ससानात्यॉं उत सूर्यं ससानेन्द्रः ससान पुरुभोजसं गाम् ।
हिरण्ययमुत भोगं ससान हत्वी दस्यून्प्रार्यं वर्णमावत् ।।९।।
इन्द्र ओषधीरसनोदहानि वनस्पतींरसनोदन्तरिक्षम् ।
बिभेद वलं नुनुदे विवाचोऽथाभवद्दमिताभिक्रतूनाम् ।।१०।।
शुनं हुवेम मघवानमिन्द्रमस्मिन्भरे नृतमं वाजसातौ ।
शृण्वन्तमुग्रमूतये समत्सु घ्नन्तं वृत्राणि संजितं धनानाम् ।।११।।

ऋ. ३.३५.१–११

तिष्ठा हरी रथ आ युज्यमाना याहि वायुर्न नियुतो नो अच्छ ।
पिबास्यन्धो अभिसृष्टो अस्मे इन्द्र स्वाहा ररिमा ते मदाय ।।१।।
उपाजिरा पुरुहूताय सप्ती हरी रथस्य धूर्ष्वा युनज्मि ।
द्रवद्यथा संभृतं विश्वतश्चिदुपेमं यज्ञमा वहात इन्द्रम् ।।२।।
उपो नयस्व वृषणा तपुष्पोतेमव त्वं वृषभ स्वधावः ।
ग्रसेतामश्वा वि मुचेह शोणा दिवेदिवे सदृशीरद्धि धानाः ।।३।।
ब्रह्मणा ते ब्रह्मयुजा युनज्मि हरी सखाया सधमाद आशू ।
स्थिरं रथं सुखमिन्द्राधितिष्ठन्प्रजानन्विद्वाँ उप याहि सोमम् ।।४।।
मा ते हरी वृषणा वीतपृष्ठा नि रीरमन्यजमानासो अन्ये ।
अत्यायाहि शश्वतो वयं तेऽरं सुतेभिः कृणवाम सोमैः ।।५।।
तवायं सोमस्त्वमेह्यर्वाङ् शश्वत्तमं सुमना अस्य पाहि ।
अस्मिन्यज्ञे बर्हिष्या निषद्या दधिष्वेमं जठर इन्दुमिन्द्र ।।६।।
स्तीर्णं ते बर्हिः सुत इन्द्र सोमः कृता धाना अत्तवे ते हरिभ्याम् ।
तदोकसे पुरुषाकाय वृष्णे मरुत्वते तुभ्यं राता हवींषि ।।७।।
इमं नरः पर्वतास्तुभ्यमापः समिन्द्र गोभिर्मधुमन्तमक्रन् ।
तस्यागत्या सुमना ऋष्व पाहि प्रजानन्विद्वान्पथ्या३ अनु स्वाः ।।८।।
याँ आभजो मरुत इन्द्र सोमे ये त्वामवर्धन्नभवन्गणस्ते ।
तेभिरेतं सजोषा वावशानो३ग्नेः पिब जिह्वया सोममिन्द्र ।।९।।
इन्द्र पिब स्वधया चित्सुतस्याग्नेर्वा पाहि जिह्वया यजत्र ।
अध्वर्योर्वा प्रयतं शक्र हस्ताद्धोतुर्वा यज्ञं हविषो जुषस्व ।।१०।।
शुनं हुवेम मघवानमिन्द्रमस्मिन्भरे नृतमं वाजसातौ ।
शृण्वन्तमुग्रमूतये समत्सु घ्नन्तं वृत्राणि संजितं धनानाम् ।।११।।

ऋ. ३.३६.१–११

इमामू षु प्रभृतिं सातये धाः शश्वच्छश्वदूतिभिर्यादमानः ।
सुतेसुते वावृधे वर्धनेभिर्यः कर्मभिर्महद्भिः सुश्रुतो भूत् ।।१।।
इन्द्राय सोमाः प्रदिवो विदाना ऋभुर्येभिर्वृषपर्वा विहायाः ।
प्रयम्यमानान्प्रति षू गृभायेन्द्र पिब वृषधूतस्य वृष्णः ।।२।।
पिबा वर्धस्व तव घा सुतास इन्द्र सोमासः प्रथमा उतेमे ।
यथापिबः पूर्व्याँ इन्द्र सोमाँ एवा पाहि पन्यो अद्या नवीयान् ।।३।।
महाँ अमत्रो वृजने विरप्श्यु१ग्रं शवः पत्यते धृष्ण्वोजः ।
नाह विव्याच पृथिवी चनैनं यत्सोमासो हर्यश्वममन्दन् ।।४।।
महाँ उग्रो वाजदा अस्य गावः प्र जायन्ते दक्षिणा अस्य पूर्वीः ।।५।।
प्र यत्सिन्धवः प्रसवं यथायन्नापः समुद्रं रथ्येव जग्मुः ।
अतश्चिदिन्द्रः सदसो वरीयान्यदीं सोमः पृणति दुग्धो अंशुः ।।६।।
समुद्रेण सिन्धवो यादमाना इन्द्राय सोमं सुषुतं भरन्तः ।
अंशुं दुहन्ति हस्तिनो भरित्रैर्मध्वः पुनन्ति धारया पवित्रैः ।।७।।

ह्रदा इव कुक्षयः सोमधानाः समी विव्याच सवना पुरूणि ।
अन्नायदिन्द्रः प्रथमा व्याश वृत्रं जघन्वाँ अवृणीत सोमम् ।।८।।
आ तू भर माकिरेतत्परि ष्ठाद्विद्मा हि त्वा वसुपतिं वसूनाम् ।
इन्द्र यत्ते माहिनं दत्रमस्त्यस्मभ्यं तद्धर्यश्व प्र यन्धि ।।९।।
अस्मे प्र यन्धि मघवन्नृजीषिन्निन्द्र रायो विश्ववारस्य भूरेः ।
अस्मे शतं शरदो जीवसे धा अस्मे वीरांछश्वत इन्द्र शिप्रिन् ।।१०।।
शुनं हुवेम मघवानमिन्द्रमस्मिन्भरे नृतमं वाजसातौ ।
शृण्वन्तमुग्रमूतये समत्सु घ्नन्तं वृत्राणि संजितं धनानाम् ।।११।।

ऋ. ३.३७.१–११

वार्त्रहत्याय शवसे पृतनाषाह्याय च। इन्द्र त्वा वर्तयामसि ।।१।।
अर्वाचीनं सु ते मन उत चक्षुः शतक्रतो। इन्द्र कृण्वन्तु वाघतः ।।2।।
नामानि ते शतक्रतो विश्वाभिर्गीर्भिरीमहे। इन्द्राभिमातिषाह्ये ।।३।।
पुरुष्टुतस्य धामभिः शतेन महयामसि। इन्द्रस्य चर्षणीधृतः ।।४।।
इन्द्रं वृत्राय हन्तवे पुरुहूतमुप ब्रुवे। भरेषु वाजसातये ।।५।।
वाजेषु सासहिर्भव त्वामीमहे शतक्रतो। इन्द्र वृत्राय हन्तवे ।।६।।
द्युम्नेषु पृतनाज्ये पृतसुतू र्षु श्रवः सु च। इन्द्र साक्ष्वाभिमातिषु ।।७।।
शुष्मिन्तमं न ऊतये द्युम्निनं पाहि जागृविम्। इन्द्र सोमं शतक्रतो ।।८।।
इन्द्रियाणि शतक्रतो या ते जनेषु पंचसु। इन्द्र तानि त आ वृणे ।।९।।
अगन्निन्द्र श्रवो बृहद् द्युम्नं दधिष्व दुष्टरम्। उत्ते शुष्मं तिरामसि ।।१०।।
अर्वावतो न आ गह्यथो शक्र परावतः। उ लोको यस्ते अद्रिव इन्द्रेह तत आ गहि ।।११।।

ऋ. ३.३९.१–९

इन्द्र मतिर्हृद आ वच्यमानाच्छा पतिं स्तोमतष्टा जिगाति ।
या जागृविर्विदथे शस्यमानेन्द्र यत्ते जायते विद्धि तस्य ।।१।।
दिविश्चिदा पूर्व्या जायमाना वि जागृविर्विदथे शस्यमाना ।
भद्रा वस्त्राण्यर्जुना वसाना सेयमस्मे सनजा पित्र्या धीः ।।2।।
यमा चिदत्र यमसूरसूत जिह्वाया अग्रं पतदा ह्यस्थात् ।
वपूंषि जाता मिथुना सचेते तमोहना तपुषो बुध्न एता ।।३।।
नकिरेषां निन्दिता मर्त्येषु ये अस्माकं पितरो गोषु योधाः ।
इन्द्र एषां दृंहिता माहिनावानुद्गोत्राणि ससृजे दंसनावान् ।।४।।
सखा ह यत्र सखिभिर्नवग्वैरभिज्ञ्वा सत्वभिर्गा अनुग्मन् ।
सत्यं तदिन्द्रो दशभिर्दशग्वैः सूर्यं विवेद तमसि क्षियन्तम् ।।५।।
इन्द्रो मधु सम्भृतमुस्रियायां पद्वद्विवेद शफवन्नमे गोः ।
गुहा हितं गुह्यं गूळ्हमप्सु हस्ते दधे दक्षिणे दक्षिणावान् ।।६।।
ज्योतिर्वृणीत तमसो विजानन्नारे स्याम दुरितादभीके ।
इमा गिरः सोमपाः सोमवृद्ध जुषस्वेन्द्र पुरुतमस्य कारोः ।।७।।
ज्योतिर्यज्ञाय रोदसी अनु ष्यादारे स्याम दुरितस्य भूरेः ।
भूरि चिद्धि तुजतो मर्त्यस्य सुपारासो वसवो बर्हणावत् ।।८।।
शुनं हुवेम मघवानमिन्द्रमस्मिन्भरे नृतमं वाजसातौ ।
शृण्वन्तमुग्रमूतये समत्सु घ्नन्तं वृत्राणि संजितं धनानाम् ।।९।।

ऋ. ३.४०.१–९

इन्द्र त्वा वृषभं वयं सुते सोमे हवामहे। स पाहि मध्वो अन्धसः ।।१।।
इन्द्र क्रतुविदं सुतं सोमं हर्य पुरुष्टुत। पिबा वृषस्व तातृपिम् ।।2।।
इन्द्र प्र णे धितावानं यज्ञं विश्वेभिर्देवेभिः। तिर स्तवान विश्पते ।।३।।

इन्द्र सोमाः सुता इमे तव प्र यन्ति सत्पते। क्षयं चन्द्रास इन्द्रवः ।।४।।
दधिष्वा जठरे सुतं सोममिन्द्र वरेण्यम्। तव द्युक्षास इन्दवः ।।५।।
गिर्वणः पाहि नः सुतं मधोर्धराभिरज्यसे। इन्द्र त्वादातमिद्यशः ।।६।।
अभि द्युम्नानि वनिन इन्द्रं सचन्ते अक्षिता। पीत्वी सोमस्य वावृधे ।।७।।
अर्वावतो न आ गहि परावतश्च वृत्रहन। इमा जुषस्व नो गिरः ।।८।।
यदन्तरा परावतमर्वावतं च हूयसे। इन्द्रेह तत आ गहि ।।६।।

ऋ. ३.४१.१–६

आ तू न इन्द्र मद्र्यग्घुवानः सोमपीतये। हरिभ्यां याह्यद्रिः ।।१।।
सत्तो होता न ऋत्वियस्तिस्तिरे बर्हिरानुषक्। अयुज्रन्प्रातरद्रयः ।।2।।
इमा ब्रह्म ब्रह्मवाहः क्रियन्त आ बर्हिः सीद। वीहि शूर पुरोळाशम् ।।३।।
रारन्धि सवनेषु ण एषु स्तोमेषु वृत्रहन्। उक्थेष्विन्द्र गिर्वणः ।।४।।
मतयः सोमपामुरुं रिहन्ति शवसस्पतिम्। इन्द्रं वत्सं न मातरः ।।५।।
स मन्दस्वा ह्यन्धसो राधसे तन्वा महे। न स्तोतारं निदे करः ।।६।।
वयमिन्द्र त्वायवो हविष्मन्तो जरामहे। उत त्वमस्मयुर्वसो ।।७।।
मारे अस्मद्वि मुमुचो हरिप्रियार्वाङ् याहि। इन्द्र स्वधावो मत्स्वेह ।।८।।
अर्वांचं त्वा सुखे रथे वहतामिन्द्र केशिना। घृतस्नू बर्हिरासदे ।।६।।

ऋ. ३.४2.१–६

उप नः सुतामा गहि सोममिन्द्र गवाशिरम्। हरिभ्यां यस्ते अस्मयुः ।।१।।
तमिन्द्र मदमा गहि बर्हिः ष्ठां ग्रावभिः सुतम्। कुविन्न्वस्य तृण्वः।।2।।
इन्द्रमित्था गिरो समाच्छागुरिषिता इतः। आवृते सोमपीतये ।।३।।
इन्द्र सोमस्य पीतये स्तोमैरिह हवामहे। उक्थेभिः कुविदागमत् ।।४।।
इन्द्र सोमाः सुता इमे तान्दधिष्व शतक्रतो। जठरे वाजिनीवसो ।।५।।
विद्मा हि त्वा धनंज्यं वाजेषु दधृषं कवे। अधा ते सुम्नमीमहे ।।६।।
इममिन्द्र गवाशिरं यवाशिरं च नः पिब। आगत्या वृषभिः सुतम् ।।७।।
तुभ्येदिन्द्र स्व ओक्ये३ सोमं चोदामि पीतये। एष रारन्तु ते हृदि ।।८।
त्वां सुतस्य पीतये प्रत्नमिन्द्र हवामहे। कुशिकासो अवस्यवः ।।६।।

ऋ. ३.४३.१–६

आ याह्यर्वाङुप वन्धुरेष्ठास्तवेदनु प्रदिवः सोमपेयम् ।
प्रिया सखाया वि मुचोप बर्हिस्त्वामिमे हव्यवाहो हवन्ते ।।१।।
आ याहि पूर्वीरति चर्षणीराँ अर्य आशिष उप नो हरिभ्याम् ।
इमा हि त्वा मतयः स्तोमतष्टा इन्द्र हवन्ते सख्यं जुषाणाः ।।2।।
आ नो यज्ञं नमोवृधं सजोषा इन्द्र देव हरिभिर्याहि तूयम् ।
अहं हि त्वा मतिभिर्जोहवीमि घृतप्रयाः सधमादे मधूनाम् ।।३।।
आ च त्वामेता वृषणा वहातो हरी सखाया सुधुरा स्वंगा ।
धानावदिन्द्रः सवनं जुषाणः सखा सख्युः शृणवद्वन्दनानि ।।४।।
कुविन्म गोपां करसे जनस्य कुविद्राजानं मघवन्नृजीषिन् ।
कुविन्म ऋषिं पपिवांसं सुतस्य कुविन्मे वस्वो अमृतस्य शिक्षाः ।।५।।
आ त्वा बृहन्तो हरयो युजाना अर्वागिन्द्र सधमादो वहन्तु ।
प्र ये द्विता दिव ऋंजन्त्याताः सुसंमृष्टासो वृषभस्य मूराः ।।६।।
इन्द्र पिब वृषधूतस्य वृष्ण आ यं ते श्येन उशते जभार ।
यस्य मदे च्यावयसि प्र कृष्टीर्यस्य मदे अप गोत्रा ववर्थ ।।७।।
शुनं हुवेम मघवानमिन्द्रमस्मिन्भरे नृतमं वाजसातौ ।
शृण्वन्तमुग्रमूतये समत्सु घ्नन्तं वृत्राणि धनानाम् ।।८।।

ऋ. ३.४४.१–५

अयं ते अस्तु हर्यतः सोम आ हरिभिः सुतः ।
जुषाण इन्द्र हरिभिर्न आ गह्या तिष्ठ हरितं रथम् ।।१।।
हर्यन्नुषसमर्चयः सूर्यं हर्यन्नरोचयः ।
विद्वांश्चिकित्वान्हर्यश्व वर्धस इन्द्र विश्वा अभि श्रियः ।।2।।
द्यामिन्द्रो हरिधायसं पृथिवीं हरिवर्पसम् ।
अधारयद्धरितोर्भूरि भोजनं ययोरन्तर्हरिश्चरत् ।।३।।
जज्ञानो हरितो वृषा विश्वमा भाति रोचनम् ।
हर्यश्वो हरितं धत्त आयुधमा वज्रं बाह्वोर्हरिम् ।।४।।
इन्द्रो हर्यन्तमर्जुनं वज्रं शुक्रैरभीवृतम् ।
अपावृणोद्धरिभिरद्रिभिः सुतमुद्गा हरिभिराजत ।।५।।

ऋ. ३.४५.१–५

आ मन्द्रैरिन्द्र हरिभिर्याहि मयूररोमभिः ।
मा त्वा के चिन्नि यमन्वि न पाशिनोऽति धन्वेव ताँ इहि ।।१।।
वृत्रखादो वलंरुजः पुरां दर्मो अपामजः ।
स्थाता रथस्य हर्योरभिस्वर इन्द्रो दृळहा चिदारुजः ।।2।।
गम्भीराँ उदधीँरिव क्रतुं पुष्यसि गा इव ।
प्र सुगोपा यवसं धेनवो यथा ह्रदं कुल्या इवाशत ।।३।।
आ नस्तुजं रयिं भरांशं न प्रतिजानते ।
वृक्षं पक्वं फलमंकीव धूनुहीन्द्र सम्पारणं वसु ।।४।।
स्वयुरिन्द्र स्वराळसि स्मद्दिष्टिः स्वयशस्तरः ।
स वावृधान ओजसा पुरुष्टत भवा नः सुश्रवस्तमः ।।५।।

ऋ. ३.४६.१–५

युध्मस्य ते वृषभस्य स्वराज उग्रस्य यूनः स्थविरस्य घृष्वेः ।
अजूर्यतो वज्रिणो वर्या३णीन्द्र श्रुतस्य महतो महानि ।।१।।
महाँ असि महिष वृष्ण्येभिर्धनस्पृदुग्र सहमानो अन्यान् ।
एको विश्वस्य भुवनस्य राजा स योधया च क्षयया च जनान् ।।2।।
प्र मात्राभी रिरिचे रोचमानः प्र देवेभिर्विश्वतो अप्रतीतः ।
प्र मज्मना दिव इन्द्रः पृथिव्याः प्रोरोर्महो अन्तरिक्षादृजीषी ।।३।।
उरुं गभीरं जनुषाभ्यु१ग्रं विश्वव्यचसमवतं मतीनाम् ।
इन्द्रं सोमासः प्रदिवि सुतासः समुद्रं न स्रवत आ विशन्ति ।।४।।
यं सोममिन्द्र पृथिवीद्यावा गर्भं न माता बिभृतस्त्वाया ।
तं ते हिन्वन्ति तमु ते मृजन्त्यध्वर्यवो वृषभ पातवा उ ।।५।।

ऋ. ३.४७.१–५

मरुत्वाँ इन्द्र वृषभो रणाय पिबा सोममनुष्वधं मदाय ।
आ सिंचस्व जठरे मध्व ऊर्मिं त्वं राजासि प्रदिवः सुतानाम् ।।१।।
सजोषा इन्द्र सगणो मरुद्भिः सोमं पिब वृत्रहा शूर विद्वान् ।
जहि शत्रूँरप मृधो नुदस्वाथाभयं कृणुहि विश्वतो नः ।।2।।
उत ऋतुभिर्ऋतुपाः पाहि सोममिन्द्र देवेभिः सखिभिः सुतं नः ।
याँ आभजो मरुतो ये त्वान्वहन्वृत्रमदधुस्तुभ्यमोजः ।।३।।
ये त्वाहिहत्ये मघवन्नवर्धन्ये शाम्बरे हरिवो ये गविष्टौ ।
ये त्वा नूनमनुमदन्ति विप्राः पिबेन्द्र सोमं सगणो मरुद्भिः ।।४।।
मरुत्वन्तं वृषभं वावृधानमकवारिं दिव्यं शासमिन्द्रम् ।

विश्वासाहमवसे नूतनायेाग्रं सहोदामिह तं हुवेम ।।५।।

ऋ. ३.४८.१–५

सद्यो ह जातो वृषभः कनीनः प्रभर्तुमावदन्धसः सुतस्य ।
साधोः पिब प्रतिकामं यथा ते रसाशिरः प्रथमं सोम्यस्य ।।१।।
यज्जायथास्तदहरस्य कामेंशोः पीयूषमपिबो गिरिष्ठाम् ।
तं ते माता परि योषा जनित्रा महः पितुर्दम् असिंचदग्रे ।।2।।
उपस्थाय मातरमन्नमैट्ट तिग्ममपश्यदभि सोममूधः ।
प्रयावयन्नचरद् गृतसो अन्यान्महानि चक्रे पुरुधप्रतीकः ।।३।।
उग्रस्तुराषाळभिभूत्योजा यथावशं तन्वं चक्र एषः ।
त्वष्टारमिन्द्रो जनुषाभिभूयामुष्या सोममपिबच्चमूषु ।।४।।
शुनं हुवेम मघवानमिन्द्रमस्मिन्भरे नृतमं वाजसातौ ।
शृण्वन्तमुग्रगमूतये समत्सु घ्नन्तं वृत्राणि संजितं धनानाम् ।।५।।

ऋ. ३.४९.१–५

शंसा महामिन्द्रं यस्मिन्विश्वा आ कृष्टयः सोमपाः काममव्यन् ।
यं सुक्रतुं धिषणे विभ्वतष्टं घनं वृत्राणां जनयन्त देवाः ।।१।।
यं नु नकिः पृतनासु स्वराजं द्विता तरति नृतमं हरिष्ठाम् ।
इनतमः सत्वभिर्यो ह शूषैः पृथुज्रया अमिनादायुर्दस्योः ।।2।।
सहावा पृत्सु तरणिर्नार्वा व्यानशी रोदसी मेहनावान् ।
भगो न कारे हवयो मतीनां पितेव चारुः सुहवो वयोधाः ।।३।।
धर्ता दिवो रजसस्पृष्ट ऊर्ध्वो रथो न वायुर्वसुभिर्नियुत्वान् ।
क्षपां वस्ता जनिता सूर्यस्य विभक्ता भागं धिषणेव वाजम् ।।४।।
शुनं हुवेम मघवानमिन्द्रमस्मिन्भरे नृतमं वाजसातौ ।
शृण्वन्तमुग्रमूतये समत्सु घ्नन्तं वृत्राणि संजितं धनानाम् ।।५।।

ऋ. ३.५०.१–५

इन्द्रः स्वाहा पिबतु यस्य सोम आगत्या तुम्रो वृषभो मरुत्वान् ।
ओरुव्यचाः पृणतामेभिरन्नैरास्य हविस्तन्व१ः काममृध्याः ।।१।।
आ ते सपर्यू जवसे युनज्मि ययोरनु प्रदिवः श्रुष्टिमावः ।
इह त्वा धेयुर्हरयः सुशिप्र पिबा त्व१स्य सुषुतस्य चारोः ।।2।।
गोभिर्मिमिक्षु दधिरे सुपारमिन्द्रं ज्यैष्ठ्याय धायसे गृणानाः ।
मन्दानः सोमं पपिवाँ ऋजीषिन्त्समस्मभ्यं पुरुधा गा इषण्य ।।३।।
इमं कामं मन्दया गोभिरश्वैश्चन्द्रवता राधसा पप्रथश्च ।
स्वर्यवो मतिभिस्तुभ्यं विप्रा इन्द्राय वाहः कुशिकासो अक्रन् ।।४।।
शुनं हुवेम मघवानमिन्द्रमस्मिन्भरे नृतमं वाजसातौ ।
शृण्वन्तमुग्रमूतये समत्सु घ्नन्तं वृत्राणि संजितं धनानाम् ।।५।।

ऋ. ३.५१.१–१2

चर्षणीधृतं मघवानमुक्थ्य१मिन्द्रं गिरो बृहतीरभ्यनूषत ।
वावृधानं पुरुहूतं सुवृक्तिभिरमर्त्यं जरमाणं दिवेदिवे ।।१।।
शतक्रतुमर्णवं शाकिनं नरं गिरो म इन्द्रमुप यन्ति विश्वतः ।
वाजसनिं पूर्भिदं तूर्णिमप्तुरं धामसाचमभिषाचं स्वर्विदम् ।।2।।
आकरे वसोर्जरिता पनस्यतेऽनेहसः स्तुभ इन्द्रो दुवस्यति ।
विवस्वतः सदन आ हि पिप्रिये सत्रासाहमभिमातिहनं स्तुहि ।।३।।
नृणामु त्वा नृतमं गीर्भिरुक्थैरभि प्र वीरमर्चता सबाधः ।

सं सहसे पुरुमायो जिहीते नमो अस्य प्रदिव एक ईशे ।।४।।
पूर्वीरस्य निष्षिधो मर्त्येषु पुरू वसूनि पृथिवी बिभर्ति ।
इन्द्राय द्याव ओषधीरुतापो रयिं रक्षन्ति जीरयो वनानि ।।५।।
तुभ्यं ब्रह्माणि गिर इन्द्र तुभ्यं सत्रा दधिरे हरिवो जुषस्व ।
बोध्या३पिरवसो नूतनस्य सखे वसो जरितृभ्यो वयो धाः ।।६।।
इन्द्र मरुत्व इह पाहि सोमं यथा शार्याते अपिबः सुतस्य ।
तव प्रणीती तव शूर शर्मन्ना विवासन्ति कवयः सुयज्ञाः ।।७।।
स वावशान इह पाहि सोमं मरुद्भिरिन्द्र सखिभिः सुतं नः ।
जातं यत्त्वा परि देवा अभूषन्महे भराय पुरुहूत विश्वे ।।८।।
अप्तूर्ये मरुत आपिरेषोऽमन्दन्निन्द्रमनु दातिवाराः ।
तेभिः साकं पिबतु वृत्रखादः सुतं सोमं दाशुषः स्वे सधस्थे ।।६।।
इदं ह्यन्वोजसा सुतं राधानां पते। पिबा त्व१स्य गिर्वणः ।।१०।।
यस्ते अनु स्वधामसत्सुते नि यच्छ तन्वम्। स त्वा ममत्तु सोम्यम्।।११।।
प्र ते अश्नोतु कुक्ष्योः प्रेन्द्र ब्रह्मणा शिरः। प्र बाहू शूर राधसे ।।१2।।

ऋ. ३.५2.१–८

धनावन्तं करम्भिणमपूपवन्तमुक्थिनम्। इन्द्र प्रातर्जुषस्व नः ।।१।।
पुरोळाशं पचत्यं जुषस्वेन्द्रा गुरस्व च। तुभ्यं हवयानि सिस्रते ।।2।।
पुरोळाशं च नो घसो जोषयासे गिरश्चनः। वधूयुरिव योषणाम् ।।३।।
पुरोळाशं सनश्रुत प्रातःसावे जुषस्व नः। इन्द्र क्रतुर्हि ते बृहन् ।।४।।
माध्यन्दिनस्य सवनस्य धानाः पुरोळाशमिन्द्र कृष्वेह चारुम् ।
प्र यत्स्तोता जरिता तूर्ण्यर्थो वृषायमाण उप गीर्भिरीट्टे ।।५।।
तृतीये धानाः सवने पुरुष्टुत पुरोळाशमाहुतं मामहस्व नः ।
ऋभुमन्तं वाजवन्तं त्वा कवे प्रयस्वन्त उप शिक्षेम धीतिभिः ।।६।।
पूषण्वते ते चकृमा करम्भं हरिवते हर्यश्वाय धानाः ।
अपूपमद्धि सगणो मरुद्भिः सोमं पिब वृत्रहा शूर विद्वान् ।।७।।
प्रति धाना भरत तूयमस्मै पुरोळाशं वीरतमाय नृणाम् ।
दिवेदिवे सदृशीरिन्द्र तुभ्यं वर्धन्तु त्वा सोमपेयाय धृष्णो ।।८।।

ऋ. ३.५३.2–१४

तिष्ठा सु कं मघवन्मा परा गाः सोमस्य नु त्वा सुषुतस्य यक्षि ।
पितुर्न पुत्रः सिचमा रभे त इन्द्र स्वादिष्ठया गिरा शचीवः ।।2।।
शंसावाध्वर्यो प्रति मे गृणीहीन्द्राय वाहः कृणवाव जुष्टम् ।
एदं बर्हिर्यजमानस्य सीदाथा च भूदुक्थमिन्द्राय शस्तम् ।।३।।
जायेदस्तं मघवन्त्सेदु योनिस्तदित्त्वा युक्ता हरयो वहन्तु ।
यदा कदा च सुनवाम सोममग्निष्ट्वा दूतो धन्वात्यच्छ ।।४।।
परा याहि मघवन्ना च याहीन्द्र भ्रातरुभयत्रा ते अर्थम् ।
यत्रा रथस्य बृहतो निधानं विमोचनं वाजिनो रासभस्य ।।५।।
अपाः सोममस्तमिन्द्र प्र याहि कल्याणीर्जाया सुरणं गृहे ते ।
यत्रा रथस्य बृहतो निधानं विमोचनं वाजिनो दक्षिणावत् ।।६।।
इमे भोजा अंगिरसो विरूपा दिवस्पुत्रासो असुरस्य वीराः ।
विश्वामित्राय ददतो मघानि सहस्रसावे प्र तिरन्त आयुः ।।७।।
रूपंरूपं मघवा बोभवीति मायाः कृण्वानस्तन्वं१ परि स्वाम् ।
त्रिर्यद्दिवः परि मुहूर्तमागात्स्वैर्मन्त्रैरनृतुपा ऋतावा ।।८।।

महाँ ऋषिर्देवजा देवजूतोऽस्तभ्नात्सिन्धुमर्णवं नृचक्षाः ।
विश्वामित्रो यदवहत्सुदासमप्रियायत कुशिकेभिरिन्द्रः ।।६।।
हंसा इव कृणुथ श्लोकमद्रिभिर्मदन्तो गीर्भिरध्वरे सुते सचा ।
देवेभिर्विप्रा ऋषयो नृचक्षसो वि पिबध्वं कुशिकाः सोम्यं मधु ।।१०।।
उप प्रेत कुशिकाश्चेतयध्वमश्वं राये प्र मुंचता सुदासः ।
राजा वृत्रं जंघनत्प्रागपागुदगथा यजाते वर आ पृथिव्याः ।।११।।
य इमे रोदसी उभे अहमिन्द्रमतुष्टवम् ।
विश्वामित्रस्य रक्षति ब्रह्मेदं भारतं जनम् ।।१२।।
विश्वामित्रा अरासत ब्रह्मेन्द्राय वज्रिणे। करदिन्नः सुराधसः ।।१३।।
किं ते कृण्वन्ति कीकटेषु गावो नाशिरं दुह्रे न तपन्ति घर्मम् ।
आ नो भर प्रमगन्दस्य वेदो नैचाशाखं मघवन्रन्धया नः ।।१४।।

ऋ. ३.५३.२१–२४

इन्द्रोतिभिर्बहुलाभिर्नो अद्य याच्छ्रेष्ठाभिर्मघवंछूर जिन्व ।
यो नो द्वेष्ट्यधरः सस्पदीष्ट यमु द्विष्मस्तमु प्राणो जहातु ।।२१।।
परशुं चिद्वि तपति शिम्बलं चिद्वि वृश्चति ।
उखा चिदिन्द्र येषन्ती प्रयस्ता फेनमस्यति ।।२२।।
न सायकस्य चिकिते जनासो लोधं नयन्ति पशु मन्यमानाः ।
नावाजिनं वाजिना हासयन्ति न गर्दभं पुरो अश्वान्नयन्ति ।।२३।।
इम इन्द्र भरतस्य पुत्रा अपपित्वं चिकितुर्न प्रपित्वम् ।
हिन्वन्त्यश्वमरणं न नित्यं ज्यावाजं परि णयन्त्याजौ ।।२४।।

सा. १६५

इदं ह्यन्वोजसा सुतं राधानां पते। पिबा त्वा३स्य गिर्वणः ।।१।।

सा. १६५

गिर्वणः पाहि नः सुतं मधोर्धाराभिरज्यसे। इन्द्र त्वादातमिद्यशः ।।२।।

सा. २१०

धानावन्तं करम्भिणमपूपवन्तमुक्थिनम्। इन्द्र प्रातर्जुषस्व नः ।।७।।

सा. २२६

इन्द्र उक्थेभिर्मन्दिष्ठो वाजानां च वाजपतिः। हरिवान्त्सुतानां सखा ।।४।।

सा. २४६

आ मन्द्रैरिन्द्र हरिभिर्याहि मयूररोमभिः ।
मा त्वा के चिन्नि येमुरिन्न पाशिनोऽति धन्वेव ताँ इहि ।।४।।

सा. ३२६

शुनं हुवेम मघवानमिन्द्रमस्मिन्भरे नृतमं वाजसातौ ।
शृण्वन्तमुग्रमूतये समत्सु घ्नन्तं वृत्राणि संजितं धनानि ।।७।।

सा. ३७४

चर्षणीधृतं मघवानमुक्थ्या३मिन्द्रं गिरो बृहतीरभ्यनूषत ।
वावृधानं पुरुहूतं सुवृक्तिभिरमर्त्यं जरमाणं दिवेदिवे।।५।।

सा. ७३७–७३६

इदं ह्यन्वोजसा सुतं राधानां पते। पिबा त्वा३स्य गिर्वणः ।।१।।
यस्ते अनु स्वधामसत्सुते नि यच्छ तन्वम्। स त्वा ममत्तु सोम्य ।।२।।
प्र ते अश्नोतु कुक्ष्योः प्रेन्द्र ब्रह्मणा शिरः। प्र बाहू शूर राधसा ।।३।।

सा. १७१८–१७२०

आ मन्द्रैरिन्द्र हरिभिर्याहि मयूररोमभिः ।
मा त्वा के चिन्नि येमुरिन्न पाशिनोऽति धन्वेव ताँ इहि ।।१।।
वृत्रखादो वलं रुजः पुरां दर्मो अपामजः ।
स्थाता रथस्य हर्योरभिस्वर इन्द्रो दृढा चिदारुजः ।।२।।
गम्भीराँ उदधीं रिव क्रतुं पुष्यसि गा इव ।
प्र सुगोपा यवसं धेनवो यथा ह्रदं कुल्या इवाशत ।।३।।

९. इन्द्रः (सार्षेदी. सास्वा.) पर्वतेन्द्रौ (ऋसर्व. ३.५.३१) – सा. ३३८

इन्द्रापर्वता बृहता रथेन वामीरिष आ वहतं सुवीराः ।
वीतं हव्यान्यध्वरेषु देवा वर्धेथां गीर्भिरिडया मदन्ता ।।७।।

१०. इन्द्राग्नी – ऋ. ३.१२.१–९; ३.२५.४; सा. ६६९–६७१; १५७६–१५७८

ऋ. ३.१२.१–९

इन्द्राग्नी आ गतं सुतं गीर्भिनसो वरेण्यम्। अस्य पातं धियेषिता ।।१।।
इन्द्राग्नी जरितुः सचा यज्ञो जिगाति चेतनः। अया पातमिमं सुतम् ।।२।।
इन्द्रमग्नि कविच्छदा यज्ञस्य जूत्या वृणे। ता सोमस्येह तृम्पताम् ।।३।।
तोशा वृत्रहणा हुवे सजित्वानापराजिता। इन्द्राग्नी वाजसातमा ।।४।।
प्र वामर्चन्त्युक्थिनो नीथाविदो जरितारः। इन्द्राग्नी इष आ वृणे ।।५।।
इन्द्राग्नी नवतिं पुरो दासपत्नीरधूनुतम्। साकमेकेन कर्मणा ।।६।।
इन्द्राग्नी अपसस्पर्युप प्र यन्ति धीतयः। ऋतस्य पथ्या३ अनु ।।७।।
इन्द्राग्नी तविषाणि वां सधस्थानि प्रयांसि च। युवोरप्तूर्यं हितम् ।।८।।
इन्द्राग्नी रोचना दिवः परि वाजेषु भूषथः। तद्वां चेति प्र वीर्यम् ।।९।।

ऋ. ३.२५.४

अग्न इन्द्रश्च दाशुषो दुरोणे सुतावतो यज्ञमिहोप यातम्। अमर्धन्ता सोमपेयाय देवा ।।४।।

सा. ६६९–६७१

इन्द्राग्नी आ गतं सुतं गीर्भिर्नभो वरेण्यम्। अस्य पातं धियेषिता ।।१।।
इन्द्राग्नी जरितुः सचा यज्ञो जिगाति चेतनः। अया पातमिमं सुतम् ।।२।।
इन्द्रमग्निं कविच्छदा यज्ञस्य जूत्या वृणे। ता सोमस्येह तृम्पताम् ।।३।।

सा. १५७६–१५७८

इन्द्राग्नी नवतिं पुरो दासपत्नीरधूनुतम्। साकमेकेन कर्मणा ।।२।।
इन्द्राग्नी अपसस्पर्युप प्र यन्ति धीतयः। ऋतस्य पथ्या३ अनु ।।३।।
इन्द्राग्नी तविषाणि वां सधस्थानि प्रयांसि च। युवोरप्तूर्यं हितम् ।।४।।

११. इन्द्रापर्वतौ – ऋ. ३.५३.१

इन्द्रापर्वता बृहता रथेन वामीरिष आ वहतं सुवीराः ।
वीतं हव्यान्यध्वरेषु देवा वर्धेथा गीर्भिरिळया मदन्ता ।।१।।

१२. इन्द्रावरुणौ – ऋ. ३.६२.१–३

इमा उ वां भृमयो मन्यमाना युवावते न तुज्या अभूवन् ।
क्व१ त्यदिन्द्रावरुणा यशो वां येन स्मा सिनं भरथः सखिभ्यः ।।१।।
अयमु वां पुरुतमो रयीयंछश्वत्तममवसे जोहवीति ।
सजोषविन्द्रावरुणा मरुद्भिर्दिवा पृथिव्या शृणुतं हवं मे ।।२।।
अस्मे तदिन्द्रावरुणा वसु ष्यादस्मे रयिर्मरुतः सर्ववीरः ।
अस्मान्वरूत्रीः शरणैरवन्त्वस्मान्होत्रा भारती दक्षिणाभिः ।।३।।

१३. उषा – ऋ. ३.६१.१–७

Vedic Concordance of Mantras as per Ṛṣi and Devatā 349

उषो वाजेन वाजिनि प्रचेताः स्तोमं जुषस्व गृणतो मघोनि ।
पुराणी देवि युवतिः पुरन्धिरनु व्रतं चरसि विश्ववारे ।।१।।
उषो देवयमर्त्या वि भाहि चन्द्ररथा सूनृता ईरयन्ती ।
आ त्वा वहन्तु सुयमासो अश्वा हिरण्यवर्णां पृथुपाजसो ये ।।2।।
उषः प्रतीची भुवनानि विश्वोर्ध्वा तिष्ठस्यमृतस्य केतुः ।
समानमर्थं चरणीयमाना चक्रमिव नव्यस्या ववृत्स्व ।।३।।
अव स्यूमेव चिन्वती मघोन्युषा याति स्वसरस्य पत्नी ।
स्व१र्जनन्ती सुभगा सुदंसा आन्ताद्दिवः पप्रथ आ पृथिव्याः ।।४।।
अच्छा वो देवीमुषसं विभातीं प्र वो भरध्वं नमसा सुवृक्तिम् ।
ऊर्ध्वं मधुधा दिवि पाजो अश्रेत्प्र रोचना रुरुचे रण्वसंदृक् ।।५।।
ऋतावरी दिवो अर्कैरबोध्या रेवती रोदसी चित्रमस्थात् ।
आयतीमग्न उषसं विभातीं वाममेषि द्रविणं भिक्षमाणः ।।६।।
ऋतस्य बुध्न उषसामिषण्यन्वृषा मही रोदसी आ विवेश ।
मही मित्रस्य वरुणस्य माया चन्द्रेव भानुं वि दधे पुरुत्रा ।।७।।

१४. ऋत्विज अग्निर् वा – ऋ. ३.2९.५

मन्थता नरः कविमद्वयन्तं प्रचेतसममृतं सुप्रतीकम् ।
यज्ञस्य केतुं प्रथमं पुरस्तादग्निं नरो जनयता सुशेवम् ।।५।।

१५. ऋभवः – ऋ. ३.६०.१–७

इहेह वो मनसा बन्धुता नर उशिजो जग्मुरभि तानि वेदसा ।
याभिर्मायाभिः प्रतिजूतिवर्पसः सौधन्वना यज्ञियं भागमानश ।।१।।
याभिः शचीभिश्चमसाँ अपिशत यया धिया गामरिणीत चर्मणः ।
येन हरी मनसा निरतक्षत तेन देवत्वमृभवः समानश ।।2।।
इन्द्रस्य सख्यमृभवः समानशुर्मनोर्नपातो अपसो दधन्विरे ।
सौधन्वनासो अमृतत्वमेरिरे विष्ट्वी शमीभिः सुकृतः सुकृत्यया ।।३।।
इन्द्रेण याथ सरथं सुते सचाँ अथो वशानां भवथा सह श्रिया ।
न वः प्रतिमै सुकृतानि वाघतः सौधन्वना ऋभवो वीर्याणि च ।।४।।
इन्द्र ऋभुभिर्वाजवद्भिः समुक्षितं सुतं सोममा वृषस्वा गभस्त्योः ।
धियेषितो मघवन्दाशुषो गृहे सौधन्वनेभिः सह मत्स्वा नृभिः ।।५।।
इन्द्र ऋभुमान्वाजवान्मत्स्वेह नोऽस्मिन्त्सवने शच्या पुरुष्टुत ।
इमानि तुभ्यं स्वसराणि येमिरे व्रता देवानां मनुषश्च धर्मभिः ।।६।।
इन्द्र ऋभुभिर्वाजिभिर्वाजयन्निह स्तोमं जरितुरुप याहि यज्ञियम् ।
शतं केतेभिरिषिरेभिरायवे सहस्रणीथो अध्वरस्य होमनि ।।७।।

१६. नद्यः – ऋ. ३.३३.१–१३

प्र पर्वतानामुशती उपस्थादश्वे इव विषिते हासमाने ।
गावेव शुभ्रे मातरा रिहाणे विपाट्छुतुद्री पयसा जवेते ।।१।।
इन्द्रेषिते प्रसवं भिक्षमाणे अच्छा समुद्रं रथ्येव याथः ।
समाराणे ऊर्मिभिः पिन्वमाने अन्या वामन्यामप्येति शुभ्रे ।।2।।
अच्छा सिन्धुं मातृतमामयासं विपाशमुर्वीं सुभगामगन्म ।
वत्समिव मातरा संरिहाणे समानं योनिमनु संचरन्ती ।।३।।
एना वयं पयसा पिन्वमाना अनु येनिं देवकृतं चरन्तीः ।
न वर्तवे प्रसवः सर्गतक्तः किंयुर्विप्रो नद्यो जोहवीति ।।४।।
रमध्वं मे वचसे सोम्याय ऋतावरीरुप मुहूर्तमेवैः ।

प्र सिन्धुमच्छा बृहती मनीषावस्युरह्वे कुशिकस्य सूनुः ।।५।।
इन्द्रो अस्माँ अरदद्वज्रबाहुरपाहन्वृत्रं परिधिं नदीनाम् ।
देवेऽनयत्सविता सुपाणिस्तस्य वयं प्रसवे याम उर्वीः ।६।।
प्रवाच्यं शश्वधा वीर्यं१ तदिन्द्रस्य कर्म यदहिं विवृश्चत् ।
वि वज्रेण परिषदो जघानायन्नापोऽयनमिच्छमानाः ।।७।।
एतद्वचो जरितार्मापि मृष्ठा आ यत्ते घोषानुत्तरा युगानि ।
उक्थेषु कारो प्रति नो जुषस्व मा नो नि कः पुरुषत्रा नमस्ते ।।८।।
ओ षु स्वसारः कारवे शृणोत ययौ वो दूरादनसा रथेन ।
नि षू नमध्वं भवता सुपारा अधोअक्षाः सिन्धवः स्रोत्याभिः ।।६।।
आ ते कारो शृणवामा वचांसि ययाथ दूरादनसा रथेन ।
नि ते नंसै पीप्यानेव योषा मर्यायेव कन्या शश्वचै ते ।।१०।।
यदंग त्वा भरताः सर्गतक्त आ वो वृणे सुमतिं यज्ञियानाम् ।।११।।
अतारिषुर्भरता गव्यवः समभक्त विप्रः सुमतिं नदीनाम् ।
प्र पिन्वध्वमिषयन्तीः सुराधा आ वक्षणाः पृणध्वं यात शीभम् ।।१२।।
उद्व ऊर्मिः शम्या हन्त्वापो योक्त्राणि मुंचत। मादुष्कृतौ व्येनसाऽघ्न्यौ शूनमारताम् ।।१३।।

१७. पूषा – ऋ. ३.६२.७–६

इयं ते पूषन्नाघृणे सुष्टुतिर्देव नव्यसी। अस्माभिस्तुभ्यं शस्यते ।।७।।
तां जुषस्व गिरं मम वाजयन्तीमवा धियम्। वधूयुरिव योषणाम् ।।८।।
यो विश्वाभि विपश्यति भुवना सं च पश्यति। स नः पूषाविता भुवत् ।।६।।

१८. बृहस्पतिः – ऋ. ३.६२.४–

बृहस्पते जुषस्व नो हव्यानि विश्वदेव्य। रास्व रत्नानि दाशुषे ।।४।।
शुचिमर्कैबृहस्पातिमध्वरेषु नमस्यत। अनाम्योज आ चके ।।५।।
वृषभं चर्षणीनां विश्वरूपमदाभ्यम्। बृहस्पतिं वरेण्यम् ।।६।।

१६. मरुतः – ऋ. ३.२६.४–६

प्र यन्तु वाजास्तविषीभिरग्नयः शुभे संमिश्लाः पृषतीरयुक्षत ।
बृहदुक्षो मरुतो विश्ववेदसः प्र वेपयन्ति पर्वतॉं अदाभ्याः ।।४।।
अग्निश्रियो मरुतो विश्वकृष्टय आ त्वेषमुग्रमव ईमहे वयम् ।
ते स्वानिनो रुद्रिया वर्षनिर्णिजः सिंहा न हेषक्रतवः सुदानवः ।।५।।
व्रातंव्रातं गणंगणं सुशस्तिभिरग्नेर्भामं मरुतामोज ईमहे ।
पृषदश्वासो अनवभ्रराधसो गन्तारो यज्ञं विदथेषु धीराः ।।६।।

२०. मित्रः – ऋ. ३.५६.१–६

मित्रो जनान्यातयति ब्रुवाणो मित्रो दाधार पृथिवीमुत द्याम् ।
मित्रः कृष्टीरनिमिषाभि चष्टे मित्राय हव्यं घृतवज्जुहोत ।।१।।
प्र स मित्र मर्तो अस्तु प्रयस्वान्यस्त आदित्य शिक्षति व्रतेन ।
न हन्यते न जीयते त्वोतो नैनमंहो अश्नोत्यन्तितो न दूरात् ।।२।।
अनमीवास इळया मदन्तो मितज्ञवो वरिमन्ना पृथिव्याः ।
आदित्यस्य व्रतमुपक्षियन्तो वयं मित्रस्य सुमतौ स्याम ।।३।।
अयं मित्रो नमस्यः सुशेवो राजा सुक्षत्रो अजनिष्ट वेधाः ।
तस्य वयं सुमतौ यज्ञियस्यापि भद्रे सौमनसे स्याम ।।४।।
महाँ आदित्यो नमसोपसद्यो यातयज्जनो गृणते सुशेवः ।
तस्मा एतात्पन्यतमाय जुष्टमग्नौ मित्राय हविरा जुहोत ।।५।।
मित्रस्य चर्षणीधृतोऽवो देवस्य सानसि। द्युम्नं चित्रश्रवस्तमम् ।।६।।

अभि यो महिना दिवं मित्रो बभूव सप्रथाः। अभि श्रवोभिः पृथिवीम् ।।७।।
मित्राय पंच येमिरे जना अभिष्टिशवसे। स देवान्विश्वान्बिभर्ति ।।८।।
मित्रो देवेष्वायुषु जनाय वृक्तबर्हिषे। इष इष्टव्रता अकः ।।९।।

२१. मित्रावरुणौ – सा. ६६३–६६४

आ नो मित्रावरुणा घृतैर्गव्यूतिमुक्षतम्। मध्वा रजांसि सुक्रतू ।।१।।
उरुशंसा नमोवृधा मह्ना दक्षस्य राजथः। द्रघिष्ठाभिः शुचिव्रता ।।2।।

22. रथाङ्गानि – ऋ. ३.५३.१७–20

स्थिरौ गावौ भवतां वीळुरक्षो मेषा हि वर्हि मा युगं वि शारि ।
इन्द्रः पातल्ये ददतां शरीतोरिष्टनेमे अभि नः सचस्व ।।१७।।
बलं धेहि तनूषु नो बलमिन्द्रानुळत्सु नः ।
बलं तोकाय तनयाय जीवसे त्वं हि बलदा असि ।।१८।।
अभि व्ययस्व खदिरस्य सारमोजो धेहि स्पन्दने शिंशपायाम् ।
अक्ष वीळो वीळित वीळयस्व मा यामादस्मादव जीहिपो नः ।।१९।।
अयमस्मान्वनस्पतिर्मा च हा मा च रीरिषत् ।
स्वस्त्या गृहेभ्य आवसा आ विमोचनात् ।।20।।

२३. वाक् – ऋ. ३.५३.१५–१६

ससर्परीरमतिं बाधमाना बृहन्मिमाय जमदग्निदत्ता ।
आ सूर्यस्य दुहिता ततान श्रवो देवेष्वमृतमजुर्यम् ।।१५।।
ससर्परीरभरत्तूयमेभ्योऽधि श्रवः पांचजन्यासु कृष्टिषुः ।
सा पक्ष्या३ नव्यमायुर्दधाना यां मे पलस्तिजमदग्नयो ददुः ।।१६।।

२४. विश्वामित्रोपाध्यायः – ऋ. ३.2६.९

शतधारमुत्समक्षीयमाणं विपश्चितं पितरं वक्तवानाम् ।
मेळिं मदन्तं पित्रोरुपस्थे तं रोदसी पिपृतं सत्यवाचम् ।।९।।

२५. विश्वेदेवाः – ऋ. ३.८.१–११

अंजन्ति त्वामध्वरे देवयन्तो वनस्पते मधुना दैवयेन ।
यदूर्ध्वस्तिष्ठा द्रविणेह धत्ताद्यद्वा क्षयो मातुरस्या उपस्थे ।।१।।
समिद्धस्य श्रयमाणः पुरस्ताद् ब्रह्म वन्वानो अजरं सुवीरम् ।
आरे अस्मदमतिं बाधमान उच्छ्रयस्व महते सौभगाय ।।2।।
उच्छ्रयस्व वनस्पते वर्ष्मन्पृथिव्या अधि ।
सुमिती मीयमानो वर्चो धा यज्ञवाहसे ।।३।।
युवा सुवासाः परिवीत आगात्स उ श्रेयान्भवति जायमानः ।
तं धीरासः कवय उन्नयन्ति स्वाध्यो३ मनसा देवयन्तः ।।४।।
जातो जायते सुदिनत्वे अह्नां समर्य आ विदथे वर्धमानः ।
पुनन्ति धीरा अपसो मनीषा देवया विप्र उदियर्ति वाचम् ।।५।।
यान्वो नरो देवयन्तो निमिम्युर्वनस्पते स्वधितिर्वा ततक्ष ।
ते देवासः स्वरवस्तस्थिवांसः प्रजावदस्मे दिधिषन्तु रत्नम् ।।६।।
ये वृक्णासो अधि क्षमि निमितासो यतस्रुचः ।
ते नो व्यन्तु वार्यं देवत्रा क्षेत्रसाधसः ।।७।।
आदित्या रुद्रा वसवः सुनीथा द्यावाक्षामा पृथिवी अन्तरिक्षम् ।
सजोषसो यज्ञमवन्तु देवा ऊर्ध्वं कृण्वन्त्वध्वरस्य केतुम् ।।८।।
हंसा इव श्रेणिशो यतानाः शुक्रा वसानाः स्वरवो न आगुः ।

उन्नीयमानाः कविभिः पुरस्ताद्देवा देवानामपि यन्ति पाथः ।।६।।
शृंगाणीवेच्छृंगिणां सं ददृश्रे चषालवन्तः स्वरवः पृथिव्याम् ।
बाघद्भिर्वा विहवे श्रोषमाणा अस्माँ अवन्तु पृतनाज्येषु ।।१०।।
वनस्पते शतवल्शो वि रोह सहस्रवलशा वि वयं रुहेम ।
यं त्वामयं स्वधितिस्तेजमानः प्रणिनाय महते सौभगाय ।।११।।

२६. वैश्वानरः – ऋ. ३.२६.१–३

वैश्वानरं मनसाग्निं निचाय्या हविष्मन्तो अनुषत्यं स्वर्विदम् ।
सुदानुं देवं रथिरं वसूयवो गीर्भी रण्वं कुशिकासो हवामहे ।।१।।
तं शुभ्रमग्निमवसे हवामहे वैश्वानरं मातरिश्वानमुक्थ्यम् ।
बृहस्पतिं मनुषो देवतातये विप्रं श्रोतारमतिथिं रघुष्यदम् ।।२।।
अश्वो न क्रन्दंजनिभिः समिध्यते वैश्वानरः कुशिकेभिर्युगेयुगे ।
स नो अग्निः सुवीर्यं स्वश्व्यं दधातु रत्नमभृतेषु जागृविः ।।३।।

२७. सविता – ऋ. ३.६२.१०–१२; सा. १४६२

ऋ. ३.६२.१०–१२

तत्सवितुर्वरेण्यं भर्गो देवस्य धीमहि। धियो यो नः प्रचोदयात् ।।१०।।
देवस्य सवितुर्वयं वाजयन्तः पुरंध्या। भगस्य रातिमीमहे ।।११।।
देवं नरः सवितारं विप्रा यज्ञैः सुवृक्तिभिः। नमस्यन्ति धियेषिताः ।।१२।।

सा. १४६२

तत्सवितुर्वरेण्यं भर्गो देवस्य धीमहि। धियो यो नः प्रचोदयात् ।।१।।

२८. सोम – ऋ. ३.६२.१३–१५

सोमो जिगाति गातुविद् देवानामेति निष्कृतम्। ऋतस्य योनिमासदम् ।।१३।।
सोमो अस्मभ्यं द्विपदे चतुष्पदे च पशवे। अनमीवा इषस्करत् ।।१४।।
अस्माकमायुर्वर्धयन्नभिमातीः सहमानः। सोमः सधस्थमासदत् ।।१५।।

६१८. विश्वामित्रो गाथिनः अभिपाद उदलो वा

१. इन्द्रः – सा. २३१

एन्द्र पृक्षु कासु चिन्नृम्णं तनूषु धेहि नः। सत्राजिदुग्र पौंस्यम् ।।६।।

६१६. विश्वामित्रो गाथिनः कुशिको ऐषीरथी वा

१. इन्द्रः – ऋ. ३.३१.१–२२

शासद्वह्निर्दुहितुर्नप्त्यं गाद्विद्वाँ ऋतस्य दीधितिं सपर्यन् ।
पिता यत्र दुहितुः सेकमृंजन्त्सं शग्म्येन मनसा दधन्वे ।।१।।
न जामये तान्वो रिक्थमारैक्चकार गर्भं सनितुर्निधानम् ।
यदी मातरो जनयन्त वह्निमन्यः कर्ता सुकृतोरन्य ऋन्धन् ।।२।।
अग्निर्जज्ञे जुह्वा३ रेजमानो महस्पुत्राँ अरुषस्य प्रयक्षे ।
महान्गर्भो मह्या जातमेषां मही प्रवृद्धर्यश्वस्य यज्ञैः ।।३।।
अभि जैत्रीरसचन्त स्पृधानं महि ज्योतिस्तमसो निरजानन् ।
तं जानतीः प्रत्युदायन्नुषासः पतिर्गवामभवदेक इन्द्रः ।।४।।
वीळौ सतीरभि धीरा अतृन्दन्प्राचाहिन्वन्मनसा सप्त विप्राः ।
विश्वामविन्दन्पथ्यामृतस्य प्रजानन्नित्ता नमसा विवेश ।।५।।
विदद्यदी सरमा रुग्णमद्रेर्महि पाथः पूर्व्यं सध्र्यक्कः ।
अग्रं नयत्सुपद्यक्षराणामच्छा रवं प्रथमा जानती गात् ।।६।।
अगच्छदु विप्रतमः सखीयन्नसूदयत्सुकृते गर्भमद्रिः ।

ससान मर्यो युवभिर्मखस्यन्नथाभवदंगिराः सद्यो अर्चन् ।।७।।
सतः सतः प्रतिमानं पुरोभूर्विश्वा वेद जनिमा हन्ति शुष्णम् ।
प्र णो दिवः पदवीर्गव्युरर्चन्त्सखा सखीँरमुंचन्निरवद्यात् ।।८।।
नि गव्यता मनसा सेदुरर्कैः कृण्वनासो अमृतत्वाय गातुम् ।
इदं चिन्नु सदनं भूर्येषां येन मासाँ असिषासन्नृतेन ।।९।।
संपश्यमाना अमदन्नभि स्वं पयः प्रत्नस्य रेतसो दुघानाः ।
वि रोदसी अतपद्घोषं एषां जाते निःष्ठामदधुर्गोषु वीरान् ।।१०।।
स जातेभिर्वृत्रहा सेदु हव्यैरुदुस्रिया असृजदिन्द्रो अर्कैः ।
उरूच्यस्मै घृतवद्भरन्ती मधु स्वाद्म दुदुहे जेन्या गौः ।।११।।
पित्रे चिच्चक्रुः सदनं समस्मै महि त्विषीमत्सुकृतो वि हि ख्यन् ।
विष्कभ्नन्तः स्कम्भनेना जनित्री आसीना ऊर्ध्वं रभसं वि मिन्वन् ।।12।।
मही यदि धिषणा शिश्नथे धात्सद्योवृधं विभ्व१ रोदस्योः ।
गिरो यस्मिन्ननवद्याः समीचीर्विश्वा इन्द्राय तविषीरनुत्ताः ।।१३।।
मह्या ते सख्यं वश्मि शक्तीरा वृत्रघ्ने नियुतो यन्ति पूर्वीः ।
महि स्तोत्रमव आगन्म सुरेरस्माकं सु मघवन्बोधि गोपाः ।।१४।।
महि क्षेत्रं पुरु श्चन्द्रं विविद्वानादित्सखिभ्यश्चरथं समैरत् ।
इन्द्रो नृभिरजनद्दीद्यानः साकं सूर्यमुषसं गातुमग्निम् ।।१५।।
अपश्चिदेष विभ्वो३ दमूनाः प्र सध्रीचीरसृजद्विश्वश्चन्द्राः ।
मध्वः पुनानाः कविभिः पवित्रैर्द्युभिर्हिन्वन्त्यक्तुभिर्धनुत्रीः ।।१६।।
अनु कृष्णे वसुधिती जिहाते उभे सूर्यस्य मंहना यजत्रे ।
परि यत्ते महिमानं वृजध्यै सखाय इन्द्र काम्या ऋजिप्याः ।।१७।।
पतिर्भव वृत्रहन्त्सूनृतानां गिरां विश्वायुर्वृषभो वयोधाः ।
आ नो गहि सख्येभिः शिवेभिर्महान्महीभिरूतिभिः सरण्यन् ।।१८।।
तमंगिरस्वन्नमसा सपर्यन्नव्यं कृणोमि सन्यसे पुराजाम् ।
द्रुहो वि याहि बहुला अदेवीः स्वश्च नो मघवन्त्सातये धाः ।।१९।।
मिहः पावकाः प्रतता अभूवन्त्स्वस्ति नः पिपृहि पारमासाम् ।
इन्द्र त्वं रथिरः पाहि नो रिषो मक्षूमक्षू कृणुहि गोजितो नः ।।20।।
अदेदिष्ट वृत्रहा गोपतिर्गा अन्तः कृष्णाँ अरुषैर्धामभिर्गात् ।
प्र सूनृता दिशमान ऋतेन दुरश्च विश्वा अवृणोदप स्वाः ।।२१।।
शुनं हुवेम मघवानमिन्द्रमस्मिन्भरे नृतमं वाजसातौ ।
शृण्वन्तमुग्रमूतये समत्सु घ्नन्तं वृत्राणि संजितं धनानाम् ।।22।।

६२०. विश्वामित्रो जमदग्नी

१. इन्द्रः – ऋ. १०.१६७.१–2; ४

ऋ. १०.१६७.१–2

तुभ्येदमिन्द्र परि षिच्यते मधु त्वं सुतस्य कलशस्य राजसि ।
त्वं रयिं पुरुवीरामु नस्कृधि त्वं तपः परितप्याजयः स्वः ।।१।।
स्वर्जितं महि मन्दानमन्धसो हवामहे परि शक्रं सुताँ उप ।
इमं नो यज्ञमिह बोध्या गहि स्पृधो जयन्तं मघवानमीमहे ।।2।।

ऋ. १०.१६७.४

प्रसूतो भक्षमकरं चरावपि स्तोमं चेमं प्रथमः सूरिरुन्मृजे ।
सुते सातेन यद्यागमं वां प्रति विश्वमित्रजमदग्नी दमे ।।४।।

१. लिङ्गोक्ताः – ऋ. १०.१६७.३

सोमस्य राज्ञो वरुणस्य धर्मणि बृहस्पतेरनुमत्या उ शर्मणि ।
तवाहमद्य मघवन्नुपस्तुतौ धातर्विधातः कलशाँ अभक्षयम् ।।३।।

६21. विश्वामित्रो गाथिनो जमदग्नि र्वा

१. इन्द्रः – सा. 220

आ नो मित्रावरुणा घृतैर्गव्यूतिमुक्षतम्। मध्वा रजां सि सुक्रतू ।।७।।

2. मित्रावरुणौ – ऋ. ३.६2.१६–१८; सा. ६६५

ऋ. ३.६2.१६–१८

आ नो मित्रावरुणा घृतैर्गव्यूतिमुक्षतम्। मध्वा रजांसि सुक्रतू ।।१६।।
उरुशंसा नमोवृधा मह्ना दक्षस्य राजथः। द्राघिष्ठाभिः शुचिव्रता ।।१७।।
गृणाना जमदग्निना योनावृतस्य सीदतम्। पातं सोममृतावृधा ।।१८।।

सा. ६६५

गृणाना जमदग्निना योनावृतस्य सीदतम्।पातं सोममृतावृधा ।।३।।

६22. विश्वामित्रो गाथिनः (साग्री.सास्वा.) तिरश्ची (सार्षेदी.)

१. इन्द्रः – सा. ३५०

एतो न्विन्द्रं स्तवाम शुद्धं साम्ना। शुद्धैरुक्थैर्वावृध्वांसं शुद्धैराशीर्वान्ममत्तु ।।६।।

६2३. विश्वामित्रः प्रागाथः

१. इन्द्राग्नी – सा. १६६३–१६६५; १७02–१७0४

सा. १६६३–१६६५

इन्द्राग्नी रोचना दिवः परि वाजेषु भूषथः। तद्वां चेति प्र वीर्यम् ।।१।।
इन्द्राग्नी अपसस्पर्युप प्र यन्ति धीतयः। ऋतस्य पथ्या३ अनु ।।2।।
इन्द्राग्नी तविषाणि वां सधस्थानि प्रयांसि च। युवोरप्तूर्यं हितम् ।।३।।

सा. १७02–१७0४

तोशा वृत्रहणा हुवे सजित्वानापराजिता। इन्द्राग्नी वाजसातमा ।।१।।
प्र वामर्चन्त्युक्थिनो नीथाविदो जरितारः। इन्द्राग्नी इष आ वृणे ।।2।।
इन्द्राग्नी नवतिं पुरो दासपत्नीरधूनुतम्। साकमकेन कर्मणा ।।३।।

६2४. विश्वावसुर् देवगन्धर्वः

१. विश्वावसुः – ऋ. १0.१३६.४–६

विश्वावसुं सोम गन्धर्वमापो ददृशुषीस्तदृतेना व्यायन् ।
तदन्ववैदिन्द्रो रारहाण आसां परि सूर्यस्य परिधींरपश्यत् ।।४।।
विश्वावसुरभि तन्नो गृणातु दिव्यो गन्धर्वो रजसो विमानः ।
यद्वा घा सत्यमुत यन्न विद्म धियो हिन्वानो धिय इन्नो अव्याः ।।५।।
सस्निमविन्दच्चरणे नदीनामपावृणोद्दुरो अश्मव्रजानाम् ।
प्रासां गन्धर्वो अमृतानि वोचदिन्द्रो दक्षं परि जानादहीनाम् ।।६।।

2. सविता–

ऋ. १0.१३६.१–३

सूर्यरश्मिर्हरिकेशः पुरस्तात्सविता ज्योतिरुदयाँ अजस्रम् ।
तस्य पूषा प्रसवे याति विद्वान्त्सम्पश्यन्विश्वा भुवनानि गोपाः ।।१।।
नुचक्षा एष दिवो मध्य आस्त आपप्रिवान् रोदसी अन्तरिक्षम् ।
स विश्वाचीरभि चष्टे घृताचीरन्तरा पूर्वमपरं च केतुम् ।।2।।

रायो बुध्नः संगमनो वसूनां विश्वा रूपाभि चष्टे शचीभिः ।
देवइव सविता सत्यधर्मेन्द्रो न तस्थौ समरे धनानाम् ।।३।।

३. **अग्निः – ऋ. ५.२८.१–६**

समिद्धो अग्निर्दिवि शोचिरश्रेत्प्रत्यङ्ङुषसमुर्विया वि भाति ।
एति प्राची विश्ववारा नमोभिर्देवाँ ईळाना हविषा घृताची ।।१।।
समिध्यमानो अमृतस्य राजसि हविष्कृण्वन्तं सचसे स्वस्तये ।
विश्वं स धत्ते द्रविणं यमिन्वस्यातिथ्यमग्ने नि च धत्त इत्पुरः ।।2।।
अग्ने शर्ध महते सौभगाय तव द्युम्नान्युत्तमानि सन्तु ।
सं जास्पत्यं सुयममा कृणुष्व शत्रूयतामभि तिष्ठा महांसि ।।३।।
समिद्धस्य प्रमहसोऽग्ने वन्दे तव श्रियम् ।
वृषभो द्युम्नवाँ असि समध्वरेष्विध्यसे ।।४।।
समिद्धो अग्न आहुत देवान्यक्षि स्वध्वर। त्वं हि हव्यवाळसि ।।५।।
आ जुहोता दुवस्याताग्निं प्रयत्यध्वरे। वृणीध्वं हव्यवाहनम् ।।६।।

६2५. विश्वावसुः

१. **अग्निः – य. १2.६६**

निवेशनः संगमानो वसूनां विश्वा रूपाऽभिचष्टे शचीभिः ।
देवऽइव सविता सत्यधर्मेन्द्रो न तस्थौ समरे पथीनाम् ।।६६।।

2. **आदित्याः – य. १७.५६**

विमानऽएष दिवो मध्यऽआस्तऽआप प्रिवान्नोदसीऽअन्तरिक्षम् ।
स विश्वाचीरभिचष्टे घृताचीरन्तरा पूर्वमपरं च केतुम् ।।५६।।

३. **कृषीवलाः कवयो वा – य. १2.६७–६८**

सीरा युंजन्ति कवयो युगा वितन्वते पृथक्। धीरा देवेषु सुम्नया ।।६७।।
युनक्त सीरा वि युगा तनुध्वं कृते योनौ वपतेह बीजम् ।
गिरा च श्रुष्टिः सभरा असन्नो नेदीयऽइत्सृण्यः पक्वमेयात् ।।६८।।

६2६. विश्वेदेवाः

१. **अग्न्यादयः – य. १४.20**

अग्निर्देवता वातो देवता सूर्यो देवता चन्द्रमा देवता वसवो देवता रुद्रा देवताऽऽदित्या देवता
मरुतो देवता विश्वे देवा देवता बृहस्पतिर्देवतेन्द्रो देवात वरुणो देवता ।।20।।

2. **इन्द्राग्नीः – य. १४.११**

इन्द्राग्नीऽअव्यथमानामिष्टकां दृंहतं युवम्। पृष्ठेन द्यावापृथिवीऽअन्तरिक्षं च विबाधसे ।।११।।

३. **ईश्वरः – य. १४.2८–2६**

एकयास्तुवत प्रजाऽअधीयन्त प्रजापतिरधिपतिरासीत्। तिसृभिरस्तुवत ब्रह्मासृज्यत
ब्रह्मणस्पतिरधिपतिरासीत्। पंचभिरस्तुवत भूतान्यसृज्यन्त भूतानां पतिरधिपतिरासीत् ।
सप्तभिरस्तुवत सप्त ऋषयोऽसृज्यन्त धाताधिपतिरासीत् ।।2८।।
नवभिरस्तुवत पितरोऽसृज्यन्तादितिरधिपत्न्यासीत् ।
एकादशभिरस्तुवतऽऋतवोऽसृजयन्तार्त्तवाऽअधिपतयऽआसन्। त्रयोदशभिरस्तुवत मासाऽअसृज्यन्त
संवत्सरोऽधिपतिरासीत्। पंचदशभिरस्तुवत क्षत्रमसृज्यतेन्द्रोऽधिपतिरासीत् । सप्तदशभिरस्तुवत
ग्राम्याः पशवोऽसृज्यन्त बृहस्पतिरधिपतिरासीत् ।।2६।।

४. **ऋतवः – य. १४.१५–१७**

नभश्च नभस्यश्च वार्षिकावृतूऽअग्नेरन्तः– श्लेषोऽसि कल्पेतां द्यावापृथिवी कल्पन्तामापऽओषधयः कल्पन्तामग्नयः पृथङ् मम ज्यैष्ठ्याय सव्रताः ।
येऽअग्नयः समनसोऽन्तरा द्यावापृथिवीऽइमे वार्षिकावृतूऽअभिकल्पमानाऽइन्द्रमिव देवाऽअभिसंविशन्तु तया देवतयांगिरस्वद् ध्रुवे सीदतम् ।।१५।।
इषश्चोर्जश्च शारदावृतूऽअग्नेरन्तः श्लेषाऽ सि कल्पेतां द्यावापृथिवी कल्पन्तामापऽओषधयः कल्पन्तामग्नयः पृथङ् मम ज्यैष्ठ्याय सव्रताः ।
येऽअग्नयः समनसोऽन्तरा द्यावापृथिवीऽइमे शारदावृतूऽअभिकल्पमानाऽइन्द्रमिव देवाऽअभिसंविशन्तु तया देवतयांगिरस्वद् ध्रुवे सीदतम् ।।१६।।
आयुर्मे पाहि प्राणं मे पाह्यपानं मे पाहि व्यानं मे पाहि चक्षुर्मे पाहि श्रेत्रं मे पाहि वाच्मे पिन्व मनो मे जिन्वात्मानम्प्रे पाहि ज्योतिर्मे यच्छ ।।१७।।

५. ऋभवः – य. १४.२६

यवानां भाग ोऽस्ययवानामाधिपत्यं प्रजा स्पृताश्चतुश्चत्वारिंश स्तोमः ।
ऋभूणां भागोऽसि विश्वेषां देवानामाधिपत्यं भूतं स्पृतं त्रयस्त्रिंश स्तोमः ।।२६।।

६. छन्दांसिः – य. १४.१८

मा च्छन्दः प्रमा च्छन्दः प्रतिमा च्छन्दो अस्रीवयश्छन्दः पङ्क्तिश्छन्दऽउष्णिक् छन्दो बृहती छन्दोऽनुष्टुप् छन्दो विराट् छन्दो गायत्री छन्दस्त्रिष्टुप् छन्दो जगती छन्दः ।।१८।।

७. जगदीश्वरः – य. १४.३०

नवदशभिरस्तुवत शूद्रार्य्यावसृज्येतामहोरात्रेऽअधिपत्नीऽआस्ताम्। एकविंशत्यास्तुवतैकशफाः पशवोऽसृज्यन्त वरुणोऽधिपतिरासीत्। त्रयोविंशत्यास्तुवत क्षुद्राः पशवोऽसृज्यन्त पूषाधिपतिरासीत् । पंचविंशत्यास्तुवताऽऽरणयाः पशवोऽसृजयन्त वायुरधिपतिरासीत्। सप्तविंशत्यास्तुवत द्यावापृथिवी व्यैतां वसवो रुद्राऽआदित्याऽअनुव्यायँस्तऽएवाधिपतयऽआसन् ।।३०।।

८. दम्पती – य. १४.८

प्राणम्मे पाह्यपानम्मे पाहि व्यानम्मे पाहि चक्षुर्मऽउर्व्या विभाहि श्रोत्रम्मे श्लोकय । अपः पिन्वौषधीर्जिन्व द्विपादव चतुष्पात् पाहि दिवो वृष्टिमेरय ।।८।।

९. दिशः – य. १४.१३

राज्ञ्यसि प्राची दिग्विराडसि दक्षिणा दिक् सम्राडसि प्रतीची दिक् स्वराडस्युदीची दिगधिपत्न्यसि बृहती दिक् ।।१३।।

१०. पृथिव्यादयः – य. १४.१९

पृथिवी छन्दोऽनरिक्षं छन्दो द्यौश्छन्दः समाश्छन्दो नक्षत्राणि छन्दो वाक् छन्दो मनश्छन्दः कृषिश्छन्दो हिरण्यं छन्दो गौश्छन्दोऽजाच्छन्दोऽश्वश्छन्दः ।।१९।।

११. प्रजापतिः – य. १४.३१

नवविंशत्यास्तुवत वनस्पतयोऽसृज्यन्त सोमोऽधिपतिरासीत्। एकत्रिंशतास्तुवत प्रजाऽअसृज्यन्त यवाश्चायवाश्चाधिपतयऽआसन्। त्रयस्त्रिंशतास्तुवत भूतान्यशाम्यन् प्रजापतिः परमेष्ठ्यधिपतिरासीत् ।।३१।।

१२. प्राजापत्यादयः – य. १४.९

मूर्धा वयः प्रजापतिश्छन्दः क्षत्रं वयो मयन्दं छन्दो विष्टम्भो वयोऽधिपतिश्छन्दो विश्वकर्मा वयः परमेष्ठी छन्दो वस्तो वयो विबलं छन्दो वृष्णिर्वयो विशालं छन्दः पुरुषो वयस्तन्द्रं छन्दो व्याघ्रो वयोऽनाधृष्टं छन्दः सिंहो वयश्छदिश्छन्दः पष्ठवाड् वयो बृहती छनदऽउक्षा वयः ककुप् छन्दऽऋषभो वयः सतोबृहती छन्दः ।।९।।

१३. मन्त्रोक्ताः – य. १४.७

सजूर्ऋतुभिः सजूर्विधाभिः सजूर्देवैः सजूर्देवैर्वयोनाधैरग्नये त्वा वैश्वानरायाश्विनाध्वर्यू सादयतामिह त्वा सजूर्ऋतुभिः सजूर्विधाभिः सजूर्वसुभिः सजूर्देवैर्वयोना धैरग्नये त्वा वैश्वानरायाश्विनाध्वर्यू सादयतामिह त्वा सजूर्ऋतुभिः सजूर्विधाभिः सजू रुद्रैः सजूर्देवैर्वयोनाधैरग्नये त्वा वैश्वानरायाश्विनाध्वर्यू सादयतामिह त्वा सजूर्ऋतुभिः सजूर्विधाभिः सजूरादित्यैः सजूर्देवैर्वयोनाधैरग्नये त्वा वैश्वानरायाश्विनाध्वर्यू सादयतामिह त्वा सजूर्ऋतुभिः सजूर्विधाभिः सजूर्विश्वैर्देवैः सजूर्देवैर्वयोनाधैरग्नये त्वा वैश्वानरायाश्विनाध्वर्यू सादयतामिह त्वा ।७।

१४. **मेधाविनः – य. १४.२४**

अग्नेर्भागोऽसि दीक्षायाऽआधिपत्यं ब्रह्म स्पृतं त्रिवृत्स्तोमः ।
इन्द्रस्य भागोऽसि विष्णोराधिपत्यं क्षत्रं स्पृतं पंचदश स्तोमः ।
नृचक्षसां भागोऽसि धातुराधिपत्यं जनित्रं स्पृतं सप्तदश स्तोमः ।
मित्रस्य भागोऽसि वरुणस्याधिपत्यं दिवो वृष्टिर्वात स्पृतऽएकविंश स्तोमः ।।२४।।

१५. **वस्वादयो लिङ्गोक्ताः – य. १४.२५**

वसूनां भागोऽसि रुद्राणामाधिपत्यं चतुष्पात् स्पृतं चतुर्विंश स्तोमः। आदित्यानां भगोऽसि मरुतामाधिपत्यं गर्भाः स्पृताः पंचविंश स्तोमः। आदित्यै भागोऽसि पूष्णऽआधिपत्यमोज स्पृतं त्रिणव स्तोमः। देवस्य सवितुर्भागोऽसि बृहस्पतेराधिपत्य ं समीचीर्दिश स्पृताश्चतुष्टोम स्तोमः ।।२५।।

१६. **वायुः – य. १४.१४**

विश्वकर्मा त्वा सादयत्वन्तरिक्षस्य पृष्ठे ज्योतिष्मतीम्। विश्वस्मै प्राणायापानाय व्यानाय विश्वं ज्योतिर्यच्छ। वायुष्टेऽधिपतिस्तया देवतयांगिरस्वद् ध्रुवा सीद ।।१४।।

१७. **विदुषी – य. १४.२१–22**

मूर्द्धासि राड् ध्रुवासि धरुणा धर्त्र्यसि धरणी ।
आयुषे त्वा वर्चसे त्वा कृष्यै त्वा क्षेमाय त्वा ।।२१।।
यन्त्री राड् यन्त्र्यसि यमनी ध्रुवासि धरित्री ।
इषे त्वोर्जे त्वा रय्यै त्वा पोषाय त्वा ।।22।।

१८. **विद्वांसः – य. १४.१०**

अनड्वान् वयः पङ्क्तिश्छन्दो धेनुर्वयो जगती छन्दस्त्र्यविर्वयस्त्रिष्टुप् छन्दो दित्यवाड् वयो विराट् छन्दः पंचाविर्वयो गायत्री छन्दस्त्रिवत्सो वयऽउष्णिक् छन्दस्तुर्य्यवाड् वयोऽनुष्टुप् छन्दः ।।१०।।

६२७. विहव्यः

१. **प्रजापतिः – अ. १०.५.४२–५०**

यं वयं मृगयामहे तं वधै स्तृणवामहै । व्यात्ते परमेष्ठिनो ब्रह्मणापीपदाम तम् ।।४२।।
वैश्वानरस्य दंष्ट्राभ्यां हेतिस्तं समधादभि ।
इयं तं पसात्वाहुतिः समिद् देवी सहीयसी ।।४३।।
राज्ञो वरुणस्य बन्धोऽसि । सो३मुमामुष्यायणममुष्याः पुत्रमन्ने प्राणे बधान ।।४४।।
यत् ते अन्नं भुवस्पत आक्षियति पृथिवीमनु ।
तस्य नस्त्वं भुवस्पते संप्रयच्छ प्रजा पते ।।४५।।
अपो दिव्या अचायिषं रसेन समपृक्ष्महि ।
पयस्वानग्न आगमं तं मा सं सृज वर्चसा ।।४६।।
सं माग्ने वर्चसा सृज सं प्रजया समायुषा ।
विद्युर्मे अस्य देवा इन्द्रो विद्यात् सह ऋषिभिः ।।४७।।
यदग्ने अद्य मिथुना शपातो यद्वाचस्तृष्टं जनयन्त रेभाः ।
मन्योर्मनसः शरव्या३ जायते या तया विध्य हृदये यातुधानान् ।।४८।।

परा शृणीहि तपसा यातुधानान् पराऽग्ने रक्षो हरसा शृणीहि ।
पराऽर्चिषा मूरदेवांछृणीहि परासुतृपः शोशुचतः शृणीहि ।।४६।।
अपामस्मै वज्रं प्र हरामि चतुर्भृष्टिं शीर्षभिद्याय विद्वान् ।
सो अस्यांगानि प्र शृणातु सर्वा तन्मे देवा अनु जानन्तु विश्वे ।।५०।।

2. **लिङ्गोक्ताः – य. ३४.४६**

ये नः सपत्नाऽअप ते भवन्त्विन्द्राग्निभ्यामव बाधामहे तान् ।
वसवो रुद्राऽआदित्याऽउपरिस्पृशं मोग्रं चेत्तारमधिराजमक्रन् ।।४६।।

३. **विश्वेदेवाः – ऋ. १०.१२८.१–६**

ममाग्ने वर्चो विहवेष्वस्तु वयं त्वेन्धानास्तन्वं पुषेम ।
मह्यं नमन्तां प्रदिशश्चतस्रस्त्वयाध्यक्षेण पृतना जयेम ।।१।।
मम देवा विहवे सन्तु सर्व इन्द्रवन्तो मरुतो विष्णुरग्निः ।
ममान्तरिक्षमुरुलोकमस्तु मह्यं वातः पवतां कामे अस्मिन् ।।2।।
मयि देवा द्रविणमा यजन्तां मय्याशीरस्तु मयि देवहुतिः ।
दैव्या होतारो वनुषन्त पूर्वेऽरिष्टाः स्याम तन्वा सुवीराः ।।३।।
मह्यं यजन्तु मम यानि हव्याकूतिः सत्या मनसो मे अस्तु ।
एनो मा नि गां कतमच्चनाहं विश्वे देवासो अधि वोचता नः ।।४।।
देवीः षळुर्वीरुरु नः कृणोत विश्वे देवास इह वीरयध्वम् ।
मा हास्महि प्रजया मा तनूभिर्मा रधाम द्विषते सोम राजन् ।।५।।
अग्ने मन्युं प्रतिनुदन्परेषामदब्धो गोपाः परि पाहि नस्त्वम् ।
प्रत्यंचो यन्तु निगुतः पुनस्ते३ मैषां चित्तं प्रबुधां वि नेशत् ।।६।।
धाता धातृणां भुवनस्य यस्पतिर्देवं त्रातारमभिमातिषाहम् ।
इमं यज्ञमश्विनोभा बृहस्पतिर्देवाः पान्तु यजमानं न्यर्थात् ।।७।।
उरुव्यचा नो महिषः शर्म यंसदस्मिन्हवे पुरुहूतः पुरुक्षुः ।
स नः प्रजायै हर्यश्व मृळयेन्द्र मा नो रीरिषो मा परा दाः ।।८।।
ये नः सपत्ना अप ते भवन्त्विन्द्राग्निभ्यामव बाधामहे तान् ।
वसवो रुद्रा आदित्या उपरिस्पृशं मोग्रं चेत्तारमधिराजमक्रन् ।।६।।

६२८. वीतहव्यः (केशवर्धन कामः)

१. नितत्नी वनस्पतिः – अ. ६.१३६.१–३; ६.१३७.१–३

अ. ६.१३६.१–३

देवी देव्यामधि जाता पृथिव्यामस्योषधे । तां त्वा नितत्नि केशेभ्यो दृंहणाय खनामसि ।।१।।
दृंह प्रत्नांजनयाजातांजातानु वर्षीयसस्कृधि ।।2।।
यस्ते केशोऽवपद्यते समूलो यश्च वृश्चते । इदं तं विश्वभेषज्याभि षिंचामि वीरुधा ।।३।।

अ. ६.१३७.१–३

यां जमदग्निरखनद् दुहित्रे केशवर्धनीम्। तां वीतहव्य आभरदसितस्य गृहेभ्यः ।।१।।
अभीशुना मेया आसन् व्यामेनानुमेयाः। केशा नडाइव वर्धन्तां शीर्ष्णस्ते असिताः परि ।।2।।
दृंह मूलमाग्रं यच्छ वि मध्यं यामयौषधे। केशा नडाइव वर्धन्तां शीर्ष्णस्ते असिताः परि ।।३।।

६२६. वृशो जारः

१. अग्निः – ऋ. ५.2.2; ६

ऋ. ५.2.2

कमेतं त्वं युवते कुमारं पेषी बिभर्षि महिषी जजान ।
पूर्वीर्हि गर्भः शरदो ववर्धापश्यं जातं यदसूत माता ।।2।।

ऋ. ५.2.६
वि ज्योतिषा बृहता भात्यग्निराविर्विश्वानि कृणुते महित्वा ।
प्रादेवीर्मायाः सहते दुरेवाः शिशीते शृंगे रक्षसे विनिक्षे ।।६।।

६३०. वृषगणो वासिष्ठः

१. पवमानः सोमः – ऋ. ६.६७.७–६; सा. ५2४; १११६–१११८

ऋ. ६.६७.७–६
प्र काव्यमुशनेव ब्रुवाणो देवो देवानां जनिमा विवक्ति ।
महिव्रतः शुचिबन्धुः पावकः पदा वराहो अभ्येति रेभन् ।।७।।
प्र हंसासस्तृपलं मन्युमच्छामादस्तं वृषगणा अयासुः ।
आङ्गूष्यं१ पवमानं सखायो दुर्मर्षं साकं प्र वदन्ति वाणम् ।।८।।
स रंहत उरुगायस्य जूतिं वृथा क्रीळन्तं मिमते न गावः ।
परीणसं कृणुते तिग्मशृंगो दिवा हरिर्ददृशे नक्तमृज्रः ।।६।।

सा. ५2४
प्र काव्यमुशनेव ब्रुवाणो देवो देवानां जनिमा विवक्ति ।
महिव्रतः शुचिबन्धुः पावकः पदा वराहो अभ्येति रेभन् ।।2।।

सा. १११६–१११८
प्र काव्यमुशनेव ब्रुवाणो देवो देवानां जनिमा विवक्ति ।
महिव्रतः शुचिबन्धुः पावकः पदा वराहो अभ्येति रेभन् ।।१।।
प्र हंसासस्तृपला वग्नुमच्छामादस्तं वृषगणा अयासुः ।
अंगोषिणं पवमानं सखायो दुर्मर्षं वाणं प्र वदन्ति साकम् ।।2।।
स योजत उरुगायस्य जूतिं वृथा क्रीडन्तं मिमते न गावः ।
परीणसं कृणुते तिग्मशृंगो दिवा हरिर्ददृशे नक्तमृज्रः ।।३।।

६३१. वृषाकपिर् इन्द्राणी च

१. इन्द्रः – अ. 20.१2६.१–2३

वि हि सोतोरसृक्षत नेन्द्रं देवममंसत ।
यत्रामदद् वृषाकपिरर्यः पुष्टेषु मत्सखा विश्वस्मादिन्द्र उत्तरः ।।१।।
परा हीन्द्र धावसि वृषाकपेरति व्यथिः ।
नो अह प्र विन्दस्यन्यत्र सोमपीतये विश्वस्मादिन्द्र उत्तरः ।।2।।
किमयं त्वां वृषाकपिश्चकार हरितो मृगः ।
यस्मा इरस्यसीदु न्व१र्यो वा पुष्टिमद् वसु विश्वस्मादिन्द्र उत्तरः ।।३।।
यमिमं त्वं वृषाकपिं प्रियमिन्द्राभिरक्षसि ।
श्वा न्वस्य जम्भिषदपि कर्णे वराहयुर्विश्वस्मादिन्द्र उत्तरः ।।४।।
प्रिया तष्टानि मे कपिर्व्यक्ता व्यदूदुषत् ।
शिरो न्वस्य राविषं न सुगं दुष्कृते भुवं विश्वस्मादिन्द्र उत्तरः ।।५।।
न मत्स्त्री सुभसत्तरा न सुयाशुतरा भुवत् ।
न मत् प्रतिच्यवीयसी न सक्थ्युद्यमीयसी विश्वस्मादिन्द्र उत्तरः ।।६।।
उवे अम्ब सुलाभिके यथेवांग भविष्यति ।
भसन्मे अम्ब सक्थि मे शिरो मे वीव हृष्यति विश्वस्मादिन्द्र उत्तरः ।।७।।
किं सुबाहो स्वङ्गुरे पृथुष्टो पृथुजाघने ।
किं शूरपत्नि नस्त्वमभ्यमीषि वृषाकपिं विश्वस्मादिन्द्र उत्तरः ।।८।।
अवीरामिव मामयं शरारुरभि मन्यते ।

उताहमस्मि वीरिणीन्द्रपत्नी मरुत्सखा विश्वस्मादिन्द्र उत्तरः ।।९।।
संहोत्रं स्म पुरा नारी समनं वाव गच्छति ।
वेधा ऋतस्य वीरिणीन्द्रपत्नी महीयते विश्वस्मादिन्द्र उत्तरः ।।१०।।
इन्द्राणीमासु नारिषु सुभगामहमश्रवम् ।
नह्यस्या अपरं चन जरसा मरते पतिर्विश्वस्मादिन्द्र उत्तरः ।।११।।
नाहमिन्द्राणि रारण सख्युर्वृषाकपेर्ऋते ।
यस्येदमप्यं हविः प्रियं देवेषु गच्छति विश्वस्मादिन्द्र उत्तरः ।।१२।।
वृषाकपायि रेवति सुपुत्र आदु सुस्नुषे ।
घसत् त इन्द्र उक्षणः प्रियं काचित्करं हविर्विश्वस्मादिन्द्र उत्तरः ।।१३।।
उक्ष्णो हि मे पंचदश साकं पचन्ति विंशतिम् ।
उताहमद्मि पीव इदुभा कुक्षी पृणन्ति मे विश्वस्मादिन्द्र उत्तरः ।।१४।।
वृषभो न तिग्मशृंगोऽन्तर्यूथेषु रोरुवत् ।
मन्थस्त इन्द्र शं हृदे यं ते सुनोति भावयुविश्वस्मादिन्द्र उत्तरः ।।१५।।
न सेशे यस्य रम्बतेऽन्तरा सक्थ्या३ कपृत् ।
सेदीशे यस्य रोमशं निषेदुषो विजृम्भते विश्वस्मादिन्द्र उत्तरः ।।१६।।
न सेशे यस्य रोमशं निषेदुषो विजृम्भते ।
सेदीशे यस्य रम्ब तेऽनतरा सक्थ्या३ कपृद् विश्वस्मादिन्द्र उत्तरः ।।१७।।
अयमिन्द्र वृषाकपिः परस्वन्तं हतं विदत् ।
असिं सूनां नवं चरुमादेधस्यान आचितं विश्वस्मादिन्द्र उत्तरः ।।१८।।
अयामेमि विचाकशद् विचिन्वन् दासमार्यम् ।
पिबामि पाकसुत्वनोऽभि धीरमचाकशं विश्वस्मादिन्द्र उत्तरः ।।१९।।
धन्व च यत् कृन्तत्रं च कति स्वित् ता वि योजना ।
नेदीयसो वृषाकपेऽसतमेहिं गृहाँ उप विश्वस्मादिन्द्र उत्तरः ।।20।।
पुनरेहि वृषाकपे सुविता कल्पयावहै ।
य एष स्वप्ननंशनोऽस्तमेषि पथा पुनर्विश्वस्मादिन्द्र उत्तरः ।।2१।।
यदुदंचो वृषाकपे गृहमिन्द्राजगन्तन ।
क्व१स्य पुल्वघो मृगः कमगं जनयोपनो विश्वस्मादिन्द्र उत्तरः ।।22।।
पर्शुर्ह नाम मानवी साकं ससूव विंशतिम् ।
भद्रं भल त्यस्या अभूद् यस्या उदरमामयद् विश्वस्मादिन्द्र उत्तरः ।।2३।।

६३2. वृषाकपिर् ऐन्द्र इन्द्राणीन्द्रश्च

१. इन्द्रः – ऋ. १०.८६.१–2३

वि हि सोतोरसृक्षत नेन्द्रं देवममंसत ।
यत्रामदद्वृषाकपिरर्यः पुष्टेषु मत्सखा विश्वस्मादिन्द्र उत्तरः ।।१।।
परा हीन्द्र धावसि वृषाकपेरति व्यथिः ।
नो अह प्र विन्दस्यन्यत्र सोमपीतये विश्वस्मादिन्द्र उत्तरः ।।2।।
किमयं त्वां वृषाकपिश्चकार हरितो मृगः ।
यस्मा इरस्यसीदु न्व१र्यो वा पुष्टिमद्वसु विश्वस्मादिन्द्र उत्तरः ।।३।।
यमिमं त्वं वृषाकपिं प्रियमिन्द्राभिरक्षसि ।
श्वा न्वस्य जम्भिषदपि कर्णे वराहयुर्विश्वस्मादिन्द्र उत्तरः ।।४।।
प्रिया तष्टानि मे कपिर्व्यक्ता व्यदूदुषत् ।
शिरो न्वस्य राविषं न सुगं दुष्कृते भुवं विश्वस्मादिन्द्र उत्तरः ।।५।।
न मत्स्त्री सुभसत्तरा न सुयाशुतारा भुवत् ।
न मत्प्रतिच्यवीयसी न सक्थ्युद्यमीयसी विश्वस्मादिन्द्र उत्तरः ।।६।।

उवे अम्ब सुलाभिके यथेवांग भविष्यति ।
भसन्मे अम्ब सक्थि मे शिरो मे वीव हृष्यति विश्वस्मादिन्द्र उत्तरः ।।७।।
किं सुबाहो स्वङ्गुरे पृथुष्टो पृथुजाघने ।
किं शूरपत्नि नस्त्वमभ्यमीषि वृषाकपिं विश्वस्मादिन्द्र उत्तरः ।।८।।
अवीरामिव मामयं शरारुरभि मन्यते ।
उताहमस्मि वीरिणीन्द्रपत्नी मरुत्सखा विश्वस्मादिन्द्र उत्तरः ।।६।।
संहोत्रं स्म पुरा नारी समनं वाव गच्छति ।
वेधा ऋतस्य वीरिणीन्द्रपत्नी महीयते विश्वस्मादिन्द्र उत्तरः ।।१०।।
इन्द्राणीमासु नारिषु सुभगामहमश्रवम् ।
नह्यस्या अपरं चन जरसा मरते पतिर्विश्वस्मादिन्द्र उत्तरः ।।११।।
नाहमिन्द्राणि रारण सख्युर्वृषाकपेर्ऋते ।
यस्येदमप्यं हविः प्रियं देवेषु गच्छति वि□स्मिादिन्द्र उत्तरः ।।१२।।
वृषाकपायि रेवति सुपुत्रं आदु सुस्नुषे ।
घसत्त इन्द्र उक्षणः प्रियं काचित्करं हविर्विश्वस्मादिन्द्र उत्तरः ।।१४।।
वृषभो न तिग्मशृंगोऽन्तर्यूथेषु रोरुवत् ।
मन्थस्त इन्द्र शं हृदे यं ते सुनोति भावयुर्विश्वस्मादिन्द्र उत्तरः ।।१५।।
न सेशे यस्य रम्बतेऽन्तरा सक्थ्या३ कपृत् ।
सेदीशे यस्य रोमशं निषेदुषो विजृम्भते विश्वस्मादिन्द्र उत्तरः ।।१६।।
न सेशे यस्य रोमशं निषेदुषो विजृम्भते ।
सेदीशे यस्य रम्बतेऽन्तरा सक्थ्या३ कपृद्विश्वस्मादिन्द्र उत्तरः ।।१७।।
अयमिन्द्र वृषाकपिः परस्वन्तं हतं विदत् ।
असिं सूनां नवं चरुमादेधस्यान आचितं विश्वस्मादिन्द्र उत्तरः ।।१८।।
अयमेमि विचाकशद्विचिन्वन्दासमार्यम् ।
पिबामि पाकसुत्वनोऽभि धीरमचाकशं विश्वस्मादिन्द्र उत्तरः ।।१।
धन्व च यत्कृन्तत्रं च कति स्वित्ता वि योजना ।
नेदीयसो वृषाकपेऽस्तमेहि गृहाँ उप विश्वस्मादिन्द्र उत्तरः ।।20।।
पुनरेहि वृषाकपे सुविता कल्पयावहै ।
य एष स्वप्ननंशनोऽस्तमेषि पथा पुनर्विश्वस्मादिन्द्र उत्तरः ।।21।।
यदुदंचो वृषाकपे गृहमिन्द्राजगन्तन ।
क्व१स्य पुल्वघो मृगः कमगंजनयोपनो विश्वस्मादिन्द्र उत्तरः ।।22।।
पर्शुर्ह नाम मानवी साकं ससूव विंशतिम् ।
भद्रं भल त्यस्या अभूद्यस्या उदरमामयद्विश्वस्मादिन्द्र उत्तरः ।।2३।।

६३३. वृषागिरो महाराजस्य पुत्रभूता वार्षागिरा – ऋज्राश्व–अम्बरीष–सहदेव भयमान सुराधसः

१. इन्द्रः – ऋ. १.१००.१–१६

स यो वृषा वृष्ण्येभिः समोका महो दिवः पृथिव्याश्च सम्राट् ।
सतीनसत्वा हव्यो भरेषु मरुत्वान्नो भवत्विन्द्र ऊती ।।१।।
यस्यानाप्तः सूर्यस्येव यामो भरेभरे वृत्रहा शुष्मो अस्ति ।
वृषन्तमः सखिभिः स्वेभिरेवैर्मरुत्वान्नो भवत्विन्द्र ऊती ।।2।।
दिवो न यस्य रेतसो दुघानाः पन्थासो यन्ति शवसापरीताः ।
तरद्द्वेषाः सासहिः पौंस्येभिर्मरुत्वान्नो भवत्विन्द्र ऊती ।।३।।
सो अंगिरोभिरंगिरस्तमो भूद्वृषा वृषभिः सखिभिः सखा सन् ।

ऋग्मिभिऋग्मी गातुभिर्ज्येष्ठो मरुत्वान्नो भवत्विन्द्र ऊती ।।४।।
स सूनुभिर्न रुद्रेभिर्ऋभ्वा नृषाह्यो सासह्वाँ अमित्रान् ।
सनीळेभिः श्रवस्यानि तूर्वन्मरुत्वान्नो भवत्विन्द्र ऊती ।।५।।
स मन्युमीः समदनस्य कर्तास्माकेभिर्नृभिः सूर्यं सनत् ।
अस्मिन्नहन्त्सत्पतिः पुरुहूतो मरुत्वान्नो भवत्विन्द्र ऊती ।।६।।
तमूतयो रणयंछूरसातौ तं क्षेमस्य क्षितयः कृण्वत त्राम् ।
स विश्वस्य करुणस्येश एको मरुत्वान्नो भवत्विन्द्र ऊती ।।७।।
तमप्सन्त शवस उत्सवेषु नरो नरमवसे तं धनाय ।
सो अन्धे चित्तमसि ज्योतिर्विदन्मरुत्वान्नो भवत्विन्द्र ऊती ।।८।।
स सव्येन यमति व्राधतश्चित्स दक्षिणे संगृभीता कृतानि ।
स कीरिणा चित्सनिता धनानि मरुत्वान्नो भवत्विन्द्र ऊती ।।९।।
स ग्रामेभिः सनिता स रथेभिर्विदे विश्वाभिः कृष्टिभिर्न्व१द्य ।
स पौंस्येभिरभिभूरशस्तीर्मरुत्वान्नो भवत्विन्द्र ऊती ।।१०।।
स जामिभिर्यत्समजाति मीळ्हेऽजामिभिर्वा पुरुहूत एवैः ।
अपां तोकस्य तनयस्य जेषे मरुत्वान्नो भवत्विन्द्र ऊती ।।११।।
स वज्रभृद्दस्युहा भीम उग्रः सहस्रचेताः शतनीथ ऋभ्वा ।
चम्रीषो न शवसा पांचजन्यो मरुत्वान्नो भवत्विन्द्र ऊती ।।१२।।
तस्य वज्रः क्रन्दति स्मत्स्वर्षा दिवो न त्वेषो रवथः शिमीवान् ।
तं सचन्ते सनयस्तं धनानि मरुत्वान्नो भवत्विन्द्र ऊती ।।१३।।
यस्याजस्रं शवसा मानमुक्थं परिभुजद्रोदसी विश्वतः सीम् ।
स परिषत्क्रतुभिर्मन्दसानो मरुत्वान्नो भवत्विन्द्र ऊती ।।१४।।
न यस्य देवा देवता न मर्ता आपश्चन शवसो अन्तमापुः ।
स प्ररिक्वा त्वक्षसा क्ष्मो दिवश्च मरुत्वान्नो भवत्विन्द्र ऊती ।।१५।।
रोहिच्छ्यावा सुमदंशुर्ललामीर्द्युक्षा राय ऋज्राश्वस्य ।
वृषण्वन्तं बिभ्रती धूर्षु रथं मन्द्रा चिकेत नाहुषीषु विक्षु ।।१६।।
एतत्यत्त इन्द्र वृष्ण उक्थं वार्षागिरा अभि गृणन्ति राधः ।
ऋज्राश्वः प्रष्टिभिरम्बरीषः सहदेवो भयमानः सुराधाः ।।१७।।
दस्यूञ्छिम्यूश्च पुरुहूत एवैर्हत्वा पृथिव्यां शर्वा नि बर्हीत् ।
सनत्क्षेत्रं सखिभिः श्वित्न्येभिः सनत्सूर्यं सनदपः सुवज्रः ।।१८।।
विश्वाहेन्द्रो अधिवक्ता नो अस्त्वपरिह्वृताः सनुयाम वाजम् ।
तन्नो मित्रो वरुणो मामहन्तामदितिः सिन्धुः पृथिवी उत द्यौः ।।१९।।

६३४. वृषाणकः

१. केशिनः – ऋ. १०.१३६.४

अन्तरिक्षेण पतति विश्वा रूपावचाकशत्। मुनिर्देवस्यदेवस्य सौकृत्याय सखा हितः ।।४।।

६३५. वृहदुक्थो वामदेव्यः

१. इन्द्रः – ऋ. १०.५५.१–८

दूरे तन्नाम गुह्यं पराचैर्यत्त्वा भीते अह्वयेतां वयोधै ।
उदस्तभनाः पृथिवीं द्यामभीके भ्रातुः पुत्रान्मघवन्तित्विषाणः ।।१।।
महत्तन्नाम गुह्यं पुरुस्पृग्येन भूतं जनयो येन भव्यम् ।
प्रत्नं जातं ज्योतिर्यदस्य प्रियं प्रियाः समविशन्त पंच ।।२।।
आ रोदसी अपृणादोत मध्यं पंच देवाँ ऋतुशः सप्तसप्त ।
चतुस्त्रिंशता पुरुधा वि चष्टे सरूपेण ज्योतिषा विव्रतेन ।।३।।

यदुष औच्छः प्रथमा विभानामजनयो येन पुष्टस्य पुष्टम् ।
यत्ते जामित्वमवरं परस्या महन्महत्या असुरत्वमेकम् ।।४।।
विधुं दद्राणं समने बहूनां युवानं सन्तं पलितो जगार ।
देवस्य पश्य काव्यं महित्वाद्या ममार स ह्यः समान ।।५।।
शाक्मना शाको अरुणः सुपर्ण आ यो महः शूरः सनादनीळः ।
यच्चिकेत सत्यमित्तन्न मोघं वसु स्पार्हमुत जेतोत दाता ।।६।।
ऐभिर्ददे वृष्ण्या पौंस्यानि येभिरौक्षद्वृत्रहत्याय वज्री ।
ये कर्मणः क्रियमाणस्य मह्न ऋतेकर्ममुदजायन्त देवाः ।।७।।
युजा कर्माणि जनयन्विश्वौजा अशस्तिहा विश्वमनास्तुराषाट् ।
पीत्वी सोमस्य दिव आ वृधानः शूरो निर्युधाधमद्दस्यून् ।।८।।

2. **विश्वेदेवाः – ऋ. १०.५६.१–७**

इदं त एकं पर ऊ त एकं तृतीयेन ज्योतिषा सं विशस्व ।
संवेशने तन्व१श्चरुरेधि प्रियो देवानां परमे जनित्रे ।।१।।
तनूष्टे वाजिन्तन्वं१ नयन्ती वाममस्मभ्यं धातु शर्म तुभ्यम् ।
अह्रुतो महो धरुणाय देवान्दिवीव ज्योतिः स्वमा मिमीयाः ।।2।।
वाज्यसि वाजिनेना सुवेनीः सुवितः स्तोमं सुवितो दिवं गाः ।
सुवितो धर्म प्रथमानु सत्या सुवितो देवान्त्सुवितोऽनु पत्म ।।३।।
महिम्न एषां पितरश्चनेशिरे देवा देवेष्वदधुरपि क्रतुम् ।
समविव्यचुरुत यान्यत्विषुरैषां तनूषु नि विविशुः पुनः ।।४।।
सहोभिर्विश्वं परि चक्रमू रजः पूर्वा धामान्यमिता मिमानाः ।
तनू षु विश्वा भुवना नि येमिरे प्रासारयन्त पुरुध प्रजा अनु ।।५।।
द्विधा सूनवोऽसुरं स्वर्विदमास्थापयन्त तृतीयेन कर्मणा ।
स्वां प्रजां पितरः पित्र्यं सह आवरेष्वदधुस्तन्तुमाततम् ।।६।।
नावा न क्षोदः प्रदिशः पृथिव्याः स्वस्तिभिरति दुर्गाणि विश्वा ।
स्वां प्रजां बृहदुक्थो महित्वावरेष्वदधादा परेषु ।।७।।

६३६. वृहन्मतिः

1. **पवमानः सोमः – ऋ. ९.३९.१–६; ९.४०.१–६**

ऋ. ९.३९.१–६

आशुरर्ष बृहन्मते परि प्रियेण धाम्ना। यत्र देवा इति ब्रवन् ।।१।।
परिष्कृण्वन्ननिष्कृतं जनाय यातयन्निषः। वृष्टिं दिवः परि स्रव ।।2।।
सुत एति पवित्र आ त्विषिं दधान ओजसा। विचक्षाणो विरोचयन् ।।३।।
अयं स यो दिवस्परि रघुयामा पवित्र आ। सिन्धोरूर्मा व्यक्षरत् ।।४।।
आविवासन् परावतो अथो अर्वावतः सुतः। इन्द्राय सिच्यते मधु। ।।५।।
समीचीना अनूषत हरि हिन्वन्त्यद्रिभिः। योनावृतस्य सीदत ।।६।।

ऋ. ९.४०.१–६

पुनानो अक्रमीदभि विश्वा मृधो विचर्षणिः। शुम्भन्ति विप्रं धीतिभिः ।।१।।
आ योनिमरुणो रुहद्गमदिन्द्रं वृषा सुतः। ध्रुवे सदसि सीदति ।।2।।
नू नो रयिं महामिन्द्रोऽस्मभ्यं सोम विश्वतः। आ पवस्व सहस्रिणम् ।।३।।
विश्वा सोम पवमान द्युम्नानीन्दवा भर। विदाः सहस्रिणीरिषः ।।४।।
स नः पुनान आ भर रयिं स्तोत्रे सुवीर्यम्। जरितुर्वर्धया गिरः ।।५।।
पुनान इन्दवा भर सोमं द्विबर्हसं रयिम्। वृषन्निन्दो न उक्थ्यम् ।।६।।

६३७. वृहच्छुक्रः

१. पृथिव्यादयो मन्त्रोक्ताः – अ. ६.५३.१–३

द्यौश्च म इदं पृथिवी च प्रचेतसौ शुक्रो बृहन् दक्षिणया पिपर्तु ।
अनु स्वधा चिकितां सोमो अग्निर्वायुर्नः पातु सविता भगश्च ।।१।।
पुनः प्राणः पुनरात्मा न ऐतु पुनश्चक्षुः पुनरसुर्न ऐतु ।
वैश्वानरो नो अदब्धस्तनूपा अन्तस्तिष्ठाति दुरितानि विश्वा ।।2।।
सं वर्चसा पयसा सं तनूभिरगन्महि मनसा सं शिवेन ।
त्वष्टा नो अत्र वरीयः कृणोत्वनु नो मार्ष्टु तन्वो३ यद् विरिष्टम् ।।३।।

६३८. वृहद्दिवोऽथर्वा

१. अग्निः – अ. ५.३.१–2

ममाग्ने वर्चो विहवेष्वस्तु वयं त्वेन्धानास्तन्वं पुषेम ।
मह्यं नमन्तां प्रदिशश्चतस्रस्त्वयाध्यक्षेण पृतना जयेम ।।१।।
अग्ने मन्युं प्रतिनुदन् परेषां त्वं नो गोपाः परि पाहि विश्वतः ।
अपांचो यन्तु निवता दुरस्यवोऽमैषां चित्तं प्रबुधां वि नेशत् ।।2।।

2. इन्द्रः – अ. ५.३.८; ११

अ. ५.३.८

उरुव्यचा नो महिषः शर्म यच्छत्वस्मिन् हवे पुरुहूतः पुरुक्षु ।
स नः प्रजायै हर्यश्व मृडेन्द्र मा नो रीरिषो मा परा दाः ।।८।।

अ. ५.३.११

अर्वांचमिन्द्रममुतो हवामहे यो गोजिद् धनजिदश्वजिद् यः ।
इमं नो यज्ञं विहवे शृणोत्वस्माकमभूर्हर्यश्व मेदी ।।११।।

३. देवाः – अ. ५.३.३–४

मम देवा विहवे सन्तु सर्व इन्द्रवन्तो मरुतो विष्णुरग्निः ।
ममान्तरिक्षमुरुलोकमस्तु मह्यं वातः पवतां कामायास्मै ।।३।।
मह्यं यजन्तां मम यानीष्टाकूतिः सत्या मनसो मे अस्तु ।
एनो मा नि गां कतमच्चनाहं विश्वे देवा अभि रक्षन्तु मेह ।।४।।

४. द्रविणोदादयः – अ. ५.३.५

मयि देवा द्रविणमा यजन्तां मय्याशीरस्तु मयि देवहूतिः ।
दैवा होतारः सनिषन् न एतदरिष्टाः स्याम तन्वा सुवीराः ।।५।।

५. वरुणः – अ. ५.१.१–६; ५.2.१–६

अ. ५.१.१–६

ऋधङ्मन्त्रो योनिं य आबभूवामृतासुर्वर्धमानः सुजन्मा ।
अदब्धासुर्भ्राजमानोऽहेव त्रितो धर्ता दाधार त्रीणि ।।१।।
आ यो धर्माणि प्रथमः ससाद ततो वपूंषि कृणुषे पुरूणि ।
धास्युर्योनिं प्रथम आ विवेशा यो वाचमनुदितां चिकेत ।।2।।
यस्ते शोकाय तन्वं रिरेच क्षरद्धिरण्यं शुचयोऽनु स्वाः ।
अत्रा दधेते अमृतानि नामास्मे वस्त्राणि विश एरयन्ताम् ।।३।।
प्र यदेते प्रतरं पूर्व्यं गुः सदःसद आतिष्ठन्तो अजुर्यम् ।
कविः शुष्स्य मातरा रिहाणे जाम्यै धुर्यं पतिमेरयेथाम् ।।४।।
तदू षु ते महत् पृथुज्मन् नमः कविः काव्येना कृणोमि ।
यत् सम्यंचावभियन्तावभि क्षामत्रा मही रोधचक्रे वावृधेते ।।५।।

Vedic Concordance of Mantras as per Ṛṣi and Devatā 365

सप्त मर्यादाः कवयस्ततक्षुस्तासामिदेकामभ्यंहुरो गात् आयोर्ह स्कम्भ
उपमस्य नीडे पथां विसर्गे धरुणेषु तस्थौ ।।६।।
उतामृतासुर्व्रत एमि कृण्वन्नसुरात्मा तन्वं१स्तत् सुमदगुः ।
उत वा शक्रो रत्नं दधात्यूर्जया वा यत् सचते हविर्दाः ।।७।।
उत पुत्रः पितरं क्षत्रमीडे ज्येष्ठं मर्यादमह्वयन्त्स्वस्तये ।
दर्शन् नु ता वरुण यास्ते विष्ठा आवर्व्रततः कृणवो वपूंषि ।।८।।
अर्धमर्धेन पयसा पृणक्ष्यर्धेन शुष्म वर्धसे अमुर ।
अविवृधाम् शग्मियं सखायं वरुणं पुत्रमदित्या इषिरम् ।
कविशस्तान्यस्मै वपूंष्यवोचाम रोदसी सत्यवाचा ।।६।।

ऋ. ५.2.१—६

तदिदास भुवनेषु ज्येष्ठं यतो जज्ञ उग्रस्त्वेषनृम्णः ।
सद्यो जज्ञानो नि रिणाति शत्रूननु यदेनं मदन्ति विश्व ऊमाः ।।१।।
वावृधानः शवसा भूर्योजाः शत्रुर्दासाय भियसं दधाति ।
अवयनच्च व्यनच्च सस्नि सं ते नवन्त प्रभृता मदेषु ।।2।।
त्वे क्रतुमपि पृंचन्ति भूरि द्विर्यदेते त्रिर्भवन्त्यूमाः ।
स्वादोः स्वादीयः स्वादुना सृजा समदः सु मधु मधुनाभि योधीः ।।३।।
यदि चिन्नु त्वा धना जयन्तं रणेरणे अनुमदन्ति विप्राः ।
ओजीयः शुष्मिन्त्स्थिरमा तनुष्व मा त्वा दभन् दुरेवासः कशोकाः ।।४।।
त्वया वयं शाशद्महे रणेषु प्रपश्यन्तो युधेन्यानि भूरि ।
चोदयामि त आयुधा वचोभिः सं ते शिशामि ब्रह्मणा वयांसि ।।५।।
नि तद् दधिषेऽवरे परे च यस्मिन्नाविथावसा दुरोणे ।
आ स्थापयत मातरं जिगत्नुमत इन्वत कर्वराणि भूरि ।।६।।
स्तुष्व वर्ष्मन् पुरुवर्त्मानं समृभ्वाणमिनतममाप्त्यमाप्त्यानाम् ।
आ दर्शति शवसा भूर्योजाः प्र सक्षति प्रतिमानं पृथिव्याः ।।७।।
इमा ब्रह्म बृहद्दिवः कृणवदिन्द्राय शूषमग्रियः स्वर्षाः ।
महो गोत्रस्य क्षयति स्वराजा तुरश्चिद् विश्वमर्णवत् तपस्वान् ।।८।।
एवा महान् बृहद्दिवो अथर्वावोचत् स्वां तन्व१मिन्द्रमेव ।
स्वसारौ मातरिभ्वरी अरिप्रे हिन्वन्ति चैने शवसा वर्धयन्ति च ।।६।।

६. **सोमः — अ. ५.३.७**

तिस्रो देवीर्महि नः शर्म यच्छत प्रजायै नस्तन्वे३ यच्च पुष्टम् ।
मा हास्महि प्रजया मा तनूभिर्मा रधाम द्विषते सोम राजन् ।।७।।

६३६. वृहस्पतिः

१. **ज्ञानम् — ऋ. १०.७१.१—११**

बृहस्पते प्रथमं वाचो अग्रं यत्प्रैरत नामधेयं दधानाः ।
यदेषां श्रेष्ठं यदरिप्रमासीत्प्रेणा तदेषां निहितं गुहाविः ।।१।।
सक्तुमिव तितउना पुनन्तो यत्र धीरा मनसा वाचमक्रत ।
अत्रा सखायः सख्यानि जानते भद्रैषां लक्ष्मीर्निहिताधि वाचि ।।2।।
यज्ञेन वाचः पदवीयमायन्तामन्वविन्दन्नृषिषु प्रविष्टाम् ।
तामाभृतया व्यदधुः पुरुत्रा तां सप्त रेभा अभि सं नवन्ते ।।३।।
उत त्वः पश्यन्न ददर्श वाचमुत त्वः शृण्वन्न शृणोत्येनाम् ।
उतो त्वस्मै तन्वं१वि सस्रे जायेव पत्य उशती सुवासाः ।।४।।
उत त्वं सख्ये स्थिरपीतमाहुर्नैनं हिन्वन्त्यपि वाजिनेषु ।

अधेन्वा चरति माययैष वाचं शुश्रुवाँ अफलामपुष्पाम् ।।५।।
यस्तित्याज सचिविदं सखायं न तस्य वाच्यपि भागो अस्ति ।
यदीं शृणोत्यलकं शुणोति नहि प्रवेद सुकृतस्य पन्थाम् ।।६।।
अक्षण्वन्तः कर्णवन्तः सखायो मनोजवेष्वसमा बभूवुः ।
आदघ्नास उपकक्षास उ त्वे ह्रदाइव स्नात्वा उ त्वे ददृश्रे ।।७।।
हृदा तष्टेषु मनसो जवेषु यद् ब्राह्मणाः संयजन्ते सखायः ।
अत्राह त्वं वि जहुर्वेद्याभिरोहब्रह्माणो वि चरन्त्यु त्वे ।।८।।
इमे ये नार्वाङ् न परश्चरन्ति न ब्राह्मणासो न सुतेकरासः ।
त एते वाचमभिपद्य पापया सिरीस्तन्त्रं तन्वते अप्रजज्ञयः ।।६।।
सर्वे नन्दन्ति यशसागतेन सभासाहेनसख्या सखायः ।
किल्विषस्पृत्पितुषणिर्ह्येषामरं हितो भवति वाजिनाय ।।१०।।
ऋचां त्वः पोषमास्ते पुपुष्वान्गायत्रं त्वो गायति शक्वरीषु ।
ब्रह्मा त्वो वदति जातविद्यां यज्ञस्य मात्रां वि मिमीत उ त्वः ।।११।।

६४०. वेनः

१. आत्मा – अ. ४.२.१–८

य आत्मदा बलदा यस्य विश्व उपासते प्रशिषं यस्य देवाः ।
योऽस्येशे द्विपदो यश्चतुष्पदः कस्मै देवाय हविषा विधेम ।।१।।
यः प्राणतो निमिषतो महित्वैको राजा जगतो बभूव ।
यस्य च्छायामृतं यस्य मृत्युः कस्मै देवाय हविषा विधेम ।।2।।
यं क्रन्दसी अवतश्चस्कभाने भियसाने रोदसी अह्वयेताम् ।
यस्यासौ पन्था रजसो विमानः कस्मै देवाय हविषा विधेम ।।३।।
यस्य द्यौरुर्वी पृथिवी च मही यस्याद् उर्व१न्तरिक्षम् ।
यस्यासौ सूरो विततो महित्वा कस्मै देवाय हविषा विधेम ।।४।।
यस्य विश्वे हिमवन्तो महित्वा समुद्रे यस्य रसामिदाहुः ।
इमाश्च प्रदिशो यस्य बाहू कस्मै देवाय हविषा विधेम ।।५।।
आपो अग्रे विश्वमावन् गर्भं दधाना अमृता ऋतृज्ञाः ।
यासु देवीष्वधि देव आसीत् कस्मै देवाय हविषा विधेम ।।६।।
हिरण्यगर्भः समवर्तताग्रे भूतस्य जातः पतिरेक आसीत ।
स दाधार पृथिवीमुत द्यां कस्मै देवाय हविषा विधेम ।।७।।
आपो वत्सं जनयन्तीर्गर्भमग्रे समैरयन् ।
तस्योत जायमानस्योल्ब आसीद्धिरण्ययः कस्मै देवाय हविषा विधेम ।।८।।

2. ब्रह्म आत्मा – अ. 2.१.१–५

वेनस्तत् पश्यत् परमं गुहा यद् यत्र विश्वं भवत्येकरूपम् ।
इदं पृश्निरदुहज्जायमानाः स्वर्विदो अभ्यनूषत व्राः ।।१।।
प्र तद् वोचेदमृतस्य विद्वान् गन्धर्वो धाम परमं गुहा यत् ।
त्रीणि पदानि निहिता गुहास्य यस्तानि वेद स पितुष्पितासत् ।।2।।
स नः पिता जनिता स उत बन्धुर्धामानि वेद भुवनानि विश्वा ।
यो देवानां नामध एक एव तं संप्रश्न भुवना यन्ति सर्वा ।।३।।
परि द्यावापृथवी सद्य आयमुपातिष्ठे प्रथमजामृतस्य ।
वाचमिव वक्तरि भुवनेष्ठा धास्युरेष नन्वे३षो अग्निः ।।४।।
परि विश्वा भुवनान्यायमृतस्य तन्तुं विततं दृशे कम् ।
यत्र देवा अमृतमानशानाः समाने योनावध्यैरयन्त ।।५।।

३. बृहस्पतिः आदित्यः – अ. ४.१.१–७

ब्रह्म जज्ञानं प्रथमं पुरस्ताद् वि सीमतः सुरुचो वेन आवः ।
स बुध्न्या उपमा अस्य विष्ठाः सतश्च योनिमसतश्च वि वः ।।१।।
इयं पित्र्या राष्ट्र्येत्वग्रे प्रथमाय जनुषे भुवनेष्ठाः ।
तस्मा एतं सुरुचं ह्वारमह्यं घर्मं श्रीणन्तु प्रथमाय धास्यवे ।।2।।
प्र यो जज्ञे विद्वानस्य बन्धुर्विश्वा देवानां जनिमा विवक्ति ।
ब्र ब्रह्मण उज्जभार मध्यान्नीचैरुच्चैः स्वधा अभि प्रतस्थौ ।।३।।
स हि दिवः स पृथिव्या ऋतस्था मही क्षेमं रोदसी अस्कभायत् ।
महान् मही अस्कभायद् वि जातो द्यां सद्म पार्थिवं च रजः ।।४।।
स बुध्न्यादाष्ट्र जनुषोऽभ्यग्रं बृहस्पतिर्देवता तस्य सम्राट् ।
अहर्यच्छुक्रं ज्योतिषो जनिष्टाथ द्युमन्तो वि वसन्तु विप्राः ।।५।।
नूनं तदस्य काव्यो हिनोति महो देवस्य पूर्वर्यस्य धाम ।
एष जज्ञे बहुभिः साकमित्था पूर्वे अर्धे विषिते समन् नु ।।६।।
योऽथर्वाणं पितरं देवबन्धुं बृहस्पतिं नमसाव च गच्छात् ।
त्वं विश्वेषां जनिता यथासः कविर्देवो न दभायत् स्वधावान् ।।७।।

४. वेनः – ऋ. १०.१2३.१–८

अयं वेनश्चोदयत्पृश्निगर्भा ज्योतिर्जरायू रजसो विमाने ।
इममपां संगमे सूर्यस्य शिशुं न विप्रा मतिभी रिहन्ति ।।१।।
समुद्रादूर्मिमुदियर्ति वेना नभोजाः पृष्ठं हर्यतस्य दर्शि ।
ऋतस्य सानावधि विष्टपि भ्राट् समानं योनिमभ्यनूषत व्राः ।।2।।
समानं पूर्वीरभि वावशानास्तिष्ठन्वत्सस्य मातरः सनीळाः ।
ऋतस्य सानावधि चक्रमाणा रिहन्ति मध्वो अमृतस्य वाणीः ।।३।।
जानन्तो रूपमकृषन्त विप्रा मृगस्य घोषं महिषस्य हि ग्मन् ।
ऋतेन यन्तो अधि सिन्धुमस्थुर्विदद्गन्धर्वो अमृतानि नाम ।।४।।
अप्सरा जानमुपसिष्मियाणा योषा विभर्ति परमे व्योमन् ।
चरत्प्रियस्य योनिषु प्रियः सन्त्सीदत्पक्षे हिरयये स वेनः ।।५।।
नाके सुपर्णमुप यत्पतन्तं हृदा वेनन्तो अभ्यचक्षत त्वा ।
हिरण्यपक्षं वरुणस्य दूतं यमस्य योनौ शकुनं भुरण्युम् ।।६।।
ऊर्ध्वो गन्ध्वों अधि नाके अस्थात्प्रत्यङ् चित्रा बिभ्रदस्यायुधानि ।
वसानो अत्कं सुरभिं दृशे कं स्व१र्ण नाम जनत प्रियाणि ।।७।।
द्रप्सः समुद्रमभि यज्जिगाति पश्यन्गृध्रस्य चक्षसा विधर्मन् ।
भानुः शुक्रेण शोचिषा चकानस्तृतीये चक्रे रजसि प्रियाणि ।।८।।

६४१. वेनो भार्गवः

१. पवमानः सोमः – ऋ. ६.८५.१–१2; सा. ५६१

ऋ. ६.८५.१–१2

इन्द्राय सोम सुषुतः परि स्रवापामीवा भवतु रक्षसा सह ।
मा ते रसस्य मत्सत द्वयाविनो द्रविणस्वन्त इह सन्त्विन्दवः ।।१।।
अस्मान्त्समर्ये पवमान चोदय दक्षो देवानामसि हि प्रियो मदः ।
जहि शत्रूँरभ्या भन्दनायतः पिबेन्द्र सोममव नो मृधो जहि ।।2।।
अदब्ध इन्दो पवसे मदिन्तम आत्मेन्द्रस्य भवसि धासिरुत्तमः ।
अभि स्वरन्ति बहवो मनीषिणो राजानमस्य भुवनस्य निंसते ।।३।।

सहस्रणीथः शतधारो अद्भुत इन्द्रायेन्दुः पवते काम्यं मधु ।
जयन्क्षेत्रमभ्यर्षा जयन्नप उरुं नो गातुं कृणु सोम मीढ्वः ।।४।।
कनिक्रदत्कलशे गोभिरज्यसे व्य१व्ययं समया वारमर्षसि ।
मर्मृज्यमानो अत्यो न सानसिरिन्द्रस्य सोम जठरे समक्षरः ।।५।।
स्वादुः पवस्व दिव्याय जन्मने स्वादुरिन्द्राय सुहवीतुनाम्ने ।
स्वादुर्मित्राय वरुणय वायवे बृहस्पतेय मधुमाँ अदाभ्यः ।।६।।
अत्यं मृजन्ति कलशे दश क्षिपः प्र विप्राणां मतयो वाच ईरते ।
पवमाना अभ्यर्षन्ति सुष्टुतिमेन्द्रं विशन्ति मदिरास इन्दवः ।।७।।
पवमानो अभ्यर्षा सुवीर्यमुर्वीं गव्यूतिं महि शर्म सप्रथः ।
माकिर्नो अस्य परिषूतिरीशतेन्दो जयेम त्वया धनंधनम् ।।८।।
अधि द्यामस्थाद्वृषभो विचक्षणोऽरूरुचद्वि दिवो रोचना कविः ।
राजा पवित्रमत्येति रोरुवद्दिवः पीयूषं दुहते नृचक्षसः ।।९।।
दिवो नाके मधुजिह्वा असश्चतो वेना दुहन्त्युक्षणं गिरिष्ठाम् ।
अप्सु द्रप्सं वावृधानं समुद्र आ सिन्धेरूर्मा मधुमन्तं पवित्र आ ।।१०।।
नाके सुपर्णमुपपप्तिवांसं गिरो वेनानामकृपन्त पूर्वीः ।
शिशुं रिहन्ति मतयः पनिप्नतं हिरण्ययं शकुनं क्षामणि स्थाम् ।।११।।
ऊर्ध्वो गन्धर्वो अधि नाके अस्थाद्विश्वा रूपा प्रतिचक्षाणो अस्य ।
भानुः शुक्रेण शोचिषा व्यद्यौत्प्रारूरुचद्रोदसी मातरा शुचिः ।।१२।।

सा. ५६१

इन्द्राय सोम सुषुतः परि स्रवापामीवा भवतु रक्षसा सह ।
मा ते रसस्य मत्सत द्वयाविनो द्रविणस्वन्त इह सन्त्विन्दवः ।।८।।

2. **वेनः — सा. ३२०; १८४६–१८४८**

सा. ३२०

नाके सुपर्णमुप यत्पतन्त हृदा वेनन्तो अभ्यचक्षत त्वा ।
हिरण्यपक्षं वरुणस्य दूतं यमस्य योनौ शकुनं भुरण्युम् ।।८।।

सा. १८४६–१८४८

नाके सुपर्णमुप यत्पतन्तं हृदा वेनन्तो अभ्यचक्षत त्वा ।
हिरण्यपक्षं वरुणस्य दूतं यमस्य योनौ शकुनं भुरण्युम् ।।१।।
ऊर्ध्वो गन्धर्वो अधि नाके अस्थात्प्रत्यङ्चित्रा बिभ्रदस्यायुधानि ।
वसानो अत्कं सुरभिं दृशे कं स्वा३र्ण नाम जनत प्रियाणि ।।2।।
द्रप्सः समुद्रमभि यज्जिगाति पश्यन् गृध्रस्य चक्षसा विधर्मन् ।
भानुः शुक्रेण शोचिषा चकानस्तृतीये चक्रे रजसि प्रियाणि ।।३।।

६४2. वैखानसः

१. **अग्निः — य. १६.४०; ४१; ४८; ३५.१७**

य. १६.४०–४१

पवित्रेण पुनीहि मा शुक्रेण देव दीद्यत्। अग्ने क्रत्वा क्रतूँ2ऽ रनु ।।४०।।
यत्ते पवित्रमर्चिष्यग्ने विततमन्तरा। ब्रह्म तेन पुनातु मा ।।४१।।

य. १६.४८

इदं हविः प्रजननं मेऽअस्तु दशवीरं सर्वगणं स्वस्तये आत्मसनि प्रजासनि पशुसनि
लोकसन्यभ्यसनि। अग्निः प्रजां बहुलां मे करोत्वन्नं पयो रेतोऽअस्मासु धत्त ।।४८।।

य. ३५.१७

आयुष्मानग्ने हविषा वृधानो घृतप्रतीको घृतयोनिरेधि ।

घृतं पीत्वा मधु चारु गव्यं पितेव पुत्रमभि रक्षतादिमान्त्स्वाहा ।।१७।।

2. **इन्द्रः – य. १६.३८**

अग्नऽआयूंषि पवसऽआ सुवोर्जमिषं च नः। आरे बाधस्व दुच्छुनाम् ।।३८।।

३. **पवित्रकर्त्ता – य. १६.४2**

पवमानः सोऽअद्य नः पवित्रेण विचर्षणिः। यः पोता स पुनातु मा ।।४2।।

४. **पितरः – य. १६.४५; ४७**

य. १६.४५

ये समानाः समनसः पितरो यमराज्ये। तेषां लोकः स्वधा नमो यज्ञो देवेषु कल्पताम् ।।४५।।

य. १६.४७

द्वे सृतीऽअशृणवं पितृणामहं देवानामुत मर्त्यानाम् ।
ताभ्यामिदं विश्वमेजत्समेति यदन्तरा पितरं मातरं च ।।४७।।

५. **राजादयो गृहपतयः – य. ८.३८**

अग्ने पवस्व स्वपाऽअस्मे वर्चः सुवीर्य्यम्। दधद्रयिं मयि पोष ।
उपयामगृहीतोऽस्यग्नये त्वा र्चसऽएष ते योनिरग्नये त्वा वर्चसे ।
अग्ने वर्चस्विन्वर्चस्वाँस्त्वं देवेष्वसि वर्चस्वानह मनुष्येषु भूयासम् ।।३८।।

६. **राजादयो गृहस्थाः – य. ८.३६**

उत्तिष्ठन्नोजसा सह पीत्वी शिप्रेऽअवेपयः। सोममिन्द्र चमू सुतम्।उपयामगृहीतोऽसीन्द्राय त्वौजसऽएष ते यानिरिन्द्राय त्वौजसे। इन्द्रौजिष्ठौजिष्ठस्त्वं देवेष्वस्योजिष्ठोऽहं मनुष्येषु भूयासम् ।।३६।।

७. **विद्वांसः – य. १६.३६**

पुनन्तु मा देवजनाः पुनन्तु मनसा धियः। पुनन्तु विश्वा भूतानि जातवेदः पुनीहि मा ।।३६।।

८. **विश्वेदेवाः – य. १६.४४**

वैश्वदेवी पुनती देव्यागाद्यस्यामिमा बह्व्यस्तन्वो वीतपृष्ठाः ।
तया मदन्तः समधमादेषु वयं स्याम पतयो रयीणाम् ।।४४।।

६. **श्री – य. १६.४६**

ये समानाः समनसो जीवा जीवेषु मामकाः ।
तेषां श्रीर्मयि कल्पतामस्मिंल्लोके शतं समाः ।।४६।।

१०. **सविता – य. १६.४३**

उभाभ्यां देव सवितः पवित्रेण सवेन च। मां पुनीहि विश्वतः ।।४३।।

६४३. वेदर्भिः भार्गवः

१. **प्राणः – अ. ११.४.१–२६**

प्राणाय नमो यस्य सर्वमिदं वशे। यो भूतः सर्वस्येश्वरो यस्मिन्त्सर्वं प्रतिष्ठितम् ।।१।।
नमस्ते प्राण क्रन्दाय नमस्ते स्तनयित्नवे। नमस्ते प्राण विद्युते नमस्ते प्राण वर्षते ।।2।।
यत् प्राण स्तनयित्नुनाभिक्रन्दत्योषधीः। प्र वीयन्ते गर्भान् दधतेऽथो बह्वीर्वि जायन्ते ।।३।।
यत् प्राण ऋतावागतेऽभिक्रन्दत्योषधीः। सर्वं तदा प्र मोदते यत् किं च भूम्यामधि ।।४।।
यत् प्राण अभ्यवर्षीद् वर्षेण पृथिवीं महीम्। पशवस्तत् प्र मोदन्ते महो वै नो भविष्यति ।।५।।
अभिवृष्टा ओषधयः प्राणेन समवादिरन्। आयुर्वै नः प्रातीतरः सर्वा नः सुरभीरकः ।।६।।
नमस्ते अस्त्वायते नमो अस्तु परायते। नमस्ते प्राण तिष्ठत आसीनायोत ते नमः ।।७।।
नमस्ते प्राण प्राणते नमो अस्त्वपानते ।

पराचीनाय ते नमः प्रतीचीनाय ते नमः सर्वस्मै त इदं नमः ।।८।।
या ते प्राण प्रिया तनूर्यो ते प्राण प्रेयसी। अथो यद् भेषजं तव तस्य नो धेहि जीवसे ।।६।।
प्राणः प्रजा अनु वस्ते पिता पुत्रमिव प्रियम्। प्राणो ह सर्वस्येश्वरो यच्च प्राणति यच्च न ।।१०।।
प्राणो मृत्युः प्राणस्तक्मा प्राणं देवा उपासते। प्राणो ह सत्यवादिनमुत्तमे लोक आ दधत्।।११।।
प्राणो विराट् प्राणो देष्ट्री प्राणं सर्व उपासते। प्राणो ह सूर्यश्चन्द्रमाः प्राणमाहुः प्रजापतिम्।१२।।
प्राणापानौ व्रीहियवावनड्वान् प्राण उच्यते। यवे ह प्राण आहितोऽपानो व्रीहिरुच्यते ।।१३।।
अपानति प्राणति पुरुषो गर्भे अन्तरा। यदा त्वं प्राण जिन्वस्यथ स जायते पुनः ।।१४।।
प्राणमाहुर्मातरिश्वानं वातो ह प्राण उच्यते। प्राणे ह भूतं भव्यं च प्राणे सर्वं प्रतिष्ठितम् ।।१५।।
आथर्वणीरांगिरसीर्दैवीर्मनुष्यजा उत। ओषधयः प्र जायन्ते यदा त्वं प्राण जिन्वसि ।।१६।।
यदा प्राणो अभ्यवर्षीद् वर्षेण पृथिवीं महीम्। ओषधयः प्र जायन्तेऽथो याः काश्च वीरुधः ।१७।।
यस्ते प्राणेदं वेद यस्मिंश्चासि प्रतिष्ठितः। सर्वे तस्मै बलिं हरानमुष्मिल्लौंक उत्तमे ।।१८।।
यथा प्राण बलिहृतस्तुभ्यं सर्वाः प्रजा इमाः। एवा तस्मै बलिं हरान् यस्त्वा शृणवत् सुश्रवः।१६।।
अन्तर्गर्भश्च्चरति देवतास्वाभूतो भूतः स उ जायते पुनः ।
स भूतो भव्यं भविष्यत् पिता पुत्रं प्र विवेशा शचीभिः ।।20।।
एकं पादं नोत्खिदति सलिलाद्धंस उच्चरन् ।
यदंग स तमुत्खिदेन्नैवाद्य न श्वः स्यान्न रात्रि नाहः स्यान्न व्युच्छेत् कदा चन ।।2१।।
अष्टाचक्रं वर्तत एकनेमि सहस्राक्षरं प्र पुरो नि पश्चा ।
अर्धेन विश्वं भुवनं जजान यदस्यार्धं कतमः स केतुः ।।22।।
यो अस्य विश्वजन्मन ईशे विश्वस्य चेष्टतः। अन्येषु क्षिप्रधन्वने तस्मै प्राण नमोऽस्तु ते ।।2३।।
यो अस्य सर्वजन्मन ईशे सर्वस्य चेष्टतः। अतन्द्रो ब्रह्मणा धीरः प्राणो मानु तिष्ठतु ।।2४।।
ऊर्ध्वः सुप्तेषु जागार ननु तियङ् नि पद्यते। न सुप्तमस्य सुप्तेष्वनु शुश्राव कश्चन ।।2५।।
प्राण मा मत् पर्यावृतो न मदन्यो भविष्यसि। अपां गर्भमिव जीवसे प्राण बध्नामि त्वामयि ।।2६।।

६४४. वैश्वामित्रो मधुच्छन्दा – द्र. मधुच्छन्दा वैश्वामित्रः

६४५. व्याघ्रपाद् वासिष्ठः

१. सोमानः सोमः – ऋ. ६.६७.१६–१८

जुष्ट्वी न इन्दो सुपथा सुगान्युरौ पवस्व वारिवांसि वृण्वन् ।
घनेव विष्वग्दुरितानि विघ्नन्नधि ष्णुना धन्व सानो अव्ये ।।१६।।
वृष्टिं नो अर्ष दिव्यां जिगत्नुमिळावतीं शंगयीं जीरदानुम् ।
स्तुकेव वीता धन्वा विचिन्वन् बन्धूँरिमाँ अवराँ इन्दो वयून् ।।१७।।
ग्रन्थिं न वि ष्य ग्रथितं पुनान ऋजुं च गातुं वृजिनं च सोम ।
अत्यो न क्रदो हरिरा सृजानो मर्यो देव धन्व पस्त्यावान् ।।१८।।

६४६. शकपूतो नार्मेधः

१. मित्रावरुणौ – ऋ. १०.१३2.2–७

ता वां मित्रावरुणा धारयत्क्षिती सुषुम्नेषितत्वता यजामसि ।
युवोः क्राणाय सख्यैरभि ष्याम रक्षसः ।।2।।
अधा चिन्नु यद्दिधिषामहे वामभि प्रियं रेक्णः पत्यमानाः ।
दद्वाँ वा यत्पुष्यति रेक्णः सम्वारन्नकिरस्य मघानि ।।३।।
असावन्यो असुर सूयत द्यौस्त्वं विश्वेषां वरुणासि राजा ।
मूर्धा रथस्य चाकन्नैतावतैनसान्तकध्रुक् ।।४।।
अस्मिन्त्स्वे३ तच्छकपूत एनो हिते मित्रे निगतान्हन्ति वीरान् ।
अवोर्वा यद्धात्तनूष्ववः प्रियासु यज्ञियास्वर्वा ।।५।।
युवोर्हि मातादितिर्विचेतसा द्यौर्न भूमिः पयसा पुपूतनि ।

अव प्रिया दिदिष्टन सूरो निनिक्त रश्मिभिः ।।६।।
युवं ह्यप्नराजावसीदतं तिष्ठद्रथं न धूर्षदं वनर्षदम् ।
ता नः कणूकयन्तीर्नृमेधस्तत्रे अंहसः सुमेधस्तत्रे अंहसः ।।७।।

2. **लिङ्गोक्ता – ऋ. १०.१३2.१**
ईजानमिद् द्यौर्गूर्तावसुरीजानं भूमिरभि प्रभूषणि। ईजानं देवावश्विनावभि सुम्नैरवर्धताम् ।।१।।

६४७. शक्तिः

१. **इन्द्रः – अ. 20.७६.१**
इन्द्र क्रतुं न आ भर पिता पुत्रेभ्यो यथा ।
शिक्षा णो अस्मिन् पुरुहूत यामनि जीवा ज्योतिरशीमहि ।।१।।

2. **पवमानः सोमः – ऋ. ९.१०८.३; १४–१६**

ऋ. ९.१०८.३
तवं ह्य१ंग दैव्या पवमान जनिमानि द्युमत्तमः। अमृतत्वाय घोषयः ।।३।।

ऋ. ९.१०८.१४–१६
यस्य न इन्द्रः पिबाद्यस्य रुतो यस्य वार्यमणा भगः ।
आ येन मित्रावरुणा करामह एन्द्रमवसे महे ।।१४।।
इन्द्राय सोम पातवे नृभिर्यतः स्वायुधो मदिन्तमः । पवस्व मधुमत्तमः ।।१५।।
इन्द्रस्य हार्दि सोमधानमा विश समुद्रमिव सिन्धवः ।
जुष्टो मित्राय वरुणाय वायवे दिवो विष्टम्भ उत्तमः ।।१६।।

६४८. शक्तिर्वासिष्ठः

१. **पवमानः सोमः – ऋ. ९.९७.१९–2१; सा. ५८३; ९३८; १०९७**

ऋ. ९.९७.१९–2१
जुष्टो मदाय देवतात इन्दो परि ष्णुना धन्व सानो अव्ये ।
सहस्रधारः सुरभिरदब्धः परि स्रव वाजसातौ नृषह्ये ।।१९।।
अरश्मानो येऽरथा अयुक्ता अत्यासो न ससृजानास आजौ ।
एते शुक्रासो धन्वन्ति सोमा देवासस्ताँ उप याता पिबध्यै ।।20।।
एवा न इन्दो अभि देववीति परि स्रव नभो अर्णश्चमूषु ।
सोमो अस्मभ्यं काम्यं बृहन्तं रयिं ददातु वीरवन्तमुग्रम् ।।2१।।

सा. ५८३
त्वं ह्य३ंग दैव्यं पवमान जनिमानि द्युमत्तमः। अमृतत्वाय घोषयन् ।।६।।

सा. ९३८
त्वं ह्य३ंग दैव्यं पवमान जनिमानि द्युमत्तमः। अमृतत्वाय घोषयन् ।।१।।

सा. १०९७
यस्य त इन्द्रः पिबाद्यस्य मरुतो यस्य वार्यमणा भगः ।
आ येन मित्रावरुणा करामह एन्द्रमवसे महे ।।2।।

६४९. शची पौलौमी

१. **शची पौलौमी – ऋ. १०.१५९.१–६**
उदसौ सूर्यो अगादुदयं मामको भगः। अहं तद्विद्वला पतिमभ्यसाक्षि विषासहिः ।।१।।
अहं केतुरहं मूर्धाहमुग्रा विवाचनी । ममेदनु क्रतुं पतिः सेहानाया उपाचरेत् ।।2।।
मम पुत्राः शत्रुहणोऽथो मे दुहिता विराट् । उताहमस्मि संजया पत्यौ मे श्लोक उत्तमः ।।३।।

येनेन्द्रो हविषा कृत्व्यभवद् द्युम्न्युत्तमः। इदं तदक्रि देवा असपत्ना किलाभुवम् ।।४।।
असपत्ना सपत्नघ्नी जयन्त्यभिभूवरी । आवृखमन्यासां वर्चो राधो अस्थेयसामिव ।।५।।
समजैषमिमा अहं सपत्नीरभिभूवरी । यथाहमस्य वीरस्य वीराजानि जनस्य च ।।६।।

६५०. शतप्रभेदनो वैरुपः

१. इन्द्रः – ऋ. १०.११३.१–१०

तमस्य द्यावापृथिवी सचेतसा विश्वेभिर्देवैरनु शुष्ममावताम् ।
यदैत्कृण्वानो महिमानमिन्द्रयं पीत्वी सोमस्य क्रतुमाँ अवर्धत ।।१।।
तमस्य विष्णुर्महिमानमोजसांशुं दधन्वान्मधुनो वि रप्शते ।
देवेभिरिन्द्रो मघवा सयावभिवृत्रं जघन्वाँ अभवद्वरेण्यः ।।2।।
वृत्रेण यदहिना बिभ्रदायुधा समस्थिथा युधये शंसमाविदे ।
विश्वे ते अत्र मरुतः सह त्मनावर्धन्नुग्र महिमानमिन्द्रियम् ।।३।।
जज्ञान एव व्यबाधत स्पृधः प्रापश्यद्वीरो अभि पौंस्यं रणम् ।
अवृश्चदद्रिमव सस्यदः सृजदस्तभ्नानाकं स्वपस्यया पृथुम् ।।४।।
आदिन्द्रः सत्रा तविषीरपत्यत वरीयो द्यावापृथिवी अबाधत ।
अवाभरद्धृषितो वज्रमायसं शेवं मित्राय वरुणाय दाशुषे ।।५।।
इन्द्रस्यात्र तविषीभ्यो विरप्शिन ऋघायतो अरंहयन्त मन्यवे ।
वृत्रं यदुग्रो व्यवृश्चरदोजसापो बिभ्रतं तमसा परीवृतम् ।।६।।
या वीर्याणि प्रथमानि कर्त्वा महित्वेभिर्यतमानौ समीयतुः ।
ध्वान्तं तमोऽव दध्वसे हत इन्द्रो मह्ना पूर्वहूतावपत्यत ।।७।।
विश्वे देवासो अध वृष्ण्यानि तेऽवर्धयन्त्सोमवत्या वचस्यया ।
रद्धं वृत्रमहिमिन्द्रस्य हन्मनाग्निर्न जम्भैस्तृष्वन्नमावयत् ।।८।।
भूरि दक्षेभिर्वचनेभिर्ऋक्वभिः सख्येभिः सख्यानि प्र वोचत ।
इन्द्रो धुनिं च चुमुरिं च दम्भयंद्रद्धामनस्या शृणुते दभीतये ।।६।।
त्वं पुरूण्या भरा स्वश्व्या येभिर्मंसै निवचनानि शंसन् ।
सुगेभिर्विश्वा दुरिता तरेम विदो षु ण उर्विया गाधमद्य ।।१०।।

६५१. शतं वैखानसः

१. अग्निः – ऋ. ६.६६.१६–२१

अग्न आयूंषि पवस आ सुवोर्जमिषं च नः। आरे बाधस्व दुच्दुनाम् ।।१६।।
अग्निर्ऋषिः पवमानः पांचजन्यः पुरोहितः। तमीमहे महागयम् ।।20।।
अग्ने पवस्व स्वपा अस्मे वर्चः सुवीर्यम्। दधद्रयिं मयि पोषम् ।।2१।।

2. अग्निः पवमानः – सा. ६2७; १४६४; १५१८–१५20

सा. ६2७

अग्न अयूंषि पवस आ सुवोर्जमिषं च नः। आरे बाधस्व दुच्छुनाम् ।।१।।

सा. १४६४

अग्न आयूंषि पवसे आ सुवोर्जमिषं च नः। आरे बाधस्व दुच्छुनाम् ।।३।।

सा. १५१८–१५20

अग्न आयूंषि पवस आ सुवोर्जमिषं च नः। आरे बाधस्व दुच्दुनाम्।।१।।
अग्निर्ऋषिः पवमानः पांचजन्यः पुरोहितः। तमीमहे महागयम् ।।2।।
अग्ने पवस्व स्वपा अस्मे वर्चः सुवीर्यम्। दधद्रयिं मयि पोषम् ।।३।।

३. पवमानः सोमः – ऋ. ६.६६.१–१८; 22–३०; सा. ६५७–६५६; १३१०–१३१2

ऋ. ६.६६.१–१८

पवस्व विश्वचर्षणेऽभि विश्वानि काव्या। सखा सखिभ्य ईड्यः ।।१।।
ताभ्यां विश्वस्य राजसि ये पवमान धामनी। प्रतीची सोम तस्थतुः ।।2।।
परि धामानि यानि ते त्वं सोमासि विश्वतः। पवमान ऋतुभिः कवे ।।३।।
पवस्व जनयन्निषोऽभि विश्वानि वार्या। सखा सखिभ्य ऊतये ।।४।।
तव शुक्रासो अर्चयो दिवस्पृष्ठे वि तन्वते। पवित्रं सोम धामभिः ।।५।।
तवेमे सप्त सिन्धवः प्राशिषं सोम सिस्रते। तुभ्यं धावन्ति धेनवः ।।६।।
प्र सोम याहि धारया सुत इन्द्राय मत्सरः। दधानो अक्षिति श्रवः ।।७।।
समु त्वा धीभिरस्वरन्हिन्वतीः सप्त जामयः। विप्रमाजा विवस्वतः ।।८।।
मृजन्ति त्वा समग्रुवोऽव्ये जीरावधि ष्वणि। रेभो यदज्यसे वने ।।९।।
पवमानस्य ते कवे वाजिन्त्सर्गा असृक्षत। अर्वन्तो न श्रवस्यवः ।।१०।।
अच्छा कोशं मधुश्चुतमसृग्रं वारे अव्यये। अवावशन्त धीतयः ।।११।।
अच्छा समुद्रमिन्दवोऽस्तं गावो न धेनवः। अग्मन्नृतस्य योनिमा ।।१२।।
प्र ण इन्दो महे रण आपो अर्षन्ति सिन्धवः। यद् गोभिर्वासयिष्यसे ।।१३।।
अस्य ते सख्ये वयमियक्षन्तस्त्वोतयः। इन्दो सखित्वमुश्मसि ।।१४।।
आ पवस्व गविष्टये महे सोम नृचक्षसे। एन्द्रस्य जठरे विश ।।१५।।
महाँ असि सोम ज्येष्ठ उग्राणमिन्द ओजिष्ठः। युध्वा संछश्वज्जिगेथ ।।१६।।
य उग्रेभ्यश्चिदोजीयांछूरेभ्यश्चिच्छूरतरः। भूरिदाभ्यश्चिन्मंहीयान् ।।१७।।
त्वं सोम सूर एषस्तोकस्य साता तनूनाम्। वृणीमहे सख्याय वृणीमहे युज्याय ।।१८।।

ऋ. ६.६६.22–३०

पवमानो अति स्रिधोऽभ्यर्षति सुष्टुतिम्। सूरो न विश्वदर्शतः ।।22।।
स मर्मृजान आयुभिः प्रयस्वान्प्रयसे हितः। इन्दुरत्यो विचक्षणः ।।2३।।
पवमान ऋतं बृहच्छुक्रं ज्योतिरजीजनत्। कृष्णा तमांसि जंघनत् ।।2४।।
पवमानस्य जङ्घ्नतो हरेश्चन्द्रा असृक्षत। जीरा अजिरशोचिषः ।।2५।।
पवमानो रथीतमः शुभ्रेभिः शुभ्रशस्तमः। हरिश्चन्द्रो मरुद्गणः ।।2६।।
पवमानो व्यश्नवद्रश्मिभिर्वाजसातमः। दधत्स्तोत्रे सुवीर्यम् ।।2७।।
प्र सुवान इन्दुरक्षाः पवित्रमत्यव्ययम्। पुनान इन्दुरिन्द्रमा ।।2८।।
एष सोमो अधि त्वचि गवां क्रीळत्यद्रिभिः। इन्द्रं मदाय जोहुवत् ।।2९।।
यस्य ते द्युम्नवत्पयः पवमानाभृतं दिवः। तेन नो मृळ जीवसे ।।३०।।

सा. ६५७–६५९

पवमानस्य ते कवे वाजिन्त्सर्गा असृक्षत। अर्वन्तो न श्रवस्यवः ।।१।।
अच्छा कोशं मधुश्चुतमसृग्रं वारे अव्यये। अवावशन्त धीतयः ।।2।।
अच्छा समुद्रमिन्दवोऽस्तं गावो न धेनवः। अग्मन्नृतस्य योनिमा ।।३।।

सा. १३१०–१३१2

पवमानस्य जिघ्नतो हरेश्चन्द्रा असृक्षत। जीरा अजिरशोचिषः ।।१।।
पवमानो रथीतमः शुभ्रेभिः शुभ्रशस्तमः। हरिश्चन्द्रो मरुद्गणः ।।2।।
पवमान व्यश्नुहि रश्मिभिर्वाजसातमः। दधत्स्तोत्रे सुवीर्यम् ।।३।।

६५2. शन्तातिः

१. अग्निः – अ. ६.१०.१

पृथिव्यै श्रोत्राय वनस्पतिभ्योऽग्नयेऽधिपतये स्वाहा ।।१।।

2. अग्न्यादयो मन्त्रोक्ताः – अ. ११.६.१–2३

अग्निं ब्रूमो वनस्पतीनोषधीरुत वीरुधः । इन्द्रं बृहस्पतिं सूर्यं ते नो मुंचन्त्वंहसः ।।१।।

ब्रूमो राजानं वरुणं मित्रं विष्णुमथो भगम् । अंशं विवस्वन्तं ब्रूमस्ते नो मुंचन्त्वंहसः ।।2।।
ब्रूमो देवं सवितारं धातारमुत पूषणम् । त्वष्टारमग्रियं ब्रूमस्ते नो मुंचन्त्वंहसः ।।३।।
गन्धर्वाप्सरसो ब्रूमो अश्विना ब्रह्मणस्पतिम् । अयमा नाम यो देवस्ते नो मुंचन्त्वंहसः ।।४।।
अहोरात्रे इदं ब्रूमः सूर्याचन्द्रमसावुभा । विश्वानादित्यान् ब्रूमस्ते नो मुंचन्त्वंहसः ।।५।।
वातं ब्रूमः पर्जन्यमन्तरिक्षमथो दिशः । आशाश्च सर्वा ब्रूमस्ते नो मुंचन्त्वंहसः ।।६।।
मुंचन्तु मा शपथ्यादहोरात्रे अथो उषाः । सोमो मा देवो मुंचतु यमाहुश्चन्द्रमा इति ।।७।।
पार्थिवा दिव्याः पशव आरण्या उत ये मृगाः। शुकुन्तान् पक्षिणो ब्रूमस्ते नो मुंचन्त्वंहसः ।।८।।
भवाशर्वाविदं ब्रूमो रुद्रं पशुपतिश्च यः। इषूर्या एषां संविद्म ता नः सन्तु सदा शिवाः ।।९।।
दिवं ब्रूमो नक्षत्राणि भूमिं यक्षाणि पर्वतान्। समुद्रा नद्यो वेशन्तास्ते नो मुंचन्त्वंहसः ।।१०।।
सप्तऋषीन् वा इदं ब्रूमोऽपो देवीः प्रजापतिम्। पितृन् यमश्रेष्ठान् ब्रूमस्ते नो मुंचन्त्वंहसः ।।११।।
ये देवा दिविषदो अन्तरिक्षसदश्च ये। पृथिव्यां शक्रा ये श्रितास्ते नो मुंचन्त्वंहसः ।।१2।।
आदित्या रुद्रा वसवो दिवि देवा अथर्वाणः। अंगिरसो मनीषिणस्ते नो मुंचन्त्वंहसः ।।१३।।
यज्ञं ब्रूमो यजमानमृचः सामानि भेषजा। यजूंषि होत्रा ब्रूमस्ते नो मुंचन्त्वंहसः ।।१४।।
पंच राज्यानि वीरुधां सोमश्रेष्ठानि ब्रूमः। दर्भो भंगो यवः सहस्ते नो मुंचन्त्वंहसः ।।१५।।
अरायान् ब्रूमो रक्षांसि सर्पान् पुण्यजनान् पितृन्। मृतयूनेकशतं ब्रूमस्ते नो मुंचन्त्वंहसः ।।१६।।
ऋतून् ब्रूम ऋतुपतीनर्तवानुत हायनान् । समाः संवत्सरान् मासांस्ते नो मुंचन्त्वंहसः ।।१७।।
एत देवा दक्षिणतः पश्चात् प्रांच उदेत ।
पुरस्तादुत्तराच्छक्रा विश्वे देवाः समेत्य ते नो मुंचन्त्वंहसः ।।१८।।
विश्वान्देवानिदं ब्रूमः सत्यसंधानृतावृधः । विश्वाभिः पत्नीभिः सह ते नो मुंचन्त्वंहसः ।।१९।।
सवीन् देवानिदं ब्रूमः सत्यसंधानृतावृधः । सर्वाभिः पत्नीभिः सह ते नो मुंचन्त्वंहसः ।।20।।
भूतं ब्रूमो भूतपतिं भूतानामुत यो वशी । भूतानि सर्वा संगत्य ते नो मुंचन्त्वंहसः ।।2१।।
या देवीः पंच प्रदिशो ये देवा द्वादशर्तवः। संवत्सरस्य ये दंष्ट्रास्ते नः सन्तु सदा शिवाः ।।22।।
यन्मातली रथक्रीतममृतं वेद भेषजम् । तदिन्द्रो अप्सु प्रावेशयत् तदापो दत्त भेषजम् ।।2३।।

३. आदित्यरश्मिः – अ. ६.22.१

कृष्णं नियानं हरयः सुपर्णा अपो वसाना दिवमुत पतन्ति ।
त आववृत्रन्त्सदनादृतस्यादिद् घृतेन पृथिवीं व्यूदः ।।१।।

४. आपः – अ. १.३३.१–४; ६.2३.१–३; ६.५१.१–2

अ. १.३३.१–४

हिरण्यवर्णाः शुचयः पावका यासु जातः सविता यास्वग्निः ।
या अग्निं गर्भं दधिरे सुवर्णास्ता न आपः शं स्योना भवन्तु ।।१।।
यासां राजा वरुणो याति मध्ये सत्यानृते अवपश्यंजनानाम् ।
या अग्निं गर्भं दधिरे सुवर्णास्ता न आपः शं स्योना भवन्तु ।।2।।
यासां देवा दिवि कृण्वन्ति भक्षं या अन्तरिक्षं बहुधा भवन्ति ।
या अग्निं गर्भं दधिरे सुवर्णास्ता न आपः शं स्योना भवन्तु ।।३।।
शिवेन मा चक्षुषा पश्यतापः शिवया तन्वोप स्पृशत त्वचं मे ।
घृतश्चुतः शुचयो याः पावकास्ता न आपः शं स्योना भवन्तु ।।४।।

अ. ६.2३.१–३

सस्रुषीस्तदपसो दिवा नक्तं च सस्रुषीः। वरेण्यक्रतुरहमपो देवी रुप ह्वये ।।१।।
ओता आपः कर्मण्यामुंचन्त्वितः प्रणीतये। सद्यः कृण्वन्त्वेतवे ।।2।।
देवस्य सवितुः सवे कर्म कृण्वन्तु मानुषाः। शं नो भवन्त्वप ओषधीः शिवाः ।।३।।

अ. ६.५१.१–2

वायोः पूतः पवित्रेण प्रत्यङ् सोमो अति द्रुतः। इन्द्रस्य युज्यः सखा।।१।।
आपो अस्मान् मातरः सूदयन्तु घृतेन नो घृतप्वः पुनन्तु ।
विश्वं हि रिप्रं प्रवहन्ति देवीरुदिदाभ्यः शुचिरा पूत एमि ।।2।।

५. **चन्द्रमा – अ. ६.2१.१–३**

इमा यास्तिस्रः पृथिवीस्तासां ह भूमिरुत्तमा । तासामधि त्वचो अहं भेषजं समु जग्रभम् ।।१।।
श्रेष्ठमसि भेषजाना वसिष्ठं वीरुधानाम् । सोमो भगइव यामेषु देवेषु वरुणो यथा ।।2।।
रेवतीरनाधृषः सिषासवः सिषासथ । उत स्थ केशदृंहणीरथो ह केशवर्धनीः।।३।।

६. **मन्त्रोक्ताः – अ. ६.१६.१–३; १६.६.१–१४**

अ. ६.१६.१–३

पुनन्तु मा देवजनाः पुनन्तु मनवो धिया। पुनन्तु विश्वा भूतानि पवमानः पुनातु मा ।।१।।
पवमानः पुनातु मा क्रत्वे दक्षाय जीवसे। अथो अरिष्टतातये ।।2।।
उभाभ्यां देव सवितः पवित्रेण सवेन च। अस्मान् पुनीहि चक्षसे ।।३।।

अ. १६.६.१–१४

शान्ता द्यौः शान्ता पृथिवी शान्तमिदर्मुव१न्तरिक्षम्।
शान्ता उदन्वतीरापः शान्ता नः सन्त्वोषधीः ।।१।।
शान्तानि पूर्वरूपाणि शान्तं नो अस्तु कृताकृतम् ।
शान्तं भूतं च भव्यं च सर्वमेव शमस्तु नः ।।2।।
इयं या परमेष्ठिनी वाग् देवी ब्रह्मसंशिता । ययैव ससृजे घोरं तयैव शान्तिरस्तु नः ।।३।।
इदं यत् परमेष्ठिनं मनो वां ब्रह्मसंशितम् । येनैव ससृजे घोरं तेनैव शान्तिरस्तु नः ।।४।।
इमानि यानि पंचेन्द्रियाणि मनःषष्ठानि मे हृदि ब्रह्मणा संशितानि ।
यैरेव ससृजे घोरं तैरेव शान्तिरस्तु नः ।।५।।
शं नो मित्रः शं वरुणः शं विष्णुः शं प्रजापतिः ।
शं न इन्द्रो बृहस्पतिः शं नो भवत्वर्यमा ।।६।।
शं नो मित्रः शं वरुणः शं विवस्वांछमन्तकः ।
उत्पाताः पार्थिवान्तरिक्षाः शं नो दिविचरा ग्रहाः ।।७।।
शं नो भूमिर्वेप्यमाना शमुल्का निर्हतं च यत् ।
शं गावो लोहितक्षीराः शं भूमिरव तीर्यतीः ।।८।।
नक्षत्रमुल्काभिहतं शमस्तु नः शं नोऽभिचाराः शमु सन्तु कृतयाः ।
शं नो निखाता वल्गाः शमुल्का देशोपसर्गाः शमु नो भवन्तु ।।६।।
शं नो ग्रहाश्चान्द्रमसाः शमादित्यश्च राहुणा ।
शं नो मृत्युर्धूमकेतुः शं रुद्रास्तिग्मतेजसः ।।१०।।
शं रुद्राः शं वसवः शमादित्याः शमग्नयः ।
शं नो महर्षयो देवाः शं देवाः शं बृहस्पतिः ।।११।।
ब्रह्म प्रजपतिर्धाता लोका वेदाः सप्तऋषयोऽग्नयः ।
तैर्मे कृतं स्वस्त्ययनमिन्द्रो मे शर्म यच्छतु ब्रह्मा मे शर्म यच्छतु ।
विश्वे मे देवाः शर्म यच्छन्तु सर्वे मे देवाः शर्म यच्छन्तु ।।१2।।
यानि कानि चिच्छान्तानि लोके सप्तऋषयो विदुः ।
सर्वाणि शं भवन्तु मे शं मे अस्त्वभयं मे अस्तु ।।१३।।
पृथिवी शान्तिरन्तरिक्षं शान्तिर्द्यौः शान्तिरापः शान्तिरोषधयः शान्तिर्वनस्पतयः शान्तिर्विश्वे मे देवाः शान्तिः सर्वे मे देवाः शान्तिः शान्तिः शान्तिः शान्तिभिः ।
ताभिः शान्तिभिः सर्व शान्तिभिः शमयामोऽहं यदिह घोरं यदिह क्रूरं यदिह पापं तच्छान्तं तच्छिवं सर्वमेव शमस्तु नः ।।१४।।

७. **मरुतः – अ. ६.22.2–३**

पयस्वतीः कृणुथाप ओषधीः शिवा यदेजथा मरुतो रुक्मवक्षसः ।
ऊर्जं च तत्र सुमतिं च पिन्वत यत्रा नरो मरुतः सिंचथा मधु ।।2।।

उदप्रुतो मरुतस्ताँ इयर्त वृष्टिर्या विश्वा निवतस्पृणाति ।
एजाति गल्हा कन्येव तुन्नैरुं तुन्दाना पत्येव जाया ।।३।।

८. यमादयो मन्त्रोक्ताः – अ. ६.९३.१–३

यमो मृत्युरघमारो निर्ऋथो बभ्रुः शर्वोऽस्ता नीलशिखण्डः ।
देवजनाः सेनयोत्तस्थिवांसस्ते अस्माकं परि वृंजन्तु वीरान् ।।१।।
मनसा होमैर्हरसा घृतेन शर्वायास्त्र उत राज्ञे भवाय ।
नमस्येभ्यो नम एभ्यः कृणोम्यन्यत्रास्मदघविषा नयन्तु ।।2।।
त्रायध्वं नो अघविषाभ्यो वधाद् विश्वे देवा मरुतो विश्ववेदसः अग्नीषोमा वरुणः पूतदक्षा
वातापर्जन्ययोः सुमतौ स्याम ।।३।।

९. रुद्रः – अ. ६.५६.2–३; ६.५७.१–३

अ. ६.५६.2–३

नमोऽस्त्वसिताय नमस्तिरश्चिराजये। स्वजाय बभ्रवे नमो नमो देवजनेभ्यः ।।2।।
सं ते हन्मि दता दतः समु ते हन्वा हनू। सं ते जिह्वया जिह्वां सम्वास्नाह आस्यम् ।।३।।

अ. ६.५७.१–३

इदमिद् वा उ भेषजमिदं रुद्रस्य भेषजम् । येनेषुमेकतेजनां शतशल्यामपब्रवत् ।।१।।
जालाषेणाभि षिंजत जालाषेणोप सिंचत । जालाषमुग्रं भेषजं तेन नो मृड जीवसे ।।2।।
शं च नो मयश्च नो मा च नः किं चनाममत्।
क्षमा रपो विश्वं नो अस्तु भेषजं सर्वं नो अस्तु भेषजम ।।३।।

१०. वरुणः – अ. ६.५१.३

यत् किं चेदं वरुणं दैव्ये जनेऽभिद्रोहं मनुष्याश्चरन्ति ।
अचित्त्या चेत् तव धर्मा युयोपिम मा नस्तस्मादेनसो देव रीरिषः।।३।।

११. वायुः – अ. ६.१०.2

प्राणायान्तरिक्षाय वयोभ्यो वायवेऽधिपतये स्वहा ।।2।।

१2. विश्वजित् – अ. ६.१०७.१–४

विश्वजित् त्रायमाणायै मा परि देहि ।
त्रायमाणे द्विपांच सर्वं नो रक्ष चतुष्पाद् यच्च नः स्वम् ।।१।।
त्रायमाणे विश्वजिते मा परि देहि ।
विश्वजिद् द्विपाच्च सर्वं नो रक्ष चतुष्पाद् यच्च नः स्वम् ।।2।।
विश्वजित् कल्याण्यै मा परि देहि ।
कल्याणि द्विपांच सर्वं नो रक्ष चतुष्पाद् यच्च नः स्वम् ।।३।।
कल्याणि सर्वविदे मा परि देहि ।
सर्वविद् द्विपाच्च सर्वं नो रक्ष चतुष्पाद् यच्च नः स्वम् ।।४।।

१३. विश्वेदेवाः – अ. ६.५६.१; ४.१३.१–७

अ. ६.५६.१

मा नो देवा अहिर्वधीत् सतोकान्त्सहपूरुषान् ।
संयतं न वि ष्परद् व्यात्तं न सं यमन्नमो देवजनेभ्यः ।।१।।

अ. ४.१३.१–७

उत देवा अवहितं देवा उन्नयथा पुनः। उतागश्चक्रुषं देवा देवा जीवयथा पुनः ।।१।।
द्वाविमौ वातौ वात आ सिन्धोरा परावतः। दक्षं ते अन्य आवातु व्य१न्यो वातु यद् रपः ।।2।।
आ वात वाहि भेषजं वि वात वाहि यद् रपः। त्वं हि विश्वभेषज देवानां दूत ईयसे ।।३।।
त्रायन्तामिमं देवास्त्रायन्तां मरुतां गणाः। त्रायन्तां विश्वा भूतानि यथायमरपा असत् ।।४।।

आ त्वागमं शन्तातिभिरथो अरिष्टतातिभिः । दक्षं त उग्रमाभारिषं परा यक्ष्मं सुवामि ते ।।५।।
अयं मे हस्तो भगवानयं मे भगवत्तरः । अयं मे विश्वभेषजोऽयं शिवाभिमर्शनः ।।६।।
हस्ताभ्यां दशशाखाभ्यां जिह्वा वाचः पुरोगवी ।
अनामयित्नुभ्यां हस्ताभ्यां ताभ्यां त्वाभि मृशामसि ।।७।।

१४. सरस्वती – अ. ७.६८.१–३

सरस्वति व्रतेषु ते दिव्येषु देवि धामसु । जुषस्व हव्यमाहुतं प्रजां देवि ररास्व नः ।।१।।
इदं ते हव्यं घृतवत् सरस्वतीदं पितृणां हविर यं१ यत् ।
इमानि त उदिता शंतमानि तेभिर्वयं मधुमन्तः स्याम ।।2।।
शिवा नः शंतमा भव सुमृडीका सरस्वति। मा ते युयोम संदृशः ।।३।।

१५. सुखम् – अ. ७.६९.१

शं नो वातो वातु शं नस्तपतु सूर्यः ।
अहानि शं भवन्तु नः शं रात्री प्रति धीयतां शमुषा नो व्युच्छतु ।।१।।

१६. सूर्यः – अ. ६.१०.३

दिवे चक्षुषे नक्षत्रेभ्यः सूर्यायाधिपतये स्वाहा ।।३।।

६५३. शबरः काक्षीवतः

१. गावः – ऋ. १०.१६९.१–४

मयोभूर्वातो अभि वातूस्रा ऊर्जस्वतीरोषधीरा रिशन्ताम् ।
पीवस्वतीर्जीवधन्या पिबन्त्ववसाय पद्वते रुद्र मृळ ।।१।।
याः सरूपा विरूपा एकरूपा यासामग्निरिष्ट्या नामानि वेद ।
या अंगिरसस्तपसेह चक्रुस्ताभ्यः पर्जन्य महि शर्म यच्छ ।।2।।
या देवेषु तन्व१मैरयन्त यासां सोमो विश्वा रूपाणि वेद ।
ता अस्मभ्यं पयसा पिन्वमानाः प्रजावतीरिन्द्र गोष्ठे रिरीहि ।।३।।
प्रजापतिर्मह्यमेता रराणो विश्वैर्देवैः पितृभिः संविदानः ।
शिवाः सतीरुप नो गोष्ठमाकस्तासां वयं प्रजया सं सदेम ।।४।।

६५४. शम्भूः

१. जरिमा आयुः – अ. 2.2८.१; ३

अ. 2.2८.१

तुभ्यमेव जरिमन् वर्धतामयं मेममन्ये मृत्यवो हिंसिषुः शतं ये ।
मातेव पुत्रं प्रमना उपस्थे मित्र एनं मित्रियात् पात्वंहसः ।।१।।

अ. 2.2८.३

त्वमीशिषे पशूनां पार्थिवानां ये जाता उत वा ये जनित्राः ।
मेमं प्राणो हासीन्मो अपानो मेमं मित्रा वधिषुर्मो अमित्राः ।।३।।

2. द्यावापृथिव्यादयः – अ. 2.2८.४–५

द्यौष्ट्वा पिता पृथिवी माता जरामृत्युं कृणुतां संविदाने ।
यथा जीवा अदितेरुपस्थे प्राणापानाभ्यां गुपितः शतं हिमाः ।।४।।
इममग्न आयुषे वर्चसे नय प्रियं रेतो वरुण मित्र राजन् ।
मातेवास्मा अदिते शर्म यच्छ विश्वे देवा जरदष्टिर्यथासत् ।।५।।

३. मित्रावरुणौ – अ. 2.2८.2

मित्र एनं वरुणो वा रिशादा जरामृत्युं कृणुतां संवदिानौ ।

तदग्निर्होता वयुनानि विद्वान् विश्वा देवानां जनिमा विवक्ति ।।2।।

६५५. शशकर्णः

१. अश्विनौ – अ. 20.१३६.१–५; 20.१४०.१–५; 20.१४१.१–५; 20.१४2.१–६

अ. 20.१३६.१–५

आ नूनमश्विना युवं वत्सस्य गन्तमवसे ।
प्रास्मै यच्छतमवृकं पृथु च्छर्दिर्युयुतं या अरातयः ।।१।।
यदन्तरिक्षे यद् दिवि यत् पंच मानुषाँ अनु । नृम्णं तद् धत्तमश्विना ।।2।।
ये वां दंसांस्यश्विना विप्रासः परिमामृशुः। एवेत् काण्वस्य बोधतम् ।।३।।
अयं वां घर्मो अश्विना स्तोमेन परि षिच्यते ।
अयं सोमो मधुमान् वाजिनीवसू येन वृत्रं चिकेतथः।।४।।
यदप्सु यद् वनस्पतौ यदोषधीषु पुरुदंससा कृतम् । तेन माविष्टमश्विना ।।५।।

अ. 20.१४०.१–५

यन्नासत्या भुरण्यथो यद् वा देव भिषज्यथः ।
अयं वां वत्सो मतिभिर्न विन्धते हविष्मन्तं हि गच्छथः ।।१।।
आ नूनमश्विनोर्ऋषि स्तोमं चिकेत वामया । आ सोमं मधुमत्तमं घर्मं सिंचादथर्वणि ।।2।।
आ नूनं रघुवर्तनिं रथं तिष्ठाथो अश्विना । आ वां स्तोमा इमे मम नभो न चुच्यवीरत ।।३।।
यदद्य वां नासत्योक्थैराचुच्युवीमहि । यद् वा वाणीभिरश्विनेवेत् काण्वस्य बोधतम् ।।४।।
यद् वां कक्षीवाँ उत यद् व्यश्व ऋषिर्यद् वां दीर्घतमा जुहाव ।
पृथी यद् वां वैन्यः सादनेष्वेवेदतो अश्विना चेतयेथाम् ।।५।।

अ. 20.१४१.१–५

यातं छर्दिष्पा उत नः परस्पा भूतं जगतपा उत नस्तनूपा ।
वर्तिस्तोकाय तनयाय यातम् ।।१।।
यदिन्द्रेण सरथं याथो अश्विना यद् वा वायुना भवथः समोकसा ।
यदादित्येभिर्ऋभुभिः सजोषसा यद् वा विष्णोर्विक्रमणेषु तिष्ठथः ।।2।।
यदद्याश्विनावहं हुवेय वाजसातये । यत् पृत्सु तुर्वणे सहस्तच्छ्रेष्ठमश्विनोरवः ।।३।।
आ नूनं यातमश्विनेमा हव्यानि वां हिता ।
इमे सोमासो अधि तुर्वशे यदाविमे कण्वेषु वामथ ।।४।।
यन्नासत्या पराके अर्वाके अस्ति भेषजम् ।
तेन नूनं विमदाय प्रचेतसा छर्दिर्वत्साय यच्छतम् ।।५।।

अ. 20.१४2.१–६

अभुत्स्यु प्र देव्या सकं वाचाहमश्विनोः । व्यावर्देव्या मतिं वि रातिं मर्त्येभ्यः ।।१।।
प्र बोधयोषो अश्विना प्र देवि सूनृते महि। प्र यज्ञहोतरानुषक् प्र मदाय श्रवो बृहत् ।।2।।
यदुषो यासि भानुना सं सूर्येण रोचसे। आ हायमश्विनो रथो वर्तिर्याति नृपाय्यम् ।।३।।
यदापीतासो अंशवो गावो न दुह्र ऊधभिः। यद्वा वाणीरनूषत प्र देवयन्तो अश्विना ।।४।।
प्र द्युम्नाय प्र शवसे प्र नृषाह्याय शर्मणे। प्र रक्षाय प्रचेतसा ।।५।।
यन्नूनं धीभिरश्विना पितुर्योना निषीदथः यद्वा सुम्नेभिरुक्थ्या ।।६।।

६५६. शशकर्णः काण्वः

१. अश्विनौ – ऋ. ८.९.१–2१

आ नूनमश्विना युवं वत्सस्य गन्तमवसे। प्रास्मै यच्छतमवृकं पृथु छर्दिर्युयुतं या अरातयः ।।१।।
यदन्तरिक्षे यद्दिवि यत्पंच मानुषाँ अनु । नृम्णं तद्धत्तमश्विना ।।2।।
ये वां दंसांस्यश्विना विप्रासः परिमामृशुः । एवेत्काण्वस्य बोधतम् ।।३।।
अयं वां घर्मो अश्विना स्तोमेन परि षिच्यते।

अयं सोमो मधुमानवाजिनीवसू येन वृत्रं चिकेतथः ।।४।।
यदप्सु यद्वनस्पतौ यदोषधीषु पुरुदंससा कृतम्। तेन माविष्टमश्विना ।।५।।
यन्नासत्या भुरण्यथो यद्वा देव भिषज्यथः ।
अयं वां वत्सो मतिभिर्न विन्धते हविष्मन्तं हि गच्छथः ।।६।।
आ नूनमश्विनोर्ऋषिः स्तोमं चिकेत वामया ।
आ सोमं मधुमत्तमं घर्मं सिंचादथर्वणि ।।७।।
आ नूनं रघुवर्तानिं रथं तिष्ठाथो अश्विना ।
आ वां तोमा इमे मम नभो न चुच्यवीरत ।।८।।
यदद्य वां नासत्योकथैराचुच्युवीमहि । यद्वा वाणीभिरश्विनेवेत्काण्वस्य बोधतम् ।।९।।
यद्वां कक्षीवाँ उत यद्व्यश्व ऋषिर्यद्वां दीर्घतमा जुहाव ।
पृथी यद्वां वैन्सः सादनेष्वेवदतो अश्विना चेतयेथाम् ।।१०।।
यातं छर्दिष्पा उत नः परस्पा भूतं जगत्पा उत नस्तनूपा । वर्तिस्तोकाय तनयाय यातम् ।।११।।
यदिन्द्रेण सरथं याथो अश्विना यद्वा वायुना भवथः समोकसा ।
यदादित्येभिर्ऋभुभिः सजोषसा यद्वा विष्णोर्विक्रमणेषु तिष्ठथः ।।१२।।
यदद्याश्विनावहं हुवेय वाजसातये । यत्पृत्सु तुर्वणे सहस्तच्छ्रेष्ठमश्विनोरवः ।।१३।।
आ नूनं यातमश्विनेमा हव्यानि वां हिता ।
इमे सोमासो अधि तुर्वशे यदाविमे कण्वेषु वामथ ।।१४।।
यन्नासत्या पराके अर्वाके अस्ति भेषजम् ।
तेन नूनं विमदाय प्रचेतसा छर्दिर्वत्साय यच्छतम् ।।१५।।
अभुत्स्यु प्र देव्या साकं वाचाहमश्विनोः । व्यावर्देव्या मतिं वि रातिं मर्त्येभ्यः ।।१६।।
प्र बोधयोषो अश्विना प्र देवि सूनृते महि । प्र यज्ञहोतरानुषक्प्र मदाय श्रवो बृहत् ।।१७।।
यदुषो यासि भानुना सं सूर्येण रोचसे । आ हायमश्विनो रथो वार्तियाति नृपाय्यम् ।।१८।।
यदापीतासो अंशवो गावो न दुह्र ऊधभिः। यद्वा वाणीरनूषत प्र देवयन्तो अश्विना ।।१९।।
प्र द्युम्नाय प्र शवसे प्र नृषाह्याय शर्मणे। प्र दक्षाय प्र चेतसा ।।20।।
यन्नूनं धीभिरश्विना पितुर्योना निषीदथः। यद्वा सुम्नेभिरुक्थ्या ।।21।।

६५७. शश्वती अङ्गीरसस्य पत्नी

१. आसङ्गः – ऋ. ८.१.३४

अन्वस्य स्थूरं ददृशे पुरस्तादनस्थ ऊरुरवरम्बमाणः ।
शश्वती नार्यभिचक्ष्याह सुभद्रमर्य भोजनं बिभर्षि ।।३४।।

६५८. शाकल्य

१. सविता – य. ६.2

अग्रेणीरसि स्वावेशऽउन्नेतॄणामेतस्य वित्तादधि त्वा स्थास्यति देवस्त्वा सविता मध्वानक्तु
सुपिप्पलाभ्यस्त्वौषधीभ्यः। द्यामाग्रेणास्पृक्षऽआन्तरिक्षं मध्येनाप्राः पृथिवीमुपरेणादृंहीः ।।2।।

६५९. शाङ्गर्ाः

१. अग्निः – ऋ. १०.१४2.१–८

अयमग्ने जरिता त्वे अभूदपि सहसः सूनो नह्य१न्यदस्त्याप्यम् ।
भद्रं हि शर्म त्रिवरूथमस्ति त आरे हिंसानामप दिद्युमा कृधि ।।१।।
प्रवत्ते अग्ने जनिमा पितूयतः साचीव विश्वा भुवना न्यृंजसे ।
प्र सप्तयः प्र सनिषन्त नो धियः पुरश्चरन्ति पशुपाइव त्मना ।।2।।
उत वा उ परि वृणक्षि बप्सद्बहोरग्न उलपस्य स्वधावः ।

उत खिल्या उर्वराणां भवन्ति मा ते हेतिं तविषीं चुक्रुधाम ।।३।।
यदुद्वतो निवतो यासि वप्सत्पृथगेषि प्रगर्धिनीव सेना ।
यदा ते वातो अनुवाति शोचिर्वप्तेव श्मश्रु वपसि प्र भूम ।।४।।
प्रत्यस्य श्रेणयो ददृश्र एकं नियानं बहवो रथासः ।
बाहू यदग्ने अनुमर्मृजानो न्यङ्ङुत्तानामन्वेषि भूमिम् ।।५।।
उत्ते शुष्मा जिहतामुत्ते अर्चिरुत्ते अगने शशमानस्य वाजाः ।
उच्छ्वंचस्व नि नम वर्धमान आ त्वाद्य विश्वे वसवः सदन्तु ।।६।।
अपामिदं न्ययनं समुद्रस्य निवेशनम् । अन्यं कृणुष्वेतः पन्थां तेन याहि वशाँ अनु ।।७।।
आयने ते परायणे दूर्वा रोहन्तु पुष्पिणीः। ह्रदाश्च पुण्डरीकाणि समुद्रस्य गृहा इमे ।।८।।

६६०. शार्यातो मानवः

१. विश्वेदेवाः – ऋ. १०.६२.१–१५

यज्ञस्य वो रथ्यं विश्पतिं विशां होतारमक्तोरतिथि विभावसुम् ।
शोचंछुष्कासु हरिणीषु जर्भुरद्वषा केतुर्यजतो द्यामशायत ।।१।।
इममंजस्पामुभये अकृण्वत धर्माणमग्निं विदथस्य साधनम् ।
अक्तुं न यह्वमुषसः पुरोहितं तनूनपातमरुषस्य निंसते ।।2।।
बळस्य नीथा वि पणेश्च मन्महे वया अस्य प्रहुता आसुरत्तवे ।
यदा घोरासो अमृतत्वमाशतादिज्जनस्य दैव्यस्य चर्किरन् ।।३।।
ऋतस्य हि प्रसितिर्द्यौरुरु व्यचो नमो मह्यऽरमतिः पनीयसी ।
इन्द्रो मित्रो वरुणः सं चिकित्रिरेऽथो भगः सविता पूतदक्षसः ।।४।।
प्र रुद्रेण ययिना यन्ति सिन्धवस्तिरो महीमरमतिं दधन्विरे ।
येभिः परिज्मा परियन्नुरु ज्रयो वि रोरुवज्जठरे विश्वमुक्षते ।।५।।
क्राणा रुद्रा मरुतो विश्वकृष्टयो दिवः श्येनासो असुरस्य नीळयः ।
तेभिश्चष्टे वरुणो मित्रो अर्यमेन्द्रो देवेभिरर्वशेभिरर्वशः ।।६।।
इन्द्रे भुजं शशमानास आशत सूरो दृशीके वृषणश्च पौंस्ये ।
प्र ये न्वस्यार्हणा ततक्षिरे युजं वज्रं नृषदनेषु कारवः ।।७।।
सुरश्चिदा हरितो अस्य रीरमदिन्द्रादा कश्चिद्भयते तवीयसः ।
भीमस्य वृष्णो जठरादभिश्वसो दिवेदिवे सहुरिः स्तन्नबाधितः ।।८।।
स्तोमं वो अद्य रुद्राय शिक्वसे क्षयद्वीराय नमसा दिदिष्टन ।
येभिः शिवः स्ववाँ एवयावभिर्दिवः सिषक्ति स्वयशा निकामभिः ।।६।।
ते हि प्रजाया अभरन्त वि श्रवो बृहस्पतिर्वृषभः सोमाजामयः ।
यज्ञैरथर्वा प्रथमो वि धारयद्देवा दक्षैर्भृगवः सं चिकित्रिरे ।।१०।।
ते हि द्यावापृथिवी भूरिरेतसा नराशंसश्चतुरंगो यमोऽदितिः ।
देवस्त्वष्टा द्रविणोदा ऋभुक्षणः प्र रोदसी मरुतो विष्णुरर्हिरे ।।११।।
उत स्य न उशिजामुर्विया कविरहिः शृणोतु बुध्न्यो३ हवीमनि ।
सूर्यामासा विचरन्ता दिविक्षिता धिया शमीनहुषी अस्य बोधतम् ।।१2।।
प्र नः पूषा चरथं विश्वदेव्योऽपां नपादवतु वायुरिष्टये ।
आत्मानं वस्यो अभि वातमर्चत तदश्विना सुहवा यामनि श्रुतम् ।।१३।।
विशामासामभयानामधिक्षितं गीर्भिरु स्वयशसं गृणीमसि ।
ग्नाभिर्विश्वाभिरदितिमनर्वणमक्तोर्युवानं नृमणा अधा पतिम् ।।१४।।
रेभदत्र जनुषा पूर्वो अंगिरा ग्रावाण ऊर्ध्वा अभि चक्षुरध्वरम् ।
येभिर्विहाया अभवद्विचक्षणः पाथः सुमेकं स्वधितिर्वनन्वति ।।१५।।

६६१. शाषः शासः

१. **इन्द्रः – य. ८.४४; १८.७०**

य. ८.४४

वि नऽइन्द्र मृधो जहि नीचा यच्छ पृतन्यतः। योऽअस्माँ2ऽअभिदासत्यधरं गमया तमः ।
उपयामगृहीतोऽसीन्द्राय त्वा विमृधऽएष ते यानिरिन्द्राय त्वा विमृधे ।।४४।।

य. १८.७०

वि नऽइन्द्र मृधो नीचा यच्छ पृतन्यतः। योऽअस्माँ2ऽअभिदासत्यधरं गमया तमः ।।७०।।

2. **ईश्वर सभेशौ राजानौ – य. ८.४५**

वाचस्पतिं विश्वकर्म्माणमूतये मनोजुवं वाजेऽअद्या हुवेम। स नो विश्वानि हवनानि जोषद्विश्वशम्भूरवसे साधुकर्म्मा। उपयामगृहीतोऽसीन्द्राय त्वा विश्वकर्म्मणऽएष ते योनिरिन्द्राय त्वा विश्वकर्म्मणे ।।४५।।

३. **विश्वकर्मेन्द्रः – य. ८.४६; ४७**

विश्वकर्म्मन् हविषा वर्द्धनेन त्रातार मिन्द्रमकृणोरवध्यम् ।
तस्मै विशः समनमन्त पूर्वीरयमुग्रो विहव्यो यथासत्। उपयामगृहीतोऽसीन्द्राय त्वा विश्वकर्म्मणऽएष ते योनिरिन्द्राय त्वा विश्वकर्म्मणे ।।४६।।
उपयामगृहीतोऽस्यग्नये त्वा गायत्रच्छन्दसं गृह्णामीन्द्राय त्वा त्रिष्टुप्छन्दसं गृह्णामि विश्वेभ्यस्त्वा देवेभ्यो जगच्छन्दसं गृह्णाम्युनुष्टुप्तेऽभिगरः ।।४७।।

६६2. शासो भारद्वाजः

१. **इन्द्रः – ऋ. १०.१५2.१–५**

शास इत्था महाँ अस्यमित्रखादो अद्भुतः । न यस्य हन्यते सखा न जीयते कदा चन ।।१।।
स्वस्तिदा विशस्पतिर्वृत्रहा विमृधो वशी । वृषेन्द्रः पुर एतु नः सोमपा अभयंकरः ।।2।।
वि रक्षो वि मृधो जहि वि वृत्रस्य हनू रुज । वि मन्युमिन्द्र वृत्रहन्नमित्रस्याभिदासतः ।।३।।
वि न इन्द्र मृधो जहि नीचा यच्छ पृतन्यतः। यो अस्माँ अभिदासत्यधरं गमया तमः ।।४।।
अपेन्द्र द्विषतो मनोऽपि जिज्यासतो वधम् । वि मन्योः शर्म यच्छ वरीयो यवया वधम् ।।५।।

६६३. शिरिम्बिठिः

१. **अलक्ष्मी नाशनम् – अ. 20.१३७.१**

यद्ध प्राचीरजगन्तोरो मण्डूरधाणिकीः। हता इन्द्रस्य शत्रवः सर्वे बुद्बुदयाशवः ।।१।।

६६४. शिरिम्बिठो भारद्वाजः

१. **अलक्ष्मीध्नम् – ऋ. १०.१५५.१; ४**

ऋ. १०.१५५.१

अरायि काणे विकटे गिरिं गच्छ सदान्ये। शिरिम्बिठस्य सत्वभिस्तेभिष्ट्वा चातयामसि ।।१।।

ऋ. १०.१५५.४

यद्ध प्राचीरगन्तोरो मण्डूरधाणिकीः। हता इन्द्रस्य शत्रवः सर्वे बुदबुदयाशवः ।।४।।

2. **ब्रह्मणस्पतिः – ऋ. १०.१५५.2–३**

चत्तो इतश्चत्तामुतः सर्वा भ्रूणान्यारुषी। अराय्यं ब्रह्मणस्पते तीक्ष्णशृंगोदृषन्निहि ।।2।।
अदो यद्दारु प्लवते सिन्धोः पारे अपूरुषम्। तदा रभस्व दुर्हणो तेन गच्छ परस्तरम् ।।३।।

३. **विश्वेदेवाः – ऋ. १०.१५५.५**

परीमे गामनेषत पर्यग्निमहृषत। देवेष्वक्रत श्रवः क इमाँ आ दधर्षति ।।५।।

६६५. शिवसंकल्पः

१. मनः – य. ३४.१–६

यज्जाग्रतो दूरमुदैति दैवं तदु सुप्तस्य तथैवैति ।
दूरङ्गमं ज्योतिषां ज्योतिरेकं तन्मे मनः शिवसंकल्पमस्तु ।।१।।
येन कर्माण्यपसो मनीषिणो यज्ञो कृण्वन्ति विदथेषु धीराः ।
यदपूर्वं यक्षमन्तः प्रजानां तन्मे मनः शिवसंकल्पमस्तु ।।2।।
यत्प्रज्ञानमुत चेतो धृतिश्च यज्ज्योतिरन्तरमृतं प्रजासु ।
यस्मान्नऽ ऋते किंचन कर्म क्रियते तन्मे मनः शिवसंकल्पमस्तु ।।३।।
येनेदं भूतं भुवनं भविष्यत्परिगृहीतममृतेन सर्वम् ।
येन यज्ञस्तायते सप्तहोता तन्मे मनः शिवसंकल्पमस्तु ।।४।।
यस्मिन्नृचः साम यजूंषि यस्मिन् प्रतिष्ठिता रथनाभाविवाराः ।
यस्मिँश्चित्तं सर्वमोतं प्रजानां तन्मे मनः शिवसंकल्पमस्तु ।।५।।
सुषारथिरश्वानिव यन्मनुष्यान्नेनीयतेऽभीशुभिर्वाजिनऽइव ।
हृत्प्रतिष्ठं यदजिरं जविष्ठं तन्मे मनः शिवसंकल्पमस्तु ।।६।।

६६६. शिविर् औशीनरः

१. इन्द्रः – ऋ. १०.१७६.१

उत्तिष्ठताव पश्यतेन्द्रस्य भागमृत्वियम्। यदि श्रातो जुहोतन यद्यश्रातो ममत्तन ।।१।।

६६७. शिशुः

१. पवमानः सोमः – ऋ. ६.११2.१–४

नानानं वा उ नो धियो व्रतानि जनानाम् ।
तक्षा रिष्टं रुतं भिषग्ब्रह्मा सुन्वन्तमिच्छतीन्द्रायेन्दो परि स्रव ।।१।।
जरतीभिरोषधीभिः पर्णेभिः शकुनानाम् ।
कार्मारो अश्मभिर्द्युभिर्हिरण्यवन्तमिच्छतीन्द्रायेन्दो परि स्रव ।।2।।
कारुरहं ततो भिषगुपलप्रक्षिणी नना ।
नानाधियो वसूयवोऽनु गाइव तस्थिमेन्द्रायेन्दो परि स्रव ।।३।।
अश्वो वोळहा सुखं रथं हसनामुपमन्त्रिणः ।
शेपो रोमण्वन्तौ भेदौ वरिन्मण्डूक इच्छतीन्द्रायेन्दो परि स्रव ।।४।।

६६८. शुक्रः

१. अपामार्गः – अ. ७.६५.१–३

प्रतीचीनफलो हि त्वमपामार्ग रुरोहिथ। सर्वान् मच्छपथाँ अधि वरीयो यावया इतः ।।१।।
यद् दुष्कृतं यच्छमलं यद् वा चेरिम पापया। त्वया तद् विश्वतोमुखापामार्गाप मृज्महे ।।2।।
श्यावदता कुनखिना बण्डेन यत्सहासिम। अपामार्ग त्वया वयं सर्वं तदप मृज्महे ।।३।।

2. अपामार्गो वनस्पतिः – अ. ४.१७.१–८; ४.१८.१–८; ४.१६.१–८

अ. ४.१७.१–८

ईशानां तवा भेषजानामुज्जेष आ रभामहे। चक्रे सहस्रवीर्यां सर्वस्मा ओषधे त्वा ।।१।।
सत्यजितं शपथयावनीं सहमानां पुनःसराम्। सर्वाः समह्वयोषधीरितो नः पारयादिति ।।2।।
या शशाप शपनेन याघं मूरमादधे। या रसस्य हरणाय जातमारेभे तोकमत्तु सा ।।३।।
यां ते चक्रुरामे पात्रे यां चक्रुर्नीललोहिते। आमे मांसे कृत्यां यां चक्रुस्तया कृत्याकृतो जहि।४।
दौःष्वप्न्यं दौर्जीवित्यं रक्षो अभ्वमराय्यः। दुर्णाम्नीः सर्वा दुर्वाचस्ता अस्मन्नाशयामसि ।।५।।
क्षुधामारं तृष्णामारमगोतामनपत्यताम्। अपामार्ग त्वया वयं सर्वं तदप मृज्महे ।।६।।
तृष्णामारं क्षुधामारमथो अक्षपराजयम्। अपामार्ग त्वया वयं सर्वं तदप मृज्महे ।।७।।
अपामार्ग ओषधीनां सर्वासामेक इद् वशी। तेन ते मृज्म आस्थितमथ त्वमगदश्चर ।।८।।

अ. ४.१८.१–८

समं ज्योतिः सूर्येणाहना रात्री समावती। कृणोमि सत्यमूतयेऽरसाः सन्तु कृत्वरीः ।।१।।
यो देवाः कृत्यां कृत्वा हरादविदुषो गृहम्। वत्सो धारुरिव मातरं तं प्रत्यगुप पद्यताम् ।।2।।
अमा कृत्वा पाप्मानं यस्तेनान्यं जिघांसति। अश्मानस्तस्यां दग्धायां बहुलाः फट् करिक्रति।।३।।
सहस्रधामन् विशिखान् विग्रीवांछायया त्वम्। प्रति स्म चक्रुषे कृत्यां प्रियां प्रियावते हर ।।४।।
अनयाहमोषध्या सर्वाः कृत्या अदूदुषम्। यां क्षेत्रे चक्रुर्यां गोषु यां वा ते पुरुषेषु ।।५।।
यश्चकार न शशाक कर्तुं शश्रे पादमङ्गुरिम्। चकारभद्रमस्मभ्यमात्मने तपनं तु सः ।।६।।
अपामार्गोऽप मार्ष्टु क्षेत्रियं शपथश्च यः। अपाह यातुधानीरप सर्वा अराय्यः ।।७।।
अपमृज्य यातुधानानप सर्वा अराय्यः अपामार्ग त्वया वय सर्वं तदप मृज्महे ।।८।।

अ. ४.१९.१–८

अतो अस्यबन्धुकृदुतो असि नु जामिकृत् ।
उतो कृत्याकृतः प्रजां नडमिवा च्छिन्धि वार्षिकम् ।।१।।
ब्राह्मणेन पर्युक्तासि कण्वेन नार्षदेन ।
सेनेवैषि त्विषीमती न तत्र भयमस्ति यत्र प्राप्नोष्योषधे ।।2।।
अग्रमेष्योषधीनां जयोतिषेवाभिदीपयन् ।
उत त्रातासि पाकस्याथो हन्तासि रक्षसः ।।३।।
यददो देवा असुरांस्त्वयाग्रे निरकुर्वत ।
ततस्त्वमध्योषधेऽपामार्गो अजायथाः ।।४।।
विभिन्दती शतशाखा विभिन्दन् नाम ते पिता ।
प्रत्यग् वि भिन्धि त्वं तं यो अस्माँ अभिदासति ।।५।।
असद् भूम्याः समभवत् तद् द्यामेति महद् व्यचः।
तद् वै ततो विधूपायत् प्रत्यक् कर्तारमृच्छतु ।।६।।
प्रत्यङ् हि सम्बभूविथ प्रतीचीहनफलस्त्वम् ।
सर्वान् मच्छपथाँ अधि वरीयो यावया वधम् ।।७।।
शतेन मा परि पाहि सहस्रेणाभि रक्ष मा । इन्द्रस्ते वीरुधां पत उग्र ओज्मानमा दधत् ।।८।।

३. कृत्याप्रतिहरणम् – अ. ५.३१.१–१2

यां ते चक्रुरामे पात्रे यां चक्रुर्मिश्रधान्ये । आमे मांसे कृत्यां यां चक्रुः पुनः प्रति हरामि ताम्।।१।।
यां ते चक्रुः कृकवाकावजे वा यां कुरीरिणि ।
अव्यां ते कृत्यां यां चक्रुः पुनः प्रति हरामि ताम् ।।2।।
यां ते चक्रुरेकशफो पशूनामुभयादति । गर्दभे कृत्यां यां चक्रुः पुनः प्रति हरामि ताम् ।।३।।
यां ते चक्रुरमूलायां वलगं वा नराच्याम् । क्षेत्रे ते कृत्यां यां चक्रुः पुनः प्रति हरामि ताम् ।।४।।
यां ते चक्रुर्गार्हपत्ये पूर्वाग्नावुत दुश्चितः ।
शालायां कृत्यां यां चक्रुः पुनः प्रति हरामि ताम् ।।५।।
यां ते चक्रुः सभायां यां चक्रुरधिदेवने । अक्षेषु कृत्यां यां चक्रुः पुनः प्रति हरामि ताम् ।।६।।
या ते चक्रुः सेनायां यां चक्रुरिष्वायुधे । दुन्दुभौ कृत्यां यां चक्रुः पुनः प्रति हरामि ताम् ।।७।।
यां ते कृत्यां कूपेऽवदधुः श्मशाने वा निचख्नुः ।
सद्मनि कृत्यां यां चक्रुः पुनः प्रति हरामि ताम् ।।८।।
यां ाते चक्रुः पुरुषास्थे अग्नौ संकसुके च याम् ।
म्रोकं निर्दाहं क्रव्यादं पुनः प्रति हरामित ताम् ।।९।।
अपथेना जभारैणां तां पथेतः प्र हिण्मसि। अधीरो मर्याधीरेभ्यः सं जभाराचित्त्या ।।१०।।
यश्चकार न शशाक कर्तुं शश्रे पादमङ्गुरिम् । चकार भद्रमस्मभ्यमभगो भगवद्भ्यः ।।११।।
कृत्याकृतं वलगिनं मूलिनं शपथेय्यम् । इन्द्रस्तं हन्तु महता वधेनाग्निर्विध्यत्वस्तया ।।१2।।

४. जातवेदः (अग्निः) – अ. ४.४०.१

ये पुरस्ताज्जुह्वति जातवेदः प्राच्या दिशोऽभिदासन्त्यस्मान् ।
अग्निमृत्वा ते परांचो व्यथन्तां प्रत्यगेनान् प्रतिसरेण हन्मि ।।१।।

५. जातवेदः (ब्रह्म) – अ. ४.४०.८

ये दिशामन्तर्देशेभ्यो जुह्वति जातवेदः सर्वाभ्यो दिग्भ्योऽभिदासन्त्यस्मान् ।
बह्मर्त्वा ते परांचो व्यथन्तां प्रत्यगेनान् प्रतिसरेण हन्मि ।।८।।

६. जातवेदः (भूमिः) – अ. ४.४०.५

ये३ऽधस्ताज्जुह्वति जातवेदो ध्रुवाया दिशोऽभिदासन्त्यस्मान् ।
भूमिमृत्वा ते परांचो व्यथन्तां प्रत्यगेनान् प्रतिसरेण हन्मि ।।५।।

७. जातवेदः (यमः) – अ. ४.४०.2

ये दक्षिणतो जुह्वति जातवेदो दक्षिणाया दिशोऽभिदासन्त्यस्मान् ।
यममृत्वा ते परांचो व्यथन्तां प्रत्यगेनान् प्रतिसरेण हन्मि ।।2।।

८. जातवेदः (वरुणः) – अ. ४.४०.३

ये पश्चाज्जुह्वति जातवेदः प्रतीच्या दिशोऽभिदासन्त्यस्मान् ।
वरुणमृत्वा ते परांचो व्यथन्तां प्रत्यगेनान् प्रतिसरेण हन्मि ।।३।।

९. जातवेदः (वायुः) – अ. ४.४०.६

ये३ऽन्तरिक्षाज्जुह्वति जातवेदो व्यध्वाया दिशोऽभिदासन्त्यस्मान् ।
वायुमृत्वा ते परांचो व्यथन्तां प्रत्यगेनान् प्रतिसरेण हन्मि ।।६।।

१०. जातवेदः (सूर्यः) – अ. ४.४०.७

य उपरिष्टाज्जुह्वति जातवेद ऊर्ध्वाया दिशोऽभिदासन्त्यस्मान् ।
सूर्यमृत्वा ते परांचो व्यथन्तां प्रत्यगेनान् प्रतिसरेण हन्मि ।।७।।

११. जातवेदः (सोमः) – अ. ४.४०.४

ये उत्तरतो जुह्वति जातवेद उदीच्या दिशोऽभिदासन्त्यस्मान् ।
सोममृत्वा ते परांचो व्यथन्तां प्रत्यगेनान् प्रतिसरेण हन्मि ।।४।।

१2. मन्त्रोक्ताः – अ. 2.११.१–५; ८.५.१–22

अ. 2.११.१–५

दूष्या दूषिरसि हेत्या हेतिरसि मेन्या मेनिरसि। आप्नुहि श्रेयांसमति समं क्राम ।।१।।
स्रक्त्योऽसि प्रतिसरोऽसि प्रतयभिचरणोऽसि। आप्नुहि श्रेयांसमति समं क्राम ।।2।।
प्रति तमभि चर यो३स्मान् द्वेष्टि यं वयं द्विष्मः। आप्नुहि श्रेयांसमति समं क्राम ।।३।।
सूरिरसि वर्चोधा असि तनूपानोऽसि। आप्नुहि श्रेयांसमति समं क्राम ।।४।।
शुक्रोऽसि भ्राजोऽसि स्वरसि ज्योतिरसि। आप्नुहि श्रेयांसमति समं क्राम ।।५।।

अ. ८.५.१–22

अयं प्रतिसरो मणिर्वीरो वीराय बध्यते । वीर्यवान्त्सपत्नहा शूरवीरः परिपाणः सुमंगलः ।।१।।
अयं मणिः सपत्नहा सुवीरः सहस्वान् वाजी सहमान उग्रः ।
प्रतयक् कृत्या दूषयन्नेति वीरः ।।2।।
अनेनेन्द्रो मणिना वृत्रमहन्ननेनासुरान् पराभावयनमनीषी ।
अनेनाजयद् द्यावापृथिवी उभे इमे अनेनाजयत् प्रदिशश्चतस्रः ।।३।।
अयं स्राक्त्यो मणिः प्रतीवर्तः प्रतिसरः । ओजस्वान् विमृधो वशी सो अस्मान् पातु सर्वतः ।।४।।
तदग्निराह तदु सोम आह बृहस्पतिः सविता तदिन्द्रः ।
ते मे देवाः पुरोहिताः प्रतीचीः कृत्याः प्रतिसरैरजन्तु ।।५।।
अन्तर्दधे द्यावापृथिवी उताहरुत सूर्यम् ।

ते मे देवाः पुरोहिताः प्रतीचीः कृत्याः प्रतिसरैरजन्तु ।।६।।
ये स्राक्त्यं मणिं जना वर्माणि कृण्वते । सूर्यइव दिवमारुह्य वि कृत्या बाधते वशी ।।७।।
स्राक्त्येन मणिन ऋषिणेव मनीषिणा । अजैषं सर्वाः पृतना वि मृधो हन्मि रक्षसः ।।८।।
याः कृत्या आंगिरसीर्याः कृत्या आसुरीर्याः कृत्याः स्वयंकृता या उ चान्येभिराभृताः ।
उभयीस्ता परा यन्तु परावतो नवतिं नाव्या३ अति ।।९।।
अस्मै मणिं वर्म वध्नन्तु देवा इन्द्रो विष्णुः सविता रुद्रो अग्निः ।
प्रजापतिः परमेष्ठी विराड् वैश्वानर ऋषयश्च सर्वे ।।१०।।
उत्तमो अस्योषधीनामनड्वांजगतामिव व्याघ्रः श्वपदामिव ।
यमैच्छामाविदाम तं प्रतिस्पाशनमन्तिमतम् ।।११।।
स इद् व्याघ्रो भवत्यथो सिंहो अथो वृषा । अथो सपत्नकर्शनो यो बिभर्तीमं मणिम् ।।१२।।
नैनं घ्नन्त्यप्सरसो न गन्धर्वा न मर्त्याः ।
सर्वा दिशो वि राजति यो बिभर्तीमं मणिम् ।।१३।।
कश्यपस्त्वामसृजत कश्यपस्त्वा समैरयत् । अबिभस्त्वेन्द्रो मानुषे बिभ्रत् संश्रेषिणेऽजयत् ।
मणिं सहस्रवीर्यं वर्म देवा अकृण्वत ।।१४।।
यस्त्वा कृत्याभिर्यस्त्वा दीक्षाभिर्यज्ञैर्यस्तवा जिघांसति ।
प्रत्यक् त्वमिन्द्र तं जहि वज्रेण शतपर्वणा ।।१५।।
अयमिद् वै प्रतीवर्त ओजस्वान्त्संजयो मणिः ।
प्रजां धनं च रक्षतु परिपाणः सुममंगलः ।।१६।।
असपत्नं नो अधरादसपत्नं न उत्तरात् । इन्द्रासपत्नं नः पश्चाज्ज्योतिः शूर पुरस्कृधि ।।१७।।
वर्म मे द्यावापृथिवी वर्माहर्वर्म सूर्यः । वर्म म इन्द्रश्चग्निश्च वर्म धाता दधातु मे ।।१८।।
ऐन्द्राग्नं वर्म बहुलं यदुग्रं विश्वे देवा नाति विध्यन्ति सर्वे ।
तन्मे तन्वं त्रयतां सर्वतो बृहदायुष्मांजरदष्टिर्यथासानि ।।१९।।
आ मारुक्षद् देवमणिर्मह्या अरिष्टाततये । इमं मेथिमभिसंविशध्वं तनूपानं त्रिवरूथमोजसे ।।२०।।
अस्मिन्निन्द्रो नि दधातु नृम्णमिमं देवासो अभिसंविशध्वम् ।
दीघा।युत्वाय शतशारदायायुष्मांजरदष्टिर्यथासत् ।।२१।।
स्वस्तिदा विशां पतिवृत्रहा विमृधो वशी ।
इन्द्रो वध्नातु ते मणिं जिगीवाँ अपराजितः सोमपा अभ्यंकरो वृषा ।
स त्वा रक्षतु सर्वतो दिवा नक्तं च विश्वतः ।।22।।

१३. वज्रः – अ. ६.१३४.१–३; ६.१३५.१–३

अ. ६.१३४.१–३

अयं वज्रस्तर्पयतामृतस्यावास्य राष्ट्रमप हन्तु जीवितम् ।
शृणातु ग्रीवाः प्र शृणातूष्णिहा वृत्रस्येव शचीपतिः ।।१।।
अधरोऽधर उत्तरेभ्यो गूढः पृथिव्या मोत्सृपत्। वज्रेणावहतः शयाम् ।।2।।
यो जिनाति तमन्विच्छ यो जिनाति तमिज्जहि। जिनतो वज्र त्वं सीमन्तमन्वंचमनु पातय।।३।।

अ. ६.१३५.१–३

यदश्नामि बलं कुर्व इत्थं वज्रमा ददे । स्कन्धानमुष्य शातयन् वृत्रस्येव शचीपतिः ।।१।।
यत् पिबामि सं पिबामि समुद्रइव संपिबः। प्राणानमुष्य संपाय सं पिबामो अमुं वयम् ।।2।।
यद् गिरामि सं गिरामि समुद्रइव संगिर । प्राणानमुष्य संगीर्य सं गिरामो अमुं वयम् ।।३।।

१४. वनस्पतिः – अ. ५.१४.१–१३

सुपर्णस्त्वान्वविन्दत् सूकरस्त्वाखनन्नसा । दिप्सौषधे त्वं दिप्सन्तमव कृत्याकृतं जहि ।।१।।
अव जहि यातुधानानव कृत्याकृतं जहि । अथो यो अस्मान् दिप्सति तमु त्वं जह्योषधे ।।2।।
रिश्यस्येव परीशासं परिकृत्य परि त्वचः । कृतयां कृतयाकृते देवा निष्कमिव प्रति मुंचत ।।३।।

पुनः कृत्यां कृतयाकृते हस्तगृह्य परा णय । समक्षमस्मा आ धेहि यथा कृत्याकृतं हनत् ।।४।।
कृत्याः सन्तु कृत्याकृते शपथः शपथीयते । सुखो रथइव वर्ततां कृत्या कृत्याकृतं पुनः ।।५।।
यदि स्त्री यदि वा पुमान् कृत्यां चकार पाप्मने। तामु तस्मै नयामस्यश्वमिवाश्वाभिधान्या ।।६।।
यदि वासि देवकृता यदि वा पुरुषैः कृता । तां त्वा पुनर्णयामसीन्द्रेण सयुजा वयम् ।।७।।
अग्ने पृतनाषाट् पृतनाः सहस्व । पुनः कृत्यां कृत्याकृते प्रतिहरणेन हरामसि ।।८।।
कृतव्यधनि विध्य तं यश्चकार तमिज्जहि । न त्वामचक्रुषे वयं वधाय सं शिशीमहि ।।९।।
पुत्रइव पितरं गच्छ स्वजइवाभिष्ठितो दश। बन्धमिवावक्रामी गच्छ कृत्ये कृत्याकृतं पुनः ।।१०।।
उदेणीव वारण्यभिस्कन्दं मृगीव । कृत्याकर्तारमृच्छतु ।।११।।
इष्वा ऋजीयः पततु द्यावापृथिवी तं प्रति। सा तं मृगमिव गृह्णातु कृत्या कृत्याकृतं पुनः ।।१२।।
अग्निरिवैतु प्रतिकूलमनुकूलमिवोदकम् । सुखो रथइव वर्ततां कृत्या कृत्याकृतं पुनः ।।१३।।

६६६. शुनः शेपः

१. अग्निः – य. १०.२९; ११.१६; १८.४६; ५१–५२

य. १०.२९

अग्निः पृथुर्धर्मणस्पतिर्जुषाणोऽअग्निः पृथुर्धर्मणस्पतिराज्यस्य वेतु स्वाहा ।
स्वाहा कृताः सूर्यस्य रश्मिभिर्यतध्वं सजातानां मध्यमेष्ठ्याय ।।२९।।

य. ११.१६

पृथिव्याः सधस्थदग्निं पुरीष्यमंगिरस्वदाभराग्निं पुरीष्यमंगिरस्वदच्छेमोऽग्निं पुरीष्यमंगिरस्वद्भरिष्यामः ।।१६।।

य. १८.४६

यास्ते अग्ने सूर्ये रुचो दिवमातन्वन्ति रश्मिभिः। ताभिर्नो अद्य सर्वाभी रुचे जनाय नस्कृधि।४६।

य. १८.५१–५२

अग्निं युनज्मि शवसा घृतेन दिव्यं सुपर्णं वयसा बृहन्तम् ।
तेन वयं गमेम ब्रध्नस्य विष्टपं स्वो रुहाणा अधि नाकमुत्तमम् ।।५१।।
इमौ ते पक्षावजरौ पतत्रिणौ याभ्यां रक्षांस्यपहंस्यग्ने ।
ताभ्यां पतेम सुकृतामु लोकं यत्र ऋषयो जग्मुः प्रथमजाः पुराणाः।।५२।।

2. अश्विनौ – य. १०.३३; ३४

युवं सुराममश्विना नमुचावासुरे सचा । विपिपाना शुभस्पतीऽ इन्द्रं कर्मस्वावतम् ।।३३।।
पुत्रमिव पितरावश्विनोभेन्द्रावथुः काव्यैर्दंसनाभिः।
यत्सुरामं व्यपिबः शचीभिः सरस्वती त्वा मघवन्नभिष्णक ।।३४।।

३. आपः – य. ३५.११

अपाघमप किल्बिषमप कृत्यामपो रपः। अपामार्ग त्वमस्मदप दुःष्वप्न्यं सुव ।।११।।

४. इन्दुः – य. १८.५३

इन्दुर्दक्षः श्येनऽऋतावा हिरण्यपक्षः शकुनो भुरण्युः ।
महान्त्सधस्थे ध्रुवऽआ निषत्तो नमस्तेऽअस्तु मा मा हिंसीः ।।५३।।

५. इन्द्रः – अ. 20.२६.१–३; 20.७४.१–७; 20.१22.१–३

अ. 20.२६.१–३

योगेयोगे तवस्तरं वाजेवाजे हवामहे। सखाय इन्द्रमूतये ।।१।।
आ घा गमद् यदि श्रवत् सहस्रिणीभिरूतिभिः। वाजेभिरुप नो हवम् ।।2।।
अनु प्रत्नस्यौकसो हुवे तुविप्रतिं नरम्। यं ते पूर्वं पिता हुवे ।।३।।

अ. 20.७४.१–७

यच्चिद्धि सत्य सोमपा अनाशस्ताइव स्मसि ।
आ तू न इन्द्र शंसय गोष्वश्वेषु शुभ्रिषु सहस्रेषु तुवीमघ ।।१।।
शिप्रिन् वाजानां पते शचीवस्तव दंसना ।
आ तू न इन्द्र शंसय गोष्वश्वेषु शुभ्रिषु सहस्रेषु तुवीमघ ।।2।।
नि ष्वापया मिथूदृशा सस्तामबुध्यमाने ।
आ तू न इन्द्र शंसय गोष्वश्वेषु शुभ्रिषु सहस्रेषु तुवीमघ ।।३।।
ससन्तु त्या अरातयो बोधन्तु शूर रातयः ।
आ तू न इन्द्र शंसय गोष्वश्वेषु शुभ्रिषु सहस्रेषु तुवीमघ ।।४।।
समिन्द्र गर्दभं मृण नुवन्तं पापयामुया ।
आ तू न इन्द्र शंसय गोष्वश्वेषु शुभ्रिषु सहस्रेषु तुवीमघ ।।५।।
पताति कुण्डृणाच्या दूरं वातो वनादधि ।
आ तू न इन्द्र शंसय गोष्वश्वेषु शुभ्रिषु सहस्रेषु तुवीमघ ।।६।।
सर्वं परिक्रोशं जहि जम्भ्या कृकदाश्वम् ।
आ तू न इन्द्र शंसय गोष्वश्वेषु शुभ्रिषु सहस्रेषु तुवीमघ ।।७।।

अ. 20.१22.१–३

रेवतीर्नः सधमाद इन्द्रे सन्तु तुविवाजाः। क्षुमन्तो याभिर्मदेम ।।१।।
आ घत्वावान् त्मनाप्त स्तोतृभ्यो धृष्णवियानः। ऋणोरक्षं न चक्र्योः ।।2।।
आ यद् दुवः शतक्रतवा कामं जरितृणाम्। ऋणोरक्षं न शचीभिः ।।३।।

६. क्षत्रपतिः – य. १०.३१–३2; ११.१४

य. १०.३१–३2

अश्विभ्यां पच्यस्व सरस्वत्यै पच्यस्वेन्द्राय सुत्राम्णे पच्यस्व ।
वायुः पूतः पवित्रेण प्रत्यंक्सोमो अतिस्रुतः । इन्द्रस्य युज्यः सखा ।।३१।।
कुविदंग यवमन्तो यवं चिद्यथा दान्त्यनुपूर्वं वियूय ।
इहेहैषां कृणुहि भोजनानि ये बर्हिषो नमऽउक्तिं यजन्ति ।
उपयामगृहीतोऽस्यश्विभ्यां त्वा सरस्वत्यै त्वेन्द्राय त्वा सुत्राम्णे ।।३2।।

य. ११.१४

योगेयोगे तवस्तरं वाजेवाजे हवामहे। सखायऽइन्द्रमूतये ।।१४।।

७. गणपतिः – य. ११.१५

प्रतूर्वन्नेह्यवक्रामन्नशस्ती रुद्रस्य गाणपत्यं मयोभूरेहि ।
उवर्न्तरिक्षं वीहि स्वस्तिगव्यूतिरभयानि कृण्वन् पूष्ण सयुजा सह ।।१५।।

८. प्रजापतिः – य. १८.४५

समुद्रोऽसि नभस्वानार्द्रदानुः शम्भूर्मयोभूरभि मा वाहि स्वाहा। मारुतोऽसि मरुतां गणः
शम्भूर्मयोभूरभि मा वाहि स्वाहा। अवस्यूरसि दुवस्वांछम्भूर्मयोभूरभि मा वाहि स्वाहा ।।४५।।

९. मन्यु विनाशनम् – अ. ६.2५.१–३

पंच च याः पंचाशच्च संयन्ति मन्या अभि। इतस्ताः सर्वा नश्यन्तु वाका अपचितामिव ।।१।।
सप्त च याः सप्ततिश्च संयन्ति ग्रैव्या अभि। इतस्ताः सर्वा नश्यन्तु वाका अपचितामिव ।।2।।
नव च या नवतिश्च संयन्ति स्कन्ध्या अभि। इतस्ताः सर्वा नश्यन्तु वाका अपचितामिव ।।३।।

१०. यजमानः – य. १०.2८

अभिभूरस्येतास्ते पंच दिशः कल्पन्तां ब्रह्मँस्त्वं ब्रह्मासि सवितासि सत्यप्रसवो वरुणोऽसि
सत्यौजाऽइन्द्रोऽसि विशौजा रुद्रोऽसि सुशेवः।
बहुकार श्रेयस्कर भूयस्करेन्द्रस्य वज्रोऽसि तेन मे रध्य ।।2८।।

11. वरुणः – अ. ७.८३.१–४; य. १०.२७; १२.१२; २१.१–२

अ. ७.८३.१–४

अप्सु ते राजन् वरुण गृहो हिरण्ययो मिथः   ।
ततो धृतव्रतो राजा सर्वा धामानि मुंचतु ।।१।।
धाम्नोधाम्नो राजन्नितो वरुण मुंच नः ।
यदापो अघ्न्या इति वरुणेति यदूचिम ततो वरुण मुंच नः ।।२।।
उदुत्तमं वरुण पाशमस्मदवाधमं वि मध्यमं श्रथाय   ।
अधा वयमादित्य व्रते तवानागसो अदितये स्याम ।।३।।
प्रास्मत् पाशान् वरुण मुंच सर्वान् य उत्तमा अधमा वारुणा ये   ।
दुःष्वप्न्यं दुरितं निःष्वास्मदथ गच्छेम सुकृतस्य लोकम्   ।।४।।

य. १०.२७

निषसाद धृतव्रतो वरुणः पस्त्या स्वा। साम्राज्याय सुक्रतुः ।।२७।।

य. १२.१२

उदुत्तमं वरुण पाशमस्मदवाधमं वि मध्यमं श्रथाय   ।
अथा वयमादित्य व्रते त्वानागसोऽदितये स्याम   ।।१२।।

य. २१.१–२

इमं मे वरुण श्रुधी हवमद्या च मृडय। त्वामवस्युरा चके ।।१।।
तत्त्वा यामि ब्रह्मणा वन्दमानस्तदा शास्ते यजमानो हविर्भिः   ।
अहेडमानो वरुणेह बोध्युरुशंस मा नऽआयुः प्र मोषीः   ।।२।।

१२. सवित्रादिमन्त्रोक्ताः – य. १०.३०

सवित्रा प्रसवित्रा सरस्वत्या वाचा त्वष्ट्रा रूपैः पूष्णा पशुभिरिन्द्रेणास्मे बृहस्पतिना ब्रह्मणा
वरुणेनौजसाऽग्निना तेजसा सोमेन राज्ञा विष्णुना दशम्या देवतया प्रसूतः प्रसर्पामि ।।३०।।

६७०. शुनःशेप आजीगर्तिः

१. अग्निः – ऋ. १.२६.१–१०; १.२७.१–१२; सा. १५; १७; २८; १४९५–१४९७; १४८७–१४८९; १६१७–१६१९; १६३४–१६३६; १६६३–१६६५

ऋ. १.२६.१–१०

वसिष्वा हि मियेध्य वस्त्राण्यूर्जां पते। सेमं नो अध्वरं यज ।।१।।
नि नो होता वरेण्यः सदा यविष्ठ मन्मभिः। अग्ने दिवित्मता वचः ।।२।।
आ हि ष्मा सूनवे पितापिर्यजत्यापये। सखा सख्ये वरेण्यः ।।३।।
आ नो बर्ही रिशादसो वरुणो मित्रो अर्यमा। सीदन्तु मनुषो यथा ।।४।।
पूर्व्य होतरस्य नो मन्दस्व सख्यस्य च। इमा उ षु श्रुधी गिरः ।।५।।
यच्चिद्धि शश्वता तना देवंदेवं यजामहे। त्वे इद्धूयते हविः ।।६।।
प्रियो नो अस्तु विश्पतिर्होता मन्द्रो वरेण्यः। प्रिया स्वग्नयो वयम् ।।७।।
स्वग्नयो हि वार्यं देवासो दधिरे च नः। स्वग्नयो मनामहे ।।८।।
अथा न उभयेषाममृत मर्त्यानाम्। मिथः सन्तु प्रशस्तयः ।।९।।
विश्वेभिरग्ने अग्निभिरिमं यज्ञमिदं वचः। चनो धाः सहसो यहो ।।१०।।

ऋ. १.२७.१–१२

अश्वं न त्वा वारवन्तं वन्दध्या अग्नि नमोभिः। सम्राजन्तमध्वराणाम् ।।१।।
स घा नः सूनुः शवसा पृथुप्रगामा सुशेवः। मीढ्वाँ अस्माकं बभूयात् ।।२।।
स नो दूराच्चासाच्च नि मर्त्यादघायोः पाहि। सदमिद्विश्वायुः ।।३।।
इममू षु त्वमस्माकं सनिं गायत्रं नव्यांसम्। अग्ने देवेषु प्र वोचः ।।४।।
आ नो भज परमेष्वा वाजेषु मध्यमेषु। शिक्षा वस्वो अन्तमस्य ।।५।।

Vedic Concordance of Mantras as per Ṛṣi and Devatā 389

विभक्तासि चित्रभानो सिन्धोरूर्मा उपाक आ। सद्यो दाशुषे क्षरसि ।।६।।
यमग्ने पृत्सु मर्त्यमवा वाजेषु यं जुनाः। स यन्ता शश्वतीरिषः ।।७।।
नाकिरस्य सहन्त्य पर्येता कयस्य चित्। वाजो अस्ति श्रवाय्यः ।।८।।
स वाजं विश्वचर्षणिरर्वद्भिरस्तु तुरुता। विप्रेभिरस्तु सनिता ।।९।।
जराबोध तद्विविड्ढि विशेविशे यज्ञियाय। स्तोमं रुद्राय दृशीकम् ।।१०।।
स नो महाँ अनिमानो धूमकेतुः पुरुश्चन्द्रः। धिये वाजाय हिन्वतु ।।११।।
स रेवाँ इव विश्पतिर्दैव्यः केतुः शृणोतु नः। उक्थैरग्निर्बृहद्भानुः ।।१२।।

सा. १५

जराबोध तद्विविड्ढ विशेविशे यज्ञियाय। स्तोमं रुद्राय दृशीकम् ।।५।।

सा. १७

अश्वं न त्वा वारवन्तं वन्दध्या अग्निं नमोभिः। सम्राजन्तमध्वराणाम्।।७।।

सा. २८

इममू षु त्वमस्माकं सनिं गायत्रं नव्यां सम्। अग्ने देवेषु प्र वोचः ।।८।।

सा. १४१५–१४१७

यमग्ने पृतसु मर्त्यमवा वाजेषु यं जुनाः। स यन्ता शश्वतीरिषः ।।१।।
न किरस्य सहन्त्य पर्येता कयस्य चित्। वाजो अस्ति श्रवाय्यः ।।२।।
स वाजं विश्वचर्षणिरर्वद्भिरस्तु तरुता। विप्रेभिरस्तु सनिता ।।३।।

सा. १४९७–१४९९

इममू षु त्वमस्माकं सनिं गायत्रं नव्यांसम्। अग्ने देवेषु प्र वोचः ।।१।।
विभक्तासि चित्रभानो सिन्धोरूर्मा उपाक आ। सद्यो दाशुषे क्षरसि ।।२।।
आ नो भज परमेष्वा वाजेषु मध्यमेषु। शिक्षा वस्वो अन्तमस्य ।।३।।

सा. १६१७–१६१९

विश्वेभिरग्ने अग्निभिरिमं यज्ञमिदं वचः। चनो धाः सहसो यहो ।।१।।
यच्चिद्धि शश्वता तना देवं देवं यजामहे। त्वे इद्धूयते हविः ।।२।।
प्रियो नो अस्तु विश्पतिर्होता मन्द्रो वरेण्यः। प्रियाः स्वग्नयो वयम् ।।३।।

सा. १६३४–१६३६

अश्वं न त्वा वारवन्तं वन्दध्या अग्निं नमोभिः। सम्राजन्तमध्वराणाम् ।।१।।
स घा नः सूनुः शवसा पृथुप्रगामा सुशेवः। मीढ्वाँ अस्माकं बभूयात् ।।२।।
स नो दुराच्चासाच्च नि मर्त्यादघायोः। पाहि सदमिद्विश्वायुः ।।३।।

सा. १६६३–१६६५

जराबोध तद्विविड्ढि विशेविशे यज्ञियाय। स्तोमं रुद्राय दृशीकम् ।।१।।
स नो महाँ अनिमानो धूमकेतुः पुरुश्चन्द्रः। धिये वाजाय हिन्वतु ।।२।।
स रेवाँ इव विश्पतिर्दैव्यः केतुः शृणोतु नः। उक्थैरग्निर्बृहद्भानुः ।।३।।

2. **अश्विनौ – ऋ. १.३०.१७–१९**

आश्विनावश्ववात्येषा यातं शवीरया। गोमद्दस्रा हिरण्यवत् ।।१७।।
समानयोजनो हि वां रथो दस्रावमर्त्यः। समुद्रे अश्विनेयते ।।१८।।
न्यघ्न्यस्य मूर्धनि चक्रं रथस्य येमथुः। परि द्यामन्यदीयते ।।१९।।

३. **इन्द्रः – ऋ. १.२९.१–७; १.३०.१–१६; सा. १६३; १८३; २१४; ७४३–७४५; १०८४–१०८६; १५९९–१६०१; १६५४–१६५६**

ऋ. १.२९.१–७

यच्चिद्धि सत्य सोमपा अनाशस्ता इव स्मसि ।

आ तू न इन्द्र शंसय गोष्वश्वेषु शुभ्रिषु सहस्रेषु तुवीमघ ।।१।।
शिप्रिन्वाजाना पते शचीवस्तव दंसना ।
आ तू न इन्द्र शंसय गोष्वश्वेषु शुभ्रिषु सहस्रेषु तुवीमघ ।।2।।
नि ष्वापया मिथूदृशा सस्तामबुध्यमाने ।
आ तू न इन्द्र शंसय गोष्वश्वेषु शुभ्रिषु सहस्रेषु तुवीमघ ।।३।।
ससन्तु त्या अरातयेा बोधन्तु शूर रातयः ।
आ तू न इन्द्र शंसय गोष्वश्वेषु शुभ्रिषु सहस्रेषु तुवीमघ ।।४।।
समिन्द्र गर्दभं मृण नुवन्तं पापयामुया ।
आ तू न इन्द्र शंसय गोष्वश्वेषु शुभ्रिषु सहस्रेषु तुवीमघ ।।५।।
पताति कुण्डृणाच्या दूरं वातो वनादधि ।
आ तू न इन्द्र शंसय गोष्वश्वेषु शुभ्रिषु सहस्रेषु तुवीमघ ।।६।।
सर्वं परिक्रोशं जहि जम्भया कृकदाश्वम् ।
आ तू न इन्द्र शंसय गोष्वश्वेषु शुभ्रिषु सहस्रेषु तुवीमघ ।।७।।

ऋ. १.३०.१–१६

आ व इन्द्रं क्रिविं यथा वाजयन्तः शतक्रतुम्। मंहिष्ठं सिंच इन्दुभिः ।।१।।
शतं वा यः शुचीनां सहस्रं वा समाशिराम्। एदु निम्नं न रीयते ।।2।।
सं यन्मदाय शुष्मिण एना ह्यस्योदरे। समुद्रो न व्यचो दधे ।।३।।
अयमु ते समतसि कपोत इव गर्भधिम्। वचस्तच्चिन्न ओहसे ।।४।।
स्तोत्रं राधानां पते गिर्वाहो वीर यस्य ते। विभूतिरस्तु सूनृता ।।५।।
ऊर्ध्वस्तिष्ठा न ऊतयेऽस्मिन्वाजे शतक्रतो। समन्येषु ब्रवावहै ।।६।।
योगेयोगे तवस्तरं वाजेवाजे हवामहे। सखाय इन्द्रमूतये ।।७।।
आ घा गमद्यदि श्रवत् सहस्रिणीभिरूतिभिः।वाजेभिरुप नो हवम् ।।८।।
अनु प्रत्नस्यौकसो हुवे तुविप्रतिं नरम्। यं ते पूर्वं पिता हुवे ।।९।।
तं त्वा वयं विश्ववारा शास्महे पुरुहूत। सखे वसो जरितृभ्यः ।।१०।।
अस्माकं शिप्रिणीनां सोमपाः सोमपाव्नाम्। सखे वज्रिन्त्सखीनाम् ।।११।।
तथा तदस्तु सोमपाः सखे वज्रिन्तथा कृणु। यथा त उश्मसीष्टये ।।१2।।
रेवतीर्नः सधमाद इन्द्रे सन्तु तुविवाजाः। क्षुमन्तो याभिर्मदेम ।।१३।।
आ घ त्वा वान्मनाप्तः स्तोतृभ्यो धृष्णवियानः। ऋणोरक्षं न चक्र्योः ।।१४।।
आ यद्दुवः शतक्रतवा कामं जरितृणाम्। ऋणोरक्षं न शचीभिः ।।१५।।
शश्वदिन्द्रः पोप्रुथद्भिर्जिगाय नानदद्भिः शाश्वसद्भिर्धनानि ।
स नो हिरण्यरथं दंसनावान्त्स नः सनिता सनये स नोऽदात् ।।१६।।

सा. १६३

योगेयोगे तवस्तरं वाजेवाजे हवामहे। सखाय इन्द्रमूतये ।।९।।

सा. १८३

अयमु ते समतसि कपोत इव गर्भधिम्। वचस्तच्चिन्न ओहसे ।।९।।

सा. 2१४

आ व इन्द्रं कृविं यथा वाजयन्तः शतक्रतुम्। मं हिष्ठं सिंच इन्दुभिः ।।१।।

सा. ७४३–७४५

योगेयोगे तवस्तरं वाजेवाजे हवामहे। सखाय इन्द्रमूतये ।।१।।
अनु प्रत्नस्यौकसो हुवे तुविप्रतिं नरम्। यं ते पूर्वं पिता हुवे ।।2।।
आ घा गमद्यदि श्रवत्सहस्रिणीभिरूतिभिः। वाजेभिरुप नो हवम् ।।३।।

सा. १०८४–१०८६

रेवतीर्नः सधमाद इन्द्रे सन्तु तुविवाजाः। क्षुमन्तो याभिर्मदेम ।।१।।

आ घ त्वावान् त्मना युक्तः स्तोतृभ्यो धृष्णवीयानः। ऋणोरक्षं न चक्र्यो ।।2।।
आ यद् दुवः शतक्रतवा कामं जरितृणाम्। ऋणोरक्षं न शचीभिः ।।३।।

सा. १५६६–१६०१

अयमु ते समतसि कपोत इव गर्भधिम्। वचस्तच्चिन्न ओहसे ।।1।।
स्तोत्रं राधानां पते गिर्वाहो वीर यस्य ते। विभूतिरस्तु सूनृता ।।2।।
ऊर्ध्वस्तिष्ठा न ऊतयेऽस्मिन् वाजे शतक्रतो। समन्येषु ब्रवावहै ।।३।।

सा. १६५४–१६५६

सुमन्मा वस्वी रन्ती सूनरी ।।1।।
सरूप वृषन्ना गहीमौ भद्रौ धुर्यावभि। ताविमा उप सर्पतः ।।2।।
नीव शीर्षाणि मृढ्वं मध्य आपस्य तिष्ठति। शृंगेभिर्दशभिर्दिशन् ।।३।।

४. इन्द्रः (साग्री. सास्वा. सार्षेदी.) इन्द्रापूषणौ (ऋसर्व. १.३०.१०) – सा. १५३

रेवतीर्नः सधमाद इन्द्रे सन्तु तुविवाजाः। क्षुमन्तो याभिर्मदेम ।।६।।

५. इन्द्र–यज्ञ–सोमाः – ऋ. १.२८.१–६

यत्र ग्रावा पृथुबुध्न ऊर्ध्वो भवति सोतवे। उलूखलसुतानामवेद्विन्द्र जल्गुलः ।।1।।
यत्र द्वाविव जघनाधिषवण्या कृता। उलूखलसुतानामवेद्विन्द्र जल्गुलः ।।2।।
यत्र नार्यपच्यवमुपच्यवं च शिक्षते। उलूखलसुतानामवेद्विन्द्र जल्गुलः ।।३।।
यत्र मन्थां विबध्नते रशमीन्यमितवा इव। उलूखलसुतानामवेद्विन्द्र जल्गुलः ।।४।।
यच्चिद्धि त्वं गृहेगृह उलूखलक युज्यसे। इह द्युमत्तमं वद जयतामिव दुन्दुभिः ।।५।।
उते स्म ते वनस्पते वातो वि वात्यग्रमित्। अथो इन्द्राय पातवे सुनु सोममुलुखल ।।६।।
आयजी वाजसातमा ता ह्यु१च्चा विजर्भृतः। हरी इवान्धांसि बप्सता ।।७।।
ता नो अद्य वनस्पती ऋष्वावृष्वेभिः सोतृभिः। इन्द्राय मधुमत् सुतम् ।।८।।
उच्छिष्टं चम्वोर्भर सोमं पवित्र आ सृज। नि धेहि गोरधि त्वचि ।।६।।

६. उषा – ऋ. १.३०.20–22

कस्त उषः कधप्रिये भुजे मर्तो अमर्त्ये। कं नक्षसे विभावरि ।।20।।
वयं हि ते अमन्मह्यान्तादा पराकात्। अश्वे न चित्रे अरुषि ।।21।।
त्वं त्येभिरा गहि वाजेभिर्दुहितर्दिवः। अस्मे रयिं नि धारय ।।22।।

७. वरुणः – ऋ. १.२५.१–२१; सा. १५८५

ऋ. १.२५.१–२१

यच्चिद्धि ते विशो यथा प्र देव वरुण व्रतम्। मिनीमसि द्यवि–द्यवि ।।1।।
मा नो वधाय हत्नवे जिहीळानस्य रीरधः। मा हृणानस्य मन्यवे ।।2।।
वि मृळीकाय ते मनो रथीरश्वं न संदितम्। गीर्भिर्वरुण सीमहि ।।३।।
परा हि मे विमन्यवः पतन्ति वस्यइष्टये। वयो न वसतीरुप ।।४।।
कदा क्षत्रश्रियं नरमा वरुणं करामहे। मृळीकायोरुचक्षसम् ।।५।।
तदित्समानमाशाते वेनन्ता न प्र युच्छतः। धृतव्रताय दाशुषे ।।६।।
वेदा यो वीनां पदमन्तरिक्षेण पतताम्। वेद नावः समुद्रियः ।।७।।
वेद मासो धृतव्रतो द्वादश प्रजावतः। वेदा य उपजायते ।।८।।
वेद वातस्य वर्तनिमुरोर्ऋष्वस्य बृहतः। वेदा ये अध्यासते ।।६।।
नि षसाद धृतव्रतो वरुणः पस्त्या३स्वा। साम्राज्याय सुक्रतुः ।।10।।
अतो विश्वान्यद्भुता चिकित्वाँ अभि पश्यति। कृतानि या च कर्त्वा ।।11।।
स नो विश्वाहा सुक्रतुरादित्यः सुपथा करत्। प्र ण आयूंषि तारिषत् ।।12।।
बिभ्रद् द्रापिं हिरण्ययं वरुणो वस्त निर्णिजम्। परि स्पशो नि षेदिरे ।।13।।

न यं दिप्सन्ति दिप्सवो न द्रुह्वाणो जनानाम्। न देवमभिमातयः ।।१४।।
उत यो मानुषेष्वा यशश्चक्रे असाम्या। अस्माकमुदरेष्वा ।।१५।।
परा मे यन्ति धीतयो गावो न गव्यूतीरनु। इच्छन्तीरुरुचक्षसम् ।।१६।।
सं नु वोचावहै पुनर्यतो मे मध्वाभृतम्। होतेव क्षदसे प्रियम् ।।१७।।
दर्शं नु विश्वदर्शतं दर्शं रथमधि क्षमि। एता जुषत मे गिरः ।।१८।।
इमं मे वरुण श्रुधी हवमद्या च मृळय। त्वामवस्युरा चके ।।१९।।
त्वं विश्वस्य मेधिर दिवश्च ग्मश्च राजसि। स यामनि प्रति श्रुधि ।।20।।
उदुत्तमं ममुग्धि नो वि पाशं मध्यमं चृत। अवाधमानि जीवसे ।।21।।

सा. १५८५

इमं मे वरुण श्रुधी हवमद्या च मृडय। त्वामवस्युरा चके ।।१।।

६७१. शुनःशेप आजीगर्तिः (देवरातः कृत्रिमो वैश्वामित्रः) (साग्री. सास्वा.) शुनःशेप (ऋसर्व.)

१. पवमानः सोमः – ऋ. ९.३.१–१०; सा. ७५८; १२५६–१२६५

ऋ. ९.३.१–१०

एष देवो अमर्त्यः पर्णवीरिव दीयति। अभि द्रोणन्यासदम् ।।१।।
एष देवो विपा कृतोऽति ह्वरांसि धावति। पवमानो अदाभ्यः ।।2।।
एष देवो विपन्युभिः पवमान ऋतायुभिः। हरिर्वाजाय मृजयते ।।३।।
एष विश्वानि वार्या शूरो यन्निव सत्वभिः। पवमानः सिषासति ।।४।।
एष देवो रथर्यति पवमानो दशस्यति। आविष्कृणोति वग्वनुम् ।।५।।
एष विप्रैरभिष्टुतोऽपो देवो वि गाहते। दधद्रत्नानि दाशुषे ।।६।।
एष दिवं वि धावति तिरो रजांसि धारया। पवमानः कनिक्रदत् ।।७।।
एष दिवं व्यासरत्तिरो रजांस्यस्पृतः। पवमानः स्वध्वरः ।।८।।
एष प्रत्नेन जन्मना देवो देवेभ्यः सुतः। हरिः पवित्रे अर्षति ।।९।।
एष उ स्य पुरुव्रतो जज्ञानो जनयन्निषः। धारया पवते सुतः ।।१०।।

सा. ७५८

एष प्रत्नेन जन्मना देवो देवेभ्यः सुतः। हरिः पवित्रे अर्षति ।।१।।

सा. १२५६–१२६५

एष देवो अमर्त्यः पर्णवीरिव दीयते। अभि द्रोणान्यासदम् ।।१।।
एष विप्रैरभिष्टुतोऽपो देवो वि गाहते। दधद्रत्नानि दाशुषे ।।2।।
एष विश्वानि वार्या शूरो यन्निव सत्वभिः। पवमानः सिषासति ।।३।।
एष देवो रथर्यति पवमानो दिशस्यति। आविष्कृणोति वग्वनुम् ।।४।।
एष देवो विपन्युभिः पवमान ऋतायुभिः। हरिर्वाजाय मृजयते ।।५।।
एष देवो विपा कृतोऽति ह्वरांसि धावति। पवमानो अदाभ्यः ।।६।।
एष दिवं वि धावति तिरो रजांसि धारया। पवमानः कनिक्रदत् ।।७।।
एष दिवं व्यासरत्तिरो रजांस्यस्तृतः। पवमानः स्वध्वरः ।।८।।
एष प्रत्नेन जन्मना देवो देवेभ्यः सुतः। हरिः पवित्रे अर्षति ।।९।।
एष उ स्य पुरुव्रतो जज्ञानो जनयन्निषः। धारया पवते सुतः ।।१०।।

६७2. शुनःशेप आजीगर्ति कृत्रिमो देवरातो वैश्वामित्रो वा (साग्री. सास्वा.) शुनःशेप आजगर्ति कृत्रिमो देवरातो वैश्वामित्रः (ऋसर्व.) शुनःशेपः (सार्षेदी.)

१. अग्निः – ऋ. १.2४.2

अग्नेर्वयं प्रथमस्यामृतानां मनामहे चारु देवस्य नाम ।

स नो मह्या अदितये पुनर्दात्पितरं च दृशेयं मातरं च ।।2।।

2. **प्रजापतिः – ऋ. १.२४.१**

कस्य नूनं कतमस्यामृतानां मनामहे चारु देवस्य नाम ।
को नो मह्या अदितये पुनर्दात्पितरं च दृशेयं मातरं च ।।१।।

३. **वरुणः – ऋ. १.२४.६–१५; सा. ५८६**

ऋ. १.२४.६–१५

नहि ते क्षत्रं न सहो न मन्युं वयश्चनामी पतयन्त आपुः ।
नेमा आपो अनिमिषं चरन्तीर्न ये वातस्य प्रमिनन्त्यभ्वम् ।।६।।
अबुध्ने राजा वरुणो वनस्योर्ध्वं स्तूपं ददते पूतदक्षः ।
नीचीनाः स्थुरुपरि बुध्न एषामस्मे अन्तर्निहिताः केतवः स्युः ।।७।।
उरुं हि राजा वरुणश्चकार सूर्याय पन्थामन्वेतवा उ ।
अपदे पादा प्रतिधातवेऽकरुतापवक्ता हृदयाविधश्चित् ।।८।।
शतं ते राजन्भिषजः सहस्रमुर्वी गभीरा सुमतिष्टे अस्तु ।
बाधस्व दूरे निर्ऋतिं पराचैः कृतं चिदेनः प्र मुमुग्ध्यस्मत् ।।९।।
अमी य ऋक्षा निहितास उच्चा नक्तं ददृश्रे कुह चिद्दिवेयुः ।
अदब्धानि वरुणस्य व्रतानि विचाकशच्चन्द्रमा नक्तमेति ।।१०।।
तत्त्वा यामि ब्रह्मणा वन्दमानस्तदा शास्ते यजमानो हविर्भिः ।
अहेळमानो वरुणेह बोध्युरुशंस मा न आयुः प्र मोषीः ।।११।।
तदिन्नक्तं तद्दिवा मह्यमाहुस्तदयं केतो हृद आ वि चष्टे ।
शुनःशेपो यमह्वद् गृभीतः सो अस्मान् राजा वरुणो मुमोक्तु ।।१२।।
शुनःशेपो ह्यह्वद् गृभीतस्त्रिष्वादित्यं द्रुपदेषु बद्धः ।
अवैनं राजा वरुणः ससृज्याद्विद्वाँ अदब्धो वि मुमोक्तु पाशान् ।।१३।।
अव ते हेळो वरुण नमोभिरव यज्ञेभिरीमहे हविर्भिः ।
क्षयन्नस्मभ्यमसुर प्रचेता राजन्नेनांसि शिश्रथः कृतानि ।।१४।।
उदुत्तमं वरुण पाशमस्मदवाधमं वि मध्यमं श्रथाय ।
अथा वयमादित्य व्रते तवानागसो अदितये स्याम ।।१५।।

सा. ५८६

उदुत्तमं वरुण पाशमस्मदवाधमं वि मध्यमं श्रथाय ।
अथादित्य व्रते वयं तवानागसो अदितये स्याम ।।४।।

४. **सविता भगो – ऋ. १.२४.३–५**

अभि त्वा देव सवितरीशानं वार्याणाम्। सदावन्भागमीमहे ।।३।।
यश्चिद्धि त इत्था भगः शशमानः पुरा निदः। अद्वेषो हस्तयोर्दधे ।।४।।
भगभक्तस्य ते वयमुदशेम तवावसा। मूर्धानं राय आरभे ।।५।।

६७३. शुनःशेप आजीगर्तिः वामदेवो वा (साग्री. सास्वा.) पूषा (सार्षेदी.)

१. **इन्द्रः (साग्री. सास्वा.) सोमो पूषा च (सार्षेदी.) – सा. १५४**

सोमः पूषा च चेततुर्विश्वासां सुक्षितीनाम्। देवत्रा रथ्योर्हिता ।।१०।।

६७४. शनुःशेपो देवरात अपरनामा

१. **इन्द्रः – अ. २०.४५.१–३**

अयमु ते समतसि कपोतइव गर्भधिम्। वचस्तच्चिन्न ओहसे ।।१।।

स्तोत्रं राधानां पते गिर्वाहो वीर यस्य ते। विभूतिरस्तु सूनृता ।।2।।
ऊर्ध्वस्तिष्ठा न ऊतयेऽस्मिन् वाजे शतक्रतो। समन्येषु ब्रवावहे ।।३।।

६७५. शुनूहोत्रः

१. इन्द्रः – ऋ. ६.३३.१–५; ६.३४.१–५

ऋ. ६.३३.१–५

य ओजिष्ठ इन्द्र तं सु नो दा मदो वृषन्त्स्वभिष्टिर्दास्वान् ।
सौवश्व्यं यो वनवत्स्वश्वो वृत्रा समत्सु सासहदमित्रान् ।।१।।
त्वां हीऽ३न्द्रावसे विवाचो हवन्ते चर्षणयः शूरसातौ ।
त्वं विप्रेभिर्वि पणींरशायस्त्वोत इत्सनिता वाजमर्वा। ।।2।।
त्वं ताँ इन्द्रोभयाँ अमित्रान्दासा वृत्राण्यार्या च शूर ।
वधीर्वनेव सुधितेभिरत्कैरा पृत्सु दर्षि नृणां नृतम ।।३।।
स त्वं न इन्द्राकवाभिरूती सखा विश्वायुरविता वृधे भूः ।
स्वर्षाता यद्ध्वयामसि त्वा युध्यन्तो नेमधिता पृत्सु शूर ।।४।।
नूनं न इन्द्रापराय च स्या भवा मृळीक उत नो अभिष्टौ ।
इत्था गृणन्तो महिनस्य शर्मन्दिवि ष्याम पार्ये गोषतमाः ।।५।।

ऋ. ६.३४.१–५

सं च त्वे जग्मुर्गिर इन्द्र पूर्वीर्वि च त्वद्यन्ति विभ्वो मनीषाः ।
पुरा नूनं च स्तुतय ऋषीणां पस्पृध्र इन्द्रे अध्युक्थार्का ।।१।।
पुरुहूतो यः पुरुगूर्त ऋभ्वाँ एकः पुरुप्रशस्तो अस्ति यज्ञैः ।
रथो न महे शवसे युजानो३ स्माभिरिन्द्रो अनुमाद्यो भूत् ।।2।।
न यं हिंसन्ति धीतयो न वाणीरिन्द्रं नक्षन्तीदभि वर्धयन्तीः ।
यदि स्तोतारः शतं यत्सहस्रं गृणन्ति गिर्वणसं शं तदस्मै ।।३।।
अस्मा एतद्दिव्य१ र्चेव मासा मिमिक्ष इन्द्रे न्ययामि सोमः ।
जनं न धन्वन्नभि सं यदापः सत्रा वावृधुर्हवनानि यज्ञैः ।।४।।
अस्मा एतन्मह्याङ्गूषमस्मा इन्द्राय स्तोत्रं मतिभिरवाचि ।
असद्यथा महति वृत्रतूर्य इन्द्रो विश्वायुरविता वृधश्च ।।५।।

६७६. शौनकः

१. अग्निः – अ. ६.१०८.४

यामृषयो भूतकृतो मेधां मेधाविनो विदुः। तया ममद्य मेधयाग्ने मेधविनं कृणु ।।४।।

2. इन्द्रः – अ. ७.१2.३

एषामहं समासीनानां वर्चो विज्ञानमा ददे। अस्याः सर्वस्याः संसदो मामिन्द्र भगिनं कृणु ।।३।।

३. मनः – अ. ७.१2.४

यद् वो मनः परागतं यद् बद्धमिह वेह वा। तद् व आ वर्तयामसि मयि वो रमतां मनः ।।४।।

४. मन्त्रोक्ता – अ. ६.१६.१–४

आबयो अनाबयो रसस्त उग्र आबयो। आ ते करम्भमद्मसि ।।१।।
विहल्हो नाम ते पिता मदावती नाम ते माता ।
स हि न त्वमसि यस्त्वमात्मानमावयः ।।2।।
तौविलिकेऽवेलयावायमैलब ऐलयीत्। बभ्रुश्च बभ्रुकर्णश्चापेहि निराल ।।३।।
अलसालासि पूर्वा सिलांजालास्युत्तरा। नीलागलसाला ।।४।।

५. मेघः – अ. ६.१०८.१–३; ५

अ. ६.१०८.१–३

त्वं नो मेध े प्रथमा गोभिरश्वेभिरा गहि। त्वं सूर्यस्य रश्मिभिस्त्वं नो असि यज्ञिया ।।१।।
मेधामहं प्रथमां ब्रह्मण्वतीं ब्रह्मजूतामृषिष्टुताम्। प्रपीतां ब्रह्मचारिभिर्देवानामवसे हुवे ।।2।।
यां मेधामृभवो विदुर्यां मेधामसुरा विदुः। ऋषयो भद्रां मेधां यां विदुस्तां मय्या वेशयामसि।।३।।

अ. ६.१०८.५

मेधां सायं मेधां प्रातर्मेधां मध्यन्दिनं परि। मेधां सूर्यस्य रश्मिभिर्वचसा वेशयामहे ।।५।।

६. **सभा – अ. ७.१2.2**

विद्म ते सभे नाम नरिष्टा नाम वा असि। ये ते के च सभासदस्ते मे सन्तु सवाचसः ।।2।।

७. **सभा समितिः पितरश्च – अ. ७.१2.१**

सभा च मा समितिश्चावतां प्रजापतेर्दुहितरौ संविदाने ।
येना संगच्छा उप मा स शिक्षाच्चारु वदानि पितरः संगतेषु ।।१।।

८. **सरस्वती – अ. ७.१०.१; ७.११.१**

अ. ७.१०.१

यस्ते स्तनः शशयुर्यो मयोभूर्यः सुम्नयुः सुहवो यः सुदत्रः ।
येन विश्वा पुष्यसि वीर्याणि सरस्वति तमिह धातवे कः ।।१।।

अ. ७.११.१

यस्ते पृथु स्तनयित्नुर्य ऋष्वो दैवः केतुर्विश्वमाभूषतीदम् ।
मा नो वधीर्विद्युता देव सस्यं मोत वधी रश्मिभिः सूर्यस्य ।।१।।

६७७. शौनकः (सम्पत्कामः)

१. **अग्निः – अ. 2.६.१–५; ७.८2.१–६**

अ. 2.६.१–५

समास्त्वाग्न ऋतवो वर्धयन्तु संवत्सरा ऋषयो यानि सत्या ।
सं दिव्येन दीदिहि रोचनेन विश्वा आ भाहि प्रदिशश्चतस्रः ।।१।।
सं चेध्यस्वाग्ने प्र च वर्धयेममुच्च तिष्ठ महते सौभगाय ।
मा ते रिषन्नुपसत्तारो अग्ने ब्रह्माणस्ते यशसः सन्तु मान्ये ।।2।।
त्वामग्ने वृणते ब्राह्मणा इमे शिवो अग्ने संवरणे भवा नः ।
सपत्नहाग्ने अभिमातिजिद् भव स्वे गये जागृह्यप्रयुच्छन् ।।३।।
क्षत्रेणाग्ने स्वेन सं रभस्व मित्रेणाग्ने मित्रधा यतस्व ।
सजातानां मध्यमेष्ठा राज्ञामग्ने विहव्यो दीदिहीह ।।४।।
अति निहो अति स्रिधोऽत्यचित्तीरति द्विषः ।
विश्वा अग्ने दुरिता तर त्वमथास्मभ्यं सहवीरं रयिं दाः ।।५।।

अ. ७.८2.१–६

अभ्यर्चत सुष्टुतिं गव्यमाजिमस्मासु भद्रा द्रविणानि धत्त ।
इमं यज्ञं नयत देवता नो घृतस्य धारा मधुमत् पवन्ताम् ।।१।।
मय्यग्रे अग्निं गृह्णामि सह क्षत्रेण वर्चसा बलेन ।
मयि प्रजां मय्यायुर्दधामि स्वाहा मय्यग्निम् ।।2।।
इहैवाग्ने अधि धारया रयिं मा त्वा नि क्रन् पूर्वचित्ता निकारिणः ।
क्षत्रेणाग्ने सुयममस्तु तुभ्यमुपसत्ता वर्धतां ते अनिष्टृतः ।।३।।
अन्वग्निरुषासमग्रमख्यदन्वहानि प्रथमो जातवेदाः ।
अनु सूर्य उषसो अनु रश्मीननु द्यावापृथिवी आ विवेश ।।४।।

प्रत्यग्निरुषसामग्रमख्यत् प्रत्यहानि प्रथमो जातवेदाः ।
प्रति सूर्यस्य पुरुधा च रश्मीन् प्रति द्यावापृथिवी आ ततान ।।५।।
घृतं ते अग्ने दिव्ये सधस्थे घृतेन त्वां मनुरद्या समिन्धे ।
घृतं ते देवीर्नप्त्य१ आ वहन्तु घृतं तुभ्यं दुह्रतां गावो अग्ने ।।६।।

६७८. शङ्खः

१. अग्निः – य. १६.६४; ६६

य. १६.६४

यमग्ने कव्यवाहन त्वं चिन्मन्यसे रयिम्। तन्नो गीर्भिः श्रवाय्यं देवत्रा पनया युजम् ।।६४।।

य. १६.६६

त्वमग्नऽईडितः कव्यवाहुनावाड्ढव्यानि सुरभीणि कृत्वी ।
प्रादाः पितृभ्यः स्वधया तेऽअक्षन्नद्धि त्वं देव प्रयता हवींषि ।।६६।।

2. अंगिरसः – य. १६.७३

अद्भ्यः क्षीरं व्यपिबत् ऋुङ्ङांगिरसो धिया ।
ऋतेन सत्यमिन्द्रियं विपानं शुक्रमन्धस इन्द्रस्येन्द्रियमिदं पयोऽमृतं मधु ।।७३।।

३. अश्विनौ – य. १६.८2

तदश्विना भिषजा रुद्रवर्तनी सरस्वती वयति पेशोऽअन्तरम् ।
अस्थि मज्जानं मासरैः कारोतरेण दधतो गवां त्वचि ।।८2।।

४. आत्मा – य. १६.६2

आत्मन्नुपस्थे न वृकस्य लोम मुखे श्मश्रूणि न व्याघ्रलोम ।
केशा न शीर्षन्यशसे श्रियै शिखा सिंहस्य लोम त्विषिरिन्द्रियाणि ।।६2।।

५. इन्द्रः – य. १६.७१; ७६; ६१

य. १६.७१

अपां फेनेन नमुचेः शिरऽइन्द्रोदवर्तयः। विश्वा यदजय स्पृधः ।।७१।।

य. १६.७६

रेतो मूत्रं वि जहाति योनिं प्रविशदिन्द्रियम्। गर्भो जरायुणावृतऽउल्वं जहाति जन्मना ।
ऋतेन सत्यमिन्द्रियं विपानं शुक्रमन्धसऽइन्द्रस्येन्द्रियमिदं पयोऽमृतं मधु ।।७६।।

य. १६.६१

इन्द्रस्य रूपमृषभो बलाय कर्णभ्यां श्रेत्रममृतं ग्रहाभ्याम् ।
यवा न बर्हिर्भ्रुवि केसराणि कर्कन्धु यज्ञे मधु सारघं मुखात् ।।६१।।

६. पितरः – य. १६.४६–५३; ५५–५६; ६७–७०

य. १६.४६–५३

उदीरतामवरऽउत्परासऽउन्मध्यमाः पितरः सोम्यासः ।
असुं यऽईयुरवृकाऽऋतज्ञास्ते नोऽवन्तु पितरो हवेषु ।।४६।।
अंगिरसो नः पितरो नवग्वाऽअथर्वाणो भृगवः सोम्यासः ।
तेषां वयं सुमतौ यज्ञियानामपि भद्रे सौमनसे स्याम ।।५०।।
ये नः पूर्वे पितरः सोम्यासोऽनूहिरे सोमपीथं वसिष्ठाः ।
तेभिर्यमः संरराणो हवींष्युशन्नुशद्भिः प्रतिकाममत्तु ।।५१।।
त्वं सोम प्रचिकितो मनीषा त्वं रजिष्ठमनु नेषि पन्थाम् ।
तव प्रणीती पितरो नऽइन्दो देवेषु रत्नमभजन्त धीराः ।।५2।।
त्वया हि नः पितरः सोम पूर्वे कर्माणि चक्रुः पवमान धीराः ।
वन्वन्नवातः परिधीँ2ऽरपोर्णु वीरेभिरश्वैर्मघवा भवा नः ।।५३।।

य. १६.५५–५६

बर्हिषदः पितरऽऊत्य र्वागिमा वो हव्या चकृमा जुषध्वम् ।
तऽआ गतावसा शंत मेनाथा नः शं योररपो दधात ।।५५।।
आहं पितृन्त्सुविदत्राँ2ऽ अवित्सि नपातं च विक्रमणं च विष्णोः ।
बर्हिषदो ये स्वधया सुतस्य भजन्त पित्वस्तऽइहागमिष्ठाः ।।५६।।

य. १६.६७–७०

ये चेह पितरो ये च नेह याँश्च विद्म याँ2ऽउ च न प्रविद्म ।
त्वं वेत्थ यति ते जातवेदः स्वधाभिर्यज्ञं सुकृतं जुषस्व ।।६७।।
इदं पितृभ्यो नमोऽअस्त्वद्य ये पूर्वासो यऽउपरासऽईयुः ।
ये पार्थिवे रजस्या निषत्ता ये वा नूनं सुवृजनासु विक्षु ।।६८।।
अधा पथा नः पितरः परासः प्रत्नासोऽ अग्नऽऋतमाशुषाणाः ।
शुचीदयन्दीधितिमुक्थशासः क्षामा भिन्दन्तोऽअरुणीरप व्रन् ।।६६।।
उशन्तस्त्वा नि धीमह्युशन्तः समिधीमहि । उशन्नुशतऽआ वह पितृन्हविषेऽअत्तवे ।।७०।।

७. प्रजापतिः – य. १६.७५; ७७–७६

य. १६.७५

अन्नाात्परिस्रुतो रसं ब्रह्मणा व्यपिबत् क्षत्रं पयः सोमं प्रजापतिः ।
ऋतेन सत्यमिन्द्रियं विपानं शुक्रमन्धसऽइन्द्रस्येन्द्रियमिदं पयोऽमृतं मधु ।।७५।।

य. १६.७७–७६

दृष्ट्वा रूपे व्याकरोत्सत्यानृते प्रजापतिः। अश्रद्धामनृतेऽदाधाच्छ्रद्धां सत्ये प्रजापतिः ।
ऋतेन सत्यामिन्द्रियं विपानं शुक्रमन्धसऽइन्द्रस्येन्द्रियमिदं पयोऽमृतं मधु ।।७७।।
वेदेन रूपे व्यपिबत्सुतासुतौ प्रजापतिः ।
ऋतेन सत्यमिन्द्रियं विपानं शुक्रमन्धसऽइन्द्रस्येन्द्रियमिदं पयोऽमृतं मधु ।।७८।।
दृष्ट्वा परिस्रुतो रसं शुक्रेण शुक्रं व्यपिबत् पयः सोमं प्रजापतिः ।
ऋतेन सत्यमिन्द्रियं विपानं शक्रमन्धसऽइन्द्रस्येन्द्रियमिदं पयोऽमृतं मधु ।।७६।।

८. वरुणः – य. १६.८१

तदस्य रूपममृतं शचीभिस्तिस्रो दधुर्देवताः संरराणाः ।
लोमानि शष्पैर्बहुधा न तोक्मभिस्त्वगस्य मांसमभवन्न लाजाः ।।८१।।

६. सरस्वती – य. १६.८३; ८८; ६०; ६४

य. १६.८३

सरस्वती मनसा पेशलं वसु नासत्याभ्यां वयति दर्शतं वपुः ।
रसं परिस्रुता न रोहितं नग्नहुर्धीरस्तसरं न वेम ।।८३।।

य. १६.८८

मुखं सदस्य शिरऽइत् सतेन जिह्वा पवि त्रमश्विनासन्त्सरस्वती ।
चप्यं न पायुर्भिषगस्य बालो वस्तिर्न शेपो हरसा तरस्वी ।।८८।।

य. १६.६०

अविर्न मेषो नसि वीर्याय प्राणस्य पन्थाऽअमृतो ग्रहाभ्याम् ।
सरस्वत्युपवाकैर्व्यानं नस्यानि बर्हिर्बदरैर्जजान ।।६०।।

य. १६.६४

सरस्वती योन्यां गर्भमन्तरश्विभ्यां पत्नी सुकृतं बिभर्त्ति ।
अपां रसेन वरुणो न साम्नेन्द्रं श्रियै जनयन्नप्सु राजा ।।६४।।

१०. सविता – य. १६.८०; ८५–८६

य. १६.८०

सीसेन तन्त्रं मनसा मनीषिणऽऊर्णा सूत्रेण कवयो वयन्ति ।
अश्विना यज्ञं सविता सरस्वतीन्द्रस्य रूपं वरुणो भिषज्यन् ।।८०।।

य. १६.८५–८६

इन्द्रः सुत्रामा हृदयेन सत्यं पुरोडाशेन सविता जजान ।
यकृत् क्लोमानं वरुणो भिषज्यन् मतस्ने वायव्यै र्न मिनाति पित्तम् ।।८५।।
आन्त्राणि स्थालीर्मधु पिन्वमाना गुदाः पात्राणि सुदुधा न धेनुः ।
श्येनस्य पत्रं न प्लीहा शचीभिरासन्दी नाभिरुदरं न माता ।।८६।।

११. सोमः – य. १६.७२; ७४; ८४

य. १६.७२

सोमो राजामृतं सुतऽऋजीषेणाजहान्मृत्युम् ।
ऋतेन सत्यमिन्द्रियं विपानं शुक्रमन्धसऽइन्द्रस्येन्द्रियमिदं पयोऽमृतं मधु ।।७२।।

य. १६.७४

सोममद्भ्यो व्यपिबच्छन्दसा हंसः शुचिषत् ।
ऋतेन सत्यमिन्द्रियं विपानं शुक्रमन्धसऽइन्द्रस्येन्द्रियमिदं पयोऽमृतं मधु ।।७४।।

य. १६.८४

पयसा शुक्रममृतं जनित्रं सुरया मूत्रा ज्जनयन्त रेतः ।
अपामतिं दुर्मतिं बाधमानाऽऊवध्यं वातं सब्वं तदारात् ।।८४।।

६७६. शंखो यामायनः

१. पितरः – ऋ. १०.१५.१–१४

उदीरतामवर उत्परास उन्मध्यमाः पितरः सोम्यासः ।
असुं य ईयुरवृका ऋतज्ञास्ते नोऽवन्तु पितरो हवेषु ।।१।।
इदं पितृभ्यो नमो अस्त्वद्य ये पूर्वासो य उपरास ईयुः ।
ये पार्थिवे रजस्या निषत्ता ये वा नूनं सुवृजनासु विक्षु ।।२।।
आहं पितॄन्त्सुविदत्राँ अवित्सि नपातं च विक्रमणं च विष्णोः ।
बर्हिषदो ये स्वधया सुतस्य भजन्त पित्वस्त इहागमिष्ठाः ।।३।।
बर्हिषदः पितर ऊत्य१ र्वागिमा वो हव्या चकृमा जुषध्वम् ।
त आ गतावसा शंतमेनाथा नः शं योररपो दधात ।।४।।
उपहूताः पितरः सोम्यासो बर्हिष्येषु निधिषु प्रियेषु ।
त आ गमन्तु त इह श्रुवन्त्वधि ब्रुवन्तु तेऽवन्त्वस्मान् ।।५।।
आच्या जानु दक्षिणतो निषद्येमं यज्ञमभि गृणीत विश्वे ।
मा हिंसिष्ट पितरः केन चिन्नो यद्व आगः पुरुषता कराम ।।६।।
आसीनासो अरुणीनामुपस्थे रयिं धत्त दाशुषे मर्त्याय ।
पुत्रेभ्यः पितरस्तस्य वस्वः प्र यच्छत त इहोर्जं दधात ।।७।।
ये नः पूर्वे पितरः सोम्यासोऽनूहिरे सोमपीथं वसिष्ठाः ।
तेभिर्यमः सरराणो हवींष्युशन्नुशद्भिः प्रतिकाममत्तु ।।८।।
ये तातृषुर्देवत्रा जेहमाना होत्राविदः स्तोमतष्टासो अर्कैः ।
आग्ने याहि सुविदत्रेभिरर्वाङ् सत्यैः कव्यैः पितृभिर्घर्मसद्भिः ।।९।।
ये सत्यासो हविरदो हविष्पा इन्द्रेण देवैः सरथं दधानाः ।
आग्ने याहि सहस्रं देववन्दैः परैः पूर्वैः पितृभिर्घर्मसद्भिः ।।१०।।
अग्निष्वात्ताः पितर एह गच्छत सदःसदः सदत सुप्रणीतयः ।
अत्ता हवींषि प्रयतानि बर्हिष्यथा रयिं सर्ववीरं दधातन ।।११।।

त्वमग्न ईळितो जातवेदोऽवाड्ढव्यानि सुरभीणि कृत्वी ।
प्रादाः पितृभ्यः स्वधया ते अक्षन्नद्धि त्वं देव प्रयता हवींषि ।।१२।।
ये चेह पितरो ये च नेह याँश्च विद्म याँ उ च न प्रविद्म ।
त्वं वेत्थ यति ते जातवेदः स्वधाभिर्यज्ञं सुकृतं जुषस्व ।।१३।।
ये अग्निदग्धा ये अनग्निदग्धा मध्ये दिवः स्वधया मादयन्ते ।
तेभिः स्वराळसुनीतिमेतां यथावशं तन्वं कल्पयस्व ।।१४।।

६८०. शम्युः

१. अग्निः – य. २७.४५

संवत्सरोऽसि परिवत्सरोऽसीदावत्सरोऽसीद्वत्सरोऽसि वत्सरोऽसि। उषसस्ते कल्पन्तामहोरात्रास्ते कल्पन्तामर्द्धमासास्ते कल्पन्तां मासास्ते कल्पन्तामृतवस्ते कल्पन्तां संवत्सरस्ते कल्पताम्। प्रेत्याऽएत्यै सं चांच प्र च सारय। सुपर्णचिदसि तया देवतयांगिरस्वद् ध्रुवः सीद ।।४५।।

2. यज्ञः – य. २७.४२

यज्ञायज्ञा वोऽअग्नये गिरागिरा च दक्षसे। प्रप्र वयममृतं जातवेदसं प्रियं मित्रं न शंसिषम् ।।४२।।

३. वायुः – य. २७.४४

ऊर्जो नपातं स हिनायमस्मयुर्दाशेम हव्यदातये।
भुवद्वाजेष्वविता भुवद्वृधऽउत त्राता तनूनाम्।।४४।।

४. वास्तुपतिर् अग्निः – य. ३.४२

येषामद्ध्येति प्रसवन् येषु सौमनसो बहुः। गृहानुपह्वयामहे ते नो जानन्तु जानतः ।।४२।।

६८१. शंयुर् बार्हस्पत्यः

१. अग्निः – ऋ. ६.४८.१–१०; सा. ३५; ३७; ४१; ७०३; ७०४; १६२३–१६२४

ऋ. ६.४८.१–१०

यज्ञायज्ञा वो अग्नेय गिरागिरा च दक्षसे ।
प्रप्र वयममृतं जातवेदसं प्रियं मित्रं न शंसिषम् ।।१।।
ऊर्जो नपातं स हिनायमस्मयुर्दाशेम हव्यदातये ।
भुवद् वाजेष्वविता भुवद्वृध उत त्राता तनूनाम् ।।२।।
वृषा ह्यग्ने अजरो महान्विभस्यर्चिषा ।
अजस्रेण शोचिषा शोचुचच्छुचे सुदीतिभिः सु दीदिहि ।।३।।
महो देवान्यजसि यक्ष्यानुषक्तव क्रत्वोत दंसना ।
अर्वाचः सीं कृणुह्यग्नेऽवसे रास्व वाजोत वंस्व ।।४।।
यमापो अद्रयो वना गर्भमृतस्य पिप्रति ।
सहसा यो मथितो जायते नृभिः पृथिव्या अधि सानवि ।।५।।
आ यः पप्रौ भानुना रोदसी उभे धूमेन धावते दिवि ।
तिरस्तमो ददृश ऊर्म्यास्वा श्यावास्वरुषो वृषा श्यावा अरुषो वृषा ।।६।।
बृहद्भिरग्ने अर्चिभिः शुक्रेण देव शोचिषा ।
भरद्वाजे समिधानो यविष्ठ्य रेवन्नः शुक्र दीदिहि द्युमत्पावक दीदिहि ।।७।।
विश्वासां गृहपतिर्विशामसि त्वमग्ने मानुषीणाम् ।
शतं पूर्भिर्यविष्ठ पाह्यंहसः सुमेद्धारं शतं हिमाः स्तोतृभ्यो ये च ददाति ।।८।।
त्वं नश्चित्र ऊत्या वसो राधांसि चोदय ।
अस्य रायस्त्वमग्ने रथीरसि विदा गाधं तुचे तु नः ।।९।।
पर्षि तोकं तनयं पर्तृभिष्ट्वमदब्धैरप्रयुत्वभिः ।

अग्ने हेळांसि दैव्या युयोधि नोऽदेवानि ह्वरांसि च ।।१०।।

सा. ३५

यज्ञायज्ञा वो अग्नये गिरागिरा च दक्षसे। प्रप्र वयममृतं जातवेदसं प्रियं मित्रं न शंसिषम्।।१।।

सा. ३७

बृहद्भिरग्ने अर्चिभिः शुक्रेण देव शोचिषा। भरद्वाजे समिधानो यविष्ठ्य रेवत्पावक दीदिहि।।३।।

सा. ४१

त्व नश्चित्र ऊत्या वसो राधांसि चोदय। अस्य रायस्त्वमग्ने रथीरसि विदा गाधं तुचे तु नः।।७।

सा. ७०३–७०४

यज्ञायज्ञा वो अग्नये गिरागिरा च दक्षसे। प्रप्र वयममृतं जातवेदसं प्रियं मित्रं न शंसिषम्।।१।।
ऊर्जो नपातं स हिनायमस्मयुर्दाशेम हव्यदातये। भुवद्वाजेष्वविता भुवद्वृध उत त्राता तनूनाम्।।2।।

सा. १६२३–१६२४

त्वं नश्चित्र ऊत्या वसो राधांसि चोदय ।
अस्य रायस्त्वमग्ने रथीरसि विदा गाधं तुचे तु नः ।।१।।
पर्षि तोकं तनयं पर्तृभिष्ट्वमदब्धैरप्रयुत्वभिः ।
अग्ने हेडांसि दैव्या युयोधि नोऽदेवानि ह्वरांसि च ।।2।।

2. **इन्द्रः – ऋ. ६.४४.१–२४; ६.४५.१–३०; सा. ११५; ३५७; ८०६; ८१०; १६६६–१६६८; अ. २०.७८.१–३; २०.८०.१–2; २०.८३.१–2; २०.६८.१–2; य. २७.३७–३८**

ऋ. ६.४४.१–२४

यो रयिवो रयिन्तमो यो द्युम्नैर्द्युम्नवत्तमः ।
सोमः सुतः स इन्द्र तेऽस्ति स्वधापते मदः ।।१।।
यः शुग्मस्तुविशग्म ते रायो दामा मतीनाम् ।
सोमः सुतः स इन्द्र तेऽस्ति स्वधापते मदः ।।2।।
येन वृद्धो न शवसा तुरो न स्वाभिरूतिभिः ।
सोमः सुतः स इन्द्र तेऽस्ति स्वधापते मदः ।।३।।
त्यमु वो अप्रहणं गृणीषे शवस्पतिम् ।
इन्द्रं विश्वासाहं नरं मंहिष्ठं विश्वचर्षणिम् ।।४।।
यं वर्धयन्तीद्गिरः पतिं तुरस्य राधसः ।
तमिन्न्वस्य रोदसी देवी शुष्मं सपर्यतः ।।५।।
तद्व उक्थस्य बर्हणेन्द्रायोपस्तृणीषणि ।
विपो न यस्योतयो वि यद्रोहन्ति सक्षितः ।।६।।
अविदद् दक्षं मित्रो नवीयान्पपानो देवेभ्यो वस्यो अचैत् ।
ससवान्स्तौलाभिर्धौतरीभिरुरुष्या पायुरभवत्सखिभ्यः ।।७।।
ऋतस्य पथि वेधा अपायि श्रिये मनांसि देवासो अक्रन् ।
दधानो नाम महो वचोभिर्वपुर्दृशये वेन्यो व्यावः ।।८।।
द्युमत्तमं दक्षं धेह्यस्मे सेधा जनानां पूर्वीररातीः ।
वर्षीयो वयः कृणुहि शचीभिर्धनस्य सातावस्माँ अविड्ढि ।।६।।
इन्द्र तुभ्यमिन्मघवन्नभूम वयं दात्रे हरिवो मा वि वेनः ।
नकिरापिर्ददृशे मर्त्यत्रा किमंग रध्रचोदनं त्वाहुः ।।१०।।
मा जस्वने वृषभ नो ररीथा मा ते रेवतः सख्ये रिषाम ।
पूर्वीष्ट इन्द्र निष्षिधो जनेषु जह्यसुष्वीन्प्र वृहापृणतः ।।११।।
उदभ्राणीव स्तनयन्नियर्तीन्द्रो राधांस्यश्वयानि गव्या ।
त्वमसि प्रदिवः कारुधाया मा त्वादामान आ दभन्मघोनः ।।१2।।
अध्वर्यो वीर प्र महे सुतानामिन्द्राय भर स ह्यस्य राजा ।

Vedic Concordance of Mantras as per Ṛṣi and Devatā 401

यः पूर्व्याभिरुत नूतनाभिर्गीर्भिर्वावृधे गृणतामृषीणाम् ।।१३।।
अस्य मदे पुरु होषि मधुमन्तमस्मै सोमं वीराय शिप्रिणे पिबध्यै ।।१४।।
पाता सुतमिन्द्रो अस्तु सोमं हन्ता वृत्रं वज्रेण मन्दसानः ।
गन्ता यज्ञं परावतश्चिदच्छा वसुर्धीनामविता कारुधायाः ।।१५।।
इदं त्यत्पात्रमिन्द्रपानमिन्द्रस्य प्रियममृतमपायि ।
मत्सद्यथा सौमनसाय देवं व्य१स्मद् द्वेषां युयवद्व्यंहः ।।१६।।
एना मन्दानो जहि शूर शत्रुंजामिमजामिं मघवन्नमित्रान् ।
अभिषेणाँ अभ्या३ देदिशानान्पराच इन्द्र प्र मृणा जही च ।।१७।।
आसु ष्मा णो मघवन्निन्द्र पृत्स्व१ स्मभ्यं महि वरविः सुगं कः ।
अपां तोकस्य तनयस्य जेष इन्द्र सूरीन्कृणुहि समा नो अर्धम् ।।१८।।
आ तवा हरयो वृषणो युजाना वृषरथासो वृषरश्मयोऽत्याः ।
अस्मत्रांचो वृषणो वज्रवाहो वृष्णे मदाय सुयुजो वहन्तु ।।१९।।
आ ते वृषन्वृषणो द्रोणमस्थुर्घृतप्रुषो नोर्मयो मदन्तः ।
इन्द्र प्र तुभ्यं वृषभिः सुतानां वृष्णे भरन्ति वृषभाय सोमम् ।।२०।।
वृषासि दिवो वृषभः पृथिव्या वृषा सिन्धूनां वृषभः स्तियानाम् ।
वृष्णे त इन्दुर्वृषभ पीपाय स्वादू रसो मधुपेयो वराय ।।२१।।
अयं देवः सहसा जायमान इन्द्रेण युजा पणिमस्तभायत् ।
अयं स्वस्य पितुरायुधानीन्दुरमुष्णादशिवस्य मायाः ।।२२।।
अयमकृणोदुषसः सुपत्नीरयं सूर्ये अदधाज्ज्योतिरन्तः ।
अयं त्रिधातु दिवि रोचनेषु त्रितेषु विन्ददमृतं निगूळहम् ।।२३।।
अयं द्यावापृथिवी वि ष्कभायदयं रथमयुनक्सप्तरश्मिभ् ।
अयं गोषु शच्या पक्वमन्तः सोमो दाधार दशयन्त्रमुत्सम् ।।२४।।

ऋ. ६.४५.१–३०

य आनयत्परावतः सुनीती तुर्वशं यदुम्। इन्द्रः स नो युवा सखा ।।१।।
अविप्रे चिद्वयो दधदनाशुना चिदर्वता। इन्द्रो जेता हितं धनम् ।।२।।
महीरस्य प्रणीतयः पूर्वीरुत प्रशस्तयः। नास्य क्षीयन्त ऊतयः ।।३।।
सखायो ब्रह्मवाहसेऽर्चत प्र च गायत। स हि नः प्रमतिर्मही ।।४।।
त्वमेकस्य वृत्रन्नविता द्वयोरसि। उतेदृशे यथा वयम् ।।५।।
नयसीद्वति द्विषः कृणोष्युक्थशंसिनः। नृभिः सुवीर उच्यसे ।।६।।
ब्रह्माणं ब्रह्मवाहसं गीर्भिः सखायमृग्मियम्। गां न दोहसे हुवे ।।७।।
यस्य विश्वानि हस्तयोरूचुर्वसूनि निद्विता। वीरस्य पृतनाषहः ।।८।।
वि दृळहानि चिदद्रिवो जनानां शचीपते। वृह माया अनानत ।।९।।
तमु त्वा सत्ये सोमपा इन्द्र वजानां पते। अहूमहि श्रवस्यवः ।।१०।।
तमु त्वा यः पुरासिथ यो वा नूनं हिते धने। हव्यः स श्रुधी हवम्।।११।।
धीभिरर्वद्भिरर्वतो वाजाँ इन्द्र श्रवाय्यान्। त्वया जेष्म हितं धनम् ।।१२।।
अभूरु वीर गिर्वणो महाँ इन्द्र धने हिते। भरे वितन्तसाय्यः ।।१३।।
या त ऊतिरमित्रहन्मक्षूजवस्तमासति। तया नो हिनुही रथम् ।।१४।।
स रथेन रथीतमोऽस्माकेनाभियुग्वना। जेषि जिष्णो हितं धनम् ।।१५।।
य एक इत्तमु ष्टुहि कृष्टीनां विचर्षणिः। पतिर्जज्ञे वृषक्रतुः ।।१६।।
यो गृणतामिदासिथापिरूती शिवः सखा। स त्वं न इन्द्र मृळय ।।१७।।
धिष्व वज्रं गभस्त्यो रक्षोहत्याय वज्रिवः। सासहीष्ठा अभि स्पधः ।।१८।।
प्रत्नं रयीणां युजं सखायं कीरिचोदनम्। ब्रह्मवाहस्तमं हुवे ।।१९।।
स हि विश्वानि पार्थिवाँ एको वसूनि पत्यते। गिर्वणस्तमो अध्रिगुः ।।२०।।

स नो नियुद्भिरा पृण कामं वाजेभिरश्विभिः। गोमद्भिर्गोपते धृषत् ।।२१।।
तद्वो गाय सुते सचा पुरुहूताय सत्वने। शं यद् गवे न शाकिने ।।22।।
न घा वसूर्नि यमते दानं वाजस्य गोमतः। यत्सीमुप श्रवद् गिरः ।।२३।।
कुवित्सस्य प्र हि व्रजं गोमन्तं दस्युहा गमत्। शचीभिरप नो वरत्।।२४।।
इमा उ त्वा शतक्रतोऽभि प्र णोनुवुर्गिरः। इन्द्र वत्सं न मातरः ।।२५।।
दूणाशं सख्यं तव गौरसि वीर गव्यते। अश्वो अश्वायते भव ।।२६।।
स मन्दस्वा ह्यन्धसो राधसे तन्वा महे। न स्तोतारं निदे करः ।।२७।।
इमा उ त्वा सुतेसुते नक्षन्ते गिर्वणो गिरः। वत्सं गावो न धेनवः ।।२८।।
पुरूतमं पुरूणां स्तोतृणां विवाचि। वाजेभिर्वाचयताम् ।।२९।।
अस्माकमिन्द्र भूतु ते स्तोमो वाहिष्ठो अन्तमः। अस्मान् राये महे हिनु ।।३०।।

सा. ११५

तद्वो गाय सुतं सचा पुरुहूताय सत्वने। शं यद्गवे न शाकिने ।।१।।

सा. ३५७

त्यमु वो अप्रहणं गृणीषे शवसस्पतिम्। इन्द्रं विश्वासाहं नरं शचिष्ठं विश्ववेदसम् ।।६।।

सा. ८०६–८१०

त्वामिद्धि हवामहे सातौ वाजस्य कारवः ।
त्वा वृत्रेष्विन्द्र सत्पतिं नरस्त्वां काष्ठास्वर्वतः ।।१।।
स त्वं नश्चित्र वज्रहस्त धृष्णुया मह स्तवानो अद्रिवः ।
गामश्वं रथ्यमिन्द्र सं किर सत्रा वाजं न जिग्युषे ।।2।।

सा. १६६६–१६६८

तद्वो गाय सुते सचा पुरुहूताय सत्वने। शं यद्गवे न शाकिने ।।१।।
न घा वसुर्नि यमते दानं वाजस्य गोमतः। यत्सीमुपश्रवद्गिरः ।।2।।
कुवित्सस्य प्र हि व्रजं गोमन्तं दस्युहा गमत्। शचीभिरप नो वरत् ।।३।।

अ. 20.७८.१–३

तद् वो गाय सुते सचा पुरुहूताय सत्वने। शं यद् गवे न शाकिने ।।१।।
न घा वसुर्नि यमते दानं वाजस्य गोमतः। यत् सीमुप श्रवद् गिरः ।।2।।
कुवित्सस्य प्र हि व्रजं गोमन्तं दस्युहा गमत्। शचीभिरप नो वरत् ।।३।।

अ. 20.८०.१–2

इन्द्र ज्येष्ठं न आ भरँ ओजिष्ठं पपुरि श्रवः ।
येनेमे चित्र वज्रहस्त रोदसी ओभे सुशिप्र प्राः ।।१।।
त्वामुग्रमवसे चर्षणीसहं राजन् देवेषु हूमहे ।
विश्वा सु नो विथुरा पिब्दना वसोऽमित्रान् सुषहान् कृधि ।।2।।

अ. 20.८३.१–2

इन्द्र त्रिधातु शरणं त्रिवरूथं स्वस्तिमत् ।
छर्दिर्यच्छ मघवद्भ्यश्च मह्यं च यावया दिद्युमेभ्यः ।।१।।
ये गव्यता मनसा शत्रुमादभुरभिप्रघ्नन्ति धृष्णुया ।
अध स्मा नो मघवन्निन्द्र गिर्वणस्तनूपा अन्तमो भव ।।2।।

अ. 20.९८.१–2

त्वामिद्धि हवामहे साता वाजस्य कारवः ।
त्वां वृत्रेष्विन्द्र सत्पतिं नरस्त्वां काष्ठास्वर्वतः ।।१।।
स त्वं नश्चित्र वज्रहस्त धृष्णुया मह स्तवानो अद्रिवः ।
गामश्वं रथ्यमिन्द्र सं किर सत्रा वाजं न जिग्युषे ।।2।।

य. 2७.३७–३८

त्वामिद्धि हवामहे सातौ वाजस्य कारवः ।
त्वां वृत्रेष्विन्द्रं सतपतिं नरस्त्वां काष्ठास्वर्वतः ।।३७।।
स त्वं नश्चित्र वज्रहस्त धृष्णुया मह स्तवानोऽअद्रिवः ।
गामश्वं रथ्यमिन्द्र सं किर सत्रा वाजं न जिग्युषे ।।३८।।

३. **परमेश्वरः – य. २७.३६**

न त्वावाँ२ऽ अन्यो दिव्यो न पार्थिवो न जातो न जनिष्यते ।
अश्वायन्तो मघवन्निन्द्र वाजिनो गवयन्तस्त्वा हवामहे ।।३६।।

४. **पूषा – ऋ. ६.४८.१६–१६**

आ मा पूषन्नुप द्रव शंसिषं नु ते अपिकर्ण आघृणे। अघा अर्यो अरातयः ।।१६।।
मा काकम्बीरमुद्वृहो वनस्पतिमशस्तीर्वि हि नीनशः ।
मोत सूरो अह एवा चन ग्रीवा आदधते वेः ।।१७।।
दृतेरिव तेऽवृकमस्तु सख्यम्। अच्छिद्रस्य दधन्वतः सुपूर्णस्य दधन्वतः ।।१८।।
परो हि मर्त्यैरसि समो देवैरुत श्रिया। अभि ख्यः पूषन् पृतनासु नस्त्वमवा नूनं यथा पुरा।१६।।

५. **प्रश्निर्द्यावा भूमी वा – ऋ. ६.४८.22**

सकृद्ध द्यौरजायत सकृद्भूमिरजायत। पृश्न्या दुग्धं सकृत्पयस्तदन्यो नानु जायते ।।22।।

६. **बृबुतक्षा –ऋ. ६.४५.३१–३३**

अधि बृबुः पणीनां वर्षिष्ठे मूर्धन्नस्थात्। इरुः कक्षो न गांग्य ।।३१।।
यस्य वायोरिव द्रवद्भद्रा रातिः सहस्रिणी। सद्यो दानाय मंहते ।।३२।।
तत्सु नो विश्वे अर्य आ सदा गृणन्ति कारवः। बृबुं सहस्रदातमं सूरिं सहस्रसातमम्।।३३।। .

७. **मरुतः – ऋ. ६.४८.११; १2; 2०; 2१**

ऋ. ६.४८.११–१2

आ सखायः सबर्दुघां धेनुमजध्वमुप नव्यसा वचः। सृजध्वमनपस्फुराम् ।।११।।
या शर्धाय मारुताय स्वभानवे श्रवोऽमृतयु धुक्षत। या मृळीके मरुतां तुराणां यासुम्नैरेवयावरी।।१2।।

ऋ. ६.४८.2०–2१

वामी वामस्य धूतयः प्रणीतिरस्तु सूनृता ।
देवस्य वा मरुतो मर्त्यस्य वेजानस्य प्रयज्यवः ।।2०।।
सद्यश्चिद्यस्य चर्कृतिः परि द्यां देवो नैति सूर्यः ।
त्वेषं शवो दधिरे नाम यज्ञियं मरुतो वृत्रहं शवो ज्येष्ठं वृत्रहं शवः ।।2१।।

८. **मरुतो लिङ्गोक्ता वा – ऋ. ६.४८.१३–१५**

भरद्वाजायाव धुक्षत द्विता। धेनुं च विश्वदोहसमिषं च विश्वभोजसम् ।।१३।।
तं व इन्द्र न सुक्रतुं वरुणमिव मायिनम् ।
अर्यमणं न मन्द्रं सृप्रभोजसं विष्णुं न स्तुष आदिशे ।।१४।।
त्वेषं शर्धो न मारुतं तुविष्वण्यनर्वाणं पूषणं सं यथा शता ।
सं सहस्रा करिषच्चर्षणिभ्य आँ आविर्गूळहा वसू करत्सुवेदा नो वसू करत् ।।१५।।

६. **वास्तुपतिः – य. ३.४३**

उपहूताऽइह गावऽउपहूताऽअजावयः। अथोऽअन्नस्य कीलालऽउपहूतो गृहेषु नः। क्षेमाय वः शान्त्यै प्रपद्ये शिवं शग्मं शंयोः शंयोः ।।४३।।

६८2. शंयुर् बार्हस्पत्यः (ऋसर्व. . ६.४५.2८; ६.४६.१) भरद्वाजो बार्हस्पत्यः (साग्री. सास्वा. सार्षेदी.)

१. **इन्द्रः – सा. २०१; २३४; ५८६**

सा. २०१

इमा उ त्वा सुतेसुते नक्षन्ते गिर्वणो गिरः। गावो वत्सं न धेनवः ।।८।।

सा. २३४

त्वामिद्धि हवामहे सातौ वाजस्य कारवः। त्वां वृत्रेष्विन्द्र सत्पतिं नरस्त्वां काष्ठास्वर्वतः ।।2।।

सा. ५८६

इन्द्र ज्येष्ठं न आ भर ओजिष्ठं पुपुरि श्रवः। यद्दिधृक्षेम वज्रहस्त रोदसी उभे सुशिप्र पप्राः।।१।।

2. **इन्द्रः प्रगाथो वा – ऋ. ६.४६.१–१४**

त्वामिद्धि हवामहे साता वाजस्य कारवः ।
त्वां वृत्रेष्विन्द्र सत्पतिं नरस्त्वां काष्ठास्वर्वतः ।।१।।
स त्वं नश्चित्र वज्रहस्त धृष्णुया महः स्तवानो अद्रिवः ।
गामश्वं रथ्यमिन्द्र सं किर सत्रा वाजं न जिग्युषे ।।2।।
यः सत्राहा विचर्षणिरिन्द्रं तं हूमहे वयम् ।
सहस्रमुष्क तुविनृम्ण सत्पते भवा समत्सु नो वृधे ।।३।।
बाधसे जनान् वृषभेव मन्युना घृषौ मीळ्ह ऋचीषम ।
अस्माकं बोध्यविता महाधने तनूष्वप्सु सूर्ये ।।४।।
इन्द्र ज्येष्ठं न आ भरँ ओजिष्ठं पपुरि श्रवः ।
येनेमे चित्र वज्रहस्त रोदसी ओभे सुशिप्र प्राः ।।५।।
त्वामुग्रमवसे चर्षणीसहं राजन्देवेषु हूमहे ।
विश्वा सु नो विथुरा पिब्दना वसोऽमित्रान्त्सुषहान्कृधि ।।६।।
यदिन्द्र नाहुषीष्वाँ ओजो नृम्णं च कृष्टिषु ।
यद्वा पंच क्षितीनां द्युम्नमा भर सत्रा विश्वानि पौंस्या ।।७।।
यद्वा तृक्षौ मघवन् द्रुह्यावा जने यत्पूरौ कच्च वृष्ण्यम् ।
अस्मभ्यं तद्रिरीहि सं नृषाह्येऽमित्रान्पृत्सु तुर्वणे ।।८।।
इन्द्र त्रिधातु शरणं त्रिवरूथं स्वस्तिमत् ।
छर्दिर्यच्छ मघवद्भ्यश्च मह्यं च यावया दिद्युमेभ्यः ।।६।।
ये गव्यता मनसा शत्रुमादभुरभिप्रघ्नन्ति धृष्णुया ।
अध स्मा नो मघवन्निन्द्र गिर्वणस्तनूपा अन्तमो भव ।।१०।।
अध स्मा नो वृधे भवेन्द्र नायमवा युधि ।
यदन्तरिक्षे पतयन्ति पर्णिनो दिद्यवस्तिग्ममूर्धानः ।।११।।
यत्र शूरासस्तन्वो वितन्वते प्रिया शर्म पितृणाम् ।
अध स्मा यच्छ तन्वे३ तने च छर्दिरचित्तं यावय द्वेषः ।।१2।।
यदिन्द्र सर्गे अर्वतश्चोदयासे महाधने ।
असमने अध्वनि वृजिने पथि श्येनाँ इव श्रवस्यतः ।।१३।।
सिन्धूँरिव प्रवण आशुया यतो यदि क्लोशमनु ष्वणि ।
आ ये वयो न वर्वृतत्यामिषि गृभीता बाह्वोर्गवि ।।१४।।

६८३. श्यावाश्वः

१. **अश्विनौ – ऋ. ८.३५.१–२४**

अग्निनेन्द्रेण वरुणेन विष्णुनादित्यै रुद्रैर्वसुभिः सचाभुवा ।
सजोषसा उषसा सूर्येण च सोमं पितबमश्विना ।।१।।
विश्वाभिर्धीभिर्भुवनेन वाजिना दिवा पृथिव्याद्रिभिः सचाभुवा ।
सजोषसा उषसा सूर्येण च सोमं पिबतमश्विना ।।2।।
विश्वेदेवैस्त्रिभिरेकादशैरिहाद्भिर्मरुद्भिर्भृगुभिः सचाभुवा ।
सजोषसा उषसा सूर्येण च सोमं पितबमश्विना ।।३।।
जुषेथां यज्ञं बोधतं हवस्य मे विश्वेह देवा सवनाव गच्छतम् ।
सजोषसा उषसा सूर्येण चेषं नो वोळ्हमश्विना ।।४।।

स्तोमं जुषेथां युवशेव कन्यनां विश्वेह देवौ सवनाव गच्छतम् ।
सजोषसा उषसा सूर्येण चेषं नो वोळहमश्विना ।।५।।
गिरो जुषेथामध्वरं जुषेथां विश्वेह देवौ सवनाव गच्छतम् ।
सजोषसा उषसा सूर्येण चेषं नो वोळहमश्विना ।।६।।
हारिद्रवेव पतथो वनेदुष सोमं सुतं महिपेवाव गच्छथः ।
सजोषसा उषसा सूर्येण च त्रिर्वर्तिर्यातमश्विना ।।७।।
हंसाविव पतथो अध्वगाविव सोमं सुतं महिपेवाव गच्छथः ।
सजोषसा उषसा सूर्येण च त्रिर्वर्तिर्यातमश्विना ।।८।।
श्येनाविव पतथो हव्यदातये सोमं सुतं महिषेवाव गच्छथः ।
सजोषसा उषसा सूर्येण च त्रिर्वर्तिर्यातमश्विना ।।९।।
पिबतं च तृप्णुतं चा च गच्छतं प्रजां च धत्तं द्रविणं च धत्तम् ।
सजोषसा उषसा सूर्येण चोर्जं नो धतमश्विना ।।१०।।
जयतं च प्र स्तुतं च प्र चावतं प्रजां च धत्तं द्रविणं च धत्तम् ।
सजोषसा उषसा सूर्येण चोर्जं नो धतमश्विना ।।११।।
हतं च शत्रून्यततं च मित्रिणः प्रजां च धत्तं द्रविणं च धत्तम् ।
सजोषसा उषसा सूर्येण चोर्जं नो धतमश्विना ।।१२।।
मित्रावरुणवन्ता उत धर्मवन्ता मरुत्वन्ता जरितुर्गच्छथो हवम् ।
सजोषसा उष सूर्येण चादित्यैर्यातमश्विना ।।१३।।
अंगिरस्वन्ता उत विष्णुवन्ता मरुत्वन्ता जरितुर्गच्छथो हवम् ।
सजोषसा उषसा सूर्येण चादित्यैर्यातमश्विना ।।१४।।
ऋभुमन्ता वृषणा वाजवन्ता मरुत्वन्ता जरितुर्गच्छथो हवम् ।
सजोषसा उष सूर्येण चादित्यैर्यातमश्विना ।।१५।।
ब्रह्म जिन्वतमुत जिन्वतं धियो हतं रक्षांसि सेधतमभीवाः ।
सजोषसा सूर्येण च सोमं सुन्वतो अश्विना ।।१६।।
क्षत्रं जिन्वतमुत जिन्वतं नृन्हतं रक्षांसि सेधतमभीवाः ।
सजोषसा उषसा सूर्येण च सोमं सुन्वतो अश्विना ।।१७।।
धेनूर्जिन्वतमुत जिन्वतं विशो हतं रक्षांसि सेधतमभीवाः ।
सजोषसा उषसा सूर्येण च सोमं सुन्वतो अश्विना ।।१८।।
अत्रेरिव शुणुतं पूर्व्यस्तुतिं श्यावाश्वस्य सुन्वतो मदच्युता ।
सजोषसा उषसा सूर्येण चाश्विना तिरोअह्न्यम् ।।१९।।
सँर्गा इव सृजतं सुष्टुतीरुप श्यावाश्वस्य सुन्वतो मदच्युता ।
सजोषसा उषसा सूर्येण चाश्विना तिरोअह्न्यम् ।।20।।
रश्मीँरिव यच्छतमध्वराँ उप श्यावाश्वस्य सुन्वतो मदच्युता।
सजोषसा उषसा सूर्येण चाश्विना तिरोअह्न्यम् ।।२१।।
अर्वाग्रथं नि यच्छतं पिबतं सोम्यं मधु ।
आ यातमश्विना गतमवस्युर्वामहं हुवे धत्तं रत्नानि दाशुषे ।।22।।
नमोवाके प्रस्थिते अध्वरे नरा विवक्षणस्य पीतये ।
आ यातमश्विना गतमवस्युर्वामहं हुवे धत्तं रत्नानि दाशुषे ।।2३।।
स्वाहाकृतस्य तृम्पतं सुतस्य दोवान्धसः ।
आ यातमश्विना गतमवस्युर्वामहं हुवे धत्तं रत्नानि दाशुषे ।।2४।।

2. **इन्द्रः – ऋ. ८.३६.१–७; ८.३७.१–७**

ऋ. ८.३६.१–७

अवितासि सुन्वतो वृक्तबर्हिषः पिबा सोमं मदाय कं शतक्रतो ।
यं ते भागमधारयन्विश्वाः सेहानः पृतना उरु ज्रयः समत्सुजिन्मरुत्वाँ इन्द्र सत्पते ।।१।।
प्राव स्तोतारं मघवन्नव त्वां पिबा सोमं मदाय कं शतक्रतो ।
यं ते भागमधारयन् विश्वाः सेहानः पृतना उरु ज्रयः समप्सुजिन्मरुत्वाँ इन्द्र सत्पते ।।2।।
ऊर्जा देवाँ अवस्योजसा त्वां पिबा सोमं मदाय कं शतक्रतो ।
यं ते भागमधारयन् विश्वाः सेहानः पृतना उरु ज्रयः समप्सुजिन्मरुत्वाँ इन्द्र सत्पते ।।३।।
जनिता दिवो जनिता पृथिव्याः पिबा सोमं मदाय कं शतक्रतो ।
यं ते भागमधारयन् विश्वाः सेहानः पृतना उरु ज्रयः समप्सुजिन्मरुत्वाँ इन्द्र सत्पते ।।४।।
जनिताश्वानां जनिता गवामसि पिबा सोमं मदाय कं शतक्रतो ।
यं ते भागमधारयन् विश्वाः सेहानः पृतना उरु ज्रयः समप्सुजिन्मरुत्वाँ इन्द्र सत्पते ।।५।।
अत्रीणां स्तोममद्रिवो महस्कृधि पिबा सोमं मदाय कं शतक्रतो ।
यं ते भागमधारयन् विश्वाः सेहानः पृतना उरु ज्रयः समप्सुजिन्मरुत्वाँ इन्द्र सत्पते ।।६।।
श्यावाश्वस्य सुन्वतस्तथा शृणु यथाशृणोरत्रेः कर्माणि कृण्वतः ।
प्र त्रसदस्युमाविथ त्वमेक इन्नृषाह्य इन्द्र ब्रह्माणि वर्धयन् ।।७।।

ऋ. ८.३७.१–७

प्रेदं ब्रह्म वृत्रतूर्येष्वाविथ प्र सुन्वतः शचीपत इन्द्र विश्वाभिरूतिभिः ।
माध्यन्दिनस्य सवनस्य वृत्रहन्ननेद्य पिबा सोमस्य वज्रिवः ।।१।।
सेहान उग्र पृतना अभि द्रुहः शचीपत इन्द्र विश्वभिरूतिभिः ।
माध्यन्दिनस्य सवनस्य वृत्रहन्ननेद्य पिबा सोमस्य वज्रिवः ।।2।।
एकाराळस्य भुवनस्य राजसि शचीपत इन्द्र विश्वाभिरूतिभिः ।
माध्यन्दिनस्य सवनस्य वृत्रहन्ननेद्य पिबा सोमस्य वज्रिवः ।।३।।
सस्थावाना यवयसि त्वमेक इच्छचीपत इन्द्र विश्वाभिरूतिभिः ।
माध्यन्दिनस्य सवनस्य वृत्रहन्ननेद्य पिबा सोमस्य वज्रिवः ।।४।।
क्षेमस्य च प्रयुजश्च त्वमीशिषे शचीपत इन्द्र विश्वाभिरूतिभिः ।
माध्यन्दिनस्य सवनस्य वृत्रहन्ननेद्य पिबा सोमस्य वज्रिवः ।।५।।
क्षत्राय त्वमविस न त्वमाविथ शचीपत इन्द्र विश्वाभिरूतिभिः ।
माध्यन्दिनस्य सवनस्य वृत्रहन्ननेद्य पिबा सोमस्य वज्रिवः ।।६।।
श्यावाश्वस्य रेभतस्तथा शृणु यथाशृणोरत्रेः कर्माणि कृण्वतः ।
प्र त्रसदस्युमाविथ त्वमेक इन्नृषाह्य इन्द्र क्षत्राणि वर्धयन् ।।७।।

३. इन्द्राग्नी – ऋ. ८.३८.१–१०

यज्ञस्य हि स्थ ऋत्विजा सस्नी वाजेषु कर्मसु। इन्द्राग्नी तस्य बोधतम् ।।१।।
तोशासा रथयावाना वृत्रहणापराजिता। इन्द्राग्नी तस्य बोधतम् ।।2।।
इदं वां मदिरं मध्वधुक्षन्नद्रिभिर्नरः। इन्द्राग्नी तस्य बोधतम् ।।३।।
जुषेथां यज्ञमिष्टये सुतं सोमं सधस्तुती। इन्द्राग्नी गतं नरा ।।४।।
इमा जषेथां सवना येभिर्हव्यान्यूहथुः। इन्द्राग्नी गतं नरा ।।५।।
इमां गायत्रवर्तानिं जुषेथां सुष्टुतिं मम। इन्द्राग्नी गतं नरा ।।६।।
प्रातर्यावभिरा गतं देवेभिर्जेन्यावसू। इन्द्राग्नी गतं नरा ।।७।।
श्यावाश्वस्य सुन्वतोऽत्रीणा शृणुतं हवम्। इन्द्राग्नी गतं नरा ।।८।।
एवा वामह्व ऊतये यथाहुवन्त मेधिराः। इन्द्राग्नी गतं नरा ।।९।।
आहं सरस्वतीवतोरिन्द्राग्न्योरवो वृणे। याभ्यां गायत्रमृच्यते ।।१०।।

४. गुरुत्मान् – य. १2.४

सृपर्णोऽसि गरुत्माँस्त्रिवृत्ते शिरो गायत्रं चक्षुर्बृहद्रथन्तरे पक्षौ। स्तोमऽआत्मा छन्दांस्यंगानि यजूंषि नाम। साम ते तनूर्वामदेव्यं यज्ञायज्ञियं पुच्छं धिष्ण्याः शफाः। सुपर्णोऽसि गरुत्मान्दिवं गच्छ स्वः

पत ।।४।।

५. **पवमानः सोमः – ऋ. ९.३2.१–६**

प्र सोमासो मदच्युतः श्रवसे नो मघोनः। सुता विदथे अक्रमुः ।।१।।
आदीं त्रितस्य योषणो हरि हिन्वन्त्यद्रिभिः। इन्दुमिन्द्राय पीतये ।।2।।
आदी हंसो यथा गणं विश्वस्यावीवशन्मतिम्। अत्यो न गोभिरज्यते ।।३।।
उभे सोमावचाकशन्मृगो न तक्तो अर्षसि। सीदन्नृतस्य योनिमा ।।४।।
अभि गावो अनूषत योषा जारमिव प्रियम्। अगन्नाजिं यथा हितम् ।।५।।
अस्मे धेहि द्युमद्यशो मघवद्भ्यश्च मह्यं च। सनिं मेधामुत श्रवः ।।६।।

६. **विष्णुः – य.१2.५**

विष्णोः क्रमोऽसि सपत्नहा गायत्रं छन्दऽआरोह पृथिवीमनु विक्रमस्व विष्णोः क्रमोऽस्यभिमातिहा त्रैष्टुभं छन्दऽआरोहान्तरिक्षमनु विक्रमस्व विष्णोः क्रमोऽस्यरातीयतो हन्ता जागतं छन्दऽआरोह दिवमनु विक्रमस्व विष्णोः क्रमोऽसि शत्रूयतो हन्ताऽऽनुष्टुभं छन्दऽआरोह दिशोऽनु विक्रमस्व।५।

७. **सविता – य. १2.३; ३७.2**

य. १2.३

विश्वा रूपाणि प्रतिमुंचते कविः प्रासावीद् भद्रं द्विपदे चतुष्पदे ।
वि नाकमख्यत् सविता वरेण्योऽनु प्रयाणमुषसो विराजति ।।३।।

य. ३७.2

युंजते मनऽउत युंजते धियो विप्रा विप्रस्य बृहतो विपश्चितः ।
वि होत्रा दधे वयुनाविदेकऽइन्मही देवस्य सवितुः परिष्टुतिः ।।2।।

६८४. श्यावाश्व आत्रेयः

१. **इन्द्रः (साग्री. सास्वा.) सविता (ऋसर्व. ५.८2.४ सार्षेदी.) – सा. १४१**

अद्या नो देव सवितः प्रजावत्सावीः सौभगम्। परा दुःष्वप्न्यं सुव ।।७।।

2. **इन्द्राग्नी – सा. १०७३–१०७५**

यज्ञस्य हि स्थ ऋत्विजा सस्नी वाजेषु कर्मसु। इन्द्राग्नी तस्य बोधतम् ।।१।।
तोशासा रथयावाना वृत्रहणापराजिता। इन्द्राग्नी तस्य बोधतम् ।।2।।
इदं वां मदिरं मध्वधुक्षन्नद्रिभिर्नरः। इन्द्राग्नी तस्य बोधतम् ।।३।।

३. **तरन्तो वैददश्विः – ऋ. ५.६१.१०**

यो मे धेनूनां शतं वैददश्विर्यथा ददत्। तरन्तइव मंहना ।।१०।।

४. **पवमानः सोमः – सा. ४७७; ७६६–७७१**

सा. ४७७

प्र सोमासो मदच्युतः श्रवसे नो मघोनाम्। सुता विदथे अक्रमुः ।।१।।

सा. ७६६–७७१

प्र सोमासो मदच्युतः श्रवसे नो मघोनाम्। सुता विदथे अक्रमुः ।।१।।
आदीं हंसो यथा गणं विश्वस्यावीवशन्मतिम्। अत्यो न गोभिरज्यते ।।2।।
आदीं त्रितस्य योषणो हरिं हिन्वन्त्यद्रिभिः। इन्द्रुमिन्द्राय पीतये ।।३।।

५. **पुरुमीळहो वैददश्विः – ऋ. ५.६१.९**

उत मेऽरपद्युवतिर्ममन्दुषी प्रति श्यावाय वर्तनिम् ।
वि रोहिता पुरुमीळहाय येमतुर्विप्राय दीर्घयशसे ।।९।।

६. **मरुतः – ऋ. ५.५2.१–१७; ५.५३.१–१६; ५.५४.१–१५; ५.५५.१–१०; ५.५६.१–९; ५.**

५७.१–८; ५.५८.१–८; ५.५६.१–८; ५.६१.१–४; ११–१६; सा. ३५६

ऋ. ५.५2.१–१७

प्र श्यावाश्व धृष्णुयार्चा मरुद्भिर्ऋक्वभिः ।
ये अद्रोघमनुष्वधं श्रवो मदन्ति यज्ञियाः ।।१।।
ते हि स्थिरस्य शवसः सखायः सन्ति धृष्णुया ।
ते यामन्ना धृषद्विनस्त्मना पान्ति शश्वतः ।।2।।
ते स्पन्द्रासो नोक्षणोऽति ष्कन्दन्ति शर्वरीः ।
मरुतामधा महो दिवि क्षमा च मन्महे ।।३।।
मरुत्सु वो दधीमहि स्तोमं यज्ञं च धृष्णुया ।
विश्वे ये मानुषा युगा पान्ति मर्त्यं रिषः ।।४।।
अर्हन्तो ये सुदानवो नरो असामिशवसः ।
प्र यज्ञं यज्ञियेभ्यो दिवो अर्चा मरुद्भ्यः ।।५।।
आ रुकमैरा युधा नर ऋष्वा ऋष्टीरसृक्षत ।
अन्वेना अह विद्युतो मरुतो जज्झतीरिव भानुरर्त त्मना दिवः ।।६।।
ये वावृधन्त पार्थिवा य उरावन्तरिक्ष आ ।
वृजने वा नदीनां सधस्थे वा माहो दिवः ।।७।।
शर्धो मारुतमुच्छंस सत्यशवसमृभ्वसम् ।
उत स्म ते शुभे नरः प्र स्पन्द्रा युजत त्मना ।।८।।
उत स्म ते परुष्यामूर्णा वसत शुन्ध्यवः ।
उत पव्या रथानामद्रिं भिन्दन्त्योजसा ।।६।।
आपथयो विपथयोऽन्तस्पथा अनुपथाः ।
एतेभिर्मह्यं नामभिर्यज्ञं विष्टार ओहते ।।१०।।
अधा नरो न्योहतेऽधा नियुत ओहते ।
अधा पारावता इति चित्रा रूपाणि दर्श्या ।।११।।
छन्दःस्तुभः कुभन्यव उत्समा कीरिणो नृतुः ।
ते मे के चिन्न तायव ऊमा आसन्दृशि त्विषे ।।१2।।
य ऋष्वा ऋष्टिविद्युतः कवयः सन्ति वेधसः ।
तमृषे मारुतं गणं नमस्या रमया गिरा ।।१३।।
अच्छ ऋषे मारुतं गणं दाना मित्रं न योषणां ।
दिवो वा धृष्णव ओजसा स्तुता धीभिरिषण्यत ।।१४।।
नू मन्वान एषां देवाँ अच्छा न वक्षणा ।
दाना सचेत सूरिभिर्यामश्रुतेभिरंजिभिः ।।१५।।
प्र ये मे बन्ध्वेषे गां वोचन्त सूरयः पृश्निं वोचन्त मातरम् ।
अधा पितरमिष्मिणं रुद्रं वोचन्त शिक्वसः ।।१६।।
सप्त मे सप्त शाकिन एकमेका शता ददुः ।
यमुनायामधि श्रुतमुद्राधो गव्यं मृजे नि राधो अश्व्यं मृजे ।।१७।।

ऋ. ५.५३.१–१६

को वेद जानमेषां को वा पुरा सुम्नेष्वास मरुताम्। यद्युयुज्रे किलास्यः ।।१।।
एतान्रथेषु तस्थुषः कः शुश्राव कथा ययुः ।
कस्मै सस्रुः सुदासे अन्वापय इळाभिर्वृष्टयः सह ।।2।।
ते म आहुर्य आययुरुप द्युभिर्विभिर्मदे ।
नरो मर्या अरेपस इमान्पश्यन्निति ष्टुहि ।।३।।
ये आञ्जिषु ये वाशीषु स्वभानवः स्रक्षु रुक्मेषु खादिषु। श्राया रथेषु धन्वसु ।।४।।

युष्माकं स्मा रथाँ अनु मुदे दधे मरुतो जीरदानवः। वृष्टी द्यावो यतीरिव ।।५।।
आ यं नरः सुदानवो ददाशुषे दिवः कोशमचुच्यवुः ।
वि पर्जन्यं सृजन्ति रोदसी अनु धन्वना यन्ति वृष्टयः ।।६।।
ततृदानाः सिन्धवः क्षोदसा रजः प्र सस्रुर्धेनवो यथा ।
स्यन्ना अश्वा इवाध्वनो विमोचने वि यद्वर्तन्त एन्यः ।।७।।
आ यात मरुतो दिव आन्तरिक्षादमादुत। माव स्थात परावतः ।।८।।
मा वो रसानितभा कुभा क्रुमुर्मा वः सिन्धुर्निरीरमत् ।
मा वः परि ष्ठात्सरयुः पुरीषिण्यस्मे इत्सुम्नमस्तु वः ।।६।।
तं वः शर्धं रथानां त्वेषं गणं मारुतं नव्यसीनाम् ।
अनु प्र यन्ति वृष्टयः ।।१०।।
शर्धंशर्धं व एषां व्रातंव्रातं गणंगणं सुशस्तिभिः। अनु क्रामेम धीतिभिः ।।११।।
कस्मा अद्य सुजाताय रातहव्याय प्र ययुः। एना यामेन मरुतः ।।१२।।
येन तोकाय तनयाय धान्यं१ बीजं वहध्वे अक्षितम् ।
अस्मभ्यं तद्धत्तन यद्व ईमहे राधो विश्वायु सौभगम् ।।१३।।
अतीयाम निदस्तिरः स्वस्तिभिर्हित्वावद्यमरातीः ।
वृष्ट्वी शं योराप उस्रि भेषजं स्याम मरुतः सह ।।१४।।
सुदवेः समहासति सुवीरो नरो मरुतः स मर्त्यः। यं त्रायध्वे स्याम ते ।।१५।।
स्तुहि भोजान्त्स्तुवतो अस्य यामनि रणन्गावो न यवसे ।
यतः पूर्वाँ इव सखीरनु ह्वय गिरा गृणीहि कामिनः ।।१६।।

ऋ. ५.५४.१–१५

प्र शर्धाय मारुताय स्वभानव इमां वाचमनजा पर्वतच्युते ।
घर्मस्तुभे दिव आ पृष्ठयज्वने द्युम्नश्रवसे महि नृम्णमर्चत ।।१।।
प्र वो मरुतस्तविषा उदन्यवो वयोवृधो अश्वयुजः परिज्रयः ।
सं विद्युता दधति वाशति त्रितः स्वरन्त्यापोऽवना परिज्रयः ।।२।।
विद्युन्महसो नरो अश्मदिद्यवो वातत्विषो मरुतः पर्वतच्युतः ।
अब्दया चिन्मुहुरा ह्रादुनीवृतः स्तनयदमा रभसा उदोजसः ।।३।।
व्य१क्तून् रुद्रा व्यहानि शिक्वसो व्य१न्तरिक्षं वि रजांसि धूतयः ।
वि यदज्राँ अजथ नाव ईं यथा वि दुर्गाणि मरुतो नाह रिष्यथ ।।४।।
तद्वीर्यं वो मरुतो महित्वनं दीर्घं ततान सूर्यो न योजनम् ।
एता न यामे अगृभीतशोचिषोऽनश्वदां यन्न्ययातना गिरिम् ।।५।।
अभ्राजि शर्धो मरुतो यदर्णसं मोषथा वृक्षं कपनेव वेधसः ।
अध स्मा नो अरमतिं सजोषसश्चक्षुरिव यन्तमनु नेषथा सुगम् ।।६।।
न स जीयते मरुतो न हन्यते न स्रेधयति न व्यथते न रिष्यति ।
नास्य राय उप दस्यन्ति नोतय ऋषिं वा यं राजानं वा सुषूदथ ।।७।।
नियुत्वन्तो ग्रमजितो यथा नरोऽर्यमणो न मरुतः कबन्धिनः ।
पिन्वन्त्युत्सं यदिनासो अस्वरन्व्युन्दन्ति पृथिवी मध्वो अन्धसा ।।८।।
प्रवत्वतीयं पृथिवी मरुद्भ्यः प्रवत्वती द्यौर्भवति प्रयद्भ्यः ।
प्रवत्वतीः पथ्या अन्तरिक्ष्याः प्रवत्वन्तः पर्वता जीरदानवः ।।६।।
यन्मरुतः सभरसः स्वर्णरः सूर्य उदिते मदथा दिवो नरः ।
न वोऽश्वाः श्रथयन्ताह सिस्रतः सद्यो अस्याध्वनः पारमश्नुथ ।।१०।।
अंसेषु व ऋष्टयः पत्सु खादयो वक्षःसु रुक्मा मरुतो रथे शुभः ।
अग्निभ्राजसो विद्युतो गभस्त्योः शिप्राः शीर्षसु वितता हिरण्ययीः ।।११।।
तं नाकमर्यो अगृभीतशोचिषं रुशत्पिप्पलं मरुतो वि धूनुथ ।

समच्यन्त वृजनातित्विषन्त यत्स्वरन्ति घोषं विततमृतायवः ।।१२।।
युष्मादत्तस्य मरुतो विचेतसो रायः स्याम रथ्यो३ वयस्वतः ।
न यो युच्छति तिष्यो३ यथा दिवो३ स्मे रारन्त मरुतः सहस्रिणम् ।।१३।।
यूयं रयिं मरुतः स्पार्हवीरं यूयमृषिमवथ सामविप्रम् ।
यूयमर्वन्तं भरताय वाजं यूयं धत्थ राजानं श्रुष्टिमन्तम् ।।१४।।
तद्वो यामि द्रविणं सद्य ऊतयो येना स्व१र्ण ततनाम नॄँरभि ।
इदं सु मे मरुतो हर्यता वचो यस्य तरेम तरसा शतं हिमाः।।१५।।

ऋ. ५.५५.१–१०

प्रयज्यवो मरुतो भ्राजदृष्टयो बृहद्वयो दधिरे रुक्मवक्षसः ।
ईयन्ते अश्वैः सुयमेभिराशुभिः शुभं यातामनु रथा अवृत्सत ।।१।।
स्वयं दधिध्वे तविषीं यथा विद बृहन्महान्त उर्विया वि राजथ ।
उतान्तरिक्षं ममिरे व्योजसा शुभं यातामनु रथा अवृत्सत ।।२।।
साकं जाताः सुभ्वः साकमुक्षिताः श्रिये चिदा प्रतरं वावृधुर्नरः ।
विरोकिणः सूर्य्यस्येव रश्मयः शुभं यातामनु रथा अवृत्सत ।।३।।
अभूषेण्यं वो मरुतो महित्वनं दिदृक्षेण्यं सूर्यस्येव चक्षणम् ।
उतो अस्माँ अमृतत्वे दधातन शुभं यातामनु रथा अवृत्सत ।।४।।
उदीरयथा मरुतः समुद्रतो यूयं वृष्टिं वर्षयथा पुरीषिणः ।
न वो दस्रा उप दस्यन्ति धेनवः शुभं यातामनु रथा अवृत्सत ।।५।।
यदश्वान्धूर्षु पृषतीरयुग्ध्वं हिरण्ययान्प्रत्यत्काँ अमुग्ध्वम् ।
विश्वा इत्स्पृधो मरुतो व्यस्यथ शुभं यातामनु रथा अवृत्सत ।।६।।
न पर्वता न नद्यो वरन्त वो यत्राचिध्वं मरुतो गच्छथेदु तत् ।
उत द्यावापृथिवी याथना परि शुभं यातामनु रथ अवृत्सत ।।७।।
यत्पूर्व्यं मरुतो यच्च नूतनं यदुद्यते वसवो यच्च शस्यते ।
विश्वस्य तस्य भवथा नवेदसः शुभं यातामनु रथा अवृत्सत ।।८।।
मृळत नो मरुतो मा वधिष्टनास्मभ्यं शर्म बहुलं वि यन्तन ।
अधि स्तोत्रस्य सख्यस्य गातन शुभं यातामनु रथा अवृत्सत ।।९।।
यूयमस्मान्नयत वस्यो अच्छा निरंहतिभ्यो मरुतो गृणानाः ।
जुषध्वं नो हव्यदितिं यजत्रा वयं स्याम पतयो रयीणाम् ।।१०।।

ऋ. ५.५६.१–९

अग्ने शर्धन्तमा गणं पिष्टं रुक्मेभिरंजिभिः ।
विशो अद्य मरुतामव ह्वये दिवश्चिद्रोचनादधि ।।१।।
यथा चिन्मन्यसे हृदा तदिन्मे जग्मुराशसः ।
ये ते नेदिष्ठं हवनान्यागमन्तान्वर्ध भीमसंदृशः ।।२।।
मीळहुष्मतीव पृथिवी पराहता मदन्त्येत्यस्मदा ।
ऋक्षो न वो मरुतः शिमीवाँ अमो दुध्रो गौरिव भीमयुः ।।३।।
नि ये रिणन्त्योजसा वृथा गावो न दुर्धुरः ।
अश्मानं चित्स्वर्यं१ पर्वतं गिरिं प्र च्यावयन्ति यामभिः ।।४।।
उत्तिष्ठ नूनमेषां स्तोमैः समुक्षितानाम् ।
मरुतां पुरुतममपूर्व्यं गवां सर्गमिव ह्वये ।।५।।
युङ्ग्ध्वं ह्यरुषी रथे युङ्ग्ध्वं रथेषु रोहितः ।
युङ्ग्ध्वं हरी अजिरा धुरि वोळहवे वहिष्ठा धुरि वोळहवे ।।६।।
उत स्य वाज्यरुषस्तुविष्वणिरिह स्म धायि दर्शतः ।
मा वो यामेषु मरुतश्चिरं करत्प्र तं रथेषु चोदत ।।७।।
रथं नु मारुतं वयं श्रवस्युमा हुवामहे ।

आ यस्मिन्तस्थौ सुरणनि बिभ्रती सचा मरुत्सु रोदसी ।।८।।
तं वः शर्धं रथेशुभं त्वेषं पनस्युमा हुवे ।
यस्मिन्त्सुजाता सुभगा महीयते सचा मरुत्सु मीळ्हुषी ।।६।।

ऋ. ५.५७.१–८

आ रुद्रास इन्द्रवन्तः सजोषसो हिरण्यरथाः सुविताय गन्तन ।
इयं वो अस्मत्प्रति हर्यते मतिस्तृष्णजे न दिव उत्सा उदन्यवे ।।१।।
वाशीमन्त ऋष्टिमन्तो मनीषिणः सुधन्वान इषुमन्तो निषंगिणः ।
स्वश्वाः स्थ सुरथाः पृश्निमातरः स्वायुधा मरुतो याथना शुभम् ।।2।।
धुनुथ द्यां पर्वतान्दाशुषे वसु नि वो वना जिहते यामनो भिया ।
कोपयथ पृथिवीं पृश्निमातरः शुभे यदुग्राः पृषतीरयुग्ध्वम् ।।३।।
वातत्विषो मरुतो वर्षनिर्णिजो यमा इव सुसदृशः सुपेशसः ।
पिशंगाश्व अरुणाश्व अरेपसः प्रत्वक्षसो महिना द्यौरिवोरवः ।।४।।
पुरुद्रप्सा अंजिमन्तः सुदानवस्त्वेषसंदृशो अनवभ्रराधसः ।
सुजातासो जनुषा रुक्मवक्षसो दिवो अर्का अमृतं नाम भेजिरे ।।५।।
ऋष्टयो वो मरुतो अंसयोरधि सह ओजो बाह्वोर्वो बलं हितम् ।
नृम्णा शीर्षस्वायुधा रथेषु वो विश्वा वः श्रीरधि तनूषु पिपिशे ।।६।।
गोमदश्ववद्रथवत्सुवीरं चन्द्रवद्राधो मरुतो ददा नः ।
प्रशस्तिं नः कृणुत रुद्रियासो भक्षीय वोऽवसो दैव्यस्य ।।७।।
हये नरो मरुतो मृळता नस्तुवीमघासो अमृता ऋतज्ञाः ।
सत्यश्रुतः कवयो युवानो बृहद् गिरयो बृहदुक्षमाणाः ।।८।।

ऋ. ५.५८.१–८

तमु नूनं तविषीमन्तमेषां स्तुषे गणं मारुतं नव्यसीनाम् ।
य आश्वश्वाअमवद्वहन्त उतेशिरे अमृतस्य स्वराजः ।।१।।
त्वेषं गणं तवसं खादिहस्तं धुनिव्रतं मायिनं दातिवारम् ।
मयाभुवो ये अमिता महित्वा वन्दस्व विप्र तुविराधसो नॄन्।।2।।
आ वो यन्तूदवाहासो अद्य वृष्टिं ये विश्वे मरुतो जुनन्ति ।
अयं यो अग्निर्मरुतः समिद्ध एतं जुषध्वं कवयो युवानः ।।३।।
यूयं राजानमिर्यं जनाय विभ्वतष्टं जनयथा यजत्राः ।
युष्मदेति मुष्टिहा बाहूजूतो युष्मत्सदश्वो मरुतः सुवीरः ।।४।।
अराइवेदचरमा अहेव प्रप्र जायन्ते अकवा महोभिः ।
पृश्नेः पुत्रा उपमासो रभिष्ठाः स्वया मत्या मरुतः सं मिमिक्षुः ।।५।।
यत्प्रायासिष्ट पृषतीभिरश्वैर्वीळुपविभिर्मरुतो रथेभिः ।
क्षोदन्त आपो रिणते वनान्यवोस्रियो वृषभः क्रन्दतु द्यौः।।६।।
प्रथिष्ट यामन्पृथिवी चिदेषा भर्तेव गर्भं स्वमिच्छवो धुः ।
वातान्ह्यश्वान्धुर्यायुयुज्रे वर्षं स्वेदं चक्रिरे रुद्रियासः ।।७।।
हये नरो मरुतो मृळमा नस्तुवीमघासो अमृता ऋतज्ञाः ।
सत्यश्रुतः कवयो युवानो बृहद् गिरयो बृहदुक्षमाणाः ।।८।।

ऋ. ५.५६.१–८

प्र वः स्पळक्रन्त्सुविताय दवनेऽर्चा दिवे प्र पृथिव्या ऋतं भरे ।
उक्षन्ते अश्वान्तरुषन्त आ रजोऽनु स्वं भानुं श्रथयन्ते अर्णवैः ।।१।।
अमादेषां भियसा भूमिरेजति नौर्न पूर्णा क्षरति व्यथिर्यती ।
दूरेदृशो ये चितयन्त एमभिरन्तर्महे विदथे येतिरे नरः ।।2।।
गवामिव श्रियसे शृंगमुत्तमं सूर्यो न चक्षू रजसो विसर्जने ।
अत्या इव सुभ्व१श्चारवः स्थन मर्या इव श्रियसे चेतथा नरः ।।३।।

को वो महान्ति महतामुदश्नवत्कस्काव्या मरुतः को ह पौंस्या ।
यूयं ह भूमिं किरणं न रेजथ प्र यद्भरध्वे सुविताय दावने ।।४।।
अश्वाइवेदरुषासः सबन्धवः शूराइव प्रयुधः प्रोत युयुधुः ।
मर्या इव सुवृधो वावृधुर्नरः सूर्यस्य चक्षुः प्र मिनन्ति वृष्टिभिः ।।५।।
ते अज्येष्ठा अकनिष्ठास उद्भिदोऽमध्यामासो महसा नि वावृधुः ।
सुजातासो जनुषा पृश्निमातरो दिवो मर्या आ नो अच्छा जिगातन ।।६।।
वयो न ये श्रेणीः पप्तुरोजसान्तान्दिवो बृहतः सानुनस्परि ।
अश्वास एषामुभये यथा विदुः प्र पर्वतस्य नभनूँरचुच्यवुः ।।७।।
मिमातु द्यौरदितिवीतये नः सं दानुचित्रा उषसो यतन्ताम् ।
आचुच्यवुर्दिव्यं कोशमेत ऋषे रुद्रस्य मरुतो गृणानाः ।।८।।

ऋ. ५.६१.१–४

के ष्ठा नरः श्रेष्ठतमा य एकएक आयय। परमस्याः परावतः ।।१।।
क्व१ वोऽश्वाः क्वा३भीषवः कथं शेक कथा यय। पृष्ठे सदो नसोर्यमः ।।2।।
जघने चोद एषां वि सक्थानि नरो यमुः। पुत्रकृथे न जनयः ।।३।।
परा वीरास एतन मर्यासो भद्रजानयः अग्नितपो यथासथ ।।४।।

ऋ. ५.६१.११–१६

य ईं वहन्त आशुभिः पिबन्तो मदिरं मधु। अत्र श्रवाँसि दधिरे ।।११।।
येषां श्रियाधि रोदसी विभ्राजन्ते रथेष्वा। दिवि रुक्म इवोपरि ।।१2।।
युवा स मारुतो गणस्त्वेषरथो अनेद्यः। शुभंयावाप्रतिष्कुतः ।।१३।।
को वेद नूनमेषां यत्रामदन्ति धूतयः। ऋतजाता अरेपसः ।।१४।।
यूयं मर्तं विपन्यवः प्रणेतार इत्था धिया। श्रोतारो यामहूतिषु ।।१५।।
ते नो वसूनि काम्या पुरुश्चन्द्रा रिशादसः। आ यज्ञियासो ववृत्तन ।।१६।।

सा. ३५६

यदी वहन्त्याशवो भ्राजमाना रथेष्वा। पिबन्तो मदिरं मधु तत्र श्रवांसि कृण्वते ।।५।।

७. मरुतो वाग्निश्च – ऋ. ५.६०.१–८

ईळे अग्निं स्ववसं नमोभिरिह प्रसत्तो वि चयत्कृतं नः ।
रथैरिव प्र भरे वाजयद्भिः प्रदक्षिणिन्मरुतां स्तोममृध्याम् ।।१।।
आ ये तस्थुः पृषतीषु श्रुतासु सुखेषु रुद्रा मरुतो रथेषु ।
वना चिदुग्रा जिहते नि वो भिया पृथिवी चिद्रेजते पर्वतश्चित् ।।2।।
पर्वतश्चिन्महि वृद्धो बिभाय दिवश्चित्सानु रेजत स्वने वः ।
यत्क्रीळथ मरुत ऋष्टिमन्त आप इव सध्र्यंचो धवध्वे ।।३।।
वरा इवेद्रैवतासो हिरण्यैरभि स्वधाभिस्तन्वः पिपिश्रे ।
श्रिये श्रेयांसस्तवसो रथेषु सत्रा महांसि चक्रिरे तनूषु ।।४।।
अज्येष्ठासो अकनिष्ठास एते सं भ्रातरो वावृधुः सौभगाय ।
युवा पिता स्वपा रुद्र एषां सुदुघा पृश्निः सुदिना मरुद्भ्यः ।।५।।
यदुत्तमे मरुतो मध्यमे वा यद्वावमे सुभगासो दिवि ष्ठ ।
अतो नो रुद्रा उत वा न्व१स्याग्ने वित्ताद्धविषो यद्यजाम ।।६।।
अग्निश्च यन्मरुतो विश्ववदेसो दिवो वहध्व उत्तरादधि ष्णुभिः ।
ते मन्दसाना धुनयो रिशादसो वामं धत्त यजमानाय सुन्वते ।।७।।
अग्ने मरुद्भिः शुभयद्भिर्ऋक्वभिः सोमं पिब मन्दसानो गणश्रिभिः ।
पावकेभिर्विश्वमिन्वेभिरायुभिर्वैश्वानर प्रदिवा केतुना सजूः ।।८।।

८. रथवीतिर्दाल्भ्यः – ऋ. ५.६१.१७–१९

एतं मे स्तोममूर्म्ये दार्भ्याय परा वह। गिरो देवि रथीरिव ।।१७।।
उत मे वोचतादिति सुतसोमे रथवीतौ। न कामो अप वेति मे ।।१८।।
एष क्षेति रथवीतिर्मघवा गोमतीरनु। पर्वतेष्वपश्रितः ।।१९।।

Vedic Concordance of Mantras as per Ṛṣi and Devatā 413

९. **शशीयसी तरन्तमहिषी – ऋ. ५.६१.५–८**

सनत्साश्वयं पशुमुत गव्यं शतावयम्। श्यावाश्वस्तुताय या दोर्वीरायोपबर्बृहत् ।।५।।
उत त्वा स्त्री शशीयसी पुंसो भवति वस्यसी। अदेवत्रादराधसः ।।६।।
वि या जानाति जसुरिं वि तृष्यन्तं वि कामिनम्। देवत्रा कृणुते मनः ।।७।।
उत घा नेमो अस्तुतः पुमाँ इति ब्रुवे पणिः। स वैरदेय इत्समः ।।८।।

१०. **सविता – ऋ. ५.८१.१–५**

युंजते मन उत युंजते धियो विप्रा विप्रस्य बृहतो विपश्चितः ।
वि होता दधे वायुनाविदेक इन्मही देवस्य सवितुः परिष्टुतिः ।।१।।
विश्वा रूपाणि प्रति मुंचते कविः प्रासावीद्भद्रं द्विपदे चतुष्पदे ।
वि नाकमख्यत्सविता वरेण्योऽनु प्रयाणमुषसो वि राजति ।।2।।
यस्य प्रयाणमन्वन्य इद्ययुर्देवा देवस्य महिमानमोजसा ।
यः पार्थिवानि विममे स एतशो रजांसि देवः सविता महित्वना ।।३।।
उत यासि सवितस्त्रीणि रोचनोात सूर्यस्य रश्मिभिः समुच्यसि ।
उत रात्रीमुभयतः परीयस उत मित्रो भवसि देव धर्मभिः ।।४।।
उतेशिषे प्रसवस्य त्वमेक इदुत पूषा भवसि देव यामभिः ।
उतेदं भुवनं वि राजसि श्यावाश्वस्ते सवितः स्तोममानशे ।।५।।

ऋ. ५.८2.१–९

तत्सवितुर्वृणीमहे वयं देवस्य भोजनम्। श्रेष्ठं सर्वधातमं तुरं भगस्य धीमहि ।।१।।
अस्य हि स्वयशस्तरं सवितुः कच्चन प्रियम्। न मिनन्ति स्वराज्यम् ।।2।।
स हि रत्नानि दाशुषे सुवाति सविता भगः। तं भागं चित्रमीमहे ।।३।।
अद्या नो देव सवितः प्रजावत्सावीः सौभगम्। परा दुःष्वप्न्यं सुव ।।४।।
विश्वानि देव सवितर्दुरितानि परासुव। यद्भद्रं तन्न आ सुव ।।५।।
अनागसो अदितये देवस्य सवितुः सवे। विश्वा धामानि धीमहि ।।६।।
आ विश्वदेवं सत्पतिं सूक्तैरद्या वृणीमहे। सत्यसवं सवितारम् ।।७।।
य इमे उभे अहनी पुर एत्यप्रयुच्छन्। स्वाधीर्देवः सविता ।।८।।
य इमा विश्वा जातान्याश्रावयति श्लोकेन। प्र च सुवाति सविता ।।९।।

६८५. श्यावाश्वो वामदेवो वा (सास्वा.साग्री.) वामदेवः (सार्षेदी.)

१. **अग्निः – सा. ६३**

ओ जुहोता हविषा मर्जयध्वं नि होतारं गृहपतिं दधिध्वम् ।
इडस्पदे नमसा रातहव्यं सपर्यता यजतं पस्त्यानाम् ।।१।।

६८६. श्येन आग्नेयः

१. **अग्निर् जातवेदा – ऋ. १०.१८८.१–३**

प्र नूनं जातवेदसमश्वं हिनोत वाजिनम्। इदं नो बर्हिरासदे ।।१।।
अस्य प्र जातवेदसो विप्रवीरस्य मीळ्हुषः। महीमियर्मि सुष्टुतिम् ।।2।।
या रुचो जातवेदसो देवत्रा हव्यवाहनीः। ताभिर्नो यज्ञमिन्वतु ।।३।।

६८७. श्रद्धा कामायनी

१. **श्रद्धा – ऋ. १०.१५१.१–५**

श्रद्धयाग्निः समिध्यते श्रद्धया हूयते हविः। श्रद्धां भगस्य मूर्धनि वचसा वेदयामसि ।।१।।
प्रियं श्रद्धे ददतः प्रियं श्रद्धे दिदासतः। प्रियं भोजेषु यज्वस्विदं म उदितं कृधि ।।2।।
यथा देवा असुरेषु श्रद्धामुग्रेषु चक्रिरे। एवं भोजेषु यज्वस्वस्माकमुदितं कृधि ।।३।।
श्रद्धा देवा यजमाना वायुगोपा उपासते। श्रद्धा हृदय्य१याकूत्या श्रद्धया विन्दते वसु ।।४।।
श्रद्धां प्रातर्हवामहे श्रद्धां मध्यन्दिनं परि। श्रद्धां सूर्यस्य निम्रुचि श्रद्धे श्रद्धापयेह नः ।।५।।

६८८. श्रीकामः

१. **विद्वद्राजानौ – य. ३२.१६**

इदं मे ब्रह्म च क्षत्रं चोभे श्रियमश्नु ताम्। मयि देवा दधतु श्रियमुत्तमां तस्यै ते स्वाहा ।।१६।।

६८६. श्रुष्टिगुः

१. **इन्द्रः – अ. २०.११६.२**

तुरण्यवो मधुमन्तं घृतश्चुतं विप्रासो अर्कमानृचुः ।
अस्मे रयिः पप्रथे वृष्ण्यं शवोऽस्मे सुवानास इन्दवः ।।2।।

६६०. श्रुष्टिगुः काण्वः (साग्री. सास्वा. ऋसर्व.) बालखिल्यः (सार्षेदी.)

१. **इन्द्रः – ऋ. ८.५१.१–१०; सा. ३००; १६०६–१६१०**

ऋ. ८.५१.१–१०

यथा मनौ सांवरणौ सोममिन्द्रापिबः सुतम् ।
नीपातिथौ मघवन् मेध्यातिथौ पुष्टिगौ श्रुष्टिगौ सचा ।।१।।
पार्षद्वाणः प्रस्कण्वं समसादयच्छयानं जिव्रिमुद्धितम् ।
सहस्राण्यसिषासद् गवामृषिस्त्वोतो दस्यवे वृकः ।।2।।
य उक्थेभिर्न विन्धते चिकिद्य ऋषिचोदनः ।
इन्द्रं तमच्छा वद नव्यस्या मत्यरिष्यन्तं न भोजसे ।।३।।
यस्मा अर्कं सप्तशीर्षाणमानृचुस्त्रिधातुमुत्तमे पदे ।
स त्वि१मा विश्वा भुवनानि चिक्रददादिज्जनिष्ट पौंस्यम् ।।४।।
यो नो दाता वसूनामिन्द्रं तं हूमहे वयम् ।
विद्मा ह्यस्य सुमतिं नवीयसीं गमेम गोमति व्रजे ।।५।।
यस्मै त्वं वसो दानाय शिक्षसि स रायस्पोषमश्नुते ।
तं त्वा वयं मघवन्निन्द्र गिर्वणः सुतावन्तो हवामहे ।।६।।
कदा चन स्तरीरसि नेन्द्र सश्चसि दाशुषे ।
उपोपेन्नु मघवन् भूय इन्नु ते दानं देवस्य पृच्यते ।।७।।
प्र यो ननक्षे अभ्योजसा क्रिविं वधैः शुष्णं निघोषयन् ।
यदेदस्तम्भीत्प्रथयन्नमूं दिवमादिज्जनिष्ट पार्थिवः ।।८।।
यस्यायं विश्व आर्यो दासः शेवधिपा अरिः ।
तिरश्चिदर्ये रुशमे पवीरवि तुभ्येत् सो अज्यते रयिः ।।६।।
तुरण्यवो मधुमन्तं घृतश्चुतं विप्रासो अर्कमानृचुः ।
अस्मे रयिः पप्रथे वृष्ण्यं शवोऽस्मे सुवानास इन्दवः ।।१०।।

सा. ३००

कदा चन स्तरीरसि नेन्द्र सश्चसि दाशुषे ।
अपोपेन्नु मघवन्भूय इन्नु ते दानं देवस्य पृच्यते ।।८।।

सा. १६०६–१६१०

यस्यायं विश्व आर्यो दासः शेवाधिपा अरिः ।
तिरश्चिदर्ये रुशमे पवीरवि तुभ्येत्सो अज्यते रयिः ।।१।।
तुरण्यवो मधुमन्तं घृतश्चुतं विप्रासो अर्कमानृचुः ।
अस्मे रयिः पप्रथे वृष्ण्यंशवोऽस्मे स्वानास इन्दवः ।।2।।

६६१. श्रुतकक्षः

१. **इन्द्रः – सा. १२८**

मा न इन्द्राभ्या३ दिशः सूरो अक्तुष्वा यमत्। त्वा युजा वनेम तत् ।।४।।

६६2. श्रुतकक्ष आंगिरसः

१. **इन्द्रः – सा. १६६; ५६५**

सा. १६६

इन्द्र इषे ददातु न ऋभुक्षणमृभु रयिम्। वाजी ददातु वाजिनम् ।।६।।

सा. ५६५

त्वमेतदधारयः कृष्णासु रोहिणीषु च। परुष्णीषु रुशत्पयः ।।१।।

६६३. श्रुतकक्ष आंगिरसः (साग्री. सार्षेदी.) श्रुतकक्ष सुकक्षो वा (ऋसर्व.)

१. इन्द्रः – ऋ. ८.९२.१–३३

पान्तमा वो अन्धस इन्द्रमभि प्र गायत। विश्वासाहं शतक्रतुं मंहिष्ठं चर्षणीनाम्।।१।।
पुरुहूतं पुरुष्टुतं गाथान्यं१ सनश्रुतम्। इन्द्र इति ब्रवीतन ।।2।।
इन्द्र इन्नो महानां दाता वाजानां नृतुः। महाँ अभिज्ञ्वा यमत् ।।३।।
अपादु शिप्र्यन्धसः सुदक्षस्य प्रहोषिणः। इन्द्रोरिन्द्रो यवाशिरः ।।४।।
तम्वभि प्रार्चतेन्द्रं सोमस्य पीतये। तदिद्ध्यस्य वर्धनम् ।।५।।
अस्य पीत्वा मदानां देवो देवस्यौजसा। विश्वाभि भुवना भुवत् ।।६।।
त्यमु वः सत्रासाहं विश्वासु गीर्ष्वायतम्। आ च्यावयस्यूतये ।।७।।
युध्मं सन्तमनर्वाणं सोमपामनपच्युतम्। नरमवार्यक्रतुम् ।।८।।
शिक्षा ण इन्द्र राय आ पुरु विद्वाँ ऋचीषम। अवा नः पार्ये धने ।।९।।
अतश्चिदिन्द्र णा उपा याहि शतवाजया। इषा सहस्रवाजया ।।१०।।
अयाम धीवतो धियोऽर्वद्भिः शक्र गोदरे। जयेम पृत्सु वज्रिवः ।।११।।
वयमु त्वा शतक्रतो गावो न यवसेष्वा। उक्थेषु रणयामसि ।।१2।।
विश्वा हि मर्त्यत्वनानुकामा शतक्रतो। अगन्म वज्रिन्नाशसः ।।१३।।
त्वे सु पुत्र शवसोऽवृत्रन् कामकातयः। न त्वामिन्द्राति रिच्यते ।।१४।।
स नो वृषन्त्सनिष्ठया सं घोरया द्रवित्न्वा। धियाविड्ढि पुरन्ध्या ।।१५।।
यस्ते नूनं शतक्रतविन्द्र द्युम्नितमो मदः। तेन नूनं मदे मदेः ।।१६।।
यस्ते चित्रश्रवस्तमो य इन्द्र वृत्रहन्तमः। य ओजोदातमो मदः ।।१७।।
विद्मा हि यस्ते अद्रिवस्त्वादत्तः सत्य सोमपाः। विश्वासु दस्म कृष्टिषु ।।१८।।
इन्द्राय मद्वने सुतं परि ष्टोभन्तु नो गिरः। अर्कमर्चन्तु कारवः ।।१९।।
यस्मिन् विश्वा अधि श्रियो रणन्ति सप्त संसदः। इन्द्रं सुते हवामहे ।।20।।
त्रिकद्रुकेषु चेतनं देवासो यज्ञमतनत। तमिद्वर्धन्तु नो गिरः ।।2१।।
आ त्वा विशन्त्विन्दवः समुद्रमिव सिन्धवः। न त्वामिन्द्राति रिच्यते ।।22।।
विव्यक्थ महिना वृषन्भक्षं सोमस्य जागृवे। य इन्द्र जठरेषु ते ।।2३।।
अरं त इन्द्र कुक्षये सोमो भवतु वृत्रहन्। अरं धामभ्य इन्दवः ।।2४।।
अरमश्वाय गायति श्रुतकक्षो अरं गवे। अरमिन्द्रस्य धाम्ने ।।2५।।
अरं हि ष्मा सुतेषु णः सोमेष्विन्द्र भूषसि। अरं ते शक्र दावने ।।2६।।
पराकात्ताच्चिदद्रिवस्त्वां नक्षन्त नो गिरः। अरं गमाम ते वयम् ।।2७।।
एवा ह्यसि वीरयुरेवा शूर उत स्थिरः। एवा ते राध्यं मनः ।।2८।।
एवा रातिस्तुवीमघ विश्वेभिर्धायि धातृभिः। अधा चिदिन्द्र मे सचा ।।2९।।
मो षु ब्रह्मेव तन्द्रयुर्भुवो वजानां पते। मत्स्वा सुतस्य गोमतः ।।३०।।
मा न इन्द्राभ्या३ दिशः सूरो अक्तुष्वा यमन्। त्वा युजा वनेम तत् ।।३१।।
त्वयेदिन्द्र युजा वयं प्रति ब्रवीमहि स्पृधः। त्वमस्माकं तव स्मसि ।।३2।।
त्वामिद्धि त्वायवोऽनुनोनुवतश्चरान्। सखाय इन्द्र कारवः ।।३३।।

६६४. श्रुतकक्ष आंगिरसः (साग्री. सास्वा.) श्रुतकक्ष (सार्षेदी.) श्रुतकक्ष सुकक्षो वा आंगिरसः (ऋसर्व. ८.९2.१०; 22; 2५)

१. इन्द्रः – सा. ११८; १९७; 2१५

सा. ११८

अरमश्वाय गायत श्रुतकक्षारं गवे। अरमिन्द्रस्य धाम्ने ।।४।।

सा. १६७

आ त्वा विशन्त्विन्दवः समुद्रमिव सिन्धवः। न त्वामिन्द्राति रिच्यते ।।४।।

सा. 2१५

अतश्चिदिन्द्र न उपा याहि शतवाजया। इषा सहस्रवाजया ।।2।।

६६५. श्रुतकक्ष आंगिरसः (साग्री. सास्वा.); श्रुतकक्षः (सार्षेदी.) सुकक्षः आंगिरसः (ऋसर्व. ८.६३.७; ८)

१. **इन्द्रः – सा. ११६; १४०**

सा. ११६

तमिन्द्रं वाजयामसि महे वृत्राय हन्तवे। स वृषा वृषभो भुवत् ।।५।।

सा. १४०

बोधन्मना इदस्तु नो वृत्रहा भूर्यासुतिः। शृणोत शक्र आशिषम् ।।६।।

६६६. श्रुतकक्ष आंगिरसः (साग्री. सास्वा.) श्रुतकक्षः (सार्षेदी.) सुकक्षः (ऋसर्व. ८.६2.४; ८.६३.३४)

१. **इन्द्रः – सा. १६६**

इन्द्र इषे ददातु न ऋभुक्षणमृभु रयिम्। वाजी ददातु वाजिनम् ।।६।।

2. **इन्द्रः (साग्री. सास्वा. सार्षेदी.) इन्द्रापूषणौ (ऋसर्व.८.६.2४) – सा. १४५**

अपादु शिप्रयन्धसः सुदक्षस्य प्रहोषिणः। इन्द्रोरिन्द्रो यवाशिरः ।।१।।

६६७. श्रुतकक्षः आंगिरसः (साग्री. सास्वा.) श्रुतकक्षः सुकक्षौ वा आंगिरसः (ऋसर्व. ८.६2.2८); मधुच्छन्दा (सार्षेदी.)

१. **इन्द्रः – सा. 2३2**

एवा ह्यासि वीरयुरेवा शूर उत स्थिरः। एवा ते राध्यं मनः ।।१०।।

६६८. श्रुतकक्षः (सार्षेदी.) श्रुतकक्षः सुकक्षो वा आंगिरसः (साग्री. सास्वा.) सुकक्षः (ऋसर्व. . ८.६३.2३; 2८; ३१)

१. **इन्द्रः (साग्री. सास्वा.) इन्द्रापूषणौ (ऋसर्व.) – सा. १५०; १५१; १७३**

सा. १५०–१५१

उप नो हरिभिः सुतं याहि मदानां पते। उप नो हरिभिः सुतम् ।।६।।

इष्टा असृक्षतेन्द्रं वृधन्तो अध्वरे। अच्छावभृथमोजसा ।।७।।

सा. १७३

भद्रंभद्रं न आ भरेषमूर्जं शतक्रतो। यदिन्द्र मृडयासि नः ।।६।।

६६६. श्रुतकक्षः (सार्षेदी.) श्रुतकक्षः सुकक्षो वा आंगिरसः (साग्री. सास्वा.)

१. **इन्द्रः – सा. ११६; १५८; १७०; १७३; १८८; 2१३**

सा. ११६

यस्ते नूनं शतक्रतविन्द्र द्युनितमो मदः। तेन नूनं मदेमदे ।।2।।

सा. १५८

इन्द्राय मद्वने सुतं परि ष्टोभन्तु नो गिरः। अर्कमर्चन्तु कारवः ।।४।।

सा. १७०

त्यमु वः सत्रासाहं विश्वासु गीर्ष्वायतम्। आ च्यावयस्यूतये ।।६।।

सा. १७३

भद्रंभद्रं न आ भरेषमूर्जं शतक्रतो। यदिन्द्र मृडयासि ।।६।।

सा. १८८

अया धिया च गव्यया पुरुणामन्पुरुष्टुत। यत्सोमेसोम आभुवः ।।४।।

सा. 2१३

तुभ्यं सुतासः सोमाः स्तीर्णं बर्हिर्विभावसो। स्तोतृभ्य इन्द्र मृडय ।।१०।।

७००. श्रुतकक्ष–सुकक्षौ

१. **सूर्यः – य. ३३.३५**

यदद्य कच्च वृत्रहन्नुदगा अभि सूर्य। भर्वं तदन्द्रि ते वशे ।।३५।।

७०१. श्रुतकक्षः सुकक्षो वा

१. **इन्द्रः – अ. 20.११०.१–३**

इन्द्राय मद्वने सुतं परि ष्टोभन्तु नो गिरः। अर्कमर्चन्तु कारवः ।।१।।

यस्मिन् विश्वा अधि श्रियो रणन्ति सप्त संसदः। इन्द्रं सुते हवामहे ।।2।।

त्रिकद्रुकेषु चेतनं देवासो यज्ञमत्नत। तमिद् वर्धन्तु नो गिरः ।।३।।

७०2. श्रुतकक्षः सुकक्षो वा आंगिरसः

१. **इन्द्रः – सा. १५५; ७१३–७१५; ७22–७2४; १६४2–१६४४; १६६०–१६६2**

सा. १५५

पान्तमा वो अन्धस इन्द्रमभि प्र गायत। विश्वासाहं शतक्रतुं मं हिष्ठं चर्षणीनाम् ।।१।।

सा. ७१३–७१५

पान्तमा वो अन्धस इन्द्रमभि प्र गायत। विश्वासाहं शतक्रतुं मंहिष्ठं चर्षणीनाम् ।।१।।

पुरुहूतं पुरुष्टुतं गाथान्यां३ सनश्रुतम्। इन्द्र इति ब्रवीतन ।।2।।

इन्द्र इन्नो महोनां दाता वाजानां नृतुः। महाँ अभिज्ञ्वा यमत् ।।३।।

सा. ७22–७2४

इन्द्राय मद्वने सुतं परि ष्टोभन्तु नो गिरः। अर्कमर्चन्तु कारवः ।।१।।

यस्मिन्विश्वा अधि श्रियो रणन्ति सप्त संसदः। इन्द्रं सुते हवामहे ।।2।।

त्रिकद्रुकेषु चेतनं देवासो यज्ञमत्नत। तमिद्वर्धन्तु नो गिरः ।।३।।

सा. १६४2–१६४४

त्यमु वः सत्रासाहं विश्वासु गीर्ष्वायतम्। आ च्यावयस्यूतये ।।१।।

युध्मं सन्तमनर्वाणं सोमपामनपच्युतम्। नरमवार्यक्रतुम् ।।2।।

शिक्षा ण इन्द्र राय आ पुरु विद्वाँ ऋचीषम्। अवा नः पार्ये धने ।।३।।

सा. १६६०–१६६2

आ त्वा विशन्त्विन्दवः समुद्रमिव सिन्धवः। न त्वामिन्द्राति रिच्यते ।।१।।

विव्यक्थ महिना वृषन्भक्षं सोमस्य जागृवे। य इन्द्र जठरेषु ते ।।2।।

अरं त इन्द्र कुक्षये सोमो भवतु वृत्रहन्। अरं धामभ्य इन्दवः ।।३।।

2. **पवमानः सोमः – सा. ८2४–८2६**

एवा ह्यसि वीरयुरेवा शूर उत स्थिरः। एवा ते राध्यं मनः ।।१।।

एवा रातिस्तविमघ विश्वेभिर्धायि धातृभिः। अधा चिदिन्द्र नः सचाा ।।2।।

मो षु ब्रह्मेव तन्द्रयुर्भुवो वाजानां पते। मत्स्वा सुतस्य गोमतः ।।३।।

७०३. श्रुतबन्धुः

१. **अग्निः – य. ३.२७**

इडऽएह्यदितऽएहि काम्याऽएत। मयि वः कामधरणं भूयात् ।।२७।।

७०४. श्रुतिविद् आत्रेयः

१. **मित्रावरुणौ – ऋ. ५.६२.१–६**

ऋतेन ऋतमपिहितं ध्रुवं सूर्यस्य यत्र विमुचन्त्यश्वन् ।
दश शता सह तस्थुस्तदेकं देवानां श्रेष्ठं वपुषामपश्यम् ।।१।।
तत्सु वां मित्रावरुणा महित्वमीर्मा तस्थुषीरहभिर्दुदुह्रे ।
विश्वाः पिन्वथः स्वसरस्य धेना अनु वामेकः पविरा ववर्त ।।२।।
अधारयतं पृथिवीमुत द्यां मित्रराजाना वरुणा महोभिः ।
वर्धयतमोषधीः पिन्वतं गा अव वृष्टिं सृजतं जीरदानू ।।३।।
आ वामश्वासः सुयुजो वहन्तु यतरश्मय उप यन्त्वर्वाक् ।
घृतस्य निर्णिग्नु वर्तते वामुप सिन्धवः प्रदिवि क्षरन्ति ।।४।।
अनु श्रुताममतिं वर्धदुर्वीं बर्हिरिव यजुषा रक्षमाणा ।
नमस्वन्ता धृतदक्षाधि गर्ते मित्रासाथे वरुणेळास्वन्तः ।।५।।
अक्रविहस्ता सुकृते परस्पा यं त्रासाथे वरुणेळास्वन्तः ।
राजाना क्षत्रमहृणीयमाना सहस्रस्थूणं बिभृथः सह द्वौ ।।६।।
हिरण्यनिर्णिगयो अस्य स्थूणा वि भ्राजते दिव्य१ श्वाजनीव ।
भद्रे क्षेत्रे निमिता तिल्विनले वा सनेम मध्वो अधिगर्त्यस्य ।।७।।
हिरण्यरूपमुषसो व्युष्टावयः स्थुणमुदिता सूर्यस्य ।
आ रोहथो वरुण मित्र गर्तमतश्चक्षाथे अदितिं दितिं च ।।८।।
यद्बंहिष्ठं नातिविधे सुदानू अच्छिद्रं शर्म भुवनस्य गोपा ।
तेन नो मित्रावरुणावविष्टं सिषासन्तो जिगीवांसः स्याम ।।९।।

७०५. संकसुकः

१. **ईश्वरः – य. ३५.१५**

इमं जीवेभ्यः परिधिं दधामि मैषां नु गादपरोऽअर्थमेतम् ।
शतं जीवन्तु शरदः पुरूचीरन्तर्मृत्युं दधतां पर्वतेन ।।१५।।

2. **यमः – य. ३५.७**

परं मृतयोऽअनु परेहि पन्थां यस्तेऽअन्यऽइतरो देवयानात् ।
चक्षुष्मते शृण्वते ते ब्रवीमि मा नः प्रजां रीरिषो मोत वीरान् ।।७।।

७०६. सत्यधृतिर्–वरुणिः

१. **आदित्यः – य. ३.३१–३३.**

महि त्रीणामवोऽस्तु द्युक्षं मित्रस्या र्यम्णः। दुराधर्षं वरुणस्य ।।३१।।
नहि तेषाममा चन नाध्वसु वारणेषु। ईशे रिपुरघशंसः ।।३२।।
ते हि पुत्रासोऽअदितेः प्र जीवसे मर्त्याय। जयोतिर्यच्छन्त्यजस्रम् ।।३३।।

2. **अदिति (स्वस्त्ययनम्) – ऋ.१०.१८५.१–३**

महि त्रीणामवोऽस्तु द्युक्षं मित्रस्यार्यम्णः। दुराधर्षं वरुणस्य ।।१।।
नाहि तेषाममा चन नाध्वसु वारणेषु। ईशे रिपुरघशंसः ।।2।।
यस्मै पुत्रासो अदितेः प्र जीवसे मर्त्याय। ज्योतिर्यच्छन्त्यजस्रम् ।।३।।

३. **आदित्यः – य. ३.३१–३३**

महि त्रीणामवोऽस्तु द्युक्षं मित्रस्या र्यम्णः। दुराधर्षं वरुणस्य ।।३१।।
नहि तेषाममा चन नाध्वसु वारणेषु। ईशे रिपुरघशंसः ।।३2।।

ते हि पुत्रासोऽअदितेः प्र जीवसे मर्त्याय। जयोतिर्यच्छन्त्यजस्रम् ।।३३।।

४. **इन्द्रः (सास्वा.साग्री.) आदित्यः (ऋसर्व. १०.१८५.१) मित्रावरुणौ (सार्षेदी.) – सा. १६2**

महि त्रीणामवरस्तु द्युक्षं मित्रस्यार्यम्णः। दुराधर्षं वरुणस्य ।।८।।

५. **ब्रह्मणस्पतिः – य. ३.३०**

मा नः शंसोऽअररुषो धूर्तिः प्रणङ् मतर्यस्य। रक्षा णो ब्रह्मणस्पते ।।३०।।

७०७. सत्यश्रवा आत्रेयः

१. **उषा – ऋ. ५.७६.१–१०; ५.८०.१–६; सा. १७४०–१७४2**

ऋ. ५.७६.१–१०

महे नो अद्य बोधयोषो राये दिवित्मती ।
यथा चिन्नो अबोधयः सत्यश्रवसि वाय्ये सुजाते अश्वसूनृते ।।१।।
या सुनीथे शौचद्रथे व्यौच्छो दुहितर्दिवः ।
सा व्युच्छ सहीयसि सत्यश्रवसि वाय्ये सुजाते अश्वसूनृते ।।2।।
सा नो अद्याभरद्वसुर्व्युच्छा दुहितर्दिवः ।
यो व्यौच्छः सहीयसि सत्यश्रवसि वाय्ये सुजाते अश्वसूनृते ।।३।।
अभि ये त्वा विभावरि स्तोमैर्गृणान्ति वह्नयः ।
मघैर्मघोनि सुश्रियो दामन्वन्तः सुरातयः सुजाते अश्वसूनृते ।।४।।
यच्चिद्धि ते गणा इमे छदयन्ति मघत्तये ।
परि चिद्वष्टयो दधुर्ददतो राधो अह्रयं सुजाते अश्वसूनृते ।।५।।
ऐषु धा वीरवद्यश उषो मघोनि सूरिषु ।
ये नो राधांस्यह्रया मघवानो अरासत सुजाते अश्वसूनृते ।।६।।
तेभ्यो द्युम्नं बृहद्यश उषो मघोन्या वह ।
ये नो राधंस्यश्व्या गव्या भजन्त सूरयः सुजाते अश्वसूनृते ।।७।।
उत नो गोमतीरिष आ वहा दुहितर्दिवः ।
साकं सूर्यस्य रश्मिभिः शक्रैः शोचद्भिरार्चिभिः सुजाते अश्वसूनृते ।।८।।
व्युच्छा दुहितर्दिवो मा चिरं तनुथा अपः ।
नेत्त्वा स्तेनं यथा रिपुं तपाति सूरो अर्चिषा सुजाते अश्वसूनृते ।।९।।
एतावद्वेदुषस्त्वं भूयो वा दातुमर्हसि ।
या स्तोतृभ्यो विभावर्युच्छन्ती न प्रमीयसे सुजाते अश्वसूनृते ।।१०।।

ऋ. ५.८०.१–६

द्युतद्यामानं बृहतीमृतेन ऋतावरीमरुणप्सुं विभातीम् ।
देवीमुषसं स्वरावहन्तीं प्रति विप्रासो मतिभिर्जरन्ते ।।१।।
एषा जनं दर्शता बोधयन्ती सुगान्पथः कृण्वती यात्यग्रे ।
बृहद्रथा बृहती विश्वमिन्वोषा ज्योतिर्यच्छत्यग्रे अह्नाम् ।।2।।
एषा गोभिररुणेभिर्युजानास्रेधन्ती रयिमप्रायु चक्रे ।
पथो रदन्ती सुविताय देवी पुरुष्टुता विश्ववारा वि भाति ।।३।।
एषा व्येनी भवति द्विबर्हा अविष्कृण्वाना तन्वं पुरस्तात् ।
ऋतस्य पन्थामन्वेति साधु प्रजानतीव न दिशो मिनाति ।।४।।
एषा शुभ्रा न तन्वो विदानोर्ध्वेव स्नाती दृशये नो अस्थात् ।
अप द्वेषो बाधमाना तमांस्युषा दिवो दुहिता ज्योतिषागात् ।।५।।
एषा प्रतीची दुहिता दिवो नृन्योषेव भद्रा नि रिणीते अप्सः ।

व्यूर्ण्वती दाशुषे वार्याणि पुनर्ज्योतिर्युवतिः पूर्वथाकः ।।६।।
सा. १७४०–१७४२
महे नो अद्य बोधयोषो राये दिवित्मती ।
यथा चिन्नो अबोधयः सत्यश्रवसि वाय्ये सुजाते अश्वसूनृते ।।१।।
या सुनीथे शौचद्रथे व्यौच्छो दुहितर्दिवः ।
सा व्युच्छ सहीयसि सत्यश्रवसि वाय्ये सुजाते अश्वसूनृते ।।2।।
सा नो अद्याभरद्वसुर्व्युच्छा दुहितर्दिवः ।
यो व्यौच्छः सहीयसि सत्यश्रवसि वाय्ये सुजाते अश्वसूनृते ।।३।।

७०८. सत्यश्रवा आत्रेयः (साग्री. सास्वा. ऋसर्व.) गोतमः (सार्षेदी.)

१. उषा (साग्री. सास्वा.) अग्निः (सार्षेदी.) – सा. ४२१

महे नो अद्य बोधयोषो राये दिवित्मती ।
यथा चिन्नो अबोधयः सत्यश्रवसि वाय्ये सुजाते अश्वसूनृते ।।३।।

७०९. सदापृण आत्रेयः

१. विश्वेदेवाः – ऋ. ५.४५.१–११

विदा दिवो विष्यन्नद्रिमुक्थैरायत्या उषसो अर्चिनो गुः ।
अपावृत व्रजिनीत्स्वर्गाद्वि दुरो मनुषीर्देव आवः ।।१।।
वि सूर्यो अमतिं न श्रियं सादोर्वाद् गवां माता जानती गात् ।
धन्वर्णसो नद्य१ः खादोअर्णाः स्थूणेव सुमिता दृंहत द्यौः ।।2।।
अस्मा उक्थाय पर्वतस्य गर्भो महीनां जनुषे पूर्व्याय ।
वि पर्वतो जिहीत साधत द्यौराविवासन्तो दसयन्त भूम ।।३।।
सूक्तेभिर्वो वचोभिर्देवजुष्टैरिन्द्रा न्व१ग्नी अवसे हुवध्यै ।
उक्थेभिर्हि ष्मा कवयः सुयज्ञा आविवासन्तो मरुतो यजन्ति ।।४।।
एतो न्व१द्य सुध्यो३ भवाम प्र दुच्छुना मिनवामा वरीयः ।
आरे द्वेषांसि सनुतर्दधामायाम प्रांचो यजमानमच्छ ।।५।।
एता धियं कृणवामा सखायोऽप या माताँ ऋणुत व्रजं गोः ।
यया मनुर्विशिशिप्रं जिगाय यया वणिग्वंकुरापा पुरीषम् ।।६।।
अनूनोदत्र हस्तयतो अद्रिरार्चन्येन दश मासो नवग्वाः ।
ऋतं यती सरमा गा अविन्दद्विश्वानि सत्यांगिराश्चकार ।।७।।
विश्वे अस्या व्युषि महिनायाः सं यद् गोभिरंगिरसो नवन्त ।
उत्स आसां परमे सधस्थ ऋतस्य पथा सरमा विदद् गाः ।।८।।
आ सूर्यो यातु सप्ताश्वः क्षेत्रं यदस्योर्विया दीर्घयाथे ।
रघुः श्येनः पतयदन्धो अच्छा युवा कविर्दीदयद् गोषु गच्छन् ।।९।।
आ सूर्यो अरुहच्छुक्रमर्णोऽयुक्त यद्धरितो वीतपृष्ठाः ।
उद्ना न नावमनयन्त धीरा आशृण्वतीरापो अर्वागतिष्ठन् ।।१०।।
धियं वो अप्सु दधिषे सवर्षां ययातरन्दश मासो नवग्वाः ।
अया धिया स्याम देवगोपा अया धिया तुतुर्यामात्यंहः ।।११।।

७१०. सध्वंसः काण्वः

१. अश्विनौ – ऋ. ८.८.१–२३

आ नो विश्वभिरूतिभिरश्विना गच्छतं युवम्। दस्रा हिरण्यवर्तनी पिबतं सोम्यं मधु ।।१।।
आ नूनं यातमश्विना रथेन सूर्यत्वचा। भुजी हिरण्यपेशसा कवी गम्भीरचेतसा ।।2।।
आ यातं नहुषस्पर्यान्तरिक्षात् सुवृक्तिभिः। पिबाथो अश्विना मधु कण्वानां सवने सुतम् ।।३।।

आ नो यातं दिवस्पर्यान्तरिक्षादधप्रिया। पुत्रः कण्वस्य वामिह सुषाव सोम्यं मधु ।।४।।
आ नो यातमुपश्रुत्यश्विना सोमपीतये। स्वाहा स्तोमस्य वर्धना प्र कवी धीतिभिर्नरा ।।५।।
यच्चिद्धि वां पुर ऋषयो जुहूरेऽवसे नरा। आ यातमश्विना गतमुपेमां सुष्टुतिं मम ।।६।।
दिवश्चिद्रोचनादध्या नो गन्तं स्वर्विदा। धीभिर्वत्सप्रचेतसा स्तोमेभिर्हवनश्रुता ।।७।।
किमन्ये पर्यासतेऽस्मत्स्तोमेभिरश्विना। पुत्रः कण्वस्य वामृषिर्गीर्भिर्वत्सो अवीवृधत् ।।८।।
आ वां विप्र इहावसेऽह्वत्स्तोमेभिरश्विना। अरिप्रा वृत्रहन्तमा ता नो भूतं मयोभुवा ।।९।।
आ यद्वां योषणा रथमतिष्ठद्वाजिनीवसू। विश्वन्यश्विना युवं प्र धीतान्यगच्छतम् ।।१०।।
अतः सहस्रनिर्णिजा रथेना यातमश्विना। वत्सो वां मधुमद्वचोऽशंसीत्काव्यः कविः ।।११।।
पुरुमन्द्रा पुरूवसू मनोतरा रयीणाम्। स्तोमं मे अश्विनाविममभि वह्नी अनूषाताम् ।।१२।।
आ नो विश्वन्यश्विना धत्तं राधांस्यह्रया। कृतं न ऋत्वियावतो मा नो रीरधतं निदे ।।१३।।
यन्नासत्या परावति यद्वा स्थो अध्यम्बरे। अतः सहस्रनिर्णिजा रथेना यातमश्विना ।।१४।।
यो वां नसत्यावृषिर्गीर्भिर्वत्सो अवीवृधत्। तस्मै सहस्रनिर्णिजमिषं धत्तं घृतश्चुतम् ।।१५।।
प्रास्मा ऊर्जं घृतश्चुतमश्विना यच्छतं युवम्। यो वां सुम्नाय तुष्टवद्वसूयाद्दानुनस्पती ।।१६।।
आ नो गन्तं रिशादसेमं स्तोमं पुरुभुजा। कृतं नः सुश्रियो नरेमा दातमभिष्टये ।।१७।।
आ वं विश्वाभिरूतिभिः प्रियमेधा अहूषत। राजन्तावध्वराणामश्विना यामहूतिषु ।।१८।।
आ नो गन्तं मयोभुवाश्विना शम्भुवा युवम्। यो वां विपन्यू धीतिभिर्गीर्भिर्वत्सो अवीवृधत् ।।१९।।
याभिः कण्वं मेधातिथिं याभिर्वशं दशव्रजम्। याभिर्गोशर्यमावतं ताभिर्नोऽवतं नरा ।।२०।।
याभिर्नरा त्रसदस्युमावतं कृत्व्ये धने। ताभिः ष्व१स्माँ अश्विना प्रावतं वाजसातये ।।२१।।
प्र वां स्तोमाः सुवृक्तयो गिरो वर्धन्त्वश्विना। पुरुत्रा वृत्रहन्तमा ता नो भूतं पुरुस्पृहा ।।२२।।
त्रीणि पदान्यश्विनोराविः सान्ति गुहा परः। कवी ऋतस्य पत्मभिरर्वाग्जीवेभ्यस्परि ।।२३।।

७११. सध्रिर् वैरुपो धर्मोगवा तापसः

१. विश्वेदेवाः – ऋ. १०.११४.१–१०

घर्मा समन्ता त्रिवृतं व्यापतुस्तयोर्जुष्टिं मातरिश्वा जगाम ।
दिवस्पयो दिधिषाणा अवेषन्विदुर्देवाः सहसामानमर्कम् ।।१।।
तिस्रो देष्ट्राय निर्ऋतीरुपासते दीर्घश्रुतो वि हि जानन्ति वह्नयः ।
तासां नि चिक्युः कवयो निदानं परेषु या गुह्येषु व्रतेषु ।।२।।
चतुष्कपर्दा युवतिः सुपेशा घृतप्रतीका वयुनानि वस्ते ।
तस्यां सुपर्णा वृषणा नि षेदतुर्यत्र देवा दधिरे भागधेयम् ।।३।।
एकः सुपर्णः स समुद्रमा विवेश स इदं विश्वं भुवनं वि चष्टे ।
तं पाकेन मनसापश्यमन्तितस्तं माता रेळिह स उ रेळिह मातरम् ।।४।।
सुपर्णं विप्राः कवयो वचोभिरेकं सन्तं बहुधा कल्पयन्ति ।
छन्दांसि च दधतो अध्वरेषु ग्रहान्त्सोमस्य मिमते द्वादश ।।५।।
षट्त्रिंशाँश्च चतुरः कल्पयन्तश्छन्दांसि च दधत आद्वादशम् ।
यज्ञं विमाय कवयो मनीष ऋक्सामाभ्यां प्र रथं वर्तयन्ति ।।६।।
चतुर्दशान्ये महिमानो अस्य तं धीरा वाचा प्र णयन्ति सप्त ।
आप्नानं तीर्थं क इह प्र वोचद्येन पथा प्रपिबन्ते सुतस्य ।।७।।
सहस्रधा पंचदशान्युक्था यावद् द्यावापृथिवी तावदित्तत् ।
सहस्रधा महिमानः सहस्रं यावद् ब्रह्म विष्ठितं तावती वाक् ।।८।।
कश्छन्दसां योगमा वेद धीरः को धिष्ण्यां प्रति वाचं पपाद ।
कमृत्विजामष्टमं शूरमाहुर्हरी इन्द्रस्य नि चिकाय कः स्वित् ।।९।।
भूम्या अन्तं पर्येके चरन्ति रथस्य धूर्षु युक्तासो अस्थुः ।

श्रमस्य दायं वि भजन्त्येभ्यो यदा यमो भवति हर्म्ये हितः ।।१०।।

७१२. सप्तर्षयः

१. **अग्निः – य. १७.७६; ८७**

य. १७.७६

सप्त तेऽअग्ने समिधः सप्त जिह्वाः सप्तऽऋषयः सप्त धाम प्रियाणि ।
सप्त होत्राः सप्तधा त्वा यजन्ति सप्त योनीरापृणस्व घृतेन स्वाहा।।७६।।

य. १७.८७

इमं स्तनमूर्जस्वन्तं धयापां प्रपीनमग्ने सरिरस्य मध्ये ।
उत्सं जुषस्व मधुमन्तमर्वन्तसमुद्रियं सदनमाविशस्व ।।८७।।

2. **चातुर्मास्यामरुतः – य. १७.८५**

स्वतवाँश्च प्रघासी च सान्तपनश्च गृहमेधी च। क्रीडी च शाकी चोज्जेषी ।।८५।।

३. **पवमानः सोमः – ऋ. ९.१०७.१–२६; सा. ५११–५22; ६७५–६७६; ७६७–७६८; ८५६–८५८; ६22–६2३; ६६७–६६८; १०७६–१०८०; १३१३–१३१५; १६८६–१६६०**

ऋ. ९.१०७.१–2६

परीतो षिंचता सुतं सोमो य उत्तमं हविः ।
दधन्वाँ यो नर्यो अप्स्वन्तरा सुषाव सोममद्रिभिः ।।१।।
नूनं पुनानोऽविभिः परि स्रवादब्धः सुरभिंतरः ।
सुते चित्त्वाप्सु मदामो अन्धसा श्रीणन्तो गोभिरुत्तरम् ।।2।।
परि सुवानश्चक्षसे देवमादनः क्रतुरिन्दुर्विचक्षणः ।।३।।
पुनानः सोम धारयापो वसानो अर्षसि ।
आ रत्नधा योनिमृतस्य सीदस्युत्सो देव हिरण्ययः ।।४।।
दुहान ऊधर्दिव्यं मधु प्रियं प्रत्नं सधस्थमासदत् ।
आपृच्छ्यं धरुणं वाज्यर्षति नृभिर्धूतो विचक्षणः ।।५।।
पुनानः सोम जागृविरव्यो वारे परि प्रियः ।
त्वं विप्रो अभवोऽङगिरस्तमो मध्वा यज्ञं मिमिक्ष नः ।।६।।
सोमो मीढ्वान्पवते गातुवित्तम ऋषिर्विप्रो विचक्षणः ।
त्वं कविरभवो देववीतम आ सूर्यं रोहयो दिवि ।।७।।
सोम उ षुवाणः सोतृभिरधि ष्णुभिरवीनाम् ।
अश्वयेव हरिता याति धारया मन्द्रया याति धारया ।।८।।
अनूपे गोमान्गोभिरक्षाः सोमो दुग्धाभिरक्षाः ।
समुद्रं न संवरणान्यग्मन्मन्दी मदाय तोशते ।।६।।
आ सोम सुवानो अद्रिभिस्तिरो वाराण्यव्यया ।
जनो न पुरि चम्वोर्विशद्धरिः सदो वनेषु दधिषे ।।१०।।
स मामृजे तिरो अण्वानि मेष्यो मीळहे सप्तिर्न वाजयुः ।
अनुमाद्यः पवमानो मनीषिभिः सोमो विप्रेभिर्ऋक्वभिः ।।११।।
प्र सोम देववीतये सिन्धुर्न पिप्ये अर्णसा ।
अंशोः पयसा मदिरो न जागृविरच्छा कोशं मधुश्चुतम् ।।१2।।
आ हर्यतो अर्जुने अत्के अव्यत प्रियः सूनुर्न मर्ज्यः ।
तमीं हिन्वन्त्यपसो यथा रथं नदीष्वा गभस्त्योः ।।१३।।
अभि सोमाय आयवः पवन्ते मद्यं मदम् ।
समुद्रस्याधि विष्टपि मनीषिणो मत्सरासः स्वर्विदः ।।१४।।
तरत्समुद्रं पवमान ऊर्मिणा राजा देव ऋतं बृहत् ।

अर्षन्मित्रस्य वरुणस्य धर्मणा प्र हिन्वान ऋतं बृहत् ।।१५।।
नृभिर्येमानो हर्यतो विचक्षणो राजा देवः समुद्रियः ।।१६।।
इन्द्राय पवते मदः सोमो मरुत्वते सुतः ।
सहस्रधारो अत्यव्यमर्षति तमी मृजन्त्यायवः ।।१७।।
पुनानश्चमू जनयन्मतिं कविः सोमो देवेषु रण्यति ।
अपो वसानः परि गोभिरुत्तर सीदन्वनेष्वव्यत ।।१८।।
तवाहं सोम रारण सख्य इन्दो दिवेदिवे ।
पुरूणि बभ्रो नि चरन्ति मामव परिधीँरति ताँ इहि ।।१९।।
उताहं नक्तमुत सोम ते दिवा सख्याय बभ्र ऊधनि ।
घृणा तपन्तमति सूर्यं परः शकुनाइव पप्तिम ।।20।।
मृज्यमानः सुहस्त्य समुद्रे वाचमिन्वसि ।
रयिं पिशंगं बहुलं पुरुस्पृहं पवमानाभ्यर्षसि ।।21।।
मृजानो वारे पवमानो अव्यये वृषाव चक्रदो वने ।
देवानां सोम पवमान निष्कृतं गोभिरंजानो अर्षसि ।।22।।
पवस्व वाजसातयेऽभि विश्वानि काव्या ।
त्वं समुद्रं प्रथमो वि धारयो देवेभ्यः सोम मत्सरः ।।23।।
स तू पवस्व परि पार्थिवं रजो दिव्या च सोम धर्मभिः ।
त्वां विप्रासो मतिभिर्विचक्षा शुभ्रं हिन्वन्ति धीतिभिः ।।24।।
पवमाना असृक्षत पवित्रमति धारया ।
मरुत्वन्तो मत्सरा इन्द्रिया हया मेधामभि प्रयांसि च ।।25।।
अपो वसानः परि कोशमर्षतीन्दुर्हियानः सोतृभिः ।
जनयंजयोतिर्मन्दना अवीवशद्गाः कृण्वानो न निर्णिजम् ।।26।।

सा. ५११–५22

पुनानः सोम धारयापो वसानो अर्षसि ।
आ रत्नधा योनिमृतस्य सीदस्युत्सो देवो हिरण्ययः ।।१।।
परीतो षिंचता सुतं सोमो य उत्तमं हविः ।
दधन्वानयो नर्यो अप्स्वा३न्तरा सुषाव सोममद्रिभिः ।।2।।
आ सोम स्वानो अद्रिभिस्तिरो वाराण्यव्यया ।
जनो न पुरि चम्वोर्विशद्धरिः सदो वनेषु दध्रिषे ।।३।।
प्र सोम दीववीतये सिन्धुर्न पिप्ये अर्णसा ।
अंशोः पयसा मदिरो न जागृविरच्छा कोशं मधुश्चुतम् ।।४।।
सोम उ ष्वाणः सोतृभिरधि ष्णुभिरवीनाम् ।
अश्वयेव हरिता याति धारया मन्द्रया याति धारया ।।५।।
तवाहं सोम रारण सख्य इन्दो दिवेदिवे ।
पुरूणि बभ्रो नि चरन्ति मामव परिधीँ रति ताँ इहि ।।६।।
मृज्यमानः सुहस्त्या समुद्रे वाचमिन्वसि ।
रयिं पिशंगं बहुलं पुरुस्पृहं पवमानाभ्यर्षसि ।।७।।
अभि सोमास आयवः पवन्ते मद्यं मदम् ।
समुद्रस्याधि विष्टपे मनीषिणो मत्सरासो मदच्युतः ।।८।।
पुनानः सोम जागृविरव्या वारैः परि प्रियः ।
त्वं विप्रो अभवोऽंगिरस्तम मध्वा यज्ञं मिमिक्ष णः ।।९।।
इन्द्राय पवते मदः सोमो मरुत्वते सुतः ।

सहस्रधारो अत्यव्यमर्षति तमी मृजन्त्यायवः ।।१०।।
पवस्व वाजसातमोऽभि विश्वानि वार्या ।
त्वं समुद्रः प्रथमे विधर्मन् देवेभ्यः सोम मत्सरः ।।११।।
पवमाना असृक्षत पवित्रमति धारया ।
मरुत्वन्तो मत्सरा इन्द्रिया हया मेधामभि प्रयांसि च ।।१२।।

सा. ६७५–६७६

पुनानः सोम धारयापो वसानो अर्षसि ।
आ रत्नधा योनिमृतस्य सीदस्युत्सो देवो हिरण्ययः ।।१।।
दुहान ऊधर्दिव्यं मधु प्रियं प्रत्नं सधस्थमासदत् ।
आपृच्छ्यं धरुणं वाज्यर्षसि नृभिर्धौतो विचक्षणः ।।2।।

सा. ७६७–७६८

प्र सोम देववीतये सिन्धुर्न पिप्ये अर्णसा ।
अंशोः पयसा मदिरो न जागृविरच्छा कोशं मधुश्चुतम् ।।१।।
आ हर्यतो अर्जुनो अत्के अव्यत प्रियः सूनुर्न मर्ज्यः ।
तमीं हिन्वन्त्यपसो यथा रथं नदीष्वा गभस्त्योः ।।2।।

सा. ८५६–८५८

भि सोमास आयवः पवन्ते मद्यं मदम् ।
समुद्रस्याधि विष्टपे मनीषिणो मत्सरासो मदच्युतः ।।१।।
तरत्समुद्रं पवमान ऊर्मिणा राजा देव ऋतं बृहत् ।
अर्षा मित्रस्य वरुणस्य धर्मणा प्र हिन्वान ऋतं बृहत् ।।2।।
नुभिर्येमाणो हर्यतो विचक्षणो राजा देवः समुद्र्यः ।।३।।

सा. ६22–६2३

तवाहं सोम रारण सख्य इन्द्रो दिवेदिवे ।
पुरूणि बभ्रो नि चरन्ति मामव परिधीं रति ताँ इहि ।।१।।
तवाहं नक्तमुत सोम ते दिवा दुहानो बभ्र ऊधनि ।
घृणा तपन्तमति सूर्यं परः शकुना इव पप्तिम ।।2।।

सा. ६६७–६६८

सोम उ ष्वाणः सोतृभिरधि ष्णुभिरवीनाम् ।
अश्वयेव हरिता याति धारया मन्द्रया याति धारया ।।१।।
अनूपे गोमान् गोभिरक्षाः सोमो दुग्धाभिरक्षाः ।
समुद्रं न संवरणान्यग्मन्मन्दी मदाय तोशते ।।2।।

सा. १०७६–१०८०

मृज्यमानः सुहस्त्या समुद्रे वाचमिन्वसि ।
रयिं पिशंगं बहुलं पुरुस्पृहं पवमानाभ्यर्षसि ।।१।।
पुनानो वारे पवमानो अव्यये वृषो अचिक्रदद्वने ।
देवानां सोम पवमान निष्कृतं गोभिरंजानो अर्षसि ।।2।।

सा. १३१३–१३१५

परीतो षिंचता सुतं सोमो य उत्तमं हविः ।
दधन्वाँ यो नर्यो अप्स्वा३ऽन्तरा सुषाव सोममद्रिभिः ।।१।।
नूनं पुनानोऽविभिः परि स्रवादब्धः सुरभिंतरः ।
सुते चित्वाप्सु मदामो अंधसा श्रीणन्तो गोभिरुत्तरम् ।।2।।
परि स्वानश्चक्षसे देवमादनः क्रतुरिन्दुर्विचक्षणः ।।३।।

स. १६८६–१६६०

आ सोम स्वानो अद्रिभिस्तिरो वाराण्यव्यया ।
जनो न पुरि चम्वोर्विशद्धरिः सदो वनेषु दध्रिषे ।।१।।
स मामृजे तिरो अण्वानि मेष्यो मीढ्वांत्सप्तिर्न वाजयुः ।
अनुमाद्यः पवमानो मनीषिभिः सोमो विप्रेभिर्ऋक्वभिः ।।2।।

४. **मरुतः – य. १७.८०–८४; ८६**

य. १७.८०–८४

शुक्रज्योतिश्च चित्रज्योतिश्च सत्यज्योतिश्च ज्योतिष्माँश्च। शुक्रश्चऽऋतपाश्चात्यंहाः ।।८०।।
ईदृङ् चान्यादृङ् च सदृङ् च प्रतिसदृङ् च। मितश्च संमितश्च सभराः ।।८१।।
ऋतश्च सत्यश्च ध्रुवश्च धरुणश्च। धर्त्ता च विधर्त्ता च विधारयः ।।८2।।
ऋतजिच्च सत्यजिच्च सेनजिच्च सुषेणश्च। अन्तिमित्रश्च दूरेऽअमित्रश्च गणः ।।८३।।
ईदृक्षासएतादृक्षास ऊ षु णः सदृक्षासः प्रतिसदृक्षासऽएतन ।
मितासश्च सम्मितासो नोऽअद्य सभरसो मरुतो यज्ञेऽअस्मिन् ।।८४।।

य. १७.८६

इन्द्रं दैवीर्विशो मरुतोऽनुवर्त्मानोऽभवन्यथेन्द्रं दैवीर्विशो मरुतोऽनुवर्त्मानोऽभवन् । एवमिमं यजमानं
दैवीश्च विशो मानुषीश्चानुवर्त्मानो भवन्तु ।।८६।।

७१३. सप्तर्षयः एकर्चाः

१. **विश्वेदेवाः – ऋ. १०.१३७.१–७**

उत देवा अवहितं देवा उन्नयथा पुनः ।
उतागश्चक्रुषं देवा देवा जीवयथा पुनः ।।१।।
द्वाविमौ वातौ वात आ सिन्धोरा परावतः ।
दक्षं ते अन्य आ वातु परान्यो वातु यद्रपः ।।2।।
आ वात वाहि भेषजं वि वात वाहि यद्रपः ।
त्वं हि विश्वभेषजो देवानां दूत ईयसे ।।३।।
आ त्वागमं शन्तातिभिरथो अरिष्टतातिभिः ।
दक्षं ते भद्रमाभार्षं परा यक्ष्मं सुवामि ते ।।४।।
त्रायन्तामिह देवास्त्रायतां मरुतां गणः ।
त्रायन्तां विश्वा भूतानि यथायमरपा असत् ।।५।।
आप इद्वा उ भेषजीरापो अमीवचातनीः ।
आपः सर्वस्य भेषजीस्तास्ते कृण्वन्तु भेषजम् ।।६।।
हस्ताभ्यां दशशाखाभ्यां जिह्वा वाचः पुरोगवी ।
अनामयित्नुभ्यां त्वा ताभ्यां त्वोप स्पृशामसि ।।७।।

७१४. सप्तगुः

१. **इन्द्रो वैकुण्ठः – ऋ. १०.४७.१–८**

जगृम्भा ते दक्षिणमिन्द्र हस्तं वसूयवो वसुपते वसूनाम् ।
विद्मा हि त्वा गोपतिं शूर गोनामस्मभ्यं चित्रं वृषणं रयिं दाः ।।१।।
स्वायुधं स्ववसं सुनीथं चतुःसमुद्रं धरुणं रयीणाम् ।
चर्कृत्यं शंस्यं भुरिवारमस्मभ्यं चित्रं वृषणं रयिं दाः ।।2।।
सुब्रह्माणं देववन्तं बृहन्तमुरुं गभीरं पृथुबुध्नमिन्द्र ।
श्रुतऋषिमुग्रमभिमातिषाहमस्मभ्यं चित्रं वृषणं रयिं दाः ।।३।।
सनद्वाजं विप्रवीरं तरुत्रं धनस्पृतं शूशुवांसं सुदक्षम् ।
दस्युहनं पूर्भिदमिन्द्र सत्यमस्मभ्यं चित्रं वृषणं रयिं दाः ।।४।।

अश्वावन्तं रथिनं वीरवन्तं सहस्रिणं शतिनं वाजमिन्द्र ।
भद्रव्रातं विप्रवीरं स्वर्षामस्मभ्यं चित्रं वृषणं रयिं दाः ।।५।।
प्र सप्तगुमृतधीतिं सुमेधां बृहस्पतिं मतिरच्छा जिगाति ।
य आंगिरसो नमसोपसद्योऽस्मभ्यं चित्रं वृषणं रयिं दाः ।।६।।
वनीवानो मम दूतास इन्द्रं स्तोमाश्चरन्ति सुमतीरियानाः ।
हृदिस्पृशो मनसा वच्यमाना अस्मभ्यं चित्रं वृषणं रयिं दाः ।।७।।
यत्त्वा यामि दद्धि तन्न इन्द्र बृहन्तं क्षयमसमं जनानाम् ।
अभि तद् द्यावापृथिवी गृणीतामस्मभ्यं चित्रं वृषणं रयिं दाः ।।८।।

७१५. सप्तगुरांगिरसः

१. इन्द्रः – सा. ३१७

जगृह्मा ते दक्षिणमिन्द्र हस्तं वसूयवो वसुपते वसूनाम् ।
विद्मा हि त्वा गोपतिं शूर गोनामस्मभ्यं चित्रं वृषणं रयिं दाः ।।५।।

७१६. सप्तवध्रिर् आत्रेयः

१. अश्विनौ – ऋ. ५.७८.१–६

अश्विनावेह गच्दतं नासत्या मा वि वेनतम् । हंसाविव पततमा सुताँ उप ।।१।।
अश्विना हरिणाविव गौराविवानु यवसम्। हंसाविव पततमा सुताँ उप ।।2।।
अश्विना वाजिनीवसू जुषेथां यज्ञमिष्टये । हंसाविव पततमा सुताँ उप ।।३।।
अत्रिर्यद्वामवरोहन्नृबीसमजोहवीन्नाधमानेव योषा ।
श्येनस्य चिज्जवसा नूतनेनागच्छतमश्विना शंतमेन ।।४।।
वि जिहीष्व वनस्पते योनिः सूष्यन्त्या इव ।
श्रुतं मे अश्विना हवं सप्तवध्रिं च मुंचतम् ।।५।।
भीताय नाधमानाय ऋषये सप्तवध्रये ।
मायाभिरश्विना युवं वृक्षं सं च वि चाचथः ।।६।।
यथा वातः पुष्करिणीं समिंगयति सर्वतः ।
एवा ते गर्भ एजतु निरैतु दशमास्यः ।।७।।
यथा वातो यथा वनं यथा समुद्र एजति ।
एवा त्वं दशमास्य सहावेहि जरायुणा ।।८।।
दश मासांछशयानः कुमारो अधि मातरि ।
निरैतु जीवो अक्षतो जीवो जीवन्त्या अधि ।।९।।

७१७. सप्रथो भारद्वाजः

१. विश्वेदेवाः – ऋ. १०.१८१.2

अविन्दन्ते अतिहितं यदासीद्यज्ञस्य धाम परमं गुहा यत् ।
धातुर्द्युतानात्सवितुश्च विष्णोर्भरद्वाजो बृहदा चक्रे अग्नेः ।।2।।

७१८. सरमा देवशुनी

१. पणयः – ऋ. १०.१०८.2; ४; ६; ८; १०; ११

ऋ. १०.१०८.2

इन्द्रस्य दूतिरिषिता चरामि मह इच्छन्ती पणयो निधीन्वः ।
अतिष्कदो भियसा तन्न आवत्तथा रसाया अतरं पयांसि ।।2।।

ऋ. १०.१०८.४

नाहं तं वेद दभ्यं दभत्स यस्येदं दूतीरसरं पराकात् ।

न तं गूहन्ति स्रवतो गभीरा हता इन्द्रेण पणयः शयध्वे ।।४।।

ऋ. १०.१०८.६

असेन्या वः पणवो वचांस्यनिषव्यास्तन्वः सन्तु पापीः ।
अधृष्टो व एतवा अस्तु पनथा बृहस्पतिर्व उभया न मृळात् ।।६।।

ऋ. १०.१०८.८

एह गमन्नृषयः सोमशिता अयास्यो अंगिरसो नवग्वाः ।
त एतमूर्वं वि भजन्त गोनामथैतद्वचः पणयो वमन्नित् ।।८।।

ऋ. १०.१०८.१०–११

नाहं वेद भ्रातृत्वं नो स्वसृत्वमिन्द्रो विदुरंगिरसश्च घोराः ।
गोकामा मे अच्छदयन्यदायमपात इत पण्यो वरीयः ।।१०।।
दूरमित पणयो वरीय उद्गावो यन्तु मिनतीर्ऋतेन ।
बृहस्पतिर्या अविन्दन्निगूळहाः सोमो ग्रावाण ऋषयश्च विप्राः ।।११।।

७१६. सरस्वती

१. अग्निः – य. २८.२४; ३४

य. २८.२४

होता यक्षत्समिधानं महद्यशः सुममिद्धं वरेण्यमग्निमिन्द्रं वयोधसम् ।
गायत्रीं छनदऽइन्द्रियं त्र्यविं गां वयो दधद्वेत्वाज्यस्य होतर्यज ।।२४।।

य. २८.३४

होता यक्षत् स्वाहाकृतीरग्निं गृहपतिं पृथग्वरुणं भेषजं कविं क्षत्रमिन्द्रं वयोधसम् । अतिच्छन्दसं छन्दऽइन्द्रियं बृहदृषभं गां वयो दधद्व्यन्त्वाज्यस्य होतर्यज ।।३४।।

2. अश्विनौ – य. २८.३०

होता यक्षत्प्रचेतसा देवानामुत्तमं यशो होतारा दैव्या कवी सयुजेन्द्रं वयोधसम् ।
जगतीं छन्दऽइन्द्रियमनड्वाहं गां वयो दधद्वीतामाज्यस्य होतर्यज ।।३०।।

३. अहोरात्रे – य. २८.२६

होता यक्षत्सुपेषसा सुशिल्पे बृहतीऽउभे नक्तोषासा न दर्शते विश्वमिन्द्रं वयोधसम् ।
त्रिष्टुभं छन्दऽइहन्द्रियं पष्ठवाहं गां वयो दधद्वीतामाज्यस्य होतर्यज ।।२६।।

४. इन्द्रः – य. २८.२५–२८; ३2; ३३; ३५–४६

य. २८.२५–२८

होता यक्षत्तनूनपातमुद्भिदं यं गर्भमदितिर्दधे शुचिमिन्द्रं वयोधसम् ।
उष्णिहं छन्दऽइन्द्रियं दित्यवाहं गां वयो दधद्वेत्ववाज्यस्य होतर्यज ।।२५।।
होता यक्षदीडेन्यमीडितं वृत्रहन्तममिडाभिरीड्यं सहः सोममिन्द्रं वयोधसम् ।
अनुष्टुभं छन्दऽइन्द्रियं पंचाविं गां वयो दधद्वेत्वाज्यस्य होतर्यज ।।२६।।
होता यक्षत्सुबीर्हषं पूषण्वन्तममर्त्यं सीदन्तं बर्हिषि प्रिये ऽमृतेन्द्रं वयोधसम् ।
बृहतीं छन्दऽइन्द्रियं त्रिवत्सं गां वयो दधद्वेत्वाज्यस्य होतर्यज ।।२७।।
होता यक्षद्व्यचस्वतीः सुप्रायणाऽऋतावृधो द्वारो देवीर्हिरण्ययीर्ब्रह्मणमिन्द्रं वयोधसम् ।
पङक्ति छन्दऽइहेन्द्रियं तुर्यवाहं गां वयो दधद्व्यन्त्वाज्यस्य होतर्यज ।।२८।।

य. २८.३2–३३

होता यक्षत्सुरेतसं त्वष्टारं पुष्टिवर्द्धनं रूपाणि बिभ्रतं पृथक् पुष्टिमिन्द्रं वयोधसम् ।
द्विपदं छन्दऽइन्द्रियमुक्षाणं गां न वयो दधद्वेत्वाज्यस्य होतर्यज ।।३2।।
होता यक्षद्वनस्पतिं शमितारं शतक्रतुं हिरण्यपर्णमुक्थिनं रशनां बिभ्रतं वशिं भगमिन्द्रं वयोधसम्।
ककुभं छन्दऽइहेन्द्रियं वशां वेहतं गां वयो दधद्वेत्वाज्यस्य होतर्यज ।।३३।।

य. २८.३५–४६

देवं बर्हिर्वयोधसं देवमिन्द्रमवर्द्धयत्।
गायत्र्या छन्दसेन्द्रियं चक्षुरिन्द्रे वयो दधद्वसुवने वसुधेयस्य वेतु यज ।।३५।।
देवीर्द्वारो वयोधसं शुचिमिन्द्रमवर्द्धयन्।
उष्णिहा छन्दसेन्द्रियं प्राणमिन्द्रे वयो दधद्वसुवने वसुधेयस्य व्यन्तु यज ।।३६।।
देवीऽउषासानक्त देवमिन्द्रं वयोधसं देवीदेवमवर्द्धताम्।
अनुष्टुभा छन्दसेन्द्रियं बलमिन्द्रे वयो दधद्वसुवने वसुधेयस्य वीतां यज ।।३७।।
देवी जोष्ट्री वसुधिती देवमिन्द्रं वयोधसं देवी दवमवर्द्धताम्।
बृहत्या छन्दसेन्द्रियं श्रोत्रमिन्द्रे वयो दधद्वसुवने वसुधेयस्य वीतां यज।।३८।।
देवीऽऊर्जाहुती दुघे सुदुघे पयसेन्द्रं वयोधसं देवी देवमवर्द्धताम्।
पङ्क्त्या छनदसेन्द्रियं शुक्रमिन्द्रे वयो दधद्वसुवने। वसुधेयस्य वीतां यज ।।३९।।
देवा दैव्या होतारा देवमिन्द्रं वयोधसं देवौ देवमवर्द्धताम्।
त्रिष्टुभा छन्दसेन्द्रियं त्विषिमिन्द्रे वयो दधद्वसुवने वसुधेयस्य वीतां यज ।।४०।।
देवीस्तिस्रस्तिस्रो देवीर्वयोधसं पतिमिन्द्रमवर्द्धयन्।
जगत्या छन्दसेन्द्रियं शूषमिन्द्रे वयो दधद्वसुवने वसुधेयस्य व्यन्तु यज ।।४१।।
देवो नराशंसो देवमिन्द्रं वयोधसं देवो देवमवर्द्धयत्।
विराजा छन्दसेन्द्रियं रूपमिन्द्रे वयो दधद्वसुवने वसुधेयस्य वेतु यज।।४2।।
देवो वनस्पतिर्देवमिन्द्रं वयोधसं देवो देवमवर्द्धयत्।
द्विपदा छन्दसेन्द्रियं भगमिन्द्रे वयो दधद्वसुवने वसुधेयस्य वेतु यज ।।४३।।
देवं बर्हिर्वारितीनां देवमिन्द्रं वयोधसं देवं देवमवर्द्धयत्।
ककुभा छन्दसेन्द्रियं यशऽइन्द्रे वयो दधद्वसुवने वसुधेयस्य वेतु यज ।।४४।।
देवोऽअग्निः स्विष्टकृद्देवमिन्द्रं वयोधसं देवो देवमवर्द्धयत्।
अतिच्छन्दसा छनदसेन्द्रियं क्षत्रमिन्द्रे वयो दधद्वसुवने वसुधेयस्य वेतु यज ।।४५।।
अग्निमद्य होतारमवृणीतायं यजमानः पचन् पक्तीः पचन् पुरोडाशं बध्नन्निन्द्राय वयोधसे छागम्।
सूपस्थाऽअद्य देवो वनस्पतिरभवदिन्द्राय वयोधसे छागेन ।
अघत्तं मेदस्तः प्रतिपचताग्रभीदवीवृधत्पुरोडाशेन त्वामद्यऽऋषे ।।४६।।

५. वाण्यः – य. २८.३१

होता यक्षत्पेशस्तीस्तिस्रो देवीर्हिरण्ययीर्भारतीबृहतीर्महीः पतिमिन्द्रं वयोधसम् । विराजं
छन्दऽइहेन्द्रियं धेनुं गां न वयो दधद्वचन्त्वाज्यस्य होतर्यज ।।३१।।

७20. सविता

१. क्षेत्रपतिः – य. १३.2६

अषाढासि सहमाना सहस्वारातीः सहस्व पृतनायतः। सहस्रवीर्य्यासि सा मा जिन्व ।।2६।।

2. पशवः – अ. 2.2६.१–५

एह यन्तु पशवो ये परेयुर्वायुर्येषां सहचारं जुजोष ।
त्वष्टा येषां रूपधेयानि वेदास्मिन् तान् गोष्ठे सविता नि यच्छतु ।।१।।
इमं गोष्ठं पशवः सं स्रवन्तु बृहस्पतिरा नयतु प्रजानन् ।
सिनीवाली नयत्वाग्रमेषामाजग्मुषो अनुमते नि यच्छ ।।2।।
सं सं स्रवन्तु पशवः समश्वाः समु पूरुषाः ।
सं धान्यस्य या स्फातिः संस्राव्येण हविषा जुहोमि ।।३।।
सं सिंचामि गवां क्षीरं समाज्येन बलं रसम् ।
संसिक्ता अस्माकं वीरा ध्रुवा गावो मयि गोपतौ ।।४।।
आ हरामि गवां क्षीरमाहार्षं धान्यं१ रसम् ।

Vedic Concordance of Mantras as per Ṛṣi and Devatā 429

आह्वता अस्माकं वीरा आ पत्नीरिदमस्तकम् ।।५।।

७21. सविताः (पुष्टिकामः)

१. औदुम्बरमणिः – अ. १६.३१.१–१४

औदुम्बरेण मणिना पुष्टिकामाय वेधसा ।
पशूनां सर्वेषं स्फातिं गोष्ठे मे सविता करत् ।।१।।
यो नो अग्निर्गार्हपत्यः पशूनामधिपा असत् ।
औदुम्बरो वृषा मणिः स मा सृजतु पृष्ट्या ।।2।।
करीषिणीं लवतीं स्वधामिरां च नो गृहे ।
औदुम्बरस्य तेजसा धाता पुष्टिं दधातु मे ।।३।।
यद् द्विपाच्च चतुष्पाच्च यान्यन्नानि ये रसाः ।
गृह्णे३ हं त्वेषां भूमानं बिभ्रदौदुम्बरं मणिम् ।।४।।
पुष्टिं पशूना परि जग्रभाहं चतुष्पदां द्विपदां यच्च धान्यम् ।
पयः पशूनां रसमोषधीनां बृहस्पतिः सविता मे नि यच्छात् ।।५।।
अहं पशूनामधिपा असानि मयि पुष्टं पुष्टपतिर्दधातु ।
मह्यमौदुम्बरो मणिर्द्रविणानि नि यच्छतु ।।६।।
उप मौदुम्बरो मणिः प्रजया च धनेन च ।
इन्द्रेण जिन्वितो मणिरा मागन्त्सह वर्चसा ।।७।।
देवो मणिः सपत्नहा धनसा धनसातये ।
पशोरन्नस्य भूमानं गवां स्फातिं नि यच्छतु ।।८।।
यथाग्रे त्वं वनस्पते पुष्ट्या सह जज्ञिषे ।
एवा धनस्य मे स्फातिमा दधातु सरस्वती ।।६।।
सिनीवाल्युपा वहादयं चौदुम्बरो मणिः ।।१०।।
त्वं मणीनामधिपा वृषासि त्वयि पुष्टं पुष्टपतिर्जजान ।
त्ययीमे वाजा द्रविणानि सर्वौदुम्बरः स त्वमस्मत् सहस्वारादरातिममतिं क्षुधं च ।।११।।
ग्रामणीरसि ग्रामणीरुत्थायाभिषिक्तोऽभि मा सिंच वर्चसा ।
तेजोऽसि तेजो मयि धारयाधि रयिरसि रयिं मे धेहि ।।१2।।
पृष्टिरसि पुष्ट्या मा समङ्ग्धि गृहमेधी गृहपतिं मा कृणु ।
औदुम्बरः स त्वमस्मासु धेहि रयिं च नः सर्ववीरं नि यच्छा रायस्पोषाय प्रति मुंचे अहं त्वाम् ।।१३।।
अयमौदुम्बरो मणिर्वीरो वीराय बध्यते ।
स नः सनिं मधुमतीं कृणोतु रयिं च नः सर्ववीरं नि यच्छात् ।।१४।।

७22. सव्यः

१. इन्द्रः – अ. 20.2१.१–११

न्यू३षु वाचं प्र महे भरामहे गिर इन्द्राय सदने विवस्वतः ।
नू चिद्धि रत्नं ससमतामिवाविदन्न दुष्टुतिर्द्रविणोदेषु शस्यते ।।१।।
दुरो अश्वस्य दुर इन्द्र गोरसि दुरो यवस्य वसुन इनस्पतिः ।
शिक्षानरः प्रदिवो अकामकर्शनः सखा सखिभ्यस्तमिदं गृणीमसि ।।2।।
शचीव इन्द्र पुरुकृद्द्युमत्तम तवेदिदमभितश्चेकिते वसु ।
अतः संगृभ्याभिभूत आ भर मा त्वायतो जरितुः काममूनयीः ।।३।।
एभिर्द्युभिः सुमना एभिरिन्दुभिर्निरुन्धानो अमतिं गोभिरश्विना ।
इन्द्रेण दस्युं दरयन्त इन्दुभिर्युतद्वेषसः समिषा रभेमहि ।।४।।

समिन्द्र राया समिषा रभेमहि सं वाजेभिः पुरुश्चन्द्रैरभिद्युभिः ।
सं देव्या प्रमत्या वीरशुष्मया गोअग्रयाश्वावत्या रभेमहि ।।५।।
ते त्वा मदा अमदन्तानि वृष्ण्या ते सोमासो वृत्रहत्येषु सत्पते ।
यत्कारवे दश वृत्राण्यप्रति बर्हिष्मते नि सहस्राणि बर्हयः ।।६।।
युधा युधमुप घेदेषि धृष्णुया पुरा पुरं समिदं हंस्योजसा ।
नम्या यदिन्द्र सख्या परावति निबर्हयो नमुचिं नाम मायिनम् ।।७।।
त्वं करंजमुत पर्णयं वधीस्तेजिष्ठयातिथिग्वस्य वर्तनी ।
त्वं शता वङ्गृदस्याभिनत्पुरोऽनानुदः परिषूता ऋजिश्वना ।।८।।
त्वमेतां जनरज्ञो द्विर्दशाबन्धुना सुश्रवसोपजग्मुषः ।
षष्टिं सहस्रा नवतिं नव श्रुतो नि चक्रेण रथ्या दुष्पदावृणक् ।।६।।
त्वमाविथ सुश्रवसं तवोतिभिस्तव त्रामभिरिन्द्र तूर्वयाणम् ।
त्वमस्मै कुत्समतिथिग्वमायुं महे राज्ञे यूने अरन्धनायः ।।१०।।
य उदृचीन्द्र देवगोपाः सखायस्ते शिवतमा असाम ।
त्वां स्तोषाम त्वया सुवीरा द्राघीय आयुः प्रतरं दधानाः ।।११।।

७२३. सव्य आंगिरसः

१. **इन्द्रः – ऋ. १.५१.१–१५; १.५२.१–१५; १.५३.१–११; १.५४ १–११; १.५५.१–८; १.५६. १–६; १.५७.१–६; सा. ३७३; ३७६–३७७**

ऋ. १.५१.१–१५

अभि त्यं मेषं पुरुहूतमृग्मियमिन्द्रं गीर्भिर्मदता वस्वो अर्णवम् ।
यस्य द्यावो न विचरन्ति मानुषा भुजे मंहिष्ठमभि विप्रमर्चत ।।१।।
अभीमवन्वन्त्स्वभिष्टिमूतयोऽनतरिक्षप्रां तविषीभिरावृतम् ।
इन्द्रं दक्षास ऋभवो मदच्युतं शतक्रतुं जवनी सूनृतारुहत् ।।2।।
त्वं गोत्रमङ्गिरोभ्योऽवृणोरपोतात्रये शतदुरेषु गातुवित् ।
ससेन चिद्विमदायावहो वस्वाजावद्रिं वावसानस्य नर्तयन् ।।३।।
त्वमपामपिधानावृणोरपाधारयः पर्वते दानुमद्वसु ।
वृत्रं यदिन्द्र शवसावधीरहिमादित्सूर्यं दिव्यारोहयो दृशे ।।४।।
त्वं मायाभिरप मायिनोऽधमः स्वधाभिर्ये अधि शुप्तावजुह्वत ।
त्वं पिप्रोर्नृमणः प्रारुजः पुरः प्र ऋजिश्वानं दस्युहत्येष्वाविथ ।।५।।
त्वं कुत्सं शुष्णहत्येष्वाविथारन्धयोऽतिथिग्वाय शम्बरम् ।
महान्तं चिदर्बुदं नि क्रमीः पदा सनादेव दस्युहत्याय जज्ञिषे ।।६।।
त्वे विश्वा तविषी सध्र्यग्घिता तव राधः सोमपीथाय हर्षते ।
तव वज्रश्चिकिते बाह्वोर्हितो वृश्चा शत्रोरव विश्वानि वृष्ण्या ।।७।।
वि जानीह्यार्यान्ये च दस्यवो बर्हिष्मते रन्धया शासदव्रतान् ।
शाकी भव यजमानस्य चोदिता विश्वेत्ता ते सधमादेषु चाकन ।।८।।
अनुव्रताय रन्धयन्नपव्रतानाभूभिरिन्द्रः श्नथयन्ननाभुवः ।
वृद्धस्य चिद्वर्धतो द्यामिनक्षतः स्तवानो वम्रो वि जघान संदिहः ।।६।।
तक्षद्यत्त उशना सहसा सहो वि रोदसी मज्मना बाधते शवः ।
आ त्वा वातस्य नृमणो मनोयुज आ पूर्यमाणमवहन्नभि श्रवः ।।१०।।
मन्दिष्ट यदुशने काव्ये सचाँ इन्द्रो वंकू वंकुतराधि तिष्ठति ।
उग्रो ययिं निरपः स्रोतसासृजद्वि शुष्णस्य दृंहिता ऐरयत्पुरः ।।११।।
आ स्मा रथं वृषपाणेषु तिष्ठसि शार्यातस्य प्रभृता येषु मन्दसे ।
इन्द्र यथा सुतसोमेषु चाकनोऽनर्वाणं श्लोकमा रोहसे दिवि ।।१२।।
अददा अर्भां महते वचस्यवे कक्षीवते वृचयामिन्द्र सुन्वते ।

मेनाभवो वृषणश्वस्य सुक्रतो विश्वेत्ता ते सवनेषु प्रवाच्या ।।१३।।
इन्द्रो अश्रायि सुध्यो निरेके पज्रेषु स्तोमो दुर्यो न यूपः ।
अश्वयुर्गव्यु रथयुर्वसूयुरिन्द्र इद्रायः क्षयति प्रयन्ता ।।१४।।
इदं नमो वृषभाय स्वराजे सत्यशुष्माय तवसेऽवाचि ।
अस्मिन्निन्द्र वृजने सर्ववीराः स्मत्सूरिभिस्तव शर्मन्त्स्याम ।।१५।।

ऋ. १.५2.१–१५

त्यं सु मेषं महया स्वर्विदं शतं यस्य सुभ्वः साकमीरते ह्न ।
अत्यं न वाजं हवनस्यदं रथमेन्द्रं ववृतयामवसे सुवृक्तिभिः ।।१।।
स पर्वतो न धरुणेष्वच्युतः सहस्रमूतिस्तविषीषु वावृधे ।
इन्द्रो यद्वृत्रमवधीन्नदीवृतमुब्जन्नर्णांसि जर्हृषाणो अन्धसा ।।2।।
स हि द्वरो द्वरिषु वव्र ऊधनि चन्द्रबुध्नो मदवृद्धो मनीषिभिः ।
इन्द्र तमह्वे स्वपस्यया धिया मंहिष्ठरातिं स हि पप्रिरन्धसः ।।३।।
आ यं पृणन्ति दिवि सद्मबर्हिषः समुद्रं न सुभ्व१ः स्वा अभिष्टयः ।
तं वृत्रहत्ये अनु तस्थुरूतयः शुष्मा इन्द्रमवाता अह्रुतप्सवः ।।४।।
अभि स्ववृष्टिँ मदे अस्य युध्यतो रघ्वीरिव प्रवणे सस्रुरूतयः ।
इन्द्रा यद्वज्री धृषमाणे अन्धसा भिनद्वलस्य परिधीँरिव त्रितः ।।५।।
परीं घृणा चरति तित्विषे शवोऽपो वृत्वी रजसो बुध्नमाशयत् ।
वृत्रस्य यत्प्रवणे दुर्गृभिश्वनो निजघन्थ हन्वोरिन्द्र तन्यतुम् ।।६।।
ह्रदं न हि त्वा न्यृषन्त्यूर्मयो ब्रह्माणीन्द्र तव यानि वर्धना ।
त्वष्टा चित्ते युज्यं शवस्ततक्ष वज्रमभिभूत्योजसम् ।।७।।
जघन्वाँ उ हरिभिः संभृतक्रतविन्द्र वृत्रं मनुषे गातुयन्नपः ।
अयच्छथा बाह्वोर्वज्रमायसमधारयो दिव्या सूर्यं दृशे ।।८।।
बृहत्स्वश्चन्द्रममवद्यदुक्थ्य१मकृण्वत भियसा रोहणं दिवः ।
यान्मानुषप्रधना इन्द्रभूतयः स्वर्नृषाचो मरुतोऽमदन्ननु ।।९।।
द्यौश्चिदस्यामवाँ अहेः स्वनादयोयवीद्भियसा वज्र इन्द्र ते ।
वृत्रस्य यद्बद्बधानस्य रोदसी मदे सुतस्य शवसाभिनच्छिरः ।।१०।।
यदिन्विन्द्र पृथिवी दशभुजिरहानि विश्वा ततनन्त कृष्टयः ।
अत्राह ते मघवन्विश्रुतं सहो द्यामनु शवसा बर्हणा भुवत् ।।११।।
त्वमस्य पारे रजसो व्योमनः स्वभूतयोजा अवसे धृषन्मनः ।
चकृषे भूमिं प्रतिमानमोजसोऽपः स्वः परिभूरेष्या दिवम् ।।१2।।
त्वं भुवः प्रतिमानं पृथिव्या ऋष्ववीरस्य बृहतः पतिर्भूः ।
विश्वमाप्रा अन्तरिक्षं महित्वा सत्यमद्धा नकिरन्यस्त्वावान् ।।१३।।
न यस्य द्यावापृथिवी अनु व्यचो न सिन्धवो रजसो अन्तमानशुः ।
नोत स्ववृष्टिं मदे अस्य युध्यत एको अन्यच्चकृषे विश्वमानुषक् ।।१४।।
आर्चन्नत्र मरुतः सस्मिन्नाजौ विश्वे देवासो अमदन्ननु त्वा ।
वृत्रस्य यद् भृष्टिमता वेधन नि त्वमिन्द्र प्रत्यानं जघन्थ ।।१५।।

ऋ. १.५३.१–११

न्यू१षु वाचं प्र महे भरामहे गिर इन्द्राय सदने विवस्वतः ।
नू चिद्धि रत्नं ससतामिवाविदन्न दुष्टुतिर्द्रविणोदेषु शस्यते ।।१।।
दुरो अश्वस्य दुर इन्द्र गोरसि दुरो यवस्य वसुन इनस्पतिः ।
शिक्षानरः प्रदिवो अकामकर्शनः सखा सखिभ्यस्तमिदं गृणीमसि ।।2।।
शचीव इन्द्र पुरुकृद्द्युमत्तम तवेदिदमभितश्चेकिते वसु ।
अतः संगृभ्याभिभूत आ भर मा त्वायतो जरितुः काममूनयीः ।।३।।

एभिर्द्युभिः सुमना एभिरिन्दुभिर्निरुन्धानो अमतिं गोभिरश्विना ।
इन्द्रेण दस्युं दरयन्त इन्दुभिर्युतद्वेषसः समिषा रभेमहि ।।४।।
समिन्द्र राया समिषा रभेमहि सं वाजेभिः पुरुश्चन्द्रैरभिद्युभिः ।
सं देव्या प्रमत्या वीरशुष्मया गोअग्रयाश्वावत्या रभेमहि ।।५।।
ते त्वा मदा अमदन्तानि वृष्ण्या ते सोमासो वृत्रहत्येषु सत्पते ।
यत्कारवे दश वृत्राण्यप्रति बर्हिष्मते नि सहस्राणि बर्हयः ।।६।।
युधा युधमुप घेदेषि धृष्णुया पुरा पुरं समिदं हंस्योजसा ।
नम्या यदिन्द्र सख्या परावति निबर्हयो नमुचिं नाम मायिनम् ।।७।।
त्वं करंजमुत पर्णयं वधीस्तेजिष्ठयातिथिग्वस्य वर्तनी ।
त्वं शता वङ्गृदस्याभिनत्पुरोऽनानुदः परिषूता ऋजिश्वना ।।८।।
त्वमेतांजनराज्ञो द्विर्दशबान्धुना सुश्रवसोपजग्मुषः ।
षष्टिं सहस्रा नवतिं नव श्रुतो नि चक्रेण रथ्या दुष्पदावृणक् ।।९।।
त्वमाविथ सुश्रवसं तवोतिभिस्तव त्रामभिरिन्द्र तूर्वयाणम् ।
त्वमस्मै कुत्समतिथिग्वमायुं महे राज्ञे यूने अरन्धनायः ।।१०।।
य उदृचीन्द्र देवगोपाः सखायस्ते शिवतमा असाम ।
त्वां स्तोषाम त्वया सुवीरा द्राघीय आयुः प्रतरं दधानाः ।।११।।

ऋ. १.५४.१–११

मा नो अस्मिन्मघवन्पृत्स्वंहसि नाहि ते अन्तः शवसः परीणशे ।
अक्रन्दयो नद्योरोरुवद्वना कथा न क्षोणीर्भियसा समारत ।।१।।
अर्चा शक्राय शाकिने शचीवते शृण्वन्तमिन्द्रं महयन्नभि ष्टुहि ।
यो धृष्णुना शवसा रोदसी उभे वृषा वृषत्वा वृषभो न्यृंजते ।।2।।
अर्चा दिवे बृहते शुष्यृंवचः स्वक्षत्रं यस्य धृषतो धृषन्मनः ।
बृहच्छ्रवा असुरो बर्हणा कृतः पुरो हरिभ्यां वृषभो रथो हि षः ।।३।।
त्वं दिवो बृहतः सानु कोपयोऽव त्मना धृषता शम्बरं भिनत् ।
यन्मायिनो व्रन्दिनो मन्दिना धृषच्छितां गभस्तिमशानिं पृत्न्यसि ।।४।।
नि यद्वृणक्षि श्वसनस्य मूर्धनि शुष्णय चिद् व्रन्दिनो रोरुवद्वना ।
प्राचीनेन मनसा बर्हणावता यदद्या चित्कणवः कस्त्वा परि ।।५।।
त्वमाविथ नर्यं तुर्वशं यदुं त्वं तुर्वीतिं वय्यं शतक्रतो ।
त्वं रथमेतशं कृत्व्ये धने त्वं पुरो नवतिं दम्भयो नव ।।६।।
स घा राजा सत्पतिः शूशुवज्जनो रातहव्यः प्रति यः शासमिन्वति ।
उक्था वा यो अभिगृणाति राधसा दानुरस्मा उपरा पिन्वते दिवः ।।७।।
असमं क्षत्रमसमा मनीषा प्रसोमपा अपसा सन्तु नेमे ।
ये त इन्द्र ददुषो वर्धयन्ति महि क्षत्रं स्थविरं वृष्ण्यं च ।।८।।
तुभ्येदेते बहुला अद्रिदुग्धाश्चमूषदश्चमसा इन्द्रपानाः ।
व्यश्नुहि तर्पया काममेषामथा मनो वसुदेयाय कृष्व ।।९।।
अपामतिष्ठद्धरुणह्वरं तमोऽन्तर्वृत्रस्य जठरेषु पर्वतः ।
अभीमिन्द्रो नद्यो वव्रिणा हिता विश्वा अनुष्ठाः प्रवणेषु जिघ्नते ।।१०।।
स शेवृधमधि धा द्युम्नमस्मे महि क्षत्रं जनाषाळिन्द्र तव्यम् ।
रक्षा च नो मघोनः पाहि सूरीन् राये च नः स्वपत्या इषे धाः ।।११।।

ऋ. १.५५.१–८

दिवश्चिदस्य वरिमा वि पप्रथ इन्द्रं न मह्ना पृथिवी चन प्रति ।
भीमस्तुविष्मांचर्षणिभ्य आतपः शिशीते वज्रं तेजसे न वंसगः ।।१।।
सो अर्णवो न नद्यः समुद्रियः प्रति गृभ्णाति विश्रिता वरीमभिः ।

इन्द्रः सोमस्य पीतये वृषायते सनात्स युध्म ओजसा पनस्यते ।।2।।
त्वं तमिन्द्र पर्वतं न भोजसे महो नृम्णस्य धर्मणामिरज्यसि ।
प्र वीर्येण देवताति चेकिते विश्वस्मा उग्रः कर्मणे पुरोहितः ।।३।।
स इद्वने नमस्युभिर्वचस्यते चारु जनेषु प्रब्रुवाण इन्द्रियम् ।
वृषा छन्दुर्भवति हर्यतो वृषा क्षेमेण धेनां मघवा यदिन्वति ।।४।।
स इन्महानि समिथानि मज्मना कृणोति युध्म ओजसा जनेभ्यः ।
अधा चन श्रद्दधति त्विषीमत इन्द्राय वज्रं निघन्घ्निते वधम् ।।५।।
स हि श्रवस्युः सदनानि कृत्रिमा क्ष्मया वृधान ओजसा विनाशयन् ।
ज्योतींषि कृण्वन्नवृकाणि यज्यवेऽव सुक्रतुः सर्तवा अपः सृजत् ।।६।।
दानाय मनः सोमपावन्नस्तु तेऽर्वांचा हरी वन्दनश्रुदा कृधि ।
यभिष्ठासः सारथयो य इन्द्र ते न त्वा केता आ द भ्नुवन्ति भूर्णयः।।७।।
अप्रक्षितं वसु बिभर्षि हस्तयोरषळहं सहस्तन्वि श्रुतो दधे ।
आवृतासोऽवतासो न कर्तृभिस्तनूषु ते क्रतव इन्द्र भूरयः ।।८।।

ऋ. १.५६.१–६

एष प्र पूर्वीरव तस्य चम्रिषोऽत्यो न योषामुदयंस्त भुर्वणिः ।
दक्षं महे पाययते हिरण्ययं रथमावृत्या हरियोगमृभ्वसम् ।।१।।
तं गूर्तवो नेमन्निषः परीणसः समुद्रं न संचरणे सनिष्यवः ।
पतिं दक्षय विदथस्य नू सहा गिरिं न वेना अधि रोह तेजसा ।।2।।
स तुर्वणिर्महाँ अरेणु पौंस्यो गिरेर्भृष्टिर्न भ्राजते तुजा शवः ।
येन शुष्णं मयिनमायसो मदे दुध्र आभूषु रामयन्नि दामनि ।।३।।
देवी यदि तविषी त्वावृधोतय इन्द्रं सिषक्त्युषसं न सूर्यः ।
यो धृष्णुना शवसा बाधते तम इयर्ति रेणुं बृहदर्हरिष्वणिः ।।४।।
वि यतिरो धरुणमच्युतं रजोऽतिष्ठिपो दिव आतासु बर्हणा ।
स्वर्मीळ्हे यन्मद इन्द्र हर्ष्याहन्वृत्रं निरपामौब्जो अर्णवम् ।।५।।
त्वं दिवो धरुणं धिष ओजसा पृथिव्या इन्द्र सदनेषु माहिनः ।
त्वं सुतस्य मदे अरिणा अपो वि वृत्रस्य समया पाष्यारुजः ।।६।।

ऋ. १.५७.१–६

प्र मंहिष्ठाय बृहते बृहद्रये सत्यशुष्माय तवसे मतिं भरे ।
अपाभिव प्रवणे यस्य दुर्धरं राधो विश्वायु शवसे अपावृतम् ।।१।।
अध ते विश्वमनु हासदिष्टय आपो निम्नेव सवना हविष्मतः ।
यत्पर्वते न समशीत हर्यत इन्द्रस्य वज्रः श्नथिता हिरण्ययः ।।2।।
अस्मै भीमाय नमसा समध्वर उषो न शुभ्र आ भरा पनीयसे ।
यस्य धाम श्रवसे नामेन्द्रियं ज्योतिरकारि हरितो नायसे ।।३।।
इमे त इन्द्र ते वयं पुरुष्टुत ये त्वारभ्य चरामसि प्रभूवसो ।
नहि त्वदन्यो गिर्वणो गिरः सघत्क्षोणीरिव प्रति नो हर्य तद्वचः ।।४।।
भूरि त इन्द्र वीर्य१ तव समस्यस्य स्तोतुर्मघवन्काममा पृण ।
अनु ते द्यौर्बृहती वीर्यं मम इयं च ते पृथिवी नेम ओजसे ।।५।।
त्वं तमिन्द्र पर्वतं महामुरुं वज्रेण वज्रिन्पर्वशश्चकर्तिथ ।
अवासृजो निवृताः सर्तवा अपः सत्रा विश्वं दधिषे केवलं सहः ।।६।।

सा. ३७३

इमे त इन्द्र ते वयं पुरुष्टुत ये त्वारभ्य चरामसि प्रभूवसो ।
न हि त्वदन्यो गिर्वणो गिरः सघत्क्षोणीरिव प्रति तद्धर्य नो वचः ।।४।।

सा. ३७६–३७७

अभि त्यं मेषं पुरुहूतमृग्मियमिन्द्रं गीर्भिर्मदता वस्वो अर्णवम् ।
यस्य द्यावो न विचरन्ति मानुषं भुजे मंहिष्ठमभि विप्रमर्चत ।।७।।
त्यंसु मेषं महया स्वर्विदं शतं यस्य सुभुवः साकमीरते ।
अत्यं न वाजं हवनस्यदं रथमिन्द्रं ववृत्यामवसे सुवृक्तिभिः ।।८।।

७२४. सस आत्रेयः

१. अग्निः – ऋ. ५.२१.१–४

मनुष्वत्त्वा नि धीमहि मनुष्वत्समिधीमहि । अग्ने मनुष्वदंगिरो देवान्देवयते यज ।।१।।
त्वं हि मानुषे जनेऽग्ने सुप्रीत इध्यसे । स्रुचस्त्वा यन्त्यानुषक्सुजात सर्पिरासुते ।।२।।
त्वां विश्वे सजोषसो देवासो दूतमक्रत । सपर्यन्तस्त्वा कवे यज्ञेषु देवमीळते ।।३।।
देवं वो देवयज्ययाग्निमीळीत मर्त्यः ।
समिद्धः शुक्र दीदिह्यृतस्य योनिमासदः ससस्य योनिमासदः ।।४।।

७२५. सारिसृक्वः

१. अग्निः – ऋ. १०.१४२.५; ६

प्रत्यस्य श्रेणयो ददृश्र एकं नियानं बहवो रथासः ।
बाहू यदग्ने अनुमर्मृजानो न्यङ्ङुत्तानामन्वेषि भूमिम् ।।५।।
उत्ते शुष्मा जिहतामुत्ते अर्चिरुत्ते अग्ने शशमानस्य वाजाः ।
अच्छ्वंचस्व नि नम वर्धमान आ त्वाद्य विश्वे वसवः सदन्तु ।।६।।

७२६. सार्पराज्ञी

१. सूर्य आत्मा वा – सा. ६३०–६३२; १३७६–१३७८

सा. ६३०–६३२

आयं गौः पृश्निरक्रमीदसदन्मातरं पुरः। पितरं च प्रयन्त्स्वः ।।४।।
अन्तश्चरति रोचनास्य प्राणादपानती। व्यख्यन्महिषो दिवम् ।।५।।
त्रिंशद्धाम वि राजति वाक्पतंगाय धीयते। प्रति वस्तोरह द्युभिः ।।६।।

सा. १३७६–१३७८

आयंगौः पृश्निक्रमीदसदन्मातरं पुरः। पितरं च प्रयन्त्स्वः ।।१।।
अन्तश्चरति रोचनास्य प्राणादपानती। व्यख्यन्महिषो दिवम् ।।२।।
त्रिंशद्धाम वि राजति वाक्पतंगाय धीयते। प्रति वस्तोरह द्युभिः ।।३।।

७२७. सर्पराज्ञी कद्रुः

१. अग्निः – य. ३.६–८

आयं गौः पृश्निरक्रमीदसदन् मातरं पुरः। पितरं च प्रयन्त्सवः ।।६।।
अन्तश्चरति रोचनास्य प्राणादपानती। व्यख्यन् महिषो दिवम् ।।७।।
त्रिंशद्धाम विराजति वाक् पतंगाय धीयते। प्रति वस्तोरह द्युभिः ।।८।।

७२८. सावित्री सूर्या

१. आत्मा – अ. १४.२.१–६; १२–३५; ३७–७५

अ. १४.२.१–६

तुभ्यमग्रे पर्यवहन्त्सूर्यां वहतुना सह । स नः पतिभ्यो जायां दा अग्ने प्रजया सह ।।१।।
पुनः पत्नीमग्निरदादायुषा सह वर्चसा । दीर्घायुरस्या यः पतिर्जीवाति शरदः शतम् ।।२।।
सोमस्य जाया प्रथमं गन्धर्वस्तेऽपरः पतिः । तृतीयो अग्निष्टे पतिस्तुरीयस्ते मनुष्यजाः ।।३।।
सोमो ददद् गन्धर्वाय गन्धर्वो दददग्नये । रयिं च पुत्रांश्चादादग्निर्मह्यमथो इमाम् ।।४।।
आ वामगन्त्सुमतिर्वाजिनीवसू न्यश्विना हृत्सु कामा अरंसत ।

अभूतं गोपा मिथुना शुभस्पती प्रिया अर्यम्णो दुर्यां अशीमहि ।।५।।
सा मन्दसाना मनसा शिवेन रयिं धेहि सर्ववीरं वचस्यम् ।
सुगं तीर्थं सुप्रपाणं शुभस्पती स्थाणुं पथिष्ठामप दुर्मतिं हतम् ।।६।।
या ओषधयो या नद्यो३ यानि क्षेत्राणि या वना ।
तास्त्वा वधु प्रजावतीं पत्ये रक्षन्तु रक्षसः ।।७।।
एमं पन्थामरुक्षाम सुगं स्वस्तिवाहनम् । यस्मिन् वीरो न रिष्यत्यन्येषां विन्दते वसु ।।८।।
इदं सु मे नरः शृणुत ययाशिषा दम्पती वाममश्नुतः ।
ये गन्धर्वा अप्सरसश्च देवीरेषु वानस्पत्येषु येऽधि तस्थुः ।
स्योनास्ते अस्यै वध्वै भवन्तु मा हिंसिषुर्वहतुमुह्यमानम् ।।६।।

अ. १४.2.१2—३५

सं काशयामि वहतुं ब्रह्मणा गृहैरघोरेण चक्षुषा मित्रियेण ।
पर्याणद्धं विश्वरूपं यदस्ति स्योनं पतिभ्यः सविता तत् कृणोतु ।।१2।।
शिवा नारीयमस्तमागन्निमं धाता लोकमस्यै दिदेश ।
तामर्यमा भगो अश्विनोभा प्रजापतिः प्रजया वर्धयन्तु ।।१३।।
आत्मन्वत्युर्वरा नारीयमागन् तस्यां नरो वपत बीजमस्याम् ।
सा वः प्रजां जनयद् वक्षणाभ्यो बिभ्रती दुग्धमृषभस्य रेतः ।।१४।।
प्रति तिष्ठ विराडसि विष्णुरिवेह सरस्वति । सिनीवालि प्र जायतां भगस्य सुमतावसत् ।।१५।।
उद् व ऊर्मिः शम्या हन्तवापो योक्त्राणि मुंचत । मादुष्कृतौ व्येनसावघ्न्यावशुनमारताम् ।।१६।।
अघोरचक्षुरपतिघ्नी स्योना शग्मा सुशेवा सुयमा गृहेभ्यः ।
वीरसूर्देवृकामा सं त्वयैधिषीमहि सुमनस्यमाना ।।१७।।
अदेवृघ्न्यपतिघ्नीहैधि शिवा पशुभ्यः सुयमा सुवर्चाः ।
प्रजावती वीरसूर्देवृकामा स्योनेममग्निं गार्हपत्यं सपर्य ।।१८।।
उत्तिष्ठेतः किमिच्छन्तीदमागा अहं त्वेडे अभिभूः स्वाद् गृहात् ।
शून्यैषी निर्ऋते याजगन्धोत्तिष्ठाराते प्र पत मेह रंस्थाः ।।१६।।
यदा गार्हपत्यमसपर्यैत् पूर्वमग्निं वधूरियम् । अधा सरस्वत्यै नारि पितृभ्यश्च नमस्कुरु ।।२०।।
शर्म वर्मैतदा हरास्यै नार्या उपस्तरे । सिनीवालि प्र जायतां भगस्य सुमतावसत् ।।२१।।
यं बल्बजं न्यस्यथ चर्म चोपस्तृणीथन । तदा रोहतु सुप्रजा या कन्या विन्दते पतिम् ।।22।।
उप स्तृणीहि बल्बजमधि चर्मणि रोहते । तत्रोपविश्य सुप्रजा इममग्निं सपर्यतु ।।2३।।
आ रोह चर्मोप सीदाग्निमेष देवो हन्ति रक्षांसि सर्वा ।
इह प्रजां जनय पत्ये अस्मै सुज्यैष्ठ्यो भवत् पुत्रस्त एषः ।।2४।।
वि तिष्ठन्तां मातुरस्या उपस्थान्नानारूपाः पशवो जायमानाः ।
सुमङ्गल्युप सीदेममग्निं संपत्नी प्रति भूषेह देवान् ।।2५।।
सुमङ्गली प्रतरणी गृहाणां सुशेवा पत्ये श्वशुराय शंभूः ।
स्योना श्वश्र्वे प्र गृहान् विशेमान् ।।2६।।
स्योना भव श्वशुरेभ्यः स्योना पत्ये गृहेभ्यः ।
स्योनास्यै सर्वस्यै विशे स्योना पुष्टायैषां भव ।।2७।।
सुमङ्गलीरियं वधूरिमां समेत पश्यत । सौभाग्यमस्यै दत्त्वा दौर्भाग्यैर्विपरेतन ।।2८।।
या दुर्हार्दो युवतयो याश्चेह जरतीरपि । वर्चो न्व१स्यै सं दत्ताथास्तं विपरेतन ।।2६।।
रुक्मप्रस्तरणं वह्यं विश्वा रूपाणि बिभ्रतम् ।
आरोहत् सूर्या सावित्री बृहते सौभगाय कम् ।।३०।।
आ रोह तल्पं सुमनस्यमानेह प्रजां जनय पत्ये अस्मै ।
इन्द्राणीव सुबुधा बुध्यमाना ज्योतिरग्रा उषसः प्रति जागरासि ।।३१।।
देवा अग्रे न्यपद्यन्त पत्नीः समस्पृशन्त तन्वस्तनूभिः ।

सूर्येव नारि विश्वरूपा महित्वा प्रजावती पत्या सं भवेह ।।३२।।
उत्तिष्ठेतो विश्वावसो नमसेडामहे त्वा ।
जामिमिच्छ पितृषदं न्यक्तां स ते भागो जनुषा तस्य विद्धि ।।३३।।
अप्सरसः सधमादं मदन्ति हविर्धानमन्तरा सूर्यं च ।
तास्ते जनित्रमभि ताः परेहि नमस्ते गन्धर्वर्तुना कृणोमि ।।३४।।
नमो गन्धर्वस्य नमसे नमो भामाय चक्षुषे च कृण्मः ।
विश्वावसो ब्रह्मणा ते नमोऽभि जाया अप्सरसः परेहि ।।३५।।

अ. १४.२.३७–७५

सं पितरावृत्विये सृजेथां माता पिता च रेतसो भवाथः ।
मर्य इव योषामधि रोहयैनां प्रजां कृण्वाथमिह पुष्यतं रयिम् ।।३७।।
तां पूषंछिवतमामेरयस्व यस्यां बीजं मनुष्या३ वपन्ति ।
या न ऊरू उशती विश्रयाति यस्यामुशन्तः प्रहरेम शेपः ।।३८।।
आ रोहोरुमुप धत्स्व हस्तं परि ष्वजस्व जायां सुमनस्यमानः ।
प्रजां कृण्वाथामिह मोदमानौ दीर्घं वामायुः सविता कृणोतु ।।३६।।
आ वां प्रजां जनयतु प्रजापतिरहोरात्राभ्यां समनक्त्वर्यमा ।
अदुर्मंगली पतिलोकमा विशेमं शं नो भव द्विपदे शं चतुष्पदे ।।४०।।
देवैर्दत्तं मनुना साकमेतद् वाधूयं वासो वध्वश्च वस्त्रम् ।
यो ब्रह्मणे चिकितुषे ददाति स इद् रक्षांसि तल्पानि हन्ति ।।४१।।
यं मे दत्तो ब्रह्मभागं वधूयोर्वाधूयं वासो वध्वश्च वस्त्रम् ।
युवं ब्रह्मणेऽनुमन्यमानौ बृहस्पते साकमिन्द्रश्च दत्तम् ।।४२।।
स्योनाद्योनेरधि बुध्यमानौ हसामुदौ महसा मोदमानौ ।
सुगू सुपुत्रौ सुगृहौ तराथो जीवावुषसो विभातीः ।।४३।।
नवं वसानः सुरभिः सुवासा उदागां जीव उषसो विभातीः ।
आण्डात् पतत्रीवामुक्षि विश्वस्मादेनसस्परि ।।४४।।
शुम्भनी द्यावापृथिवी अन्तिसुम्ने महिव्रते ।
आपः सप्त सुस्रुवुर्देवीस्ता नो मुंचन्त्वंहसः ।।४५।।
सूर्यायै देवेभ्यो मित्राय वरुणाय च ।
ये भूतस्य प्रचेतसस्तेभ्य इदमकरं नमः ।।४६।।
य ऋते चिदभिश्रिषः पुरा जत्रुभ्य आतृदः ।
संधाता संधि मघवा पुरूवसुर्निष्कर्ता विह्रुतं पुनः ।।४७।।
अपास्मत् तम उच्छतु नीलं पिशंगमुत लोहितं यत् ।
निर्दहनी या पृषातक्य१स्मिन् तां स्थाणावध्या सजामि ।।४८।।
यावतीः कृत्या उपवासने यावन्तो राज्ञो वरुणस्य पाशाः ।
व्यृद्धयो या असमृद्धयो या अस्मिन् ता स्थाणावधि सादयामि ।।४६।।
या मे प्रियतमा तनूः सा मे बिभाय वाससः।
तस्याग्रे त्वं वनस्पते नीविं कृणुष्व मा वयं रिषाम ।।५०।।
ये अन्ता यावतीः सिचो य ओतवो ये च तन्तवः ।
वासो यत् पत्नीभिरुतं तन्नः स्योनमुप स्पृशात् ।।५१।।
उशतीः कन्यला इमाः पितृलोकात् पतिं यतीः । अव दीक्षामसृक्षत स्वाहा ।।५२।।
बृहस्पतिनावसृष्टां विश्वे देवा अधारयन् । वर्चो गोषु प्रविष्टं यत् तेनेमां सं सृजामसि ।।५३।।
बृहस्पतिनावसृष्टां विश्वे देवा अधारयन् । तेजो गोषु प्रविष्टं यत् तेनेमां स सृजामसि ।।५४।।
बृहस्पतिनावसृष्टां विश्वे देवा अधारयन् । भगो गोषु प्रविष्टो यस्तेनेमां सं सृजामसि ।।५५।।
बृहस्पतिनावसृष्टां विश्वे देवा अधारयन् । यशो गोषु पविष्टं यस्तेनेमां सं सृजामसि ।।५६।।

बृहस्पतिनावसृष्टां विश्वे देवा अधारयन् । पयो गोषु प्रविष्टं यत् तेनेमां सं सृजामसि ।।५७।।
बृहस्पतिनावसृष्टां विश्वे देवा अधारयन् । रसो गोषु प्रविष्टो यस्तेनेमां सं सृजामसि ।।५८।।
यदीमे केशिनो जना गृहेते समनर्तिषू रोदेन कृण्वन्तो३घम् ।
अग्निष्ट्वा तस्मादेनसः सविता च प्र मुंचताम् ।।५९।।
यदीयं दुहिता तव विकेश्यरुदद् गृहे रोदेन कृण्वत्य१घम् ।
अग्निष्ट्वा तस्मादेनसः सविता च प्र मुंचताम् ।।६०।।
यज्जामयो यद्युवतयो गृहे ते समनर्तिषू रोदेन कृण्वतीरघम् ।
अग्निष्ट्वा तस्मादेनसः सविता च प्र मुंचताम् ।।६१।।
यत् ते प्रजायां पशुषु यद्वा गृहेषु निष्ठितमघकृद्भिरघं कृतम् ।
अग्निष्ट्वा तस्मादेनसः सविता च प्र मुंचताम् ।।६२।।
इयं नार्युप ब्रूते पूल्यान्यावपन्तिका । दीर्घायुरस्तु मे पतिर्जीवाति शरदः शतम् ।।६३।।
इहेमाविन्द्र सं नुद चक्रवाकेव दम्पती। प्रजयैनौ स्वस्तकौ विश्वमायुर्व्यश्नुताम् ।।६४।।
यदा सन्द्याामुपधाने यद् वोपवासने कृतम् ।
विवाहे कृत्या यां चक्रुरास्नाने तां नि दध्मसि ।।६५।।
यद् दृष्कृतं यच्छमलं विवाहे वहतौ च यत् ।
तत् संभलस्य कम्बले मृज्महे दुरितं वयम् ।।६६।।
संभले मलं सादयित्वा कम्बले दुरितं वयम् ।
अभूम यज्ञियाः शुद्धाः प्र ण आयूंषि तारिषत् ।।६७।।
कृत्रिम कण्टकः शतदन् य एषः । अपास्याः केश्यं मलमप शीर्षण्यं लिखात् ।।६८।।
अंगादंगाद् वयमस्या अप यक्ष्मं नि दध्मसि ।
तन्मा प्रापत् पृथिवीं मोत देवान् दिवं मा प्रापदुर्व१न्तरिक्षम् ।
अपो मा प्रापन्मलमेतदग्ने यमं मा प्रापत् पितृंश्च सर्वान् ।।६९।।
सं त्वा नह्याभि पयसा पृथिव्याः सं त्वा नह्यामि पयसौषधीनाम् ।
सं त्वा नह्यामि प्रजया धनेन सा संनद्धा सनुहि वाजमेमम् ।।७०।।
अमोऽहमस्मि सा त्वं सामाहमस्म्यृक् त्वं द्यौरहं पृथिवी त्वम् ।
ताविह सं भवाव प्रजामा जनयावहै ।।७१।।
जनियन्ति नावग्रवः पुत्रियन्ति सुदानवः । अरिष्टासू सचेवहि बृहते वाजसातये ।।७2।।
ये पितरो वधूदर्शा इमं वहतुमागमन् । ते अस्यै वध्वै संपत्न्यै प्रजावच्छर्म यच्छन्तु ।।७३।।
येदं पूर्वागन् रशनायमाना प्रजामस्यै द्रविणं चेह दत्त्वा ।
तां वहन्त्वगतस्यानु पन्थां विराडियं सुप्रजा अत्यजैषीत् ।।७४।।
प्र बुध्यस्व सुबुधा बुध्यमाना दीर्घायुत्वाय शतशारदाय ।
गृहान् गच्छ गृहपत्नी यथासो दीर्घं त आयुः सविता कृणोतु ।।७५।।

2. **चन्द्रमा — अ. १४.१.2४**

नवोनवो भवसि जायमानोऽह्नां केतुरुषसामेष्यग्रम् ।
भागं देवेभ्यो वि दधास्यायन् प्र चन्द्रमस्तिरसे दीर्घमायुः ।।2४।।

३. **वधूवास संस्पर्शमोचनम् — अ. १४.१.2५; 2७**

अ. १४.१.2५

परा देहि शामुल्यं ब्रह्मभ्यो वि भजा वसु। कृत्यैषा पद्वती भूत्वा जाया विशते पतिम् ।।2५।।

अ. १४.१.2७

अश्लीला तनूर्भवति रुशती पापयामुया। पतिर्यद् वध्वो३ वाससः स्वपमंगमभ्यूर्णुते ।।2७।।

४. **विवाहः — अ. १४.१.६—22**

चित्तिरा उपबर्हणं चक्षुरा अभ्यंजनम् । द्यौर्भूमिः कोश आसीद् यदयात् सूर्या पतिम् ।।६।।

रैभ्यासीदनुदेयी नाराशंसी न्योचना । सूर्याया भद्रमिद् वासो गाथयैति परिष्कृता ।।७।।
स्तोमा आसन् प्रतिधयः कुरीरं छन्द ओपशः। सूर्याया अश्विना वराग्निरासीत् पुरोगवः ।।८।।
सोमो वधूयुरभवदश्विनास्तामुभा वरा । सूर्यां यत् पत्ये शंसन्तीं मनसा सवितादधात् ।।९।।
मनो अस्या अन आसीद् द्यौरासीदुत च्छदिः ।
शुक्रावनड्वाहावास्तां यदयात् सूर्या पतिम् ।।१०।।
ऋक्सामाभ्यामभिहितौ गावौ ते सामनावैताम् ।
श्रोत्रे ते चक्रे आस्तां दिवि पन्थाश्चराचरः ।।११।।
शुची ते चक्रे यात्या व्यानो अक्ष आहतः । अनो मनस्मयं सूर्यारोहात् प्रयती पतिम् ।।१२।।
सूर्याया वहतुः प्रागात् सविता यमवासृजत् ।
मघासु हन्यन्ते गावः फलगुनीषु व्युह्यते ।।१३।।
यदश्विना पृच्छमानावयातं त्रिचक्रेण वहतुं सूर्यायाः ।
क्वैकं चक्रं वामासीत् क्वदेष्ट्राय तस्थथुः ।।१४।।
यदयातं शुभस्पती वरेयं सूर्यामुप । विश्वे देवा अनु तद्वामजानन् पुत्रः पितरमवृणीत पूषा ।।१५।।
द्वे ते चक्रे सूर्ये ब्रह्माण ऋतुथा विदुः। अथैकं चक्रं यत् गुहा तदद्धातय इद् विदुः ।।१६।।
अर्यमणं यजामहे सुबन्धुं पतिवेदनम् । उर्वारुकमिव बन्धनात् प्रेतौ मुंचामि नामुतः ।।१७।।
प्रेतो मुंचामि नामुतः सुबद्धाममुतस्करम् । यथेयमिन्द्र मीढ्वः सुपुत्रा सुभगासति ।।१८।।
प्र त्वा मुंचामि वरुणस्य पाशाद् येन त्वाबध्नात् सविता सुशेवाः ।
ऋतस्य योनौ सुकृतस्य लोके स्योनं ते अस्तु सहसंभलायै ।।१९।।
भगस्त्वेतो नयतु हस्तगृह्याश्विना त्वा प्र वहतां रथेन ।
गृहान् गच्छ गृहपत्नी यथासो वशिना त्वं विदथमा वदासि ।।20।।
इह प्रियं प्रजायै ते समृध्यतामस्मिन् गृहे गार्हपत्याय जागृहि ।
एना पत्या तन्वं१ सं स्पृशस्वाथ जिर्विर्विदथमा वदासि ।।२१।।
इहैव स्तं मा वि यौष्टं विश्वमायुर्व्यश्नुतम् । क्रीडन्तौ पुत्रैर्नप्तृभिर्मोदमानौ स्वस्तकौ ।।22।।

५. विवाह मन्त्राशिषः – अ. १४.१.2६; २८–६४

अ. १४.१.2६

नीललोहितं भवति कृत्यासक्तिर्व्यज्यते। एधन्ते अस्या ज्ञातयः पतिर्बन्धेषु बध्यते ।।2६।।

अ. १४.१.2८–६४

आशसनं विशसनमथो अधिविकर्तनम् । सूर्यायाः पश्य रूपाणि तानि ब्रह्मोत शुम्भति ।।2८।।
तृष्टमेतत् कटुकमपाष्ठवद् विषवन्नैतदत्तवे । सूर्यां यो ब्रह्मा वेद स इद् वाधूयमर्हति ।।2९।।
स इत् तत् स्योनं हरति ब्रह्मा वासः सुमंगलम् ।
प्रायश्चित्तिं यो अध्येति येन जाया न रिष्यति ।।३०।।
युवं भगं सं भरतं समृद्धमृतं वदन्तावृतोद्येषु ।
ब्रह्मणस्पते पतिमस्यै रोचय चारु संभलो वदतु वाचमेताम् ।।३१।।
इहेदसाथ न परो गमाथेमं गावः प्रजया वर्धयाथ ।
शुभं यतीरुस्रियाः सोमवर्चसो विश्वे देवाः क्रन्निह वो मनांसि ।।३2।।
इमं गावः प्रजया सं विशाथायं देवानां न मिनाति भागम् ।
अस्मै वः पूषा मरुतश्च सर्वे अस्मै वो धाता सविता सुवाति ।।३३।।
अनृक्षरा ऋजवः सन्तु पन्थानो येभिः सखायो यन्ति नो वरेयम् ।
सं भगेन समर्यम्णा सं धाता सृजतु वर्चसा ।।३४।।
यच्च वर्चो अक्षेषु सुरायां च यदाहितम् । यद् गोष्वश्विना वर्चस्तेनेमां वर्चसावतम् ।।३५।।
येन महानघ्न्या जघन्मश्विना येन वा सुरा। येनाक्षा अभ्यषिच्यन्त तेनेमां वर्चसावतम् ।।३६।।
यो अनिध्मो दीदयदप्स्व१न्तर्यं विप्रास ईडते अध्वरेषु ।
अपां नपान्मधुमतीरपो दा याभिरिन्द्रो वावृधे वीर्यावान् ।।३७।।

इदमहं रुशन्तं ग्राभं तनूदूषिमपोहामि । यो भद्रो रोचनस्तमुदचामि ।।३८।।
आस्यै ब्राह्मणाः स्नपनी र्हरन्त्ववीरघ्नीरुदजन्त्वापः ।
अर्यम्णो अग्निं पर्येतु पूषन् प्रतीक्षन्ते श्वशुरो देवरश्च ।।३६।।
शं ते हिरण्यं शमु सन्त्वापः शं मेथिर्भवतु शं युगस्य तर्द्म ।
शं त आपः शतपवित्रा भवन्तु शमु पत्या तन्वं१ सं स्पृशस्व ।।४०।।
खे रथस्य खेऽनसः खे युगस्य शतक्रतो। अपालामिन्द्र त्रिष्पूत्वाकृणोः सूर्यत्वचम् ।।४१।।
आशासाना सौमनसं प्रजां सौभाग्यं रयिम् । पत्युरनुव्रता भूत्वा सं नह्यस्वामृताय कम् ।।४2।।
यथा सिन्धुर्नदीनां साम्राज्यं सुषुवे वृषा । एवा त्वं सम्राज्ञ्येधि पत्युरस्तं परेत्य ।।४३।।
सम्राज्ञ्येधि श्वशुरेषु सम्राज्ञ्युत देवृषु । ननान्दुः सम्राज्ञ्येधि सम्राज्ञ्युत श्वश्र्वाः ।।४४।।
आ अकृन्तन्नवयन् याश्च तत्निरे या देवीरन्ताँ अभितोऽददन्त ।
तास्त्वा जरसे सं व्ययन्त्वायुष्मतीदं परि धत्स्व वासः ।।४५।।
जीवं रुदन्ति वि नयन्त्यध्वरं दीर्घामनु प्रसितिं दीध्युर्नरः ।
वामं पितृभ्यो य इदं समीरिरे मयः पतिभ्यो जनये परिष्वजे ।।४६।।
स्योनं ध्रुवं प्रजायै धारयामि तेऽश्मानं देव्याः पृथिव्या उपस्थे ।
तमा तिष्ठानुमाद्या सुवर्चा दीर्घं त आयुः सविता कृणोतु ।।४७।।
येनाग्निरस्या भूम्या हस्तं जग्राह दक्षिणम् ।
तेन गृह्णामि ते हस्तं मा व्यथिष्ठा मया सह प्रजया च धनेन च ।।४८।।
देवस्ते सविता हस्तं गृह्णातु सोमो राजा सुप्रजसं कृणोतु ।
अग्निः सुभगां जातवेदाः पत्ये पत्नीं जरदष्टिं कृणोतु ।।४६।।
गृह्णामि ते सौभगत्वाय हस्तं मया पत्या जरदष्टिर्यथासः ।
भगो अर्यमा सविता पुरन्धिर्मह्यं त्वादुर्गार्हपत्याय देवाः ।।५०।।
भगस्ते हस्तमग्रहीत् सविता हस्तमग्रहीत् । पत्नी त्वमसि धर्मणाहं गृहपतिस्तव ।।५१।।
ममेयमस्तु पोष्या मह्यं त्वादाद् बृहस्पतिः । मया पत्या प्रजावति सं जीव शरदः शतम् ।।५2।।
त्वष्टा वासो व्यदधाच्छुभे कं बृहस्पतेः प्रशिषा कवीनाम् ।
तेनेमां नारी सविता भगश्च सूर्यामिव परि धत्तां प्रजया ।।५३।।
इन्द्राग्नी द्यावापृथिवी मातरिश्वा मित्रावरुणा भगो अश्विनोभा ।
बृहस्पतिर्मरुतो ब्रह्म सोम इमां नारीं प्रजया वर्धयन्तु ।।५४।।
बृहस्पतिः प्रथमः सूर्यायाः शीर्षे केशाँ अकल्पयत् ।
तेनेमामश्विना नारीं पत्ये सं शोभयामसि ।।५५।।
इदं तद्रूपं यदवस्त योषा जायां जिज्ञासे मनसा चरन्ताम् ।
तामन्वर्तिष्ये सखिभिर्नवग्वैः क इमान् विद्वान् वि चचर्त पाशान् ।।५६।।
अहं वि ष्यामि मयि रूपमस्या वेददित् पश्यन् मनसः कुलायम् ।
न स्तेयमद्मि मनसोदमुच्ये स्वयं श्रथ्नानो वरुणस्य पाशान् ।।५७।।
प्र त्वा मुंचामि वरुणस्य पाशाद् येन त्वाबध्नात् सविता सुशेवाः ।
उरुं लोकं सुगमत्र पन्थां कृणोमि तुभ्यं सहपत्न्यै वधु ।।५८।।
उद्यच्छध्वमप रक्षो हनाथेमां नारीं सुकृते दधात ।
धाता विपश्चित् पतिमस्यै विवेद भगो राजा पुर एतु प्रजानन् ।।५६।।
भगस्ततक्ष चतुरः पादान् भगस्ततक्ष चत्वार्युष्पलानि ।
त्वष्टा पिपेश मध्यतोऽनु वर्ध्रान्तसा नो अस्तु सुमंगली ।।६०।।
सुकिंशुकं वहतुं विश्वरूपं हिरण्यवर्णं सुवृतं सुचक्रम् ।
आ रोह सूर्ये अमृतस्य लोकं स्योनं पतिभ्यो वहतुं कृणु त्वम् ।।६१।।
अभ्रातृघ्नीं वरुणापशुघ्नीं बृहस्पते । इन्द्रापतिघ्नीं पुत्रिणीमास्मभ्यं सवितर्वह ।।६2।।
मा हिंसिष्टं कुमार्यं१ स्थूणे देवकृते पथि। शालाया देव्या द्वारं स्योनं कृण्मो वधूपथम् ।।६३।।

ब्रह्मापरं युज्यतां ब्रह्म पूर्वं ब्रह्मन्ततो मध्यतो ब्रह्म सर्वतः ।
अनाव्याधां देवपुरां प्रपद्य शिवा स्योना पतिलोके वि राज ।।६४।।

६. सोमः – अ. १४.१–५

सत्येनोत्तभिता भूमिः सूर्येणोत्तभिता द्यौः। ऋतेनादित्यास्तिष्ठन्ति दिवि सोमो अधि श्रितः ।।१।।
सोमेनादित्या बलिनः सोमेन पृथिवी मही। अथो नक्षत्राणामेषामुपस्थे सोम आहितः ।।2।।
सोमं मन्यते पपिवान् यत् संपिंषन्त्योषधिम्। सोमं यं ब्रह्मणो विदुर्न तस्याश्नाति पार्थिवः ।।३।।
यत् त्वा सोम प्रपिबन्ति तत आ प्यायसे पुनः। वायुः सोमस्य रक्षिता समानां मास आकृतिः ।४।
आच्छद्विधानैर्गुपितो बार्हतैः सोम रक्षितः। ग्राव्णामिच्छृण्वन् तिष्ठसि न ते अश्नाति पार्थिवः ।५।।

७. सोमार्कौ – अ. १४.१.2३

पूर्वापरं चरतो माययैतौ शिशू क्रीडन्तौ परि यातोऽर्णवम् ।
विश्वान्यो भुवना विचष्ट ऋतूँरन्यो विदधज्जायसे नवः ।।2३।।

८. दम्पत्योः परिपथिनाशनौ – अ. १४.2.११

मा विदन् परिपन्थिनो य आसीदन्ति दम्पती। सुगेन दुर्गमतीतामप द्रान्त्वरातयः ।।११।।

६. देवाः – अ. १४.2.३६

राया वयं सुमनसः स्यामोदितो गन्धर्वमावीवृताम ।
अगन्त्स देवः परमं सधस्थमगन्म यत्र प्रतिरन्त आयुः ।।३६।।

१०. पक्ष्मनाशनी – अ. १४.2.१०

ये वध्वश्चन्द्रं वहतुं यक्ष्मा यन्ति जनाँ अनु। पुनस्तान् यज्ञिया देवा नयन्तु यत आगताः।।१०।।

७2६. सिकता निवावरी

१. पवमानः सोमः – ऋ. ६.८६.११–20; सा. ५५७; ५५६; ८2१–८22; ११५2–११५४

ऋ. ६.८६.११–20

अभिक्रन्दन्कलशं वाज्यर्षति पतिर्दिवः शतधारो विचक्षणः ।
हरिर्मित्रस्य सदनेषु सीदति मर्मृजानोऽविभिः सिन्धुभिर्वृषा ।।११।।
अग्रे सिन्धूनां पवमानो अर्षत्यग्रे वाचो अग्रियो गोषु गच्छति ।
अग्रे वाजस्य भजते महाधनं स्वायुधः सोतृभिः पूयते वृषा ।।१2।।
अयं मतवांछकुनो यथा हितोऽव्ये ससार पवमान ऊर्मिणा ।
तव क्रत्वा रोदसी अन्तरा कवे शुचिर्धिया पवते सोम इन्द्र ते।।१३।।
द्रापिं वसानो यजतो दिविस्पृशमन्तरिक्षप्रा भुवनेष्वर्पितः ।
स्वर्जज्ञानो नभसाभ्यक्रमीत्प्रत्नमस्य पितरमा विवासति ।।१४।।
सो अस्य विशे महि शर्म यच्छति यो अस्य धाम प्रथमं व्यानशे ।
पदं यदस्य परमे व्योमन्यतो विश्वा अभि सं याति संयतः ।।१५।।
प्रो अयासीदिन्दुरिन्द्रस्य निष्कृतं सखा सख्युर्न प्र मिनाति संगिरम् ।
मर्यइव युवतिभिः समर्षति सोमः कलशे शतयाम्ना पथा ।।१६।।
प्र वो धियो मन्द्रयुवो विपन्युवः पनस्युवः संवनेष्वक्रमुः ।
सोमं मनीषा अभ्यनूषत स्तुभोऽभि धेनवः पयसेमशिश्रयुः ।।१७।।
आ नः सोम संयतं पिप्युषीमिषमिन्दो पवस्व पवमानो अस्रिधम् ।
या नो दोहते त्रिरहन्नसश्चुषी क्षुमद्वाजवन्मधुमत्सुवीर्यम् ।।१८।।
वृषा मतीनां पवते विचक्षणः सोमो अह्नः प्रतरीतोषसो दिवः ।
क्राणा सिन्धूनां कलशाँ अवीवशदिन्द्रस्य हार्द्याविशन्मनीषिभिः ।।१६।।
मनीषिभिः पवते पूर्व्यः कविर्नृभिर्यतः परि कोशाँ अचिक्रदत् ।
त्रितस्य नाम जनयन्मधु क्षरदिन्द्रस्य वायोः सख्याय कर्तवे ।।20।।

Vedic Concordance of Mantras as per Ṛṣi and Devatā 441

सा. ५५७

प्रो अयासीदिन्दुरिन्द्रस्य निष्कृतं सखा सख्युर्न न मिनाति संगिरम् ।
मर्य इव युवतिभिः समर्षति सोमः कलशे शतयामना पथा ।।४।।

सा. ५५६

वृषा मतीनां पवते विचक्षणः सोमो अह्नां प्रतरीतोषसां दिवः ।
प्राणा सिन्धूनाँ कलशाँ अचिक्रददिन्द्रस्य हार्द्याविशन्मनीषिभिः ।।६।।

सा. ८21–८22

वृषा मतीनां पवते विचक्षणः सोमो अह्नां प्रतरीतोषसां दिवः ।
प्राणा सिन्धूनां कलशाँ अचिक्रददिन्द्रस्य हार्द्याविशन्मनीषिभिः ।।१।।
मनीषिभिः पवते पूर्व्यः कविर्नृभिर्यतः परि कोशाँ असिष्यदत् ।
त्रितस्य नाम जनयन्मधु क्षरन्निन्द्रस्य वायुं सख्याय वर्धयन् ।।2।।

सा. ११५2–११५४

प्रो अयासीदिन्दुरिन्द्रस्य निष्कृतं सखा सख्युर्न प्र मिनाति संगिरम् ।
मर्य इव युवतिभिः समर्षति सोमः कलशे शतयामना पथा ।।१।।
प्र वो धियो मन्द्रयुवो विपन्युवः पनस्युवः संवरणेष्वक्रमुः ।
हरिं क्रीडन्तमभ्यनूषत स्तुभोऽभि धेनवः पयसेदशिश्रयुः ।।2।।
आ नः सोम संयतं पिप्युषीमिषमिन्दो पवस्व पवमान ऊर्मिणा ।
या नो दोहते त्रिरहन्नसश्चुषी क्षुमद्वाजवन्मधुमत्सुवीर्यम् ।।३।।

७३०. सिन्धुक्षित् प्रैयमेधः

१. नद्यः – ऋ. १०.७५.१–६

प्र सु व आपो महिमानमुत्तमं कारुर्वोचाति सदने विवस्वतः ।
प्र सप्तसप्त त्रेधा हि चक्रमुः प्र सुत्वरीणामति सिन्धुरोजसा ।।१।।
प्र तेऽरदद्वरुणो यातवे पथः सिन्धो यद्वाजाँ अभ्यद्रवस्त्वम् ।
भूम्या अधि प्रवता यासि सानुना यदेषामग्रं जगतामिरज्यसि ।।2।।
दिवि स्वनो यतते भूम्योपर्यनन्तं शुष्ममुदियर्ति भानुना ।
अभ्रादिव प्र स्तनयन्ति वृष्टयः सिन्धुर्यदेति वृषभो न रोरुवत् ।।३।।
अभि त्वा सिन्धो शिशुमिन्न मातरो वाश्रा अर्षन्ति पयसेव धेनवः ।
राजेव युध्वा नयसि त्वमित्सिचौ यदासामग्रं प्रवतामिनक्षसि ।।४।।
इमं मे गंगे यमुने सरस्वति शुतुद्रि स्तोमं सचता परुष्ण्या ।
असिक्न्या मरुद्वृधे वितस्तयार्जीकीये शृणुह्या सुषोमया ।।५।।
तृष्टामया प्रथमं यातवे सजूः सुसर्त्वा रसया श्वेत्या त्या ।
त्वं सिन्धो कुभ्या गोमतीं क्रुमुं मेहत्न्वा सरथं याभिरीयसे ।।६।।
ऋजीत्येनी रुशती महित्वा परि ज्रयांसि भरते रजांसि ।
अदब्धा सिन्धुरपसामपस्तमाश्वा न चित्रा वपुषीव दर्शता ।।७।।
स्वश्वा सिन्धुः सुरथा सुवासा हिरण्ययी सुकृता वाजिनीवती ।
ऊर्णावती युवतिः सीलमावत्युताधि वस्ते सुभगा मधुवृधम् ।।८।।
सुखं रथं युयुजे सिन्धुरश्विनं तेन वाजं सनिषदस्मिन्नाजौ ।
महान्ह्यस्य महिमा पनस्यतेऽदब्धस्य स्वयशसो विरप्शिनः ।।६।।

७३१. सिन्धुद्वीपः

१. अग्निः – अ. ७.८६.१–४; य. ११.४०

अ. ७.८६.१–४

अपो दिव्या अचायिषं रसेन समपृक्ष्महि। पयस्वानग्न आगमं तं मा सं सृज वर्चसा ।।१।।
सं माग्ने वर्चसा सृज सं प्रजया समायुषा। विद्युर्मे अस्य देवा इन्द्रो विद्यात् सह ऋषिभिः।।2।।
इदमापः प्र वहतावद्यं च मलं च यत्। यच्चाभिदुद्रोहानृतं यच्च शेपे अभीरुणम् ।।३।।
एधोऽस्येधिषीय समिदसि समेधिषीय। तेजोऽसि तेजो मयि धेहि ।।४।।

य. ११.४०

सुजातो ज्योतिषा सह शर्म वरूथमास दत्स्वः। वासोऽग्ने विश्वरूपं संव्ययस्व विभावसो।४०।।

2. अदितिः – य. ११.५६–५७; ५६

य. ११.५६–५७

सिनीवाली सुकपर्दा सुकुरीरा स्वौपशा ।
सा तुभ्यमदिते मह्योखां दधातु हस्तयोः ।।५६।।
उखां कृणोतु शक्त्या बाहुभ्यामदितिर्धिया माता पुत्रं यथोपस्थे साग्निं बिभर्त्तु गर्भऽआ ।
मखस्य शिरोऽसि ।।५७।।

य. ११.५६

अदित्यै रास्नास्यदितिष्टे बिलं गृभ्णातु। कृत्वाय सा महीमुखां मृन्मयीं योनिमग्नये। पुत्रेभ्यः
प्रायच्छददितिः श्रपयानिति ।।५६।।

३. आदित्यादयो लिंगोक्ताः – य. ११.६१

अदितिष्ट्वा देवी विश्वदेवयावती पृथिव्याः सधस्थेऽअङ्गिरस्वत् खनत्ववट् देवानां त्वा
पत्नीर्देवीर्विश्वदेव्यावतीः पृथिव्याः सधस्थेऽअंगिरस्वद्दधतूखे धिषणास्त्वा देवीर्विश्वदेव्यावतीः पृथिव्याः
सधस्थेऽअंगिरस्वदभीन्धताम् उखे वरूत्रीष्ट्वा देवीर्विश्वदेव्यावतीः पृथिव्याः
सधस्थेऽअंगिरस्वच्छ्रपयन्तूखे ग्नास्त्वा देवीर्विश्वदेव्यावतीः पृथिव्याः सधस्थेऽअंगिरस्वत्पचन्तूखे
जनयस्त्वाऽछिन्नपत्रा देवीर्विश्वदेव्यावतीः पृथिव्याः सधस्थेऽअंगिरस्वत्पचन्तूखे ।।६१।।

४. आपः – अ. १०.५.१–२४; १६.2.१–५; य. ११.३८; ५०–५2; ३६.१४–१६

अ. १०.५.१–२४

इन्द्रस्यौज रथेन्द्रस्य सह स्थेन्द्रस्य बलं स्थेन्द्रस्य वीर्य१ स्थेन्द्रस्य नृम्णं स्थ ।
जिष्णवे योगाय ब्रह्मयोगैर्वो युनज्मि ।।१।।
इन्द्रस्यौज रथेन्द्रस्य सह स्थेन्द्रस्य बलं स्थेन्द्रस्य वीर्य१ स्थेन्द्रस्य नृम्णं स्थ ।
जिष्णवे योगाय क्षत्रयोगैर्वो युनज्मि ।।2।।
इन्द्रस्यौज रथेन्द्रस्य सह स्थेन्द्रस्य बलं स्थेन्द्रस्य वीर्य१ स्थेन्द्रस्य नृम्णं स्थ ।
जिष्णवे योगायन्द्रयोगैर्वो युनज्मि ।।३।।
इन्द्रस्यौज स्थेन्द्रस्य सह स्थेन्द्रस्य बलं स्थेन्द्रस्य वीर्य१ स्थेन्द्रस्य नृम्णं स्थ ।
जिष्णवे योगाय सोमयोगैर्वो युनज्मि ।।४।।
इन्द्रस्यौज स्थेन्द्रस्य सह स्थेन्द्रस्य बलं स्थेन्द्रस्य वीर्य१ स्थेन्द्रस्य नृम्णं स्थ ।
जिष्णवे योगायाप्सुयोगैर्वो युनज्मि ।।५।।
इन्द्रस्यौज रथेन्द्रस्य सह स्थेन्द्रस्य बलं स्थेन्द्रस्य वीर्य१ स्थेन्द्रस्य नृम्णं स्थ ।
जिष्णवे योगाय विश्वानि मा भूतान्युप तिष्ठन्तु युक्ता म आप स्थ ।।६।।
अग्नेर्भाग स्थ। अपां शुक्रमापो देवीर्वर्चो अस्मासु धत्त ।
प्रजापतेर्वो धाम्नास्मै लोकाय सादये ।।७।।
इन्द्रस्य भाग स्थ। अपां शुक्रमापो देवीर्वर्चो अस्मासु धत्त ।
प्रजापतेर्वो धाम्नास्मै लोकाय सादये ।।८।।
सोमस्य भाग स्थ। अपां शुक्रमापो देवीर्वर्चो अस्मासु धत्त ।
प्रजापतेर्वो धाम्नास्मै लोकाय सादये ।।६।।
वरुणस्य भाग स्थ। अपां शुक्रमापो देवीर्वर्चो अस्मासु धत्त ।

प्रजापतेर्वो धाम्नास्मै लोकाय सादये ।।१०।।
मित्रावरुण्योर्भाग स्थ। अपां शुक्रमापो देवीर्वर्चो अस्मासु धत्त ।
प्रजापतेर्वो धाम्नास्मै लोकाय सादये ।।११।।
यमस्य भाग स्थ। अपां शुक्रमापो देवीर्वर्चो अस्मासु धत्त ।
प्रजापतेर्वो धाम्नास्मै लोकाय सादये ।।१२।।
पितृणा भाग स्थ। अपां शुक्रमापो देवीर्वर्चो अस्मासु धत्त ।
प्रजापतेर्वो धाम्नास्मै लोकाय सादये ।।१३।।
देवस्य सवितुर्भाग स्थ। अपां शुक्रमापो देवीर्वर्चो अस्मासु धत्त ।
प्रजापतेर्वो धाम्नास्मै लोकाय सादये ।।१४।।
यो व आपोऽपां भागो३प्स्व१न्तर्यजुष्यो देवयजनः। इदं तमति सृजामि तं माभ्यवनिक्षि ।
तेन तमभ्यतिसृजामो यो३स्मान् द्वेष्टि यं वयं द्विष्मः ।
तं वधेयं तं स्तृषीयानेन ब्रह्मणानेन कर्मणानया मेन्या ।।१५।।
यो व आपोऽपामूर्मिरप्स्व१न्तर्यजुष्यो देवयजनः। इदं तमति सृजामि तं माभ्यवनिक्षि ।
तेन तमभ्यतिसृजामो यो३स्मान् द्वेष्टि यं वयं द्विष्मः ।
तं वधेयं तं स्तृषीयानेन ब्रह्मणानेन कर्मणानया मेन्या ।।१६।।
यो व आपोऽपां वत्सो३प्स्व१न्तर्यजुष्यो देवयजनः। इदं तमति सृजामि तं माभ्यवनिक्षि ।
तेन तमभ्यतिसृजामो यो३स्मान् द्वेष्टि यं वयं द्विष्मः ।
तं वधेयं तं स्तृषीयानेन ब्रह्मणानेन कर्मणानया मेन्या ।।१७।।
यो व आपोऽपां वृषभो३प्स्व१न्तर्यजुष्यो देवयजनः। इदं तमति सृजामि तं माभ्यवनिक्षि ।
तेन तमभ्यतिसृजामो यो३स्मान् द्वेष्टि यं वयं द्विष्मः ।
तं वधेयं तं स्तृषीयानेन ब्रह्मणानेन कर्मणानया मेन्या ।।१८।।
यो व आपोऽपां हिरण्यगर्भो३प्स्व१न्तर्यजुष्यो देवयजनः। इदं तमति सृजामि तं माभ्यवनिक्षि ।
तेन तमभ्यतिसृजामो यो३स्मान् द्वेष्टि यं वयं द्विष्मः ।
तं वधेयं तं स्तृषीयानेन ब्रह्मणानेन कर्मणानया मेन्या ।।१९।।
यो व आपोऽपामश्मा पृश्निर्दिव्यो३प्स्व१न्तर्यजुष्यो देवयजनः ।
इदं तमति सृजामि तं माभ्यवनिक्षि। तेन तमभ्यतिसृजामो यो३स्मान् द्वेष्टि यं वयं द्विष्मः ।
तं वधेयं तं स्तृषीयानेन ब्रह्मणानेन कर्मणानया मेन्या ।।20।।
ये व आपोऽपामग्नयोऽप्स्व१न्तर्यजुष्यो देवयजनाः। इदं तानति सृजामि तान् माभ्यवनिक्षि ।
तेन तमभ्यतिसृजामो यो३स्मान् द्वेष्टि यं वयं द्विष्मः ।
तं वधेयं तं स्तृषीयानेन ब्रह्मणानेन कर्मणानया मेन्या ।।२१।।
यदर्वाचीनं त्रैहायणादनृतं किं चोदिम। आपो मा तस्मात् सर्वस्माद् दुरितात् पान्त्वंहसः ।।22।।
समुद्रं वः प्र हिणोमि स्वां योनिमपीतन। अरिष्टाः सर्वहायसो मा च नः किं चनाममत् ।।2३।।
अरिप्रा आपो अप रिप्रमस्मत्। प्रास्मदेनो दुरितं सुप्रतीकाः प्र दुःष्वप्न्यं प्र मलं वहन्तु ।।२४।।

अ. १९.2.१–५

शं त आपो हैमवतीः शमु ते सन्तूत्स्याः। शं ते सनिष्यदा आपः शमु ते सन्तु वर्ष्याः ।।१।।
शं त आपो धन्वन्या३ः शं ते सन्त्वनूप्याः। शं ते खनित्रिमा आपः शं याः कुम्भेभिराभृताः ।।2।।
अनभ्रयः खनमाना विप्रा गम्भीरे अपसः। भिषग्भ्यो भिषक्तरा आपो अच्छा वदामसि ।।३।।
अपामह दिव्यानामपां स्रोतस्यानाम्। अपामह प्रणेजनेऽश्वा भवथ वाजिनः ।।४।।
ता अपः शिवा अपोऽयक्ष्मंकरणीरपः। यथैव तृप्यते मयस्तास्त आ दत्त भेषजीः ।।५।।

य. ११.३८

अपो देवीरुपसृज मधुमतीरयक्ष्माय प्रजाभ्यः। तासामास्थानादुज्जिहतामोषधयः सुपिप्पलाः।।३८।।

य. ११.५०–५2

आपो हि ष्ठा मयोभुवस्ता नऽऊर्जे दधातन। महे रणाय चक्षसे ।।५०।।

योवः शिवतमो रसस्तस्य भाजयतेह नः। उशतीरिव मातरः ।।५१।।
तस्माऽअरं गमाम वो यस्य क्षयाय जिन्वथ। आपो जनयथा च नः ।।५२।।

य. ३६.१४–१६

आपो हि ष्ठा मयोभुवस्ता नऽऊर्जे दधातन। महे रणाय चक्षसे ।।१४।।
यो वः शिवतमो रसस्तस्य भाजयतेहनः। उशतीरिव मातरः ।।१५।।
तस्माऽअरं गमामा वो यस्य क्षयाय जिन्वथ। आपो जनयथा च नः ।।१६।।

५. मित्रः – य. ११.५३

मित्रः संसृज्य पृथिवीं भूमिं ज्योतिषा सह ।
सृजातं जातवेदसमयक्ष्माय त्वा संसृजामि प्रजाभ्यः ।।५३।।

६. रुद्रः – य. ११.५४

रुद्राः संसृज्य पृथिवीं बृहज्ज्योतिः समीधिरे। तेषां भानुरजस्रऽइच्छुक्रो देवेषु रोचते ।।५४।।

७. वसुरुद्रादित्य विश्वेदेवाः – य. ११.५८

वसवस्त्वा कृण्वन्तु गायत्रेण छन्दसाऽङ्गिरस्वद् ध्रुवासि पृथिव्यसि धारया मयि प्रजां रायस्पोषं गौपत्यं सुवीर्य्यं सजातान्यजमानाय रुद्रास्त्वा कृण्वन्तु त्रैष्टुभेन छन्दसाऽङ्गिरस्वद् ध्रुवास्यन्तरिक्षमसि धारया मयि प्रजां रायस्पोषं गौपत्यं सुवीर्य्यं सजातान्यजमानायाऽऽदित्यास्त्वा कृण्वन्तु जागतेन छन्दसाऽङ्गिरस्वद् ध्रुवासि द्यौरसि धारया मयि प्रजां रायस्पोषं गौपत्यं सुवीर्य्यं सजातान्यजमानाय विश्वे त्वा देवा वैश्वानराः कृण्वन्त्वानुष्टुभेन छन्दसाऽङ्गिरस्वद् ध्रुवासि दिशोऽसि धारया मयि प्रजां रायस्पोषं गौपत्यं सुवीसजातान्य।।५८।।

८. वस्वादयो मन्त्रोक्ताः – य. ११.६०

वसवस्त्वा धूपयन्तु गायत्रेण छन्दसांगिरस्वद् रुद्रास्तवा धूपयन्तु त्रैष्टुभेन छन्दसांगिरस्वदादित्यास्त्वा धूपयन्तु जागतेन छन्दसांगिरस्वद् विश्वे त्वा देवा वैश्वानरा धूपयन्त्वानुष्टुभेन छन्दसांगिरस्वदिन्द्रस्त्वा धूपयतु वरुणस्त्वा धूपयतु विष्णुस्त्वा धूपयतु ।।६०।।

९. वायुः – य. ११.३९

सं ते वायुर्मातरिश्वा दधातूत्तानाया हृदयं यद्विकस्तम् ।
यो देवानां चरसि प्राणथेन कस्मै देव वषडस्तु तुभ्यम् ।।३९।।

१०. सिनीवालीः – य. ११.५५

सं सृष्टां वसुभी रुद्रैर्धीरैः कर्मण्यां मृदम् ।
हस्ताभ्यां मृद्वीं कृत्वा सिनीवाली कृणोतु ताम् ।।५५।।

७३२. सिन्धुद्वीप आम्बरीष त्रित आप्त्यो वा (साग्री. सास्वा.) सिन्धुद्वीप (सार्षेदी.)

१. अग्निः – सा. ३३

शं नो देवीरभिष्टये शं नो भवन्तु पीतये। शं योरभि स्रवन्तु नः ।।१३।।

७३३. सिन्धुद्वीपः कृतिर वा

१. आपः – अ. १.४.१–४; १.५.१–४

अ. १.४.१–४

अम्बयो यन्त्यध्वभिर्जामयो अध्वरीयताम्। पृंचतीर्मधुना पयः ।।१।।
अमूर्या उप सूर्ये याभिर्वा सूर्यः सह। ता नो हिन्वन्त्वध्वरम् ।।2।।
अपो देवीरुप ह्वये यत्र गावः पिबन्ति नः। सिन्धुभ्यः कर्त्वं हविः ।।३।।
अप्स्व१न्तरमृतमप्सु भेषजम्। अपामुत प्रशस्तिभिरश्वा भवथ वाजिनो गावो भवथ वाजिनीः।।४।।

अ. १.५.१–४

आपो हि ष्ठा मयोभुवस्ता न ऊर्जे दधातन। महे रणाय चक्षसे ।।१।।

यो वः शिवतमो भाजयतेह नः। उशतीरिव मातरः ।।2।।
तस्मा अरं गमाम वो यस्य क्षयाय जिन्वथ। आपो जनयथा च नः ।।३।।
ईशाना वार्याणां क्षयन्तीश्चर्षणीनाम्। अपो याचामि भेषजम् ।।४।।

७३४. सुकक्षः

१. इन्द्रः – अ. २०.७.१–३; २०.४७.१–३; २०.११2.१–३; २०.१३७.१2–१४

अ. २०.७.१–३

उद् घेदभि श्रुतामघं वृषभं नर्यापसम्। अस्तारमेषि सूर्य ।।१।।
नव यो नवतिं पुरो बिभेद वाह्वोजसा। अहिं च वृत्रहावधीत् ।।2।।
स न इन्द्रः शिवः सखाश्ववाद् गोमद् यवमत्। उरुधारेव दोहते ।।३।।

अ. २०.४७.१–३

तमिन्द्रं वाजयामसि महे वृत्राय हन्तवे। स वृषा वृषभो भुवत् ।।१।।
इन्द्रः स दामने कृत ओजिष्ठः स मदे हितः। द्युम्नी श्लोकी स सोम्यः ।।2।।
गिरा वज्रो न संभृतः सबलो अनपच्युतः। ववक्ष ऋष्वो अस्तृतः ।।३।।

अ. २०.११2.१–३

यदद्य कच्च वृत्रहन्नुदगा अभि सूर्य। सर्वं तदिन्द्र ते वशे ।।१।।
यद्वा प्रवृद्ध सत्पते न मरा इति मन्यसे। उतो तत् सत्यमित् तव ।।2।।
ये सोमासः परावति ये अर्वावति सुन्विरे। सर्वांस्ताँ इन्द्र गच्छसि ।।३।।

अ. २०.१३७.१2–१४

तमिन्द्रं वाजयामसि महे वृत्राय हन्तवे। स वृषा वृषभो भुवत् ।।१2।।
इन्द्रः स दामने कृत ओजिष्ठः स मदे हितः। द्युम्नी श्लोकी स सोम्यः ।।१३।।
गिरा वज्रो न संभृतः सबलो अनपच्युतः। ववक्ष ऋष्वो अस्तृतः ।।१४।।

७३५. सुकक्ष आंगिरसः

१. इन्द्रः – सा. १222–१22४; १४५०–१४५2; १५८६; १७१०–१७१2

सा. १222–१22४

तमिन्द्रं वाजयामसि महे वृत्राय हन्तवे। स वृषा वृषभो भुवत् ।।१।।
इन्द्रः स दामने कृत ओजिष्ठः स बले हितः। द्युम्नी श्लोकी स सोम्यः ।।2।।
गिरा वज्रो न सम्भृतः सबलो अनपच्युतः। ववक्ष उग्रो अस्तृतः ।।३।।

सा. १४५०–१४५2

उद्घेदभि श्रुतामघं वृषभं नर्यापसम्। अस्तारमेषि सूर्य ।।१।।
नव यो नवतिं पुरो बिभेद बाह्वोजसा। अहिं च वृत्रहावधीत् ।।2।।
स न इन्द्रः शिवः सखाश्वावद्गोमद्यवमत्। उरुधारेव दोहते ।।३।।

सा. १५८६

यो विश्वा दयते वसु होता मन्द्रो जनानाम्।
मघोर्न पात्रा प्रथमान्यस्मै प्र स्तोमा यन्त्वग्नये।।१।।

सा. १७१०–१७१2

अग्निः प्रियेषु धामसु कामो भूतस्य भव्यस्य। सम्राडेको विराजति ।।१।।
अग्नि प्रत्नेन जन्मना शुम्भानस्तन्वं2 स्वाम्। कविर्विप्रेण वावृधे ।।2।।
ऊर्ज्जो नपातमा हुवेऽग्निं पावकशोचिषम्। अस्मिन्यज्ञे स्वध्वरे ।।३।।

७३६. सुकक्ष आंगिरसः (साग्री. सास्वा.) श्रुतकक्षः (ऋसर्व.८.६३.१६ सार्षेदी.)

१. इन्द्रः – ऋ. ८.६३.१; ४; सा. २०८

ऋ. ८.६३.१

उद्घेदभि श्रुतामघं वृषभं नर्यापसम्। अस्तारमेषि सूर्य ।।१।।

ऋ. ८.६३.४

यदद्य कच्च वृत्रहन्नुदगा अभि सूर्य। सर्वं तदिन्द्र ते वशे ।।४।।

सा. २०८

श्रुतं वो वृत्रहन्तमं प्र शर्धं चर्षणीनाम्। आशिषे राधसे महे ।।५।।

७३७. सुकक्षः (ऋसर्व.); सुकक्षः (साग्री.); श्रुतकक्षः (सार्षेदी.)

१. **इन्द्रः – ऋ. ८.६३.१६**

श्रुतं वो वृत्रहन्तमं प्र शर्धं चर्षणीनाम्। आ शुषे राधसे महे ।।१६।।

७३८. सुकक्षः (ऋसर्व.) श्रुतकक्ष सुकक्षो वा आंगिरसः (साग्री.) श्रुतकक्षः (सार्षेदी. १५०)

१. **इन्द्रः – ऋ. ८.६३.2३**

इष्टा होत्रा असृक्षतेन्द्रं वृधासो अध्वरे। अच्छावभृथमोजसा ।।2३।।

७३९. सुकक्षः (ऋसर्व.) श्रुतकक्ष सुकक्षो वा आंगिरसः (साग्री.)

१. **इन्द्रः – ऋ. ८.६३.2; ५–22; 2४–३३**

ऋ. ८.६३.2

नव यो नवतिं पुरो बिभेद बाह्वोजसा। अहिं च वृत्रहावधीत् ।।2।।

ऋ. ८.६३. ५–22

यद्वा प्रवृद्ध सत्पते न मरा इति मन्यसे। उतो तत्सत्यमित्तव ।।५।।
ये सोमासः परावति ये अर्वावति सुन्विरे। सर्वांस्ताँ इन्द्र गच्छसि ।।६।।
तमिन्द्रं वाजयामसि महे वृत्राय हन्तवे। स वृषा वृषभो भुवत् ।।७।।
इन्द्र५ स दामने कृत ओजिष्ठः स मदे हितः। द्युम्नी श्लोकी स सोम्यः ।।८।।
गिरा वज्रो न सम्भृतः सबलो अनपच्युतः। ववक्ष ऋष्वो अस्तृतः ।।९।।
दुर्गे चिन्नः सुगं कृधि गृणान इन्द्र गिर्वणः। त्वं च मघवन् वशः ।।१०।।
यस्य ते नू चिदादिशं न मिनन्ति स्वराज्यम्। न देवो नाध्रिगुर्जनः ।।११।।
अधा ते अप्रतिष्कुतं देवी शुष्मं सपर्यतः। उभे सुशिप्र रोदसी ।।१२।।
त्वमेतदधारयः कृष्णासु रोहिणीषु च। परुष्णीषु रुशत् पयः ।।१३।।
वि यदहेरध त्विषो विश्वे देवासो अक्रमुः। विदन्मृगस्य ताँ अमः ।।१४।।
आदु मे निवरो भुवद्वृत्रहादिष्ट पौंस्यम्। अजातशत्रुरस्तृतः ।।१५।।
श्रुतं वो वृत्रहन्तमं प्र शर्धं चर्षणीनाम्। आ शुषे राधसे महे ।।१६।।
अया धिया च गव्यया पुरुणामन्पुरुष्टुत। यत्सोमेसोम आभवः ।।१७।।
बोधिन्मना इदस्तु नो वृत्रहा भूर्यासुतिः। शृणोतु शक्र आशिषम् ।।१८।।
कया त्वन्न ऊत्याभि प्र मन्दसे वृषन्। कया स्तोतृभ्य आ भर ।।१९।।
कस्य वृषा सुते सचा नियुत्वान्वृषभो रणत्। वृत्रहा सोमपीतये ।।20।।
अभी षु णस्त्वं रयिं मन्दसानः सहस्रिणम्। प्रयन्ता बोधि दाशुषे ।।2१।।
पत्नीवन्तः सुता इम उशन्तो यन्ति वीतये। अपां जग्मिर्निचुम्पुणः ।।22।।

ऋ. ८.६३.2४–३३

इह त्या सधमाद्या हरी हिरण्यकेश्या। वोळ्हामभि प्रयो हितम् ।।2४।।
तुभ्यं सोमाः सुता इमे स्तीर्णं बर्हिर्विभावसो। स्तोतृभ्य इन्द्रमा वह।।2५।।
आ ते दक्षं वि रोचना दधद्रत्ना वि दाशुषे। स्तोतृभ्य इन्द्रमर्चत ।।2६।।

आ ते दधामीन्द्रियमुक्था विश्वा शतक्रतो। स्तोतृभ्य इन्द्र मृळय ।।२७।।
भद्रम्भद्रं न आ भरेषमूर्जं शतक्रतो। यदिन्द्र मृळयासि नः ।।२८।।
स नो विश्वान्या भर सुवितानि शतक्रतो। यदिन्द्र मृळयासि नः ।।२९।।
त्वामिद्वृत्रहन्तम सुतावन्तो हवामहे। यदिन्द्र मृळयामि नः ।।३०।।
उप नो हरिभिः सुतं याहि मदानां पते। उप नो हरिभिः सुतम् ।।३१।।
द्विता यो वृत्रहन्तमो विद इन्द्रः शतक्रतुः। उप नो हरिभिः सुतम् ।।३२।।
त्वं हि वृत्रहन्नेषां पाता सोमानामसि। उप नो हरिभिः सुतम् ।।३३।।

2. **इन्द्रो ऋभवश्च – ऋ. ८.६३.३४**

इन्द्र इषे ददातु न ऋभुक्षणमृभुं रयिम्। वाजी ददातु वाजिनम् ।।३४।।

७४०. सुकक्ष श्रुतकक्षौ (साग्री. सास्वा.) श्रुतकक्षः (सार्षेदी.)

१. **इन्द्रः – सा. १२५–१२६**

उद्घेदभि श्रुतामघं वृषभं नर्यापसम्। अस्तारमेषि सूर्य ।।१।।
यदद्य कच्च वृत्रहन्नुदगा अभि सूर्य। सर्वं तदिन्द्र ते वशे ।।२।।

७४१. सुकीर्तिः

१. **अश्विनौ – अ. २०.१२५.४–५**

युवं सुराममश्विना नमुचावासुरे सचा ।
विपिपाना शुभस्पती इन्द्रं कर्मस्वावतम् ।।४।।
पुत्रमिव पितरावश्विनोभेन्द्रावथुः काव्यैर्दंसनाभिः ।
यत् सुरामं व्यपिबः शचीभिः सरस्वती त्वा मघवन्नभिष्णक् ।।५।।

2. **इन्द्रः – अ. २०.१२५.१–३; ६–७**

अ. २०.१२५.१–३

अपेन्द्र प्राचो मघन्नमित्रानपापाचो अभिभूते नुदस्व ।
अपोदीचो अप शूराधराच उरौ यथा तवं शर्मन् मदेम ।।१।।
कुविदंग यवमन्तो यवं चिद् यथा दान्त्यनुपूर्वं वियूय ।
इहेहैषां कृणुहि भोजनानि ये बर्हिषो नमोवृक्तिं न जग्मुः ।।२।।
नहि स्थूर्यृतुथा यातमस्ति नोत श्रवो विविदे संगमेषु ।
गव्यन्त इन्द्रं सख्याय विप्रा अश्वायन्तो वृषणं वाजयन्तः ।।३।।

अ. २०.१२५.६–७

इन्द्रः सुत्रामा स्ववाँ अवोभिः सुमृडीको भवतु विश्ववेदाः ।
बाधतां द्वेषो अभयं नः कृणोतु सुवीर्यस्य पतयः स्याम ।।६।।
स सुत्रामा स्ववाँ इन्द्रो अस्मदाराच्चिद् द्वेषः सनुतर्युयोतु ।
तस्य वयं सुमतौ यज्ञियस्यापि भद्रे सौमनसे स्याम ।।७।।

७४२. सुकीर्ति काक्षीवतः

१. **अश्विनौ – ऋ. १०.१३१.४; ५**

युवं सुराममश्विना नमुचावासुरे सचा ।
विपिपाना शुभस्पती इन्द्रं कर्मस्वावतम् ।।४।।
पुत्रमिव पितरावश्विनोभेन्द्रावथुः काव्यैर्दंसनाभिः ।
यत्सुरामं व्यपिबः शचीभिः सरस्वती त्वा मघवन्नभिष्णक् ।।५।।

2. **इन्द्रः – ऋ. १०.१३१.१–३; ६; ७**

ऋ. १०.१३१.१–३

अप प्राच इन्द्र विश्वाँ अमित्रानपापाचो अभिभूते नुदस्व ।
अपोदीचो अप शूराधराच उरौ यथा तव शर्मन्मदेम ।।१।।
कुविदंग यवमन्तो यवं चिद्यथा दान्त्यनुपूर्वं वियूय ।
इहेहैषां कृणुहि भोजनानि ये बर्हिषो नमोवृत्तिं न जग्मुः ।।2।।
नाहि स्थूर्यृतुथा यातमस्ति नोत श्रवो विविदे संगमेषु ।
गव्यन्त इन्द्रं सख्याय विप्रा अश्वायन्तो वृषणं वाजयन्तः ।।३।।

ऋ. १०.१३१.६–७

इन्द्रः सुत्रामा स्ववाँ अवोभिः सुमृळीको भवतु विश्ववेदाः ।
बाधतां द्वेषो अभयं कृणोतु सुवीर्यस्य पतयः स्याम ।।६।।
तस्य वयं सुमतौ यज्ञियस्यापि भद्रे सौमनसे स्याम ।
स सुत्रासा स्ववाँ इन्द्रो अस्मे आराच्चिद् द्वेषः सनुतर्युयोतु ।।७।।

७४३. सुचीकः

१. **इन्द्रः – य. ३३.2३**

प्र वो महे मन्दमानायान्धसोऽर्चाविश्वानराय विश्वाभुवे ।
इन्द्रस्य यस्य सुमखं सहो महि श्रवो नृम्णं च रोदसी सपर्य्यतः ।।2३।।

2. **विश्वेदेवाः – य. ३५.१०**

अश्मन्वती रीयते सं रभध्वमुत्तिष्ठत प्र तरता सखायः ।
अत्रा जहीमाऽशिवा येऽअसच्छिवान्वयमुत्तरेमाभि वाजान् ।।१०।।

७४४. सुतकक्षः सुकक्षो वा

१. **इन्द्रः – अ. 20–६०.१–३**

एवा ह्यसि वीरयुरेवा शूर उत स्थिरः। एवा ते राध्यं मनः ।।१।।
एवा रातिस्तुवीमघ विश्वेभिर्धायि धातृभिः। अधा चिदिन्द्र मे सचा ।।2।।
मो षु ब्रह्मेव तन्दुयुर्भुवो वाजानां पते। मत्स्वा सुतस्य गोमतः ।।३।।

७४५. सुतम्भरः

१. **अग्निः – य. 22.१५**

अग्निं स्तोमेन बोधय समिधानोऽअमर्त्यम्। हव्या देवेषु नो दधत् ।।१५।।

७४६. सुतम्भर आत्रेयः

१. **अग्निः – ऋ. ५.११.१–६; ५.१2.१–६; ५.१३.१–६; ५.१४.१–६; सा. ६०७–६०९; १४०५–१४०७**

ऋ. ५.११.१–६

जनस्य गोपा अजनिष्ट जागृविरग्निः सुदक्षः सुविताय नव्यसे ।
घृतप्रतीको बृहता दिविस्पृशा द्युमद्वि भाति भरतेभ्यः शुचिः ।।१।।
यज्ञस्य केतुं प्रथमं पुरोहिमग्निं नरस्त्रिषधस्थे समीधिरे ।
इन्द्रेण देवैः सरथं स बर्हिषि सीदन्नि होता यजथाय सुक्रतुः ।।2।।
असंमृष्टो जायसे मात्रोः शुचिर्मन्द्रः कविरुदतिष्ठो विवस्वतः ।
घृतेन त्वावर्धयन्नग्न आहुत धूमस्ते केतुरभवद्दिवि श्रितः ।।३।।
अग्निर्नो यज्ञमुप वेतु साधुयाग्निं नरो वि भरन्ते गृहेगृहे ।
अग्निर्दूतो अभवद्धव्यवाहनोऽग्निं वृणाना वृणते कविक्रतुम् ।।४।।
तुभ्येदमग्ने मधुमत्तमं वचस्तुभ्यं मनीषा इयमस्तु शं हृदे ।

त्वां गिरः सिन्धुमिवावनीर्महीरा पृणन्ति शवसा वर्धयन्ति च ।।५।।
त्वामग्ने अंगिरसो गुहा हितमन्वविन्दंछिश्रियाणं वनेवने ।
स जायसे मथ्यमानः सहो महत्त्वामाहुः सहसस्पुत्रमंगिरः ।।६।।

ऋ. ५.१२.१–६

प्राग्नये बृहते यज्ञियाय ऋतस्य वृष्णे असुराय मन्म ।
घृतं न यज्ञ आस्ये३ सुपूतं गिरं भरे वृषभाय प्रतीचीम् ।।१।।
ऋतं चिकित्व ऋतमिच्चिकिद्ध्यृतस्य धारा अनु तृन्धि पूर्वीः ।
नाहं यातुं सहसा न द्वयेन ऋतं सपाम्यरुषस्य वृष्णः ।।२।।
कया नो अग्न ऋतयन्नृतेन भुवो नवेदा उचथस्य नव्यः ।
वेदा मे देव ऋतुपा ऋतूनां नाहं पतिं सनितुरस्य रायः ।।३।।
के ते अग्ने रिपवे बन्धनासः के पायवः सनिषन्त द्युमन्तः ।
के धासिमग्ने अनृतस्य पान्ति क आसतो वचसः सन्ति गोपाः ।।४।।
सखायस्ते विषुणा अग्न एते शिवासः सन्तो अशिवा अभूवन् ।
अधेर्षत स्वयमेते वचोभिर्ऋजूयते वृजिनानि ब्रुवन्तः ।।५।।
यस्ते अग्ने नमसा यज्ञमीट्ट ऋतं स पात्यरुषस्य वृष्णः ।
तस्य क्षयः पृथुरा साधुरेतु प्रसर्स्राणस्य नहुषस्य शेषः ।।६।।

ऋ. ५.१३.१–६

अर्चन्तस्त्वा हवामहेऽर्चन्तः समिधीमहि। अग्नि अर्चन्त ऊतये ।।१।।
अग्नेः स्तोमं मनामहे सिध्रमद्य दिविस्पृशः। देवस्य द्रविणस्यवः ।।२।।
अग्निर्जुषत नो गिरो होता यो मानुषेष्वा। स यक्षदैव्यं जनम् ।।३।।
त्वमग्ने सप्रथा असि जुष्टो होता वरेण्यः। त्वया यज्ञं वि तन्वते ।।४।।
त्वामग्ने वाजसातमं विप्रा वर्धन्ति सुष्टुतम्। स नो रास्व सुवीर्यम् ।।५।।
अग्ने नेमिरराँ इव देवाँस्त्वं परिभूरसि। आ राधश्चित्रमृंजसे ।।६।।

ऋ. ५.१४.१–६

अग्नि स्तोमेन बोधय समिधानो अमर्त्यम्। हव्या देवेषु नो दधत् ।।१।।
तमध्वरेष्वीळते देवं मर्ता अमर्त्यम्। यजिष्ठं मानुषे जने ।।२।।
तं हि शश्वन्त ईळते स्रुचा देवं घृतश्चुता। अग्नि हव्याय वोळहवे ।।३।।
अग्निर्जातो अरोचत घ्नन्दस्यूंज्योतिषा तमः। अविन्दद् गा अपः स्वः ।।४।।
अग्निमीळेन्यं कविं घृतपृष्ठं सपर्यत। वेतु मे शृणवद्धवम् ।।५।।
अग्नि घृतेन वावृधुः स्तोमेभिर्विश्वचर्षणिम्। स्वाधीभिर्वचस्युभिः ।।६।।

सा. ६०७–६०६

जनस्य गोपा अजनिष्ट जागृविरग्निः सुदक्षः सुविताय नव्यसे ।
घृतप्रतीको बृहता दिविस्पृशा द्युमद्वि भाति भरतेभ्यः शुचिः ।।१।।
त्वामग्ने अंगिरसो गुहा हितमन्वविन्दंछिश्रियाणं वनेवने ।
स जायसे मथ्यमानः सहो महत्त्वामाहुः सहसस्पुत्रमंगिरः ।।२।।
यज्ञस्य केतुं प्रथमं पुरोहितमग्निं नरस्त्रिषधस्थे समिन्धते ।
इन्द्रेण देवैः सरथं स बर्हिषि सीदन्नि होता यजथाय सुक्रतुः ।।३।।

सा. १४०५–१४०७

अग्ने स्तोमं मनामहे सिद्धमद्य दिविस्पृशः। देवस्य द्रविणस्यवः ।।१।।
अग्निर्जुषत नो गिरो होता यो मानुषेष्वा। स यक्षदैव्यं जनम् ।।२।।
त्वमग्ने सप्रथा असि जुष्टो होता वरेण्यः। त्वया यज्ञं वि तन्वते ।।३।।

७४७. सुतजेता मधुच्छन्दा – द्र. मधुच्छन्दा

७४८. सुदा

१. इन्द्रः – अ. 20.६५.2–४

प्रो ष्वस्मै पुरोरथमिन्द्राय शूषमर्चत । अभीके चिदु लोककृत् संगे समत्सु वृत्रहास्माकं बोधि चोदिता नभन्तामन्यकेषां ज्याका अधि धन्वसु ।।2।।
त्वं सिन्धूँरवासृजोऽधराचो अहन्नहिम् । अशत्रुरिन्द्र जज्ञिषे विश्वं पुष्यसि वार्यं तं त्वा परि ष्वजामहे नभन्तामन्यकेषां ज्योा अधि धन्वसु ।।३।।
वि षु विश्वा अरातयोऽर्यो नशन्त नो धियः। अस्तासि शत्रवे वधं यो न इन्द्र जिघांसति या ते रातिर्ददिर्वसु नभन्तामन्यकेषां ज्योा अधि धन्वसु ।।४।।

७४६. सुदा पैजवनः

१. इन्द्रः – ऋ. १०.१३३.१–७

प्रो ष्वस्मै पुरोरथमिन्द्राय शूषमर्चत । अभीके चिदु लोककृत्संगे समत्सु वृत्रहास्माकं बोधि चोदिता नभन्तामन्यकेषां ज्याका अधि धन्वसु ।।१।।
त्वं सिन्धूँरवासृजोऽधराचो अहन्नहिम् । अशत्रुरिन्द्र जज्ञिषे विश्वं पुष्यसि वार्यं तं त्वा परि ष्वजामहे नभन्तामन्यकेषां ज्याका अधि धन्वसु ।।2।।
वि षु विश्वा अरातयोऽर्यो नशन्त नो धियः । अस्तासि शत्रवे वधं यो न इन्द्र जिघांसति या ते रातिर्ददिर्वसु नभन्तामन्यकेषां ज्याका अधि धन्वसु ।।३।।
येा न इन्द्राभितो जनो वृकायुरादिदेशति । अधस्पदं तमीँकृधि विबाधो असि सासहिर्नभन्तामन्यकेषां ज्याका अधि धन्वसु ।।४।।
यो न इन्द्राभिदासति सनाभिर्यश्च निष्ट्यः ।
अव तस्य बलं तिर महीव द्यौरध त्मना नभन्तामन्यकेषां ज्याका अधि धन्वसु ।।५।।
वयमिन्द्र त्वायवः सखित्वमा रभामहे ।
ऋतस्य नः पथा नयाति विश्वानि दुरिता नभन्तामन्यकेषां ज्याका अधि धन्वसु ।।६।।
अस्मभ्यं सु त्वमिन्द्र तां शिक्ष या दोहते प्रति वरं जरित्रे ।
अच्छिद्रोध्नी पीपयद्यथा नः सहस्रधारा पयसा मही गौः ।।७।।

७५०. सुदासः पैजवनः

१. इन्द्रः – सा. १८०१–१८०३

प्रो ष्वस्मै पुरोरथमिन्द्राय शूषमर्चत । अभीके चिदु लोककृत्संगे समत्सु वृत्रहा ।
अस्माक बोधि चोदिता नभन्तामन्यकेषां ज्याका अधि धन्वसु ।।१।।
त्वं सिंधूं रवासृजोऽधराचो अहन्नहिम् । अशत्रुरिन्द्र जज्ञिषे विश्वं पुष्यसि वार्यम् ।
तं त्वा परि ष्वजामहे नभन्तामन्यकेषां ज्याका अधि धन्वसु ।।2।।
वि षु विश्वा अरातयोऽर्या नशन्त नो धियः । अस्तासि शत्रवे वधं यो न इन्द्र जिघांसति ।
या ते रातिर्ददिर्वसु नभन्तामन्यकेषां ज्याका अधि धन्वसु ।।३।।

७५१. सुदीति–पुरुमीढौ

१. अग्निः – अ. 20.१०३.१

अग्निमीडिष्वावसे गाथाभिः शीरशोचिषम्।
अग्नि राये पुरुमीळ्ह श्रुतं नरोऽग्निं सुदीतये छर्दिः।।१।।

७५2. सुदीति–पुरुमीळ्हौ आंगिरसौ

१. अग्निः – सा १५५४–१५५५

अच्छा नः शीरशोचिषं गिरो यन्तु दर्शतम् ।
अच्छा यज्ञासो नमसा पुरूवसुं पुरुप्रशस्तमूतये ।।१।।

अग्निं सूनुं सहसो जातवेदसं दानाय वार्याणाम् ।
द्विता यो भूदमृतो मर्त्येष्वा होता मन्द्रतमो विशि ।।2।।

७५३. सुदीति पुरुमीळौ आंगिरसौ (साग्री. सास्वा.) सुदीति पुरुमीढो वा (सार्षेदी.)

१. अग्निः – सा. ४६

अग्निमीडिष्वावसे गाथाभिः शीरशोचिषम्। अग्निं राये श्रुतं नरोऽग्निः सुदीतये छर्दिः ।।५।।

७५४. सुदीति पुरुमीढौ आंगिरसौ तयोर्वान्यतरः (साग्री. सास्वा.) सुदीतिः (सार्षेदी.)

१. अग्निः – सा. ६

त्वं नो अग्ने महोभिः पाहि विश्वस्या अरातेः। उत द्विषो मर्त्यस्य ।।६।।

७५५. सुदिति पुरुमीळहौ तयोर्वा अन्यतरः

१. अग्निः – ऋ. ८.७१.१–१५

त्वं नो अग्ने महोभिः पाहि विश्वस्या अरातेः । उत द्विषो मर्त्यस्य ।।१।।
नहि मन्युः पौरुषेय ईशे हि वः प्रियजात । त्वमिदसि क्षपावान् ।।2।।
स नो विश्वेभिर्देवेभिरूर्जो नपाद्भद्रशोचे । रयिं देहि विश्ववारम् ।।३।।
न तमग्ने अरातयो मर्तं युवन्त रायः । यं त्रायसे दाश्वांसम् ।।४।।
यं त्वं विप्र मेधसातावग्ने हिनोषि धनाय । स तवोती गोषु गन्ता ।।५।।
त्वं रयिं पुरुवीरमग्ने दाशुषे मर्ताय । प्र णो नय वस्यो अच्छ ।।६।।
अरुष्या णो मा परा दा अघायते जातवेदः । दुराध्ये३ मर्ताय ।।७।।
अग्ने माकिष्टे देवस्य रातिमदेवो युयोत । त्वमीशिषे वसूनाम् ।।८।।
स नो वस्व उप मास्यूर्जो नपान्माहिमस्य । सखे वसो जरितृभ्यः ।।६।।
अच्छा नः शीरशोचिषं गिरो यन्तु दर्शतम् ।
अच्छा यज्ञासो नमसा पुरूवसुं पुरुप्रशस्तमूतये ।।१०।।
अग्नि सूनुं सहसो जातवेदसं दानाय वार्याणाम् ।
द्विता यो भूदमृतो मर्त्येष्वा होता मन्द्रतमो विशि ।।११।।
अग्नि वो देवयज्याग्नि प्रयत्यध्वरे। अग्नि धीषु प्रथममग्निमर्वत्यग्नि क्षैत्राय साधसे ।।१2।।
अग्निरिषां सख्ये ददातु न ईशे यो वार्याणाम् ।
अग्नि तोके तनये शश्वदीमहे वसुं सन्तं तनूपाम् ।।१३।।
अग्निमीळिष्वावसे गाथाभिः शीरशोचिषम् ।
अग्नि राये पुरुहीळह श्रुतं नरोऽग्नि सुदीतये छर्दिः ।।१४।।
अग्नि द्वेषो योतवै नो गृणीमस्यग्नि शं योश्च दातवे ।
विश्वासु विक्ष्ववितेव हव्यो भुवद्वस्तुर्ऋषूणाम् ।।१५।।

७५६. सुनीतिः

१. वेनः – य. ३३.2१

आ सुते सिंचत श्रियं रोदस्योरभि श्रियम्। रसा दधीत वृषभम्। तं प्रत्नथा। अयं वेनः।।2१।।

७५७. सुनुर् भार्गवः

१. अग्निः – ऋ. १०.१७६.2–४

प्र देवं देव्या धिया भरता जातवेदसम्। हव्या नो वक्षदानुषक् ।।2।।
अयमु ष्य प्र देवयुर्होता यज्ञाय नीयते। रथो न योरभीवृतो घृणीवांचेतति त्मना ।।३।।
अयमग्निरुरुष्यत्यमृतादिव जन्मनः। सहसश्चित्सहीयान्देवो जीवातवे कृतः ।।४।।

2. ऋभवः – ऋ. १०.१७६.१

प्र सूनव ऋभूणां बृहन्नवन्त वृजना। क्षामा ये विश्वधायसोऽश्नन्धेनुं न मातरम् ।।१।।

७५८. सुपर्णः

१. अग्निः – सा. १८४३–१८४५

अभि वाजी विश्वरूपो जनित्रं हिरण्ययं बिभ्रदत्कं सुपर्णः ।
सूर्यस्य भानुमृतुथा वसानः परि स्वयं मेधमृज्रो जजान ।।१।।
अप्सु रेतः शिश्रिये विश्वरूपं तेजः पृथिव्यामधि यत्संबभूव ।
अन्तरिक्षे स्वं महिमानं मिमानः कनिक्रन्ति वृष्णो अश्वस्य रेतः ।।2।।
अयं सहस्रा परि युक्ता वसानः सूर्यस्य भानुं यज्ञो दाधार ।
सहस्रदाः शतदा भूरिदावा धर्ता दिवो भुवनस्य विश्पतिः ।।३।।

७५९. सुपर्णः काण्वः

१. इन्द्रावरुणौ – ऋ. ८.५९.१–७

इमानि वां भागधेयानि सिस्रत इन्द्रावरुणा प्र महे सुतेषु वाम् ।
यज्ञेयज्ञे ह सवना भुरण्यथो यत्सुन्वते यजमानाय शिक्षथः ।।१।।
निःशिध्वरीरोषधीराप आस्तामिन्द्रावरुणा महिमानामाशत ।
या सिस्रतू रजसः पारे अध्वनो ययोः शत्रुर्नकिरादेव ओहते ।।2।।
सत्यं तदिन्द्रावरुणा कृशस्य वां मध्व ऊर्मिं दुहते सप्त वाणीः ।
ताभिर्दाश्वांसमवतं शुभस्पती यो वामदब्धो अभि पाति चित्तिभिः ।।३।।
घृतप्रुषः सौम्या जीरदानवः सप्त स्वसारः सदन ऋतस्य ।
या ह वामिन्द्रावरुणा घृतश्चुतस्ताभिर्धत्तं यजमानाय शिक्षतम् ।।४।।
अवोचाम महते सौभगाय सत्यं त्वेषाभ्यां महिमानमिन्द्रियम् ।
अस्मान्त्स्विन्द्रावरुणा घृतश्चुतस्त्रिभिः साप्तेभिरवतं शुभस्पती ।।५।।
इन्द्रावरुणा यदृषिभ्यो मनीषां वाचो मतिं श्रुतमदत्तमग्रे ।
यानि स्थानान्यसृजन्त धीरा यज्ञं तन्वानास्तपसाभ्यपश्यम् ।।६।।
इन्द्रावरुणा सौमनसमदृप्तं रायस्पोषं यजमानेषु धत्तम् ।
प्रजां पुष्टिं भूतिमस्मासु धत्तं दीर्घायुत्वाय प्र तिरतं न आयुः ।।७।।

७६०. सुपर्णः तार्क्ष्यपुत्र ऊर्ध्व कृशनो वा यामायनः

१. इन्द्रः – ऋ. १०.१४४.१–६

अयं हि ते अमर्त्य इन्दुरत्यो न पत्यते ।
दक्षो विश्वायुर्वेधसे ।।१।।
अयमस्मासु काव्य ऋभुर्वज्रो दास्वते ।
अयं बिभर्त्यूर्ध्वकृशनं मदमृभुर्न कृत्व्यं मदम् ।।2।।
घृषुः श्येनाय कृत्वन आसु स्वासु वंसगः ।
अव दीधेदहीशुवः ।।३।।
यं सुपर्णः परावतः श्यनेस्य पुत्र आभरत् ।
शतचक्रं योऽह्यो वर्तनिः ।।४।।
यं ते श्येनश्चरुमवृकं पदाभरदरुणं मानमन्धसः ।
एना वयो वि तार्यायुर्जीवस एना जागार बन्धुता ।।५।।
एवा तदिन्द्र इन्दुना देवेषु चिद्धारयाते महि त्यजः ।
क्रत्वा वयो वि तार्यायुः सुक्रतो क्रत्वायमस्मदा सुतः ।।६।।

७६१. सुबन्धुः

१. अग्निः – य. ३.२५; २६

अग्ने त्वं नोऽअन्तमऽउत त्राता शिवो भवा वरूथ्यः ।
वसुरग्निर्वसुश्रवाऽअच्छा नक्षि द्युमत्तमं रयिं दाः ।।२५।।
तं त्वा शोचिष्ठ दीदिवः सुम्नाय नूनमीमहे सखिभ्यः ।
स नो बोधि श्रुधी हवमुरुष्या णोऽअघायतः समस्मात् ।।२६।।

७६२. सुमित्रो दुर्मित्रो वााकौत्सः

१. इन्द्रः – ऋ. १०.१०५.१–११

कदा वसो स्तोत्रं हर्यत आव शमशा रुधद्वाः। दीर्घं सुतं वाताप्याय ।।१।।
हरी यस्य सुयुजा विव्रता वेरर्वन्तानु शेषा। उभा रजी न केशिना पतिर्दन् ।।२।।
अप योरिन्द्रः पापज आ मर्तो न शश्रमाणो बिभीवान्। शुभे यद्युयुजे तविषीवान् ।।३।।
सचायोरिन्द्रश्चर्कृष आँ उपानसः सपर्यन्। नदयोर्विव्रतयोः शूर इन्द्रः ।।४।।
अधि यस्तस्थौ केशवन्ता व्यचस्वन्ता न पुष्ट्यै। वनोति शिप्राभ्यां शिप्रिणीवान् ।।५।।
प्रास्तौदृष्वौजा ऋष्वेभिस्ततक्ष शूरः शवसा। ऋभुर्न क्रतुभिर्मातरिश्व ।।६।।
वज्रं यश्चक्रे सुहनाय दस्यवे हिरीमशो हिरीमान्। अरुतहनुरद् भुतं न रजः ।।७।।
अव नो वृजिना शिशीह्यृचा वनेमानृचः। नाब्रह्मा यज्ञ ऋधग्जोषति त्वे ।।८।।
ऊर्ध्वा यत्ते त्रेतिनी भूद्यज्ञस्य धूर्षु सद्मन्। सजूर्नावं स्वयशसं सचायोः ।।९।।
श्रिये ते पृश्निरुपसेचनी भूच्छ्रिये दर्विररेपाः। यया स्वे पात्रे सिंचस उत् ।।१०।।
शतं वा यदसुर्य प्रति त्वा सुमित्र इत्थास्तौदुर्मित्र इत्थास्तौत्।
आवो यद्दस्युहत्यै कुत्सपुत्रं प्रावो यद्दस्युहत्ये कुत्सवत्सम् ।।११।।

७६३. सुमित्रो वाध्र्यश्वः

१. अग्निः – ऋ. १०.६९.१–१२

भद्रा अग्नेर्वध्र्यश्वस्य संदृशो वामी प्रणीतिः सुरणा उपेतयः ।
यदीं सुमित्रा विशो अग्र इन्धते घृतेनाहुतो जरते दविद्युतत् ।।१।।
घृतमग्नेर्वध्र्यश्वस्य वर्धनं घृतमन्नं घृतम्वस्य मेदनम् ।
घृतेनाहुत उर्विया वि पप्रथे सूर्यइव रोचते सर्पिरासुतिः ।।२।।
यत्ते मनुर्यदनीकं सुमित्रः समीधे अग्ने तदिदं नवीयः ।
स रेवच्छोच स गिरो जुषस्व स वाजं दर्षि स इह श्रवो धाः ।।३।।
यं त्वा पूर्वमीळितो वध्र्यश्वः समीधे अग्ने स इदं जुषस्व ।
स नः स्तिपा उत भवा तनूपा दात्रं रक्षस्व यदिदं ते अस्मे ।।४।।
भवा द्युम्नी वाध्र्यश्वोत गोपा मा त्वा तारीदभिमातिर्जनानाम् ।
शूरइव धृष्णुश्च्यवनः सुमित्रः प्र नु वोचं वाध्र्यश्वस्य नाम ।।५।।
समज्र्या पर्वत्या३वसूनि दासा वृत्राण्यार्या जिगेथ ।
शूरइव धृष्णुश्च्यवनो जनानां त्वमग्ने पृतनायूँरभि ष्याः ।।६।।
दीर्घतन्तुर्बृहदुक्षायमग्निः सहस्रस्तरीः शतनीथ ऋभ्वा ।
द्युमान् द्युमत्सु नृभिर्मृज्यमानः सुमित्रेषु दीदयो देवयत्सु ।।७।।
त्वं धेनुः सुदुघा जातवेदोऽसश्चतेव समना सबर्धुक् ।
त्वं नृभिर्दक्षिणावद्भिरग्ने सुमित्रेभिरिध्यसे देवयद्भिः ।।८।।
देवाश्चित्ते अमृता जातवेदो महिमानं वाध्र्यश्व प्र वोचन् ।
यत्संपृच्छं मानुषीर्विश आयन्त्वं नृभिरजयस्त्वावृधेभिः ।।९।।
पितेव पुत्रमबिभरुपस्थे त्वामग्ने वध्र्यश्वः सपर्यन् ।
जुषाणो अस्य समिधं यविष्ठोत पूर्वां अवनोर्व्राधतश्चित् ।।१०।।

शश्वदग्निर्वध्र्यश्वस्य शत्रून्नृभिर्जिगाय सुतसोमवद्भिः ।
समनं चिददहश्चित्रभानोऽव व्राधन्तमभिनद्वृधश्चित् ।।११।।
अयमग्निर्वध्र्यश्वस्य वृत्रहा सनकात्प्रेद्धो नमसोपवाक्यः ।
स नो अजामीँरुत वा विजामीनभि तिष्ठ शर्धतो वाध्र्यश्व ।।१२।।

2. **आप्रम् – ऋ. १०.७०.१–११**

इमां मे अग्ने समिधं जुषस्वेळस्पदे प्रति हर्या घृताचीम् ।
वर्ष्मन्पृथिव्याः सुदिनत्वे अह्नामूर्ध्वो भव सुक्रतो देवयज्या ।।१।।
आ देवानामग्रयावेह यातु नराशंसो विश्वरूपेभिरश्वैः ।
ऋतस्य पथा नमसा मियेधो देवेभ्यो देवतमः सूषूदत् ।।2।।
शश्वत्तमीळते दूत्याय हविष्मन्तो मनुष्यासो अग्निम् ।
वहिष्ठैरश्वैः सुवृता रथेना देवान्वक्षि नि षदेह होता ।।३।।
वि प्रथतां देवजुष्टं तिरश्चा दीर्घं द्राघ्मा सुरभि भूत्वस्मे ।
अहेळता मनसा देव बर्हिरिन्द्रज्येष्ठाँ उशतो यक्षि देवान् ।।४।।
दिवो वा सानु स्पृशता वरीयः पृथिव्या वा मात्र्या वि श्रयध्वम् ।
उशतीर्द्वारो महिना महद्भिर्देवं रथं रथयुर्धारयध्वम् ।।५।।
देवी दिवो दुहितरा सुशिल्पे उषासानक्ता सदतां नि योनौ ।
आ वां देवास उशती उशन्त उरौ सीदन्तु सुभगे उपस्थे ।।६।।
ऊर्ध्वो ग्रावा बृहदग्निः समिद्धः प्रिया धामान्यदितेरुपस्थे ।
पुरोहितावृत्विजां यज्ञे अस्मिन् विदुष्टरा द्रविणमा यजेथाम् ।।७।।
तिस्रो देवीर्बर्हिरिदं वरीय आ सीदत चकृमा वः स्योनम् ।
मनुष्वद्यज्ञं सुधिता हवींषीळा देवी घृतपदी जुषन्त ।।८।।
देव त्वष्टर्यद्ध चारुत्वमानड्यदंगिरसामभवः सचाभूः ।
स देवानां पाथ उप प्र विद्वानुशन्यक्षि द्रविणोदः सुरत्नः ।।९।।
वनस्पते रशनया नियुया देवानां पाथ उप वक्षि विद्वान् ।
स्वदाति देवः कृणवद्धवींष्यवतां द्यावापृथिवी हवं मे ।।१०।।
आग्ने वह वरुणमिष्टये न इन्द्रं दिवो मरुतो अन्तरिक्षात् ।
सीदन्तु बर्हिर्विश्व आ यजत्राः स्वाहा देवा अमृता मादयन्ताम् ।।११।।

७६४. सुवेदाः शैरीषिः

१. **इन्द्रः – ऋ. १०.१४७.१–५**

श्रत्ते दधामि प्रथमाय मन्यवेऽहन्यद्वृत्रं नर्यं विवेरपः ।
उभे यत्त्वा भवतो रोदसी अनु रेजते शुष्मात्पृथिवी चिदद्रिवः ।।१।।
त्वं मायाभिरनवद्य मायिनं श्रवस्यता मनसा वृत्रमर्दयः ।
त्वामिन्नरो वृणते गविष्टिषु त्वां विश्वासु हव्यास्विष्टिषु ।।2।।
ऐषु चाकन्धि पुरुहूत सूरिषु वृधासो ये मघवन्नानशुर्मघम् ।
अर्चन्ति तोके तनये परिष्टिषु मेधसाता वाजिनमह्रये धने ।।३।।
स इन्नु रायः सुभृतस्य चाकनन्मदं यो अस्य रंह्यं चिकेतति ।
त्वावृधो मघवन्दाश्वध्वरो मक्षू स वाजं भरते धना नृभिः ।।४।।
त्वं शर्धाय महिना गृणान उरु कृधि मघवंछग्धि रायः ।
त्वं नो मित्रे वरुणो न मायी पित्वो न दस्म दयसे विभक्ताः ।।५।।

७६५. सुवेदा शैलूषि

१. **इन्द्रः – सा. ३७१**

श्रत्ते दधामि प्रथमाय मन्यवेऽहन्यद्स्युं नर्यं विवेरपः ।
उभे यत्वा रोदसी धावतामनु भ्यसाते शुष्मात्पृथिवी चिदद्रिवः ।।2।।

७६६. सुश्रुतः

१. **अग्निः – य. ३.2**

सुसमिद्धाय शोचिषे घृतं तीव्रं जुहोतन। अग्नये जातवेदसे ।।2।।

७६७. सुहस्त्यो घौषेयः

१. **अश्विनौ – ऋ. १०.४१.१–३**

समानमु त्यं पुरुहूतमुक्थ्यं१ रथं त्रिचक्रं सवना गनिग्मतम् ।
परिज्मानं विदथ्यं सुवृक्तिभिर्वयं व्युष्टा उषसो हवामहे ।।१।।
प्रातर्युजं नासत्याधि तिष्ठथः प्रातर्यावाणं मधुवाहनं रथम् ।
विशो येन गच्छथो यज्वरीर्नरा कीरेश्चिद्यज्ञं होतृमन्तमश्विना ।।2।।
अध्वर्युं व मधुपाणिं सुहस्त्यमग्निधं वा धृतदक्षं दमूनसम् ।
विप्रस्य वा यत्सवनानि गच्छथोऽत आ यातं मधुपेयमश्विना ।।३।।

७६८. सुहोत्रः

१. **इन्द्रः – ऋ. ६.३१.१–५; ६.३2.१०५**

ऋ. ६.३१.१–५

अभूरेको रयिपते रयीणामा हस्तयोरधिथा इन्द्र कृष्टीः ।
वि तोके अप्सु तनये च सूरेऽवोचन्त चर्षणयो विवाचः ।।१।।
त्वद्भियेन्द्र पार्थिवानि विश्वाच्युता चिच्च्यावयन्ते रजांसि ।
द्यावाक्षामा पर्वतासो वनानि विश्वं दृळहं भयते अज्मन्ना ते ।।2।।
त्वं कुत्सेनाभि शुष्णमिन्द्राशुषं युध्य कुयवं गविष्टौ ।
दश प्रपित्वे अध सूर्यस्य मुषायश्चक्रमविवे रपांसि ।।३।।
त्वं शतान्यव शम्बरस्य पुरो अघन्थाप्रतीनि दस्योः ।
अशिक्षो यत्र शच्या शचीवो दिवोदासाय सुन्वते सुतक्रे भरद्वाजाय गृणते वसूनि ।।४।।
स सत्यसत्वन्महते रणाय रथमा तिष्ठ तुविनृम्ण भीमम् ।
याहि प्रपथिन्नवसोप मद्रिक्प्र च श्रुत श्रावय चर्षणिभ्यः ।।५।।

ऋ. ६.३2.१–५

अपूर्व्या पुरुतमान्यस्मै महे वीराय तवसे तुराय ।
विरप्शिने वज्रिणे शन्तमानि वचांस्यासा स्थविराय तक्षम् ।।१।।
स मातरा सूर्येण कवीनामवासयद्रुजदद्रिं गृणानः ।
स्वाधीभिर्ऋक्वभिर्वावशान उदुस्रिणामसृजन्निदानम् ।।2।।
स वह्निभिर्ऋक्वभिर्गोषु शश्वन्मितज्ञुभिः पुरुकृत्वा जिगाय ।
पुरः पुरोहा सखिभिः सखीयन्दृळ्हा रुरोज कविभिः कविः सन् ।।३।।
स नीव्याभिर्जरितारमच्छा महो वाजेभिर्महद्भिश्च शुष्मैः ।
पुरुवीराभिर्वृषभ क्षितीनामा गिर्वणः सुविताय प्र याहि ।।४।।
स सर्गेण शवसा तक्तो अत्यैरप इन्द्रो दक्षिणतस्तुराषाट् ।
इत्था सृजाना अनपावृदर्थं दिवेदिवे विविषुरप्रमृष्यम् ।।५।।

2. **इन्द्राग्निः – य. ३३.६३**

इन्द्राग्नीऽअपादियं पूर्वागात्पद्वतीभ्यः।

हित्वी शिरो जिह्वया वावदच्चरत्त्रिं शत्पदा न्यक्रमीत् ।।६३।।

३. पूषाः – य. ३४.४१

पूषन्त्व व्रते वयं न रिष्येम कदा चन। स्तोतारस्तऽइह स्मसि ।।४१।।

४. विश्वेदेवाः – य. ३३.५३; ७७

य. ३३.५३

विश्वे देवाः श्रृणुतेमं हवं मे येऽअन्तरिक्षे यऽउप द्यवि ष्ठ ।
येऽअग्निजिह्वाऽउत वा यजत्राऽआसद्यास्मिन् बर्हिषि मादयध्वम् ।।५३।।

य. ३३.७७

उप नः सूनवो गिरः शृण्वन्त्वमृतस्य ये। सुमृडीका भवन्तु नः ।।७७।।

७६९. सुहोत्रो भरद्वाजः

१. इन्द्रः – सा. ३22

अपूर्व्या पुरुतमान्यस्मै महे वीराय तवसे तुराय ।
विरप्शिने वज्रिणे शन्तमानि वचांस्यस्मे स्थविराय तक्षुः ।।१०।।

७७०. सूर्या सावित्री

१. चन्द्रमा – ऋ. १०.८५.१९

नवोनवो भवति जायमानोऽह्नां केतुरुषसामेत्यग्रम् ।
भागं देवेभ्यो वि दधात्यायन्प्र चन्द्रमास्तिरते दीर्घमायुः ।।१९।।

2. देवाः – ऋ. १०.८५.१७

सूर्यायै देवेभ्यो मित्राय वरुणाय च। ये भूतस्य प्रचेतस इदं तेभ्योऽकरं नमः ।।१७।।

३. नृणां विवाहमन्त्राः आशीःप्रायाः – ऋ. १०.८५.20–२८

सुकिंशुकं शल्मलिं विश्वरूपं हिरण्यवर्णं सुवृतं सुचक्रम् ।
आ रोह सूर्ये अमृतस्य लोकं स्योनं पत्ये वहतुं कृणुष्व ।।20।।
उदीर्ष्वातः पतिवती ह्ये३ षा विश्वावसुं नमसा गीर्भिरीळे ।
अन्यामिच्छ पितृषदं व्यक्तां स ते भागो जनुषा तस्य विद्धि ।।2१।।
उदीर्ष्वातो विश्वावसो नमसेळामहे त्वा । अन्यामिच्छ प्रफर्व्यं१ सं जायां पत्या सृज ।।22।।
अनृक्षरा ऋजवः सन्तु पन्था येभिः सखायो यन्ति नो वरेयम् ।
समर्यमा सं भगो नो निनीयात्सं जास्पत्यं सुयममस्तु देवाः ।।2३।।
प्र त्वा मुंचामि वरुणस्य पाशाद्येन त्वाबध्नात्सविता सुशेवः ।
ऋतस्य योनौ सुकृतस्य लोकेऽरिष्टा त्वा सह पत्या दधामि ।।2४।।
प्रेतो मुंचामि नामुतः सुबद्धाममुतस्करम् । यथेयमिन्द्र मीढ्वः सुपुत्रा सुभगासति ।।2५।।
पूषा त्वेतो नयतु हस्तगृह्याश्विना त्वा प्र वहतां रथेन ।
गृहान्गच्छ गृहपत्नी यथासो वशिनी त्वं विदथमा वदासि ।।2६।।
इह प्रियं प्रजया ते समृध्यतामस्मिन्गृहे गार्हपत्याय जागृहि ।
एना पत्या तन्वं१ सं सृजस्वाधा जिव्री विदथमा वदाथः ।।2७।।
नीललोहितं भवति कृत्यासक्तिर्व्यज्यते । एधन्ते अस्या ज्ञातयः पतिर्बन्धेषु बध्यते ।।2८।।

४. यक्ष्मनाशिनी दमपत्त्योः – ऋ. १०.८५.३१

ये वध्वश्चन्द्र वहतुं यक्ष्मा यन्ति जनादनु। पुनस्तान्यज्ञिया देवा नयन्तु यत आगताः ।।३१।।

५. वधूवासः संस्पर्शनिन्दा – ऋ. १०.८५.2९; ३०

परा देहि शामुल्यं ब्रह्मभ्यो वि भजा वसु। कृत्यैषा पद्वती भूत्व्या जाया विशते पतिम् ।।2९।।
अश्रीरा तनूर्भवति रुशती पापयामुया। पतिर्यद्वध्वो३ वाससा स्वमंगमभिधित्सते ।।३०।।

Vedic Concordance of Mantras as per Ṛṣi and Devatā 457

६. **सूर्या – ऋ. १०.८५.३२–४७**

मा विदन्परिपन्थिनो य आसीदन्ति दंपती। सुगेभिर्दुर्गमतीतामप द्रान्त्वरातयः ।।३२।।
सुमङ्गलीरियं वधूरिमां समेत पश्यत। सौभग्यमस्यै दत्वायाथास्तं वि परेतन ।।३३।।
तृष्टमेतत्कटुकमेतदपाष्ठवद्विषवन्नैतदत्तवे। सूर्यां यो ब्रह्मा विद्यात्स इद्वाधूयमर्हति ।।३४।।
आशसनं विशसनमथो अधिविकर्तनम्। सूर्यायाः पश्य रूपाणि तानि ब्रह्मा तु शुन्धति ।।३५।।
गृभ्णामि ते सौभगत्वाय हस्तं मया पत्या जरदष्टिर्यथासः ।
भगो अर्यमा सविता पुरन्धिर्मह्यं त्वादुर्गार्हपत्याय देवाः ।।३६।।
तां पूषञ्छिवतमामेरयस्व यस्यां बीजं मनुष्या३ वपन्ति ।
या न ऊरू उशती विश्रयाते यस्यामुशन्तः प्रहराम शेषम् ।।३७।।
तुभ्यमग्रे पर्यवहन्त्सूर्यां वहतुना सह। पुनः पतिभ्यो जायां दा अग्ने प्रजया सह ।।३८।।
पुनः पत्नीमग्निरदादायुषा सह वर्चसा। दीर्घायुरस्या यः पतिर्जीवाति शरदः शतम् ।।३९।।
सोमः प्रथमो विविदे गन्धर्वो विविद उत्तरः। तृतीयो अग्निष्टे पतिस्तुरीयस्ते मनुष्यजाः ।।४०।।
सोमो ददद् गन्धर्वाय गन्धर्वो दददग्नये। रयिं च पुत्राँश्चदादाग्निर्मह्यमथो इमाम् ।।४१।।
इहैव स्तं मा वि यौष्टं विश्वमायुर्व्यश्नुतम्। क्रीळन्तौ पुत्रैर्नप्तृभिर्मोदमानो स्वे गृहे ।।४२।।
आ नः प्रजां जनयतु प्रजापतिराजरसाय समनक्त्वर्यमा ।
अदुर्मंगलीः पतिलोकमा विश शं नो भव द्विपदे शं चतुष्पदे ।।४३।।
अघोरचक्षुरपतिघ्न्योधि शिवा पशुभ्यः सुमनाः सुवर्चाः ।
वीरसूर्देवृकामा स्योना शं नो भव द्विपदे शं चतुष्पदे ।।४४।।
इमां त्वमिन्द्र मीढ्वः सुपुत्रां सुभगां कृणु। दशास्यां पुत्राना धेहि पतिमेकादशं कृधि ।।४५।।
सम्राज्ञी श्वशुरे भव सम्राज्ञी श्वश्र्वां भव। ननान्दरि सम्राज्ञी भव सम्राज्ञी अधि देवृषु ।।४६।।
समंजन्तु विश्वे देवाः समापो हृदयानि नौ। सं मातरिश्वा सं धाता समु देष्ट्री दधातु नौ ।४७।

७. **सूर्या विवाहः – ऋ. १०.८५.६–१६**

रैभ्यासीदनुदेयी नाराशंसी न्योचनी । सूर्याया भद्रमिद्वासो गाथयैति परिष्कृतम् ।।६।।
चित्तिरा उपबर्हणं चक्षुरा अभ्यंजनम् । द्यौर्भूमिः कोश आसीद्यदयात्सूर्या पतिम् ।।७।।
स्तोमा आसन्प्रतिधयः कुरीरं छन्द ओपशः। सूर्याया अश्विना वराग्निरासीत्पुरोगवः ।।८।।
सोमो वधूयुरभवदश्विनास्तामुभा वरा । सूर्यां यत्पत्ये शंसन्तीं मनसा सवितादादात् ।।९।।
मनो अस्या अन आसीद् द्यौरासीदुत छदिः। शुक्रावनड्वाहावास्तां यदयात्सूर्या गृहम् ।।१०।।
ऋक्सामाभ्यामभिहितौ गावौ ते सामनावितः। श्रोत्रं ते चक्रे आस्तां दिवि पन्थाश्चराचरः ।।११।।
शुची ते चक्रे यात्या व्यानो अक्ष आहतः । अनो मनस्मयं सूर्यारोहत्प्रयती पतिम् ।।१२।।
सूर्याया वहतुः प्रागात्सविता यमवासृजत्। अघासु हन्यन्ते गावोऽर्जुन्योः पर्युह्यते ।।१३।।
यदश्विना पृच्छमानावयातं त्रिचक्रेण वहतुं सूर्यायाः ।
विश्वे देवा अनु तद्वामजानन्पुत्रः पितराववृणीत पूषा ।।१४।।
यदयातं शुभस्पती वरेयं सूर्यामुप । क्वैकं चक्रं वामासीत्क्व देष्ट्राय तस्थथुः ।।१५।।
द्वे ते चक्रं सूर्ये ब्रह्माण ऋतुथा विदुः। अथैकं चक्रं यद्गुहा तदद्धातय इद्विदुः ।।१६।।

८. **सोमः – ऋ. १०.८५.१–५**

सत्येनोत्तभिता भूमिः सूर्येणोत्तभिता द्यौः । ऋतेनादित्यास्तिष्ठन्ति दिवि सोमो अधि श्रितः ।।१।।
सोमेनादित्या बलिनः सोमेन पृथिवी मही । अथो नक्षत्राणामेषामुपस्थे सोम आहितः ।।२।।
सोमं मन्यते पपिवान्यत्सांपिंषन्त्योषधिम् । सोमं यं ब्रह्माणो विदुर्न तस्याश्नाति कश्चन ।।३।।
आच्छद्विधानैर्गुपितो बार्हतैः सोम रक्षितः । ग्राव्णामिच्छृण्वन्तिष्ठसि न ते अश्नाति पार्थिवः ।।४।।
यत्त्वा देव प्रपिबन्ति तत आ प्यायसे पुनः। वायुः सोमस्य रक्षिता समानां मास आकृतिः ।।५।।

९. **सोमार्कौ – ऋ. १०.८५.१८**

पूर्वापरं चरतो माययैतौ शिशू क्रीळन्तौ परि यातो अध्वरम् ।
विश्वन्यन्यो भुवनाभिचष्ट ऋतूँरन्यो विदधज्जायते पुनः ।।१८।।

७७१. सोमकः

१. अग्निः – य. ११.२५

परि वाजपतिः कविरग्निर्हव्यान्यक्रमीत्। दधद्रत्नानि दाशुषे ।।२५।।

७७२. सोमाहुतिः

१. अग्निः – य. ११.७०; १२.४३; ४४; ४६

य. ११.७०

द्वन्नः सर्पिरासुतिः प्रत्नो होता वरेण्यः। सहसस्पुत्रोऽअद्भुतः ।।७०।।

य. १२.४३–४४

स बोधि सूरिर्मघवा वसुपते वसुदावन् । युयोध्य स्मद् द्वेषांसि विश्वकर्मणे स्वाहा ।।४३।।
पुनस्त्वाऽऽदित्या रुद्रा वसवः समिन्धतां पुनर्ब्रह्माणो वसुनीथ यज्ञैः ।
घृतेन त्वं तन्वं वर्धयस्व सत्याः सन्तु यजमानस्य कामाः ।।४४।।

य. १२.४६

संज्ञानमसि कामधरणं मयि ते काम धरणं भूयात् ।
अग्नेर्भस्मास्यग्नेः पुरी षमसि चित स्थ परिचितऽऊर्ध्वचितः श्रयध्वम् ।।४६।।

2. पितरः – य. १२.४५

अपेत वीत वि च सर्पतातो येऽत्र स्थ पुराणा ये च नूतनाः ।
अदाद्यमोऽवसानं पृथिव्याऽअक्रन्निमं पितरो लोकमस्मै ।।४५।।

७७३. सोमाहुतिः भार्गव

१. अग्निः – सा. ६४

दधन्वे वा यदीमनु वोचद्ब्रह्मेति वेरु तत्। परि विश्वानि काव्या नेमिश्चक्रमिवाभुवत् ।।४।।

७७४. सोभरिः

१. इन्द्रः – अ. २०.६२.१–४

वयमु त्वामपूर्व्य स्थूरं न कच्चिद् भरन्तोऽवस्यवः । वाजे चित्रं हवामहे ।।१।।
उप त्वा कर्मन्नूतये स नो युवोग्रश्च काम यो धृषत् ।
त्वामिद्ध्यवितारं ववृमहे सखाय इन्द्र सानसिम् ।।2।।
यो न इदमिदं पुरा प्र वस्य आनिनाय तमु व स्तुषे। सखाय इन्द्रमूतये ।।३।।
हर्यश्वं सत्पतिं चर्षणीसहं स हि ष्मा यो अमन्दत ।
आ तु नः स वयति गव्यमश्व्यं स्तोतृभ्यो मघवा शतम् ।।४।।

७७५. सोभरिः काण्वः

१. अग्निः – ऋ. ८.१९.१–३३; ८.१०३.१–१३

ऋ. ८.१९.१–३३

तं गूर्धया स्वर्णरं देवासो देवमरतिं दधन्विरे। देवत्रा हव्यमोहिरे ।।१।।
विभूतरातिं विप्र चित्रशोचिषमग्निमीळिष्व यन्तुरम् ।
अस्य मेधस्य सोम्यस्य सोभरे प्रेमध्वराय पूर्व्यम् ।।2।।
यजिष्ठं त्वा ववृमहे देवं देवत्रा होतारममर्त्यम् । अस्य यज्ञस्य सुक्रतुम् ।।३।।
ऊर्जो नपातं सुभगं सुदीदितिमग्निं श्रेष्ठशोचिषम् ।
स नो मित्रस्य वरुणस्य सो अपामा सुम्नं यक्षते दिवि ।।४।।

यः समिधा य आहुती यो वेदेन ददाश मर्तो अग्नये। यो नमसा स्वध्वरः ।।५।।
तस्येदर्वन्तो रंहयन्त आशवस्तस्य द्युम्नितमं यशः ।
न तमंहो देवकृतं कुतश्चन न मर्त्यकृतं नशत् ।।६।।
स्वग्नयो वो अग्निभिः स्याम सूनो सहस ऊर्जां पते । सुवीरस्त्वमस्मयुः ।।७।।
प्रशंसमानो अतिथिर्न मित्रियोऽग्नी रथो न वेद्यः ।
त्वं क्षेमासो अपि सन्ति साधवस्त्वं राजा रयीणाम् ।।८।।
सो अद्धा दाश्वध्वरोऽग्ने मर्तः सुभग स प्रशंस्यः । स धीभिरस्तु सनिता ।।६।।
यस्य त्वमूर्ध्वो अध्वराय तिष्ठसि क्षयद्वीरः स साधते ।
सो अर्वद्भिः सनिता स विषन्युभिः स शूरैः सनिता कृतम् ।।१०।।
यस्याग्निर्वपुर्गृहे स्तोमं चनो दधीत विश्ववार्यः । हव्या वा वेविषद्विषः ।।११।।
विप्रस्य वा स्तुवतः सहसो यहो मक्षूतमस्य रातिषु ।
अवोदेवमुपरिमर्त्यं कृधि वसो विविदुषो वचः ।।१२।।
यो अग्निं हव्यदातिभिर्नमोभिर्वा सुदक्षमाविवासति । गिरा वाजिरशोचिषम् ।।१३।।
समिधा या निशिती दाशददितिं धामभिरस्य मर्त्यः ।
विश्वेत्स धीभिः सुभगो जनाँ अति द्युम्नैरुद्न इव तारिषत् ।।१४।।
तदग्ने द्युम्नमा भर यत्सासहत्सदने कं चिदत्रिणम् । मन्युं जनस्य दूढ्यः ।।१५।।
येन चष्टे वरुणो मित्रो अर्यमा येन नासत्या भगः ।
वयं तत्ते शवसा गातुवित्तमा इन्द्रत्वोता विधेमहि ।।१६।।
ते घेदग्ने स्वाध्यो३ ये त्वा विप्र निदधिरे नृचक्षसम् । विप्रासो देव सुक्रतुम् ।।१७।।
त इद्वेदिं सुभग त आहुतिं ते सोतुं चक्रिर दिवि ।
त इद्वाजेभिर्जिग्युर्महद्धनं ये त्वे कामं न्येरिरे ।।१८।।
भद्रो नो अग्निराहुतो भद्रा रातिः सुभग भद्रो अध्वरः। भद्रा उत प्रशस्तयः ।।१६।।
भद्रं मनः कृणुष्व वृत्रतूर्ये येना समत्सु सासहः ।
अव स्थिरा तनुहि भूरि शर्धतां वनेमा ते अभिष्टिभिः ।।२०।।
ईळे गिरा मनुर्हितं यं देवा दूतमरतिं न्येरिरे। यजिष्ठं हव्यवाहनम् ।।२१।।
तिग्मजम्भाय तरुणाय राजते प्रयो गायस्यग्नये ।
यः पिंशते सूनृताभिः सुवीर्यमग्निर्घृतोभिराहुतः ।।२२।।
यदी घृतेभिराहुतो वाशीमग्निर्भरत उच्चाव च । असुर इव निर्णिजम् ।।२३।।
यो हव्यान्यैरयता मनुर्हितो देव आसा सुगन्धिना ।
विवासते वार्याणि स्वध्वरो होता देवो अमर्त्यः ।।२४।।
यदग्ने मर्त्यस्त्वं स्यामहं मित्रमहो अमर्त्यः। सहसः सूनवाहुत ।।२५।।
न त्वा रासीयाभिशस्तये वसो न पापत्वाय सन्त्य ।
न मे स्तोतामतीवा न दुर्हितः स्यादग्ने न पापया ।।२६।।
पितुर्न पुत्रः सुभृतो दुरोण आ देवाँ एतु प्र णो हविः ।।२७।।
तवाहमग्न ऊतिभिर्नेदिष्ठाभिः सचेय जाषमा वसो । सदा दे वस्य मर्त्यः ।।२८।।
तव क्रत्वा सनेयं तव रातिभिरग्ने तव प्रशस्तिभिः ।
त्वामिदाहुः प्रमतिं वसो ममाग्ने हर्षस्व दातवे ।।२६।।
प्र सो अग्ने तवातिभिः सुवीराभिस्तिरते वाजभर्मभिः । यस्य त्वं सख्यमावरः ।।३०।।
तव द्रप्सो नीलवान्वाश ऋत्विय इन्धानः सिष्णवा ददे ।
त्वं महीनामुषसामसि प्रियः क्षपो वस्तुषु राजसि ।।३१।।
तमागन्म साभरयः सहस्रमुष्कं स्वभिष्टिमवसे। सम्राजं त्रसदस्यवम् ।।३२।।
यस्य ते अग्ने अन्ये अग्नय उपक्षितो वयाइव ।
विपो न द्युम्ना नि युवे जनानां तव क्षत्राणि वर्धयन् ।।३३।।

ऋ. ८.१०३.१–१३

अदर्शि गातुवित्तमो यस्मिन्व्रतान्यादधुः । उपो षु जातमार्यस्य वर्धनमग्निं नक्षन्त नो गिरः ।।१।।
प्र दैवोदासो अग्निर्देवाँ अच्छा न मज्मना ।
अनु मातरं पृथिवीं वि वावृते तस्थौ नाकस्य सानवि ।।2।।
यस्माद्रेजन्त कृष्टयश्चर्कृत्यानि कृण्वतः ।
सहस्रसां मेधसाताविव त्मनाग्निं धीभिः सपर्यत ।।३।।
प्र यं राये निनीषसि मर्तो यस्ते वसो दाशत् ।
स वीरं धत्ते अग्न उक्थशंसिनं त्मना सहस्रपोषिणम् ।।४।।
स दृळ्हे चिदभि तृणत्ति वाजमर्वता स धत्ते अक्षिति श्रवः ।
त्वे देवत्रा सदा पुरूवसो विश्वा वामानि धीमहि ।।५।।
यो विश्वा दयते वसु होता मन्द्रो जनानाम् ।
मधोर्न पात्रा प्रथमान्यस्मै प्र स्तोमा यन्त्यग्नये ।।६।।
अश्वं न गीर्भी रथ्यं सुदानवो मर्मृज्यन्ते देवयवः ।
उभे तोके तनये दस्म विश्पते पर्षि राधो मघोनाम् ।।७।।
प्र मंहिष्ठाय गायत ऋताव्ने बृहते शुक्रशोचिषे । उपस्तुतासो अग्नये ।।८।।
आ वंसते मघवा वीरवद्यशः समिद्धो द्युम्न्याहुतः ।
कुविन्नो अस्य सुमतिर्नवीयस्यच्छा वाजेभिरागमत् ।।९।।
प्रेष्ठमु प्रियाणां स्तुह्यासावातिथिम्। अग्निं रथानां यमम् ।।१०।।
उदिता यो निदिता वेदिता वस्वा यज्ञियो ववर्तति ।
दुष्टरा यस्य प्रवणे नोर्मयो धिया वाजं सिषासतः ।।११।।
मा नो हृणीतामतिथिर्वसुरग्निः पुरुप्रशस्त एषः । सुहोता स्वध्वरः ।।१2।।
मो ते रिषन्ये अच्छोक्तिभिर्वसोऽग्ने केभिश्चिदेवैः ।
कीरिश्चिद्धि त्वामीट्टे दूतयाय रातहव्यः स्वध्वरः ।।१३।।

2. अग्निर्मरुतश्च – ऋ. ८.१०३.१४

आग्ने याहि मरुत्सखा रुद्रेभिः सोमपीतये। सोभर्या उप सुष्टुतिं मादयस्व स्वर्णरे ।।१४।।

३. अश्विनौ – ऋ. ८.22.१–१८

ओ त्यमह्व आ रथमद्या दंसिष्ठमूतये। यमश्विना सुहवा रुद्रवर्तनी आ सूर्यायै तस्थथुः ।।१।।
पूर्वापुषं सुहवं पुरुस्पृहं भुज्युं वाजेषु पूर्व्यम्। सचनावन्तं सुमतिभिः सोभरे विद्वेषसमनेहसम् ।।2।।
इह त्या पुरुभूतमा देवा नमोभिरश्विना। अर्वाचीना स्ववसे करामहे गन्तारा दाशुषो गृहम् ।।३।।
युवो रथस्य परि चक्रमीयत ईर्मान्यद्वामिषण्यति।
अस्माँ अच्छा सुमतिर्वां शुभस्पती आ धेनुरिव धावतु ।।४।।
रथो यो वां त्रिबन्धुरो हिरण्याभीशुरश्विना ।
परि द्यावापृथिवी भूषति श्रुतस्तेन नासत्या गतम् ।।५।।
दशस्यन्ता मनवे पूर्व्यं दिवि यवं वृकेण कर्षथः ।
ता वामद्य सुमतिभिः शुभस्पती अश्विना प्र स्तुवीमहि ।।६।।
उप नो वाजिनीवसू यातमृतस्य पथिभिः ।
येभिस्तृक्षिं वृषणा त्रासदस्यवं महे क्षत्राय जिन्वथः ।।७।।
अयं वामद्रिभिः सुतः सोमो नरा वृषण्वसू ।
आ यातं सोमपीतये पिबतं दाशुषो गृहे ।।८।।
आ हि रुहतमश्विना रथे कोशे हिरण्यये वृषण्वसू । युंजाथां पीवरीरिषः ।।९।।
याभिः पक्थमवथो याभिरध्रिगुं याभिर्बभ्रुं विजोषसम् ।
ताभिर्नो मक्षू तूयमश्विना गतं भिषज्यतं यदातुरम् ।।१०।।
यदध्रिगावो अध्रिगू इदा चिदह्नो अश्विना हवामहे। वयं गीर्भिर्विपन्यवः ।।११।।

ताभिरा यातं वृषणोप मे हवं विश्वप्सुं विश्ववार्यम् ।
इषा मंहिष्ठा पुरुभूतमा नरा याभिः क्रिविं वावृधुस्ताभिरा गतम् ।।१२।।
ताविदा चिदहानां तावश्विना वन्दमान उप ब्रुवे । ता ऊ नमोभिरीमहे ।।१३।।
ताविद्दोषा ता उषसि शुभस्पती ता यामन् रुद्रवर्तनी ।
मा नो मर्ताय रिपवे वाजिनीवसू परो रुद्रावति ख्यतम् ।।१४।।
आ सुग्म्याय सुग्म्यं प्राता रथेनाश्विना वा सक्षणी । हुवे पितेव सोभरी ।।१५।।
मनोजवसा वृषणा मदच्युता मक्षुंगमाभिरूतिभिः ।
आरात्ताच्चिद्भूतमस्मे अवसे पूर्वीभिः पुरुभोजसा ।।१६।।
आ नो अश्वावदश्विना वर्तिर्यासिष्टं मधुपातमा नरा । गोमद्दस्रा हिरण्यवत् ।।१७।।
सुप्रावर्गं सुवीर्यं सुष्ठु वार्यमनाधृष्टं रक्षस्विना।
अस्मिन्ना वामायाने वाजिनीवसू वि वामानि धीमहि ।।१८।।

४. **आदित्याः – ऋ. ८.१६.३४–३५**

यमादित्यासो अद्रुहः पारं नयथ मर्त्यम् ।
मघोनां विश्वेषां सुदानवः ।।३४।।
यूयं राजानः कं चिच्चर्षणीसहः क्षयन्तं मानुषाँ अनु ।
वयं ते वो वरुण मित्रार्यमन्त्स्यामेदृतस्य रथ्यः ।।३५।।

५. **इन्द्रः – ऋ. ८.२१.१–१६**

वयमु त्वामपूर्व्य स्थूरं न कच्चिद्भरन्तोऽवस्यवः । वाजे चित्रं हवामहे ।।१।।
उप त्वा कर्मन्नूतये स नो युवोग्रश्चक्राम यो धृषत् ।
त्वामिद्ध्यावितारं ववृमहे सखाय इन्द्र सानसिम् ।।२।।
आ याहीम इन्दवोऽश्वपते गोपत उर्वरापते। सोमं सोमपते पिब ।।३।।
वयं हि त्वा बन्धुमन्तमबन्धवो विप्रास इन्द्र येमिम ।
या ते धामानि वृषभ तेभिरा गहि विश्वेभिः सोमपीतये ।।४।।
सीदन्तस्ते वयो यथा गोश्रीते मधौ मदिरे विवक्षणे। अभि त्वामिन्द्रं नोनुमः ।।५।।
अच्छा च त्वैना नमसा वदामसि किं मुहुश्चिद्वि दीधयः ।
सन्ति कामासो हरिवो ददिष्ट्वं रमो वयं सन्ति नो धियः ।।६।।
नूत्ना इदिन्द्र ते वयमूती अभूम नहि नू ते अद्रिवः। विद्मा पुरा परीणसः ।।७।।
विद्मा सखित्वमुत शूर भोज्य१ मा ते ता वज्रिन्नीमहे ।
उतो समस्मिन्ना शिशीहि नो वसो वाजे सुशिप्र गोमति ।।८।।
यो न इदमिदं पुरा प्र वस्य आनिनाय तमु वः स्तुषे । सखाय इन्द्रमूतये ।।९।।
हर्यश्वं सत्पतिं चर्षणीसहं स हि ष्मा यो अमन्दत ।
आ तु नः स वयति गव्यमश्व्यं स्तोतृभ्यो मघवा शतम् ।।१०।।
त्वया ह स्विद्युजा वयं प्रति श्वसन्तं वृषभ ब्रुवीमहि। संस्थे जनस्य गोमतः ।।११।।
जयेम कारे पुरुहूत कारिणोऽभि तिष्ठेम दूढ्यः ।
नृभिर्वृत्रं हन्याम शूशुयाम चावेरिन्द्र प्र णो धियः ।।१२।।
अभ्रातृव्यो अना त्वमनापिरिन्द्र जनुषा सनादसि। युधेदापित्वमिच्छसे ।।१३।।
नकी रेवन्तं सख्याय विन्दसे पीयन्ति ते सुराश्वः ।
यदा कृणोषि नदनुं समूहस्यादित्पितेव हूयसे ।।१४।।
मा ते अमाजुरो यथा मूरास इन्द्र सख्ये त्वावतः । नि षदाम सचा सुते ।।१५।।
मा ते गोदत्र निरराम राधस इन्द्र मा ते गृहामहि ।

दृळहा चिदर्यः प्र मृशाभ्या भर न ते दामान आदभे ।।१६।।

६. चित्रस्य दानस्तुतिः – ऋ. ८.२१.१७–१८

इन्द्रो वा घेदियन्मघं सरस्वती वा सुभगा ददिर्वसु। त्वं वा चित्र दाशुषे ।।१७।।
चित्र इद्राजा राजका इदन्यके यके सरस्वतीमनु।
पर्जन्यइव ततनद्धि वृष्ट्या सहस्रमयुता ददत्।।१८।।

७. त्रसदस्योर् दानस्तुतिः – ऋ. ८.१६.३६–३७

अदान्मे पौरुकुत्स्यः पंचाशतं त्रसदस्युर्वधूनाम्। मंहिष्ठो अर्यः सत्पतिः ।।३६।।
उत मे प्रयियोर्वयियोः सुवास्त्वा अधि तुग्वनि ।
तिसृणां सप्ततीनां श्यावः प्रणेता भुवद्वसुर्दियानां पतिः ।।३७।।

८. मरुतः – ऋ. ८.२०.१–२६

आ गन्ता मा रिषण्यत प्रस्थावानो माप स्थाता समन्यवः ।
स्थिरा चिन्नमयिष्णवः ।।१।।
वीळुपविभिर्मरुत ऋभुक्षण आ रुद्रासः सुदीतिभिः ।
इषा नो अद्या गता पुरुस्पृहो यज्ञमा सोभरीयवः ।।२।।
विद्मा हि रुद्रियाणां शुष्ममुग्रं मरुतां शिमीवताम् । विष्णोरेषस्य मीळहुषाम् ।।३।।
वि द्वीपानि पापतन्तिष्ठद्दुच्छुनोभे युजन्त रोदसी ।
प्र धन्वान्यैरत शुभ्रखादयो यदेजथ स्वभानवः ।।४।।
अच्युता चिद्वो अज्मन्ना नानदति पर्वतासो वनस्पतिः। भूमिर्यामेषु रेजते ।।५।।
अमाय वोा मरुतो यातवे द्यौर्जिहीत उत्तरा बृहत् ।
यत्रा नरो देदिशते तनूष्वा त्वक्षांसि बाह्वोजसः ।।६।।
स्वधामनु श्रियं नरो महि त्वेषा अमवन्तो वृषप्सवः । वहन्ते अह्रुतप्सवः ।।७।।
गोभिर्वाणो अज्यते सोभरीणां रथे कोशे हिरण्यये ।
गोबन्धवः सुजातास इषे भुजे महान्तो नः स्परसे नु ।।८।।
प्रति वो वृषदंजयो वृष्णे शर्धाय मारुताय भरध्वम् । हव्या वृषप्रयाव्णे ।।६।।
वृषणश्वेन मरुतो वृषप्सुना रथेन वृषनाभिना ।
आ श्येनासो न पक्षिणो वृथा नरो हव्या नो वीतये गत ।।१०।।
समानमंज्येषां वि भ्राजन्ते रुक्मासो अधि बाहुषु। दविद्युतत्यृष्टयः ।।११।।
त उग्रासो वृषण उग्रबाहवो नकिष्टनूषु येतिरे ।
स्थिरा धन्वान्यायुधा रथेषु वोऽनीकेष्वधि श्रियः ।।१२।।
येषामर्णो न सप्रथो नाम त्वेषं शश्वतामेकमिद्भुजे । वयो न पित्र्यं सहः ।।१३।।
तान्वन्दस्व मरुतस्ताँ उप स्तुहि तेषां हि धुनीनाम् ।
अराणां न चरमस्तदेषां दाना मह्ना तदेषाम् ।।१४।।
सुभगः स व ऊतिष्वास पूर्वासु मरुतो व्युष्टिषु । यो वा नूनमुतासति ।।१५।।
यस्य वा यूयं प्रति वाजिनो नरः आ हव्या वीतये गथ ।
अभि ष द्युम्नैरुत वाजसातिभिः सुम्ना वो धूतयो नशत् ।।१६।।
यथा रुद्रस्य सूनवो दिवो वशन्त्यसुरस्य वेधसः। युवानस्तथेदसत् ।।१७।।
ये चार्हन्ति मरुतः सुदानवः स्मन्मीळहुषश्चरन्ति ये ।
अतश्चिदा न उप वस्यसा हृदा युवान आ ववृध्वम् ।।१८।।
यून ऊ षु नविष्ठया वृष्णः पावकाँ अभि सोभरे गिरा । गाय गा इव चर्कृषत् ।।१६।।
साहा ये सन्ति मुष्टिहेव हव्यो विश्वासु पृत्सु होतृषु ।
वृष्णश्चन्द्रान्न सुश्रवस्तमान् गिरा वन्दस्व मरुतो अह ।।२०।।
गावश्चिद्धा समन्यवः सजात्येन मरुतः सबन्धवः। रिहते ककुभो मिथः ।।२१।।

मर्तश्चिद्वो नृतवो रुक्मवक्षस उप भ्रातृत्वमायति ।
अधि नो गात मरुतः सदा हि व आपित्वमस्ति निध्रुवि ।।22।।
मरुतो मारुतस्य न आ भेषजस्य वहता सुदानवः। यूयं सखायः सप्तयः ।।२३ ।।
याभिः सिन्धुमवथ याभिस्तूर्वथ याभिर्दशस्यथा क्रिविम् ।
मयो नो भूतोतिभिर्मयोभुवः शिवाभिरसचद्विषः ।।२४।।
यत्सिन्धौ यदसिक्न्यां यत्समुद्रेषु मरुतः सुवर्हिषः । यत्पर्वतेषु भेषजम् ।।२५।।
विश्वं पश्यन्तो बिभृथा तनूष्वा तेना नो अधि वोचत ।
क्षमा रपो मरुत आतुरस्य न इष्कर्ता विह्रुतं पुनः ।।२६।।

७७६. सौभरिः

१. **इन्द्रः – अ. २०.१४.१–४; २०.११४.१–2**

अ. २०.१४.१–४

वयमु त्वामपूर्व्य स्थूरं न कच्चिद् भरन्तोऽवस्यवः। वाजे चित्रं हवामहे ।।१।।
उप त्वा कर्मन्नूतयेस नो युवोग्रश्चक्राम यो धृषत् ।
त्वामिद्ध्यवितारं ववृमहे सखाय इन्द्र सानसिम् ।।2।।
यो न इदमिदं पुरा प्र वस्य आनिनाय तमु व स्तुषे। सखाय इन्द्रमूतये ।।३।।
हर्यश्वं सत्पतिं चर्षणीसहं स हि ष्मा यो अमन्दत ।
आ तु नः स वयति गव्यमश्व्यं स्तोतृभ्यो मघवा शतम् ।।४।।

अ. २०.११४.१–2

अभ्रातृव्यो अना त्वमनापिरिन्द्र जनुषा सनादसि। युधेदापित्वमिच्छसे ।।१।।
नकी रेवन्तं सख्याय विन्दसे पीयन्ति ते सुराश्वः ।
यदा कृणोषि नदनुं समूहस्यादित् पितेव हूयसे ।।2।।

७७७. सौभरिः काण्वः

१. **अग्निः – सा. ४४; ४७; ५१; ५८; १०८; १०६; १११; ११2; ११३; ८७८–८७६; १५१५–१५१७; १५५६–१५६०; १५८३–१५८४; १६८७–१६८८; १८22–१८2३**

सा. ४४

यो विश्वा दयते वसु होता मन्द्रो जनानाम्।
मधोर्न पात्रा प्रथमान्यस्मै प्र स्तोमा यन्त्वग्नये।।१०।।

सा. ४७

अदर्शि गातुवित्तमो यस्मिन्व्रतान्यादधुः। उपो षु जातमार्यस्य वर्धनमग्निं नक्षन्तु नो गिरः ।।३।।

सा. ५१

प्र दैवोदासो अग्निर्देव इन्द्रो न मज्मना।
अनु मातरं पृथिवीं वि वावृते तस्थौ नाकस्य शर्मणि ।।७।।

सा. ५८

प्र यो राये निनीषति मर्तो यस्ते वसो दाशत् ।
स वीरं धत्ते अग्न उक्थशंसिनं त्मना सहस्रपोषिणम् ।।४।।

सा. १०८–१०६

प्र सो अग्ने तवोतिभिः सुवीराभिस्तरति वाजकर्मभिः। यस्य त्वं सख्यमाविथ ।।2।।
तं गूर्धया स्वर्णरं देवासो देवमरतिं दधन्विरे। देवत्रा हव्यमूहिषे ।।३।।

सा. १११–११३

भद्रो नो अग्निराहुतो भद्रा रातिः सुभग भद्रो अध्वरः। भद्रा उत प्रशस्तयः ।।५।।
यजिष्ठं त्वा ववृमहे देवं देवत्रा होतारममर्त्यम्। अस्य यज्ञस्य सुक्रतुम् ।।६।।

तदग्ने द्युम्नमा भर यत्सासाह सदने कं चिदत्रिणम्। मन्युं जनस्य दूढ्यम् ।।७।।

सा. ८७८–८७६
प्र मंहिष्ठाय गायत ऋताव्ने बृहते शुक्रशोचिषे। उपस्तुतासो अग्नये।।१।।
आ वंसते मघवा वीरवद्यशः समिद्धो द्युम्न्याहुतः ।
कुविन्नो अस्य सुमतिर्भवीयस्यच्छा वाजेभिरागमत् ।।2।।

सा. १५१५–१५१७
अदर्शि गातुवित्तमो यस्मिन्व्रतान्यादधुः। उपो षु जातमार्यस्य वर्धनमग्निं नक्षन्तु नो गिरः ।।१।।
यस्माद्रेजन्त कृष्टयश्चर्कृत्यानि कृण्वतः। सहस्रमां मेधसाताविव त्मनाग्निं धीभिर्नमस्यत ।।2।।
प्र दैवोदासो अग्निर्देव इन्द्रो न मज्मना।
अनु मातरं पृथिवीं वि वावृते तस्थौ नाकस्य शर्मणि ।।३।।

सा. १५५६–१५६०
भद्रो नो अग्निराहुतो भद्रा रातिः सुभग भद्रो अध्वरः। भद्रा उत प्रशस्तयः ।।१।।
भद्रं मनः कृणुष्व वृत्रतूर्ये येना समत्सु सासहिः ।
अव स्थिरा तनुहि भूरि शर्धतां वनेमा ते अभिष्टये।।2।।

सा. १५८३–१५८४
यो विश्वा दयते वसु होता मन्द्रो जनानाम् ।
मधोर्न पात्रा प्रथमान्यस्मै प्र स्तोमा यन्त्वग्नये ।।१।।
अश्वं न गीर्भी रथ्यं सुदानवो मर्मृज्यन्ते देवयवः ।
उभे तोके तनये दस्म विश्पते पर्षि राधो मघोनाम् ।।2।।

सा. १६८७–१६८८
तं गूर्धया स्वर्णरं देवासो देवमरतिं दधन्विरे। देवत्राहव्यमूहिषे ।।१।।
विभूतरातिं विप्र चित्रशोचिषमग्निमीडिष्व यन्तुरम्।
अस्य मेधस्य सोम्यस्य सोभरे प्रेमध्वराय पूर्व्यम् ।2।।

सा. १८22–१८2३
प्र सो अग्ने तवोतिभिः सुवीराभिस्तरति वाजकर्मभिः। यस्य त्वं सख्यमाविथ ।।१।।
तव द्रप्सो नीलवान्वाश ऋत्विय इन्धानः सिष्णवा ददे ।
त्वं महीनामुषसामसि प्रियः क्षपो वस्तुषु राजसि ।।2।।

2. **इन्द्रः – सा. ३६६; ४००; ४०2; ४०३; ४०७; ४०८; ७०८–७०६; १३८६–१३६०; १४१३–१४१४**

सा. ३६६–४००
अभ्रातृव्यो अना त्वमनापिरिन्द्र जनुषा सनादसि। युधेदापित्वमिच्छसे ।।१।।
यो न इदमिदं पुरा प्र वस्य आनिनाय तमु व स्तुषे। सखाय इन्द्रमूतये ।।2।।

सा. ४02–४०३
आ याह्ययमिन्दवेऽश्वपते गोपत उर्वरापते। सोमं सोमपते पिब ।।४।।
त्वया ह स्विद्युजा वयं प्रति श्वसन्तं वृषभ ब्रुवीमहि। संस्थे जनस्य गोमतः ।।५।।

सा. ४०७–४०८
सीदन्तस्ते वयो यथा गोश्रीते मधौ मदिरे विवक्षणे। अभि त्वामिन्द्र नोनुमः ।।६।।
वयमु त्वामपूर्व्य स्थूरं न कच्चिद्भरन्तोऽवस्यवः। वज्रिं चित्रं हवामहे ।।१०।।

सा. ७०८–७०६
वयमु त्वामपूर्व्य स्थूरं न कच्चिद्भरन्तोऽवस्यवः । वज्रिं चित्र हवामहे ।।१।।
उप त्वा कर्मन्नूतये स नो युवोग्रश्चक्राम यो धृषत् ।
त्वामिध्यवितारं ववृमहे सखाय इन्द्र सानसिम् ।।2।।

सा. १३८६–१३६०

अभ्रातृव्यो अना त्वमनापिरिन्द्र जनुषा सनादसि। युधेदापित्वमिच्छसे ।।१।।
न की रेवन्तं सख्याय विन्दसे पीयन्ति ते सुराश्वः ।
यदा कृणोषि नदनुं समूहस्यादित्पितेव हूयसे ।।2।।

सा. १४१३–१४१४

यजिष्ठं त्वा ववृमहे देवं देवत्रा होतारममर्त्यम् । अस्य यज्ञस्य सुक्रतुम् ।।१।।
अपांनपातं सुभगं सुदीदितिमग्निमु श्रेष्ठशोचिषम् ।
स नो मित्रस्य वरुणस्य सो अपामा सुम्नं यक्षते दिवि ।।2।।

३. **मरुतः – सा. ४०१; ४०४**

सा. ४०१

आ गन्ता मा रिषण्यत प्रस्थावानो माप स्थात समन्यवः। दृढां चिद्यमयिष्णवः ।।३।।

सा. ४०४

गावश्चिद्धा समन्यवः सजात्येन मरुतः सबन्धवः। रिहते ककुभो मिथः ।।६।।

७७८. संकुसुको यामायनः

१. **त्वष्टा – ऋ. १०.१८.६**

आ रोहतायुर्जरसं वृणाना अनुपूर्वं यतमाना यति ष्ठ ।
इह त्वष्टा सुजनिमा सजोषा दीर्घमायुः करति जीवसे वः ।।६।।

2. **धाता – ऋ. १०.१८.५**

यथाहान्यनुपूर्वं भवन्ति यथ ऋतव ऋतुभिर्यन्ति साधु ।
यथा न पूर्वमपरो जहात्येवा धारायूंषि कल्पयैषाम् ।।५।।

३. **पितृमेधः – ऋ. १०.१८.७–१३**

इमा नारीरविधवाः सुपत्नीरांजनेन सर्पिषा सं विशन्तु ।
अनश्रवोऽनमीवाः सुरत्ना आ रोहन्तु जनयो योनिमग्रे ।।७।।
उदीर्ष्व नार्यभि जीवलोकं गतासुमेतमुप शेष एहि ।
हस्तग्राभस्य दिधिषोस्तवेदं पत्युर्जनित्वमभि सं बभूथ ।।८।।
धनुर्हस्तादाददानो मृतस्यास्मे क्षत्राय वर्चसे बलाय ।
अत्रैव त्वमिह वयं सुवीरा विश्वाः स्पृधो अभिमातीर्जयेम ।।६।।
उप सर्प मातरं भूमिमेतामुरुव्यचसं पृथिवीं सुशेवाम् ।
ऊर्णम्रदा युवतिर्दक्षिणावत एषा त्वा पातु निर्ऋतेरुपस्थात् ।।१०।।
उच्छ्वंचस्व पृथिवि मा नि बाधथाः सूपायनास्मै भव सूपवंचना ।
माता पुत्रं यथा सिचाभ्येनं भूम ऊर्णुहि ।।११।।
उच्छ्वंचमाना पृथिवी सु तिष्ठतु सहस्रं मित उप हि श्रयन्ताम् ।
ते गृहासो घृतश्चुतो भवन्तु विश्वाहास्मै शरणाः सन्त्वत्र ।।१2।।
उत्ते स्तभ्नामि पृथिवीं त्वत्परीमं लोगं निदधन्मो अहं रिषम् ।
एतां स्थूणां पितरो धारयन्तु तेऽत्रा यमः सादना ते मिनोतु ।।१३।।
प्रतीचीने मामहनीष्वाः पर्णमिवा दधुः । प्रतीचीं जग्रभा वाचमश्वं रशनया यथा ।।१४।।

४. **पितृमेधः प्रजापतिर् वा – ऋ. १०.१८.१४**

प्रतीचीने मामहनीष्वाः पर्णमिवा दधुः। प्रतीची जग्रभा वाचमश्वं रशनया यथा ।।१४।।

७७६. संवरणः प्राजापत्यः

१. **इन्द्रः – ऋ. ५.३३.१–१०; ५.३४.१–६**

ऋ. ५.३३.१–१०

महि महे तवसे दीध्ये नृनिन्द्रायेत्था तवसे अतव्यान् ।
यो अस्मै सुमतिं वाजसातौ स्तुतो जने समर्यश्चिकेत ।।१।।
स त्वं न इन्द्र धियसानो अर्कैर्हरीणां वृषयोक्त्रमश्रेः ।
या इत्था मघवन्ननु जोषं वक्षो अभि प्रार्यः सक्षि जनान् ।।2।।
न ते त इन्द्राभ्य३स्मदृष्वायुक्तासो अब्रह्मता यदसन् ।
तिष्ठा रथमधि तं वज्रहस्ता रश्मिं देव यमसे स्वश्वः ।।३।।
पुरू यत्त इन्द्र सन्त्युक्था गवे चकर्थोर्वरासु युध्यन् ।
ततक्षे सूर्याय चिदोकसि स्वे वृषा समत्सु दासस्य नाम चित् ।।४।।
वयं ते त इन्द्र ये च नरः शर्धो जज्ञाना याताश्च रथाः ।
आस्मांजगम्यादहिशुष्म सत्वा भगो न हव्यः प्रभृथेषु चारुः ।।५।।
पपृक्षेण्यमिन्द्र त्वे ह्योजो नृम्णानि च नृतमानो अमर्तः ।
स न एनीं वसवानां रयिं दाः प्रायः स्तुषे तुविमघस्य दानम् ।।६।।
एवा न इन्द्रोतिभिरव पाहि गृणतः शूर कारून् ।
उत त्वचं ददतो वाजसातौ पिप्रीहि मध्वः सुषुतस्य चारोः ।।७।।
उत त्ये मा पौरुकुत्स्यस्य सुरेस्त्रसदस्योर्हिरणिनो रराणाः ।
वहन्तु मा दश श्येतासो अस्य गौरिक्षितस्य क्रतुभिर्नु सश्चे ।।८।।
उत त्ये मा मारुताश्वस्य शोणाः क्रत्वामघासो विदथस्य रातौ ।
सहस्रा मे च्यवतानो ददान आनूकमर्यो वपुषे नार्चत् ।।९।।
उत त्ये मा ध्वन्यस्य जुष्टा लक्ष्मण्यस्य सुरुचो यतानाः ।
मह्ना रायः संवरणस्य ऋषेर्व्रजं न गावः प्रयता अपि ग्मन् ।।१०।।

ऋ. ५.३४.१–९

अजातशत्रुमजरा स्वर्वत्यनु स्वधामिता दस्ममीयते ।
सुनोतन पचत ब्रह्मवाहसे पुरुष्टुताय प्रतरं दधातन ।।१।।
आ यः सोमेन जठरमपिप्रतामन्दत मघवा मध्वो अन्धसः ।
यदीं मृगाय हन्तवे महावधः सहस्रभृष्टिमुशना वधं यमत् ।।2।।
यो अस्मै घ्रंस उत वा य ऊधनि सोमं सुनोति भवति द्युमाँ अह ।
अपाप शुक्रस्ततनुष्टिमूहति तनूशुभ्रं मघवा यः कवासखः ।।३।।
यस्यावधीत्पितरं यस्य मातरं यस्य शक्रो भ्रातरं नात ईषते ।
वेतीद्वस्य प्रयता यतंकरो न किल्विषादीषते वस्व आकरः ।।४।।
न पंचभिर्दशभिर्वष्ट्यारभं नासुन्वता सचते पुष्यता चन ।
जिनाति वेदमुया हन्ति वा धुनिरा देवयुं भजति गोमति व्रजे ।।५।।
वित्वक्षणः समृतौ चक्रमासजोऽसुन्वतो विषुणः सुन्वतो वृधः ।
इन्द्रो विश्वस्य दमिता बिभीषणो यथावशं नयति दासमार्यः ।।६।।
समीं पणेरजति भोजनं मुषे वि दाशुषे भजति सूनरं वसु ।
दुर्गे चन ध्रियते विश्व आ पुरु जनो यो अस्य तविषीमचुक्रुधत् ।।७।।
सं यज्जनौ सुधनौ विश्वशर्धसाववेदिन्द्रो मघवा गोषु शुभ्रिषु ।
युजं ह्य१न्यमकृत प्रवेपन्युदीं गव्यं सृजते सत्वभिर्धुनिः ।।८।।
सहस्रसामाग्निवेशिं गृणीषे शत्रिमग्न उपमां केतमर्यः ।
तस्मा आपः संयतः पीपयन्त तस्मिन्क्षत्रममवत्त्वेषमस्तु ।।९।।

७८०. संवर्त आंगिरसः (साग्री. ४४३; ४५१) संवर्त (ऋसर्व.) वामदेवः (सार्षेदी.)

१. उषा – ऋ. १०.१७२.१–४; सा. ४४३; ४५१

ऋ. १०.१७२.१–४

आ याहि वनसवा सह गावः सचन्त वर्तनिं यदूधभिः ।।१।।
आ याहि वस्व्या धिया मंहिष्ठो जारयन्मखः सुदानुभिः ।।2।।
पितुभृतो न तन्तुमित्सुदानवः प्रति दध्मो यजामसि ।।३।।
उषा अप स्वसुस्तमः सं वर्तयति वर्तनिं सुजातता ।।४।।

सा. ४४३

आ याहि वनसा सह गावः सचन्त वर्तनिं यदूधभिः ।।७।।

सा. ४५१

उषा अप स्वसुष्टमः सं वर्तयति वर्तनि सुजातता ।।५।।

७८१. संवननः

१. अग्निः – ऋ. १०.१९१.१

संसमिद्युवसे वृषन्नग्ने विश्वान्यर्य आ। इळस्पदे समिध्यसे स नो वसून्या भर ।।१।।

2. संज्ञानम् – ऋ. १०.१९१.2–४

संगच्छध्वं सं वदध्वं सं वो मनांसि जानताम् ।
देवा भागं यथा पूर्वे संजनाना उपासते ।।2।।
समानो मन्त्रः समितिः समानी समानं मनः सह चित्तमेषाम् ।
समानं मन्त्रमभि मन्त्रये वः समानेन वो हविषा जुहोमि ।।३।।
समानी व आकूतिः समाना हृदयानि वः ।
समानमस्तु वो मनो यथा वः सुसहासति ।।४।।

७८2. स्तम्बमित्रः

१. अग्निः – ऋ. १०.१४2.७; ८

अपामिदं नययनं समुद्रस्य निवेशनम्। अन्यं कृणुष्वेतः पन्थां तेन याहि वशाँ अनु ।।७।।
आयने ते परायणे दूर्वा रोहन्तु पुष्पिणीः। ह्रदाश्च पुण्डरीकाणि समुद्रस्य गृहा इमे ।।८।।

७८३. स्यूमरश्मिर्भार्गवः

१. मरुतः – ऋ. १०.७७.१–८; १०.७८.१–८

ऋ. १०.७७.१–८

अभ्रप्रुषो न वाचा प्रुषा वसु हविष्मन्तो न यज्ञा विजानुषः ।
सुमारुतं न ब्रह्माणमर्हसे गणमस्तोष्येषां न शोभसे ।।१।।
श्रिये मर्यासो अंजीँरकृण्वत सुमारुतं न पूर्वीरति क्षपः ।
दिवस्पुत्रास एता न येतिर आदित्यासस्ते अक्रा न वावृधुः ।।2।।
प्र ये दिवः पृथिव्या न बर्हणा त्मना रिरिच्रे अभ्रान्न सूर्यः ।
पाजस्वन्तो न वीराः पनस्यवो रिशादसो न मर्या अभिद्यवः ।।३।।
युष्माकं बुध्ने अपां न यामनि विथुर्यति न मही श्रथर्यति ।
विश्वप्सुर्यज्ञो अर्वागयं सु वः प्रयस्वन्तो न सत्राच आ गत ।।४।।
यूयं धूर्षु प्रयुजो न रश्मिभिर्ज्योतिष्मन्तो न भासा व्युष्टिषु ।
श्येनासो न स्वयशसो रिशदसः प्रवासो न प्रसितासः परिप्रुषः ।।५।।
प्र यद्वहध्वे मरुतः पराकाद्यूयं महः संवरणस्य वस्वः ।
विदानासो वसवो राध्यस्याराच्चिद् द्वेषः सनुतर्युयोत ।।६।।
य उदृचि यज्ञे अध्वरेष्ठा मरुद्भ्यो न मानुषो ददाशत् ।
रेवत्स वयो दधते सुवीरं स देवानामपि गोपीथे अस्तु ।।७।।
ते हि यज्ञेषु यज्ञियास ऊमा आदित्येन नाम्ना शम्भविष्ठाः ।

ते नोऽवन्तु रथतूर्मनीषां महश्च यामन्नध्वरे चकानाः ।।८।।

ऋ. १०.७८.१–८

विप्रासो न मन्मभिः स्वाध्यो देवाव्यो३ न यज्ञैः स्वप्नसः ।
राजानो न चित्राः सुसंदृशः क्षितीनां न मर्या अरेपसः ।।१।।
अग्निर्न ये भ्राजसा रुक्मवक्षसो वातासो न स्वयुजः सद्यऊतयः ।
प्रज्ञातारो न ज्येष्ठाः सुनीतयः सुशर्माणो न सोमा ऋतं यते ।।2।।
वातासो न ये धुनयो जिगत्नवोऽग्नीनां न जिह्वा विरोकिणः ।
वर्मण्वन्तो न योधाः शिमीवन्तः पितृणां न शंसाः सुरातयः ।।३।।
रथानां न ये१राः सनाभ्यो जिगीवांसो न शूरा अभिद्यवः ।
वरेयवो न मर्या घृतप्रुषोऽभिस्वर्तारो अर्कं न सुष्टुभः ।।४।।
अश्वासो न ये ज्येष्ठास आशवो दिधिषवो न रथ्यः सुदानवः ।
आपो न निम्नैरुदभिर्जिगत्नवो विश्वरूपा अंगिरसो न सामभिः ।।५।।
ग्रवाणो न सूरयः सिन्धुमातर आदर्दिरासो अद्रयो न विश्वहा ।
शिशूला न क्रीळयः सुमातरो महाग्रामो न यामन्नुत त्विषा ।।६।।
उषसां न केतवोऽध्वरश्रियः शुभंयवो नाञ्जिभिर्व्यश्वितन् ।
सिन्धवो न ययियो भ्राजदृष्टयः परावतो न योजनानि ममिरे ।।७।।
सुभागान्नो देवाः कृणुता सुरत्नानस्मान्त्सतोतॄन्मरुतो वावृधानाः ।
अधि स्तोत्रस्य सख्यस्य गात सनाद्धि वो रत्नधेयानि सन्ति ।।८।।

७८४. स्वयम्भुर् ब्रह्म

१. आत्मा – य. ३2.४

एषो ह देवः प्रदिशोऽनु सर्वाः पूर्वो ह जातः सऽउ गर्भेऽअन्तः ।
सऽएव जातः स जनिष्यमाणः प्रत्यङ् जनास्तिष्ठति सर्वतोमुखः ।।४।।

2. परमात्मा – य. ३2.१; 2; ६–८; १०–१2

य. ३2.१–2

तदेवाग्निस्तदादित्यस्तद्वायुस्तदु चन्द्रमाः। तदेव शुक्रं तद् ब्रह्म ताऽआपः स प्रजापतिः ।।१।।
सर्वे निमेषा जज्ञिरे विद्युतः पुरुषादधि। नैनमूर्ध्वं न तिर्य्यंचं न मध्ये परि जग्रभत् ।।2।।

य. ३2.६–८

येन द्यौरुग्रा पृथिवी च दृढा येन स्व स्तभितं येन नाकः ।
यो ऽअन्तरिक्षे रजसो विमानः कस्मै देवाय हविषा विधेम ।।६।।
यं क्रन्दसीऽअवसा तस्तभानेऽअभ्यैक्षेतां मनसा रेजमाने।
यत्राधि सूरऽउदितो विभाति कस्मै देवाय हविषा विधेम।आपो ह यद्बृहतीर्यश्चिदापः ।।७।।
वेनस्तत्पश्यन्निहितं गुहा सद्यत्र विश्वं भवत्येकनीडम् ।
तस्मिन्निदं सं च वि चैति सर्वं सऽओतः प्रोतश्च विभूः प्रजासु ।।८।।

य. ३2.१०–१2

स नो बन्धुर्जनिता स विधाता धामानि वेदभुवनानि विश्वा ।
यत्र देवाऽअमृतमानशानास्तृतीये धामन्नध्यैरयन्त ।।१०।।
परीत्य भूतानि परीत्य लोकान् परीत्य सर्वाः प्रदिशो दिशश्च ।
उपस्थाय प्रथमजा मृतस्यात्मनात्मानमभि सं विवेश ।।११।।
परि द्यावापृथिवी सद्यऽइत्वा परि लोकान् परि दिशः परि स्वः ।
ऋतस्य तन्तुं विततं विचृत्य तदपश्यत्तदभवत्तदा सीत् ।।१2।।

३. परमेश्वरः – य. ३2.५

Vedic Concordance of Mantras as per Ṛṣi and Devatā 469

यस्माज्जातं न पुरा किं चनैव य आबभूव भुवनानि विश्वा ।
प्रजापतिः प्रजया संरराणस्त्रीणि ज्योतींषि सचते स षोडशी ।।५।।

४. **विद्वान् – य. ३२.६**

प्र तद्वोचेदमृतं नु विद्वान् गन्धर्वो धाम विभृतं गुहा सत् ।
त्रीणि पदानि निहिता गुहा स्य यस्तानि वेद स पितुः पितासत् ।।६।।

५. **हिरण्यगर्भः परमात्मा – य. ३२.३**

न तस्य प्रतिमाऽअस्ति यस्य नाम महद्यशः ।
हिरण्यगर्भऽइत्येष मा मा हिंसीदित्येषा यस्मान्न जातऽइत्येषः ।।३।।

७८५. स्वस्त्यात्रेयः

१. **अग्निः – य. २१.१२**

समिद्धोऽअग्निः समिधा सुसमद्धो वरेण्यः। गायत्री छन्दऽइन्द्रियं त्रयविर्गौर्वयो दधुः ।।१२।।

2. **अग्न्यश्वेन्द्रसरस्वत्याद्या लिंगोक्ताः – य. २१.२६**

होता यक्षत्समिधाग्निमिडस्पद`ऽश्विनेन्द्रं सरस्वतीमजो धूम्रो न गोधूमैः कुवलैर्भेषजं मधु शष्पैर्न
तेजऽइन्द्रियं पयः सोमः परिस्रुता घृतं मधु व्यन्त्वाज्यस्य होतर्यज ।।२६।।

३. **अग्न्यादयः – य. २१.५६**

अग्निमद्य होतारमवृणीतायं यजमानः पचन पक्तीः पचन् पुरोडाशान् बध्नन्नश्विभ्यां छागं सरस्वत्यै
मेषमिन्द्रायऽऋषभं सुन्वन्नश्विभ्यां सरस्वत्याऽइन्द्राय सुत्राम्णे सुरासोमान् ।।५६।।

४. **अश्व्यादयः – य. २१.३०; ३१; ३३–४०; ४६; ४७; ४६–५०**

य. २१.३०–३१

होता यक्षत्तनूनपात्सरस्वतीमविर्मेषो न भेषजं पथा मधुमता भरन्नश्विनेन्द्राय वीर्यं
बदरैरुपवाकाभिर्भेषजं तोक्मभिः पयः सोमः परिस्रुता घृतं मधु व्यन्त्वाज्यस्य होतर्यज ।।३०।।
होतायक्षन्नराशंसं न नग्नहुं पतिं सुरया भेषजं मेषः सरस्वती भिषग्रथो न चन्द
ऱ्यश्विनोर्वपाऽइन्द्रस्य वीर्यं बदरैरुपवाकाभिर्भेषजं तोक्मभिः पयः सोमः परिस्रुता घृतं मधु
व्यन्त्वाज्यस्य होतर्यज ।।३१।।

य. २१.३३–४०

होता यक्षद् बर्हिरूर्णम्रदा भिषङ् नासत्या भिषजाश्विनाश्वा शिशुमती भिषग्धेनुः सरस्वती
भिषग्दुहऽइन्द्राय भेषजं पयः सोमः परिस्रुता घृतं मधु व्यन्त्वाज्यस्य होतयर्ज ।।३३।।
होता यक्षद्दुरो दिशः कवष्य ो न व्यचस्वतीरश्विभ्यां न दुरो दिशऽइन्द्रो न रोदसी दुघे दुहे धेनुः
सरस्वत्यश्विनेन्द्राय भेषजं शुक्रं न ज्योतिरिन्द्रियं पयः सोमः परिस्रुता घृतं मधु व्यन्त्वाज्यस्य
होतर्यज ।।३४।।
होता यक्षत्सुपेशसोषे नक्तं दिवाश्विना समंजाते सरस्वत्या त्विषिमिन्द्रे न भेषजं श्येनो न रजसा
हृदा श्रिया न मासरं पयः सोमः परिस्रुता घृतं मधु व्यन्त्वाज्यस्य होतर्यज ।।३५।।
होता यक्षद्दैव्या होतारा भिषजाश्विनेन्द्रं न जागृवि दिवा नक्तं न भेषजैः शूषं सरस्वती भिषक्
सीसेन दुहऽइन्द्रियं पयः सोमः परिस्रुता घृतं मधु व्यन्त्वाज्यस्य होतर्यज ।।३६।।
होता यक्षत्तिस्रो देवीर्न भेषजं त्रयस्त्रिधातवोऽपसो रूपमिन्द्रे हिरण्यमश्विनेडा न भारती वाचा
सरस्वती महऽइन्द्राय दुहऽइन्द्रियं पयः सोमः परिस्रुता घृतं मधु व्यन्त्वाज्यस्य होतर्यज ।।३७।।
होता यक्षत्सुरेतसमृषभं नर्यापसं त्वष्टारमिन्द्रमश्विना भिषजं न सरस्वतीमोजो न जूतिरिन्द्रयं वृको
न रभमो भिषग् यशः सुरया भेषजं श्रिया न मासरं पयः सोमः परिस्रुता घुतं मधु व्यन्त्वाज्यस्य
होतर्यज ।।३८।।
होता यक्षद्वनस्पतिं शमितारं शतक्रतुं भीमं न मन्युं राजानं व्याघ्रं नमसाश्विना भामं सरस्वती

भिषगिन्द्राय दुहऽइन्द्रियं पयः सोमः परिस्रुता घृतं मधु व्यन्त्वाज्यस्य होतर्यज ।।३६।।
होता यक्षदग्निं स्वाहाज्यस्य स्तोकानां स्वाहा मेदसां पृथक् स्वाहा छागमश्विभ्यां स्वाहा मेषं सरस्वत्यै स्वाहऽऋषभमिन्द्राय सिंहाय सहसऽइन्द्रियं स्वाहाग्निं न भेषजं स्वाहा सोममिन्द्रियं स्वाहेन्द्रं सुत्रामाणं सवितारं वरुणं भिषजां पतिं स्वाहा वनस्पतिं प्रियं पाथो न भेषजं स्वाहा देवाऽआज्यपा जुषाणोऽअग्निर्भेषजं पयः सोमः परिस्रुता घृतं मधु व्यन्त्वाज्यस्य होतर्यज।।४०।।

य. २१.४६–४७

होता यक्षद्वनस्पतिमभि हि पिष्टतमया रभिष्ठया रशनयाधित। यत्राश्विनोश्छागस्य हविषः प्रिया धामानि यत्रसरस्वत्या मषस्य हविषः प्रिया धामानि यत्रेन्द्रस्यऽऋषभस्य हविषः प्रिया धामानि यत्राग्नेः प्रिया धामानि यत्र सोमस्य प्रिया धामानि यत्रेन्द्रस्य सुत्राम्णः प्रिया धामानि यत्र सवितुः प्रिया धामानि यत्र वरुणस्य प्रिया धामानि यत्र वनस्पतेः प्रिया पाथांसि यत्र देवाना माज्यपानां प्रिया धामानि यत्राग्नेर्होतुः प्रिया धामानि तत्रैतान्
प्रस्तुत्येवोपम्तुत्येवोपावस्रक्षद्रभीयसऽइव कृत्वी करदेवं देवो वनस्पतिर्जुषतां हविर्होतर्यज।।४६।।
होता यक्षदग्निं सिव्टकृतमयाडग्निरश्विनोश्छागस्य हविषः प्रिया धामान्ययाट् सरस्वत्या मेषस्य हविषः प्रिया धामान्ययाडिन्द्रस्यऽऋषभस्य हविषः प्रिया धामान्ययाडग्नेः प्रिया धामान्ययाट् सोमस्य प्रिया धामान्यायाडिन्द्रस्य सुत्राम्णः प्रिया धामान्ययाट् सवितुः प्रिया धामान्ययाड् वरुणस्य प्रिया धामान्यायाड् वनस्पतेः प्रिया पाथांस्ययाड. देवानामाज्यपानां प्रिया धामानि यक्षदग्नेर्होतुः प्रिया धामानि यक्षत् स्वं महिमानमायजतामेज्याऽइषः कृणोतु सोऽअध्वरा जातवेदा जुषतां हविर्होतर्यज ।।४७।।

य. २१.४६–५०

देवीर्द्वारोऽअश्विना भिषजेन्द्रे सरस्वती ।
प्राणं न वीर्य्यं नसि द्वारो दधुरिन्द्रियं वसुवने वसुधेयस्य व्यन्तु यज ।।४६।।
देवीऽउषासावश्विना सुत्रामेन्द्रे सरस्वती ।
बलं न वाचमास्यऽउषाभ्यां दधुरिन्द्रियं वसुवने वसुधेयस्य व्यन्तु यज ।।५०।।

५. इन्द्रः – य. २१.२५

वर्षाभिर्ऋतुनादित्या स्तोमे सप्तदशे स्तुताः। वैरूपेण विशौजसा हविरिन्द्रे वयो दधुः ।।२५।।

६. यजमानर्त्विजः – य. २१.४५

होता यक्षदिन्द्रमृषभस्य हविष आवयदद्य मध्यतो मेद उद्भृतं पुरा द्वेषोभ्यः पुरा पौरुषेय्या गृभो घसन्नूनं घासे अज्राणां यवसप्रथमानां सुमत्क्षराणां शतरुद्रियाणामग्निष्वात्तानां पीवोपवसनानां पार्श्वतः श्रोणितः शितामत उत्सादतोऽगांदंगादवत्तानां करदेवमिन्द्रो जुषतां हविर्होतर्यज।।४५।।

७. रुद्राः – य. २१.२३

वसन्तेनऽऋतुना देवा वसवस्त्रिवृता स्तुताः। रथन्तरेण तेजसा हविरिन्द्रे वयो दधुः ।।२३।।

८. लिङ्गोक्ताः – य. २१.६०; ६१

सूपस्थाऽअद्य देवो वनस्पतिरभवदश्विभ्यां छागेन सरस्वत्यै मेषेणेन्द्राय ऽऋषभेणाक्षँस्तान् मेदस्तः प्रति पचतागृभीषतावीवृधन्त पुरोडाशैरपुरश्विना सरस्वतीन्द्रः सुत्रामा सुरासोमान्।।६०।।
त्वामद्यऽऋषऽआर्षेयऽऋषीणां नपादवृणीतायं यजमानो बहुभ्यऽआ संगतेभ्यऽएष मे देवेषु वसु वार्यायक्ष्यतऽइति ता या देवा देव दानान्यदुस्तान्यस्माऽआ च शास्स्वा च गुरस्वेषितश्च होतरसि भद्रवाच्याय प्रेषितो मानुषः सूक्तवाकाय सूक्ता ब्रूहि ।।६१।।

९. विद्वान् – य. 22.21

विश्वो देवस्य नेतुर्मर्त्तो वुरीत सख्यम्। विश्वाो रायऽइषुध्यति द्युम्नं वृणीत पुष्यसे स्वाहा।।21।।

१०. विद्वांसः – य. २१.१३–१६

तनूनपाच्छुचिव्रतस्तनूपाश्च सरस्वती। उष्णिहा छन्दऽइन्द्रियं दित्यवाड् गौर्वयो दधुः ।।१३।।
इडाभिरग्निरीड्यः सोमो देवोऽअमर्त्यः। अनुष्टुप् छन्दऽइन्द्रियं पंचाविर्गौर्वयो दधुः ।।१४।।
सुबर्हिरग्निः पूषण्वान्त्स्तीर्णबर्हिरमर्त्यः। बृहती छन्दऽइन्द्रियं त्रिवत्सो गौर्वयो दधुः ।।१५।।

दुरो देवीर्दिशो महीर्ब्रह्मा देवो बृहस्पतिः। पङ्क्तिश्छन्दऽइहेन्द्रियं तुर्य्यवाड् गौर्वयो दधुः ।।१६।

११. **विश्वेदेवाः – ऋ. ५.५०.१–५; ५.५१.१–१५; य. २१.१७–२१; २४; २६; २८**

ऋ. ५.५०.१–५

विश्वो देवस्य नेतुर्मर्तो वुरीत सख्यम् । विश्वो राय इषुध्यति द्युम्नं वृणीत पुष्यसे ।।१।।
ते ते देव नेतर्ये चेमाँ अनुशसे । ते राया ते ह्या३ पृचे सचेमहि सचथ्यैः ।।२।।
अतो न आ नृनतिथीनतः पत्नीर्दशस्यत । आरे विश्वं पथेष्ठां द्विषो युयोतु यूयुविः ।।३।।
यत्र वह्निरभिहितो दुद्रवद् द्रोण्यः पशुः । नृमणा वीरपस्त्योऽर्णा धीरेव सनिता ।।४।।
एष ते देव नेता रथस्पतिः शं रयिः।
शं राये शं स्वस्तयइषःस्तुतो मनामहे देवस्तुतो मनामहे ।।५।।

ऋ. ५.५१.१–१५

अग्ने सुतस्य पीतये विश्वेरूमभिरा गहि। देवेभिर्हव्यदातये ।।१।।
ऋतधीतय आ गत सत्यधर्माणो अध्वरम्। अग्नेः पिबत जिह्वया ।।२।।
विप्रेभिर्विप्र सन्त्य प्रातर्यावभिरा गहि। देवेभिः सोमपीतये ।।३।।
अयं सोमश्चमू सुतोऽमत्रे परि षिच्यते। प्रिय इन्द्राय वायवे ।।४।।
वायवा याहि वीतये जुषाणो हव्यदातये। पिबा सुतस्यान्धसो अभि प्रयः ।।५।।
इन्द्रश्च वायवेषां सुतानां पीतिमर्हथः। तांजुषेथामरेपसावभि प्रयः ।।६।।
सुता इन्द्राय वायवे सोमासो दध्याशिरः। निम्नं न यन्ति सिन्धवोऽभि प्रयः ।।७।।
सजूर्विश्वेभिर्देवेभिरश्विभ्यामुषसा सजूः। आ याह्यग्ने अत्रिवत्सुते रण ।।८।।
सजूर्मित्रावरुणाभ्यां सजूः सोमेन विष्णुना। आ याह्यग्ने अत्रिरवत्सुते रण ।।६।।
सजूरादित्यैर्वसुभिः सजूरिन्द्रेण वायुना। आ याह्यग्ने अत्रिवत्सुते रण ।।१०।।
स्वस्ति नो मिमीतामश्विना भगः स्वस्ति देव्यदितिरनर्वणः ।
स्वस्ति पूषा असुरो दधातु नः स्वस्ति द्यावापृथिवी सुचेतुना ।।११।।
स्वस्तये वायुमुप ब्रवामहै सोमं स्वस्ति भुवनस्य यस्पतिः ।
बृहस्पतिं सर्वगणं स्वस्तये स्वस्तये आदित्यासो भवन्तु नः ।।१२।।
विश्वे देवा नो अद्या स्वस्तये वैश्वानरो वसुरग्निः स्वस्तये ।
देवा अवन्त्वृभवः स्वस्तये स्वस्ति नो रुद्रः पात्वंहसः ।।१३।।
स्वस्ति मित्रावरुणा स्वस्ति पथ्ये रेवति ।
स्वस्ति न इन्द्रश्चरग्निश्च स्वस्ति नो अदिते कृधि ।।१४।।
स्वस्ति पन्थामनुचरेम सूर्याचन्द्रमसाविव। पुनर्ददताघ्नता जानता सं गमेमहि ।।१५।।

य. २१.१७–२१

उषे यह्वी सुपेशसा विश्वे देवाऽअमर्त्याः। त्रिष्टुप् छन्दऽइहेन्द्रियं पष्ठवाड् गौर्वयो दधुः ।।१७।।
दैव्या होतारा भिषजेन्द्रेण सयुजा युजा । जगती छन्दऽइन्द्रियमनडवान् गौर्वयो दधुः ।।१८।।
तिस्रऽइडा सरस्वती भारती मरुतो विशः। विराट् छन्दऽइहेन्द्रियं धेनुर्गौर्न वयो दधुः ।।१६।।
त्वष्टा तुरीपोऽद्भुतऽइन्द्राग्नी पुष्टिवर्धना। द्विपदा छन्दऽइन्द्रियमुक्षा गौर्न वयो दधुः ।।२०।।
शमिता नो वनस्पतिः सविता प्रसुवन् भगम्। ककुप् छन्दऽइहेन्द्रियं वशा वेहद्वयो दधुः ।।२१।।

य. २१.२४

ग्रीष्मेणऽऋतुना देवा रुद्राः पंचदशे स्तुताः । बृहता यशसा बलं हविरिन्द्रे वयो दधुः।।२४।।

य. २१.२६

शारदेनऽऋतुना देवाऽएकविंश ऋभव स्तुताः। वैराजेन श्रिया श्रियं हविरिन्द्रे वयो दधुः ।।२६।।

य. २१.२८

शैशिरेणऽऋतुना देवास्त्रयस्त्रिंशे ऽमृता स्तुताः । सत्येन रेवतीः क्षत्रं हविरिन्द्रे वयो दधुः ।।२८।।

१२. सरस्वत्यादयः – य. २१.३२; ४८

य. २१.३२

होता यक्षदिडेडितऽआजुह्वानः सरस्वतीमिन्द्रं बलेन वर्धयन्नृषभेण गवेन्द्रियमश्विनेन्द्राय भेषजं यवैः कर्कन्धुभिर्मधु लाजैर्न मासरं पयः सोमः परिस्रुता घृतं मधु व्यन्त्वाज्यस्य होतर्यज ।।३२।।

य. २१.४८

देवं बर्हिः सरस्वती सुदेवमिन्द्रेऽअश्विना।
तेजो न चक्षुरक्ष्योर्बर्हिषा दधुरिन्द्रियं वसुवने वसुधेयस्य व्यन्तु यज ।।४८।।

१३. होत्रादयः – य. २१.४२; ४३

होता यक्षदश्विनौ सरस्वतीमिन्द्रं सुत्रामाणमिमे सोमाः सुरामाणश्छागैर्न मेषैर्ऋषभैः सुताः शष्पैर्न तोक्मभिर्लाजैर्महस्वन्तो मदा मासरेण परिष्कृताः शुक्राः पयस्वन्तोऽमृताः प्रस्थिता वो मधुश्चुतस्तानश्विना सरस्वतीन्द्रः सुत्रामा वृत्रहा जुषन्तां सोम्यं मधु पिबन्तु मदन्तु व्यन्तु होतर्यज ।।४२।।

होता यक्षदश्विनौ छागस्य हविषऽआत्तामद्य मध्यतो मेदऽउद्भृतं पुरा द्वेषोभ्यः पुरा पौरुषेय्या गृभो घस्तां नूनं घासेऽअज्राणां यवसप्रथमानां सुमत्क्षराणां शतरुद्रियाणामग्निष्वात्तानां पीवोपवसनानां पार्श्वतः श्रोणितः शितामतऽउत्सादतोऽङ्गादङ्गादवत्तानां करतऽएवाश्विना जुषेतां हविर्होतर्यज ।।४३।।

७८६. हरिमन्तः

१. पवमानः सोमः – ऋ. ९.७२.१–९

हरिं मृजन्त्यरुषो न युज्यते सं धेनुभिः कलशे सोमो अज्यते ।
उद्वाचमीरयति हिन्वते मती पुरुष्टुतस्य कति चित्परिप्रियः ।।१।।
साके वदन्ति बहवो मनीषिण इन्द्रस्य सोमं जठरे यदादुहुः ।
यदी मृजन्ति सुगभस्तयो नरः सनीळाभिर्दशभिः काम्यं मधु ।।२।।
अरममाणो अत्येति गा अभि सूर्यस्य प्रियं दुहितुस्तिरो रवम् ।
अन्वस्मै जोषमभरद्विनंगृसः सं द्वयीभिः स्वसृभिः क्षेति जामिभिः ।।३।।
नृधूतो अद्रिषुतो बर्हिषि प्रियः पतिर्गवां प्रदिव इन्दुर्ऋत्वियः ।
पुरन्धिवान्मनुषो यज्ञसाधनः शुचिर्धिया पवते सोम इन्द्र ते ।।४।।
नृबाहुभ्यां चोदितो धारया सुतोऽनुष्वधं पवते सोम इन्द्र ते ।
आप्राः क्रतून्त्समजैरध्वरे मतीर्वेर्न द्रुषच्चम्वो३रासदद्धरिः ।।५।।
अंशुं दुहन्ति स्तनयन्तमक्षितं कविं कवयोऽपसो मनीषिणः ।
समी गावो मतयो यन्ति सयंत ऋतस्य योना सदने पुनर्भुवः ।।६।।
नाभा पृथिव्या धरुणो महो दिवो३पामूर्मौ सिन्धुष्वन्तरुक्षितः ।
इन्द्रस्य वज्रो वृषभो विभूवसुः सोमो हृदे पवते चारु मत्सरः ।।७।।
स तू पवस्व परि पार्थिवं रजः स्तोत्रे शिक्षन्नाधून्वते च सुक्रतो ।
मा नो निर्भाग्वसुनः सादनस्पृशो रयिं पिशंगं बहुलं वसीमहि ।।८।।
आ तू न इन्दो शतदात्वश्व्यं सहस्रदातु पशुमद्धिरण्यवत् ।
उप मास्व बृहती रेवतीरिषोऽधि स्तोत्रस्य पवमान नो गहि ।।९।।

७८७. हविर्धान आंगिः

१. अग्निः – ऋ. १०.११.१–९; १०.१२.१–९

ऋ. १०.११.१–९

वृषा वृष्णे दुदुहे दोहसा दिवः पयांसि यह्वो अदितेरदाभ्यः ।
विश्वं स वेद वरुणो यथा धिया स यज्ञियो यजतु यज्ञियाँ ऋतुन् ।।१।।
रपद्गन्धर्वीरप्या च योषणा नदस्य नादे परि पातु मे मनः ।

इष्टस्य मध्ये अदितिर्नि धातु नो भ्राता नो ज्येष्ठः प्रथमो वि वोचति ।।2।।
सो चिन्नु भद्रा क्षुमती यशस्वत्युषा उवास मनवे स्वर्वती ।
यदीमुशन्तमुशतामनु क्रतुमग्निं होतारं विदथाय जीजनन् ।।३।।
अध त्यं द्रप्सं विभ्वं विचक्षणं विराभरदिषितः श्येनो अध्वरे ।
यदी विशो वृणते दस्ममार्या अग्निं होतारमध धीरजायत ।।४।।
सदासि रण्वो यवसेव पुष्यते होत्राभिरग्ने मनुषः स्वध्वरः ।
विप्रस्य वा यच्छशमान उक्थ्यं१ वाजं ससवाँ उपयासि भूरिभिः ।।५।।
उदीरय पितरा जार आ भगमियक्षति हर्यतो हृत्त इष्यति ।
विवक्ति वह्निः स्वपस्यते मखस्तविष्यते असुरो वेपते मती ।।६।।
यस्ते अग्ने सुमतिं मर्तो अक्षत्सहसः सूनो अति स प्र शृण्वे ।
इषं दधानो वहमानो अश्वैरा स द्युमाँ अमवान्भूषति द्यून् ।।७।।
यदग्न एषा समितिर्भवाति देवी देवेषु यजमा यजत्र ।
रत्ना च यद्विभजासि स्वधावो भागं नो अत्र वसुमन्तं वीतात् ।।८।।
श्रुधी नो अग्ने सदने सधस्थे युक्ष्वा रथममृतस्य द्रवित्नुम् ।
आ नो वह रोदसी देवपुत्रे मार्किर्देवानामप भूरिह स्याः ।।६।।

ऋ. १०.१२.१–६

द्यावा ह क्षामा प्रथमे ऋतेनाभिश्रावे भवतः सत्यवाचा ।
देवो यन्मर्तान्यजथाय कृण्वन्त्सीदद्धोता प्रत्यङ् स्वमसुं यन् ।।१।।
देवो देवान्परिभूर्ऋतेन वहा नो हव्यं प्रथमश्चिकित्वान् ।
धूमकेतुः समिधा भाऋजीको मन्द्रो होता नित्यो वाचा यजीयान् ।।2।।
स्वावृग्देवस्यामृतं यदी गोरतो जातासो धारयन्त उर्वी ।
विश्वे देवा अनु तत्ते यजुर्गुर्दुहे यदेनी दिव्यं घृतं वाः ।।३।।
अर्चामि वां वर्धायापो घृतस्नू द्यावाभूमी शृणुतं रोदसी मे ।
अहा यद् द्यावोऽसुनीतिमयन्मध्वा नो अत्र पितरा शिशीताम् ।।४।।
किं स्विन्नो राजा जगृहे कदस्याति व्रतं चकृमा को वि वेद ।
मित्रश्चिद्धि ष्मा जुहुराणो देवांछ्लोको न यातामपि वाजो अस्ति ।।५।।
दुर्मन्त्वत्रामृतस्य नाम सलक्ष्मा यद्विषुरूपा भवाति ।
यमस्य यो मनवते सुमन्त्वग्ने तमृष्व पाह्यप्रयुच्छन् ।।६।।
यस्मिन्देवा विदथे मादयन्ते विवस्वतः सदने धारयन्ते ।
सूर्ये ज्योतिरदधुर्मास्य१क्तून्परि द्योतनिं चरतो अजस्रा ।।७।।
यस्मिन्देवा मन्मनि संचरन्त्यपीच्ये३ न वयमस्य विद्म ।
मित्रे नो अत्रादितिरनागान्त्सविता देवो वरुणाय वोचत् ।।८।।
श्रुधी नो अग्ने सदने सधस्थे युक्ष्वा रथममृतस्य द्रवित्नुम् ।
आ नो वह रोदसी देवपुत्रे माकिर्देवानामप भूरिह स्याः ।।६।।

७८८. हर्यतः प्रागाथः

१. अग्निः हवींषि वा – सा. १४८०–१४८2; १६०2–१६०४

सा. १४८०–१४८2

आ सुते सिंचत श्रियं रोदस्योरभिश्रियम्। रसा दधीत वृषभम् ।।१।।
ते जानत स्वमोक्यां३ सं वत्सासो न मातृभिः। मथो नसन्त जामिभिः ।।2।।
उप स्रक्वेषु बप्सतः कृण्वते धरुणं दिवि। इन्द्रे अग्ना नमः स्वः ।।३।।

सा. १६०2–१६०४

गाव उप वदावटे मही यज्ञस्य रप्सुदा। उभा कर्णा हिरण्यया ।।१।।

अभ्यारमिदद्रयो निषिक्तं पुष्करे मधु। अवटस्य विसर्जने ।।2।।
सिंचन्ति नमसावटमुच्चाचक्रं परिज्मानम्। नीचीनबारमक्षितम् ।।३।।

2. **अग्निः हवींषि वा (ऋसर्व. ८.७2.१2) इन्द्रः (साग्री. सास्वा. सार्षेदी.) – ऋ. ८.७2. १–१८; सा. ११७**

ऋ. ८.७2.१–१८

हविष्कृणुध्वमा गमदध्वर्युर्वनते पुनः। विद्वाँ अस्य प्रशासनम् ।।१।।
नि तिग्ममभ्यं१ शुं सीदद्धोता मनावधि। जुषाणो अस्य सख्यम् ।।2।।
अन्तरिच्छन्ति तं जने रुद्रं परो मनीषया। गृभ्णन्ति जिह्वया ससम् ।।३।।
जाम्यतीतपे धनुर्वयोधा अरुहद्वनम्। दृषदं जिह्वयावधीत् ।।४।।
चरन्वत्सो रुशन्निह निदातारं न विन्दते। वेति स्तोतव अम्बयम् ।।५।।
उतो न्वस्य यन्महदश्वावद्योजनं बृहत्। दामा रथस्य ददृशे ।।६।।
दुहन्ति सप्तैकामुप द्वा पंच सृजतः। तीर्थे सिन्धोरधि स्वरे ।।७।।
आ दशभिर्विवस्वत इन्द्रः कोशमचुच्यवीत्। खेदया त्रिवृता दिवः ।।८।।
परि त्रिधातुरध्वरं जूर्णिरेति नवीयसी। मध्वा होतारो अंजते ।।९।।
सिंचन्ति नमसावतमुच्चाचक्रं परिज्मानम्। नीचीनबारमक्षितम् ।।१०।।
अभ्यारमिदद्रयो निषिक्तं पुष्करे मधु। अवतस्य विसर्जने ।।११।।
गाव उपावतावतं मही यज्ञस्य रप्सुदा। उभा कर्णा हिरण्यया ।।१2।।
आ सुते सिंचत श्रियं रोदस्योरभिश्रियम्। रसा दधीत वृषभम् ।।१३।।
ते जानत स्वमोक्यं१सं वत्सासो न मातृभिः। मिथो नसन्त जामिभिः ।।१४।।
उप स्रक्वेषु बप्सतः कृण्वते धरुणं दिवि। इन्द्रे अग्ना नमः स्वः ।।१५।।
अधुक्षत्पिप्युषीमिषमूर्जं सप्तपदीमरिः। सूर्यस्य सप्त रश्मिभिः ।।१६।।
सोमस्य मित्रावरुणोदिता सूर आ ददे। तदातुरस्य भेषजम् ।।१७।।
उतो न्वस्य यत्पदं हर्यतस्य निधान्यम्। परि द्यां जिह्वयातनत् ।।१८।।

सा. ११७

गाव उप वदावटे मही यज्ञस्य रप्सुदा। उभा कर्णा हिरण्यया ।।३।।

७८९. हिरण्यगर्भः

1. **अग्निः – य. १2.१०३; १०४**

अभ्यावर्त्तस्व पृथिवि यज्ञेन पयसा सह। वपां तेऽअग्निरिषितोऽअरोहत् ।।१०३।।
अग्ने यत्ते शुक्रं यच्चन्द्रं यत्पूतं यच्च यज्ञियम्। तद्देवेभ्यो भरामसि ।।१०४।।

2. **ईश्वरः – य. १३.५**

द्रप्सश्चकन्द पृथिवीमनु द्यामिमं च योनिमनु यश्च पूर्वः ।
समानं योनिमनु सचंरन्तं द्रप्सं जुहोम्यनु सप्त होत्राः ।।५।।

३. **कः – य. १2.१02**

मा मा हिंसीज्जनिता यः पृथिव्या यो वा दिवं सत्यधर्मा व्यानट् ।
यश्चापश्चन्द्राः प्रथमो जजान कस्मै देवाय हविषा विधेम ।।१02।।

४. **प्रजापतिः – य. १३.४**

हिरण्यगर्भः समवर्त्तताग्रे भूतस्य जातः पतिरेकऽआसीत् ।
स दाधार पृथिवी द्यामुतेमां कस्मै देवाय हविषा विधेम ।।४।।

५. **विद्वान् – य. १2.१०५**

इषमूर्जमहमितऽआदमृतस्य योनिं महिषस्य धाराम् ।
आ मा गोषु विशत्वा तनूषु जहामि सेदिमनिराममीवाम् ।।१०५।।

६. **सूर्य्यः — य. १३.८**

ये वामी रोचने दिवो ये वा सूर्य्यस्य रश्मिषु। येषमप्सु सदस्कृतं तेभ्यः सर्पेभ्यो नमः ।।८।।

७. **हिरण्यगर्भः — य. १३.६; ७**

नमोऽस्तु सर्पेभ्यो ये के च पृथिवीमनु। ये ऽअन्तरिक्षे ये दिवि तेभ्यः सर्पेभ्यो नमः ।।६।।
याऽइषवो यातुधानानां ये वा वनस्पतीँ१ऽरनु। ये वावटेषु शेरते तेभ्यः सर्पेभ्यो नमः ।।७।।

७६०. हिरण्यगर्भः प्राजापत्य

१. **कः — ऋ. १०.१२१.१—१०.**

हिरण्यगर्भः समवर्तताग्रे भूतस्य जातः पतिरेक आसीत् ।
स दाधार पृथिवीं द्यामुतेमां कस्मै देवाय हविषा विधेम ।।१।।
य आत्मदा बलदा यस्य विश्व उपासते प्रशिषं यस्य देवाः ।
यस्य छायामृतं यस्य मृत्युः कस्मै देवाय हविषा विधेम ।।2।।
यः प्राणतो निमिषतो महित्वेक इद्राजा जगतो बभूव ।
य ईशे अस्य द्विपदश्चतुष्पदः कस्मै देवाय हविषा विधेम ।।३।।
यस्येमे हिमवन्तो महित्वा यस्य समुद्रं रसया सहाहुः ।
यस्येमाः प्रदिशो यस्य बाहू कस्मै देवाय हविषा विधेम ।।४।।
येन द्यौरुग्रा पृथिवी च दृळहा येन स्वः स्तभितं येन नाकः ।
यो अन्तरिक्षे रजसो विमानः कस्मै देवाय हविषा विधेम ।।५।।
यं क्रन्दसी अवसा तस्तभाने अभ्यैक्षेतां मनसा रेजमाने ।
यत्राधि सूर उदितो विभाति कस्मै देवाय हविषा विधेम ।।६।।
आपो ह यद् बृहतीर्विश्वमायन्गर्भं दधाना जनयन्तीरग्निम् ।
ततो देवानां समवर्ततासुरेकः कस्मै देवाय हविषा विधेम ।।७।।
यश्चिदापो महिना पर्यपश्यद्दक्षं दधाना जनयन्तीर्यज्ञम् ।
यो देवेष्वधि देव एक आसीत्कस्मै देवाय हविषा विधेम ।।८।।
मा नो हिंसीज्जनिता यः पृथिव्या यो वा दिवं सत्यधर्मा जजान ।
यश्चापश्चन्द्रा बृहतीर्जजान कस्मै देवाय हविषा विधेम ।।९।।
प्रजापते न त्वदेतान्यन्यो विश्वा जातानि परि ता बभूव ।
यत्कामास्ते जुहुमस्तन्नो अस्तु वयं स्याम पतयो रयीणाम् ।।१०।।

७६१. हिरण्यस्तूपः

१. **अश्विनौ — य. ३४.४७**

आ नासत्या त्रिभिरेकादशैरिह देवेभिर्यातं मधुपेयमश्विना ।
प्रायुस्तारिष्टं नी रपांसि मृक्षतंसेधतं द्वेषो भवतं सचाभुवा ।।४७।।

2. **पवमानः सोमः — ऋ. ९.४.१—१०; ९.६६.१—१०**

ऋ. ९.४.१—१०

सना च सोम जेषि च पवमान महि श्रवः। अथा नो वस्यसस्कृधि ।।१।।
सना ज्योतिः सना स्व१र्विश्वा च सोम सौभगा। अथा नो वस्यसस्कृधि ।।2।।
सना दक्षमुत क्रतुमप सोम मृधो जहि। अथा नो वस्यसस्कृधि ।।३।।
पवीतारः पुनीतन सोममिन्द्राय पातवे। अथा नो वस्यसस्कृधि ।।४।।
त्वं सूर्ये न आ भज तव क्रत्वा तवोतिभिः। अथा नो वस्यसस्कृधि ।।५।।
तव क्रत्वा तवोतिभिर्ज्योक्पश्येम सूर्यम्। अथा नो वस्यसस्कृधि ।।६।।
अभ्यर्ष स्वायुध सोम द्विबर्हसं रयिम्। अथ नो वस्यसस्कृधि ।।७।।

अभ्य१र्षानपच्युतो रयिं समत्सु सासहिः। अथा नो वस्यसस्कृधि ।।८।।
त्वां यज्ञैरवीवृधन् पवमान विधर्मणि। अथा नो वस्यसस्कृधि ।।९।।
रयिं नश्चित्रमश्विनमिन्दो विश्वायुमा भर। अथा नो वस्यसस्कृधि ।।१०।।

ऋ. ९.९६.१–१०

इषुर्न धन्वन् प्रति धीयते मतिर्वत्सो न मातुरुप सर्ज्यूधनि ।
उरुधारेव दुहे अग्र आयत्यस्य व्रतेष्वपि सोम इष्यते ।।१।।
उपो मतिः पृच्यते सिच्यते मधु मन्द्राजनी चोदते अन्तरासिन ।
पवमानः संतनिः प्रघ्नतामिव मधुमान्द्रप्सः परि वारमर्षति ।।२।।
अव्ये वधूयुः पवते परि त्वचि श्रथ्नीते नप्तीरदितेर्ऋतं यते ।
हरिरक्रान्यजतः संयतो मदो नृम्णा शिशानो महिषो न शोभते ।।३।।
उक्षा मिमाति प्रति यन्ति धेनवो देवस्य देवीरुप यन्ति निष्कृतम् ।
अत्यक्रमीदर्जुनं वारमव्ययमत्कं न निक्तं परि सोमो अव्यत ।।४।।
अमृक्तेन रुशता वाससा हरिरमर्त्यो निर्णिजानः परि व्यत ।
दिवस्पृष्ठं बर्हणा निर्णिजे कृतोपस्तरणं चम्वोर्नभस्मयम् ।।५।।
सूर्यस्येव रश्मयो द्रावयित्नवो मत्सरासः प्रसुपः साकमीरते ।
तन्तुं ततं परि सर्गास आशवो नेन्द्रादृते पवते धाम किं चन ।।६।।
सिन्धोरिव प्रवणे निम्न आशवो वृषच्युता मदासो गातुमाशत ।
शं नो निवेशे द्विपदे चतुष्पदेऽस्मे वाजाः सोम तिष्ठन्तु कृष्टयः ।।७।।
आ नः पवस्व वसुमद्धिरण्यवदश्वावद् गोमद्यवमत्सुवीर्यम् ।
यूयं हि सोम पितरो मम स्थन दिवो मूर्धानः प्रस्थिता वयस्कृतः ।।८।।
एते सोमाः पवमानास इन्द्रं रथा इव प्र ययुः सातिमच्छ ।
सुताः पवित्रमति यन्त्यव्यं हित्वी वव्रिं हरितो वृष्टिमच्छ ।।९।।
इन्दविन्द्राय बृहते पवस्व सुमृळीको अनवद्यो रिशादाः ।
भरा चन्द्राणि गृणते वसूनि देवैर्द्यावापृथिवी प्रावतं नः ।।१०।।

३. सूर्यः – य. ३४.३१; ३३.४३

य. ३४.३१

आकृष्णेन रजसा वर्त्तमानो निवेशयन्नमृतं मर्त्य च ।
हिरण्ययेन सविता रथेना देवो याति भुवनानि पश्यन् ।।३१।।

य. ३३.४३

आ कृष्णेन रजसा वर्त्तमानो निवेशयन्नमृतं मर्त्यं च ।
हिरण्ययेन सविता रथेना देवो याति भुवनानि पश्यन् ।।४३।।

७९२. हिरण्यस्तूपः आङ्गिरसः

१. अग्निः – ऋ. १.३१.१–१८; य. ३४.१२; १३

ऋ. १.३१.१–१८

त्वमग्ने प्रथमो अंगिरा ऋषिर्देवो देवानामभवः शिवः सखा ।
तव व्रते कवयो विद्मनापसोऽजायन्त मरुतो भ्राजदृष्टयः ।।१।।
त्वमग्ने प्रथमो अंगिरस्तमः कविर्देवानां परि भूषसि व्रतम् ।
विभुर्विश्वस्मै भुवनाय मेधिरो द्विमाता शयुः कतिधा चिदायवे ।।२।।
त्वमग्ने प्रथमो मातरिश्वन आविर्भव सुक्रतूया विवस्वते ।
अरेजेतां रोदसी होतृवूर्येऽसघ्नोर्भारमयजो महो वसो ।।३।।
त्वमग्ने मनवे द्यामवाशयः पुरूरवसे सुकृते सुकृत्तरः ।
श्वात्रेण यत्पित्रोर्मुच्यसे पर्या त्वा पूर्वमनयन्नापरं पुनः ।।४।।

त्वमग्ने वृषभः पुष्टिवर्धन उद्यतस्रुचे भवसि श्रवाय्यः ।
य आहुतिं परि वेदा वषट्कृतिमेकायुरग्रे विश आविवासिस ।।५।।
त्वमग्ने वृजिनवर्तनिं नरं सक्मन्पिपर्षि विदथे विचर्षणे ।
यः शूरसाता परितक्म्ये धने दभ्रेभिश्चित्समृता हंसि भूयसः ।।६।।
त्वं तमग्ने अमृतत्व उत्तमे मर्तं दधासि श्रवसे दिवेदिवे ।
यस्तातृषाण उभयाय जन्मने मयः कृणोषि प्रय आ च सूरये ।।७।।
त्वं नो अग्ने सनये धनानां यशसं कारुं कृणुहि स्तवानः ।
ऋध्याम कर्मापसा नवेन देवैर्द्यावापृथिवी प्रावतं नः ।।८।।
त्वं नो अग्ने पित्रोरुपस्थ आ देवो देवेष्वनवद्य जागृविः ।
तनूकृद् बोधि प्रमतिश्च कारवे त्वं कल्याण वसु विश्वमोपिषे ।।९।।
त्वमग्ने प्रमतिस्त्वं पितासि नस्त्वं वयस्कृत्तव जामयो वयम् ।
सं त्वा रायः शतिनः सं सहस्रिणः सुवीरं यन्ति व्रतपामदाभ्य ।।१०।।
त्वामग्ने प्रथममायुमायवे देवा अकृण्वन्नहुषस्य विश्पतिम् ।
इळामकृण्वन्मनुषस्य शासनीं पितुर्यत्पुत्रो ममकस्य जायते ।।११।।
त्वं नो अग्ने तव देव पायुभिर्मघोनो रक्ष तन्वश्च वन्द्य ।
त्राता तोकस्य तनये गवामस्यनिमेषं रक्षमाणस्तव व्रते ।।१२।।
त्वमग्ने यज्यवे पायुरन्तरोऽनिषंगाय चतुरक्ष इध्यसे ।
यो रातहव्योऽवृकाय धायसे कीरेश्चिन्मन्त्रं मनसा वनोषि तम् ।।१३।।
त्वमग्न उरुशंसाय वाघते सपार्हं यद्रेक्णः परमं वनोषि तत् ।
आध्रस्य चित्प्रमतिरुच्यसे पिता प्र पाकं शास्सि प्र दिशो विदुष्टरः ।।१४।।
त्वमग्ने प्रयतदक्षिणं नरं वर्मेव स्यूतं परि पासि विश्वतः ।
स्वादुक्षद्मा यो वसतौ स्योनकृज्जीवयाजं यजते सोमपा दिवः ।।१५।।
इमामग्ने शरणि मीमृषो न इममध्वानं यमगाम दूरात् ।
आपिः पिता प्रमतिः सोम्यानां भृमिरस्यृषिकृन्मर्त्यानाम् ।।१६।।
मनुष्वदग्ने अंगिरस्वदंगिरो ययातिवत्सदने पूर्ववच्छुचे ।
अच्छ याह्या वहा दैव्यं जनमा सादय बर्हिषि यक्षि च प्रियम् ।।१७।।
एतेनाग्ने ब्रह्मणा वावृधस्व शक्ती वा यत्ते चकृमा विदा वा ।
उत प्र णेष्यभि वस्यो अस्मान्त्सं नः सृज सुमत्या वाजवत्या ।।१८।।

य. ३४.१२–१३

त्वमग्ने प्रथमोऽअंगिराऽऋषिर्देवो देवानामभवः शिवः सखा ।
तव व्रते कवयो विद्मनापसोऽजायन्त मरुतो भ्राजदृष्टयः ।।१२।।
त्वं नोऽअग्ने तव देव पायुभिर्मघोनो रक्ष तन्वश्च वन्द्य ।
त्राता तोकस्य तनये गवामस्यनिमेषं रक्षमाणस्तव व्रते ।।१३।।

2. अग्नि मित्रावरुणौ रात्रिः सविता च – ऋ. १.३५.१

ह्वयाम्यग्निं प्रथमं स्वस्तये ह्वयामि मित्रावरुणाविहावसे ।
ह्वयामि रात्रीं जगतो निवेशनीं ह्वयामि देवं सवितारमूतये ।।१।।

३. अश्विनौ – ऋ. १.३४.१–१२

त्रिश्चिन्नो अद्या भवतं नवेदसा विभुर्वां याम उत रातिरश्विना ।
युवोर्हि यन्त्रं हिम्येव वाससोऽभ्यायंसेन्या भवतं मनीषिभिः ।।१।।
त्रयः पवयो मधुवाहने रथे सोमस्य वेनामनु विश्व इद्विदुः ।
त्रयः स्कम्भासः स्कभितास आरभे त्रिर्नक्तं याथस्त्रिर्वश्विना दिवा ।।2।।
समाने अहन्त्रिरवद्यगोहना त्रिरद्य यज्ञं मधुना मिमिक्षतम् ।

त्रिर्वाजवतीरिषो अश्विना युवं दोषा अस्मभ्यमुषसश्च पिन्वतम् ।।३।।
त्रिर्वर्तिर्यातं त्रिरनुव्रते जने त्रिः सुप्राव्ये त्रेधेव शिक्षतम् ।
त्रिर्नान्द्यं वहतमश्विना युवं त्रिः पृक्षो अस्मे अक्षरेव पिन्वतम् ।।४।।
त्रिर्नो रयिं वहतमश्विना युवं त्रिर्देवताता त्रिरुतावतं धियः ।
त्रिः सौभगत्वं त्रिरुत श्रवांसि नस्त्रिष्ठं वां सूरे दुहितारुहद्रथम् ।।५।।
त्रिर्नो अश्विना दिव्यानि भेषजा त्रिः पार्थिवानि त्रिरु दत्तमद्भ्यः ।
ओमानं रशंयोर्ममकाय सूनवे त्रिधातु शर्म वहतं शुभस्पती ।।६।।
त्रिर्नो अश्विना यजता दिवेदिवे परि त्रिधातु पृथिवीमशायतम् ।
तिस्रो नासत्या रथ्या परावत आत्मेव वातः स्वसराणि गच्छतम् ।।७।।
त्रिरश्विना सिन्धुभिः सप्तमातृभिस्त्रय आहावास्त्रेधा हविष्कृतम् ।
तिस्रः पृथिवीरुपरि प्रवा दिवो नाकं रक्षेथे द्युभिरक्तुभिर्हितम् ।।८।।
क्व१त्री चक्रा त्रिवृतो रथस्य क्व१त्रयो वन्धुरो ये सनीळाः ।
कदा योगो वाजिनो रासभस्य येन यज्ञं नासतेपयाथः ।।६।।
आ नासत्या गच्छतं हूयते हविर्मध्वः पिबतं मधुपेभिरासभिः ।
युवोर्हि पूर्वं सवितोषसो रथमृताय चित्रं घृतवन्तमिष्यति ।।१०।।
आ नासत्या त्रिभिरेकादशैरिह देवेभिर्यातं मधुपेयमश्विना ।
प्रायुस्तारिष्टं नी रपांसि मृक्षतं सेधतं द्वेषो भवतं सचाभुवा ।।११।।
आ नो अश्विना त्रिवृता रथेनार्वांचं रयिं वहतं सुवीरम् ।
शृण्वन्ता वामवसे जोहवीमि वृधे च नो भवतं वाजसातौ ।।१२।।

४. इन्द्रः – ऋ. १.३२.१–१५; १.३३.१–१५; सा. ६१२

ऋ. १.३२.१–१५

इन्द्रस्य नु वीर्याणि प्र वोचं यानि चकार प्रथमानि वज्री ।ळ
अहन्नहिमन्वपस्ततर्द प्र वक्षणा अभिनत्पर्वतानाम् ।।१।।
अहन्नहिं पर्वते शिश्रियाणं त्वष्टास्मै वज्रं स्वर्यं ततक्ष ।
वाश्रा इव धेनवः स्यन्दमाना अंजः समुद्रमव जग्मुरापः ।।२।।
वृषायमाणोऽवृणीत सोमं त्रिकद्रुकेष्वपिबत्सुतस्य ।
आ सायकं मघवादत्त वज्रमहन्नेनं प्रथमजामहीनाम् ।।३।।
यदिन्द्राहन्प्रथमजामहीनामान्मायिनाममिनाः प्रोत मायाः ।
आत्सूर्यं जनयन्द्यामुषासं तादीत्ना शत्रुं न किला विवित्से ।।४।।
आहन्वृत्रं वृत्रतरं व्यंसमिन्द्रो वज्रेण महता वधेन ।
स्कन्धांसीव कुलिशेना विवृक्णाहिः शयत उपपृक्पृथिव्याः ।।५।।
अयोद्धेव दुर्मद आ हि जुह्वे महावीरं तुविबाधमृजीषम् ।
नातारीदस्य समृतिं वधानां सं रुजानाः पिपिष इन्द्रशत्रुः ।।६।।
अपादहस्तो अपृतन्यदिन्द्रमास्य वज्रमधि सानौ जघान ।
वृष्णो वध्रिः प्रतिमानं बुभूषन्पुरुत्रा वृत्रो अशयद्व्यस्तः ।।७।।
नदं न भिन्नममुया शयानं मनो रुहाणा अति यन्त्यापः ।
याश्चिद्वृत्रो महिना पर्यतिष्ठत्तासामहिः पत्सुतः शीर्बभूव ।।८।।
नीचावया अभवद् वृत्रपुत्रेन्द्रो अस्या अव वर्धजभार ।
उत्तरा सूरधरः पुत्र आसीद्दानुः शये सहवत्सा न धेनुः ।।६।।
अतिष्ठन्तीनामनिवेशनानां काष्ठानां मध्ये निहितं शरीरम् ।
वृत्रस्य निण्यं वि चरन्त्यापो दीर्घं तम आशयदिन्द्रशत्रुः ।।१०।।
दासपत्नीरहिगोपा अतिष्ठन्निरुद्धा आपः पणिनेव गावः ।
अपां बिलमपिहितं यदासीद् वृत्रं जघन्वाँ अप तद्ववार ।।११।।

अश्व्यो वारो अभवस्तदिन्द्र सृके यत्त्वा प्रत्यहन्देव एकः ।
अजयो गा अजयः शूर सोममवासृजः सर्तवे सप्त सिन्धून् ।।१२।।
नास्मै विद्युन्न तन्यतुः सिषेध न यां मिहमकिरद् ध्रादुनिं च ।
इन्द्रश्च यद्युयुधाते अहिश्चोतापरीभ्यो मघवा वि जिग्ये ।।१३।।
अहेर्यातारं कमपश्य इन्द्र हृदि यत्ते जघ्नुषो भीरगच्छत् ।
नव च यन्नवतिं च स्रवन्तीः श्येनो न भीतो अतरो रजांसि ।।१४।।
इन्द्रो यातोऽवसितस्य राजा शमस्य च शृंगिणो वज्रबाहुः ।
सेदु राजा क्षयति चर्षणीनामरान्न नेमिः परि ता बभूव ।।१५।।

ऋ. १.३३.१–१५

एतायामोप गव्यन्त इन्द्रमस्माकं सु प्रमतिं वावृधाति ।
अनामृणः कुविदादस्य रायो गवां केतं परमावर्जते नः ।।१।।
उपेदहं धनदामप्रतीतं जुष्टां न श्येनो वसतिं पतामि ।
इन्द्रं नमस्यन्नुपमेभिरर्कैर्यः स्तोतृभ्यो हव्यो अस्ति यामन् ।।2।।
नि सर्वसेन इषुधींरसक्त समर्यो गा अजति यस्य वष्टि ।
चोष्कूयमाण इन्द्र भूरि वामं मा पाणिर्भूरस्मदधि प्रवृद्ध ।।३।।
वधीर्हि दस्युं धनिनं घनेनँ एकश्चरन्नुपशकेभिरिन्द्र ।
धनोरधि विषुणक्ते व्यायन्नयज्वानः सनकाः प्रेतिमीयुः ।।४।।
परा चिच्छीर्षा ववृजुस्त इन्द्रायज्वानो यज्वभिः स्पर्धमानाः ।
प्र यद्दिवो हरिवः स्थातरुग्र निरव्रताँ अधमो रोदस्योः ।।५।।
अयुयुत्सन्ननवद्यस्य सेनामयातयन्त क्षितयो नवग्वाः ।
वृषायुधो न वध्रयो निरष्टाः प्रवद्भिरिन्द्राच्चितयन्त आयन् ।।६।।
त्वमेतान् रुदतो जक्षतश्चायोधयो रजस इन्द्र पारे ।
अवादहो दिव आ दस्युमुच्चा प्र सुन्वतः स्तुवतः शंसमावः ।।७।।
चक्राणासः परीणहं पृथिव्या हिरण्येन मणिना शुम्भमानाः ।
न हिन्वानासस्तितिरुस्त इन्द्रं परि स्पशो अदधात्सूर्येण ।।८।।
परि यदिन्द्र रोदसी उभे अबुभोजीर्महिना विश्वतः सीम् ।
अमन्यमानाँ अभि मन्यमानैर्निर्ब्रह्मभिरधमो दस्युमिन्द्र ।।६।।
न ये दिवः पृथिव्या अन्तमापुर्न मायाभिर्धनदां पर्यभूवन् ।
युजं वज्रं वृषभश्चक्र इन्द्रो निर्ज्योतिषा तमसो गा अदुक्षत् ।।१०।।
अनु स्वधामक्षरन्नापो अस्यावर्धत मध्य आ नाव्यानाम् ।
सध्रीचीनेन मनसा तमिन्द्र ओजिष्ठेन हन्मनाहन्नभि द्यून् ।।११।।
न्याविध्यदिलीबिशस्य दृळहा वि शृंगिणमभिनच्छुष्णमिन्द्रः ।
यावत्तरो मघवन्यावदोजो वज्रेण शत्रुमवधीः पृतन्युम् ।।१२।।
अभि सिध्मो अजिगादस्य शत्रून्वि तिग्मेन वृषभेणा पुरोऽभेत् ।
सं वज्रेणासृजद् वृत्रमिन्द्रः प्र स्वां मतिमतिरच्छाशदानः ।।१३।।
आवः कुत्समिन्द्र यस्मिंचाकन्प्रावो युध्यन्तं वृषभं दशद्युम् ।
शफच्युतो रेणुर्नक्षत द्यामुच्छ्वैत्रेयो नृषाह्याय तस्थौ ।।१४।।
आवः शमं वृषभं तुग्र्यासु क्षेत्रजेषे मघवछ्छ्वित्र्यं गाम् ।
ज्योक् चिदत्र तस्थिवांसो अक्रंछत्रूयतामधरा वेदनाकः ।।१५।।

सा. ६१२

इन्द्रस्य नु वीर्याणि प्रवोचं यानि चकार प्रथमानि वज्री ।
अहन्नहिमन्वपस्ततर्द प्र वक्षणा अभिनत्पर्वतानाम् ।।११।।

५. पवमानः सोमः – सा. १०४७–१०५६; १३७०–१३७२

सा. १०४७–१०५६

सना च सोम जेषि च पवमान महि श्रवः। अथा नो वस्यसस्कृधि ।।१।।
सना ज्योतिः सना स्व३र्विश्वा च सोम सौभगा। अथा नो वस्यसस्कृधि ।।2।।
सना दक्षमुत क्रतुमप सोम मृधो जहि अथा नो वस्यसस्कृधि ।।३।।
पवीतारः पुनीतन सोममिन्द्राय पातवे। अथा नो वस्यसस्कृधि ।।४।।
त्वं सूर्ये न आ भज तव क्रत्वा तवोतिभिः। अथा नो वस्यसस्कृधि ।।५।।
तव क्रत्वा तवोतिभिर्ज्योक्पश्येम सूर्यम्। अथा नो वस्यसस्कृहिध ।।६।।
अभ्यर्ष स्वायुध सेाम द्विबर्हसं रयिम्। अथा नो वस्यसस्कृधि ।।७।।
अभ्या३र्षानपच्युतो वाजिन्त्समत्सु सासहिः। अथा नो वस्यसस्कृधि ।।८।।
त्वां यज्ञैरवीवृधन्पवमान विधर्मणि। अथा नो वस्यसस्कृधि ।।६।।
रयिं नश्चित्रमश्विनमिन्दो विश्वायुमा भर। अथा नो वस्यसस्कृधि ।।१०।।

सा. १३७०–१३७२

सूर्यस्येव रश्मयो द्रावयित्नवो मत्सरासः प्रसुतः साकमीरते ।
तन्तुं ततं परि सर्गास आशवो नेन्द्रादृते पवते धाम किंचन ।।१।।
उपो मतिः पृच्यते सिच्यते मधु मन्द्राजनी चोदते अन्तरा सनि ।
पवमानः सन्तनिः सुन्वतामिव मधुमान् द्रप्सः परि वारमर्षति ।।2।।
उक्षा मिमेति प्रति यन्ति धेनवो देवस्य देवीरुप यन्ति निष्कृतम् ।
अत्यक्रमीदर्जुनं वारमव्ययमत्कं न निक्तं परि सोमो अव्यत ।।३।।

६. सविता – ऋ. १.३५.2–११; य. ३४.2१–2७

ऋ. १.३५.2–११

आ कृष्णेन रजसा वर्तमानो निवेशयन्नमृतं मर्त्यं च ।
हिरण्ययेन सविता रथेना देवो याति भुवनानि पश्यन् ।।2।।
याति देवः प्रवता यात्युद्वता याति शुभ्राभ्यां यजतो हरिभ्याम् ।
आ देवो याति सविता परावतोऽप विश्वा दुरिता बाधमानः ।।३।।
अभीवृतं कृशनैर्विश्वरूपं हिरण्यशम्यं यजतो बृहन्तम् ।
आस्थाद्रथं सविता चित्रभानुः कृष्णा रजांसि तमिषीं दधानः ।।४।।
वि जनांछ्यावाः शितिपादो अख्यन्रथं हिरण्यप्रउगं वहन्तः ।
शश्वद्विशः सवितुर्दैव्यस्योपस्थे विश्वा भुवनानि तस्थुः ।।५।।
तिस्रो द्यावः सवितुर्द्वा उपस्थाँ एका यमस्य भुवने विराषाट् ।
आणिं न रथ्यममृताधि तस्थुरिह ब्रवीतु य उ तच्चिकेतत् ।।६।।
वि सुपर्णो अन्तरिक्षाण्यख्यद् गभीरवेपा असुरः सुनीथः ।
क्वे३दानीं सूर्यः कश्चिकेत कतमां द्यां रश्मिरस्या ततान ।।७।।
अष्टौ व्यख्यत्ककुभः पृथिव्यास्त्री धन्व योजना सप्त सिन्धून् ।
हिरण्याक्षः सविता देव आगाद्दधद्रत्ना दाशुषे वार्याणि ।।८।।
हिरण्यपाणिः सविता विचर्षणिरुभे द्यावापृथिवी अन्तरीयते ।
अपामीवा बाधते वेति सूर्यमभि कृष्णेन रजसा द्यामृणोति ।।६।।
हिरण्यहस्तो असुरः सुनीथः सुमृळीकः स्ववाँ यात्वर्वाङ् ।
अपसेधन्रक्षसो यातुधानानस्थाद्देवः प्रतिदोषं गृणानः ।।१०।।
ये ते पन्थाः सवित पूर्व्यासोऽरेणवः सुकृता अन्तरिक्षे ।
तेभिर्नो अद्य पथिभिः सुगेभि रक्षा च नो अधि च ब्रूहि देव ।।११।।

य. ३४.2१–2७

सोमो धेनुं सोमोऽअर्वन्तमाशुं सोमो वीरं कर्मण्यं ददाति ।

सादन्यं विदथ्यं सभेयं पितृश्रवणं यो ददाशदस्मै ।।21।।
त्वमिमाऽओषधीः सोम विश्वास्त्वमपोऽअजनयस्त्वं गाः ।
त्वमा ततन्थोव ऽन्तरिक्षं त्वं ज्योतिषा वि तमो ववर्थ ।।22।।
देवेन नो मनसा देव सोम रायो भागं सहसावन्नभि युध्य ।
मा त्वा तनदीशिषे वीर्य्यस्योभयेभ्यः प्र चिकित्सा गविष्टौ ।।2३।।
अष्टौ व्यख्यत्ककुभः पृथिव्यास्त्री धन्व योजना सप्त सिन्धून् ।
हिरण्याक्षः सविता देवऽ आगाद्दधद्रत्ना दाशुषे वार्य्याणि ।।2४।।
हिरण्यपाणिः सविता विचर्षणिरुभे द्यावापृथिवीऽअन्तरीयते ।
अपामीवां बाधते वेति सूर्य्यमभि कृष्णेन रजसा द्यामृणोति ।।2५।।
हिरण्यहस्तोऽअसुरः सुनीथः सुमृडीकः स्वँवा यात्वर्वाङ् ।
अपसेधनूक्षमो यातुधानानस्थाद्द्वः प्रतिदोषं गृणानः ।।2६।।
ये ते पन्थाः सवितः पूर्व्यासोऽरेणवः सुकृताऽअन्तरिक्षे ।
तेभिर्नोऽअद्य पथिभिः सुगेभी रक्षा च नोऽअधि च ब्रूहि देव ।।2७।।

७६३. हैमवर्चिः

१. अग्निः – य. १६.११

यदापिपेष मातरं पुत्रः प्रभूदितो धयन्। एतत्तदग्नेऽअनृणो भवाम्यहतौ पितरौ मया ।
सम्पृच स्थ सं मा भद्रेण पृङ्क्त विपृच स्थ वि मा पाप्मना पृङ्क्त ।।११।।

2. अतिथ्यादयो लिंगोक्ताः – य. १६.१४–१५

आतिथ्यरूपं मासरं महावीरस्य नग्नहुः। रूपमुपसदामेतत्तिस्रो रात्रीः सुरासुता ।।१४।।
सोमस्य रूपं क्रीतस्य परिस्रुत्परिषिच्यते। अश्विभ्यां दुग्धं भेषजमिन्द्रायैन्द्रं सरस्वत्या ।।१५।।

३. इडा – य. १६.2६

इडाभिर्भक्षानाप्नोति सूक्तवाकेनाशिषः। शंयुना पत्नीसंयाजान्त्समिष्टयजुषा संस्थम् ।।2६।।

४. इन्द्रः – य. १६.३2; ३३

सुरावन्तं बर्हिषदं सुवीरं यज्ञं हिन्वन्ति महिषा नमोभिः ।
दधानाः सोमं दिवि देवतासु मदेमेन्द्रं यजमानाः स्वर्काः ।।३2।।
यस्ते रसः सम्भृतऽओषधीषु सोमस्य शुष्मः सुरया सुतस्य ।
तेन जिन्व यजमानं मदेन सरस्वतीमश्विनाविन्द्रमग्निम् ।।३३।।

५. गृहपतिः – य. १६.१८

हविर्धानं यदश्विनाग्नीध्रं यत्सरस्वती। इन्द्रायैन्द्रं सदस्कृतं पत्नीशालं गार्हपत्यः ।।१८।।

६. यजमानः – य. १६.20

पशुभिः पशूनाप्नोति पुरोडाशैर्हवींष्या। छन्दोभिः सामिधेनीर्याजयाभिर्वषट्कारान् ।।20।।

७. यज्ञः – य. १६.१३; १६–१७; १६; 22; 2६–2८; ३०; ३१

य. १६.१३

दीक्षायै रूपं शष्पाणि प्रायणीयस्य तोक्मानि ।
क्रयस्य रूपं सोमस्य लाजाः सोमांशवो मधु ।।१३।।

य. १६.१६–१७

आसन्दी रूपं राजासन्द्यै वेद्यै कुम्भी सुराधानी। अन्तरऽउत्तरवेद्या रूपं कारोतरो भिषक्।।१६।।
वेद्या वेदिः समाप्यते बर्हिषा बर्हिरिन्द्रियम्। यूपेन यूपऽआप्यते प्रणीतोऽअग्निरग्निना ।।१७।।

य. १६.१६

प्रौषेभिः प्रैषानाप्नोत्याप्रीभिराप्रीर्यज्ञस्य। प्रयाजेभिरनुयाजान्वषट्कारेभिराहुतीः ।।१६।।

य. १६.22

धानानांरूपं कुवलं परीवापस्य गोधूमाः। सक्तूनां रूपं बदरमुपवाकाः करम्भस्य ।।22।।

य. १६.2६–2८

अश्विभ्यां प्रातः सवनमिन्द्रेणैन्द्रं माध्यन्दिनम्। वैश्वदेवं सरस्वत्या तृतीयमाप्तं सवनम् ।।2६।।
वायव्यैर्वायव्यान्याप्नोति सतेन द्रोणकलशम्।
कुम्भीभ्यामम्भृणौ सुते स्थालीभि सथालीराप्नोति ।।2७।।
यजुर्भिराप्यन्ते ग्रहा ग्रहै स्तोमाश्च विष्टुतीः। छन्दोभिरुक्थाशस्त्राणि साम्नावभृथऽआप्यते।।2८।।

य. १६.३०–३१

व्रतेन दीक्षामाप्नोति दीक्षयाप्नोति दक्षिणाम्। दक्षिणा श्रद्धामाप्नोति श्रद्धयां सत्यमाप्यते ।।३०।।
एतावद्रूपं यज्ञस्य यद्देवैर्ब्रह्मणा कृतम्। तदेतत्सर्वमाप्नोति यज्ञे सौत्रामणी सुते ।।३१।।

८. **विद्वान् – य. १६.2४**

आ श्रावयेति स्तोत्रियाः प्रतयाश्रावोऽअनुरूपः। यजेति धाय्यारूपं प्रागाथा ये यजामहाः ।।2४।।

६. **विद्वांसः – य. १६.१2**

देवा यज्ञमतन्वत भेषजं भिषजाश्विना। वाचा सरस्वती भिषगिन्द्रायेन्द्रियाणि दधतः ।।१2।।

७६४. ऋषि?

१. **इन्द्रः – सा. १८६४; १८६५; १८६६**

सा. १८६४

कंकाः सुपर्णा अनु यन्त्वेनान् गृध्राणामन्नमसावस्तु सेना ।
मैषां मोच्यघहारश्च नेन्द्र वयांस्येनाननुसंयन्तु सर्वान् ।।१।।

सा. १८६५

अमित्रसेनां मघवन्नस्मां छत्रुयतीमभि। उभौ तामिन्द्र वृत्रहन्नग्निश्च दहतं प्रति ।।2।।

सा. १८६६

इन्द्रस्य बाहू स्थविरौ युवानावनाधृष्यौ सुप्रतीकावसह्यौ ।
तौ युंजीत प्रथमौ योग आगते याभ्यां जितमसुराणां सहो महत् ।।३।।

2. **देवता ?– सा. १७०८–१७१०**

सा. १७०८–१७१०

ऋतावानं वैश्वानरमृतस्य ज्योतिषस्पतिम्। अजस्रं घर्ममीमहे ।।१।।
य इदं प्रतिपप्रथे यज्ञस्य स्वरुत्तिरन्। ऋतूनुत्सृजते वशी ।।2।।
अग्निः प्रियेषु धामसु कामो भूतस्य भव्यस्य। सम्राडेको विराजति ।।३।।

७६५. ऋषि–?

१. **अग्निः – अ. 20.2.2**

अग्निराग्नीध्रात् सुष्टुभः स्वर्कादृतुना सोमं पिबतु ।।2।।

2. **इन्द्रः – अ. 20.2.३; 20.४६.१–३**

अ. 20.2.३

इन्द्रो ब्रह्मा ब्राह्मणात् सुष्टुभः स्वर्कादृतुना सोमं पिबतु ।।३।।

अ. 20.४६.१–३

यच्छक्रा वाचमारुहन्नन्तरिक्षं सिषासथः। सं देवा अमदन् वृषा ।।१।।
शक्रो वाचमधृष्टायोरुवाचो अधृष्णुहि। मंहिष्ठ आ मदर्दिवि ।।2।।
शक्रो वाचमधृष्णुहि धामधर्मन् वि राजति। विमदन् बर्हिरासरन् ।।३।।

३. **द्रविणोदा – अ. 20.2.४**

Vedic Concordance of Mantras as per Ṛṣi and Devatā 483

देवोद्रविणोदाः पोत्रात् सुष्टुभः स्वर्कादृतुना सोमं पिबतु ।।४।।

४. **मरुतः – अ. 20.2.१**

मरुतः पोत्रात् सुष्टुभः स्वर्कादृतुना सोमं पिबतु ।।१।।

५. **यज्ञः – अ. १६.१.१–३ (ऋषि ब्रह्मा)**

सं सं स्रवन्तु नद्य१ः सं वाताः सं पतत्रिणः ।
यज्ञमिमं वर्धयता गिरः संस्राव्येण हविषा जुहोमि ।।१।।
इमं होमा यज्ञमवतेमं संस्रावणा उत ।
यज्ञमिमं वर्धयता गिरः संस्राव्येण हविषा जुहोमि ।।2।।
रूपंरूपं वयोवयः संरभ्यैनं परि ष्वजे ।
यज्ञमिमं चतस्रः प्रदिशो वर्धयन्तु संस्राव्येण हविषा जुहोमि ।।३।।

७६६. ऋषि–?

१. **देवता ? – अ. 20.४८.१–३; 20.१2७.१–१४; 20.१2८.१–१६; 20.१2६.१–20; 20.१३0.१–20; 20.१३१.१–20; 20.१३2.१–१६; 20.१३४.१–६; 20.१३५.१–१३; 20.१३६.१–१६**

अ. 20.४८.१–३

अभि त्वा वर्चसा गिरः सिंचन्तीराचरण्यवः। अभि वत्सं न धेनवः।।१।।
ता अर्षन्ति शुभ्रियः पृंचन्तीर्वर्चसा प्रियः। जातं जात्रीर्यथा हृदा ।।2।।
वज्रापवसाध्यः कीर्तिर्म्रियमाणमावहन्। मह्यमायुर्घृतं पयः ।।३।।

अ. 20.१2७.१–१४

इदं जना उप श्रुत नराशंस स्तविष्यते। षष्टिं सहस्रा नवतिं च कौरम आ रुशमेषु दद्महे ।।१।।
उष्ट्रा यस्य प्रवाहणो वधूमन्तो द्विर्दश । वर्ष्मा रथस्य नि जिहीडते दिव ईषमाणा उपस्पृशः।।2।।
एष इषाय मामहे शतं निष्कान् दश स्रजः। त्रीणि शतान्यर्वतां सहस्रा दश गोनाम् ।।३।।
वच्यस्व रेभ वच्यस्व वृक्षे न पक्वे शकुनः । नष्टे जिह्वा चर्चरीति क्षुरो न भुरिजोरिव ।।४।।
प्र रेभासो मनीषा वृषा गावइवेरते । अमोतपुत्रका एषाममोत गाइवासते ।।५।।
प्र रेभ धीं भरस्व गोविदं वसुविदम् । देवत्रेमां वाचं श्रीणीहीषुर्नावीरस्तारम् ।।६।।
राज्ञो विश्वजनीनस्य यो देवोऽमर्त्याँ अति । वैश्वानरस्य सुष्टुतिमा सुनोता परिक्षितः ।।७।।
परिच्छिन्नः क्षेममकरोत् तम आसनमाचरन् । कुलायन् कृण्वन् कौरव्यः पतिर्वदति जायया ।।८।।
कतरत् त आ हराणि दधि मन्थां परि श्रुतम्। जायाः पतिं वि पृच्छति राष्ट्रे राज्ञः परिक्षित।।६।।
अभीवस्वः प्र जिहीते यवः पक्वःपरो बिलम् । जनः स भद्रमेधते राष्ट्रे राज्ञः परिक्षितः ।।१०।।
इन्द्रः कारुमबूबुधदुत्तिष्ठ वि चरा जनम् । ममेदुग्रस्य चर्कृधि सर्व इत् ते पृणादरिः ।।११।।
इह गावः प्रजायध्वमिहाश्वा इह पूरुषाः। इहो सहस्रदक्षिणेऽपि पूषा नि षीदति ।।१2।।
नेमा इन्द्र गावो रिषन् मो आसां गोपती रिषत् मासाममित्रयुर्जन इन्द्र मा स्तेन ईशत ।।१३।।
उप नो रमसि सूक्तेन वचसा वयं भद्रेण वचसा वयम् ।
वनादधिध्वनो गिरो न रिष्येम कदा चन ।।१४।।

अ. 20.१2८.१–१६

यः सभेयो विदथ्यः सुत्वा यज्वाथ पूरुषः। सूर्यं चामू रिशादसस्तद् देवाः प्रागकल्पयन् ।।१।।
यो जाम्या अप्रथयस्तद् यत् सखायं दुधूर्षति। ज्येष्ठो यदप्रचेतास्तदाहुरधरागिति ।।2।।
यद् भद्रस्य पुरुषस्य पुत्रो भवति दाधृषिः। तद् विप्रो अब्रवीदु तद् गन्धर्वः काम्यं वचः ।।३।।
यश्च पणि रघुजिष्ठ्यो यश्च देवाँ अदाशुरिः। धीराणां शश्वतामहं तदपागिति शुश्रुम ।।४।।
ये च देवा अयजन्ताथो ये च परादढिः। सूर्यो दिवमिव गत्वाय मघवा नो वि रप्शते ।।५।।
योऽनाक्ताक्षो अनभ्यक्तो अमणिवो अहिरण्यवः। अब्रह्मा ब्रह्मणः पुत्रस्तोता कल्पेषु संमिता ।।६।।

य आक्ताक्षः सुभ्यक्तः सुमणिः सुहिरण्यवः। सुब्रह्मा ब्रह्मणः पुत्रस्तोता कल्पेषु संमिता ।।७।।
अप्रपाणा च वेशन्ता रेवाँ अप्रतिदिश्ययः। अयभ्या कन्या कल्याणी तोता कल्पेषु संमिता ।।८।।
सुप्रपाणा च वेशन्ता रेवान्सुप्रतिदिश्ययः। सुयभ्या कन्या कल्याणी तोता कल्पेषु संमिता ।।९।।
परिवृक्ता च महिषी स्वस्त्या च युधिंगमः। अनाशुरश्चायामी तोता कल्पेषु संमिताः ।।१०।।
वावाता च महिषी स्वस्त्या च युधिंगमः। श्वाशुरश्चायामी तोता कल्पेषु संमिता ।।११।।
यदिन्द्रादो दाशराज्ञे मानुषं वि गाहथाः। विरूपः सर्वस्मा आसीत् सह यक्षाय कल्पते ।।१२।।
त्वं वृषाक्षुं मघवन्नम्रं मर्याकरो रविः। त्वं रौहिणं व्यास्यो वि वृत्रस्याभिनच्छिरः ।।१३।।
यः पर्वतान् व्यदधाद् यो अपो व्यगाहथाः। इन्द्रो यो वृत्रहान्महं तस्मादिन्द्र नमोऽस्तु ते ।।१४।।
पृष्ठं धावन्तं हर्योरौच्चैःश्रवसमब्रुवन् । स्वस्त्यश्व जैत्रायेन्द्रमा वह सुस्रजम् ।।१५।।
ये त्वा श्ववेता अजैश्रवसो हार्यो युंजन्ति दक्षिणम्। पूर्वा नमस्य देवानां बिभ्रदिन्द्र महीयते।।१६।।

अ. २०.१२९.१–२०

एता अश्वा आ प्लवन्ते ।।१।।
प्रतीपं प्राति सुत्वनम् ।।२।।
तासामेका हरिक्निका ।।३।।
हरिक्निके किमिच्छसि ।।४।।
साधुं पुत्रं हिरण्ययम् ।।५।।
क्वाहतं परास्यः ।।६।।
यत्रामूस्तिस्रः शिंशपाः ।।७।।
परि त्रयः ।।८।।
पृदाकवः ।।९।।
शृंग धमन्त आसते ।।१०।।
अयन्महा ते अर्वाहः ।।११।।
स इच्छकं सघाघते ।।१२।।
सघाघते गोमीद्या गोगतीरिति ।।१३।।
पुमां कुस्ते निमिच्छसि ।।१४।।
पल्प बद्ध वयो इति ।।१५।।
बद्ध वो अघा इति ।।१६।।
अजागार केविका ।।१७।।
अश्वस्य वारो गोशपद्यके ।।१८।।
श्येनीपती सा ।।१९।।
अनामयोपजिह्विका ।२०।।

अ. २०.१३०.१–२०

को अर्य बहुलिमा इषूनि ।।१।।
को असिद्याः पयः ।।२।।
को अर्जुन्याः पयः ।।३।।
कः कार्ष्ण्याः पयः ।।४।।
एतं पृच्छ कुहं पृच्छ ।।५।।
कुहाकं पक्वकं पृच्छ ।।६।।
यवानो यतिस्वभिः कुभिः ।।७।।
अकुप्यन्तः कुपायकुः ।।८।।
आमणको मणत्सकः ।।९।।
देव त्वप्रतिसूर्य ।।१०।।
एनश्चिपङ्क्तिका हविः ।।११।।

प्रदुद्रुदो मघाप्रति ।।१२।।
शृंग उत्पन्नः ।।१३।।
मा त्वाभि सखा नो विदन् ।।१४।।
वशायाः पुत्रमा यन्ति ।।१५।।
इरावेदुमयं दत ।।१६।।
अथो इयन्नियन्निति ।।१७।।
अथो इयन्निति ।।१८।।
अथो श्वा अस्थिरो भवन् ।।१९।।
उयं यकांशलोकका ।।२०।।

अ. २०.१३१.१–२०

आमिनोनिति भद्यते ।।१।।
तस्य अनु निभंजनम् ।।२।।
वरुणो याति वस्वभिः ।।३।।
शतं वा भारती शवः ।।४।।
शतमाश्वा हिरण्ययाः । शतं रथ्या हिरण्ययाः । शतं कुथा हिरण्ययाः ।
शतं निष्का हिरण्ययाः।।५।।
अहल कुश वर्त्तक ।।६।।
शफेनइव ओहते ।।७।।
आय वनेनती जनी ।।८।।
वनिष्ठा नाव गृह्यन्ति ।।९।।
इदं मह्यं मदूरिति ।।१०।।
ते वृक्षाः सह तिष्ठति ।।११।।
पाक बलिः ।।१२।।
शक बलिः ।।१३।।
अश्वत्थ खदिरो धवः ।।१४।।
अरदुपरम ।।१५।।
शयो हतइव ।।१६।।
व्याप पूरुषः ।।१७।।
अदूहमित्यां पूषकम् ।।१८।।
अत्यर्धर्च परस्वतः ।।१९।।
दौव हस्तिनो दृती ।।२०।।

अ. २०.१३२.१–१६

आदलाबुकमेककम् ।।१।।
अलाबुकं निखातकम् ।।२।।
कर्करिको निखातकः ।।३।।
तद् वात उन्मथायति ।।४।।
कुलायं कृणवादिति ।।५।।
उग्रं वनिषदाततम् ।।६।।
न वनिषदनाततम् ।।७।।
क एषां कर्करी लिखत् ।।८।।
क एषां दुन्दुभि हनत् ।।९।।
यदीयं हनत् कथं हनत् ।।१०।।
देवी हनत् कुहनत् ।।११।।

पर्यागारं पुनःपुनः ।।१२।।
त्रीण्युष्ट्रस्य नामानि ।।१३।।
हिरण्य इत्येके अब्रवीत् ।।१४।।
द्वौ वा ये शिशवः ।।१५।।
नीलशिखण्डवाहनः ।।१६।।

अ. २०.१३४.१–६

इहेत्थ प्रागपागुदगधराग्–अरालागुदभर्त्सथ ।।१।।
इहेत्थ प्रागपागुदगधराग्–वत्साः पुरुषन्त आसते ।।२।।
इहेत्थ प्रागपागुदगधराग्–स्थालीपको वि लीयते ।।३।।
इहेत्थ प्रागपागुदगधराग्–स वै पृथु लीयते ।।४।।
इहेत्थ प्रागपागुदगधराग्–आष्टे लाहणि लीशाथी ।।५।।
इहेत्थ प्रागपागुदगधराग्–अक्ष्लिली पुच्छिलीयते ।।६।।

अ. २०.१३५.१–१३

भुगित्यभिगतः शलित्यपक्रान्तः फलित्यभिष्ठितः। दुन्दुभिमाहननाभ्यां जरितरोऽथामो दैव ।।१।।
कोशबिले रजनि ग्रन्थेर्धानमुपानहि पादम्। उत्तमां जरिमां जन्यानुत्तमां जनीन् वर्त्मन्यात् ।।२।।
अलाबूनि पृषातकान्यश्वत्थपलाशम्।
पिपीलिकावटश्वसो विद्युत्स्वापर्णशफो गोशफो जरितरोऽथामो दैव।।३।।
वी मे देवा अक्रंसताध्वर्यो क्षिप्रं प्रचर। सुसत्यमिद् गवामस्यसि प्रखुदसि ।।४।।
पत्नी यदृश्यते पत्नी यक्ष्यमाणा जरितारोऽथामो दैव। होता विष्टीमेन जरितरोऽथामो दैव।।५।।
आदित्या ह जरितरंगिरोभ्यो दक्षिणामनयन्। तां ह जरितः प्रत्यायंस्तामु ह जरितःप्रतयायन्।६।
तां ह जरितर्नः प्रतयगृभ्णांस्तामु ह जरितर्नः प्रत्यगृभ्णः ।
अहानेतरसं न वि चेतनानि यज्ञानेतरसं न पुरोगवामः ।।७।।
उत श्वेत आशुपत्वा उतो पद्याभिर्यविष्ठः। उतेमाशु मानं पिपर्ति ।।८।।
आदित्या रुद्रा वसवस्त्वेनु त इदं राधः प्रति गृभ्णीह्यंगिरः ।
इदं राधो विभु प्रभु इदं राधो बृहत् पृथु ।।९।।
देवा ददत्वासुरं तद् वो अस्तु सुचेतनम्। युष्माँ अस्तु दिवेदिवे प्रत्येव गृभायत ।।१०।।
त्वमिन्द्र शर्मरिणा हव्यं पारावतेभ्यः। विप्राय स्तुवते वसुवनि दुरश्रवसे वह ।।११।।
त्वमिन्द्र कपोताय च्छिन्नपक्षाय वंचते। श्यामाकं पक्वं पीलु च वारस्मा अकृणोर्बहुः ।।१२।।
अरंगरो वावदीति त्रेधा वरत्रया। इरामह प्रशंसत्यनिरामप सेधति ।।१३।।

अ. २०.१३६.१–१६

यदस्या अंहुभेद्याः कृधु स्थूलमुपातसत्। मुष्काविदस्य एजतो गोशफे शकुलाविव ।।१।।
यदा स्थूलेन पससाणौ मुष्का उपावधीत्। विष्वंचा वस्या वर्धतः सिकतास्वेव गर्दभौ ।।२।।
यदल्पिकास्वल्पिका कर्कन्धूकेव पद्यते। वासन्तिकमिव तेजनं यन्त्यवाताय वित्पति ।।३।।
यद् देवासो ललामगुं प्रविष्टीमिनमाविषुः। सकुला देदिश्यते नारी सत्यस्याक्षिभुवो यथा ।।४।।
महानग्न्यतृप्नद्वि मोक्रददस्थानासरन्। शक्तिकानना स्वचमशकं सक्तु पद्यम ।।५।।
महानग्न्युलखूलमातिक्रामन्त्यब्रवीत्। यथा तव वनस्पते निरघ्नन्ति तथैवेति ।।६।।
महानग्न्युप ब्रूते भ्रष्टोऽथाप्यभूभुवः। यथैव ते वनस्पते पिप्पति तथैवेति ।।७।।
महानग्न्युप ब्रूते भ्रष्टोऽथाप्यभूभुवः। यथा वयो विदाह्य स्वर्गे नमवदह्यते ।।८।।
महानग्न्युप ब्रूते स्वसावेशितं पसः। इत्थं फलस्य वृक्षस्य शूर्पे शूर्पं भजेमहि ।।९।।
महानग्नी कृकवाकं शम्यया परि धावति। अयं न विद्म यो मृगः शीर्ष्णं हरति धणिकाम् ।।१०।।
महानग्नी महानग्नं धावन्तमनु धावति। इमास्तदस्य गा रक्ष यभ मामद्ध्यौदनम् ।।११।।
सुदेवस्त्वा महानग्नीर्बबाधते महतः साधु खोदनम्। कुसं पीबरो नवत् ।।१२।।
वशा दग्धामिमाङ्गुरिं प्रसृजतोऽग्रतं परे। महान् वै भद्रो यभ मामद्ध्यौदनम् ।।१३।।

विदेवस्त्वा महानग्नीर्विबाधते महतः साधु खोदनम् ।
कुमारिका पिंगलिका कार्द भस्मा कु धावति ।।१४।।
महान् वै भद्रो बिल्वो महान् भद्र अदुम्बरः। महाँ अभिक्त बाधते महतः साधु खोदनम् ।।१५।।
यः कुमारी पिंगलिका वसन्तं पीबरी लभेत्। तैलकुण्डमिमाङ्गुष्ठं रोदन्तं शुदमुद्धरेत् ।।१६।।

www.ingramcontent.com/pod-product-compliance
Lightning Source LLC
Chambersburg PA
CBHW080538230426
43663CB00015B/2631